westermann

Jörg Behncke, Marion Dräger, Hans-Gerd Düngen, Marion Joswig-Kind, Bernhard Limbeck, Volker Müller, Dr. Günter Schiller, Antje Schneyer, Dr. Frank Schneyer, Meinolf Solfrian, Ursula Wathling

Recht und Wirtschaft in der öffentlichen Verwaltung

Grundlagenband

5. Auflage

Bestellnummer 221060

Die in diesem Produkt gemachten Angaben zu Unternehmen (Namen, Internet- und E-Mail-Adressen, Handelsregistereintragungen, Bankverbindungen, Steuer-, Telefon- und Faxnummern und alle weiteren Angaben) sind i. d. R. fiktiv, d. h., sie stehen in keinem Zusammenhang mit einem real existierenden Unternehmen in der dargestellten oder einer ähnlichen Form. Dies gilt auch für alle Kunden, Lieferanten und sonstigen Geschäftspartner der Unternehmen wie z. B. Kreditinstitute, Versicherungsunternehmen und andere Dienstleistungsunternehmen. Ausschließlich zum Zwecke der Authentizität werden die Namen real existierender Unternehmen und z. B. im Fall von Kreditinstituten auch deren IBANs und BICs verwendet.

Die in diesem Werk aufgeführten Internetadressen sind auf dem Stand zum Zeitpunkt der Drucklegung. Die ständige Aktualität der Adressen kann vonseiten des Verlages nicht gewährleistet werden. Darüber hinaus übernimmt der Verlag keine Verantwortung für die Inhalte dieser Seiten.

service@westermann.de
www.westermann.de

Bildungshaus Schulbuchverlage Westermann Schroedel Diesterweg Schöningh Winklers GmbH, Postfach 33 20, 38023 Braunschweig

ISBN 978-3-427-**221060**-5

westermann GRUPPE

Vorwort

Die Buchreihe zur Verwaltungsausbildung im Winklers Verlag deckt alle Lernfelder des Rahmenlehrplans der Kultusministerkonferenz für den Beruf Verwaltungsfachangestellte/-r ab.

Die Lernfelder 7 und 13 werden im Band **Rechnungswesen in der öffentlichen Verwaltung (mit ergänzenden Dateien zum Herunterladen)** dargestellt. Die beiden Bände **Recht und Wirtschaft in der öffentlichen Verwaltung** behandeln alle übrigen Lernfelder.

Der Band **Lernsituationen und Übungen (mit ergänzenden Dateien zum Herunterladen)** erschließt die Lernfelder über Handlungssituationen und Aufgaben. Er dient der weitgehend selbstständigen Erarbeitung und dem Training beruflicher Handlungskompetenz im Unterricht. Der vorliegende **Grundlagenband** bietet als „Wissensspeicher" Sachinformationen zu den Lernfeldern des Berufs und unterstützt so die selbstständige Arbeit der Lernenden.

Beide Bände sind gleichartig aufgebaut. Die Gliederungen entsprechen sich auf den beiden ersten Gliederungsebenen jedes Lernfelds, sodass das parallele Thema im jeweils anderen Band in der Regel unter der gleichen Gliederungsziffer zu finden ist. Zum systematischen Wiederholen des Lernstoffs stehen **Lernkarteien (Bestellnr. 5743)** bereit. Die Inhaltsgliederung entspricht auch hier den Bänden dieser Reihe.

BiBox
westermann
inkl. E-Book

Dieses Lehrwerk ist auch als BiBox erhältlich. In unserem Webshop unter www.westermann.de finden Sie hierzu unter der Bestellnummer des Ihnen vorliegenden Bandes weiterführende Informationen zum passenden digitalen Schulbuch.

Landesrechtliche Grundlagen werden im Buch nicht explizit angegeben, um den Text nicht unangemessen auszuweiten. Im Unterricht sollte daher eine Vorschriftensammlung verwendet werden, die auch Landesrecht enthält.

Abweichend von unserer im Kommunikationsleitfaden (S. 690 ff.) ausgesprochenen Empfehlung haben wir zur besseren Lesbarkeit darauf verzichtet, durchgehend beide Geschlechter sprachlich zu berücksichtigen.

Über Vorschläge und Anregungen zur Verbesserung des Buches freuen wir uns.

Frühjahr 2019
Autoren und Verlag

Buchreihe „Recht und Wirtschaft in der öffentlichen Verwaltung"

Grundlagenband mit ergänzenden Dateien	**Lernsituationen und Übungen** mit ergänzenden Dateien	**Rechnungswesen** mit ergänzenden Dateien	**Lernkarteien**
enthält alle Lernfelder (außer 7 und 13)	enthält alle Lernfelder (außer 7 und 13)	enthält die Lernfelder 7 und 13	enthalten alle Lernfelder (außer 7 und 13)*

* Die ergänzenden Dateien zum Rechnungswesen enthalten auch Lernkarteien zu den Lernfeldern 7 und 13.

2210604

2210608

22106010

LF 10 Rechtseingriffe verwaltungsmäßig vorbereiten, durchführen und überprüfen

LF10 1 Rechtseingriffe zur Gefahrenabwehr

22106012

LF10 2 Verwaltungszwangsverfahren und Verfahren wegen Ordnungswidrigkeiten

LF10 3 Fehlerhafte Verwaltungsakte

LF10 4 Verwaltungsrechtsschutz

LF10 5 Exkurs: Staats- und verfassungsrechtliche Zusammenhänge

LF 11 Aufgaben der gewährenden Verwaltung bearbeiten

LF11 1 Das soziale Sicherungssystem in Deutschland

LF11 2 Das Sozialgesetzbuch

LF11 3 Einzelne Hilfearten des SGB im Überblick

LF11 4 Ausgewählte öffentlich-rechtliche Leistungen

LF11 5 Rechtsbehelfe und Rechtsmittel gegen Verwaltungsentscheidungen

22106014

LF 12 Öffentliche Leistungen in alternativen rechtlichen Formen erbringen

LF 14 Staatliches Handeln in nationale und internationale wirtschaftliche Zusammenhänge einordnen

Abb.	Abbildung
Abs.	Absatz
AEUV	Vertrag über EU-Arbeitsweise
AG	Aktiengesellschaft
AGG	Allgemeines Gleichbehandlungsgesetz
AGVwGO	Ausführungsgesetz (eines Landes) zur VwGO
AktG	Aktiengesetz
ALG	Arbeitslosengeld
Anmerk.	Anmerkung
AO	Abgabenordnung
AöR	Anstalt des öffentlichen Rechts
ArbGG	Arbeitsgerichtsgesetz
ArbPlSchG	Arbeitsplatzschutzgesetz
ArbSchG	Arbeitsschutzgesetz
ARGE	Arbeitsgemeinschaft
Art.	Artikel
ASB	Allgemeine Systematik für Bibliotheken
Ausn.	Ausnahme
AZG	Arbeitszeitgesetz
BA	Bundesagentur für Arbeit
BAG	Bundesarbeitsgericht
BAT	Bundes-Angestelltentarifvertrag (ersetzt durch TVöD)
BauGB	Baugesetzbuch
BaWüGO	Gemeindeordnung für Baden-Württemberg
BayGO	Gemeindeordnung für den Freistaat Bayern
BBesG	Bundesbesoldungsgesetz
BBG	Bundesbeamtengesetz
BbgKVerf	Kommunalverfassung des Landes Brandenburg
BBiG	Berufsbildungsgesetz
BCG	Boston Consulting Group
BDSG	Bundesdatenschutzgesetz
BeamtStG	Beamtenstatusgesetz
BetrVG	Betriebsverfassungsgesetz
BgA	Betrieb gewerblicher Art
BGB	Bürgerliches Gesetzbuch
BGBl.	Bundesgesetzblatt
BGH	Bundesgerichtshof
BHO	Bundeshaushaltsordnung
BIC	Bank Identifier Code (internationale Bankleitzahl)
BImschG	Bundes-Immissionsschutzgesetz
BIP	Bruttoinlandsprodukt
BPersVG	Bundespersonalvertretungsgesetz
Bsp.	Beispiel
BUrlG	Bundesurlaubsgesetz
BVerfG	Bundesverfassungsgericht
BVerfGE	Sammlung der Entscheidungen des Bundesverfassungsgerichts
BVerfGG	Gesetz über das Bundesverfassungsgericht
BVerwG	Bundesverwaltungsgericht
BVwVG	Bundes-Verwaltungsvollstreckungsgesetz
bzw.	beziehungsweise
CGB	Christlicher Gewerkschaftsbund
d. h.	das heißt
DBB	Deutscher Beamtenbund
De-Mail-G	De-Mail-Gesetz
DGB	Deutscher Gewerkschaftsbund
DIN	Deutsches Institut für Normung
DrittelbG	Gesetz über die Drittelbeteiligung der Arbeitnehmer im Aufsichtsrat
DV	Datenverarbeitung
DVA	Deutscher Vergabe- und Vertragsausschuss für Bauleistungen
DVAL	Deutscher Vergabe- und Vertragsausschuss für Lieferungen und Leistungen
DVP	Deutsche Verwaltungspraxis
e. G.	eingetragene Genossenschaft
e. K.	eingetragener Kaufmann
e. Kffr.	eingetragene Kauffrau
e. V.	eingetragener Verein
EDV	Elektronische Datenverarbeitung
EFQM	European Foundation for Quality Management
EG	Europäische Gemeinschaft
E-Government	Electronic Government
EGr.	Entgeltgruppe (im TVöD)
EG-Vertrag	Vertrag zur Gründung der Europäischen Gemeinschaft
EntgFG	Entgeltfortzahlungsgesetz
EStG	Einkommensteuergesetz
ESZB	Europäisches System der ZB
etc.	et cetera (und so weiter)
EU	Europäische Union
EuGH	Europäischer Gerichtshof
EUV	EU-Vertrag
evtl.	eventuell
EZB	Europäische Zentralbank
FeV	Fahrerlaubnis-Verordnung
f.	folgende Seite bzw. folgender Paragraf

ff.	folgende Seiten bzw. folgende Paragrafen
GastG	Gaststättengesetz
GbR	Gesellschaft des bürgerlichen Rechts
GdB	Grad der Behinderung
gem.	gemäß
GemHVO	Gemeindehaushaltsverordnung
GewO	Gewerbeordnung
GG	Grundgesetz für die Bundesrepublik Deutschland
ggf.	gegebenenfalls
gGmbH	gemeinnützige Gesellschaft mit beschränkter Haftung
GKV	Gesetzliche Krankenversicherung
GmbH	Gesellschaft mit beschränkter Haftung
GmbHG	Gesetz betreffend die Gesellschaften mit beschränkter Haftung
GO LSA	Gemeindeordnung Sachsen-Anhalt
GO NW	Gemeindeordnung Nordrhein-Westfalen
GO SH	Gemeindeordnung Schleswig-Holstein
GWB	Gesetz gegen Wettbewerbsbeschränkungen
HandwO	Handwerksordnung
HGO	Hessische Gemeindeordnung
HGB	Handelsgesetzbuch
Hrsg.	Herausgeber
HV	Hauptversammlung
i. A.	im Auftrag
i. V.	in Vertretung
i. V. m.	in Verbindung mit
IBAN	International Bank Account Number (internationale Kontonummer)
IFG	Informationsfreiheitsgesetz
IKO-Netz	Interkommunales Netz der KGST
IMK	Ständige Konferenz der Innenminister und -senatoren der Länder
insb.	insbesondere
JAM	Jahresarbeitsminuten
JArbSchG	Jugendarbeitsschutzgesetz
JAV	Jugend- und Auszubildendenvertretung
Kap.	Kapitel
KG	Kommanditgesellschaft
KGSt	Kommunale Gemeinschaftsstelle für Verwaltungsmanagement
KJHG	Kinder- und Jugendhilfegesetz
Komba	Fachgewerkschaft für kommunale Bedienstete im DBB
KrWG	Kreislaufwirtschaftsgesetz
KSchG	Kündigungsschutzgesetz
KVG LSA	Kommunalverfassungsgesetz Sachsen-Anhalt
KV M-V	Kommunalverfassung Mecklenburg-Vorpommern
LBG	Landesbeamtengesetz
LF	Lernfeld
LHO	Landeshaushaltsordnung
LPersVG	Landespersonalvertretungsgesetz
LV	Landesverfassung
MiLoG	Mindestlohngesetz
MitbestG	Mitbestimmungsgesetz
Mrd.	Milliarden
MuSchG	Mutterschutzgesetz
Nds. SOG	Niedersächsisches Gesetz über die öffentliche Sicherheit und Ordnung
NKomVG	Niedersächsisches Kommunalverfassungsgesetz
NPersVG	Niedersächsisches Personalvertretungsgesetz
NRW	Nordrhein-Westfalen
OBG NRW	Ordnungsbehördengesetz Nordrhein-Westfalen
OHG	Offene Handelsgesellschaft
OVG	Oberverwaltungsgericht
OWiG	Ordnungswidrigkeitengesetz
PartG	Partnerschaftsgesellschaft
PBefG	Personenbeförderungsgesetz
PEP	Public Electronic Procurement
PIN	Personal Identification Number
POG RhPf	Polizeigesetz und Ordnungsbehördengesetz Rheinland-Pfalz
POS	Point of Sale
PVG	Preußisches Polizeiverwaltungsgesetz (1931)
RhPfGemO	Gemeindeordnung Rheinland-Pfalz
s.	siehe
S.	Satz, Seite
s. o.	siehe oben
SaarlKSVG	Saarländisches Kommunalselbstverwaltungsgesetz
SächsGemO	Gemeindeordnung für den Freistaat Sachsen
SEPA	Single Euro Payments Area (einheitlicher Euro-Zahlungsverkehrsraum)
SGB	Sozialgesetzbuch
SGG	Sozialgerichtsgesetz
StAG	Staatsangehörigkeitsgesetz
Std.	Stunden
StGB	Strafgesetzbuch
StVG	Straßenverkehrsgesetz

StVO	Straßenverkehrsordnung
StVZO	Straßenverkehrszulassungsordnung
SWIFT	Society for Worldwide Interbank Financial Telecommunications
TA	Technische Anleitung
TdL	Tarifgemeinschaft deutscher Länder
ThürKO	Thüringer Gemeinde- und Landkreisordnung
TO	Tagesordnung
TOP	Tagesordnungspunkt
TQM	Total Quality Management
TVA-L BBiG	Tarifvertrag für Auszubildende der Länder in Ausbildungsberufen nach dem BBiG
TVAöD	Tarifvertrag für Auszubildende des öffentlichen Dienstes
TVG	Tarifvertragsgesetz
TV-L	Tarifvertrag für den öffentlichen Dienst der Länder
TVöD	Tarifvertrag für den öffentlichen Dienst
TVÜ	Überleitungstarifvertrag
u. a.	unter anderem, und andere
u. Ä	und Ähnliches
UStG	Umsatzsteuergesetz
usw.	und so weiter
VA	Verwaltungsakt
VBL	Versorgungsanstalt des Bundes und der Länder
Ver.di	Vereinte Dienstleistungsgewerkschaft
Verg.-Gr.	Vergütungsgruppe (im BAT)
VermBG	Gesetz zur Förderung der Vermögensbildung der Arbeitnehmer
VersG	Versammlungsgesetz
VFA	Verwaltungsfachangestellte
VG	Verwaltungsgericht
vgl.	vergleiche
VgV	(Bundes-)Verordnung über die Vergabe öffentlicher Aufträge
VHS	Volkshochschule
VkA	Vereinigung kommunaler Arbeitgeberverbände
VO	Verordnung
VOB	Vergabe- und Vertragsordnung für Bauleistungen
VOF	Vergabe- und Vertragsordnung für freiberufliche Leistungen
VOL	Vergabe- und Vertragsordnung für Leistungen
VwGO	Verwaltungsgerichtsordnung
VwVfG	Verwaltungsverfahrensgesetz (des Bundes)
VwVG	Verwaltungsvollstreckungsgesetz (eines Bundeslandes)
VwZG	Verwaltungszustellungsgesetz des Bundes
WehrPflG	Wehrpflichtgesetz
z. B.	zum Beispiel
ZVK	Zusatzversorgungskasse
z. T.	zum Teil
ZPO	Zivilprozessordnung

22106020

1 Ausbildungsverhältnis

Die **Berufsausbildung** bereitet darauf vor, eine qualifizierte berufliche Tätigkeit in einer sich wandelnden Arbeitswelt auszuüben. Die dafür notwendigen Fertigkeiten, Kenntnisse und Fähigkeiten sind in einem geordneten Ausbildungsgang zu vermitteln. In Wirtschaft, Bildung, Gesundheitspflege und öffentlicher Verwaltung gibt es höchst unterschiedliche Ausbildungsgänge. Einige erfordern ein Hochschulstudium, andere setzen den Besuch einer speziellen Fachschule voraus. Für Beamte gelten besondere Regelungen. 327 staatlich anerkannte Ausbildungsberufe (2017) – und hierzu zählen auch die Verwaltungsfachangestellten – sind grundlegend im Berufsbildungsgesetz (BBiG) bzw. der Handwerksordnung sowie in speziellen Ausbildungsordnungen für jeden einzelnen Beruf geregelt. Die Ausbildung setzt einen Berufsausbildungsvertrag voraus und findet sowohl im Ausbildungsbetrieb als auch in einer berufsbildenden Schule statt. Wegen dieser zwei Lernorte spricht man auch vom **„dualen Berufsausbildungssystem"**.

1.1 Ausbildungsberuf Verwaltungsfachangestellte/-r

Für einen angehenden Verwaltungsfachangestellten kann der **Lernort „Betrieb"** sowohl eine Gemeindeverwaltung, eine Landesbehörde, ein Bundesamt, eine kirchliche Verwaltungseinrichtung oder die Industrie- und Handelskammer sein. Auch ein Eigenbetrieb einer Stadt (z. B. Kultur- oder Sportbetrieb, Wasserwerk) oder eine kommunale Unternehmung privaten Rechts, etwa eine Hafen-AG oder eine Stadthallen-GmbH, kommt als **Ausbildungsbetrieb** infrage.

Im Ausbildungsberuf „Verwaltungsfachangestellte/-r" lernt man – unabhängig vom Ausbildungsbetrieb – überwiegend einheitliche Inhalte. Etwa ein Drittel der Ausbildungszeit entfällt jedoch auf eine der folgenden **Fachrichtungen:**

- Bundesverwaltung
- Landesverwaltung
- Kommunalverwaltung
- Handwerksorganisation und Industrie- und Handelskammern
- Kirchenverwaltung in den Gliedkirchen der Evangelischen Kirche in Deutschland

Diese Fachrichtungen sind in der **Ausbildungsordnung,** genauer der „Verordnung über die Berufsausbildung zum Verwaltungsfachangestellten/zur Verwaltungsfachangestellten" des Bundes von 1999, festgelegt. Die Verordnung regelt auch das **Ausbildungsberufsbild** – die wichtigsten Inhalte der Ausbildung im Beruf – und den **Ausbildungsrahmenplan** – die sachliche und zeitliche Gliederung der betrieblichen Ausbildung. Auch die **Prüfungsanforderungen** sind hier einheitlich festgelegt. Besondere Ausbildungs- und Prüfungsordnungen der Länder für die Fachrichtungen Kommunal- und Landesverwaltung enthalten im Wesentlichen gleiche Regelungen, ergänzen jedoch besondere Ausbildungsinhalte der beiden Fachrichtungen und legen den Verfahrensablauf bei Prüfungen fest.

Die Fertigkeiten und Kenntnisse des Ausbildungsrahmenplans einiger Fachrichtungen sind in einer dienstbegleitenden Unterweisung von regelmäßig 420 Stunden (Bayern: 540 Stunden) zu ergänzen und zu vertiefen. Diese Aufgabe nehmen die kommunalen Verwaltungsschulen, -seminare und Studieninstitute, das Bundesverwaltungsamt für die Bundesverwaltung sowie unterschiedliche Landesbehörden in der Fachrichtung Landesverwaltung wahr.

Der **Lernort „Berufsschule"** im Berufskolleg ist die zweite Säule im dualen Berufsbildungssystem. Seine wichtigste Aufgabe ist, fachliche sowie allgemeine Fähigkeiten zu vermitteln und so zur Berufsfähigkeit beizutragen. Hierzu gehören die gemeinsamen berufsfachlichen Inhalte mehrerer Fachrichtungen, insbesondere Verwaltungsrecht und Verwaltungsbetriebslehre, Personalwirtschaft, Rechnungswesen und Datenverarbeitung. Die berufsbezogenen Inhalte hat die Konferenz der Kultusminister in einem bundeseinheitlichen Rahmenlehrplan festgelegt, der von allen Ländern als Mindestanforderung umgesetzt wird. Geringeren Umfang nehmen die allgemeinbildenden Lerninhalte ein. Hier stehen insbesondere kommunikative, ethisch-moralische und staatsbürgerliche Fähigkeiten im Vordergrund.

Die **Ausbildungsdauer** beträgt grundsätzlich 36 Monate (§ 2 BerufsausbildungsVO VFA). Unter bestimmten Voraussetzungen (§§ 7, 8 BBiG) kann bzw. muss die zuständige Stelle die Ausbildungsdauer **verkürzen.** Hierzu ist nach § 8 Abs. 1 BBiG ein gemeinsamer Antrag des Auszubildenden und des Ausbildenden erforderlich. Eine andere Verkürzungsmöglichkeit enthält § 45 BBiG. Auszubildende können nach Anhörung der Ausbildenden und der Berufsschule vor Ablauf ihrer Ausbildungszeit zur Abschlussprüfung zugelassen werden, wenn ihre Leistungen dies rechtfertigen. Hierzu müssen die betrieblichen und die schulischen berufsbezogenen Leistungen erheblich über dem Durchschnitt liegen (Note „gut").

Die zuständige Stelle kann in Ausnahmefällen (z. B. nach längerer Krankheit) auf Antrag des bzw. der Auszubildenden die Ausbildungszeit **verlängern,** wenn dies erforderlich ist, um das Ausbildungsziel zu erreichen. Vor der Entscheidung ist der Ausbildende zu hören. Auf die Beendigung des Berufsausbildungsverhältnisses wird unter 1.3 eingegangen.

Die **„zuständigen Stellen"** nach dem BBiG überwachen die Berufsausbildung, registrieren die Ausbildungsverhältnisse, entscheiden über die Verkürzung oder Verlängerung der Ausbildungszeit und nehmen die beruflichen Prüfungen ab. Für die meisten Berufe sind die Wirtschafts- und Berufskammern (Industrie- und Handelskammer, Handwerkskammer, Steuerberaterkammer, Ärztekammer usw.) „zuständige Stellen". Für die Berufsausbildung in der öffentlichen Verwaltung bestimmen die Länder und der Bund jeweils die zuständigen Stellen. Dies können z. B. die kommunalen Verwaltungsschulen und Studieninstitute sein, bestimmte Landesbehörden wie z. B. die Bezirksregierungen oder das Bundesverwaltungsamt für zahlreiche Bundesbehörden.

1.2 Berufsausbildungsvertrag

Das Ausbildungsverhältnis muss durch einen Berufsausbildungsvertrag zwischen Ausbildendem (Betrieb) und Auszubildendem begründet werden. Der Vertrag verpflichtet den Ausbildenden zum Ausbilden in einem bestimmten Ausbildungsberuf und den Auszubildenden zum Lernen in diesem Beruf. Bei minderjährigen Auszubildenden müssen die gesetzlichen Vertretungsberechtigten dem Vertragsabschluss zustimmen (§ 107 BGB). Vergleiche zum Zustandekommen und Erfüllen von Verträgen auch LF 4, Kap. 2.

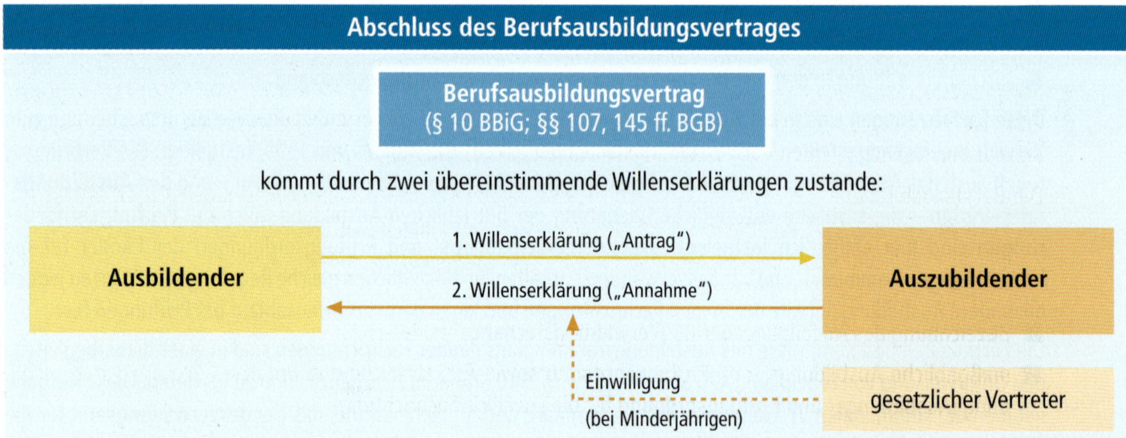

Das Ausbildungsverhältnis muss sich in die Rechtsordnung einfügen. Dabei gilt der allgemeine Rechtsgrundsatz „ranghöheres Recht bricht rangniederes Recht" **(Rangprinzip).** Dem EU-Recht und dem Grundgesetz müssen sich rangniedere Rechtsvorschriften anpassen. Dies gilt grundsätzlich für die auf der folgenden Seite dargestellten Rechtsquellen, d. h., rangniederes Recht darf nichts festlegen, was gegen höherrangiges Recht verstößt.

Im Arbeits- und Berufsbildungsrecht sind aber auch Abweichungen möglich, wenn die Regelungen auf der niedrigeren Rangstufe für den Arbeitnehmer oder Auszubildenden günstiger sind. Dies bezeichnet man als **Günstigkeitsprinzip.**

Beispiel

In einem Tarifvertrag oder Ausbildungsvertrag kann zwar mehr Urlaub vereinbart werden, als z. B. im Jugendarbeitsschutzgesetz für Jugendliche vorgesehen ist, der Urlaubsanspruch darf aber nicht geringer sein.

1.2 Berufsausbildungsvertrag

Rangordnung arbeitsrechtlicher Regelungen

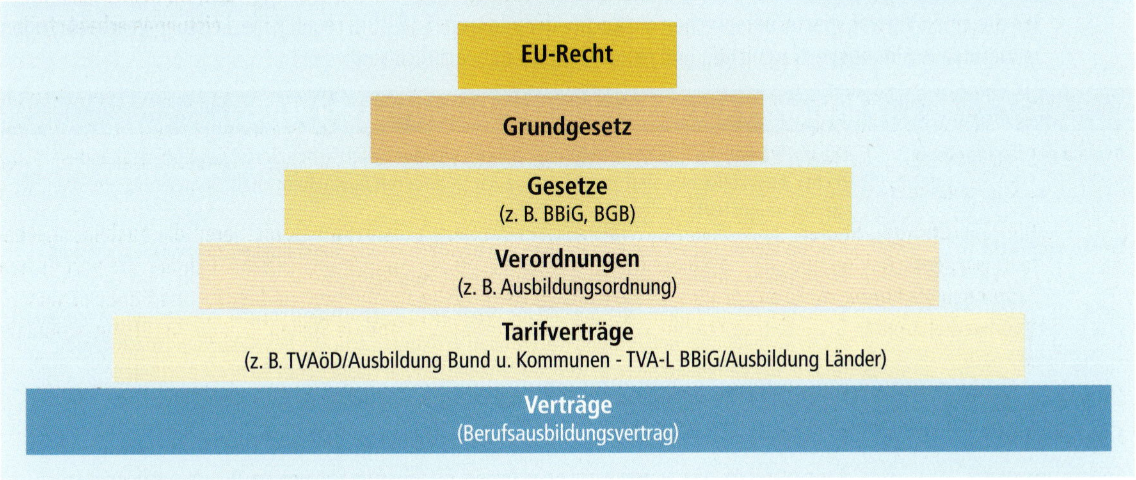

Beim Anwenden des Berufsbildungsrechts findet man auf der gleichen Rangstufe auch unterschiedliche Rechtsnormen zum gleichen Gegenstand. Hier gilt der Rechtsgrundsatz: „Die Spezialnorm ist vor der Generalnorm anzuwenden." Das speziellere Gesetz geht also dem allgemeinen Gesetz vor.

Beispiel

Nach § 20 BBiG muss die Probezeit der Auszubildenden mindestens einen Monat betragen, sie darf höchstens vier Monate dauern. Nach § 13 Krankenpflegegesetz beträgt die Probezeit in der Ausbildung der Gesundheits- und Krankenpfleger sechs Monate. Hier enthält das BBiG die allgemeine, das Krankenpflegegesetz die speziellere und damit für Gesundheits- und Krankenpfleger anzuwendende Norm. Auf die Ausbildungsverhältnisse der Verwaltungsfachangestellten wäre bei der Dauer der Probezeit grundsätzlich das BBiG anzuwenden, da eine spezielle Gesetzesregelung für diesen Beruf fehlt. Jedoch stehen in den Tarifverträgen für Auszubildende des öffentlichen Dienstes günstigere Regelungen zur Probezeit. Nach § 3 Abs. 1 TVAöD beträgt die Probezeit drei Monate. Diesen Regelungen ist aufgrund des Günstigkeitsprinzips Vorrang einzuräumen. Eine ungünstigere Regelung wäre nichtig (§ 25 BBiG).

Der Berufsausbildungsvertrag ist spätestens bei Ausbildungsbeginn schriftlich niederzulegen. Die Schriftform ist zwar keine Gültigkeitsvoraussetzung des Vertrags, dient aber der Beweissicherung. Der Vertrag ist in das Verzeichnis der Berufsausbildungsverhältnisse bei der zuständigen Stelle nach dem BBiG einzutragen. Er enthält nach § 2 Abs. 1 TVAöD bestimmte **Mindestangaben:**

- Bezeichnung des Ausbildungsberufs (Verwaltungsfachangestellte/-r)
- maßgebliche Ausbildungs- und Prüfungsordnung sowie Art, sachliche und zeitliche Gliederung der Ausbildung (Ausbildungs- und Prüfungsordnung für die jeweilige Fachrichtung)
- Beginn und Dauer der Ausbildung
- tägliche oder wöchentliche Ausbildungszeit
- Ausbildungsmaßnahmen außerhalb der Ausbildungsstätte
- Dauer der Probezeit
- Zahlung und Höhe des Ausbildungsentgelts
- Dauer des Urlaubs
- Voraussetzungen, unter denen der Ausbildungsvertrag gekündigt werden kann
- allgemeiner Hinweis auf die anzuwendenden Tarifverträge (TVAöD bzw. TVA-L BBiG) und Dienstvereinbarungen

1 Ausbildungsverhältnis

Die Pflichten des Ausbildenden und des Auszubildenden ergeben sich aus dem Berufsausbildungsvertrag. Mindestanforderungen enthalten die im öffentlichen Dienst anzuwendenden Tarifverträge und das BBiG. Den Pflichten der einen Vertragspartei entsprechen die Rechte der anderen. § 12 BBiG regelt Fälle, in denen Vereinbarungen im Berufsausbildungsvertrag nichtig und damit rechtlich unbeachtlich sind.

Pflichten des Auszubildenden (nach Tarifvertrag und BBiG)	
Besuch der Berufsschule	Diese vertragliche Pflicht besteht unabhängig von der gesetzlichen Berufsschulpflicht (Landesrecht). Auszubildende sind verpflichtet, auch an anderen Ausbildungsmaßnahmen teilzunehmen, für die sie freigestellt werden.
Leistungspflicht	Auszubildende haben sich zu bemühen, die berufliche Handlungsfähigkeit zu erwerben, die zum Erreichen des Ausbildungsziels erforderlich ist (Lernpflicht). Sie haben die im Rahmen der Ausbildung erteilten Arbeitsaufträge sorgfältig auszuführen und den in der Ausbildungs- und Prüfungsverordnung verlangten schriftlichen Ausbildungsnachweis zu führen. Bei Verhinderung (z. B. wegen Krankheit) ist der Ausbildende zu benachrichtigen. Nebentätigkeiten gegen Entgelt sind anzuzeigen; der Ausbildende kann sie untersagen.
Sorgfaltspflicht	Auszubildende müssen Ausbildungs- bzw. Arbeitsmittel sorgfältig behandeln.
Gehorsamspflicht	Auszubildende müssen den Weisungen folgen, die ihnen im Rahmen der Berufsausbildung erteilt werden, dazu gehören z. B. auch die allgemeinen und besonderen Dienst- und Geschäftsanweisungen des Ausbildenden.
Schweigepflicht	Auszubildende müssen in demselben Umfang verschwiegen sein, wie die Beschäftigten des Ausbildenden auch.

Pflichten des Ausbildenden (nach Tarifvertrag und BBiG)	
Ausbildungspflicht	Ausbildende haben dafür zu sorgen, dass den Auszubildenden die berufliche Handlungsfähigkeit vermittelt wird, die zum Erreichen des Ausbildungsziels in der vorgesehenen Ausbildungszeit erforderlich ist. Die Ausbildung ist planmäßig, zeitlich und sachlich gegliedert durchzuführen. Ausbildende haben selbst auszubilden oder einen Ausbilder oder eine Ausbilderin ausdrücklich damit zu beauftragen. Auszubildenden ist während der Ausbildungszeit Gelegenheit zum Führen von Ausbildungsnachweisen zu geben. Der Ausbildende hat diese durchzusehen.
Vergütungspflicht	Auszubildenden ist eine angemessene, jährlich ansteigende Vergütung zu gewähren. Ausbildungsentgelt und zusätzliche Zahlungen (Jahressonderzahlung, vermögenswirksame Leistungen) sind tarifvertraglich geregelt. Bei erfolgreich abgeschlossener Abschlussprüfung (keine Wiederholungsprüfung) erhalten Auszubildende im öffentlichen Dienst eine Abschlussprämie von 400,00 € als Einmalzahlung.
Bereitstellen von Ausbildungsmitteln	Ausbildende haben Auszubildenden kostenlos die erforderlichen Ausbildungsmittel für Berufsausbildung und Prüfungen zur Verfügung zu stellen. In jedem Ausbildungsjahr erhalten Auszubildende einen Lernmittelzuschuss in Höhe von 50,00 € brutto (§11 TVAöD).
Freistellen zum Berufsschulbesuch und zu Prüfungen	Ausbildende haben Auszubildende für die Teilnahme am Berufsschulunterricht und an Prüfungen freizustellen. Das Gleiche gilt, wenn Ausbildungsmaßnahmen außerhalb der Ausbildungsstätte durchzuführen sind (z. B. dienstbegleitende Unterweisung).
Fürsorgepflicht	Ausbildende müssen dafür sorgen, dass Auszubildende charakterlich gefördert sowie sittlich und körperlich nicht gefährdet werden.
Urlaubspflicht	Auszubildende erhalten jährlich Erholungsurlaub entsprechend gesetzlicher bzw. tarifvertraglicher Vorschrift.
Zeugnispflicht	Ausbildende haben den Auszubildenden bei Beendigung des Berufsausbildungsverhältnisses ein schriftliches Zeugnis auszustellen. Das Zeugnis muss Angaben über Art, Dauer und Ziel der Berufsausbildung sowie über die erworbenen Fertigkeiten und Kenntnisse der Auszubildenden enthalten. Auf deren Verlangen sind auch Angaben über Führung, Leistung und besondere fachliche Fähigkeiten aufzunehmen.

22106024

1.3 Beendigung des Berufsausbildungsverhältnisses

Das Ausbildungsverhältnis endet nach § 21 BBiG mit Ablauf der vereinbarten Ausbildungszeit, also grundsätzlich nach drei Jahren.

Bestehen Auszubildende vor Ablauf der Ausbildungszeit die Abschlussprüfung, so endet das Berufsausbildungsverhältnis mit Bekanntgabe des Ergebnisses durch den Prüfungsausschuss. Bestehen Auszubildende die Abschlussprüfung nicht, so verlängert sich das Berufsausbildungsverhältnis auf ihr Verlangen bis zur nächstmöglichen Wiederholungsprüfung, höchstens um ein Jahr (§ 16 Abs. 1 TVAöD). Unabhängig von der Ausbildungsdauer sehen die Ausbildungs- und Prüfungsordnungen der Länder zur/zum Verwaltungsfachangestellten zum Teil eine zweimalige Wiederholungsmöglichkeit innerhalb eines Jahres vor.

Die Vertragspartner können das Ausbildungsverhältnis auch im gegenseitigen Einvernehmen beenden. Sie schließen dann einen Auflösungsvertrag.

Für die Kündigung des Berufsausbildungsvertrags durch einen der beiden Vertragspartner gelten spezielle Vorschriften. Kündigt ein minderjähriger Auszubildender, so ist die Zustimmung des gesetzlichen Vertreters erforderlich.

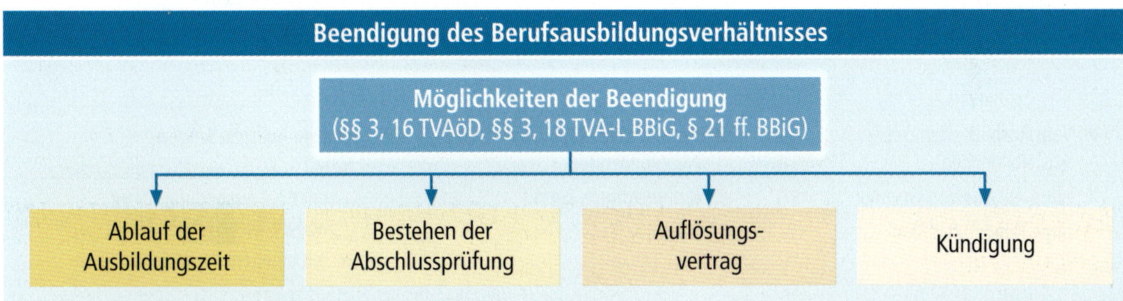

Während der Probezeit kann das Ausbildungsverhältnis nach § 3 Abs. 2 TVAöD von beiden Seiten jederzeit ohne Einhalten einer Kündigungsfrist gekündigt werden. Kommt eine Vertragspartei zu Beginn der Ausbildung zu der Ansicht, dass es besser sei, an dem Ausbildungsvertrag nicht festzuhalten, so kann der Vertrag in den ersten drei Monaten **ohne Angabe von Gründen** gelöst werden.

Nach der Probezeit kann das Berufsausbildungsverhältnis nach § 16 Abs. 2 TVAöD und § 22 BBiG nur gekündigt werden

- von beiden Seiten **aus einem wichtigen Grund** ohne Einhalten einer Kündigungsfrist,
- vom Auszubildenden mit einer Kündigungsfrist von vier Wochen, wenn er die Berufsausbildung aufgibt oder sich für eine andere Berufstätigkeit ausbilden lassen will.

Die Kündigung bedarf der **Schriftform**. Bei einer Kündigung nach der Probezeit müssen die Gründe angegeben werden.

Ein wichtiger Grund für eine fristlose Kündigung liegt dann vor, wenn dem Kündigenden nicht zugemutet werden kann, das Berufsausbildungsverhältnis bis zum Ablauf der Ausbildungszeit fortzusetzen. Dabei sind alle Umstände des Einzelfalles zu berücksichtigen und die Interessen beider Vertragsteile abzuwägen. Je länger das Ausbildungsverhältnis bereits besteht, um so strengere Anforderungen sind an den wichtigen Grund zu stellen.

Beispiel

Ein Diebstahl im Betrieb des Ausbildenden ist in der Regel ein Grund, das Ausbildungsverhältnis fristlos zu kündigen. Mit Rücksicht auf die besonderen Umstände des Einzelfalls – einmalige Verfehlung des Auszubildenden, über zweijähriges Bestehen des Ausbildungsverhältnisses – ist es dem Ausbildenden jedoch zuzumuten, das Vertragsverhältnis zu Ende zu führen.

Eine Kündigung aus einem wichtigen Grund ist unwirksam, wenn die ihr zugrunde liegenden Tatsachen dem zur Kündigung Berechtigten länger als **zwei Wochen** bekannt sind.

Kündigung des Berufsausbildungsverhältnisses

Kündigung des Berufsausbildungsverhältnisses (§§ 3, 16 TVAöD, §§ 3, 18 TVA-L BBiG, § 22 BBiG)

während der Probezeit

- vom Ausbildenden oder Auszubildenden
- ohne Angabe von Gründen
- ohne Kündigungsfrist

nach der Probezeit

- vom Ausbildenden oder Auszubildenden
- aus **wichtigem Grund**
- fristlos

- vom Auszubildenden
- bei Aufgabe der Berufsausbildung oder bei Ausbildung für eine andere Berufstätigkeit[1]
- mit einer Frist von vier Wochen

1 § 16 Abs. 4 TVAöD wird unbeschadet der gesetzlichen Regeln des § 22 BBiG geregelt, d. h., dessen Kündigungsgründe gelten für einen Auszubildenden im Rahmen des Tarifvertrages fort.

Gegen Ende des Ausbildungsverhältnisses ist die Frage der **Übernahme** in ein Arbeitsverhältnis zu klären. Für Auszubildende im öffentlichen Dienst sagt § 16 Abs. 5 TVAöD dazu: „Werden Auszubildende im Anschluss an das Ausbildungsverhältnis beschäftigt, ohne dass hierüber ausdrücklich etwas vereinbart worden ist, so gilt ein Arbeitsverhältnis auf unbestimmte Zeit als begründet."

„Beabsichtigt der Ausbildende keine Übernahme in ein befristetes oder unbefristetes Arbeitsverhältnis, hat er dies dem Auszubildenden drei Monate vor dem voraussichtlichen Ende der Ausbildungszeit schriftlich mitzuteilen" (§ 16 Abs. 3 TVAöD).

Auszubildende, deren Ausbildungsverhältnis endet, sind verpflichtet, sich spätestens drei Monate vor dessen Beendigung – bei späterer Kenntnis des Beendigungszeitpunkts spätestens drei Tage nach Kenntnis des Beendigungszeitpunkts – **persönlich** bei der Agentur für Arbeit **arbeitsuchend zu melden** (§ 38 Abs. 1 SGB III). Bei Verletzung dieser Pflicht kann die Agentur für Arbeit Leistungen sperren.

Ansprüche aus dem Ausbildungsverhältnis verfallen, wenn sie nicht innerhalb einer Ausschlussfrist von sechs Monaten nach Fälligkeit von den Auszubildenden oder vom Ausbildenden schriftlich geltend gemacht werden (§ 19 TVAöD). Nach § 16 BBiG hat der Ausbildende bei Beendigung des Berufsausbildungsverhältnisses dem Auszubildenden ein schriftliches Zeugnis auszustellen.

2 Arbeitsschutzbestimmungen für Jugendliche und Auszubildende

2.1 Jugendarbeitsschutzrecht

In der Arbeitswelt bedürfen Kinder und Jugendliche des **besonderen Schutzes.** Das Gesetz zum Schutze der arbeitenden Jugend (Jugendarbeitsschutzgesetz – JArbSchG) sowie die Verordnung über den Kinderarbeitsschutz (Kinderarbeitsschutzverordnung – KindArbSchV) schützen junge Menschen unter 18 Jahren entsprechend ihrem Entwicklungsstand an ihren Arbeits- bzw. Ausbildungsplätzen vor Gefahren, Überforderungen und Überbeanspruchungen. Ihre Gesundheit soll nicht durch zu frühe, zu lange, zu schwere, zu gefährliche oder ungeeignete Arbeit gefährdet werden.

Das JArbSchG unterscheidet nicht zwischen Auszubildenden oder anderen Beschäftigten, wohl aber zwischen **Kindern und Jugendlichen.** Kind im Sinne des JArbSchG ist, wer noch nicht 15 Jahre alt ist. Zwischen 15 und 18 Jahren alt gilt man als Jugendlicher. Unterliegt ein Jugendlicher noch der Vollzeitschulpflicht, so gelten für ihn die gleichen Bestimmungen wie für Kinder.

In der Bundesrepublik Deutschland besteht grundsätzlich ein **Beschäftigungsverbot für Kinder.** Es gibt jedoch Ausnahmen. Zum Beispiel dürfen Kinder im Alter von über 13 Jahren durch den Arbeitgeber mit Einwilligung der Personensorgeberechtigten beschäftigt werden, wenn die Beschäftigung leicht und geeignet ist, nicht länger als zwei Stunden täglich dauert, nicht vor bzw. während des Schulunterrichts und nicht zwischen 18:00 und 8:00 Uhr stattfindet (vgl. § 5 JArbSchG). Eine Sonderregelung erlaubt Jugendlichen, die noch der Vollzeitschulpflicht unterliegen und als Kinder gelten, während der Schulferien einen Ferienjob von höchstens vier Wochen im Kalenderjahr auszuüben, wenn strenge Schutzvorschriften beachtet werden.

Jugendliche dürfen nur beschäftigt werden, wenn die Schutzvorschriften in den §§ 8 ff. des JArbSchG eingehalten werden.

Die **Arbeitszeit** darf in der Regel nicht länger als acht Stunden täglich und 40 Stunden wöchentlich sein, wobei eine Fünftagewoche garantiert sein muss (vgl. § 8 Abs. 1 JArbSchG).

Nach Beendigung der täglichen Arbeitszeit dürfen Jugendliche nicht vor Ablauf einer ununterbrochenen Freizeit von mindestens zwölf Stunden wieder beschäftigt werden (vgl. § 13 JArbSchG). Jugendliche dürfen grundsätzlich nur in der Zeit von 6:00 bis 20:00 Uhr und nicht samstags, sonntags und feiertags beschäftigt werden. Hier gibt es aber Ausnahmen für einige Gewerbezweige. Auch für die Lage und Dauer der Pausen gibt es Mindestvorschriften.

Der Arbeitgeber hat Jugendliche für den **Berufsschulunterricht** freizustellen. Er darf Jugendliche nicht beschäftigen

- vor einem vor 9:00 Uhr beginnenden Unterricht; dies gilt auch für Personen, die über 18 Jahre alt und noch berufsschulpflichtig sind,
- bei Teilzeitunterricht an einem Berufsschultag mit mehr als fünf Unterrichtsstunden von mindestens je 45 Minuten, einmal in der Woche,
- in Berufsschulwochen mit einem planmäßigen Blockunterricht von mindestens 25 Stunden an mindestens fünf Tagen; zusätzliche betriebliche Ausbildungsveranstaltungen bis zu zwei Stunden wöchentlich sind jedoch zulässig (vgl. zu den Berufsschulregelungen § 9 JArbSchG).

Der Anspruch auf **Erholungsurlaub** staffelt sich nach dem Alter zu Beginn des Kalenderjahres. Er beträgt nach § 19 JArbSchG jährlich

- für 15-Jährige 30 Werktage,
- für 16-Jährige 27 Werktage und
- für 17-Jährige 25 Werktage.

Der tarifliche Urlaubsanspruch nach § 9 TVAöD und § 26 TVöD beträgt bei fünftägiger Wochenarbeitszeit 30 Arbeitstage (Stand: April 2018).

In § 19 JArbSchG gelten alle Tage außer den Sonn- und Feiertagen als Werktage. Die tarifliche Regelung geht jedoch von Arbeitstagen aus. Sie deckt den gesetzlichen Mindestanspruch der jugendlichen Auszubildenden voll ab; sie ist für jugendliche Verwaltungsfachangestellte die günstigere Regelung und daher anzuwenden.

Der Arbeitgeber hat bestimmte **Beschäftigungsverbote und -beschränkungen** zu beachten (vgl. § 22 ff. JArbSchG). Er muss darauf achten, dass Jugendliche nicht mit gefährlichen Arbeiten beauftragt werden, vor allem nicht mit Arbeiten, die ihre Leistungsfähigkeit übersteigen oder die mit besonderen Unfallgefahren verbunden sind. Das Gleiche gilt für Tätigkeiten, bei denen Jugendliche außergewöhnlicher Hitze, Kälte und Nässe oder gesundheitsschädlichem Lärm, gefährlichen Strahlen und gefährlichen Arbeitsstoffen ausgesetzt sind. Ausnahmen sind nur zulässig, wenn sie für die Ausbildung unumgänglich sind. Personen mit bestimmten Vorstrafen dürfen nicht als Ausbilder tätig sein.

Außerdem muss der Arbeitgeber aktiven **Gefahrenschutz** betreiben. Er darf einen Jugendlichen erst beschäftigen, wenn dieser ein ärztliches Gesundheitszeugnis vorlegen kann. Die ärztliche Untersuchung soll gewährleisten, dass der Jugendliche den Tätigkeiten in der Ausbildung gesundheitlich und entwicklungsmäßig gewachsen ist. Eine Nachuntersuchung dient dazu, mögliche negative Auswirkungen der Beschäftigung festzustellen.

Bei **Nichtbeachtung** der Schutzvorschriften drohen insbesondere dem Arbeitgeber empfindliche Nachteile: § 58 JArbSchG legt zahlreiche Ordnungswidrigkeiten und Straftatbestände fest, die mit Bußgeldern und zum Teil auch mit Freiheitsstrafen geahndet werden.

2.2 Weitere Arbeitsschutzbestimmungen

Neben dem besonderen Schutz für arbeitende Jugendliche durch das JArbSchG gibt es weitere Gesetze zum Arbeitsschutz. Im Folgenden wird nur auf einige wichtige Regelungen hingewiesen, die bereits in der Berufsausbildung bedeutsam sein können. Im Lernfeld 5 wird der Arbeitsschutz ausführlicher dargestellt.

Der gesetzliche **Mutterschutz** schützt die schwangere Arbeitnehmerin und ihr Kind vor Gefahren, Überforderung und Gesundheitsschädigung am Arbeitsplatz. Das Gesetz zum Schutz der erwerbstätigen Mutter (Mutterschutzgesetz – MuSchG) gilt auch für Auszubildende.

Das Gesetz gewährt allen Arbeitnehmerinnen während der Schwangerschaft und nach der Geburt einen besonderen Schutz vor Kündigung und regelmäßig auch vor vorübergehender Einkommensminderung. Zudem regelt das Gesetz den Schutz von Mutter und Kind vor Gefahren am Arbeitsplatz. Die – arbeitsfreie – Mutterschutzfrist beginnt sechs Wochen vor dem Geburtstermin und endet frühestens acht Wochen nach der Entbindung.

Sobald eine Schwangerschaft ärztlich bestätigt wird, teilt die schwangere Arbeitnehmerin dies dem Arbeitgeber mit. Sie legt die Bescheinigung des Facharztes vor, die den errechneten Geburtstermin enthält. So erfährt der Arbeitgeber, wann die Schutzvorschriften zu beachten sind.

Mütter und Väter können nach dem Bundeselterngeld- und Elternzeitgesetz Elternzeit bis zu drei Jahren nehmen, ohne den Anspruch auf einen Arbeitsplatz bei dem bisherigen Arbeitgeber zu verlieren. Auf Antrag erhalten auch Auszubildende Elterngeld vom Staat. Die Ausbildung muss in diesem Fall nicht unterbrochen werden. Dies gilt grundsätzlich auch für ausländische Auszubildende, hier ist aber auf Ausnahmen zu achten (vgl. auch LF 11, Kap. 4.2).

Jeder Arbeitgeber hat die Pflicht, alle Beschäftigten vor Benachteiligungen aus Gründen der Rasse oder wegen der ethnischen Herkunft, des Geschlechts, der Religion oder Weltanschauung, einer Behinderung, des Alters oder der sexuellen Identität im Arbeitsleben zu schützen. Das **Allgemeine Gleichbehandlungsgesetz (AGG)** regelt die Rechte der Betroffenen und die Pflichten der Arbeitgeber. Dieses Gesetz kann u. U. Schadensersatzpflichten des Arbeitgebers auslösen.

Fühlen sich Beschäftigte an ihrem Arbeitsplatz z. B. sexuell belästigt oder wegen ihrer Hautfarbe oder wegen einer Behinderung benachteiligt, so sollten sie sich bei den zuständigen Stellen ihres Betriebes oder ihrer Dienststelle (z. B. Gleichstellungsbeauftragte, Personalleitung, Ausbildungsleitung, Betriebs- oder Personalrat) beschweren. Die erhobenen Beschwerden müssen geprüft und beantwortet werden. Geeignete Maßnahmen wie z. B. Abmahnung, Umsetzung, Versetzung oder Kündigung sollen verhindern, dass eine Belästigung fortgesetzt wird. Beschäftigte dürfen wegen einer derartigen Beschwerde nicht benachteiligt werden.

Menschen mit Behinderung im Arbeitsleben

Menschen mit Behinderung sehen sich im Arbeitsleben häufig mit zusätzlichen Erschwernissen und Benachteiligungen konfrontiert. Dies gilt nicht nur für Menschen, die im Rollstuhl sitzen müssen, die schwer seh- oder hörgeschädigt sind. Manche Einschränkung der Gesundheit fällt nach außen kaum auf, mindert aber dennoch die berufliche Belastbarkeit erheblich. Das neunte Buch des Sozialgesetzbuches (SGB IX) enthält Regelungen, um die gleichberechtigte Teilhabe behinderter Menschen in der Gesellschaft einschließlich der beruflichen Integration (Eingliederung) zu fördern. Das SGB IX sowie viele andere Vorschriften bieten behinderten Menschen eine Reihe von Rechten und Hilfen, die als Nachteilsausgleich gedacht sind, z. B. das **Bundesteilhabegesetz** oder das **Inklusionsstärkungsgesetz** in NRW. Das Inklusionsstärkungsgesetz beinhaltet allgemeine und grundsätzliche Anforderungen des Allgemeinen Teils der UN-Behindertenrechtskonvention und verankert diese landesgesetzlich.

Diese Nachteilsausgleiche können aber regelmäßig nur dann genutzt werden, wenn der Grad der Behinderung amtlich festgestellt wurde. Dies geschieht durch das Versorgungsamt bzw. durch die sonst nach Landesrecht zuständige Behörde. Sie stellt einen Schwerbehindertenausweis aus, wenn der Grad der Behinderung (GdB) mindestens 50 beträgt.

Auch in der Berufsausbildung der Verwaltungsfachangestellten sind Menschen mit Behinderungen anzutreffen. Man kann jeden Behinderten nur ermutigen, seine Rechte auch in Anspruch zu nehmen und nicht aus Eitelkeit oder Scham darauf zu verzichten. Einen Vorteil gegenüber Nichtbehinderten stellen die Nachteilsausgleiche ohnehin nicht dar, denn meistens gleichen sie den vorhandenen Nachteil nur zum Teil aus.

Für behinderte Auszubildende seien hier folgende Nachteilsausgleiche genannt:

- Anspruch auf einen **Zusatzurlaub** von fünf (Arbeits-)Tagen hat, wessen Schwerbehinderung für das ganze Kalenderjahr anerkannt ist (§ 208 SGB IX).
- Die **Arbeitsplatzausstattung** kann bei Bedarf an die Behinderung des Beschäftigten angepasst werden, zuständig hierfür sind die staatlichen Integrationsämter.
- Bei **Prüfungen** im Rahmen der Berufsausbildung sind nach den Ausbildungs- und Prüfungsordnungen angemessene Erleichterungen wie z. B. eine längere Schreibdauer einzuräumen.
- Der **Kündigungsschutz** ist verbessert. Die Kündigung des Arbeitsverhältnisses eines schwerbehinderten Menschen durch den Arbeitgeber bedarf der vorherigen Zustimmung des Integrationsamtes (§ 168 SGB IX).

Als Schwerbehindertenvertretung – dies ist die gewählte Interessenvertretung der schwerbehinderten und gleichgestellten Beschäftigten (§§ 177 ff. SGB IX) – werden in Betrieben und Dienststellen mit wenigstens fünf schwerbehinderten Beschäftigten eine **Vertrauensperson** und ein Stellvertreter gewählt. Diese Vertrauensperson ist Ansprechpartner und Helfer in allen Angelegenheiten der Schwerbehinderten.

3 Interessenvertretung für Auszubildende

In jedem Ausbildungsverhältnis können Fragen und Probleme auftreten. Mal sind es (vermeintlich) ausbildungsfremde Tätigkeiten, mal ist es eine als ungerecht empfundene Beurteilung oder die Nichteinhaltung des Ausbildungsplanes. Da ist es gut, neben den schon erwähnten Ansprechpartnern – Ausbildern, Vorgesetzten, Gleichstellungsbeauftragten, Vertrauensleuten der Schwerbehinderten sowie den Kolleginnen und Kollegen – auch über die Interessenvertretungen für Auszubildende informiert zu sein. Dies sind

- die gesetzlich vorgesehenen gewählten Jugend- und Auszubildendenvertretungen (JAV) in den Dienststellen bzw. Betrieben und
- die Jugendorganisationen der Gewerkschaften für den öffentlichen Dienst.

3.1 Jugend- und Auszubildendenvertretung

Die rechtlichen Grundlagen für die Arbeit der Jugend- und Auszubildendenvertretung (JAV) sind in verschiedenen Gesetzen geregelt:

- Das Betriebsverfassungsgesetz (BetrVG) gilt in der Privatwirtschaft (einschließlich privatisierter Betriebe der Länder und Kommunen, z. B. Wasserwerk GmbH).
- Das Bundespersonalvertretungsgesetz (BPersVG) gilt im öffentlichen Dienst des Bundes.
- Die Landespersonalvertretungsgesetze (LPersVG) gelten im öffentlichen Dienst der Länder und Kommunen.

Die folgende Darstellung bezieht sich auf das Bundespersonalvertretungsrecht. Das Betriebsverfassungsgesetz und die Landespersonalvertretungsgesetze weichen in einigen Details ab (z. B. bei der Altersbegrenzung für JAV-Mitglieder), die grundlegenden Ziele und Aufgaben der Jugend- und Auszubildendenvertretungen sind aber gleich. Einzelheiten sind im jeweils anzuwendenden Gesetz nachzuschlagen.

Jugend- und Auszubildendenvertretungen werden nach § 57 BPersVG in allen Dienststellen (des Bundes) gebildet,

- bei denen Personalvertretungen bestehen
- und denen in der Regel mindestens fünf Beschäftigte angehören,
  - die das 18. Lebensjahr noch nicht vollendet haben oder
  - die sich in einer beruflichen Ausbildung befinden und das 25. Lebensjahr noch nicht vollendet haben.

Für die Länder gelten ähnliche Regelungen.

Wahlberechtigung und Wählbarkeit sind in den verschiedenen Gesetzen unterschiedlich geregelt.

Die Anzahl der Mitglieder der JAV ist nach der regelmäßigen Anzahl der jugendlichen Beschäftigten und der Auszubildenden gestaffelt. Die Wahlzeit beträgt einheitlich zwei Jahre. Die JAV soll sich aus Vertretern der verschiedenen Beschäftigungsarten einer Dienststelle zusammensetzen.

Die Jugend- und Auszubildendenvertretung hat nach § 61 BPersVG folgende **Aufgaben:**

- Maßnahmen für jugendliche Beschäftigte und Auszubildende, insbesondere in Fragen der Berufsbildung und der Übernahme der Auszubildenden in ein Arbeitsverhältnis, sowie Maßnahmen zur Gleichstellung von Frauen und Männern beim Personal- bzw. Betriebsrat zu beantragen;
- darüber zu wachen, dass die Regelungen des BBiG, des JArbSchG, der Ausbildungsordnung und des Ausbildungsrahmenplanes, der Tarifverträge sowie der Dienst- bzw. Betriebsvereinbarungen und der Unfallverhütungsvorschriften durchgeführt werden;
- Anregungen von jugendlichen Beschäftigten und Auszubildenden, insbesondere in Fragen der Berufsbildung, entgegenzunehmen und, falls sie berechtigt erscheinen, beim Personal- bzw. Betriebsrat auf eine Erledigung hinzuwirken;

Stellt die JAV Verstöße gegen Vorschriften fest, die für jugendliche Beschäftigte und Auszubildende gelten, muss sie sich zunächst an den Personal- bzw. Betriebsrat wenden. Nur dieser kann die Einhaltung der Rechte beim Arbeitgeber einfordern.

22106030

In Angelegenheiten, die überwiegend die von der JAV Vertretenen betreffen, sind alle JAV-Mitglieder in der Personal- bzw. Betriebsratssitzung teilnahme- und stimmberechtigt. In diesen Fällen ist die JAV auch an den Verhandlungen mit dem Arbeitgeber zu beteiligen.

Die JAV führt regelmäßig Sprechstunden durch.

Mindestens einmal in jedem Kalenderjahr findet eine **Jugend- und Auszubildendenversammlung** statt. Hier berichtet die JAV über ihre Tätigkeit. Sozial- und tarifpolitische Themen können ebenfalls auf der Tagesordnung stehen. Die Teilnehmer der Versammlung können Anträge an die JAV richten und zu deren Beschlüssen Stellung nehmen.

Die Tätigkeit der JAV wird durch bestimmte Gesetzesvorschriften **geschützt.**

- Alle Personen, die Aufgaben oder Befugnisse der Personalvertretung wahrnehmen, dürfen darin nicht behindert **(Behinderungsverbot)** und wegen ihrer Tätigkeit nicht benachteiligt oder begünstigt werden **(Benachteiligungs- und Begünstigungsverbot)**, s. § 8 BPersVG. Beabsichtigt der Arbeitgeber, einen Auszubildenden, der Mitglied einer JAV ist, nach erfolgreicher Berufsausbildung nicht in ein Arbeitsverhältnis auf unbestimmte Zeit zu übernehmen, so hat er dies drei Monate vor dem Ende des Berufsausbildungsverhältnisses dem Auszubildenden schriftlich mitzuteilen. Verlangt der Auszubildende daraufhin die Weiterbeschäftigung, so gilt ein Arbeitsverhältnis auf unbestimmte Zeit im Anschluss an die erfolgreiche Berufsausbildung als begründet, s. § 9 BPersVG. Ausnahmsweise ist dem Arbeitgeber die Weiterbeschäftigung eines JAV-Mitgliedes unter Umständen dann nicht zuzumuten, wenn der betreffende Bewerber wegen einer schlechten Abschlussnote aufgrund des Leistungsprinzips nicht zum Zuge kommt, die zur Übernahme vorgesehenen Bewerber aus dem Ausbildungsjahrgang besser qualifiziert sind und wenn außerdem die Zahl der Bewerbungen größer ist als die Zahl besetzbarer Stellen.
- Bei Kündigung eines Mitglieds einer Jugend- und Auszubildendenvertretung besteht besonderer **Kündigungsschutz.** Sie ist unzulässig, es sei denn, dass Tatsachen den Arbeitgeber zur **Kündigung aus wichtigem Grund** ohne Einhaltung einer Kündigungsfrist berechtigen und dass die Zustimmung des Personal- bzw. Betriebsrates vorliegt. Das gleiche Kündigungsverbot gilt für die Kündigung eines früheren Mitglieds einer Jugend- und Auszubildendenvertretung nach Beendigung der Amtszeit innerhalb eines Jahres.

Dieser Kündigungsschutz gilt nicht bei fristloser Kündigung durch den Arbeitgeber aus wichtigem Grund. Ein wichtiger Grund kann z. B. sein, Fahrstunden während einer Krankschreibung zu nehmen (Erschleichen von Freizeit), Rauschgifthandel im Betrieb, Tätlichkeiten oder Diebstahl.

3.2 Gewerkschaftliche Interessenvertretung

In den meisten Betrieben – einschließlich der Behörden in der öffentlichen Verwaltung – setzen sich Gewerkschaften für die Interessen der Arbeitnehmer ein. Im öffentlichen Dienst sind dies insbesondere

- die Vereinte Dienstleistungsgewerkschaft ver.di im Deutschen Gewerkschaftsbund (DGB) sowie
- mehrere Fachgewerkschaften, die dem Beamtenbund (DBB-Tarifunion) als Dachverband angehören.

Die Jugendorganisationen der Gewerkschaften setzen sich für Jugendliche und Auszubildende der jeweiligen Dienststelle ein und stellen auch Kandidaten für die Wahlen zur JAV.

Das Recht, Gewerkschaften zu bilden und ihnen anzugehören, ist als **Grundrecht in Artikel 9 GG** besonders geschützt. Im Ausbildungs- oder Arbeitsverhältnis darf aus der Zugehörigkeit zu einer Gewerkschaft und aus der gewerkschaftlichen Arbeit (bis hin zu einem legalen, organisierten Streik) kein Nachteil entstehen.

Jeder Auszubildende sollte sich für die Angebote der im Betrieb vertretenen Gewerkschaften interessieren, denn sie setzen sich für seine Belange ein. Dies geschieht auf vielfältige Weise:

- Gewerkschaften schließen mit Arbeitgebern bzw. ihren Verbänden **Tarifverträge,** die Arbeitsentgelte bzw. Ausbildungsvergütungen und Arbeitsbedingungen kollektiv festlegen. Der Tarifvertrag für Auszubildende des öffentlichen Dienstes (TVAöD) gehört dazu.

- Gewerkschaften **informieren und beraten** ihre Mitglieder in rechtlichen Fragen und übernehmen die rechtliche Vertretung in Streitfällen, auch vor den Arbeitsgerichten. Im öffentlichen Dienst wird z. B. die Frage, welche Ausbildungsmittel der Ausbildende kostenlos zur Verfügung stellen muss (§ 11 Abs. 2 TVAöD) oder ob die Fahrtkosten zu einer auswärtigen Berufsschule vom Ausbildenden zu tragen sind (§ 10 Abs. 3 TVAöD), nicht einheitlich beantwortet.
- Gewerkschaften fördern die **Weiterbildung** ihrer Mitglieder z. B. in der Gewerkschaftsarbeit, in arbeitsrechtlichen Fragen und in der politischen Bildung.
- In den Jugendorganisationen werden diese Aufgaben oft verbunden mit Exkursionen und Reisen, bei denen auch Sport und Geselligkeit nicht zu kurz kommen.

Weiterbildungsmöglichkeiten für Verwaltungsfachangestellte

Weiterbildungsbereich	Angebote	Träger
allgemeine, politische und soziale Weiterbildung	Kurse, z. B. in Sprachen, EDV, politischer Bildung, Rhetorik, Kommunikation, Gesundheit; Bildungsangebote für Mitglieder in Personalräten und in der JAV, Veranstaltungen zur Jugendarbeit und zu gewerkschaftlichen und politischen Einzelthemen	Volkshochschulen, Bildungswerk Arbeit und Leben (VHS/DGB), Stiftungen der Parteien, Bildungsstätten der Gewerkschaften und der Kirchen
betriebliche Weiterbildung	Vorträge und Kurse während der Arbeitszeit, die der Arbeitgeber durchführt oder vermittelt (z. B. Rhetorik, Konfliktbearbeitung, Softwareanwendung, Bürgerkommunikation).	Arbeitgeber (Weiterbildungsbeauftragte, Sachbearbeiter für Personalentwicklung, Personalabteilung)
berufliche Anpassungsfortbildung	Anpassung und Erweiterung vorhandene Qualifikationen in Kursen, die mit Zertifikaten oder Teilnahmebescheinigungen abschließen (z. B. Fachkurse für Personalwirtschaft, Datenschutzrecht, Vollstreckungswesen, doppelte Buchführung, neue rechtliche Entwicklungen).	Kommunale Studieninstitute bzw. Verwaltungsschulen Fortbildungsakademien des Bundes bzw. der Länder bzw. Ministerien
berufliche Aufstiegsfortbildung	Erreichen eines höheren Qualifikationsniveaus und beruflichen Aufstiegs, z. B. Angestelltenlehrgang II (Verwaltungsfachwirt), Ausbilderlehrgang, Bilanzbuchhalterlehrgang, Studium zum staatlich geprüften Betriebswirt (Teilzeitform: 3 ½ Jahre), Fachhochschulstudium zum Aufstieg in den gehobenen Dienst (Diplom-Verwaltungswirt, 3 Jahre)[1].	Kommunale Studieninstitute bzw. Verwaltungsschulen, Fortbildungsakademien des Bundes und der Länder bzw. der Ministerien, Industrie- und Handelskammern, Fachschulen für Wirtschaft (an einer berufsbildenden Schule bzw. einem Berufskolleg), Fachhochschule für öffentliche Verwaltung Die Verwaltungs- und Wirtschaftsakademien sind hier ebenfalls zu nennen. Organisation und Bildungsangebot unterscheiden sich in den Bundesländern erheblich.
Universitätsstudium	Studiengänge, z. B. in Rechts- und Wirtschaftswissenschaften	Fernuniversität Hagen (öffentlich-rechtliche Fernuniversität)
Erwerb eines allgemeinbildenden Schulabschlusses	Fachhochschulreife, allgemeine Hochschulreife	Abendgymnasien, Volkshochschulen, Kollegs zur Erlangung der Hochschulreife, gewerbliche Anbieter von Fernunterricht

1 In einigen Bundesländern besteht eine **unmittelbare Zugangsberechtigung** beruflich qualifizierter Personen zu den Verwaltungsfachhochschulen (Beantragung der Zulassung durch die Ausbildungsbehörde, u. a. in BW, Berlin und Niedersachsen).
In den meisten Bundesländern besteht Anspruch auf fünf Tage bezahlte **Freistellung** für die Teilnahme an bestimmten Bildungsveranstaltungen, insbesondere zur beruflichen und politischen Arbeitnehmerweiterbildung (s. Bildungsurlaubsgesetz bzw. Arbeitnehmerweiterbildungsgesetz des jeweiligen Landes). Zu prüfen ist auch die finanzielle **Förderung** der Weiterbildungsveranstaltung aus dem Europäischen Sozialfonds. Informationen hierzu gibt es beim Bundesministerium für Arbeit und Soziales.

22106032

1.1 Grundlagen des Staats

1.1.1 Staatsbegriff

Ein **Staat im Sinne des Völkerrechts** ist

- eine Organisation von Menschen **(Staatsvolk)**
- innerhalb eines bestimmten Teiles der Erde **(Staatsgebiet)**
- unter einer ursprünglichen Hoheitsgewalt **(Staatsgewalt)**.

Elemente des Staatsbegriffs		
Staatsvolk	**Staatsgebiet**	**Staatsgewalt**
(Organisation von Menschen)	**(ein bestimmter Teil der Erde)**	**(eine ursprüngliche Hoheitsgewalt)**
Die zu einem Staat gehörenden Personen bilden einen Verband, das **Staatsvolk.** Das Verhältnis der Staatsbürger zueinander und zur Gemeinschaft ist durch Regeln gestaltet; es besteht ein organisiertes Gemeinschaftsleben.	Das **Staatsgebiet** ist ein begrenzter Teil der Erdoberfläche. Es ist der Lebensraum des Staatsvolkes und das Territorium (Hoheitsgebiet), auf dem der Staat Herrschaftsgewalt beansprucht. Zum Staatsgebiet gehören die begrenzte Erdoberfläche, das Erdinnere darunter, der Luftraum darüber sowie die Hoheitsgewässer (meistens ein zwölf Seemeilen breiter Streifen des Küstenmeeres).	Der Personenverband bildet nur dann einen Staat, wenn er seinen Willen im Staatsgebiet durchsetzen kann. Diese **Staatsgewalt** ist ursprünglich, d. h., sie ist eine von keiner anderen Stelle abgeleitete höchste Herrschaftsgewalt.

Fällt eines dieser Wesensmerkmale weg, so geht der Staat unter.

Vorläufer der nationalen Staatswesen waren im **Altertum** die griechische Polis (Stadtstaat; Beispiel: Athen, Sparta) und die römische Republik (lateinisch „res publica“ = öffentliche Angelegenheit). Charakteristisch für das **Mittelalter** waren Begriffe wie „Reich“ und „Königtum“. In der heutigen Zeit beanspruchen gelegentlich Mikronationen die Staatselemente und damit das Vorhandensein eines Staates für sich (s. www.sealandgov.org, https://liberland.org).

1.1.2 Staatsvolk und Staatsangehörigkeit

Zu einem **Staatsvolk** gehören die **Menschen gleicher Staatsangehörigkeit.** Der Begriff des Staatsvolkes (Volk im Rechtssinne) ist abzugrenzen von den Begriffen „Bevölkerung“ und „Nation“.

Zur **Bevölkerung** eines Staats gehört, wer in ihm wohnt. Der Bevölkerungsbegriff ist statistisch – z. B. bei Volkszählungen – bedeutsam.

Beispiel

Zur Bevölkerung der Bundesrepublik Deutschland gehören auch türkische Gastarbeiter, tunesische Studenten und staatenlose Einwohner, nicht aber niederländische Touristen.

Eine **Nation** (Volk im natürlichen Sinne) umfasst die Gesamtheit aller Menschen gemeinsamer Abstammung, Kultur und Sprache. (Der Begriff wird aber uneinheitlich verwendet.)

Beispiel

Zur deutschen Nation gehören neben den Deutschen in der Bundesrepublik auch die Österreicher und die deutschsprachigen Schweizer; sie sind aber Angehörige verschiedener Staaten.

Staatsangehörigkeit ist die rechtliche Mitgliedschaft einer Person in einem Staat. Staatsangehörige haben gegenüber ihrem Staat besondere Rechte (z. B. Grundrechte, das Wahlrecht, [begrenzter] Schutz vor Auslieferung an das Ausland, Schutzrechte im Ausland) und staatsbürgerliche Pflichten (z. B. Wehrpflicht, Steuerpflicht, seltener: Wahlpflicht).

Jeder Staat regelt die Staatsangehörigkeit durch eigene gesetzliche Bestimmungen. In Deutschland ist dies das **Staatsangehörigkeitsgesetz (StAG).** Es ermöglicht Ausländern bei Vorliegen bestimmter Voraussetzungen die Zuwanderung.

Da kein Staat über die Staatsangehörigkeit eines anderen Staats verfügen kann, ist das Staatsangehörigkeitsrecht verschiedener Staaten nicht aufeinander abgestimmt. Dies hat zur Folge, dass es Personen gibt, die keinem Staat angehören (Staatenlose), und solche, die mehrere Staatsangehörigkeiten besitzen (Doppelstaater bzw. Mehrstaater).

Für den Erwerb der Staatsbürgerschaft gibt es zwei grundlegende Anknüpfungspunkte: das Abstammungsprinzip und das Territorialprinzip. Nach dem **Abstammungsprinzip** erwerben Kinder grundsätzlich die Staatsangehörigkeit der Eltern. Beim **Territorialprinzip** (Geburtsortprinzip) erwirbt die Staatsangehörigkeit eines Staats, wer auf dessen Staatsgebiet (Territorium) geboren ist. Im deutschen Staatsangehörigkeitsrecht gilt grundsätzlich das Abstammungsprinzip, allerdings können in Deutschland geborene Kinder ausländischer Eltern die deutsche Staatsbürgerschaft nach dem Territorialprinzip erwerben (§ 4 StAG).

Die deutsche Staatsangehörigkeit wird durch **Geburt** erworben, wenn mindestens ein Elternteil die deutsche Staatsangehörigkeit besitzt (§ 4 Abs. 1 StAG). Auch ein Kind ausländischer Eltern erwirbt unter bestimmten Voraussetzungen die deutsche Staatsangehörigkeit (neben der Staatsangehörigkeit der Eltern), wenn es in Deutschland geboren wird (§ 4 Abs. 3 StAG). Bevor der Standesbeamte die Geburt und die deutsche Staatsangehörigkeit beurkundet, überprüft er, ob die Anforderungen erfüllt sind. Grundsätzlich müssen sich diese Kinder zwischen den 21. und 23. Lebensjahr entscheiden, ob sie ausschließlich deutsche Staatsbürger sein wollen. Seit Ende 2014 kann ein solches Kind die elterliche neben der deutschen Staatsangehörigkeit behalten, wenn es Bürger eines EU-Staats oder in Deutschland aufgewachsen ist bzw. Schulzeiten oder eine abgeschlossene Berufsausbildung nachweisen kann (§ 29 Abs. 1, 1a StAG).

Die deutsche Staatsangehörigkeit kann auch durch **Einbürgerung** (Verwaltungsakt) erworben werden. Vor allem Staaten mit abnehmender Bevölkerung – wie z. B. Deutschland – sind daran interessiert, junge und beruflich leistungsfähige Ausländer einzubürgern. Für einen Ausländer oder Staatenlosen, der sich in Deutschland aufhält, kann eine Einbürgerung sinnvoll sein:

- Er erlangt den vollständigen Schutz der deutschen Rechtsordnung, insbesondere der Grundrechte des Grundgesetzes, sowie das Wahlrecht (nicht alle Rechte gelten auch für Ausländer).
- Ein deutscher Staatsbürger darf grundsätzlich nicht an das Ausland ausgeliefert werden (Art. 16 Abs. 2 GG).
- Es gelten günstigere Regelungen bei einem eventuellen Familiennachzug aus dem Ausland.
- Der deutsche Arbeitsmarkt kann unbeschränkt genutzt werden.
- Als Bürger eines EU-Staats erwirbt der Eingebürgerte die Unionsbürgerschaft.
- Die deutsche Staatsangehörigkeit ist **grundsätzlich** Voraussetzung für eine Beamtenlaufbahn im öffentlichen Dienst (s. Art. 33, 116 GG). Ausnahmen sind möglich (s. § 7 BeamtStG).

Es gibt verschiedene Möglichkeiten der Einbürgerung. Die wichtigsten sind folgende:

- **Anspruchseinbürgerung nach acht Jahren Aufenthalt** in Deutschland (§ 10 StAG)

  Ein ausländischer freizügigkeitsberechtigter Unionsbürger, der seit acht Jahren rechtmäßig seinen gewöhnlichen Aufenthalt in Deutschland hat, ist auf Antrag einzubürgern, wenn er sich zur freiheitlichen demokratischen Grundordnung des Grundgesetzes bekennt, den Lebensunterhalt für sich und seine unterhaltsberechtigten Familienangehörigen bestreiten kann, seine bisherige Staatsangehörigkeit aufgibt oder verliert, nicht vorbestraft ist und über ausreichende Deutschkenntnisse sowie Kenntnisse der Rechts- und Gesellschaftsordnung und der Lebensverhältnisse in Deutschland verfügt.

- **Erleichterte Einbürgerung** für Ausländer mit deutschem Ehegatten (§ 9 StAG)

  Wer mit einem/einer Deutschen verheiratet ist, soll eingebürgert werden, da aufgrund der Ehe von einer stärkeren sozialen und kulturellen Einbindung auszugehen ist. In der Regel besteht ein Einbürgerungsanspruch, wenn die Voraussetzungen der §§ 8, 9 StAG erfüllt sind.

- **Einbürgerung nach Ermessen** auch vor Ablauf von acht Jahren (§ 8 StAG)

  Diese Möglichkeit betrifft z. B. ehemalige deutsche Staatsangehörige und ihre Abkömmlinge sowie deutschsprachige Einbürgerungsbewerber, politisch Verfolgte und Staatenlose bei Vorliegen eines besonderen öffentlichen Interesses. Auch hier sind die gesetzlichen Voraussetzungen zu erfüllen.

22106034

Die deutsche Staatsangehörigkeit kann auch **verloren** gehen. Nach Art. 16 Abs. 1 GG darf die deutsche Staatsangehörigkeit nicht ohne Weiteres entzogen werden. Der Verlust der Staatsangehörigkeit ist nur aufgrund eines Gesetzes möglich. Er darf gegen den Willen des Betroffenen nur dann eintreten, wenn dieser dadurch nicht staatenlos wird.

Nach § 17 StAG **geht die deutsche Staatsangehörigkeit verloren** durch

- Entlassung, wenn ein Deutscher den Erwerb einer ausländischen Staatsangehörigkeit beantragt und ihm die zuständige Stelle die Verleihung zugesichert hat,
- den **Erwerb einer ausländischen Staatsangehörigkeit,** es sei denn, es wurde zuvor eine „Beibehaltungsgenehmigung" für die deutsche Staatsangehörigkeit erteilt (s. § 10 StAG),
- Verzicht, wenn ein Deutscher mehrere Staatsangehörigkeiten besitzt,
- Annahme als Kind durch einen Ausländer,
- Eintritt in die Streitkräfte eines ausländischen Staats,
- Erklärung gem. § 29 StAG (bestimmte Bürger mit zweiter Staatsangehörigkeit zwischen dem 21. und 23. Lebensjahr) oder
- die Rücknahme eines rechtswidrigen Verwaltungsaktes (§ 35 StAG).

In den letzten Jahren kam es in zahlreichen Fällen aus Unwissenheit zum (automatischen) Verlust der deutschen Staatsangehörigkeit, wenn eingebürgerte ehemalige Staatsbürger der Türkei oder der früheren Sowjetunion die Staatsbürgerschaft der Türkei oder eines Nachfolgestaats der UdSSR bei Reisen in die alte Heimat wieder angenommen hatten.

Informationsmöglichkeiten im Internet:
www.integrationsbeauftragte.de www.migration-online.de www.auswaertiges-amt.de

1.1.3 Staatsgewalt

Personalhoheit und Gebietshoheit

Ein Staat kann nur bestehen, wenn die staatliche Gemeinschaft alle für das Zusammenleben notwendigen Regeln gegenüber den Mitgliedern durchsetzen kann. Diese Herrschaftsmacht über Land und Leute heißt Staatsgewalt, sie umfasst die Gebiets- und Personalhoheit.

Die **Personalhoheit** eines Staats ist die Herrschaftsgewalt, die er über alle Staatsangehörigen im In- und Ausland beansprucht.

Beispiel

Deutsche Staatsangehörige genießen bei Auslandsreisen den diplomatischen Schutz der Bundesrepublik, etwa nach einem Verkehrsunfall oder bei Verlust der Personalpapiere. Sie haben auch im Ausland deutsche Strafvorschriften zu beachten, z. B. das Verbot des Rauschgifthandels und des Menschenhandels. Dies gilt auch, wenn im Gastland andere – dort ebenfalls zu respektierende – Strafbestimmungen gelten und obwohl die Einhaltung deutschen Rechts außerhalb der Bundesrepublik oft nicht erzwingbar ist.

Die **Gebietshoheit** erstreckt sich auf alle Personen (nicht nur Staatsangehörige) und Sachen **im Inland,** sie endet an der Staatsgrenze.

Beispiele

Das deutsche Strafgesetzbuch gilt aufgrund der Gebietshoheit der Bundesrepublik auch für Nichtdeutsche, die sich auf dem Territorium der Bundesrepublik aufhalten. Ebenso unterliegen deutsche Touristen in Großbritannien den britischen Straßenverkehrsregeln (Linksverkehr).

Für Staatsfremde schafft der Gaststaat kraft seiner Gebietshoheit besondere Rechtsvorschriften (Ausländerrecht):

Beispiel

Das Aufenthaltsgesetz enthält Regeln über die Ein- und Ausreise, Passpflicht, Aufenthaltsgenehmigung, die Ausweisung und die Abschiebung von Ausländern.

Gegenüber anderen Staaten bedeutet die Gebietshoheit, dass auf dem Gebiet eines Staats ohne dessen Erlaubnis kein anderer Staat Herrschaftsmacht ausüben darf. Ein Beispiel für eine solche Erlaubnis – und damit eine Ausnahme von der Gebietshoheit – sind die **exterritorialen Bereiche** innerhalb des Staatsgebiets (ex territorio = außerhalb des Hoheitsgebiets). Das Gelände fremder Botschaften z. B. gehört zwar zum Staatsgebiet der Bundesrepublik Deutschland, deutsche Behörden dürfen jedoch auf ihm keine Staatsgewalt ausüben. Ausländische Diplomaten, Mitglieder konsularischer Vertretungen und unter bestimmten Voraussetzungen auch Soldaten fremder Staaten genießen innerhalb der Bundesrepublik Deutschland **Immunität,** d. h. besonderen Schutz vor staatlicher Gewalt. Zwar haben auch sie die bundesdeutschen Gesetze zu beachten, dazu können sie von deutschen Staatsorganen normalerweise aber nicht gezwungen werden.

Beispiele

Ausländische Konsularbeamte dürfen wegen des Verdachts einer Straftat von deutschen Behörden nicht festgenommen oder durchsucht werden. Bei Ordnungswidrigkeiten ausländischer Diplomaten (z. B. Verstoß gegen Verkehrsregeln) darf Verwarnungs- oder Bußgeld nicht durch Vollstreckungsbehörden beigetrieben werden. Deutsche Polizeibehörden dürfen in ausländischen Botschaften grundsätzlich nicht tätig werden.

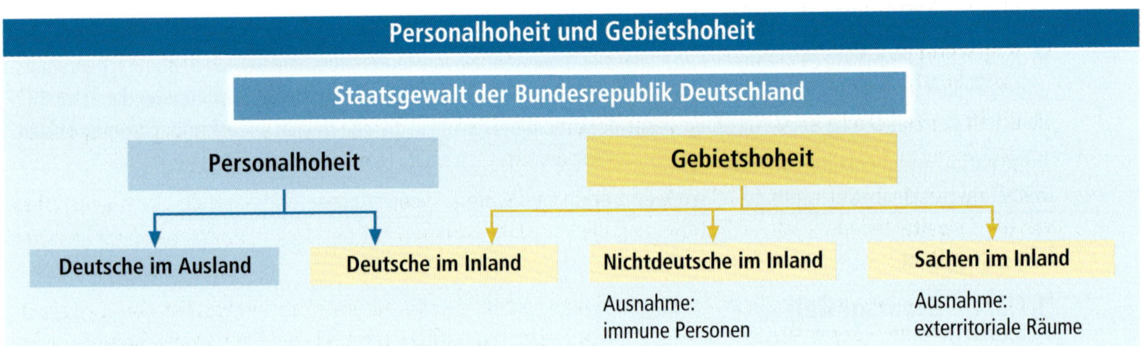

Das staatliche Gewaltmonopol

Die NS-Herrschaft zeigte auf furchtbare Weise, dass staatliche Machthaber ihre Gewalt auch missbrauchen können. So kann der staatliche Machtapparat den Bürgern gefährlich werden. Lässt er sich dennoch rechtfertigen?

Es gab Zeiten, in denen die staatliche Ordnungsmacht schwach und kaum funktionsfähig war. Bis ins 15. Jahrhundert war z. B. die Fehde üblich: Wer sein wirkliches oder vermeintliches Recht durchsetzen wollte, war auf das Faustrecht (Zweikampf) angewiesen. In den Glaubenskriegen des 16./17. Jahrhunderts galt ebenfalls das „Recht" des Stärkeren. Vor folternden, mordenden, plündernden und brandschatzenden Soldaten schützte keine staatliche Macht.

Die Sehnsucht nach einem menschenwürdigen Leben, nach persönlicher Freiheit und gleichem Recht für alle hätte allenfalls „der Staat" – genauer: eine starke Staatsgewalt – erfüllen können.

Im 17. und 18. Jahrhundert repräsentierten die absolutistischen Herrscher Frankreichs und Preußens mit Beamtenschaft und Heer solche „starken Staaten". Einziges Machtzentrum war der Staat. Er hatte das **Gewaltmonopol.**

Gewaltmonopol nennt man **das allein dem Staat zustehende Recht,** Regeln des Zusammenlebens (Rechte und Pflichten) festzulegen und ihre Befolgung auch mit körperlicher Gewalt zu erzwingen. Ebenso hat allein der Staat das Recht, anderen die Ausübung körperlicher Gewalt zu erlauben. Sogenannte Bürgerwehren (bestimmte Gruppierungen in der Bevölkerung, z. B. Rocker oder Reichsbürger) stellen den Rechtsstaat und sein Gewaltmonopol im Jahre 2018 vor hohe Belastungen. Das Gewaltmonopol ermöglicht es dem Staat, für ein friedliches und menschenwürdiges Zusammenleben gleichberechtigter Bürger zu sorgen. Dieses Gewaltmonopol beanspruchen heute alle Staaten.

Rechtlich gesehen ist „der Staat" eine **juristische Person.** Die deutschen Staatsangehörigen als natürliche Personen bilden z. B. gemeinsam die Körperschaft „Bundesrepublik Deutschland", die als juristische Person Rechte und Pflichten hat. Diese Rechte (z. B. Steuergesetze zu erlassen) und Pflichten (z. B. Gefahren abzuwehren, Sozialleistungen zu erbringen) nimmt der Staat durch **Organe** wahr (z. B. Bundestag, Polizei, Sozialbehörden).

Gewaltmonopol und Gewaltenteilung

Dass der Staat seine Machtfülle zum Wohl oder zum Nachteil seiner Bürger gebrauchen kann, wusste bereits der Kirchenlehrer Augustinus (354–430): „Was sind Staaten anderes als große Räuberbanden, wenn es in ihnen keine Gerechtigkeit gibt." Noch immer werden in vielen Ländern der Erde Menschenrechte missachtet, lassen Regierungen Andersdenkende bespitzeln, verhaften, foltern und ermorden, werden große Teile der Bevölkerung in Armut, Not und Furcht gehalten. Ein schreckliches Beispiel war das nationalsozialistische Deutschland (1933–1945). Kein Parlament (Volksvertretung) und kein Gericht beschränkte den Machtapparat Hitlers.

Hier zeigt sich: Der Staat muss gehindert werden, sein Gewaltmonopol zu missbrauchen. Als Sperre gegen die Willkürherrschaft wirkt die Gewaltenteilung.

Staatliche Gewaltenteilung ist die **Aufteilung** der drei Funktionsbereiche **Gesetzgebung** (Legislative), **Gesetzesvollzug** (Exekutive) und **Rechtsprechung** (Judikative) auf **getrennte, voneinander unabhängige Staatsorgane.**

- Die **Gesetze beschließt** in einer Demokratie die gewählte Volksvertretung, das Parlament. Es ist an bestimmte Grundsätze – die verfassungsmäßige Ordnung – gebunden. (Es darf z. B. die Gewaltenteilung nicht abschaffen.) Die Rechtsprechung achtet auf die Einhaltung dieser Grundsätze.
- **Regierung und Verwaltung** vollziehen die Gesetze, ihre Macht wird also dem Recht untergeordnet. Die Gerichte kontrollieren dies.
- Die **Rechtsprechung** ist ebenfalls an Gesetz und Recht, nicht aber an Weisungen (etwa der Regierung) gebunden. Gerechte Urteile setzen die Unabhängigkeit der Richter voraus (Art. 97 Abs. 1 GG).

Dem französischen Juristen und Philosophen **Charles de Montesquieu** (1689–1755) – Begründer dieser Lehre von der Gewaltenteilung – war es wichtig, dass die verschiedenen Staatsorgane mit Personen unterschiedlicher Herkunft und Interessen besetzt wurden.

Montesquieu wollte durch die Beschränkung der Teilgewalten eine **Machtkonzentration erschweren.** Gegenseitige Kontrollen der Teilgewalten sollten vor **Machtmissbrauch schützen.** Auch heute halten viele Staaten die Ergänzung ihres Gewaltmonopols durch Gewaltenteilung für notwendig, um durch Hemmung und Kontrolle der Staatsgewalt einem totalen Machtstaat, einem Unrechtsstaat, vorzubeugen. Gewaltenteilung macht außerdem das Handeln der an Gesetze gebundenen Exekutive für die Bürger berechenbar, sodass sie sich gegenüber dem Staat auf verbindliche Gesetze berufen können, notfalls vor Gericht. So entsteht **Rechtssicherheit.**

Gewaltmonopol, Grundrechte und Demokratie

Die Gewaltenteilung soll die Gefahren des Gewaltmonopols begrenzen. Reicht aber dieser Schutz aus, um Menschenwürde, Frieden und Gleichberechtigung zu sichern? Vor allem Minderheiten sind der Staatsgewalt ausgeliefert, wenn es keine **garantierten (einklagbaren) Grundrechte** gibt. Neben Gewaltenteilung und Grundrechten schützt ein dritter Faktor vor den Gefahren des Gewaltmonopols: Das Staatsvolk selbst sollte politisch mitwirken, die Rechtsordnung an neue Aufgaben anzupassen. Der Fortschritt in Technik und Medizin bringt neue Probleme mit sich, politisches Denken und Gerechtigkeitsempfinden verändern sich. Gesetze veralten und müssen erneuert oder neu geschaffen werden.

Beispiele

Seit dem Inkrafttreten des BGB am 1. Januar 1900 galt ein Eherecht, das den sich wandelnden Anschauungen über Ehe und Familie immer weniger entsprach. 1977 trat ein neues Ehe- und Familienrecht in Kraft. Es berücksichtigt die heutigen Wertvorstellungen von Partnerschaft und Gleichberechtigung in der Ehe. Eine Ehe kann geschieden werden, wenn sie gescheitert ist (Zerrüttungsprinzip). Früher kam es auf die schuldhaften Eheverfehlungen des Ehepartners an, gegen den auf Scheidung geklagt wurde (Verschuldensprinzip).

Der Schutz unserer Lebensgrundlagen und der Umwelt erfordert Beschränkungen des Eigentumsrechts; 1980 wurden Straftaten gegen die Umwelt ins Strafgesetzbuch aufgenommen. Seit 1990 regelt das Gesetz über Umweltverträglichkeitsprüfungen das Prüfungsverfahren bei Vorhaben, die erhebliche Auswirkungen auf die Umwelt haben können, z. B. Kraftwerke.

Wird also das Recht lückenhaft oder von der Mehrheit der Staatsangehörigen nicht mehr für gerecht gehalten, so müssen sie **selbst eine Änderung herbeiführen** können. In der **Demokratie** (= Volksherrschaft) ist es durch die Wahl der Gesetzgebungsorgane möglich, friedlich einen Machtwechsel herbeizuführen. Damit die Bürger das Gewaltmonopol des Staats und die staatliche Rechtsordnung als im Großen und Ganzen gerecht anerkennen können, müssen folgende Bedingungen erfüllt sein:

- **Gewaltenteilung**
- **garantierte Grundrechte**
- **Demokratie**

Ausübung der Staatsgewalt

Heute gelten Gewaltenteilung, Grundrechte und Demokratie nicht überall gleichermaßen.

- Die **Gewaltenteilung** z. B. ist in der Bundesrepublik Deutschland nicht voll verwirklicht, in der DDR war sie vor 1990 gar nicht vorgesehen.
- In vielen Staaten in Ost und West können die Bürger ihre **Grundrechte** – soweit diese ihnen überhaupt zugestanden werden – nicht gerichtlich gegen die Staatsgewalt durchsetzen.
- Auch sind die Inhaber der Staatsgewalt nicht überall auf **legalem**, d. h. gesetzmäßigem Weg (z. B. durch ein Wahlverfahren) zur Macht gelangt, sondern z. B. durch einen Militärputsch oder durch Revolution.
- Zudem wird die Staatsgewalt nicht immer und überall **legitim** ausgeübt, d. h., ihre Vorschriften und Handlungen werden von den Staatsangehörigen nicht als berechtigt oder gerecht anerkannt. Gelegentlich versagen auch fremde Staaten einer anderen Regierung oder dem gesamten Staat die (völkerrechtliche) Anerkennung und bestreiten damit seine Legitimität.
- Schließlich übt nicht jede Staatsgewalt ihre Macht **souverän,** d. h. unumschränkt nach innen und außen, aus. So ist z. B. die Unabhängigkeit nach außen häufig durch Militärbündnisse oder wirtschaftliche Zusammenschlüsse von Staaten beschränkt.
- Allerdings übt nicht der Staat allein Gewalt aus. Dies tun auf ihre Art auch die Eltern im Rahmen ihres elterlichen Sorgerechts, wenn sie ihren Kindern etwas verbieten. Die Gemeinden und Kreise, die Handwerkskammern und Kirchengemeinden sind Inhaber öffentlicher Gewalt und nicht mit dem Staat „Bundesrepublik Deutschland“ identisch. Sie alle üben vom Staat anerkannte bzw. **abgeleitete Gewalt** aus. Auch der Einzelne darf im Rahmen des Notwehrrechtes legal Gewalt ausüben, um einen rechtswidrigen Angriff von sich oder einem Anderen abzuwehren (s. § 227 BGB).

22106038

Gewaltenteilung, Grundrechte, Legalität, Legitimität und volle Souveränität nach außen sind **keine Elemente des Staatsbegriffs;** fehlen der Staatsgewalt diese Merkmale, so kann dennoch ein Staat vorhanden sein.

Nicht mit staatlicher Gewaltenteilung zu verwechseln ist die in Gemeinden übliche Arbeitsteilung zwischen dem beschließenden Gemeinderat und der ausführenden Gemeindeverwaltung. Sie geschieht innerhalb der **staatlich garantierten** kommunalen Selbstverwaltung. Diese ist **„indirekt" (mittelbar) ausgeübte vollziehende Staatsgewalt.**

1.1.4 Staatsaufgaben

Wichtige Staatsaufgaben der Bundesrepublik Deutschland:

- **innere Sicherheit und Ordnung**
  durch Schutz von Freiheit und Eigentum der Bürger, jedoch begrenzt insbesondere durch die Garantie der Menschenwürde und die soziale Bindung des Eigentums und durch Verwirklichung und Weiterentwicklung einer gerechten Rechtsordnung
- **äußere Sicherheit**
  durch friedensorientierte Außenpolitik und militärische Verteidigungsbereitschaft
- **soziale Sicherung**
  insbesondere durch Sozialversicherung, soziale Leistungen und Gesundheitswesen
- **kulturelle Förderung**
  insbesondere der Bildung und der Wissenschaft
- **Umweltschutz**
  Schutz der natürlichen Lebensgrundlagen, auch in Verantwortung für künftige Generationen
- **gesunde Wirtschaftsentwicklung**
  durch Vollbeschäftigung, Preisstabilität, Wirtschaftswachstum, ausgeglichenen Außenhandel bei gerechter Einkommensverteilung und Erhaltung einer lebenswerten Umwelt

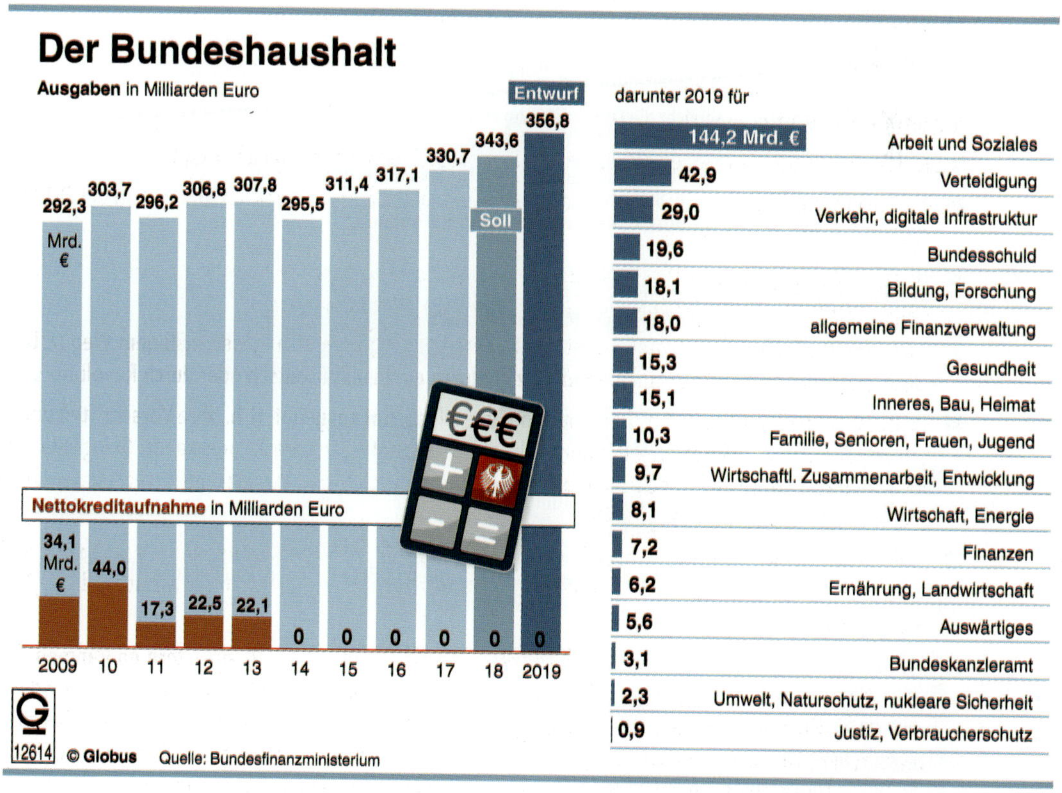

Staat und Verfassung

Staatsaufgaben lassen sich kaum einheitlich festlegen. Sie werden beeinflusst durch geografische Gegebenheiten, wirtschaftliche, soziale, politische und kulturelle Verhältnisse.

Was Parlamente und Regierungen als Staatsaufgaben ansehen, ist z. B. in Gesetzen, Regierungserklärungen und Haushaltsplänen nachzulesen. Die Haushaltspläne von Bund und Ländern werden auch als „Regierungsprogramme in Zahlen" bezeichnet. Dabei enthalten die Staatshaushalte nur einen Teil der öffentlichen Ausgaben, Kommunen und Sozialversicherungsträger sind ebenfalls einzubeziehen.

Der öffentliche Gesamthaushalt verteilte sich 2016 in folgendem Verhältnis:

Bund	363 Mrd. €
Länder	371 Mrd. €
Gemeinden	242 Mrd. €
Sozialversicherung	597 Mrd. €

Vgl. Statistisches Bundesamt: Öffentliche Finanzen auf einen Blick, Ausgabe 2017.

Zusammenfassung

Die **Staatsgewalt**

- ist ein **Wesensmerkmal** eines Staats,
- ist eine **ursprüngliche** (von keiner anderen Stelle abgeleitete) Hoheitsgewalt,
- umfasst die **Gebiets- und Personalhoheit** des Staats,
- kann in die drei **Funktionen Legislative, Exekutive und Judikative** aufgeteilt werden.

Wünschenswerte, aber **rechtlich nicht existenznotwendige Merkmale** der Staatsgewalt sind

- Gewaltenteilung, Grundrechte und Demokratie,
- Legitimität und Legalität,
- äußere Souveränität.

Begründung des **staatlichen Gewaltmonopols**

- Das Gewaltmonopol ermöglicht die **Durchsetzung des staatlichen Willens** zum Nutzen des Staatsvolkes (Missbrauchsgefahr!).
- Das Gewaltmonopol ist Grundvoraussetzung für die **Friedenssicherung** im Staat.

Sicherungen **gegen den Missbrauch des staatlichen Gewaltmonopols:**

- **Gewaltenteilung**
  - erschwert Machtkonzentration,
  - ermöglicht durch Kontrolle Schutz vor Machtmissbrauch,
  - fördert Rechtssicherheit.
- **Grundrechte**
  - schützen den Persönlichkeitsbereich der Bürger,
  - sind Voraussetzung demokratischer Mitbestimmung.
- **Demokratie**
  - ermöglicht Beteiligung an der Ausgestaltung und
  - Veränderung der staatlichen Ordnung.

Der Staat **gewährt bzw. garantiert** auch **anderen Einrichtungen** (z. B. Gemeinden) und **Personen** (z. B. Eltern) **Rechte,** die die Ausübung von Gewalt in begrenztem Umfang einschließen.

Wichtige **Staatsaufgaben** der Bundesrepublik Deutschland sind:

- innere Sicherheit und Ordnung,
- äußere Sicherheit,
- soziale Sicherung,
- kulturelle Förderung,
- Umweltschutz,
- gesunde Wirtschaftsentwicklung.

22106040

1.2 Verfassungsprinzipien des Grundgesetzes

1.2.1 Verfassung und Verfassungsprinzipien

Verfassungsinhalt und -form

Eine Verfassung ist die rechtliche Grundordnung eines Gemeinwesens.

Inhalt moderner Staatsverfassungen	
Grundrechtsteil	**Organisationsteil**
Regeln über das Verhältnis zwischen Bürgern und Staat	Regeln über Staatsaufbau, Staatsform, Regierungssystem und oberste Staatsorgane

Verfassungen entstanden seit dem 18. Jahrhundert aus politischen Kämpfen mit dem Ziel, die Staatsgewalt zu begrenzen und die Grundrechte der Bürger zu sichern (Verfassung von Virginia 1776, Bundesverfassung der USA 1787, französische Erklärung der Menschen- und Bürgerrechte 1789).

Die meisten Verfassungen sind in einer Urkunde schriftlich niedergelegt (kodifiziert). Die Verfassungsurkunde der Bundesrepublik Deutschland ist das Grundgesetz.

In einigen Ländern besteht keine geschriebene Verfassung. Die Grundordnung setzt sich dort überwiegend aus überlieferten Grundsätzen und Gewohnheiten zusammen (z. B. Großbritannien). Unabhängig von der Form hat das Verfassungsrecht überall Vorrang vor anderen Gesetzen.

Verfassungsnormen und Verfassungswirklichkeit

Verfassungen enthalten – wie andere Rechtsvorschriften auch – Regelungen für die Gestaltung des Lebens. Sie regeln z. B. die Grundrechte auf körperliche Unversehrtheit, Gewissens-, Meinungs- und Versammlungsfreiheit. Daraus folgt aber noch nicht, dass die Wirklichkeit den Anforderungen der Verfassung tatsächlich voll entspricht.

Die Verfassungsregeln richten sich vor allem an die Staatsgewalt. Nur sie kann die Menschenwürde wirksam schützen, die Versammlungsfreiheit oder ein faires Gerichtsverfahren gewährleisten. Andererseits zwingt keine Instanz den Staat, diese Pflichten zu erfüllen. In Diktaturen stehen Grundrechte oft nur auf dem (Verfassungs-) Papier. Aber auch in der Demokratie sind manche Grundrechte den Bürgern nicht genügend bekannt, bisweilen werden sie aus Gleichgültigkeit nicht ausgeübt. Hier können geschriebene und praktizierte Verfassung auseinanderklaffen. Erst durch Kennen, Verstehen und Gebrauchen der verfassungsmäßigen Rechte kann ein „Staatsgrundgesetz" seinen Zweck erfüllen.

Das Grundgesetz für die Bundesrepublik Deutschland

Das Grundgesetz (GG) trat im Mai 1949 als vorläufige Verfassung für Westdeutschland in Kraft. Seit dem Beitritt der DDR zur Bundesrepublik Deutschland am 3. Oktober 1990 gilt das GG für Gesamtdeutschland.

Das Grundgesetz wurde ab September 1948 vom Parlamentarischen Rat ausgearbeitet. Dieses Gremium bestand aus 65 Abgeordneten der westdeutschen Landtage. Die Erfahrungen mit der Verfassung der Weimarer Republik (1919–1933) und deren Zerschlagung durch die Nationalsozialisten, die unterschiedlichen Standpunkte der Parteien und die Vorgaben der Besatzungsmächte waren dabei zu berücksichtigen. So ist manche Besonderheit im Inhalt des GG zu erklären.

Am 8. Mai 1949 – vier Jahre nach der deutschen Kapitulation – beschloss der Parlamentarische Rat das Grundgesetz mit 53 gegen zwölf Stimmen. Entsprechend Artikel 144 Abs. 1 GG wurde das Grundgesetz nicht in einer Volksabstimmung angenommen, sondern von den Landesparlamenten bestätigt. Der Bayerische Landtag versagte ihm zwar die Zustimmung, bestätigte aber ausdrücklich die Geltung auch für Bayern.

Am 23. Mai 1949 wurde das Grundgesetz in Bonn feierlich verkündet, am nächsten Tag trat es in Kraft. Der Begriff „Grundgesetz" weist vor dem Hintergrund der deutschen Teilung auf den zunächst provisorischen Charakter dieser Verfassung für die Bundesrepublik Deutschland hin.

Verfassungsprinzipien

Grundentscheidungen zur Staatsform enthält das Grundgesetz in Art. 20 und 28 Abs. 1 GG. Die staatliche Ordnung muss folgenden obersten Verfassungsgrundsätzen entsprechen:

- **Republik**
- **Demokratie**
- **Rechtsstaat**
- **Sozialstaat**
- **Bundesstaat**

Diese grundsätzlich gleichrangigen und unabänderlichen Prinzipien – eine Verfassung in Kurzform – werden nun im Einzelnen dargestellt (Verfassungsprinzip Rechtsstaat s. Kapitel 1.3).

1.2.2 Die Bundesrepublik als Republik

Der Begriff Republik ist ohne festen Inhalt, da Staaten mit unterschiedlichsten Machtverhältnissen sich als Republik bezeichnen. Unstrittig ist aber, dass das Wort Republik im Staatsnamen einen Monarchen als Staatsoberhaupt absolut ausschließt. Dies gilt für Bund und Länder.

Die klassische (hergebrachte) Grundeinteilung der **Staatsformen** ist die nach der Person des Staatsoberhaupts. Der italienische Gelehrte Niccolò Machiavelli (1469–1527) unterschied Monarchien und Republiken.

Staatsformenlehre (nach Machiavelli)

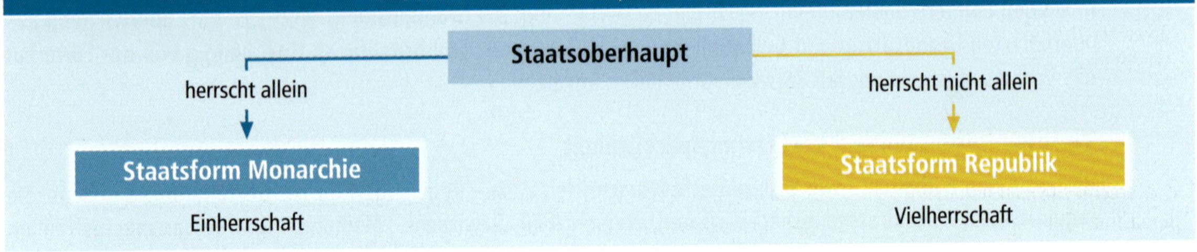

Die Begriffe „Monarchie“ und „Republik“ werden auch heute noch verwendet. Allerdings sagen sie über die tatsächlichen politischen Machtverhältnisse im Staat wenig aus. So kann die Macht eines Monarchen unbeschränkt (absolut) oder eingeschränkt sein. In Republiken ist die staatliche Gewalt durchaus nicht immer „Sache der Öffentlichkeit“ (res publica), denn neben Demokratien nennen sich auch Diktaturen „Republik“.

Die weitere Untergliederung der Staatsformen führt daher zu den **Regierungsformen.** Sie beschreiben die Verteilung und Ausübung der Staatsgewalt in den Monarchien und Republiken.

Regierungsformen in der Republik

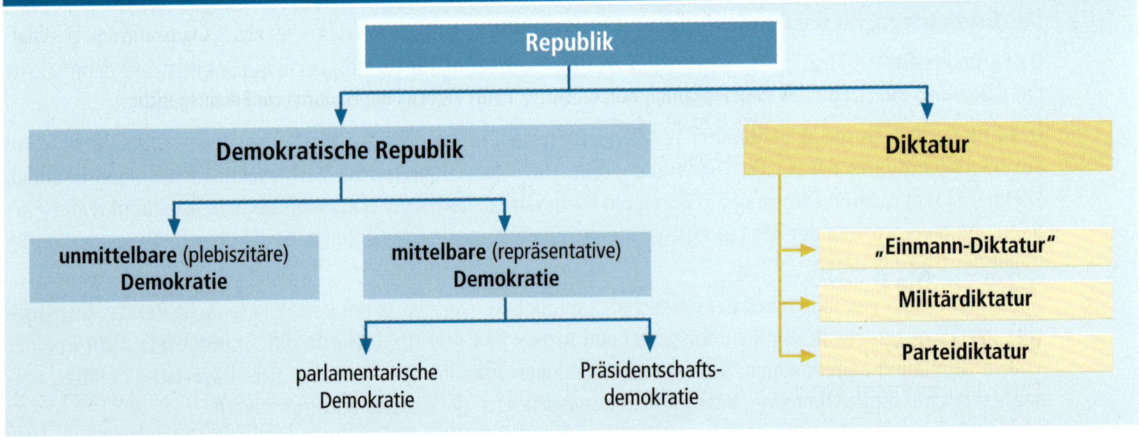

Die Bundesrepublik Deutschland wie auch die 16 Bundesländer haben die Staatsform einer Republik und die Regierungsform einer parlamentarischen Demokratie.

22106042

Das Amt des Bundespräsidenten

Staatsoberhaupt der Bundesrepublik Deutschland und damit oberstes Staatsorgan ist der Bundespräsident. In einem parlamentarischen Regierungssystem kommt diesem Amt aber nicht die herausragende politische Bedeutung zu, die es in einer Präsidentschaftsrepublik wie z. B. in den USA hat.

Kennzeichnend für das Amt des Bundespräsidenten ist, dass grundsätzlich alle seine Anordnungen und Verfügungen der Gegenzeichnung durch den Bundeskanzler bzw. den zuständigen Bundesminister bedürfen (Art. 58 GG). Damit soll eine gewisse Einheitlichkeit der Staatsleitung durch Regierung und Präsident gesichert werden.

Trotz der so eingeschränkten Selbstständigkeit darf die Amtsführung des Bundespräsidenten nicht ausschließlich als Repräsentation verstanden werden. Über dem Streit der Parteien stehend und um Neutralität bemüht, kann der Präsident auch ausgleichend und schlichtend auf die politischen Auseinandersetzungen einwirken. Die Zugehörigkeit zu einer Regierung oder einem Parlament ist mit dem Amt des Staatsoberhaupts nicht vereinbar (Art. 55 GG); einer Partei darf der Bundespräsident durchaus angehören.

Die Bundesversammlung wählt den Bundespräsidenten ohne Aussprache für fünf Jahre. Dieses Wahlgremium besteht aus den Mitgliedern des Bundestags und einer gleichen Anzahl von Delegierten, die von den Volksvertretungen der Länder gewählt werden (Art. 54 Abs. 3 GG).

Aufgaben des Bundespräsidenten	
Aufgabenbereiche	**wichtige Einzelaufgaben und Befugnisse des Bundespräsidenten**
völkerrechtliche Vertretung (Art. 59 GG)	■ Repräsentation der Bundesrepublik nach außen ■ Vertragsschluss mit auswärtigen Staaten im Namen des Bundes (erforderlich ist die vorherige Bestätigung – Ratifikation – durch den Bundestag) ■ Beglaubigung und Empfang der Gesandten
staatsrechtliche Funktionen im Bereich der Gesetzgebung	■ Ausfertigung der Bundesgesetze, Verkündung im Bundesgesetzblatt (Art. 82 GG). Ausfertigung bedeutet die Beurkundung, dass der Gesetzestext mit dem beschlossenen Gesetzesinhalt übereinstimmt, dass das Gesetzgebungsverfahren ordnungsgemäß verlaufen und das Gesetz inhaltlich mit dem Grundgesetz vereinbar ist. ■ Auflösung des Bundestags in den Ausnahmefällen der Art. 63 Abs. 4 und 68 GG (Scheitern der Kanzlerwahl bzw. der Vertrauensfrage)
staatsrechtliche Funktionen im Bereich der vollziehenden Staatsgewalt	■ Vorschlag des Bundeskanzlers und Ernennung (nach Wahl des Kanzlers durch den Bundestag; Art. 63 GG) ■ Ernennung und Entlassung der Bundesminister auf Vorschlag des Bundeskanzlers (Art. 64, s. auch Art. 69 Abs. 3 GG) ■ Ernennung und Entlassung der Bundesrichter, Bundesbeamten, Offiziere und Unteroffiziere, soweit gesetzlich nichts anderes bestimmt ist (Art. 60 Abs. 1 GG; häufig delegiert auf Bundesminister) ■ Begnadigungsrecht im Einzelfall für Verurteilungen durch ein Bundesgericht (Art. 60 Abs. 2 GG) ■ Verleihung von Orden und Ehrenzeichen (1957 durch Gesetz geregelt) als äußere Zeichen einer besonderen öffentlichen Ehrung

1.2.3 Die Bundesrepublik als Demokratie

Begriff Demokratie

Fast alle Staaten in Ost und West verstehen sich als Demokratien oder geben sich als solche aus. Da der Begriff Demokratie in verschiedenen Zeiten und Gesellschaftsordnungen unterschiedlich aufgefasst wurde, ist eine allgemeine Begriffsbestimmung über die bloße Wortbedeutung (Volksherrschaft) hinaus kaum möglich.

Im deutschen Verfassungsrecht geht es um die Frage, was nach dem Grundgesetz mit dem Demokratieprinzip gemeint ist. Sie wird hier in einem umfassenden Sinne verstanden.

Demokratie ist

- ein **Prinzip des formalen Staatsaufbaus,** nach dem alle Staatsgewalt auf das Volk zurückgeführt werden kann (Staatsaufbau von unten nach oben),
- eine **Form des Regierens,** in der bestimmte Regeln für die Mitwirkung des Volkes gelten, insbesondere das Mehrparteienprinzip, allgemeine, freie, gleiche, unmittelbare und geheime Wahlen, das Mehrheitsprinzip bei Entscheidungen und der Schutz von Minderheiten,
- eine **Form des Zusammenlebens,** in der das größtmögliche Maß an freier Persönlichkeitsentfaltung und verantwortlicher Lebensgestaltung für alle Bürger gleichermaßen existiert; diese gelebte Demokratie setzt ein auf Menschenwürde, Freiheits- und Gleichheitsrechten aufbauendes Menschenbild im Bewusstsein der Bürger voraus. Das Menschenbild des Grundgesetzes begreift den Einzelnen aber nicht als selbstherrliches Individuum, sondern als eine in der Gemeinschaft stehende und ihr verpflichtete Persönlichkeit.

Demokratie als Lebensform setzt eine demokratische Regierungsform, diese einen entsprechenden Staatsaufbau voraus. Das Demokratieverständnis des Grundgesetzes umfasst also

- einen demokratischen Staatsaufbau,
- eine demokratische Regierungsform,
- eine demokratische Lebensform.

In der Bundesrepublik soll die staatliche Herrschaft durch das Gesamtvolk getragen werden:

Art. 20 Abs. 2 Satz 1 GG	Alle Staatsgewalt geht vom Volke aus.

Aber ist dies nicht nur eine schöne Formel? Haben die „kleinen Leute" tatsächlich eine Chance, sachverständig politisch mitzuentscheiden?

Die Beantwortung dieser Fragen hängt davon ab, wie die Demokratie im Einzelnen geregelt ist. Das Grundgesetz gestaltet den Demokratiegrundsatz aus.

Grundvoraussetzungen der Demokratie

Volksherrschaft ohne jede Ordnung würde zu Gewalt und Chaos führen. Um dies zu verhindern, muss die Verfassung die zwingenden Rahmenbedingungen der Demokratie enthalten.

Eine demokratische Staatsgewalt soll im Interesse der Staatsangehörigen ausgeübt werden. Deshalb hat der Staat die Freiheit der menschlichen Persönlichkeit als höchsten Rechtswert zu schützen. Den in dieser Fähigkeit zur persönlichen Selbstverantwortung wurzelnden Eigenwert des Menschen bezeichnet man als seine Menschenwürde (Würde bedeutet hier so viel wie Wert, Bedeutung).

Art. 1 GG
Die Würde des Menschen ist unantastbar. Sie zu achten und zu schützen ist Verpflichtung aller staatlichen Gewalt.

Was bedeutet diese oberste staatliche Pflicht? Im Gegensatz zum instinktgeleiteten Tier ist der vernunftbegabte Mensch darauf angelegt, in Lebenssituationen zu planen, abzuwägen und bewusst zwischen verschiedenen Handlungsmöglichkeiten zu wählen. Unter allen Kreaturen ist der Mensch am wenigsten festgelegt und besitzt die größten Gestaltungsmöglichkeiten. Damit er diese auch gebrauchen und nutzen kann, soll jeder über Bildung und Entfaltung seiner Person grundsätzlich selbst frei verfügen können; er darf nicht Objekt eines fremden Willens sein. Die mit dieser prinzipiellen Selbstverfügbarkeit verbundene Personenwürde kommt allen Menschen gleichermaßen zu.

Das Grundgesetz gewährleistet die persönliche Selbstbestimmung durch den Schutz der **Menschenwürde** und das Bekenntnis zu **unverletzlichen und unveräußerlichen Menschenrechten** (Art. 1 Abs. 2 GG), insbesondere zu Freiheits- und Gleichheitsrechten.

Ohne diese Grundrechte scheitern Menschenwürde und Volksherrschaft gleichermaßen. Dies wird am Gegenbeispiel der Diktatur deutlich: Statt der Freiheit der Person herrscht die Angst vor willkürlicher Verhaftung, statt körperlicher Unversehrtheit und Gewissensfreiheit herrscht Furcht vor Folter und „Gehirnwäsche". Freizügigkeitsrechte werden durch Hausarrest und Ausreiseverbot zunichte gemacht. Die Herabwürdigung von Menschen

22106044

wegen ihres Glaubens, ihrer Rasse oder ihrer politischen Anschauungen widerspricht den garantierten Gleichheits- und Freiheitsrechten.

Volksherrschaft setzt auch **Einsichts- und Entscheidungsfähigkeit der Bürger** voraus. Deshalb hat der Staat die Bildung seiner Bürger zu fördern – auch auf politischem Gebiet. Voraussetzungen eines mündigen Urteils sind umfassende Informationsmöglichkeiten, Vielfalt der Meinungen und Freiheit der Meinungsverbreitung. Diese Mündigkeit wird nicht immer erreicht, denn auch die Unvollkommenheit gehört zur menschlichen Natur. Möglichen Fehlentscheidungen der Parlamente und Gemeinderäte muss deshalb mit Begrenzung und Kontrolle staatlicher Macht begegnet werden.

Nach Menschenwürde und Mündigkeit bedarf die Demokratie einer dritten Grundvoraussetzung: der Einigkeit über **unaufhebbare demokratische Grundwerte.** Der Grundsatz „Mehrheit entscheidet" kann für viele, aber nicht für alle Fragen gelten. Sonst wäre es möglich, einer Minderheit durch Mehrheitsbeschluss Grundrechte abzuerkennen, Oppositionsparteien die Erlangung der Mehrheit bei Wahlen unmöglich zu machen oder sie ganz auszuschalten und die Demokratie in eine Diktatur umzuwandeln. All dies wäre undemokratisch. Nur der Grundkonsens (das Einigsein) über nicht abstimmungsfähige Grundwerte ermöglicht auch dem jeweils Unterlegenen die Anerkennung des Mehrheitsprinzips im politischen Alltag.

> [...] Das abnehmende Vertrauen in politische Institutionen oder gar die Verachtung der politischen Eliten, die Schwäche der Volksparteien und das Aufkommen rechtspopulistischer Bewegungen stellen die repräsentative [und liberale] Demokratie auf die Probe. [...]
>
> *Quelle: Bundespräsident Steinmeier im Gespräch zum Thema „Gesellschaft ohne Politik? Liberale Demokratien in der Bewährungsprobe". In: bundespraesident.de. 14.05.2018. www.bundespraesident.de/SharedDocs/Pressemitteilungen/DE/2018/05/180514-Forum-Bellevue.html [20.08.2018]. (verändert)*

Unmittelbare oder mittelbare Demokratie?

Es ist zu fragen, wie die oberste Herrschaftsgewalt des Volkes in unserer Massengesellschaft überhaupt organisiert werden kann. Das Volk kann seine Souveränität grundsätzlich mittelbar (repräsentativ) oder unmittelbar (plebiszitär) ausüben. Für eine dieser Grundformen der Demokratie musste sich der Parlamentarische Rat im Grundgesetz entscheiden. Nach Art. 20 Abs. 2 S. 1 GG ist das Volk Inhaber (Träger) der Staatsgewalt, von ihm leiten die Staatsorgane ihren Auftrag zur Machtausübung ab.

Trägerschaft und Ausübung der Staatsgewalt gem. Art. 20 Abs. 2 GG

Alle Staatsgewalt geht vom Volke aus.
Sie wird **ausgeübt**

durch das **Volk** und durch besondere **Organe** der

durch das Volk	durch besondere Organe der		
in Wahlen und Abstimmungen	**Gesetzgebung**	**vollziehenden Gewalt**	**Rechtsprechung**

Wahlen sind charakteristisch für die mittelbare (repräsentative) Demokratie. In den Bundestagswahlen legitimiert das Staatsvolk Abgeordnete, für eine Wahlperiode in seinem Namen zu handeln. Wollten die Bundesbürger alle politischen Entscheidungen unmittelbar (in Volksabstimmungen) treffen, so wäre der Staatsapparat angesichts der Vielzahl, der Schwierigkeit und der erforderlichen Schnelligkeit der Entscheidungen kaum funktionsfähig. Deshalb sieht das Grundgesetz Volksentscheide nicht vor – abgesehen vom Fall des Art. 29 GG. Diese repräsentative Ausrichtung der Verfassung macht Volksabstimmungen (= „Plebiszite") allerdings auch in wichtigen politischen Sachfragen unmöglich. Die Landesverfassungen enthalten jedoch plebiszitäre Elemente. Auf Gemeindeebene sind sie weiter ausgeprägt (vgl. LF 2, Kap. 3.3.5).

Wird die Staatsgewalt durch besondere Organe (z. B. Bundestag, Verwaltungsbehörden, Gerichte) ausgeübt, so lässt sich ihr Handeln als „vom Volke ausgehend" legitimieren.

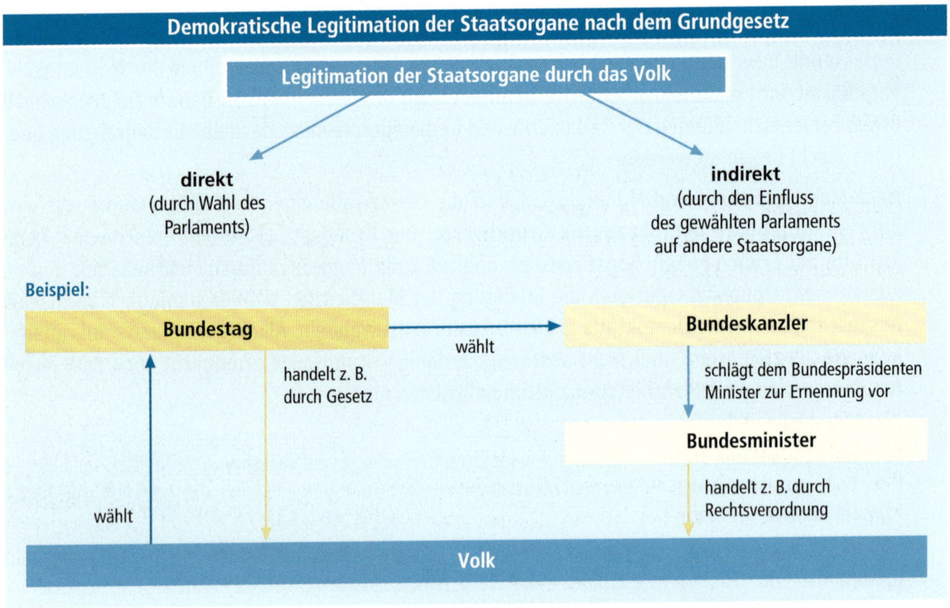

Freie Wahlen sind damit praktisch das einzige Mittel des Bundesvolkes, Staatsgewalt auf Bundesebene unmittelbar auszuüben. Diese Wahlen legitimieren den Bundestag, in allen wesentlichen staatlichen Angelegenheiten durch Gesetze zu entscheiden.

Mittelbar legitimieren Wahlen auch die anderen Bundesorgane und den gesamten „Staatsapparat". Diese grundlegende und weitreichende Bedeutung der Wahlen erfordert eine freie und offene Meinungsbildung. Meinungs-, Informations- und Pressefreiheit, Vereinigungs- und Versammlungsfreiheit sind Voraussetzungen einer selbstständigen Willensbildung und Ausdruck besonderer Kommunikationsgrundrechte. Die global zunehmende Digitalisierung lässt allerdings auch einen verstärkten Missbrauch im Prozess der Meinungsbildung erkennen (fake-news). Die Mitarbeit in Parteien und Gewerkschaften, in Verbänden und Bürgerinitiativen und der Gebrauch der Grundrechte tragen dazu bei, dass die Interessen und Ziele der Bürger durch die gewählten Abgeordneten repräsentiert werden.

Präsidiale oder parlamentarische Regierungsform?

1949 hatte sich der Parlamentarische Rat zwischen dem parlamentarischen und dem präsidialen Regierungssystem zu entscheiden. Nach den negativen Erfahrungen mit der starken Machtposition des Reichspräsidenten in der Weimarer Republik (Ernennung des Reichskanzlers ohne vorherige Parlamentsentscheidung, Erlass von Notverordnungen mit Gesetzeskraft) kam nur eine parlamentarische Regierungsform (mit dem Parlament als stärkstem Staatsorgan) infrage. Eine Entwicklung vom parlamentarischen System zum Präsidialregime (wie 1930–1933) musste für die Bundesrepublik ausgeschlossen werden.

Deshalb sind die Aufgaben des Bundespräsidenten eng begrenzt, während der Bundeskanzler als Regierungschef die Richtlinien der Politik bestimmt. Er hat dadurch zwar eine starke Stellung, ist aber auf das Vertrauen der Bundestagsmehrheit angewiesen (Art. 63, 67 und 69 Abs. 2 GG).

Kennzeichen der herausgehobenen Position des Bundestags im Regierungssystem der Bundesrepublik sind

- die Abhängigkeit der Regierung von der Parlamentsmehrheit und
- die Machtkontrolle über die Regierung durch die Opposition im Bundestag.

22106046

Repräsentation des Volkswillens durch den Bundestag

Der Bundestag ist das einzige vom Volk direkt gewählte Bundesorgan und damit auch das bedeutendste demokratische Staatsorgan in Deutschland: Alle für das Staatsganze wesentlichen Entscheidungen hat er selbst zu treffen. Seit 1999 hat er seinen Sitz im Berliner Reichstagsgebäude.

Die Zusammensetzung des Bundestags ist grundsätzlich abhängig vom Wahlsystem und wird personell bestimmt durch die Wahlvorschläge der Parteien und die Entscheidung der Wähler.

Der Deutsche Bundestag hat 709 Abgeordnete (Bundestagswahl 2017), die in allgemeiner, unmittelbarer, freier, gleicher und geheimer Wahl gewählt wurden (Art. 38 Abs. 1 GG).

Der Plenarsaal des Deutschen Bundestages

Bei der Bundestagswahl kann jede Wählerin und jeder Wähler zwei Stimmen abgeben. 299 Abgeordnete werden in den 299 Wahlkreisen direkt gewählt (Personenwahl mit der Erststimme), weitere 299 Bundestagsmandate werden über die Landeslisten der Parteien vergeben (Listenwahl mit der Zweitstimme). Zusätzlich können sich in erheblicher Zahl „Überhangmandate" und „Ausgleichsmandate" ergeben. Entscheidend für die Verteilung der Mandate ist, in welchem Verhältnis die für die einzelnen Listen abgegebenen Zweitstimmen zur Zahl der insgesamt abgegebenen Zweitstimmen stehen. Die Bundestagswahl ist damit grundsätzlich eine Verhältniswahl (Näheres unter www.bpb.de/politik/wahlen oder www.bundestag.de).

Die Abgeordneten sind Vertreter des ganzen Volkes; sie sind an Aufträge und Weisungen, z. B. ihrer Partei, eines Interessenverbandes oder der Wähler, nicht gebunden und nur ihrem Gewissen unterworfen. Sie haben also ein freies (kein gebundenes, „imperatives") Mandat (Art. 38 Abs. 1 GG).

Ein Abgeordneter darf wegen seiner Abstimmung oder einer Äußerung im Bundestag nicht zur Verantwortung gezogen werden (etwa durch gerichtliche, polizeiliche oder disziplinarische Verfolgung). Diese Verantwortungsfreiheit (Indemnität) ist unaufhebbar und gilt zeitlich unbeschränkt, sie schützt jedoch nicht bei verleumderischen Beleidigungen (Art. 46 Abs. 1 GG).

Um die ungestörte Mitarbeit der Parlamentsmitglieder und damit die Funktionsfähigkeit des Bundestags zu sichern, sind Abgeordnete grundsätzlich auch davor geschützt, wegen einer strafbaren Handlung behördlich verfolgt zu werden. Die Verfolgungsfreiheit (Immunität) besteht nur für die Dauer des Mandats. Der Bundestag kann sie im Einzelfall durch Beschluss aufheben (Art. 46 Abs. 2–4 GG).

Die Abgeordneten müssen ihre Informationsquellen nicht preisgeben, sie haben ein besonderes Zeugnisverweigerungsrecht (Art. 47 GG).

Der parlamentarischen Opposition kommt besondere Bedeutung zu: Sie wird gebildet von den im Bundestag vertretenen, aber nicht an der Regierung beteiligten Parteien. Sie hat die Aufgabe,

- die Regierung zu kontrollieren,
- deren Politik zu kritisieren und
- politische Alternativen anzubieten.

Die Einordnung des Bundestags in das System der Verfassungsorgane zeigt die folgende Grafik.

Die Verfassungsorgane

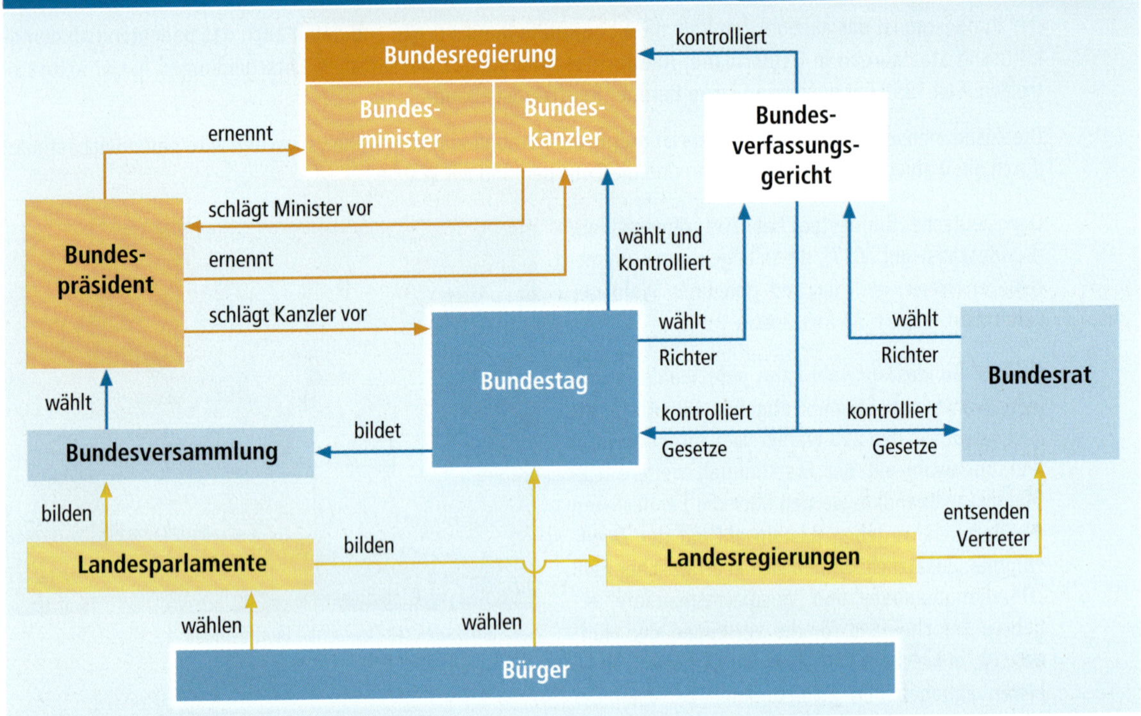

Aufgaben des Bundestags

Funktionen (Hauptaufgaben)	wichtige Einzelaufgaben und Befugnisse
Wahlfunktion	■ Wahl des **Bundeskanzlers** (Art. 63 GG) ■ Mitwirkung (als Teil der Bundesversammlung) bei der Wahl des **Bundespräsidenten** (Art. 54 GG) ■ Beteiligung an der Wahl der Richter des **Bundesverfassungsgerichts** (Art. 94 GG) und der obersten Gerichtshöfe des Bundes (Art. 95 GG)
Gesetzgebungsfunktion	■ **Einbringen von Gesetzesvorlagen** (Gesetzesinitiative – neben Bundesregierung und Bundesrat (Art. 76 Abs. 1 GG) ■ **Beschluss von Bundesgesetzen** (Art 77 Abs. 1 GG) einschließlich Verfassungsänderungen (Einschränkungen: Art. 79 Abs. 3 GG), Feststellung des Haushaltsplans durch das Haushaltsgesetz (Budgetrecht, Art. 110 Abs. 2 GG), Ratifikation der Verträge mit anderen Staaten durch Gesetz (Art. 59 Abs. 2 GG)
Kontrollfunktion	■ **Interpellationsrecht** (Fragerecht gegenüber der Bundesregierung) Die Geschäftsordnung regelt Fragestunden zu Beginn jeder Plenarsitzung sowie Anfragen an die Regierung. Große Anfragen werden von mindestens 31 Abgeordneten schriftlich gestellt und von der Bundesregierung im Plenum des Bundestags beantwortet; kleine Anfragen werden nur schriftlich beantwortet. ■ Recht, die **Anwesenheit** jedes Regierungsmitglieds zu verlangen (Art. 43 GG) ■ **Untersuchungsrecht** Auf Verlangen eines Viertels der Bundestagsmitglieder muss der Bundestag einen Untersuchungsausschuss zur Aufklärung bestimmter Missstände einsetzen. Der Ausschuss ist kein Gericht. Er erhebt aber Beweise, darf Akten einsehen und Zeugen vorladen, vernehmen und vereidigen. Das Untersuchungsergebnis soll Fehler aufdecken und öffentliche Kritik an den Verantwortlichen (der Regierung) ermöglichen.

	■ **Kontrolle der Bundeswehr** Der Verteidigungsausschuss hat auch die Rechte eines Untersuchungsausschusses (Art. 45 a GG). Zum Schutz der Grundrechte der Soldaten und zur Kontrolle des Parlaments über die Streitkräfte bestellt der Bundestag einen Wehrbeauftragten (Art. 45 b GG). ■ Kontrollmöglichkeiten in **Datenschutzangelegenheiten** aufgrund der Berichte des vom Bundestag gewählten Bundesbeauftragten für Datenschutz und Informationsfreiheit ■ Kontrolle durch Bewilligung oder Ablehnung von Haushaltsmitteln (**Budgetrecht,** s. Art. 110, 115 GG) und durch Rechnungskontrolle (Art. 114 GG) ■ Kontrollcharakter hat auch das **konstruktive Misstrauensvotum** (Sturz der Regierung nach Art. 67 GG)
Repräsentations- und Diskussionsfunktion	■ **Repräsentation des Staatsvolkes** und seiner Gruppierungen mit ihren verschiedenen Interessen ■ öffentliche **Diskussion** von Problemen und Lösungsvorschlägen

Die Legislaturperiode (Wahlperiode) endet regelmäßig nach vierjähriger Dauer durch Zeitablauf.

Nur der Bundespräsident kann den Bundestag auflösen. Das GG erlaubt dies aber nur in zwei Ausnahmefällen:

- nach dem Scheitern der Kanzlerwahl (Art. 63 Abs. 4 GG),
- nach dem Scheitern der Vertrauensfrage (Antrag des Kanzlers, ihm das Vertrauen auszusprechen; Art. 68 GG).

Politische Parteien

In einer parlamentarischen Demokratie organisiert sich das Volk in politischen Parteien. Das Grundgesetz ist die erste deutsche Verfassung, die die Rolle der Parteien bei der politischen Willensbildung ausdrücklich anerkennt (s. Art. 21 GG). Die Parteien sind die verfassungsmäßig vorgesehenen Mittler zwischen Wahlvolk und Regierung.

Aufgaben politischer Parteien:

- allgemeine politische Orientierung
- Bündelung der Interessen und Zielvorstellungen unterschiedlicher politischer Richtungen und deren öffentliche Darstellung
- Möglichkeit politischer Mitarbeit
- Präsentation von Wahlkandidaten und Führungspersonen für politische Ämter

Verfassungswidrige Vereinigungen sind nach Art. 9 Abs. 2 GG (also kraft Gesetzes) verboten. Ob eine Partei verfassungswidrig (und damit verboten) ist, entscheidet nach Art. 21 Abs. 2 GG aber ausschließlich das Bundesverfassungsgericht und nicht – wie bei allen anderen verfassungswidrigen Vereinigungen – die Exekutive. Diesen besonderen Schutz der Parteien bezeichnet man als das **Parteienprivileg.**

Das Parteiengesetz regelt Aufgaben und Begriff der Partei:

§ 1 Verfassungsrechtliche Stellung und Aufgaben der Parteien

(1) Die Parteien sind ein verfassungsrechtlich notwendiger Bestandteil der freiheitlichen demokratischen Grundordnung. Sie erfüllen mit ihrer freien, dauernden Mitwirkung an der politischen Willensbildung des Volkes eine ihnen nach dem Grundgesetz obliegende und von ihm verbürgte öffentliche Aufgabe.

(2) Die Parteien wirken an der Bildung des politischen Willens des Volkes auf allen Gebieten des öffentlichen Lebens mit, indem sie insbesondere

- auf die Gestaltung der öffentlichen Meinung Einfluss nehmen,
- die politische Bildung anregen und vertiefen,
- die aktive Teilnahme der Bürger am politischen Leben fördern,
- zur Übernahme öffentlicher Verantwortung befähigte Bürger heranbilden,
- sich durch Aufstellung von Bewerbern an den Wahlen in Bund, Ländern und Gemeinden beteiligen,
- auf die politische Entwicklung in Parlament und Regierung Einfluss nehmen,

- die von ihnen erarbeiteten politischen Ziele in den Prozess der staatlichen Willensbildung einführen und
- für eine ständige lebendige Verbindung zwischen dem Volk und den Staatsorganen sorgen.

(3) Die Parteien legen ihre Ziele in politischen Programmen nieder.

(4) Die Parteien verwenden ihre Mittel ausschließlich für die ihnen nach dem Grundgesetz und diesem Gesetz obliegenden Aufgaben.

§ 2 Begriff der Partei

(1) Parteien sind Vereinigungen von Bürgern, die dauernd oder für längere Zeit für den Bereich des Bundes oder eines Landes auf die politische Willensbildung Einfluss nehmen und an der Vertretung des Volkes im Deutschen Bundestag oder einem Landtag mitwirken wollen, wenn sie nach dem Gesamtbild der tatsächlichen Verhältnisse, insbesondere nach Umfang und Festigkeit ihrer Organisation, nach der Zahl ihrer Mitglieder und nach ihrem Hervortreten in der Öffentlichkeit, eine ausreichende Gewähr für die Ernsthaftigkeit dieser Zielsetzung bieten. Mitglieder einer Partei können nur natürliche Personen sein.

(2) Eine Vereinigung verliert ihre Rechtsstellung als Partei, wenn sie sechs Jahre lang weder an einer Bundestagswahl noch an einer Landtagswahl mit eigenen Wahlvorschlägen teilgenommen hat.

(3) Politische Vereinigungen sind nicht Parteien, wenn

1. ihre Mitglieder oder die Mitglieder ihres Vorstands in der Mehrheit Ausländer sind oder
2. ihr Sitz oder ihre Geschäftsleitung sich außerhalb des Geltungsbereichs dieses Gesetzes befindet.

Das Bundesverfassungsgericht zum Demokratieprinzip

Das Bundesverfassungsgericht hat in einer Reihe von Entscheidungen wesentliche Elemente des Demokratieprinzips nach dem Grundgesetz beschrieben:

Merkmale der Demokratie	Erläuterungen
Achtung vor den Menschenrechten	■ Unantastbarkeit der Menschenwürde (Art. 1 Abs. 1 GG) ■ Recht auf Leben (Art. 2 Abs. 2 GG) ■ Recht auf freie Entfaltung der Persönlichkeit (Art. 2 Abs. 1 GG) u. a.
Mehrheitsprinzip	■ Die Entscheidungsfindung nach dem Mehrheitsprinzip vermittelt den quantitativ höchsten Grad an Legitimität. Der Inhalt einer Mehrheitsentscheidung muss aber nicht von allen als gerecht empfunden werden. ■ Mehrheitsentscheidungen setzen Gleichheit der Abstimmungsberechtigung und freie Meinungsbildung voraus. ■ Die Mehrheit darf Minderheiten nicht die Chance nehmen, selbst rechtmäßig zur Mehrheit zu werden.
Wahlen	■ In der parlamentarischen Demokratie legitimieren Wahlen die Abgeordneten. Die Bundestagswahlen müssen deshalb in regelmäßigen Abständen stattfinden und nach bestimmten Wahlrechtsgrundsätzen (allgemein, unmittelbar, frei, gleich und geheim) durchgeführt werden. ■ Der gewählten Volksvertretung ist es vorbehalten, alle für das Staatsganze bedeutsamen Angelegenheiten selbst zu regeln (Parlamentsvorbehalt).
Mehrparteienprinzip	■ Die Vielzahl der Interessen und Meinungen erfordert konkurrierende Parteien. Sie vertreten die verschiedenen politischen Ansichten im Parlament. ■ Parteien, die zwar in den Bundestag gewählt, aber nicht an der Regierung beteiligt sind, besitzen das Recht auf Ausübung der Opposition und Kontrolle der Regierung. ■ Das Mehrparteienprinzip erfordert auch die Freiheit der Parteigründung und die Chancengleichheit der Parteien untereinander.
Kommunikationsgrundrechte	Die demokratische Willensbildung setzt vor allem voraus: ■ Meinungs-, Informations- und Pressefreiheit (Art. 5 GG), ■ Versammlungsfreiheit (Art. 8 GG), ■ Vereinigungsfreiheit (Art. 9 GG).

22106050

Problem: Bürgerbeteiligung

Die Demokratie lebt von der Beteiligung der Bürgerinnen und Bürger. Nach Art. 20 Abs. 2 GG wird die Staatsgewalt vom Volk in Wahlen und Abstimmungen sowie durch besondere Organe des Staats ausgeübt. Die Verfassungen der 16 Bundesländer ermöglichen Volksentscheide. Doch die Hürden sind hoch. Das Grundgesetz sieht nur für einen einzigen Fall den Volksentscheid vor, nämlich bei der Neugliederung des Bundesgebiets (Art. 29 GG). Für alle wesentlichen Sachentscheidungen ist der Bundestag zuständig, der alle vier Jahre gewählt wird.

Viele Deutsche wünschen sich mehr Mitbestimmung bei wichtigen Themen durch Volksentscheide auf Bundesebene und damit mehr direkte Demokratie. Dies würde eine Änderung des Grundgesetzes erfordern, das Gesetzesinitiative und Gesetzesbeschluss abschließend geregelt hat. Die dafür erforderliche Zweidrittelmehrheit in Bundestag und Bundesrat ist schwer erreichbar.

Zusammenfassung zum Demokratieprinzip nach dem GG

Demokratiebegriff

„Demokratie" bedeutet Volksherrschaft; die Begriffsinhalte im Einzelnen sind weltweit sehr verschieden. Nach dem Grundgesetz sind **Merkmale der bundesdeutschen Demokratie** insbesondere:

- Anerkennung der Menschenrechte
- Mehrheitsprinzip
- freie Wahlen
- Mehrparteienprinzip
- Kommunikationsgrundrechte

Voraussetzungen der Demokratie

- Achtung vor der **Menschenwürde**
  Sie verlangt, dass der Mensch als selbstverantwortliche Persönlichkeit mit Eigenwert anerkannt wird; Freiheits- und Gleichheitsrechte sollen Menschenwürde gewährleisten.
- **Mündigkeit der Bürger**
  Bildung, Informations- und Meinungsfreiheit können die Einsichts- und Entscheidungsfähigkeit der Bürger fördern.
- Einigkeit über die **Unaufhebbarkeit demokratischer Grundwerte**

Volkssouveränität

- Es ist zu unterscheiden zwischen
  - der **Herkunft** der Staatsgewalt, Art. 20 Abs. 2 GG: „Alle Staatsgewalt geht vom Volke aus." (Volk als ursprünglicher Träger der Staatsgewalt), und
  - der **Ausübung** der Staatsgewalt, Art. 20 Abs. 2 GG: „Sie wird vom Volke in Wahlen und Abstimmungen und durch besondere Organe der Gesetzgebung, der vollziehenden Gewalt und der Rechtsprechung ausgeübt."
- Die Bundesrepublik ist eine **repräsentative** Demokratie: Die Volksherrschaft wird durch das unmittelbar gewählte Parlament und weitere mittelbar legitimierte Staatsorgane ausgeübt.
- In **freien Wahlen** gewähren die Bürger der Volksvertretung **Vertrauen auf Zeit.**
  Freie Wahlen erfordern vor allem eine **freie und offene Meinungs- und Willensbildung.**

Parlamentarische Regierungsform

- Der **Bundestag** als Parlament hat unter den Bundesorganen den stärksten Einfluss auf das staatliche Handeln.
- Die **politischen Parteien** sind verfassungsrechtlich geschützte Einrichtungen.

1.2.4 Die Bundesrepublik als Sozialstaat

„Die Bundesrepublik Deutschland ist ein demokratischer und **sozialer** Bundesstaat."

(Art. 20 Abs. 1 GG).

„Die verfassungsmäßige Ordnung in den Ländern muss den Grundsätzen des republikanischen, demokratischen und **sozialen** Rechtsstaates im Sinne dieses Grundgesetzes entsprechen."

(Art. 28 Abs. 1 GG)

Die Idee vom sozialen Staat

Bis ins 19. Jahrhundert war die Daseinsvorsorge Aufgabe der Familien, Feudalherren, Zünfte, Dorf- bzw. Kirchengemeinden. Dies änderte sich mit der Industrialisierung. Im 19. Jahrhundert empfand die wachsende Arbeiterschaft wirtschaftliche Armut und soziale Not nicht mehr als „naturgegeben", sondern als Benachteiligung, die es zu beseitigen galt. Gewerkschaften und Arbeiterparteien entstanden. Sie kämpften gegen die wirtschaftlich begründete Ungleichheit und forderten vom Staat sozialen Schutz. Vor allem die Wahlerfolge der Sozialdemokratie im Kaiserreich (1871–1918) machten die „soziale Frage" zu einem vorrangigen politischen Problem. Der damalige Reichskanzler Bismarck befürchtete eine soziale Revolution und versuchte, die unzufriedenen Untertanen in den unteren Bevölkerungsschichten mit dem monarchischen Obrigkeitsstaat zu versöhnen. Dies geschah einerseits durch seine Sozialversicherungspolitik und andererseits durch die Sozialistenverfolgung, gleichsam durch „Zuckerbrot und Peitsche". Die in der „kaiserlichen Botschaft" 1881 angekündigte Sozialgesetzgebung und die Krankenversicherung der Arbeiter (1883) waren erste Schritte auf dem Weg zum sozialen Staat.

Die Weimarer Verfassung (1919) enthielt – als Antwort des Staats auf die „soziale Frage" – einige soziale Grundrechte, z. B. das Recht auf Arbeit. Jedoch verstanden Gerichte und Reichstag, Behörden und Unternehmen diese Grundrechte meistens als unverbindliche Programmpunkte und erfüllten sie nur teilweise. Der Begriff „sozialer Rechtsstaat" wurde erst 1930 von dem Juristen Hermann Heller geprägt.

Ziel des sozialen Staats heute

Das GG enthält – erstmals in einer deutschen Verfassung – das Bekenntnis zur Menschenwürde und zu einem nicht nur formalen, sondern auch materiellen, einem „gerechten" und sozialen Rechtsstaat. Die Sicherung der wirtschaftlichen und kulturellen Existenz des Einzelnen ist damit ein Staatsziel. Wird es nicht erreicht (z. B. bei Massenarmut, hoher Arbeitslosigkeit), steht auch die Zustimmung der Bürger zur demokratischen Staatsordnung insgesamt auf dem Spiel.

Ziel des Sozialstaats ist soziale Gerechtigkeit. Das bedeutet, dass das gesamte Recht eine soziale Tendenz aufweisen muss und die Gesetzgebungsorgane zu sozialer Aktivität verpflichtet sind. Das Sozialstaatsgebot schreibt weder eine bestimmte sozialpolitische Leitvorstellung (etwa einer Partei oder Kirche) noch eine Wirtschaftsordnung (Marktwirtschaft/ Planwirtschaft) vor, es ist insoweit offen.

Auf die „soziale Tendenz" des Rechts weisen einige Grundrechte hin: Art. 1 GG (Schutz der Menschenwürde), Art. 9 GG (Koalitionsfreiheit, einschließlich Tarifautonomie), Art. 14 GG (Sozialbindung des Eigentums). Allerdings fehlen soziale Grundrechte wie z. B. ein „Recht auf Arbeit" im GG weitgehend. Das sozialstaatliche Prinzip ist in der Verfassung also weniger deutlich ausgeprägt als die anderen (gleichrangigen) Verfassungsprinzipien. Daher wird das Sozialstaatsprinzip durch Gesetze immer weiter ausgestaltet, z. B. durch die zwölf Bände des Sozialgesetzbuchs und die spezialgesetzlichen Regelungen zur Ausbildungsförderung, zum Wohngeld, zum Kindergeld usw.

2016 hat das **Bundesverfassungsgericht** die Garantie der Menschenwürde in Verbindung mit dem Sozialstaatsprinzip so interpretiert:

> Der verfassungsrechtlich garantierte Anspruch auf Gewährleistung eines menschenwürdigen Existenzminimums erstreckt sich auf die unbedingt erforderlichen Mittel zur Sicherung der physischen Existenz und eines Mindestmaßes an Teilhabe am gesellschaftlichen, kulturellen und politischen Leben. Dabei hat der Gesetzgeber einen Entscheidungsspielraum bei der wertenden Einschätzung des notwendigen Bedarfs.
>
> *Quelle: BVerfG: Beschluss des Ersten Senats vom 27. Juli 2016. 1 BvR 371/11 - Rn. (1-76). In: bverfg.de. 27.07.2016. www.bverfg.de/e/rs20160727_1bvr037111.html [21.08.2018]. (verändert)*

Das Ziel, dem Recht eine soziale Tendenz zu geben, ist ständig an neuen Anforderungen zu messen. Deshalb ist der soziale Staat nie „vollendet". Die Leistungen z. B. des Asylbewerberleistungsgesetzes lassen vermuten, dass der Sozialstaat diese zunehmend an den vorhandenen Möglichkeiten orientieren möchte bzw. muss, z. B. durch Aufnahme von Flüchtlingen in Lagern, durch Gutscheinsysteme oder verringerte medizinische Versorgung.

Merkmale des Sozialstaats

Die **Merkmale des Sozialstaats** sind im Einzelnen nicht festgelegt. Das Ziel der sozialen Gerechtigkeit wird vor allem in zwei großen Aufgabenfeldern angestrebt:

Soziale Gerechtigkeit	
soziale Sicherung	**sozialer Ausgleich**
Ein wirksames System der sozialen Sicherung soll ein menschenwürdiges Dasein gewährleisten.	**Der Staat hat sich um den Ausgleich sozialer Gegensätze zu bemühen, und zwar**
Das soziale **Sicherungssystem** umfasst insbesondere: ■ **Sozialversicherung** Die Versicherten erwerben Leistungsansprüche in der Kranken- und Pflegeversicherung, der Rentenversicherung, der Arbeitslosenversicherung und der Unfallversicherung durch Beitragszahlungen von Arbeitnehmern und/oder Arbeitgebern. ■ **soziale Versorgung** Versorgungsberechtigte (z. B. Beamte, Kriegsopfer) haben aufgrund bestimmter „Vorausleistungen" (persönliche Dienste, Aufopferung) Anspruch auf staatliche Versorgungsleistungen. ■ **soziale Hilfe** Jeder Bedürftige hat einen Rechtsanspruch auf Hilfe zu einem menschenwürdigen Leben.	■ durch **gleichmäßige und angemessene Verteilung öffentlicher Lasten**, z. B. durch steuerliche Umverteilung der Einkommen, ■ durch **Förderung gleichmäßiger Chancen für das Wohlergehen aller Bürger**, z. B. durch Angleichung der Bildungsmöglichkeiten für Kinder und Jugendliche ohne Rücksicht auf Herkunft und Einkommen der Eltern.

Das Sozialstaatsgebot ist in erster Linie ein **Auftrag an den Gesetzgeber** (vgl. § 1 SGB I). Dem Einzelnen gibt dieses Verfassungsprinzip (für sich allein) grundsätzlich noch keinen unmittelbaren Anspruch auf öffentliche Leistungen; diese werden in speziellen Gesetzen geregelt (Grundsatz des Gesetzesvorbehalts, vgl. § 68 SGB I).

Beispiel

§ 2 Abs. 1 SGB I besagt, dass aus den sozialen Aufgaben nach dem SGB Ansprüche nur insoweit geltend gemacht werden können, als deren Voraussetzungen und Inhalt durch die Vorschriften der besonderen Teile des SGB im Einzelnen bestimmt sind.

Behörden und Gerichte haben das Sozialstaatsprinzip aber als **Auslegungsregel** bei der Gesetzesanwendung zu beachten.

Ist der Sozialstaat auch morgen noch bezahlbar?

Als der Sozialstaat in der zweiten Hälfte des 20. Jahrhunderts aufgebaut wurde, hielt man ein stetiges Wirtschaftswachstum für realistisch. Inzwischen ist dieser Sozialstaatskonsens brüchig geworden. Beschäftigungsprobleme und steigende Leistungsausgaben führten zu hohen finanziellen Belastungen des Staates wie auch der Sozialversicherten. Die gesamten direkten Sozialausgaben stiegen in Deutschland von 768 Mrd. € im Jahr 2010 auf 849 Mrd. € im Jahr 2014 bis auf 918 Mrd. € im Jahr 2016, das sind ca. 30 % der gesamten Wirtschaftsleistung. Allein die Sozialausgaben der Kommunen wuchsen zwischen 2004 und 2018 von 32 auf prognostizierte 67 Mrd. € im Jahr 2018, also im genannten Zeitraum um 111 %. Teils binden die Sozialausgaben über die Hälfte des Etats in den Kommunen.

Im Lernfeld 11 geht es um das soziale Sicherungssystem in Deutschland. Dort wird auch die Zukunft der sozialen Sicherung diskutiert. Eines ist allerdings trotz steigender Sozialausgaben schon jetzt festzuhalten: Die Abschaffung des Sozialstaatsprinzips ist nicht zulässig (Art. 79 Abs. 3 GG).

Zusammenfassung

Das Sozialstaatsprinzip verpflichtet den Staat auf das Ziel der sozialen Gerechtigkeit. Die Gesetzgebungsorgane müssen dafür sorgen, dass das gesamte Recht eine soziale Tendenz aufweist.

Erfordernisse einer **gerechten Sozialordnung**:

- Wirksames System der sozialen Sicherung mit Sozialversicherung, Versorgung und sozialer Hilfe
- Ausgleich sozialer Gegensätze durch gleichmäßige und angemessene Lastenverteilung
- Förderung gleichmäßiger Wohlstandschancen aller Bürger

1.2.5 Die Bundesrepublik als Bundesstaat

Art. 20 Abs. 1 GG Die Bundesrepublik Deutschland ist ein demokratischer und sozialer **Bundesstaat.**

Ein Bundesstaat ist eine unkündbare Verbindung beschränkt souveräner Gliedstaaten (Länder), die selbst ein Staat (Bundesstaat) ist.

Als Bundesstaat ist die Bundesrepublik vom Einheitsstaat und vom Staatenbund (Konföderation, völkerrechtliche Staatengemeinschaft) zu unterscheiden.

- Ein **Einheitsstaat** ist ein Staat mit einheitlicher, zentral gelenkter Staatsgewalt. Gliedstaaten sind nicht vorhanden.

  Beispiel: *Die DDR war vor der Bildung von Ländern 1990 als zentralistischer Einheitsstaat in Bezirke gegliedert. Frankreich ist ein dezentralisierter Einheitsstaat, untergliedert in 22 Regionen mit eigenen Parlamenten.*

- Zu einer **Staatengemeinschaft** können sich nach außen souveräne (selbstständige) Staaten durch einen kündbaren Vertrag zusammenschließen. Solche völkerrechtlichen Verbindungen dienen meistens politischen, wirtschaftlichen oder militärischen Zielen. Es entsteht kein neuer Staat. Allerdings haben solche Gemeinschaften ihrerseits Organe mit eigenen Befugnissen (z. B. Ministerrat und Europäischer Gerichtshof als Organe der EU). Je nach der Stärke der Eingriffsmöglichkeiten der Gemeinschaft gegenüber einem Mitgliedstaat unterscheidet man über- und zwischenstaatliche Gemeinschaften.

  - **überstaatliche (supranationale) Gemeinschaften**

    Die Mitgliedstaaten übertragen einen Teil ihrer Hoheitsrechte auf die Gemeinschaft; die Gemeinschaftsorgane können in direkte Rechtsbeziehungen zu den Bürgern der Mitgliedstaaten treten.

    Beispiel: *Europäische Union*

  - **zwischenstaatliche (internationale) Gemeinschaften**

    Die Gemeinschaft hat keine direkten Eingriffsrechte, da die Mitgliedstaaten ihre Souveränität ganz erhalten.

    Beispiele: *Vereinte Nationen, Europarat, Nordatlantikpakt (NATO)*

22106054

Einheitsstaat und Staatenverbindungen		
Einheitsstaat	**Bundesstaat**	**Staatengemeinschaft**
■ Einzelstaat ■ mit einheitlich aufgebauter, zentral gelenkter Staatsgewalt	■ aus Gliedstaaten gebildeter Gesamtstaat ■ zwei Staatsgewalten ■ prinzipiell unkündbare staatsrechtliche Verbindung	■ kein neuer Staat ■ kündbare völkerrechtliche Verbindung ■ supra- oder internationale Gemeinschaft

In der deutschen Verfassungsgeschichte waren jahrhundertelang zahlreiche Einzelstaaten in losen zwischenstaatlichen Verbindungen organisiert (Heiliges Römischen Reich Deutscher Nation bis 1806, Rheinbund, Deutscher Bund). 1867 entstand mit dem Norddeutschen Bund der erste deutsche Bundesstaat. Auch das Kaiserreich und die Weimarer Republik waren Bundesstaaten.

In Deutschland lagen somit bundesstaatliche Erfahrungen vor, als die Besatzungsmächte nach 1945 eine „Regierungsform des föderalistischen Typs“ vorgaben. Außerdem ist der Bundesstaat in einem bevölkerungsreichen Land besonders „demokratiegemäß“, weil er zusätzliche Chancen für politische Alternativen, den parteipolitischen Wettbewerb und die Mitbestimmung der Bürger bietet. Ferner sorgen die Machtzentren in den Ländern für eine zusätzliche (vertikale) Gewaltenteilung.

Elemente des Bundesstaatsprinzips nach dem Grundgesetz

- **Bund und Länder sind Staaten.**
  Nach dem Grundgesetz besitzen der Bund wie auch die Länder innerhalb ihrer Aufgaben und Befugnisse ursprüngliche Hoheitsgewalt. Das heißt, die Staatsgewalt der Länder ist nicht vom Bund abgeleitet, sondern wird von ihm (als bei der Entstehung der Bundesrepublik bereits vorhanden) anerkannt.
  Der Staatsaufbau ist damit zweistufig. Die Länder (die Stadtstaaten ausgenommen) sind in Gemeinden und Gemeindeverbände (Kommunen) gegliedert. Diese stellen eine Verwaltungsebene, nicht aber eine dritte staatliche Ebene dar. Den Kommunen wird in Art. 28 Abs. 2 GG das Selbstverwaltungsrecht in Angelegenheiten der örtlichen Gemeinschaft garantiert.
- **Bund und Länder haben die gleiche Grundordnung.**
  Die Länder können ihre Verfassung grundsätzlich selbst bestimmen, sie muss aber mit der bundesstaatlichen Ordnung in Einklang stehen. Der Bund garantiert in Art. 28 GG die Einhaltung folgender Grundsätze in allen Bundesländern:
  - uneingeschränkte Grundrechtsgeltung,
  - oberste Verfassungsprinzipien (Republik, Demokratie, Rechts-, Sozial- und Bundesstaatlichkeit),
  - kommunale Selbstverwaltung.
- **Bund und Länder teilen sich die staatlichen Aufgaben.**
  Art. 30 GG enthält die Grundregel für die Aufgabenteilung zwischen Bund und Ländern: Die Ausübung der staatlichen Befugnisse und die Erfüllung der staatlichen Aufgaben sind grundsätzlich Angelegenheiten der Länder.
  Im Grundgesetz sind die Kompetenzen für eine Reihe von Aufgaben im Einzelnen dem Bund oder den Ländern zugeordnet. Die Aufgaben der drei Teilgewalten sollen jeweils auf der Ebene gelöst werden, auf der dies am besten möglich ist. Deshalb sind Legislative, Exekutive und Judikative auf die Bundes- und Landesstaatsgewalt ungleichmäßig verteilt:
  - Für die **Gesetzgebung** sind gem. Art. 70 GG die Länder zuständig, soweit nicht das GG dem Bund Gesetzgebungsbefugnisse verleiht. Allerdings räumt das GG dem Bund weitaus größere Zuständigkeiten ein als den Ländern.
  - Die **Gesetzesausführung** obliegt nach Art. 83 GG grundsätzlich den Ländern, dem Bund nur dort, wo ihm das GG ausdrücklich Kompetenzen zuweist. Die Verwaltungskompetenz liegt auch tatsächlich überwiegend bei den Ländern.
  - Auch die **Rechtsprechung** ist nach Art. 92 GG grundsätzlich Sache der Länder, die auch die Gerichte (bis auf die obersten Bundesgerichte) unterhalten.

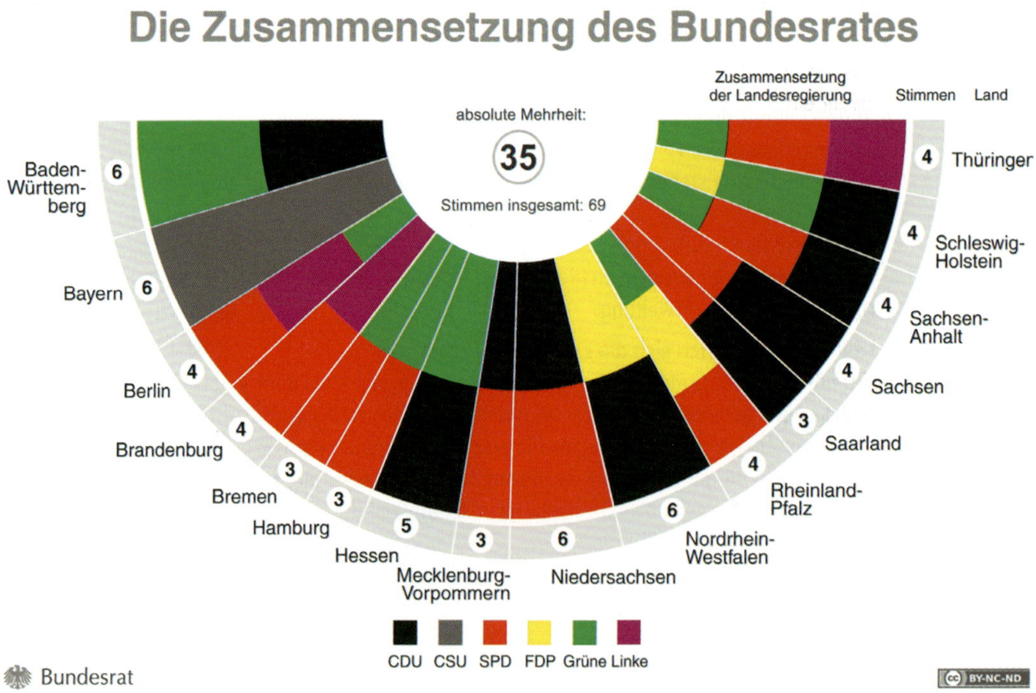
Die Zusammensetzung des Bundesrates
Zusammensetzung der Landesregierung
Stimmen
Land
absolute Mehrheit:
35
Stimmen insgesamt: 69
Baden-Württemberg 6
Bayern 6
Berlin 4
Brandenburg 4
Bremen 3
Hamburg 3
Hessen 5
Mecklenburg-Vorpommern 3
Niedersachsen 6
Nordrhein-Westfalen 6
Rheinland-Pfalz 4
Saarland 3
Sachsen 4
Sachsen-Anhalt 4
Schleswig-Holstein 4
Thüringen 4
CDU CSU SPD FDP Grüne Linke
Bundesrat
BY-NC-ND

- **Bund und Länder besitzen gegenseitige Einflussmöglichkeiten.**
Die Zusammenarbeit zwischen Bund und Ländern erfordert einerseits Einwirkungsmöglichkeiten des Bundes auf die Länder und andererseits Mitwirkungsrechte der Länder bei Bundesangelegenheiten. Das Grundgesetz regelt die Kooperation u. a. folgendermaßen:

  - **Bundesrat**
  Durch den Bundesrat wirken die Länder bei der Gesetzgebung und Verwaltung des Bundes mit (Art. 50 GG; s. auch Art. 76 Abs. 1, 77, 79 Abs. 2, 80 Abs. 2, 83 ff. GG).

  Stimmenverteilung im Bundesrat:

  Die Länder haben zwischen drei und sechs Stimmen (s. Grafik). Auch sehr kleine Länder haben Stimmrechte. So ergibt sich ein Mittelweg zwischen der Gleichbehandlung aller Länder und der Repräsentation entsprechend den Einwohnerzahlen. Die großen Länder können die übrigen nicht übertrumpfen; die kleinen Länder besitzen aber auch nicht die Macht, die anderen zu überstimmen. Insgesamt gibt es im Bundesrat 69 ordentliche Mitglieder und demzufolge 69 Stimmen.

  Aufgaben des Bundesrats:

  Der Bundesrat wirkt an der Gesetzgebung des Bundes und bei bestimmten Rechtsverordnungen und Verwaltungsvorschriften mit. Er wahrt so insbesondere die Interessen der Länder.
    - Ihm steht – neben Bundestag und Bundesregierung – das Recht der Gesetzesinitiative zu (Art. 76 Abs. 1 GG).
    - Er hat ein Einspruchsrecht gegen einfache Bundesgesetze (Art. 77 Abs. 3 GG).
    - „Föderative" Gesetze – sie berühren die Interessen der Länder – bedürfen der ausdrücklichen Zustimmung des Bundesrats (Art. 78 GG).
    - Verfassungsändernde Gesetze bedürfen der Zustimmung von zwei Dritteln der Stimmen des Bundesrats (Art. 79 Abs. 2 GG).

  - **Bundesaufsicht**
  Führen die Länder Bundesgesetze als eigene Angelegenheit oder im Auftrage des Bundes aus, so unterliegen sie dessen Aufsicht (Art. 84, 85 GG).

  - **Bundeszwang**
  Erfüllt ein Land die ihm obliegenden Bundespflichten nicht, so kann die Bundesregierung es im Wege des Bundeszwangs zur Erfüllung seiner Pflichten anhalten. Der Bundesrat muss jedoch zustimmen (Art. 37 GG).

  - **Gesetzgebung**
  Der Bund kann fast alle wichtigen Lebensbereiche gesetzlich regeln. Treffen bundes- und landesrechtliche Normen aufeinander, so gilt der Grundsatz: „Bundesrecht bricht Landesrecht" (Art. 31 GG).

  - **Finanzhilfen des Bundes für die Länder**
  Der Bund entscheidet über die meisten Steuergesetze und über die Steuerverteilung zwischen Bund und Ländern (vertikaler Finanzausgleich); über die Gewährung von Finanzhilfen übt der Bund erheblichen Einfluss auf die Länder aus.

  - **Pflicht zur Bundestreue**
  Bund und Länder haben die wechselseitige Pflicht zu bundesfreundlichem Verhalten. Zur Festigung des Bundes muss jeder Beteiligte auf die Belange der anderen Bundespartner Rücksicht nehmen und sich mit ihnen verständigen.

  Der ungeschriebene Grundsatz der Bundestreue wurde vom Bundesverfassungsgericht durch Auslegung des GG entwickelt und soll dem Egoismus des Bundes oder eines oder mehrerer Länder vor allem dort Grenzen setzen, wo eine spezielle Verfassungsnorm fehlt. Aus der Pflicht zur Bundestreue ergeben sich u. a. folgende konkrete Rechtspflichten:
    - Pflicht zur Zusammenarbeit und zur Einigung,
    - Pflicht zu gegenseitiger Hilfeleistung (insbesondere gegenseitige finanzielle Unterstützung durch horizontalen Finanzausgleich),

- Pflicht des Bundes zur Gleichbehandlung aller Länder,
- Pflicht der Länder, gegen Gemeinden einzuschreiten, die sich ‚bundesfeindlich' verhalten.

Problem: Reform des Föderalismus

Die Beteiligung der Länder an der Gesetzgebung des Bundes führte zu langwierigen Gesetzgebungsverfahren. Vor 2006 bedurften etwa 60 % der Bundesgesetze der Zustimmung des Bundesrats. Auch die Gesetzgebungszuständigkeiten waren nicht immer transparent (z. B. Rahmengesetzgebung im Beamtenrecht, Gemeinschaftsaufgaben von Bund und Ländern).

Nun sind Rahmenzuständigkeiten und Gemeinschaftsaufgaben abgeschafft, sodass die Bürger deutlicher erkennen können, welche Ebene für welche Aufgabe zuständig ist. In der 18. Wahlperiode von 2013–2017 sind nur noch ca. 35 % der Gesetzesvorhaben zustimmungsbedürftig.

Als Ausgleich dieses Mitwirkungsverlustes wurde für einige Rechtsgebiete ein Abweichungsrecht der Länder geschaffen. Bundesgesetze, z. B. zum Naturschutz treten frühestens sechs Monate nach ihrer Verkündung in Kraft, damit jedes Bundesland in dieser Frist abweichende Regelungen treffen kann, die dann im betreffenden Bundesland dem Bundesrecht vorgehen. Außerdem sind die Gesetzgebungskompetenzen für einige Gebiete (z. B. Versammlungs-, Gaststätten- und Ladenschlussrecht) auf die Länder übergegangen.

Beim Beamtenrecht bleibt der Bund zuständig für die Statusrechte und -pflichten aller Beamten. Für Laufbahnen, Besoldung und Versorgung der Landes- und Kommunalbeamten sind die Länder zuständig. Kleinere und „ärmere" Länder mussten inzwischen feststellen, dass qualifizierte Beamte von „reicheren" Ländern mit besserer Bezahlung abgeworben werden können (s. Lernfeld 5).

Der Bund darf den Ländern und Kommunen grundsätzlich keine Finanzhilfen mehr für deren eigene Aufgaben gewähren. Damit soll verhindert werden, dass er mit dem „goldenen Zügel" politisch mitlenkt, wenn er nicht zuständig ist.

Im Rahmen der Föderalismusreform wurde auch die Schuldenbegrenzung in Bund und Ländern geregelt.

Insgesamt brachte die Reform einen Zuwachs an gesetzlichen Gestaltungsmöglichkeiten für die Länder.

Zusammenfassung

Merkmale der bundesstaatlichen Ordnung:

- Staatlichkeit des Bundes und der Länder
- Homogenität (Gleichheit) der Grundordnungen
- verfassungsmäßige Aufgabenteilung zwischen Bund und Ländern
- gegenseitige Einflussmöglichkeiten, z. B. durch
  - Bundesrat (Mitwirkung der Länder)
  - Bundesaufsicht
  - Bundeszwang
  - Bundesgesetzgebung in wichtigen Lebensbereichen
  - Finanzhilfen des Bundes für die Länder
- Pflicht zur Bundestreue

22106058

1.3 Das Rechtsstaatsprinzip

Im Rechtsstaat bestimmt und beschränkt das Recht alle staatliche Tätigkeit. Es gilt sowohl für die Bürger wie für die Staatsorgane selbst. Das Recht sichert so die persönliche Freiheit des Einzelnen. Im Vordergrund steht dabei die Mäßigung der Staatsgewalt durch Gewaltenteilung, Achtung der Grundrechte und den Gesetzesvorbehalt, durch den eine Grundrechtseinschränkung nur bei gesetzlicher Erlaubnis zulässig ist.

Demokratie umfasst neben der gemeinsamen Selbstbestimmung aller Bürger auch den Gleichheitsgedanken, Rechte auf Information, Mitberatung und -entscheidung. Die erste demokratische deutsche Verfassung war die der Weimarer Republik (1919–1933). Die beiden Verfassungsgrundsätze des Rechtsstaats und der Demokratie sind nicht identisch, nach dem Verständnis des Grundgesetzes bedingen sie sich aber gegenseitig.

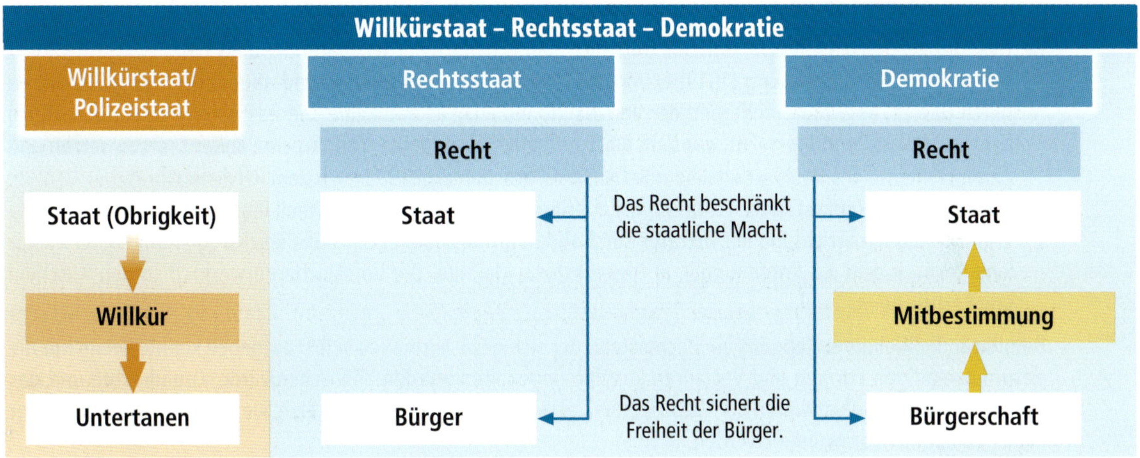

1.3.1 Entwicklung des Rechtsstaatsgedankens

Die absolutistischen Staaten des 17. bis 19. Jahrhunderts übten ihre Staatsgewalt uneingeschränkt und willkürlich aus. Gegen sie gab es keinen wirksamen Schutz. Mit der Forderung nach dem Rechtsstaat wehrte sich seit Beginn des 19. Jahrhunderts das aufstrebende Besitzbürgertum gegen den Feudal- und Polizeistaat.

Mit dem Begriff Rechtsstaat verband das liberale Bürgertum folgende Forderungen:

- Gewährung individueller Freiheiten in einer Verfassung
- Gewaltenteilung
- Gesetzesbindung aller Zweige der Staatsgewalt
- Gesetzgebung nur mit Zustimmung des Parlaments
- Kontrolle der Gesetzmäßigkeit der Verwaltung durch unabhängige Richter

Diese Merkmale des liberalen Rechtsstaats trafen auf das deutsche Kaiserreich (1871–1918) weitgehend zu. Das staatliche Handeln war von verfassungsmäßigen Gesetzen bestimmt und für den gesetzeskundigen Bürger berechenbar („Gesetzesstaat"). Diese Rechtssicherheit bedeutete einen Fortschritt für alle Gesellschaftsschichten, dem Unternehmertum kam sie aber besonders zugute. Wer Eigentum und Initiative besaß, konnte seine Freiheit nun besser nutzen. Den wirtschaftlich Schwachen und sozial Ungesicherten jedoch brachte der Rechtsstaat des 19. Jahrhunderts nicht nur Vorteile.

Kritik am formal-liberalen Rechtsstaat des Kaiserreichs und der Weimarer Republik

- Der Grundsatz der Gesetzesbindung verhinderte zwar offene Willkür der Behörden und Gerichte; verbunden mit der damals im öffentlichen Dienst vorherrschenden obrigkeitlichen Haltung konnte er jedoch auch zu Ungerechtigkeiten führen: Verletzte eine Vorschrift ein Grundrecht oder brachte sie bestimmten Bevölkerungsteilen unverhältnismäßig harte Nachteile, so wurde diese ungerechte Regelung dennoch ohne Weiteres angewandt. Entscheidend war der verfahrensmäßig richtige Erlass und damit die formelle Gültigkeit des Gesetzes.

Beispiel

Der französische Dichter Anatole France (1844–1924) kritisierte die inhaltliche Ungerechtigkeit formell korrekter Gesetze. Er sprach von der „majestätischen Gleichheit des Gesetzes, das Reichen wie Armen verbietet, unter Brücken zu schlafen, auf den Straßen zu betteln und Brot zu stehlen."

(Quelle: France, Anatole: Die rote Lilie. Deutsch von Franziska zu Reventlow 1. Auflage, München: Musarion Verlag 1919, Seite 112.)

- Der bloß formelle Rechtsstaat begünstigte so die soziale Ungleichheit, denn Eigentums- und Gewerbefreiheit, staatliche Zurückhaltung in wirtschaftlichen und auch sozialen Fragen nutzten den Besitzenden und wirkten wie „Sonderrechte". Deshalb setzte sich vor allem die Arbeiterbewegung für den inhaltlichen (materiellen) Ausbau der Rechtsordnung zum sozialen und demokratischen Rechtsstaat ein.
- Das formelle Rechtsstaatsverständnis trug auch zum Scheitern der Weimarer Republik bei:
  In der Weimarer Verfassung (1919) waren die Grundrechte nicht ausreichend abgesichert. Eingriffe waren durch Gesetz, aber ohne Änderung der Verfassung möglich; es gab keine unantastbaren Regelungen. Hinzu kam das Notverordnungsrecht, das dem Reichspräsidenten erlaubte, Grundrechte außer Kraft zu setzen und damit Elemente des Rechtsstaats aufzuheben. Dies geschah z. B. 1933 nach dem Reichstagsbrand.
  Die Möglichkeit umfassender Verfassungsänderungen und das deshalb formell legale Ermächtigungsgesetz erleichterten die Errichtung der Diktatur durch Hitler. Im NS-Staat erklärte die Reichsregierung Führerwillkür zum Recht, indem sie Anordnungen in Gesetzesform kleidete. Die Vorschriften erweckten so den Anschein von Rechtlichkeit.

Damit war die Weimarer Republik ein Rechtsstaat, der sich gewissermaßen selbst aufgeben konnte, wenn nur die dazu notwendigen Formen und Verfahren korrekt eingehalten wurden. Menschenwürde, Grundrechte und das Prinzip der Gerechtigkeit waren bis 1933 zwar verfassungsmäßige Programmsätze, sie konnten aber gegenüber diesem Staat nicht erzwungen werden.

Wegen dieser Mängel eines nur formellen Rechtsstaats entschied sich der Parlamentarische Rat 1948/49 für dessen Weiterentwicklung zu einem demokratischen und sozialen (und damit materiellen) Rechtsstaat („Gesetzes- und Gerechtigkeitsstaat"). Das bedeutet: Im Grundgesetz wird die Staatsgewalt nicht nur an die vom Bundestag beschlossenen Gesetze gebunden (formeller Rechtsstaat), sondern auch an

- die unantastbare Menschenwürde,
- über den Gesetzgeber gestellte Freiheits- und Gleichheitsrechte sowie
- den Grundsatz der Gerechtigkeit.

Art. 1 GG enthält das Bekenntnis zu den Menschenrechten; der Staat schafft sie also nicht erst, sondern garantiert sie als vorstaatliches Naturrecht (materieller Rechtsstaat).

1.3.2 Merkmale des Rechtsstaats nach dem Grundgesetz

Gewährleistung der Grundrechte

Art. 1 Abs. 3 GG
Die Grundrechte binden Gesetzgebung, vollziehende Gewalt und Rechtsprechung als unmittelbar geltendes Recht.

Die Grundrechte schützen die Freiheitssphäre des Einzelnen gegen Eingriffe der Staatsgewalt. Sie sind also vor allem Abwehrrechte. Darüber hinaus sichern sie die Möglichkeit demokratischer Mitwirkung. Sie sind deshalb auch Teilhaberechte.

Einzelne Grundrechte können durch Gesetze ausgestaltet bzw. beschränkt werden, soweit das Grundgesetz dies durch Schranken zulässt. Hierfür gelten strenge Maßstäbe; das Bundesverfassungsgericht überwacht deren Einhaltung.

Bindung an Gesetz und Recht

Art. 20 Abs. 3 GG
Die Gesetzgebung ist an die verfassungsmäßige Ordnung, die vollziehende Gewalt und die Rechtsprechung sind an Gesetz und Recht gebunden.

22106060

Die Gesetzgebung ist an die verfassungsmäßige Ordnung gebunden. Der Bundestag hat also bei jedem Gesetzesbeschluss das GG einzuhalten.

Vollziehende und Recht sprechende Gewalt sind an **Gesetz und Recht** gebunden. Das bedeutet:

Auf dem verfassungsmäßigen Weg zustande gekommene (formelle) Gesetze haben Vorrang vor anderen staatlichen Rechtsquellen **(Vorrang des Gesetzes)**.

Für die öffentliche Verwaltung heißt dies, dass ihre Maßnahmen mit dem Gesetz in Einklang stehen müssen. Dabei haben die Verfassung (GG) und die vom Parlament beschlossenen Gesetze Vorrang vor abgeleiteten Rechtsquellen (Rechtsverordnungen, Satzungen) und vor allen verwaltungsinternen Regelungen (Verwaltungsvorschriften, Weisungen).

Rangstufen der Rechtsquellen

- EU-Recht (soweit unmittelbar anwendbar)
- Grundgesetz
- Formelle Bundesgesetze
- Rechtsverordnungen des Bundes
- Satzungen nach Bundesrecht
- Landesverfassung
- Formelle Landesgesetze
- Rechtsverordnungen des Landes
- Satzungen nach Landesrecht

Erläuterungen wichtiger Rechtsquellen

Rechtsquellen	Erläuterungen
EU-Recht	Zur Verwirklichung eines vereinten Europas hat der Bund gem. Art. 23 Abs. 1 S. 2 GG im EU-Vertrag Hoheitsrechte auf die Europäischen Gemeinschaften übertragen. Damit kann die EU rechtliche Regelungen auch für die Bundesrepublik Deutschland treffen. Eine unmittelbare Rechtsverbindlichkeit für die Bürger in Deutschland haben die Grundrechtecharta der EU (s. LF 2, Kapitel 1.5), die Grundfreiheiten des EU-Binnenmarktkonzepts (im Waren-, Personen-, Dienstleistungs- und Zahlungsverkehr) sowie die **EU-Verordnungen.** Die zweite Gruppe der EU-Normen, die EU-Richtlinien, müssen erst in nationales Recht übertragen werden und gelten dann als deutsche Gesetze oder Rechtsverordnungen.
Verfassung	**Verfassungsgesetze** sind das Grundgesetz für die Bundesrepublik Deutschland und die Landesverfassungen. Sie gehen anderen Gesetzen vor. Sie haben einen besonderen Inhalt (Grundrechte, Staatsorganisation) und kommen auf besonderen Wegen zustande: Das Grundgesetz wurde vom Parlamentarischen Rat (verfassunggebende Versammlung) beschlossen, die meisten Landesverfassungen wurden durch Volksentscheid (Referendum) angenommen.
Formelles Gesetz (Parlamentsgesetz)	**Gesetze im formellen Sinne** sind Rechtsquellen, die von den Parlamenten (Bundestag, Landesparlamente) in verfassungsmäßigen Gesetzgebungsverfahren erlassen worden sind. Zustandekommen eines Bundesgesetzes a) Gesetzesinitiative Gesetzesvorschlag der Bundesregierung, des Bundesrats oder aus der Mitte des Bundestags b) Gesetzberatung und -beschluss 1. Beratung im Bundestag (Aussprache, Überweisung an Ausschüsse) 2. Beratung im Bundestag (Beratung/Abstimmung einzelner Bestimmungen) 3. Beratung und Gesetzesbeschluss durch den Bundestag

	c) Mitwirkung des Bundesrats - Einspruch erheben oder Einspruchsfrist verstreichen lassen (bei nicht zustimmungsbedürftigen Gesetzen) - Zustimmung oder Ablehnung (bei Zustimmungsgesetzen) - Anrufen des Vermittlungsausschusses d) Gegenzeichnung durch den Bundeskanzler oder den zuständigen Minister (Übernahme politischer Mitverantwortung für das Gesetz) e) Ausfertigung durch den Bundespräsidenten; er beurkundet durch seine Unterschrift unter die Gesetzesurkunde das verfassungsmäßige Zustandekommen des Gesetzes f) Verkündung im Bundesgesetzblatt Daneben wird der Begriff „Gesetz" auch als Sammelbezeichnung für alle Rechtsnormen verwendet, die für den Einzelnen Rechte bzw. Pflichten regeln. Will man diese für den Bürger allgemein verbindliche Wirkung betonen, spricht man auch bei bestimmten Rechtsverordnungen, Satzungen oder auch EU-Verordnungen von **Gesetzen im materiellen Sinne.**
Rechtsverordnung	Auch Exekutivorgane erlassen Rechtsnormen, jedoch nur im Rahmen besonderer Ermächtigungen in formellen Gesetzen (s. Art. 80 Abs. 1 GG). So kann sich das Parlament von Einzelvorschriften entlasten, den wesentlichen Inhalt aber selbst regeln. Beispiele: Straßenverkehrsordnung des Bundesverkehrsministers, Gemeindehaushaltsverordnung des Landesinnenministers, Verordnung einer örtlichen Polizei- bzw. Ordnungsbehörde über das Verhalten in Grün- und Erholungsanlagen.
Satzung	Nichtstaatliche juristische Personen des öffentlichen Rechts erlassen Satzungen zur Regelung eigener Angelegenheiten. Satzungshoheit besitzen z. B. die Gemeinden und Kreise, die Sozialversicherungsträger, die Berufskammern und die öffentlich-rechtlichen Rundfunkanstalten. Satzungen sind von Rechtsverordnungen zu unterscheiden: In einer Ortssatzung z. B. regelt die Gemeinde weniger die „Feinheiten" öffentlicher Aufgaben anstelle bzw. zur Entlastung des Landtags, sondern sie gestaltet die Selbstverwaltungsangelegenheiten nach den örtlichen Bedürfnissen in eigener Verantwortung. Satzungsermächtigungen in Gesetzen sind – im Gegensatz zu Verordnungsermächtigungen – oft allgemein gehalten.

Gewohnheitsrecht sind ungeschriebene Rechtsregeln, die durch stetige Übung (Gewohnheit) und in Rechtsüberzeugung aller Beteiligten innerhalb einer Rechtsgemeinschaft entstanden sind (im Unterschied zum gesetzten, in einem förmlichen Gesetzgebungsverfahren erlassenen Recht).

Gewohnheitsrecht kann grundsätzlich auf Bundes-, Landes- oder Ortsebene bestehen. Observanzen (im Verwaltungsrecht) sind nur örtlich geltende Regeln des Gewohnheitsrechts. Im Strafrecht ist strafbegründetes Gewohnheitsrecht durch Art. 103 II GG ausgeschlossen. Gewohnheitsrecht ist überwiegend Richterrecht und dient immer seltener als Anspruchsgrundlage für eine Forderung.

Beispiele

Grundsatz von Treu und Glauben, Recht der Einwohner zur Wasserentnahme aus einem gemeindlichen Heilbrunnen, Wege-, Geh- und Fahrrechte im Gemeindeleben.

Alle Eingriffe in Grundrechte der Bürger (Freiheitsrechte, Eigentum) erfordern eine gesetzliche Grundlage; sie stehen unter dem Vorbehalt einer gesetzlichen Eingriffsermächtigung. Ebenso bedürfen wesentliche staatliche Leistungen an Bürger einer gesetzlichen Grundlage **(Vorbehalt des Gesetzes)**.

Gewaltenteilung

Die Staatsorgane der Legislative, Exekutive und Judikative üben die Staatsgewalt nach Funktionen getrennt aus. Diese horizontale Gewaltenteilung dient der Machtbeschränkung und -kontrolle; sie soll eine Balance der staatlichen Teilgewalten sichern.

- Das Grundgesetz sieht zahlreiche **Durchbrechungen** des Prinzips der Gewaltenteilung vor. Die Organe der Legislative und der Exekutive sind nicht schematisch starr getrennt. Durch Verschränkungen der Teilgewalten soll eine wirksamere Machtverteilung und -kontrolle erreicht werden (Gewaltenhemmung), ohne jedoch die Volkssouveränität einzuschränken. Denn gemäß Art. 20 Abs. 2 GG geht alle Staatsgewalt vom Volke aus.

- Diesem Ziel entspricht auch die Aufteilung der Staatsfunktionen auf zwei staatliche Ebenen (vertikale Gewaltenteilung zwischen Bund und Ländern).

Beispiele

Der Bundestag (Legislative) wählt den Bundeskanzler (Exekutive) und die Hälfte der Bundesverfassungsrichter (Judikative).

Die Bundesregierung (Exekutive) kann Rechtsverordnungen mit Gesetzeskraft erlassen, wenn eine gesetzliche Ermächtigung vorliegt.

Das Bundesverfassungsgericht (Judikative) kann nicht verfassungsgemäße Bundesgesetze aufheben, die verfassungswidrig sind.

Das Gewaltenteilungsprinzip wird in der Praxis der Staatsführung durch eine andere Funktionsverteilung überlagert: Die Bundesregierung (Exekutive) arbeitet mit den Koalitionsparteien im Bundestag (Legislative) zusammen. Die Kontrolle der Regierung wird daher meistens nur durch die Parlamentsminderheit (Opposition) ausgeübt.

Gewaltenteilung und politische Führung in der Bundesrepublik Deutschland

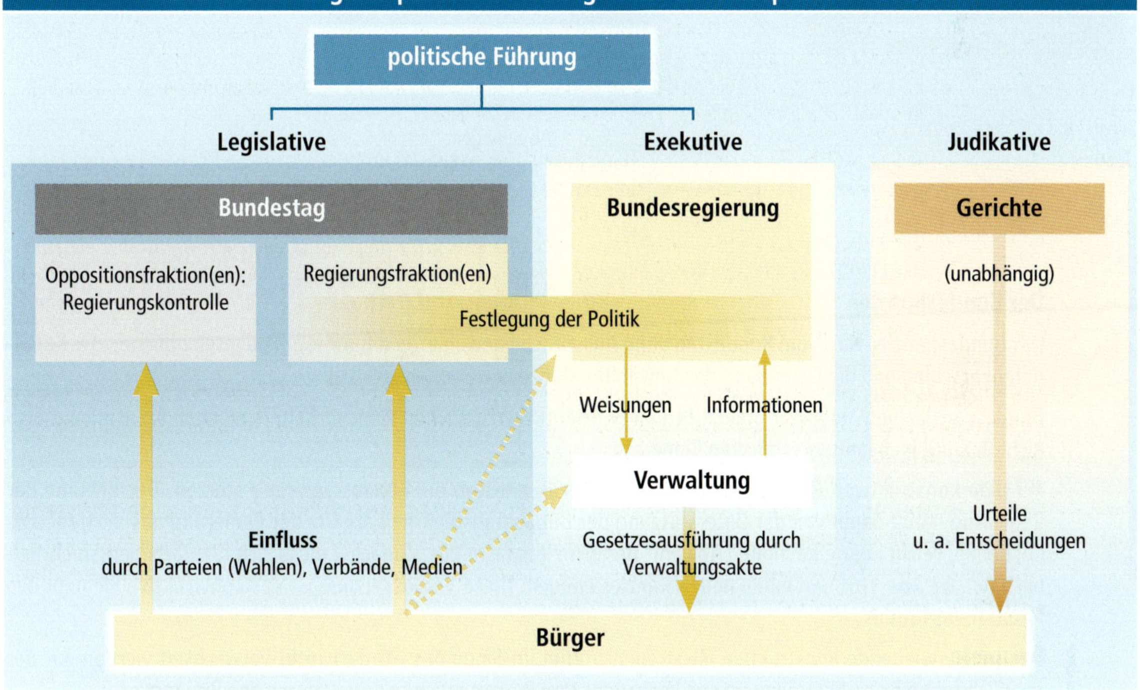

Exkurs: Die Bundesregierung als Exekutivorgan

Das Thema der Gewaltenteilung und ihrer Durchbrechungen wird besonders deutlich, wenn man die Bundesregierung, ihre Aufgaben und Beziehungen zu anderen Verfassungsorganen betrachtet.

Stellung und Zusammensetzung

Zur vollziehenden Gewalt des Bundes gehören der Bundespräsident und die Bundesregierung, die aus dem Bundeskanzler und den Bundesministern besteht (Art. 62 GG). Während der Bundespräsident als Staatsoberhaupt überwiegend repräsentative Funktionen besitzt, trifft die Bundesregierung richtungweisende politische Entscheidungen für die Bundesrepublik Deutschland als Ganzes. Neben ihr wirken auch andere Verfassungsorgane – insbesondere der Bundestag – bei dieser „Staatswillensbildung" mit. Deren Rechte hat die Bundesregierung zu beachten. Jedoch wäre es falsch, in der Bundesregierung wegen ihrer Abhängigkeit vom Parlament nur dessen Vollzugsorgan zu sehen: Viele Rechte und Aufgaben leitet die Regierung nämlich unmittelbar aus dem Grundgesetz ab; sie ist deshalb ein Verfassungsorgan neben anderen.

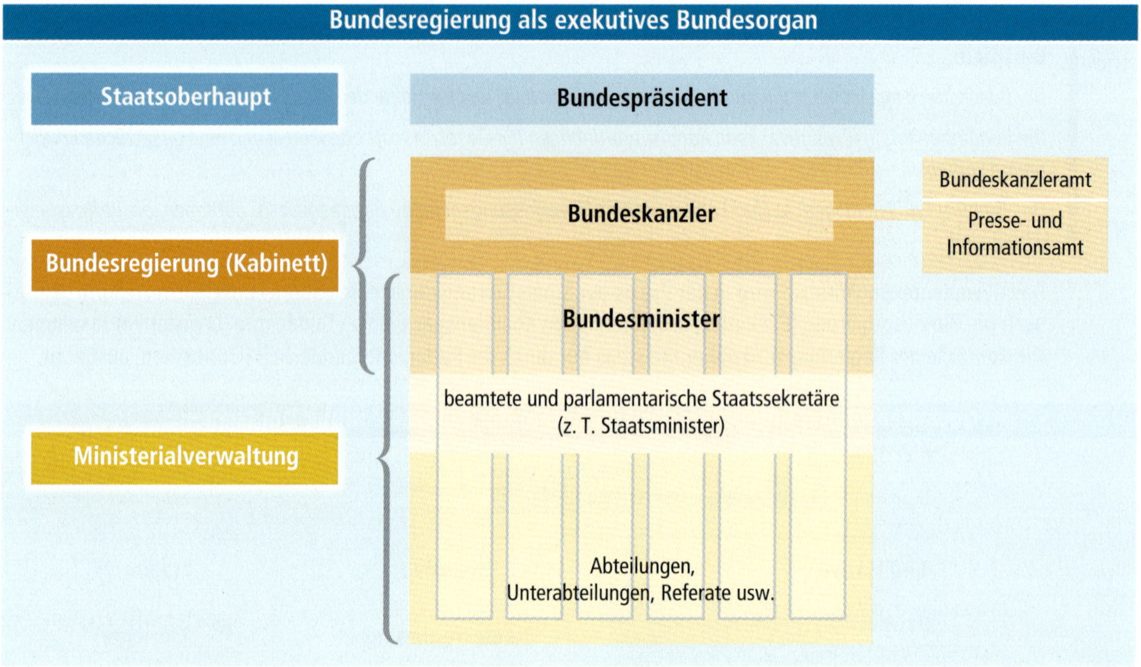

Der Bundeskanzler

Der Bundeskanzler wird vom Bundestag ohne Aussprache gewählt. Dem Bundespräsidenten obliegen der Kandidatenvorschlag und die Ernennung des Gewählten (Einzelheiten s. Art. 63 GG).

Bundeskanzler und -minister stehen in einem öffentlich-rechtlichen Amtsverhältnis eigener Art, sie sind also nicht Beamte im beamtenrechtlichen Sinne.

Mit dem konstruktiven Misstrauensvotum kann der Bundestag die Bundesregierung stürzen. Der Bestand der Regierung hängt damit von der Unterstützung der Bundestagsmehrheit ab. Um der Regierung das Vertrauen zu entziehen, reicht aber eine bloße „Abwahl" des Kanzlers nicht aus. Zunächst muss sich die Parlamentsmehrheit nach Art. 67 Abs. 1 GG auf einen neuen Kanzler einigen. Diese Voraussetzung ist das konstruktive Element des Misstrauensvotums.

Das schwerwiegende konstruktive Misstrauensvotum im Sinne des GG darf nicht verwechselt werden mit der rechtlich folgenlosen Missbilligung des Verhaltens von Regierungsmitgliedern durch den Bundestag.

Das Grundgesetz gibt dem Bundeskanzler eine starke Stellung gegenüber dem Bundespräsidenten, dem Bundestag und den Bundesministern. Er allein bestimmt die Richtlinien der Politik (und auch, was „Richtlinien" sind). Sehr früh schon wurde das politische System der Bundesrepublik Deutschland deshalb als „Kanzlerdemokratie" bezeichnet.

Die Bundesminister

Der Bundeskanzler wählt die Bundesminister aus, der Bundespräsident ernennt und entlässt sie.

Die Bundesminister gehören der Regierung an und stehen zugleich an der Spitze ihres Ministeriums. Minister werden durch Staatssekretäre vertreten, von denen einige den Titel „Staatsminister" führen. Ein beamteter Staatssekretär ist als höchster Beamter des Ministeriums für die Verwaltung verantwortlich, er vertritt den Minister bei der Leitung des Ministeriums. Ein parlamentarischer Staatssekretär entlastet den Minister vor allem im parlamentarischen Bereich. Er muss Mitglied des Bundestags sein.

22106064

Organisationsprinzipien, Aufgaben und Befugnisse der Bundesregierung		
Kanzlerprinzip	**Ressortprinzip**	**Kollegialprinzip**
Der Bundeskanzler bestimmt die Richtlinien der Politik (Richtlinienkompetenz), leitet die Regierungsgeschäfte und trägt die Verantwortung gegenüber dem Parlament.	Jeder Bundesminister leitet innerhalb der vom Kanzler bestimmten Richtlinien einen Geschäftsbereich (ein Ressort) selbstständig und eigenverantwortlich.	Entscheidungen der Bundesregierung als Kollegium werden durch Kabinettsbeschluss (von der Mehrheit der Regierungsmitglieder) getroffen.
Beispiele für weitere Kompetenzen		
■ Festlegung der Zahl und der Geschäftsbereiche der Minister ■ Gegenzeichnung von Anordnungen und Verfügungen des Bundespräsidenten (Art. 58 GG)	■ rechtliche Vertretung der Bundesregierung ■ Aufsicht über nachgeordnete Behörden ■ Gegenzeichnungsrecht (Art. 58 GG) ■ Erlass von Rechtsverordnungen (Art. 80 GG)	■ Einbringen von Gesetzentwürfen beim Bundestag (Art. 76 GG) ■ Erlass von Rechtsverordnungen (Art. 80 GG) und Verwaltungsvorschriften (Art. 84–86 GG) ■ Entscheidung von Meinungsverschiedenheiten zwischen den Bundesministern (Art. 65 GG)

Rechtssicherheit

Die Bürger müssen sich auf den Bestand der geltenden Rechtsordnung und aller auf diese Rechtsordnung gestützten staatlichen Maßnahmen verlassen können.

Die folgenden Grundsätze konkretisieren die Rechtssicherheit im Sinne des GG:

Grundsatz	Erläuterung
Berechenbarkeit	Aufgrund bekannt gemachter Rechtsvorschriften muss der Bürger voraussehen können, mit welchen staatlichen Maßnahmen er zu rechnen hat. Vor allem auf belastende Eingriffe des Staats soll er sich einrichten können.
Bestimmtheit	Alle staatlichen Machtäußerungen müssen klar und bestimmt sein. „Gummiparagrafen" und unklar formulierte Verwaltungsakte sind unzulässig.
Vertrauensschutz	Der gutgläubige Bürger soll auf Richtigkeit und Bestand staatlicher Maßnahmen vertrauen dürfen. Dieser Vertrauensschutz gilt auch bei fehlerhaften, für ihn aber günstigen Entscheidungen der Verwaltung.
begrenztes Belastungsrückwirkungsverbot	Belastungen (Verbote, Strafen, Abgaben) dürfen Gesetze im Allgemeinen nur für die Zukunft, nicht aber rückwirkend vorschreiben.

Wenn ein Gesetz nachträglich belastend in abgewickelte, in der Vergangenheit liegende Sachverhalte eingreift, so spricht man von einer Belastungsrückwirkung. Die Rechtssicherheit verbietet grundsätzlich die Rückwirkung von Gesetzen. Nur zwingende Gründe des Gemeinwohls oder ein nicht mehr vorhandenes schutzwürdiges Vertrauen können die Rückwirkung von Gesetzen im Ausnahmefall rechtfertigen.

Beispiele

für die Zulässigkeit einer Belastungsrückwirkung:

- *Mit der Rechtsänderung musste zum betreffenden Zeitpunkt bereits gerechnet werden.*
- *Die Rechtsänderung regelt lediglich Verfahrensfragen oder Angelegenheiten von geringfügiger Bedeutung.*
- *Es liegen zwingende überwiegende Gründe des öffentlichen Wohls vor.*
- *Es handelt sich um eine „unechte" Belastungsrückwirkung:*

  Das Gesetz regelt einen ***noch nicht abgeschlossenen Sachverhalt*** *mit Rechtsfolgen für die Zukunft, der aber in der Vergangenheit erworbene Rechtspositionen entwertet (z. B. eine Erlaubnis). Dies ist grundsätzlich zulässig, sofern nicht eine Abwägung zwischen dem Interesse des Einzelnen und dem Interesse der Allgemeinheit zu einem anderen Ergebnis führt. Der Bürger kann nicht auf den unbegrenzten Fortbestand günstiger Bedingungen vertrauen.*

Für das Strafrecht gilt gemäß Art. 103 Abs. 2 GG ein Rückwirkungsverbot (keine Strafe ohne Gesetz – nulla poena sine lege).

Verhältnismäßigkeit

Gesetze, Verwaltungs- und Gerichtsentscheidungen sollen in einem „vernünftigen" Verhältnis zum beabsichtigten Zweck stehen. Alle staatlichen Eingriffe in Rechte des Einzelnen müssen den Geboten der Eignung, Erforderlichkeit und Angemessenheit genügen.

Das bedeutet:

- Es muss ein legaler Zweck vorliegen.
- Die Entscheidungen müssen **geeignet** sein, den beabsichtigten Zweck zu erreichen oder zu fördern (Eignung, Tauglichkeit des Mittels).
- Das Maß des unbedingt **Erforderlichen** dürfen sie nicht überschreiten (Erforderlichkeit, Prinzip des mildesten Mittels, Übermaßverbot).
- Verhältnismäßig sind die staatlichen Eingriffe nur dann, wenn die mit ihnen verbundenen Belastungen in einem **angemessenen Verhältnis** zum erstrebten Zweck stehen (Angemessenheit).

Umfassender gerichtlicher Rechtsschutz

Art. 19 Abs. 4 GG
Wird jemand durch die öffentliche Gewalt in seinen Rechten verletzt, so steht ihm der Rechtsweg offen.

Die Rechtsweggarantie gewährleistet jedem, der die Verletzung eigener Rechte durch staatliches Handeln behauptet, eine gerichtliche Überprüfung der staatlichen Maßnahme durch nicht weisungsgebundene und persönlich **unabhängige Richter** (s. auch Art. 97 GG).

Neben den Grundrechten sieht das GG besondere grundrechtsähnliche Verfahrensrechte zur Verwirklichung des Rechtsstaats vor. Zu diesen **„Justizgrundrechten"** zählen:

- das Verbot von Ausnahmegerichten (Art. 101 Abs. 1 S. 1 GG),
- das Gebot des gesetzlichen Richters (Art. 101 Abs. 1 S. 2 GG),
- der Anspruch auf rechtliches Gehör vor Gericht (Art. 103 Abs. 1 GG),
- das Verbot der Rückwirkung von Strafgesetzen (Art. 103 Abs. 2 GG),
- das Verbot der Doppelbestrafung wegen derselben Tat (Art. 103 Abs. 3 GG),
- die Rechtsgarantien bei Freiheitsentziehung (Art. 104 GG).

Das als „Hüterin der Verfassung" eingesetzte **Bundesverfassungsgericht** überprüft (auf Antrag) Gesetze und Verwaltungsmaßnahmen auf ihre Vereinbarkeit mit dem Grundgesetz und vervollständigt so den Rechtsschutz.

Zusammenfassung

Formeller Rechtsstaat

Der Staat ist an das von Menschen gesetzte und in Gesetzen formalisierte Recht (= positives Recht) gebunden. Merkmale des formellen Rechtsstaats sind:

- Rechtsbindung der Staatsgewalt
- Gewaltenteilung
- Rechtssicherheit
- lückenloser gerichtlicher Rechtsschutz

Materieller Rechtsstaat

Der Staat ist außerdem der Menschenwürde, den Freiheits- und Gleichheitsrechten sowie dem Gerechtigkeitsprinzip als vorstaatlichem Recht (= Naturrecht, überpositives Recht) verpflichtet. Deshalb werden die Elemente des formellen Rechtsstaats ergänzt durch inhaltliche Merkmale:

- Menschenwürde
- geschützte Grundrechte
- Verhältnismäßigkeitsgrundsatz

22106066

Mängel des nur formellen (nicht materiellen) Rechtsstaats

- Die Gesetzesform und das formal rechtmäßige Zustandekommen einer Vorschrift reichen nicht aus, um eine menschenwürdige und gerechte Regelung zu gewährleisten.
- Sind die Grundrechte aufhebbar bzw. nicht erzwingbar, so reichen sie als Schutz gegenüber der Staatsgewalt nicht aus.

Merkmale des Rechtsstaats nach dem Grundgesetz

- Gewährleistung der Grundrechte
  Grundrechte gelten als Abwehrrechte gegenüber dem Staat unmittelbar. Sie sind einklagbar und dürfen nur im verfassungsmäßigen Rahmen eingeschränkt, auf keinen Fall aber in ihrem Wesensgehalt angetastet werden (s. Art. 19 Abs. 2 GG).
- Bindung an Gesetz und Recht
  Bindung der Gesetzgebung an die verfassungsmäßige Ordnung, der vollziehenden und der Recht sprechenden Gewalt an Gesetz und Recht. Hier gelten die Prinzipien
  - des Gesetzesvorrangs und
  - des Gesetzesvorbehalts.
- Gewaltenteilung
  - Nach dem Grundgesetz wird das Prinzip der horizontalen Gewaltenteilung vielfach durchbrochen.
  - Dadurch werden die drei Teilgewalten in ein System von Machtkontrollen und Gegengewichten eingeordnet.
  - Zwischen Bund und Ländern besteht außerdem eine vertikale Gewaltenteilung.
- Rechtssicherheit
  - Bestimmtheit staatlicher Maßnahmen
  - begrenztes Belastungsrückwirkungsverbot
  - Vertrauensschutz
  - Berechenbarkeit staatlicher Maßnahmen
- Verhältnismäßigkeit – Anforderungen an staatliche Maßnahmen
  - Geeignetheit (prinzipielle Tauglichkeit)
  - Erforderlichkeit (Übermaßverbot, mildestes Mittel)
  - Angemessenheit (Staatliche Eingriffe mit ihren Belastungen in einem angemessenen Verhältnis zu ihrem Zweck)
- umfassender gerichtlicher Rechtsschutz
  - Rechtsweggarantie
  - „Justizgrundrechte"
  - Kontrollfunktion des Bundesverfassungsgerichts („Hüterin der Verfassung")

1.3.3 Sicherung der freiheitlichen demokratischen Ordnung

Die Weimarer Republik (1919–1933) gewährte auch den Personen und Parteien freie politische Betätigung, die offen die Abschaffung des demokratischen Rechtsstaats forderten und schließlich auch durchsetzten.

1928 beschrieb Joseph Goebbels, Propagandaleiter der NSDAP, die Zerstörung der Demokratie mit ihren eigenen Mitteln:

„Wir gehen in den Reichstag hinein, um uns im Waffenarsenal der Demokratie mit deren eigenen Waffen zu versorgen. Wir werden Reichstagsabgeordnete, um die Weimarer Gesinnung mit ihrer eigenen Unterstützung lahm zu legen. Wenn die Demokratie so dumm ist, uns für diesen Bärendienst Freifahrkarten und Diäten zu geben, so ist das ihre eigene Sache. [...] Uns ist jedes gesetzliche Mittel recht, den Zustand von heute zu revolutionieren."

Quelle: Goebbels, Joseph: Was wollen wir im Reichstag? in: Der Angriff vom 30. April 1928; Nachdruck in: Schwarz van Berk, Hans (Hrsg.): Der Angriff, Aufsätze aus der Kampfzeit. München 1935: Verlag Franz Eher Nachf., S. 71.

Nach den Erfahrungen mit dem Scheitern der Weimarer Republik traf der Parlamentarische Rat im Grundgesetz Vorkehrungen, um Demokratie und Rechtsstaat künftig vor ihren Gegnern zu schützen. Bestimmte Verfassungsgrundsätze sind der demokratischen Mehrheitsentscheidung durch absolute **Bestandsgarantien** entzogen.

Art. 79 Abs. 3 GG	Eine Änderung dieses Grundgesetzes, durch welche ■ die Gliederung des Bundes in Länder, ■ die grundsätzliche Mitwirkung der Länder bei der Gesetzgebung ■ oder die in den Artikeln 1 und 20 niedergelegten Grundsätze berührt werden, ist unzulässig.

Diese **„Ewigkeitsklausel“** schließt demnach bestimmte Änderungen aus:

Der Kern der in der Menschenwürde wurzelnden Grundrechte sowie der Strukturprinzipien (Republik, Demokratie, Rechts-, Sozial- und Bundesstaatlichkeit) sind nicht änderbar.

Soweit Grundgesetzänderungen zulässig sind, bedürfen sie der Zustimmung von zwei Dritteln der Mitglieder des Bundestags und zwei Dritteln der Stimmen des Bundesrats (s. Art. 79 Abs. 2 GG).

Vor dem Missbrauch demokratischer Rechte schützen folgende Regelungen:

- Parteien, die die freiheitliche demokratische Grundordnung beseitigen oder beeinträchtigen wollen oder den Bestand der Bundesrepublik gefährden, können durch das Bundesverfassungsgericht verboten werden (Art. 21 Abs. 2 GG).
- Andere verfassungswidrige Vereinigungen sind bereits durch Art. 9 Abs. 2 GG verboten.
- Den Beamten obliegt nach den hergebrachten Grundsätzen des Berufsbeamtentums (Art. 33 Abs. 5 GG) eine besondere politische Treuepflicht gegenüber der Verfassung.
- Wer die in Art. 18 GG aufgeführten Grundrechte zum Kampf gegen die freiheitliche demokratische Grundordnung missbraucht, verwirkt diese Grundrechte. Das Bundesverfassungsgericht spricht die Verwirkung aus.
- Das Recht zum Widerstand ist ein letztes Mittel zur Erhaltung der Grundlagen der staatlichen Ordnung:

Art. 20 Abs. 4 GG	Gegen jeden, der es unternimmt, diese Ordnung zu beseitigen, haben alle Deutschen das Recht zum Widerstand, wenn andere Abhilfe nicht möglich ist.

Diese Bestimmung ist an strenge Voraussetzungen gebunden. Im Fall eines Umsturzes (Putsch, Aufruhr), durch den der Kernbestand der Verfassung ganz oder teilweise beseitigt werden soll, ist dieses Widerstandsrecht durchaus von Bedeutung. Es darf dagegen nicht angewandt werden, wenn gegen das tatsächlich oder vermeintlich verfassungswidrige Verhalten eines Staatsorgans gerichtliche Hilfe in Anspruch genommen werden kann.

Dem Schutz der Verfassung dienen daneben auch

- strafrechtliche Vorschriften (s. z. B. § 81 ff. StGB),
- die Arbeit schützender Staatsorgane (Bundesverfassungsgericht, Verfassungsschutzämter, Polizeibehörden) sowie
- die Festigung demokratischer Grundsätze durch ständige Anwendung. Die Verfassungsprinzipien müssen „gelebt“ werden. Auch das Eintreten gegen jede Form undemokratischer Herrschaft wie Diktatur, Rassismus oder Kolonialismus ist Parteinahme für die Demokratie.

Die Elemente der freiheitlichen demokratischen Grundordnung hat das Bundesverfassungsgericht in seinem Urteil zum Verbot der rechtsextremen Sozialistischen Reichspartei (SRP) 1952 (Az.: BVerfGE 2, 1) aufgeführt:

„So lässt sich die freiheitliche demokratische Grundordnung als eine Ordnung bestimmen,
- *die unter Ausschluss jeglicher Gewalt- und Willkürherrschaft*
- *eine rechtsstaatliche Herrschaftsordnung*
- *auf der Grundlage der Selbstbestimmung des Volkes nach dem Willen der jeweiligen Mehrheit*
- *und der Freiheit und Gleichheit darstellt.*

Zu den grundlegenden Prinzipien dieser Ordnung sind mindestens zu rechnen:
- *die Achtung vor den im Grundgesetz konkretisierten Menschenrechten, vor allem vor dem Recht der Persönlichkeit auf Leben und freie Entfaltung,*
- *die Volkssouveränität,*
- *die Gewaltenteilung,*
- *die Verantwortlichkeit der Regierung,*
- *die Gesetzmäßigkeit der Verwaltung,*
- *die Unabhängigkeit der Gerichte,*
- *das Mehrparteienprinzip,*
- *die Chancengleichheit für alle politischen Parteien mit dem Recht auf verfassungsmäßige Bildung und Ausübung einer Opposition.“*

22106068

1.4 Die Bedeutung der Grundrechte für Bürger und Verwaltung

In einem Rechtsstaat wie der Bundesrepublik Deutschland muss sich jeder Bürger auf Grundrechte gegenüber dem Staat berufen können. Wie schwer es den Staatsorganen bisweilen fällt, ein Grundrecht im Einzelfall tatsächlich zu beachten, zeigt der folgende Fall.

Beispiel

Weil er um das Leben eines entführten Kindes fürchtet und keine weitere Zeit verlieren will, droht ein hoher Polizeibeamter dem dringend Tatverdächtigen T. nach vier Tagen Untersuchungshaft die „Zufügung von Schmerzen" an, wenn dieser den Aufenthaltsort des von ihm entführten Kindes nicht preisgibt. T. gesteht daraufhin ein, das Kind bereits getötet zu haben, und führt die Beamten zum Tatort.

Der Polizeibeamte rechtfertigt sein Handeln damit, dass er eine Abwägung zwischen dem Recht des Kindes auf Leben und dem Recht des Tatverdächtigen auf Menschenwürde und körperliche Unversehrtheit habe vornehmen müssen. Der Rechtsanwalt des T. macht geltend, dass elementare Grundrechte (Art. 1, 2 und 104 GG) seines Mandanten verletzt worden seien.

Der Fall berührt elementare Grundrechte des Täters und des Opfers. Die Frage ist letztlich, ob es erlaubt ist, dringend Tatverdächtigen Gewalt anzudrohen und gegen sie körperlichen Zwang anzuwenden, um ein mutmaßlich sich in Lebensgefahr befindendes Verbrechensopfer zu retten.

1.4.1 Naturrecht, Menschenrechte, Grundrechte

Die nachfolgende Darstellung soll einen Überblick über die Quellen, das System, die Arten, die Bedeutung, die Schranken und die Schutzbereiche einiger ausgewählter Grundrechte des Grundgesetzes vermitteln.

Die Idee von den „natürlichen Rechten" – insbesondere von der Idee der menschlichen Freiheit und der menschlichen Würde –, also von den Rechten, die sich aus der Natur des vernunftbegabten Wesens ‚Mensch' ableiten lassen, ist uns bereits aus der Antike überliefert.

In Deutschland wurden individuelle Freiheitsrechte für den Einzelnen seit 1817 in die Verfassungen einzelner Kleinstaaten aufgenommen. Einen ausführlichen Katalog von Grundrechten – d. h. einen Katalog staatsrechtlich verbürgter, grundlegender Freiheitsrechte als Bestandteil einer Verfassung – enthielt die **„Paulskirchenverfassung"** von 1849, die allerdings nie in Kraft trat. Da auch in der **„Reichsverfassung"** von 1871 keine Grundrechte festgelegt waren, ist die **„Weimarer Reichsverfassung"** von 1919 die erste gültige deutsche Verfassung, die einen Katalog von Grundrechten (wenn auch nur in der Form von Programmsätzen) enthielt. In dem am 23. Mai 1949 in Kraft getretenen **„Grundgesetz der Bundesrepublik Deutschland"** sind die Grundrechte als wesentliche, von allen zu beachtende Grundlage der demokratischen und rechtsstaatlichen Ordnung enthalten. Auch die Verfassung der DDR vom 7. Oktober 1949 enthielt einen umfangreichen Katalog von Grundrechten. Diese hatten aber nicht die Aufgabe, dem Einzelnen eine Abwehrmöglichkeit gegen staatliche Eingriffe zu geben; sie dienten vielmehr dazu, ihn in die sozialistische Gesellschaft einzugliedern.

Auf europäischer Ebene war die 1953 in Kraft getretene **„Europäische Konvention zum Schutz der Menschenrechte und Grundfreiheiten"** (EMRK) des **Europarats** ein wichtiger Schritt. Die Konvention eröffnet dem Einzelnen nach der Erschöpfung des innerstaatlichen Rechtswegs ein Beschwerderecht vor dem Europäischen Gerichtshof für Menschenrechte in Straßburg. In der EU ist die Charta der Grundrechte der Europäischen Union seit 2009 rechtsverbindlich. Daneben gelten auch die Grundrechte der Europäischen Menschenrechtskonvention als EU-Recht.

Dem Schutz der Menschenrechte dienen eine Reihe weiterer internationaler Konventionen und Erklärungen.

Die **„Allgemeine Erklärung der Menschenrechte"** durch die **Vereinten Nationen** von 1948 war nach den Schrecken des Zweiten Weltkriegs das erste internationale Bekenntnis zu den Menschenrechten. Bedenkt man allerdings, in wie vielen Mitgliedsländern der UN die Menschenrechte brutal missachtet werden, so wird der rein deklaratorische Charakter der Erklärung deutlich. Wegen der sehr begrenzten rechtlichen Verbindlichkeit haben die Vereinten Nationen im Jahr 1966 Pakte geschaffen (u. a. über bürgerliche und politische Rechte), in denen sich die Unterzeichnerländer zur Achtung der Menschenrechte verpflichten. Die seit 1993 eingerichteten **„UN-Kriegsverbrechertribunale**

von Den Haag" und der von der UN unabhängige Internationale Strafgerichtshof in Den Haag sind ein Versuch der Völkergemeinschaft, eine weltweite Verantwortlichkeit und Haftung für Verbrechen einzuführen, die in Kriegen begangen wurden (z. B. Völkermord, Verbrechen gegen die Menschlichkeit).

Der kurze historische Rückblick verdeutlicht, wie mühsam die Menschen- und Grundrechte im Verlauf vieler Jahrhunderte erkämpft worden sind.

Heute stellt sich die Aufgabe, Menschen- und Grundrechte dort einzufordern, wo sie nicht anerkannt werden, und sie dort zu wahren und zu sichern, wo sie gelten. Es muss aber auch darauf geachtet werden, dass Menschen- und Grundrechte durch neue Entwicklungen, wie z. B. die Gentechnik oder die Kommunikationstechnik, nicht ausgehöhlt werden. Solchen Gefahren können Gerichte begegnen, indem sie die in der Verfassung garantierten Grundrechte zeitgemäß auslegen; der Gesetzgeber kann dies durch gesetzliche Beschränkungen, eventuell auch durch Ergänzungen des Grundgesetzes erreichen.

Vom Naturrecht zu den Grundrechten

Entwicklung		Quellen
seit ca. 400 vor Chr.	**Naturrecht** z. B. ■ Leben ■ Würde des Menschen	griechische Philosophie (Plato, Aristoteles)
seit 17. Jh.	**Menschenrechte** z. B. ■ Freiheit ■ Eigentum	Philosophie der Aufklärung (Locke, Rousseau, Montesquieu)
seit 23.05.1949	**Grundrechte des Grundgesetzes** z. B. ■ Freiheit der Berufswahl ■ Unverletzlichkeit der Wohnung	Grundgesetz für die Bundesrepublik Deutschland

1.4.2 Bedeutung und Rechtsnatur der Grundrechte

Anders als in der Weimarer Reichsverfassung, in der die Grundrechte lediglich unverbindliche Programmsätze – also Orientierungen für den Gesetzgeber – waren, sind die Grundrechte des Grundgesetzes der Bundesrepublik Deutschland unmittelbar geltendes, gerichtlich durchsetzbares (objektives) Recht. Sie sind von den Organen des Staats bei ihrer Tätigkeit zu beachten.

Art. 1 Abs. 3 GG
„Die nachfolgenden Grundrechte binden Gesetzgebung, vollziehende Gewalt und Rechtsprechung als unmittelbar geltendes Recht."

Art. 19 Abs. 4 GG
„Wird jemand durch die öffentliche Gewalt in seinen Rechten verletzt, so steht ihm der Rechtsweg offen."

Die Grundrechte begrenzen demnach die Staatsgewalt; sie sind in erster Linie Abwehrrechte des Einzelnen gegen staatliche Eingriffe.

Rechtscharakter der Grundrechte

- Grundrechte sind **Grundelemente der objektiven Wertordnung** des Staats. Sie „strahlen aus" auf die gesamte Rechtsordnung.
- Grundrechte sind **subjektiv-öffentliche Rechte,** d. h., es sind fundamentale Rechte des Einzelnen, die bestimmte Lebensbereiche – etwa die Meinungsfreiheit oder die Freizügigkeit – schützen und deren Beachtung durch den Staat der Bürger gerichtlich einklagen kann (s. Art. 93 Abs. 1 Nr. 4 a GG).
- Grundrechte garantieren bestimmte Einrichtungen der Gesellschaft, wie z. B. die „freie Presse", „Ehe und Familie" oder das „Privateigentum". Man spricht hier von **„institutionellen Garantien" (Einrichtungsgarantien).**

22106070

Einrichtungsgarantien und subjektive Rechte sind in den Grundrechten häufig fließend miteinander verbunden. So stellt Art. 6 Abs. 1 GG die Einrichtungen von Ehe und Familie unter den besonderen Schutz des Staats (institutionelle Garantie); zugleich gewährt die Vorschrift aber auch das subjektive Recht auf private Lebensgestaltung im Rahmen von Ehe und Familie.

Da die Regelungen des GG höchstrangige Rechtssätze sind, dürfen andere Rechtsnormen (zum Beispiel einfache Gesetze) nicht im Widerspruch zu ihnen stehen (s. z. B. Art. 1 Abs. 1 GG i.V.m. § 1 Abs. 1 SGB I).

Stellung der Grundrechte im Grundgesetz

Um die besondere Bedeutung der Grundrechte hervorzuheben, hat sie der Parlamentarische Rat an den Anfang des Grundgesetzes gestellt. Neben den Grundrechten im ersten Abschnitt (Art. 1–19 GG) weist das GG in anderen Abschnitten weitere, den Grundrechten gleichgestellte Rechte auf.

Die Grundrechte

Oberstes Prinzip: Schutz der Menschenwürde (Art. 1 Abs. 1 GG)

Grundrechte in den Artikeln 2–17 GG

- Freiheit der Person (Art. 2 GG)
- Gleichheit vor dem Gesetz (Art. 3 GG)
- Glaubens- und Gewissensfreiheit (Art. 4 GG)
- Freiheit der Meinungsäußerung und Pressefreiheit (Art. 5 GG)
- Schutz von Ehe und Familie (Art. 6 GG)
- Schulwesen (Art. 7 GG)
- Versammlungsfreiheit (Art. 8 GG)
- Vereinigungsfreiheit (Art. 9 GG)
- Brief-, Post- und Fernmeldegeheimnis (Art. 10 GG)
- Recht der Freizügigkeit (Art. 11 GG)
- Freiheit der Berufswahl (Art. 12 GG)
- Unverletzlichkeit der Wohnung (Art. 13 GG)
- Gewährleistung von Eigentum und Erbrecht (Art. 14 GG)
- Staatsangehörigkeit, Asylrecht (Art. 16 GG)
- Petitionsrecht (Art. 17 GG)

Grundrechte außerhalb des Katalogs der Art. 2–17 GG

Art. 93 Nr. 4 a GG stellt einzelne Rechte des Grundgesetzes den Grundrechten in den Art. 2–17 GG gleich.

- Recht auf Widerstand (Art. 20 Abs. 4 GG)
- Bestimmungen über den öffentlichen Dienst (Art. 33 GG)
- Wahlrechtsgrundsätze (Art. 38 Abs. 1 GG)
- „Justiz- und Verfahrensgrundrechte“:
  - Garantie des gesetzlichen Richters (Art. 101 GG)
  - Anspruch auf rechtliches Gehör, Verbot rückwirkender Strafgesetze, Verbot der Mehrfachbestrafung (Art. 103 GG)
  - Rechtsgarantien bei Freiheitsentziehung (Art. 104 GG)

1.4.3 Arten der Grundrechte

Grundrechte können nach verschiedenen Gesichtspunkten eingeteilt werden:

Arten der Grundrechte

Unterscheidung nach ...

dem Schutzgut
- Freiheitsrechte
- Gleichheitsrechte
- Verfahrensrechte

den berechtigten Personen
- Menschenrechte
- Bürgerrechte

Freiheitsrechte gewährleisten Bereiche, in denen sich der Einzelne nach seinem freien Willen betätigen kann. Einige Freiheitsrechte schützen die innere, andere die äußere Freiheit.

Beispiele

Die Glaubens-, Gewissens- und Bekenntnisfreiheit (Art. 4 GG) schützen die innere Freiheit; die Freiheit der Person (Art. 2 Abs. 2 GG) und das Brief-, Post- und Fernmeldegeheimnis (Art. 10 Abs. 1 GG) beziehen sich auf die äußere Freiheit.

Gleichheitsrechte sichern dem Einzelnen ein Recht auf Gleichbehandlung; Unterschiede dürfen nur da gemacht werden, wo sie sachlich gerechtfertigt sind (Willkürverbot!), s. ausführlicher LF 10 Kap. 5.2.

Beispiele

Gleichheit vor dem Gesetz, Gleichberechtigung von Mann und Frau (Art. 3 Abs. 2 u. 3 GG), gleiche staatsbürgerliche Rechte und Pflichten (Art. 33 Abs. 1 GG).

Justiz- und Verfahrensgrundrechte sollen die Durchsetzung des Rechts sichern.

Beispiele

Garantie des Rechtswegs bei Rechtsverletzungen durch die öffentliche Gewalt (Art. 19 Abs. 4 GG), Verbot von Ausnahmegerichten und Garantie des gesetzlichen Richters (Art. 101 Abs. 1 GG), Grundrechte des Angeklagten (Art. 103 GG).

Träger von Grundrechten sind grundsätzlich natürliche Personen (also auch Kinder, entmündigte Personen, Geisteskranke). Ein Teil der Grundrechte gilt für alle Menschen („Menschenrechte"), ein Teil gilt für alle Deutschen („Bürgerrechte").

Handelt es sich um **Menschenrechte,** so können sich alle Menschen auf diese Rechte berufen.

Beispiele

Allgemeine Handlungsfreiheit (Art. 2 Abs. 1 GG), Glaubens- und Bekenntnisfreiheit (Art. 4 Abs. 1 GG).

Die **Bürgerrechte** hingegen gewährleisten nur Deutschen im Sinne des Art. 116 GG Schutz.

Beispiele

Versammlungsfreiheit (Art. 8 GG), Vereinigungsfreiheit (Art. 9 Abs. 1 GG).

Ausländer sind im Bereich der Bürgerrechte aber nicht völlig schutzlos, denn die Rechte aus Art. 2 Abs. 1 GG (allgemeine Handlungsfreiheit), Art. 3 GG (Verbot willkürlicher Ungleichbehandlung) sowie aus einfachen Gesetzen (z. B. Ausländergesetz, Vereinsgesetz, Versammlungsgesetz) können Betätigungen in diesen Bereichen gewährleisten.

Inländische juristische Personen können sich nur dann auf Grundrechte berufen, wenn diese ihrem Wesen nach auf diese Personen anwendbar sind (s. Art. 19 Abs. 3 GG).

Beispiele

Eine Berufung auf die Handlungsfreiheit (Art. 2 Abs. 1 GG), den allgemeinen Gleichheitssatz (Art. 3 Abs. 1 GG) und die Berufsfreiheit (Art. 12 Abs. 1 GG) ist demnach möglich, nicht aber eine Berufung auf Art. 6 Abs. 1 GG (Ehe und Familie).

Die Möglichkeit, sich auf Grundrechte berufen zu können, wird als **Grundrechtsfähigkeit** bezeichnet.

Unter **Grundrechtsmündigkeit** wird hingegen die Fähigkeit verstanden, Grundrechte selbstständig geltend zu machen. Das Grundgesetz regelt nicht, von welchem Alter an jemand ein Grundrecht ausüben kann. Die Grundrechtsmündigkeit ist abhängig von der Einsichtsfähigkeit der Person und vom Charakter des jeweiligen Grundrechts, es sei denn, ein Spezialgesetz enthält eine besondere Regelung.

Beispiel

§ 5 des Gesetzes über die religiöse Kindererziehung erklärt Jugendliche ab 14 Jahren für religionsmündig.

22106072

Träger von Grundrechten

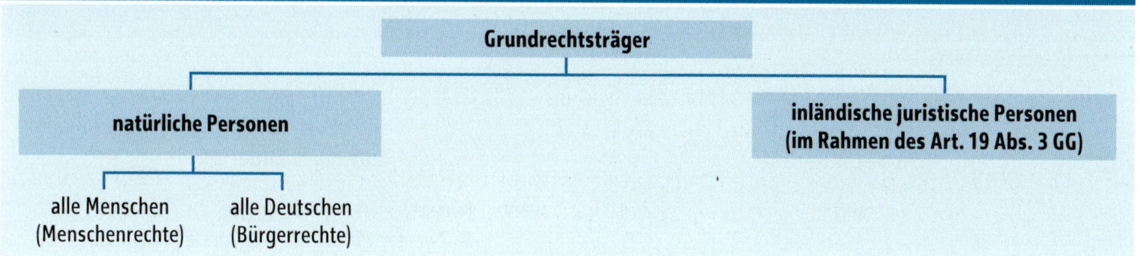

1.4.4 Drittwirkung der Grundrechte

Die Grundrechte gelten im Verhältnis zwischen den Bürgern und dem Staat unmittelbar. Wirken sie aber auch auf Rechtsverhältnisse zwischen Privatpersonen, etwa im Vertragsrecht? Diese Frage der „Drittwirkung" der Grundrechte ist umstritten.

Das Bundesverfassungsgericht hat sich für eine nur mittelbare Drittwirkung der Grundrechte ausgesprochen:

- Die Bürger können sich in ihren Rechtsbeziehungen untereinander **nicht unmittelbar** auf Grundrechte berufen (Ausnahme: Art. 9 Abs. 3 GG/Vereinigungsfreiheit).
- Da aber die Grundrechte insgesamt eine objektive Wertordnung verkörpern, die für alle Bereiche des Rechts gilt, werden sie auch im bürgerlichen Recht **mittelbar** verwirklicht, und zwar vor allem über die **verfassungsgemäße Auslegung der Rechtsnormen**. Sie ist insbesondere bei „Generalklauseln" erforderlich. (Generalklauseln sind wertausfüllungsbedürftige, allgemein formulierte Vorschriften, Beispiel: „Sittenwidrigkeit" von Rechtsgeschäften gem. § 138 BGB.)

Wirkungen der Grundrechte

1 Es gibt aber eine Ausnahme: Artikel 9 Abs. 3 GG wirkt unmittelbar.

1.4.5 Änderung von Grundrechten

Der Gesetzgeber hat grundsätzlich das Recht, Vorschriften des Grundgesetzes zu ändern.

Nicht änderbar – und damit ein unabänderlicher Verfassungskern – sind die in Art. 79 Abs. 3 GG („Ewigkeitsklausel") aufgeführten Institutionen und Verfassungsentscheidungen:

- der Erhalt der föderativen Ordnung,
- die Mitwirkung der Länder bei der Gesetzgebung,
- der Schutz der Menschenwürde (Art. 1 GG),
- die Grundsätze des Art. 20 GG (Republik, Demokratie, Sozialstaat, Rechtsstaat).

Werden diese inhaltlichen Änderungsschranken beachtet, ist die Änderung von Grundrechten prinzipiell möglich.

Änderung von Grundrechten

Grundsätze in Artikel 1 und 20 GG	Artikel 2–17 GG
↓	↓
nicht veränderbar	**nur dann änderbar,**
weil	**wenn** ■ Gesetz ■ Zweidrittelmehrheit in Bundestag und Bundesrat ■ ausdrückliche Änderung/Ergänzung im Text des GG (Art. 79 Abs. 1, 2 GG)
Verfassungskern (Art. 79 Abs. 3 GG)	

1.4.6 Einschränkung von Grundrechten

Grundrechte sind individuelle Schutzrechte. Da jedes Individuum zugleich aber auch als Mitglied der staatlichen Gemeinschaft sozial eingebunden und verpflichtet ist, kann es seine Rechte nicht unbeschränkt ausüben. Eigene Rechte sind immer im Verhältnis zu den Rechten anderer zu sehen und werden durch diese begrenzt. Alle Grundrechte unterliegen somit **grundrechtsimmanenten Schranken.**

Beispiele

Das Recht eines Tuberkulose-Kranken auf persönliche Freiheit bedeutet eine Gefahr für seine Mitmenschen und verletzt bei Ansteckung deren Recht auf körperliche Unversehrtheit.

Das Grundrecht auf Glaubensfreiheit kann mit dem Grundrecht auf Leben kollidieren, wenn Eltern aus religiösen Gründen die Einwilligung zu einer medizinisch notwendigen Bluttransfusion für ihr Kind verweigern.

Verfassungsunmittelbare Schranken

Einige Grundrechte (s. z. B. Art. 2 Abs. 1 und Art. 9 Abs. 2 GG) werden bereits durch ausdrückliche Regelungen eingeschränkt, die in der betreffenden Grundrechtsbestimmung niedergelegt sind. Durch solche **verfassungsunmittelbaren Schranken** wird der Geltungsbereich des jeweiligen Grundrechts unmittelbar eingegrenzt.

Gesetzesvorbehalt

Einschränkungen von Grundrechten sind aber auch möglich, wenn sie unter einem **Vorbehalt des Gesetzes** stehen, d. h., wenn sie schon nach ihrem Wortlaut durch Gesetz oder aufgrund eines Gesetzes beschränkt werden können (s. z. B. Art. 8 Abs. 2, Art. 10 Abs. 2 Satz 1, Art. 12 Abs. 1 Satz 2 GG). In diesem Fall kann das betreffende Grundrecht durch ein einfaches Gesetz eingeschränkt werden.

Die Grundrechte dürfen durch diese Einschränkungen jedoch nicht ausgehöhlt werden. Deshalb sind bei Eingriffen in Grundrechte die Grenzen des Art. 19 GG zu beachten. Danach sind Beschränkungen nur möglich:

- aufgrund eines allgemeinen Gesetzes (Verbot von Einzelfallgesetzen),
- unter Nennung des eingeschränkten Grundrechts („Zitiergebot"),
- bei Erhaltung des Wesensgehaltes des Grundrechts („Wesensgehaltsgarantie").

Einschränkung von Grundrechten

Immanente Grundrechtsschranken gelten für alle Grundrechte.

Zusätzlich können bestehen:

verfassungsunmittelbare Schranken	Gesetzesvorbehalte
verfassungsunmittelbare Schranken (im GG genannt)	**Gesetzesvorbehalte** Das heißt, eine Einschränkung durch besonderes Gesetz ist unter den Voraussetzungen des Art. 19 Abs. 1 und 2 GG (Wesensgehaltsgarantie) möglich.

Eine besondere Form der Grundrechtsbeschränkung ist die **Verwirkung von Grundrechten.** Das Bundesverfassungsgericht kann gegen Personen, die Grundrechte zum Kampf gegen die freiheitliche-demokratische Grundordnung missbrauchen, die Verwirkung der in Art. 19 GG genannten Grundrechte aussprechen.

Grundrechte gelten grundsätzlich auch in **besonderen Gewaltverhältnissen.** Dies sind Verhältnisse, die durch eine besonders enge Bindung des Einzelnen zu der Hoheitsgewalt des Staats geprägt sind (z. B. Beamtenverhältnis, Wehrdienstverhältnis, Gefangenenverhältnis). In diesen Verhältnissen sind Einschränkungen der Grundrechte nicht immer zu vermeiden. Beschränkungen bedürfen aber auch hier einer gesetzlichen Grundlage und sind nur so weit zulässig, wie der besondere Zweck des jeweiligen besonderen Gewaltverhältnisses dies erfordert.

1.4.7 Grundrechte der Länder und der Europäischen Union

In den meisten Landesverfassungen sind Grundrechte verankert. Einige Landesverfassungen enthalten eigene Grundrechtskataloge (Bayern, Berlin, Bremen, Hessen, Rheinland-Pfalz, Saarland), in anderen werden die Grundrechte des Grundgesetzes als Bestandteil der Landesverfassungen bezeichnet (Nordrhein-Westfalen, Baden-Württemberg).

Soweit die Verfassungen der Länder Grundrechtskataloge enthalten, gilt für das Verhältnis der Grundrechte des Grundgesetzes zu denen der Länderverfassungen das Folgende:

- Deckt ein Grundrecht im Grundgesetz sich mit einem Grundrecht in der Landesverfassung, so gelten beide Grundrechte in gleichem Maße.
- Besitzen ein Grundrecht des Grundgesetzes und das entsprechende Grundrecht einer Landesverfassung unterschiedlich weite Schutzwirkungen, so gilt das weiter gehende Grundrecht.

In der **Charta der Grundrechte der Europäischen Union** haben sich die Mitgliedstaaten auf einen einheitlichen Kanon von Grundrechten geeinigt, der mit dem Inkrafttreten des Vertrages von Lissabon im Dezember 2009 verbindlich ist.

Die 54 Grundrechtsartikel behandeln die Würde des Menschen, Freiheits-, Gleichheits- und Bürgerrechte, Solidarität und justizielle Rechte.

Die Charta bekräftigt die Rechte, die sich vor allem aus den Verfassungen der Mitgliedstaaten, aus den Verträgen über die EU, aus der Europäischen Konvention zum Schutze der Menschenrechte und Grundfreiheiten sowie aus der Rechtsprechung ergeben. Der Anwendungsbereich der Charta ist beschränkt auf Tätigkeiten der Gemeinschaftsorgane (z. B. der EG-Kommission und des Ministerrats) sowie der Mitgliedstaaten bei der Anwendung des Gemeinschaftsrechts (vgl. Art. 51 Abs. 1). Doch in diesem eingeschränkten Spektrum sind nicht alle EU-Grundrechte gleichermaßen verbindlich, denn die Charta enthält auch Vorschriften in Bereichen, für die die Union (noch) keine Gesetzgebungskompetenz besitzt. Solche Regelungen deuten an, dass die Charta einen Rahmen darstellt, den die EU erst schrittweise durch Kompetenzerweiterungen ausfüllen kann. Wenn nationale Behörden Gemeinschaftsrecht anwenden und dabei anwendbare EU-Grundrechte verletzen, kann der Unionsbürger dagegen vor dem zuständigen nationalen Gericht klagen. Entscheiden deutsche Behörden und Gerichte jedoch nach deutschem Recht, so sind die Grundrechte des Grundgesetzes zu beachten.

In der Grundrechtecharta der EU fehlen – im Gegensatz zum Grundgesetz – differenzierte Grundrechtsschranken bei einzelnen Grundrechten. Stattdessen enthält Art. 52 Abs. 1 einen allgemeinen Einschränkungsvorbehalt. Eine „europäische Grundrechtsbeschwerde" – ähnlich der Verfassungsbeschwerde nach dem Grundgesetz – ist nicht vorgesehen.

Einen Katalog von Grund- und Menschenrechten, der dem Grundrechtskatalog des Grundgesetzes ähnlich ist, enthält auch die **Konvention zum Schutze der Menschenrechte und Grundfreiheiten** des **Europarats**. Die Bundesrepublik Deutschland ist daran gebunden. Sie steht innerstaatlich zwar im Rang eines einfachen Gesetzes, ihre Grundsätze sind aber bei der Auslegung der Bundesgesetze zu beachten. Damit kommt der Europäischen Menschenrechtskonvention praktisch ein übergesetzlicher Rang unterhalb des Grundgesetzes zu. Der Europäische Gerichtshof für Menschenrechte in Straßburg untersucht Beschwerden gegen Mitgliedstaaten wegen (vermeintlicher) Verstöße gegen die Menschenrechte. Seine Urteile sind für die verurteilten Staaten verbindlich.

Grundrechtskataloge		
Rangebene	**Grundrechtskataloge, die in der Bundesrepublik Deutschland anwendbar sind**	
Bundesverfassungsrecht	Grundgesetz (Freiheits- und Gleichheitsrechte, Justizgrundrechte)	
Bundesgesetzesrecht (als ratifizierter völkerrechtlicher Vertrag)	Konvention des Europarats zum Schutze der Menschenrechte und Grundfreiheiten	Charta der Grundrechte der Europäischen Union
Landesverfassungsrecht	Landesverfassung des jeweiligen Bundeslandes	

1.4.8 Besondere Grundrechte

Schutz der Menschenwürde

Art. 1 Abs. 1 GG
Die Würde des Menschen ist unantastbar. Sie zu achten und zu schützen, ist Verpflichtung aller staatlichen Gewalt.

Die menschliche Würde ist der oberste Wert im Verfassungssystem der Bundesrepublik Deutschland. Die Menschenwürde in Art. 1 GG wird als eine grundlegende Wertentscheidung („Leitprinzip") angesehen, die in den nachfolgenden Grundrechten für die einzelnen Lebensbereiche entfaltet wird.

Eine begriffliche Bestimmung der Menschenwürde ist schwierig. Dass Sklaverei und Zwangsverschleppung, Folter und Menschenversuche grobe Verstöße gegen das Prinzip der menschlichen Würde sind, bedarf kaum der Erläuterung. Die Menschenwürde ist nach einer Entscheidung des BVerfG (2006) dann verletzt, wenn der Mensch nicht mehr Zweck, sondern nur noch Mittel, also Objekt der staatlichen Tätigkeit ist.

Wegen der Schwierigkeiten einer überzeugenden Definition des Begriffs „Menschenwürde" wird häufig versucht, den Begriff durch die Bildung von Fallgruppen zu erläutern. Unstrittig ist die Menschenwürde dann verletzt, wenn

- ein Mensch zum bloßen Objekt staatlichen Handelns degradiert wird (z. B. Zwangsverschleppung),
- ein Mensch gedemütigt, bloßgestellt oder erniedrigt wird (z. B. Zwang zum Tragen eines Judensterns in der NS-Zeit),
- die Intimsphäre eines Menschen verletzt wird (z. B. heimliche Ton- und Filmaufnahmen),
- ein Mensch grausamen oder übermäßig harten Strafen ausgesetzt wird (z. B. dauernde Einzelhaft),
- das existenzielle Lebensminimum nicht gewährleistet ist.

Beispiele

Zur Identifizierung eines mutmaßlichen Straftäters durch Gegenüberstellung mit Zeugen ordnete der Richter an, die (gefärbten) Haare und die Barttracht des Beschuldigten zu verändern. Der Beschuldigte machte eine Verletzung seiner persönlichen Würde geltend. In dieser Behandlung des Beschuldigten sah das Bundesverfassungsgericht keinen Verstoß gegen Art. 1 Abs. 1 GG, da die angeordnete Maßnahme nur von geringer Intensität und vorübergehend sei.

Die Verhängung einer lebenslangen Freiheitsstrafe (z. B. wegen Mordes) stellt nach der Rechtsprechung des BVerfG keinen Verstoß gegen die Menschenwürde des Art. 1 Abs. 1 GG dar; ein menschenwürdiger Vollzug dieser Strafe sei aber nur möglich, wenn für den Strafgefangenen eine realisierbare Chance bestehe, zu einem späteren Zeitpunkt die Freiheit wiederzugewinnen (Möglichkeit der bedingten Strafaussetzung nach einer Strafverbüßung von mindestens 15 Jahren). Menschenunwürdig wäre der Strafvollzug, wenn z. B. in der Zelle des Gefangenen häufiger Fäkalien aus einem defekten Abflussrohr auslaufen.

Freiheit der Person

Art. 2 Abs. 1 GG
Jeder hat das Recht auf die freie Entfaltung seiner Persönlichkeit, soweit er nicht die Rechte anderer verletzt und nicht gegen die verfassungsmäßige Ordnung oder das Sittengesetz verstößt.

22106076

Durch Art. 2 Abs. 1 GG werden die menschliche Handlungsfreiheit und die menschliche Persönlichkeit umfassend geschützt: Jeder kann tun und lassen, was er will, **soweit er nicht die Rechte anderer verletzt.** Eine uneingeschränkt freie Entfaltung der Persönlichkeit wird vom GG demnach nicht eingeräumt.

Da jeder Mensch auch der Gemeinschaft, in der er lebt, in vielfältiger Weise verpflichtet ist, geht das GG von einer prinzipiellen Gemeinschaftsbezogenheit und -gebundenheit des Individuums aus. Beschränkungen der individuellen Handlungsfreiheit sind deshalb notwendig und statthaft. Probleme liegen dort, wo die Interessen des Einzelnen und der Gemeinschaft kollidieren. Die Frage, ob im Einzelfall das (schutzwürdige) Interesse des Einzelnen oder das Interesse der Gemeinschaft überwiegt, ist häufig sehr schwierig zu beantworten.

Grenzen sind da, wo

- die Rechte anderer verletzt sind, d. h., wo schutzwürdige subjektive private oder öffentliche Interessen beeinträchtigt sind,
- gegen die verfassungsmäßige Ordnung verstoßen wird, d. h., wo ein Verstoß gegen rechtliche (und mit der Verfassung im Einklang stehende) Vorschriften vorliegt,
- gegen das Sittengesetz verstoßen wird, d. h., wo ein Verstoß gegen moralisch-ethische Grundüberzeugungen vorliegt. (Da sich solche Wertvorstellungen in der Verfassung niedergeschlagen haben, spielt diese Einschränkung der Personenfreiheit in der richterlichen Praxis allerdings kaum eine Rolle.)

Diese Schranken der freien Entfaltung („Schrankentrias" des Art. 2 Abs. 1 GG) sind dadurch zu rechtfertigen, dass eine Gesellschaft, zu deren grundlegenden Aufgaben der Schutz des einzelnen Bürgers zählt, ihrerseits nur existieren kann, wenn sie jedem Einzelnen ein Mindestmaß an sozialem Verhalten abverlangen darf.

Verhältnis zu anderen Grundrechten

Da durch andere Grundrechte, wie z. B. die Versammlungsfreiheit (Art. 8 GG) oder die Berufsfreiheit (Art. 12 GG), spezielle Formen der allgemeinen Handlungsfreiheit geschützt werden, hat Art. 2 Abs. 1 GG in erster Linie die Funktion, auftretende Lücken zu schließen. Die Vorschrift ist deshalb subsidiär, d. h., sie wird nicht angewandt, wenn ein spezielleres Grundrecht zum Zuge kommt.

Allgemeines Persönlichkeitsrecht (Art. 2 Abs. 1 i. V. m. Art. 1 Abs. 1 GG)

In Verbindung mit Art. 1 Abs. 1 GG sichert Art. 2 Abs. 1 GG einen unantastbaren Kernbereich privater Lebensgestaltung. Dazu gehören z. B. die Intimsphäre, die persönliche Ehre, das Recht am eigenen Bild und am eigenen Wort, das Recht an den eigenen Daten, auch über den Tod hinaus. Die Beachtung dieser allgemeinen Persönlichkeitsrechte gilt im Bereich des öffentlichen Rechts genauso wie im Bereich des Privatrechts.

Beispiele

In seinem Urteil zum Volkszählungsgesetz vom 15. Dezember 1983 erklärte das BVerfG einige Vorschriften dieses Gesetzes für verfassungswidrig und machte dabei grundsätzliche Aussagen zum Umgang mit personenbezogenen Daten: Aus den Art. 1 Abs. 1 und 2 Abs. 1 leitete das Gericht ab, dass der Einzelne ein Recht habe, selbst über die Preisgabe seiner Daten zu entscheiden, dass er ein Recht auf informationelle Selbstbestimmung habe. Jede Erhebung und Verwendung von Daten stelle prinzipiell einen Eingriff in dieses Recht dar und sei deshalb nur zulässig unter Beachtung enger Voraussetzungen. Dazu zählten eine spezielle gesetzliche Grundlage sowie ein überwiegendes Allgemeininteresse an der Erfassung und Nutzung der Daten.

Im Rahmen einer frei zugänglichen Kunstausstellung wurden in einer Großstadt an einer stark frequentierten Straße großformatige Ausstellungstafeln diverser Fotografen mit Bezug zum Stadtteil wochenlang ausgestellt. Darauf war u. a. eine Frau mit ihrem Gesicht in einer Alltagsszene gut erkennbar. Das Bild nahm die gesamte Fläche einer Ausstellungstafel ein. Sie wurde nicht im Sinne des Kunsturhebergesetzes (KUG) um Einwilligung zu dieser Veröffentlichung gebeten. Das BVerfG hat zugunsten des Verfassungsbeschwerdeführers (Fotograf) festgestellt, dass die Veröffentlichung dem höheren Interesse der Kunst im Sinne des KUG und des Art. 5 Abs. 3 S. 1 GG (Kunstfreiheit) grundsätzlich dienen könne. In der Güterabwägung liege aber eine schwerwiegendere Beeinträchtigung des Persönlichkeitsrechts der Fotografierten vor. Sie sei zwar in der Öffentlichkeit, aber bei einem rein privaten Vorgang in ihrer Privatsphäre überlebensgroß fotografiert und präsentiert worden (Vgl. BVerfGE vom 08. Februar 2018).

Recht auf Leben und körperliche Unversehrtheit, Freiheit der Person

Art. 2 Abs. 2 GG
Jeder hat das Recht auf Leben und körperliche Unversehrtheit. Die Freiheit der Person ist unverletzlich. In diese Rechte darf nur aufgrund eines Gesetzes eingegriffen werden.

Die Vorschrift entzieht dem Staat nicht nur das Verfügungsrecht über das menschliche Leben (die Abschaffung der Todesstrafe bestätigt dies), sondern sie verpflichtet ihn, es aktiv zu schützen. Dieser Schutz wird vom Bundesverfassungsgericht auch dem ungeborenen Leben zugebilligt, sodass ein Schwangerschaftsabbruch nur bei außergewöhnlichen Belastungen (Indikationslage) und nur innerhalb der ersten drei Monate der Schwangerschaft straffrei bleibt. In Verbindung mit Art. 1 Abs. 1 GG und dem Sozialstaatsprinzip verpflichtet die Vorschrift den Staat, dem Einzelnen ein Existenzminimum zu gewähren.

Das Recht auf körperliche Unversehrtheit schließt jede Beeinträchtigung der körperlichen und seelischen Gesundheit des Einzelnen aus. Verboten sind z. B. alle Formen physisch und psychisch quälender Verhörmethoden bei Strafverdächtigen. Die Zulässigkeit zwangsweiser medizinischer Eingriffe zur strafprozessualen Beweiserhebung (z. B. Blutentnahme zur Feststellung des Blutalkoholgehalts, Entnahme von Rückenmarksflüssigkeit zur Feststellung einer nervlichen Erkrankung) ist einerseits zu beurteilen nach der Gefährlichkeit des Eingriffs und andererseits nach der Schwere der Tat. Unzulässige Beeinträchtigungen können sich auch ergeben durch Lärm (z. B. dauernder nächtlicher Fluglärm) oder durch Strahlenemissionen (z. B. bei unsicheren Kernkraftwerken).

Das Grundrecht der Freiheit der Person schützt die körperliche Bewegungsfreiheit. In dieses (materielle) Recht darf nur eingegriffen werden, wenn die (formellen) Voraussetzungen des Art. 104 GG (z. B. die Entscheidung eines Richters) vorliegen. Nach dem Strafrecht und dem Strafverfahrensrecht verhängte Freiheitsbeschränkungen sind grundsätzlich zulässig. Dies gilt auch für die Unterbringung von Personen in geschlossenen Anstalten, wenn ein solcher Eingriff durch die Schwere der Krankheit gerechtfertigt ist.

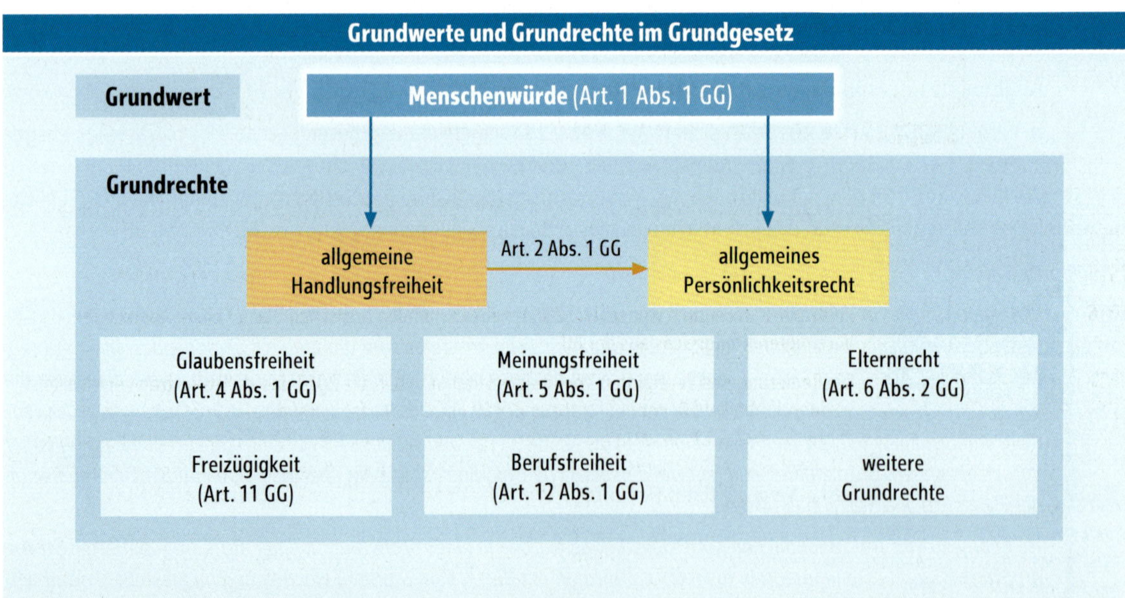

Eingriffe der Verwaltung in Freiheits- bzw. Gleichheitsrechte und ihre Verfassungsmäßigkeit werden im LF 10, Kapitel 5.2 behandelt.

1.5 Die Bundesrepublik Deutschland im europäischen Rechtssystem

1.5.1 Europäische Union

Der Prozess der europäischen Integration

In den vergangenen Jahrhunderten waren Kriege in Europa sehr häufig, Perioden friedlichen Miteinanders fast die Ausnahme. Nach zwei Weltkriegen in der ersten Hälfte des 20. Jahrhunderts mit Millionen von Toten und großen Zerstörungen erschien vielen Menschen die Idee eines vereinten Europas als ein Weg, den Frieden auf diesem Kontinent sicherer zu machen.

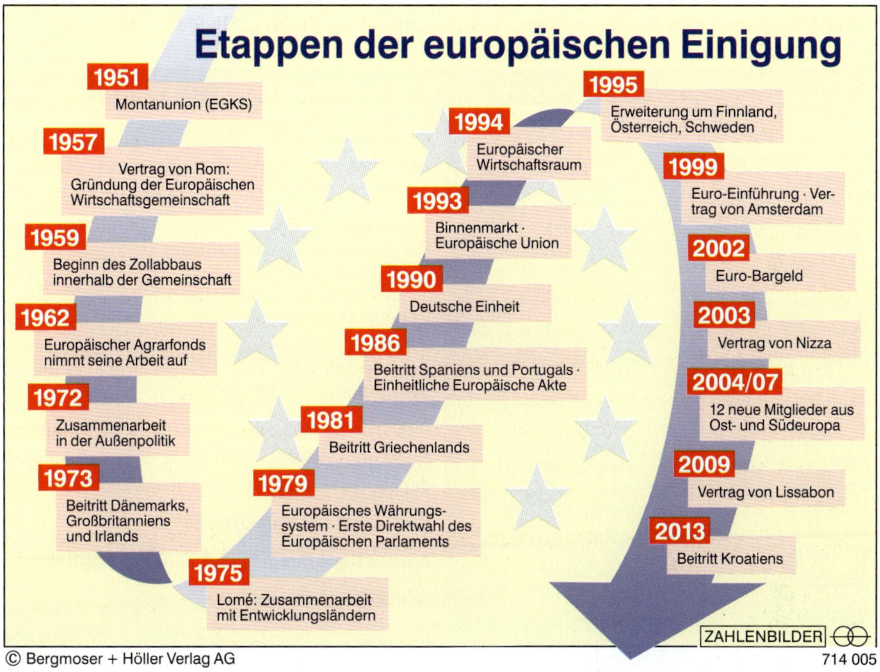

© Bergmoser + Höller Verlag AG 714 005

[...] 2014	Lettland tritt dem Euroraum (EA-18) bei. Mit der **Bankenunion** wird ein gemeinsames System der Bankenaufsicht und der Sanierung und Abwicklung von Banken geschaffen.
2015	Litauen tritt dem Euroraum bei, dem damit 19 von 28 Mitgliedstaaten (EA-19) angehören.
2016	Im Brexit-Referendum wünschen 52% der abstimmenden britischen Bürger einen Austritt des Vereinigten Königreichs aus der EU.
2017	Die Regierung des Vereinigten Königreichs leitet am 29. März 2017 das im EU-Vertrag verankerte Verfahren (Artikel 50) zum Austritt aus der EU ein. Das Verfahren sieht eine Frist von zwei Jahren vor, um ein Austrittsabkommen zu verhandeln und abzuschließen. Die Frist kann einstimmig (alle EU-Mitgliedsstaaten inklusive des Vereinigten Königreichs) verlängert werden. Ohne eine solche Verlängerung tritt das Vereinigte Königreich spätestens am 29. März 2019 aus der EU aus.

Bundesministerium der Finanzen (Hg.): Die Entwicklung der EU. Von EGKS bis zur Europäischen Union. In: Bundesfinanzministerium.de. https://www.bundesfinanzministerium.de/Web/DE/Themen/Europa/Die_EU_auf_einen_Blick/Entwicklung_der_EU/entwicklung_der_eu.html [Zugriff am 28.01.2019.]

Der Prozess der europäischen Einigung begann mit der Gründung der Europäischen Gemeinschaft für Kohle und Stahl (EGKS oder „Montanunion") im Jahr 1951. Weitere wichtige Etappen waren 1957 die Gründung der Europäischen Wirtschaftsgemeinschaft (EWG), in der sich sechs Staaten mit dem Ziel der Errichtung eines gemeinsamen Marktes zusammengeschlossen hatten („Römische Verträge"), und die Gründung der Europäischen Atomgemeinschaft (Euratom), in der die Mitgliedstaaten die friedliche Nutzung der Kernenergie anstrebten. In vielen Schritten wurde seither von den Mitgliedsländern die wirtschaftliche und politische Integration vorangetrieben. 2005 scheiterte ein Verfassungsvertrag am negativen Ausgang von Volksabstimmungen in den Niederlanden und in Frankreich.

Grundlagen und rechtliche Einordnung der Europäischen Union

Das völkerrechtliche Fundament der EU ist heute das **Vertragswerk von Lissabon**, das am 1.12.2009 in Kraft trat. Es ersetzt die früheren Verträge über die Europäischen Gemeinschaften. Grundlegend sind nun zwei selbstständige und gleichrangige Verträge:

- der **Vertrag über die Europäische Union** (EU oder EUV) und
- der **Vertrag über die Arbeitsweise der Europäischen Union** (AEU oder AEUV).

Aufbau des EU-Vertrags		
Teil I	**Art. 1–8 EUV**	**Gemeinsame Bestimmungen** Hier geht es u. a. um Werte, Ziele und Zuständigkeiten der Union. Art. 6 EUV erkennt die **Charta der Grundrechte der EU** als rechtlich gleichwertig an und regelt den Beitritt der EU zur Europäischen Konvention zum Schutz der Menschenrechte und Grundfreiheiten.
Teil II	**Art. 9–12 EUV**	**Demokratische Grundsätze** Art. 11 Abs. 4 EUV behandelt die **Europäische Bürgerinitiative**.
Teil III	**Art. 13–19 EUV**	**Bestimmungen über die Organe** Dies sind das Europäische Parlament, der Europäische Rat (Regierungschefs), der (Minister-)Rat, die Europäische Kommission, der Gerichtshof der EU, die Europäische Zentralbank und der Rechnungshof.
Teil IV	**Art. 20 EUV**	**Verstärkte Zusammenarbeit**
Teil V	**Art. 21–46 EUV**	**Auswärtiges Handeln und Sicherheitspolitik**
Teil VI	**Art. 47–55 EUV**	**Schlussbestimmungen** Hier sind u. a. Vertragsänderungen, Beitritt zur und Austritt aus der EU geregelt.

Diese Vertragsinhalte werden im Vertrag über die Arbeitsweise der Europäischen Union weiter ausgestaltet.

Der Vertrag über die Europäische Union ist ein Rahmenvertrag mit grundlegenden Bestimmungen, die den Regelungen in einer Verfassung ähnlich sind. Dennoch ist es nicht angebracht, den Vertrag als „EU-Verfassung" zu werten, denn „Herren des Vertrags" sind allein die Repräsentanten der Mitgliedstaaten (und nicht das „Volk der EU" oder das EU-Parlament, vgl. hierzu die Präambeln des EU-Vertrags und des Grundgesetzes. Nach dem AEUV werden in der Europäischen Union mehrere Grundfreiheiten garantiert: Freiheit des Warenverkehrs, Freizügigkeit der Arbeitnehmer, Niederlassungsfreiheit der Unternehmer, Freiheit des Dienstleistungsverkehrs und die Freiheit des Kapital- und Zahlungsverkehrs, s. Art. 28 ff. AEUV).

Die 28 Mitgliedstaaten der EU (2018) haben Teile ihrer einzelstaatlichen Souveränität auf Organe der EU übertragen, damit bestimmte Aufgaben auf europäischer Ebene gemeinsam geregelt werden können. Nach Art. 47 EUV besitzt die EU **Rechtspersönlichkeit**. Sie kann Rechtsakte erlassen, die für die Mitgliedstaaten und z. T. auch für deren Bürger unmittelbar verbindlich sind. EU-Recht ist vorrangig anzuwenden, s. LF2 Kap. 1.5.3. Damit ist die Europäische Union eine **supranationale Gemeinschaft**. Sie ist aber **kein Staat**, da ihre begrenzten Hoheitsrechte von den Mitgliedstaaten abgeleitet sind. Bei einem Referendum im Vereinigten Königreichs im Juni 2016 stimmten knapp 52 % der Wähler für den Austritt aus der Europäischen Union („Brexit"). Nach der vertraglich vorgesehenen zweijährigen Verhandlungsperiode ist mit dem Austritt für März 2019 zu rechnen. Die Folgen des „Brexit" für die EU werden sehr unterschiedlich diskutiert.

22106080

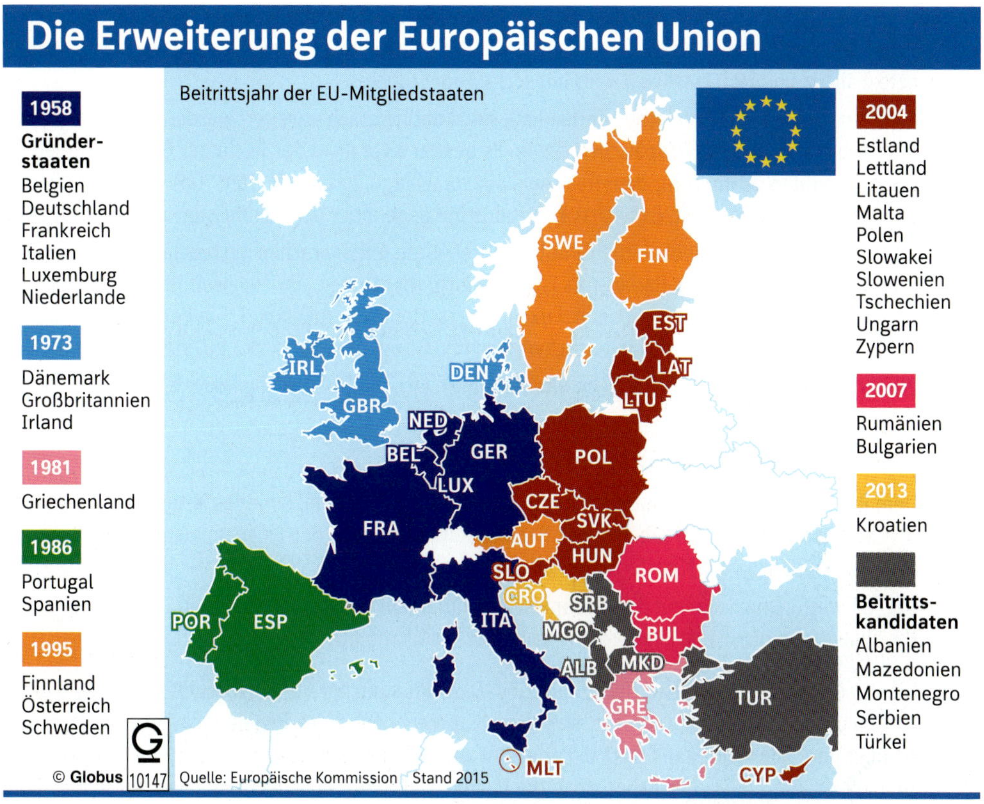

Der Europäische Rat

Die Versammlung der Staats- und Regierungschefs der EU-Mitgliedstaaten einschließlich des Präsidenten der Europäischen Kommission bilden den Europäischen Rat. Er ist das politische Leitgremium der EU und tagt viermal jährlich in Brüssel. Er legt die allgemeinen politischen Zielvorstellungen in den EU-Tätigkeitsbereichen fest (z. B. EU-Erweiterung, Impulse für die weitere Entwicklung). Er löst auch mitunter strittige Fragen, die auf Ministerebene nicht geklärt werden konnten. Der Europäische Rat wird nicht gesetzgeberisch tätig.

Der Europäische Rat ist zu unterscheiden vom Rat der EU (EU-Ministerrat) und vom Europarat. Dem Rat der EU gehören die jeweiligen Fachminister der Mitgliedstaaten an. Beim Europarat handelt es sich um einen von der EU unabhängigen Zusammenschluss von 47 europäischen Staaten. Ziel des Europarates ist die Förderung der Demokratie sowie der Schutz der Menschenrechte und der Rechtsstaatlichkeit in Europa. Eine wichtige zwischenstaatliche Übereinkunft des Europarats ist die Europäische Menschenrechtskonvention. Die Einhaltung überwacht der Europäische Gerichtshof für Menschenrechte.

Das Europäische Parlament

Das Europäische Parlament ist die Vertretung der Bürgerinnen und Bürger in der Europäischen Union. Die Abgeordneten werden für eine Amtszeit von fünf Jahren direkt gewählt, in Deutschland nach dem Europawahlgesetz (EuWG). Da die Stimmen der Wähler gleichen Einfluss auf das Wahlergebnis haben sollen, hat das Bundesverfassungsgericht 2014 eine Sperrklausel im EuWG aufgehoben, nach der Wahlvorschläge mit weniger als drei Prozent der abgegebenen Stimmen unberücksichtigt geblieben wären. Das BVerfG sah einen Verstoß gegen die Grundsätze der Wahlgleichheit (Art. 3 Abs. 1 GG) und der Chancengleichheit der politischen Parteien (Art. 21 Abs. 1 GG). Der Grundsatz der Gleichheit der Wahl kann auf EU-Ebene dennoch nicht ganz umgesetzt werden.

Beispiel

Ein EU-Abgeordneter aus Malta vertritt ca. 80 000, einer aus Deutschland aber 800 000 Wähler. Malta hat weniger als 500 000 Einwohner.

Die 751 Abgeordneten aus 28 Mitgliedstaaten vertreten 512 Millionen Europäer (01.01.2017). Wie viele Abgeordnete aus den einzelnen EU-Staaten kommen, ist vertraglich vereinbart worden. Aus Deutschland kommen 96 Abgeordnete, Estland und Malta stellen jeweils nur sechs Abgeordnete.

Die Befugnisse des Europäischen Parlaments sind kontinuierlich erweitert worden. Es teilt die Gesetzgebungsbefugnis mit dem Rat der Europäischen Union. Es besitzt zwar nicht das Recht der Gesetzesinitiative, aber es kann die Kommission auffordern, dem Rat Legislativvorschläge zu unterbreiten. Das Parlament legt zusammen mit dem Rat den Haushalt fest. Es besitzt Kontrollrechte gegenüber der Kommission und anderen EU-Einrichtungen.

Im Europäischen Parlament werden 24 gleichberechtigte Amtssprachen gesprochen. Die Abgeordneten tagen an drei Arbeitsorten. Sitz des Parlaments ist Straßburg. Hier finden jährlich zwölf Plenarsitzungen statt. In Brüssel tagen die Ausschüsse und Fraktionen. Luxemburg ist der dritte Arbeitsort. Ein Petitionsausschuss sowie ein Bürgerbeauftragter befassen sich mit Beschwerden und Bitten der Bürger der EU-Staaten.

Weitere Informationen findet man im Internet unter www.europarl.europa.eu

Rat der Europäischen Union (EU-Ministerrat)

Dem Rat der Europäischen Union gehören die jeweiligen Fachminister jedes Mitgliedstaats an. So tagt – je nach den zu behandelnden Aufgaben – der Rat der Außenminister, der Finanzminister, Verkehrsminister usw. Man spricht daher auch vom Ministerrat der EU.

Der Rat wird gemeinsam mit dem Europäischen Parlament als Gesetzgeber tätig und übt gemeinsam mit ihm die Haushaltsbefugnisse aus. Er koordiniert auch die Politik der EU.

Über neue Rechtsvorschriften (Richtlinien und Verordnungen der EU) entscheidet in der Regel der EU-Ministerrat zusammen mit dem EU-Parlament. Das Vorschlagsrecht für diese Regelungen liegt hauptsächlich bei der EU-Kommission. Allerdings kann das EU-Parlament von der EU-Kommission fordern, einen Gesetzgebungsvorschlag zu machen. Die EU-Bürger haben auch die Möglichkeit, über ein **Volksbegehren** mit mindestens einer Million Unterschriften (Europäische Initiative) die EU-Kommission zu beauftragen, einen Gesetzesvorschlag vorzulegen.

Bei diesem „Mitentscheidungsverfahren" übt der EU-Ministerrat gleichberechtigt mit dem EU-Parlament die Legislativgewalt aus.

Der Rat der Europäischen Union fasst Beschlüsse entweder einstimmig oder mit qualifizierter Mehrheit. Vorerst noch müssen zentrale Bereiche wie das Asyl- und Einwanderungsrecht, die Steuer- und Strukturpolitik sowie die gemeinsame Handelspolitik einstimmig beschlossen werden.

Beschlüsse des Ministerrats setzen im Regelfall eine qualifizierte Mehrheit voraus, nur für sensible Angelegenheiten (Außenpolitik, Steuern) ist Einstimmigkeit erforderlich. Die 28 Stimmen der Mitgliedstaaten haben bei Abstimmungen das gleiche Gewicht. Als qualifizierte Mehrheit gilt eine Mehrheit von mindestens 55 % der Mitglieder des Rates (also bei 28 Mitgliedstaaten mindestens 16 Mitglieder), sofern die von diesen vertretenen Mitgliedstaaten zusammen mindestens 65 % der Bevölkerung der Union ausmachen (Prinzip der doppelten Mehrheit). Ein Beschluss kann mit einer Sperrminorität von mindestens vier Staaten mit mindestens 35 % der EU-Bevölkerung verhindert werden.

Die Europäische Kommission (EU-Kommission)

Die Europäische Kommission (EU-Kommission) ist das ausführende Organ der Union. Sie hat ihren Sitz in Brüssel. Ihre Amtszeit beträgt fünf Jahre. Sie erarbeitet neue europäische Rechtsvorschriften und hat Verwaltungs- und Haushaltsaufgaben. Sie achtet darauf, dass die Mitgliedstaaten ihre vertraglichen Pflichten einhalten („Hüterin der Verträge").

Jeder der 28 Mitgliedstaaten stellt ein Kommissionsmitglied, das dann für einen Politikbereich verantwortlich ist. Der deutsche Kommissar, Günther Oettinger, ist seit Januar 2017 für Haushalt und Personal zuständig. Die 28 Kommissarinnen und Kommissare sind zugleich auch die obersten Dienstvorgesetzten der Kommissionsmitarbeiter. Insgesamt beschäftigen die EU-Institutionen über 40 000 Menschen (Stand: 2018). Die Kommissionsmitglieder arbeiten frei von Weisungen aus ihren Heimatstaaten. Der Präsident der EU-Kommission hat Richtlinienkompetenz.

22106082

Wichtige Aufgaben der EU-Kommission

- Die Kommission erarbeitet Vorschläge für neue Rechtsvorschriften (Verordnungen, Richtlinien) der EU.
- Sie verwaltet die Gelder der EU (über 160 Mrd. € 2018), sie ist zuständig für den Haushaltsentwurf und die Einhaltung des Haushalts.
- Sie ist verantwortlich für die praktische Umsetzung von EU-Maßnahmen. Sie erlässt die Durchführungsverordnungen, die für die konkrete Umsetzung von Rechtsvorschriften nötig sind (z. B. rund 2000 jährlich allein in der Agrarpolitik).
- Die Kommission überwacht die Anwendung des Unionsrechts in den Mitgliedstaaten. Werden z. B. EU-Richtlinien nicht fristgerecht in nationales Recht umgesetzt, muss die Kommission einschreiten und notfalls vor dem Europäischen Gerichtshof klagen. Verstöße gegen EU-Recht können direkt mit einem Bußgeld geahndet werden. Weitere Informationen unter: https://europa.eu/european-union/about-eu/institutions-bodies/european-commission_de#t%C3%A4tigkeiten-der-kommission

Der Europäische Gerichtshof (EuGH)

Der Europäische Gerichtshof (EuGH) mit 56 Richter/-innen ist das Rechtsprechungsorgan der EU mit Sitz in Luxemburg.

Die Aufgabe des Gerichts besteht darin, die Wahrung des EU-Rechts bei der Auslegung und Anwendung der Gründungsverträge der Europäischen Gemeinschaften sowie der von den Organen der Europäischen Union erlassenen Rechtsvorschriften (Richtlinien, Verordnungen) zu sichern. Die Urteile des Gerichtshofs gelten in allen Ländern der EU und können von keinem nationalen Gericht angetastet werden. Der Gerichtshof wahrt auch die Grundrechte des Bürgers gegenüber der Hoheitsgewalt der EU-Organe und schützt ihn gegen Missbrauch der öffentlichen Gewalt.

Dem Europäischen Gerichtshof ist ein Gericht Erster Instanz beigeordnet, um den Rechtsschutz für die Bürgerinnen und Bürger zu verbessern. Das Gericht Erster Instanz ist insbesondere zuständig für Klagen von Privatpersonen sowie Unternehmen auf dem Gebiet des Wettbewerbsrechts.

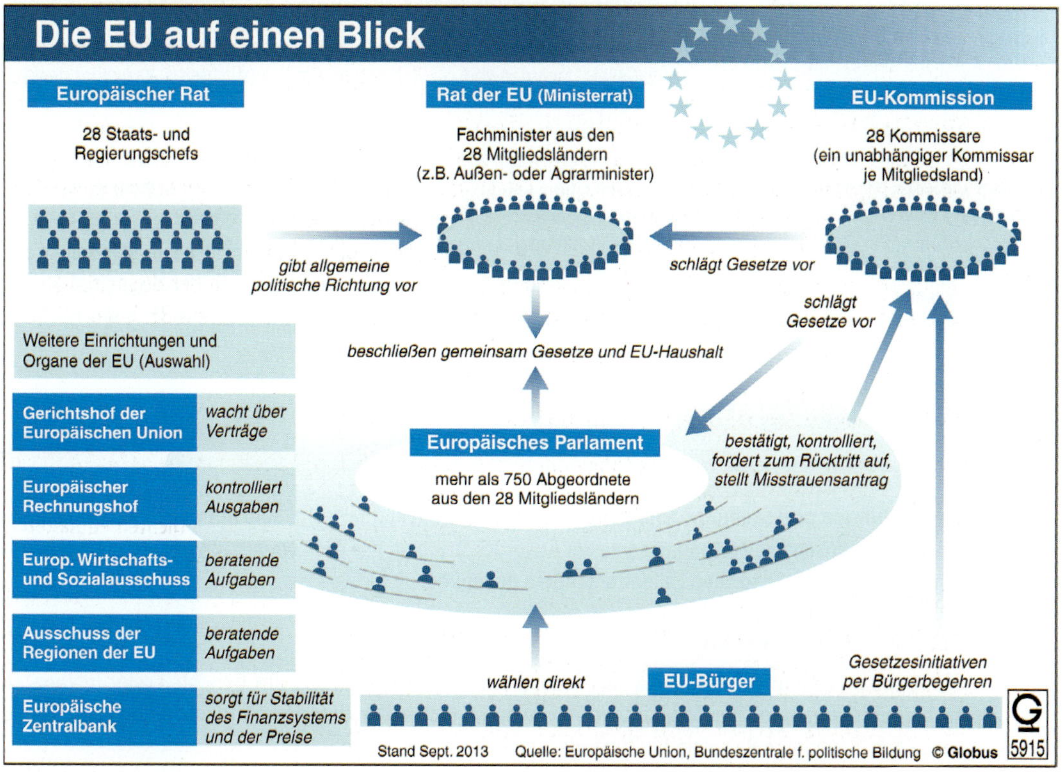

1.5.2 Rechtssystem der Europäischen Union

Im Laufe des Prozesses der europäischen Integration übertrugen die Mitgliedstaaten nationale Hoheitsrechte auf die überstaatlichen Gemeinschaftsorgane: In Bereichen wie Agrarwirtschaft, Verkehr, Wettbewerbsrecht, Außenhandel – später auch Bildungs- und Forschungspolitik, Verbraucherschutz u. a. – wurden den europäischen Organen legislative und exekutive Rechte eingeräumt. In anderen Bereichen haben sich die Mitgliedstaaten zur Zusammenarbeit (z. B. Umweltschutz, Gesundheitspolitik) oder zu gegenseitiger Abstimmung ihrer nationalen Politik verpflichtet (z. B. Wirtschaftspolitik). Dem Europäischen Gerichtshof in Luxemburg sind judikative Rechte übertragen worden.

Das Grundgesetz setzt den Rahmen, in dem der Bund Hoheitsrechte auf die EU übertragen kann:

Auszug aus dem Grundgesetz

Art. 23 GG

(1) Zur Verwirklichung eines vereinten Europas wirkt die Bundesrepublik Deutschland bei der Entwicklung der Europäischen Union mit,

- die demokratischen, rechtsstaatlichen, sozialen und föderativen Grundsätzen
- und dem Grundsatz der Subsidiarität verpflichtet ist
- und einen diesem Grundgesetz im Wesentlichen vergleichbaren Grundrechtsschutz gewährleistet.

Der Bund kann hierzu durch Gesetz mit Zustimmung des Bundesrats Hoheitsrechte übertragen. ...

Es entstand ein unabhängiges Rechtssystem, das Vorrang vor den einzelstaatlichen Rechtsvorschriften hat. Das BVerfG hat in seiner Rechtsprechung Schranken zu diesem Grundsatz entwickelt und sich vorbehalten, Wächter über diese Schranken zu sein.

<table>
<tr><th colspan="4">Das Recht der Europäischen Union</th></tr>
<tr><th>Primäres Gemeinschaftsrecht</th><th colspan="3">Sekundäres Gemeinschaftsrecht</th></tr>
<tr><td rowspan="2">Verträge über die Gründung der Europäischen Gemeinschaften (Römische Verträge 1957) und deren Änderungen und Ergänzungen, insbesondere der Vertrag von Lissabon und die durch ihn anerkannte Charta der Grundrechte der EU.
Zum Primärrecht gehören auch die durch den EuGH entwickelten ungeschriebenen Rechtsgrundsätze, die sich auf Rechtsstaatlichkeit und Grundrechtsschutz in der EU beziehen. Die Verträge binden zunächst die Vertragspartner, Teile des Primärrechts gelten aber auch unmittelbar für EU-Bürger.</td><td colspan="3">Rechtsakte, die von den Gemeinschaftsorganen nach Art. 288 AEUV ff. erlassen werden. Sie gelten in den Mitgliedstaaten unmittelbar oder müssen in nationales Recht umgesetzt werden. EU-Recht genießt Vorrang vor nationalem Recht, d. h., steht nationales Recht dem Gemeinschaftsrecht entgegen, so geht das Gemeinschaftsrecht grundsätzlich vor.</td></tr>
<tr><td>Verordnungen („Europäisches Gesetz“) werden vom Rat der EU (Ministerrat) und vom EU-Parlament erlassen. Sie haben Gesetzesrang und sind in allen Mitgliedstaaten unmittelbar geltendes Recht, ohne dass es nationaler Umsetzungsmaßnahmen bedürfte. In Deutschland stehen EU-Verordnungen im Rang über dem Grundgesetz.</td><td>Richtlinien („Europäisches Rahmengesetz“) verpflichten die Mitgliedstaaten, nationale Rechtsvorschriften zu erlassen oder so zu ändern, dass die in der Richtlinie genannten Ziele in einer bestimmten Frist erreicht werden. An diese Zielvorgaben sind die EU-Länder gebunden, sie können aber die Mittel wählen, mit denen sie erreicht werden sollen.</td><td>Beschlüsse („Europäische Verwaltungsakte“) sind Rechtsakte, durch die Einzelfälle (in einem Staat oder einem Unternehmen) geregelt werden.</td></tr>
<tr><th colspan="3">„Rechtsquellen“</th><th>„Verwaltungsakte“</th></tr>
</table>

Empfehlungen und Stellungnahmen gehören auch zum Sekundärrecht, sind aber nicht verbindlich. Sie haben eher eine politische Bedeutung, da sie zum Ausdruck bringen, wie die Kommission bestimmte Sachverhalte einschätzt und wie sie in solchen Fällen zu handeln gedenkt.

Rechtsprechung in der EU

Die Rechtsprechung umfasst Urteile des Europäischen Gerichtshofs und des Gerichts Erster Instanz. Die Streitsachen werden z. B. von der Kommission, von innerstaatlichen Gerichten der Mitgliedstaaten oder Einzelpersonen vorgelegt. Hier einige Beispiele für Zugänge zum EuGH:

- **Vorabentscheidungen:** Alle nationalen Gerichte müssen Europarecht beachten. Bei Zweifeln oder Unstimmigkeiten mit dem nationalen Recht kann ein nationales Gericht vom Europäischen Gerichtshof eine Vorabentscheidung verlangen, die dann das nationale Gericht in dem betreffenden Fall bindet.
- **Klage wegen Vertragsverletzung:** Es wird geprüft, ob ein Mitgliedstaat seine gemeinschaftsrechtlichen Pflichten verletzt hat.
- **Nichtigkeitsklage:** Der Europäische Gerichtshof kann EU-Gesetze für nichtig erklären, wenn ein Mitgliedstaat oder bestimmte EU-Organe dies verlangen. Auch Bürger und Unternehmen können vor dem Gerichtshof klagen, wenn sie von EU-Entscheidungen direkt und individuell betroffen sind.
- **Untätigkeitsklage:** Mitgliedstaaten oder EU-Organe können ein Gemeinschaftsorgan wegen Untätigkeit verklagen, wenn dieses Organ laut EG-Vertrag Beschlüsse fassen müsste, dies aber unterlässt. Zum Beispiel hat das Europäische Parlament einmal den Ministerrat erfolgreich wegen Untätigkeit in der Verkehrspolitik verklagt.
- **Schadensersatzklage:** Der EuGH entscheidet auch, ob die EU für einen Schaden aufkommen muss, den ihre Organe in Ausübung ihrer Amtstätigkeit verursacht haben.

Die nationalen Gerichte in den Mitgliedstaaten kontrollieren ebenfalls die Einhaltung des EU-Rechts. Dies gilt vor allem für den Vollzug des Unionsrechts durch nationale Behörden. Gegen deren Entscheidungen können Betroffene vor den nationalen Gerichten klagen.

Der EuGH in Luxemburg darf nicht verwechselt werden mit dem **Europäischen Gerichtshof für Menschenrechte** in Straßburg, einem Organ des Europarats.

Die Unionsbürgerschaft

Die Bürger und Bürgerinnen eines jeden Mitgliedstaats der Europäischen Union sind zugleich Unionsbürger und -bürgerinnen. Die Unionsbürgerschaft ist keine Staatsbürgerschaft, sondern ergänzt sie durch bestimmte Rechte, z. B.

- das Recht, sich im gesamten Gebiet der Union frei zu bewegen und aufzuhalten,
- das Recht, in allen EU-Ländern wie ein Inländer behandelt zu werden, wenn es z. B. um die Ausbildung, die Arbeitssuche oder den Wohnungskauf geht,
- das aktive und passive Wahlrecht bei Kommunalwahlen sowie bei den Wahlen zum Europäischen Parlament im Wohnsitzland, auch wenn man nicht dessen Staatsangehörigkeit besitzt,
- das Recht, Gesetzesvorlagen zu initiieren (Europäische Bürgerinitiative),
- das Recht auf Schutz außerhalb der EU durch Botschaften und Konsulate eines jeden EU-Staats.

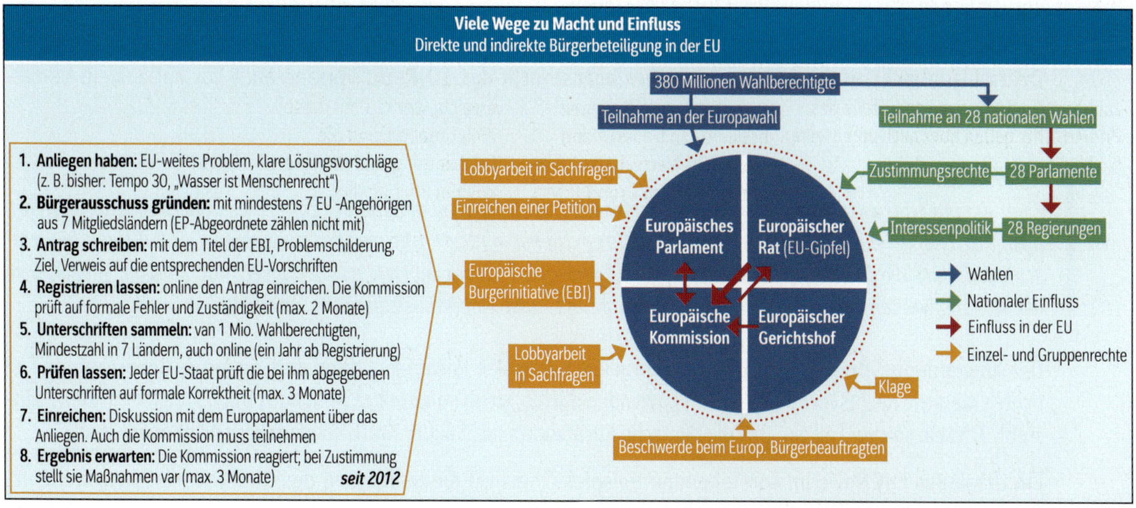

1.5.3 Das Verhältnis des europäischen Rechts zum deutschen Recht

Die Organe der EU dürfen nicht auf allen Gebieten Rechtsvorschriften erlassen. Die EU kann nur handeln im Rahmen des Aufgabenkatalogs und der Ziele der Verträge (EUV, AEUV). Soweit sie sich überhaupt mit einer Aufgabe befassen darf, ist sie an das **Subsidiaritätsprinzip** gebunden: Sie soll grundsätzlich erst dann tätig werden, wenn ein Ziel auf europäischer Ebene besser erreicht werden kann als auf der Ebene der einzelnen Mitgliedstaaten. Als Verordnungen der Europäischen Union gelten auch die älteren Verordnungen der Europäischen Gemeinschaften (bis 2009) und der Europäischen Wirtschaftsgemeinschaft (bis 1993).

Die **Verordnungen** der EU sind als „europäische Gesetze" in jedem Mitgliedstaat unmittelbar anzuwenden.

Beispiel

*Zum Schutz personenbezogener Daten einerseits und der Sicherstellung des freien Datenverkehrs andererseits trat am 25. Mai 2018 die **Datenschutz-Grundverordnung (DSGVO)** – VERORDNUNG (EU) 2016/679 DES EUROPÄISCHEN PARLAMENTS UND DES RATES – in Kraft. Sie ist von privaten Unternehmen und öffentlichen Institutionen innerhalb der Europäischen Union zu beachten und stellt hohe Anforderungen an die Datenverarbeitung und den Datenschutz.*

Richtlinien sind Regelungen, die an die Mitgliedstaaten (und nicht direkt an deren Staatsangehörige) gerichtet sind. Sie müssen Formen und Mittel selbst auswählen, um die Ziele der Richtlinien in das nationale Recht zu integrieren. Die EU-Richtlinien werden in Deutschland insbesondere durch Gesetze und Rechtsverordnungen des Bundes und der Länder umgesetzt. Grundsätzlich werden die Inhalte der Richtlinien erst in der Form des nationalen Rechts für die Bürger verbindlich.

Setzt ein Mitgliedstaat eine EU-Richtlinie unzureichend oder nicht fristgemäß um, so kann unter bestimmten Bedingungen eine für die Bürger unmittelbare positive Wirkung der Richtlinie im Verhältnis Staat/Bürger eintreten. Der Europäische Gerichtshof nimmt den Eintritt der unmittelbaren Wirkung bei unzureichender oder nicht fristgerechter Umsetzung dann an,

- wenn die Richtlinie inhaltlich unbedingt und hinreichend bestimmt ist, d. h., dass sie ohne Erfüllung weiterer Voraussetzungen angewandt werden kann („Self-executing-Charakter"), und
- wenn die Richtlinie darauf zielt, Rechte Einzelner gegenüber dem Staat zu begründen.

Durch diese Rechtsprechungspraxis verhindert der EuGH, dass sich eine verzögerte Umsetzung einer EU-Richtlinie durch einen Mitgliedstaat negativ auf sonst begünstigte Bürger auswirkt. Bei nicht rechtzeitiger Umsetzung kann die EU-Kommission mit Bußgeldverfahren und Klage reagieren, innerstaatlich kann ein Schadensersatzanspruch gegen den säumigen Gesetzgeber bestehen.

Ein anderes Problem ergibt sich, wenn einzelne Rechtsakte der EU mit dem Grundgesetz der Bundesrepublik Deutschland nicht zu vereinbaren sind. Hier beansprucht das EU-Recht Vorrang auch vor nationalem Verfassungsrecht.

Beispiel

Einer jungen Frau wurde der Eintritt in die Bundeswehr als Berufssoldatin mit der zutreffenden Begründung verwehrt, nach Art. 12 a GG dürften Frauen auf keinen Fall zum Dienst mit der Waffe verpflichtet werden. Der EuGH hat hier entschieden, dass die Gleichstellungsrichtlinie der EG Vorrang vor dem deutschen Grundgesetz hat. Seitdem sind Frauen, die Soldatin werden wollen, nicht mehr auf den Sanitäts- oder Militärmusikdienst beschränkt.

Der **Anwendungsvorrang** des EU-Rechts vor allem nationalen Recht führt dazu, dass nationale Behörden und Gerichte staatliche Rechtsvorschriften nicht anwenden dürfen, wenn unmittelbar wirkendes Unionsrecht dem entgegensteht. Tritt ein solcher Fall ein, tritt die deutsche Rechtsnorm nicht außer Kraft, sondern wird nicht angewandt.

Ein Urteil des EuGH wie im vorstehenden Beispiel schmälert die Bedeutung des Bundesverfassungsgerichts. Dieses hat aber anerkannt, dass auch der EuGH einen effektiven Grundrechtsschutz gewährt. Deshalb lehnt das Bundesverfassungsgericht Verfassungsbeschwerden ab, wenn die Streitsache bereits vor dem EuGH entschieden worden ist.

2 Die öffentliche Verwaltung im Staat

2.1 Verwaltungsträger und Verwaltungsgliederung

2.1.1 Verwaltung als Teil der Staatsgewalt

Unter **Verwaltung** versteht man im Allgemeinen Tätigkeiten, die bestimmte Lebensbereiche nach Weisungen oder Richtlinien anderer gestalten. Die Angestellte in der kaufmännischen Verwaltung eines Industrieunternehmens, der Hausverwalter einer Wohnungsgesellschaft, der Kassenverwalter eines Vereins – sie alle nehmen die Belange ihrer (privaten) Auftraggeber wahr, sie „verwalten“.

Bei der **öffentlichen Verwaltung** geht es um die Verwaltung des Staats im weitesten Sinne.

Die öffentliche Verwaltung hat im **rechtsstaatlichen System** der Bundesrepublik ihren eigenständigen Platz als Teil der demokratisch legitimierten Staatsgewalt (Art. 20 Abs. 2 GG), sie ist zugleich an den parlamentarischen Gesetzgeber gebunden (Art. 20 Abs. 3 GG) und kann gerichtlich kontrolliert werden (Art. 19 Abs. 4 und 92 ff. GG).

Die öffentliche Verwaltung umfasst nicht die gesamte „ausführende Gewalt“. Die Exekutive ist gegliedert in Regierung (Staatsleitung) und Verwaltung (vorwiegend ausführende Behördentätigkeit).

Gewaltenteilung und Verwaltung

Regierungsaufgaben:

- **staatsleitende Tätigkeiten** der Exekutive, die sich auf politische Entscheidungen beziehen, z. B. Planung einer Steuerreform durch das Bundesfinanzministerium, Vorbereitung von Änderungen im Krankenversicherungsrecht durch das Bundesministerium für Gesundheit
- **Gesetzesvorlagen** im Parlament einbringen
- **Organisation des nachgeordneten Verwaltungsapparats,** z. B. Einrichtung nachgeordneter Dienststellen in Ministerien, Zuweisung neuer Aufgaben
- **Rechtsverordnungen erlassen**

Verwaltungsaufgaben:

- **weisungsgebundene Ausführung von Rechtsvorschriften** durch Behörden, z. B. Ausführung des Gaststättengesetzes durch Gemeindebehörden, des Bundesversorgungsgesetzes durch Behörden der Landesverwaltung (Versorgungsämter),
- **gestaltende Wahrnehmung öffentlicher Aufgaben** innerhalb rechtlicher, finanzieller und organisatorischer Grenzen (z. B. Umgestaltung eines städtischen Parks, Ergänzung des Medienbestands der Stadtbücherei, Aufstellen eines Spielplans für das Schauspielhaus; in allen diesen Fällen gibt es keine speziellen gesetzlichen Regelungen).

Verwaltungsbegriffe:

In vielen Gesetzen wird mit dem Begriff „Verwaltung“ gearbeitet. Eine Legaldefinition (durch Gesetz) gibt es nicht. Öffentliche Verwaltung kann verstanden werden

- als **Tätigkeit** (Verwalten; Verwaltung im materiellen Sinne),
- als **Organisation** (Behördenapparat; Verwaltung im organisatorischen Sinne).

Es gibt zwei Methoden, die Verwaltungstätigkeit näher zu bestimmen:

Im folgenden Beispiel einer **positiven Begriffsbestimmung** werden Merkmale der Verwaltung zusammengefasst:

> „Öffentliche Verwaltung im materiellen Sinne ist also die mannigfaltige, konditional oder nur zweckbestimmte, also insofern fremdbestimmte, nur teilplanende, selbstbeteiligt entscheidend ausführende und gestaltende Wahrnehmung der Angelegenheiten von Gemeinwesen und ihrer Mitglieder als solcher durch die dafür bestellten Sachverwalter des Gemeinwesens." (Vgl. Wolff, Hans J., Bachof, Otto, Stober, Rolf, Kluth, Winfried: Verwaltungsrecht Bd. 1. 13. Auflage. 2016.)

Die **negative Definition** geht von der Gewaltenteilungslehre aus:

> Verwaltung ist diejenige Staatstätigkeit, die weder Gesetzgebung noch Rechtsprechung noch Regierung ist. Demnach ist Verwaltung die Tätigkeit, die nach Abzug der anderen Teilgewalten von der gesamten Staatstätigkeit „übrig bleibt".

Die negative Definition spielt im Organisations- und Verfahrensrecht eine erhebliche Rolle.
Verwaltung im organisatorischen Sinne ist die Gesamtheit der Verwaltungsträger, -organe und sonstigen Verwaltungseinrichtungen, kurz: der Verwaltungsapparat, sofern sie vom Staat getragen und in der Hauptsache materiell verwaltend tätig wird.

2.1.2 Verwaltungsträger

Juristische Personen des öffentlichen Rechts

Im Rechtsleben reicht es oft nicht aus, allgemein von „dem Staat" oder „der Verwaltung" zu sprechen. Wenn es um die rechtlichen Folgen des Verwaltungshandelns geht, ist es wichtig, zu wissen, wer der verantwortliche Rechtsträger ist, für den eine Behörde handelt.

Rechtsträger der öffentlichen Verwaltung sind die juristischen Personen des **öffentlichen Rechts.** Dazu gehören die Körperschaften, Anstalten und Stiftungen des öffentlichen Rechts. Sie sind rechts-, partei- und deliktsfähig.

Juristische Personen sind Zusammenfassungen von Personen bzw. Sachen zu einer rechtsfähigen Organisation; diese Organisation kann also eigene Rechte und Pflichten haben. Diese Eigenschaft wird in der Regel durch ein Gesetz oder aufgrund eines Gesetzes verliehen.

Beispiele

Aktiengesellschaft (AG), Gesellschaft mit beschränkter Haftung (GmbH) und eingetragener Verein (e. V.) sind juristische Personen des privaten Rechts. Bund, Länder und Kommunen sowie Anstalten (Sparkasse, kommunale Abfallbeseitigungsanstalt) sind juristische Personen des öffentlichen Rechts.

Der Rechtsbereich des **öffentlichen Rechts** umfasst die Rechtsverhältnisse zwischen Staat und Bürgern, die durch die Überordnung des Staats und durch dessen einseitige Regelungen (durch Gesetz, Gerichtsurteil oder Verwaltungsakt) gekennzeichnet sind. Gegenbegriff ist das private Recht, das durch die Gleichordnung der beteiligten Personen und grundsätzlich frei gestaltbare Vereinbarungen geprägt ist.

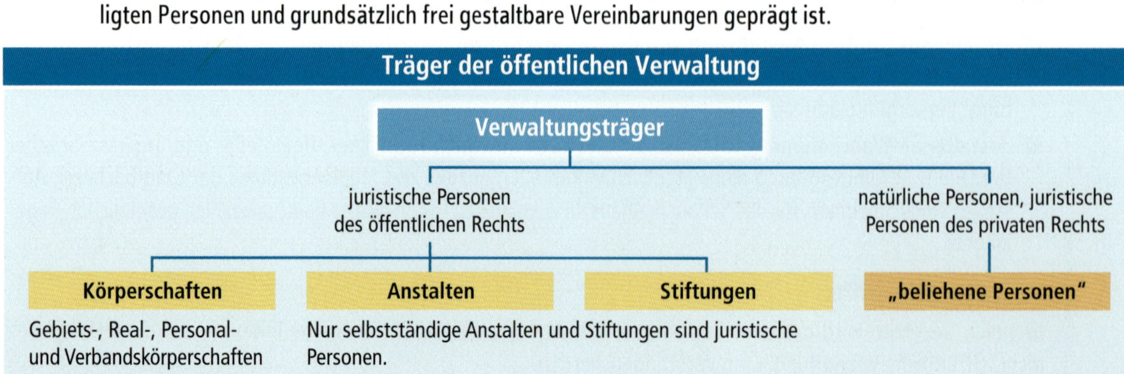

Körperschaften des öffentlichen Rechts sind Personenvereinigungen, die Hoheitsgewalt besitzen und unabhängig vom Wechsel ihrer Mitglieder bestehen. Die Mitglieder besitzen bestimmte Mitwirkungsrechte. Man unterscheidet Gebiets- und sonstige Körperschaften.

Bund und Länder, Kreise und Gemeinden sind **Gebietskörperschaften**. Sämtliche auf ihrem Gebiet lebenden Einwohner sind Mitglieder der Gebietskörperschaft und unterliegen ihrer Gebietshoheit: Die Körperschaft kann grundsätzlich über alle Personen und Sachen in ihrem Bereich hoheitlich gebieten.

Ergibt sich die Mitgliedschaft zu einer Körperschaft aus dem Grundbesitz oder dem Betrieb bestimmter Gewerbe, so handelt es sich um **Realkörperschaften.** Bei **Personalkörperschaften** hängt die Mitgliedschaft von bestimmten persönlichen Eigenschaften ab, etwa dem Beruf oder der Sozialversicherungspflicht. In **Verbandskörperschaften** können nur juristische Personen Mitglied sein.

Beispiele

Realkörperschaften sind die Industrie- und Handelskammern, Deichverbände, Wasser- und Bodenverbände, Jagdgenossenschaften.

Personalkörperschaften sind die Berufskammern (Rechtsanwalts-, Steuerberater-, Ärzte-, Landwirtschafts-, Handwerkskammern usw.) sowie die Träger der Sozialversicherung (Bundesagentur für Arbeit, Rentenversicherungsträger in der Deutschen Rentenversicherung, Berufsgenossenschaften, Allgemeine Ortskrankenkassen, Ersatzkassen u. a.).

Verbandskörperschaften sind u. a. die kommunalen Zweckverbände (z. B. Volkshochschul-Zweckverband oder Wasserversorgungsverband mehrerer Gemeinden) und die Kreishandwerkerschaften.

Anstalten sind im Verhältnis zum Staat verselbstständigte Verwaltungseinrichtungen zur Erfüllung öffentlicher Aufgaben auf Dauer. Anstalten haben Benutzer. Juristische Personen sind aber nur die rechtlich selbstständigen Anstalten.

Beispiele

Kommunale Abfallbeseitigungsanstalten, Studentenwerke, Stadtsparkassen, Westdeutscher Rundfunk.

Es gibt auch **rechtlich unselbstständige Anstalten.** Diese sind Verwaltungseinheiten einer Körperschaft, die nur organisatorisch verselbstständigt sind; sie sind keine juristischen Personen.

Beispiele

Wird die Bibliothek einer Stadt als Organisationseinheit (Regiebetrieb) innerhalb eines Amtes oder Fachbereiches der Stadtverwaltung geführt, so erscheint diese öffentliche Einrichtung dem Benutzer als organisatorisch verselbstständigte Einheit der Stadtverwaltung. Ihr fehlt aber die Rechtsfähigkeit. Kauft die Bibliothek Bücher ein, so ist nicht sie, sondern die Stadt Vertragspartner. Viele kommunale Theater und Museen sowie Badeanstalten und Schulen sind ebenfalls unselbstständige Anstalten.

Stiftungen sind Kapital- bzw. Sachbestände mit eigener Rechtspersönlichkeit. Die Stiftung Preußischer Kulturbesitz z. B. besitzt Gemälde, die von Nutznießern für Ausstellungen ausgeliehen werden können.

In Einzelfällen können auch natürliche Personen sowie juristische Personen des privaten Rechts als Träger öffentlicher Verwaltungsaufgaben auftreten, nämlich dann, wenn sie für einen bestimmten Aufgabenkreis mit hoheitlichen Befugnissen ausgestattet („beliehen") worden sind, weil ein Gesetz dies vorsieht. **„Beliehene Personen"** handeln in diesem begrenzten Bereich wie eine Behörde und können Verwaltungsakte erlassen, bleiben aber Privatpersonen.

Beispiele

Die Toll Collect GmbH in Berlin ist ein privates Unternehmen, das für das Bundesamt für Güterverkehr das Mautsystem für Lkw auf deutschen Autobahnen betreibt und die Gebühren abrechnet. Bei dieser hoheitlichen Tätigkeit handelt es als beliehene Person im Sinne des Bundesfernstraßenmautgesetzes.

Ein Bezirksschornsteinfeger erteilt einem Hauseigentümer einen Feuerstättenbescheid.

Der Sachverständige des Technischen Überwachungsvereins gibt die Prüfplakette für ein überprüftes Kraftfahrzeug aus.

Schleppt dagegen ein Abschleppunternehmer im Auftrag der Polizei einen falsch geparkten Pkw ab, so erbringt er eine technische Hilfeleistung für die Polizeibehörde, ist aber für diese Tätigkeit nicht mit Hoheitsbefugnissen ausgestattet. Er ist Verwaltungshelfer, nicht „beliehene Person".

2.1.3 Horizontale Verwaltungsgliederung

Verwaltung des Bundes und der Länder

Die öffentliche Verwaltung in der Bundesrepublik Deutschland ist räumlich zwei staatlichen Ebenen zuzuordnen: der Bundesebene und der Landesebene. Auf beiden Ebenen geht es zunächst um die Zuständigkeiten, die Umfang und Gliederung der Verwaltung bestimmen. Art. 83 GG weist die Verwaltungskompetenz grundsätzlich den Ländern zu. Aus Art. 83–90 GG ergibt sich, dass staatliche Verwaltung bei uns vor allem Landesverwaltung ist.

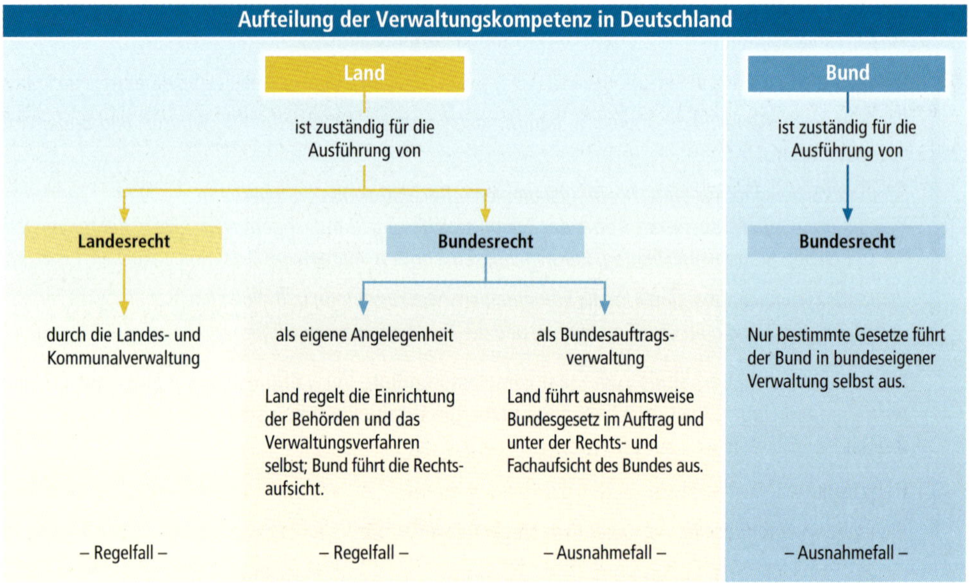

Beispiele

Landesrecht schaffen die Länder z. B. in den Bereichen Schule und Hochschule, Kultur und Gefahrenabwehr. Sie besitzen auch die Verwaltungskompetenz für die Ausführung der Gesetze.

Baurecht, Straßenverkehrsrecht und Jugendhilfe sind bundesrechtlich geregelt, werden aber von den Ländern als eigene Angelegenheiten ausgeführt.

Die Verwaltung der Bundesstraßen und der Zivilschutz sind Bundesauftragsangelegenheiten, die von den Ländern im Auftrag und unter der Rechts- und Fachaufsicht des Bundes ausgeführt werden. Die Bundesautobahnen werden ab 2021 nicht mehr in Auftragsverwaltung durch die Länder, sondern in Bundesverwaltung geführt. Der Bund wird die alleinige Verantwortung für Planung, Bau, Betrieb, Erhaltung, vermögensmäßige Verwaltung und Finanzierung der Bundesautobahnen haben und sich zur Erledigung dieser Aufgaben einer Infrastrukturgesellschaft Autobahnen (GmbH) bedienen.

Angelegenheiten des Zolls, der Bundeswasserstraßen und des Auswärtigen Dienstes führt der Bund mit eigenen Behörden aus.

Unmittelbare und mittelbare Staatsverwaltung

Handeln Bund oder Land durch einen eigenen Verwaltungsapparat, spricht man von **unmittelbarer Staatsverwaltung**. Eigene Behörden sichern dem Staat unmittelbaren Einfluss auf die Aufgabenerfüllung auf allen Verwaltungsstufen.

Oft lässt der Staat öffentliche Aufgaben durch bereits vorhandene Institutionen erfüllen, z. B. durch Gemeinden, Kreise, Sozialversicherungsträger oder die Industrie- und Handelskammern. Hier üben nichtstaatliche juristische Personen des öffentlichen Rechts Verwaltungsfunktionen aus.

22106090

Soweit die Träger dieser **mittelbaren Staatsverwaltung** Selbstverwaltungsrechte besitzen, regeln sie ihre Angelegenheiten durch Satzungen. Die Aufsicht über die mittelbare Verwaltung übt der Staat aus.

Grundformen der Staatsverwaltung	
Staatsverwaltung	
unmittelbar (direkt)	**mittelbar (indirekt)**
■ Die Verwaltung ist – aufgrund der ursprünglichen Hoheitsgewalt des Staats – bei **staatlichen Behörden** zentralisiert. ■ Bund oder Land handeln durch eigene Behörden. ■ Deren Aufbau in den einzelnen Verwaltungszweigen kann mehrstufig sein.	■ Verwaltungstätigkeit wird dezentral durch **nichtstaatliche juristische Personen** des öffentlichen Rechts ausgeübt. ■ Diese Verwaltungsträger besitzen eine abgeleitete, d. h. staatlich verliehene bzw. anerkannte Hoheitsgewalt. ■ Die nichtstaatlichen Körperschaften, Anstalten und Stiftungen des öffentlichen Rechts erledigen – **staatliche Auftragsangelegenheiten** und – **Selbstverwaltungsangelegenheiten.**

2.1.4 Vertikale Verwaltungsgliederung

Der vertikale Verwaltungsaufbau in der Bundesrepublik Deutschland ist uneinheitlich. Unterschiede bestehen

- in den verschiedenen **Verwaltungszweigen** auf Bundes- und Landesebene (z. B. Finanz-, Polizei-, Sozial-, Umweltverwaltung), wobei zusätzlich zwischen unmittelbarer und mittelbarer Verwaltung zu trennen ist,
- in den **Bundesländern,** da in Flächenstaaten (z. B. Nordrhein-Westfalen, Rheinland-Pfalz) und Stadtstaaten (z. B. Bremen, Berlin) verschiedene Behördenstrukturen bestehen. Genaue Informationen liefert das Internet.

Eine Form der **unmittelbaren Verwaltung** des Bundes und der größeren Bundesländer ist die **dreistufige Ministerialverwaltung** (mit oberster, mittlerer und unterer Behörde). Von den Bundesministerien verfügen nur wenige über einen vollständigen Verwaltungsunterbau (s. Art. 87 GG), denn für die Ausführung der meisten Bundesgesetze sind die Länder zuständig. Zu den **obersten Behörden** zählen insbesondere die Minister. In einigen Verwaltungszweigen bestehen zentrale Dienststellen **(Oberbehörden),** die einen speziellen Aufgabenbereich für das ganze Staatsgebiet wahrnehmen und nur teilweise Weisungsrechte gegenüber den unteren Behördenebenen besitzen. Die **Mittelbehörden** sind gewöhnlich für einen Teil des Staatsgebiets (z. B. Regierungsbezirk) zuständig, die **Unterbehörden** für einen kleineren Bezirk.

Im Bereich der mittelbaren Staatsverwaltung im Bereich des Bundes und der Länder (durch nichtstaatliche juristische Personen des öffentlichen Rechts) sind die Behörden ebenfalls sehr unterschiedlich gegliedert. Beispiele enthält das Schaubild auf der folgenden Seite.

In der mittelbaren Landesverwaltung nimmt die Kommunalverwaltung wegen ihrer herausgehobenen Rechtsstellung (s. Art. 28 GG) und ihres Umfangs eine Sonderstellung ein. Nach außen erscheint sie als „dritte Verwaltungsebene" – nach Bundes- und Landesverwaltung. Rechtlich jedoch zählen Gemeinden und Gemeindeverbände zu den nichtstaatlichen Körperschaften des öffentlichen Rechts, die unter Aufsicht des Landes öffentliche Aufgaben erfüllen. Dies sind außer den vom Staat übertragenen Aufgaben auch Selbstverwaltungsaufgaben. Der vom Land übertragene Wirkungskreis (mittelbare Staatsverwaltung) steht neben ihrem eigenen, staatlich anerkannten Wirkungskreis (Selbstverwaltung) im Sinne des Art. 28 GG.

Schema des Verwaltungsaufbaus in der Bundesrepublik Deutschland und in den größeren Bundesländern

Bundesverwaltung		Landesverwaltung	
unmittelbar	mittelbar	unmittelbar	mittelbar
Oberste Bundesbehörden z. B. Bundeskanzleramt, Bundesministerien	**Mittelbare Bundesverwaltung** z. B. Bundesagentur für Arbeit, Bundesversicherungsanstalt für Angestellte in der Deutschen Rentenversicherung, Stiftung Preußischer Kulturbesitz	**Oberste Landesbehörden** z. B. Ministerpräsident[1], Landesministerien	**Mittelbare Landesverwaltung** z. B. Allgemeine Ortskrankenkassen, Deutsche Rentenversicherung (regionale Träger), Handwerkskammern, öffentlich-rechtliche Rundfunkanstalten
Bundesoberbehörden z. B. Statistisches Bundesamt, Bundeskartellamt, Bundespolizeidirektion		**Landesoberbehörden** z. B. Landesamt für Datenverarbeitung und Statistik, Landeskriminalamt	
Bundesmittelbehörden z. B. Wasser- und Schifffahrtsdirektionen, Bundespolizeipräsidien; Bundesfinanzdirektionen	**Bundesverwaltung in Privatrechtsform** z. B. Deutsche Flugsicherung GmbH, Deutscher Entwicklungsdienst GmbH, Deutsche Post AG, Deutsche Bahn AG, Bundesautobahnen (2021/GmbH)	**Landesmittelbehörden** z. B. Bezirksregierungen bzw. Regierungspräsidenten[2], Oberfinanzdirektionen	**Kreise** **kreisfreie Städte** **kreisangehörige Gemeinden**
Untere Bundesbehörden z. B. Wasser- und Schifffahrtsämter, Bundespolizeiämter, Hauptzollämter		**Untere Landesbehörden** z. B. Polizeipräsidenten, Landräte als untere staatl. Verwaltungsbehörden, Finanzämter	**Landesverwaltung in Privatrechtsform** z. B. Landesbetriebe in der Rechtsform AG oder GmbH

Unmittelbare und mittelbare Kommunalverwaltung

Die Prinzipien der Zentralisierung und der Dezentralisierung von Verwaltungsaufgaben sind auch in der Kommunalverwaltung von Bedeutung: Die meisten Aufgaben erledigt die Gemeindeverwaltung zentral (unmittelbare Kommunalverwaltung). Das Organigramm einer Stadt zeigt die Vielfalt kommunaler Aufgaben.

Viele Städte entlasten die eigene Verwaltung, indem sie bestimmte Aufgaben auf rechtlich selbstständige kommunale Unternehmen übertragen. Man spricht dann von mittelbarer Kommunalverwaltung, z. B. in kommunalen Eigenbetrieben, s. auch LF3 Kap. 1.2.

Beispiele

kommunale Kulturbetriebe, Hafenbetriebe, Abfallentsorgungsbetriebe, Dienstleistungsbetriebe für Datenverarbeitung und Telekommunikation

1 In den Stadtstaaten führen die Regierungschefs Bezeichnungen wie Regierender Bürgermeister (Berlin) oder Erster Bürgermeister (Hamburg). Die Landesregierungen heißen hier Senat und die Senatoren üben die Funktion von Ministern aus.

2 Die allgemeine Verwaltungsbehörde in der Mittelinstanz größerer Länder – je nach Bundesland Regierungspräsident, Bezirksregierung, Regierung oder Aufsichts- und Dienstleistungsdirektion genannt – bündelt zahlreiche staatliche Aufgaben.

22106092

2.2 Ziele, Aufgaben und Organstruktur einer Verwaltung

2.2.1 Ziele und Aufgaben

Die Verwaltung hat Ziele, wie jede Organisation. Das sind gewünschte Zustände, die sie erreichen will. Die Ziele einer Verwaltung müssen aber nicht identisch sein mit den Beweggründen (Motiven), aus denen die Mitarbeiter bei einer Behörde arbeiten. Eine Behörde wird ihre Ziele nur dann erreichen, wenn die Mitarbeiter die Ziele für sinnvoll und erreichbar halten und sie in ihre Arbeitsmotivation einbeziehen. Hier liegt eine ständige Aufgabe der Behördenleitung.

Sind die Ziele geklärt, stellt sich eine weitere bedeutsame Frage: Was ist für die Erreichung eines Ziels erforderlich und was nicht? Ob eine Einzelaufgabe wirklich wichtig ist, welche Arbeitsschritte nötig sind, welcher Organisationsaufbau dazu passt – dies sind Fragen der Zielanalyse, die gravierende Änderungen nach sich ziehen können. Dies zeigen die zahlreichen Umstrukturierungen in der öffentlichen Verwaltung.

Entwicklung von Zielen in der öffentlichen Verwaltung

Die folgenden beispielhaften Ziele skizzieren das klassische (traditionelle) Zielsystem einer Kommunalverwaltung:

Ziele einer Kommunalverwaltung	
Sachziele	**Formalziele**
■ soziale Hilfen gewähren (= Leistungsverwaltung)	■ Rechtmäßigkeit des Handelns
■ Gefahren abwehren (= Ordnungsverwaltung)	■ Wirtschaftlichkeit des Handelns
■ Bebauungspläne aufstellen (= Planungsverwaltung)	■ soziale Wirksamkeit des Handelns
■ Theater unterhalten, Parkanlagen in Stand halten (= Leistungsverwaltung)	■ Schutz der Mitarbeiterinteressen (z. B. Arbeitsplatzsicherung)

In den 90er-Jahren des letzten Jahrhunderts – als der Beruf „Verwaltungsfachangestellter" in Deutschland modernisiert wurde und ein neues Berufsbild erhielt – hatten sich die Zielvorstellungen verändert. Neben den hergebrachten Zielen wurden neue Werte als Formalziele allgemein anerkannt:

- Effizienz (Wirtschaftlichkeit, Kostensenkung)
- Kundenorientierung
- Qualität
- Dienstleistung

Ein „schlanker Staat" sollte mit weniger Steuern und Sozialabgaben auskommen. Staat und Kommunen begannen, Aufgaben an Privatunternehmen zu vergeben, wenn diese die Leistungen kostengünstiger anboten. Arbeitsabläufe, Abteilungen und ganze Ämter wurden aus den Verwaltungen herausgelöst, um in einer privaten Rechtsform nicht nur für die „eigene" Verwaltung zu arbeiten, sondern auch am wirtschaftlichen Wettbewerb teilzunehmen. Die Datenverarbeitung und die Abfallentsorgung sind hier verbreitete Beispiele.

Diese Maßnahmen, der Abbau von Rangebenen in den Behörden (Ziel: flache Hierarchien) und auch die Organisations- und Wirtschaftlichkeitsuntersuchungen in allen Verwaltungszweigen führten zum Abbau von Personalstellen. Heute gibt mancher Bürgermeister stolz bekannt, wenn seine Kommune in einem Wirtschaftlichkeitsvergleich oder bei einer Kundenbefragung besser abschneidet als die Nachbargemeinde. Zu solchen Erfolgen tragen gut ausgebildete, motivierte und fleißige Beschäftigte ebenso bei wie kundenfreundliche Bürgerbüros, bedarfsorientierte Öffnungszeiten und schnelle Bearbeitung. Auch der geschickte Umgang mit Beschwerden zeigt die Kundenorientierung der Behörde an.

Bei alledem soll der Nutzen für die Bürger – die Qualität der Dienstleistung – verbessert werden. Sie lässt sich z. B. durch Messen der Bearbeitungszeiten, der Kundenzufriedenheit, Beachtung des Umweltschutzes und auch durch eine Betrachtung des Aufwands der Bürger für eine Dienstleistung (Erreichbarkeit per Internet oder auf kurzen Wegen, Anfahrt, Gebühren) überprüfen (evaluieren).

Ein Problem ergibt sich für viele Verwaltungsträger allerdings dadurch, dass trotz verbesserter Wirtschaftlichkeit die Haushaltsprobleme zunehmen. Man hat die Verwaltung verbessert – gemessen an den neuen Zielen –, aber die sozialen und wirtschaftlichen Entwicklungen (z. B. der zunehmende Anteil älterer Menschen, die sozialen Kosten bei Krankheit, Pflege und Arbeitslosigkeit, die Verbesserung des Schulsystems) verlangen von der Politik neue Konzepte. Welche Aufgaben können überhaupt noch vom Staat vollständig übernommen werden? Wie sollen sie bezahlt werden?

Im Verwaltungsbereich werden heute neue Ziele diskutiert: Mehr Beteiligung der Bürgerschaft, mehr ehrenamtliches Engagement und ein höherer Stellenwert der Familie sollen sichern, dass soziale und humanitäre Aufgaben besser erfüllt werden.

War vor der Jahrtausendwende der „schlanke Staat" ein populäres Reformkonzept, so zeigen heute Begriffe wie der „aktivierende Staat" und die „Bürgerkommune" an, in welche Richtung sich das Zielsystem der öffentlichen Verwaltung weiter verändert.

Entstehung und Dokumentation von Verwaltungszielen

Die Ziele von Verwaltungsbehörden ergeben sich überwiegend aus **Rechtsvorschriften.** Formale Ziele mit Bezug zu den Verfassungsprinzipien (Rechtsstaat, Demokratie, Sozialstaat) ergeben sich aus dem Grundgesetz und aus Bundes- und Landesgesetzen. Die Sachziele, die Aufgaben der Verwaltung beschreiben, sind ebenfalls meistens gesetzlich festgelegt.

In den Selbstverwaltungskörperschaften wie Gemeinden und Kreisen werden konkrete Ziele auch durch **Beschlüsse** des Rates oder des Kreistags formuliert. Häufig geht es hier um die Entscheidung von Zielkonflikten, z. B. um die Frage, welchen Stellenwert der Schutz der Arbeitsplätze bei Rationalisierungsmaßnahmen haben soll oder ob das Ziel „gesunde Schulräume" Vorrang vor dem Bau von Straßen und Parkplätzen genießen soll. Hier kann auch die Verwaltungsspitze Vorschläge zum Zielsystem einbringen.

Behördeninterne Übereinkünfte zwischen Behördenleitung und den Mitarbeitern bzw. der Personalvertretung (Dienstvereinbarung) sind ebenfalls möglich, z. B. bei Leitbildern.

Die **Dokumentation der Ziele** ist wichtig, damit sie dauerhaft umgesetzt werden können und damit man sich auf sie berufen kann. Verwaltungsziele werden in folgenden Dokumenten dargestellt:

- **Gesetze** enthalten z. B. Formalziele wie die Rechtmäßigkeit der Verwaltung (Art. 20 Abs. 3 GG) und Sachziele wie die Gefahrenabwehr (Landesrecht).
- Ein **Aufgabengliederungsplan** stellt die von einer Gemeinde wahrzunehmenden Aufgaben dar und gruppiert sie in Haupt-, Teil- und Einzelaufgaben. Oft informiert der Plan auch über bestehende Zuständigkeiten. Er ermöglicht eine kritische Betrachtung der künftigen Notwendigkeit bestimmter Aufgaben.
- Die Leistungen der Verwaltung für bestimmte Abnehmer (Kunden) können auch als Produkte in einem **Produktplan** festgelegt werden. Für ein Produkt lassen sich Kosten und evtl. auch Erlöse berechnen.
- **Leitbilder** sind eine moderne Form, Ziele als Verhaltensorientierung für Mitarbeiter zu interpretieren. Ein Leitbild kann die Identifikation mit Betrieb und Arbeit verbessern und darüber hinaus zu einer positiven Außendarstellung beitragen. Die folgenden Kernsätze eines fiktiven Leitbilds des öffentlich-rechtlichen Betriebes XY können dies verdeutlichen.

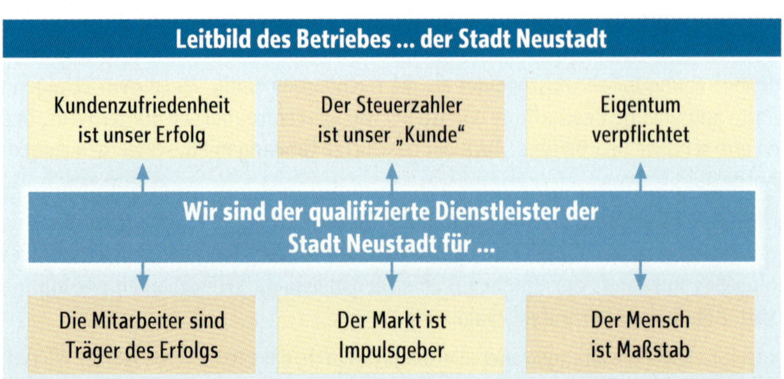

Auf die Umsetzung von Verwaltungszielen wird im LF 8 Kap. 1.1 näher eingegangen.

2.2.2 Organisation und Organstruktur einer Verwaltung

Organisation

Im Mittelpunkt der Arbeit einer Behörde stehen die Produkte (Sachaufgaben, Sachziele). Sie sind meistens gesetzlich festgelegt.

Auf der Grundlage dieser Vorgaben werden Geschäftsabläufe und Behördenaufbau organisiert (s. Lernfeld 8). Die formalen Ziele wirken auf die Organisation ein, aber auch auf die Führung und berufliche Entwicklung der Mitarbeiterinnen und Mitarbeiter. Diese sind der wichtigste Produktionsfaktor in der öffentlichen Verwaltung.

Die Aufbauorganisation wird dargestellt in Verwaltungsgliederungsplänen und Organigrammen. Ein **Verwaltungsgliederungsplan** regelt die Gliederung der Behörde in aufgabenbezogene Organisationseinheiten. Je nach Behördenart gibt es hier große Unterschiede.

Neulich im Bürgeramt

„Statt hier in der Warteschlange zu sitzen, könnte ich mit der Stadt übers Internet elektronisch kommunizieren ..."

„... oder über die Behördenhotline 115!"

„... oder über die 116!"

„116?"

„Um mich zu beschweren, dass sich bei 115 niemand meldet."

Beispiele

Gliederungsmöglichkeiten für Kommunalverwaltungen		
■ *Fachbereiche* ■ *zugeordnete Geschäftsbereiche (Fachdienste, Ämter, Einrichtungen)*	■ *Dezernate* ■ *Ämter*	■ *Einzelverwaltungen (Verwaltungszweige)* ■ *Ämter* ■ *Abteilungen (evtl. Gruppen)* ■ *Sachgebiete*
Gliederungsmöglichkeiten für staatliche Behörden		
■ *Abteilungen* ■ *Unterabteilungen* ■ *Referate*	■ *Abteilungen* ■ *Dezernate*	■ *Aufgabengebiete* ■ *Dezernate* ■ *Gruppen* ■ *Abschnitte*

Die Behördengliederung kann als Tabelle oder als Organigramm (Baumdiagramm) dargestellt werden. Das Organigramm der Stadt Neustadt ist ein Kompromiss zwischen der klassischen Kommunalgliederung nach Einzelverwaltungen und der moderneren Gliederung in Fachbereiche, die zu einer flacheren Hierarchie führt. Die meisten Behörden mit Internetpräsenz haben auch ihre Aufbauorganisation ins Netz gestellt, s. auch LF 3 Kap. 1.

Kommunalgliederung nach Einzelverwaltungen

Chef der Verwaltung: Bürgermeister

1 Allgemeine Verwaltung	2 Finanzverwaltung	3 Rechts-, Sicherheits- und Ordnungsverwaltung	4 Schul- und Kulturverwaltung	5 Sozial- und Gesundheitsverwaltung	6 Bauverwaltung	7 Verwaltung für öffentl. Einrichtungen	8 Verwaltung für Wirtschaft und Verkehr
10 Hauptamt 11 Personalamt 12 Statistisches Amt 13 Presseamt 14 Rechnungsprüfungsamt	20 Stadtkämmerei 21 Stadtkasse 22 Stadtsteueramt 23 Liegenschaftsamt 24 Amt für Verteidigungslasten	30 Rechtsamt 31 Polizei 32 Amt für öffentliche Ordnung 33 Einwohnermeldeamt 34 Standesamt 35 Versicherungsamt 36 Feuerwehr 37 Amt für Zivilschutz	40 Schulverwaltungsamt 41 Kulturamt	50 Sozialamt 51 Jugendamt 52 Sportamt 53 Gesundheitsamt 54 Amt für Krankenanstalten 55 Ausgleichsamt	60 Bauverwaltungsamt 61 Stadtplanungsamt 62 Vermessungs- und Katasteramt 63 Bauordnungsamt 64 Amt für Wohnungswesen 65 Hochbauamt 66 Tiefbauamt 67 Garten- und Friedhofsamt	70 Stadtreinigungsamt 71 Schlacht- und Viehhof 72 Marktamt 73 Leihamt 74 Bäderamt	80 Amt für Wirtschaft und Verkehr 81 Eigenbetriebe 82 Forstamt

Die Gemeindeordnungen erfordern auch eine festgelegte Geschäftsverteilung. Ein **Dezernats- bzw. Geschäftsverteilungsplan** weist den leitenden Dienstkräften ihre Geschäftsbereiche zu. Ändert sich das Zielsystem einer Behörde, muss auch die Organisation angepasst werden.

Organe

Von der betriebswirtschaftlichen Organisation ist die **rechtliche Organstruktur** in der öffentlichen Verwaltung zu trennen.

Die Verwaltungsträger gehören zu den juristischen Personen. Diese handeln durch Organe. Das Land Rheinland-Pfalz, die Stadt Neustadt, der Sportverein Neustadt e. V. sind juristische Personen. Sie alle sind selbst nicht handlungsfähig und brauchen deshalb Menschen, die für sie rechtswirksam tätig werden. In den genannten Beispielen handelt für das Land Rheinland-Pfalz z. B. die Landesregierung, für die Stadt Neustadt der Rat bzw. der Bürgermeister und für den eingetragenen Verein der Vorstand. Diese Organe sind gesetzlich vorgesehen.

Organ einer juristischen Person ist eine
- **durch Gesetz geschaffene Einrichtung,**
- die **rechtswirksam für die juristische Person handelt.**

Im Lauf der Zeit – vor allem nach Kommunalwahlen – nehmen immer wieder andere Personen die Aufgaben der Organe für die jeweilige Amtsperiode wahr. Die individuellen Personen nennt man **Organwalter.**

Üblicherweise unterzeichnen Beamte und Beschäftigte im öffentlichen Dienst „im Auftrag". Dies geschieht aber nur aufgrund innerbehördlicher Unterschriftsbefugnis (Delegation durch Behördenleiter); der einzelne Mitarbeiter wird deshalb nicht zum Organ, sondern handelt im Rahmen der ihm übertragenen Amtsbefugnisse als **Amtswalter.**

Im Bereich der Staatsgewalten gibt es Gesetzgebungs-, Rechtsprechungs- und ausführende Organe.

Behörden

Einen Teil der Organe juristischer Personen des öffentlichen Rechts bezeichnet man als Behörden. Im Verwaltungsalltag spielt dieser Begriff eine besondere Rolle.

Behörde im Sinne des Verwaltungsverfahrensrechts ist nach VwVfG und SGB X jede Stelle, die Aufgaben der öffentlichen Verwaltung wahrnimmt.

Als juristische Personen haben Bund, Länder und Gemeinden Organe. Wenn diese Organe Aufgaben der öffentlichen Verwaltung wahrnehmen, sind sie Behörden. Ein Teil der Organe der genannten Körperschaften sind also Behörden.

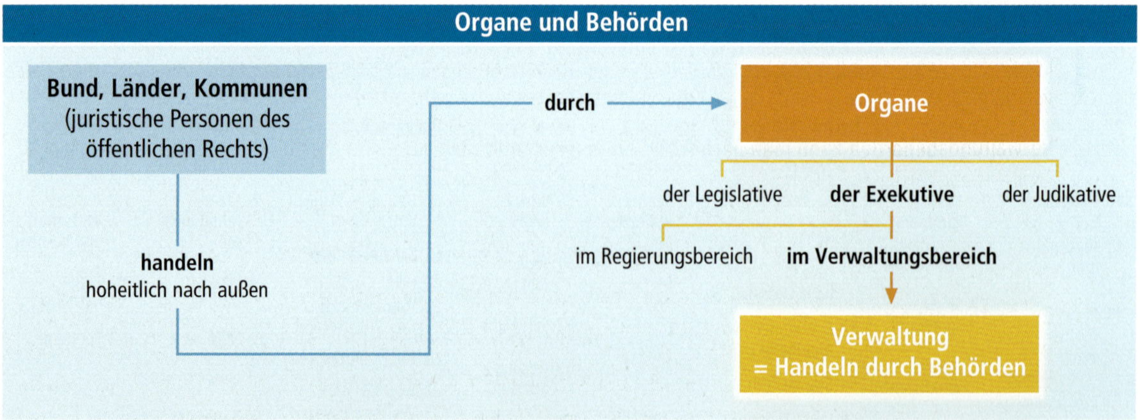

Parlamente, Gerichte und Regierungen des Bundes und der Länder sind demnach keine Behörden im Sinne des Verwaltungsrechts.

Im kommunalen Bereich ist zu beachten, dass der Bürgermeister regelmäßig Behörde ist, der Rat jedoch grundsätzlich nicht, obwohl auch er Verwaltungsaufgaben wahrnimmt.

22106096

Beispiel

Beschließt der Rat einer Gemeinde eine Hundesteuersatzung, so handelt er zwar als Organ der Gemeinde im Rahmen der gemeindlichen Selbstverwaltung, doch obliegen die konkreten Verwaltungsmaßnahmen gegenüber dem einzelnen Steuerpflichtigen (Bescheid erteilen, evtl. Widerspruch bearbeiten, evtl. Vollstreckung) nicht ihm, sondern der Gemeindeverwaltung. Deren Leitung ist die Behörde, nicht der Gemeinderat.

Es kommt beim Verständnis des Behördenbegriffs also darauf an, dass hoheitliche Verwaltungsmaßnahmen im konkreten Einzelfall nach außen durchgeführt werden.

Der Verwaltungsjurist Hartmut Maurer beschreibt den Behördenbegriff wie folgt:

„Behörden ... sind alle Organe (der juristischen Person des öffentlichen Rechts), wenn und soweit sie

- *zur hoheitlichen Durchführung*
- *konkreter Verwaltungsmaßnahmen*
- *im Außenverhältnis*

berufen sind."

Quelle: Maurer, Hartmut; Waldhoff, Christian: Allgemeines Verwaltungsrecht. 19. Auflage. München: Verlag C. H. Beck 2017, § 21 II Rn 30.

Zur „hoheitlichen Tätigkeit berufen zu sein" bedeutet nicht, dass Behörden ausschließlich öffentlich-rechtlich vorgehen. Sie handeln auch privatrechtlich.

Ausnahmsweise kommt es vor, dass auch andere Organe juristischer Personen des öffentlichen Rechts wie Behörden handeln. Dies gilt auch für „beliehene Personen". Im Einzelfall können sie ebenfalls Behörden („Stellen") im Sinne des § 1 VwVfG[1] sein.

Beispiel

Der Präsident des Deutschen Bundestags weist störende Zuhörer aus dem Plenarsaal. Er gehört zwar zur Legislative, übt aber im Sitzungssaal ausnahmsweise Polizeigewalt und damit Behördenfunktion aus.

Der Bezirksschornsteinfeger erhebt eine Gebühr für die durchgeführte Abgasmessung. Er ist Privatperson, nimmt hier aber eine Aufgabe aufgrund gesetzlicher Regelung öffentlich-rechtlich wahr und ist dabei als Behörde anzusehen.

Keine „Stellen" im Sinne des Behördenbegriffs sind die Untergliederungen in einer Behörde. Ihnen fehlt die organisatorische Selbstständigkeit eines Organs (und damit auch einer Behörde).

Beispiel

Die Körperschaftssteuerstelle des Finanzamts, die Poststelle der Stadtverwaltung, die Dezernate (Referate) der Landesbehörden, das Ordnungs-, Bauaufsichts- oder Steueramt der Stadtverwaltung sind nur organisatorische Teile von Behörden.

Verwaltungsbehörden kann man nach Arten gruppieren. Nach Trägern kann man u. a. Bundes-, Landes-, Kreis-, Gemeindebehörden unterscheiden. Bundes- und Landesbehörden werden nach ihrem räumlichen Wirkungskreis und ihrem Rang eingeteilt in Zentralbehörden (oberste und obere Behörden), Mittelbehörden und untere Behörden. Nach der Leitung unterscheidet man Kollegialbehörden (z. B. Rechnungshöfe, Umlegungsausschuss) von „Ein-Personen-Behörden" (monokratische Behörde, z. B. Bürgermeister).

Ein **Amt** ist mit einer Behörde grundsätzlich nicht gleichzusetzen. Beamten wird z. B. ein Amt übertragen. Damit ist ein Kreis öffentlicher Aufgaben gemeint. In der Kommunalverwaltung ist es üblich, bestimmte innerbehördliche Organisationseinheiten „Ämter" zu nennen (z. B. Stadtsteueramt, Ordnungsamt). Dies sind unselbstständige Dienststellen, keine Behörden. Sind Verwaltungseinheiten jedoch selbstständig und handeln rechtlich unter ihrem Namen, dann erfüllen sie regelmäßig auch die Merkmale einer Behörde (z. B. Landeskriminalämter, je nach Landesrecht auch Staatliches Forstamt, Versorgungsamt).

1 Gesetzliche Fundstellen zum Verwaltungsverfahrensrecht beziehen sich in diesem Buch stets auf das VwVfG des Bundes. Die Gesetze der Länder enthalten gleichlautende Regelungen.

3 Grundzüge der kommunalen Selbstverwaltung

3.1 Einführung in die kommunale Selbstverwaltung

Im Grundgesetz, in den Landesverfassungen und den Kommunalgesetzen der Länder ist von Gemeinden die Rede. Das Wort „Gemeinde" wird hier als Sammelbezeichnung für alle Gebietskörperschaften verwendet, die die kleinste Untergliederung des Staates darstellen. Dabei ist unwichtig, ob es sich um Groß- oder Kleinstädte, Dörfer, Industrie- oder Landgemeinden handelt. Die Gemeindeordnungen sprechen nur von Gemeinden.

Viele Gemeinden, darunter auch die kleinen und mittelgroßen Städte, gehören Landkreisen (in Nordrhein-Westfalen: Kreisen) an. Die kreisangehörigen Gemeinden sind rechtlich selbstständig, bewältigen jedoch größere Aufgaben gemeinsam im Gemeindeverband „Kreis". Die leistungsfähigeren größeren Städte sind „kreisfrei". In einigen Ländern ist die Gemeindeebene zweistufig: In ländlichen Regionen bilden mehrere „(Orts-)Gemeinden" eine „Verbandsgemeinde" bzw. „Samtgemeinde".

Alle kreisangehörigen und kreisfreien Gemeinden sowie die Landkreise (Kreise) bezeichnet man auch als „Kommunen" oder „Kommunalkörperschaften".

3.1.1 Verfassungsrechtliche Grundlagen

Für Regelungen, die die Grundordnung (Verfassung) der Gemeinden betreffen, sind allein die Länder zuständig, da dieses Rechtsgebiet nicht zur Gesetzgebung des Bundes (Art. 72, 74 GG) zählt.

Für die Gemeinden enthält bereits Art. 28 GG verbindliche Mindestfestlegungen.

Art. 28 GG

(1) Die verfassungsmäßige Ordnung in den Ländern muss den Grundsätzen des republikanischen, demokratischen und sozialen Rechtsstaats im Sinne dieses Grundgesetzes entsprechen. In den Ländern, Kreisen und Gemeinden muss das Volk eine Vertretung haben, die aus allgemeinen, unmittelbaren, freien, gleichen und geheimen Wahlen hervorgegangen ist. Bei Wahlen in Kreisen und Gemeinden sind auch Personen, die die Staatsangehörigkeit eines Mitgliedstaats der Europäischen Gemeinschaft besitzen, nach Maßgabe von Recht der Europäischen Gemeinschaft wahlberechtigt und wählbar. In Gemeinden kann an die Stelle einer gewählten Körperschaft die Gemeindeversammlung treten.

(2) Den Gemeinden muss das Recht gewährleistet sein, alle Angelegenheiten der örtlichen Gemeinschaft im Rahmen der Gesetze in eigener Verantwortung zu regeln. Auch die Gemeindeverbände haben im Rahmen ihres gesetzlichen Aufgabenbereichs nach Maßgabe der Gesetze das Recht der Selbstverwaltung.

(3) Der Bund gewährleistet, dass die verfassungsmäßige Ordnung der Länder den Grundrechten und den Bestimmungen der Absätze 1 und 2 entspricht.

Diese Garantien werden durch die Landesverfassungen bestätigt und weiter ausgestaltet.

Das Bestehen der Gemeinden und das Selbstverwaltungsrecht sind damit verfassungsrechtlich garantiert (Existenz- und Selbstverwaltungsgarantie).

Die **Existenzgarantie** schützt aber nicht den dauernden und unveränderten Bestand jeder einzelnen Gemeinde. Es wird lediglich gewährleistet, dass es Gemeinden als Einrichtungen (Institutionen) gibt. Die Einrichtung „Gemeinde" darf also nicht abgeschafft werden; die Auflösung von Gemeinden und Kreisen im Einzelfall ist aber durchaus möglich. Dies geschah häufig im Rahmen der kommunalen Gebietsreformen in West- und Ostdeutschland.

Die **Selbstverwaltungsgarantie** bezieht sich nur auf die rechtliche Einrichtung (Rechtsinstitut). Eingriffe des Staates sind möglich, dürfen aber den „Kernbestand" der Selbstverwaltung nicht antasten.

Der Bund garantiert die Verwirklichung der kommunalen Selbstverwaltung in den Ländern (Art. 28 Abs. 3 GG). Fühlt sich eine Gemeinde in ihrem Selbstverwaltungsrecht durch ein **Gesetz** verletzt, so kann sie Verfassungsbeschwerde beim Bundesverfassungsgericht erheben (Art. 93 Abs. 1 Nr. 4 b GG). Soweit in den Ländern Landesverfassungsgerichte bestehen (z. T. „Verfassungsgerichtshöfe" genannt), sind sie nach Landesrecht für kommunale Verfassungsbeschwerden zuständig.

Gegen Verletzungen der Selbstverwaltungsgarantie durch **andere staatliche Maßnahmen** (z. B. Verwaltungsakte einer Landesbehörde) können die Kommunen vor den Verwaltungsgerichten klagen.

22106098

3.1.2 Merkmale der kommunalen Selbstverwaltung

Die gemeindliche Selbstverwaltung ist nach Art. 28 Abs. 2 GG das Recht,

- alle Angelegenheiten der örtlichen Gemeinschaft
- im Rahmen der Gesetze
- in eigener Verantwortung
- zu regeln.

Auf dieser Grundlage haben Rechtswissenschaft und Rechtsprechung Merkmale der kommunalen Selbstverwaltung herausgearbeitet:

Der Wirkungskreis der Gemeinden erstreckt sich grundsätzlich auf alle **Angelegenheiten der örtlichen Gemeinschaft** (universeller Wirkungskreis, „Allzuständigkeit").

Dieser weite Bereich kommunaler Aufgaben ist von den staatlichen Aufgaben nicht immer leicht abgrenzbar. Gemeindliche Aufgaben müssen

- in der örtlichen Gemeinschaft wurzeln oder einen spezifischen Bezug zu ihr haben und
- von der örtlichen Gemeinschaft selbstständig bewältigt werden können.

Beispiele

Für den Bau eines Freizeitzentrums oder die Einrichtung eines kommunalen Kinos darf sich die Gemeinde zuständig fühlen; staatliche Weisungen wären hier nicht zulässig. Beschließt der Gemeinderat eine Stellungnahme zu einem außenpolitischen Problem, so überschreitet er den örtlichen Wirkungskreis. Andererseits zählen bestimmte Verkehrsregelungen zu den staatlichen Angelegenheiten, auch wenn sie örtlichen Charakter haben.

Die selbstständige Bewältigung der gemeindlichen Aufgabenfülle setzt rechtliche Eigenständigkeit (Verwaltungshoheit, „Selbstverwaltung im juristischen Sinne") voraus. Deshalb haben die Gemeinden und Gemeindeverbände den Rechtsstatus von **Gebietskörperschaften:** Sie sind juristische Personen des öffentlichen Rechts mit eigenen Organen; alle auf dem Gemeindegebiet lebenden Einwohner sind Gemeindemitglieder („Allmitgliedschaft").

Daneben sind die Gemeinden in ihrem Gebiet grundsätzlich die alleinigen Träger der öffentlichen Verwaltung. Diese **Verwaltungshoheit** der Gemeinden schließt einen Verwaltungsunterbau des Landes auf Ortsebene grundsätzlich aus.

Die **Rechtsaufsicht** erstreckt sich grundsätzlich nur auf die Gesetzmäßigkeit der Kommunalverwaltung, nicht auf deren Zweckmäßigkeit.

Die Gemeinden erfüllen ihre Aufgaben **in eigener Verantwortung,** sie können ihr Handeln selbst bestimmen und haben für dessen Folgen selbst einzustehen. Bei freiwilligen Aufgaben entscheiden die Gemeinden, ob und wie sie diese erledigen, z. B. in sozialen Einrichtungen und in der Sport- und Kulturförderung.

Hoheitsrechte zur Erfüllung gemeindlicher Aufgaben

Eigenverantwortliche Aufgabenerfüllung setzt – neben der erwähnten **Verwaltungshoheit** – die **Personal-, Finanz-, Planungs- und Organisationshoheit** als weitere Befugnisse voraus.

- **Personalhoheit**
  - Die Gemeinden haben eigenes Personal und treffen im Einzelfall die dienstrechtlichen Entscheidungen.
  - Die Gemeinden besitzen die Dienstherrnfähigkeit (das Recht, Beamte zu haben).
  - Die Gemeinden können ihre Stellenpläne im Rahmen der Gesetze, insbesondere der haushaltsrechtlichen Grundsätze, frei gestalten.
- **Finanzhoheit**
  - Die Gemeinden haben das Recht auf Erschließung eigener Steuerquellen (Realsteuern). Das Land hat den Gemeinden Möglichkeiten zur Steuerschöpfung einzuräumen, das „Steuerfindungsrecht" der Gemeinden ist aber begrenzt.
  - Es muss ein haushaltsrechtlicher Gestaltungsfreiraum vorhanden sein. Dieser wird jedoch vielfältig eingeschränkt, z. B. durch die Verpflichtung zu konjunkturgerechtem Verhalten (StabG).

- **Planungshoheit**
  Durch Flächennutzungs- und Bebauungspläne regeln die Gemeinden Ordnung und bauliche Nutzung des Gemeindegebietes.
- **Organisationshoheit**
  Den innerorganisatorischen Aufbau und die Abläufe der Verwaltung regelt die Gemeinde selbst.

Außerdem werden die Kultur und die Daseinsvorsorge häufig als Hoheitsbereiche der Selbstverwaltung genannt. In Sachsen ist die Kulturförderung nach Sächsischem Kulturraumgesetz ausnahmsweise kommunale Pflichtaufgabe; in Nordrhein-Westfalen ist die gemeindliche Kulturhoheit verfassungsrechtlich garantiert.

Das **Regelungsrecht** für alle Angelegenheiten der örtlichen Gemeinschaft schließt die **Satzungshoheit** ein. Die Gemeinden haben damit die Möglichkeit, „Ortsgesetze" (z. B. Haushaltssatzung, Hundesteuersatzung, Bebauungspläne, Friedhofsordnung) zu erlassen.

Kernbestand des kommunalen Selbstverwaltungsrechts	
Rechtsstatus und Wirkungskreis (Verwaltungshoheit)	Gemeinden sind ■ Gebietskörperschaften, ■ grundsätzlich alleinige Träger der öffentlichen Verwaltung in ihrem Gebiet und ■ „allzuständig" in Angelegenheiten der örtlichen Gemeinschaft.
Hoheitsrechte zur eigenverantwortlichen Aufgabenerfüllung	■ Personalhoheit ■ Finanzhoheit ■ Planungshoheit ■ Organisationshoheit ■ Satzungshoheit
Der Kernbestand des Selbstverwaltungsrechts darf bei staatlichen Eingriffen in die kommunale Selbstverwaltung nicht angetastet werden (Garantien des Art. 28 Abs. 2 GG).	

3.1.3 Entwicklung und Modelle der Kommunalverfassung

Bereits im Mittelalter gab es in den Städten eine Selbstverwaltung durch Kaufmannsgilden bzw. Zunftmeister. Doch liegen die Anfänge der heutigen „kommunalen Demokratie" viel später: in der Zeit der „preußischen Reformen" zu Beginn des 19. Jahrhunderts.

Die **preußische Städteordnung von 1808** der Minister Karl vom und zum Stein und Karl August Fürst von Hardenberg sollte die Selbstständigkeit der Bürger und ihr (verloren gegangenes) Pflichtgefühl gegenüber der Gemeinschaft fördern. Hierzu wurden sie an der Gemeindeverwaltung beteiligt, die Bevormundung durch die Staatsverwaltung wurde abgebaut.

Allein beschließendes und deshalb wichtigstes Organ war die von der Bürgerschaft gewählte Stadtverordnetenversammlung. Allerdings waren nur die männlichen selbstständigen Gewerbetreibenden und Grundeigentümer wahlberechtigt (etwa 6–20 % der Einwohner). Vor allem wegen ihres Wahlrechts war diese bürgerschaftliche Selbstverwaltung nicht demokratisch, aber immerhin konnten die Stadtgemeinden ihre Angelegenheiten eigenverantwortlich regeln. Steins Verdienst ist es, die Mitwirkung der Besitzbürger an der städtischen Selbstverwaltung eingeführt zu haben. Die preußische Städteordnung wurde Vorbild für andere deutsche Staaten. So kam es in Deutschland auf Gemeindeebene früher zu einer „Parlamentarisierung" als im Bereich des Staates.

Im **19. und 20. Jahrhundert** entwickelten sich unterschiedliche Typen der Gemeindeverfassung in den deutschen Staaten. In den letzten Jahrzehnten hat sich das Modell der „Süddeutschen Ratsverfassung" in fast allen Flächenstaaten der Bundesrepublik weitgehend durchgesetzt. Auch wurden mehr Informations- und Mitwirkungsmöglichkeiten für Einwohner geschaffen durch Öffentlichkeit der Ausschusssitzungen, Bürgerentscheide sowie die Direktwahl der Bürgermeister und Landräte.

221060100

Die **„Ratsverfassung"** gilt als „Grundmodell" in den einzelnen Ländern, jedoch mit Abweichungen von der Süddeutschen Ratsverfassung. So leitet in mehreren Bundesländern nicht der Bürgermeister die Sitzungen der Gemeindevertretung, sondern ein besonders gewählter Vorsitzender. In Hessen und Bremerhaven gilt die **„Magistratsverfassung":** Hier wird die Verwaltung von einem Kollegium geleitet, dem Magistrat. Der Bürgermeister ist Sprecher dieser „Stadtregierung".

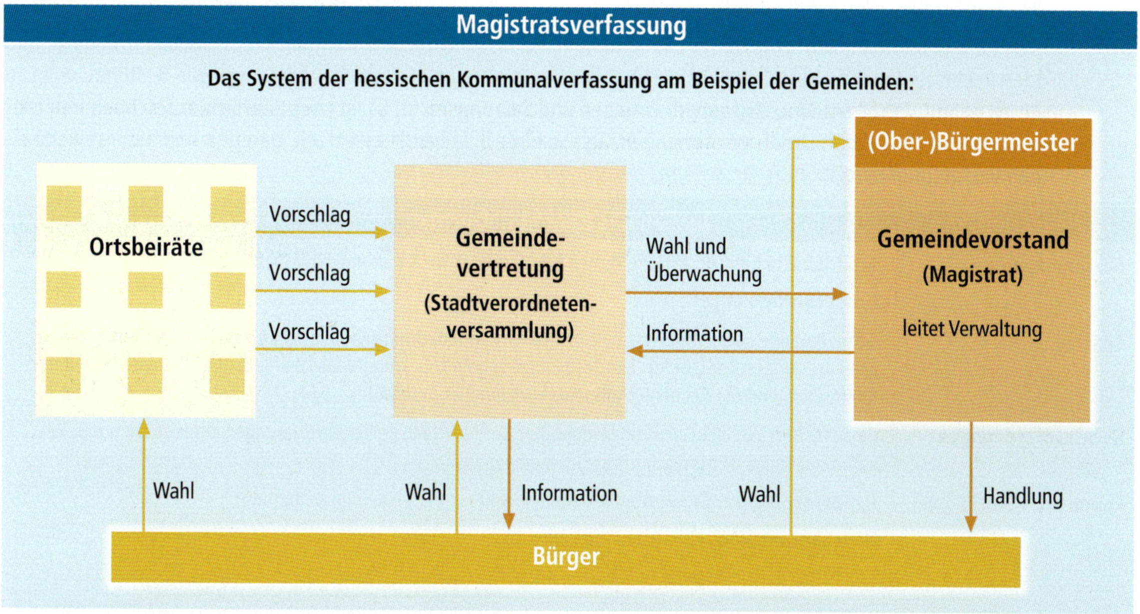

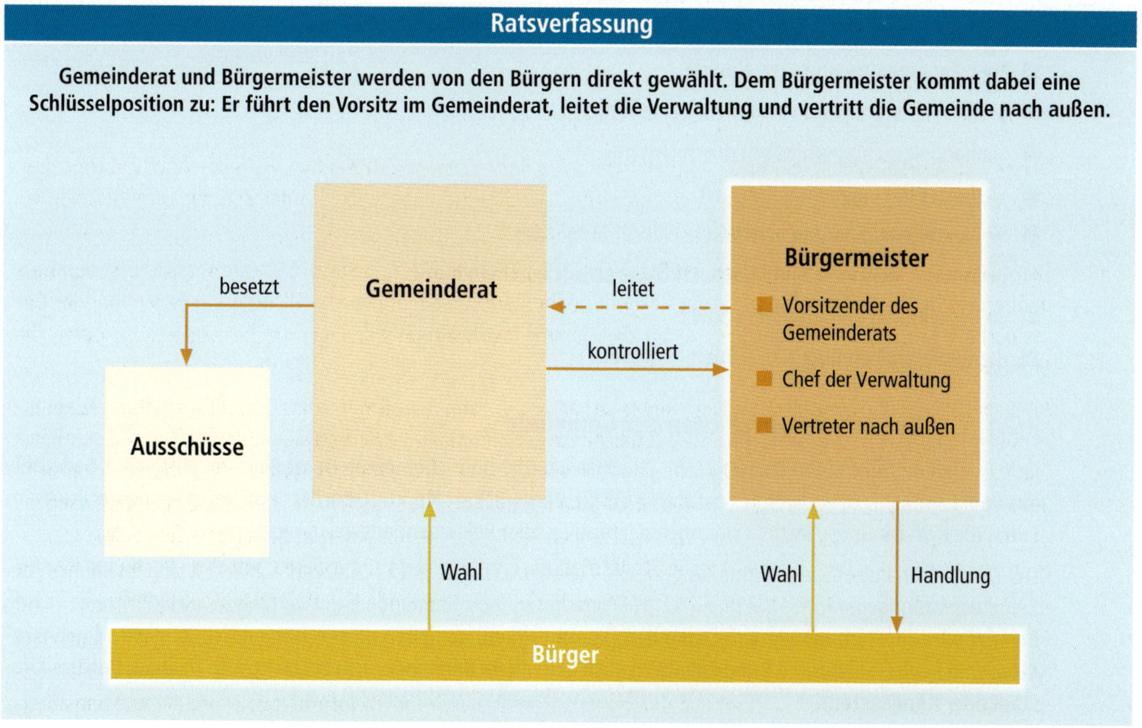

Das Kommunalverfassungsmodell der meisten Bundesländer ist heute die - z. T. modifizierte - Ratsverfassung mit Besonderheiten in den Stadtstaaten Berlin, Bremen und Hamburg.

3.1.4 Bereiche und Quellen des Kommunalrechts

Das Kommunalrecht umfasst vor allem die Rechtsvorschriften über die Stellung der Kommunen im Staat, über ihre Aufgaben und ihre Organisation, über die Beziehungen zu Einwohnern und Bürgern, über die kommunale Finanzwirtschaft sowie kommunale Zusammenschlüsse. Das Kommunalrecht gehört zum öffentlichen Recht, und zwar größtenteils zum besonderen Verwaltungsrecht. Die gemeindliche Existenz- und Selbstverwaltungsgarantie (in Art. 28 GG und in den Landesverfassungen) allerdings sind Teil des Staatsverfassungsrechts.

Den Kern des Kommunalrechts bildet das Kommunalverfassungsrecht. Es enthält die rechtliche Grundordnung (den Rechtszustand, die rechtliche Verfassung) der Gemeinden und Gemeindeverbände sowie Bestimmungen zu deren Gebiet, Rechtsstellung, Aufgaben, Organen und Satzungsrecht. Es ist hauptsächlich in den Gemeindeordnungen und Kreis- bzw. Landkreisordnungen, also in einfachen Landesgesetzen, geregelt und hat insoweit keinen Verfassungsrang.

Quellen des Kommunalrechts	
Verfassungen	**Grundgesetz** (insbes. Art. 28, ferner Art. 93 Abs. 1 Nr. 4 b sowie Art. 104 a ff.) **Landesverfassungen**
Gesetze	Grundlegende Regelungen enthalten die **Gemeindeordnungen** und die **Landeskreisordnungen** bzw. Kreisordnungen der Länder; Landesgesetze regeln z. B. kommunale Wahlen, die Zusammenarbeit der Kommunen und die Rechtsverhältnisse kommunaler Verbände.
Rechtsverordnungen	Einzelne Bereiche der Gemeindeordnungen werden durch Rechtsverordnungen konkretisiert; z. B. Bekanntmachungs-, Entschädigungs-, Gemeindehaushalts-, Gemeindekassen-, Eigenbetriebsverordnung.
kommunale Satzungen	**Hauptsatzung** (zur Ergänzung des Landesrechts in der einzelnen Kommune) **Haushaltssatzung,** Abgabensatzungen u. a.

3.2 Die Gemeinde als Gebietskörperschaft

Als Gebietskörperschaft trägt die Gemeinde die allgemeinen Merkmale einer **juristischen Person:**

- Sie trägt einen geschützten Namen.
- Sie ist rechtsfähig und vor Gericht parteifähig.
- Sie handelt rechtsverbindlich durch Organe.
- Sie haftet mit eigenem Vermögen.
- Sie besteht unabhängig vom Wechsel ihrer Mitglieder.

Als besondere Merkmale einer **Gebietskörperschaft** kommen hinzu:

- die Mitwirkung der Mitglieder sowie
- die Gebietshoheit über das Gemeindegebiet.

3.2.1 Name und Wahrzeichen der Gemeinde

Jede Gemeinde führt einen **Namen,** z. B. „Stadt Neustadt“ oder „Gemeinde Bergheim“. Im Mittelalter bedeutete das vom Landesherrn verliehene Stadtrecht für die Bürgerschaft Markt-, Gerichts- und Befestigungsrechte. Heute hat die Bezeichnung „Stadt“ zwar noch dekorative, aber keine nennenswerte rechtliche Bedeutung.

Der Gemeindename sowie rechtmäßig geführte Zusätze („Stadt“, „Bad“, „Flecken“, „Markt“) sind im Rahmen der Selbstverwaltungsgarantie und des § 12 BGB geschützt. Jede Gemeinde kann verlangen, dass ihr Name richtig benutzt wird. Bezeichnungen von Ortsteilen (Stadtbezirken) genießen diesen Namensschutz nicht. Namenszusätze sind heute in mehreren Bundesländern nach geltendem Gemeinderecht zulässig, z. B. Heilbad, Universitätsstadt oder Klingenstadt.

Wahrzeichen der Gemeinde sind Dienstsiegel, Wappen und Flaggen: Sie machen darauf aufmerksam, dass hier eine mit Hoheitsrechten ausgestattete Institution handelt („wahren“ = beachten). Als Mittel der Selbstdarstellung spielen sie auch in der kommunalen Öffentlichkeitsarbeit eine Rolle.

221060102

Gemeinden führen Dienstsiegel. Wichtige Erklärungen von Gemeindeorganen werden bekräftigt („besiegelt“) durch Beidrücken eines Siegels. Gebräuchlich sind Prägesiegel aus Metall sowie Gummistempel. Die siegelführenden Dienstkräfte haben das Dienstsiegel sicher aufzubewahren.

Das Gemeindewappen genießt wie der Gemeindename gesetzlichen Schutz. Es darf von Dritten nicht ohne Genehmigung verwendet werden (z. B. zu Werbezwecken). Die Gemeinden können eigene Flaggen führen. Die Stadtfarben dürfen genehmigungsfrei von jedermann benutzt werden.

3.2.2 Gemeindegebiet – Gemeindearten

Das **Gemeindegebiet** umfasst die Grundstücke, die zur Gemeinde (nicht: der Gemeinde) gehören. Grundsätzlich gehört in Deutschland jedes Grundstück zum Gebietsbestand einer Gemeinde. Gebietshoheit besitzt die Gemeinde nur im Gemeindegebiet.

Die Gemeindeordnungen ermöglichen, das Gemeindegebiet in Bezirke bzw. Ortschaften (Ortsteile) zu gliedern. Für diese Gebietsteile gebildete Verwaltungs- bzw. Vertretungsorgane wirken bei der Bewältigung ortsteilbezogener Aufgaben mit. In den nach einer Gebietsreform vergrößerten Gemeinden können sie als „Anlaufstelle“ auch die Verbundenheit der Einwohner mit der Gemeindeverwaltung fördern.

Ob und wie das Gemeindegebiet aufgegliedert werden muss oder kann, ist in den Gemeindeordnungen der Länder unterschiedlich geregelt. In jedem Fall aber sind Bezirke bzw. Ortschaften rechtlich unselbstständige Bestandteile der Gemeinde.

Gemeindearten (Rechtsstellung der Gemeinden nach der Gemeindegröße)

Gemeinden	
kreisfreie Städte	**kreisangehörige Städte und Gemeinden**
(keine Untergliederung in Arten)	(länderweise verschiedene Untergliederung in Gemeindearten)

1. Beispiel: Gemeindearten in Brandenburg				
kreisfreie Städte	**kreisangehörige Städte und Gemeinden (Landkreise)**			
	amtsfreie Städte und Gemeinden			amtsangehörige Gemeinden
	große kreisangehörige Städte	mittlere kreisangehörige Städte	alle anderen amtsfreien kreisangehörigen Städte und Gemeinden	(Ämter)[1]

1 Amt = Form der Verwaltungsgemeinschaft, Körperschaft des öffentlichen Rechts, gilt als Gemeindeverband

2. Beispiel: Gemeindearten in Niedersachsen			
kreisfreie Städte	**kreisangehörige Städte und Gemeinden (Landkreise)**		
	große selbstständige Städte	selbstständige Gemeinden	einfache Gemeinden
			Samtgemeinden[2]

2 freiwilliger Gemeindeverband mit gemeindeähnlicher Rechtsstellung

3. Beispiel: Gemeindearten in Nordrhein-Westfalen			
kreisfreie Städte	**kreisangehörige Städte und Gemeinden (Kreise)**		
	große kreisangehörige Städte	mittlere kreisangehörige Städte	alle anderen kreisangehörigen Städte und Gemeinden

4. Beispiel: Gemeindearten in Rheinland-Pfalz			
kreisfreie Städte	**kreisangehörige Städte und Gemeinden (Landkreise)**		
	große kreisangehörige Städte	kreisangehörige Städte und Gemeinden (verbandsfrei)	Verbandsgemeinden
			Ortsgemeinden (verbandsangehörig)

In mehreren Bundesländern sind die kreisangehörigen Gemeinden entsprechend ihrer Leistungskraft in Größenklassen eingeteilt. Mit steigender Einwohnerzahl vergrößert sich der Aufgaben- und Zuständigkeitsbereich der Gemeinden.

Zusammenarbeit zwischen Gemeinden

Kleinere und mittlere Gemeinden und Städte können nicht alle gemeindlichen Aufgaben aus eigener Kraft erfüllen. Die Einwohnerzahl und das begrenzte Steueraufkommen erlauben es meist nicht, ein modernes Krankenhaus, ein eigenes Gesundheitsamt, eine in viele Fachklassen gegliederte Berufsschule oder eine Abfallbeseitigungsanlage für eine Gemeinde zu unterhalten. Deshalb werden Einrichtungen, die die Kraft und den Bedarf einzelner Gemeinden übersteigen, vom **Kreis** als Gemeindeverband getragen. Er gleicht die unterschiedliche Leistungsfähigkeit der kreisangehörigen Gemeinden teilweise aus. Ähnlich arbeiten viele kreisfreie Städte und Kreise in größeren Regionalverbänden zusammen.

In ländlich geprägten Bundesländern sind Gemeinden mit niedriger Einwohnerzahl nicht selten. Für diese Kommunen kann die Unterhaltung einer Grundschule, eines Kindergartens oder einer Gemeindeverwaltung ein Problem sein, das sie nicht allein zu bewältigen vermögen. Zur Stärkung ihrer Selbstverwaltungs- und Leistungskraft arbeiten diese Gemeinden häufig in **Verwaltungsgemeinschaften**, Ämtern, Samt- oder Verbandsgemeinden zusammen. Die Gemeindeordnungen sehen hierfür unterschiedliche Formen vor.

3.2.3 Aufgaben der Gemeinde

Ein Blick auf den Wegweiser am Rathauseingang oder in den Aufgabengliederungsplan genügt, um einen ersten Eindruck von der Fülle gemeindlicher Aufgaben zu erhalten. Wie kommt es, dass die Gemeinden so vielfältige Aufgaben zu erfüllen haben?

Bereits Art. 28 Abs. 2 GG garantiert den Gemeinden einen allgemeinen Aufgabenkreis, allerdings nur bezogen auf die Aufgaben der örtlichen Gemeinschaft. Die Landesverfassungen bzw. Gemeindeordnungen erweitern die grundsätzliche Zuständigkeit der Gemeinden auf alle öffentlichen Aufgaben im Gemeindegebiet: Die Gemeinden sind in ihrem Gebiet ausschließliche und eigenverantwortliche Träger der öffentlichen Verwaltung, soweit die Gesetze nichts anderes bestimmen.

Der Staat verzichtet auf einen eigenen örtlichen Behördenapparat und lässt die Gemeinden in eigener Verantwortung arbeiten, regelt jedoch Ausnahmen durch Gesetz: Die Finanzämter etwa arbeiten als staatliche Behörden auf der Ebene der Städte und Kreise. Die Gemeindebehörden erledigen einen Teil ihrer Aufgaben nach gesetzlich geregelten staatlichen Weisungen.

Aufgrund der **„Allzuständigkeit"** kann die Gemeinde alle Angelegenheiten der örtlichen Gemeinschaft in ihrem Gemeindegebiet wahrnehmen. Sie darf sich also ohne Weiteres für neue Einrichtungen, wie z. B. ein kommunales Kino oder ein Freizeitzentrum, zuständig fühlen. Eine abschließende (enumerative) Aufzählung der Gemeindeaufgaben im Gesetz erübrigt sich.

Die Gemeinde nimmt nicht nur eigene (gemeindliche), sondern auch fremde (staatliche) Aufgaben wahr. Bund und Land bedienen sich der Gemeinden zur bürgernahen Erfüllung ihrer Aufgaben. Der Staat regelt und überwacht die Durchführung dieser Aufgaben. Nach ihrem Rechtscharakter unterscheidet man die folgenden **Aufgabentypen:**

Rechtscharakter gemeindlicher Aufgaben

Gemeindliche Aufgabenbereiche

eigener Wirkungskreis

(Selbstverwaltungsangelegenheiten = weisungsfreie Aufgaben)

eigene (kommunale) Angelegenheiten

- freiwillige Selbstverwaltungsaufgaben
- Pflichtaufgaben der Selbstverwaltung (weisungsfreie Pflichtaufgaben)

übertragener Wirkungskreis

(staatliche Angelegenheiten = weisungsgebundene Aufgaben)

fremde (staatliche) Angelegenheiten

- staatliche Auftragsangelegenheiten
- Pflichtaufgaben zur Erfüllung nach Weisung (in einigen Bundesländern)

Der Grad der Freiheit bei der Aufgabenerledigung hängt vom Rechtscharakter der jeweiligen Aufgabe ab. Hier gibt es von Land zu Land Unterschiede. Man unterscheidet – je nach Bundesland – grundsätzlich drei bzw. vier Aufgabentypen:

Bei **freiwilligen Selbstverwaltungsaufgaben** entscheidet die Gemeinde selbst, **ob und wie** sie eine Angelegenheit der örtlichen Gemeinschaft wahrnimmt. Die Aufgaben haben einen besonderen Bezug zur örtlichen Gemeinschaft und sollten von ihr auch selbstständig bewältigt werden können.

Beispiele

Bau und Unterhaltung von Theatern, Museen, Sportstätten, Bädern, Parks und Parkhäusern, Förderung von Vereinen

Bei **Pflichtaufgaben der Selbstverwaltung** ist den Gemeinden die Wahrnehmung dieser Aufgaben durch Gesetz vorgeschrieben, das **„Wie"**, also die Art der Aufgabenerfüllung, bestimmen sie aber grundsätzlich selbst. Der Staat beaufsichtigt die gesetzmäßige Erledigung.

Beispiele

Bau und Unterhaltung von Grund- und Hauptschulen, Sicherung der Abwasserbeseitigung, Bau von Gemeindestraßen; Kreise und kreisfreie Städte haben Berufsschulen zu unterhalten.

Pflichtaufgaben zur Erfüllung nach Weisung gibt es nur in einigen Bundesländern, z. B. in Nordrhein-Westfalen, Schleswig-Holstein, Hessen und Brandenburg, nicht in Niedersachsen und Rheinland-Pfalz. Diese Aufgaben sind der Gemeinde durch Gesetz zugewiesen; das Land besitzt ein gesetzlich begrenztes Weisungsrecht. Pflichtaufgaben zur Erfüllung nach Weisung nehmen eine Sonderstellung zwischen den Selbstverwaltungsaufgaben und den staatlichen Auftragsangelegenheiten ein.

Beispiele

Aufgaben der Gefahrenabwehr, die Bauaufsicht, der Feuerschutz und das Meldewesen

Staatliche Auftragsangelegenheiten werden den Gemeinden durch Gesetz übertragen, das Weisungsrecht der Aufsichtsbehörden ist unbeschränkt. Die Gemeinden unterliegen strenger staatlicher Aufsicht.

Beispiele

Zivilschutz, Wehrerfassung und Durchführung von Landtagswahlen
(In Ländern ohne Pflichtaufgaben zur Erfüllung nach Weisung werden die entsprechenden Einzelaufgaben von den Gemeinden meistens als staatliche Auftragsangelegenheiten ausgeführt.)

Die **„Organleihe"** unterscheidet sich von der Wahrnehmung staatlicher Auftragsangelegenheiten. Bei der Durchführung einzelner staatlicher Aufgaben bedient sich der Staat der Behörde eines anderen Hoheitsträgers, des Verwaltungschefs einer Gemeinde oder eines Kreises, als seien es nachgeordnete staatliche Behörden. Der Staat greift damit empfindlich in die gemeindliche Organisationshoheit ein. Das „ausgeliehene" Kommunalorgan wird als Organ des Staates und in dessen Namen und Verantwortung tätig.

Beispiele

Das Wirtschaftssicherstellungsgesetz soll im Verteidigungsfall die Leistungen der gewerblichen Wirtschaft aufrechterhalten. Nach § 8 Abs. 5 dieses Gesetzes werden bestimmte Aufgaben im Auftrage des Bundes von den Hauptverwaltungsbeamten der Kommunen ausgeführt. Ähnliche Regelungen gibt es für den Katastrophenschutz.

Die rechtliche Unterscheidung verschiedener Aufgabentypen hat **weitreichende Folgen:**

Je stärker die Gemeinde an staatliche Weisungen gebunden ist, desto geringer ist ihr **Entscheidungs- und Gestaltungsspielraum.**

Bei Selbstverwaltungsaufgaben obliegt den Aufsichtsbehörden nur eine **Rechtskontrolle,** die strengere Fachaufsicht bei Auftragsangelegenheiten hingegen erstreckt sich auch auf die Zweckmäßigkeit der Aufgabenerledigung.

Während sich die Gemeinde um die **Finanzierung** ihrer eigenen Angelegenheiten grundsätzlich selbst bemühen muss (eigene Mittel, Zuschüsse), wird die Erledigung der staatlichen Angelegenheiten vom „Auftraggeber" bezahlt.

Die Unterschiede zwischen den Aufgabenarten können sogar bis in die **Widerspruchsverfahren** hinein wirken, die Bürger gegen Verwaltungsakte einleiten. Soweit im jeweiligen Bundesland ein Widerspruchsverfahren stattfindet, erlässt nach § 73 Abs. 1 VwGO grundsätzlich die Aufsichtsbehörde den Widerspruchsbescheid, in Selbstverwaltungsangelegenheiten jedoch die Behörde, die den Verwaltungsakt erlassen hat. Die Zurückweisung des Widerspruchs gegen einen Abwassergebührenbescheid oder gegen einen Hundesteuerbescheid kann Sache der Gemeindebehörde sein.

Rechtscharakter der Aufgaben, die die Gemeinde wahrnimmt	
eigene (kommunale) Angelegenheiten	
freiwillige Selbstverwaltungsaufgaben	Gemeinde entscheidet über das „OB“ und das „WIE“ und führt aus.
Pflichtaufgaben der Selbstverwaltung	Wahrnehmung ist Pflicht; Gemeinde entscheidet über das „WIE“ und führt aus.
fremde (staatliche) Angelegenheiten	
Pflichtaufgaben zur Erfüllung nach Weisung (in einigen Bundesländern)	Wahrnehmung ist Pflicht, zum „WIE“ hat der Staat ein gesetzlich begrenztes Weisungsrecht.
staatliche Auftragsangelegenheiten	Gemeinde führt Aufgaben des Bundes oder Landes aus; strenge Weisungsgebundenheit.
Organleihe	
Aufgaben, die die Kommunalbehörde als Staatsorgan wahrnimmt.	Die Kommunalbehörde handelt als Staatsorgan (nicht als juristische Person „Gemeinde“).

3.2.4 Satzungsrecht der Gemeinde

Das Satzungsrecht ist ein wichtiger Teil des kommunalen Selbstverwaltungsrechts.

Gemeindliche Satzungen sind von dem Vertretungsorgan einer Gemeinde erlassene Rechtsquellen, die gemeindliche Angelegenheiten im Rahmen der vom Staat verliehenen Satzungsautonomie regeln.

Auch die anderen Selbstverwaltungsträger regeln ihre eigenen Angelegenheiten durch Satzungen. An diese sind die Mitglieder der jeweiligen Körperschaft bzw. die Anstaltsbenutzer gebunden.

Beispiele

Satzungen der gesetzlichen Krankenkassen, der Berufskammern und Hochschulen, Rundfunkbeitragssatzungen der Rundfunkanstalten, Bebauungspläne der Gemeinden, Haushaltssatzungen, kommunale Friedhofsordnungen. Viele Gemeinden haben ihre Satzungen unter der Rubrik Ortsrecht ins Internet gestellt.

Die gemeindliche **Satzungsautonomie** ist garantiert in Art. 28 Abs. 2 GG: „Den Gemeinden muss das Recht gewährleistet sein, alle Angelegenheiten der örtlichen Gemeinschaft ... zu regeln.“ Die gleiche Regelung findet sich in den Landesverfassungen.

Der **Rechtscharakter** kommunaler Satzungen lässt sich wie folgt beschreiben:

Kommunale Satzungen sind Rechtsquellen und nach ihrer Veröffentlichung allgemeinverbindlich. Da sie – wie Rechtsverordnungen – einer Ermächtigung durch ein formelles Gesetz bedürfen (durch die Gemeindeordnung), zählen sie zu den **abgeleiteten Rechtsquellen.** Sie sind **Gesetze im materiellen Sinne,** soweit sie Rechtsbeziehungen des Verwaltungsträgers nach außen regeln, also zu Einwohnern, Abgabepflichtigen oder Benutzern öffentlicher Einrichtungen. Ihre **Befolgung ist erzwingbar.** In einer Satzung können Zuwiderhandlungen gegen deren Ge- oder Verbote als Ordnungswidrigkeiten mit Bußgeld bedroht werden. Daneben können auf der Grundlage von Satzungen erlassene Verwaltungsakte mit Zwangsmitteln (Ersatzvornahme, Zwangsgeld, unmittelbarer Zwang) durchgesetzt werden.

Satzungen sind keine Verwaltungsakte. Sie werden im Einzelfall mit Verwaltungsakten durchgesetzt, so z. B. die Hundesteuersatzung durch Hundesteuerbescheide.

221060106

Wir unterscheiden mehrere **Satzungsarten.** Der Gemeinde sind bestimmte **Pflichtsatzungen** vorgeschrieben. Darüber hinaus muss sie bestimmte Satzungen dann erlassen, wenn besondere Bedingungen (z. B. Betrieb eines gemeindlichen Wasserwerks als Eigenbetrieb) vorliegen **(bedingte Pflichtsatzungen).** Groß ist die Gruppe der **freiwilligen Satzungen.** Zahlreiche Satzungen werden **nach Spezialgesetzen** (also nicht nach der Gemeindeordnung) erlassen.

Arten gemeindlicher Satzungen

	Pflichtsatzungen	bedingte Pflichtsatzungen	freiwillige Satzungen
Beispiele für Satzungen nach der Gemeindeordnung	Hauptsatzung, Haushaltssatzung	Satzung über den Anschluss- und Benutzungszwang, Betriebssatzung, Nachtragshaushaltssatzung	Satzung über die Benutzung städtischer Bibliotheken und Bäder
Beispiele für Satzungen nach Spezialgesetzen		Bebauungspläne, Satzungen über Erschließungsbeiträge, Abgabensatzungen	unterschiedliche Beispiele in den Ländern, z. B. Nordrhein-Westfalen: Straßenreinigungssatzung (§ 4 StrReinG NRW), Baumsatzung (§ 49 LNatSchG NRW)

3.3 Gemeindemitgliedschaft

3.3.1 Einwohner, Bürger und auswärtige Abgabepflichtige

Gebietskörperschaften haben Mitglieder. Mitglieder der Gemeinde sind ihre Einwohner.

Einwohner ist, wer in der Gemeinde wohnt. Es kann sich dabei um den Haupt- oder einen Nebenwohnsitz handeln. Wer in verschiedenen Gemeinden eine Wohnung hat, die er zumindest zeitweise tatsächlich nutzt, ist in mehreren Gemeinden zugleich Einwohner.

Bürger der Gemeinde ist, wer zu den Gemeindewahlen wahlberechtigt ist. Die Wahlberechtigung richtet sich nach dem Kommunalwahlgesetz des jeweiligen Landes. Wahlberechtigt sind Einwohner, die

- die deutsche Staatsangehörigkeit besitzen,
- am Wahltag 18 (in einigen Ländern 16) Jahre alt sind und
- in der Gemeinde ihren ständigen Wohnsitz haben.
  (In einigen Ländern müssen Wahlberechtigte seit mindestens drei bzw. sechs Monaten vor dem Wahltag ihren Hauptwohnsitz bzw. den Mittelpunkt ihrer Lebensbeziehungen in der Gemeinde haben.)

In der Gemeinde wohnende Staatenlose und Ausländer sowie noch nicht wahlberechtigte deutsche Staatsangehörige sind zwar Einwohner, jedoch grundsätzlich nicht Bürger der Gemeinde. Hier sind folgende Besonderheiten zu beachten:

- Der Vertrag über die Europäische Union regelt die **Unionsbürgerschaft.** Sie umfasst auch das aktive und passive Wahlrecht der EG-Bürger bei Kommunal- und Europawahlen an ihrem jeweiligen Wohnort. Dieses europäische Recht ist in Deutschland in Landesrecht umgesetzt worden.
- In einigen Bundesländern erwerben kommunale Spitzenbeamte, die nicht in der Gemeinde wohnen, das Bürgerrecht mit der Ernennung bzw. dem Amtsantritt in der Gemeinde.
- Kein Bürgerrecht im Sinne der Gemeindeordnungen ist das in mehreren Ländern vorgesehene Ehrenbürgerrecht, das die Gemeinde (auch ortsfremden) Persönlichkeiten verleihen kann, die sich um sie besonders verdient gemacht haben.

Rechtliche Beziehungen bestehen aber nicht nur zwischen der Gemeinde und ihren Einwohnern. Grundbesitzer und Gewerbetreibende, die nicht in der Gemeinde wohnen („Forensen"), haben ein Recht, die für Grundbesitzer und Gewerbetreibende bestehenden öffentlichen Einrichtungen der Gemeinde (z. B. Wasserleitung, Kanalisation,

Müllabfuhr) zu benutzen. Bei der Benutzung öffentlicher Einrichtungen haben juristische Personen mit Sitz in der Gemeinde sowie ortsansässige Personenvereinigungen die Rechte und Pflichten von Einwohnern.

Beispiel

Herr und Frau F wohnen in A. Frau F hat nicht die Staatsangehörigkeit eines Mitgliedstaats der EU. Die beiden betreiben in B eine gepachtete Tankstelle und besitzen im Ferienort C eine Eigentumswohnung, die von ihnen häufig genutzt wird. In welcher Gemeinde sind sie Einwohner, Bürger bzw. auswärtige Abgabepflichtige (Forensen)?

Einwohner sind beide in A und C (Haupt- und Nebenwohnung). Bürger ist nur Herr F (Wahlberechtigter), und zwar in A (Hauptwohnung). Auswärtige Abgabepflichtige sind beide in B, dort betreiben sie ein Gewerbe, ohne Einwohner zu sein bzw. auch in C, dort besitzen sie eine Eigentumswohnung und sind zumindest zeitweise Einwohner.

Die Beziehungen zwischen der Selbstverwaltungskörperschaft Gemeinde und ihren Mitgliedern werden grundlegend durch zwei Punkte bestimmt:

- Die **demokratische Mitwirkung** – der politische Kern der Selbstverwaltung – umfasst nicht nur Wahlen auf Gemeinde- und evtl. auf Bezirks- bzw. Ortsteilebene. Die Gemeindeordnungen der Bundesländer sehen darüber hinaus unterschiedliche Mitwirkungsmöglichkeiten vor, z. B. Bürgerbegehren und Bürgerentscheide, ehrenamtliche Tätigkeiten (freiwillige Feuerwehr, Wahlhelfer), ein Petitionsrecht gegenüber dem Gemeinderat sowie die Mitarbeit als sachkundiger Bürger bzw. Einwohner in Ausschüssen.

  Mitwirkung setzt **Information** voraus. Deshalb sind die Einwohner über Planungen von grundlegender Bedeutung zu unterrichten, Einwohnerversammlungen bieten hierbei Gelegenheit zur Äußerung und Erörterung. Fragestunden und Anhörungen ermöglichen ebenfalls einen Informationsaustausch.
- Zur **Daseinsvorsorge** schaffen die Gemeinden im Rahmen ihrer Leistungsfähigkeit öffentliche Einrichtungen. Die Gemeindeverwaltung ist Ansprechpartner der Bevölkerung in Verwaltungsangelegenheiten. Die Einwohner sind verpflichtet, die **öffentlichen Lasten** zu tragen, die sich aus der Zugehörigkeit zur Gemeinde ergeben. Dies sind vor allem die gemeindlichen Steuern, Gebühren und Beiträge. Eine Belastung besonderer Art ist der **Anschluss- und Benutzungszwang:** Die meisten Gemeinden schreiben z. B. den Anschluss der Grundstücke an die öffentliche Wasserversorgung sowie deren Benutzung vor.

Die Beziehungen zwischen Gemeinde und Einwohnern bzw. Bürgern können im Einzelnen nicht für sämtliche Bundesländer behandelt werden. Einige typische Grundprobleme und Lösungsmöglichkeiten werden hier dargestellt.

Beziehungen zwischen Gemeinde und Mitgliedern bzw. Nichtmitgliedern im Überblick

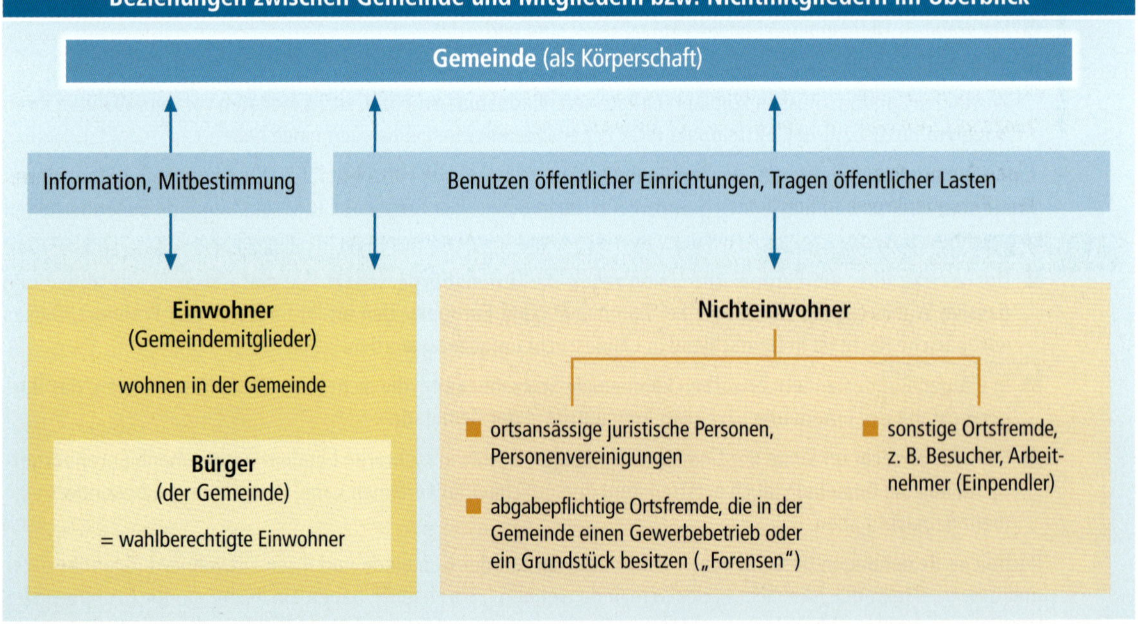

3.3.2 Öffentliche Einrichtungen

Die Gemeinden schaffen und unterhalten wirtschaftliche, soziale und kulturelle Einrichtungen im **öffentlichen Interesse.** Durch einen **Widmungsakt,** der den Zweck der Einrichtung näher bestimmt, macht die Gemeinde die Einrichtung der allgemeinen Benutzung durch Gemeindeangehörige und ortsansässige Vereine zugänglich.

Beispiele

Der Neubau des Stadttheaters wird feierlich eingeweiht. Ein neuer Kinderspielplatz wird mit Hinweisschildern versehen (Ge- und Verbote kennzeichnen den Widmungszweck) und durch das Wegräumen der Baustellen-Absperrung zur Benutzung freigegeben. Die neue Stadtbücherei wird eröffnet; eine Gebührenordnung als Satzung beschlossen.

(Mietwohnungen oder das Straßennetz der Gemeinde sind keine öffentlichen Einrichtungen im Sinne des Kommunalrechts, sondern Einrichtungen zu privaten Zwecken bzw. Sachen im Gemeingebrauch.)

Nach den Gemeindeordnungen haben die Einwohner in der Regel keinen Anspruch auf die Schaffung einer bestimmten öffentlichen Einrichtung durch die Gemeinde. Ein solches Recht kann sich aber aus Spezialgesetzen ergeben (z. B. bei der Errichtung von Schulen und Kindergärten).

Arten öffentlicher Einrichtungen

wirtschaftliche Einrichtungen	soziale Einrichtungen	kulturelle Einrichtungen
z. B.:	z. B.:	z. B.:
■ Nahverkehrsbetriebe	■ Kindergarten	■ Schulen
■ Wasserversorgung	■ Krankenhäuser	■ Volkshochschulen
■ Kommunale Parkhäuser	■ Altenheime	■ Bibliotheken
■ Kommunale Häfen	■ Spiel- und Sportstätten	■ Museen
■ Kommunale Elektrizitätswerke	■ Grabstätten in verschiedenen Formen	■ Theater

Alle Einwohner einer Gemeinde sind berechtigt, die öffentlichen Einrichtungen der Gemeinde im Rahmen des geltenden Rechts zu benutzen. Sie haben damit ein einklagbares subjektiv-öffentliches Recht, zur Benutzung zugelassen zu werden. Dieser Anspruch gilt jedoch nicht uneingeschränkt, sondern im Rahmen des geltenden Rechts, also des Widmungszwecks, spezialrechtlicher Vorschriften, des Gleichheits- und des Verhältnismäßigkeitsgrundsatzes und natürlich auch der Kapazitätsgrenzen.

Beispiele

Öffentliche Büchereien können nur während der Öffnungszeiten benutzt werden; die Benutzungsordnung legt ferner Benutzungsverfahren und -entgelte fest. Ist eine bestimmte Theatervorstellung ausverkauft, so erlischt der Benutzungsanspruch weiterer Interessenten für diese Veranstaltung.

Einen Anspruch auf Zulassung zur Benutzung haben zunächst alle Einwohner. Daneben kommen aber noch weitere Personenkreise in Betracht:

Benutzung öffentlicher Einrichtungen

Zulassungsanspruch			
Einwohner	**auswärtige Abgabepflichtige (Forensen)**	**gleichgestellte Personenvereinigungen/ juristische Personen**	**Ortsfremde**
	■ nur bei Einrichtungen, die in der Gemeinde für Grundbesitzer bzw. Gewerbetreibende bestehen	■ entsprechend den Regelungen für Einwohner bzw. auswärtig wohnende Abgabepflichtige (Forensen)	■ haben **keinen Anspruch** auf Zulassung zur Benutzung, werden aber üblicherweise dennoch zugelassen.

Der Anspruch auf Zulassung zur Benutzung besteht auch dann, wenn die Gemeinde die öffentliche Einrichtung privatisiert.

Beispiele

Die Gemeinde A lässt den Abfall nicht mehr durch eigene Fahrzeuge, sondern durch den Unternehmer U abfahren. U ist „Verwaltungshelfer", er hilft der Gemeinde lediglich, die öffentliche Einrichtung „Abfallbeseitigung" zu betreiben.

Die Stadt B gründet zur Bewirtschaftung ihrer Stadthalle ein städtisches Unternehmen, die „Stadthallen-GmbH"; diese schließt mit Benutzern privatrechtliche Benutzungsverträge. Trotz der für das Privatrecht typischen Vertragsfreiheit bleibt der kommunalrechtliche Benutzungsanspruch erhalten.

3.3.3 Öffentliche Lasten, Anschluss- und Benutzungszwang

Die Einwohner sind verpflichtet, die **Gemeindelasten** zu tragen. Für ihren Grundbesitz bzw. Gewerbebetrieb trifft die Forensen die gleiche Pflicht. Gemeindliche Lasten sind insbesondere die öffentlichen Abgaben, also Steuern, Gebühren und Beiträge. Außerdem kann die Gemeinde die Grundeigentümer bzw. die Gewerbetreibenden zwingen, Grundstücke an bestimmte öffentliche Einrichtungen anzuschließen und diese zu benutzen (z. B. Anschluss- und Benutzungszwang für die Wasser- sowie die Fernwärmeversorgung). Darüber hinaus kann die Gemeinde für bestimmte Einrichtungen (z. B. Bestattungseinrichtungen, Schlachthöfe) einen Benutzungszwang anordnen.

Wer dem **Anschlusszwang** unterliegt, hat die Vorrichtungen zu schaffen, die ihm die Benutzung der Einrichtung ermöglichen.

Beispiele

Die Grundstückseigentümer haben für den Hausanschluss an das Wasserversorgungsnetz zu sorgen. Wohnungsinhaber und Gewerbetreibende müssen die vorgeschriebenen Abfallgefäße beschaffen (bzw. abnehmen).

Durch den Benutzungszwang werden die Einwohner verpflichtet, zur Deckung eines bestimmten Bedarfs ausschließlich die vorgesehene öffentliche Einrichtung zu benutzen.

Beispiele

Für die Wasserversorgung wird (neben dem Anschlusszwang) auch der Benutzungszwang angeordnet. Die Grundstücksbesitzer sind gezwungen, ihren Wasserbedarf aus dem öffentlichen Leitungsnetz zu decken. Die Benutzung eines eigenen Brunnens ist verboten, es sei denn, die gemeindliche Satzung sieht Ausnahmefälle vom Benutzungszwang ausdrücklich vor.

Für die Benutzung von Begräbnisplätzen ist ein Anschlusszwang nicht möglich; der Benutzungszwang schließt jedoch auch hier mögliche alternative Vorgehensweisen (Totenbestattung im Hausgarten) grundsätzlich aus.

Einrichtungen wie Wasserversorgung, Kanalisation und Abfallentsorgung tragen zur Hygiene und damit zur Volksgesundheit sowie zur Schonung der Umwelt bei. Die Nutzung der Fernwärme spart außerdem Energie. Für den Anschluss- und Benutzungszwang spricht außerdem der kostengünstige Betrieb der öffentlichen Einrichtungen für den Einzelnen, da die Gesamtkosten auf möglichst viele Benutzer verteilt werden. Allerdings rechtfertigt die Erzielung gemeindlicher Einnahmen nicht die Einführung dieses Zwanges.

Der Anschluss- und Benutzungszwang kann nur unter bestimmten **Voraussetzungen** angeordnet werden, die in den Gemeindeordnungen unterschiedlich formuliert sind, z. B. öffentliches Bedürfnis, Gemeinwohl, Volksgesundheit. Immer ist aber eine Satzung erforderlich. Sie kann auch Ausnahmen vorsehen. Im Einzelfall wird der für die jeweilige Einrichtung festgelegte Anschluss- und Benutzungszwang erst durch einen Verwaltungsakt verbindlich gemacht; er ist mit Zwangsmitteln durchsetzbar.

3.3.4 Informations- und Servicepflichten der Gemeinde

In den Gemeinden gilt grundsätzlich das Prinzip der mittelbaren Demokratie: Entscheidungen trifft der gewählte Gemeinderat bzw. die demokratisch legitimierte Verwaltungsleitung. Die Bürgerschaft ist hier nicht direkt beteiligt.

221060110

Doch sollten Arbeit und Absichten der Gemeindeorgane der Öffentlichkeit bekannt sein. Geplante Neuerungen bei Kindergärten, Schulen, Volkshochschule, Sportstätten, Freizeitanlagen, Altenheimen usw. betreffen alle Bevölkerungskreise. Ratsbeschlüsse über Steuerhebesätze, Benutzungsgebühren, Privatisierung öffentlicher Einrichtungen oder die Ausschreibung anstehender Bauarbeiten sollten den Betroffenen in deren eigenem Interesse bekannt sein. Schließlich können gut unterrichtete und interessierte Einwohner und Bürger bestimmte Mitwirkungsmöglichkeiten auch zwischen den Wahlterminen nutzen.

Deshalb sollen der Gemeinderat bzw. die Leitung der Gemeindeverwaltung die Gemeindemitglieder informieren und damit ihre Urteilsfähigkeit fördern. In den Gemeindeordnungen sind insbesondere folgende **Pflichten** geregelt:

- Unterrichtung über wichtige Gemeindeangelegenheiten
- Information über Ratssitzungen
- Fragestunden (in einigen Bundesländern)
- Servicepflichten

Die **Unterrichtung über wichtige Gemeindeangelegenheiten** von allgemeiner Bedeutung sollte frühzeitig – bevor Entscheidungen getroffen werden – geschehen.

Beispiele

Über Stadtentwicklungsplanung, Theater-, Schul-, Straßen- und Sportstättenbau kann auf der stadteigenen Homepage, in Zeitungsberichten, in Mitteilungen im Amtsblatt oder in Einwohner- bzw. Bürgerversammlungen oder auch in Bürgerbriefen (Rundschreiben) informiert werden.

(Spezielle Regelungen der Bürgerbeteiligung, z. B. für Flächennutzungsplan und Bebauungsplan nach dem Baugesetzbuch, gehen der entsprechenden Regelung des Gemeindeverfassungsrechts vor.)

Je wichtiger eine Planung oder ein Vorhaben für die Entwicklung der Gemeinde ist, je nachhaltiger die Interessen der Einwohner berührt werden, desto mehr bedarf die Angelegenheit der öffentlichen Erörterung. Hierfür sind Einwohnerversammlungen (Stadtteilkonferenzen, Bürgerversammlungen, Bürgeraussprachen und -foren) besonders geeignet, weil die Einwohner Fragen stellen und eigene Vorstellungen äußern und diskutieren können. Es sollte nicht bei einer bloßen Bekanntgabe der amtlichen Planung bleiben.

Die **Information über Ratssitzungen** (Terminankündigung und Ergebnisse) ermöglicht erst deren Öffentlichkeit. Wichtige Entscheidungen sind dem Gemeinderat (der Gemeindevertretung) vorbehalten. Sitzungszeit und -ort sowie die Tagesordnung sind bekannt zu machen. Als Volksvertretung auf Ortsebene tagt er grundsätzlich öffentlich. Einwohner können die Niederschrift über öffentliche Sitzungen einsehen. Die Berichterstattung durch die Presse ist in der Regel geeignet, der Öffentlichkeit den wesentlichen Inhalt der Beschlüsse zugänglich zu machen.

Fragestunden für die Einwohner können in einigen Bundesländern bei Sitzungen des Gemeinderats (der Gemeindevertretung) in die Tagesordnung aufgenommen werden. Die zu beantwortenden Fragen sind in der Regel vorher einzureichen, eine ausführliche Debatte findet hier nicht statt.

Zu den Pflichten der Gemeinde gehören darüber hinaus bestimmte **Servicepflichten** gegenüber den Bürgern:

Die Gemeinde hilft ihren Einwohnern – in den Grenzen ihrer Verwaltungskraft – bei der Einleitung von Verwaltungsverfahren. Diese Aufgabe beschränkt sich in einigen Bundesländern auf die Information über Zuständigkeiten und die Beratung im Aufgabenbereich der Gemeindebehörde. Häufig jedoch sind die Gemeindebehörden auch behilflich bei der Einleitung von Verwaltungsverfahren, die eine andere Behörde durchführt.

Beispiele

Unter diese Art der Hilfe fällt die Herstellung von Kontakten zu anderen Behörden, auch die Unterstützung beim Ausfüllen von Formularen, nicht jedoch die eingehende Rechtsberatung gegenüber Einwohnern; sie obliegt den Rechtsanwälten.

Spezialgesetzliche Vorschriften über Beratungs- und Belehrungspflichten – z. B. nach SGB I Allg. Teil, VwVfG, VwGO – gehen allerdings vor.

- Die Gemeinden halten Vordrucke für Anträge, Anzeigen, Merkblätter und ähnliche Drucksachen, die ihnen von anderen Behörden überlassen werden, zur Aushändigung an die Einwohner bereit.
- In einigen Bundesländern können die Einwohner bei ihrer Gemeinde Anträge, die bei einer höheren Behörde (Kreisbehörde, Bezirksregierung/Landesbehörden) einzureichen sind, fristwahrend abgeben und weiterleiten lassen (gilt nicht für Widersprüche nach der VwGO).

3.3.5 Mitwirkungsmöglichkeiten der Gemeindemitglieder

Die Mitwirkung der Einwohner und Bürger bildet den Kern der gemeindlichen Selbstverwaltung im politischen Sinne. Bundesuneinheitlich vorgesehene, wichtige Möglichkeiten:

- Wahlrecht
- Mitarbeit in Ausschüssen
- Mitarbeit in Parteien und Bürgerinitiativen
- kommunales Petitionsrecht
- Einwohnerantrag
- Bürgerbegehren, Bürgerentscheid
- Ehrenamt – ehrenamtliche Tätigkeit

Das **Wahlrecht** ist das wichtigste Recht in einer demokratischen kommunalen Selbstverwaltung. Nur die Bürger der Gemeinde besitzen das Recht, den Gemeinderat (die Gemeindevertretung) zu wählen (aktives Wahlrecht) und in dieses Gremium gewählt zu werden (passives Wahlrecht). In größeren Kommunen werden Teilvertretungen für Stadtbezirke bzw. Ortschaften gewählt, die – je nach Bundesland – Bezirksvertretungen, Ortsräte oder Ortsbeiräte genannt werden.

Die **Mitarbeit in Ratsausschüssen** kommt in einigen Bundesländern auch für Gemeindemitglieder infrage, die nicht dem Gemeinderat angehören, aber ihr Wissen und ihre Erfahrung als sachkundige Bürger bzw. sachkundige Einwohner in die Arbeit bestimmter Fachausschüsse einbringen.

Die **Mitarbeit in Parteien und Bürgerinitiativen** wird oft zu Vorschlägen gegenüber der Politik führen. Nicht nur Sachzwänge, auch politische Grundvorstellungen und von der Verwaltung kaum zu lösende Gerechtigkeitsfragen wirken in das gemeindliche Geschehen hinein. Diese Themen können außerhalb des Gemeinderats diskutiert und als Vorschläge formuliert werden.

Das **kommunale Petitionsrecht** ist dem Petitionsrecht in Art. 17 GG nachgebildet: Jeder – in einigen Ländern jeder Einwohner – hat das Recht, sich einzeln oder mit anderen mit Anregungen oder Beschwerden in Angelegenheiten der Gemeinde an Gemeindeorgane, insbesondere den Gemeinderat (die Gemeindevertretung), zu wenden. Ist für die Erledigung ein anderes Gemeindeorgan (z. B. Bürgermeister, Ausschuss) zuständig, so ändert die Petition nicht die Zuständigkeit dieses Organs. Der Beschwerdeführer ist über die Stellungnahme zu seiner Eingabe zu unterrichten.

Einwohner können beantragen, dass der Rat (die Gemeindevertretung) über eine bestimmte Angelegenheit der Gemeinde berät und entscheidet. Der Antrag muss bestimmte Voraussetzungen nach der jeweiligen Gemeindeordnung erfüllen.

Bürgerbegehren und Bürgerentscheid sind auf Gemeindeebene inzwischen allgemein eingeführt. Die Bürger können beantragen (Bürgerbegehren), anstelle des Gemeinderats über eine Angelegenheit der Gemeinde selbst zu entscheiden (Bürgerentscheid). Damit können die Bürger tatsächliche Entscheidungsmacht erlangen, allerdings je nach Bundesland in unterschiedlichem Umfang. Das schriftliche Bürgerbegehren muss die zu entscheidende Frage, eine Begründung sowie meistens einen (durchführbaren) Vorschlag für die Deckung der Kosten enthalten. Es muss eine Mindestzahl (Quorum) von Unterschriften tragen. Die Gemeindeordnungen schließen eine Reihe von Themen von Bürgerbegehren aus, z. B. öffentliche Abgaben, den Haushaltsplan und Bauleitpläne. Über die Zulässigkeit des Bürgerbegehrens entscheidet der Gemeinderat. Beschließt der Rat die verlangte Maßnahme nicht, kommt es zum Bürgerentscheid. Hier entscheidet dann die Stimmenmehrheit über die gestellte Frage.

221060112

Ehrenamtliche Tätigkeiten werden in letzter Zeit stärker angeboten und wahrgenommen. Bei zahlreichen öffentlichen Aufgaben können die Gemeindemitglieder ehrenamtlich mitarbeiten. Die Gemeindeordnungen regeln sogar die Pflicht zur Übernahme nebenberuflicher Tätigkeiten für die Gemeinde, denn mit ausreichender Bereitschaft zu freiwilliger Mitarbeit ist nicht immer zu rechnen.

Beispiele

Ehrenamtliche Tätigkeiten für die Gemeinde können sein: die Mitarbeit bei Wahlen, bei Viehzählungen und in der freiwilligen Feuerwehr, die Betreuung einer Bildstelle, die Tätigkeit als Standesbeamter oder Ortsvorsteher (in einigen Ländern). Betreuer, Schöffen, Geschworene und Schiedsmänner und -frauen üben dagegen staatliche Ehrenämter aus.

3.4 Gemeinderat und Gemeindeverwaltung

Als juristische Person braucht die Gemeinde Organe, um sich selbst zu verwalten. Hier zeigen sich jedoch erhebliche Unterschiede zwischen den Bundesländern. Bezeichnungen und Aufgaben bzw. Zuständigkeiten der Gemeindeorgane stimmen oft nicht überein.

Dennoch lassen sich Gemeinsamkeiten bei grundlegenden Regelungen feststellen. Auch bestehen viele rechtliche Probleme in allen Bundesländern gleichermaßen. Die folgende Darstellung bezieht sich auf diese Gemeinsamkeiten.

Zuvor sind aber einige Sprachregelungen zu treffen:

Die gewählte Volksvertretung in der Gemeinde – nach den Gemeindeordnungen „Rat“, „Gemeinderat“ oder „Gemeindevertretung“ – soll nachfolgend einheitlich **Gemeinderat** genannt werden.

Der **Vorsitzende des Gemeinderats** (der Gemeindevertretung) wird im Folgenden auch so bezeichnet, in den Gemeindeordnungen heißt er „Bürgermeister“, „Vorsitzender der Gemeindevertretung“, „Gemeindevertretervorsteher“, „Stadtverordnetenvorsteher“, „Bürgervorsteher“.

Der hauptamtliche Verwaltungschef ist regelmäßig der Bürgermeister.

3.4.1 Gemeinderat

Der Gemeinderat ist als gewählte Volksvertretung auf örtlicher Ebene das wichtigste Gemeindeorgan. Das Grundgesetz schließt in die Garantie der demokratischen Staatsform für Bund und Länder die gemeindliche Selbstverwaltung und die Gemeindevertretungen ausdrücklich ein.

Geht man von der Teilung der Staatsgewalt in gesetzgebende, ausführende und Recht sprechende Funktionen aus, so üben die Gemeinden abgeleitete Staatsgewalt im exekutiven Bereich aus. Dies gilt auch für alle Gemeindeorgane. Der Gemeinderat ist deshalb kein Parlament im staatsrechtlichen Sinne, sondern grundsätzlich **Verwaltungsorgan.** Dass der Gemeinderat durch Satzungen auch Recht setzen kann, ändert daran nichts: Er ist dazu – ähnlich wie andere Exekutivorgane – ermächtigt, z. B. Minister (Rechtsverordnungen) oder Polizei- bzw. Ordnungsbehörden (Verordnungen). Die Regeln, die für Parlamente als Gesetzgeber gelten, treffen für den Gemeinderat daher nur teilweise zu. Er ist auch nicht rechtsfähig (das ist die Gemeinde), obwohl er gelegentlich als „Vertretungskörperschaft“ bezeichnet wird.

Wichtige Rechte und Pflichten der Gemeinderatsmitglieder	
Rechte	**Pflichten**
freies Mandat ■ keine Behinderung der Mandatsübernahme ■ keine Bindung an Aufträge ■ Teilnahme-, Informations-, Rede-, Antrags-, Abstimmungsrechte **Entschädigungsrechte** ■ Aufwandsentschädigung ■ Ersatz des Verdienstausfalls	**Beachtung des Mitwirkungsverbots** ■ bei Interessenkollision ■ Anzeigepflichten **Treuepflicht** (Vertretungsverbot) **Schweigepflicht** **Haftung**

Grundzüge der kommunalen Selbstverwaltung

Als Vertretung der Bürger ist der Gemeinderat das zentrale politische Verwaltungsorgan der Gemeinde mit entsprechenden **Aufgaben und Zuständigkeiten.**

Er **entscheidet,** wenn durch Satzungen und Verordnungen Ortsrecht geschaffen wird. Ebenso beschließt er den Haushaltsplan und trifft wichtige Einzelfallentscheidungen, etwa über den Bau von Gemeindestraßen und Schulen sowie die Schaffung anderer öffentlicher Einrichtungen. Auch wichtige Personalentscheidungen fallen grundsätzlich in die Kompetenz des Gemeinderats, auch wenn diese Entscheidungen in der Praxis häufig anderen Organen übertragen werden und die Personalvertretung zu beteiligen ist.

Die Beschlüsse des Gemeinderats werden von der Gemeindeverwaltung ausgeführt. Entscheidung und Vollzug sind also organisatorisch getrennt. Der Gemeinderat **überwacht** die Durchführung seiner Beschlüsse und den Ablauf der Verwaltungsangelegenheiten. Hierzu hat er gegenüber der Verwaltung Informations-, Auskunfts- und Akteneinsichtsrechte. Wichtige Kontrollinstrumente sind der Rechnungsprüfungsausschuss und das Rechnungsprüfungsamt.

Die Aufgaben des Gemeinderats sind von denen anderer Organe abzugrenzen. Praktisch beschließt der Gemeinderat in allen wichtigen Selbstverwaltungsangelegenheiten. Die Gemeindeverwaltung dagegen führt die Beschlüsse aus, sie hat aber daneben noch weitere Aufgaben.

Beispiele

Gemeinderat	***Gemeindeverwaltung***
■ *Beschluss einer Hundesteuersatzung*	■ *Ausführung der Satzung durch Steuerbescheide (Verwaltungsakte), evtl. durch Vollstreckungsmaßnahmen*
■ *Beschluss einer Kreditaufnahme*	■ *Abschluss und Erfüllung des Darlehensvertrags*
■ *Beschluss der Errichtung einer Musikschule*	■ *Durchführung aller Planungen und Personaleinstellungen, der Beschaffung von Sachmitteln (einschließlich Abschluss und Erfüllung von Miet-, Arbeits- und Kaufverträgen)*
■ *(keine Beteiligung des Gemeinderats)*	■ *Durchführung der Landtagswahl*

Da die Ratsmitglieder ihr Amt nicht hauptberuflich ausüben, können sie nicht alle anfallenden Entscheidungen treffen. In den alltäglichen Verwaltungsgeschäften entscheiden regelmäßig der Verwaltungschef bzw. die dazu berechtigten Mitarbeiter.

Die Gemeindeordnungen behalten bestimmte Angelegenheiten allein dem Gemeinderat vor. Diese **„Vorbehaltsaufgaben"** kann er weder einem Ausschuss noch dem Verwaltungschef zur Entscheidung übertragen:

Beispiele

Satzungsbeschlüsse

Beschluss des Gemeindehaushalts

Besetzung der Ratsausschüsse

Beschluss über die Errichtung wirtschaftlicher Unternehmen der Gemeinde

Alle sonstigen Aufgaben des Gemeinderats sind **„delegierbare Aufgaben"**. Die Gemeindeordnungen sehen vor, dass er die Entscheidung auf ein anderes Gemeindeorgan (Ausschuss, Verwaltungschef) übertragen kann (Delegation). Für einige Aufgabenbereiche ergibt sich diese Kompetenzverschiebung bereits aus dem Gesetz (also ohne Ratsbeschluss).

Vorbehaltsaufgaben, Delegationsmöglichkeiten und Eilentscheidungen spielen in der Praxis (und in Aufgabenstellungen in der Ausbildung) eine wichtige Rolle. Sie sind von Land zu Land unterschiedlich geregelt.

221060114

Aufgaben des Gemeinderats

Gemeinderat

= zentrales politisches Verwaltungsorgan der Gemeinde

Führungsaufgaben

- Der Gemeinderat **entscheidet** über Ortsrecht, wichtige Einzelfälle einschl. Personalentscheidungen (unter Beteiligung der Personalvertretung).

Kontrollaufgaben

- Der Gemeinderat **überwacht** die Durchführung seiner Beschlüsse, den Ablauf der Verwaltungsangelegenheiten. Hierzu hat er Informations-, Auskunfts- und Akteneinsichtsrechte gegenüber der Verwaltungsspitze.

Diese Aufgaben sind

nicht delegierbare Aufgaben (Vorbehaltsaufgaben)

oder

delegierbare Aufgaben (Gemeinderat kann die Entscheidung auf Verwaltungschef oder Ausschuss übertragen.)

3.4.2 Ausschüsse des Gemeinderats

Die Menge der Aufgaben sowie Schwierigkeit und Umfang vieler Angelegenheiten führen leicht zu einer arbeitsmäßigen Überforderung des Gemeinderats. Deshalb sehen alle Gemeindeordnungen Ausschüsse vor. Dies sind vom Rat gebildete Arbeitsgremien für spezielle Aufgaben. Sie beraten vor den Ratssitzungen die anstehenden Themen und machen dem Gemeinderat Beschlussvorschläge (beratende Ausschüsse). Bestimmten Ausschüssen räumt das Gesetz Entscheidungsrechte ein; außerdem kann der Gemeinderat für bestimmte Angelegenheiten seine Entscheidungsbefugnisse auf Ausschüsse übertragen, die dann anstelle des Gemeinderats beraten und beschließen (beschließende Ausschüsse).

Anzahl, Aufgaben und Bezeichnung der Ausschüsse bestimmt grundsätzlich der Gemeinderat nach den Erfordernissen der jeweiligen Gemeinde. Die Ausschüsse setzen sich entweder nur aus Ratsmitgliedern oder aus Ratsmitgliedern und anderen sachkundigen Gemeindemitgliedern zusammen („gemischte Ausschüsse"). So können Fachkenntnisse bestimmter Einwohner, die dem Gemeinderat nicht angehören, für die Ausschussarbeit genutzt werden.

Nicht alle Ausschüsse werden nach den Vorschriften der Gemeindeordnung gebildet. Auch Bundesgesetze wie das Baugesetzbuch und das Kinder- und Jugendhilfegesetz sehen Ausschüsse auf Gemeindeebene vor, deren Zusammensetzung und Aufgaben aber speziell geregelt sind. Ähnliches gilt für die Schulgesetze der Länder, die Regelungen für die Schul- bzw. Schulträgerausschüsse enthalten.

In einigen Ländern sind bestimmte **Pflichtausschüsse** zu bilden:

- Der Hauptausschuss koordiniert die Arbeit der anderen Ausschüsse und entscheidet in dringenden Fällen anstelle des Gemeinderats.
- Der Finanzausschuss bereitet die Haushaltssatzung vor und trifft die erforderlichen Entscheidungen für die Durchführung des Haushaltsplans.
- Der Rechnungsprüfungsausschuss prüft die jährliche Haushaltsrechnung.

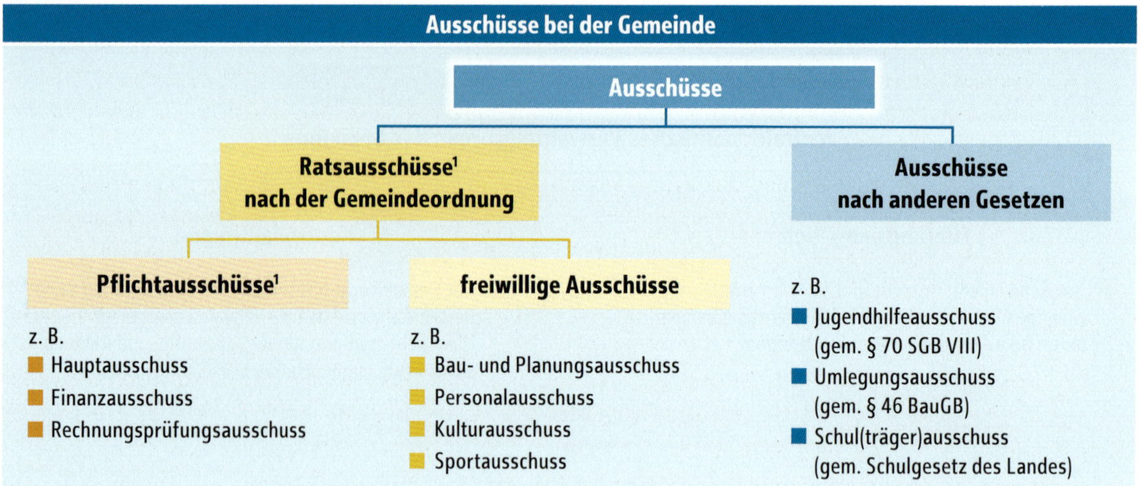

1 Je nach Bundesland unterschiedliche Zuordnungen

3.4.3 Bezirks- und Ortsteilvertretungen

In großen und weitläufigen Gemeinden kann die Bürgernähe gemeindlicher Entscheidungen zum Problem werden. Nicht alle Ratsmitglieder besitzen umfassende Ortskenntnisse, manche Frage betrifft nur einen Stadtbezirk oder eine Ortschaft und lässt sich in einem kleinen ortsbezogenen Gremium zweckmäßiger und schneller regeln. Die meisten Gemeindeordnungen enthalten deshalb unterschiedliche Regelungen zur Bezirks- und Ortschaftsverfassung, die zu einer bürgernahen Verwaltung beitragen sollen. Die Vielgestaltigkeit dieser Möglichkeiten lässt sich hier nicht darstellen.

3.4.4 Gemeindeverwaltung

Dem Gemeinderat als willensbildendem Organ steht der Bürgermeister als **ausführendes Organ der Gemeinde** gegenüber. Ihm stehen Dezernenten zur Seite – Beamte, die einen größeren Behördenbereich (Dezernat) eigenverantwortlich leiten. Sie heißen in den meisten Bundesländern „Beigeordnete“, in größeren Städten häufig auch „Stadtrat“. Wo die Magistratsverfassung gilt, bilden Bürgermeister und Dezernenten ein kollegiales Leitungsteam (Magistrat). Ähnlich sind der Verwaltungsausschuss (Niedersachsen) und der Verwaltungsvorstand (Nordrhein-Westfalen) zu sehen. Zu jeder Gemeindeverwaltung gehören selbstverständlich auch Beamte und privatrechtlich Beschäftigte.

Der **Bürgermeister** leitet die Gemeindeverwaltung in der Regel hauptamtlich. Er wird meistens von den Bürgern direkt gewählt. Er ist Beamter auf Zeit. Die wichtigsten Entscheidungen trifft zwar der Gemeinderat, doch ist der Bürgermeister der gesetzliche Vertreter der Gemeinde in Rechts- und Verwaltungsgeschäften (z. B. beim Erlass von Verwaltungsakten und beim Abschluss von Verträgen).

Die **Aufgaben des Bürgermeisters** lassen sich in folgende Gruppen einteilen:

- Aufgaben gegenüber dem Gemeinderat
- laufende Verwaltungsgeschäfte
- Aufgaben als Leiter der Gemeindeverwaltung
- (andere) gesetzlich zugewiesene Aufgaben

Gegenüber dem Gemeinderat und seinen Ausschüssen hat der Bürgermeister **Informations- bzw. Auskunftspflichten.** Er muss Beschlüsse **vorbereiten** und sie unter der Kontrolle des Gemeinderats **ausführen.** In den meisten Ländern entscheidet er in Eilfällen für den Gemeinderat (nicht in Niedersachsen und Nordrhein-Westfalen; in Niedersachsen ist die Beschlussvorbereitung Aufgabe des Verwaltungsausschusses). Im Allgemeinen hat der

221060116

Bürgermeister auch **Rügerechte bzw. -pflichten** gegenüber dem Gemeinderat und den Ausschüssen bei rechtswidrigen bzw. nachteiligen Beschlüssen. Solche Beanstandungen haben regelmäßig aufschiebende Wirkung. Der Beschluss wird also zunächst nicht ausgeführt, die Angelegenheit ist bei der nächsten Gemeinderatssitzung erneut zu erörtern. **Entscheidungen** trifft der Bürgermeister in Angelegenheiten, die ihm vom Gemeinderat übertragen worden sind.

Geschäfte der laufenden Verwaltung nimmt der Bürgermeister als Verwaltungsbehörde der Gemeinde in eigener Zuständigkeit wahr. (Besonderheit: In Nordrhein-Westfalen gelten diese Geschäfte als vom Rat auf den Bürgermeister übertragen.) Was ist unter „Geschäften der laufenden Verwaltung" zu verstehen? Angesichts der unterschiedlichen Größe und Aufgaben der Gemeinden kann es keine einheitliche Festlegung geben. Der Kauf eines Dienstfahrzeugs ist für eine Großstadt anders zu beurteilen als für eine kleine Landgemeinde. Gerichte haben diesen unbestimmten Rechtsbegriff so ausgelegt:

Geschäfte der laufenden Verwaltung sind Geschäfte, die mehr oder weniger regelmäßig wiederkehren und zugleich nach Größe, Umfang der Verwaltungstätigkeit und Finanzkraft der beteiligten Gemeinde sachlich von geringer Bedeutung sind.

Wenn Verwaltungsgeschäfte gleicher Art mehr oder weniger regelmäßig wiederkehren, gehören sie zur „laufenden Verwaltung". „Regelmäßig" ist hier nicht mit „häufig" gleichzusetzen.

Beispiele

Massenbescheide, Abschluss üblicher Miet- und Pachtverträge, die Reparatur der Dienstfahrzeuge in einem Werkstattbetrieb, die verwaltungsmäßige Vorbereitung von Jahrmärkten sind je für sich gleichartige und regelmäßig wiederkehrende Verwaltungsgeschäfte.

Außerdem haben einzelne Geschäfte der laufenden Verwaltung für die jeweilige Gemeinde keine grundsätzliche politische oder finanzielle Bedeutung.

Beispiele

- *Erteilen von Gewerbeerlaubnissen, auf die ein Anspruch besteht*
- *Sozialhilfe-, Wohngeld- und Steuerbescheide*
- *Die Vermietung städtischer Wohnungen und der Kauf von Büromaterial erfordern ebenfalls keine Entscheidungen von grundlegender politischer Bedeutung. Anders zu beurteilen sind hingegen Grundsätze für die Benutzung städtischer Räume durch Verbände.*
- *Ob die Anschaffung einer neuen Büroeinrichtung für den Verwaltungschef zum Preis von 20 000,00 € von grundsätzlicher finanzieller Bedeutung (und damit vom Gemeinderat zu entscheiden) ist, hängt von Größe und Finanzkraft der Gemeinde ab. Eine **örtliche Regelung**, dass der Vermögenserwerb **unterhalb einer bestimmten Betragsgrenze** in die Zuständigkeit des Bürgermeisters fällt, kann hier Klarheit schaffen.*

Im Zweifelsfall entscheidet der Bürgermeister, ob ein Dienstgeschäft diese Voraussetzungen erfüllt. Der Rat kann sich die Beschlussfassung über einzelne Geschäfte vorbehalten.

Der Bürgermeister ist die Verwaltungsbehörde der Gemeinde. Die Organisationseinheiten der Gemeindeverwaltung (Fachbereich Bauwesen, Sozialamt, Steueramt) sind deshalb nicht selbst Behörden, sondern Teile der (einheitlichen) Gemeindebehörde.

Dem **Leiter der Gemeindeverwaltung** obliegt die innere Organisation der Gemeindeverwaltung, z. B. die Aufteilung der Ämter, die Regelung von Arbeitsabläufen und die Anordnung von Organisationsuntersuchungen. Er ist Dienstvorgesetzter aller Bediensteten. Als gesetzlicher Vertreter der Gemeinde in Rechts- und Verwaltungsgeschäften kann er Beamte und privatrechtlich Beschäftigte mit der Erledigung bestimmter Angelegenheiten beauftragen, z. B. in Dienstanweisungen und Stellenbeschreibungen. Für die Beigeordneten gelten besondere Regelungen.

In den einzelnen Bundesländern haben die Bürgermeister unterschiedliche Aufgaben im Bereich der **Auftragsverwaltung** und aufgrund von **Spezialgesetzen** zu erfüllen.

Zuständigkeiten von Gemeinderat und Gemeindeverwaltung[1]

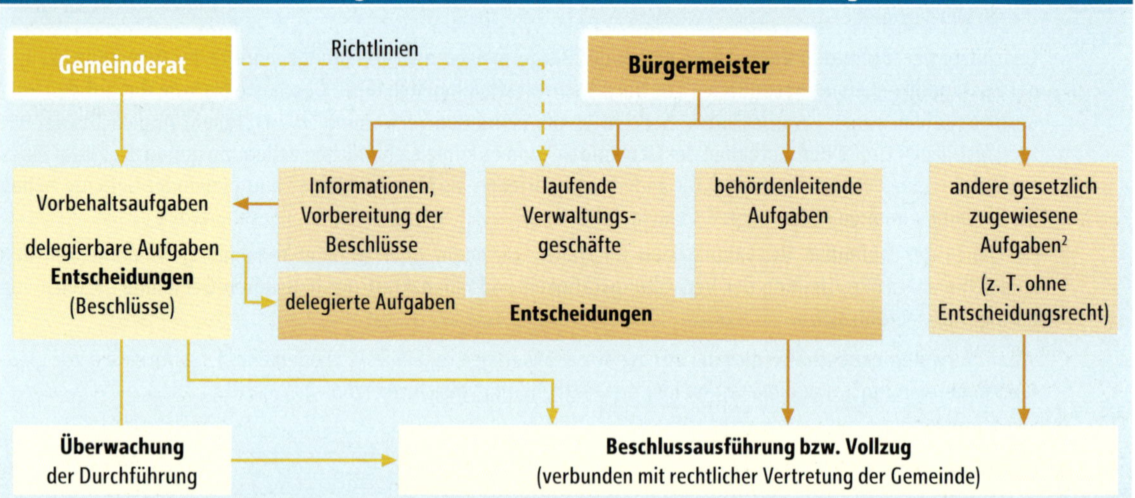

1 ohne Berücksichtigung der Ausschüsse und Bezirks- und Ortsteilvertretungen
2 z. B. Weisungen in der Auftragsverwaltung, Aufgaben nach spezialgesetzlichen Regelungen, „Organleihe"

3.4.5 Beigeordnete und andere Mitarbeiter

Hauptamtliche Beigeordnete (Dezernenten) sind – wie der Verwaltungschef – Beamte auf Zeit und Wahlbeamte. Ihre Zahl wird den Erfordernissen der Gemeindeverwaltung entsprechend durch die Hauptsatzung bestimmt. Die Beigeordneten vertreten den Bürgermeister in ihrem Geschäftsbereich, sie unterzeichnen „in Vertretung" (i. V.).

Aus dem Kreis der Beigeordneten wird der allgemeine Vertreter des Bürgermeisters bestellt, eine herausgehobene Stellung nimmt außerdem der Kämmerer ein.

Der Bürgermeister führt regelmäßige Beratungen mit den Beigeordneten durch, um eine einheitliche Verwaltungsführung zu sichern. Dieses Gremium hat meistens den Charakter eines Gesprächskreises (z. B. Dezernentenkonferenz, Verwaltungsvorstand in Nordrhein-Westfalen), in einigen Ländern ist es kollegiales Gemeindeorgan mit eigenem Aufgabenkreis (z. B. Magistrat in Hessen, Stadtvorstand in Rheinland-Pfalz). Die Beigeordneten nehmen an den Sitzungen des Gemeinderats teil.

Die Personalhoheit der Gemeinden umfasst das Recht auf eigenes Personal zur Erfüllung der gemeindlichen Aufgaben sowie die Ausgestaltung der Arbeitsverhältnisse. Die Gemeinde entscheidet also grundsätzlich selbst, ob eine Aufgabe von einem Beamten oder anderen Beschäftigten erledigt wird und wen sie in das jeweilige Dienstverhältnis übernimmt. Dabei ist das Beamten- und Arbeitsrecht zu beachten (Einstellungsvoraussetzungen, Eingruppierung). Während für die Einstellung, Höhergruppierung und Entlassung von Beschäftigten regelmäßig der Verwaltungschef zuständig ist, wirkt bei den entsprechenden Entscheidungen für Beamte meistens der Gemeinderat mit. Die Regelungen in den Gemeindeordnungen der Länder sind hier nicht einheitlich. Die Zahl der Bediensteten ergibt sich aus dem Stellenplan der Gemeinde (Anlage des Haushaltsplans).

Der Verwaltungschef kann Beamte und Beschäftigte mit der auftragsweisen Erledigung bestimmter Angelegenheiten beauftragen und diese Befugnis auf Beigeordnete übertragen. Die Bediensteten unterzeichnen dann „im Auftrag" (i. A.).

1 Die Stadt Neustadt – ein betriebswirtschaftliches Lernmodell

Neustadt ist eine Modellstadt in dieser Buchreihe für die öffentliche Verwaltung. Sie entspricht in ihren Verwaltungs- und Finanzstrukturen einer mittelgroßen kreisangehörigen Stadt mit etwa 50 000 Einwohnern.

Organisationsplan der Stadt Neustadt

Rat der Stadt Neustadt/Vorsitz Bürgermeister Schultheiß			Ausschüsse des Rates
Kämmerer Herr Kinzer	**Bürgermeister Herr Schultheiß**		**Beigeordnete Frau Baumann**
Fachbereich 1 **Zentrale Dienste und Finanzen** **1/1** Organisation und Datenverarbeitung **1/2** Personalwesen **1/3** Rechnungsprüfung **1/4** Finanzwesen **1/5** Gleichstellungsstelle	**Fachbereich 2** **Soziales, Sicherheit und Ordnung** **2/1** Sozialamt **2/2** Jugendamt **2/3** Ordnungsamt **2/4** Rechtsamt **2/5** Bürgeramt	**Fachbereich 3** **Schule und Kultur** **3/1** Schulverwaltung **3/2** Kultur **3/3** Sport	**Fachbereich 4** **Bauwesen und Liegenschaften** **4/1** Bauverwaltungsamt **4/2** Planungswesen **4/3** Bauordnung und Wohnungswesen **4/4** Immobilienwirtschaft **4/5** Tiefbauwesen
		Regiebetriebe	
		3/4 Museum **3/5** Stadtbibliothek **3/6** Musikschule **3/7** Volkshochschule	**4/6** Rettungswache und Feuerwehr **4/7** Bau- und Betriebshof **4/8** Tierheim
Wasserwerk Neustadt (Eigenbetrieb) **Abfallentsorgungsbetrieb Neustadt** (Eigenbetrieb)		**Sport- und Freizeitbetrieb der Stadt Neustadt** (Eigenbetrieb)	**Theater Neustadt** (Eigenbetrieb)
	Stadtmarketing Neustadt GmbH	An dieser Gesellschaft zur Stärkung des Einkaufs- und Wirtschaftsstandorts Neustadt sind neben der Stadt sechs namhafte privatwirtschaftliche Unternehmen beteiligt.	
Verkehrsbetrieb Neustadt GmbH	Die Gesellschaft ist zuständig für den öffentlichen Personennahverkehr Neustadts. Die Stadt hält alle Geschäftsanteile und ist somit alleiniger Eigentümer und Gesellschafter der GmbH.		

Die **Betriebswirtschaftslehre** ist die Lehre vom einzelnen Betrieb und untersucht z. B. seine Ziele, seine Produktionsweise und seine Finanzen. Auf die öffentliche Verwaltung bezogen spricht man von der **Verwaltungsbetriebslehre.** Dabei wird unterstellt, dass Kommunal-, Landes- und Bundesbehörden, also z. B. Gemeindeverwaltungen, Bezirksregierungen oder das Bundesverwaltungsamt, Betriebe sind. Da die Verwaltung unserer Modellstadt eine Kommunalbehörde ist, konzentrieren sich die Ausführungen in diesem Buch auf den kommunalen Verwaltungsbetrieb. Sie sind aber in wesentlichen Punkten auf andere öffentliche Verwaltungen übertragbar.

1.1 Die Kommunalverwaltung – ein Betrieb?

Zunächst erscheint es etwas befremdlich, hoheitlich handelnde Behörden wie die Kommunalverwaltung als Betrieb zu bezeichnen. Deshalb ist es angebracht, sich die Merkmale vor Augen zu halten, die einen Betrieb kennzeichnen. Dann kann geprüft werden, ob sie auf die Kommunalverwaltung zutreffen.

Der Betrieb ist eine

- bewusst geschaffene
- arbeitsteilig und planvoll organisierte Institution (Einrichtung),
- in der Produktionsfaktoren eingesetzt und kombiniert werden
- nach dem ökonomischen Prinzip
- unter Wahrung des finanziellen Gleichgewichts
- zur Herstellung bzw. Bereitstellung von Sachgütern oder Dienstleistungen, die der Fremdbedarfsdeckung dienen.

(Vgl. Schmidt, H. J.: Betriebswirtschaftslehre für die Verwaltung. Heidelberg 1998, S. 6.)

Ist die Kommunalverwaltung eine bewusst geschaffene Institution?

Das Bestehen der Kommunen (Gemeinden, Städte, Kreise) und ihr Recht auf Selbstverwaltung sind verfassungsrechtlich garantiert durch Art. 28 GG sowie verschiedene Vorgaben in den Verfassungen der Bundesländer.

Die Verfassungsväter verfolgten bestimmte Absichten, als sie die Existenz- und Selbstverwaltungsgarantie schufen. Sie hielten die Kommunen und ihre Verwaltungen insbesondere für notwendig zur

- Ausführung von Bundes- und Landesgesetzen auf Ortsebene,
- Umsetzung örtlicher Demokratie,
- Verwirklichung kommunaler Daseinsvorsorge.

Bund und Länder bedienen sich der Gemeinden, Städte und Kreise zur bürgernahen Erfüllung ihrer Aufgaben (z. B. Gefahrenabwehr, Gaststättenangelegenheiten, Verkehrsregelung und -sicherung, Brandbekämpfung, Hilfe zum Lebensunterhalt, Bauangelegenheiten). So bleibt ihnen ein eigener örtlicher Verwaltungsapparat erspart.

Die Kommunalverwaltung führt Ratsbeschlüsse aus und wird somit zu einem Erfüllungsgehilfen des Bürgerwillens auf Gemeindeebene. Sie betreibt öffentliche Einrichtungen, die für die Versorgung der Bevölkerung mit wichtigen wirtschaftlichen, sozialen und kulturellen Dienstleistungen zuständig sind (Daseinsvorsorge). Betrachten wir die Stadt Neustadt, dann gehören z. B. das Wasserwerk, der Abfallentsorgungsbetrieb, der Sport- und Freizeitbetrieb oder die zahlreichen Kultureinrichtungen zu den Organisationseinheiten, die örtliche Daseinsvorsorge betreiben. Auch der rechtlich selbstständige Verkehrsbetrieb erbringt eine wichtige Versorgungsleistung im Bereich der Personenbeförderung und erhält deshalb Zuschüsse von der Stadt Neustadt.

Ist die Kommunalverwaltung arbeitsteilig und planvoll organisiert?

Ein hohes Maß an Arbeitsteilung und Spezialisierung ist ein Kennzeichen moderner Volkswirtschaften. Die Arbeitsteilung ist entstanden aus dem Streben der Menschen, die Ergiebigkeit ihrer Arbeit zu erhöhen, um so eine bessere Güterversorgung zu erreichen. In der Wirtschaftslehre werden betriebliche, volkswirtschaftliche (nationale) und internationale Arbeitsteilung voneinander unterschieden. In unserem Fall geht es um die **betriebliche Arbeitsteilung**.

Ein arbeitsteiliges und planvolles Vorgehen ist erkennbar an der Organisationsstruktur der Kommunalverwaltung. Der Organisationsplan der Stadt Neustadt macht deutlich, dass jeder Fachbereich für ein bestimmtes Aufgabengebiet zuständig ist. Die Fachbereiche sind in Ämter oder Abteilungen untergliedert. Diesen werden bestimmte Aufgabengruppen zugeordnet, die sich aus der Teilung des Aufgabengebiets ergeben. Ämter oder Abteilungen können in Gruppen oder Sachgebiete untergliedert sein. Die kleinste Organisationseinheit ist schließlich die Stelle. Ihr sind bestimmte Teilaufgaben zugewiesen, die sich aus der fortgeführten Zerlegung der Aufgaben von Abteilungen oder Gruppen ergeben.

In der Vergangenheit wurde die Aufgabenzerlegung oft übertrieben. Die Stelleninhaber hatten bisweilen nur noch wenige, einfache Verrichtungen auszuführen, die sich häufig wiederholten. Heutzutage müssen die Mitarbeiter ein größeres „Aufgabenbündel" erfüllen, z. B. in den städtischen Bürgerbüros. Das ist bürgerfreundlicher und in vielen Fällen auch motivierender für die Beschäftigten. Aufgabenbündelung kann auch zu Einsparungen führen, wenn die Verwaltung dadurch „schlanker" wird. Dies geschieht z. B. dann, wenn es gelingt, die Aufgabengruppen so zuzuschneiden, dass weniger Ämter oder Abteilungen notwendig sind.

221060120

Setzt die Kommunalverwaltung Produktionsfaktoren ein und kombiniert diese bei der Aufgabenerfüllung?

Aus wirtschaftlicher Sicht stellt die Arbeit der Verwaltung **Güterproduktion** dar. Das Wasserwerk Neustadt stellt ein Sachgut her, die Ausleihe eines Buches durch die Stadtbibliothek oder die Gewährung sozialer Hilfen sind Dienstleistungen. Auch die Überwachung des Straßenverkehrs (einschließlich der Ahndung von Ordnungswidrigkeiten durch Verwarnungs- und Bußgelder) stellt eine Dienstleistung (an der gesamten Bürgerschaft) dar.

Damit die Kommunalverwaltung ihre Leistungen erstellen kann, muss sie bestimmte Güter einsetzen, nämlich **menschliche Arbeit, Betriebsmittel und Werkstoffe.** Diese Einsatzgüter nennt man auch **betriebliche Produktionsfaktoren**, Ressourcen oder Input. Der Output des Verwaltungsbetriebs sind seine **Produkte.** Es sind die Verwaltungsleistungen bzw. die Nutzen, die die Bürger von den Leistungen haben.

In der Betriebswirtschaftslehre wird bei den Produktionsfaktoren **der dispositive Faktor** von den **Elementarfaktoren** unterschieden. Das beruht auf einer genaueren Betrachtung der menschlichen Arbeit. Der dispositive Faktor ist die leitende menschliche Arbeit, die Planung, Organisation und Kontrolle umfasst (disponere: lat. einteilen, ordnen). Der dispositive Faktor leitet größere betriebliche Organisationseinheiten oder den Betrieb als Ganzes. Die menschliche Arbeit als Elementarfaktor ist hingegen ausführende Arbeit.

Bei der Stadt Neustadt zählen vor allem der Bürgermeister und die Beigeordneten zum dispositiven Faktor. Auf der Ebene der Amts-, Abteilungs- und Gruppenleiter vereinigen sich Merkmale der leitenden und ausführenden Arbeit, während die Tätigkeit der Sachbearbeiter eher der ausführenden Arbeit zuzurechnen ist.

Betriebsmittel und Werkstoffe sind ebenfalls Elementarfaktoren. Betriebsmittel sind Gegenstände, die über einen längeren Zeitraum hinweg bei der Leistungserstellung eingesetzt werden. Dazu gehören beispielsweise Grundstücke, Gebäude, Maschinen oder Büromöbel. Werkstoffe sind Gegenstände, die bei der Leistungserstellung ver- oder bearbeitet werden, insbesondere also Rohstoffe (z. B. Streusand, Baumaterial) und Betriebsstoffe (z. B. Strom, Brennstoffe).

Damit neue Produkte entstehen können, müssen die Elementarfaktoren sinnvoll miteinander kombiniert werden. Diesen Prozess nennt man **Produktion.** Sie wird durch den dispositiven Faktor gesteuert. Auch in der Verwaltung finden täglich unzählige Produktionsvorgänge statt, bei denen Elementarfaktoren zum Zwecke der Leistungserstellung miteinander kombiniert werden.

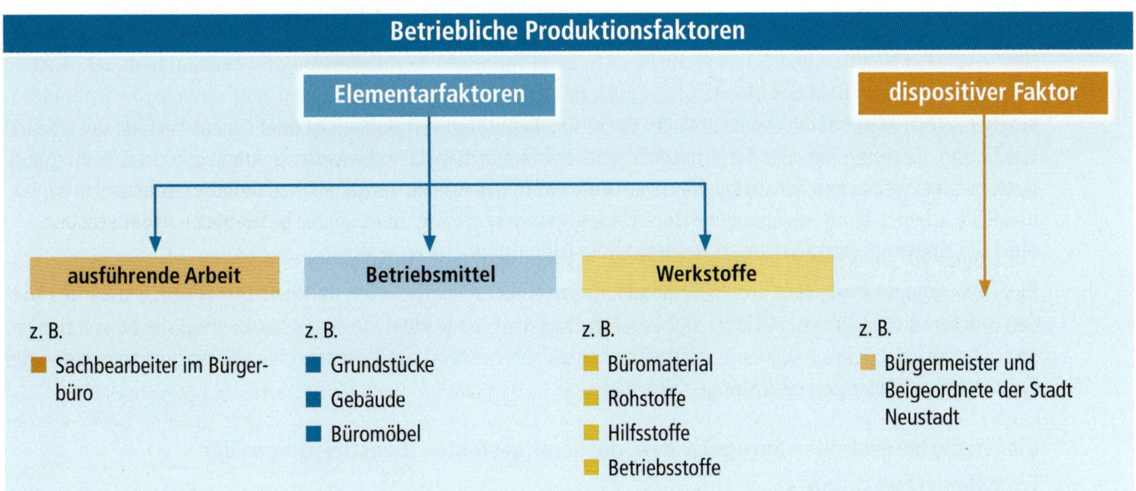

Handelt die Kommunalverwaltung nach dem ökonomischen Prinzip?

Die Gemeindeordnungen verpflichten die kommunalen Verwaltungsbetriebe zu einer wirtschaftlichen und sparsamen Haushaltsführung. Es gilt, Verschwendung und Misswirtschaft zu vermeiden, indem ein optimales

Verhältnis von Mitteleinsatz (z. B. Geld, Arbeitskraft) und Aufgabenerfüllung angestrebt wird. Das kann durch die Anwendung des ökonomischen Prinzips erreicht werden, welches zwei Ausprägungen hat: das Minimalprinzip und das Maximalprinzip. Das ökonomische Prinzip wird auch als Wirtschaftlichkeitsgrundsatz bezeichnet.

Ökonomisches Prinzip (Wirtschaftlichkeitsgrundsatz)	
Minimalprinzip	**Maximalprinzip**
Die Beteiligten versuchen, einen vorgegebenen Erfolg mit einem möglichst geringen (minimalen) Einsatz an Mitteln zu erreichen.	Die Beteiligten versuchen, mit gegebenen Mitteln einen möglichst großen (maximalen) Erfolg zu erreichen.
vorgegeben: der Erfolg **gesucht:** der geringstmögliche Einsatz von Mitteln	**vorgegeben:** die einzusetzenden Mittel **gesucht:** der größtmögliche Erfolg
Beispiele	
Die Beschaffungsstelle der Stadt Neustadt schreibt den Jahresbedarf an Kopier- und Druckerpapier öffentlich aus. In der Leistungsbeschreibung sind die Menge, die Beschaffenheit und die gewünschte Qualität vorgegeben.	Im Budget der Neustädter Bibliothek sind 100 000,00 € für die Anschaffung neuer Bücher vorgesehen. Die Bibliotheksleitung strebt an, ihr Bücherangebot auf möglichst attraktive Weise zu erweitern. Dabei soll der größtmögliche Nutzen für die Bürger Neustadts erzielt werden.
vorgegeben: der Jahresbedarf an Kopier- und Druckerpapier in einer bestimmten Qualität und Beschaffenheit **gesucht:** der kostengünstigste Lieferant	**vorgegeben:** das Budget von 100 000,00 € **gesucht:** der größtmögliche Nutzen für die Bürger Neustadts

Das Gebot der Sparsamkeit darf nicht missverstanden werden. Die Beschaffungsstelle im oben erwähnten Beispiel würde unvernünftig handeln, wenn sie lediglich anstrebte, das billigste Kopier- und Druckerpapier – ohne zuvor definierte Qualitätsmerkmale – zu beschaffen. Sie erhielte möglicherweise Papier, das nicht verwendet werden kann, weil es für die vorhandenen Kopierer und Drucker ungeeignet ist.

„Sparsamkeit um jeden Preis" ist folglich eine unsinnige Handlungsweise. „Vernünftige" Sparsamkeit setzt einen sinnvoll definierten Erfolg voraus. Bei dem Versuch, diesen Erfolg zu erreichen, muss man so sparsam wie möglich mit den Mitteln umgehen. Sparsamkeit in diesem Sinne ist identisch mit dem Minimalprinzip. So gesehen würde es ausreichen, wenn die Gemeindeordnungen eine wirtschaftliche Haushaltsführung forderten, denn die Sparsamkeit ist Bestandteil des Wirtschaftlichkeitsgrundsatzes in Form des Minimalprinzips.

Häufig werden Minimal- und Maximalprinzip unzulässig vermischt. Beispielsweise wird behauptet, es sei denkbar, mit möglichst wenig Geld das bestmögliche Auto zu kaufen. Sinnvolle Anweisungen zum wirtschaftlichen Handeln ergeben sich aber nur dann, wenn entweder der gesuchte Autotyp vorgegeben ist oder der zur Verfügung stehende Geldbetrag. Im ersten Fall wird wirtschaftlich gehandelt, wenn man das preiswerteste Angebot für das Wunschauto auswählt, im zweiten Fall, wenn man das beste Auto kauft, das für den vorgegebenen Geldbetrag erhältlich ist.

Sind die Kommunen gehalten, das finanzielle Gleichgewicht zu wahren?

Die Gemeindeordnungen verpflichten die Kommunen zu einem ausgeglichenen Haushalt. Dieser liegt vor, wenn – über den Zeitraum eines Jahres betrachtet – der Gesamtbetrag der Erträge die Höhe des Gesamtbetrags der Aufwendungen erreicht oder übersteigt. Außerdem müssen die Kommunen während des laufenden Haushaltsjahres jederzeit in der Lage sein, ihre Zahlungsverpflichtungen zu erfüllen.

Dienen die hergestellten Sachgüter bzw. die bereitgestellten Dienstleistungen der Fremdbedarfsdeckung?

Die frühgeschichtlichen Stammesgemeinschaften erzeugten noch alle Güter selbst, die sie zur Befriedigung ihrer Bedürfnisse benötigten. Gütererzeugung und Konsum lagen in einer Hand. Es wurde nicht mehr hergestellt, als für den eigenen Bedarf notwendig war. Die Entwicklung der Arbeitsteilung hat aber zu einer Trennung von Produktion und Konsum geführt. Die Produktion von Sachgütern und Dienstleistungen erfolgt heute in den Unternehmen der Privatwirtschaft und in den öffentlichen Verwaltungen. Der Verbrauch dieser Güter findet in den

221060122

privaten Haushalten statt (soweit es sich um Konsumgüter handelt). Auch die Kommunalverwaltungen produzieren für fremden Bedarf, z. B. Dienstleistungen im Rahmen der Daseinsvorsorge. Zu ihren „Kunden" zählen die in den privaten Haushalten lebenden Bürger, aber auch die Unternehmen im Gemeindegebiet.

1.2 Der kommunale Verwaltungsbetrieb und seine Teilbetriebe

Manche Fachbuchautoren bezeichnen nur bestimmte Organisationseinheiten der Kommunalverwaltung als Betrieb, z. B. die Regiebetriebe oder Eigenbetriebe. Andere gehen so weit, dass sie jeden Fachbereich oder jedes Amt als Betrieb ansehen. In diesem Lehrbuch betrachten wir jedoch die Kommunalverwaltung in ihrer Gesamtheit als Verwaltungsbetrieb. Dafür gibt es drei Gründe:

- Einzelne Organisationseinheiten besitzen keine eigene Rechtspersönlichkeit. Rechtsgeschäfte können somit nur von der Kommune als Ganzes getätigt werden.
- Das Betriebs-Merkmal „Wahrung des finanziellen Gleichgewichts" gilt nur für die Kommunalverwaltung insgesamt und nicht gesondert für einzelne Organisationseinheiten.
- Der Bürgermeister ist Dienstvorgesetzter aller Beamten, Angestellten und Arbeiter der Verwaltung.

Als kommunale Teilbetriebe betrachten wir mehr oder weniger selbstständige Bereiche der Kommunalverwaltung.

Verwaltungsbetrieb „Stadt Neustadt" und seine Teilbetriebe

Rat mit seinen Ausschüssen

Bürgermeister Herr Schultheiß

Herr Kinzer (**Kämmerer**) ← erweiterte Verwaltungsleitung → Frau Baumann (**Beigeordnete**)

ausführende Organisationseinheiten (Teilbetriebe)

- klassische kommunale Teilbetriebe (Ämter/Fachbereiche)
- Regiebetriebe
- Eigenbetriebe[1]

1 und eigenbetriebsähnliche Einrichtungen

Vgl. Schuster, Falko: Einführung in die Betriebswirtschaftslehre der Verwaltung. Hamburg: Maximilian Verlag GmbH 2006, S. 27.

Klassischer kommunaler Teilbetrieb (Amt/Fachbereich)

Das Amt ist die traditionelle Organisationseinheit zur Erledigung eines bestimmten Bereichs kommunaler Aufgaben. Es ist in die Verwaltungshierarchie eingegliedert, d. h., die Verwaltungsleitung kann direkt steuernd in die Abläufe eingreifen. Durch Übertragung von Entscheidungs- und Weisungsbefugnissen auf die Amtsleiter entstehen aber eingeschränkte selbstständige Gestaltungsmöglichkeiten. Anstelle der Ämter etablieren sich zunehmend Fachbereiche als tragendes Element der Kernverwaltung. Die Leitungen dieser relativ großen Organisationseinheiten sind in der Regel nicht nur für die korrekte Erfüllung der Aufgaben verantwortlich, sondern auch für die wirtschaftliche Verwendung der zugewiesenen Haushaltsmittel (s. LF 8, Kapitel 2.5). Ämter und Fachbereiche unterliegen der sogenannten „Brutto-Veranschlagung", d. h., ihre Erträge und Aufwendungen werden detailliert im Haushaltsplan erfasst.

Exkurs: Öffentliche Einrichtungen als Betätigungsfeld kommunaler Regie- und Eigenbetriebe

Die Gemeinden schaffen und unterhalten öffentliche Einrichtungen, die für die Versorgung der Bevölkerung mit wichtigen wirtschaftlichen, sozialen und kulturellen Dienstleistungen zuständig sind (Daseinsvorsorge). Diese Einrichtungen werden häufig in der Organisationsform eines Regie- oder Eigenbetriebs geführt. Unter bestimmten Voraussetzungen können öffentliche Einrichtungen auch von rechtlich selbstständigen Tochterunternehmen der Gemeinde betrieben werden, z. B. in der privatrechtlichen Form einer GmbH.

Regiebetrieb

Der Regiebetrieb ist rechtlich, finanzwirtschaftlich und organisatorisch unselbstständig. Er ist wie ein Amt in die Verwaltungshierarchie eingeordnet. Im Gegensatz zum Amt ist er aber nur für eine bestimmte öffentliche Aufgabe zuständig und wird als kostenrechnende Einheit geführt, wenn er seine Kosten ganz oder zu nicht unerheblichen Teilen aus den Entgelten der Leistungsempfänger deckt.

Folgende Arten von Regiebetrieben werden unterschieden:

- Regiebetriebe, für die ein Anschluss- oder Benutzungszwang besteht.
  Dazu gehören z. B. Schlachthöfe, Friedhöfe, Abfall- und Abwasserentsorgung sowie die Straßenreinigung. Diese Einrichtungen stellen Bürgern und Unternehmen für ihre Leistungen prinzipiell kostendeckende Benutzungsgebühren oder Beiträge in Rechnung. Deshalb ist eine funktionsfähige Kostenrechnung unerlässlich. Die Höhe der Gebühr muss in nachvollziehbarer Weise kalkuliert werden.
- Regiebetriebe, deren Leistung ein Angebot für die Bevölkerung darstellt.
  Dazu zählen z. B. Theater, Sportstätten oder Stadtbüchereien. Sie erheben in der Regel Entgelte, die nicht kostendeckend sind. Gerade bei kulturellen oder sozialen Einrichtungen kann ein kostendeckendes Entgelt nämlich dazu führen, dass die Einrichtung weniger benutzt und damit die Erfüllung der öffentlichen Aufgabe infrage gestellt würde.
- Regiebetriebe, die der Eigenversorgung der Gemeinde dienen.
  Typische Beispiele sind Bauhof, Hausdruckerei oder Kantine. Da ihre Leistungen in der Regel nicht der Bevölkerung angeboten, sondern nur verwaltungsintern genutzt werden, bezeichnet man sie auch als Hilfsbetriebe.

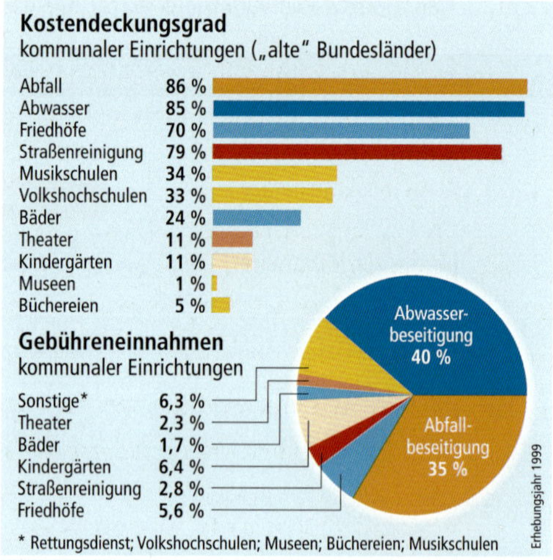

Zahlen nach Konrad-Adenauer-Stiftung, eLearning Kommunalpolitik, Abb. 1.26

Eigenbetrieb

Der Eigenbetrieb ist eine finanzwirtschaftlich und organisatorisch weitgehend selbstständige Organisationsform kommunaler Aufgabenerfüllung. Rechtlich ist er jedoch unselbstständig, denn er gehört zu Körperschaft „Gemeinde". Kommunale Eigenbetriebe arbeiten auf der Grundlage einer Betriebssatzung und sind haushaltsrechtlich ein ausgegliedertes Sondervermögen der Gemeinde (vgl. LF 12, Kapitel 1.2 und 1.3).

Die organisatorische Selbstständigkeit des Eigenbetriebs zeigt sich z. B. darin, dass er einen eigenen Leiter und eine eigene Organisationsstruktur hat. Dem Betriebsleiter können in der Betriebssatzung weitgehende Befugnisse eingeräumt werden. Die **finanzwirtschaftliche Selbstständigkeit** kommt u. a. in dem eigenen Wirtschafts- und Finanzplan, der eigenen kaufmännischen doppelten Buchführung und der eigenen Erfolgsrechnung zum Ausdruck, die den Gewinn oder Verlust eines Geschäftsjahres ausweist.

Im Haushaltsplan der Gemeinde wird der Eigenbetrieb nicht detailliert erfasst, sondern nur mit dem Erfolg der Geschäftstätigkeit (geplante Gewinnabführung oder Verlustübernahme) aufgeführt. Es liegt somit eine „Netto-Veranschlagung" vor.

Die Kommunen gründeten ursprünglich Eigenbetriebe im wirtschaftlichen Bereich der Daseinsvorsorge. Beispiele für **wirtschaftliche Betätigungen** von Eigenbetrieben:

- Strom-, Gas-, Wasser-, Fernwärmeversorgung,
- öffentlicher Nahverkehr (Bus, Straßenbahn, U-Bahn),
- Betrieb von Häfen und Kurbädern.

221060124

In zunehmendem Maße werden auch Hilfsbetriebe der Gemeinde (wie der Bauhof) und Einrichtungen der Abfall- und Abwasserbeseitigung, Erziehung, Bildung, Kultur, Erholung sowie des Sports, Gesundheitswesens, Sozialwesens und Umweltschutzes in der Organisationsform des Eigenbetriebs geführt. In diesen Fällen handelt es sich um ein Aufgabenfeld, das von vielen Gemeindeordnungen – mit Unterschieden im Detail – als **nichtwirtschaftliche Betätigung** bezeichnet wird.

In einigen Bundesländern liegt es im Ermessen der Gemeinden, in welchem Umfang sie die Eigenbetriebsverordnung anwenden, wenn ein Eigenbetrieb eine nichtwirtschaftliche Betätigung ausübt (vgl. z. B. § 107 Abs. 2 GO NW). Deshalb sollte man in diesen Fällen besser von **eigenbetriebsähnlichen Einrichtungen** sprechen.

Tochtergesellschaften des kommunalen Verwaltungsbetriebs

Der kommunale Verwaltungsbetrieb kann Eigentümer oder Miteigentümer anderer Betriebe sein. So können beispielsweise Regiebetriebe oder Eigenbetriebe unter bestimmten Voraussetzungen aus der Kommunalverwaltung ausgegliedert und in privatrechtlicher Form als GmbH oder AG betrieben werden. Ist ein solcher Betrieb zu 100 % im Eigentum einer Gemeinde, so spricht man von einer **Eigengesellschaft** (z. B. Verkehrsbetrieb Neustadt GmbH). Sind weitere Miteigentümer vorhanden, handelt es sich um eine **Beteiligungsgesellschaft** (z. B. die Neustädter Stadtmarketing GmbH). Die Tochtergesellschaften sind rechtlich, organisatorisch und finanzwirtschaftlich selbstständig und deshalb nicht mehr Teil des kommunalen Verwaltungsbetriebs.

Gewinnerzielung durch kommunale Einrichtungen

Von Eigenbetrieben und Tochtergesellschaften, die einer wirtschaftlichen Betätigung nachgehen, wird erwartet, dass sie einen angemessenen Gewinn erzielen, sofern dies mit ihrem öffentlichen Zweck vereinbar ist. Der Gewinn soll allerdings nicht maximal sein, sondern lediglich so groß, dass der Eigenbetrieb seine dauerhafte Existenz sichern kann.

Unabhängig von ihrer Organisations- und Rechtsform ist für Einrichtungen, die einer nichtwirtschaftlichen Betätigung nachgehen, die Erzielung eines Gewinns unzulässig bzw. aufgrund sozialpolitischer Erwägungen unerwünscht. So dürfen beispielsweise die für die Abwasser- und Abfallbeseitigung erhobenen Gebühren nach den Kommunalabgabengesetzen der Bundesländer die Kosten der Einrichtung nicht überschreiten.

„Dienstleistungsunternehmen Verwaltung" und „Konzern Stadt"

Häufig wird heute vom **„Dienstleistungsunternehmen Verwaltung"** gesprochen. Damit ist eine moderne Verwaltung gemeint, die den Bürgern ähnlich gegenübertritt wie ein privates Unternehmen seinen Kunden. Auch der Begriff **„Konzern Stadt"** wird oft gebraucht. Unter einem Konzern versteht man nach dem Aktiengesetz den Zusammenschluss von rechtlich selbstständigen Unternehmen unter einheitlicher Leitung. Im Kommunalbereich soll der Begriff „Konzern" ähnliche Zusammenhänge ausdrücken, z. B., dass die Stadt („Konzernmutter"), die Stadtwerke AG und die Abfallbeseitigungs-GmbH („Konzerntöchter") unter einheitlicher städtischer Leitung stehen. Die Begriffe „Unternehmen" und „Konzern" werden dabei kommunalpolitisch und damit eher in einem übertragenen Sinne verwendet. Für Gemeinde- und Kreisverwaltungen ist der Begriff kommunaler Verwaltungsbetrieb passender. Ein begriffsbestimmendes Merkmal von Unternehmen ist nämlich die Absicht, Gewinn zu erzielen. Dies trifft bekanntlich auf die Kommunalverwaltung als Ganzes nicht zu, sondern allenfalls auf einzelne Organisationseinheiten (wie das Wasserwerk Neustadt).

„Konzern“ Stadt Neustadt

Gemeinsame Leitung durch Rat und Verwaltungsleitung

Verwaltungsbetrieb Stadt

Stadtverwaltung

Teilbetriebe:
- Fachbereiche/Ämter („Kernverwaltung“)
- Regiebetriebe:
  - Stadtbibliothek
  - Volkshochschule
  - Museum
  - Musikschule
  - Rettungswache
  - Bau- und Betriebshof
  - Tierheim

Eigenbetriebe[1]

Teilbetriebe:
- Wasserwerk
- Abfallentsorgungsbetrieb
- Sport- und Freizeitbetrieb
- Theater Neustadt

Eigen- und Beteiligungsgesellschaften

Tochtergesellschaften

selbstständige Betriebe:
- Verkehrsbetrieb GmbH
- Stadtmarketing GmbH

1 und eigenbetriebsähnliche Einrichtungen

1.3 Betriebliche Grundfunktionen

In allen Betrieben, so unterschiedlich sie auch sein mögen, lassen sich bestimmte, immer wiederkehrende Tätigkeiten (Grundfunktionen) beobachten:

Grundfunktion Beschaffung

Sie umfasst den Einkauf der für die Leistungserbringung notwendigen Betriebsmittel und Werkstoffe. Diese müssen

- in der benötigten Menge und Qualität,
- zum richtigen Zeitpunkt und
- zum günstigsten Preis

angeschafft und bereitgestellt werden. Auch Arbeitskräfte und Finanzmittel (z. B. Kredite) müssen „beschafft“ werden. Die damit zusammenhängenden Tätigkeiten bilden jedoch die eigenständigen Funktionsbereiche Personalwirtschaft und Finanzierung.

Grundfunktion Leistungserstellung

Sie umfasst die möglichst wirtschaftliche Kombination der Produktionsfaktoren zur Herstellung der betrieblichen Erzeugnisse. Diese Aufgabe wird in vielen Industriebetrieben von der Produktionsabteilung wahrgenommen. Sie ist u. a. zuständig für die Auswahl geeigneter Fertigungsverfahren, Planung der Produktionsprozesse, Durchführung von Qualitätskontrollen sowie die Wartung und Reparatur der Produktionsanlagen.

Bedingt durch die Eigenart ihrer Leistungen haben die Kommunalverwaltungen und andere Dienstleister häufig keine eigenständige Produktionsabteilung. Dennoch zeigt sich die Grundfunktion „Leistungserstellung“ auch im Verwaltungsbetrieb, und zwar dort, wo menschliche Arbeit, Werkstoffe und Betriebsmittel kombiniert werden, um die (End-)Produkte für Bürger oder Unternehmen herzustellen.

Die Verwaltungsbetriebslehre beschäftigt sich im Bereich der Leistungserstellung u. a. mit organisatorischen Problemen. Sie sucht z. B. Antworten auf die Frage, wie die Geschäftsprozesse der Verwaltung kostengünstiger und bürgerfreundlicher gestaltet werden können.

221060126

Grundfunktion Absatz

Sie umfasst in der Privatwirtschaft alle Maßnahmen, die dazu dienen, die betrieblichen Leistungen an Kunden zu verkaufen, z. B. Marktforschung, Werbung, Öffentlichkeitsarbeit, Preissetzung, Produktgestaltung, Organisation der Vertriebswege (= Marketinginstrumente). Verwaltungsbetriebe produzieren allerdings viele nichtmarktfähige, zum Teil unentgeltliche Leistungen (s. Abb. auf der übernächsten Seite und Kapitel 2.3). Deshalb ist es sinnvoll, den Absatzbegriff weiter zu fassen. In Verwaltungsbetrieben gehören zur Grundfunktion Absatz alle Maßnahmen, die der Abgabe von Verwaltungsleistungen an Kunden außerhalb der Verwaltung dienen. Das Marketinginstrumentarium hilft bei der Verwirklichung des Ziels, die Abgabe der Verwaltungsleistungen kundenfreundlicher zu gestalten (s. LF 8, Kapitel 5).

Grundfunktion Rechnungswesen/Controlling

Das **Rechnungswesen** umfasst die Tätigkeiten im Rahmen der Buchhaltung, Kosten- und Leistungsrechnung und Statistik. Mithilfe der Buchhaltung werden z. B. das Vermögen, die Schulden, der Erfolg (Jahresüberschuss oder Jahresfehlbetrag) sowie die Einnahmen und Ausgaben des Verwaltungsbetriebs detailliert erfasst.

Die Kosten- und Leistungsrechnung dient vorwiegend der betriebswirtschaftlichen Analyse, insbesondere der Kontrolle der Wirtschaftlichkeit des Verwaltungsbetriebs. Sie bildet auch die Grundlage für die Kalkulation der Produktpreise, vor allem der Gebühren.

Die Statistik bereitet die Daten der Finanzbuchhaltung und der Kosten- und Leistungsrechnung zu Vergleichszwecken auf. Hier entstehen Berichte, Tabellen und Diagramme. Sie dienen sowohl der amtlichen Statistik des jeweiligen Bundeslands als auch zur Informationsgewinnung für Planungen und Entscheidungen in der Verwaltung.

Controlling ist die zielbezogene Steuerung des Verwaltungsbetriebs. Die Daten des Rechnungswesens sind Grundlage dieser Aufgabe. Die Verwaltungsleitung muss die zukünftige Entwicklung planen und lenken; sie braucht dafür entsprechend aufbereitete Informationen, also Berichte, Kennzahlen und Untersuchungen (Analysen).

Grundfunktion Personalwirtschaft

Zur Personalwirtschaft gehören alle Tätigkeiten, die üblicherweise von der Personalabteilung wahrgenommen werden. Dazu zählen u. a. die Ermittlung des Personalbedarfs, Einstellung, Entlohnung und Entlassung von Arbeitskräften, Planung des Personaleinsatzes oder die Durchführung von Maßnahmen der Personalentwicklung, insbesondere der Aus- und Fortbildung der Mitarbeiter.

Querschnittsfunktionen

Rechnungswesen und Personalwirtschaft werden auch als Querschnittsfunktionen bezeichnet, weil sie für den gesamten Verwaltungsbetrieb wahrgenommen werden. Auch die Finanzierung ist eine Querschnittsfunktion. Sie bleibt jedoch in unserem einfachen Modell (s. Abb. auf folgender Seite) aus Gründen der Überschaubarkeit unberücksichtigt.

Besonderheiten bei Dienstleistungsbetrieben

Eine klare Trennung von Produktion und Absatz ist hier nicht möglich. Das ergibt sich aus den speziellen Eigenarten von Dienstleistungen (s. Kapitel 2.1). Im Gegensatz zu Sachgütern sind sie z. B. nicht lagerfähig, werden also in der Regel im Moment ihrer Entstehung verbraucht.

Input, Output und Grundfunktionen bei privatwirtschaftlichen Betrieben (z. B. Brauerei)

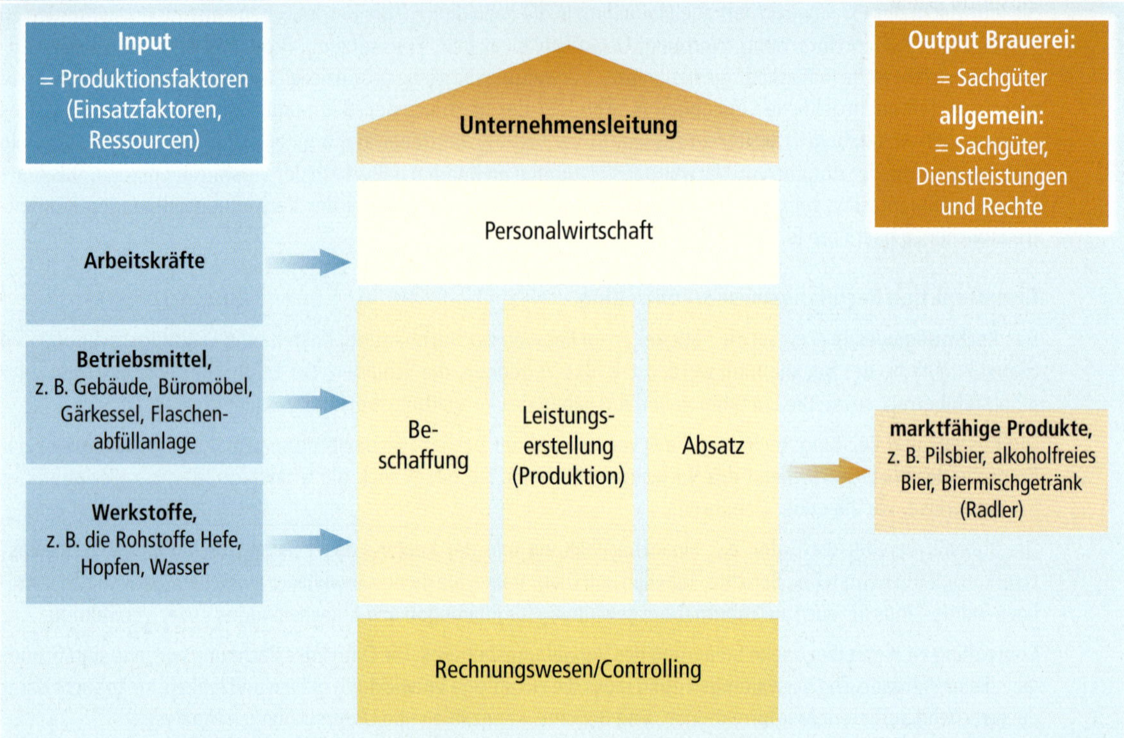

Input, Output und Grundfunktionen bei Verwaltungsbetrieben

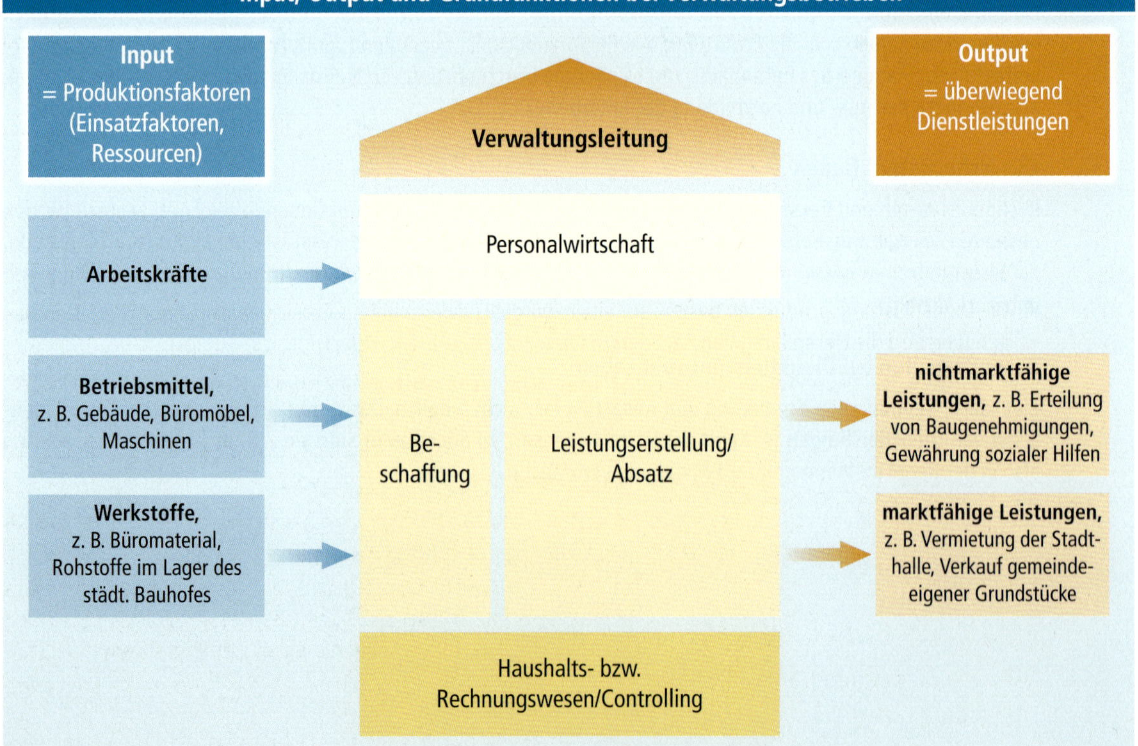

221060128

2 Das Güterangebot der öffentlichen Hand

Die öffentliche Hand beinhaltet im Wesentlichen Bund, Länder, Kommunen und Sozialversicherungsträger. Das entspricht einem Verständnis des Begriffs „Staat", wie er in der Volkswirtschaftslehre verwendet wird. Die folgenden Ausführungen basieren auf Erkenntnissen, die aus diesem Zweig der Wirtschaftswissenschaft stammen. Deshalb verwenden wir den Begriff „Staat" in diesem Kapitel ebenfalls im volkswirtschaftlichen und nicht im rechtlichen Sinne. Zugleich gebrauchen wir ihn gleichbedeutend mit dem Ausdruck „öffentliche Hand". Schwerpunktmäßig werden die Kommunen betrachtet, ohne die anderen öffentlich-rechtlichen Körperschaften gänzlich unberücksichtigt zu lassen.

Güterarten

Güter sind Mittel zur Befriedigung von Bedürfnissen. **Freie Güter** gibt es nur noch wenige: Sonnenlicht, Wind und Regen. Sie sind im Verhältnis zu den Bedürfnissen im Überfluss vorhanden und nicht Gegenstand wirtschaftlicher Tätigkeit. Ökonomisch von Bedeutung sind nur **wirtschaftliche Güter.** Diese sind knapp und stehen somit nicht zu jeder Zeit und an jedem gewünschten Ort in der gewünschten Qualität und Menge zur Verfügung. Die wirtschaftlichen Güter müssen – im Gegensatz zu freien Gütern – von Anbietern produziert werden. Auf den jeweiligen Märkten bildet sich ein Preis für diese Güter.

Es gibt zahlreiche Möglichkeiten, wirtschaftliche Güter einzuteilen und somit systematisch zu gliedern. Für den Zweck, das Güterangebot der öffentlichen Hand zu kennzeichnen, sind drei Möglichkeiten der Einteilung wirtschaftlicher Güter von Bedeutung.

2.1 Unterscheidung nach der Art der Güterbeschaffenheit

Hier wird unterschieden nach **Sachgütern** (materielle Güter) sowie Dienstleistungen und Rechten (immaterielle Güter).

Im Vergleich zu Sachgütern weisen **Dienstleistungen** besondere Eigenarten auf.

- Sie sind unkörperlich, d. h., sie haben keine greifbare Substanz.
- Sie sind nicht lagerfähig, weil sie im Moment ihrer Entstehung verbraucht werden. Dienstleistungen können demnach nicht auf Vorrat produziert werden. So muss beispielsweise die Feuerwehr der Stadt Neustadt stets dienstbereit sein, um Brände schnell löschen zu können.
- Im Rahmen eines kommunikativen Prozesses sind die Abnehmer von Dienstleistungen häufig maßgeblich am „Produktionsprozess" beteiligt.

Beispiel

Schüler, die während des Unterrichts schlafen, dürfen sich nicht wundern, wenn die Dienstleistung der Schule bei ihnen ihr Ziel verfehlt.

- Aus den bisher erwähnten Eigenarten ergibt sich, dass eine klare Trennung von Produktion und Absatz – anders als bei Sachgütern – nicht möglich ist. Dienstleistungen werden in der Regel während der Leistungsabgabe „verbraucht".
- Die Dienstleistungsproduktion basiert auf einem vergleichsweise hohen Anteil menschlicher Arbeit. Demgegenüber wird die Herstellung von Sachgütern immer stärker automatisiert.

Rechte bzw. Rechtsverhältnisse ergeben sich aus Verboten, Geboten, Leistungsansprüchen und Nutzungsrechten. Sie sind im kommunalen Absatzbereich meistens eng mit Dienstleistungen verknüpft.

Beispiele

- *Mitarbeiter des Ordnungsamtes überwachen die Einhaltung von Parkverboten.*
- *Eine Sachbearbeiterin des Sozialamtes überprüft den Sozialhilfeanspruch eines Bürgers.*
- *Das Recht auf unentgeltliche Nutzung öffentlicher Straßen geht einher mit der Instandhaltung dieser Straßen.*

2.2 Unterscheidung nach Art der Bedarfsdeckung

Hier wird unterschieden nach privaten Gütern und öffentlichen Gütern. Private Güter werden von privatwirtschaftlichen Unternehmen auf Märkten zur Bedürfnisbefriedigung angeboten. Öffentliche Güter werden von Bund, Ländern und Kommunen im Interesse des Allgemeinwohls bereitgestellt. Dies geschieht nur insoweit auf Märkten, als es sich dabei um marktfähige Güter handelt.

Private Güter können – im theoretischen Grenzfall – nur von einer einzigen Person konsumiert werden. Andere Interessenten sind von der Verwendung des Gutes ausgeschlossen. Zwischen den Nachfragern herrscht **Rivalität im Konsum** (Beispiele: Kaugummi, Schuhwerk, Haarschnitt, Pausenbrot). Ferner wird das **Marktausschlussprinzip** wirksam. Die Anbieter haben die Möglichkeit, die Nutzung des angebotenen Gutes auf jene zu beschränken, die bereit sind, den geforderten Preis zu bezahlen.

Öffentliche Güter können in der Regel von vielen Personen gleichzeitig konsumiert werden. Ihre Nutzung ist möglich, ohne dass der Konsum des einen den Nutzen des anderen beeinträchtigt. Es herrscht **Nicht-Rivalität** im Konsum. Hinsichtlich der Wirksamkeit des Marktausschlussprinzips ist zwischen spezifisch-öffentlichen Gütern und meritorischen Gütern zu unterscheiden:

- **Spezifisch-öffentliche Güter**

  Bei ihnen versagt das Marktausschlussprinzip. Von der Nutzung dieser Güter kann niemand ausgeschlossen werden, weil Preisforderungen nicht durchsetzbar sind. Dementsprechend wird kein privater Anbieter bereit sein, solche Güter zu offerieren.

Beispiele

Leuchtturm, Deichanlage, Straßen, Straßenbeleuchtung, Stadtpark, innere und äußere Sicherheit und Ordnung (z. B. Leistungen der Bundeswehr, Polizei, Feuerwehr und des Ordnungsamtes)

Die private Bereitstellung derartiger Güter würde an „Trittbrettfahrern" scheitern, die das Gut von anderen bezahlen ließen, es aber selbst in Anspruch nähmen, ohne einen Preis dafür zu entrichten. Bei spezifisch-öffentlichen Gütern gibt es entweder keine Möglichkeiten Nutzer auszuschließen (innere und äußere Sicherheit) oder es würden zu hohe Kosten für den Ausschluss von Nutzern entstehen (Straßenbenutzungsgebühren).

- **Meritorische Güter (Güter mit besonderen Verdiensten)**

  Bei diesen Gütern ist das Ausschlussprinzip durchsetzbar. Sie könnten ihrer Natur nach auch (ausschließlich) über den Markt von Privaten angeboten werden. Trotzdem wird der Staat aktiv. In einigen Fällen vergrößert er das von den Privaten bereitgestellte Angebot. In anderen Fällen ist er alleiniger Anbieter. Möglichst vielen, wenn nicht allen Bürgern, soll der Zugang zu diesen bedeutenden Gütern ermöglicht werden. Deshalb unterbreitet der Staat häufig ein unentgeltliches Angebot oder eines, das die entstehenden Kosten nicht deckt.

Beispiele

Schulen, Kindergärten, Theater, Bibliotheken, Museen, Musikschulen, Schwimmbäder, Öffentlicher Personennahverkehr

Bei bestimmten meritorischen Ver- und Entsorgungsleistungen üben die Kommunen sogar einen Anschluss- und Benutzungszwang aus. So liegen die Wasserversorgung und Straßenreinigung, die Beseitigung des Abwassers und des Restabfalls privater Haushalte im Gemeindegebiet allein in der Zuständigkeit der Kommunen. Die Ausübung des Zwangs geschieht im Interesse eines sicheren, umweltgerechten und flächendeckenden Angebots zu erschwinglichen Preisen. Bei der Entsorgung geht es darüber hinaus um Gründe wie Hygiene und Seuchenabwehr. Zunehmend bedienen sich die Gemeinden privater Erfüllungsgehilfen zur Erledigung dieser Leistungen. Sie bleiben aber als Aufgabenträger auch in diesem Fall gegenüber den Bürgern weiterhin in der Rolle des Anbieters.

Es ist umstritten, welche Güter die öffentlichen Haushalte anbieten sollen. Die Theorie öffentlicher Güter beschäftigt sich mit diesem Problem. Letztlich handelt es sich um eine politische Entscheidung, die die gewählten Volksvertreter treffen müssen.

2.3 Unterscheidung nach der Marktfähigkeit

Hier wird unterschieden nach marktfähigen Gütern und nichtmarktfähigen Gütern.

Alle privaten Güter sind marktfähig, denn sie werden auf Märkten angeboten und gehandelt. Auch alle meritorischen Güter sind grundsätzlich marktfähige Güter, da sie zumindest das Potenzial haben, auf Märkten gehandelt

221060130

zu werden. Demgegenüber besitzen spezifisch-öffentliche Güter keine Marktfähigkeit, da bei ihnen Preisforderungen nicht durchsetzbar sind.

Im Hinblick auf nachfolgende Betrachtungen ist es sinnvoll, „Marktfähigkeit" etwas enger zu fassen. Aus dem Leistungsspektrum der öffentlichen Hand werden hier deshalb nur jene Güter als marktfähig bezeichnet, die unter den gegenwärtigen rechtlichen Rahmenbedingungen auf Märkten gehandelt werden.

Marktfähig sind dann nur jene Leistungen, die nicht mit einem Abnahmezwang verbunden sind und die einen Preis haben. Mit diesen Leistungen stehen z. B. die Gemeinden häufig in Konkurrenz zu den Angeboten anderer kommunaler oder privater Anbieter. Das macht besondere absatzpolitische Maßnahmen erforderlich (Beobachtung der Konkurrenten, Werbung, Überlegungen zur Preisgestaltung usw.).

Beispiele für marktfähige Leistungen der Kommunen

- *Die Nutzung des städtischen Schwimmbades gegen Entgelt beruht auf einer freien Entscheidung der Nachfrager. Das Bad muss sich gegen die Angebote von Nachbarstädten behaupten. Es handelt sich um eine marktfähige Leistung. Gleichwohl wird aufgrund sozialer Erwägungen häufig ein Eintrittspreis festgesetzt, der die anfallenden Kosten nicht deckt.*
- *Die Leistungen der Volkshochschule sind marktfähig. Die Kursteilnehmer nehmen das Angebot freiwillig wahr und entrichten ein Entgelt. Die Volkshochschulen konkurrieren mit privaten Fortbildungsträgern und stehen auch untereinander im Wettbewerb.*

Nichtmarktfähig sind entsprechend solche Leistungen, die unentgeltlich zur Verfügung gestellt werden oder mit einem Abnahmezwang belegt sind.

Beispiele für nichtmarktfähige Leistungen der Kommunen

- *Teile des kommunalen Infrastrukturvermögens (u. a. Straßen, Schulen, frei zugängliche Parkanlagen) werden unentgeltlich zur Verfügung gestellt. Das gilt auch für soziale Hilfen. In beiden Fällen handelt es sich deshalb um nichtmarktfähige Leistungen.*
- *Die Beseitigung des Restabfalls der privaten Haushalte hat zwar einen Preis (Benutzungsgebühren), ist aber nichtmarktfähig, weil die Haushalte gezwungen sind, diese Leistung in Anspruch zu nehmen. Es ist anzunehmen, dass viele Haushalte den Nutzen der Abfallbeseitigung nicht anerkennen würden, wenn man den Anschluss an die städtische Entsorgung der Freiwilligkeit überließe.*
- *Die Erteilung einer Baugenehmigung ist ebenfalls nichtmarktfähig. Ein Bauherr ist verpflichtet, eine solche zu beantragen. Insofern liegt ein Abnahmezwang vor.*

Beispiel zur Gütereinteilung

Manchmal können die Leistungen der öffentlichen Hand auf den ersten Blick nicht problemlos eingeteilt werden. Stellt beispielsweise ein Mitarbeiter der Stadt Neustadt einen Führerschein aus, dann wird dem Antragsteller eine Sache (das Dokument) übergeben. Das weckt den Anschein, hier wurde ein Sachgut „produziert". Ferner scheint es so, als handle es sich um ein Gut, das allein dem Führerscheininhaber nutzt. Schließlich darf dieser jetzt endlich mit einem Pkw auf öffentlichen Straßen fahren.

Genauer betrachtet ergibt sich ein anderes Bild. Der Führerschein ist lediglich ein amtliches Dokument, das die Fahrerlaubnis aufgrund einer bestandenen Prüfung bescheinigt. Gegenüber einer Situation ohne Führerscheinpflicht erhöht sich die Verkehrssicherheit erheblich. Es liegt also eine Dienstleistung an der Bevölkerung vor. Den Nutzen der Führerscheinpflicht genießen viele Menschen zur gleichen Zeit, ohne dass der Konsum des einen den des anderen beeinträchtigt (Nicht-Rivalität im Konsum). Das betrachtete Gut hat auch eine individuelle Komponente (eigene Sicherheit des Führerscheininhabers, Möglichkeit der Pkw-Nutzung). Doch der gemeinschaftliche Nutzen überwiegt. So wie hier lässt sich für fast jede kommunale Leistung ein gemeinschaftlicher Nutzen (ein öffentlicher Zweck) ableiten.

Stellen wir auf den gemeinschaftlichen Nutzen im Beispiel ab (Verkehrssicherheit), so ist zu erkennen, dass ein spezifisch-öffentliches Gut vorliegt. Niemand im Gemeindegebiet kann von dem Nutzen ausgeschlossen werden. Es gelingt nicht, die vielen Nutznießer der Leistung in Form eines direkten Leistungsentgelts „zur Kasse zu bitten":

Schließlich muss noch gefragt werden, ob die Ausstellung des Führerscheins eine marktfähige Leistung ist. Für seinen individuellen Nutzen muss der neue Inhaber eine Verwaltungsgebühr entrichten. Die Leistung hat für ihn also einen Preis. Es liegt aber keine marktfähige Leistung vor, da ein Abnahmezwang besteht. Jede Person, die mit einem Pkw auf öffentlichen Straßen fahren will, muss bei der Kommunalverwaltung die Ausstellung eines Führerscheins beantragen.

Zusammenfassung: Eigenschaften und Arten von Gütern

auf der Angebotsseite nach der …	Güterart	auf der Nachfrageseite nach der …
… Knappheit		**… Rivalität des Konsums**
Gut unbegrenzt vorhanden (Luft)	**Freie Güter** ■ müssen nicht produziert werden/ sind kostenlos verfügbar ■ haben keine Anbieter ■ haben keinen Marktpreis, sind **nichtmarktfähige Güter**	Nutzer konkurrieren nicht um den Konsum
begrenzt vorhanden (Auto)	**Wirtschaftliche Güter** ■ müssen produziert werden ■ haben Anbieter ■ haben einen Marktpreis, sind **marktfähige Güter**	Nutzer konkurrieren um den Konsum
Ausschluss möglich (private Schule)	**Private Güter** ■ müssen produziert werden ■ haben Anbieter ■ haben einen Marktpreis, sind **marktfähige Güter**	
… Möglichkeit, Nutzer auszuschließen Ausschluss vom Anbieter nicht gewollt (staatliche Schule)	**Meritorische Güter** ■ müssen produziert werden ■ haben Anbieter ■ haben keinen Marktpreis, sind aber im weiteren Sinne **marktfähige Güter**	Nutzer konkurrieren nicht um den Konsum
Ausschluss ■ nicht möglich (Straßenbeleuchtung) ■ zu teuer (Straßenbenutzung)	**Spezifisch-öffentliche Güter** ■ müssen produziert werden/ verursachen Kosten ■ haben Anbieter ■ haben keinen Marktpreis, sind **nichtmarktfähige Güter**	

2.4 Kennzeichnung des kommunalen Güterangebots

Das Produktionsergebnis des kommunalen Verwaltungsbetriebes besteht nur relativ selten aus Sachgütern. Einige Gemeinden betreiben ein Kompostwerk, das Bioabfälle verwertet. Der entstehende Kompost wird der Bevölkerung zur Verfügung gestellt. Auch die kommunalen Betriebe aus dem Bereich der Gas- und Wasserversorgung beliefern ihre Kunden mit Sachgütern. Zum größten Teil bestehen die kommunalen Produkte aber aus Dienstleistungen.

Die von der Kommunalverwaltung bereitgestellten öffentlichen Güter decken Kollektivbedürfnisse (z. B. nach Sicherheit und Ordnung, Bildung, Gesundheit, Umweltschutz, Hygiene, Mobilität, Existenzsicherung). Sie schaffen die Voraussetzungen für das wirtschaftliche Handeln der Bürger und Unternehmen im Gemeindegebiet.

Die Kommunalverwaltung erbringt eine Vielzahl nichtmarktfähiger, insbesondere unentgeltlicher Leistungen. Im Vergleich dazu sind die marktfähigen Leistungen von geringerer Bedeutung. Das überrascht wenig. Herstellung und Verkauf marktfähiger Güter sind in der Marktwirtschaft in erster Linie Sache der Privatwirtschaft. Die Gemeinden dürfen sich nur dann wirtschaftlich betätigen, wenn ein öffentlicher Zweck vorliegt. Das ist z. B. der Fall, wenn die Produktionstätigkeit der Privatwirtschaft zu einer unzureichenden Versorgung der Bevölkerung mit wichtigen Gütern führt.

221060132

3 Markt und Preis

Auch in diesem Kapitel wird der Begriff „Staat" im volkswirtschaftlichen und nicht im rechtlichen Sinne verwendet. In volkswirtschaftlicher Betrachtung umfasst er die gesamte öffentliche Hand, im Wesentlichen also Bund, Länder, Kommunen und Sozialversicherungsträger. Die Darstellung der Marktbeziehungen hat ihren Schwerpunkt bei den Kommunen. Die Erläuterungen zur Preisbildung sind allgemeiner Natur, während bei der Beschreibung staatlicher Eingriffe in Märkte und Preise die Aktivitäten von Bund, Ländern und Gemeinden gleichermaßen im Blickpunkt stehen.

3.1 Markt

3.1.1 Markt als Ort des Zusammentreffens von Angebot und Nachfrage

Beim Menschen wird ein **Bedürfnis** durch ein Mangelgefühl hervorgerufen, es entsteht das Verlangen, den Wunsch zu befriedigen. Kann dieses Bedürfnis durch ein (Kauf-)Geschäft gestillt werden und man hat das nötige Geld dazu zur Verfügung, spricht man vom **Bedarf.** Mittel zur Bedürfnisbefriedigung nennt man **Güter.** Aus dem Spannungsverhältnis von knappen, wirtschaftlichen Gütern und unbegrenzten Bedürfnissen entsteht die Notwendigkeit planvollen Wirtschaftens nach dem ökonomischen Prinzip. Der Austausch von knappen Gütern und Produktionsfaktoren vollzieht sich auf Märkten.

Ein **Markt** ist der oft nur gedachte Ort, an dem Angebot und Nachfrage zusammentreffen und sich der Preis eines wirtschaftlichen Guts oder eines Produktionsfaktors bildet.

Beispiele

- *Markt für Äpfel auf einem Wochenmarkt*
- *Markt für Aktien an der Frankfurter Börse*
- *Markt für Mittelklasse-Pkws*

Anbieter und Nachfrager von Gütern verfolgen unterschiedliche Interessen. Anbieter wollen möglichst hohe Erlöse erzielen und Nachfrager möglichst wenig ausgeben. Den Ausgleich zwischen diesen gegensätzlichen Interessen übernimmt der Preis, der sich auf Märkten bildet.

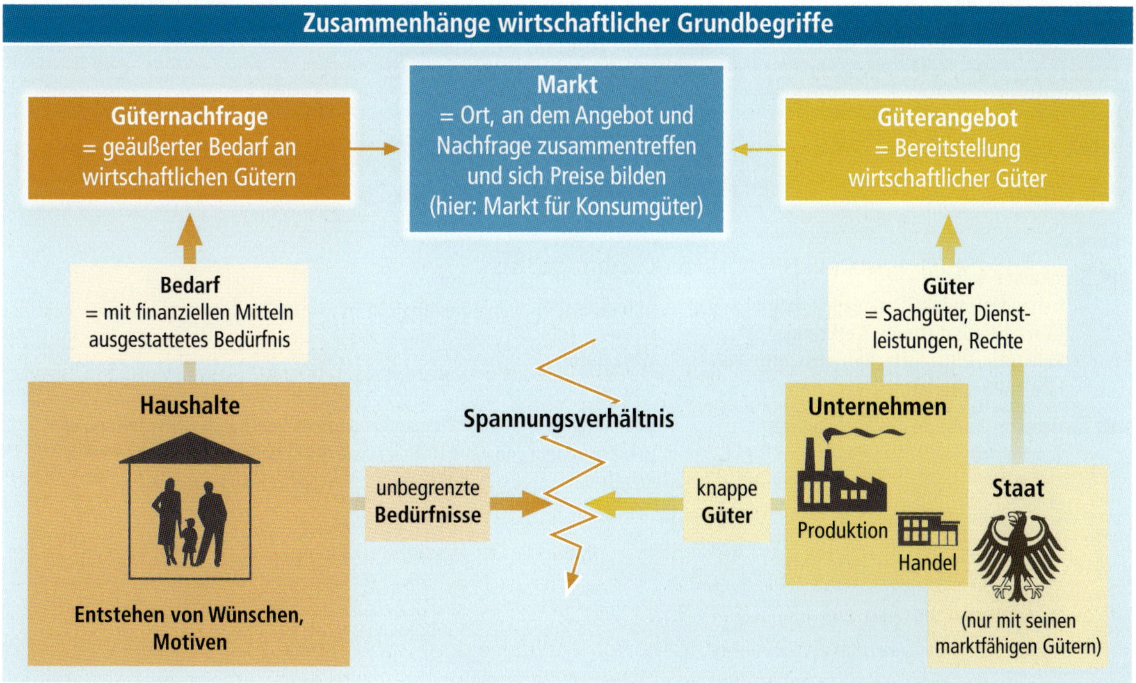

3.1.2 Marktarten

Man unterscheidet Faktormärkte und Gütermärkte:

- Auf **Faktormärkten** werden Produktionsfaktoren gehandelt. Es sind die **Beschaffungsmärkte** von Unternehmen und Staat, die als Nachfrager von Produktionsfaktoren auftreten.
- Auf **Gütermärkten** werden Sachgüter, Dienstleistungen und Rechte gehandelt. Gütermärkte sind stets **Absatzmärkte.** Unternehmen und in geringerem Maß auch der Staat mit seinen marktfähigen Leistungen handeln als Anbieter von Sachgütern und Dienstleistungen.

Wichtige Märkte und ihre Zuordnung zu den Marktarten sind der folgenden Tabelle zu entnehmen.

Markt	Marktart			
	Beschaffungsmarkt	Faktormarkt	Absatzmarkt	Gütermarkt
Arbeitsmarkt	X	X		
Immobilienmarkt	X	X		
Kapitalmarkt (für langfristige Kredite und Wertpapiere)	X für sonstige Unternehmen	X für sonstige Unternehmen	X für Banken	X für Banken
Produktionsgütermärkte (= Investitionsgütermärkte)	X für Kunden, die Unternehmen sind	X für Kunden, die Unternehmen sind	X für Lieferanten	X für Lieferanten
Konsumgütermärkte			X	X

Aus volkswirtschaftlicher Sicht werden die Produktionsfaktoren Arbeit, Boden/Natur und Kapital beschafft. Aus betriebswirtschaftlicher Sicht werden die Produktionsfaktoren Betriebsmittel, Werkstoffe und Arbeitskräfte beschafft.

Produktionsfaktoren	
volkswirtschaftliche	**betriebswirtschaftliche (s. Kapitel 1.1)**
Arbeit	leitende und ausführende Arbeit
Boden/Natur	Grundstücke als Betriebsmittel
Kapital:	
■ Sachkapital, z. B. – Gebäude, Produktionsanlagen, Betriebs- und Geschäftsausstattung, Werkzeuge	Betriebsmittel
– Rohstoffe, Hilfsstoffe, Betriebsstoffe, Vorräte, Büromaterial	Werkstoffe
■ Geldkapital (Vorstufe des Sachkapitals)	Geldmittel (kein „reiner“ Elementarfaktor, da Geld nur der Anschaffung von Betriebsmitteln und Werkstoffen sowie der Entlohnung der Arbeitskräfte dient)

221060134

3.1.3 Marktformen

Eine weitere Einteilungsmöglichkeit von Märkten ergibt sich, wenn man sie nach der Anzahl der Marktteilnehmer auf der Anbieter- und Nachfragerseite unterscheidet. Daraus lassen sich Aussagen über die Stärke des Wettbewerbs und die Machtstellung einzelner Marktteilnehmer auf dem betrachteten Markt ableiten (s. dazu auch Kapitel 3.2.2). Wird die Anzahl der Anbieter mit der jeweiligen Anzahl der Nachfrager kombiniert, ergibt sich ein Schema mit neun Marktformen.

Märkte nach der Anzahl der Marktteilnehmer

Anbieter \ Nachfrager	einer	wenige	viele
einer	zweiseitiges Monopol (Raumfahrt in den USA)	beschränktes Angebotsmonopol (Kampfjets „Eurofighter“ für die Nato)	Angebotsmonopol (schienengebundener Personenfernverkehr)
wenige	beschränktes Nachfragemonopol (Bau von Bundesautobahnen in Deutschland)	zweiseitiges Oligopol (Hochgeschwindigkeitszüge auf dem Weltmarkt, Werften ↔ Reedereien)	Angebotsoligopol (Linienflüge in Deutschland, Markt für Kraftstoffe)
viele	Nachfragemonopol (Uniformen für die Bundeswehr; Landwirte ↔ Zuckerrübenfabrik in einer Region)	Nachfrageoligopol (Zulieferteile für die Automobilindustrie in Deutschland; Weinbauern ↔ Winzergenossenschaften)	Polypol (Wochenmärkte; Händler, die Erfrischungsgetränke anbieten ↔ Konsumenten)

Monopol (monos: gr. allein, polein: gr. verkaufen)
Auf dem Markt gibt es nur einen Anbieter oder einen Nachfrager. Es existiert kein Wettbewerb. Ein Monopolist hat sehr große Chancen, seine Vorstellungen (insbesondere über den Preis) aufgrund seiner wirtschaftlichen Macht durchzusetzen.

Oligopol (oligos: gr. wenige)
Es sind nur wenige Anbieter oder Nachfrager vorhanden, die jeweils einen großen Marktanteil besitzen. Besteht ein Oligopol auf der Anbieterseite (Angebotsoligopol), kann es dazu kommen, dass der Wettbewerb um die Gunst der Kunden eingeschränkt ist. So wird ein Oligopolist seine Preise erhöhen, wenn er damit rechnen kann, dass auch die anderen Oligopolisten ihm folgen werden.

Polypol (poly: gr. viele)
Viele Anbieter stehen vielen Nachfragern gegenüber. Die Marktform des Polypols kommt der marktwirtschaftlichen Idealvorstellung nahe. Die freie Konkurrenz erlaubt keine gegenseitige Abstimmung der Marktteilnehmer. Die Anbieter haben im Wettbewerb um die Gunst der Kunden grundsätzlich die gleichen Chancen, da keiner von ihnen marktbeherrschend ist.

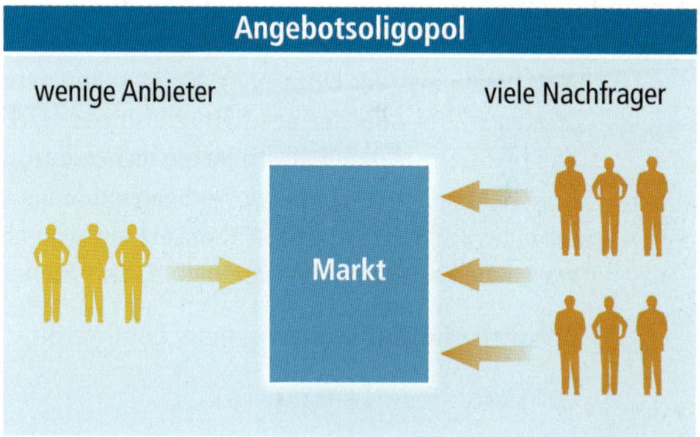

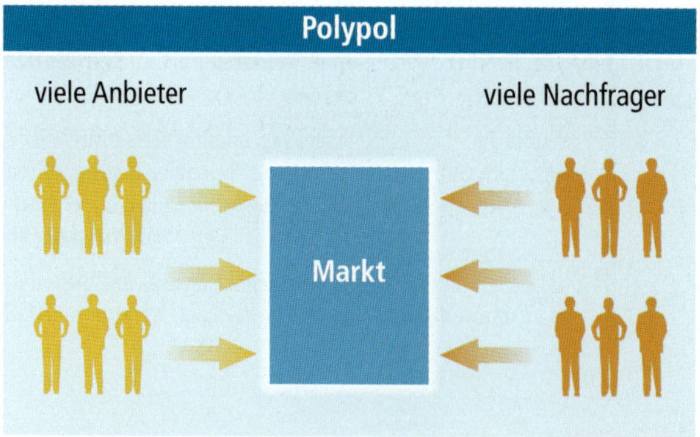

3.1.4 Markttypen

Eine wichtige Funktion von Märkten ist die Preisbildung. Die Untersuchung der Preisbildung in der Realität ist kompliziert. Um die Entwicklung des Marktpreises besser zu verstehen, benutzt die Wirtschaftswissenschaft ein Modell, das die Wirklichkeit vereinfacht. Es handelt sich um ein gedankliches Modell, den **vollkommenen Markt,** mit dessen Hilfe grundlegende Prinzipien beschrieben und erklärt werden können. In der Wirklichkeit gibt es nur **unvollkommene Märkte**. In Kapitel 3.2 werden die beiden Markttypen in Zusammenhang mit der Beschreibung von Preisbildungsprozessen genauer betrachtet.

Zusammenfassende Darstellung von Markteinteilungsmöglichkeiten

Die verschiedenen Möglichkeiten der Einteilung von Märkten zeigt die folgende Abbildung.

Märkte unterschieden nach:						
ihrer Funktion für Unternehmen und Staat		Marktbedingungen		Anzahl der Marktteilnehmer		
Beschaffungsmarkt/Faktormarkt	**Absatzmarkt/ Gütermarkt**	**vollkommener Markt**	**unvollkommener Markt**	**Polypol**	**Oligopol**	**Monopol**
Input der Produktionsfaktoren	Output von Sachgütern, Dienstleistungen und Rechten	bestimmte Annahmen sind erfüllt (theoretisches Modell)	Annahmen des vollkommenen Marktes werden teilweise oder gar nicht erfüllt (Wirklichkeit)	viele Anbieter und Nachfrager	wenige Anbieter oder Nachfrager	ein Anbieter oder Nachfrager

3.1.5 Marktabgrenzung

Manchmal muss der betrachtete Markt genau definiert werden, um zielgerichtet vorgehen zu können. Mit den Strategien der Anbieter beschäftigt sich das Marketing, ein Teilgebiet der Betriebswirtschaftslehre (vgl. LF 8 Kapitel 5). Die Marketinginstrumente dienen dazu, Güter im Markt abzusetzen und damit die Marktposition des Unternehmens zu verbessern. Werbeagenturen unterstützen Unternehmen dabei, ihre Marktanteile (Umsatzanteil eines Anbieters am Gesamtumsatz auf dem Markt) durch geeignetes Marketing zu vergrößern. Allerdings wollen die Kartellbehörden verhindern, dass Anbieter eine marktbeherrschende Stellung missbrauchen.

Beispiel: Marktabgrenzung beim Cola-Markt

Merkmal	Erläuterungen
sachliche Marktabgrenzung	Wird Cola von Verbrauchern im Allgemeinen als mit anderen Gütern gleichwertig bzw. austauschbar angesehen, also etwa mit anderen Limonadengetränken (Soft-Drinks) oder auch mit sonstigen Getränken mit oder ohne Kohlensäure wie Säften, Mineralwasser o. Ä.? Wenn ja, gibt es keinen Cola-Markt, sondern einen Kohlensäure-Getränke-Markt bzw. Getränke-Markt. Vielleicht gibt es sogar einen eigenen Markt für die Cola eines bestimmten Herstellers? Ist Cola in Flaschen und Dosen austauschbar?
räumliche Marktabgrenzung	In welches geografische Umfeld ist der sachlich abgegrenzte Markt einzuordnen – gibt es einen lokalen (örtlichen), nationalen (landesweiten) oder globalen (internationalen) Cola-Markt? Ein normaler Verbraucher stillt seinen Durst zwar im nächsten Umkreis, einige Hersteller handeln aber weltweit: Aus der Sicht des Verbrauchers ist der Markt lokal, aus der des Herstellers global.
zeitliche Marktabgrenzung	Ist der sachlich und räumlich abgegrenzte Markt dauerhaft oder nur zeitlich begrenzt vorhanden? Beispiel hierfür ist der Cola-Markt in Neustadt während des Stadtfests.

221060136

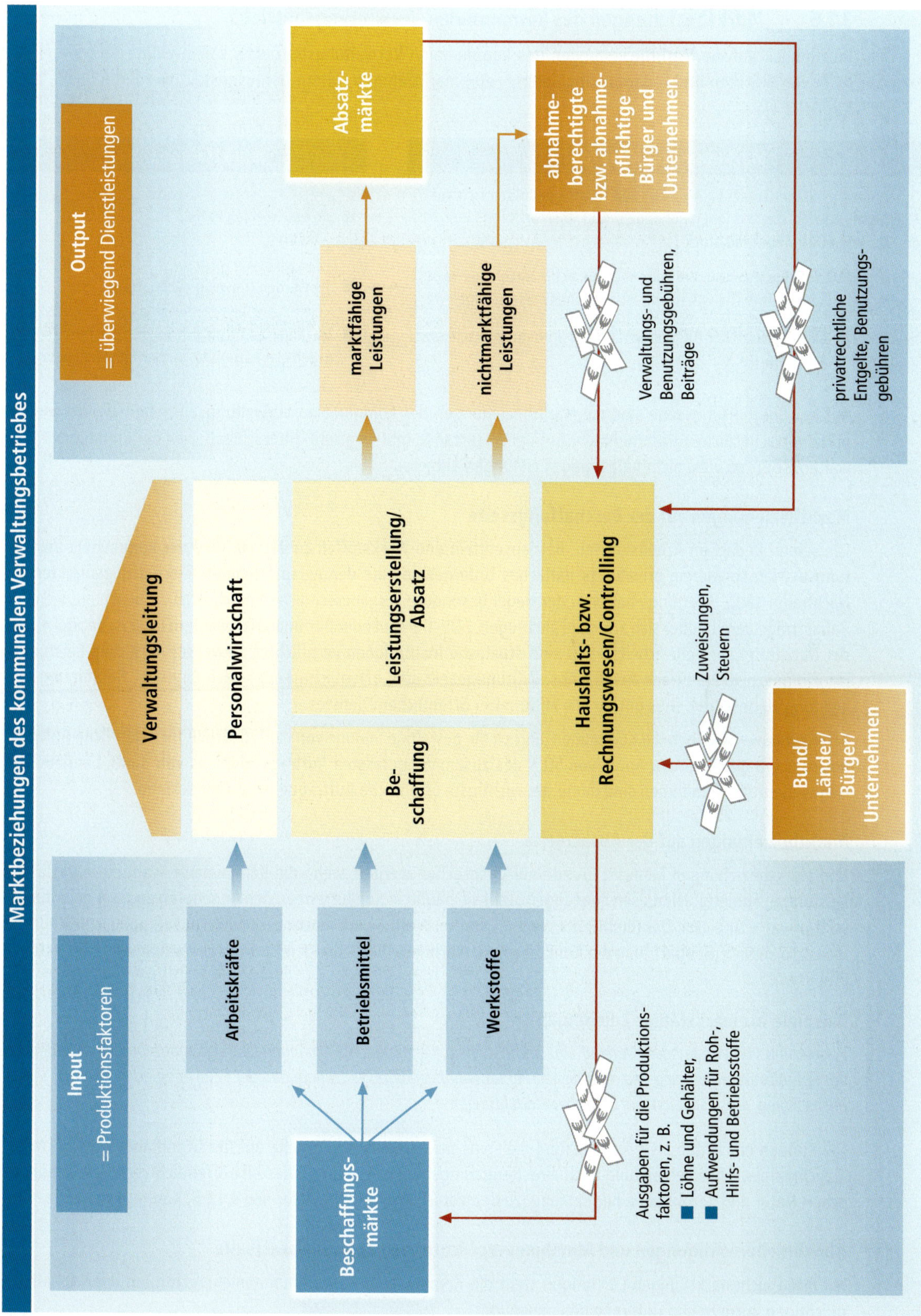
Marktbeziehungen des kommunalen Verwaltungsbetriebes
Input
= Produktionsfaktoren
Beschaffungs-
märkte
Arbeitskräfte
Betriebsmittel
Werkstoffe
Ausgaben für die Produktions-
faktoren, z. B.
Löhne und Gehälter,
Aufwendungen für Roh-, Hilfs- und Betriebsstoffe
Verwaltungsleitung
Personalwirtschaft
Be-
schaffung
Leistungserstellung/
Absatz
Haushalts- bzw.
Rechnungswesen/Controlling
Zuweisungen,
Steuern
Bund/
Länder/
Bürger/
Unternehmen
Output
= überwiegend Dienstleistungen
marktfähige
Leistungen
nichtmarktfähige
Leistungen
Absatz-
märkte
abnahme-
berechtigte
bzw. abnahme-
pflichtige
Bürger und
Unternehmen
Verwaltungs- und
Benutzungsgebühren,
Beiträge
privatrechtliche
Entgelte, Benutzungs-
gebühren

3.1.6 Marktbeziehungen des kommunalen Verwaltungsbetriebs

Im Hinblick auf die Marktbeziehungen des kommunalen Verwaltungsbetriebes sollen einige zentrale Merkmale von Märkten und – daraus abgeleitet – von marktfähigen Gütern herausgestellt werden (s. dazu auch Kapitel 2.3):

Merkmale von Märkten		marktfähige Güter
Durch das Zusammenspiel von Angebot und Nachfrage bilden sich auf Märkten Preise für das auf ihnen gehandelte Gut. Im Marktpreis kommt der Wert des Gutes zum Ausdruck.	→	■ Sie haben einen Preis.
Von einem Markt kann nur dann die Rede sein, wenn die Nachfrage nach einem Sachgut oder einer Dienstleistung nicht zwangsweise erfolgt.	→	■ Sie werden freiwillig nachgefragt.
Soweit nicht die Marktform des Angebotsmonopols vorliegt, herrscht ein mehr oder weniger starker Wettbewerb.	→	■ Sie ringen grundsätzlich um die Gunst der Käufer gegen gleichartige konkurrierende Angebote.

Auf der Beschaffungsseite sind die Marktbeziehungen des kommunalen Verwaltungsbetriebes ähnlich wie bei privatwirtschaftlichen Unternehmen. Auf der Absatzseite gibt es große Unterschiede, weil der kommunale Verwaltungsbetrieb viele nichtmarktfähige Leistungen anbietet.

Marktbeziehungen auf der Beschaffungsseite

Um seinen Bedarf an Arbeitskräften, Betriebsmitteln und Werkstoffen zu decken, wird der kommunale Verwaltungsbetrieb so wie ein privatwirtschaftliches Unternehmen auf den entsprechenden Beschaffungsmärkten als Nachfrager tätig. Allerdings hat er in der Regel besondere vergaberechtliche Vorschriften zu beachten, wenn er Bauaufträge vergibt oder sich z. B. mit Fahrzeugen, EDV-Geräten oder Büromaterial beliefern lässt (s. Kapitel 4). Bei der Nachfrage auf dem Arbeitsmarkt sind staatliche Institutionen verpflichtet, Bewerber nach dem Leistungsprinzip auszuwählen. Nach Art. 33 Abs. 2 Grundgesetz sind öffentliche Ämter nach Eignung, Befähigung und Leistung zu besetzen. Dies gilt für alle Mitarbeiter öffentlichen Dienstes.

Schätzungsweise geben die Kommunen jährlich die gewaltige Summe von ca. 125 Mrd. € für öffentliche Aufträge aus. Das entspricht einem Anteil von 50 % des zusammengefassten Auftragsvolumens von Bund, Ländern und Gemeinden. Die Kommunen sind damit der wichtigste öffentliche Auftraggeber in Deutschland.

Marktbeziehungen auf der Absatzseite

Von Marktbeziehungen kann im Grunde nur gesprochen werden, wenn die Kommunalverwaltung marktfähige Leistungen anbietet. Mit diesen Leistungen steht sie häufig in Konkurrenz zu den Angeboten anderer öffentlicher oder privater Anbieter. Der (mehr oder weniger starke) Wettbewerb macht besondere absatzpolitische Maßnahmen erforderlich (Beobachtung der Konkurrenten, Werbung, Überlegungen zur Preisgestaltung und Produktqualität usw.).

Beispiele für marktfähige Leistungen

Vermietung von Wohnungen, Verkauf von Grundstücken, Leistungen der kommunalen Eigenbetriebe aus dem Bereich der Energieversorgung und des öffentlichen Personennahverkehrs, Nutzenabgabe der Schwimmbäder, Theater, Volkshochschulen, Musikschulen und ähnlicher Einrichtungen

Die Kunden entrichten als Gegenleistung meistens privatrechtliche Entgelte auf der Grundlage eines Vertrags. Manchmal wird für die Leistung auch eine Benutzungsgebühr erhoben. Diese ist öffentlich-rechtlicher (hoheitlicher) Natur und beruht auf einer Satzung (zu den verschiedenen Entgeltformen s. LF 8, Kapitel 1.4).

Abnahmeberechtigungen und Abnahmeverpflichtungen auf der Absatzseite

Mit ihren nichtmarktfähigen Leistungen steht die Kommunalverwaltung abnahmeberechtigten oder abnahmepflichtigen Bürgern und Unternehmen gegenüber.

221060138

Beispiele

Im Falle der kostenlosen Bereitstellung von Teilen des kommunalen Infrastrukturvermögens (u. a. Straßen, Schulen, frei zugängliche Parkanlagen) oder der Gewährung sozialer Hilfen sind die Abnehmer berechtigt, die Leistung in Anspruch zu nehmen. Im Falle der Wasserversorgung, Abfall- und Abwasserbeseitigung sowie der Straßenreinigung sind die Abnehmer verpflichtet, die Leistung in Anspruch zu nehmen, da ein Anschluss- und Benutzungszwang besteht.

Zahlreiche weitere Leistungen sind mit einer Abnahmeverpflichtung für Bürger in bestimmten Lebenslagen verbunden und mit Zuständigkeitsregeln gekoppelt, die dem kommunalen Verwaltungsbetrieb eine Absatzgarantie verschaffen. Man denke nur an die vielen Produkte aus den Bereichen des Melde-, Gewerbe- und Personenstandswesens. So muss jede Person ab dem 16. Lebensjahr im Besitz eines Personalausweises sein. Dieser wird ausschließlich in der Heimatgemeinde ausgestellt.

Die Empfänger von kostenpflichtigen nichtmarktfähigen Leistungen müssen Benutzungsgebühren, Verwaltungsgebühren oder Beiträge entrichten, je nach Art der Leistung (s. LF 8, Kapitel 1.4). Im Falle der Wasserversorgung kann es sich trotz Zwangsausübung auch um ein privatrechtliches Entgelt handeln.

Besondere Finanzbeziehungen

Sie ergeben sich zu den Bürgern und Unternehmen des Gemeindegebietes aus dem Recht der Kommunen, Steuern zu erheben. Insbesondere die Grundsteuer und die Gewerbesteuer sind wichtige Einnahmequellen. Es handelt sich um Zwangsabgaben ohne Anspruch auf eine konkrete Gegenleistung. Weitere wichtige Positionen zur Finanzierung des Haushalts sind Finanzzuweisungen des Landes sowie Anteile an der Einkommen- und Umsatzsteuer, die Bund und Länder an die Kommunen weitergeben (s. LF 8, Kapitel 1.4).

Elemente des Neuen Steuerungsmodells zur Überwindung des fehlenden Wettbewerbs

Mit seinen nichtmarktfähigen Leistungen ist der kommunale Verwaltungsbetrieb keinem Leistungswettbewerb ausgesetzt. Er ist häufig alleiniger Anbieter im Gemeindegebiet. Es liegt demnach ein räumlich begrenztes Angebotsmonopol vor.[1] Der fehlende Wettbewerb bringt die Gefahr einer unwirtschaftlichen und wenig bürgerorientierten Leistungserstellung mit sich. Es fehlen die Anreize, kostengünstig zu arbeiten und die Bedürfnisse der Kunden angemessen zu berücksichtigen.

Kostenbewusstsein und Kundenorientierung sollen mithilfe des „Neuen Steuerungsmodells" geschaffen werden. Dazu gehören u. a. die folgenden Elemente:

- Einführung der kaufmännischen doppelten Buchführung auch in den Kernbereichen der Kommunalverwaltung in vielen Bundesländern (s. Band Rechnungswesen in der öffentlichen Verwaltung, Kapitel 1 bis 6),
- Definition und Beschreibung aller Produkte sowie die Erfassung ihrer „Herstellungskosten" auf der Grundlage einer funktionsfähigen Kosten- und Leistungsrechnung (s. LF 8, Kapitel 4 und Band Rechnungswesen in der öffentlichen Verwaltung, Kapitel 7 und 8),
- Übertragung der Budgetverantwortung auf die einzelnen Fachbereiche (s. LF 8, Kapitel 4.4),
- Optimierung von Geschäftsprozessen mit entsprechenden Veränderungen in der Aufbau- und Ablauforganisation (s. LF 8, Kapitel 2 und 3),
- Steuerung durch Zielvereinbarungen („Kontraktmanagement"), Controlling und Berichtswesen (s. Band Rechnungswesen in der öffentlichen Verwaltung, Kapitel 10).

Eine Möglichkeit, Wettbewerb selbst zu erzeugen, bietet der interkommunale Leistungsvergleich. Dieser erfordert ein ausgeklügeltes und einheitliches System aussagekräftiger Kennzahlen. Ein solches wurde von der Kommunalen Gemeinschaftsstelle für Verwaltungsmanagement (KGSt) entwickelt. Das Interkommunale Netz (IKO-Netz), ein eigenständiger Geschäftsbereich der KGSt, bietet den Kommunen die Möglichkeit, sich einem Vergleichsring anzuschließen, der das Kennzahlensystem anwendet. Die Kommune, die in einem bestimmten Aufgabenbereich am besten abschneidet, dient anderen als Vorbild bei der Suche nach Verbesserungsmöglichkeiten.

1 Streng genommen dürfte hier nicht von einem Angebotsmonopol gesprochen werden, denn eine Marktform setzt voraus, dass Güter auf Märkten gehandelt werden. Hier wird aber dem Sprachgebrauch in der Fachliteratur gefolgt und dieser Begriff auch im Zusammenhang mit nichtmarktfähigen Leistungen verwendet.

3.2 Preis

3.2.1 Preisbildung im vollkommenen Polypol

Modell des vollkommenen Markts

Eine wichtige Funktion von Märkten ist die Preisbildung, deren Untersuchung in der Realität kompliziert ist. Um die Entwicklung des Marktpreises besser zu verstehen, benutzt die Wirtschaftswissenschaft ein Modell, das die Wirklichkeit vereinfacht. Es handelt sich um ein gedankliches Modell, den **vollkommenen Markt,** mit dessen Hilfe grundlegende Prinzipien beschrieben und erklärt werden können. In der Wirklichkeit gibt es nur **unvollkommene Märkte**. Nahezu alle Wissenschaften benutzen Modelle, damit sie Dinge oder Vorgänge beschreiben, erklären oder vorhersagen können. Dies gilt auch für die Ökonomie. Neben gedanklichen Modellen gibt es auch gegenständliche Modelle, zum Beispiel einen Globus für die Erde, eine Straßenkarte, Auto- oder Flugzeugmodelle. Modelle haben aber ihre Tücken, weil sie niemals die ganze Wirklichkeit, sondern immer nur einen Teil davon erfassen.

Ein **Modell** ist eine Hilfskonstruktion, die für einen bestimmten Zweck wesentliche Ausschnitte der Wirklichkeit abbildet und der Problemlösung dient.

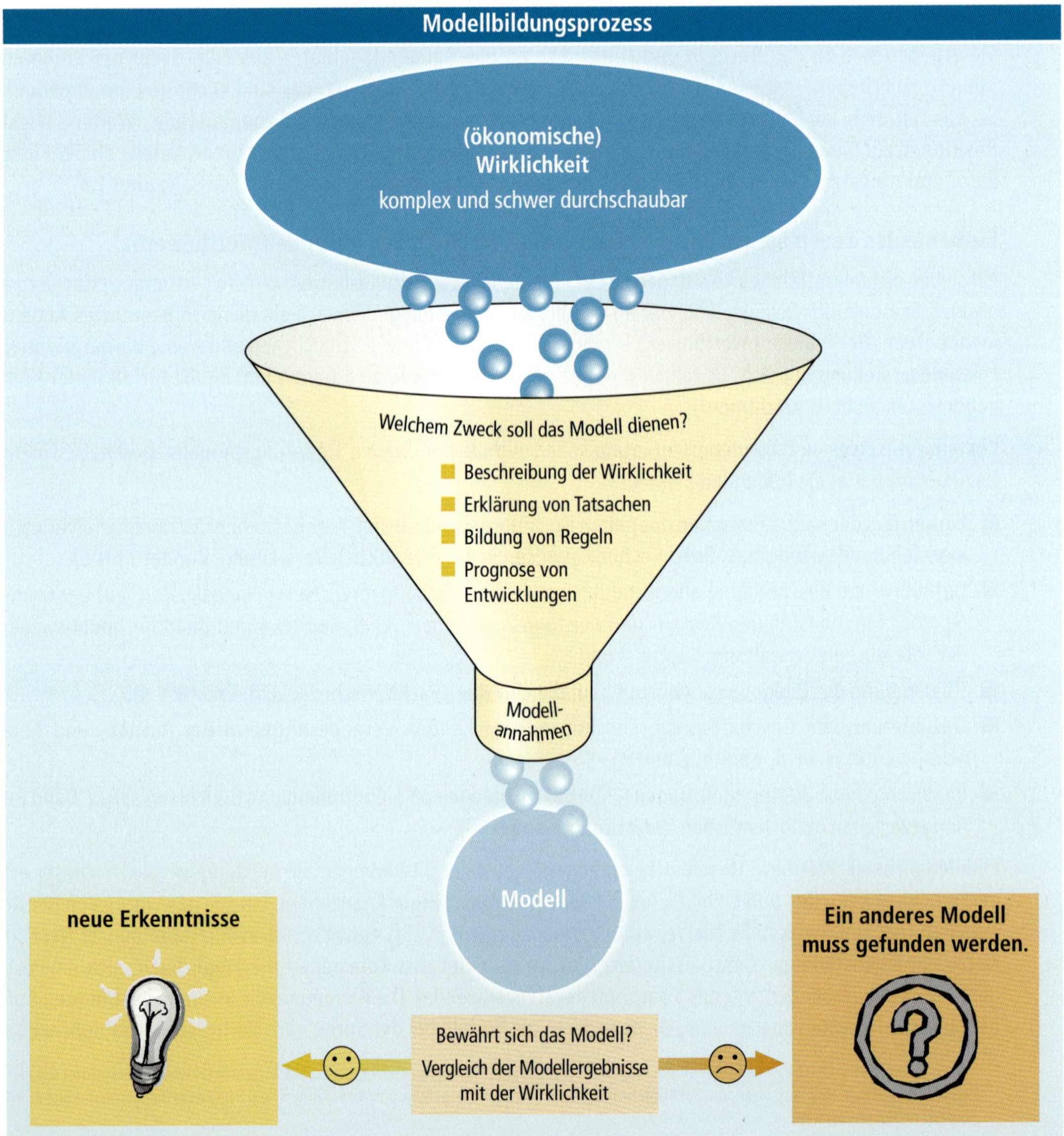

Ein **vollkommener Markt** stellt also ein vereinfachtes Modell dar, das aber grundlegende Prinzipien beschreibt und erklärt. Folgende Annahmen/Bedingungen liegen dem vollkommenen Markt zugrunde:

Bedingungen	
eines vollkommenen Marktes (Modell)	**unvollkommener Märkte (Wirklichkeit)**
Die Güter sind völlig gleichartig (homogen) und teilbar. Die Nachfrager haben keine Präferenzen (Vorlieben in räumlicher, zeitlicher oder persönlicher Art).	Die Güter sind verschieden, haben z. B. Qualitätsunterschiede, sind No-Name-Produkte oder Markenwaren. Vorlieben bestehen räumlich (für Anbieter in der Nähe), zeitlich (saisonale Preisschwankungen), persönlich (langjährige Geschäftsbeziehung).
Anbieter und Nachfrager verhalten sich stets vernunftgemäß (rational) nach dem ökonomischen Prinzip.	Das Käuferverhalten kann irrational sein, z. B. teures Parfum wird bevorzugt.
Es herrscht Markttransparenz, d. h., die Marktbedingungen sind für alle Marktteilnehmer überschaubar.	Es besteht keine Markttransparenz (Preise sind unterschiedlich, Anbieter nicht alle bekannt).
Raum und Zeit spielen keine Rolle.	Örtliche Bedingungen (das Gut ist am Ort vorhanden oder nicht vorhanden) und zeitliche Faktoren (das Gut ist sofort verfügbar oder nicht verfügbar) sind wichtig.

Vollkommenes Polypol

Um die Entwicklung des Marktpreises besser zu verstehen, benutzt die Ökonomie eine spezielle Art des vollkommenen Marktes als Modell, um den Mechanismus der Marktpreisbildung durch die wechselseitige Anpassung von Angebot und Nachfrage verständlich zu machen. Es handelt sich um einen vollkommenen Markt mit sehr vielen Marktteilnehmern (Polypol). Zwischen den Anbietern herrscht **vollkommene Konkurrenz.** Im Modell der vollkommenen Konkurrenz hängen Angebot und Nachfrage nur von der Höhe des Preises eines Gutes ab. Wenn man nach und nach die einschränkenden Bedingungen des Modells aufhebt, nähert man sich in der Betrachtung immer mehr der Preisbildung auf den unvollkommenen Märkten der Wirklichkeit an.

Das folgende Schaubild fasst die Beziehungen zwischen Markttypen und -formen sowie zwischen theoretischem Modell und ökonomischer Wirklichkeit zusammen.

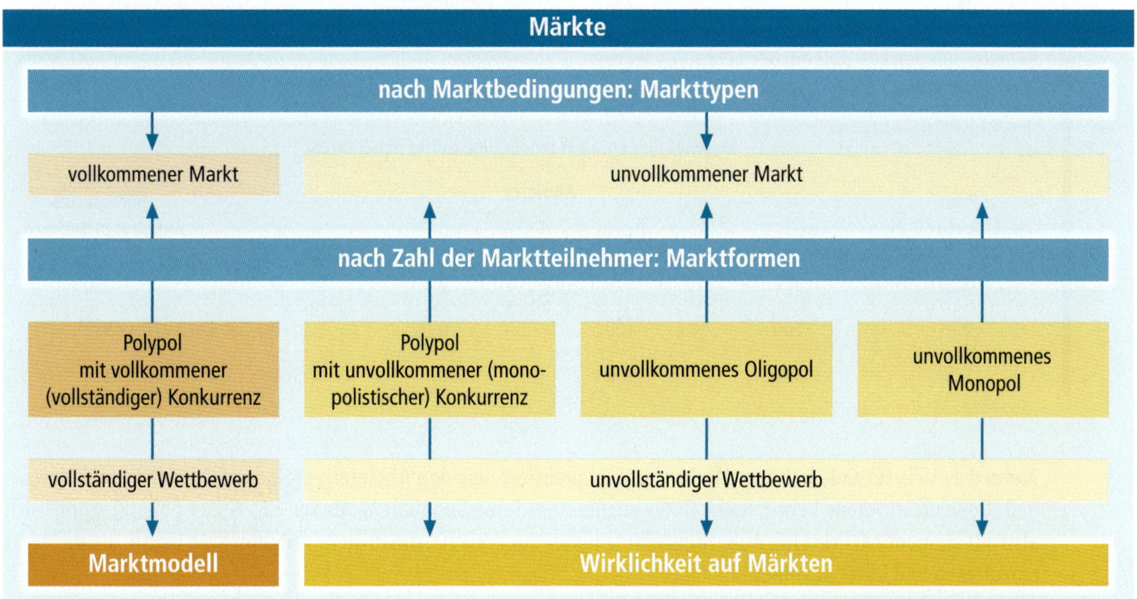

Angebot und Nachfrage im vollkommenen Polypol

Märkte, die den Bedingungen des vollkommenen Marktes nahe kommen, sind Börsen oder Internet-Auktionen. Da die Marktprozesse dort nicht besonders anschaulich verlaufen, stelle man sich im Folgenden vereinfacht vor, der Cola-Markt auf einem Neustädter Straßenfest sei ein vollkommenes Polypol.

Angebot im vollkommenen Polypol

Beispiel

Bestimmungsfaktoren eines individuellen Angebots von Cola auf einem Neustädter Straßenfest

Ein Anbieter kauft 0,2 l Cola zum Einstandspreis von 0,25 €. Er möchte die Cola gern für 2,00 € verkaufen, um einen möglichst hohen Gewinn zu erzielen (individueller Plan). Der Angebotspreis muss die Kosten der Ware, einen angemessenen Gewinn und die vom Staat erhobenen Steuern abdecken. Wenn ihm die Passanten nichts abkaufen, muss er überlegen, ob er den Preis senkt, damit er nicht auf der Ware „sitzen bleibt“, keinen Umsatz und Gewinn macht. Er muss die Pläne der Nachfrager berücksichtigen, um seinen Gewinn zu maximieren. Tut er dies nicht, wird er aus dem Markt ausscheiden.

Formeln:

Umsatz = Preis · Absatz (= abgesetzte/verkaufte Menge)

Gewinn = Umsatz – Kosten

Im Modell des vollkommenen Polypols hängen Angebot und Nachfrage nur von der Höhe des Preises eines Gutes ab.

Beispiel

Individuelles und aggregiertes (= zusammengefasstes) Angebot

Imbissinhaber Ahaus ist der einzige Anbieter, der bereit wäre, seine Cola für den geringen Preis von 0,50 € pro Becher zu verkaufen. Er würde zu diesem Preis 100 Becher verkaufen. Bei einem Preis von 0,75 € ist mit Herrn Breuer ein weiterer Anbieter bereit, 100 Becher Cola zu verkaufen. Der Imbissinhaber Ahaus wird sein Angebot für 0,75 € auf insgesamt 200 Becher erhöhen. Bei einem Preis von 1,00 € finden sich mit Herrn Crone und Herrn Dittrich zwei weitere Anbieter, die jeweils 300 Becher verkaufen würden, Imbissinhaber Ahaus würde zu diesem Preis sogar 400 Becher verkaufen wollen.

Angebot von Cola auf einem Neustädter Straßenfest					
Preis in €/Becher 0,2 l	Anbieter				aggregiertes Angebot in Bechern
	Ahaus	Breuer	Crone	Dittrich	
0,50	100	0	0	0	100
0,75	200	100	0	0	300
1,00	400	100	300	300	1100

Wenn der Preis für Cola auf dem Markt steigt, signalisiert dies den Anbietern steigende Gewinne pro Gütereinheit. Deshalb ist Ahaus bereit, mehr Güter anzubieten. Seine angebotene Menge des Gutes Cola (x) erhöht sich also mit steigendem Preis (p). Außerdem gilt: Je höher der Preis ist, desto mehr Anbieter sind bereit, in den Markt einzutreten und Güter anzubieten.

221060142

Angebot von Cola auf einem Neustädter Straßenfest					
Preis in €/0,2 l	aggregiertes Angebot = möglicher Absatz in Bechern	möglicher Umsatz in €	Kosten in €	möglicher Gewinn in €	möglicher Gewinn in €/0,2 l
0,50	100	50,00	25,00	25,00	0,25
0,75	300	225,00	75,00	150,00	0,50
1,00	1100	1100,00	275,00	825,00	0,75

Das **„Gesetz des Angebots“** lautet:

Bei steigendem Preis steigt die angebotene Menge (p ↑ → x ↑).

Bei sinkendem Preis sinkt die angebotene Menge (p ↓ → x ↓).

Die aggregierten Angebotsmengen aller Anbieter zu den jeweiligen Preisen können in einem Preis-Mengen-Diagramm als Punkte eingezeichnet werden. Aus der Verbindung der einzelnen Punkte ergibt sich die Angebotskurve bzw. Angebotsfunktion. Die angebotene Menge ist abhängig von der Höhe des Preises.

Das „Gesetz des Angebots“:
eine **Bewegung auf der Kurve** im Preis-Mengen-Diagramm
A = f (p)

Wenn der Preis steigt (hier: p1 → p2), steigt die Angebotsmenge (hier: x1 → x2).

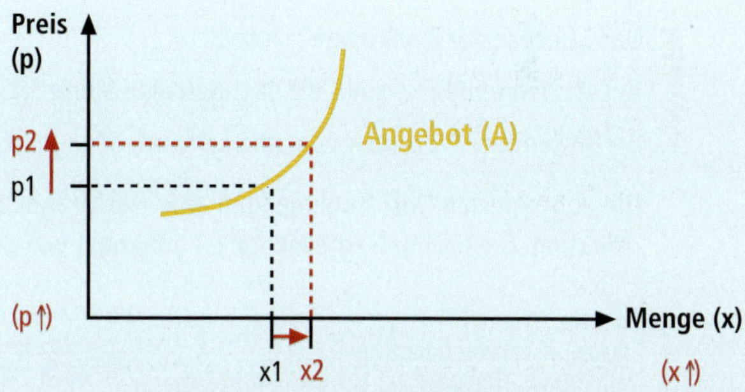

Das Angebot ist neben dem Preis auch abhängig von anderen Faktoren (z. B. beim Imbissbetreiber von dem Einkaufspreis des Gutes, den abzuführenden Steuern und dem angestrebten Gewinn). Diese Einflussgrößen werden jedoch in der Kurve selbst nicht abgebildet. Zum Beispiel führen steigende Kosten der Verkäufer zu einer Verschiebung der Angebotskurve nach links. Wer mehr Kosten für das Produkt in Einkauf oder Herstellung aufwenden muss, wird zum gleichen Preis weniger verkaufen bzw. einige Verkäufer werden das Gut nicht mehr anbieten.

Steigende Kosten für das Gut (Beispiel):
eine **Verschiebung der Angebotskurve**
A = f (p, Kosten, Steuern usw.)

Wenn die Kosten der Anbieter steigen, sinkt die angebotene Menge des Gutes, wenn der Preis konstant bleibt. Die Angebotskurve verschiebt sich nach links.

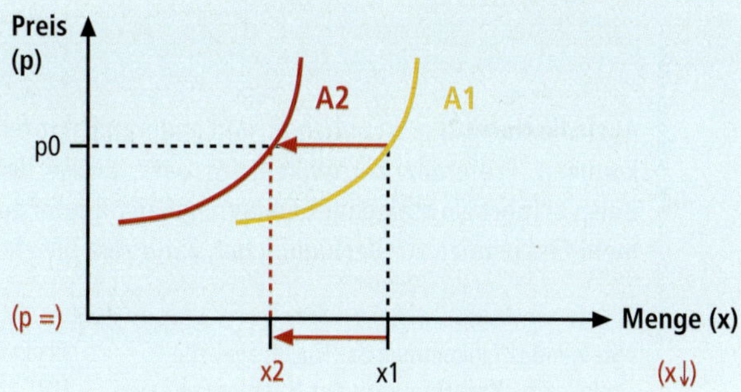

Nachfrage im vollkommenen Polypol

Beispiel

Individuelle und aggregierte Nachfrage

Die Cola-Trinker sind Nachfrager auf dem Cola-Markt des Neustädter Straßenfests. Für einen Preis von 2,00 € für einen Becher Cola würde nur Herr Zock einen Becher am Imbiss kaufen wollen. Für 1,75 € würden Herr Zock und

Frau Yagar jeweils einen Becher kaufen. Bei einem Preis von 1,50 € wären Herr Xenakis und Frau Wohmann bereit, einen Becher zu kaufen. Frau Yagar würde zu diesem Preis weiterhin einen, Herr Zock sogar zwei Becher nachfragen.

Nachfrage von Cola auf einem Neustädter Straßenfest

Preis in €/0,2 l	Nachfrager				aggregierte Nachfrage in Bechern
	Zock	Yagar	Xenakis	Wohmann	
2,00	1	0	0	0	1
1,75	1	1	0	0	2
1,25	2	1	1	1	5

Mit sinkendem Preis sind also immer mehr Nachfrager bereit, immer mehr Güter zu kaufen. Umgekehrt: Mit steigendem Preis wird weniger nachgefragt, denn je teurer die Cola ist, desto weniger Personen wollen kaufen. Sie müssten sonst wegen ihrer begrenzten Mittel auf andere Güter, die sie nachfragen wollen, verzichten. Einige Nachfrager werden stärker auf substitutive (austauschbare) Güter wie Limonaden, Fruchtsäfte o. Ä. ausweichen; wieder andere werden sich Cola gar nicht mehr leisten können.

Das **„Gesetz der Nachfrage"** lautet:

Bei steigendem Preis sinkt die nachgefragte Menge (p ↑ → x ↓).

Bei sinkendem Preis steigt die nachgefragte Menge (p ↓ → x ↑).

Die aggregierten Nachfragemengen aller Nachfrager zu den jeweiligen Preisen ergibt die Nachfragekurve oder -funktion. Die nachgefragte Menge ist abhängig von der Höhe des Preises.

Das „Gesetz der Nachfrage":
eine **Bewegung auf der Kurve** im Preis-Mengen-Diagramm
N = f (p)

Wenn der Preis steigt (hier: p1 → p2), sinkt die Nachfragemenge (hier: x2 ← x1).

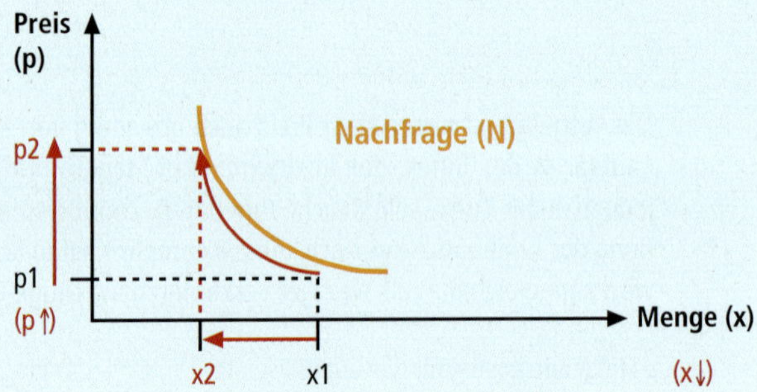

Auch die Nachfrage ist abhängig von anderen Faktoren, die in der Nachfragekurve nicht abgebildet werden (Einkommen, Präferenz/Wichtigkeit des Guts, Preise der Substitutionsgüter, technische Entwicklung usw.). Zum Beispiel führt ein steigendes Einkommen der Käufer zu einer Verschiebung der Nachfragekurve nach rechts. Wer mehr Einkommen zur Verfügung hat, kann zum gleichen Preis mehr kaufen.

Steigendes Einkommen der Nachfrager (Beispiel): eine **Verschiebung der Nachfragekurve**
N = f (p, Einkommen, Preise anderer Güter usw.)

Wenn das Einkommen der Nachfrager steigt, steigt die nachgefragte Menge des Gutes bei gleich bleibendem Preis. Die Nachfragekurve verschiebt sich nach rechts.

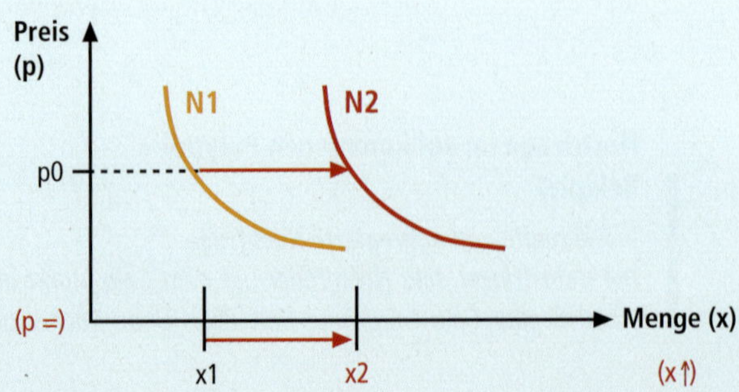

221060144

Zusammenfassung: Bestimmungsfaktoren von Angebot und Nachfrage		
Größenänderung/ Folge im Preis-Mengen-Diagramm	**Marktseite**	
	Angebot	**Nachfrage**
Preisänderung des Gutes: Bewegung auf der Kurve	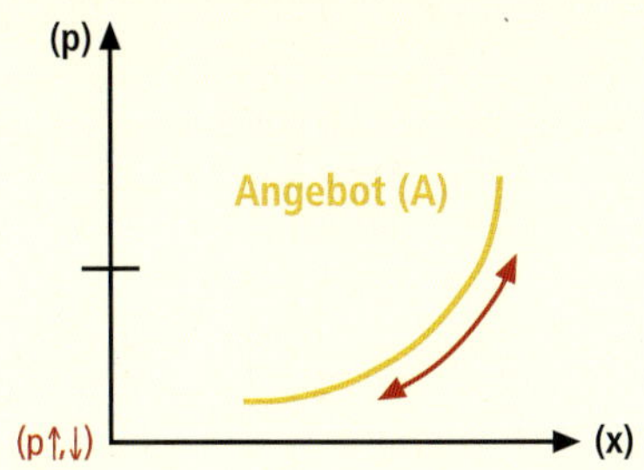	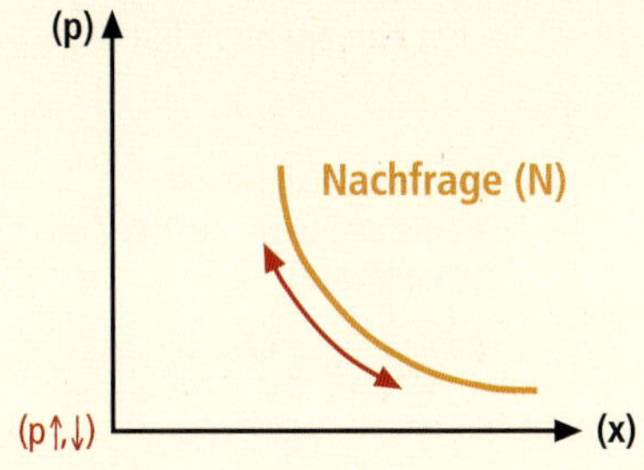
Änderungen sonstiger Faktoren (Einkommen der Haushalte, Preise anderer Güter, Kosten, Steuern, wirtschaftliche Erwartungen usw.): Verschiebung der Kurve	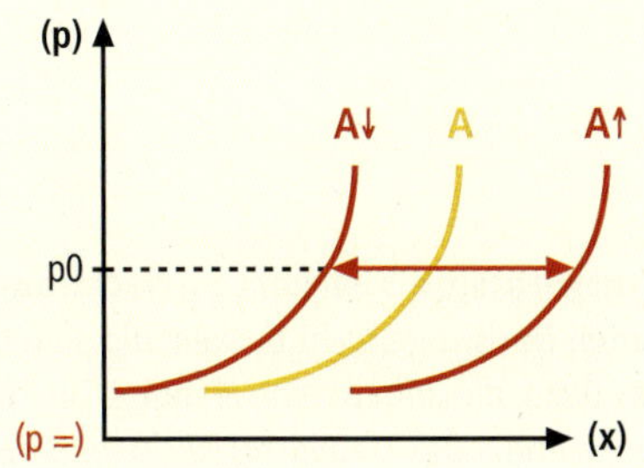	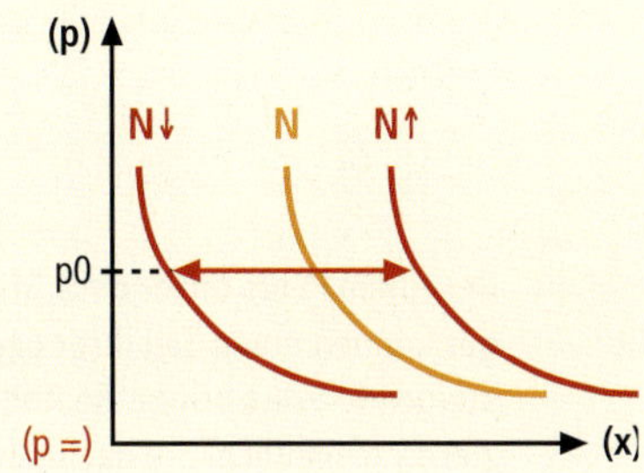

Gleichgewicht im vollkommenen Polypol

Überträgt man die Angebots- und Nachfragekurve in ein gemeinsames Diagramm, so schneiden sich die Kurven in einem Punkt, der den Gleichgewichtspreis und die Gleichgewichtsmenge abbildet. Beim Gleichgewichtspreis ist das Angebot gleich der Nachfrage, d. h., die von den Anbietern vorgesehenen Angebotsmengen entsprechen den von den Nachfragern gewünschten Nachfragemengen. Es gibt weder überschüssige Nachfrage noch ein zu großes Angebot. Der Markt ist geräumt, die angebotene Menge wird nachgefragt.

Marktgleichgewicht

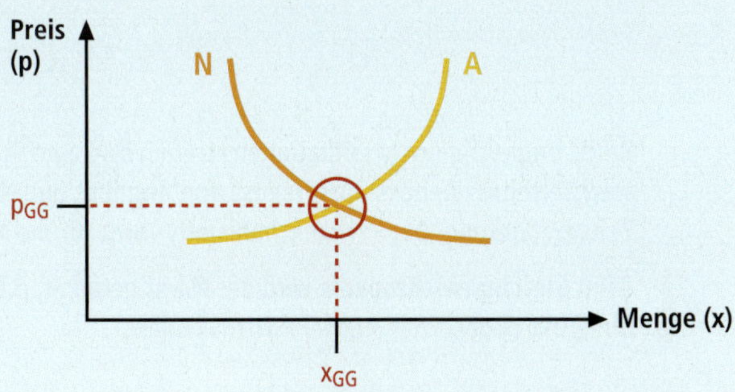

Um den Anpassungsmechanismus besser zu verstehen, kann man sich mit dem Modell des französischen Ökonomen Léon Walras behelfen: Ein Auktionator bringt Angebot und Nachfrage zum Ausgleich, indem er Preise ausruft, sich die jeweils angebotenen bzw. nachgefragten Mengen notiert und schließlich den Preis festlegt, bei dem Angebots- und Nachfragemengen gleich sind. So ähnlich geht es heute bei Versteigerungen (Fisch- oder Blumenmärkte, bei Kunstwerken), beim Aktienhandel der Börse oder bei Internet-Auktionen zu.

Ungleichgewichte und Tendenz zum Gleichgewicht

Bei einem **Preis über dem Gleichgewichtspreis** entsteht ein **Angebotsüberschuss** (A > N), d. h., die Anbieter können einen Teil ihrer Ware nicht wie geplant absetzen und sind bereit, den Preis für die Ware zu senken. Die Preissenkung reizt die Nachfrager, ihre Nachfrage zu erhöhen. Der sinkende Preis veranlasst die Anbieter schließlich dazu, weniger anzubieten. Das Ungleichgewicht verringert sich schrittweise, bis sich das Gleichgewicht eingependelt hat.

Marktungleichgewicht:
Angebotsüberhang (Nachfragelücke) – „Käufermarkt"

Anpassungsprozess:
A > N → P ↓ → N ↑, A ↓ → A = N

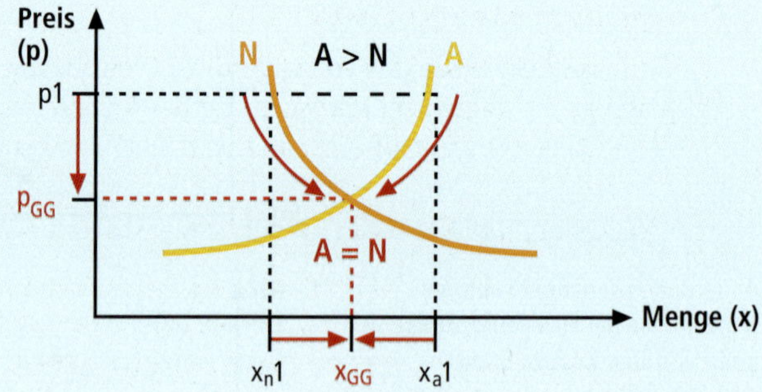

Bei einem **Preis unter dem Gleichgewichtspreis** entsteht ein **Nachfrageüberschuss** (N > A), d. h., die Nachfrager können einen Teil ihrer geplanten Nachfrage nicht decken und sind bereit, mehr für das Gut zu zahlen. Der steigende Preis bringt die Anbieter dazu, die angebotene Menge schrittweise zu erhöhen, die Nachfrager reduzieren schließlich ihre nachgefragte Menge. Das Ungleichgewicht wird immer kleiner, bis sich das Gleichgewicht eingestellt hat.

Marktungleichgewicht:
Nachfrageüberhang – „Verkäufermarkt"

Anpassungsprozess:
N > A → P ↑ → N ↓, A ↑ → A = N

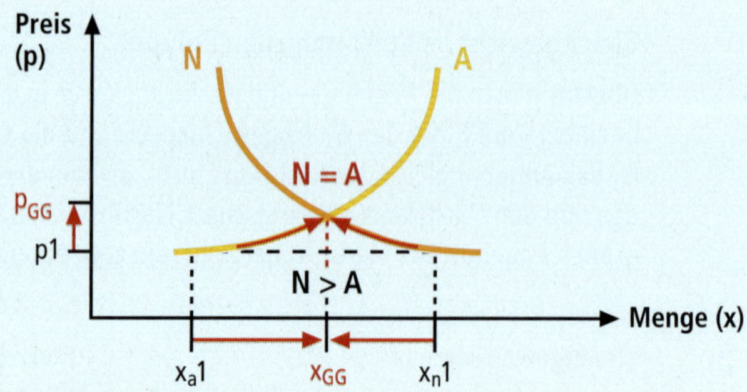

Beide Ungleichgewichtssituationen streben also zum Gleichgewicht. Im vollkommenen Polypol vollzieht sich dieser wechselseitige Anpassungsprozess von Angebot und Nachfrage den Modellannahmen entsprechend sofort, ohne Zeitverzögerung. Der Preismechanismus sorgt für die Abstimmung der Pläne der Anbieter und Nachfrager.

Beim **Gleichgewichtspreis** wird der Markt geräumt, d. h., es wird alles abgesetzt, was angeboten wird. Der Umsatz (Preis mal abgesetzter Menge) wird maximiert.

3.2.2 Preisbildung in unvollkommenen Märkten

Kein Wettbewerb im Modell

Das Geschehen auf realen Märkten ist nicht so mechanisch und harmonisch, wie es das Modell der vollkommenen Konkurrenz vielleicht glauben macht. Nach den Marktbedingungen können im Modell weder Anbieter noch Nachfrager den Preis beeinflussen, sie müssen den Preis als gegeben hinnehmen und können nur ihre

221060146

persönliche Angebots- bzw. Nachfragemenge ändern. Ein Ökonom hat die vollkommene Konkurrenz deshalb abschätzig als „Schlafmützenkonkurrenz" bezeichnet, weil jede individuelle Anstrengung eines Anbieters aufgrund der Marktbedingungen von vornherein zum Scheitern verurteilt ist. Ein Wettbewerb der Anbieter lohnt sich nicht.

Wettbewerb bedeutet, dass Anbieter um Nachfrager konkurrieren, zum Beispiel mithilfe des Preises, der Qualität oder des Kundendienstes für die angebotenen Güter.

Wettbewerb in der Realität

Bei unvollkommenen Märkten wird die Preisbildung durch die jeweiligen Unvollkommenheiten beeinflusst. Haben die Nachfrager Vorlieben, hat der Anbieter einen gewissen Preiserhöhungsspielraum. Gibt es nur einen Anbieter, kann dieser unter Umständen den Preis festlegen.

Regelung und Kontrolle des Wettbewerbs

Wettbewerb fördert technischen Fortschritt, gibt Impulse zur Qualitätssteigerung, hat sinkende Preise zur Folge und damit eine Steigerung des Wohlstands. Die Wirtschaftswissenschaften beschäftigen sich deshalb mit der Erklärung und der Aufrechterhaltung des Wettbewerbs auf den Märkten: der Wettbewerbstheorie und der Wettbewerbspolitik (dies sind Zweige der Volkswirtschaftslehre). Die Rechtswissenschaft deckt mit dem Wettbewerbs- und Kartellrecht das Gebiet der Regelung und Kontrolle des Wettbewerbs auf Märkten ab.

Wettbewerb und Preisbildung in verschiedenen Marktformen

- Im **Monopol** hat der Alleinanbieter keine Konkurrenz. Er kann seine Preise ohne Rücksicht auf andere Anbieter festsetzen. Der Absatz des Gutes hängt allein von der Nachfrage zu dem jeweils gewählten Preis ab.

Ein Monopolist ist **Preis- bzw. Mengenfixierer.**

- Im **Oligopol** hängt der Preis vom Verhalten der Anbieter ab. Folgende Möglichkeiten kommen in Betracht:
  - Preisruhe: Der Preis wird wegen erwarteter Reaktionen der Konkurrenten weder erhöht noch gesenkt.
  - Preisführerschaft: Ein Anbieter erhöht den Preis, die Konkurrenten ziehen mit.
  - Preiskampf: Ein Anbieter senkt den Preis, die Konkurrenten senken den Preis ebenfalls. Der Preiskampf kann bis zur Marktverdrängung von Konkurrenten führen.

  Preisabsprachen der Konkurrenten sind deshalb nicht unwahrscheinlich, sie sind aber vom Gesetzgeber untersagt (verbotenes Kartell). Gleichförmiges bzw. abgestimmtes Verhalten der Anbieter (Beispiel: Kraftstoffpreise an den Tankstellen) kann nicht untersagt werden, wenn keine Vereinbarung nachgewiesen werden kann.

Ein Oligopolist ist **Preisfixierer mit** einem durch die Konkurrenten **begrenzten Spielraum**.

- Im **Polypol** unter den Bedingungen des vollkommenen Marktes können die Anbieter den Preis gar nicht beeinflussen. Sie müssen den herrschenden Marktpreis akzeptieren und können nur durch die Wahl ihrer individuellen Angebotsmengen reagieren. Sie sind Mengenanpasser. Im unvollkommenen Polypol haben die Anbieter durch die Unterschiedlichkeit der Güter einen geringen Preisspielraum. Man spricht hier auch von **monopolistischer Konkurrenz.** Wird der Preis zu hoch, wandern die Nachfrager zur Konkurrenz ab.

Anbieter im vollkommenen Polypol sind **Mengenanpasser**. Anbieter im unvollkommenen Polypol haben einen geringen Preisspielraum.

Man kann zusammenfassend sagen, dass Anbieter keinen oder kaum Einfluss auf den Marktpreis haben, wenn sie viele sind (Polypol), Einfluss nehmen können, wenn nur wenige Anbieter vorhanden sind (Oligopol), oder den Marktpreis bestimmen, wenn sie alleiniger Anbieter sind (Monopol).

3.2.3 Funktionen der Preise in einer Marktwirtschaft

Der Preis hat die Aufgabe, Angebot und Nachfrage auf einem Markt zum Ausgleich zu bringen. Man kann dabei bestimmte Funktionen des Preises unterscheiden.

Funktion		Erläuterung der Funktionen von Preisen auf Märkten
Bewertung/ Information		Der **Nachfragepreis** zeigt die Zahlungsbereitschaft der Käufer für das Gut. Sie müssen dafür Einkommen aufwenden und auf andere Güter verzichten. Der **Angebotspreis** berücksichtigt u. a. die Herstell- oder Anschaffungskosten des Gutes. Sind sie durch den Marktpreis nicht gedeckt, werden die Anbieter auf ein anderes Gut umschwenken.
Signal		Der Preis bzw. die Entwicklung des Preises signalisiert, wie die angebotenen und nachgefragten Mengen des Gutes sich auf dem Markt verändern. Zum Beispiel zeigt ein steigender Preis, dass das Gut auf dem Markt knapp ist. Die Verkäufer erhöhen die angebotene Menge, die Käufer senken ihre Nachfrage.
Anreiz		Hohe bzw. steigende Preise stellen einen Anreiz für den Anbieter dar, zusätzliche Mengen eines Gutes bereitzustellen. Dies kann durch Abbau von Lagerbeständen oder durch Produktion bzw. Einkauf des Gutes geschehen.
Koordinierung/ Ausgleich		Der Preismechanismus räumt den Markt, d. h., die geplanten Angebots- und Nachfragemengen werden aufeinander abgestimmt. Produziert ein Unternehmen zu teuer oder zu viele Güter, so nehmen die Nachfrager diese Güter nicht ab. Das Unternehmen muss seine Pläne ändern, um wettbewerbsfähig zu bleiben.
Innovation		Der Preis signalisiert Gewinnchancen. Neue Produkte (z. B. Smartphone, E-Book, Medikamente) und Technologien (z. B. zur Nutzung der Wind- und Sonnenenergie) werden entwickelt, um Gewinn zu erwirtschaften.
auf Faktormärkten	**Lenkung/ Allokation**	Der Preis für Güter zeigt ihre Knappheit an und lenkt Produktionsfaktoren in zukunftsträchtige Branchen um. Wenn ein neues Gut besonders begehrt ist, wird die Herstellung des Gutes ausgeweitet. Dazu müssen Produktionsfaktoren bereitgestellt werden: Unternehmen werden errichtet, Arbeitskräfte eingestellt und Investitionen getätigt.
	Substitution	Auch der Preis auf den Märkten für Produktionsfaktoren kann sich verändern. Steigt der Preis für Strom sehr stark, werden Unternehmer in energiesparende Technologien investieren. Wenn Maschinen günstiger produzieren, werden Arbeitskräfte entlassen („Rationalisierung").

3.3 Staatliche Eingriffe in Märkte und Preise

3.3.1 Marktversagen und staatliche Gegenmaßnahmen

Der Preismechanismus sorgt grundsätzlich für eine optimale Allokation der Produktionsfaktoren. Dies bedeutet, er lenkt den Einsatz der Produktionsfaktoren in einer Volkswirtschaft so, dass die bestmögliche, also umsatz- bzw. gewinnmaximale Auswahl von Sachgütern und Dienstleistungen hergestellt wird und sich die Produktion zugleich an den Bedürfnissen der Konsumenten orientiert. Allerdings gibt es Situationen, in denen der Preismechanismus seine Aufgaben nur unvollkommen oder überhaupt nicht erfüllt. Man spricht hierbei von Marktversagen. In solchen Fällen muss der Staat korrigierend eingreifen.

Möglichkeiten des Eingriffs sind z. B.:

- Verbote (gesellschaftlich unerwünschte Märkte: Organhandel, Rauschgifthandel)
- Gebote bzw. Zwang (Vorschriften zum Verbraucherschutz: Gewährleistung für die Qualität von Gütern, Auflagen zum Schutz der Umwelt)
- Besteuerung („Ökosteuer" auf Kraftstoffe und Strom) oder Begünstigung (Förderung von erneuerbaren Energien wie Strom aus Windkraft- und Solaranlagen)

Marktversagen bei Marktunvollkommenheiten

Reale Märkte weisen Unvollkommenheiten auf. Unvollkommenheiten liegen vor, weil bestimmte Bedingungen des Modells der vollkommenen Konkurrenz in der Realität nicht erfüllt sind.

221060148

Marktunvollkommenheiten und staatliche Gegenmaßnahmen		
Bedingungen der vollkommenen Konkurrenz	**Unvollkommenheiten**	**Maßnahmen**
viele Marktteilnehmer Preis kann durch Marktteilnehmer nicht beeinflusst werden.	Marktmacht bei Oligopolen und Monopolen	■ Wettbewerbsrecht: – Kartellverbot (Preis- oder Gebietsabsprachen von Unternehmen) – Fusionskontrolle (Überwachung von Zusammenschlüssen von Unternehmen) – Missbrauchsaufsicht (Verbot des Machtmissbrauchs marktbeherrschender Unternehmen) ■ staatlich administrierte Preise: Festsetzung oder Genehmigung von Preisen (Strom, Gas, Postentgelte) ■ Monopol wird durch öffentliche Unternehmen betrieben (Stadtwerke, Wasserwerke usw.).
Markttransparenz	■ asymmetrische (= ungleich verteilte) Informationen	Nachfrager-/Verbraucherschutz durch: ■ gesetzliche Gewährleistung beim Kauf sichert Qualität von Gütern ■ Schutzvorschriften zu Allgemeinen Geschäftsbedingungen, Verbrauchsgüterkäufen, Verbraucherkrediten, Fernabsatz usw.
Güter sind homogen (= gleichartig).	■ Güter sind heterogen. ■ Anbieter wissen mehr über die Qualität und den angemessenen Preis des Gutes als Nachfrager.	■ Tests (Stiftung Warentest) ■ Normung (DIN) ■ Verbraucherzentralen ■ Aufsicht durch Behörden (z. B. Bundesnetzagentur im Elektrizitäts-, Gas-, Telekommunikations- und Postdienstleistungsmarkt)

Marktversagen durch externe Effekte

Das Handeln von Anbietern und Nachfragern auf Märkten kann zu positiven oder negativen Auswirkungen auf nicht am Markt beteiligte Personen führen. Da diese Auswirkungen in den Preiskalkulationen von Anbietern und Nachfragern unberücksichtigt bleiben, schlagen sie sich nicht im Marktpreis nieder. Sie werden deshalb als externe Effekte bezeichnet.

Einen negativen externen Effekt stellt z. B. die Umweltverschmutzung durch den Straßenverkehr dar. Negative externe Effekte verursachen externe Kosten, man spricht auch von sozialen Kosten, weil sie die Gesellschaft zu tragen hat. Der Eingriff des Staates kann nun darin bestehen, Auflagen zum Schutze der Umwelt zu machen (Einbau von Rußfiltern in Diesel-Kraftfahrzeuge), um die externen Effekte zu minimieren. Zusätzlich kann er die Verursacher externer Kosten finanziell belasten (höhere Kfz-Steuern für Diesel-Fahrzeuge ohne Rußfilter). Neuerdings versucht man, einen Markt für die Umwelteinwirkungen zu schaffen, um externe Effekte zu internalisieren, d. h. mit einem Preis zu versehen.

Beispiel

Externe Effekte und Emissionsrechtehandel bei der Stromerzeugung

Die mögliche Umweltgefährdung durch die Herstellung von Strom aus ***Atomkraft*** *wird nicht als negativer externer Effekt berücksichtigt. Die Erzeugung von Strom aus* ***erneuerbaren Energien*** *wie Wind- und Solarenergie oder Biogas wird staatlich unterstützt. Die Stromnetzbetreiber müssen den Strom abnehmen und dem Erzeuger einen Mindestpreis bieten, den der Stromkunde mit seiner Rechnung zahlt. Negative externe Effekte wie z. B. Lärm oder Tötung von Vögeln durch Windkraftanlagen werden nicht bewertet. Bei der Herstellung von Strom aus* ***Kohle, Öl oder Gas*** *wird Kohlendioxid erzeugt, das schädliche Treibhausgas, das für die Erwärmung der Erdatmosphäre verantwortlich ist. Im Strompreis wird dieser negative externe Effekt durch die Ökosteuer berücksichtigt. Außerdem haben sich viele Staaten, u. a. auch Deutschland, dazu verpflichtet, ihren* CO_2*-Ausstoß zu senken.*

*Dazu hat man einen neuen Markt geschaffen: ein Handelssystem für CO_2-Emissionszertifikate, an dem energieintensive Unternehmen und Energieversorger teilnehmen müssen. Der **CO_2-Emissionshandel** hat 2005 begonnen: Die Tonne CO_2 erzielt einen Preis, den der Markt bestimmt. Die Unternehmen haben die Wahl – entweder sie kaufen auf einem Markt für Emissionsrechte (Zertifikate) „fremde" Klimaschutzleistungen ein oder investieren selbst in die Verbesserung ihrer Anlagen. Diese „make-or-buy"-Entscheidung hängt von den Marktpreisen für Emissionszertifikate ab. Damit gewährleistet der Emissionshandel, dass finanzielle Mittel dort für den Klimaschutz eingesetzt werden, wo sie die größtmöglichen Effekte erzielen und Anreize für Investitionen gegeben werden. In Deutschland werden die CO_2-Emissionsrechte von der Deutschen Emissionshandelsstelle (DEHSt) im Umweltbundesamt versteigert.*

Funktionsweise des Emissionshandels

Merkmal	Anlage I	Anlage II
ursprünglicher CO_2-Ausstoß	5000 t	5000 t
staatlich zugeteilte Emissionsberechtigungen (Zertifikate)	4500 t	4500 t
CO_2-Reduzierung durch Investition	1000 t	–
neuer CO_2-Ausstoß	4000 t	5000 t
Zertifikathandel	Verkauf 500 t	Einkauf 500 t
vorhandene Emissionsberechtigungen	4000 t	5000 t
ERGEBNIS	Das Ziel der CO_2-Minderung um 1 000 t ist erreicht: Der Betreiber der Anlage I hat in umweltschonende Technologien investiert und über den Verkauf der Zertifikate Einnahmen erzielt, der Betreiber der Anlage II hat sich kostenintensive Investitionen erspart.	

Marktversagen bei öffentlichen Gütern

Meritorische Güter werden vom Staat angeboten, weil das Marktergebnis bei rein privatwirtschaftlicher Betätigung aus gesellschaftlicher Sicht korrekturbedürftig ist. Die Nachfrage würde ohne das staatliche Angebot nicht das gesellschaftspolitisch gewünschte Ausmaß erreichen (s. Kapitel 2.2). Der Staat lenkt die Nachfrage durch Zwang (Schul-, Sozialversicherungspflicht) oder mithilfe finanzieller Zuschüsse (Theater, Sportanlagen, Bibliotheken).

Staatliche Aktivitäten können auch erforderlich werden, wenn der Markt gar kein Angebot hervorbringt. Dies ist bei den **spezifisch-öffentlichen Gütern** der Fall. Ihr Angebot muss der Staat sichern, da sie von der Privatwirtschaft nicht bereitgestellt werden (s. Kapitel 2.2). Der Staat finanziert die Bereitstellung durch Steuern, Gebühren und Beiträge. Häufig bietet er die Güter selbst an, er kann aber auch private Unternehmen mit der Bereitstellung beauftragen und dafür bezahlen (z. B. Vergabe der Unterhaltung und Steuerung von Ampelanlagen).

3.3.2 Staatliche Preisregulierungen

Arten von Regulierungen

Manchmal führt die unbeeinflusste Preisbildung auf Märkten zum Marktversagen wegen unerwünscht hoher oder niedriger Preise. Hier greift der Staat ein, um Nachfrager oder Anbieter zu schützen bzw. in Krisensituationen Engpässe zu überwinden. Grundsätzlich gibt es zwei Möglichkeiten für den Staat, Märkte bzw. Preise zu regulieren: marktkonforme und nicht marktkonforme (= marktkonträre) Eingriffe.

Marktkonforme Regulierungen lassen den Preismechanismus auf den Märkten, wie er ist. Über staatliche Zahlungen oder Abgaben wird indirekt Einfluss auf dem Markt genommen.

Beispiele

Transferzahlungen (Wohngeld, Ausbildungsförderung, Subventionen), Steuerbe- oder -entlastungen

Marktkonträre Eingriffe verhindern die freie Preisbildung.

Beispiele

Preisfestlegungen (Mindestpreise, Höchstpreise, Preisstopp), Mengenregulierungen (Importquoten, Produktionsquoten)

Regulierende Maßnahmen sollten möglichst marktkonform erfolgen, da das Außerkraftsetzen der Marktfunktionen erhebliche Nachteile mit sich bringt.

Höchstpreis

Eine Möglichkeit für den Staat, in den Wettbewerb einzugreifen, ist das Festlegen eines Höchstpreises. Der Höchstpreis soll Nachfrager vor überhöhten Marktpreisen schützen. Er liegt unter dem Gleichgewichtspreis, sonst würde die Einführung keinen Sinn haben, da der Marktpreis günstiger wäre. Wird ein Höchstpreis ($p_{Hö}$) festgesetzt, sinkt das Angebot ($x_{aHö}$) und die Nachfrage steigt ($x_{nHö}$). Es entsteht ein Nachfrageüberhang. Da der Preis nicht steigen darf, bleibt das Marktungleichgewicht bestehen. Der Preis kann seine **Ausgleichsfunktion nicht** mehr **erfüllen.** Der Höchstpreis verringert das Angebot dauerhaft (von x_{GG} auf $x_{aHö}$). Es wird lediglich die angebotene Menge ($x_{aHö}$) abgesetzt.

Auch die **Anreiz- und Innovationsfunktion** des Preises werden **außer Kraft** gesetzt. Werden z. B. Höchstmieten festgelegt, um sozial Schwächeren das Mieten einer Wohnung zu ermöglichen, so besteht für den Vermieter kein Anreiz mehr, etwas in seine Wohnungen zu investieren oder gar neue Wohnungen zu bauen. Warteschlangen bei Wohnungsbesichtigungen entstehen. Viele, die auf Wohnungssuche sind, finden keine Wohnung. Es entstehen Schwarzmärkte (Bestechungsgelder oder getarnte „Abstandszahlungen" für nicht vorhandene Einrichtungen sind zu zahlen). Der Staat muss dafür sorgen, dass das Angebot vergrößert wird (Meldepflicht für leer stehende Wohnungen, Abgabe für Fehlbelegung) und die Nachfrage verkleinert bzw. gelenkt wird (Wohnberechtigungsscheine nach Einkommen und Personenzahl im Haushalt).

Wirkungen eines Höchstpreises: Nachfrageüberhang

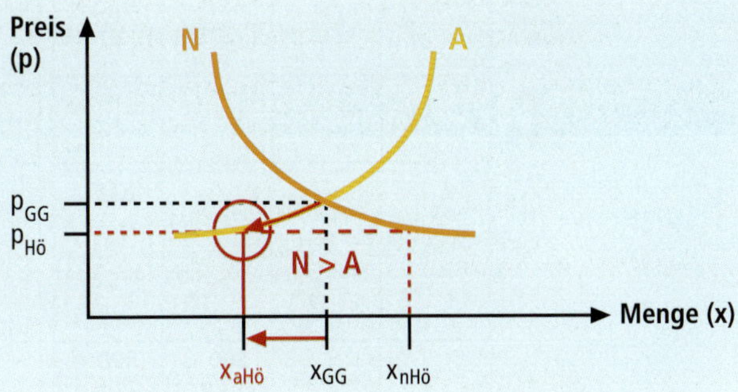

Mindestpreis

Das Festlegen eines Mindestpreises soll Anbieter bestimmter Branchen vor zu geringen Marktpreisen schützen. Der Mindestpreis liegt über dem Gleichgewichtspreis, sonst würde die Einführung keinen Sinn haben, da der Marktpreis höher wäre. Wird ein Mindestpreis (p_{Mi}) festgesetzt, steigt das Angebot (x_{aMi}) und die Nachfrage sinkt (x_{nMi}). Es entsteht ein Angebotsüberhang. Da der Preis nicht sinken darf, bleibt das Marktungleichgewicht bestehen. Der Mindestpreis verringert die Nachfrage dauerhaft (von x_{GG} auf x_{nMi}). Es wird lediglich die nachgefragte Menge (x_{nMi}) abgesetzt. Neben der **Ausgleichs-** sind die **Informations- und Signalfunktionen** des Preises **außer Kraft** gesetzt.

Auch die **Lenkungsfunktion** wird **unwirksam**. Wenn die Angebotsüberschüsse vom Staat nicht abgenommen werden, entsteht ein „grauer Markt“, in dem die Güter billiger verkauft werden. Um dies zu verhindern, muss der Staat regulierend eingreifen: Er erzwingt oder fördert eine Angebotsverringerung, theoretisch wäre auch eine Nachfragevergrößerung durch Abnahmezwang denkbar. Wenn der Staat einen Mindestpreis mit einer Abnahmegarantie der Güter koppelt, muss er die überschüssigen Güter aufkaufen. Er lagert sie ein, vernichtet sie oder verkauft sie verbilligt auf dem Weltmarkt.

Wirkungen eines Mindestpreises: Angebotsüberhang

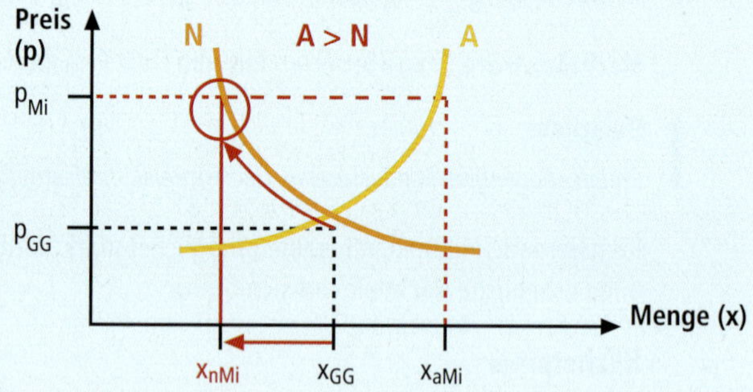

Ein **Preisstopp** bzw. die Einführung von Festpreisen für lebensnotwendige Güter soll ständige Preissteigerungen in schweren wirtschaftlichen und politischen Krisensituationen vermeiden und die Versorgung der Bevölkerung gewährleisten. Die Wirkungen entsprechen praktisch denen des Höchstpreises: Warteschlangen vor Geschäften, ein Schwarzmarkt entsteht, das Geld verliert seinen Tauschwert und wird durch knappe Güter ersetzt („Zigarettenwährung“), ein Bezugsscheinsystem ist notwendig (Lebensmittelkarten nach dem Zweiten Weltkrieg).

Lebensmittelkarte

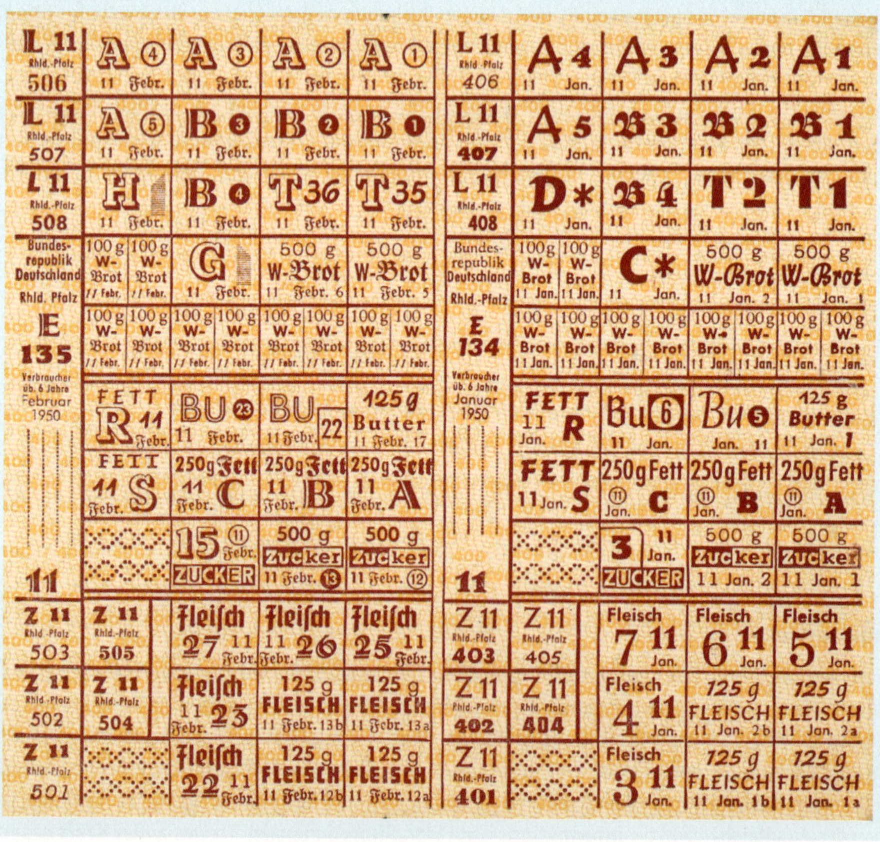

4 Planung und Durchführung von Beschaffungsvorgängen

4.1 Grundzüge der Beschaffungsplanung

Die Beschaffung wurde bereits als betriebliche Grundfunktion gekennzeichnet, die den Einkauf und die termingerechte Bereitstellung von Betriebsmitteln und Werkstoffen beinhaltet (s. Kapitel 1.3).

Eine zielgerichtete und wirtschaftliche Beschaffung muss gut vorbereitet sein. Die Planungstätigkeit lässt sich anhand von Fragewörtern skizzieren:

Fragewörter	Beschaffungsaufgaben	Planungselemente
Was?	Art und Menge der benötigten Güter müssen ermittelt werden.	Bedarfsplanung
Wie viel?	Es ist zu entscheiden, in welchen Teilmengen der festgestellte mengenmäßige Bedarf beschafft werden soll.	Bestellmengenplanung
Wo?	Angebote müssen eingeholt und verglichen werden. Das wirtschaftlichste Angebot erhält den Zuschlag.	Lieferantenauswahl
Wann?	Es ist zu klären, zu welchem Zeitpunkt die benötigten Güter (nach-)bestellt werden müssen, damit sie termingerecht eintreffen.	Zeitplanung

Öffentliche Verwaltungen müssen bei der Beschaffung von Betriebsmitteln, Werkstoffen und Dienstleistungen Vergabevorschriften beachten. Die Grundlagen des Vergaberechts, sein Einfluss auf die Lieferantenauswahl und die Durchführung des Angebotsvergleichs stehen im Mittelpunkt der Kapitel 4.2 bis 4.7. Die Ausführungen sind für Betriebsmittel und Werkstoffe gleichermaßen relevant. Die Kapitel 5.1 bis 5.5 behandeln die speziellen Gegebenheiten der Beschaffung von Werkstoffen. Dabei finden die Bestellmengen- und Zeitplanung unter Beachtung einer ausreichenden und wirtschaftlichen Lagerhaltung besondere Aufmerksamkeit. Auch die Bedarfsplanung wird berücksichtigt.

Bevor eine Beschaffungsmaßnahme detailliert geplant wird, ist zu klären, ob für ihre Durchführung noch genügend Finanzmittel zur Verfügung stehen. In Verwaltungen mit kameralistischer Buchführung erfolgt die Budgetkontrolle mithilfe der Haushaltsüberwachungsliste. Sie zeigt nicht nur, in welcher Höhe die Ausgabenermächtigung für die zutreffende Haushaltsstelle bereits in Anspruch genommen wurde. Auch die noch verfügbaren Haushaltsmittel werden ausgewiesen (s. LF 4, Kapitel 3.2.5). Verwaltungen mit doppelter Buchführung benötigen ein ähnliches Instrument. Hier ist die Überwachung der Aufwands- und Ausgabenermächtigungen in die Finanzbuchhaltungssoftware integriert. Da es unterschiedliche Systeme gibt, existiert kein standardisiertes Kontrollinstrument.

4.2 Vergabe öffentlicher Aufträge

Rechtlicher Handlungsrahmen für die öffentlichen Auftraggeber

Bei der Vergabe öffentlicher Aufträge handelt es sich um Geschäftsabwicklungen im Rahmen des bürgerlichen Rechts. Es kommen **Verträge zwischen gleichberechtigten Partnern** zustande. Allerdings besteht an diesem zivilrechtlichen Vorgang ein berechtigtes **öffentliches Interesse**, da Gelder der Allgemeinheit ausgegeben werden. Darin liegt die Begründung für die Existenz des Vergaberechts. Es soll nicht nur eine wirtschaftliche Haushaltsführung sicherstellen, sondern auch ein korruptionsfreies, rechtssicheres und nachvollziehbares Verfahren, in dem alle beteiligten Anbieter gleich behandelt werden. Das Vergaberecht umfasst die Gesamtheit der Regeln und Vorschriften, die den öffentlichen Auftraggebern eine bestimmte Vorgehensweise beim Einkauf von Gütern und Dienstleistungen vorschreibt.

In Abhängigkeit vom Auftragswert ergibt sich eine Zweiteilung des deutschen Vergaberechts. Liegt die voraussichtliche Auftragssumme unterhalb bestimmter EU-Schwellenwerte ist eine nationale Vergabe durchzuführen. Diese basiert auf dem Haushaltsrecht von Bund, Ländern und Kommunen. Erreicht die Auftragssumme den maßgeblichen EU-Schwellenwert, muss EU-weit ausgeschrieben werden. Dabei sind Rechtsvorschriften anzuwenden, die geschaffen wurden, um die Vergaberichtlinien der EU in deutsches Recht umzusetzen.

Nationale Vergabe (Haushaltsrecht):	EU-weite Vergabe (Europarecht):
■ Bundeshaushaltsordnung (BHO) für den Auftraggeber „Bund"[1] ■ die jeweilige Landeshaushaltsordnung (LHO) für den Auftraggeber „Land"[2] ■ die jeweilige Gemeindehaushaltsverordnung (GemHVO) des Bundeslandes für den Auftraggeber „Gemeinde" ■ Verwaltungsvorschriften zu den angegebenen Haushaltsordnungen ■ Vergabe- und Vertragsordnung für Bauleistungen, Teil A, Abschnitt 1 (VOB/A) ■ Vergabe- und Vertragsordnung für Leistungen, Teil A (VOL/A) ■ Unterschwellenvergabeordnung (UVGO)	■ Gesetz gegen Wettbewerbsbeschränkungen (GWB), Teil 4 bis 6 ■ Verordnung über die Vergabe öffentlicher Aufträge (VgV) ■ Vergabe- und Vertragsordnung für Bauleistungen, Teil A, Abschnitt 2 (VOB/A – EU) ■ Vergabe- und Vertragsordnung für verteidigungs- und sicherheitsrelevante Bauleistungen, Teil A, Abschnitt 3 (VOB/A – VS) ■ Sektorenverordnung (SektVO) ■ Vergabeverordnung für die Bereiche Verteidigung und Sicherheit (VSVgV) ■ Konzessionsvergabeverordnung (KonzVgV)

Sowohl bei nationaler als auch EU-weiter Vergabe sind zusätzlich die Vergabegesetze des jeweiligen Bundeslandes sowie verwaltungsinterne Beschaffungsordnungen zu beachten. Darüber hinaus sind Teil B und C der VOB bzw. Teil B der VOL als Allgemeine Vertragsbedingungen zu berücksichtigen, wenn ihre Anwendung vereinbart wurde.

■ **Vergabe- und Vertragsordnungen**

Sie sind ein wesentlicher Bestandteil des Vergaberechts. Es gibt
- die Vergabe- und Vertragsordnung für Bauleistungen (VOB) und
- die Vergabe- und Vertragsordnung für Leistungen (VOL) (sie gilt für Lieferungen und Dienstleistungen, die keine Bauleistungen sind).

Die VOB und VOL haben beide einen A-Teil und einen B-Teil. Der A-Teil enthält Allgemeine Vergabebestimmungen, die sich im Wesentlichen mit dem Geschehen vor Vertragsschluss befassen, wie z. B. der Wahl der richtigen Vergabeart, der ordnungsgemäßen Erstellung der Leistungsbeschreibung oder der korrekten Wertung der Angebote. Auch Regelungen zu Formen und Fristen finden sich im „Verfahrensteil" A. Der B-Teil beinhaltet Allgemeine Geschäftsbedingungen, die nach Auftragserteilung Bestandteil des Vertrags zwischen dem öffentlichen Auftraggeber und dem ausgewählten Anbieter werden. Die VOB hat darüber hinausgehend noch einen C-Teil mit Allgemeinen Technischen Vertragsbedingungen.

Die Vergabe- und Vertragsordnungen werden nicht vom Gesetzgeber erlassen, sondern in Vergabe- und Vertragsausschüssen[3] ausgehandelt, die mit Vertretern der öffentlichen Auftraggeber und der anbietenden Wirtschaft besetzt sind. Die erarbeiteten Vergabe- und Vertragsordnungen haben aus sich heraus nicht den Charakter von Rechtsnormen. Sie werden erst durch Verweise in geltenden Gesetzen, Verordnungen oder Verwaltungsvorschriften zu einer verbindlichen Vorschrift für die öffentlichen Auftraggeber.

Unterschwellenvergabeverordnung

Die VOL/A wird zurzeit abgelöst durch eine neue „Verfahrensordnung für die Vergabe öffentlicher Liefer- und Dienstleistungsaufträge unterhalb der EU-Schwellenwerte (Unterschwellenvergabeordnung – UVgO)". Deren Einführung ist an zwei Voraussetzungen geknüpft: die Änderung der maßgeblichen Haushaltsordnung (BHO, LHO) und die Erteilung eines Anwendungsbefehls. Diese Anforderungen wurden auf Bundesebene schnell umgesetzt, während sich die Bundesländer damit mehr Zeit lassen.[4] Vermutlich werden aber alle Bundesländer

---

1/2 Die dem Haushaltsrecht verpflichteten bundes- und landesunmittelbaren Körperschaften, Anstalten und Stiftungen müssen das nationale Vergaberecht ebenfalls anwenden. Bisweilen lässt sich das bei ihnen nicht direkt aus der BHO bzw. LHO ableiten, sondern aus einrichtungsspezifischen Vorschriften zum Haushaltsrecht.

3 Deutscher Vergabe- und Vertragsausschuss für Bauleistungen (DVA), Deutscher Vergabe- und Vertragsausschuss für Lieferungen und Leistungen (DVAL)

4 Vgl.: www.abst-sh.de/fileadmin/downloads/15_10_18/Sachstand_Umsetzung_UVgO_Bundeslaender_Bund_Stand_02.10.2018.pdf

221060154

in absehbarer Zeit die VOL/A durch die UVgO ersetzen. Deshalb beziehen sich die folgenden Ausführungen im Hinblick auf die nationale Vergabe von Liefer- und Dienstleistungen nur noch auf die neue Verfahrensordnung. Die VOL bleibt jedoch mit ihrem B-Teil weiterhin aktuell und damit ebenfalls Gegenstand nachfolgender Betrachtungen.

EU-weite Vergabe (Europarecht)

Die Grundsätze der EU-weiten Vergabe sind im Gesetz gegen Wettbewerbsbeschränkungen geregelt (GWB, §§ 97 bis 186). Nähere Bestimmungen finden sich in der vom Bund erlassenen Vergabeverordnung (VgV). Aus § 106 GWB ergeben sich die folgenden **Schwellenwerte**, ab denen eine EU-weite Ausschreibung erforderlich ist (Gesamtauftragswerte, netto)[1]:

Leistung	Sektorenauftraggeber	oberste und obere Bundesbehörden sowie vergleichbare Einrichtungen	übrige öffentliche Auftraggeber (insbesondere Bund, Länder, Kommunen)
Liefer- und Dienstleistungen	443 000 €	144 000 €[2]	221 000 €
Bauleistungen	5 548 000 €	5 548 000 €	5 548 000 €
Soziale und andere besondere Dienstleistungen	1 000 000 €	750 000 €	750 000 €
Konzessionen (jeder Art)	5 548 000 €	5 548 000 €	5 548 000 €

Die Vergabe von Konzessionen sowie von sozialen und anderen besonderen Dienstleistungen wird nachfolgend nicht weiter betrachtet; es handelt sich um Sonderfälle. Für Sektorenauftraggeber ist allein die „Sektorenverordnung" (SektVO) maßgeblich, für die Vergabe von verteidigungs- und sicherheitsrelevanten Aufträgen gilt die „Vergabeverordnung für die Bereiche Verteidigung und Sicherheit" (VSVgV) und die VOB/A-VS.

Sektorenauftraggeber sind für die Trinkwasser-, Energie- und Verkehrsversorgung zuständig, wie z. B. das Wasserwerk Neustadt oder die Verkehrsbetrieb Neustadt GmbH. Sie sind zur EU-weiten Ausschreibung ihrer Liefer- und Dienstleistungsaufträge erst verpflichtet, wenn diese einen Nettowert von 443 000,00 € erreichen. Für die Mehrzahl der öffentlichen Auftraggeber gilt hier allerdings ein geringerer Schwellenwert von 144 000,00 € bzw. von 221 000,00 €.

Soweit es sich nicht um Auftraggeber aus dem Bereich Verteidigung und Sicherheit oder um Sektorenauftraggeber handelt, sind für die EU-weite Vergabe von Liefer- und Dienstleistungen die Vorschriften der Vergabeverordnung (VgV) maßgeblich. Für Bauleistungen schreibt § 2 VgV die Anwendung der VOB (Teil A, Abschnitt 2) verbindlich vor. So erlangt auch die VOB/A – EU Rechtsnormqualität.

Es besteht ein einklagbarer Anspruch auf Einhaltung der Vergabebestimmungen (Primärrechtsschutz). Glaubt ein Bieter, die Vorschriften seien missachtet worden, kann er sich in erster Instanz an die zuständige Vergabekammer wenden. Dabei handelt es sich um eine behördliche Einrichtung. Sie ist in NRW bei den Bezirksregierungen angesiedelt. In zweiter Instanz kann der Bieter die Vergabeentscheidung vor dem zuständigen Oberlandesgericht anfechten.

Nationale Vergabe (Haushaltsrecht)

Der Anteil der Vergabefälle unterhalb der Schwellenwerte liegt bei über 90 % aller Auftragsvergaben. Auch bei Betrachtung des Auftragsvolumens überwiegen noch die nationalen Vergaben mit einem Anteil von 60 % bis 70 % am Gesamtauftragsvolumen. Für sie gilt weder § 97 ff. des Gesetzes gegen Wettbewerbsbeschränkungen noch die Vergabeverordnung. Maßgeblich sind haushaltsrechtliche Bestimmungen. Dies sind die Bundeshaushaltsordnung (BHO) für den Auftraggeber Bund, die Landeshaushaltsordnungen (LHO) für den Auftraggeber Land und die Gemeindehaushaltsverordnungen der Länder (GemHVO) für die kommunalen Auftraggeber. Überwiegend werden in diesen Regelwerken bzw. in den zugehörigen

1 Die Schwellenwerte werden alle zwei Jahre neu festgelegt. Hier sind die ab 01.01.2018 gültigen Beträge angegeben.
2 Für Liefer- und Dienstleistungsaufträge im Bereich Verteidigung und Sicherheit beträgt der Schwellenwert 443 000,00 €.

Verwaltungsvorschriften die jeweiligen Auftraggeber verpflichtet, die UVgO und den 1. Abschnitt der VOB/A anzuwenden.[1]

Die UVgO und VOB/A, Abschnitt 1, besitzen im Rahmen der nationalen Vergabe lediglich den Charakter einer Dienstanweisung für die jeweilige Beschaffungsstelle, nicht aber unmittelbar nach außen hin wirksame Rechtsnormqualität. Deshalb genießen die Bieter lediglich einen sekundären Rechtsschutz. Dieser macht es z. B. möglich, Schadensersatzansprüche geltend zu machen, lässt aber die Anfechtung der Vergabe-Entscheidung nicht zu.

- **Vergabegesetze der Bundesländer**

  Fast alle Bundesländer haben zusätzlich Vergabegesetze erlassen. Darin verpflichten sie die öffentlichen Auftraggeber, bei der Vergabe von Aufträgen Mindestlohn-, Umwelt- und Sozialstandards zu berücksichtigen. Damit will man Wettbewerbsverzerrungen entgegenwirken, die durch Lohndumping entstehen, gesellschaftspolitische Anliegen wie Umweltschutz und Frauenförderung verwirklichen und einen Beitrag zur Verbesserung der Arbeits- und Lebensbedingungen aller Menschen leisten. Letzteres geschieht, indem man von den Bietern verlangt, sicherzustellen, dass alle angebotenen oder verwendeten Waren unter Beachtung internationaler Mindeststandards bei den Arbeitsbedingungen hergestellt werden. Zu diesen Standards zählt z. B. der Verzicht auf Kinderarbeit.

Persönlicher Anwendungsbereich des Vergaberechts

Unterhalb der Schwellenwerte sind nur die klassischen öffentlich-rechtlichen Auftraggeber zur Anwendung des Vergaberechts verpflichtet, weil nur diese dem öffentlichen Haushaltsrecht unterliegen. Dazu gehören Bund, Länder und Gemeinden sowie bundes- und landesunmittelbare Körperschaften, Anstalten und Stiftungen, nicht aber juristische Personen des Privatrechts, die sich im Eigentum der öffentlichen Hand befinden. So ist z. B. die Verkehrsbetrieb Neustadt GmbH nicht an die Vergaberegeln gebunden, soweit sie (als Sektorenauftraggeberin) Liefer- oder Dienstleistungen mit einem Nettowert von unter 443 000,00 € beschafft.

Bei Überschreitung der Schwellenwerte gilt der erweiterte, funktionale Begriff des „öffentlichen Auftraggebers" nach § 99 GWB. Entscheidend ist hiernach, ob ein auf dem Markt auftretender Beschaffer – unabhängig von seiner Rechtsform – im Allgemeininteresse liegende Aufgaben wahrnimmt oder nicht. Öffentliche Auftraggeber in diesem Sinne sind somit auch GmbHs und AGs, die sich mehrheitlich oder ganz im Eigentum der öffentlichen Hand befinden.

Verfahrensarten

Nationale Vergabe		
Öffentliche Ausschreibung	**Beschränkte Ausschreibung**	**Verhandlungsvergabe**
Der Auftraggeber fordert eine unbeschränkte Zahl von Unternehmen öffentlich auf, sich um einen Auftrag zu bewerben. Die Öffentliche Ausschreibung und die Beschränkte Ausschreibung mit Teilnahmewettbewerb sind gleichrangige Regelverfahrensarten, von denen nur abgewichen werden darf, wenn besondere Gründe dies rechtfertigen. Es liegt im Ermessen des Auftraggebers, welches der beiden Regelverfahren er anwendet.	Der Auftraggeber fordert eine begrenzte Anzahl von Unternehmen schriftlich zur Angebotsabgabe auf. Um den Bewerberkreis zu erkunden, muss er normalerweise vorher einen öffentlichen Teilnahmewettbewerb durchführen. Aus dem Kreis der Interesse bekundenden Unternehmen wählt er sodann diejenigen aus, die er für besonders geeignet hält und deswegen zur Angebotsabgabe auffordern möchte. In bestimmten Fällen ist ein Teilnahmewettbewerb entbehrlich.	Die Verhandlungsvergabe (VOB/A: Freihändige Vergabe) ist ein vereinfachtes Verfahren zur Erteilung eines Auftrags. So ist es dem Auftraggeber z. B. gestattet, über die Angebotsbedingungen zu verhandeln, nachdem er mehrere ausgewählte Unternehmen zur Angebotsabgabe aufgefordert hat. Demgegenüber gilt bei Öffentlicher und Beschränkter Ausschreibung ein Verhandlungsverbot. Der Verhandlungsvergabe bzw. Freihändigen Vergabe kann ein öffentlicher Teilnahmewettbewerb zur Erkundung des Bewerberkreises vorausgehen.

1 Dies kann man z. B. mithilfe der Lektüre der §§ 55 BHO, 55 LHO NRW und 25 GemHVO NRW sowie der sich darauf beziehenden Verwaltungsvorschriften nachvollziehen.

221060156

In der VOB/A sind aus Gründen der Vereinheitlichung und Vereinfachung Wertgrenzen als Ausnahmen von den beiden Regelverfahrensarten. Danach sind Beschränkte Ausschreibungen ohne Teilnahmewettbewerb zulässig, wenn der Auftragswert (ohne Umsatzsteuer), je nach Gewerk, den Betrag von 50 000,00 € bzw. 100 000,00 € bzw. 150 000,00 € nicht überschreitet (§ 3a Abs. 2). Bis zu einem Auftragswert von 10 000,00 € netto darf freihändig vergeben werden (§ 3a Abs. 3). Nicht wenige Bundesländer weichen allerdings von diesen einheitlichen Vorgaben ab. Sie haben für ihre eigenen Beschaffungsstellen oder die ihrer Kommunen großzügigere Wertgrenzen erlassen.

In der UVgO fehlen einheitliche Wertgrenzen als Ausnahmetatbestand. Jedes Bundesland hat deshalb per Erlass eigene Wertgrenzen definiert. Im Rahmen dieser landesrechtlichen Vorgaben legen die Kommunen in ihren Beschaffungsordnungen individuell fest, bis zu welchen Auftragswerten sie zum Zwecke der Vereinfachung das Verhandlungsverfahren anwenden bzw. freihändig vergeben oder beschränkt ausschreiben.[1] Leistungen, die einen voraussichtlichen Auftragswert von 1 000,00 € netto nicht überschreiten, können ohne Durchführung eines förmlichen Vergabeverfahrens beschafft werden (Direktauftrag nach § 14 UVgO).

EU-weite Vergabe[2]		
offenes Verfahren	**nichtoffenes Verfahren**	**Verhandlungsverfahren**
Inhaltlich stimmt das offene Verfahren mit der Öffentlichen Ausschreibung bei nationaler Vergabe überein.	Das nichtoffene Verfahren stimmt im Wesentlichen mit der Beschränkten Ausschreibung bei nationaler Vergabe überein. Allerdings ist der öffentliche Teilnahmewettbewerb stets zwingender Bestandteil des Verfahrens.	Das Verhandlungsverfahren gleicht der Verhandlungsvergabe bzw. der Freihändigen Vergabe im Unterschwellenbereich. Es ist nur in begründeten Ausnahmefällen anwendbar.
Der Auftraggeber hat sowohl bei Bauleistungen als auch bei Liefer- und Dienstleistungen die Wahl zwischen beiden Verfahrensarten. Es sind gleichrangige Regelverfahrensarten.		

Besondere Methoden und Instrumente

Sowohl im Oberschwellen- als auch im Unterschwellenbereich sieht das Vergaberecht noch verschiedene Verfahrensvarianten vor: Rahmenvereinbarungen, dynamische Beschaffungssysteme, elektronische Auktionen und elektronische Kataloge. Dabei handelt es sich nicht um eigenständige Verfahrensarten, sondern um Varianten, die mit diesen kombiniert werden. Plant die Vergabestelle z. B. den Abschluss einer Rahmenvereinbarung mit einem oder mehreren Bietern im Unterschwellenbereich, muss sie eine Öffentliche oder Beschränkte Ausschreibung durchführen oder sich für eine Verhandlungsvergabe bzw. Freihändige Vergabe entscheiden.

Im Bereich der Liefer- und Dienstleistungen eignen sich Rahmenvereinbarungen besonders dann, wenn der öffentliche Auftraggeber einen wiederkehrenden Massenbedarf (z. B. an Büromaterialien oder Streusand) decken will, ohne jedes Mal ein vollständiges Vergabeverfahren durchführen zu müssen. Die längstmögliche Laufzeit von Rahmenvereinbarungen beträgt normalerweise vier Jahre; bei Leistungen, die nach der UVgO vergeben werden, sogar sechs Jahre. Dynamische Beschaffungssysteme, elektronische Auktionen und elektronische Kataloge sind Methoden zur Umsetzung der sogenannten E-Vergabe.

E-Vergabe

Ziel der E-Vergabe ist es, die wesentlichen Schritte einer Beschaffung von der Auftragsbekanntmachung über die Einreichung der Angebote bis hin zum Zuschlag auf elektronischem Wege durchzuführen. So sollen Vergabeverfahren einfacher, transparenter und effizienter werden. Auftraggeber müssen demnach öffentliche Aufträge im Internet bekannt machen, die Vergabeunterlagen kostenfrei und direkt abrufbar zur Verfügung stellen sowie unter Verwendung elektronischer Mittel mit den Bietern kommunizieren. Zu diesem Zweck müssen sie eine elektronische Vergabeplattform bereitstellen.

Für Vergabeverfahren über Liefer- und Dienstleistungen im nationalen Bereich verpflichtet die UVgO die Vergabestellen ab dem 01.01.2019 (selbst dann, wenn sie z. B. den Postweg vorgegeben haben) zur Akzeptanz elektronisch

1 Die Auftragsberatungsstellen bieten unter www.abst.de („Info und Rat") einen aktuellen Überblick über die Wertgrenzenerlasse der Bundesländer.
2 Die Sonderfälle „Wettbewerblicher Dialog" und „Innovationspartnerschaft" bleiben in dieser Übersicht unberücksichtigt.

eingereichter Teilnahmeanträge und Angebote. Ab dem 01.01.2020 sind die Auftraggeber dazu verpflichtet, den Bietern vorzuschreiben, die besagten Unterlagen elektronisch zu übermitteln. § 38 Abs. 4 UVgO bestimmt zwei Ausnahmen von diesem Grundsatz: Sofern der geschätzte Auftragswert ohne Umsatzsteuer 25 000,00 € nicht überschreitet oder ein Auftrag entweder im Wege der Verhandlungsvergabe oder der Beschränkten Ausschreibung (jeweils) ohne Teilnahmewettbewerb vergeben wird, besteht keine Pflicht zur elektronischen Kommunikation. In diesen Fällen darf der Auftraggeber folglich weiterhin von den Bietern verlangen, ihre Angebote auf nichtelektronischem Weg einzureichen, z. B. postalisch. Geschähe dies dennoch elektronisch, könnte er die Angebote zurückweisen und ausschließen.

Vergabegrundsätze

- **Wettbewerbsgrundsatz**
  Die öffentlichen Auftraggeber sollen möglichst vielen Unternehmern die Gelegenheit geben, ihre Leistung anzubieten. Deshalb nehmen das offene Verfahren bzw. die Öffentliche Ausschreibung sowie die Beschränkte Ausschreibung mit Teilnahmewettbewerb eine vorrangige Stellung ein. Nur unter bestimmten Voraussetzungen darf von diesen Regelverfahrensarten abgewichen werden, z. B. dann, wenn der Wert der Leistung relativ gering ist (vgl. oben) oder wenn die schnelle Ausführung der Leistung dringend geboten ist.
- **Gleichbehandlungsgebot** (Diskriminierungsverbot)
  Wettbewerb kann nur funktionieren, wenn Chancengleichheit herrscht. Die öffentlichen Auftraggeber müssen alle Anbieter gleich behandeln und dürfen niemanden ausgrenzen. Es ist beispielsweise nicht zulässig, ortsansässige Firmen zu bevorzugen.
- **Transparenzgebot**
  Die öffentlichen Auftraggeber müssen das Vergabeverfahren nach klaren, eindeutigen Regeln durchführen, Auswahlkriterien offenlegen und Entscheidungen nachvollziehbar gestalten. Das Transparenzgebot soll Manipulation und Willkür seitens der Auftraggeber verhindern.
- **Gebot der Losvergabe**
  Umfangreiche Aufträge sollen in einzelne Teilaufträge (Lose) zerlegt werden, um kleinen und mittleren Unternehmen die Möglichkeit zu geben, sich im Rahmen ihrer Leistungsfähigkeit zu bewerben.

4.3 Vergabeunterlagen und Ermittlung möglicher Lieferanten bei der nationalen Vergabe von Liefer- und Dienstleistungen nach der UVgO

Vergabeunterlagen

Die Vergabeunterlagen bestehen aus einem **Anschreiben,** mit dem die Aufforderung zur Angebotsabgabe erfolgt, sowie den **Bewerbungsbedingungen** und den **Vertragsunterlagen.** Darüber hinaus enthalten sie häufig **Vordrucke,** auf denen die Bieter die Angebotskonditionen darstellen und erforderliche Erklärungen bestätigen können. Die Vergabeunterlagen werden vom Auftraggeber zusammengestellt und den Bietern postalisch oder elektronisch zur Verfügung gestellt.

Bei einer Beschränkten Ausschreibung und Verhandlungsvergabe fordert der Auftraggeber eine begrenzte Anzahl von Unternehmen zur Angebotsabgabe auf. Bei einer Öffentlichen Ausschreibung werden alle Unternehmen, die sich nach der Bekanntgabe der Ausschreibung für den Auftrag interessieren, mit dem besagten Anschreiben um ein Angebot gebeten.

Die Bewerbungsbedingungen beschreiben Einzelheiten zur Durchführung des Vergabeverfahrens. Sie beinhalten Standardvorgaben, fassen wichtige Bestimmungen der UVgO zusammen und ergänzen diese. Die Auftraggeber können Bewerbungsbedingungen auch in das „Anschreiben“ aufnehmen. Das ist z. B. bei den zwingend anzugebenden Zuschlagskriterien sinnvoll, weil diese bei jeder Vergabe neu festgelegt werden.

Die Vertragsunterlagen bestehen aus der Leistungsbeschreibung sowie den Vertragsbedingungen des Auftraggebers.

Der Auftraggeber muss die Leistung eindeutig und so erschöpfend beschreiben, dass alle Bewerber die Beschreibung im gleichen Sinne verstehen. Nur so ist gewährleistet, dass die eingehenden Angebote gut miteinander

221060158

verglichen werden können. Die Vertragsbedingungen können aus Allgemeinen und Besonderen Vertragsbedingungen bestehen. Die öffentlichen Auftraggeber machen in ihren Allgemeinen Vertragsbedingungen die VOL/B zum Vertragsinhalt. Ferner konkretisieren und ergänzen sie darin die Bestimmungen der VOL/B, soweit Gestaltungsspielräume vorhanden sind.

Die Allgemeinen Vertragsbedingungen (und mit ihr die VOL/B) haben den Charakter von Allgemeinen Geschäftsbedingungen (s. LF 4, Kapitel 2.2). Die Auftraggeber können Besondere Vertragsbedingungen formulieren, wenn die Eigenarten des Einzelfalls dies erforderlich machen.

Die Besonderen Vertragsbedingungen haben Vorrang vor den Allgemeinen Vertragsbedingungen. Soweit zu bestimmten Vertragsinhalten nichts ausgesagt wird, gilt die VOL/B. Ist auch dort nichts anderes festgelegt, sind die vertragsrechtlichen Vorschriften des BGB maßgeblich. Diese befinden sich in der Reihenfolge anzuwendender Bestimmungen an letzter Stelle, da sie in der Regel nicht zwingend sind, sondern nachgiebig. Sie können demnach durch anders lautende Vereinbarungen der Vertragsparteien außer Kraft gesetzt werden.

Vergabeunterlagen (§ 21 Abs. 1 UVgO)					
Anschreiben	**Bewerbungsbedingungen**	**Vertragsunterlagen**			**Vordrucke**
■ Aufforderung zur Abgabe eines Angebots	■ Beschreibung von Einzelheiten zur Durchführung des Vergabeverfahrens ■ Zusammenfassung und Ergänzung von Vorschriften der UVgO	**Leistungsbeschreibung**	**Vertragsbedingungen**		■ zur Darstellung der Angebotskonditionen ■ zur Bestätigung erforderlicher Erklärungen
		■ hinreichend genaue Beschreibung der nachgefragten Leistung	**Allgemeine Vertragsbedingungen**	**Besondere Vertragsbedingungen**	
			■ VOL/B als Vertragsinhalt ■ Konkretisierung und Ergänzung von VOL/B-Vorschriften	■ Regelung der Erfordernisse des Einzelfalls	
		Vertragsbestandteil bei Auftragserteilung			

Ermittlung möglicher Lieferanten (Bezugsquellenermittlung)

Die Aufgabe, potenzielle Lieferanten auszuwählen, stellt sich nur bei Beschränkten Ausschreibungen und Verhandlungsvergaben. Zu den wichtigsten Informationsquellen, die der Auftraggeber nutzen kann, um geeignete Lieferanten zu finden, gehört seine **Lieferantendatei.** Sie ist nach Lieferanten geordnet und enthält deren Angebotssortiment und Konditionen. Meistens sind in der Datei alle Bieter erfasst, die in der Vergangenheit bereits zur Angebotsabgabe aufgefordert wurden. Die Vergabestellen dürfen aber auch bei Beschränkten Ausschreibungen und Verhandlungsvergaben nicht grundlos immer die gleichen Firmen berücksichtigen. Sie sind nach dem Wettbewerbsgrundsatz verpflichtet, sich eine ausreichende Marktübersicht zu verschaffen. Diesem Zweck dient der **öffentliche Teilnahmewettbewerb.** Er bietet allen interessierten Firmen Gelegenheit, ihre Eignung für die Teilnahme am folgenden Vergabeverfahren nachzuweisen.

Nach der UVgO sind die Öffentliche Ausschreibung und die Beschränkte Ausschreibung mit Teilnahmewettbewerb vorrangige Regelverfahrensarten, von denen angenommen wird, dass sie dem Wettbewerbsgrundsatz Rechnung tragen. Die Absätze 3 und 4 des § 8 UVgO bestimmen relativ eng begrenzte Ausnahmefälle, in denen der Auftraggeber bei Beschränkter Ausschreibung auf einen Teilnahmewettbewerb verzichten bzw. eine Verhandlungsvergabe durchführen darf. Letztere kann er nach eigenem Ermessen mit oder ohne Teilnahmewettbewerb abwickeln.

Zur Frage des Abweichens von den Regelverfahrensarten haben die Bundesländer zum Zwecke der Verfahrensvereinfachung per Erlass Wertgrenzen festgelegt. Bei einem Vergleich fällt auf, dass sich diese stark voneinander unterscheiden (vgl. www.abst.de, „Info und Rat“). Im Rahmen der landesrechtlichen Vorgaben legen die Kommunen wiederum in ihren Beschaffungsordnungen ebenfalls Wertgrenzen fest. Daraus resultiert ein völlig uneinheitlicher vergaberechtlicher Flickenteppich bei nationaler Auftragsvergabe.

In den Wertgrenzenerlassen der Bundesländer finden sich zum Teil recht großzügige Regelungen, die es z. B. erlauben, bei Liefer- und Dienstleistungen bis zu einem geschätzten Auftragswert von 100 000,00 € wahlweise eine Beschränkte Ausschreibung oder eine Verhandlungsvergabe durchzuführen, und das jeweils auch ohne Teilnahmewettbewerb (vgl. z. B. § 9 Schleswig-Holsteinische Vergabeverordnung). Um dem Wettbewerbsgrundsatz dennoch Rechnung tragen zu können, muss der Auftraggeber über eine ausreichende Marktübersicht verfügen. Hier ergeben sich folgende Möglichkeiten:

<table>
<tr><th>Die Vergabestelle hat eine ausreichende Marktübersicht.</th><th colspan="2">Die Vergabestelle hat keine ausreichende Marktübersicht.</th></tr>
<tr><td rowspan="3">Sie kann ohne Weiteres eine begrenzte Anzahl von Unternehmen zur Abgabe eines Angebots auffordern.</td><td colspan="2">Sie sucht geeignete Bieter, indem sie ...</td></tr>
<tr><td>■ ... einen Teilnahmewettbewerb durchführt.</td><td>■ ... andere Möglichkeiten der Markterkundung nutzt.</td></tr>
<tr><td colspan="2">Erst anschließend fordert sie die ausgewählten Bieter zur Abgabe eines Angebots auf.</td></tr>
</table>

In jedem Bundesland gibt es **Auftragsberatungsstellen** (vgl. www.abst.de), mit deren Hilfe ebenfalls eine Markterkundung möglich ist. Sie benennen auf Anfrage geeignete Unternehmen für einen bestimmten Auftrag. Öffentliche Teilnahmewettbewerbe oder Auskünfte der Auftragsberatungsstellen bieten eine gute Gelegenheit, die Lieferantendatei um bisher unberücksichtigte, aber geeignete Lieferanten zu ergänzen.

Zusammenfassend lässt sich sagen, dass man bei der Auswahl potenzieller Lieferanten auf **interne und externe Informationsquellen** zurückgreift. Die Lieferantendatei gehört zu den internen Informationsquellen. Zu den externen Informationsquellen zählen vor allem

- öffentliche Teilnahmewettbewerbe,
- Auftragsberatungsstellen,
- Nachschlagewerke wie „Gelbe Seiten“ und verschiedene Branchenadressbücher („Wer liefert was?“, „ABC der Deutschen Wirtschaft“),
- Werbeanzeigen in Fachzeitschriften,
- Online-Dienste im Internet, die Recherchen mit Suchmaschinen durchführen.

Inhalte der Bekanntmachung bestimmter Vergabeverfahren bzw. des Anschreibens „Aufforderung zur Abgabe eines Angebots“

Öffentliche Ausschreibungen, Beschränkte Ausschreibungen mit Teilnahmewettbewerb und Verhandlungsverfahren mit Teilnahmewettbewerb sind in Tageszeitungen, amtlichen Veröffentlichungsblättern, Fachzeitschriften oder Internetportalen bekannt zu machen. Veröffentlichungen in Internetportalen müssen über die Suchfunktion des Internetportals www.bund.de ermittelt werden können. Schon aus der Bekanntmachung, nicht erst aus den Vergabeunterlagen, sollen interessierte Unternehmen alle Angaben für eine Entscheidung zur Teilnahme am Vergabeverfahren entnehmen können. § 28 Abs. 2 UVgO zählt die geforderten Angaben katalogartig auf.

Diese Informationen muss der Auftraggeber den ausgewählten Bietern im Rahmen einer Beschränkten Ausschreibung oder Verhandlungsvergabe ohne Teilnahmewettbewerb mit den Vergabeunterlagen zukommen lassen, und zwar hauptsächlich in der Aufforderung zur Abgabe eines Angebots.

Zu den wesentlichen Inhalten der Bekanntmachung bzw. des besagten Anschreibens gehören drei Vergabefristen, die für Bieter und Auftraggeber gleichermaßen bedeutsam sind:

221060160

Angebotsfrist § 13 UVgO	Bindefrist § 13 UVgO	Ausführungsfrist
Innerhalb dieser Frist müssen die Bieter ihre Angebote beim Auftraggeber eingereicht haben. Bis zu ihrem Ablauf können bereits eingereichte Angebote zurückgezogen werden. Für die Angebotserstellung ist den Bietern eine „angemessene" Frist einzuräumen. Bei Standard- oder Katalogleistungen genügt in der Regel ein Zeitrahmen von 20 bis 30 Tagen.	Sie beginnt mit dem Ablauf der Angebotsfrist und umfasst eine „angemessene" Zeitspanne zur Prüfung und Wertung der Angebote, die normalerweise aber nicht mehr als 30 Tage beträgt. Bis zum Ablauf der Bindefrist ■ ist der Bieter an sein Angebot gebunden, ■ muss der Auftraggeber dem ausgewählten Bieter den Zuschlag erteilt und bekannt gegeben haben.	Sie beginnt mit dem Ende der Bindefrist. Bis zum Ablauf der Ausführungsfrist muss die Leistung erbracht worden sein.

In der Bekanntmachung bzw. dem Anschreiben muss der Auftraggeber auch angeben, ob er eine Sicherheitsleistung in Form einer Kaution oder Bürgschaft von dem Bieter verlangt, der den Zuschlag erhält. Sicherheitsleistungen sollen ausnahmsweise nur dann gefordert werden, wenn es für die vertragsgemäße Ausführung des Auftrages oder die Durchsetzung von Mängelansprüchen notwendig erscheint. Sie sind erst ab einem Auftragswert von 50000,00 € zulässig (§ 21 Abs. 5 UVgO i. V. m. § 18 Nr. 1 Abs. 1 VOL/B).

Wenngleich nicht ausdrücklich in § 28 Abs. 2 UVgO gefordert, sollte zumindest das Anschreiben zusätzlich einen Hinweis darauf enthalten, dass der Bieter mit der Abgabe seines Angebots auch den Bestimmungen über nicht berücksichtigte Angebote unterliegt. Diese sind in § 46 UVgO aufgeführt. Danach wird jeder Bieter unverzüglich über die erfolgte Zuschlagserteilung informiert. Den nicht berücksichtigten Bietern werden weitere Details der Vergabeentscheidung mitgeteilt, wenn sie dies beantragen. Der Auftraggeber muss ihnen dann z.B. die Gründe für die Ablehnung ihres Angebots mitteilen.

Die Aufforderung zur Abgabe eines Angebots hat vertragsrechtlich den Charakter einer unverbindlichen **Anfrage.** Es handelt sich dabei noch nicht um eine vertragliche Willenserklärung. Demgegenüber sind die Angebote der Bieter nach Ablauf der Angebotsfrist verbindlich und stellen die erste Willenserklärung zur Entstehung eines Vertrags dar. Der Auftraggeber kann sich beim Vergleich der Angebote darauf verlassen, dass die Leistung zu den jeweils genannten Konditionen ausgeführt würde. Ein Vertrag kommt mit dem ausgewählten Bieter zustande, wenn dieser den Zuschlag vom Auftraggeber erhält. Der Zuschlag ist die zur Vertragsentstehung notwendige zweite Willenserklärung (s. dazu LF 4, Kapitel 2.1).

4.4 Öffnung der Angebote

Grundlage für die Öffnung der Angebote ist § 40 UVgO, während § 39 vorgibt, wie mit den Angeboten umzugehen ist, bevor sie geöffnet werden. Auf dem Postweg oder direkt übermittelte Angebote müssen mit einem Eingangsvermerk versehen werden und bis zum Eröffnungstermin verschlossen bleiben. Anschließend sind sie sicher aufzubewahren. Elektronisch übermittelte Angebote sind auf geeignete Weise zu kennzeichnen und verschlüsselt zu speichern.

An dem förmlichen Verfahren der Angebotsöffnung (früher „Verhandlung" genannt) sind mindestens zwei Vertreter des Auftraggebers beteiligt, ein Verhandlungsleiter und ein weiterer Mitarbeiter. Aus Gründen der Korruptionsvorbeugung werden meistens Bedienstete eingesetzt, die zuvor nicht an der Vergabe beteiligt waren. Bieter dürfen an der Angebotsöffnung nicht teilnehmen.

Die Öffnung der (schriftlichen und elektronischen) Angebote soll möglichst schnell nach Ablauf der Angebotsfrist stattfinden, um unnötige Verzögerungen zu vermeiden. Der Verhandlungsleiter prüft zunächst, ob die Angebote ordnungsgemäß verschlossen und äußerlich gekennzeichnet bzw. vorschriftsmäßig verschlüsselt sind. Dann stellt er fest, ob sie fristgerecht eingegangen sind. Schließlich öffnet er die Angebote und kennzeichnet die einzelnen Seiten, soweit sie körperlich als Schriftstück vorliegen, z. B. durch Lochstempel. Die Öffnung der Angebote muss dokumentiert werden. Zum Schluss unterzeichnen die beteiligten Personen diese Dokumentation.

4.5 Prüfung und Wertung der Angebote

Zunächst prüft die Vergabestelle nach § 41 Abs. 1 UVgO, ob die Angebote vollständig sowie sachlich und rechnerisch richtig sind. Dann prüft sie, ob Angebote nach § 42 Abs. 1 UVgO vom weiteren Verfahren ausgeschlossen werden müssen. Betroffen sind etwa Bieter, deren Angebot formale Mängel aufweist, z. B. eine fehlende Unterschrift, oder die nicht die erforderliche Eignung für die Durchführung des Auftrags besitzen.

Die Angebotsprüfung und -wertung mündet schließlich in die Zuschlagsentscheidung nach § 43 Abs. 1 UVgO: Den Auftrag erhält der Bieter mit dem wirtschaftlichsten Angebot.[1] Hinsichtlich der Beurteilung der Wirtschaftlichkeit stehen die zuständigen Verwaltungsmitarbeiter vor der Aufgabe, die Inhalte der noch im Verfahren befindlichen Angebote zu begutachten. Dabei müssen sie auch kaufmännisches Wissen anwenden, das nicht zuletzt aus vertragsrechtlichen Kenntnissen besteht.

Bei formloser, direkter Auftragsvergabe nach § 14 UVgO erhält die zuständige Stelle auch Angebotsschreiben, wie sie die Bieter im alltäglichen Geschäftsverkehr verwenden. Bei Öffentlichen und Beschränkten Ausschreibungen sowie Verhandlungsvergaben setzen die Auftraggeber meistens Vordrucke ein. Diese enthalten so zahlreiche Vorgaben, dass die Bieter bisweilen nur noch wenige Angebotsdaten selbst eintragen müssen, z. B. den Preis oder die Lieferzeit. Die Stadt Neustadt geht anders vor. Ihre Mitarbeiter werden auch bei Beschränkten Ausschreibungen und Verhandlungsvergaben mit den herkömmlichen Angebotsschreiben der Bieter konfrontiert (s. Band Lernsituationen und Übungen, LF 3, Kapitel 4.5).

In der unten stehenden Tabelle sind die üblichen **Angebotsinhalte** zusammengefasst. Die verbindlichen Inhalte des Angebots, das den Zuschlag erhält, werden als „vertragliche Regelung" Gegenstand des entstehenden Kaufvertrags. Die nachgiebigen gesetzlichen Regelungen sind nur dann relevant, wenn keine ausdrücklichen vertraglichen Regelungen vorliegen. Als solche sind neben den Angebotsinhalten hauptsächlich die Besonderen und Allgemeinen Vertragsbedingungen des Auftraggebers (inklusive der VOL/B) zu beachten. Sie gehören zu den Vergabeunterlagen, die der Bieter erhält, bevor er sein Angebot abgibt (s. Kapitel 4.3). Fügt der Bieter seinem Angebot eigene Allgemeine Vertragsbedingungen bei, gilt dies als Veränderung der Vergabeunterlagen. Infolgedessen wird das Angebot nach § 42 Abs. 1 Nr. 4 UVgO vom Vergabeverfahren ausgeschlossen.

Angebots- und Kaufvertragsinhalte

Inhalt	gesetzliche Regelung	vertragliche Regelung
1. Art der Ware	–	muss im Angebot genannt sein
2. Beschaffenheit/Güte	■ mangelfrei, § 433 BGB ■ bei Gattungsschuld: Sachen mittlerer Güte, § 243 BGB, § 360 HGB	kann näher bestimmt werden durch ■ Muster, Proben, Abbildungen/Beschreibungen ■ Marken, Warenzeichen, Güteklassen
3. Menge	–	kann, muss aber nicht im Angebot enthalten sein (sonst wird eine handelsübliche Menge geschuldet)
4. Preis	–	muss im Angebot enthalten sein, Preisnachlässe (z. B. Mengenrabatt, Skonto) sind möglich
5. Verpackungskosten	■ Verkäufer trägt die Kosten der Übergabe (übliche Umverpackung), § 448 BGB. ■ Käufer trägt die Kosten der Abnahme und Versendung (Versandverpackung).	je nach Klausel, z. B. ■ „Preis netto einschließlich Verpackung" (Versandverpackung wird nicht berechnet) ■ „Preis netto ausschließlich Verpackung" (Verpackung wird gesondert berechnet) ■ „Brutto für netto" (Verpackung wird wie das Warengewicht berechnet)

1 Die Angebotsprüfung und -wertung erfolgt in vier Schritten, deren genauere Beschreibung Sie auf der Lehrbuch-CD finden.

221060162

6. Versendungs- bzw. Beförderungskosten	■ Die Warenschuld ist eine Holschuld, § 269 BGB, d. h., der Käufer muss die Ware abholen; er trägt folglich auch die Beförderungskosten. ■ Wünscht der Käufer die Versendung der Ware (Versendungskauf, § 447 BGB), trägt er die dafür anfallenden Kosten, § 448 BGB.	je nach Klausel, z. B. ■ „ab Werk" (Käufer trägt Kosten) ■ „frei Haus", „frei Werk" (Verkäufer trägt Kosten)
7. Lieferzeit/ Fälligkeit der Lieferung	sofort (nach Abschluss des Kaufvertrags), § 271 BGB; Lieferung Zug-um-Zug gegen Zahlung, § 320 BGB	Möglichkeiten ■ Terminkauf („innerhalb von 14 Tagen", „am 6.2.") ■ Fixkauf („genau am 6.2.") ■ Kauf auf Abruf („3 Tage nach Abruf")
8. Zahlungszeit/ Fälligkeit des Kaufpreises	sofort, § 271 BGB	Möglichkeiten der Zahlung ■ vor der Lieferung (Anzahlung, Vorkasse) ■ bei oder unmittelbar nach der Lieferung (bare, halbbare, bargeldlose Zahlung) ■ i. d. R. in einem Zeitraum von max. 30 bis 60 Tagen nach der Lieferung (vgl. § 271 a BGB)
9. Erfüllungsort/ Gerichtsstand	Der Erfüllungsort ist der Ort, an dem die Leistungshandlung des Schuldners erfolgen muss (§ 269 BGB). Daraus ergibt sich auch der Ort des für Rechtsstreitigkeiten zuständigen Gerichts (§ 29 ZPO).	■ Der Erfüllungsort kann abweichend von § 269 BGB bestimmt werden. ■ Von der gesetzlichen Regelung abweichende Gerichtsstandsvereinbarungen sind nur zulässig, wenn die Vertragsparteien Kaufleute oder öffentlich-rechtliche Körperschaften sind.

Besondere Aufmerksamkeit verdienen die **Beförderungskosten.** Diese treten insbesondere als Rollgeld für An- und Abfuhr sowie Verlade-, Fracht- und Entladekosten auf. Mit einer Klausel macht der Lieferant im Angebot deutlich, wer diese Kosten übernehmen soll.

Einige gängige Klauseln zur Übernahme der Beförderungskosten

Klausel	Rollgeld 1 (Anfuhr)	Verlade- kosten	Fracht	Entlade- kosten	Rollgeld 2 (Abfuhr)*
„ab Werk" „ab Fabrik" „ab Lager"	Käufer trägt alle Kosten →				
„unfrei" „ab Bahnhof hier" „ab hier"	Verkäufer →	Käufer →			
„frei Waggon"	Verkäufer →		Käufer →		
„frachtfrei" „frei dort" „frei Bahnhof"	Verkäufer →			Käufer →	
„frei Haus" „frei Lager"	Verkäufer trägt alle Kosten →				

* auch Zufuhr

Macht das Angebot keine Aussage zu den Beförderungskosten, gelten die gesetzlichen Bestimmungen. Nach § 448 BGB muss der Käufer alle Kosten der Warenversendung übernehmen.

4.6 Bezugspreisermittlung

Für den **Angebotsvergleich** auf der letzten Stufe des Wertungsverfahrens ist die Vorschrift des § 43 UVgO von grundlegender Bedeutung: „Der Zuschlag wird auf das wirtschaftlichste Angebot erteilt." Dessen Ermittlung „[...] erfolgt auf der Grundlage des besten Preis-Leistungs-Verhältnisses."

Der „Angebotspreis" ist zwar nicht alleiniges, in vielen Fällen jedoch sehr wichtiges Entscheidungskriterium. Deshalb beginnt der Angebotsvergleich mit der Ermittlung dieser Größe. Kaufmännisch formuliert, wird der **Bezugs- oder Einstandspreis** jedes Angebots berechnet. Das ist die für den Vergleich maßgebliche monetäre Größe. In die Berechnung fließen alle quantitativen, d.h. rechenhaften, Entscheidungsfaktoren ein (s. Beispiel). Anschließend werden auch die qualitativen, nicht rechenhaften Entscheidungsfaktoren berücksichtigt (s. Kapitel 4.7).

Beispiel Bezugskalkulation

Zur Realisierung der „digitalen Aktenführung" benötigt die Neustädter Verwaltung einen leistungsstarken, hochwertigen Dokumentenscanner. Die zuständige Abteilung „Organisation und Datenverarbeitung" hat im Rahmen einer Beschränkten Ausschreibung drei Unternehmen zur Abgabe eines Angebots aufgefordert. Das Angebot des Lieferanten I führt zu der folgenden Kalkulation:

Kalkulationsschema			Beträge (in €)	Erläuterung der Begriffe
Listeneinkaufspreis	100 %		10 908,73	Das ist der Preis, den der Lieferant auch in Katalogen oder Preislisten angibt.
– Rabatt	5 %		545,44	Diesen Preisnachlass gewähren Lieferanten u. a. bei größeren Abnahmemengen (Mengenrabatt), regelmäßigen Bestellungen (Treuerabatt), zu bestimmten Anlässen, wie Schlussverkäufen oder Jubiläen.
= **Zieleinkaufspreis**	95 %	100 %	10 363,29	Dieser Betrag ist zu begleichen, wenn das Zahlungsziel (die Zahlungsfrist) voll ausgeschöpft wird (ggf. plus Bezugskosten).
– Skonto		2 %	207,27	Es handelt sich um einen Preisnachlass für sofortige oder kurzfristige Zahlung.
= **Bareinkaufspreis**		98 %	10 156,02	Dieser Betrag ist zu zahlen, wenn Skonto abgezogen wird (ggf. plus Bezugskosten).
+ Bezugskosten, z. B. ■ Verpackungskosten ■ Beförderungskosten			 – 37,98	Es sind alle vom Käufer zu tragenden Kosten der Abgabe und Versendung der Ware zu berücksichtigen. Im vorliegenden Beispiel sind nur die Beförderungskosten relevant, die Lieferant I „ab Lager" in Rechnung stellt.
= **Bezugspreis**			10 194,00	Diese Größe fasst alle quantitativen Entscheidungsfaktoren zusammen. Sie ist der monetäre Maßstab im Angebotsvergleich.

Die Erläuterungen in der Tabelle sollen noch um einige Punkte ergänzt werden.

In der Regel kalkulieren Verwaltungen mit **Bruttobeträgen**, d. h. einschließlich der Umsatzsteuer, da diese zum Anschaffungswert gehört (Betriebsmittel) bzw. Aufwand darstellt (Werkstoffe). Von diesem Grundsatz gibt es Ausnahmen, die im Band Rechnungswesen der öffentlichen Verwaltung dargestellt sind (Kapitel 4.3).

Im Allgemeinen gewähren Lieferanten eine **Skontofrist** von acht bis vierzehn Tagen. Manche öffentlichen Auftraggeber setzen vertraglich einen längeren Zeitraum durch. Die Stadt Dortmund gibt in ihren Allgemeinen Vertragsbedingungen z. B. eine Skontofrist von 21 Tagen vor. So auch die Stadt Neustadt. Diese ungewöhnlich lange Frist gilt allerdings nur dann, wenn die Allgemeinen Vertragsbedingungen Bestandteil des Vertrags werden.

Im Band Rechnungswesen der öffentlichen Verwaltung (Kapitel 9.7.2.3) wird gezeigt, dass die volle Ausschöpfung des Zahlungsziels unvorteilhaft ist. Die Verwaltungen sollten deshalb jede Möglichkeit zum Skontoabzug nutzen.

221060164

4.7 Nutzwertanalyse

Neben dem Bezugspreis (Einstandspreis) gibt es Faktoren, die zwar für die Entscheidung im Angebotsvergleich wichtig sind, sich jedoch nicht als monetäre Größe ausdrücken lassen. Sie entziehen sich einer rechnerischen Berücksichtigung in der Bezugskalkulation. Man nennt sie qualitative Entscheidungsfaktoren.

quantitative Entscheidungsfaktoren	qualitative Entscheidungsfaktoren (Beispiele)
■ Listeneinkaufspreis ■ Rabatt ■ Skonto ■ Bezugskosten	■ Produktqualität ■ Serviceleistungen (z. B. Reaktionszeit nach Benachrichtigung über einen Störfall) ■ Lieferzeit ■ Umwelteigenschaften ■ Gewährleistungsfrist („Garantiezeit") ■ Ästhetik/Design (bei Anlagegütern)
monetäre Größen, die im Bezugspreis vereint sind	nicht monetäre Größen, die neben dem Bezugspreis für den Angebotsvergleich relevant sein können

Die Nutzwertanalyse macht es möglich, die qualitativen Faktoren nachvollziehbar in die Entscheidungsfindung einzubeziehen. Die Vergabestelle bestimmt nach den Umständen des jeweiligen Beschaffungsfalles, welche Faktoren berücksichtigt werden sollen.

Beispiel: Fortführung des Beschaffungsfalles „Dokumentenscanner"

Mithilfe der Nutzwertanalyse soll das wirtschaftlichste Angebot ermittelt werden. Die Vergabestelle hat ein Angebot aus formalen Gründen vom Verfahren ausgeschlossen. Sie hat somit nur noch die Wahl zwischen zwei Bietern. Dazu gehört der aus dem Vorkapitel bereits bekannte Lieferant I.

Ablauf der Nutzwertanalyse in vier Schritten

Erster Schritt: Festlegung der bedeutsamen qualitativen Entscheidungsfaktoren

Die maßgeblichen Zuschlagskriterien müssen bereits in der Aufforderung zur Abgabe eines Angebots angegeben werden. Neben dem quantitativen Faktor „Bezugspreis" erachtete die Vergabestelle nur zwei qualitative Faktoren als wesentlich:

- Serviceleistungen (insbesondere die Schnelligkeit der Mängelbeseitigung im Störfall)
- Garantiezeit

Der Faktor „Produktqualität" blieb unberücksichtigt, da man aufgrund der detaillierten Leistungsbeschreibung keine großen Unterschiede in der Güte und Beschaffenheit der angebotenen Dokumentenscanner erwartete.

Zweiter Schritt: Gewichtung der Entscheidungsfaktoren

Die zuständigen Mitarbeiter legen nun in einer Tabelle fest, welche Bedeutung der Bezugspreis und die ausgewählten qualitativen Faktoren für die Entscheidung haben sollen. Sie weisen Gewichtungsprozentzahlen zu:

Entscheidungsfaktoren	Gewichtungsprozentzahlen	Lieferant I		Lieferant II	
		Punkte	gewichtete Punkte	Punkte	gewichtete Punkte
Bezugspreis	60				
Serviceleistungen	25				
Garantiezeit	15				
Summe	100				

Die Summe der Gewichtungsprozentzahlen muss 100 ergeben, damit der Einfluss jedes Faktors einfach zu erkennen ist. In der Regel wird man entweder den Bezugspreis oder die Produktqualität mit der höchsten Prozentzahl ausstatten. Liegen besondere Umstände vor, können auch andere Kriterien die Führungsrolle übernehmen,

z. B. die Lieferzeit, wenn die Beschaffung außerordentlich dringlich ist. Da im vorliegenden Beispiel die Produktqualität unberücksichtigt bleibt und auch keine besonderen Umstände vorliegen, die ein anderes Vorgehen begründen, weisen die Mitarbeiter der Vergabestelle dem Bezugspreis die größte Bedeutung zu. Er beeinflusst die Entscheidung zu 60 %.

Wenn der Dokumentenscanner aufgrund eines Defekts ausfällt, kommt es zu empfindlichen Störungen von Arbeitsabläufen. Nur ein schneller Reparaturdienst verhindert in dieser Situation schwerwiegende, unliebsame Verzögerungen. Deshalb werden die Serviceleistungen zum zweitwichtigsten Entscheidungsfaktor erkoren. Die Gewichtungsprozentzahl 25 drückt aus, dass die Entscheidung zu einem Viertel (= 25 %) durch die Serviceleistungen beeinflusst wird.

Im vorliegenden Beispiel gewähren die Lieferanten ungleiche Garantiezeiten. Sie sind folglich unterschiedlich lang zur unentgeltlichen Mängelbeseitigung verpflichtet. Das hat Auswirkungen auf künftige Instandhaltungskosten. Bei längerer Garantiezeit sind sie geringer. So erklärt sich die nicht unbeachtliche Gewichtungsprozentzahl 15.

Dritter Schritt: Bewertung der Alternativen durch Punktevergabe

Die Mitarbeiter der Vergabestelle bewerten die maßgeblichen Entscheidungsfaktoren bei jedem Lieferanten durch die Vergabe von Punkten. Dabei stehen die Punkte für Schulnoten:

sehr gut	5 Punkte	ausreichend	2 Punkte
gut	4 Punkte	mangelhaft	1 Punkt
befriedigend	3 Punkte	ungenügend/nicht vorhanden ...	0 Punkte

Nach der Punktevergabe hat die Tabelle folgendes Aussehen:

Entscheidungsfaktoren	Gewichtungsprozentzahlen	Lieferant I		Lieferant II	
		Punkte	gewichtete Punkte	Punkte	gewichtete Punkte
Bezugspreis	60	5		4,750	
Serviceleistungen	25	2		5	
Garantiezeit	15	3		5	
Summe	100				

Wir nehmen an, der Bezugspreis von Lieferant (L) II beträgt 10 704,00 €. Damit ist er um 510,00 € höher als der von L I. Vergaberechtlich müssen sich die nun zu vergebenden Preispunkte im gleichen Verhältnis voneinander unterscheiden wie die Bezugspreise. Eine zulässige Methode zur Umsetzung dieser Anforderung ist die **lineare Interpolation**: der günstigste Bezugspreis erhält dabei die maximale Punktzahl, ein fiktives Angebot mit einem doppelt so hohen Bezugspreis erhält die Punktzahl 0; dazwischen wird linear interpoliert. Setzt man den Bezugspreis von L I gleich 100 %, dann zeigt sich, dass das Angebot von L II um 5 % teurer ist. Dementsprechend wird ein 5 %-iger Abschlag von der höchsten Punktzahl vorgenommen. Der Abschlag beträgt hier also 0,250 Punkte, sodass L I 5 Punkte erhält und L II 4,750 Punkte. (Es ist zweckmäßig, die Preispunkte jeweils mit bis zu drei Stellen hinter dem Komma zu ermitteln.)

Bei den übrigen Entscheidungsfaktoren gibt es zwar eine natürliche Rangfolge, es lässt sich aber keine Grundannahme formulieren, auf deren Basis sinnvoll linear interpoliert werden könnte. Von daher hat die Vergabestelle hier einen größeren Beurteilungsspielraum. Bei den Serviceleistungen hat L II die Nase vorn. Er bietet einen 24-Stunden-Störfall-Service, der mit sehr gut bewertet wird. L I sagt hingegen nur zu, Mängel „möglichst zügig“, spätestens innerhalb von drei Tagen zu beseitigen. Bei der Garantiezeit erhält L II ebenfalls die Bestnote, da er drei Jahre für Mängel haftet, während L I nur die zweijährige, gesetzliche Gewährleistung übernimmt.

Vierter Schritt: Ermittlung des Angebots mit dem höchsten Nutzwert

Zunächst berechnet man die gewichteten Punkte pro Entscheidungsfaktor durch Multiplikation der vergebenen Punkte mit der Gewichtungsprozentzahl. Danach wird die Summe der gewichteten Punkte ermittelt. Diese entspricht dem „Nutzwert“ des Angebots.

Entscheidungs-faktoren	Gewichtungsprozent-zahlen	Lieferant I		Lieferant II	
		Punkte	gewichtete Punkte	Punkte	gewichtete Punkte
Bezugspreis	60	5	300	4,750	285
Serviceleistungen	25	2	50	5	125
Garantiezeit	15	3	45	5	75
Summe	100		395		485

Das Angebot von L II erzielt die höhere Gesamtpunktzahl. Es hat den höheren Nutzwert und ist demnach das wirtschaftlichere Angebot. L II erhält den Zuschlag für die Lieferung des Dokumentenscanners, obwohl sein Bezugspreis höher ist als der des Konkurrenten.

In der Fachliteratur werden zum Teil sehr unterschiedliche Fassungen der Nutzwertanalyse vorgestellt. Die hier beschriebene Form ist daher als eine von mehreren Möglichkeiten zu verstehen. Die Stärke der Nutzwertanalyse liegt in ihrer Transparenz. Die Einschätzungen und Bewertungen der Anwender treten offen zutage. Das zwingt zu einer wohldurchdachten, sorgfältigen und begründeten Durchführung der erforderlichen vier Schritte.

In den Kapiteln 4.6 und 4.7 wurde der Angebotsvergleich am Beispiel eines Anlagegutes (Dokumentenscanner) dargestellt. In gleicher Weise geht man bei den Verbrauchsgütern des Umlaufvermögens (z. B. Büromaterialien) vor.

Bei Anlagegütern können neben dem Bezugspreis weitere monetäre Größen berücksichtigt werden, z. B. die nach der Anschaffung entstehenden Kosten (Folgekosten: Kosten des Betriebs, der Wartung und Reparatur). Anstelle des Bezugspreises und der Folgekosten lassen sich auch alternative monetäre Größen für die Nutzwertanalyse gewinnen. Dafür muss man bestimmte Verfahren der Investitionsrechnung anwenden. Diese sind im Band Rechnungswesen der öffentlichen Verwaltung dargestellt (Kapitel 9.5).

5.1 ABC-Analyse

Die ABC-Analyse ist ein Verfahren zur Differenzierung von Maßnahmen in der Materialbeschaffung und -bereitstellung. Die für die Verwaltungsarbeit benötigten Materialien werden hierbei aufgrund ihrer Verbrauchswerte in einer Periode nach ihrem Wertverhältnis in drei Klassen gegliedert:

- Die **Klasse A** enthält dabei Materialien mit hohem Wertanteil.
- Die **Klasse B** beinhaltet Materialien mit mittlerem Wertanteil.
- Die **Klasse C** enthält Materialien mit geringem Wertanteil.

Bei der Durchführung einer ABC-Analyse werden zunächst alle Materialien in eine absteigende Rangfolge in Abhängigkeit von ihrem **Jahresverbrauchswert** (= Jahresverbrauchsmenge · durchschnittlicher Beschaffungspreis) gebracht. Anschließend werden sie nacheinander den drei Klassen zugeordnet. Begonnen wird dabei mit der Klasse A, wobei von den Materialien mit dem höchsten Jahresverbrauchswert so viele dieser Klasse zugeordnet werden, bis ihr Anteil zusammen 75 % des Jahresverbrauchswerts aller Materialien ausmacht. Von den nächsten Materialarten werden so viele der Klasse B zugeordnet, bis ihr Anteil zusammen 20 % des Jahresverbrauchswerts aller Materialien ausmacht. Zur Klasse C gehören schließlich die restlichen Güter, deren Anteil am Jahresverbrauchswert sich zusammen auf 5 % beläuft. Die Grenzen für die Einteilung dieser drei Klassen können jedoch verwaltungsintern auch anders festgelegt werden (z. B. A-Klasse: 80 %, B-Klasse: 15 %, C-Klasse 5 %).

Eine durchgeführte ABC-Analyse könnte folgendermaßen aussehen:

Beispiel einer ABC-Analyse

Material	mengenmäßiger Verbrauch im letzten Jahr	Ist-Preis pro Mengeneinheit	Jahresverbrauchswert	%-Anteil am Jahresverbrauchswert	Rangordnung (nach dem %-Anteil) am Jahresverbrauchswert	kumulierter %-Anteil am Jahresverbrauchswert	Güterart
G	145	67,00 €	9 715,00 €	26,57 %	1	26,57 %	A-Güter
B	354	25,00 €	8 850,00 €	24,21 %	2	50,78 %	A-Güter
C	40	177,65 €	7 106,00 €	19,44 %	3	70,22 %	A-Güter
F	200	30,00 €	6 000,00 €	16,41 %	4	86,63 %	B-Güter
K	20	134,00 €	2 680,00 €	7,33 %	5	93,96 %	B-Güter
H	300	2,50 €	750,00 €	2,05 %	6	96,01 %	C-Güter
A	23	30,00 €	690,00 €	1,89 %	7	97,90 %	C-Güter
J	150	1,80 €	270,00 €	0,74 %	8	98,63 %	C-Güter
E	430	0,50 €	215,00 €	0,59 %	9	99,22 %	C-Güter
D	554	0,30 €	166,20 €	0,45 %	10	99,68 %	C-Güter
I	100	1,00 €	100,00 €	0,27 %	11	99,95 %	C-Güter
L	12	1,50 €	18,00 €	0,05 %	12	100,00 %	C-Güter
	2328	-	**36 560,20 €**	**100,00 %**			

A-Güter 75 %

B-Güter 20 %

C-Güter 5 %

221060168

In einem Liniendiagramm lässt sich die Einteilung der Materialien in A-, B- und C-Güter wie folgt darstellen:

Bestimmung von ABC-Gütern mittels Liniendiagramm

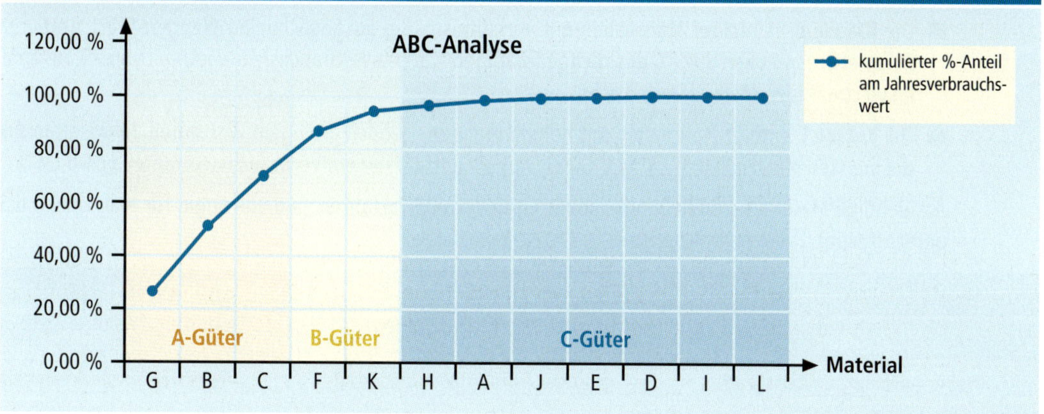

Das Mengen-Wert-Verhältnis der drei Güterklassen ergibt auf den Beispielfall bezogen folgendes Ergebnis:

Tabellarische Darstellung von Mengen- und Wertanteil von ABC-Gütern

	Mengenanteil		Wertanteil	
Güterart	**in Stück**	**%-Anteil an der Jahresverbrauchsmenge**	**%-Anteil am Jahresverbrauchswert**	**in €**
A-Güter	539	23,15 %	70,22 %	25 671,00 €
B-Güter	220	9,45 %	23,74 %	8 680,00 €
C-Güter	1 569	67,40 %	6,04 %	2 209,20 €
Summe	2 328	100,00 %	100,00 %	36 560,20 €

Grafische Darstellung von Mengen- und Wertanteil von ABC-Gütern in einem Säulendiagramm

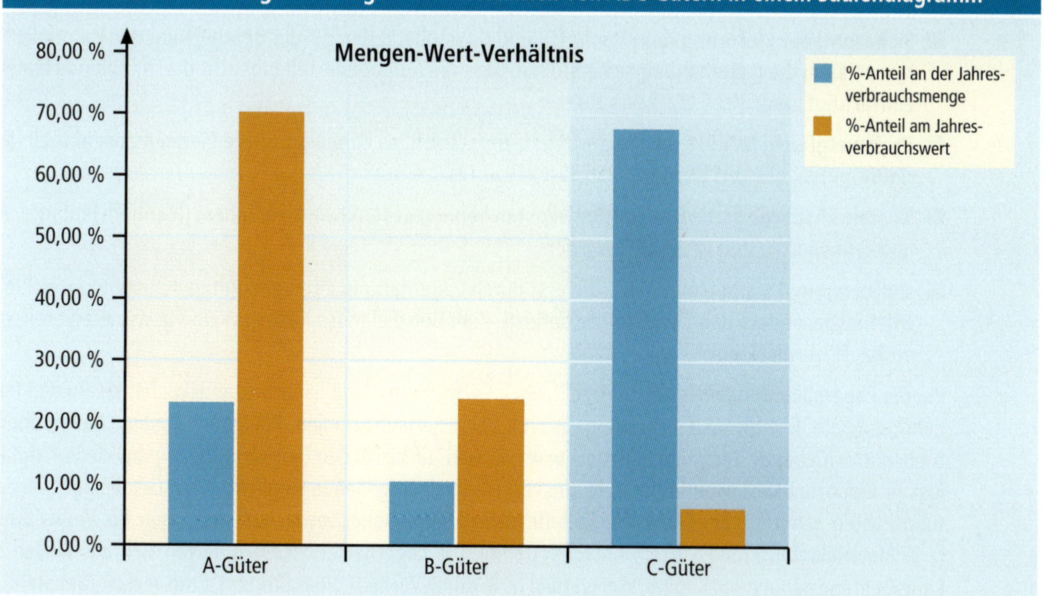

- Die **Klasse A** enthält häufig Materialien mit geringem Mengen-, aber hohem Wertanteil. In unserem Beispiel haben 23,15 % des mengenmäßigen Materialverbrauchs einen Anteil von 70,22 % am gesamten wertmäßigen Materialverbrauch.
- Die **Klasse B** beinhaltet Materialien mit verhältnismäßig ausgeglichenem Mengen-Wert-Anteil. In unserem Beispiel entsprechen 9,45 % des mengenmäßigen Materialverbrauchs einem Anteil von 23,74 % des gesamten wertmäßigen Materialverbrauchs.
- Die **Klasse C** enthält Materialien mit hohem Mengen-, jedoch geringem Wertanteil. In unserem Beispiel sind die meisten Materialien (67,4 %) C-Güter. Auf sie entfällt nur ein Verbrauchswertanteil von 6,04 %.

Aufwändige Materialbereitstellungs- sowie Optimierungsverfahren sind vorrangig für Materialien der A-Klasse gerechtfertigt.

Behandlung von ABC-Gütern im Rahmen der Beschaffung		
A-Güter	**B-Güter**	**C-Güter**
hoher Aufmerksamkeitsgrad	**geringer Aufmerksamkeitsgrad**	**minimaler Aufmerksamkeitsgrad**
großer Anteil am Einkaufsvolumen, daher: ■ großer Beschaffungsaufwand wegen großer Einsparmöglichkeiten ■ Der Beschaffungsaufwand umfasst eine sorgfältige Bestellkostenrechnung, eine genaue Mengen-, Preis- und Zeitplanung sowie eine genaue Bestandsüberwachung.	kleiner Anteil am Einkaufsvolumen, daher: ■ geringer Beschaffungsaufwand wegen kleiner Einsparmöglichkeiten ■ Die B-Materialien nehmen hinsichtlich ihrer Behandlung eine Mittelstellung ein: Die Behandlung kann nicht so einfach erfolgen wie bei den C-Materialien; andererseits muss kein so hoher Beschaffungsaufwand betrieben werden wie für die A-Materialien.	unbedeutender Anteil am Einkaufsvolumen, daher: ■ kaum Beschaffungsaufwand wegen minimaler Einsparmöglichkeiten ■ Bestellung großer Mengen wenige Male im Jahr, da die Kapitalbindung der C-Materialien relativ gering ist ■ ohne ständige Marktkontrolle bei festen Lieferanten bestellen ■ die Sicherheitsbestände relativ großzügig festlegen

5.2 Lagerkennziffern

Die Lagerhaltung erfüllt folgende Aufgaben:

- **Sicherung der Lieferungsbereitschaft:** Sind Unwägbarkeiten bei der Beschaffung der Materialien zu erwarten, so kann die Lagerhaltung sicherstellen, dass die Aufgabenerfüllung nicht durch fehlende Materialien beeinträchtigt wird.
- **Preisausgleich:** Ist mit Preissteigerungen zu rechnen, so können größere Mengen zum aktuell (noch) niedrigeren Preis gekauft werden.
- **Kosteneinsparung:** Die Beschaffungskosten können gesenkt werden, indem (Mengen-)Rabatte ausgenutzt und Transportkosten verringert werden.
- **Umformung:** Es gibt Materialien, die erst durch Lagerhaltung ihren endgültigen Zustand erreichen. Dies betrifft insbesondere den Lebensmittelbereich. Zum Beispiel muss Käse erst eine gewisse Zeit reifen, bevor er verkauft werden kann.

Für die Lagerhaltung fallen insbesondere Raum-, Verwaltungs- und Lagerbestandskosten an. Zu den Raumkosten gehören Miete, Energiekosten (Heizung, Strom), Versicherungsprämien, Reinigungskosten, Abschreibung der Betriebsmittel (Gebäude, Maschinen, Regale usw.), Zinsen für das in den Betriebsmitteln gebundene Kapital (Zinsverlust als Opportunitätskostenfaktor, z. B. Zinsverlust durch entgehende Möglichkeit der Geldanlage). Zu den Verwaltungskosten gehören Löhne und Gehälter für das Lagerpersonal sowie Aufwendungen für Verwaltungsmaterial (z. B. Materialanforderungskarten, Ablagesysteme). Die Lagerbestandskosten setzen sich aus Zinsen für das im Lagerbestand gebundene Kapital, Wertverlust (z. B. durch Verderb, Überalterung, Preisverfall, Diebstahl), Versicherungsprämien für die Lagervorräte und Aufwendungen für die Warenpflege (z. B. Schutzmaßnahmen) zusammen.

Bei der Lagerhaltung ergibt sich ein **Zielkonflikt** zwischen ertragswirtschaftlichen und kostenwirtschaftlichen Zielen: Das **ertragswirtschaftliche Ziel** besteht darin, eine möglichst hohe Liefer- und Produktionsbereitschaft sicherzustellen. Es sollte also möglichst viel auf Lager liegen. Das **kostenwirtschaftliche Ziel** besteht darin, die Lagerhaltungskosten möglichst gering zu halten. Es sollte also möglichst wenig auf Lager liegen, um die Kapitalbindung zu minimieren.

Mithilfe von **Lagerkennziffern** kann die Lagerhaltung überwacht werden.

Lagerkennziffern		
Lagerkennziffer	**Formel**	**Erklärung**
durchschnittlicher Lagerbestand	$\frac{(\text{Jahresanfangsbestand} + \text{Summe der Monatsendbestände})}{(n+1)}$ wenn keine monatlichen Daten vorliegen: $\frac{(\text{Jahresanfangsbestand} + \text{Jahresendbestand})}{2}$	Durchschnittliche Menge der gelagerten Materialien: Bei Einjahresbetrachtung ist n = 12.
Umschlagshäufigkeit	$\frac{\text{Verbrauch in der Periode}}{\text{durchschnittlicher Lagerbestand}}$	Wie oft wird der durchschnittliche Lagerbestand verbraucht?
durchschnittliche Lagerdauer	$\frac{360}{\text{Umschlagshäufigkeit}}$	Wie lange lagert das Material im Durchschnitt, bis es verbraucht wird?
Lagerzinssatz	$\frac{\text{Marktzinssatz} \cdot \text{durchschnittliche Lagerdauer}}{360}$	Wie viel Prozent Zinsen entfallen auf das bei einer durchschnittlichen Lagerdauer gelagerte Material? Wichtig: Marktzinssatz und Lagerzinssatz werden immer in Prozent angegeben.
durchschnittliche Lager(haltungs)kosten	durchschnittlicher Bestand · Lagerkosten pro Stück	
durchschnittliche Kapitalbindung im Lager	durchschnittlicher Bestand · Bezugspreis pro Stück	
Lagerzinsen	durchschnittlich gebundenes Kapital · Lagerzinssatz	Beispiel: Der Lagerzinssatz beträgt 0,4 %, das durchschnittlich gebundene Kapital 20 000,00 €. In diesem Fall fallen Lagerzinsen in Höhe von 80,00 € an.

Bei der Auffüllung des Lagers wird zwischen zwei verschiedenen **Bestellverfahren** unterschieden.

Beim **Bestellpunktverfahren** wird die Bestellung bei Erreichen eines vorgegebenen Meldebestands ausgelöst. Die Bestellmenge ist dabei festgelegt, das Bestellintervall ist verbrauchsabhängig.

Beim **Bestellrhythmusverfahren** erfolgt die Bestellung unabhängig von der tatsächlichen Lagerentnahme in einem bestimmten zeitlichen Rhythmus (z. B. einmal monatlich). Die Bestellzeitpunkte sind somit festgelegt.

5.3 Bestellmengenplanung

Ist der Bedarf an einer bestimmten Materialart für den festgelegten Planungszeitraum (in der Regel ein Jahr) ermittelt worden, so muss im Rahmen der Beschaffungsplanung entschieden werden, ob dieser Bedarf durch eine einzige Bestellung oder mehrere, über den Planungszeitraum verteilte Bestellungen gedeckt werden soll.

Bei einer **Einmalbestellung** ergeben sich durch Mengenrabatte und günstige Liefer- und Zahlungsbedingungen in der Regel niedrigere Bezugspreise pro Mengeneinheit als bei häufigeren Einkäufen kleinerer Mengen. Die Bestellkosten sind zudem gering, da nur einmal bestellt wird. Das Beschaffungsrisiko von Lieferengpässen entfällt für den Planungszeitraum, sobald die Einmallieferung erfolgt ist. Nachteilig sind in diesem Fall höhere Lagerkosten und -risiken.

Bei **Mehrfachbestellungen** und entsprechend kleineren Bestellmengen sind demgegenüber zwar die Lagerkosten niedriger, dafür jedoch die Bezugspreise, das Beschaffungsrisiko (z. B. bei Lieferengpässen des Lieferanten) und die Bestellkosten höher.

Bei der Ermittlung der **optimalen Bestellmenge** sind Kostenarten, deren Wirkung gegensätzlich ist, zu berücksichtigen. Die **Bestellkosten** ergeben sich, indem die Kosten einer Bestellung (z. B. Porto, Telefon, Rechnungsprüfung, Wareneingangskontrolle, Einlagerung usw.) mit der Anzahl der Bestellungen multipliziert werden. Die variablen **Lager(haltungs)kosten** verändern sich immer im gleichen Verhältnis zum Wert des gelagerten Materials. Sie enthalten Zinskosten für das in den Materialbeständen gebundene Kapital sowie ggf. Kosten für Diebstahl, Schwund oder Verderb.

Die **optimale Bestellmenge** liegt dort, wo die Summe aus Bestell- und Lagerhaltungskosten ein Minimum erreicht.

Ermittelt werden kann die optimale Bestellmenge bzw. die optimale Anzahl an Bestellungen pro Jahr mithilfe einer Tabelle, anhand einer Grafik oder unter Verwendung einer Formel.

Beispiel

Folgende Daten liegen zur Bestimmung der optimalen Bestellmenge vor:

- *Der Jahresbedarf des zu beschaffenden Materials liegt bei 200 Stück.*
- *Der Einstandspreis je Stück beträgt 20,00 €.*
- *Die festen Kosten je Bestellung belaufen sich auf 20,00 €.*
- *Der Lagerhaltungskostensatz beträgt 4 %.*
- *Es wird vereinfachend davon ausgegangen, dass durchschnittlich die Hälfte der Bestellmenge auf Lager liegt (= durchschnittlicher Lagerbestand). Das heißt, es liegt ein gleichmäßiger Lagerabgang vor.*

Die optimale Bestellmenge liegt bei 100 Stück, da die Summe aus Lagerhaltungskosten und Bestellkosten mit 80,00 € ihr Minimum erreicht.

Tabellarische Ermittlung der optimalen Bestellmenge

alternative Bestellmenge	Anzahl Bestellungen pro Jahr	durchschnittlicher Lagerbestand in Stück	Wert des durchschnittlichen Lagerbestands	Lagerhaltungskosten pro Jahr	Bestellkosten pro Jahr	Gesamtkosten
200,00	1	100,00	2 000,00 €	80,00 €	20,00 €	100,00 €
100,00	2	50,00	1 000,00 €	40,00 €	40,00 €	80,00 €
66,67	3	33,33	666,67 €	26,67 €	60,00 €	86,67 €
50,00	4	25,00	500,00 €	20,00 €	80,00 €	100,00 €
40,00	5	20,00	400,00 €	16,00 €	100,00 €	116,00 €
33,33	6	16,67	333,33 €	13,33 €	120,00 €	133,33 €
28,57	7	14,29	285,71 €	11,43 €	140,00 €	151,43 €
25,00	8	12,50	250,00 €	10,00 €	160,00 €	170,00 €

221060172

In der grafischen Darstellung wird deutlich, dass der Schnittpunkt von Lagerhaltungs- und Bestellkosten den Punkt bestimmt, an dem die Gesamtkosten minimal sind. Bei zwei Bestellungen (zu 100 Stück) pro Jahr sind die Gesamtkosten aus Lagerhaltungs- und Bestellkosten minimal.

Grafische Ermittlung der optimalen Anzahl an Bestellungen

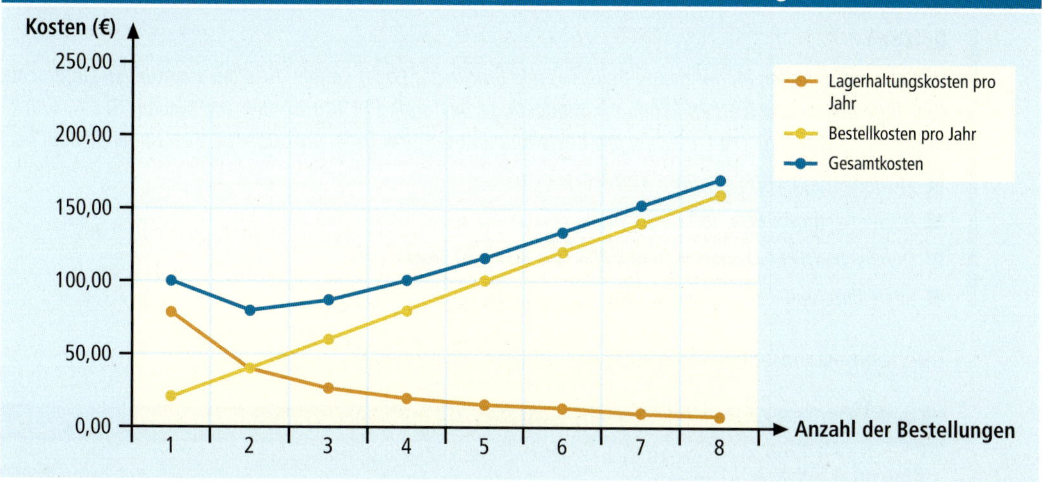

Mathematisch kann die optimale Bestellmenge mit folgender Formel ermittelt werden:

Optimale Bestellmenge =

$\sqrt{(200 \cdot \text{Jahresbedarf} \cdot \text{Bestellkosten}) : (\text{Einstandspreis} \cdot \text{Lagerhaltungskostensatz})}$

Der Lagerhaltungskostensatz ist dabei in der Formel als absolute Zahl anzusetzen (z. B. wird bei einem Lagerhaltungskostensatz von 4 % mit der Zahl 4 gerechnet).

$\sqrt{(200 \cdot 200 \cdot 20) : (20 \cdot 4)}$ = 100 Stück

Es ergibt sich eine optimale Bestellmenge von 100 Stück.

Dem angewandten mathematischen Berechnungsmodell für die optimale Bestellmenge liegen folgende vereinfachende Annahmen zugrunde:

- Die Materialien sind in der Planungsperiode uneingeschränkt lagerfähig.
- Die Lieferanten sind bereit und in der Lage, jede gewünschte Materialmenge zu liefern.
- Die Bezugspreise pro Mengeneinheit sind unabhängig von der Bestellmenge gleich hoch.
- Der Lagerabgang erfolgt gleichmäßig.

5.4 Zeitplanung

Beim Bestellpunktverfahren ist zunächst ein **Mindestlagerbestand** („Eiserne Reserve“) sowie ein **Meldebestand** (= Bestand, bei dem bestellt werden muss, um den Mindestlagerbestand nicht zu unterschreiten) festzulegen. Folgende Kennzahlen müssen beim Bestandsmanagement im Lager bzw. bei der Festlegung des optimalen Bestellzeitpunkts überwacht werden:

- **Mindestlagerbestand:** Bestand, der unter normalen Bedingungen niemals angegriffen werden darf. Dieser Bestand kann absolut (z. B. 25 Tonerkartuschen) oder relativ (z. B. 10 % der Jahresverbrauchsmenge) festgelegt werden. Er gilt als Bestand für unvorhergesehene Fälle und soll Bedarfs-, Liefer- oder Bestandsrisiken ausgleichen.
- **Meldebestand** = Mindestlagerbestand + (Lieferzeit · Verbrauch pro Zeiteinheit)

- **Höchstbestand** = Mindestlagerbestand + optimale Bestellmenge
- **Durchschnittlicher Lagerbestand** = optimale Bestellmenge : 2 + Mindestlagerbestand (Es wird davon ausgegangen, dass durchschnittlich immer die Hälfte der Bestellmenge auf Lager liegt, daher Division durch 2.)
- **Bestellintervall** = optimale Bestellmenge : Verbrauchsmenge pro Zeiteinheit

Beispiel

Von einem Gut sollen immer mindestens so viele Stücke auf Lager liegen, dass bei eventuellen Lieferschwierigkeiten drei Tage überbrückt werden können (= Mindestlagerbestand). Pro Tag werden von diesem Gut 20 Stück verbraucht (= Verbrauch pro Tag). Die Lieferzeit pro Bestellung beträgt drei Tage. Die optimale Bestellmenge liegt bei 200 Stück.

- *Meldebestand = 60 + (3 · 20) = 120 Stück*
- *Höchstbestand = 60 + 200 = 260 Stück*
- *Durchschnittlicher Lagerbestand = 200 : 2 + 60 = 160 Stück*
- *Bestellintervall = 200 : 20 = 10 Tage*

Die Lagerbestandsentwicklung stellt sich grafisch wie folgt dar:

Beispielhafte grafische Darstellung der Lagerbestandsentwicklung

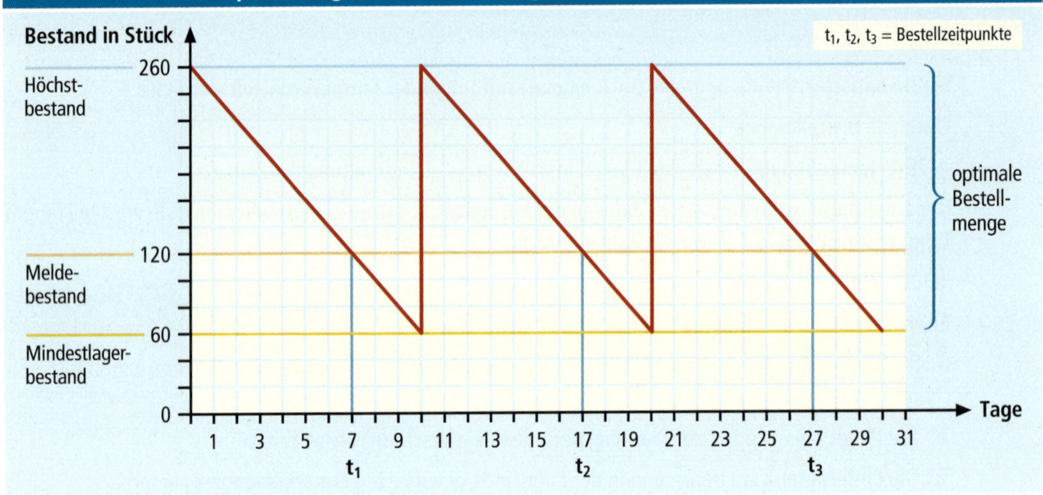

5.5 Elektronische Beschaffung

Von der elektronischen Beschaffung von Gütern und Dienstleistungen über das Internet – auch E-Procurement oder im Falle öffentlicher Organisationen Public E-Procurement (kurz: PEP) genannt – erwarten die Experten gegenüber den herkömmlichen Beschaffungsverfahren erhebliche Vorteile wie:

- geringere Verwaltungskosten,
- kürzere Beschaffungszeiten,
- geringere Bezugspreise,
- mehr Anbieterauswahl sowie
- mehr Transparenz im Vergabeprozess und dadurch auch geringere Missbrauchsmöglichkeiten.

221060174

Studien bestätigen immer wieder diese Vorteile. Geschätzt wird, dass dabei die Verwaltungskosten zwischen 25 % und 75 % sowie die Bezugspreise zwischen 10 % und 30 % gesenkt werden können. Hinzu kommen ggf. weitere Kosteneinsparungen, weil die Lagerhaltungskosten in der Verwaltung gesenkt werden können.

Public E-Procurement (PEP) – öffentlicher Einkauf via Internet

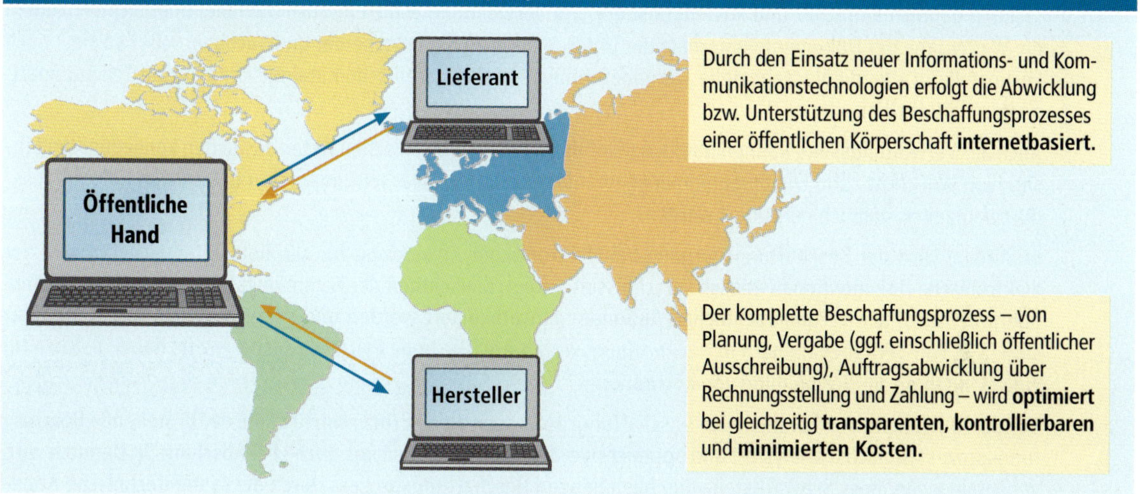

Die von staatlicher Seite erhofften Einsparungen sind enorm, da öffentliche Aufträge in der EU ca. 16 % des Bruttoinlandsprodukts ausmachen. Erwartet werden nach Angaben der EU-Kommission Einsparungen in Höhe von bis zu 40 Mrd. €, wenn öffentliche Ausschreibungen vollständig online verfügbar sind und mindestens die Hälfte davon auch online vergeben werden. Dieses Ziel wurde bereits im Jahr 2010 von den EU-Mitgliedstaaten erreicht. Durch die Novellierung des europäischen Vergaberechts wurden die öffentlichen Verwaltungen in den Mitgliedsstaaten der EU mittlerweile verpflichtet, die Bekanntmachung und Bereitstellung von Vergabeunterlagen im Oberschwellenbereich grundsätzlich elektronisch durchzuführen. Spätestens im Jahr 2019 sollen alle Verwaltungsebenen der Mitgliedsstaaten ihre Vergabeverfahren elektronisch abwickeln.

Bei der Einrichtung einer elektronischen Beschaffungsplattform ist darauf zu achten, dass bei der digitalen Abwicklung des Beschaffungsprozesses die rechtlichen Vorgaben der relevanten Verdingungs- und Vergabeordnungen eingehalten werden. Die elektronisch abgeschlossenen Verträge müssen zudem rechtsgültig sein.

Diese Voraussetzungen erfüllt beispielsweise www.evergabe-online.de, die elektronische Beschaffungsplattform und das zentrale Ausschreibungsmedium des Bundes. Dort finden Unternehmen alle Ausschreibungen der Bundesbehörden, aber auch Ausschreibungen der Beschaffungsstellen von Ländern und Kommunen in digitaler Form.

Bei der E-Vergabe sind hohe Zeit- und Kosteneinsparungen möglich, weil die Kommunikation zwischen den beteiligten Verwaltungen und Unternehmen in allen Phasen des Vergabeprozesses ausschließlich über das Internet abgewickelt wird: Ausdruck und Postversand der Dokumente entfallen.

Unternehmen, die am E-Vergabe-Verfahren teilnehmen wollen, benötigen eine elektronische Signatur, die dem Empfänger einer Nachricht die Überprüfung der Authentizität und Unverfälschtheit der durch sie signierten Daten ermöglicht. Welche elektronischen Signaturen bei der E-Vergabe eingesetzt werden können, wird auf www.evergabe-online.de angegeben. Unterstützt werden eine dateibasierte, fortgeschrittene Signatur sowie verschiedene kartenbasierte (qualifizierte) Signaturzertifikate, für deren Einsatz noch ein von der E-Vergabe unterstütztes Kartenlesegerät der Sicherheitsklasse 2 oder 3 benötigt wird. Die Beantragungszeit für eine elektronische Signatur kann erfahrungsgemäß bis zu drei Wochen dauern. Daher sollten Unternehmen, die erstmals an einem elektronischen Vergabeverfahren teilnehmen wollen, die Beantragung der elektronischen Signatur bei einem der autorisierten Trust-Center sowie die Beschaffung des Kartenlesegeräts rechtzeitig vornehmen und sich ggf. über weitere Nutzungsvoraussetzungen informieren. Im Fall der E-Vergabe stellt der Betreiber der Ausschreibungsplattform den Unternehmen und Behörden weitere Tools wie z. B. einen Angebots-Assistenten (AnA-Web), Hinweise und spezielle Software wie z. B. die jSign-Signaturkomponente zur Verfügung.

Für die Unternehmen wird die Suche nach interessanten Ausschreibungen durch die digitale Informationsbereitstellung deutlich einfacher und kostengünstiger. Die Verwendung elektronischer Dokumente erleichtert zudem die Weitergabe der Dokumente innerhalb der Unternehmen an die Entscheider und Sachbearbeiter sowie – nach Fertigstellung – an die Vergabestelle. Vergabeformulare und elektronische Kataloge können zum Teil automatisiert befüllt werden.

Auch auf Verwaltungsseite können durch die Einführung von elektronischen Akten sowie den konsequenten Einsatz von Workflow- und Dokumentenmanagementsystemen die Bearbeitungskosten gesenkt und die Prozessdurchlaufzeiten deutlich verringert werden.

Außerdem wird der Beschaffungsvorgang bei elektronischer Abwicklung für alle Beteiligten sicherer, weil der elektronische Dokumentenaustausch verschlüsselt erfolgt, die Echtheit der Kommunikationspartner vom System überprüft wird, alle vergaberechtlichen Aktionen mitprotokolliert werden und somit jederzeit nachvollziehbar sind (z. B. von Vergabekammern in Nachprüfungsverfahren). Die hohe Prozesstransparenz ist dabei gleichzeitig eine Maßnahme zur Vermeidung von Korruption.

Vor der Umstellung von kommunalen Beschaffungsprozessen auf E-Procurement sollte der bestehende Beschaffungsprozess zunächst analysiert und optimiert werden (zum Vorgehen vgl. auch LF 8 Abschnitt 3). Dadurch wird ausgeschlossen, dass Schwachstellen im bestehenden Beschaffungsprozess durch die systemtechnische Abbildung bzw. Digitalisierung dauerhaft festgeschrieben werden.

221060176

1 Rechtliche Grundlagen

1.1 Rechtsgebiete: privates und öffentliches Recht

In der deutschen Rechtsordnung unterscheidet man zwei Rechtsgebiete: das Privatrecht und das öffentliche Recht. Diese Unterscheidung geht zurück auf das römische Recht, in dem „ius privatum" und „ius publicum" voneinander abgegrenzt wurden.

Einstiegsfall Graffiti an der Wand

Der neunzehnjährige Marco T. sprüht Graffiti an einer Hauswand der Wohnungsbaugenossenschaft „Gemeinnützige Siedlungsgenossenschaft in Neustadt (e. G.)". Als er das Bild fast fertiggestellt hat, kommt die Polizei.
Welche Rechtsfolgen können auf ihn zukommen?

Öffentliches Recht

Handelt der Staat oder eine seiner Institutionen, dann geschieht dies nach öffentlich-rechtlichen Vorschriften – so jedenfalls, wenn Täter bestraft oder Steuern erhoben werden. Das öffentliche Recht regelt grundsätzlich das Verhältnis des Bürgers zum Staat oder die staatliche Organisation selbst, zum Beispiel die Befugnisse von Bundestag und Bundesrat oder das Verfahren von Justiz und Verwaltung.

Im **öffentlichen Recht** ist der Einzelne dem Staat **untergeordnet**. Öffentlich-rechtliche Vorschriften **zwingen** den Bürger dazu, sich den staatlichen Anordnungen zu fügen.

Beispiel

Eltern können sich nicht aussuchen, ob ihr sechsjähriges Kind zur Schule geht oder nicht; durch die Schulgesetze der Bundesländer besteht Schulpflicht.

Privates Recht

Das Privatrecht regelt die **Rechtsverhältnisse gleichberechtigter Personen** zueinander. Privatrechtliche Vorschriften zwingen die Beteiligten nicht, sie können vertraglich etwas anderes regeln als im Gesetz vorgesehen. Privatrechtliche Vorschriften sind nachgiebig, sie können durch Vereinbarungen abgeändert werden. Diese **nachgiebigen Vorschriften** nennt man auch dispositiv, da das Gesetz eine Dispositionsfreiheit einräumt. Im Privatrecht gilt **Privatautonomie** – also die Freiheit des Einzelnen, Rechtsverhältnisse weitgehend nach seinem Willen zu gestalten.

Quellen des Privatrechts

Zum Privatrecht gehören insbesondere das **Bürgerliche Recht (Zivilrecht), Teile des Arbeitsrechts** und das **Wirtschafts(privat)recht.** Das Wirtschaftsrecht besteht insbesondere aus dem Handels- und Gesellschaftsrecht. Während das **Handelsrecht** Rechte und Pflichten von Kaufleuten regelt, normiert das **Gesellschaftsrecht** beispielsweise Gründung und Aufbau von Unternehmensformen wie Aktiengesellschaft und Gesellschaft mit beschränkter Haftung. Das Bürgerliche Gesetzbuch (BGB) ist das wichtigste Gesetz des Bürgerlichen Rechts/Zivilrechts. Es wurde am 1. Januar 1900 in Kraft gesetzt und ist trotz vieler Änderungen in wesentlichen Teilen gleich geblieben. Der Begriff Zivilrecht stammt aus dem römischen Recht: „Cives" ist lateinisch und heißt Bürger.

1 Rechtliche Grundlagen

Gliederung des Bürgerlichen Gesetzbuchs (BGB)

Das BGB gliedert sich in fünf Teile, die der Gesetzgeber „Bücher" nennt.

1. Allgemeiner Teil	Grundsätze, die für alle Bücher von Bedeutung sind – sie werden „vor die Klammer" gezogen
2. Schuldrecht	■ **Allgemeines Schuldrecht** Begründung, Inhalt und Beendigung von Schuldverhältnissen ■ **Besonderes Schuldrecht** – Pflichten aus einzelnen vertraglichen Schuldverhältnissen, z. B. Kauf-, Werk-, Miet- oder Reisevertrag, oder – aus gesetzlichen Schuldverhältnissen wie die Schadensersatzpflicht bei unerlaubten Handlungen, z. B. bei verbotenen Graffiti
3. Sachenrecht	Rechtsbeziehungen zwischen Rechtssubjekten (Personen) und Rechtsobjekten (Sachen, Rechte), z. B. Besitz und Eigentum an Sachen
4. Familienrecht	Verwandtschaft, Verlobung, Ehe, Scheidung, Unterhaltspflicht, elterliche Sorge
5. Erbrecht	gesetzliche Erbfolge sowie Erbschaft durch Rechtsgeschäft (Testament)

Zusammenfassung: Rechtsgebiete

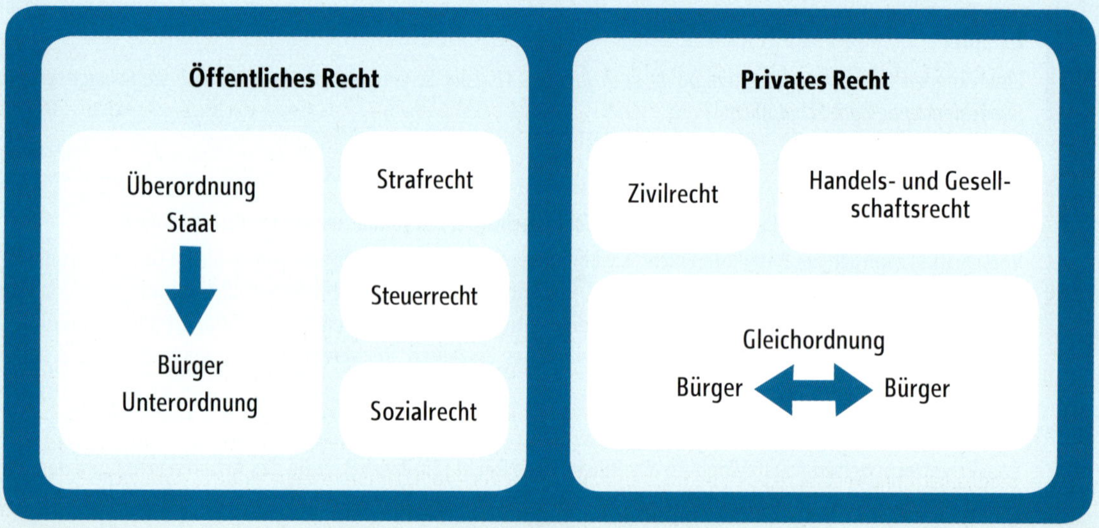

Falllösung **Graffiti an der Wand**

Jedem Sprayer drohen grundsätzlich zwei rechtliche Folgen:	
Er muss dem betroffenen Eigentümer, hier der Wohnungsbaugenossenschaft, Schadensersatz leisten, d. h. die Graffiti selbst beseitigen oder die Kosten dafür ersetzen.	Er könnte vor Gericht wegen Sachbeschädigung und Hausfriedensbruch zu einer Strafe verurteilt werden oder mindestens dem Ordnungsamt ein Bußgeld zahlen.
Diese Rechtsfolgen stammen aus verschiedenen Rechtsgebieten:	
Schadensersatz aus dem Gebiet des **Privatrechts**.	**Strafe und Bußgeld** aus dem Gebiet des **öffentlichen Rechts**.

221060178

1.2 Rechtssubjekte und Rechtsobjekte

Einstiegsfall Testament der Elfriede S.

Elfriede S. lebt allein und hat keine näheren Verwandten. Nach ihrem Tod wird ein von ihr handschriftlich verfasstes und unterschriebenes Testament aufgefunden.

Erben sollen zu gleichen Teilen

- die langjährige Haushaltshilfe Marta T.,
- das erste Enkelkind der Marta T., dessen Geburt in wenigen Monaten bevorsteht,
- der am Ort eingetragene Tierschutzverein „Hilfe für Tiere in Not e. V.",
- ihre treue Hündin Molly.

Wie ist die Rechtslage?

1.2.1 Natürliche Personen

Rechtssubjekte sind natürliche und juristische Personen. Sie sind Träger von Rechten und Pflichten. Sie sind rechtsfähig.

Als natürliche Personen bezeichnet das Gesetz (§§ 1 bis 14 BGB) alle lebenden Menschen.

Rechtsfähigkeit und Handlungsfähigkeit

Ein Mensch ist rechtsfähig, das bedeutet, er ist Träger von Rechten und Pflichten. Die Rechtsfähigkeit wiederum ist die Voraussetzung, als handlungsfähig zu gelten.

§ 1 BGB Beginn der Rechtsfähigkeit
Die Rechtsfähigkeit des Menschen beginnt mit der Vollendung der Geburt.

Das Tatbestandsmerkmal **„Vollendung der Geburt"** wird dahin gehend ausgelegt, dass der Körper des Kindes vollständig aus dem Mutterleib ausgetreten sein und das Kind lebend geboren sein muss. Allerdings sind auch ungeborene Kinder zum Teil rechtsfähig. Sie werden verfassungs- und strafrechtlich geschützt, z. B. durch das Abtreibungsverbot gemäß § 218 Strafgesetzbuch. Außerdem ist ein ungeborenes Kind erbfähig, § 1923 Abs. 2 BGB.

Die Rechtsfähigkeit **endet mit** dem **Tod.** Die Frage, wann der Tod eingetreten ist, hat sich durch die Fortschritte der Medizin im Laufe der Zeit geändert. Heute steht fest, dass der Tod ein Prozess ist. Der Todeszeitpunkt wird medizinisch und rechtlich durch den dauernden Ausfall der Großhirnfunktionen definiert. Von diesem Todesbegriff geht auch das Transplantationsgesetz aus. Eine Leiche muss nach dem Bestattungsrecht der Länder bestattet werden. Sie darf als Sache nur behandelt werden, wenn sie medizinischen oder wissenschaftlichen Zwecken dienen soll.

Alle Menschen, unabhängig von ihrer Staatsangehörigkeit, ihrem Alter, ihrem Geschlecht und ihrem körperlichen oder geistigen Zustand, sind gleichermaßen rechtsfähig.

Menschen können Eigentümer sein, Schuldner werden und sie können erben. Im Privatrecht gibt es grundsätzlich keine Beschränkung der Rechtsfähigkeit. Im öffentlichen Recht gibt es Differenzierungen, so unterscheidet das Grundgesetz bei den Grundrechten zwischen Bürgerrechten, die nur für Staatsbürger der Bundesrepublik Deutschland gelten, und Menschenrechten, die für jedermann gelten. Natürliche Personen erlangen ihre Rechtsfähigkeit mit der Geburt; ihre Handlungsfähigkeit richtet sich dagegen nach ihrem Lebensalter.

Handlungsfähig ist jemand, der durch eigenes Handeln Rechtswirkungen auslöst, wie bei der Deliktsfähigkeit oder der Geschäftsfähigkeit. Nur jemand, der geschäftsfähig ist, kann auch Rechtsgeschäfte für sich selbst tätigen: zum Beispiel etwas leihen, kaufen oder verschenken. Die **Geschäftsfähigkeit** richtet sich nach dem Alter.

Geschäftsunfähig ist ein Kind bis zur Vollendung des siebten Lebensjahres; als beschränkt geschäftsfähig gelten Kinder und Jugendliche vom siebten Geburtstag bis zur Vollendung des 18. Lebensjahres. Erst ab dem Alter von 18 Jahren ist eine Person unbeschränkt geschäftsfähig.

Rechtsfähigkeit

ist die Fähigkeit, Träger von Rechten und Pflichten zu sein.
Sie ist die Voraussetzung der ...

Handlungsfähigkeit,

die Fähigkeit, durch eigenes Handeln Rechtswirkungen hervorzurufen. Die Handlungsfähigkeit ist nach dem Lebensalter unterschiedlich ausgeprägt.

Sie umfasst u. a.

Geschäftsfähigkeit,

die Fähigkeit, für sich selbst Rechtsgeschäfte abschließen zu können.

Deliktsfähigkeit,

die Fähigkeit, für unerlaubte Handlungen Schandensersatz leisten zu müssen.

Wer handelt für eine nicht handlungsfähige Person?

Der gesetzliche Vertreter ist bei ...

- ehelichen Kindern: **beide Eltern,** § 1626 BGB
- nichtehelichen Kindern: **die Mutter oder beide Eltern,** § 1626 a BGB
- geschäftsunfähigen Volljährigen: **der Betreuer,** § 1896 BGB
- Entziehung des Sorgerechts: **der Vormund,** § 1773 BGB

1.2.2 Juristische Personen

Die juristische Person entsteht durch den **Zusammenschluss von Personen** oder die **Bildung eines Stiftungsvermögens** und **Anerkennung durch eine staatliche Entscheidung.** Eine Grundlage dafür stellt das Grundrecht der Vereinigungsfreiheit dar, das allen Deutschen garantiert, Vereine und Gesellschaften bilden zu können.

Art. 9 GG
(1) Alle Deutschen haben das Recht, **Vereine und Gesellschaften** zu bilden. (Hervorhebungen nicht im Original)

Die juristische Person ist eine Schöpfung des Gesetzgebers. Sie entsteht durch den Zusammenschluss von Personen oder die Bildung eines Stiftungsvermögens. Juristische Personen sind stets rechts- und geschäftsfähig. Sie werden durch ihre Organe vertreten.

Die juristische Person handelt durch die gesetzlich oder durch Satzung bestimmten Organe (z. B. Mitgliederversammlung, Vorstand, Geschäftsführer, o. Ä.). Wer mit einer juristischen Person Verträge abschließt, muss die ihm zustehenden Ansprüche gegen die juristische Person selbst geltend machen. Dem Gläubiger haftet das Gesellschaftsvermögen, nicht das Privatvermögen der Mitglieder bzw. Gesellschafter: Eine Person, die mit einem Verein Geschäfte abschließt, kann ihre Geldforderung also nicht bei einigen vermögenden Vereinsmitgliedern eintreiben, sondern muss sich an den Verein und das Vereinsvermögen halten. Die folgende Grafik zeigt, welche verschiedenen Arten von juristischen Personen unterschieden werden und wie eine juristische Person rechtsfähig wird.

Juristische Personen

- **des privaten Rechts**
  - **Handels- und Gesellschaftsrecht**
    - **Kapitalgesellschaften**
      - Aktiengesellschaften (AG)
      - Gesellschaften mit beschränkter Haftung (GmbH), Unternehmergesellschaften (haftungsbeschränkt)
    - **Genossenschaften (eG)**
      - Wohnungsbaugenossenschaften
      - Volks- und Raiffeisenbanken
    - **Versicherungsvereine auf Gegenseitigkeit (VVaG)**
  - **Zivilrecht**
    - **Vereine (e. V.)** §§ 21–79 BGB
      - Mietervereine
      - Verbraucherzentralen
    - **Stiftungen** §§ 80–88 BGB
      - Stiftung Warentest
- **des öffentlichen Rechts, § 89 BGB**
  - **Anstalten**
    - Rundfunkanstalten der Länder
  - **Körperschaften**
    - **Gebietskörperschaften**
      - Bund
      - Länder
      - Gemeinden
      - Landkreise
    - **Personenkörperschaften**
      - Sozialversicherungsträger (Krankenkassen, Berufsgenossenschaften, Bundesagentur für Arbeit)
      - Kammern
      - Universitäten
  - **Stiftungen**
    - Stiftung Preußischer Kulturbesitz

Personengesellschaften
keine juristischen Personen, aber mit Rechtsfähigkeit ausgestattet

- Offene Handelsgesellschaft (OHG)
- Kommanditgesellschaft (KG)
- Partnerschaftsgesellschaft (PartG)
- Gesellschaft bürgerlichen Rechts (GbR o. BGB-G) §§ 705–740 BGB

Erlangung der Rechtsfähigkeit

- **Juristische Personen des PR und Personengesellschaften**
  durch Eintragung in ein Register (Vereinsregister, Handelsregister, Genossenschaftsregister) oder bei Stiftungen durch die Genehmigung des Bundeslandes (§ 80 BGB)
- **Juristische Personen des ÖR**
  durch öffentlich-rechtlichen Gründungsakt, d. h. per Gesetz oder Einzelfallregelung (Verwaltungsakt)

1.2.3 Gruppen von Rechtssubjekten: Verbraucher, Unternehmer und Kaufmann

Das BGB unterscheidet die Begriffe Verbraucher und Unternehmer.

Unternehmer ist jede natürliche oder juristische Person, die auf einem Markt planmäßig und auf Dauer Leistungen gegen ein Entgelt anbietet.

Der zivilrechtliche Unternehmerbegriff ist vom handelsrechtlichen Begriff des **Kaufmanns** zu unterscheiden. Der Kaufmannsbegriff ist wesentlich enger gefasst. Nicht darunter fallen zum Beispiel die freien Berufe (Ärzte, Steuerberater, Architekten, Künstler usw.) sowie Klein- und Handwerksbetriebe.

§ 1 HGB Kaufmann kraft Betätigung

(1) Kaufmann im Sinne dieses Gesetzbuchs ist, wer ein Handelsgewerbe betreibt.

(2) Handelsgewerbe ist jeder Gewerbebetrieb, es sei denn, dass das Unternehmen nach Art oder Umfang einen in kaufmännischer Weise eingerichteten Geschäftsbetrieb nicht erfordert.

Das heißt: Ein Kaufmann nach HGB ist immer auch Unternehmer im Sinne des BGB, aber nicht jeder Unternehmer ist zugleich Kaufmann. Umgekehrt können Unternehmer, sofern sie für private Zwecke Rechtsgeschäfte abschließen, **Verbraucher** sein. Allerdings gilt dies nur für natürliche Personen. Schließt also eine natürliche Person für private Zwecke einen Vertrag, gilt sie stets als Verbraucher und kommt in den Genuss des Verbraucherschutzes. Kauft ein angestellter Arbeitnehmer etwas zu beruflichen Zwecken (z. B. Arbeitsschuhe), ist er auch Verbraucher.

Gruppen von Rechtssubjekten

Verbraucher, § 13 BGB	Unternehmer, § 14 BGB	Kaufmann, § 1 ff. HGB
natürliche Person	natürliche Person oder rechtsfähige Personengesellschaft oder juristische Person	natürliche Person oder rechtsfähige Personengesellschaft, die ein Handelsgewerbe betreibt oder juristische Person des privaten Rechts und im Handelsregister eingetragen ist
... sofern er Rechtsgeschäfte abschließt für ...		
private Zwecke oder seine unselbstständige Tätigkeit	seine selbstständige Tätigkeit	sein Handelsgewerbe

1.2.4 Rechtsobjekte

Rechte, Sachen, sonstige Gegenstände und **Tiere** sind Rechtsobjekte. Sie haben keine eigenen Rechte und Pflichten.

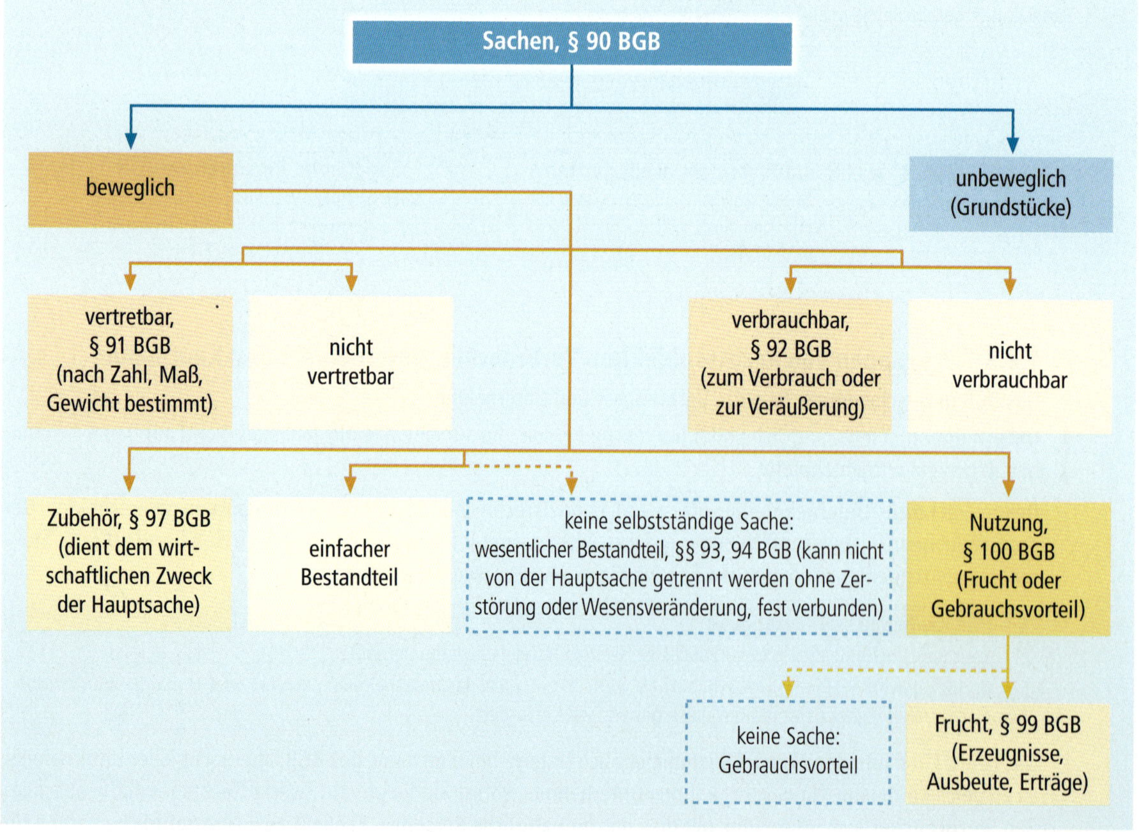

221060182

Sachen sind körperliche Gegenstände, sie können fest, flüssig oder gasförmig sein. **Sonstige Gegenstände**, aber keine Sachen, sind Licht, elektrische Energie, Fernwärme, Software, Know-how und Werbeideen.

Man kann Sachen in verschiedenen Kategorien ordnen. Wichtig ist hier insbesondere die Unterscheidung zwischen einfachen und wesentlichen Bestandteilen einer Sache. Wesentliche Bestandteile einer Sache stellen nur einen Teil einer Gesamtsache dar.

Beispiele

Die Tischplatte eines Schreibtischs ist ein ***wesentlicher Bestandteil*** *des Tisches, keine selbstständige Sache. Wird die Platte entfernt, ist der Schreibtisch zerstört. – Das Gebäude auf einem Grundstück ist wesentlicher Bestandteil des Grundstücks. Dies gilt auch für alle mit dem Grundstück oder Gebäude fest verbundenen Bestandteile, wie Pflanzen auf dem Grundstück, Dachstuhl des Gebäudes usw.*

Tiere werden als Mitgeschöpfe anerkannt und genießen im Grundgesetz und durch den Tierschutz eine gewisse Sonderstellung. Sie werden zivilrechtlich aber meist wie Sachen behandelt. Ausnahmeregelungen sind selten.

Artikel 20 a Grundgesetz (Staatsziel Tierschutz)
Der **Staat schützt** auch in Verantwortung für die künftigen Generationen die **natürlichen Lebensgrundlagen und die Tiere** im Rahmen der verfassungsmäßigen Ordnung durch die Gesetzgebung und nach Maßgabe von Gesetz und Recht durch die vollziehende Gewalt und die Rechtsprechung.

§ 90 a BGB Tiere
Tiere sind **keine Sachen.** Sie werden durch besondere Gesetze geschützt. Auf sie sind **die für Sachen geltenden Vorschriften entsprechend anzuwenden, soweit nicht etwas anderes bestimmt** ist.

§ 903 BGB Befugnisse des Eigentümers
Der Eigentümer einer Sache kann, soweit nicht das Gesetz oder Rechte Dritter entgegenstehen, mit der Sache nach Belieben verfahren und andere von jeder Einwirkung ausschließen. **Der Eigentümer eines Tieres hat bei der Ausübung seiner Befugnisse die besonderen Vorschriften zum Schutz der Tiere zu beachten.** (Hervorhebungen nicht im Original)

Bei **Rechten** werden relative und absolute Rechte unterschieden.

Rechte

relative Rechte	**absolute Rechte**
bestehen gegenüber einer bestimmten Person oder Personengruppe	wirken gegenüber allen Personen

Beispiele

Der Verkäufer einer Sache hat gegenüber dem Käufer einen Anspruch auf Zahlung des vereinbarten Kaufpreises.

Der Eigentümer eines Grundstücks kann jedermann von der Nutzung seines Grundstücks ausschließen.

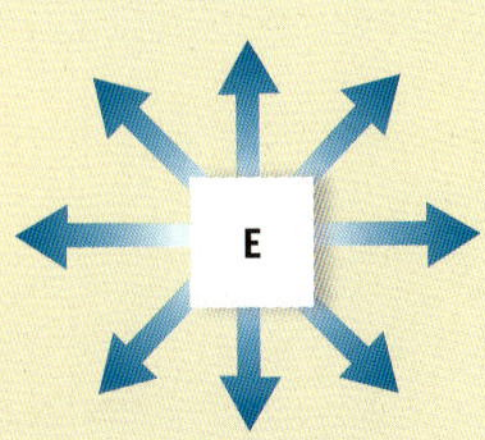

Falllösung Testament der Elfriede S.

- Ist Marta T. Erbin von Elfriede S. geworden?
  Ja. Es liegt ein gültiges handschriftliches (eigenhändig geschriebenes) Testament vor, §§ 1937, 2247 BGB. Marta ist erbfähig, denn sie ist als lebender Mensch eine natürliche Person und damit rechts- und erbfähig, § 1923 Abs. 1 BGB.
- Kann das ungeborene Enkelkind von Marta T. erben?
  Ja, wenn es lebend zur Welt kommt. Nach § 1923 Abs. 2 BGB gelten auch solche Menschen als erbfähig, die zum Zeitpunkt des Erbfalles gezeugt, aber noch nicht geboren sind.
- Ist der Tierschutzverein „Hilfe für Tiere in Not e. V." Erbe von Elfriede S. geworden?
  Ja. Ein ins Vereinsregister ordnungsgemäß eingetragener Verein (§ 21 BGB) ist eine juristische Person des privaten Rechts und als solche rechts- und erbfähig.
- Ist die Hündin von Elfriede S. Erbin geworden?
  Nein. Eine Hündin ist gemäß § 90 a BGB ein Tier und damit ein Rechtsobjekt, kein Rechtssubjekt. Ein Tier ist weder rechts- noch erbfähig, also kann die Hündin von Elfriede S. nicht erben.
  (Wollte Elfriede S. ihre Hündin nach ihrem Tod versorgt wissen, könnte sie Marta T. als Erbin einsetzen und diesen Erbteil im Testament mit einer entsprechenden Auflage versehen, § 2193 BGB. Oder Elfriede S. könnte testamentarisch verfügen, dass mit einem bestimmten Anteil ihres Vermögens eine Stiftung zu gründen sei mit dem Zweck, die Hündin zu versorgen.)

Zusammenfassung: Rechtssubjekte und Rechtsobjekte

Rechtssubjekte und Personengesellschaften sind rechtsfähig

Personengesellschaften | juristische Personen

natürliche Personen
- geschäftsunfähig
- beschränkt geschäftsfähig
- geschäftsfähig

Arten rechtsfähiger Subjekte

Unternehmer/Kaufleute | Verbraucher

Rechtsobjekte

- Sachen
- Tiere
- Rechte
- sonst. Gegenstände

221060184

1.3 Privatrechtliche Einzelfallregelungen

1.3.1 Willenserklärungen

Einstiegsfall **Ein folgenschwerer Brief**

Bei einer Geburtstagsfeier bittet Wilfried S. seinen Bekannten Hanno F., einen Brief für ihn einzustecken. F. sagt zu, vergisst den Brief jedoch und gibt ihn erst drei Tage später zur Post. S. entgeht dadurch ein wichtiger Geschäftsabschluss; er fordert von F. Schadensersatz.

Zu Recht?

Viele, aber nicht alle menschlichen Handlungen haben rechtliche Wirkungen. Wichtige Instrumente rechtswirksamer Regelungen des Privatrechts sind die **Willenserklärung,** das **Rechtsgeschäft** und der **Vertrag.**

Realakte sind dagegen bloße Tathandlungen. An sie knüpfen sich Rechtsfolgen an, ohne dass eine Willenserklärung vorliegen muss. Beispielsweise führt eine Körperverletzung als unerlaubte Handlung möglicherweise zum Schmerzensgeldanspruch nach BGB (privatrechtliche Rechtsfolge) sowie zur Bestrafung der Körperverletzung nach Strafgesetzbuch (öffentlich-rechtliche Rechtsfolge).

Begriff der Willenserklärung

Eine Willenserklärung stellt die Äußerung eines Willens dar und ist auf eine bestimmte rechtliche Wirkung gerichtet.

Man unterscheidet subjektive und objektive Merkmale einer Willenserklärung: den subjektiven Willen und die objektive Erklärung.

- **(Rechtsbindungs-)Wille**
  Die Willenserklärung unterscheidet sich von rechtlich unverbindlichen Willensäußerungen. Ob eine Äußerung eine rechtswirksame Willenserklärung darstellt, hängt von dem Willen der äußernden Person, aber auch von den Umständen ab, in der die Erklärung abgegeben wird. Man unterscheidet bei den unverbindlichen Erklärungen **einfache Willensäußerungen,** z. B. „Wir wollen gemeinsam eine Diät machen!", und **Gefälligkeitserklärungen.** Auf einen Rechtsbindungswillen und damit auf die rechtliche Wirksamkeit der Erklärung kann geschlossen werden, wenn die Angelegenheit oder die anvertraute Sache wirtschaftlich bedeutend ist und der Erklärende sich dessen bewusst sein müsste. Wenn kein Rechtsbindungswille vorliegt, geht es oft um Gefälligkeiten. **Gefälligkeitsverhältnisse** sind typischerweise unentgeltlich, aber nicht jede unentgeltliche Leistung ist rechtlich unverbindlich, wie einige Rechtsgeschäfte zeigen.

Beispiele

Rechtsgeschäfte – unentgeltlich, aber nicht unverbindlich
Schenkung (§ 516 BGB), Leihe (§ 598 BGB), Auftrag (§ 662 BGB)

Fehlt der Rechtsbindungswille und damit erkennbar die Absicht, mit der Erklärung rechtliche Folgen auslösen zu wollen, liegt grundsätzlich keine Willenserklärung vor. Dadurch ist rechtsgeschäftliches Handeln bzw. eine Willenserklärung von reinen Gefälligkeitserklärungen und -handlungen zu unterscheiden.

■ **Erklärung**

Willenserklärungen können **ausdrücklich**, d. h. **mündlich, schriftlich oder in sonstiger Form** (z. B. durch notarielle Beurkundung) abgegeben werden. Die Äußerung ist auch durch **konkludentes, schlüssiges Handeln** möglich. Wenn sich jemand am Kiosk eine Zeitung nimmt und, ohne ein Wort zu sagen, bezahlt, dann liegen zwei übereinstimmende Willenserklärungen und somit ein Kaufvertrag vor. Ist jedoch keine Äußerung erkennbar, liegt zivilrechtlich auch keine Willenserklärung vor. Im Zweifel gilt Schweigen als Ablehnung.

Merkmale einer Willenserklärung		
subjektiv: Wille	**objektiv: Erklärung**	
Rechtsbindungswille	**Äußerung**	
objektiv erkennbarer Wille, (irgend-)ein Rechtsgeschäft abzuschließen	ausdrücklich: mündlich, schriftlich, sonstige Formen	konkludentes, schlüssiges Handeln
liegt nicht vor bei:		
unverbindlichen Erklärungen: bloße Willensäußerungen, Gefälligkeiten	Schweigen	
Folge: keine Willenserklärung		

Arten von Willenserklärungen

Es gibt **empfangsbedürftige** und **nicht empfangsbedürftige** Willenserklärungen.

Zugang der Willenserklärung		
Zugang erforderlich: empfangsbedürftige WE (erst bei Zugang wirksam, § 130 BGB)		**Zugang entbehrlich: nicht empfangsbedürftige WE** (schon bei Abgabe wirksam)
unter Anwesenden (mündlich, telefonisch, Aushändigung)	**unter Abwesenden**	
Beispiel: *Die schriftliche Kündigung des Arbeitsvertrages wird persönlich übergeben.*	***Beispiel:*** *Die schriftliche Kündigung wird per Brief übersandt.*	***Beispiel:*** *Ein handschriftliches Testament wird verfasst und abgeheftet.*

Zugang bedeutet, dass die Willenserklärung in den **Einflussbereich** des Empfängers gelangt ist und dieser unter **gewöhnlichen Umständen** von der Willenserklärung **Kenntnis** nehmen kann.

Zusammenfassung: Eine Willenserklärung stellt die Äußerung eines Willens dar und ist auf eine bestimmte rechtliche Wirkung gerichtet. Es gibt empfangsbedürftige und nicht empfangsbedürftige Willenserklärungen.

Keine Willenserklärungen sind:

- Realakte (Tathandlungen, wie z. B. das Schlagen eines Menschen oder die Wegnahme einer Sache),
- Gefälligkeitserklärungen und einfache Willensäußerungen,
- willenlose Bewegungen,
- Schweigen; nur im Handelsrecht gilt Schweigen in einigen Fällen als Zustimmung.

221060186

1.3.2 Rechtsgeschäfte und Verträge

Eine Willenserklärung ist Bestandteil eines **Rechtsgeschäfts**. Ein **Vertrag** kommt zustande, wenn übereinstimmende Willenserklärungen mindestens zweier Parteien vorliegen. Manchmal wird statt von übereinstimmenden Willenserklärungen auch von wechselseitigen, sich deckenden Willenserklärungen gesprochen. Mehr als zwei Vertragsparteien gibt es, wenn sich beispielsweise vier Gesellschafter bei der Gründung einer Gesellschaft zusammenschließen. Dann müssen vier übereinstimmende Willenserklärungen vorliegen.

Zusammenfassung

Willenserklärung	Rechtsgeschäft	Vertrag
ist gekennzeichnet durch ■ (Rechtsbindungs-)Wille ■ Erklärung	■ besteht aus mindestens einer Willenserklärung und evtl. Realakt ■ zur Begründung, Änderung oder Auflösung eines Rechtsverhältnisses	■ besteht aus mindestens zwei übereinstimmenden Willenserklärungen von zwei Vertragsparteien 1. Willenserklärung = Antrag 2. Willenserklärung = Annahme

Falllösung **Ein folgenschwerer Brief**

Hat S. gegen F. einen Anspruch auf Schadensersatz für die geschäftlichen Einbußen wegen Verletzung einer Pflicht aus einem vertraglichen Auftragsverhältnis gemäß § 662 BGB?

Nein, eine vertragliche Schadensersatzpflicht nach § 280 Abs. 1 BGB scheidet aus. Da keine zwei übereinstimmenden Willenserklärungen vorliegen, gibt es keinen Vertrag. S. hat F. bei einer Feier darum gebeten, einen Brief einzustecken, und F. hat zugestimmt. F. hat aber nicht bewusst eine rechtlich relevante Willenserklärung abgegeben. Rechtsgeschäfte werden in der Regel nicht auf Geburtstagsfeiern abgeschlossen. Im Übrigen hat S. es versäumt, auf die wirtschaftliche Bedeutung des Briefes hinzuweisen. F. hat somit keine Willenserklärung abgegeben, sondern wollte S. lediglich eine rechtlich unverbindliche Gefälligkeit erweisen.

1.4 Arten von Rechtsgeschäften und Verträgen

1.4.1 Ein-, zwei- oder mehrseitige Rechtsgeschäfte

Rechtsgeschäfte können einseitig, zweiseitig oder mehrseitig sein. **Einseitige Rechtsgeschäfte** bestehen aus einer einzigen Willenserklärung. Bei einseitigen Rechtsgeschäften führt bereits die Willenserklärung einer Person zu rechtlichen Wirkungen. Hier sind wiederum empfangsbedürftige und nicht empfangsbedürftige einseitige Rechtsgeschäfte zu unterscheiden.

Beispiele

Ein handgeschriebenes Testament ist bereits wirksam, sobald es aufgesetzt ist. Die Kündigung eines Mietvertrags wird dagegen erst mit Zugang beim Empfänger, also dem Mieter oder Vermieter, wirksam.

Bei **mehrseitigen Rechtsgeschäften** liegen empfangsbedürftige Willenserklärungen zweier oder mehrerer Personen vor. Die häufigste Art mehrseitiger Rechtsgeschäfte sind die Verträge. Sie kommen durch zwei oder mehrere übereinstimmende Willensklärungen zustande. Verträge bilden die typischen zwei- oder mehrseitigen Rechtsgeschäfte des Privatrechts. Man findet sie im Zivilrecht, im Handels- und Gesellschaftsrecht, im Arbeitsrecht usw. (so zum Beispiel Kaufverträge, Mietverträge, Gesellschaftsverträge oder Dienst- und Arbeitsverträge).

1.4.2 Ein- oder zweiseitig verpflichtende Verträge

Wenn in einem Rechtsgeschäft nur eine Partei zu etwas verpflichtet ist, wie zum Beispiel ein Schenker im Schenkungsvertrag, spricht man von einem **einseitig verpflichtenden Vertrag.** Sind beide Vertragsparteien eine Pflicht eingegangen, handelt es sich um **zweiseitig verpflichtende Verträge.**

Stehen die Pflichten in einem unausgewogenen Verhältnis zueinander, geht es um **unvollkommen zweiseitig verpflichtende Verträge** – zum Beispiel um einen unentgeltlichen Vertrag wie die Leihe, bei der der Entleiher lediglich die Pflicht hat, die entliehene Sache pfleglich zu behandeln und nach der Leihzeit zurückzugeben (§§ 598 ff. BGB), aber für die Leihe nichts bezahlen muss. Dort, wo Leistung und Gegenleistung wirtschaftlich gleichgewichtig sind, handelt es sich um **vollkommen zweiseitig verpflichtende oder gegenseitige Verträge.** Gegenseitige, meist entgeltliche Verträge, können zum einmaligen Leistungsaustausch verpflichten, zum Beispiel der Kaufvertrag (§ 433 BGB), oder ein Dauerschuldverhältnis begründen, wie bei der Miete (§ 535 BGB), oder dem Dienst- oder Arbeitsvertrag (§§ 611, 611a BGB). Gegenseitige Verträge sind gekennzeichnet durch das gleichgewichtige Gegenleistungsverhältnis „do ut des“, lateinisch für „ich gebe, damit du gibst“.

Beispiele

Leihe und Miete als zweiseitig verpflichtende Verträge

Der unentgeltliche Leihvertrag ist zwar zweiseitig verpflichtend, diese Pflichten stehen aber nicht in einem ausgewogenen Verhältnis zueinander (= unvollkommen zweiseitig verpflichtender Vertrag). Wenn der Gebrauch der Sache gegen Entgelt erfolgt, liegt ein Mietvertrag vor (= gegenseitiger Vertrag).

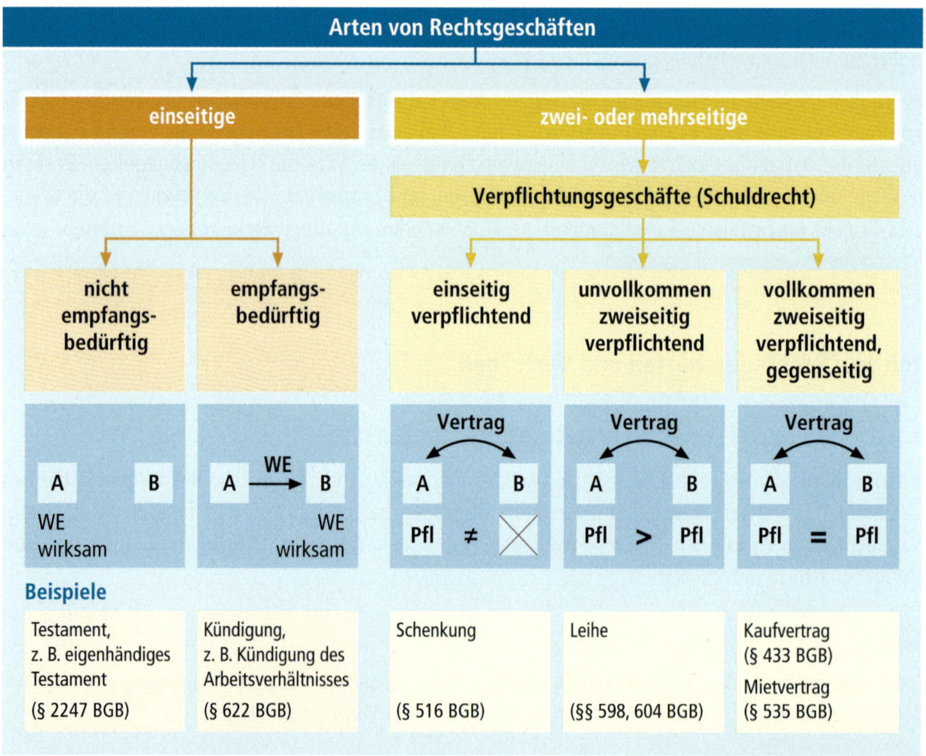

1.4.3 Vertragsarten

Grundsätzlich gilt für Abschluss, Inhalt und Form des Vertrags ein wesentliches Prinzip der Privatautonomie, die **Vertragsfreiheit.** Das heißt, natürliche oder juristische Personen und Personengesellschaften können ihre Rechtsverhältnisse in beliebiger Form begründen, ausgestalten und beenden. Die Vertragsparteien können je nach ihren Bedürfnissen gesetzliche Regelungen für eine Vertragsart abändern, Vertragstypen mischen oder neue Vertragsarten entwickeln.

Verträge

öffentlich-rechtliche

z. B.
- zwischen zwei Gemeinden oder Behörde und Bürger

privatrechtliche

gesellschaftsrechtliche

z. B.
- Gesellschaftsverträge OHG, KG nach HGB, GmbH nach GmbH-G
- AG-Satzungen nach Aktiengesetz

handelsrechtliche

z. B.
- Speditions-, Lager-, Frachtgeschäft nach HGB

zivilrechtliche

schuldrechtliche

sachenrechtliche

familienrechtliche

erbrechtliche

(meist mit Formzwang)

sachenrechtliche	familienrechtliche	erbrechtliche
z. B. § 873 BGB Auflassung	z. B. § 1408 ff. BGB Ehevertrag	z. B. § 2274 ff. BGB Erbvertrag
Inhalt: Einigung über den Übergang des Eigentums an einem Grundstück (zusätzlich Grundbucheintragung)	Inhalt: eheliches Güterrecht und Versorgungsausgleich	Inhalt: Erbeinsetzung, Vermächtnis, Auflagen gegenüber dem Vertragspartner oder Drittem
Form: notarielle Beurkundung	Form: notarielle Beurkundung	Form: notarielle Beurkundung

Veräußerung	Gebrauchsüberlassung	Tätigkeit	sonstige
§§ 433, 453 BGB Kauf	§ 535 BGB Miete	§ 631 BGB Werkvertrag	§ 765 BGB Bürgschaft
§ 480 BGB Tausch	§ 581 BGB Pacht	§§ 611, 611a BGB Dienstvertrag und Arbeitsvertrag	
§ 516 BGB Schenkung	§ 598 BGB Leihe	§ 662 BGB Auftrag	
	§ 488 BGB (Geld-)Darlehen	§ 675f BGB Zahlungsdienstevertrag	
	§ 607 BGB Sachdarlehen		

1.4.4 Besondere Vertragstypen: Beispiel Leasing

Leasing (engl. = vermieten, verpachten) ist eine Mischung zwischen Miet- und Kaufvertrag und nicht gesetzlich geregelt. Die inhaltliche Vertragsgestaltung ist daher die Sache der Vertragspartner. Leasinggesellschaften sind meist Tochterunternehmen großer Kreditinstitute. Leasing ist im Allgemeinen teuerer als der Kauf des Leasingguts. Leasingnehmer sind deshalb meist Unternehmen, die die Leasingraten in der Regel als Aufwand buchen und so eine Steuerminderung erzielen. Leasingobjekte sind bewegliche oder unbewegliche Sachen.

Leasingarten		
Leasinggeber	**direktes Leasing** Hersteller	**indirektes Leasing** Händler oder Leasinggesellschaft
Leasingobjekt	**Mobilienleasing** bewegliche Sachen (z. B. Pkw, EDV-Anlage)	**Immobilienleasing** ■ unbewegliche Sachen (Grundstücke und Gebäude) ■ Sonderform: Sale-and-lease-back (Die Immobilie wird vom Leasingnehmer an den Leasinggeber verkauft und dann zurückgeleast.)
Leasinginhalt	**Operating Leasing** ■ kurz- oder mittelfristige Gebrauchsüberlassung mit kurzer Vertragslaufzeit oder kurzer Kündigungsfrist ■ Wartung des Leasingobjekts meist durch Leasinggeber ■ Leasingobjekt geht nach Nutzung an Leasinggeber zurück	**Financial Leasing** ■ langfristige Gebrauchsüberlassung, unkündbarer Vertrag ■ Leasinggeber schließt Haftung für Mängel aus, tritt aber Gewährleistungsrechte aus dem Kaufvertrag ab. ■ Leasingobjekt kann gekauft oder zurückgegeben werden.

1.5 Vorschriften für die Form von Willenserklärungen

1.5.1 Formfreiheit und Formzwang

Zur Erleichterung und Beschleunigung des Geschäftsverkehrs herrscht im Privatrecht grundsätzlich Formfreiheit, d. h., Rechtsgeschäfte sind ohne Beachtung einer bestimmten Form gültig. Willenserklärungen können ausdrücklich, z. B. schriftlich, mündlich, durch elektronische Übermittlung oder durch schlüssiges Handeln, also mittels eindeutiger Mimik oder Gestik, abgegeben werden. Ein Kaufvertrag kann dementsprechend durch schriftliche, mündliche, per E-Mail bzw. Fax abgegebene Willenserklärungen oder durch bloßes Nicken abgeschlossen werden.

Nur in Ausnahmefällen ist durch das Gesetz eine bestimmte Form der Abgabe der Willenserklärungen vorgeschrieben.

Zwecke von Formvorschriften

Mit Formzwängen verbindet der Gesetzgeber bestimmte Absichten:

- Die **Beweissicherungsfunktion** der Form vermeidet spätere Streitigkeiten über Bestehen und Inhalt des Rechtsgeschäfts.
- Die **Warnfunktion** soll den leichtfertigen Abschluss von bedeutsamen Rechtsgeschäften vermeiden.
- Die **Beratungsfunktion** sichert z. B. bei der notariellen Beurkundung neutrale und sachkundige Gespräche über die Konsequenzen des Rechtsgeschäfts.

Vertraglich vereinbarte Form

Nicht nur das Gesetz, auch Vereinbarungen von Vertragsparteien können vorsehen, dass für Rechtsgeschäfte eine bestimmte Form eingehalten werden soll (vereinbarte oder gewillkürte Form, § 127 BGB). Die Beteiligten setzen sich dann selbst einem Formzwang aus.

Arten des Formzwangs							
Textform, § 126 b BGB	**Schriftform, § 126 BGB**		**elektronische Form, § 126 a BGB**	**Beglaubigung der Echtheit einer Unterschrift**		**notarielle Beurkundung, § 128 BGB, BeurkG**	**Abgabe vor einer Behörde**
Dokument mit Namen des Verfassers auf dauerhaftem Datenträger (z. B. Brief, Fax, USB-Stick, Festplatte, E-Mail – nicht: Webseite)	**einfache Schriftform** Schriftstück mit Original-unterschrift	**eigenhändige Schriftform** gesamtes Dokument handgeschrieben, mit Original-unterschrift	Dateien mit qualifizierter elektronischer Signatur einer staatlich anerkannten Zertifizierungsstelle, ersetzt Schriftform	**öffentliche Beglaubigung** durch einen Notar, § 129 BGB, § 39 ff. BeurkG	**amtliche Beglaubigung** durch eine Behörde, § 65 BeurkG (i. V. m. VwVfG)	Niederschrift von Willenserklärungen in Gegenwart des Notars vorgelesen, genehmigt, unterschrieben, §§ 8, 9, 13 BeurkG	Willenserklärung z. B. vor dem Standesbeamten
→ Formvorschriften werden strenger							

221060190

1.5.2 Rechtsfolgen von Formmängeln

Meist führt die Nichteinhaltung der Formvorschrift zur **Nichtigkeit** des Rechtsgeschäfts, § 125 BGB. Allerdings gibt es Ausnahmen. In einigen Fällen wird jedoch das zunächst formnichtige Verpflichtungsgeschäft durch spätere Erfüllung oder Bestätigung „geheilt", d. h. nachträglich wirksam. Dies gilt insbesondere dann, wenn die vom Gesetzgeber beabsichtigte Warn- und Beratungsfunktion keinen Sinn mehr ergeben würde.

Beispiel

Form des Schenkungsversprechens und Heilung des Formmangels

Bernd verspricht seiner Freundin Sina, ihr zur bestandenen Abschlussprüfung einen Pkw zu schenken. Die Schenkung ist formnichtig nach § 125 S. 1 BGB, da gemäß § 518 Abs. 1 BGB die notarielle Beurkundung vorgeschrieben ist. Durch die Bewirkung der versprochenen Leistung kann der Formmangel jedoch geheilt werden, § 518 Abs. 2 BGB. Wenn Bernd also den Pkw mit Schlüssel und Fahrzeugpapieren an Sina übergibt und übereignet, wird die Schenkung wirksam.

Außerdem kann häufig die „strengere" die „mildere" Form ersetzen. Auch dies ist angesichts der Funktionen der Formvorschriften sinnvoll, denn die strengere Form erfüllt den gesetzgeberischen Zweck meist in höherem Maß.

Beispiel

Form der Gehaltsabtretung

Lehrer Friedebald L. will einen Teil seines Gehalts an eine Menschenrechtsorganisation abtreten. Die Abtretung ist gemäß § 411 BGB der Gehaltsstelle in beglaubigter Form zuzuleiten, damit Willen und Identität des L. eindeutig festgestellt werden können. L. lässt die Gehaltsabtretung sogar von einem Notar beurkunden. Die Abtretung ist gemäß § 129 Abs. 2 BGB wirksam.

1.5.3 Vertiefung: Elektronische Form

Sichere E-Mails mit qualifizierter elektronischer Signatur

Der Rechts- und Geschäftsverkehr wird zunehmend mittels elektronischer Medien abgewickelt. Hier besteht die Gefahr der Datenmanipulation und des Datendiebstahls.

Um diese Gefahren im elektronischen Geschäftsverkehr – **E-Commerce** – und im elektronischen Rechtsverkehr mit Behörden und Gerichten – **E-Government** – zu verringern, gibt es inzwischen technische Möglichkeiten. Die qualifizierte elektronische Signatur ermöglicht die Erstellung gültiger elektronische Rechnungen, das gerichtliche Online-Mahnverfahren, die elektronische Vorsteueranmeldung und Steuererklärung („Elster"), die Klageerhebung per E-Mail, sicheres Online-Banking und vieles mehr.

Die elektronische Form ersetzt juristisch meist die Schriftform

Elektronische Dokumente können E-Mails, Dateien oder z. B. Überweisungen im Online-Banking sein. Nur wenige elektronische Dokumente entsprechen aber der elektronischen Form.

Beispiele

- *E-Mail mit Namen des Verfassers: erfüllt Textform (§ 126 b BGB)*
- *E-Mail mit Namen des Verfassers und qualifizierter elektronischer Signatur: erfüllt elektronische Form (§ 126 a BGB)*

Zum Zustandekommen eines Vertrags in elektronischer Form wird verlangt, dass beide Parteien jeweils ein gleichlautendes elektronisches Dokument mit einer qualifizierten Signatur signieren.

Die elektronische Form ist grundsätzlich der Schriftform mit Original-Unterschrift gleichgestellt (§ 126 Abs. 1 BGB). Allerdings gibt es Ausnahmen, z. B. die Kündigung eines Arbeitsvertrags, § 623 BGB, oder die Erteilung eines Arbeitszeugnisses, § 630 BGB. Hierbei ist der Gesetzgeber wohl davon ausgegangen, dass die elektronische Form vorwiegend im Geschäfts- und Rechtsverkehr zwischen Unternehmern, Behörden oder Gerichten genutzt wird.

Vergabe einer elektronischen Signatur

Der Nutzer meldet sich bei einem von der Bundesnetzagentur zugelassenen Zertifizierungsdienste-Anbieter (Trustcenter) an. Es gibt eine Vielzahl von Trustcentern, z. B. von Banken, Sparkassen, Industrie- und Handelskammern und der Telekom AG. Das Trustcenter garantiert dem Nutzer durch ein Zertifikat eine digitale Identitat („elektronischer Personalausweis").

Technische Ausstattung für das Signaturverfahren

Zur Nutzung der qualifizierten elektronischen Signatur sind ein internetfähiger **Computer** und eine entsprechende **Signatursoftware** notwendig. Zusätzlich ist eine **Signaturkarte** (Smart Card, Chipkarte) sowie ein **Kartenlesegerät** erforderlich. Die meisten Trustcenter bieten den Benutzern Paketlösungen aus Zertifikaten, Kartenleser und Software an.

Welche Komponenten benötigt der Anwender?

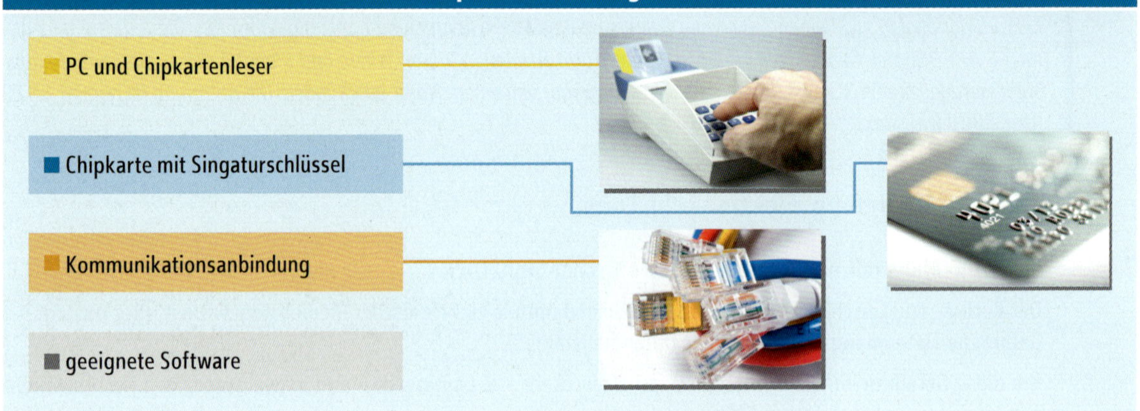

Die Signaturkarte enthält ein Schlüsselpaar: einen geheimen **privaten** und einen für jedermann zugänglichen **öffentlichen Schlüssel.** Die Signaturkarte wird zur Speicherung der Schlüssel und zur Erzeugung der digitalen Signatur benötigt. Der private Schlüssel wird durch die Eingabe einer persönlichen Identifikationsnummer (PIN) aktiviert. Mit dem privaten Schlüssel wird durch einen komplizierten Rechenmodus die digitale Signatur aus einer Kombination von Buchstaben und Zahlen erzeugt, mit dem öffentlichen Schlüssel können Signaturen wieder entschlüsselt werden.

Funktionen der qualifizierten elektronischen Signatur

1. Vertraulichkeit

Kryptografische Verfahren, die Daten verschlüsseln, gewährleisten, dass Informationen Unbefugten nicht zugänglich werden. Bei der elektronischen Signatur sind die Funktionen „signieren" und „verschlüsseln" durch die Verwendung einer Signaturkarte im Chipkartenleser gewährleistet. Die Vertraulichkeit ist **gesichert,** wenn die Signaturkarte nicht in unbefugte Hände gerät.

2. Integrität

Für den elektronischen Geschäftsverkehr ist wesentlich, ob der Inhalt einer Datei oder Nachricht unverändert bzw. **unverfälscht** beim Adressaten angekommen ist. Dies kann durch die elektronische Signatur gewährleistet werden. Die gesamte Nachricht wird mathematisch in einen Zahlencode, den sogenannten Hashwert, umgewandelt, der beim Empfänger entschlüsselt werden muss.

3. Authentizität

Wichtig ist auch, ob der Absender der Nachricht auch wirklich derjenige ist, für den er sich ausgibt. Den **Herkunftsnachweis** der Datei erreicht man bei der elektronischen Signatur durch die Verwendung der Signaturkarte mit zugehöriger PIN im Chipkartenleser.

4. Verbindlichkeit

Eine Nachricht mit elektronischer Signatur ist der Schriftform rechtlich bis auf wenige Ausnahmen gleichgestellt. Eine auf elektronischem Weg abgegebene Willenserklärung ist somit ebenso **rechtlich verbindlich** wie eine schriftliche.

Ablauf des Signaturverfahrens

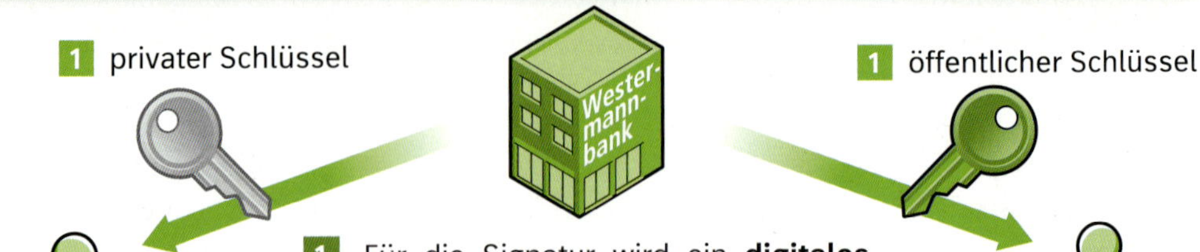

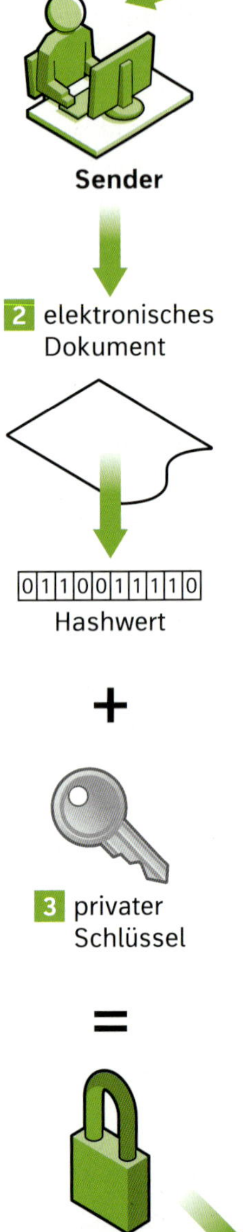

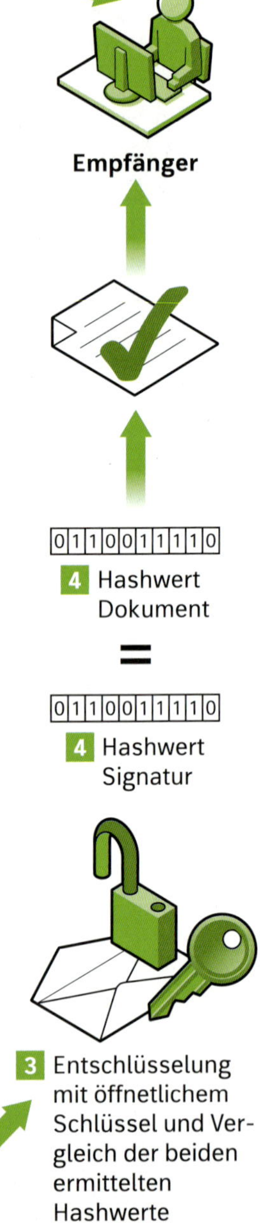

1 Für die Signatur wird ein **digitales Schlüsselpaar** benötigt. Dieses besteht aus einem privaten und einem öffentlichen Schlüssel und wird durch das Trustcenter bereitgestellt. Der private Schlüssel befindet sich ausschließlich auf der Signaturkarte, die der angemeldete Sender besitzt. Die öffentlichen Schlüssel werden in einer Art „öffentlichem Telefonbuch" allen Empfängern vom Trustcenter im Internet bereitgestellt.

2 Zunächst wird das zu signierende **elektronische Dokument** vom Sender erstellt. Dabei kann es sich um eine E-Mail oder eine Datei handeln. Die elektronische Signatur wird mit dem geheimen **privaten Schlüssel** erzeugt, der sich auf der Signaturkarte befindet und mit **PIN** im Kartenlesegerät aktiviert werden muss. Die Signatursoftware errechnet aus allen Daten der zu signierenden Datei oder Nachricht durch eine mathematische Prozedur den sogenannten **Hashwert**.

3 Dieser Hashwert wird mit dem privaten Schlüssel des Erstellers verschlüsselt. Das Ergebnis ist eine einmalige **qualifizierte elektronische Signatur**, die an das elektronische Dokument angehängt wird.

4 Der Empfänger bildet mit seiner Software und dem öffentlichen Schlüssel a) den **Hashwert des empfangenen Dokuments** und b) den **Hashwert aus der Signatur**. Stimmen beide überein, ist die Nachricht unverfälscht und der Sender ist eindeutig identifiziert.

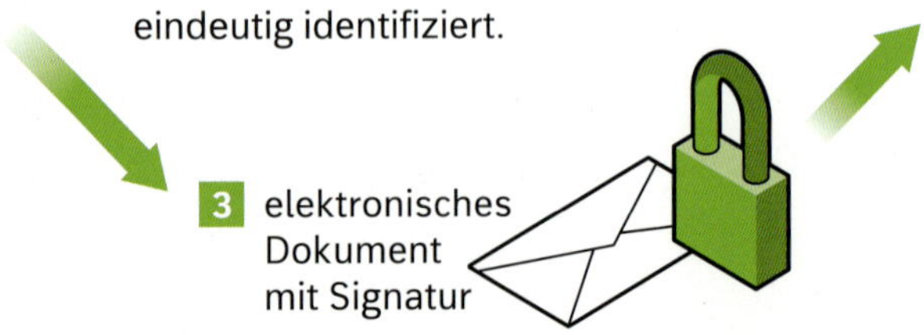

1.6 Vertragsfreiheit und Grenzen der Vertragsfreiheit

Einstiegsfall **Die seltsamen Launen des A.**

Der Sonderling Alfred Adler betreibt ein Antiquariat. Folgende Dinge tragen sich zu:

a) Die Stadtbibliothek der Stadt Neustadt möchte A. einen großen Posten ausgesonderter Bücher schenken. A. weigert sich mit der Begründung, mit dem Staat mache er grundsätzlich keine Geschäfte. Der Bibliotheksleiter ist empört, weil er die Bücher nun vernichten muss. Er meint, dies würde noch ein behördliches Nachspiel haben.

b) Sabine Krause möchte ein Buch bei kaufen. Da A. gerade an diesem Buch besonders hängt, verlangt er einen stark überhöhten Kaufpreis. K. findet das unerhört und droht A. mit Klage.

c) Ronald Bartz will A. ein wertvolles Werk aus dem 15. Jahrhundert abkaufen. Über den Preis ist man sich schnell einig, B. besteht wegen des hohen Werts des Buches aber auf dem Abschluss eines schriftlichen Kaufvertrags. A. weigert sich, bis auf sein Testament wolle er in seinem Leben nichts mehr schreiben; dann verkaufe er eben nicht. B. ist aufgebracht.

Wie ist die Rechtslage?

Vertragsfreiheit als Teil der Privatautonomie

Das Privatrecht unterliegt grundsätzlich der **Privatautonomie.** Damit haben die Rechtssubjekte (natürliche und juristische Personen) die Möglichkeit, ihre Rechtsbeziehungen untereinander eigenverantwortlich zu regeln, also auch die gesetzlichen Vorschriften durch Rechtsgeschäfte zu verändern oder zu ersetzen. Die gesetzliche Erbfolge kann aufgrund der Testierfreiheit bis auf Pflichtteilsansprüche ausgeschlossen werden, Verträge können entsprechend der Vertragsfreiheit andere Regelungen als das Gesetz vorsehen, natürliche Personen können aufgrund der Vereinigungsfreiheit Vereine und Gesellschaften gründen.

Privatautonomie			
Vereinigungsfreiheit	**Testierfreiheit**	**Eigentumsfreiheit**	**Vertragsfreiheit**
Verfassungsrechtliche Garantie im Grundgesetz			
Artikel 9 (1) Alle Deutschen haben das Recht, Vereine und Gesellschaften zu bilden.	**Artikel 14** (1) Das Eigentum und das Erbrecht werden gewährleistet. Inhalt und Schranken werden durch die Gesetze bestimmt.	**Artikel 14** (1) Das Eigentum und das Erbrecht werden gewährleistet. Inhalt und Schranken werden durch die Gesetze bestimmt. (2) Eigentum verpflichtet. Sein Gebrauch soll zugleich dem Wohle der Allgemeinheit dienen. (3) Eine Enteignung ist nur zum Wohle der Allgemeinheit zulässig ...	**Artikel 2** (1) Jeder hat das Recht auf die freie Entfaltung seiner Persönlichkeit, soweit er nicht die Rechte anderer verletzt und nicht gegen die verfassungsmäßige Ordnung oder das Sittengesetz verstößt.
Beispiele im BGB			
§ 21 BGB nicht wirtschaftlicher Verein	§ 1937 BGB Testament	§ 903 BGB Befugnisse des Eigentümers	§ 311 Abs. 1 BGB rechtsgeschäftliche Schuldverhältnisse § 138 Abs. 1 BGB sittenwidriges Rechtsgeschäft
Allgemeiner Teil	**Sachen- und Erbrecht**		**Allgemeiner Teil und Schuldrecht**

Vertragsfreiheit als Ausprägung des Liberalismus

Die Vertragsfreiheit überlässt den Leistungs- und Güteraustausch weitgehend den Verhandlungen der Vertragsparteien. Diese Entscheidung des Gesetzgebers spiegelt den Gedanken des freien Spiels der Kräfte auf dem Markt, also die Freiheit des Wettbewerbs wider. Hinter dem Grundsatz der Vertragsfreiheit steht somit eine durch den Liberalismus des 18. und 19. Jahrhunderts geprägte Vorstellung: Wenn der Einzelne in freier Entscheidung seine wirtschaftlichen und rechtlichen Verhältnisse gestaltet und dabei seine eigenen Interessen wahrnimmt, ist es für alle in der Gemeinschaft von Vorteil. Voraussetzung dafür ist allerdings, dass in den Vertragsverhandlungen jeder seine Interessen wirksam geltend machen, d. h. sie wenigstens zum Teil durchsetzen kann. Mindestens muss die Möglichkeit bestehen, auf einen anderen Vertragspartner auszuweichen. Doch das ist damals wie heute nicht immer gegeben. Häufig herrscht ein Machtgefälle zwischen den Vertragsparteien.

Vertragsgerechtigkeit als Grenze der Vertragsfreiheit

Uneingeschränkte **Vertragsfreiheit** kann dann dem wirtschaftlich Mächtigeren dazu verhelfen, seine Interessen dem Schwächeren aufzuzwingen. Der Staat muss in dieser Situation lenkend in die Marktbeziehungen eingreifen, um **Vertragsgerechtigkeit** zu schaffen, d. h. das Gleichgewicht zwischen den beteiligten Partnern wiederherzustellen. Dazu schafft er zwingende gesetzliche Regelungen, die die Vertragsfreiheit begrenzen.

Falllösung Die seltsamen Launen des A.

In allen drei Fällen gilt für A. uneingeschränkte Vertragsfreiheit.

a) A. kann sich frei entscheiden, ob und mit wem er einen Schenkungsvertrag schließen will. Er kann von der Stadt nicht zum Vertragsabschluss über die ausgesonderten Bücher gezwungen werden. (Abschlussfreiheit)

b) A. kann seine Preise nach Belieben kalkulieren, er muss nicht zu einem angemessenen Preis verkaufen. Wucher ist nur gegeben, wenn der Tatbestand des § 138 Abs. 2 BGB zutrifft, also z. B. eine Zwangslage vorliegt. Davon ist hier nicht auszugehen. (Abschlussfreiheit, Inhaltsfreiheit)

c) Ein Kaufvertrag über bewegliche Sachen kann grundsätzlich formfrei abgeschlossen werden, selbst wenn es sich um Millionenwerte handelt. A. ist nicht verpflichtet, den Vertrag schriftlich abzuschließen. (Abschlussfreiheit, Formfreiheit)

221060196

Vertragsfreiheit

heißt, sich entscheiden zu können, …

… ob und mit wem man Verträge abschließt:	… worüber man Verträge abschließt:	… auf welche Weise man Verträge abschließt:
Abschlussfreiheit	**Inhaltsfreiheit**	**Formfreiheit**

Aber: Zwingende Normen setzen der Freiheit **Grenzen.**

- **Kontrahierungszwang: Abschlusszwang** für (öffentliche) Monopolbetriebe, z. B. Entwässerung, Abfallentsorgung
- **Kontrahierungsverbot** z. B. Verbot von Kinderarbeit
- **Kontrahierungsgebot** z. B. Einstellung von Schwerbehinderten

Schutzregelungen für
- Arbeitnehmer
- Mieter
- Verbraucher
- Kinder und Jugendliche

Formvorschriften
- Abgabe vor einer zuständigen Stelle
- notarielle Beurkundung
- Beglaubigung
- elektronische Form
- Schriftform
- Textform

Warum gibt es diese **Schranken der Vertragsfreiheit?**

Sicherstellung von …

Vorsorge für die Bevölkerung	Schutz der Schwächeren vor Ausbeutung durch den wirtschaftlich Stärkeren	Beweis, Warnung, Beratung

Rechtsfolge bei einem **Verstoß gegen die Schranken:**
meist **Nichtigkeit** des Vertrags

LF 4

2 Zustandekommen und Erfüllung von Verträgen (am Beispiel des Kaufvertrags)

2.1 Abschluss des (Kauf-)Vertrags

2.1.1 Antrag und Annahme

Ein Vertrag kommt durch zwei übereinstimmende Willenserklärungen der Vertragsparteien zustande. Die zeitlich erste Willenserklärung ist der Antrag, die zweite die Annahme.

Beispiel

Kaufvertragsabschluss durch zwei übereinstimmende Willenserklärungen

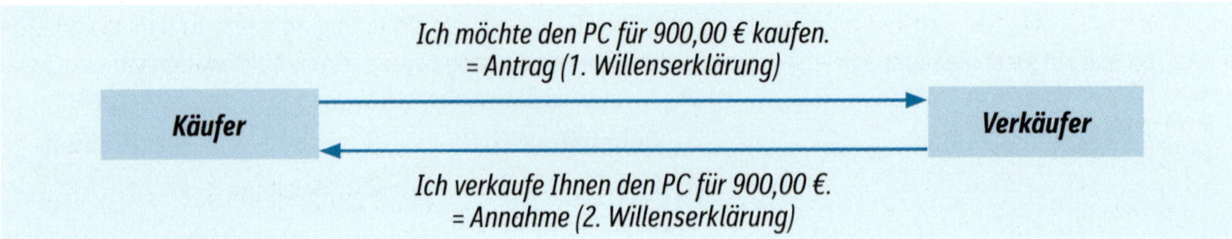

Zugang und Inhalt

Antrag und Annahme sind in der Regel **empfangsbedürftige Willenserklärungen**, das heißt, sie werden erst mit **Zugang** wirksam. Zugang heißt, die Willenserklärung ist in den Machtbereich des Empfängers gelangt und dieser hat unter gewöhnlichen Umständen die Möglichkeit, von der Willenserklärung Kenntnis zu nehmen. Der Antrag richtet sich normalerweise an eine bestimmte Person und enthält grundsätzlich alle wesentlichen Vertragselemente: Art, Menge und Preis der Leistung.

Ein Antrag muss so bestimmt sein, dass ein **„Ja" als Annahme** des Vertrags ausreicht.

Verspätete oder geänderte Annahme

Eine **verspätete Annahme** lässt den Antrag erlöschen (§§ 146, 150 BGB). Sie gilt jedoch zugleich als neuer Antrag. Eine **geänderte Annahme** gilt als Ablehnung und wiederum als neuer Antrag.

2.1.2 Bindung an den Antrag

Ein wirksamer Antrag ist gemäß § 145 BGB bindend, d. h., der Antragende kann die Willenserklärung nach dem Zugang nicht mehr einseitig abändern oder widerrufen. Der Empfänger des Antrags kann innerhalb der gesetzlichen Annahmefrist gemäß § 147 BGB entscheiden, ob der Vertrag unter den im Antrag genannten Bedingungen zustande kommt oder nicht. Der Gesetzgeber berücksichtigt hierbei die Interessen beider Parteien: Dem Erklärungsempfänger wird durch § 145 BGB Rechtssicherheit durch die Bindungswirkung des Antrags garantiert; dem Erklärenden wird durch die gesetzlichen Annahmefristen des § 147 BGB eine zeitliche Begrenzung dieser Bindungswirkung eingeräumt.

Einschränkung oder Ausschluss der Bindung

Allerdings kann der Antragende auch selbst die Bindungswirkung ausschließen oder einschränken. Die Bindungswirkung wird **ausgeschlossen,** wenn dem Empfänger vor oder spätestens gleichzeitig mit dem Antrag ein Widerruf des Antrags zugeht, § 130 Abs. 1 BGB.

Die Bindung wird **zeitlich beschränkt,** wenn der Antragende eine ausdrückliche Annahmefrist bestimmt, § 148 BGB. Durch sogenannte Freizeichnungsklauseln im Antrag wird die Bindungswirkung für einzelne Vertragselemente **inhaltlich eingeschränkt** (z. B. „solange Vorrat reicht" – beschränkte Menge) oder **ganz ausgeschlossen** („freibleibendes Angebot").

Unverbindliche Aufforderungen zur Abgabe eines Antrags

„Unverbindliche Angebote" und „Anfragen" sind keine wirksamen Anträge, sondern nur Aufforderungen zur Abgabe eines Antrags **an bestimmte Personen,** da ihnen wesentliche Elemente der Willenserklärung fehlen. Sie äußern keinen verbindlichen Willen, der auf rechtliche Wirkung – nämlich auf den Abschluss eines Vertrags – gerichtet ist. Das Gleiche gilt für Aufforderungen zur Abgabe eines Antrags **an die Öffentlichkeit** (lateinisch: invitatio ad offerendum): Prospekte, Kataloge, Preisschilder und Schaufensterauslagen. Offerten mit Festpreisen in Onlineshops sind an einen unbestimmten Personenkreis gerichtet und ebenfalls rechtlich unverbindlich. Erst die Bestellung des Kunden ist der Antrag.

Kaufmännische Bezeichnungen für Antrag und Annahme

Im Geschäftsverkehr werden meist kaufmännische Bezeichnungen verwendet statt der rechtlichen Begriffe. Allerdings kann sich hinter dem kaufmännischen Begriff **Bestellung** rechtlich ein Antrag oder eine Annahme verbergen, deshalb muss für jeden Fall geprüft werden, welcher tatsächliche Vorgang welche rechtliche Wirkung hat.

Beispiele

Kaufmännische Bezeichnung und rechtliche Bedeutung			
Aktivität geht aus vom ... →			
a) Käufer (K):	*Anfrage (K)*	*Angebot (V)*	***Bestellung (K)***
b) Verkäufer (V):	*Katalog (V)*	***Bestellung (K)***	*Bestellannahme (V)*
	= unverbindliche Aufforderung zur Abgabe einer WE	***= 1. WE/Antrag***	***= 2.WE/Annahme***

Sonderfälle

Ausnahmsweise kann ein **Antrag an die Öffentlichkeit** gerichtet sein. Dies wird für Warenautomaten, Geldautomaten, Zapfsäulen in Tankstellen und Auslagen im Selbstbedienungsladen unterstellt. Es handelt sich um Anträge an Berechtigte. Die Annahme ist die Inanspruchnahme des Automaten; im Selbstbedienungsladen gilt die Vorlage der Ware an der Kasse als Annahme.

Verkaufsofferten in Online-Auktionsplattformen wie eBay werden zwar nicht als Antrag, aber als vorweg erklärte Annahme des höchsten Angebots angesehen: Hier erfolgt die Annahme also zeitlich vor dem Antrag. Sie richtet sich an den Höchstbietenden. Die Websites von Online-Shops sind lediglich Aufforderungen zur Abgabe eines Antrags an die Öffentlichkeit.

Internetofferten sind keine Willenserklärungen – außer Angebote in Auktionsplattformen!

Beispiele

Kaufvertrag – ja oder nein?

Tatsächliche Vorgänge ⇩ ***rechtliche Wirkung***				***Kaufvertrag?***
1	*Katalog geht ein* ⇩ *Aufforderung zur Abgabe eines Antrags durch Verkäufer (V)*	*schriftliche Bestellung erfolgt* ⇩ *Antrag unter Abwesenden durch Käufer (K)*	*Lieferung fünf Tage nach Bestellung* ⇩ *rechtzeitige Annahme unter Abwesenden durch Verkäufer (V)*	*ja*
2	*Ware im Schaufenster* ⇩ *Aufforderung zur Abgabe eines Antrags (V)*	*mündliche Äußerung des Kaufwunschs* ⇩ *Antrag unter Anwesenden (K)*	*mündliche Mitteilung: Ware leider falsch ausgepreist, Preis 50,00 € höher* ⇩ *geänderte Annahme = Ablehnung + neuer Antrag (V)*	*nein*

Zustandekommen und Erfüllung von Verträgen (am Beispiel des Kaufvertrags)

3	*schriftliches „freibleibendes Angebot" geht ein* ⇩ *Aufforderung zur Abgabe eines Antrags (V)*	*Bestellung wird per Fax gesandt* ⇩ *Antrag unter Abwesenden (K)*	*Bestellannahme geht zwei Tage später per E-Mail ein* ⇩ *rechtzeitige Annahme unter Abwesenden (V)*		*ja*
4	*telefonische Anfrage* ⇩ *Aufforderung zur Abgabe eines Antrags (K)*	*Angebot geht per Brief zu* ⇩ *Antrag unter Abwesenden (V)*	*schriftliche Bestellung geht zwei Monate später ein* ⇩ *verspätete Annahme unter Abwesenden = neuer Antrag (K)*		*nein*
5	*Festpreisangebot im Online-Shop* ⇩ *Aufforderung zur Abgabe eines Antrags (V)*	*Bestellung im Internet* ⇩ *Antrag unter Abwesenden (K)*	*automatische Mail mit Zugangsbestätigung des Online-Shops* ⇩ ***keine** Willenserklärung (V)*	*Lieferung erfolgt drei Tage später* ⇩ *rechtzeitige Annahme (V)*	*ja*

Abschluss des Kaufvertrags

Verträge entstehen durch zwei übereinstimmende Willenserklärungen: **Antrag** und **Annahme**

Antrag ⟷ **kein Antrag**

Antrag

- enthält alle wesentlichen Angaben (essentialia negotii: Ware – Menge – Preis) und kann mit einem einfachen „Ja" angenommen werden
- richtet sich grundsätzlich an eine bestimmte Person; Ausnahme: Antrag an die Allgemeinheit (Warenautomaten, Angebote im Selbstbedienungsladen)

kein Antrag

- Aufforderungen zur Abgabe eines Antrags an die Öffentlichkeit (invitatio ad offerendum: Preisschilder, Schaufensterauslagen, Prospekte, Angebote in Online-Shops)
- Aufforderung zur Abgabe eines Antrags an bestimmte Personen (Anfragen)

Grundsatz: Anträge sind bindend! (§ 145 BGB)
Ausnahmen: Ausschluss bzw. Einschränkung der Bindungswirkung durch Handeln des …

Antragenden:

- Freizeichnungsklauseln (Bsp. „solange Vorrat reicht", „unverbindlich", „Weiterverkauf vorbehalten", „ohne Obligo")
- rechtzeitiger Widerruf (§ 130 Abs. 1 BGB), Zugang spätestens gleichzeitig mit dem Antrag
- Fristsetzung (§ 148 BGB)

Annehmenden:

- Ablehnung des Antrags (§ 146 BGB)
- abgeänderte Annahme (§§ 150 Abs. 2, 146 BGB)
- verspätete Annahme (§§ 146, 150 Abs. 1 BGB)

→ gilt als neuer Antrag!

unter Anwesenden
(§ 147 Abs. 1 BGB, beispielsweise mündlich, schlüssiges Handeln, telefonisch): wenn Annahme nicht sofort erfolgt (§ 147 Abs. 1 BGB)

unter Abwesenden
(§ 147 Abs. 2 BGB, beispielsweise schriftlich, Fax, E-Mail): wenn Annahme nicht innerhalb eines angemessenen Zeitraums erfolgt („regelmäßige Umstände" gem. § 147 Abs. 2 BGB: grundsätzlich zweimal Beförderungszeit zuzüglich angemessener Bedenkzeit)

bei Fristsetzung
(§ 148 BGB, beispielsweise mündliche oder schriftliche Fristsetzung): wenn außerhalb der gesetzten Frist angenommen wird

221060200

2.1.3 Besonderheiten beim Verbrauchervertrag

Die Vertragsfreiheit ermöglicht es, Angebots- und Kaufvertragsinhalte abweichend von gesetzlichen Vorschriften zu gestalten (vgl. dazu Tabelle LF 3, Kapitel 4.5). Dies gilt jedoch nur eingeschränkt für Verbraucherverträge.

Ein Verbrauchervertrag ist ein Vertrag zwischen einem Unternehmer und einem Verbraucher, vgl. § 310 Abs. 3 BGB.

Für alle **Verbraucherverträge** bestehen grundlegende Pflichten des Unternehmers vor bzw. beim Vertragsabschluss, §§ 312, 312a BGB, Artikel 246 Einführungsgesetz zum BGB. Der Unternehmer hat beispielsweise

- über wesentliche Eigenschaften der Ware und den Gesamtpreis sowie anfallende Fracht, Liefer- und Versandkosten zu informieren,
- seine Identität, d. h. Firma, Anschrift bzw. den Ort der Niederlassung und Telefonnummer, bekannt zu geben,
- über das Verfahren bei Kundenbeschwerden und bestehende gesetzliche Mängelhaftung sowie (falls vorhanden) zusätzliche Kundendienstleistungen oder Garantien zu informieren,
- bei Anrufen seine Identität und den geschäftlichen Zweck des Anrufs offenzulegen,
- die Rufnummern für Auskünfte, sogenannten Hotlines, zum regulären Telefontarif ohne zusätzliche Kosten bereitzustellen.

Bei Verbraucherverträgen **im stationären Handel** ergeben sich wesentliche Informationen zur Ware meist schon aus der Beschreibung auf dem Produkt und dem Preisschild. Die Geschäfte zur Deckung des täglichen Bedarfs (z. B. Lebensmittel, Zeitschriften) sind von den Informationspflichten ohnehin ausgenommen.

Bei Verbraucherverträgen **in besonderen Vertriebsformen**, z. B. im Fernabsatz und elektronischen Geschäftsverkehr, gibt es zusätzliche Informationspflichten des Unternehmers. Außerdem besteht ein Widerrufsrecht des Verbrauchers. Genaueres dazu ist im Kap. 4.1.3. zu finden.

2.2 Allgemeine Geschäftsbedingungen (AGB)

Einstiegsfall **Wein mit AGB**

Weinhändler Manfred W. e. K. aus Würzburg bietet seinem Privatkunden Gerd K. aus Köln schriftlich mehrere Sorten Rot- und Weißwein an. Hierbei weist er ausdrücklich auf die Gültigkeit seiner AGB hin, die in seinem Geschäft zur Einsicht ausliegen würden. K. bestellt mehrere Flaschen, W. übersendet eine Auftragsbestätigung.

a) Sind die AGB von W. wirksam geworden?

b) Würde sich etwa ändern, wenn K. Unternehmer wäre?

(Anmerkung: Die Vorschriften über Fernabsatzverträge sind hier nicht zu prüfen.)

2.2.1 Begriff der AGB

Gegenstände der AGB sind z. B. Verpackungs- und Versandkosten, Lieferungs- und Zahlungsfristen, Eigentumsvorbehalt (sichert dem Verkäufer das Eigentum an der Ware, bis der Käufer vollständig bezahlt hat), Erfüllungsort für die Leistung und Gerichtsstand bei Streitigkeiten. AGB können Normen des BGB ersetzen.

Umgangssprachlich spricht man bei den AGB vom sogenannten „Kleingedruckten“, das sich vorzugsweise auf der Rückseite von Vertragsformularen findet. Die korrekte Definition findet sich im Gesetz.

§ 305 BGB Einbeziehung Allgemeiner Geschäftsbedingungen in den Vertrag

(1) S. 1 Allgemeine Geschäftsbedingungen sind alle für eine **Vielzahl** von Verträgen **vorformulierten Vertragsbedingungen,** die eine Vertragspartei **(Verwender)** der anderen Vertragspartei **bei Abschluss eines Vertrags stellt.**

(Hervorhebungen nicht im Original)

Wichtig sind hierbei die folgenden vier Tatbestandsmerkmale:

- **Vielzahl von Verträgen:** Eine „Vielzahl" liegt in der Regel bei mindestens drei bis fünf Verträgen vor.
- **Vorformulierte Vertragsbedingungen:** Vertragsbedingungen gelten als vorformuliert, wenn sie für eine mehrfache Verwendung abgefasst sind.
- **Vom Verwender gestellt:** Vom „Verwender" wird gesprochen, weil beide Vertragspartner – der Anbieter oder der Nachfrager der Leistung – AGB verwenden können. „Stellen" heißt, dass die Vertragsbedingungen nicht frei ausgehandelt werden.
- **Bei Abschluss eines Vertrags:** Die AGB werden nur wirksam, wenn sie zum Vertragsbestandteil werden. Dies ist nach Abschluss des Vertrags nicht mehr möglich.

Bei Verbraucherverträgen gelten Sondervorschriften: § 310 Abs. 3 BGB

Bei Verträgen zwischen einem Unternehmer und einem Verbraucher gelten die AGB grundsätzlich als vom Verwender „gestellt", selbst wenn sie auf Vorschlag eines Dritten, z. B. eines Notars, in den Vertrag aufgenommen wurden. Außerdem genügt sogar die einmalige Verwendung von vorformulierten Vertragsbedingungen, eine „Vielzahl" muss nicht vorliegen.

2.2.2 Bedeutung von AGB

Allgemeine Geschäftsbedingungen spielen im Geschäftsverkehr der Unternehmer mit Verbrauchern, aber auch von Unternehmern untereinander eine wesentliche Rolle. Sie sind in fast allen Wirtschaftszweigen üblich: Banken, Versicherungen, Handelsbetriebe, Speditionen etc. nutzen AGB. Selbst Verbraucher schließen manchmal Verträge mit AGB ab (Gebrauchtwagenverkauf mit Vertragsvordruck).

Für die Wirtschaft sind AGB wichtig

In der Ökonomie haben AGB wesentliche Funktionen:

- Standardisierung durch die Vereinheitlichung von Massenverträgen (Zeit- und Kostenersparnis),
- schnelle Anpassungsmöglichkeit an den wirtschaftlichen und technischen Wandel, z. B. durch Entwicklung und Ausgestaltung von neuen, gesetzlich nicht geregelten Vertragsarten (z. B. Leasing),
- Eingrenzung und Kalkulation des Geschäftsrisikos (z. B. Eigentumsvorbehalt).

AGB dienen der Rationalisierung, Modernisierung und Risikobegrenzung im Geschäftsverkehr.

AGB nutzen die Vertragsfreiheit

Der Grundsatz der Vertragsfreiheit ermöglicht dem Einzelnen seine Rechtsgeschäfte frei zu gestalten. Die Vertragspartner können durch die Vereinbarung von AGB die Regelungen des BGB für den jeweiligen Vertrag ändern.

Aber: AGB können die Vertragsgerechtigkeit gefährden

AGB bestehen häufig aus einer Vielzahl von Klauseln und sind oft selbst für erfahrene Verbraucher nicht zu verstehen. Die Idealvorstellung des BGB, die Vertragsparteien würden bei der Anbahnung des Vertrags ihre Interessen fair aushandeln können, erweist sich vielfach als Illusion. Sofern Anbieter oder Nachfrager den Vertragspartnern AGB aufzwingen können, die einseitig ihren Interessen dienen, besteht die Gefahr der Benachteiligung der anderen Vertragspartei durch den AGB-Verwender, insbesondere dann, wenn der Vertragspartner nicht auf andere Anbieter oder Nachfrager ausweichen kann. Dieser Aushöhlung der Vertragsfreiheit haben Rechtsprechung und Gesetzgebung Grenzen gesetzt, die das Machtgefälle zwischen Verwender und der anderen Vertragspartei ausgleichen und Missbrauch zu verhindern suchen. Mit den gesetzlichen Kontrollvorschriften (§§ 305 bis 310 BGB) soll eine unangemessene Benachteiligung des Vertragspartners durch AGB-Klauseln verhindert werden.

221060202

2.2.3 Kontrolle von AGB

Die Überprüfung, ob AGB wirksam geworden sind oder nicht, folgt dem dargestellten Schema.

AGB-Prüfschema

I. Tatbestand

1. Wirksamer **(Verbraucher-)Vertrag** und **AGB-Kontrollvorschriften** §§ 305 ff. BGB anwendbar?
2. Liegen **AGB** nach § 305 Abs. 1 BGB vor (bzw. gelten Sonderregelungen für Verbraucherverträge)?
3. Sind die AGB im Ganzen bzw. einzelne Klauseln **Vertragsbestandteil** geworden, § 305 Abs. 2 BGB?
   - a) Ausdrücklicher Hinweis, Möglichkeit zur Kenntnisnahme, Einverständnis?
   - b) Individualabrede oder überraschende Klausel, §§ 305 b, c BGB?
4. Ist der **Inhalt** der AGB wirksam?
   - a) Klauselverbot ohne Wertungsmöglichkeit, § 309 BGB?
   - b) Klauselverbot mit Wertungsmöglichkeit, § 308 BGB?
   - c) Verbot durch Generalklausel, § 307 BGB?

II. Ergebnis/Rechtsfolge

Nichteinbeziehung und Unwirksamkeit von AGB oder Wirksamkeit der AGB

Erläuterungen zum Prüfschema

I. Tatbestand

1. Wirksamer (Verbraucher-)Vertrag und Kontrollvorschriften gemäß §§ 305 ff. BGB anwendbar?

Wenn der Vertrag zustande gekommen ist, muss geprüft werden, ob die Schutzregelungen gegen Missbrauch von AGB (§§ 305 ff. BGB) angewendet werden können. In erster Linie werden Verbraucher geschützt, aber auch Unternehmer können sich auf einzelne wichtige Normen berufen.

2. Liegen AGB nach § 305 Abs. 1 BGB vor (gelten Sonderregelungen für Verbraucherverträge)?

Hier sind die vier Tatbestandsmerkmale der AGB zu prüfen, siehe dazu die obigen Ausführungen in Kapitel 2.2.1.

3. Sind die AGB im Ganzen bzw. einzelne Klauseln Vertragsbestandteil geworden?

a) Ausdrücklicher Hinweis, Möglichkeit zur Kenntnisnahme und Einverständnis?

AGB werden nicht automatisch, sondern erst durch Einbeziehung in den einzelnen Vertrag wirksam, § 305 Abs. 2 BGB. Zunächst ist dazu ein **ausdrücklicher Hinweis** im Vertrag oder im Bestellformular notwendig. Hinweise nach Vertragsabschluss, also auf der Rechnung oder dem Lieferschein, genügen nicht. Die AGB sind grundsätzlich auszuhändigen, nur ausnahmsweise ist ein deutlich sichtbarer Aushang am Ort des Vertragsschlusses zulässig, z. B. bei Reinigungen, Parkhäusern, Autowaschanlagen. Außerdem muss die andere Vertragspartei die Möglichkeit haben, von den AGB **in zumutbarer Weise Kenntnis zu nehmen und mit ihrer Geltung einverstanden** sein. Auch für Seh- oder Hörbehinderte muss die Kenntnisnahme möglich sein.

Beim Vertragsschluss über das Internet (Vertrag im elektronischen Geschäftsverkehr, § 312 i Abs. 1 Nr. 4 BGB) muss ein Button „Ich bin mit der Geltung der AGB einverstanden" angeklickt werden, außerdem muss der Vertragspartner die AGB herunterladen können.

Die Regelungen über die Einbeziehung von AGB in den Vertrag gelten nicht, wenn es sich um Geschäfte gegenüber Unternehmern handelt (§ 310 Abs. 1 BGB). Hier geht man von einer stillschweigenden Einbeziehung von AGB aus, wenn sie branchenüblich sind oder wenn laufende Geschäftsbeziehungen bestehen. Verwenden beide Beteiligten teilweise widersprüchliche AGB, werden nur die übereinstimmenden Klauseln Vertragsbestandteil, im Übrigen gelten die gesetzlichen Regelungen.

§ 305 a BGB erleichtert die Einbeziehung der durch Behörden genehmigten AGB von Bahn, Post und Telekommunikations- sowie Verkehrsbetrieben.

b) Vorrangige Individualabrede oder überraschende Klausel?

Im zweiten Schritt muss geprüft werden, ob einzelne Klauseln nicht Vertragsbestandteil geworden sind, weil sie durch eine **individuell ausgehandelte Vertragsbedingung** ersetzt wurden, § 305 b BGB, oder weil sie **überraschende Klauseln** sind, die den Vertragspartner überrumpeln, also mit denen der Vertragspartner den Umständen nach vernünftigerweise nicht zu rechnen brauchte, § 305 c BGB.

Beispiele

Klauseln, die nicht Vertragsbestandteil werden

Vorrang der Individualabrede, § 305 b BGB

Ulli Krause kauft einen Schrank – Kirschbaum massiv – bei der Möbelgut AG. Krause besteht auf Lieferung binnen zwei Wochen. Der Verkäufer ist einverstanden. Die Lieferfrist wird im Vertrag vermerkt. Als die Möbelgut AG nach zwei Wochen nicht liefert, ruft Krause beim Verkäufer an. Dieser teilt mit, dass in den AGB eine sechswöchige Lieferfrist vorgesehen sei.

- *Ergebnis: Die individuelle vertragliche Vereinbarung gilt und setzt die AGB-Klausel außer Kraft.*

Überraschende Klausel, § 305 c Abs. 1 BGB

Die Möbelgut AG liefert den Schrank fristgerecht. Drei Monate nach der Lieferung erhält Krause ein Päckchen mit Kirschbaum-Möbelpflege gegen Rechnung von der Möbelgut AG. Krause ruft daraufhin den Verkäufer an, der mitteilt, dass die AGB des Kaufvertrags eine Regelung enthalten, wonach einmal pro Quartal eine Lieferung eines einschlägigen Pflegemittels vereinbart sei.

- *Ergebnis: Mit der Klausel musste Krause nicht rechnen. Sie ist nicht Vertragsbestandteil geworden.*

4. Ist der Inhalt der AGB wirksam?

Die §§ 307 bis 309 BGB sehen Verbote von AGB-Klauseln vor. Die dort beschriebenen Klauseln benachteiligen den Vertragspartner unangemessen und sind deshalb vom Gesetzgeber untersagt worden.

Klauselverbote a) ohne und **b) mit Wertungsmöglichkeit**

§ 309 BGB beinhaltet eine Aufzählung von generell verbotenen Klauseln. § 308 BGB zählt Klauseln auf, die verboten sind, allerdings müssen hier Teile der Vorschrift noch auf den Einzelfall bezogen ausgelegt, d. h. interpretiert werden.

Klauselverbot ohne Wertungsmöglichkeit, § 309 BGB

Auch soweit eine Abweichung von den gesetzlichen Vorschriften zulässig ist, ist in Allgemeinen Geschäftsbedingungen unwirksam

9. (Laufzeit bei Dauerschuldverhältnissen)
bei einem Vertragsverhältnis, das die regelmäßige Lieferung von Waren oder die regelmäßige Erbringung von Dienst- oder Werkleistungen durch den Verwender zum Gegenstand hat,

a) eine den anderen Vertragsteil länger als zwei Jahre bindende Laufzeit des Vertrags, [...]

Beispiel: *In den AGB eines Zeitschriftenverlags ist die Laufzeit eines Abonnements mit 36 Monaten angegeben. – Ergebnis: Klausel ist unwirksam.*

221060204

Klauselverbot mit Wertungsmöglichkeit, § 308 BGB

In Allgemeinen Geschäftsbedingungen ist insbesondere unwirksam

1. (Annahme- und Leistungsfrist)
   eine Bestimmung, durch die sich der Verwender **unangemessen** lange oder **nicht hinreichend bestimmte Fristen** für die Annahme oder Ablehnung eines Angebots oder die Erbringung einer Leistung vorbehält; ...

Beispiel: *Die AGB eines Versandhandels für Oberbekleidung sehen eine sechswöchige Annahmefrist für Bestellungen vor, d. h., der Käufer ist sechs Wochen an seine Bestellung bzw. seinen Antrag gebunden. – Ergebnis: Klausel ist unwirksam, für Alltagsgeschäfte beträgt die Höchstfrist laut Rechtsprechung 14 Tage.*

c) Verbot durch Generalklausel

§ 307 BGB ist als Auffangnorm für die von §§ 308, 309 BGB nicht erfassten AGB-Klauseln gedacht. Der Paragraf ist eine auslegungsbedürftige Generalnorm, die für viele Fälle gelten soll.

Generalklausel bzw. -norm, § 307 BGB

(1) S. 1 Bestimmungen in Allgemeinen Geschäftsbedingungen sind unwirksam, wenn sie den Vertragspartner des Verwenders **entgegen den Geboten von Treu und Glauben unangemessen benachteiligen.**

Beispiel: *In einem Kaufhaus werden Handzettel verteilt, auf denen zu lesen ist, dass im Interesse ehrlicher Kunden an der Kasse Taschenkontrollen durchgeführt werden. – Ergebnis: Die Handzettel stellen AGB dar. Die Klausel ist unwirksam, ohne konkreten Diebstahlsverdacht dürfen keine Kontrollen durchgeführt werden.*

Anmerkung: In den obenstehenden §§ 307, 308 BGB **fett** gesetzte Tatbestandsmerkmale sind unbestimmte Rechtsbegriffe, die ausgelegt werden müssen, d. h., sie sind mit einer (Be-)Wertungsmöglichkeit versehen.

II. Ergebnis/Rechtsfolgen

Nichteinbeziehung und Unwirksamkeit von AGB oder Wirksamkeit der AGB

Stellt man bei der Prüfung fest, dass AGB ganz oder teilweise nicht Vertragsbestandteil geworden oder einzelne verbotene Klauseln unwirksam sind, bleibt der übrige Vertrag grundsätzlich wirksam und richtet sich nach den gesetzlichen Vorschriften, § 306 BGB. Gibt es an den AGB nichts zu beanstanden, sind sie wirksam.

Besonderheiten

Bei Rechtsgeschäften, in denen AGB gegenüber Unternehmern und Behörden bzw. juristischen Personen des öffentlichen Rechts verwendet werden, gelten bestimmte Schutzvorschriften nicht, § 310 Abs. 1 BGB. Allerdings bleibt die Generalklausel als Prüfungsmaßstab erhalten: § 307 BGB schützt auch Unternehmer und juristische Personen des öffentlichen Rechts vor unangemessener Benachteiligung.

Falllösung **Wein mit AGB (mit Bezug auf die Nummern des Prüfschemas)**

I. Tatbestand

a) Zu prüfen ist, ob die AGB im Kaufvertrag zwischen W. e. K. und K. wirksam geworden sind.

(1.) Das Angebot von W. könnte einen Antrag darstellen. Allerdings ist anzunehmen, dass das Angebot nicht so konkret formuliert wurde, dass K. nur mit „Ja" antworten muss, um den Vertrag abzuschließen. Damit ist das Angebot eine Aufforderung zur Abgabe eines Antrags, die Bestellung von K. stellt den Antrag und die Bestellannahme die Annahme dar. Ein Kaufvertrag liegt also vor. Der Kaufvertrag ist zugleich Verbrauchervertrag. Die § 305 ff. BGB sind anwendbar.

(2.) Da der Verwender W. dem anderen Vertragspartner, hier K., vorformulierte Vertragsbedingungen stellt, liegen AGB vor.

(3.) W. hat in seiner Aufforderung zur Abgabe des Antrags zwar ausdrücklich auf die Geltung der AGB hingewiesen, zugleich allerdings auf die Einsichtnahme in seinem Ladengeschäft in Würzburg verwiesen. Da K. in Köln lebt, verschafft ihm W. nicht die Möglichkeit, vom Inhalt der AGB in zumutbarer Weise Kenntnis zu nehmen.

(4. entfällt)

II. Ergebnis/Rechtsfolgen

a) Damit sind die AGB des W. nicht Vertragsbestandteil geworden. Der Vertrag bleibt im Übrigen wirksam und richtet sich nach den gesetzlichen Vorschriften.

b) Wenn K. Unternehmer wäre, könnte eine stillschweigende Einbeziehung der AGB vorliegen, wenn sie branchenüblich sind oder wenn laufende Geschäftsbeziehungen bestehen.

2.3 Verpflichtungs- und Erfüllungsgeschäfte – Abstraktionsprinzip

2.3.1 Abgrenzung von Verpflichtungs- und Erfüllungsgeschäft

Vorbereitung des Leistungsaustausches: Verpflichtungsgeschäft

Ein **Verpflichtungsgeschäft** ist gegeben, wenn sich eine Person verpflichtet, einer anderen gegenüber eine Leistung zu erbringen. Verpflichtungsgeschäfte sind im Schuldrecht des BGB geregelt. Dazu gehören Verträge wie Kauf, Schenkung, Miete, Werkvertrag, Dienstvertrag usw. Sie **bereiten den Austausch von Waren und Dienstleistungen vor** und **bilden den rechtlichen Grund** für den späteren Austausch. Mit dem Abschluss des Verpflichtungsgeschäfts Kaufvertrag geht das Eigentum an der gekauften Sache nicht vom Verkäufer an den Käufer über. Hierzu bedarf es eines weiteren Geschäfts, nämlich eines Erfüllungsgeschäfts.

Verwirklichung des Leistungsaustauschs: Erfüllungsgeschäft

Der Eigentumsübergang an der gekauften Sache vollzieht sich gemäß § 929 BGB durch **Einigung** und **Übergabe.** Zunächst muss eine vertragliche Einigung über den Eigentumsübergang der Sache durch zwei übereinstimmende Willenserklärungen erfolgen. Hinzu kommt die Übergabe, also eine Handlung bzw. ein Realakt , durch die der Verkäufer dem Käufer den Besitz verschafft.

221060206

Eigentum und Besitz sind im Sachenrecht des BGB geregelt.

Sachenrechtliche Grundbegriffe	
Besitz	**Eigentum**
tatsächliche Herrschaft über eine Sache, § 854 BGB	rechtliche Herrschaft über eine Sache, § 903 BGB
§ 985 BGB Herausgabeanspruch Der Eigentümer kann von dem Besitzer die Herausgabe der Sache verlangen.	

Beispiel

Eigentümer – Besitzer

Ein Dieb ist zwar Besitzer, aber nicht Eigentümer der gestohlenen Sache. Der Eigentümer kann die Herausgabe der Sache verlangen.

Während Verpflichtungsgeschäfte nur Pflichten des Schuldners bzw. Forderungen des Gläubigers entstehen lassen, führt ein **Erfüllungsgeschäft** unmittelbar zur Übertragung, Belastung, Änderung oder Aufhebung eines Rechts. **Es verwirklicht also den Austausch von Gütern und Dienstleistungen.**

Trennung der Verpflichtungs- und Erfüllungsgeschäfte

Auch die Bargeschäfte des täglichen Lebens, zum Beispiel der Kauf einer Zeitung am Kiosk, bestehen aus rechtlich zu trennenden Verpflichtungs- (Kaufvertrag) und Erfüllungsgeschäften (Übereignung des Geldes, Übereignung der Zeitung).

Beim Barkauf beweglicher Sachen finden drei Rechtsgeschäfte statt:
1. Verpflichtungsgeschäft Kaufvertrag +
2. Erfüllungsgeschäft Ware +
3. Erfüllungsgeschäft Geld

2.3.2 Abstraktionsprinzip und Eigentumsvorbehalt

Begriff des Abstraktionsprinzips

Die juristische **Trennung** eines einheitlichen Lebenssachverhalts **in** unterschiedliche, grundsätzlich **unabhängig voneinander bestehende Verpflichtungs- und Erfüllungsgeschäfte** nennt man **Trennungs- bzw. Abstraktionsprinzip.**

Erkennbar wird die Trennung, wenn die Rechtsgeschäfte zu verschiedenen Zeitpunkten abgewickelt werden: Zunächst wird der Kaufvertrag abgeschlossen, Tage später erfolgt die Lieferung und Übereignung der Ware, wiederum einige Tage später die Zahlung des Kaufpreises.

Bei verschiedenen zugrundeliegenden Verpflichtungsgeschäften (Schenkung, Kauf, Tausch, Darlehen) findet dasselbe Erfüllungsgeschäft statt, nämlich die Übereignung einer Sache nach § 929 BGB.

Beispiel

Schreibtischkauf und Abstraktionsprinzip

K. will am 20. September im Fachgeschäft V. einen hochwertigen Schreibtisch kaufen. Der Verkäufer rät ihm zu einem Schreibtisch der Marke „Solido". K. entscheidet sich für einen Schreibtisch dieser Marke in silbergrau für 400,00 €. Da der Schreibtisch als Ausstellungsstück im Schaufenster des Geschäftes steht, wird vereinbart, dass der Schreibtisch am 25. September nach der Umdekoration an K. geliefert wird. Außerdem erhält K. auf seine Bitte Zahlungsaufschub bis zum 28. September, an dem er das Geld bar zahlen will. Alle Vorgänge laufen wie vereinbart ab.

Leitfragen

① *Wann wurde hier das Verpflichtungsgeschäft, der Kaufvertrag nach § 433 BGB, geschlossen?*
② *Welche Pflichten hat K., welche Pflichten das Fachgeschäft V. (s. § 433 BGB)?*
③ *Welches Geschäft ist das sogenannte Kausalgeschäft?*
④ *In welchem Buch des BGB finden Sie den Kaufvertrag?*
⑤ *Wann hat das Fachgeschäft V. seine Pflichten erfüllt (1. Erfüllungsgeschäft nach § 929 BGB)?*
⑥ *In welchem Buch des BGB finden Sie § 929 BGB?*
⑦ *Wann hat K. seine Hauptpflichten erfüllt (2. Erfüllungsgeschäft nach § 929 BGB)?*
⑧ *Wann ist K. Eigentümer des Schreibtisches geworden?*

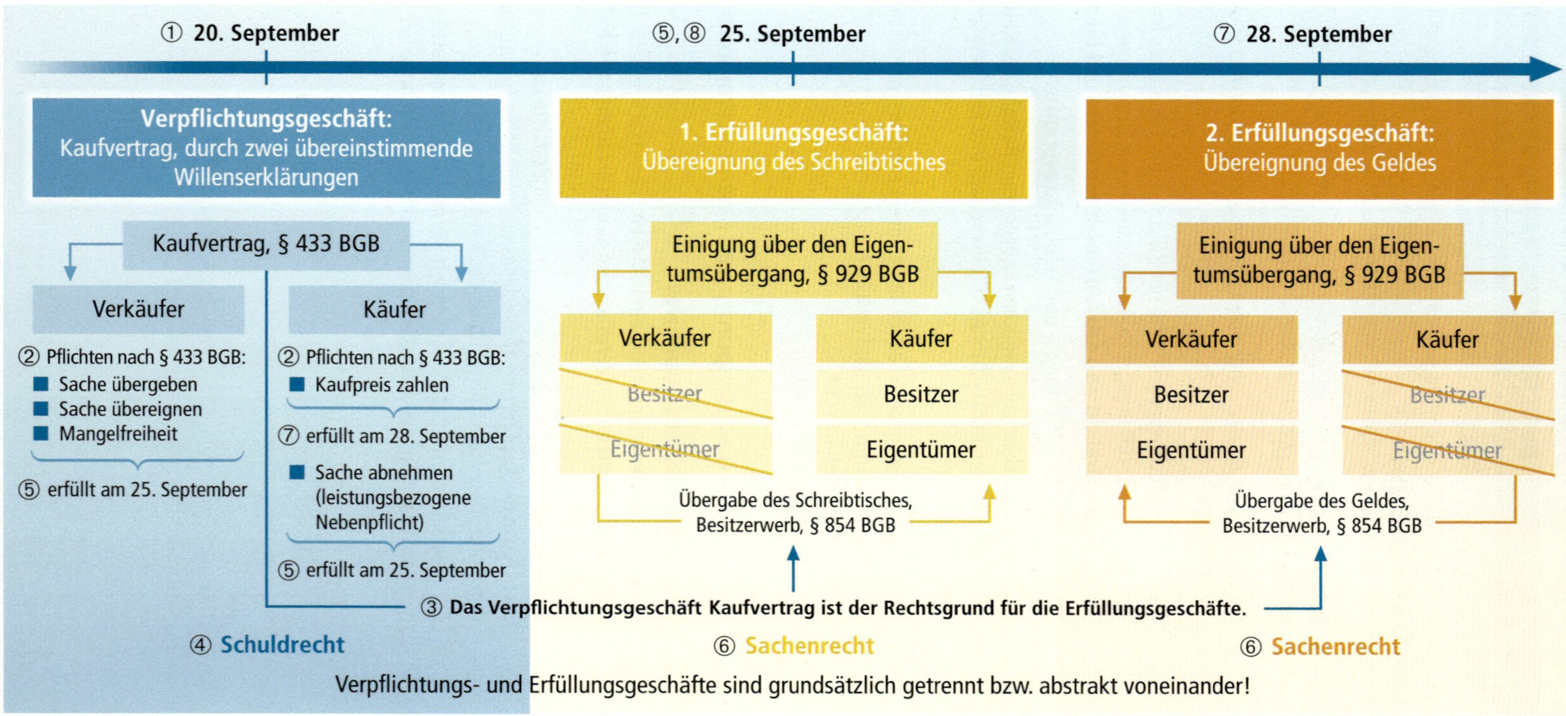

Verpflichtungsgeschäft und Erfüllungsgeschäfte bei unbeweglichen Sachen

Die Veräußerung einer unbeweglichen Sache, also eines Grundstücks, besteht ebenfalls aus einem Verpflichtungsgeschäft und Erfüllungsgeschäften. Wegen des meist hohen Werts von Immobilien sind hier vom Gesetzgeber strenge Formvorschriften vorgesehen: Das Verpflichtungsgeschäft **Kaufvertrag** ist notariell zu beurkunden (§ 311 b Abs. 1 BGB). Das Erfüllungsgeschäft **Auflassung** (entspricht der Einigung) ist ebenfalls notariell zu beurkunden und die **Eintragung ins Grundbuch** findet auf Veranlassung des Notars beim zuständigen Grundbuchamt beim Amtsgericht statt. Die Art der Zahlung des Kaufpreises ist nicht besonders gesetzlich geregelt.

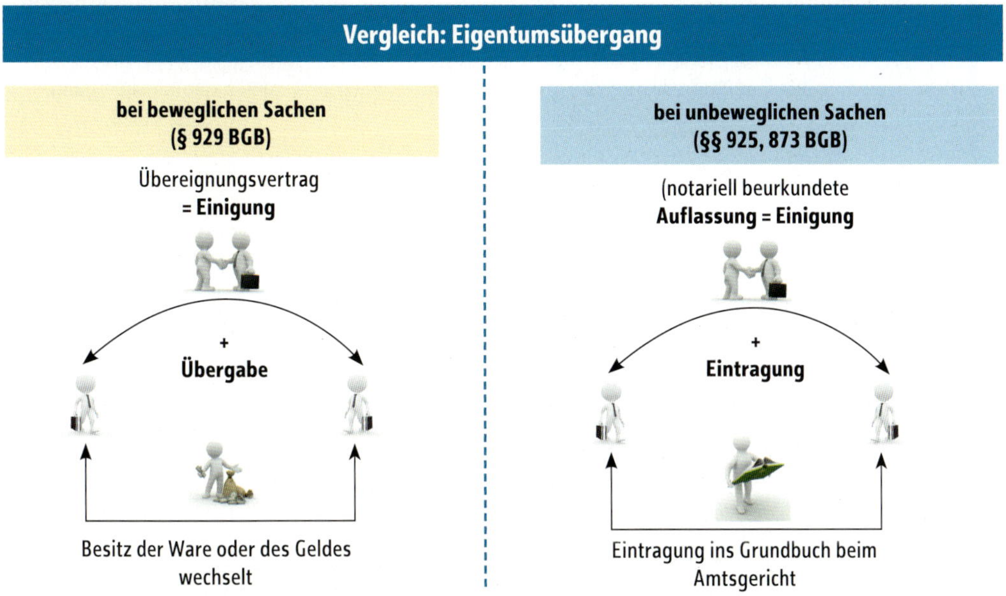

Eigentumsvorbehalt: Eigentum an der Ware vorbehaltlich der Zahlung

Der Eigentumsübergang an der Ware erfolgt nach § 929 BGB durch Einigung und Übergabe, und zwar gesetzlich grundsätzlich unabhängig von der Zahlung des Kaufpreises. Beim Verkauf einer beweglichen Sache sichert der Verkäufer seinen Anspruch auf Zahlung des Kaufpreises meist durch die vertragliche Vereinbarung eines **Eigentumsvorbehalts.**

Durch die Vereinbarung eines Eigentumsvorbehalts im Verpflichtungsgeschäft Kaufvertrag werden die nach dem Abstraktionsprinzip streng voneinander getrennten Erfüllungsgeschäfte miteinander verknüpft. Die Einigung, also der Übereignungsvertrag der Ware, kann wie jeder andere Vertrag mit einer Bedingung verbunden werden, § 158 Abs. 1 BGB. Der Eigentumsvorbehalt ist eine derartige Bedingung. Die Bedingung beim Übereignungsvertrag über die Warenschuld wird erfüllt, wenn die Übereignung des Geldes vollzogen wurde.

Beispiel

Schreibtischkauf, Eigentumsvorbehalt als aufschiebende Bedingung für das Erfüllungsgeschäft

K. unterschreibt am 20. September im Fachgeschäft V. einen Kaufvertrag über einen Schreibtisch der Marke „Solido" für 400,00 €. In den Allgemeinen Geschäftsbedingungen des Vertrags findet sich die Klausel: „Die verkaufte Ware bleibt bis zur vollständigen Zahlung des Kaufpreises unser Eigentum." Der Schreibtisch wird am 25. September an K. geliefert. Nach Überweisung seines Gehalts zahlt K. am 28. September im Fachgeschäft bar.

K. wird durch den Eigentumsvorbehalt am 25. September lediglich Besitzer und erst am 28. September Eigentümer des Schreibtisches.

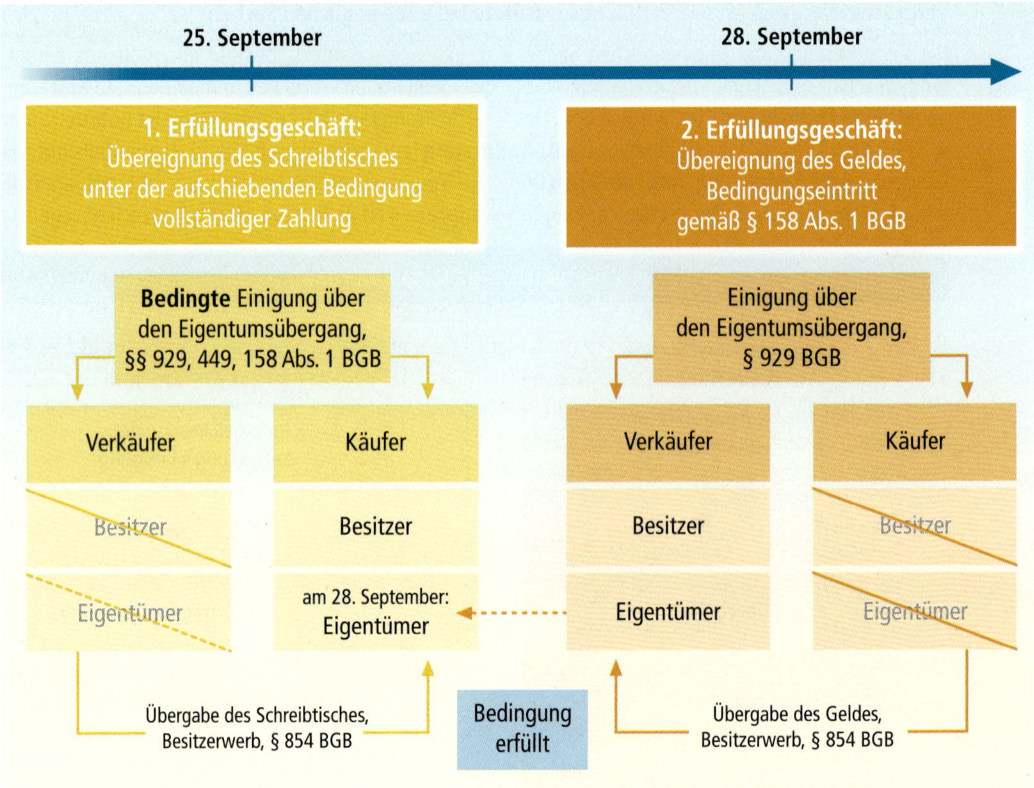

Die Wirksamkeit von Rechtsgeschäften kann wie beim Eigentumsvorbehalt von einer **Bedingung** abhängig gemacht werden. Auch eine Befristung ist möglich. Die **Befristung** stellt auf einen zeitlich genau begrenzten Zeitraum ab oder bestimmt einen nach dem Kalender festgelegten Anfangs- oder Endtermin für die Wirkung des Rechtsgeschäfts.

Die Bedingung betrifft ein zukünftiges **ungewisses** Ereignis.
Die Befristung betrifft ein zukünftiges **gewisses** (nach dem Kalender bestimmbares) Ereignis.

2.4 Erfüllung und Erfüllungsort, Gefahrübergang und Gerichtsstand

Einstiegsfall **Verzögerung beim Maschinenkauf**

V. in Verden verkauft K. in Krefeld eine Fertigungsmaschine. V. hat sich im Kaufvertrag zur „Lieferung frei Werk" zum 31. Januar verpflichtet. V. übergibt die Maschine am 30. Januar einer Spedition zur Beförderung. Aufgrund eines Streiks der Speditionsmitarbeiter trifft die Maschine erst am 14. Februar im Werk von K. ein.

a) Welche Art der Schuld liegt bei der Warenschuld vor (Hol-, Bring-, Schickschuld bzw. Versendungskauf)?
b) Wo liegen Erfüllungsort und Gerichtsstand für die Maschine? Wo findet der Gefahrübergang statt?
c) Ist die Warenschuld rechtzeitig geleistet worden, d. h. die Leistungshandlung zur rechten Zeit vollzogen worden?
d) Wo liegen Erfüllungsort, Gerichtsstand, Gefahrübergang für die Geldschuld?

2.4.1 Erlöschen von Schuldverhältnissen durch Erfüllung

Bei jedem gegenseitigen Vertrag gibt es zwei Schuldner und zwei Gläubiger, so auch beim Kaufvertrag. Damit gibt es auch zwei Schuldverhältnisse, eines für die Warenschuld und eines für die Geldschuld.

Schuldverhältnisse beim Kaufvertrag, § 433 BGB

Der „natürliche Tod“ des Schuldverhältnisses ist die Erfüllung, § 362 BGB. Der Schuldner hat dabei seine Leistung dem Gläubiger **zur rechten Zeit, in richtiger Art und Weise und am rechten Ort** zu erbringen.

Bewirkt der Schuldner die Leistung, muss der Gläubiger ihm auf seinen Wunsch ein schriftliches Empfangsbekenntnis über den Erhalt der Leistung ausstellen, § 368 BGB. **Quittungen** sind insbesondere bei Geldschulden, die per Barzahlung beglichen werden, üblich. Für den Beweis, dass der Schuldner geleistet hat, genügt unter Umständen auch ein Beleg ohne eigenhändige Unterschrift („Bon“). Meist werden Geldleistungen heute unbar beglichen.

Bei bargeldloser Zahlung (z. B. Überweisung, Kartenzahlung) tritt Erfüllung erst bei Gutschrift auf dem Konto des Gläubigers ein.

2.4.2 „Leistung zur rechten Zeit“: Leistungszeit

Die Leistungszeit ist normalerweise vertraglich vereinbart, zum Beispiel durch individuelle Liefer-und Zahlungsfristen oder generell durch AGB. Ist nichts vertraglich geregelt, werden **sofort** beim Abschluss des Kaufvertrags die Warenschuld und die Geldschuld fällig, § 271 BGB.

Gesetzliche Sonderregelungen für Liefer- und Zahlungsfristen beim Verbrauchsgüterkauf

Beim Verbrauchsgüterkauf, also wenn ein Verbraucher von einem Unternehmer eine bewegliche Sache kauft, gelten Besonderheiten, § 474 BGB. Unternehmer und Verbraucher können Geld und Ware statt sofort nur unverzüglich (= ohne schuldhaftes Zögern, vgl. § 121 Abs. 1 BGB) verlangen. Das Merkmal sofort, § 271 Abs. 1 BGB, stellt einen objektiven und strengen Maßstab dar. Das subjektive und mildere Merkmal unverzüglich, § 475 Abs. 1 BGB, betrifft die Zumutbarkeit der Leistung im Einzelfall. Meist wird es im Geschäftsalltag jedoch kaum Unterschiede zwischen sofortiger und unverzüglicher Leistung geben.

Allerdings hat der Unternehmer beim Verbrauchsgüterkauf die Ware spätestens 30 Tage nach Vertragsschluss zu übergeben, wenn nichts anderes vertraglich vereinbart wurde, § 475 Abs. 1 BGB. Diese Vorschrift schützt die Interessen des Verbrauchers durch eine Höchstfrist und dient zugleich der Rechtssicherheit.

Beispiel

Leistungszeit beim Verbrauchsgüterkauf
Kristina K. bestellt am 5. August bei einer Niederlassung der Baustoffe Völler e. K. eine Küchenarbeitsplatte. Ein Abholtermin wird nicht vereinbart. Die Arbeitsplatte muss beschafft, nach individuellen Maßen zugeschnitten und mit Umleimern versehen werden. Eine unverzügliche Leistung liegt vor, wenn die Völler e. K. ohne schuldhaftes Zögern die Arbeiten ausführt. V. hat seine Kundin K. binnen 30 Tagen nach Kaufvertragsabschluss, also spätestens am 4. September, zur Abholung der Arbeitsplatte aufzufordern.

Gesetzliche Leistungszeit = sofort nach Vertragsschluss

Gesetzliche Leistungszeit beim Spezialfall Verbrauchsgüterkauf = unverzüglich, bei Warenlieferung spätestens 30 Tage nach Vertragsschluss

2.4.3 „Leistung in der richtigen Art und Weise“: Leistungsgegenstand

Stück- und Gattungsschuld

Sachen und Rechte können Gegenstand von Kaufverträgen sein. Bei den Sachen können vertretbare und nicht vertretbare Sachen geschuldet werden, § 91 BGB. Die übliche Anschauung im Wirtschaftsverkehr entscheidet darüber, ob bewegliche Sachen vertretbar sind oder nicht. Heutzutage sind fast alle Güter Serienprodukte und damit vertretbare Sachen: Neuwagen, Computer, Kleider „von der Stange“, Lebensmittel.

Vertretbare Sachen sind meist auch **Gattungsschulden** gemäß § 243 BGB. Gattungsschulden werden nur nach generellen Merkmalen in Produkt- oder Leistungsbeschreibungen bestimmt, wie Typ, Sorte, Preis. Es wird nur ein mittlerer Qualitätsmaßstab zugrunde gelegt. Der Verkäufer hat hier die Auswahl, welche Sachen er leisten will.

Eine **Stück- oder Speziesschuld** wird dagegen durch individuelle Eigenschaften bestimmt. Meist handelt es sich um nicht vertretbare Sachen: gebrauchte Gegenstände, Einzelstücke wie Maßanzüge oder Originalgemälde.

Bei einer Gattungsschuld muss der Schuldner die vertragsgemäß geschuldeten Sachen aus der Gattung auswählen. Wie und wo der Schuldner das seinerseits Erforderliche zu tun hat, richtet sich nach der Art der Schuld (Hol-, Bring- oder Schickschuld) bzw. dem Erfüllungsort.

Pflichten des Verkäufers einer Gattungsware		
Holschuld	**Schickschuld/Versendungskauf**	**Bringschuld**
Sachen **auswählen** (mittlere Art und Güte, § 243 Abs. 1 BGB) +		
aussondern (die für den Empfänger bestimmten Sachen bereitlegen) +		
bereitstellen (ausgesonderte Sachen am eigenen Wohn-/Geschäftssitz zur Verfügung stellen und Empfänger zur Abholung auffordern)	**abschicken** (vom eigenen Wohn-/Geschäftssitz versenden bzw. an die Transportperson übergeben)	**bringen** (dem Empfänger die Sachen an seinem Wohn-/Geschäftssitz anbieten)

Geldschuld

Die Geldschuld stellt keine Gattungsschuld, sondern eine Schuld eigener Art dar. Bei der Geldschuld ist der Schuldner verpflichtet, dem Gläubiger die durch den Nennwert ausgedrückte Vermögensmacht zukommen zu lassen. Das Risiko der Geldentwertung (Inflation) trägt grundsätzlich der Gläubiger, also der Zahlungsempfänger; nur ausnahmsweise sind Wertsicherungsklauseln in Verträgen zulässig. Ein Beispiel für eine Wertsicherungsklausel ist die Vereinbarung einer Indexmiete beim Mietvertrag, bei der Mieterhöhungen von der Entwicklung des Preisindexes für die Lebenshaltung abhängig gemacht werden, vgl. § 557 b BGB.

2.4.4 „Leistung am rechten Ort“: Erfüllungsort, Gefahrübergang und Gerichtsstand

Erfüllungsort

Wo der Erfüllungsort (= Leistungsort) liegt, d. h. wo die geschuldeten **Leistungshandlungen** vorzunehmen sind, richtet sich wiederum in erster Linie nach der vertraglichen Vereinbarung. Ist nichts vereinbart, gilt die gesetzliche Regelung. Die Bestimmung des Erfüllungsortes ist in mehrfacher Hinsicht von Bedeutung.

Erfüllungsort bei der Warenschuld

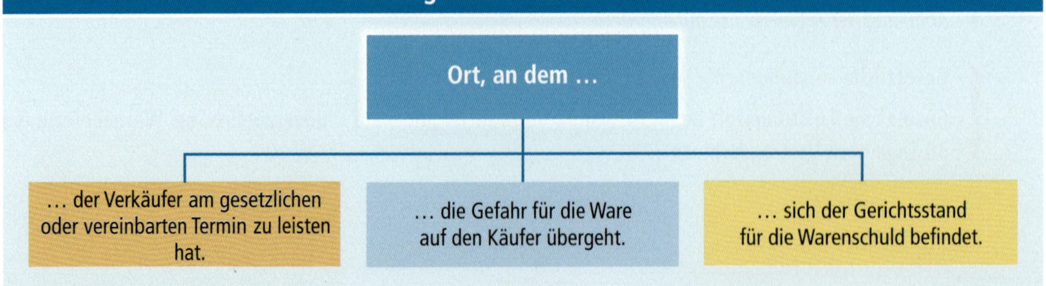

Gefahrübergang

Die Vertragsparteien müssen grundsätzlich nur für Leistungsstörungen eintreten, die sie vorsätzlich oder fahrlässig verursacht und somit verschuldet haben. Aber auch der Fall, dass weder Schuldner noch Gläubiger die Verschlechterung oder den Untergang der Leistung zu vertreten haben, muss geregelt sein: Wer soll haften, wenn die Ware auf dem Transport unverschuldet beschädigt wird oder das Geld bei der Übermittlung verloren geht? Fraglich ist dann, ob neu zu liefern oder zu zahlen ist. Hier treten die Regelungen für die **Gefahr** ein, die **zufällige Ereignisse** betreffen.

Gerichtsstand

Der Erfüllungsort ist nach § 29 Zivilprozessordnung zugleich der besondere Gerichtsstand. Der Gerichtsstand betrifft die **örtliche Zuständigkeit** des Gerichts, d. h., das ist der Ort, an dem im Streitfall geklagt werden muss. Abweichende Vereinbarungen sind für den Gerichtsstand nur möglich, wenn die Vertragsparteien Kaufleute oder juristische Personen des öffentlichen Rechts sind.

§ 29 ZPO Besonderer Gerichtsstand des Erfüllungsorts

(1) Für Streitigkeiten aus einem Vertragsverhältnis und über dessen Bestehen ist das Gericht des Ortes zuständig, an dem die streitige Verpflichtung zu erfüllen ist.

(2) Eine Vereinbarung über den Erfüllungsort begründet die Zuständigkeit nur, wenn die Vertragsparteien Kaufleute, juristische Personen des öffentlichen Rechts oder öffentlich-rechtliche Sondervermögen sind.

Die **sachliche Zuständigkeit** betrifft die zuständige Gerichtsbarkeit und das Gericht, bei dem in erster Instanz zu klagen ist. Sie richtet sich nach Art und Umfang der Streitigkeit. Für zivil- und handelsrechtliche Streitigkeiten sind die Amts- oder Landgerichte zuständig.

Zusammenfassung: Zuständigkeit des erstinstanzlichen Gerichts

1. Sachliche Zuständigkeit

2. Örtliche Zuständigkeit

- Klage am Erfüllungsort für Waren- oder Geldschuld
- abweichende Gerichtsstandsvereinbarung für Kaufleute und juristische Personen des öffentlichen Rechts

Beispiel

Sachliche und örtliche Zuständigkeit des Gerichts

Käufer K. aus Kreuznach bestellt bei V. in Vöhringen eine Werkzeugmaschine im Wert von 15 000,00 €. Vertragliche Absprachen werden nicht getroffen. Bei Streitigkeiten um die Warenschuld gilt: Es handelt sich um eine Holschuld, d. h., der Erfüllungsort und der Gerichtsstand für die Werkzeugmaschine liegen in Vöhringen (= örtliche Zuständigkeit). Da der Streitwert über 5 000,00 € liegt, ist nicht das Amtsgericht, sondern das Landgericht zuständig (= sachliche Zuständigkeit).

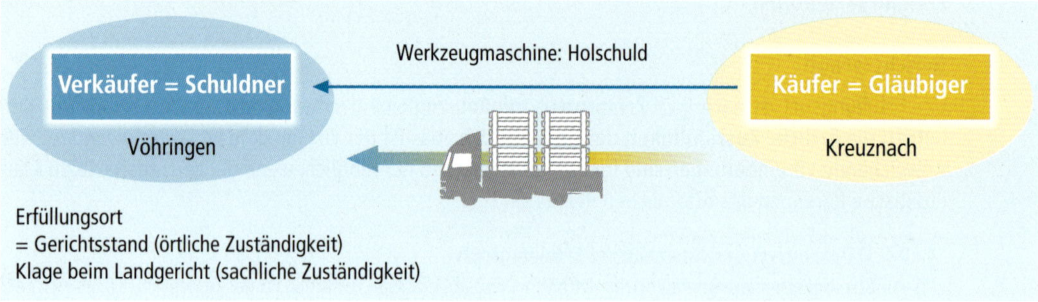

2.4.5 Hol-, Bring- und Schickschuld

Liegen Wohnsitz oder Niederlassung von Käufer und Verkäufer am selben Ort, spricht man vom sogenannten **Platzkauf.** Liegen die Wohn- bzw. Geschäftssitze nicht am selben Ort, liegt ein **Distanzkauf** vor. Hier ist der Erfüllungsort zu ermitteln.

Warenschuld als gesetzliche Holschuld

Die Warenschuld stellt grundsätzlich eine gesetzliche Holschuld (§ 269 BGB) dar, das heißt, der Käufer hat die Ware auf seine Kosten und seine Gefahr beim Verkäufer abzuholen. Der Erfüllungsort und der Gerichtsstand befinden sich bei der Niederlassung des Verkäufers. Der Verkäufer hat seine Leistungshandlung vollzogen, wenn er die Sache ausgesondert, sie dem Käufer zur Abholung bereitgestellt, ihn vom Übergabetermin informiert hat und der Käufer die Gelegenheit zur Abholung hat. Sodann geht auch die Gefahr für die Ware an den Käufer über.

Beispiel ***Gesetzliche Holschuld bei der Warenschuld***

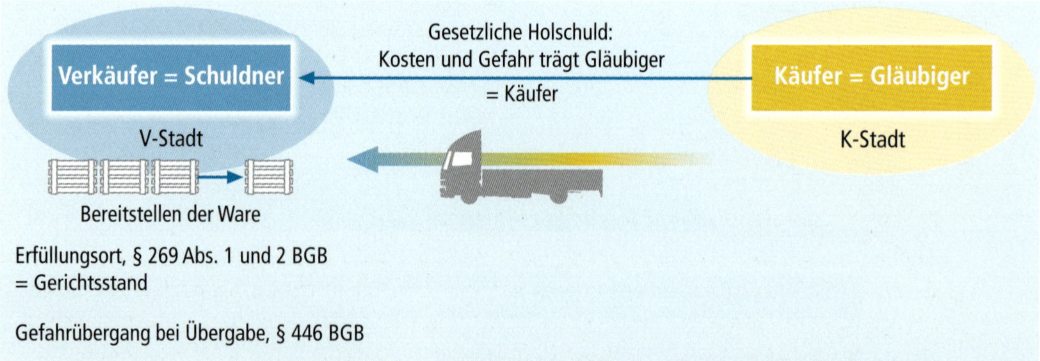

Warenschuld als vertragliche Bringschuld

Bei der vertraglich vereinbarten Bringschuld verhält sich alles spiegelbildlich wie bei der Holschuld. Erfüllungsort und Gerichtsstand befinden sich beim Käufer. Der Verkäufer muss dem Käufer die Sache auf seine Kosten und seine Gefahr an dessen Wohnort oder Niederlassung bringen.

221060214

Beispiel ***Vertragliche Bringschuld bei der Warenschuld***

Warenschuld als vertragliche Schickschuld/Versendungskauf

Die Schickschuld ist quasi eine Sonderform der Holschuld. Wie bei der gesetzlichen Holschuld liegen bei der Schickschuld Erfüllungsort und Gerichtsstand beim Verkäufer. Der Verkäufer hat vertraglich zusätzlich die Nebenpflicht übernommen, die Ware an den Käufer zu versenden. Häufig übernimmt der Verkäufer darüber hinaus noch freiwillig ganz oder teilweise die Kosten für den Transport (z. B. durch die Klausel: „Lieferung frei Haus"). Aus alledem ist aber nicht zu schließen, dass er auch das Risiko für den Transport, d. h. die Gefahr für die Ware, tragen will und dass sich der Erfüllungsort ändern soll – s. § 269 Abs. 3 BGB.

Der Erfüllungsort bleibt also wie bei der Holschuld beim Verkäufer. Hier sind die Leistungshandlungen vorzunehmen, d. h. die Aussonderung und Verpackung der Ware, ggf. die Wahl eines Transportunternehmers und die Übergabe der Ware an denselben. Sobald die Ware dem Transporteur übergeben ist, geht die Gefahr an den Käufer über.

Wenn bei der Warenschuld des Kaufvertrags eine Schickschuld vorliegt, spricht man vom **Versendungskauf,** § 447 BGB.

Beispiel ***Vertragliche Schickschuld bei der Warenschuld***

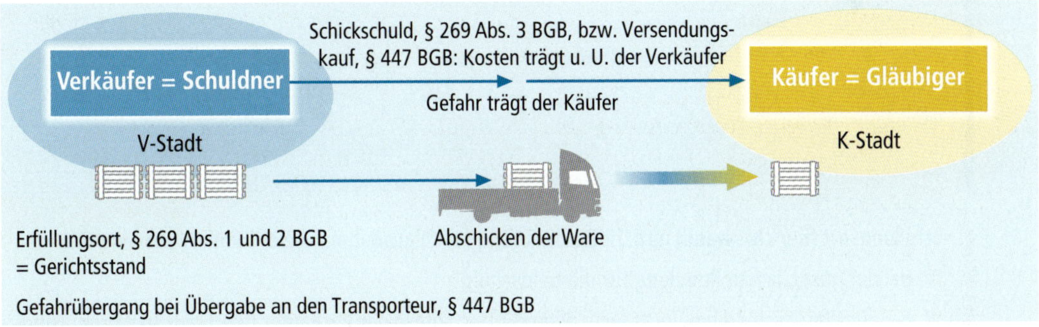

Ausnahme: gesetzliche Regelung beim Verbrauchsgüterkauf

Kauft ein Verbraucher von einem Unternehmer eine Ware zur Versendung, trägt meist der Unternehmer die Versendungsgefahr. Wenn die Sache beim Verbraucher nicht ankommt, muss er nicht zahlen. Die Gefahr geht erst bei der Übergabe an den Käufer über, § 446 BGB. Nur in dem Sonderfall, wenn der Verbraucher die Beförderung der Sache selbst organisiert, trägt er die Gefahr für die Beförderung der Sache, § 475 Abs. 2 BGB.

Beim Verbrauchsgüterkauf trägt meist der Unternehmer die Versendungsgefahr für die Ware. Der Verbraucher trägt die Gefahr nur, wenn er die Beförderung selbst organisiert.

Zustandekommen und Erfüllung von Verträgen (am Beispiel des Kaufvertrags)

Beispiel ***Gesetzliche Regelung beim Verbrauchsgüterkauf***

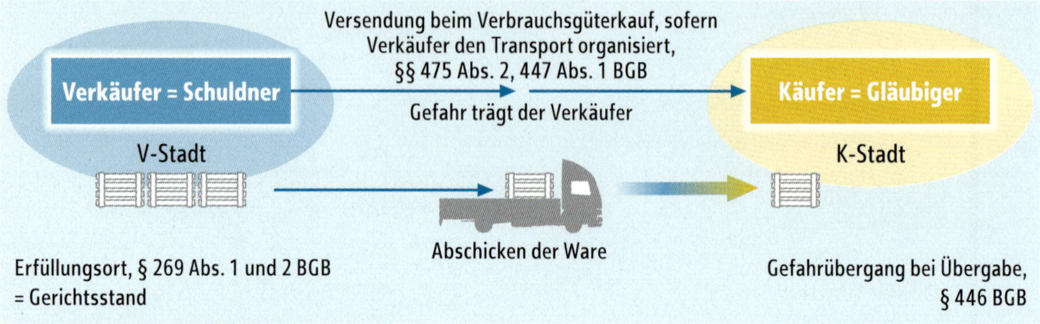

Gesetzliche Regelung bei der Geldschuld

Der gesetzliche Erfüllungsort für die Geldschuld ist wie bei der Warenschuld der Wohnsitz des Schuldners. Das Gesetz bestimmt nämlich, dass die Regeln über den Leistungsort unberührt bleiben, also ebenso auch für die Geldschuld gelten, §§ 270 Abs. 4, 269 Abs. 1 BGB.

Das heißt für den Kaufvertrag, dass Erfüllungsort und Gerichtsstand für die Geldschuld beim Geldschuldner, also beim Käufer, liegen. Der Käufer trägt die Kosten für die Übermittlung des Geldes und vor allem die **Verlustgefahr** für das Geld. Sollte das Geld bei der Übermittlung verloren gehen, muss der Käufer nochmals leisten, § 270 Abs. 1 BGB. Somit stellt die gesetzliche Geldschuld eine Mischung zwischen Schick- und Bringschuld dar.

Beispiel ***Kaufvertrag – Gesetzliche Regelung bei der Geldschuld***

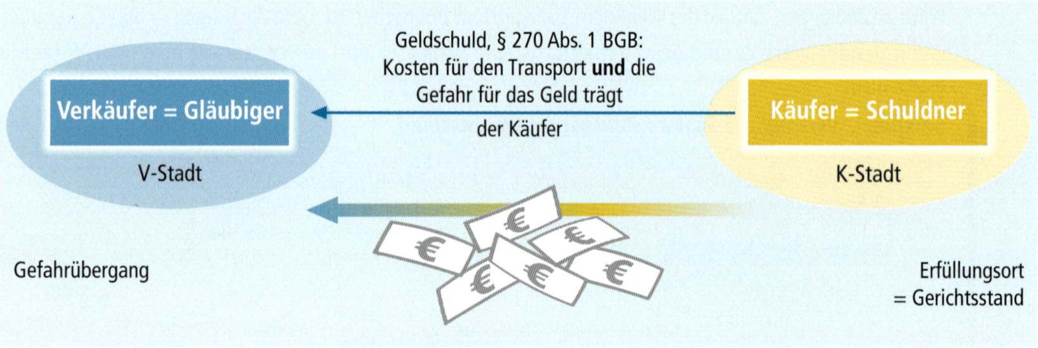

Erfüllungsort (Gerichtsstand) und Gefahrübergang fallen ausnahmsweise räumlich auseinander:

- bei der gesetzlichen Regelung für die Geldschuld
- bei der Warenschuld bei Verbrauchsgüterkäufen, sofern der Verkäufer den Transport organisiert

Für die **Rechtzeitigkeit** der Zahlung kommt es wie bei der Bringschuld darauf an, ob der Käufer das Geld so früh abgesendet hat, dass es beim Verkäufer am Zahlungstermin ankommt.

Beispiel

Laut Zahlungsbedingung ist ein Kaufpreis bis spätestens 5. März zu zahlen. Der Käufer übermittelt den Überweisungsauftrag per Online-Banking seinem Kreditinstitut vormittags am 5. März. Die Gutschrift auf dem Konto des Verkäufers erfolgt am 6. März. Der Käufer hat einen Tag verspätet geleistet.

Vertragliche Regelungen bei der Geldschuld

Wie bei Warenschulden kann auch hinsichtlich der Geldschuld eine abweichende vertragliche Regelung getroffen werden. Geldforderungen aus Nachnahmesendungen sind **Holschulden**. Dasselbe gilt für Zahlungen im Lastschriftverfahren und Kartenzahlungen. Hier hat der Käufer nur für die erforderliche Deckung auf seinem

221060216

Konto zu sorgen. Die Einziehung des Geldes ist Sache des Verkäufers. Der Gefahrübergang ist dann beim Wohnsitz des Käufers, d. h., das Verzögerungs- und Verlustrisiko für die Geldübermittlung trägt der Verkäufer.

Skonto wird oft erst durch eine Klausel auf der Rechnung eingeräumt. Da der Käufer gegen diese für ihn lediglich vorteilhafte Regelung nichts einzuwenden hat, wird von einer nachträglichen Vertragsänderung ausgegangen. Beim **Kauf auf Ziel** wird dem Käufer für eine bestimmte, längere Frist ein Zahlungsaufschub gewährt. Dieser Lieferantenkredit ist aber meist teurer als ein normaler Bankkredit.

Zusammenfassung: Schuldverhältnisse beim Kaufvertrag

Wohn-/Geschäftssitz beim / Art der Schuld	Verkäufer	Käufer
Warenschuld	**Schuldner**	**Gläubiger**
1. Gesetzliche Holschuld, § 269 BGB	Erfüllungsort Gerichtsstand Gefahrübergang	
2. Vertragliche Bringschuld		Erfüllungsort Gerichtsstand Gefahrübergang
3. Vertragliche Schickschuld/ Versendungskauf, § 447 BGB	Erfüllungsort Gerichtsstand Gefahrübergang *bei Übergabe an Transporteur*	
4. Gesetzliche Regelung zum Verbrauchsgüter-Versendungskauf, § 475 Abs. 2 BGB	Erfüllungsort Gerichtsstand	Gefahrübergang, außer bei selbstorganisiertem Transport
Geldschuld	**Gläubiger**	**Schuldner**
1. Gesetzliche Regelung zur Geldschuld, § 270 BGB	Gefahrübergang	Erfüllungsort Gerichtsstand
2. Vertragliche Holschuld		Erfüllungsort Gerichtsstand Gefahrübergang

Falllösung **Verzögerung beim Maschinenkauf**

V. in Verden verkauft K. in Krefeld eine Fertigungsmaschine. V. hat sich zur „Lieferung frei Werk" zum 31. Januar verpflichtet. V. übergibt die Maschine am 30. Januar einer Spedition zur Beförderung. Aufgrund eines Streiks der Mitarbeiter der Spedition trifft die Maschine erst am 14. Februar im Werk von K. ein.

a) Für die Warenschuld (Maschine) ist ein Versendungskauf gemäß § 447 BGB vereinbart worden. Die Übernahme der Transportkosten durch V. („Lieferung frei Werk") bedeutet nicht, dass eine Bringschuld gewollt ist, vgl. § 269 Abs. 3 BGB.

b) Erfüllungsort und Gerichtsstand für die Warenleistung liegen in Verden. Der Gefahrübergang vollzieht sich gemäß § 447 BGB bei Übergabe an den Spediteur in Verden.

c) Für die Vornahme der Leistungshandlung am Erfüllungsort, nämlich die Bereitstellung der Maschine und die Übergabe an den Spediteur, ist der 31. Januar vereinbart worden. V. hat die Übergabe sogar schon am 30. Januar vollzogen, d. h., er hat rechtzeitig geleistet. Auf das Datum der Auslieferung in Krefeld kommt es nicht an.

d) Erfüllungsort und Gerichtsstand für die Geldschuld liegen in Krefeld, der Gefahrübergang in Verden.

LF 4

3 Zahlungsverkehr und Anordnungsverfahren

3.1 Geld und Zahlungsverkehr

3.1.1 Geld

Geldbegriff

> „Money is what money does."
> John Richard Hicks, britischer Wirtschaftswissenschaftler und Nobelpreisträger)
> *Quelle: John R. Hicks: The Two Triads. Lecture I. In: Critical Essays in Monetary Theory. Oxford 1967, S. 1*

Eine einheitliche Gelddefinition gibt es nicht. Geld ist alles, was als Geld gilt. Es muss teilbar, haltbar, einheitlich und knapp sein, wenn es seine Funktionen erfüllen soll (zu den Geldfunktionen s. LF 14, Kapitel 2.1).

Geld hat in seiner Geschichte verschiedene Wandlungen durchlaufen. Beginnend vom Natural- bzw. Warengeld (pecunia, lat.: Vieh), über das Münzgeld, Papiergeld bis zum Buchgeld. Alle Geldformen werden bis heute genutzt. Das Steingeld Rai ist z. B. neben der offiziellen Währung, dem amerikanischen Dollar, Zahlungsmittel auf den Südseeinseln Yap.

Geschichte des Gelds

1. Natural-/Warengeld

Vieh

Salz

Steingeld

2. Münzgeld

Athen, 6. Jh. v. Chr.

3. Papiergeld

4. Buchgeld

Kölner Kreditanstalt AG — **Kontoauszug**

IBAN: DE98 3701 1009 2333 4442 00 — BIC: KOEKDEKN280

Kontonummer: **2 333 444 200** — Datum: 30.03.20.. — Auszug Nr. 013

Buch	Wert	PN-Nummer	Vorgang/Buchungsinformation	Umsatz in Euro
30.03.	30.03.	3412	Ruwer AG, Miete Bühne, 2. Quartal 20..	150,00 –
31.03.	31.03.	0087	Gutschrift Fa. Olaf Heimig e. K., Veranstaltung, Re.-Nr. 35/V/20..	12 500,00 +
			Alter Kontostand (Euro):	67 957,80 +
			Zahlungseingänge (Euro):	33 789,75 +
			Zahlungsausgänge (Euro):	44 290,58 –
			Neuer Kontostand (Euro):	57 456,97 +

Geldarten

Man unterscheidet Bar- und Buchgeld. **Bargeld** sind Münzen und Noten, im Euroraum Euro und Eurocent. Bargeld wird von der Zentralbank in der Regel über Geschäftsbanken emittiert (lateinisch = entsenden). In der Eurozone ist die Europäische Zentralbank für die Organisation der Banknotenausgabe zuständig.

Buchgeld stellt eine Forderung gegenüber Kreditinstituten bzw. Zahlungsdienstleistern dar. Die Institute sind verpflichtet, Sichtguthaben jederzeit („auf Sicht“ = sofort, bei Vorlage) in Bargeld umzutauschen. Da Buchgeld überwiegend auf sogenannten Girokonten gehalten wird, wird es auch Giralgeld genannt (giro, italienisch = Drehung, Umlauf). Buchgeld ist jedoch im Unterschied zu Bargeld kein gesetzliches Zahlungsmittel, d. h., der Gläubiger einer Schuld (z. B. der Verkäufer einer Ware) kann dieses Zahlungsmittel zur Tilgung der Verbindlichkeit annehmen, muss es aber nicht.

Elektronisches Geld (E-Geld) ist eine Sonderform des Buchgelds: Es stellt eine Forderung gegen die ausgebende Stelle dar, die auf elektronischen Datenträgern gespeichert ist und der Durchführung von Zahlungsvorgängen dient, § 1 Abs. 2 Zahlungsdiensteaufsichtsgesetz (ZAG). E-Geld kann entweder auf einer Zahlungskarte auf einem Chip vorhanden sein (z. B. Geldkarte) oder auf einem Server gespeichert sein, auf den der Nutzer zugreifen kann (sogenanntes Netzgeld, z. B. PayPal, Paydirekt). Der Kunde kann jederzeit den Rücktausch des noch auf der Karte oder dem Konto gespeicherten E-Gelds verlangen. E-Geld als elektronischer Ersatz für Münzen und Banknoten soll nicht zu Sparzwecken verwendet werden und eher kleinere Beträge umfassen. Es stellt rechtlich keine Einlage wie anderes Buchgeld auf Bankkonten dar. Das Einlagengeschäft ist Kreditinstituten vorbehalten (s. hierzu Kapitel 3.1.3). Dementsprechend dürfen dem Kunden keine Zinsen für sein E-Geld-Guthaben gezahlt werden, § 3 Abs. 3 ZAG.

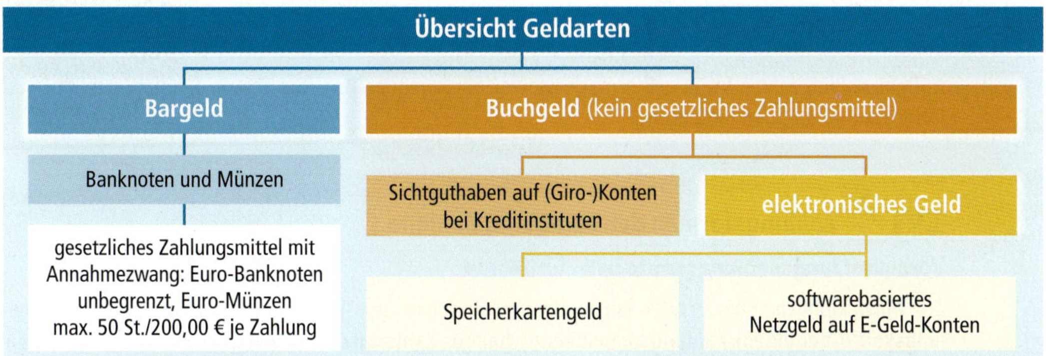

Virtuelle Währungen, sogenannte Krypto- bzw. Cyberwährungen wie Coins oder Tokens von Anbietern wie Bitcoin, IOTA, Ethereum oder Naga stellen keine Geldart im rechtlichen Sinne dar. Sie werden nicht von einer Zentralbank oder Behörde geschaffen. Sie sind kein gesetzliches Zahlungsmittel und kein E-Geld, sondern lediglich Tausch- und Recheneinheiten. Die Bundesanstalt für Finanzdienstleistungsaufsicht warnt Verbraucher vor den sehr hohen Risiken bei der Nutzung.

3.1.2 Zahlungsarten

Den **Geldschuldner** nennt man im Zahlungsverkehr **Zahler,** den **Geldgläubiger Zahlungsempfänger.** Zur Begleichung von Geldschulden stehen dem Zahler verschiedene Möglichkeiten zur Verfügung. Man unterscheidet die Barzahlung, die halbbare und die bargeldlose Zahlung. Barzahlung erfolgt mit Bargeld. Bei der bargeldlosen Zahlung wird ausschließlich Buchgeld eingesetzt. Bei der halbbaren Zahlung wird ein Teil des Zahlungsvorgangs über Bargeld, der andere Teil über Buchung auf einem Konto abgewickelt.

Zahlungsarten				
Barzahlung		**halbbare Zahlung („gemischter Zahlungsverkehr“)**		**bargeldlose Zahlung**
Der Zahlungsvorgang erfolgt ausschließlich durch Übereignung von Bargeld, d. h. Banknoten und Münzen.		Der Zahler oder der Zahlungsempfänger verfügen über ein Konto. Der Zahlungsvorgang erfolgt zum Teil über Bargeld, zum Teil durch Buchung auf einem Konto: Es erfolgt eine Bareinzahlung auf einem Konto oder eine Barauszahlung von einem Konto.		Zahler und Zahlungsempfänger verfügen über ein Konto. Der Zahlungsvorgang erfolgt ausschließlich durch Übermittlung von Buchgeld.
unmittelbar	**mittelbar**			

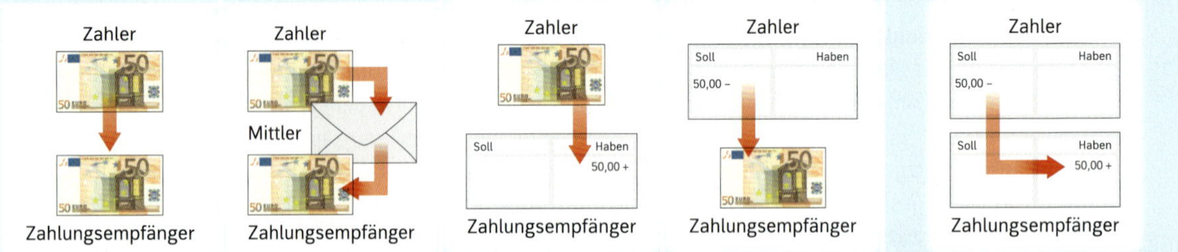

Zahler übereignet dem Zahlungsempfänger Bargeld. Zahler hat Anspruch auf eine Quittung.	Nutzung des Geldtransfers über Western Union, MoneyGram oder Wertbrief	Barzahlung und Gutschrift auf einem Konto durch Zahlschein oder Nachnahme	Barauszahlung und Lastschrift auf einem Konto durch Barscheck	Buchungen von Konto zu Konto durch verschiedene Zahlungsformen (per Überweisung, Lastschrift, im Online-Banking, Kartenzahlung, E-Geld-Einsatz usw.)

In Deutschland zahlen Verbraucher nach wie vor überwiegend bar. Das Online-Banking gewinnt in den letzten Jahren immer mehr an Bedeutung.

3.1.3 Zahlungsformen der halbbaren Zahlung

Voraussetzung: Zahlungskonto bzw. Girokonto

Zur Abwicklung halbbarer oder bargeldloser Zahlungen müssen Zahler bzw. Zahlungsempfänger ein Zahlungskonto bei einem Zahlungsdienstleister haben. **Zahlungsdienstleister** werden in Deutschland von der Bundesanstalt für Finanzdienstleistungsaufsicht (BaFin) überwacht. Unternehmen, die Bankgeschäfte betreiben, werden vom Gesetzgeber als **Kreditinstitut** bezeichnet, obwohl die Bankgeschäfte mehr als nur Kreditgewährung umfassen. Bankgeschäfte sind z. B. Zahlungsdienste, Einlagengeschäfte, Wertpapiergeschäfte. Kreditinstitute, die die wichtigsten Bankgeschäfte „unter einen Dach“ anbieten, nennt man Universalbanken. Daneben gibt es Spezialkreditinstitute, die nur bestimmte Bankgeschäfte anbieten, beispielsweise Hypothekenbanken oder Bausparkassen.

Von den Kreditinstituten sind die privatrechtlichen Zahlungsinstitute zu unterscheiden, die lediglich Zahlungsdienste leisten. **Zahlungsinstitute** können auch Unternehmen sein, bei denen die Nutzer kein eigenes Zahlungskonto haben, die nur Zahlungen auslösen oder über Kontostände informieren. Ein Zahlungsauslösedienst ist z. B. Sofort-Überweisung, s. 3.2.7. Ein Kontoinformationsdienstleister bietet Nutzern mit mehreren Konten einen Gesamtüberblick über alle Konten bei unterschiedlichen Instituten. Dies geschieht über eine App.

Zahlungsdienstleister			
Kreditinstitute		sonstige	
privatrechtliche Kreditinstitute	öffentlich-rechtliche Kreditinstitute	privatrechtliche Zahlungsinstitute	öffentlich-rechtliche Institutionen
■ private Universalbanken, Genossenschaftsbanken ■ Spezialbanken	■ öffentlich-rechtliche Landesbanken ■ Sparkassen	■ E-Geld-Institute ■ Zahlungsauslösedienste (ZADL) ■ Kontoinformationsdienste (KIDL)	■ Bund, Länder, Gemeinden ■ Europäische Zentralbank

Der halbbare oder unbare Zahlungsverkehr wird über ein **Zahlungskonto** abgewickelt. Das **Girokonto** bei einem Kreditinstitut ist eine besondere Form des Zahlungskontos und meist mit Zusatzleistungen verbunden (z. B. Einlösung von Schecks, Nutzung von Zahlungskarten, Einräumung eines Überziehungskredits). Bei der Kontoeröffnung muss der Nutzer versichern, dass er das Konto für sich selbst eröffnet und er hat sich auszuweisen. Außerdem verlangt das Kreditinstitut, dass der Nutzer mit einer Anfrage über seine **Bonität** (= Kreditwürdigkeit, von lat. bonitas = Vortrefflichkeit, Rechtschaffenheit) bei der **SCHUFA** (Schufa-Holding AG, Schutzgemeinschaft für allgemeine Kreditsicherung) einverstanden ist.

Jedermann hat das Recht, sich über die gespeicherten Daten zur eigenen Person bei der SCHUFA unentgeltlich zu informieren und eine Datenübersicht nach § 34 Bundesdatenschutzgesetz anzufordern (www.meineschufa.de).

Girokonten werden als **Kontokorrent** geführt, d. h., Forderungen und Verbindlichkeiten werden laufend verrechnet; zu bestimmten Zeitpunkten – meist am Quartalsschluss – wird der jeweilige Saldo festgestellt. Man spricht von **Kontodeckung,** wenn Zahlungsaufträge des Kunden sich im Rahmen des Guthabens oder eines vereinbarten Dispositionskredits halten. **Änderungen des Vertrags**, z. B. der AGB, sind zwei Monate vorher anzukündigen, dabei gilt Schweigen als Zustimmung. Die **Kündigung** ist bei Vertragsänderungen fristlos, sonst für den Nutzer mit einer Frist von einem Monat, für das Kreditinstitut von zwei Monaten möglich, §§ 675 g, h BGB.

Zahlschein oder Nachnahme

Der Zahler zahlt bar, der Zahlungsempfänger erhält Buchgeld.

Der Zahler zahlt den geschuldeten Betrag bar bei einem Kreditinstitut ein. Dazu benutzt er einen **Zahlschein.** Der Betrag wird dem angegebenen Konto des Zahlungsempfängers gutgeschrieben. Bei der **Nachnahme** wird ein Post- oder Logistikunternehmen vom Zahlungsempfänger mit dem Einzug eines bestimmten Geldbetrags (Inkasso) anlässlich einer Sendung beauftragt. Der Zusteller überbringt den Brief oder das Paket, der Zahler zahlt dafür bar. Das Geld wird dem Konto des Absenders und Zahlungsempfängers überwiesen.

Barscheck

Der Zahler zahlt mit Buchgeld, der Zahlungsempfänger erhält Bargeld.
Der Scheck ist eine Urkunde, die die Anweisung des Zahlers (Scheckaussteller) an sein Kreditinstitut (Bezogener) enthält, an den Zahlungsempfänger (Schecknehmer) die im Scheck genannte Geldsumme zu zahlen.

Man kann nach der Form der Eigentumsübertragung beim Scheck zunächst **Orderscheck** und **Inhaberscheck** unterscheiden. Ein Orderscheck ist an eine bestimmte Person zahlbar, ein Inhaberscheck an den jeweiligen Inhaber des Papiers.

Artikel 5 Scheckgesetz

(1) Der Scheck kann zahlbar gestellt werden:
an eine bestimmte Person, mit oder ohne den ausdrücklichen Vermerk **„an Order"** ...

(2) Ist im Scheck eine bestimmte Person mit dem Zusatz „oder Überbringer" oder mit einem gleichbedeutenden Vermerk als Zahlungsempfänger bezeichnet, so gilt der Scheck als auf den **Inhaber** gestellt.

(3) Ein Scheck ohne Angabe des Nehmers gilt als zahlbar an den Inhaber.

(Hervorhebungen nicht im Original)

Schecks nach der Form der Eigentumsübertragung		
Merkmal / Art	**Inhaberscheck**	**Orderscheck**
Klausel auf dem Scheckvordruck	„Zahlen Sie gegen diesen Scheck an ... oder Überbringer".	„Zahlen Sie gegen diesen Scheck an ... oder Order".
Begebung = Eigentumsübergang am Scheck	formlos durch Einigung und Übergabe nach § 929 BGB	formgebunden durch Einigung und Übergabe eines indossierten Schecks (Indossament = Übertragungsvermerk auf der Scheckrückseite)
häufigste Anwendung	Scheckverkehr im Inland	Scheckverkehr mit dem Ausland

Nach dem Scheckgesetz muss ein Papier bestimmte **Bestandteile** enthalten, um als Scheck zu gelten. Die Banken erkennen aus Sicherheitsgründen nur die von ihnen ausgegebenen Vordrucke an. Diese enthalten neben den gesetzlich vorgeschriebenen noch weitere Bestandteile, die die Abwicklung des Scheckverkehrs im Bankbetrieb erleichtern, die kaufmännischen Bestandteile.

Durch den Aufdruck der sogenannten **Überbringerklausel** wird das ursprüngliche Orderpapier zum Inhaberpapier. Durch die Klausel wird das Kreditinstitut ermächtigt, an den angegebenen Zahlungsempfänger „oder an den Überbringer" zu zahlen. Das heißt, dass jeder Inhaber des Wertpapiers den Scheck einlösen kann, die Banken sind nicht zur Überprüfung der Berechtigung des Inhabers verpflichtet. Die Streichung der Überbringerklausel auf den Vordrucken ist nicht zulässig, wird sie gestrichen, gilt sie als nicht erfolgt.

DE

Zahlen Sie gegen diesen Scheck | EUR | Betrag: Euro, Cent

Betrag in Buchstaben

noch Betrag in Buchstaben

an ______________________ oder Überbringer

Ausstellungsort, Datum | Unterschrift des Ausstellers

Scheck-Nr.	X	Konto-Nr.	X	Betrag	X	Bankleitzahl	X	Text

Die vorsätzliche Begebung ungedeckter Schecks, d. h. die Ausstellung von Schecks im Wissen, dass das eigene Konto nicht die erforderliche Deckung aufweist, ist strafbar: Derartige „geplatzte" Schecks erfüllen den Straftatbestand des Betrugs.

Wenn der Schecknehmer den Barscheck beim bezogenen Kreditinstitut vorlegt, wird die Schecksumme ausgezahlt, wenn Kontodeckung vorhanden ist. Allerdings schreibt das Scheckgesetz kurze **Vorlegungsfristen** vor. Das heißt, dass das Kreditinstitut nur innerhalb dieser Fristen gegenüber dem Schecknehmer zur Zahlung verpflichtet ist.

221060222

Artikel 29 Scheckgesetz

(1) Ein Scheck, der in dem **Land der Ausstellung** zahlbar ist, muss binnen **acht Tagen** zur Zahlung vorgelegt werden.

(2) Ein Scheck, der in einem **anderen Land als dem der Ausstellung** zahlbar ist, muss binnen **zwanzig Tagen** vorgelegt werden, wenn Ausstellungsort und Zahlungsort sich in demselben Erdteil befinden, und binnen **siebzig Tagen,** wenn Ausstellungsort und Zahlungsort sich in verschiedenen Erdteilen befinden. (Hervorhebungen nicht im Original)

Da Banken und Sparkassen nicht jeden eingereichten Barscheck einlösen müssen, akzeptieren die meisten Einzelhandels- und Dienstleistungsunternehmen keine Schecks von Verbrauchern. Sie wollen das Risiko nicht eingehen, dass auf dem Konto des Scheckausstellers keine Kontodeckung vorhanden oder die Vorlegungsfrist abgelaufen ist. Deshalb wird der Scheck bei Verbraucherverträgen im In- und Ausland häufig nicht akzeptiert. Im Geschäftsverkehr zwischen Unternehmen ist der Scheck jedoch gebräuchlich.

3.2 Zahlungsformen der bargeldlosen Zahlung

3.2.1 Bargeldlose Zahlung in Europa

Bei der bargeldlosen Zahlung wird Buchgeld vom Konto des Zahlers auf das Konto des Zahlungsempfängers übertragen.

In Europa gibt es eine **Vielfalt bargeldloser Zahlungsformen**. Die bargeldlose Zahlung kann z. B. per Überweisung, Lastschrift, Verrechnungsscheck, mittels des Einsatzes von Zahlungskarten oder E-Geld erfolgen.

Der Schaffung eines einheitlichen **Euro-Zahlungsverkehrsraums – SEPA (= Single Euro Payments Area)** – liegt eine freiwillige Vereinbarung der europäischen Kreditwirtschaft zugrunde. SEPA ist die Abkürzung für den Euro-Zahlungsverkehrsraum von 34 europäischen Staaten. Im Zahlungsverkehr dieser Staaten werden die drei Instrumente **SEPA-Überweisung, SEPA-Lastschrift und SEPA-Kartenzahlung** für Euro-Zahlungen genutzt.

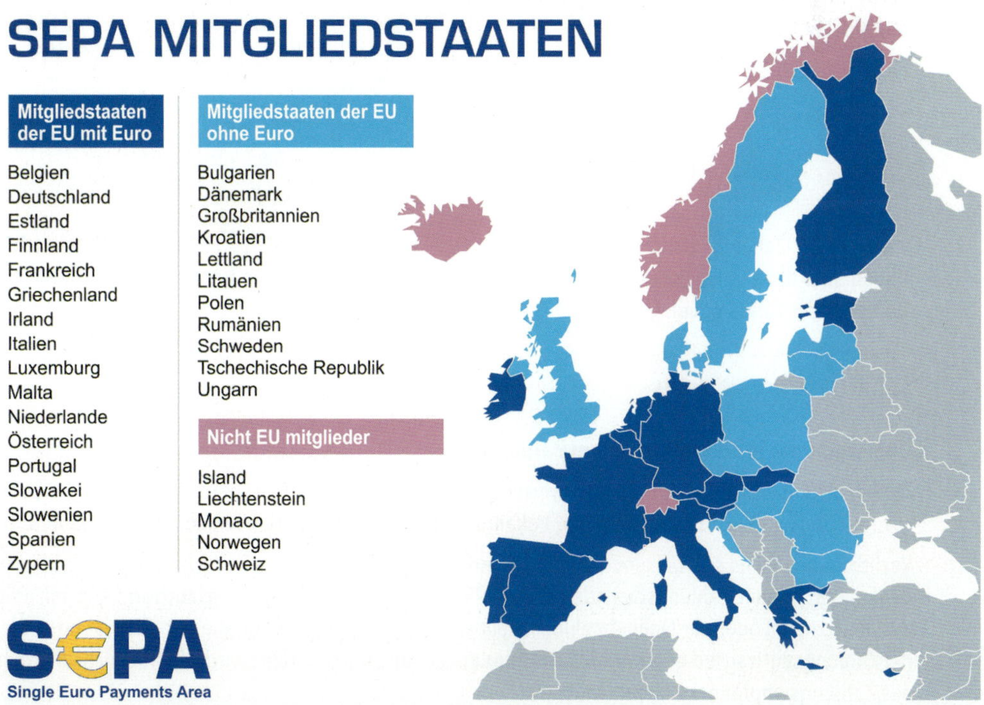

San Marino gehört ebenfalls zur Kategorie „Nicht EU-Mitglieder"

Die erste **EU-Zahlungsdiensterichtlinie** (PSD 1 = Payment Services Directive) stellte die Rechtsgrundlage für die Vereinheitlichung bargeldloser Euro-Zahlungen innerhalb der Europäischen Union dar. Die Richtlinie war in den EU-Mitgliedstaaten in nationales Recht umzusetzen; in Deutschland finden sich die wichtigsten Vorschriften im BGB (§§ 675 c – 676c). Diese EU-weit gleichen Regelungen zu Überweisungsfristen, zur Haftung bei Kartenverlust, zum Widerruf bei Lastschriftbuchungen usw. schaffen den notwendigen Rahmen für den Einsatz der drei SEPA-Zahlungsinstrumente und sorgen für Rechtssicherheit bei Kreditinstituten und Kunden.

Für alle SEPA-Zahlungsformen nutzt man die internationale Kontonummer des Zahlungsempfängers, die so genannte **IBAN** (= International Bank Account Number), sowie die internationale Bankleitzahl **BIC** (= Bank Identifier Code). Diese Daten sind auf den Kontoauszügen der Bankkunden abgedruckt.

BIC ist ein internationaler Code für Bankadressen und wird von der SWIFT vergeben (SWIFT = Society for Worldwide Interbank Financial Telecommunications, Sitz in Belgien).

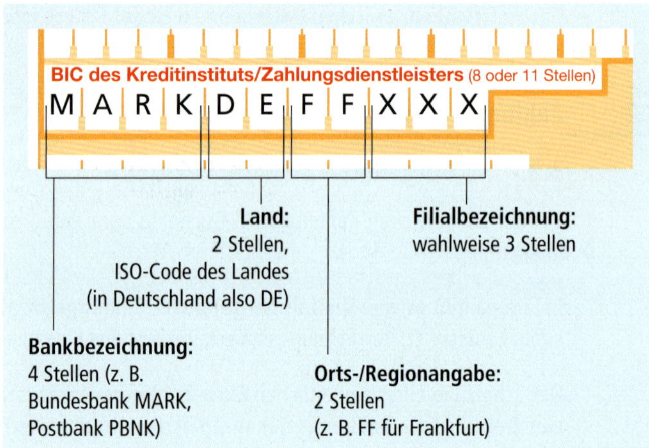

Die Länge der Kontonummer **IBAN** wurde für Deutschland auf eine einheitliche Länge von 22 Zeichen festgelegt.

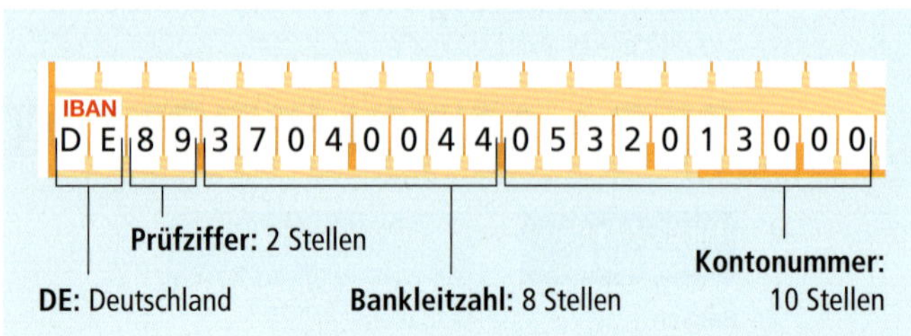

Die erste EU-Zahlungsdiensterichtlinie wurde 2017 überarbeitet (PSD 2). Einige verbraucherschützende Regelungen sind dabei ausgeweitet worden. Beispielsweise ist kein Aufpreis bei Zahlung mit SEPA-Zahlungsinstrumenten mehr zulässig, vgl. § 270a BGB.

3.2.2 Überweisung

Überweisung: Initiative geht vom Zahler aus

Zur bargeldlosen Zahlung durch Überweisung ist der Zahler (Schuldner) berechtigt, wenn der Zahlungsempfänger (Gläubiger) seine Kontoverbindung bekannt gegeben hat. Die Initiative geht vom Zahler aus.

Rechtlich handelt es sich bei einem **Zahlungsauftrag** um eine empfangsbedürftige Willenserklärung des Zahlers gegenüber seinem Zahlungsdienstleister, § 675f Abs. 4 BGB. Der Zahlungsauftrag kann mit Papierbeleg, am Kundenterminal oder per Onlinebanking erteilt werden. Die korrekte Angabe der IBAN ist besonders wichtig, da der Zahlungsauftrag lediglich mithilfe der Kundenkennung durchgeführt wird; ein Abgleich von Namen und Konto des Zahlungsempfängers findet nicht statt.

Achtung: Verschreiben bei der Kundenkennung kann zur Überweisung auf ein falsches Konto und damit zum Verlust des überwiesenen Betrags führen.

221060224

Der Zahlungsdienstleister soll sich allerdings im Rahmen seiner Möglichkeiten bemühen, den verlorenen Zahlungsbetrag wiederzuerlangen. Für diese Nachforschungen kann ein Entgelt verlangt werden, § 675 y Abs. 5 BGB.

Bei Überweisungen sind die Zahlungsdienstleister verpflichtet, die Zahlung innerhalb eines Geschäftstags auszuführen; bei Überweisung mit Papierbeleg gilt eine Ausführungsfrist von zwei Geschäftstagen , § 675s Abs. 1 BGB. Ein Widerruf der Überweisung ist nach dem Zugang beim Zahlungsdienstleister nicht mehr möglich, § 675p Abs. 1 BGB.

Sonderformen der Überweisung

Beim **Dauerauftrag** erteilt der Zahler seinem Institut im Voraus einen Zahlungsauftrag, zu bestimmten festgelegten Terminen einen gleich bleibenden Betrag an das angegebene Konto des Zahlungsempfängers zu überweisen. Die Ausführung der Überweisung am jeweiligen Zahlungstermin hängt von der vorhandenen Kontodeckung ab. Da der jeweilige Überweisungsbetrag festgelegt wird, eignet sich der Dauerauftrag vor allem für Zahlungen, die für eine bestimmte Zeit in gleicher Höhe anfallen, wie Miete oder Versicherungsbeiträge. Der Widerruf eines Dauerauftrags wirkt nur für die Zukunft, § 675 j Abs. 2, § 675 p Abs. 3 BGB.

Beim **Sammelauftrag** handelt es sich um einen Zahlungsauftrag auf einem Formular, der aus mehreren Einzelüberweisungen an mehrere Zahlungsempfänger besteht. Die Gesamtsumme des Sammelauftrags wird als ein Posten vom Konto des Zahlers abgebucht.

3.2.3 Lastschriftverfahren

Lastschrift: Initiative geht vom Zahlungsempfänger aus

Beim **Lastschriftverfahren** wird auch von „rückläufiger Überweisung" gesprochen, weil hier die Initiative nicht vom Zahler, sondern vom Zahlungsempfänger ausgeht. Durch die Lastschriftvereinbarung verwandelt sich die gesetzliche Geldschuld, die der Zahler auf seine Kosten und Gefahr zu versenden hat, in eine **vertragliche Holschuld.** Der Zahlungsempfänger kann den Zeitpunkt und die Höhe des einzuziehenden Betrags festlegen und selbst dafür sorgen, dass die fällige Zahlung rechtzeitig bei ihm eingeht. Der Zahler wird entlastet: Er muss nur für die nötige Kontodeckung sorgen.

Die Lastschrift scheitert, wenn das Konto des Zahlers keine Deckung aufweist. Nicht eingelöste Lastschriften werden dem Zahlungsempfänger mit dem Einreichungstag zurückbelastet. Hierfür wird ein Entgelt erhoben.

Arten der SEPA-Lastschrift

Das SEPA-Lastschriftverfahren in seinen Formen SEPA-Basislastschrift und SEPA-Firmenlastschrift wird im europäischen Zahlungsverkehrsraum für Euro-Zahlungen eingesetzt.

Voraussetzung für den Einzug einer SEPA-Lastschrift ist das **SEPA-Lastschriftmandat**. Es ermächtigt das Unternehmen als Zahlungsempfänger, den fälligen Betrag vom Konto des Zahlers einzuziehen. Außerdem gibt der Zahler darin seinem Zahlungsdienstleister den Auftrag, einmalige oder wiederholte Lastschriften einzulösen. Das Mandat und der Zahlungsempfänger sind jeweils über eine Nummer zu identifizieren. Der Zahlungsempfänger erhält seine Gläubiger-Identifikationsnummer (CI-Code = Creditor Identifier Code) für das Lastschriftmandat bei der Deutschen Bundesbank. Die Mandatsreferenznummer kann der Zahlungsempfänger selbst wählen, die Unternehmen nutzen dazu häufig die Kundennummer. Das Mandat erlischt 36 Monate nach der letzten Lastschrifteinreichung.

Muster: „SEPA-Lastschriftmandat" für das SEPA- Basislastschriftverfahren

1 eindeutige Bezeichnung als **„SEPA-Lastschriftmandat"**

2 Verwendung des fest vorgegebenen **Mandatstextes**

3 Daten des **Lastschrifteinreichers (Gläubigers)**
- Name und Anschrift
- Gläubiger-Identifikations-Nr. („CI")
- optional: Mandatsreferenz-Nr. (z. B. Vertragsnummer)

4 Daten des **Zahlungspflichtigen (Schuldners)**
- Name und Anschrift
- Kontoverbindung (IBAN, BIC, Name des Kreditinstituts)
- Ort, Datum und Unterschrift

Muster GmbH, Rosenweg 2, 00000 Nirgendwo

Gläubiger-Identifikations-Nr. DE99ZZZ05678901234
Mandatsreferenz 987 543 CB2

SEPA-Lastschriftmandat

Ich ermächtige die Muster GmbH, Zahlungen von meinem Konto mittels Lastschrift einzuziehen. Zugleich weise ich mein Kreditinstitut an, die von der Muster GmbH auf mein Konto gezogenen Lastschriften einzulösen.

Hinweis: Ich kann innerhalb von acht Wochen, beginnend mit dem Belastungsdatum, die Erstattung des belasteten Betrages verlangen. Es gelten dabei die mit meinem Kreditinstitut vereinbarten Bedingungen.

____
Vorname und Name (Kontoinhaber)

____
Straße und Hausnummer

____
Postleitzahl und Ort

______________________________ _ _ _ _ _ _ _ _ | _ _ _
Kreditinstitut (Name und BIC)

DE _ _ | _ _ _ _ | _ _ _ _ | _ _ _ _ | _ _ _ _ | _ _
IBAN

____
Datum, Ort und Unterschrift

Vor dem ersten Einzug einer SEPA-Basislastschrift wird mich der o. g. Zahlungsempfänger über den Einzug in dieser Verfahrensart unterrichten.

221060226

Die **SEPA-Basislastschrift** ist vorwiegend für den Zahlungsverkehr mit Verbrauchern vorgesehen. Der Zahler kann der Lastschrift innerhalb von acht Wochen nach dem Belastungstag ohne Angabe von Gründen widersprechen, sodass der Betrag wieder gutgeschrieben wird, § 675x Abs. 4 BGB. Sollte keine Autorisierung eines Zahlungseinzugs durch ein unterschriebenes SEPA-Mandat vorliegen, z. B. bei einmaligen Lastschriften im Internet, kann der Zahler innerhalb von 13 Monaten nach der Belastung die Erstattung verlangen, § 676b Abs. 2 BGB.

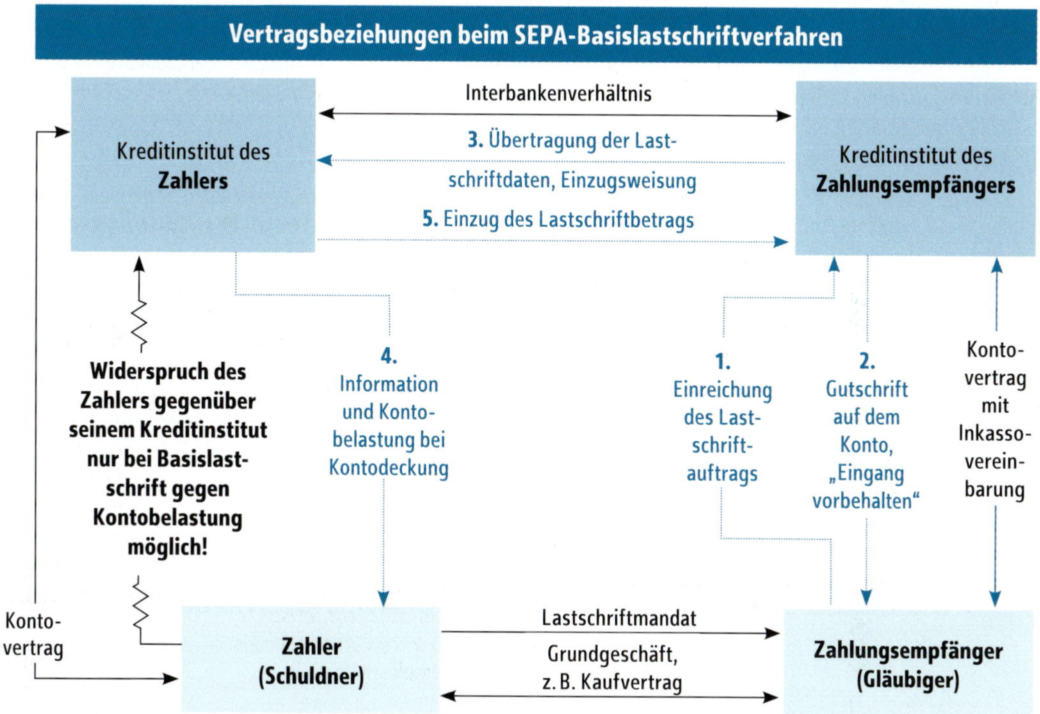

Bei der **SEPA-Firmenlastschrift** muss der Zahler ein Unternehmen sein. Einer erfolgten Kontobelastung kann nicht mehr widersprochen werden. Unternehmen können als Zahler sowohl die SEPA-Firmenlastschrift als auch die SEPA-Basislastschrift nutzen.

3.2.4 Verrechnungsscheck

Nach der Art der Einlösung kann man grundsätzlich **Barscheck** und **Verrechnungsscheck** unterscheiden. Während der Barscheck ein selten eingesetztes Mittel der halbbaren Zahlung darstellt, dient der Verrechnungsscheck der bargeldlosen Zahlung und ist aufgrund seiner Vorteile gegenüber dem Barscheck häufiger.

Inhaberschecks nach Art der Einlösung	
Barscheck	**Verrechnungsscheck**
Der Barscheck wird vom bezogenen Kreditinstitut grundsätzlich ohne Legitimationsprüfung an den Vorlegenden bar ausgezahlt.	Durch den auf der Vorderseite angebrachten Vermerk „Nur zur Verrechung" wird der Barscheck zum Verrechnungsscheck. Das bezogene Kreditinstitut darf den Scheck nur im Weg der Kontogutschrift einlösen.
Bemerkungen	
Es besteht eine erhebliche Gefahr des Missbrauchs durch Unberechtigte, z. B. bei Verlust, Diebstahl.	Die Gefahr der missbräuchlichen Verwendung ist geringer, da der Vorlegende ein Konto haben muss und die Lastschrift zurückverfolgt werden kann.

Vertragsbeziehungen und Ablauf des Zahlungsvorgangs beim Verrechnungsscheck ähneln dem SEPA-Firmenlastschriftverfahren. Durch die Scheckausstellung entsteht aufgrund des Scheck- und Scheckbegebungsvertrags eine unbedingte Anweisung an die bezogene Bank des Zahlungspflichtigen, den Betrag zur Verrechnung auf ein Konto des Zahlungsempfängers/Schecknehmers zu übertragen. Unbedingte Anweisung heißt, dass die Zahlungsanweisung an keine Bedingungen geknüpft werden darf.

Ist die Summe in Buchstaben und Ziffern angegeben, gilt bei Abweichungen die in Buchstaben angegebene Summe. Ein Widerspruch gegen die Kontobelastung ist ausgeschlossen.

Vertragsbeziehungen und Vorgänge bei der Zahlung mit Verrechnungsscheck

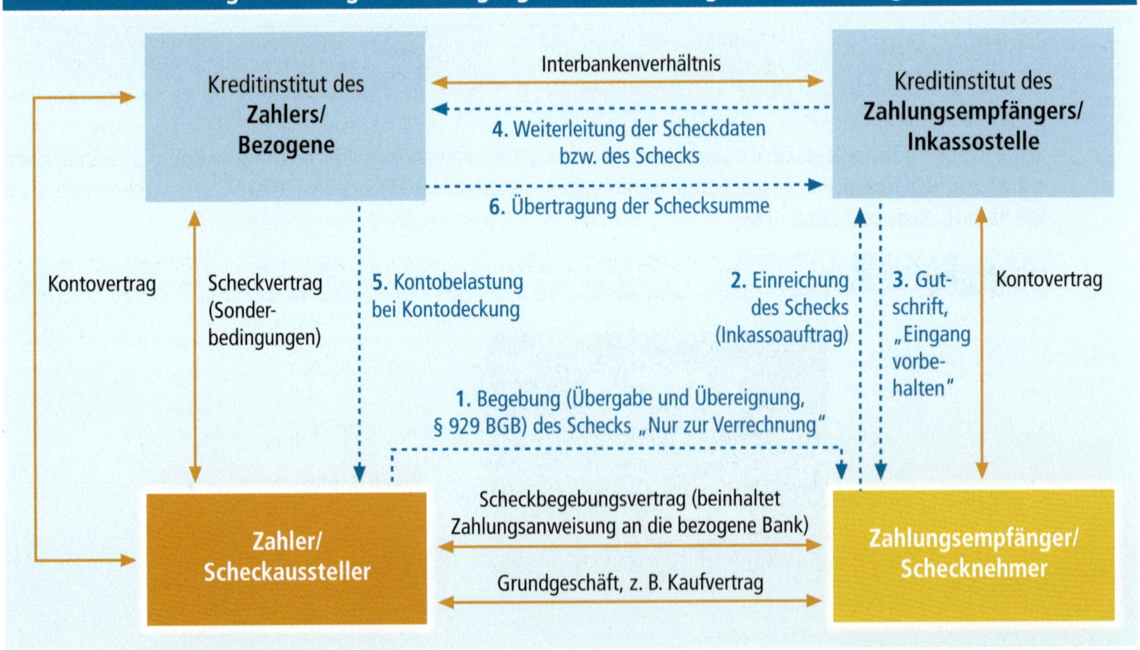

Der Schecknehmer reicht den Verrechungsscheck seinem Kreditinstitut zur Einlösung ein, das Scheckinkasso ist in der Regel Bestandteil des Girovertrags.

221060228

3.2.5 Zahlungskarten

Aussteller von Zahlungskarten

Heute ist das bargeldlose Zahlen mit einer Zahlungskarte kaum noch aus dem täglichen Leben wegzudenken.

Zahlungskarten werden von unterschiedlichen Unternehmen ausgestellt:

- Girokarten von Kreditinstituten (Deutsche Bank, Dresdner Bank, Volks- und Raiffeisenbanken, Postbank, Sparkassen usw.),
- Universalkreditkarten von Kreditinstituten in Zusammenarbeit mit Kreditkartenorganisationen (Visa, MasterCard),
- Universalkreditkarten direkt von Kreditkartenorganisationen (American Express, Diners Club),
- Kundenkreditkarten in Kooperation von Unternehmen mit Kreditkartenorganisationen (sogenanntes Co-Branding, z. B. Lufthansa Miles & More mit MasterCard).

Merkmale von Zahlungskarten

Auf den Karten sind unterschiedliche **Symbole** für bestimmte Funktionen abgedruckt. Ein **Hologramm** soll vor Fälschungen schützen. Wichtig ist ein integrierter Mikroprozessor mit Informationen über den Karteninhaber und die Geldkarten-Funktion. Dieser **EMV-Chip** schützt gegen das Kopieren oder Verfälschen der Kartendaten und somit gegen Kartenmissbrauch. (Die Abkürzung EMV = Europay/MasterCard/Visa steht für einen internationalen Standard zur Vereinheitlichung der Zahlungskarten.) Die auf den Karten aufgeprägten oder eingestanzten **Nummern** sind die Kreditkartennummer oder IBAN und Kartennummer bei der Girokarte. Schließlich befindet sich dort noch das **Ablaufdatum,** aufgedruckt oder aufgeprägt. Auf der Rückseite sind ein Feld für die eigenhändige **Unterschrift** des Karteninhabers und der **Magnetstreifen** mit wesentlichen Daten zur Kontoverbindung. Das Ablaufdatum ist auch im Magnetstreifen bzw. Chip gespeichert. Nach diesem Zeitpunkt kann die Karte nicht mehr an Kassen oder Bargeldautomaten eingesetzt werden. Ist ein **NFC-Zeichen** aufgedruckt, ist die Karte außerdem mit einem Funk-Chip für das kontaktlose Bezahlen ausgestattet. Der NFC-Funkchip (Near Field Communication = Nahbereich-Kommunikation) sorgt für eine kontaktlose Datenübertragung zum Kartenterminal.

Vorderseite einer Kreditkarte

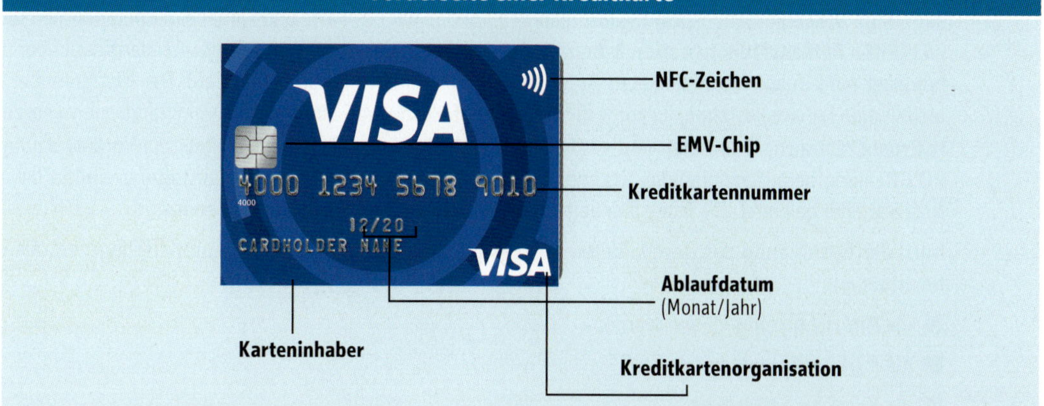

Funktion von Zahlungskarten

Die Vorlage einer Zahlungskarte durch den Karteninhaber verpflichtet den **Kartenaussteller,** an einen Dritten – meist ein **Vertragsunternehmen** des Kartenausstellers, die sogenannte Akzeptanzstelle – eine Geldleistung zu erbringen. Vertragsunternehmen sind Einzelhandelsunternehmen, Hotels, Tankstellen, Reisebüros, Autovermietungen, Restaurants usw. Dabei ist die Zahlung grundsätzlich unabhängig von dem zu Grunde liegenden Rechtsverhältnis des Karteninhabers und des Dritten, also dem Grundgeschäft Kaufvertrag, Beherbergungsvertrag, Mietvertrag o. Ä.

Arten von Zahlungskarten: Girokarten

Girokarten (auch: ec-Karte oder Bankkarte) werden im Zusammenhang mit dem Girokonto ausgegeben. Sie haben sich aufgrund ihrer vielseitigen Verwendungsmöglichkeiten zu **Multifunktionskarten** entwickelt.

Sie können im **inländischen Zahlungsverkehr** genutzt werden

- an Kontoauszugsdruckern und Selbstbedienungsterminals der Kreditinstitute,
- für die Bargeldbeschaffung an Geldautomaten,
- zur bargeldlosen Zahlung an automatisierten Kassen.

Girokarten, die mit einem Chip und dem Geldkarten-Symbol ausgestattet sind, können außerdem als Geldkarte verwendet werden. Für die Bargeldabhebung an Automaten, die nicht dem Gironetz des jeweiligen Kreditinstituts angeschlossen sind, erheben die Banken und Sparkassen Entgelte.

Das Maestro- und V PAY-Zeichen steht für den **ausländischen Zahlungsverkehr** mit der Girokarte. Maestro ist ein von der MasterCard Inc. angebotener Zahlungsdienst. Er ermöglicht die Benutzung von Geldautomaten oder die bargeldlose Zahlung in über 100 Ländern. Girokarten mit dem V PAY-Symbol von Visa Inc. werden in vielen Staaten Europas akzeptiert. Überall, wo diese Zeichen zu finden sind, kann mit der Karte und Geheimnummer (PIN) bezahlt oder Geld abgehoben werden.

Zahlungsverfahren bei Girokarten

- **Electronic-Cash/Point-of-Sale-Banking (POS)**

Der **Point-of-Sale** ist der Ort der Leistungserbringung, also z. B. ein Ladengeschäft oder ein Hotel. Der Karteninhaber zahlt am Point-of-Sale an automatisierten Kassen der Vertragsunternehmen in Handel und Dienstleistung zulasten seines Girokontos bargeldlos. Die Genehmigung für den Kartenumsatz, die sogenannte **Autorisierung,** wird online abgefragt. Die Legitimationsprüfung erfolgt durch Vorlage der Girokarte und Eingabe der persönlichen Geheimnummer **(PIN = Personal Identification Number).** Das Kartenterminal des Vertragsunternehmens baut über einen Netzbetreiber eine Online-Verbindung zur Autorisierungszentrale des Kreditinstituts auf. Der Netzbetreiber ist für den technischen Service zuständig: Er sorgt für die Datenerfassung und -übermittlung vom Händlerterminal zu den Autorisierungszentralen, er ermittelt und verrechnet die geschuldeten Gebühren, er stellt die Voraussetzungen für das POS-Banking bereit (Programme, Rechner, Kartenterminals). Die notwendige Ausstattung wird in der Regel vom Netzbetreiber gemietet. Die Miete beinhaltet Netzbetrieb, Hotline und Austauschservice.

Nach der Bestätigung des geschuldeten Betrags durch den Zahler prüft die Autorisierungszentrale des Kreditinstituts, ob

- die **PIN** richtig eingegeben wurde,
- die Karte **gesperrt** ist,
- die Karte noch **gültig** ist,
- **Kontodeckung** vorhanden ist und
- der festgelegte **Verfügungsrahmen** der Karte (z. B. 1 000,00 € pro Tag) nicht überschritten wurde.

Die Sparkassen, Genossenschaftsbanken, Privatbanken und die Postbank betreiben Autorisierungszentralen. Daneben haben die Zentralen der Kreditkartenorganisationen jeweils eigene Autorisierungszentralen.

Erfolgt die Freigabe der Zahlung auf dem Kartenterminal durch die Mitteilung „Zahlung erfolgt", ist dem Vertragsunternehmen die **Zahlung garantiert.** Der Karteninhaber erhält einen Beleg. Für das Electronic-Cash-Verfahren hat das Vertragsunternehmen an den Netzbetreiber ein Entgelt zu entrichten. Das beteiligte Kreditinstitut erhält einen Anteil des Entgelts vom Netzbetreiber.

Ablauf des Online-EC-Verfahrens (mit Zahlungsgarantie)

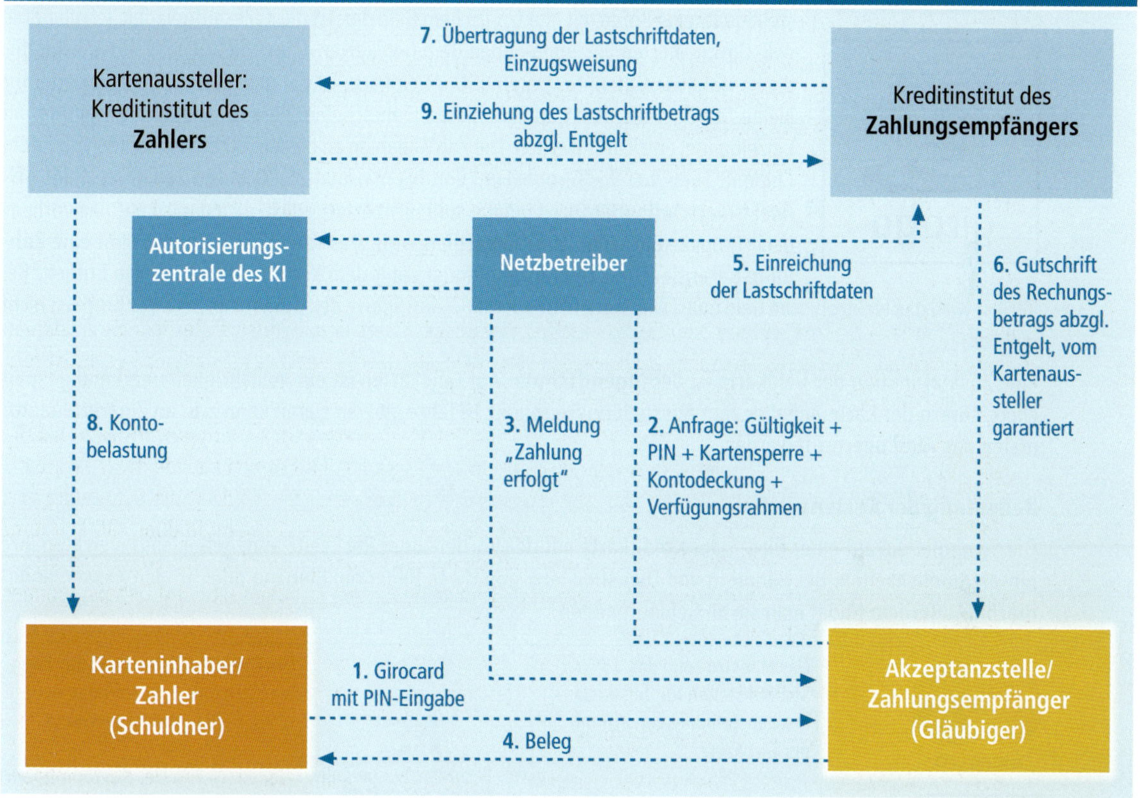

Elektronisches Lastschriftverfahren (ELV)

Beim elektronischen Lastschriftverfahren werden durch das Kartenterminal oder die elektronische Kasse aus dem Chip oder Magnetstreifen der Karte Bankleitzahl und Kontonummer gelesen und ein **SEPA-Lastschriftbeleg** erstellt, der vom Kunden **zu unterschreiben** ist. Die Unterschrift wird mit der Unterschrift auf der Karte verglichen, gegebenenfalls unter Vorlage des Personalausweises. Weitere Überprüfungen erfolgen nicht. Eine Abfrage an die Autorisierungszentrale des Kreditinstituts wird nicht veranlasst. Das Kreditinstitut übernimmt damit **keine Zahlungsgarantie.** Die Kosten des Zahlungsempfängers beschränken sich auf die an den Netzbetreiber für die Ausstattung zu entrichtenden Kosten. Dafür trägt der Zahlungsempfänger das Risiko, gestohlene oder verlorene Karten anzunehmen. Der Zahlungsempfänger hat einen Anspruch gegenüber dem Kreditinstitut, die Daten des Zahlers übermittelt zu bekommen. Dies gilt für den Fall der Rückbuchung der Lastschrift wegen mangelnder Kontodeckung oder wegen Widerspruchs des Kunden. Die Gefahr von Rücklastschriften kann verringert werden, wenn der Netzbetreiber die Abfrage einer internen Sperrdatei anbietet, in der z. B. Kartensperren aus dem KUNO-Projekt der Polizei aufgenommen werden (vgl. www.kuno-sperrdienst.de).

Arten von Zahlungskarten: Geld- bzw. Girogokarte

Die Akzeptanzzeichen des Geldkarte-Systems sind das GeldKarte-Logo sowie für die kontaktlose Bezahlfunktion das girogo-Logo. Die Geldkarte ist eine **Prepaid card.** Sie wird vom Karteninhaber mit dem gewünschten Betrag an einem entsprechenden Terminal oder im Internet über einen Rechner mit Kartenlesegerät aufgeladen. Künftig soll das Aufladen auch per Smartphone-App möglich sein. Vor dem Ladevorgang ist die PIN einzugeben. Der gewünschte Betrag bis **maximal 200,00 €** wird im Microchip gespeichert und das Konto des Karteninhabers wird sofort belastet. Der Microchip der Geldkarte stellt quasi eine Börse mit elektronischem Geld dar: Ist die Karte aufgeladen, ist die Börse voll. Girogo-Karten verfügen neben dem Geldkarten-Chip über einen NFC-Funkchip für die kontaktlose Datenübertragung. Die Geldkarte ist ein geeignetes Zahlungsmittel für kleine Beträge, die meist an Automaten (Fahrscheine, Parkscheine, Getränke) oder im Einzelhandel entrichtet werden. Die Zahler zahlen an diesen Akzeptanzstellen von ihrem Chipguthaben, bei der Girogo-Funktion bis maximal 25,00 €. Die Zahlung erfolgt **offline;** Unterschrift oder PIN-Eingabe sind nicht erforderlich, da lediglich auf das vorhandene Prepaid-Guthaben zurückgegriffen wird. Das Kreditinstitut übernimmt eine **Zahlungsgarantie.** Der Zahlungsempfänger zahlt dem Kreditinstitut dafür ein Entgelt. Bei Verlust wird das elektronische Geld quasi wie Bargeld behandelt – eine Sperre des Guthabens bzw. der Karte ist nicht möglich.

Eine Zusatzfunktion der Geldkarte ist der **Jugendschutz:** Auf Geldkarten ist ein Volljährigkeitsmerkmal gespeichert, sofern der Karteninhaber zum Ausstellungszeitpunkt 18 Jahre alt war. Damit kann z. B. an Zigarettenautomaten das Alter überprüft werden.

Bedeutung der Kartensymbole

Die Symbole, die auf einer Giro- oder Kreditkarte auf der Vorder- oder Rückseite angegeben sind, verraten ihre Einsatzmöglichkeiten. Bei Händlern und Dienstleistern sind diese Bilder am Eingang oder an den Kassen angebracht. Außerdem findet man sie an Geldautomaten.

maestro V PAY	Das Maestro- und das V PAY-Symbol stehen für den ausländischen Zahlungsverkehr mit der Girokarte.	girocard	Das Girocard-Zeichen ist das Logo für Electronic Cash und den deutschen Geldautomatenverbund.
GeldKarte girogo	Diese Zeichen stehen für die deutsche elektronische Geldbörse mit kontaktloser Zahlungsfunktion.	mastercard VISA payWave	Dies sind die NFC-Logos der MasterCard bzw. Visa-Kreditkarte für das kontaktlose Zahlen. Beträge über 25,00 € sind per PIN oder Unterschrift zu bestätigen.

Arten von Zahlungskarten: Universalkreditkarten

AMERICAN EXPRESS · Diners Club INTERNATIONAL · VISA · mastercard

Bei den Unternehmen **American Express** und **Diners Club** werden die Kreditkarten direkt vertrieben und von der eigenen Organisation verwaltet, **Visa** und **MasterCard** stellen ihre Kreditkarten in Zusammenarbeit mit Kreditinstituten aus.

Kreditkartenfunktionen

Beim Einsatz von **Universalkreditkarten** unterzeichnet der Karteninhaber beim Vertragsunternehmen einen durch einen Handdrucker gezogenen, durch ein Kartenterminal oder eine elektronische Kasse erzeugten **Belastungsbeleg.** Die **Unterschrift** wird zuweilen durch die Eingabe der **PIN** ersetzt. Der Karteninhaber erteilt damit dem Kartenaussteller eine verbindliche Weisung, die Zahlung gegenüber dem Vertragsunternehmen zu veranlassen. Er kann die Zahlung grundsätzlich nicht widerrufen.

Ablauf bei elektronischer Zahlung per Kreditkarte (z. B. VISA)

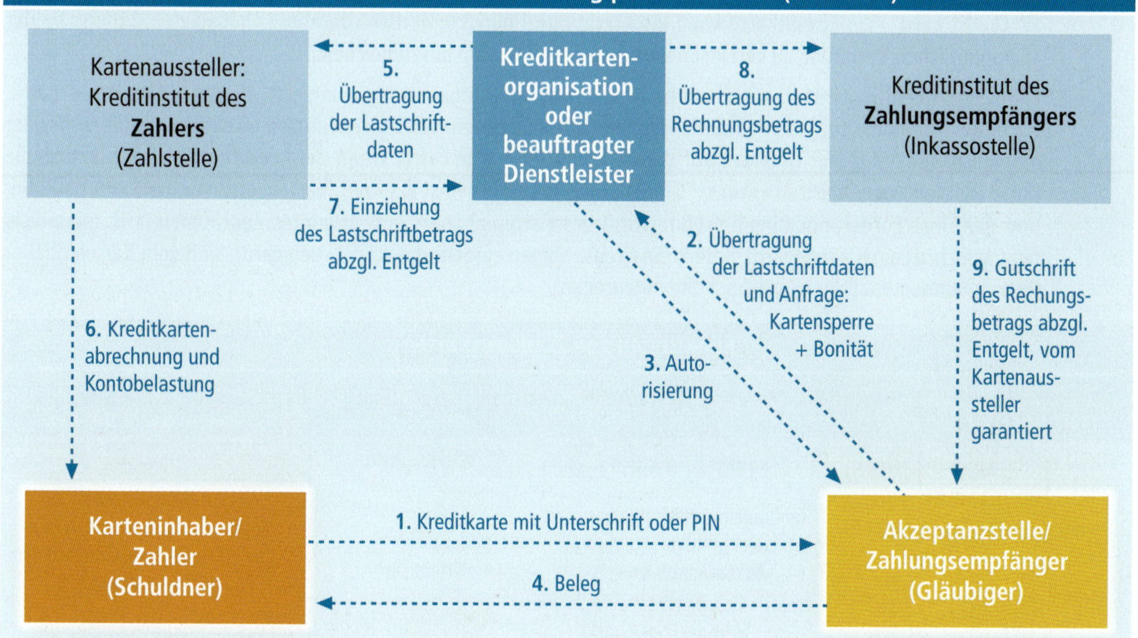

In der Regel ist der **Verfügungsrahmen** einer Kreditkarte wesentlich höher als der einer **Girokarte.** Der Verfügungsrahmen ist der Betrag, mit dem das Konto eines Karteninhabers in einem bestimmten Zeitraum maximal belastet werden darf. Die Höhe des Betrags wird nach der Kreditwürdigkeit des Karteninhabers bemessen. Gängige Kreditkarten werden weltweit akzeptiert. Im EU-Euroraum entstehen dem Karteninhaber beim bargeldlosen Zahlen keine zusätzlichen Kosten. Im übrigen Ausland wird vom Kartenaussteller jedoch meist ein prozentuales Entgelt von 1 bis 2 % vom Umsatz berechnet. Die Vertragsunternehmen/Akzeptanzstellen zahlen je nach Umsatzhöhe und Branche ein Entgelt an den Kartenausteller. Dafür wird ihnen der Zahlungseingang garantiert. Ist die Kreditkarte mit einem NFC-Chip ausgestattet, kann am Bezahlterminal kontaktlos gezahlt werden.

Kreditkarten können auch zur **Bargeldabhebung** an Geldautomaten genutzt werden. Hierzu ist dann jedoch eine PIN-Eingabe erforderlich. Auch für die Zahlung beim **E-Commerce** (Geschäfte im Internet) werden Kreditkarten verwendet (vgl. 3.2.6). Kreditkarten werden in verschiedenen **Ausstattungen** (z. B. Standardkarten oder Gold-, Platinkarten) herausgegeben. Mit Premiumkarten sind ein höherer Preis und je nach Kreditkartenunternehmen verschiedene Zusatzangebote verbunden (Autoschutzbriefe, diverse Reiseversicherungen und Serviceleistungen).

Abrechnungsverfahren

Nach dem Abrechnungsverfahren unterscheidet man verschiedene Arten von Zahlungskarten.

- **Prepaid card** – Die Prepaid-Kreditkarten haben keinen Kreditrahmen, jeder Kartenumsatz wird sofort belastet. Aufgrund der fehlenden Kreditfunktion werden sie auch als Kreditkarten auf Guthabenbasis bezeichnet. Um die Karte zu nutzen, muss man das Guthaben auf dem Kartenkonto auffüllen, die Karte „aufladen". Diese Karten können auch von Minderjährigen oder Erwachsenen mit geringer Bonität verwendet werden. Die Geldkartenfunktion auf der Girokarte nutzt ebenfalls das Prepaid-Verfahren.
- **Debit card** – Zahlungen werden sofort vom Konto (entweder Girokonto oder Kreditkarten-Guthabenkonto für die Karte) abgebucht, wenn die Karte eingesetzt wird. Zu den Debitkarten zählen neben einigen Karten der Kreditkartengesellschaften auch die Girokarte. Die Maestro- oder V PAY-Funktion ist nur auf Debitkarten zu finden.
- **Charge card** – Die Umsätze werden auf dem Kartenkonto gesammelt und meist einmal pro Monat vom Girokonto per Lastschrift eingezogen. Bis dahin werden keine Zinsen fällig. Die meisten deutschen Kreditkarten sind Charge cards.
- **Credit card** – Die Kreditkarte kann als Kreditmittel benutzt werden. Getätigte Umsätze sind meist ab der monatlichen Rechnung zu verzinsen und ganz oder in Raten auszugleichen.

Wenn das **Kreditinstitut** des Karteninhabers als Kreditkartenaussteller fungiert (wie bei VISA, MasterCard), bucht das Kreditinstitut jeden einzelnen Umsatz sofort auf dem von ihm geführten Girokonto (Debit card) oder monatlich den Saldo der Umsätze auf dem Girokonto (Charge card). Wenn die **Kreditkartenorganisation** die Karte ausstellt (bei American Express, Diners Club), führt sie selbst ein Kreditkartenkonto für den Karteninhaber und zieht ihre Forderungen beim Kreditinstitut des Karteninhabers in bestimmten Zeiträumen (z. B. monatlich) per Lastschrift ein (Charge card). Sofern ein Kreditrahmen eingeräumt wird (Credit card), sind dem Karteninhaber Rückzahlungsmodalitäten und Zinshöhe mitzuteilen.

Funktionen von Zahlungskarten			
für den Zahler			für den Zahlungsempfänger
Mittel zur Bargeldbeschaffung	**bargeldloses Zahlungsmittel**	**Kreditmittel**	**Garantie**
Bargeldbeschaffung am Automaten mit PIN	Zahlungsmittel für den bargeldlosen Zahlungsverkehr mit Akzeptanzstellen	Charge oder Credit card	Akzeptanzstelle erhält Zahlungsgarantie, sofern vereinbart (Kreditkarte, Girocard mit PIN, Geldkarte)

Kontaktlose Kartenzahlung und Mobile Pay

In einigen Vertragsunternehmen kann kontaktlos mit NFC-Technologie (= Near Field Communication) gezahlt werden. Voraussetzung dafür ist eine Zahlungskarte mit einem Funk-Chip, die man am NFC-Zeichen bzw. -Logo erkennt. Alternativ kann ein NFC-fähiges Smartphone bzw. ein Smartphone mit aufgeklebtem NFC-Sticker genutzt werden. Für dieses **Mobile Payment** mit dem Smartphone benötigt man eine sogenannte „Wallet-App" mit integrierter, virtueller Zahlungskarte.

221060234

„Near Field Communication“ ist ein internationaler Standard, um Daten sicher auf kurze Distanz ohne direkte Kabelverbindung auszutauschen. Beim kontaktlosen Zahlen hält man die Zahlungskarte, das Smartphone bzw. das Smartphone mit NFC-Sticker und entsprechender App in 1 bis 4 cm Abstand über das Display des Terminals. Bei einer Summe bis zu 25,00 € entfällt die PIN-Eingabe oder die Unterschrift auf dem Beleg. Als Alternative zur NFC verwenden manche App-Anbieter auch die Barcode-Technik. Dabei wird in der App ein QR-Code angezeigt, den man an der Kasse einscannt, um zu bezahlen oder Geld abzuheben. Internationale Anbieter von Mobile Payment sind u. a. Seqr, Apple Pay und Google Pay.

Sicherheit von Zahlungskarten

Bei Verlust einer Zahlungskarte muss diese sofort gesperrt werden und der Verlust der kartenausgebenden Bank oder Sparkasse gemeldet werden. Eine Kartensperrung kann beim Sperr-Notruf 116 116 rund um die Uhr vorgenommen werden und ist in Deutschland gebührenfrei. Wurde die Karte gestohlen, ist der Kartenverlust auch bei der Polizei zu melden und Anzeige zu erstatten. Karteninhaber sind im Zeitraum zwischen Verlust oder Diebstahl der Karte und der Sperrung durch eine Haftungsobergrenze von 50 Euro geschützt, bei einigen Instituten sogar ganz von der Haftung befreit – sofern sie nicht grob fahrlässig gehandelt haben. Die Haftungsregelung wird von den einzelnen Instituten gemäß der jeweiligen Allgemeinen Geschäftsbedingungen gehandhabt.

3.2.6 Online-Banking

■ Browserbasiertes PIN-TAN-Verfahren

Beim Online-Banking greift der private Nutzer mithilfe seines Internetbrowsers auf die Website seines Kreditinstituts zu. Zur Anmeldung im eigenen Girokonto wird die **PIN (= Personal Identification Number)** benötigt. Dabei werden die Daten über ein gesichertes Verfahren übertragen **(https = Hypertext Transfer Protocol Secure).**

Zahlungsvorgänge wie Überweisungen oder Daueraufträge werden jeweils über Eingabe einer **TAN (= Transaktionsnummer,** „Einmal-Passwort“) autorisiert. Nach korrekter Eingabe der TAN wird z. B. die gewünschte Überweisung veranlasst. Beim mTAN-Verfahren (mobile TAN) erhält der Nutzer eine TAN per SMS auf sein Mobiltelefon. Diese TAN ist nur für die jeweilige Transaktion gültig und verfällt, wenn sie nicht genutzt wird. Einige Kreditinstitute bieten ihren Kunden kleine Geräte an, die TAN erzeugen, sogenannte TAN-Generatoren. Die Verfahren zur Erzeugung der individuellen TAN mit dem Generator sind vielfältig, man unterscheidet z. B. eTAN-, smartTAN, photoTAN. Genaueres dazu kann man auf der Website des Bundesamtes für Sicherheit in der Informationstechnik unter dem Stichwort Sicherheit im Online-Banking erfahren (www.bsi-fuer-buerger.de).

Sicherheit beim PIN-TAN-Verfahren

Betrügerische „Phishing“-Attacken (von **P**assword-F**ish**ing) erfolgen per E-Mail. Unter einem Vorwand – z. B. Daten oder PIN würden aktualisiert, eine Antiviren-Software müsse installiert werden oder das Konto werde geschlossen, falls man nicht reagiert – werden die Kontoinhaber per Link oder angehängter Datei meist auf eine gefälschte Internetseite ihres Kreditinstituts gelenkt (sogenanntes Pharming). Auf der gefälschten Website werden Kontendaten, PIN und Transaktionsnummern abgefragt. In E-Mail und Website wird das Design des Kreditinstituts oft täuschend echt nachgeahmt.

Beim Online-Banking müssen Nutzer besonders sorgfältig und aufmerksam agieren. Kunden haften bei leichter Fahrlässigkeit bis maximal 50,00 €, § 675 v BGB, bei grober Fahrlässigkeit unbegrenzt. Der Zahlungsdienstleiter muss allerdings Beweismittel für Betrug, Vorsatz oder grobe Fahrlässigkeit des Nutzers vorlegen, § 675w BGB.

FinTS/HBCI-Verfahren

Financial Transaction Services (= **FinTS**)/Homebanking Computer Interface (= **HBCI**) ist ein weiteres Verfahren im Online-Banking. Um das FinTS/HBCI-Verfahren nutzen zu können, muss der Kunde über eine Chipkarte mit Kartenlesegerät sowie spezielle Banking-Software auf seinem Rechner verfügen. Es handelt sich um Online-Banking mit qualifizierter elektronischer Signatur (näheres s. LF 4 Kapitel 1.5.3).

Der Einsatz eines Secoder-Signaturkartenlesers gilt als besonders sicher. Die PIN wird auf dem externen Gerät eingegeben. Der Zahlungsvorgang wird auf dem Display unabhängig vom PC-Monitor angezeigt. Nur die dort abgebildete Zahlungstransaktion wird vom Kunden freigegeben. Dies macht es Hackern schwer Schadsoftware auf dem Rechner zu nutzen oder Zahlungsvorgänge zu manipulieren.

3.2.7 Zahlungsformen im Electronic Commerce

Der Nutzer sollte bei jedem Zahlungsvorgang im E-Commerce überprüfen, ob eine **sichere Internetverbindung** besteht. Dies ist der Fall, wenn bei der Datenübertragung eine SSL-Verschlüsselung (Secure Socket Layer) erfolgt. Dazu muss in der Adresszeile „https://“ statt „http://“ stehen und ein kleines Schloss zu sehen sein.

Zahlungsvorgänge für den Erwerb von Waren und Dienstleistungen im Internet erfolgen über vielfältige Zahlungsformen: Nachnahme, Lastschrift, Kreditkarte, aber auch Online-Überweisung oder Übertragung von E-Geld. Einige Möglichkeiten werden nachfolgend dargestellt.

Lastschrift

Zuweilen bieten Online-Shops ihren Kunden die Möglichkeit, den Rechnungsbetrag per Lastschrift zu begleichen. Auf der Webseite müssen Nutzer, die per Lastschrift bezahlen wollen, ihre Kontodaten eingeben und den Shop dazu ermächtigen, die fällige Zahlung einzuziehen. Da der Zahlungsempfänger jedoch keine Original-Unterschrift als Autorisierung vorweisen kann, ist die Lastschrift durch den Zahler bis zu 13 Monaten nach der Belastungsbuchung widerrufbar, § 676 b Abs. 2 BGB. Das Kreditinstitut muss den Betrag wieder gutschreiben, § 675 u S. 2 BGB.

221060236

Kreditkartenzahlung im Internet

Die Zahlung mit Kreditkarte erfolgt oft durch die Angabe der **Kartendaten** und der dreistelligen **Prüfziffer,** die auf der Rückseite der Karte aufgedruckt ist (bei American Express-Karten vierstellig und auf der Vorderseite). Um den Kartenmissbrauch zu verhindern, werden jedoch immer häufiger besonders gesicherte Verfahren eingesetzt, z. B. Mastercard Identity Check, Mastercard SecureCode oder Verified by Visa. Online-Shops, die diese Verfahren unterstützen, kennzeichnen ihre Website mit den entsprechenden Logos.

Online-Überweisung durch Giropay

Die giropay GmbH hat ihren Sitz in Frankfurt/Main. Wenn in einem Online-Shop Giropay als Bezahlverfahren angegeben ist, wird der Nutzer von der Website des Shops zum eigenen Online-Banking-Girokonto seines Kreditinstituts geleitet. Der Zahler meldet sich wie gewohnt mit Kontonummer und PIN bei seinem Kreditinstitut an, das System erzeugt eine bereits ausgefüllte Überweisung, die durch Eingabe der TAN autorisiert wird. Der Händler erhält die Zahlungsgarantie, der Zahler eine Überweisungsbestätigung. Auch Rechnungen, auf denen ein Giropay-Button oder ein QR-Code zum Einscannen abgebildet ist, erzeugen eine vorausgefüllte Überweisung für das Online-Banking.

SOFORT Überweisung

SOFORT Überweisung ist wie Giropay ein auf den Onlinehandel zugeschnittenes Direktüberweisungsverfahren. Der Kunde, der im Online-Shop SOFORT Überweisung als Zahlungsoption auswählt, wird automatisch auf das verschlüsselte Zahlformular der SOFORT GmbH weitergeleitet. Die Überweisungsdaten werden automatisch übernommen, so dass der Kunde lediglich seine Bank auswählen und sich mit seinen gewohnten Zugangsdaten einloggen muss. Abschließend gibt der Kunde die Überweisung mit einer TAN frei. Die Daten werden dann verschlüsselt an sein Online-Banking übermittelt und der Händler erhält eine Echtzeit-Transaktionsbestätigung über die Einstellung der Überweisung. Im Gegensatz zu Giropay ist SOFORT Überweisung ein bankenunabhängiges System.

Onlinebezahldienst PayPal

Über PayPal können Verbraucher und Unternehmen Zahlungen senden und empfangen. Zahler und Zahlungsempfänger benötigen dazu ein PayPal-Konto. Die Anmeldung für ein PayPal-Konto erfolgt auf der PayPal-Webseite. Hierbei werden einmalig Bank- oder Kreditkartendaten hinterlegt. Die Daten bleiben bei PayPal und müssen nicht jedes Mal neu eingegeben werden. Bezahlt wird anschließend nur mit E-Mail-Adresse und Passwort. PayPal verwendet für die Zahlung anschließend vorhandenes Guthaben, zieht den Betrag vom hinterlegten Bankkonto als Lastschrift ein oder bucht diesen von der Kreditkarte ab - je nachdem, was für die Zahlung als Zahlungsquelle gewählt wurde. Vorhandenes PayPal-Guthaben kann auch auf das hinterlegte Bankkonto abgebucht werden.

Der Netzgeld-Zahlungsvorgang ähnelt einer normalen Überweisung: Der Zahler meldet sich bei seinem PayPal-Konto an und übersendet den entsprechenden Betrag auf das Konto des Zahlungsempfängers. Der Zahlungsempfänger wird per E-Mail benachrichtigt, dass die Zahlung auf seinem PayPal-Konto gutgeschrieben wurde. Vorteile des Systems sind, dass das Netzgeld in viele Länder transferiert werden kann, die Zahlung schnell erfolgt und dem Zahlungsempfänger dabei keine Girokonto- oder Kreditkartendaten des Zahlers bekannt werden. Ein Risiko ist, dass PayPal nicht den Einlagensicherungssystemen der deutschen oder luxemburgischen Kreditinstitute unterliegt: PayPal-Guthaben sind im Fall der Insolvenz des Unternehmens nicht abgesichert.

Neben der Zahlungsdienstfunktion gewährt PayPal Käuferschutz, wenn die online gekaufte Ware nicht ankommt oder nicht der Beschreibung entspricht. Für die Nutzung von PayPal fallen mindestens für den Zahlungsempfänger Entgelte an. Die Allgemeinen Geschäftsbedingungen mit den Richtlinien für den Käufer- und Verkäuferschutz sowie die aktuelle Höhe der Entgelte sind der Website von PayPal zu entnehmen.

Paydirekt

Paydirekt ist ein Gemeinschaftsunternehmen deutscher Kreditinstitute. Wie bei giropay, aber im Unterschied zu anderen Bezahldiensten (z. B. Sofortüberweisung), wird die Zahlung zwischen den Girokonten des Kunden und des Händlers abgewickelt. Bei Kontodeckung erhält der Händler nach der Eingabe eine sofortige Bestätigung der Zahlung und kann die Ware an den Kunden verschicken. Die Kontoinformationen werden dabei nicht weitergegeben. Es gelten der deutsche Datenschutz und das Bankgeheimnis.

3.3 Haushaltsrechtliches Anordnungsverfahren

3.3.1 Vollzug des Haushaltsplans durch das Anordnungsverfahren

Öffentliche Einrichtungen müssen ihre Einzahlungen und Auszahlungen bzw. Aufwendungen und Erträge verbuchen. Diese Rechnungslegung kann nach dem System der Kameralistik (des öffentlichen Haushaltsrechts) oder der Doppik (auf der Grundlage der kaufmännischen doppelten Buchführung) erfolgen. In diesem Abschnitt wird das kameralistische, haushaltsrechtliche Anordnungsverfahren beschrieben. Die Vorgehensweise bei der Rechnungslegung nach dem System der Doppik, das in vielen Gemeinden und öffentlichen Betrieben bereits praktiziert wird, findet man im Band „Rechnungswesen in der öffentlichen Verwaltung" dieser Lehrbuchreihe.

Der Haushaltsplan ist die Grundlage für die Haushalts- und Wirtschaftsführung öffentlicher Haushalte. Man unterscheidet vier Phasen im „Leben" eines öffentlichen Haushalts. Das Anordnungsverfahren gehört zur Ausführung des Haushaltsplans. Die zuständige Dienststelle muss der Kasse dazu Anordnungen erteilen, nach denen sie Einnahmen zu erheben, Ausgaben zu leisten und Buchungen vorzunehmen hat.

221060238

Übersicht zum Haushaltskreislauf

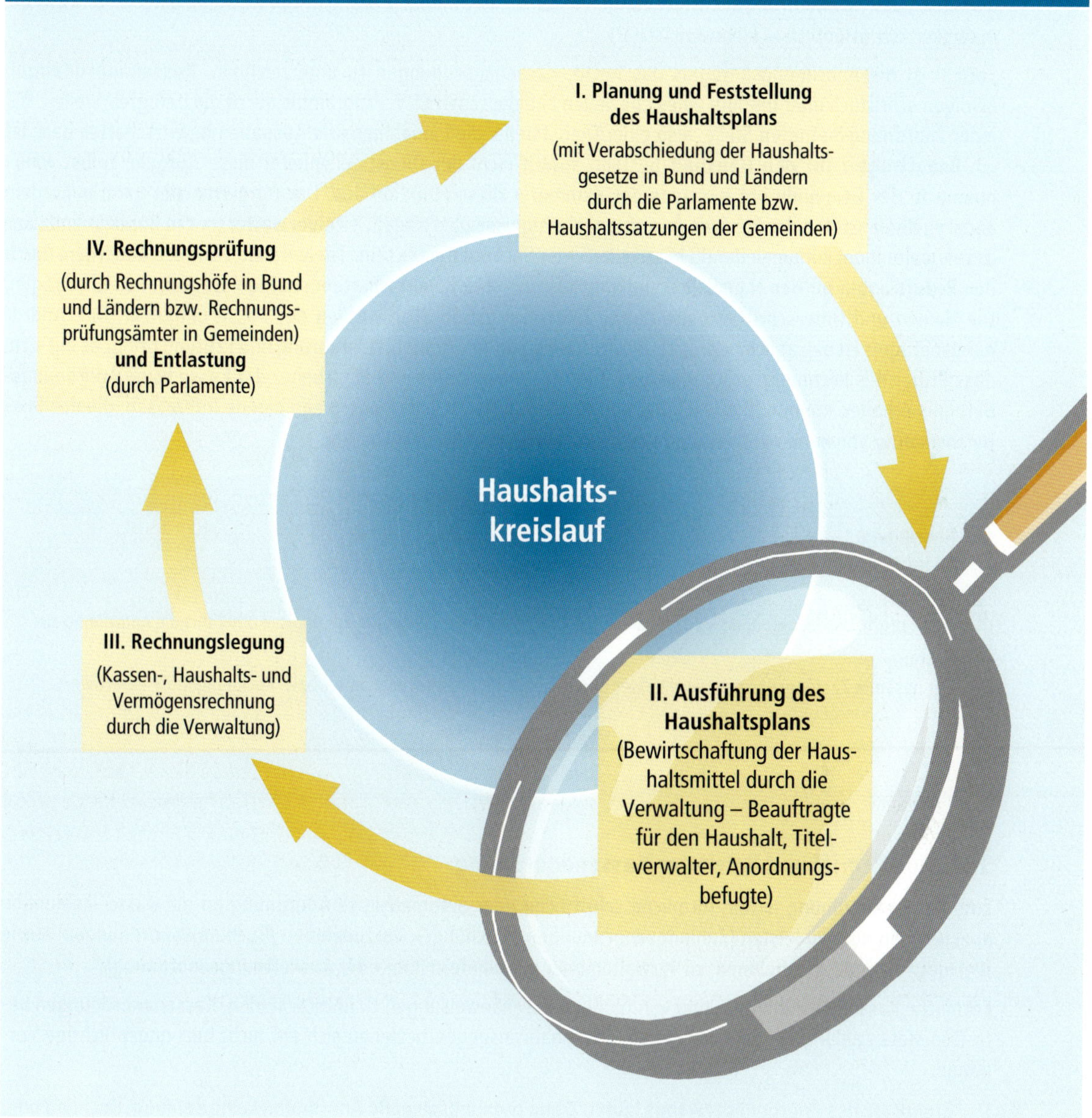

3.3.2 Trennung von Anordnung, Ausführung und Prüfung

Die zuständigen Dienststellen (Fachämter, Kämmerei der Gemeinde, Stellen mit eigenen Budgets) sind anordnungsbefugt, d.h., sie können die ihnen durch den Haushaltsplan zugewiesenen Mittel selbstständig bewirtschaften. Mittel bewirtschaften heißt, im Rahmen der durch den Haushaltsplan bestimmten Zwecke eigenverantwortlich über Ausgabemittel zu verfügen oder Einnahmen zu erheben. Die **anordnenden Dienststellen** haben selbst aber keine Geldmittel. Diese werden bei der jeweiligen **Kasse** (Bundeskassen, Landeskassen, Gemeindekassen) verwaltet. Das Haushaltsrecht bestimmt, dass die Kasse zur Entgegennahme oder Auszahlung von Beträgen grundsätzlich nur aufgrund von Kassenanordnungen berechtigt ist. Die Kassen verwalten die Geldmittel und wickeln den Zahlungsverkehr ab, können aber nicht ohne Anordnung der befugten Dienststelle über die Mittelverwendung entscheiden. Mittelverwaltende Dienststelle und Kasse unterliegen wiederum der Kontrolle durch die **Rechnungsprüfungsämter (Gemeinden) bzw. Rechnungshöfe (Bund, Länder).** Diese Trennung von

Bewirtschaftung durch die befugte Dienststelle einerseits, Buchung sowie Zahlung durch die Kasse andererseits und abschließende Kontrolle der Anordnungen durch die Rechnungsprüfung gewährleistet die Recht- und Zweckmäßigkeit der öffentlichen Finanzwirtschaft.

Formal ist die Anordnungsbefugnis das Recht, Kassenanordnungen zu unterzeichnen. **Kassenanordnungen** erfolgen schriftlich oder mithilfe eines speziellen zugelassenen EDV-Programms durch die befugten Stellen. Bei jeder anordnungsbefugten Stelle, also einer Dienststelle, die Einnahmen und Ausgaben bewirtschaften darf, ist ein **Beauftragter für den Haushalt** bestellt, soweit nicht der Dienststellenleiter diese Aufgabe selbst wahrnimmt. In der Gemeinde übt meistens der Kämmerer diese Funktion aus. Der Bürgermeister kann außerdem anderen Bediensteten der Behörde Anordnungsbefugnisse übertragen. **Titelverwalter** (nur in Bundes- und Landesverwaltungen) können leitende Mitarbeiter oder Sachbearbeiter sein. Titelverwalter können außerdem durch den Beauftragten für den Haushalt ermächtigt werden, ihre Bewirtschaftungsbefugnisse weiter zu übertragen. Die Namen und Unterschriftsproben dieser **Anordnungsbefugten** werden der Kasse mitgeteilt. Ihre Anordnungsbefugnis ist betraglich begrenzt. Die Trennung von Anordnung, Ausführung und Prüfung bringt es mit sich, dass Prüfer des Rechnungsprüfungsamtes oder Rechnungshofes und Mitarbeiter der Kasse keine Anordnungsbefugnis erhalten können. Die Erteilung von Anordnungen ist untersagt, wenn eigene Interessen, die des Ehepartners oder von nahen Verwandten bzw. Verschwägerten berührt werden.

Ablauf des Anordnungsverfahrens

1. **Anordnung:**
   Anordnungsbefugte Dienststelle fertigt Kassenanordnung.
2. **Ausführung:**
   Kasse prüft Kassenanordnung auf offensichtliche Unrichtigkeiten, Zeichnungsbefugnisse und führt die Anordnung aus.
3. **Prüfung:**
   Der gesamte Zahlungsvorgang wird später durch die Rechnungsprüfungsämter bzw. Rechnungshöfe kontrolliert.

3.3.3 Begriff und Arten der Kassenanordnung

Eine Kassenanordnung ist die förmliche schriftliche oder automatisierte Anordnung an die Kasse, Zahlungen anzunehmen oder zu leisten (Zahlungsanordnungen), Buchungen vorzunehmen (Buchungsanordnungen) sowie Wertgegenstände anzunehmen, zu verwalten oder auszuliefern (Ein- oder Auslieferungsanordnung).

Förmliche Kassenanordnungen sind von bloßen Kassenanweisungen zu unterscheiden. Kassenanordnungen betreffen stets Zahlungen oder Buchungen, Kassenanweisungen beziehen sich auf nicht buchungspflichtige Vorgänge.

Der Grundsatz des Anordnungszwangs lautet: Ohne ordnungsgemäße Anordnung keine Zahlung, Buchung oder Verwahrung.

Arten von Kassenanordnungen

Buchungsanordnung (die nicht unmittelbar in Verbindung mit Zahlung steht)

z. B.
Bildung eines Haushaltsrests, der ins folgende Haushaltsjahr zu übertragen ist

Zahlungsanordnung

- **Auszahlungsanordnung für Ausgaben**
- **Annahmeanordnung für Einnahmen**

Ein- oder Auslieferungsanordnung (bei der Verwahrung von Wertgegenständen im Verwahrgelass)

z. B.
Urkunden, Sparbücher, Kfz-Briefe, Versicherungsscheine

---

allgemeine Zahlungsanordnung für gleichartige Zahlungen, auch in wechselnder Höhe (häufig anfallende Einnahmen und regelmäßig wiederkehrende Ausgaben)

z. B.
Einnahmen: Eintrittsgelder, Verwarnungsgelder; Ausgaben: Telefon-, Wasser-, Stromentgelte

Zahlungsanordnung im Regelfall

Sonderform der allgemeinen Zahlungsanordnung: Auszahlungsanordnung für den Lastschriftverkehr (mit vertrauenswürdigen Zahlungsempfängern)

z. B.
Zinsen und Tilgung von Krediten, Mieten, Versicherungsentgelte

---

Sammelanordnung (bei mehreren ZA bzw. ZE, gleichen Fälligkeiten und einer Haushaltsstelle)

z. B.
Ausgabe: einige Sportvereine erhalten Zuschüsse; Einnahme: Bürger zahlen Erschließungsbeiträge für eine neue Straße

Einzelanordnung (für einmalige Zahlungen bzw. Vorgänge)

z. B.
Ausgabe: Beschaffung eines Feuerwehrautos; Einnahme: Erbschaft eines Bürgers

Daueranordnung oder Jahresanordnung (für wiederkehrende Zahlungen von einem ZA bzw. an einen ZE)

z. B.
regelmäßige Mieteinnahmen bzw. -ausgaben

Sonderformen der Einzelanordnung

Absetzungs- oder Abgangsanordnung (Rückzahlungen zu viel eingezahlter oder ausgezahlter Beträge)

z. B.
Ausgabe oder Einnahme wurde irrtümlich zu hoch angeordnet und Betrag muss gekürzt werden

Änderungsanordnung (ursprüngliche Zahlungsanordnung wird vor Auszahlung geändert)

z. B.
Änderungen des Betrages, des Fälligkeitstermins, der Anschrift des ZA oder ZE oder der Bankverbindung

Umbuchungsanordnung (Übertragung einer bereits gebuchten Zahlung auf eine andere Haushaltsstelle)

z. B.
Buchung auf einer falschen Haushaltsstelle, der angeordnete Betrag muss bei dieser Haushaltsstelle abgehen und auf der richtigen gebucht werden

Verrechnungsanordnung (interne Zahlungsvorgänge zwischen einer Ausgabe- und Einnahmehaushaltsstelle)

z. B.
interne Umbuchungen von kalkulatorischen Verwaltungskosten zwischen der Allgemeinen Verwaltung und einer kostenrechnenden Einrichtung, z. B. der städtischen Müllabfuhr

3.3.4 Bewirtschaftung von Ausgaben

Eine förmliche Kassenanordnung darf nur auf genehmigten **Vordrucken** oder mittels entsprechend eingerichteter **EDV-Programme** erteilt werden.

Inhalt einer Zahlungsanordnung (Mindestangaben fett gedruckt)	
Angaben	**Bemerkungen**
1. die Anordnung zur Annahme oder Auszahlung,	
2. die Bezeichnung der Kasse, die den Betrag annehmen oder leisten soll,	
3. **der anzunehmende oder auszuzahlende Betrag,**	zu 3.: in Zahlen, meist auch in Worten
4. **der Zahlungspflichtige oder Empfangsberechtigte,**	zu 4.: bei unbarer Zahlung mit Angabe von Konto und Bankleitzahl
5. **der Fälligkeitstag,**	zu 5.: sofern kein Fälligkeitstermin vereinbart ist, gilt § 271 BGB („sofort")
6. **die Buchungsstelle und das Haushaltsjahr,**	
7. **der Grund für die Zahlung,** ggf. eine besondere Kennzeichnung bei Abschlags- oder Schlusszahlung,	zu 7.: Anlass und Zweck der Zahlung
8. **die Bescheinigung der sachlichen und rechnerischen Richtigkeit,**	zu 8: Feststeller müssen unterschreiben
9. die Bezeichnung der anordnenden Dienststelle,	
10. die Nummer der Eintragung in die Haushaltsüberwachungsliste und das Namenszeichen des Listenführers,	
11. gegebenenfalls Eintragungen zur Vermögenserfassung, Inventarisierung oder Verbrauchskontrolle,	zu 11.: Zum Beispiel sind nach § 37 Abs. 4 Hess. GemHVO angeschaffte bewegliche Sachen mit Anschaffungskosten über 410,00 € in ein Bestandsverzeichnis aufzunehmen, d. h. zu inventarisieren.
12. **das Datum der Anordnung,** u. U. Bestätigung, dass die Mittel haushaltsrechtlich zur Verfügung stehen,	
13. **die Unterschrift des Anordnungsbefugten.**	zu 13.: Die Unterschrift muss der der Kasse vorliegenden Unterschriftsprobe entsprechen, keine Handzeichen und Kürzel.

Zu einem kompletten Zahlungsvorgang gehören die der Kasse erteilte **Annahme- oder Auszahlungsanordnung,** die **zahlungsbegründenden Unterlagen** und der **Zahlungsbeweis.** Die zahlungsbegründenden Unterlagen sind z. B. Rechnungen über Lieferungen; sie müssen den Rechtsgrund und den Gegenstand der Zahlung erkennen lassen. Der Zahlungsbeweis ist der Nachweis, dass die Zahlung tatsächlich in der gebuchten Höhe geleistet worden ist. Das können bei Barzahlung die Unterschrift des Einzahlers, der Einzahlungsschein, eine Quittung oder bei Überweisungen die Unterschriften von zwei Mitarbeitern der Kasse sein. Sämtliche Unterlagen sind mit den Durchschriften der Zahlungsanordnungen bei der bewirtschaftenden Dienststelle aufzubewahren und vor Verlust, Beschädigung und unbefugtem Zugriff zu schützen. Wenn die Prüfämter bzw. der Rechnungshof die Rechnungsprüfung vornehmen, sind ihnen sämtliche Unterlagen des Zahlungsvorgangs zur Verfügung zu stellen.

Kassen- bzw. Zahlungsanordnungen sind vom **Anordnungsbefugten** zu begründen und zu unterschreiben. Rechtsgrund, Zweck oder Anlass der Zahlung oder Buchung müssen deutlich erkennbar sein, gegebenenfalls muss auf eine vorangegangene Kassenanordnung (z. B. bei Teilzahlungen oder Schlusszahlung nach Abschlagszahlung) hingewiesen werden. Der Anordnungsbefugte übernimmt die Verantwortung dafür, dass

- die Anordnung keine offensichtlichen Fehler enthält,
- entsprechende Ausgabemittel vorhanden sind und bei der angegebenen Buchungsstelle im geltenden Haushaltsjahr verausgabt werden dürfen,
- die sachliche und rechnerische Richtigkeit von befugten Mitarbeitern ordnungsgemäß bescheinigt wurde.

Der Anordnungsbefugte darf die rechnerische Richtigkeit nicht selbst bescheinigen.

221060242

Die **sachliche Richtigkeit** können der Dienststellenleiter oder von ihm befugte Mitarbeiter feststellen. Der Feststeller übernimmt mit der Unterzeichnung des Vermerks „sachlich richtig" die Verantwortung, dass

- alle Angaben in der Kassenanordnung nach den zahlungsbegründenden Unterlagen vollständig und richtig sind,
- Abschlags- oder Vorauszahlungen berücksichtigt worden sind,
- der einer Auszahlung zugrunde liegende Vertrag über eine Lieferung oder Leistung ordnungsgemäß erfüllt wurde,
- Gewährleistungen berücksichtigt worden sind,
- das geltende Haushaltsrecht, z. B. der Grundsatz der Wirtschaftlichkeit und Sparsamkeit, eingehalten wurde.

Wenn für die Feststellung der sachlichen Richtigkeit besondere Fachkenntnisse erforderlich sind, z. B. im technischen, wissenschaftlichen oder kulturellem Bereich, ist unter Umständen vorab ein Spezialist zu beteiligen, der eine Teilbescheinigung **„für die fachtechnische Richtigkeit"** abgibt und damit die Verantwortung dafür übernimmt, dass die Leistung notwendig war, ordnungsgemäß erbracht und abgerechnet wurde.

Die **rechnerische Richtigkeit** können befugte Mitarbeiter feststellen. Der Feststeller übernimmt mit der Unterzeichnung des Vermerks „rechnerisch richtig" die Verantwortung, dass

- der anzunehmende oder auszuzahlende Betrag richtig ist,
- sämtliche zugrunde liegenden Berechnungen und die Ansätze (z. B. Gebühren, Tarife) nach den zahlungsbegründenden Unterlagen richtig sind.

Ist der Betrag in den zahlungsbegründenden Unterlagen (z. B. einer Rechnung) geändert worden, so muss der Vermerk in der Kassenanordnung lauten „Rechnerisch richtig mit ... Euro ... Cent".

Die Bescheinigungen der sachlichen und rechnerischen Richtigkeit können zusammengefasst werden. In diesem Fall lautet der Feststellungsvermerk „sachlich und rechnerisch richtig".

Unterschriftsproben der Feststellungsberechtigten müssen der Kasse nicht vorgelegt werden. Der Anordnungsbefugte trägt mit seiner Unterschrift die Verantwortung dafür, dass der Feststeller dazu berechtigt ist.

Berichtigungen von Kassenanordnungen sind bis zu ihrer Ausführung durch die Kasse grundsätzlich zulässig. Streichungen müssen mit Datum und Namenszeichen des Berichtigenden versehen werden. Folgende wesentliche Angaben dürfen jedoch nicht berichtigt werden:

- Bezeichnung des Empfangsberechtigten,
- IBAN/BIC,
- Betrag in Ziffern und Buchstaben,
- Fälligkeitstermine,
- Feststellungsvermerke.

Hat die Kasse Bedenken gegen die Ausführung der Anordnung, sei es aufgrund formaler oder inhaltlicher Fehler, muss die Kasse Rücksprache mit der Dienststelle nehmen. Die Kasse kann selbst keine Berichtigungen vornehmen und darf die Anordnung erst ausführen, wenn die anordnende Dienststelle die Anordnung berichtigt hat oder aufrechterhält.

Die Dienststellen erhalten von der Kasse nach ausgeführter Zahlung eine Mitteilung.

3.3.5 Überwachung der Haushaltsmittel

Um sicherzustellen, dass die Haushaltsmittel für das Haushaltsjahr ausreichen, ist eine Überwachung der Einnahmen und Ausgaben notwendig. Die Vereinnahmung oder Inanspruchnahme von Haushaltsmitteln wird in Haushaltsüberwachungslisten (HÜL) verzeichnet. Die Haushaltsüberwachungslisten werden in der Regel von den anordnungsbefugten Dienststellen geführt. In der Haushaltsüberwachungsliste für die Ausgaben sind die Ansätze für die jeweilige Haushaltsstelle, die bisher angeordneten Beträge und die gebundenen Mittel zu verbuchen, die zukünftig auszuzahlen sind. Eine Ausgabe wird zivilrechtlich durch einen Vertragsabschluss und öffentlich-rechtlich durch einen Leistungsbescheid begründet. Obwohl zum Zeitpunkt des Vertragsabschlusses bzw. der Bescheiderteilung noch keine Zahlung stattfindet, muss der Bewirtschafter die Verfügung über die Mittel festhalten, damit nicht wiederholt über die bereits gebundenen Mittel verfügt wird. Durch die Haushaltsüberwachungsliste ist die mittelbewirtschaftende Stelle jederzeit über die noch zur Verfügung stehenden Ausgabemittel informiert und kann frühzeitig feststellen, wenn sich Einnahmen und Ausgaben anders entwickeln, als im Haushaltsplan vorgesehen ist. Gegebenenfalls kann dann durch eine haushaltswirtschaftliche Sperre der Haushaltsausgleich sichergestellt werden. Die Übereinstimmung der Haushaltsüberwachungsliste mit den Kassenbüchern ist mehrmals jährlich zu prüfen, um Fehler feststellen und beheben zu können.

3.3.6 Ausnahmen vom Anordnungszwang

Vom Grundsatz des Anordnungszwangs gibt es wenige Ausnahmen. Diese finden sich in der jeweiligen Vorschrift zum Kassenwesen, z. B. in der jeweiligen landesspezifischen Gemeindekassenverordnung oder in den Gemeindehaushaltsverordnungen für die Gemeinden, den Landeshaushaltsordnungen für die Landesverwaltung oder der Bundeshaushaltsordnung für die Bundesverwaltung.

Die Kasse kann ohne schriftliche Anordnung u. a. tätig werden bei:

- Annahme und Buchung von Mahngebühren, Vollstreckungskosten und Nebenforderungen (Zinsen), die die Kasse aus praktischen Gründen selbst festsetzen kann,
- Annahme, Buchung und Weiterleitung durchlaufender Gelder (z. B. Zuweisung des Landes an die Gemeinden zur Renovierung denkmalgeschützter Häuser zur späteren Auszahlung an den Bauherrn),
- Annahme, Buchung und Rückzahlung von irrtümlichen Einzahlungen (z. B. Zahlung von Einkommensteuer an die Gemeindekasse statt an das Finanzamt) und Zuvielzahlungen im Zahlungsverkehr (z. B. zahlt ein Bürger statt der geschuldeten 120,00 € versehentlich 210,00 € Hundesteuer ein). Bei Rückzahlungen, die sich ergeben, weil der Zahlungsgrund weggefallen oder der Betrag erlassen wurde, besteht Anordnungszwang.

221060244

4.1 Störungen beim Abschluss des Vertrags

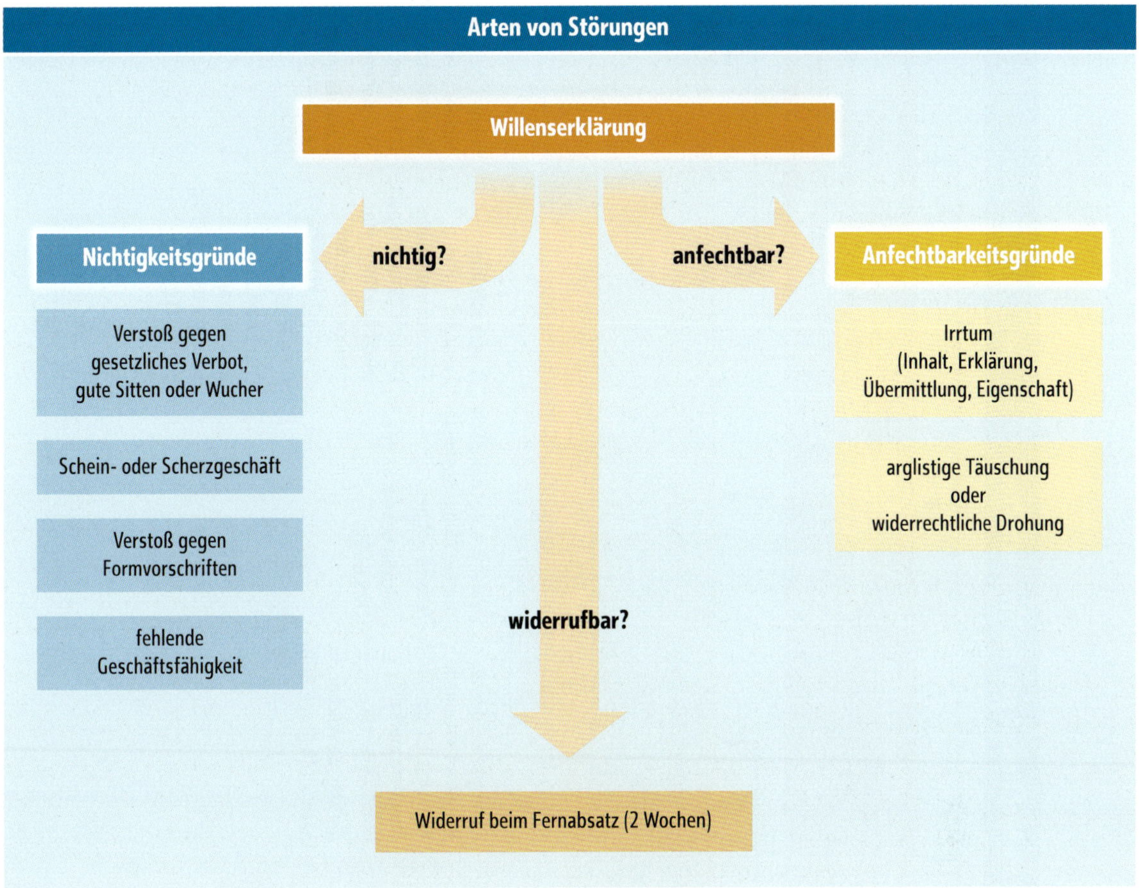

4.1.1 Nichtige Rechtsgeschäfte

Rechtsgeschäfte können aus unterschiedlichen Gründen **nichtig**, d. h. **von Anfang an unwirksam** sein: Das abgeschlossene Rechtsgeschäft hat schwerwiegende inhaltliche Mängel, es wurde beim Abschluss gegen gesetzliche oder vereinbarte Formvorschriften verstoßen u. a. Ein Überblick und Beispiele sind der folgenden Abbildung zu entnehmen.

Gründe für die Nichtigkeit von Rechtsgeschäften

fehlende Geschäftsfähigkeit		inhaltliche Mängel des Rechtsgeschäfts		Verstoß gegen Formvorschriften	bewusstes Auseinanderfallen von subjektivem (Rechtsbindungs-)Willen und objektiver Erklärung	
Geschäftsunfähigkeit oder vorübergehende Geistesstörung, §§ 104–105 a BGB	**beschränkte Geschäftsfähigkeit, §§ 106–113 BGB**	**Verstoß gegen gesetzliches Verbot, § 134 BGB**	**Verstoß gegen die guten Sitten, Wucher, § 138**	**Verstoß gegen gesetzliche oder vereinbarte Form, § 125 BGB**	**Scheingeschäft, § 117 BGB**	**Scherzgeschäft, § 118 BGB**
Beispiele						
Der volltrunkene B. verleiht seinen nagelneuen Porsche an den wildfremden F. (nichtig nach § 105 Abs. 2 BGB)	V. kündigt seinen Ausbildungsvertrag ohne Einwilligung der Eltern. (nichtig nach § 111 BGB, da § 113 BGB nicht gilt!)	Unternehmer U. verkauft trotz des EU-Handelsverbots Waffen an einen diktatorischen Staat.	K. vergibt Kredite an Mittellose mit einem Vertragszins, der 110 % über dem marktüblichen Zins liegt. (nichtig, da Wucher nach § 138 Abs. 2 BGB)	Vater P. bürgt mündlich für die Wohnungsmiete seines Sohnes. (nichtig gemäß §§ 766, 125 BGB)	B. verkauft ihrer Freundin U. ihre Eigentumswohnung. Damit U. Steuern spart, wird beim Notar ein geringerer als der eigentlich vereinbarte Preis angegeben. (Der beurkundete Kaufvertrag ist als Scheingeschäft nichtig gem. § 117 BGB.)	Lehrer L. schließt mit Schüler S. zur Veranschaulichung einen Leihvertrag über seinen BGB-Kommentar ab. (Erklärung erfolgt nicht „ernstlich“ und ist nichtig.)

221060246

Vertiefung: Nichtigkeit bei Geschäftsunfähigkeit und beschränkter Geschäftsfähigkeit

Ein **Geschäftsunfähiger**, z. B. ein Kind unter sieben Jahren, kann keine rechtswirksamen Erklärungen abgeben, §§ 104, 105 BGB. Grundsätzlich sind sämtliche Willenserklärungen von Geschäftsunfähigen nichtig. Eine Ausnahme gilt für Geschäfte des täglichen Lebens bei geisteskranken volljährigen Geschäftsunfähigen nach § 105a BGB, hier wird das Rechtsgeschäft wirksam, sobald Leistung und Gegenleistung bewirkt wurden, d. h. das Verpflichtungsgeschäft erfüllt wurde.

Ein **beschränkt Geschäftsfähiger** (Minderjähriger ab dem 7. bis zum 18. Geburtstag) ist in bestimmten Fällen befugt, selbst wirksame Rechtsgeschäfte vorzunehmen. Meist ist aber die Zustimmung des gesetzlichen Vertreters zum wirksamen Abschluss eines Rechtsgeschäfts erforderlich. Lehnen die gesetzlichen Vertreter, meist die Eltern, den Abschluss des Rechtsgeschäfts ab, ist es nichtig.

Rechtsfolgen der beschränkten Geschäftsfähigkeit		
Grundsatz: Willenserklärungen bedürfen der **Zustimmung** der gesetzlichen Vertreter.		
Ausnahmen	Beispiele	
	keine Zustimmung erforderlich	**Zustimmung erforderlich**
Lediglich rechtlich vorteilhafte Rechtsgeschäfte, § 107 BGB	Schenkung von Geld, Grundstücken, Aktien	Schenkung eines Tieres (§ 11 c Tierschutzgesetz)
Bewirken der Leistung mit eigenen Mitteln, § 110 BGB	Kauf einer CD mit dem Taschengeld (von den gesetzlichen Vertretern frei überlassene Mittel)	Kauf einer Pistole (kein vernünftiger, zulässiger Zweck)
	Kauf eines Laptops mit 500,00 €, die die Eltern für diese Verwendung vorgesehen hatten (Mittel von den gesetzlichen Vertretern zu diesem Zweck überlassen)	Kauf eines Laptops mit 500,00 €, die eine Tante für diese Verwendung vorgesehen hat (Mittel von Dritten zu diesem Zweck überlassen)
Betrieb eines selbstständigen Erwerbsgeschäfts, § 112 BGB (Teilgeschäftsfähigkeit mit Zustimmung der gesetzlichen Vertreter und des Familiengerichts)	Geschäfte des laufenden Betriebs wie Ein- und Verkäufe im Lebensmittelhandel	Aufnahme eines Kredits (nur mit besonderer Zustimmung des Familiengerichts)
„Arbeitsmündigkeit“, § 113 BGB (Teilgeschäftsfähigkeit mit Zustimmung der gesetzlichen Vertreter)	Kündigung des Arbeitsverhältnisses als Verkaufshilfe im Lebensmittelhandel, Abschluss eines neuen Arbeitsvertrags als Verkaufshilfe bei einem anderen Arbeitgeber	Kündigung des Ausbildungsvertrags als Einzelhandelskaufmann/-kauffrau (§ 113 BGB gilt nicht für Ausbildungsverhältnisse!)

Wenn die Eltern verstorben sind oder ihnen das elterliche Sorgerecht vom Familiengericht entzogen wurde, bestimmt das Gericht einen **Vormund,** § 1773 ff. BGB.

Kann ein Volljähriger aufgrund einer psychischen Krankheit oder einer körperlichen, geistigen oder seelischen Behinderung seine Angelegenheiten ganz oder teilweise nicht selbst erledigen, bestellt das Betreuungsgericht einen **Betreuer,** § 1896 BGB. Handelt es sich um einen dauernd Geisteskranken, ist dieser gemäß § 104 Nr. 2 BGB geschäftsunfähig. Betreute, die lediglich für bestimmte Aufgabenkreise der Einwilligung ihres Betreuers bedürfen, sind bei derartigen Rechtsgeschäften beschränkt Geschäftsfähigen gleichgestellt.

Im öffentlichen Recht entspricht der Geschäftsfähigkeit die Handlungsfähigkeit, vgl. z. B. § 12 Verwaltungsverfahrensgesetz. Für die Beantragung von Sozialleistungen wird man bereits mit Vollendung des 15. Lebensjahres handlungsfähig, § 26 Sozialgesetzbuch I.

Das folgende Schaubild fasst Wesentliches zu den Stufen der Geschäftsfähigkeit zusammen.

Geschäftsfähigkeit

Geburt – 7. Geburtstag – 18. Geburtstag – Lebensalter

Geschäftsunfähigkeit

Rechtsfolge

Rechtsgeschäfte sind **nichtig,** § 105 BGB

beschränkte Geschäftsfähigkeit

Rechtsfolge

Rechtsgeschäfte bedürfen zur Wirksamkeit grundsätzlich der **Zustimmung** der gesetzlichen Vertreter, §§ 107, 182 BGB

- vorherige Zustimmung: **Einwilligung**, § 107 BGB (zwingend erforderlich bei einseitigen Rechtsgeschäften, § 111 BGB)
- nachträgliche Zustimmung: **Genehmigung**, § 108 BGB (Rechtsgeschäfte sind bis zur Entscheidung schwebend unwirksam)

keine Zustimmung notwendig:
bei rechtlich vorteilhaften bzw. mit eigenen Mitteln bewirkten Geschäften oder Teilgeschäftsfähigkeit, §§ 107, 110, 112, 113 BGB

Geschäftsfähigkeit

Rechtsfolge

Rechtsgeschäfte sind **wirksam**

Ausnahmen bei Volljährigen, die

- geschäftsunfähig sind (Betreute mit krankhafter Störung der Geistestätigkeit, §§ 1896, 104 Nr. 1 BGB, 105 Abs. 1, 105 a BGB)
- beschränkt Geschäftsfähigen gleichgestellt sind (unter Einwilligungsvorbehalt stehende Betreute, § 1903 Abs. 1 BGB)

Warum gibt es **Einschränkungen** und **Altersgrenzen** bei der Geschäftsfähigkeit?

- Schutz des Minderjährigen vor nachteiligen Rechtsgeschäften
- Wahrung des elterlichen Erziehungsrechts, der Vermögenssorge

- Rechtsklarheit durch feste Altersgrenzen für den Vertragspartner
- Die fortschreitende Entwicklung des Minderjährigen wird berücksichtigt.

4.1.2 Anfechtbare Willenserklärungen

Bei der Abgabe von Willenserklärungen kann man sich irren. Beispielsweise kann das Erklärungsbewusstsein fehlen: Der Betroffene ist sich nicht darüber klar, dass er mit seiner Äußerung eine rechtswirksame Willenserklärung abgegeben hat.

Beispiel

„Trierer Weinversteigerung" – Erklärungsirrtum

Der ortsunkundige Gast winkt bei einer Weinversteigerung in einem Lokal seinem Freund und erhält den Zuschlag für einen Posten Weinflaschen.

Derartige Fälle sind selten. Häufiger kommt es vor, dass man sich seiner Erklärung versehentlich verschreibt oder verspricht. Man kann sich auch im Inhalt seiner Erklärung irren. Hier äußert der Betroffene etwas anderes, als er meint.

Beispiel

„Kalte Ente" – Inhaltsirrtum

Ein Gast bestellt im Restaurant eine kalte Ente im Glauben, als Imbiss kaltes Entenfleisch zu erhalten. Tatsächlich handelt es sich um ein Getränk. Der Gast will jedoch Ente essen statt alkoholhaltige Bowle trinken..

Derartige irrtümlich abgegebene Willenserklärungen sind zum Schutz des Geschäftsverkehrs zunächst einmal wirksam. Dennoch soll der Erklärende nicht unwiderruflich gegen seinen Willen an das Rechtsgeschäft gebunden sein. Unter bestimmten Voraussetzungen gewährt das Gesetz ein **Anfechtungsrecht wegen Irrtums.**

Die Anfechtung ist aber ausgeschlossen beim sogenannten Motivirrtum, der vorliegt, wenn der Erklärende bei Abgabe seiner Willenserklärung von falschen Motiven bzw. Beweggründen ausgeht. Ebenso wenig ist ein Irrtum über die Höhe des Preises einer Sache Anfechtungsgrund, nur Irrtümer über preis- bzw. wertbildende und verkehrswesentliche Eigenschaften berechtigen zur Anfechtung, § 119 Abs. 2 BGB.

Beispiele

Motivirrtum:

Kauft die Braut ein Hochzeitskleid und die Hochzeit kommt nicht zustande, kann sie den Kaufvertrag nicht wegen Eigenschaftsirrtums anfechten.

Irrtum über den Preis:

Nach dem Kauf eines Schreibtisches stellt der Käufer fest, dass derselbe Schreibtisch bei einem anderen Büroausstatter um 50,00 € billiger ist. Die Anfechtung wegen Eigenschaftsirrtums nach § 119 Abs. 2 BGB ist ausgeschlossen: Der Preis ist keine Eigenschaft der Sache.

Der wegen Irrtums Anfechtende muss dem anderen den durch die Anfechtung entstehenden Vertrauensschaden ersetzen, § 122 Abs. 1 BGB. Der Vertragspartner ist so zu stellen, als ob es das angefochtene Rechtsgeschäft nie gegeben hätte.

Vertrauensschaden bei Irrtumsanfechtung

Eine vermögende Frau kennt sich in Kunstepochen nicht aus. Sie bestellt beim Antiquitätenhändler einen Barockschrank, obwohl sie Biedermeier meint. Der Händler liefert den Schrank ins Haus. Als die Käuferin den wuchtigen Schrank sieht, erkennt sie ihren Irrtum. Sie ficht ihre Willenserklärung wegen Inhaltsirrtums an, § 119 Abs. 1 BGB. Sie muss dem Händler jedoch den Vertrauensschaden ersetzen, das heißt, die Kosten für den vergeblichen Transport tragen, § 122 Abs. 1 BGB.

Anfechtungserklärung und -frist

Durch die **Anfechtungserklärung** wird dem Erklärenden die Möglichkeit gegeben, seine Willenserklärung wieder rückgängig zu machen. Die Anfechtung zerstört die Willenserklärung rückwirkend; das Rechtsgeschäft wird von Anfang an nichtig, § 142 Abs. 1 BGB.

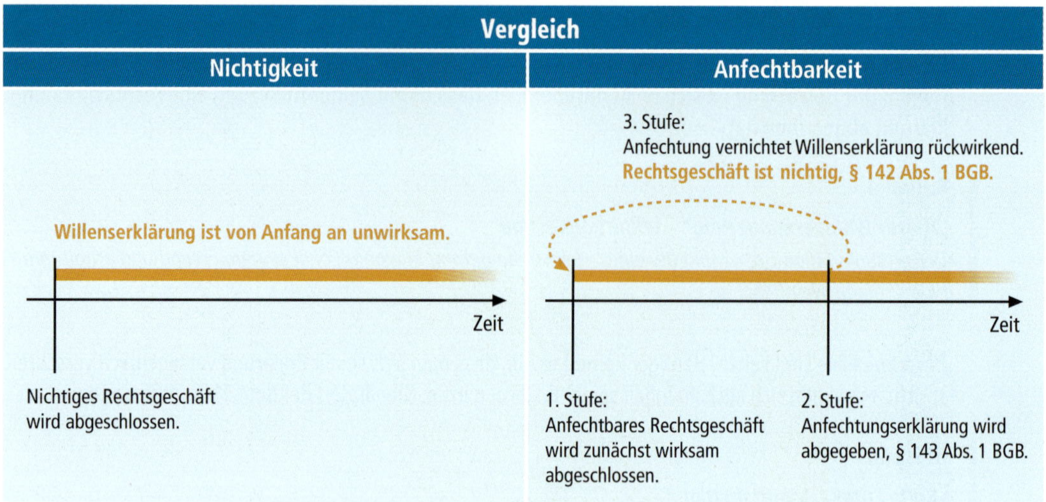

Die Anfechtungserklärung muss innerhalb der **Anfechtungsfrist** abgegeben werden. Grundsätzlich muss die Anfechtung unverzüglich, d.h. ohne schuldhaftes Zögern, nach Kenntnis des Anfechtungsgrundes erfolgen, § 121 BGB. Die Anfechtung ist jedoch ausgeschlossen, wenn seit Abgabe der Willenserklärung zehn Jahre verstrichen sind.

Weitere Anfechtungsgründe

Neben der Irrtumsanfechtung gibt es noch die Möglichkeit der Anfechtung wegen arglistiger Täuschung oder widerrechtlicher Drohung, § 123 BGB. Unter **arglistiger Täuschung** versteht man ein Verhalten, das im anderen eine falsche Vorstellung hervorruft, bestärkt oder aufrechterhält. Die Täuschung kann in einem Tun (z. B. Zurückstellen des Tachos beim Autoverkauf) oder einem Unterlassen bestehen (z. B. Verschweigen, dass es sich um einen Unfallwagen handelt). Ein Unterlassen bzw. Verschweigen ist aber nur dann ein Anfechtungsgrund, wenn der Erklärende eine Rechtspflicht zur Aufklärung hat. Dies ist der Fall, wenn es sich um besonders bedeutende Tatsachen für den Abschluss des Rechtsgeschäfts handelt. Außerdem muss bei der Täuschung Arglist vorliegen, d. h., dass die Täuschung vorsätzlich erfolgte. Grundsätzlich ist jede Täuschung widerrechtlich, allerdings gibt es Ausnahmen.

Beispiel

Gerechtfertigte Täuschung – keine Anfechtbarkeit

Der Arbeitgeber fragt den Bewerber nach Vorstrafen, die im Bundeszentralregister bereits gelöscht sind. Nach Löschung des Eintrags im Bundeszentralregister gilt man rechtlich als unbestraft. Wenn der Bewerber die Frage falsch beantwortet, handelt es sich nicht um eine arglistige Täuschung, weil die Frage des Arbeitgebers unzulässig ist. Der Bewerber ist nicht verpflichtet, die Frage wahrheitsgemäß zu beantworten oder gar keine Antwort zu geben, weil der Arbeitgeber ihn dann nicht einstellen würde. Hier ist quasi eine „Notlüge“ erlaubt. Die Täuschung wäre nicht widerrechtlich und eine Anfechtung des Arbeitsvertrags gemäß § 123 BGB durch den Arbeitgeber nicht möglich.

Eine **widerrechtliche Drohung** berechtigt ebenfalls zur Anfechtung. Drohung ist das Inaussichtstellen eines künftigen Übels.

Beispiel

Widerrechtliche Drohung – Anfechtbarkeit

Der rabiate Vermieter droht seinem Mieter, dass er ihn verprügeln wird, wenn er seine Wohnung nicht kündigt. Seine Kündigung könnte der Mieter später wegen widerrechtlicher Drohung nach § 123 BGB anfechten.

Täuschung oder Drohung können zugleich strafrechtliche Folgen nach sich ziehen. Sie erfüllen oft die Tatbestände des Betrugs bzw. der Erpressung.

Einzelheiten zu den Anfechtungsgründen sind dem folgenden Schaubild zu entnehmen.

Gründe für die Anfechtbarkeit von Rechtsgeschäften

unbewusstes Auseinanderfallen von subjektivem Willen und objektiver Erklärung = Irrtum					rechtswidrig herbeigeführte Willenserklärungen	
Inhaltsirrtum, § 119 Abs. 1 BGB Man weiß, was man sagt, weiß aber nicht, was es wirklich bedeutet.	**Eigenschaftsirrtum, § 119 Abs. 2 BGB** Man hat falsche Vorstellungen über verkehrswesentliche Eigenschaften der Person oder Sache.	**„Motivirrtum“** Die Beweggründe für den Abschluss des Rechtsgeschäfts sind falsch. **KEINE ANFECHTUNG MÖGLICH!**	**Erklärungsirrtum § 119 Abs. 1 BGB** Man will eine Erklärung dieses Inhalts nicht abgeben: Fälle des Versprechens, Verschreibens, Vergreifens, Verhörens.	**Übermittlungsirrtum, § 120 BGB** Eine Person (Bote) oder eine Einrichtung übermitteln die Willenserklärung falsch.	**arglistige Täuschung, § 123 BGB** Man wird durch Vorspiegelung oder Entstellung von Tatsachen zum Abschluss des Rechtsgeschäfts gebracht.	**widerrechtliche Drohung, § 123 BGB** Man wird durch widerrechtliches Inaussichtstellen eines künftigen Übels in eine Zwangslage versetzt.
Beispiele bzw. Erläuterungen						
A. bestellt in einem Kölner Restaurant einen „halven Hahn“ und meint ein halbes Brathähnchen. Ihm wird statt dessen ein Käsebrötchen serviert.	Verkehrswesentlich sind wert- bzw. preisbildende Eigenschaften, wie Echtheit eines Bildes, Bebaubarkeit eines Grundstücks, Kreditwürdigkeit einer Person. Nicht aber: Irrtum im Preis selbst!	Herr S. spekuliert auf Gewinne durch die gute Baukonjunktur. Er kauft Aktien der R.-Bau AG. Kurz nach dem Kauf wird die AG zahlungsunfähig und insolvent.	Die Sekretärin B. vertippt sich in der schriftlichen Bestellung. Statt einer bestellt sie zehn Paletten Papier.	Eine E-Mail wird von einem „Hacker“ abgefangen und kommt verfälscht beim Empfänger an.	A. wird als Kraftfahrer eingestellt. Etwas später stellt sich heraus, dass er auf die Frage nach Vorstrafen gelogen hat und wegen Trunkenheit am Steuer verurteilt wurde.	Die Krankenhaus-Notaufnahme des Privatpatienten P. wird davon abhängig gemacht, dass er ein Formular über ärztliche Sonderhonorare unterschreibt.

4.1.3 Widerrufbare Willenserklärungen beim Fernabsatz

Fernabsatz und elektronischer Geschäftsverkehr

Fernabsatzverträge, § 312c BGB, sind dadurch gekennzeichnet, dass sich Unternehmer und Verbraucher nicht persönlich begegnen. Der Verbraucher sieht die Ware vor Vertragsabschluss nicht und kann ihre Eigenschaften nicht prüfen. Grundlage seiner Kaufentscheidung sind allein die Informationen des Verkäufers. Daher hat der Unternehmer neben den generell für Verbraucherverträgen geltenden Pflichten (vgl. LF 4, Kapitel 2.1.3) spezielle **Informationspflichten** zu erfüllen, vgl. § 312d-f BGB, Artikel 246a Einführungsgesetz zum BGB. Er hat zum Beispiel

- seine Identität, Anschrift, Telefonnummer sowie gegebenenfalls Faxnummer oder E-Mail-Adresse anzugeben,
- Laufzeit und Kündigungsbedingungen anzugeben,
- über Bedingungen, Fristen und Verfahren des Widerrufs sowie Kosten bei Rücksendung der Waren zu belehren oder das gesetzlich vorgesehene Muster für die Widerrufsbelehrung zu übermitteln.

Außerdem ist der Unternehmer verpflichtet, dem Verbraucher den Vertragsinhalt spätestens bei der Lieferung der Ware auf einem dauerhaften Datenträger (z. B. Papier oder E-Mail) zur Verfügung zu stellen.

Ein Vertrag im **elektronischen Geschäftsverkehr,** § 312i,j BGB, liegt vor, wenn der Vertrag von einem Unternehmer mit einem Kunden über elektronische Kommunikationsmittel, in der Regel über das Internet, abgeschlossen wird. Wichtig ist, dass der Kunde Verbraucher oder Unternehmer sein kann. Zum Schutz des Kunden werden dem Verkäufer besondere Pflichten auferlegt. Der Unternehmer muss z. B.

- technische Möglichkeiten zur Korrektur von Eingabefehlern im Internet gewährleisten,
- die Vertragsbestimmungen bzw. Allgemeinen Geschäftsbedingungen so bereitstellen, dass sie abgerufen, abgespeichert und ausgedruckt werden können,
- den Zugang der Bestellung unverzüglich per E-Mail bestätigen.

Ist der Kunde im elektronischen Geschäftsverkehr ein Verbraucher, ist außerdem anzugeben, ob Lieferbeschränkungen bestehen und welche Zahlungsmittel akzeptiert werden. Der Verbraucher muss ausdrücklich bestätigen, dass er sich zu einer Zahlung verpflichtet. Dies ist z. B. erfüllt, wenn eine Schaltfläche (Button) gut lesbar mit den Worten „zahlungspflichtig bestellen“ beschriftet ist und diese vom Verbraucher angeklickt werden muss. Auch kostenpflichtigen Nebenleistungen – etwa Versicherungen oder Garantieverlängerungen – muss er durch Anklicken zustimmen. Internet-Kostenfallen werden so vermieden.

Gesetzliches Widerrufsrecht beim Fernabsatz

Das **gesetzliche Widerrufsrecht** besteht bei Lieferung von Waren und bei Erbringung von Dienstleistungen im Fernabsatz. Das Widerrufsrecht gibt dem Verbraucher die Möglichkeit, sich **ohne Grund** aus dem Fernabsatzvertrag mit dem Unternehmer zu lösen. Der Verbraucher soll dadurch vor z. B. übereilt geschlossenen Verträgen geschützt werden.

Kein Widerrufsrecht besteht gemäß § 312g Abs. 2 BGB u. a. bei

- speziell für einen Kunden angefertigten Gegenständen,
- verderblichen Waren,
- entsiegelten Datenträgern von Audio-, Videoaufzeichnungen und Software.

Das **Widerrufsrecht erlischt** bei der ausdrücklichen Zustimmung des Verbrauchers zum Download oder Streaming digitaler Inhalte ohne Datenträger (Computerprogramme, Apps, Spiele, Musik, Videos oder Texte, § 356 Abs. 5 BGB).

Ausübung des Widerrufsrechts

Der Widerruf ist eine **Willenserklärung**, die keine Begründung enthalten muss, §§ 355, 356 BGB. Der Verbraucher hat den Widerruf grundsätzlich innerhalb der **Widerrufsfrist von 14 Tagen** dem Unternehmer gegenüber ausdrücklich zu erklären. Die Frist beginnt mit dem **Erhalt der Ware**, wenn der Verbraucher über sein Widerrufsrecht informiert wurde. Die Absendung des Widerrufs spätestens am letzten Tag der Frist genügt.

Bei Warenlieferungen endet das Widerrufsrecht spätestens 12 Monate nach Ablauf der ursprünglichen Widerrufsfrist. Die **Höchstfrist** beträgt also **12 Monate und 14 Tage nach der Übergabe** der Ware. Diese gilt auch dann, wenn der Verbraucher gar nicht über sein Widerrufsrecht belehrt worden ist.

221060252

Der Unternehmer kann auf seiner Webseite ein **Muster-Widerrufsformular** bereitstellen. Macht der Verbraucher von dem Formular Gebrauch, hat der Unternehmer den Zugang des Widerrufs unverzüglich auf einem dauerhaften Datenträger (z. B. E-Mail, Fax oder Brief) zu bestätigen.

Rechtsfolgen des Widerrufs

Bei einem Widerruf hat der Verbraucher die **empfangene Ware innerhalb von 14 Tagen zurückzusenden**, wobei zur Wahrung der Frist die Absendung am letzten Tag genügt. Der Unternehmer hat dem Verbraucher **empfangene Zahlungen innerhalb von 14 Tagen zurückzuerstatten**, § 357 BGB. Er kann die Rückzahlung jedoch solange verweigern, bis er die Ware erhalten hat bzw. der Verbraucher einen Nachweis vorgelegt hat, dass die Ware abgesandt wurde.

- Die **Gefahr für die zurückgesandte Ware** trägt stets der Unternehmer.
- Die **Rücksendekosten** trägt der Verbraucher, wenn er darüber vom Unternehmer in der Widerrufsbelehrung informiert wurde.

Das nachfolgende Schaubild fasst Wesentliches zusammen.

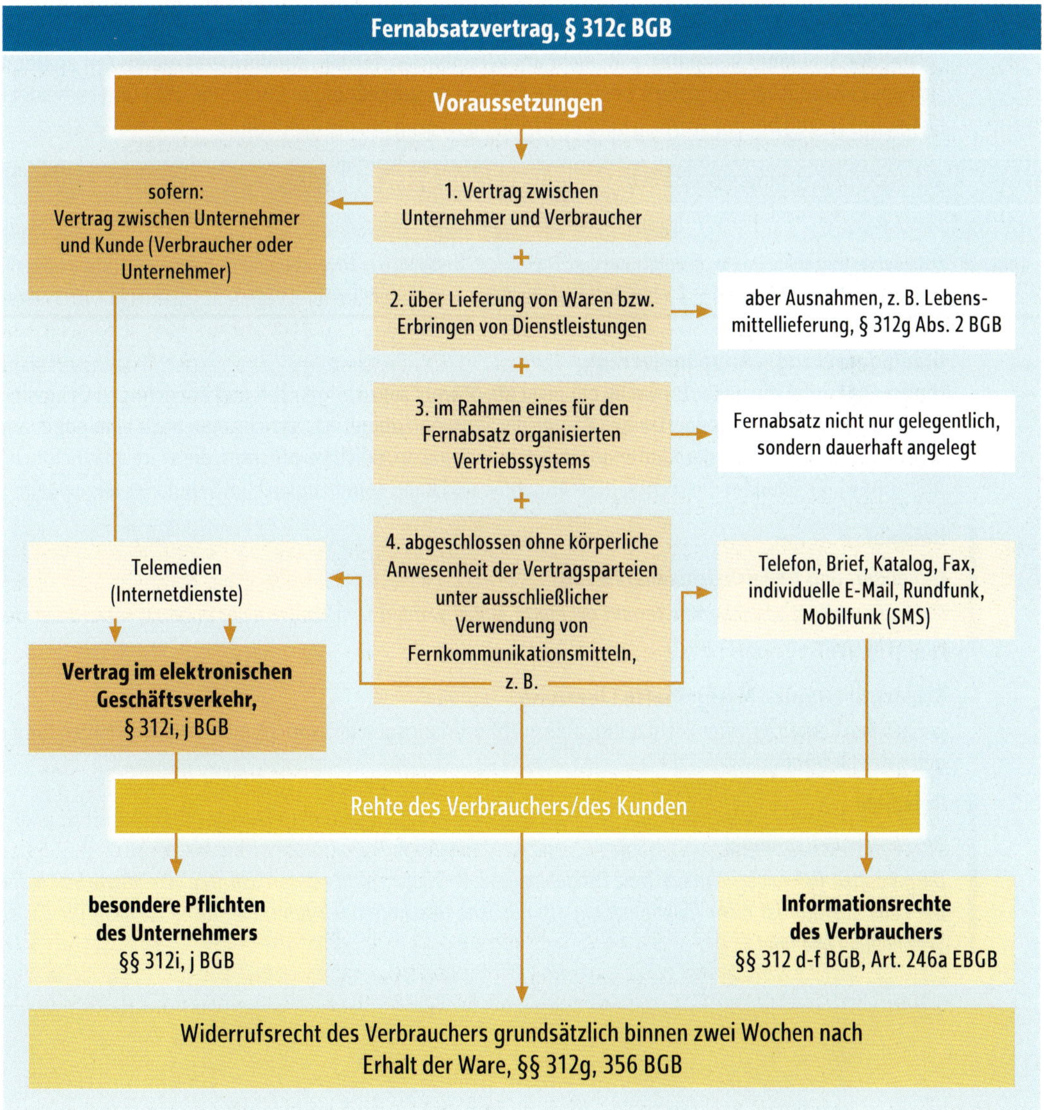

4.2 Überblick: Störungen bei der Erfüllung des Vertrags

4.2.1 Arten von Leistungsstörungen

Wenn jede Vertragspartei ihre Pflichten rechtzeitig und mangelfrei erfüllt, ist die Abwicklung von Schuldverhältnissen problemlos. Das ist der Regelfall. Manchmal kommt es aber zu Schwierigkeiten: Der Schuldner leistet gar nicht, zu spät oder schlecht – oder der Gläubiger will die angebotene Leistung nicht annehmen. Dann ist die Erfüllung des Verpflichtungsgeschäfts gestört: Man spricht von **Leistungs- oder Erfüllungsstörungen**.

Unmöglichkeit

Wenn der Warenschuldner/Verkäufer gar nicht leistet, weil die Sache z. B. verschwunden oder zerstört ist, liegt eine Unmöglichkeit der Leistung vor. Bei der Geldschuld gibt es keine Unmöglichkeit.

Beispiel

Unmöglichkeit

Vor der Übergabe wird der verkaufte Gebrauchtwagen (Stückschuld) in einen Sturm demoliert oder gestohlen.

Schuldnerverzug – Lieferungs- oder Zahlungsverzug

Leistet der Schuldner verspätet, z. B. nicht am vereinbarten Termin, sondern erst einige Zeit später, handelt es sich um Leistungsverzug, sofern bestimmte weitere Voraussetzungen vorliegen. Man unterscheidet beim Kauf Lieferungsverzug bei der Warenschuld und Zahlungsverzug bei der Geldschuld.

Schuldnerverzug beim Kauf	
Lieferungsverzug	**Zahlungsverzug**
Beispiel: Laut Kaufvertrag sollte im Mai geliefert werden. Der Warenschuldner/Verkäufer liefert schuldhaft erst im Juni.	Beispiel: Der Geldschuldner/Käufer zahlt nicht an dem im Kaufvertrag oder in der Rechnung angegebenen Termin.

Gläubigerverzug – Annahmeverzug

Nimmt der Käufer die gekaufte Sache gar nicht ab, obwohl zur richtigen Zeit und am richtigen Ort geliefert wurde, liegt ein Annahmeverzug vor. Da der Käufer der Warengläubiger ist, spricht man auch vom sogenannten Gläubigerverzug. Zugleich ist der Käufer gesetzlich jedoch ausdrücklich verpflichtet, die Ware abzunehmen (vgl. § 433 Abs. 2 BGB). Er schuldet die rechtzeitige Abnahme und kann somit zugleich im Schuldnerverzug sein.

Beispiel

Gläubiger- und zugleich Schuldnerverzug

Gekaufte und am vereinbarten Termin gelieferte Möbel werden vom Käufer nicht abgenommen, da er die Lieferung vergessen hat.

Schlechtleistung – Mangelhafte Lieferung

Leistet der Verkäufer zwar rechtzeitig, aber nicht ordnungsgemäß, spricht man von Schlechtleistung oder mangelhafter Lieferung.

Beispiele

Beschaffenheitsmängel

Die gekauften Trekkingschuhe sind trotz Behauptung des Verkäufers nicht wasserdicht. (Die vereinbarte Beschaffenheit fehlt.)
Die neue Tastatur ist nicht funktionsfähig. (Die übliche Beschaffenheit fehlt, die Sache ist nicht für die gewöhnliche Verwendung geeignet.)

221060254

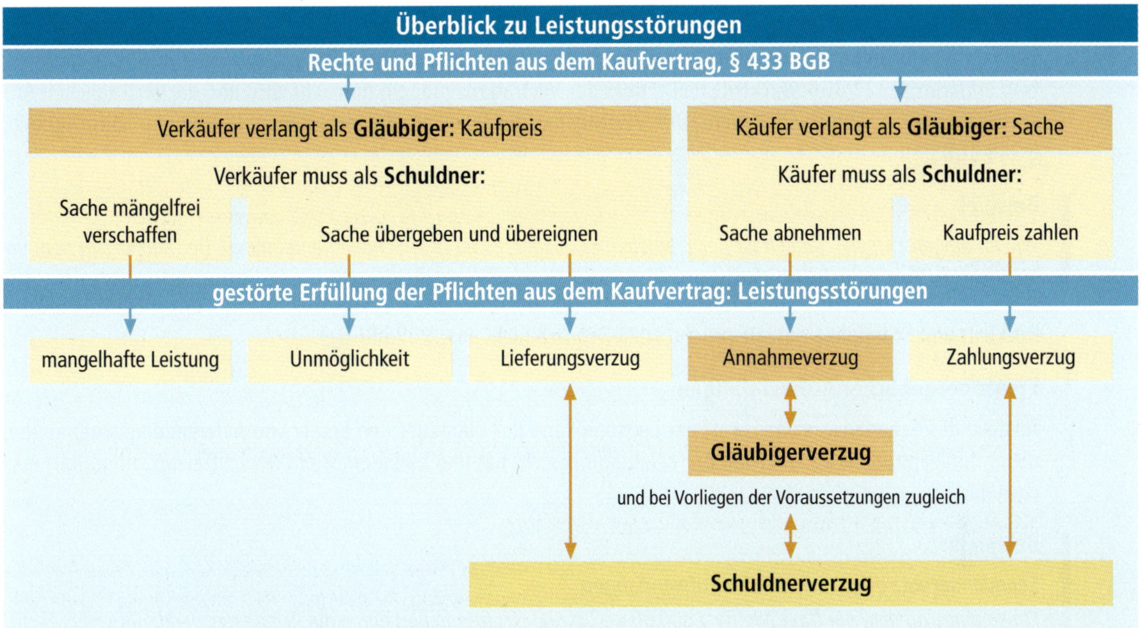

4.2.2 Ansprüche/Rechtsfolgen bei Leistungsstörungen

Wenn der Schuldner seine Pflichten nicht erfüllt, also die geschuldete Leistung gar nicht, verspätet oder schlecht erbringt, kann der Gläubiger Rechte geltend machen.

Schadensersatz

Bei den vertraglichen Schadensersatzansprüchen werden zwei Arten unterschieden: **Schadensersatz neben oder statt der Leistung.** Wie die Bezeichnung nahelegt, kann beim Schadensersatz neben der Leistung die Leistung – beim Kaufvertrag: die Übergabe und Übereignung der Sache – noch erbracht werden, es ist aber durch die vom Schuldner zu vertretende Pflichtverletzung ein Schaden entstanden, der neben der Leistung ersetzt werden muss. Der Gläubiger hat hier also zwei Ansprüche: den **Anspruch auf Erfüllung der Leistung** und den **Schadensersatzanspruch neben der Leistung,** § 280 BGB.

Beispiel

Erfüllung und Schadensersatz neben der Leistung

Der gekaufte Rasenmäher wird vom Verkäufer schuldhaft nicht rechtzeitig geliefert. Der Käufer erhält den Rasenmäher verspätet (= Erfüllung der Leistung) und mietet sich in der Zwischenzeit einen Ersatzmäher. Die Miete stellt er dem Verkäufer in Rechnung (= Schadensersatz neben der Leistung).

Wenn der Anspruch auf Leistung nicht erfüllt wird, kann der Gläubiger unter bestimmten Voraussetzungen Schadensersatz statt der Leistung verlangen. Hier tritt der Schadensersatzanspruch an die Stelle des Leistungsanspruchs; der Anspruch auf Leistung wird quasi in einen Schadensersatzanspruch umgewandelt. Der Gläubiger hat nur noch einen Anspruch: **Schadensersatzanspruch statt der Leistung,** § 281 BGB.

Beispiel

Schadensersatz statt der Leistung

Der gekaufte Rasenmäher wird vom Verkäufer schuldhaft nicht rechtzeitig geliefert. Der Käufer mahnt und setzt eine Nachfrist zur Lieferung. Der Verkäufer liefert weiterhin nicht. Der Käufer deckt sich schließlich bei einem anderen Händler mit demselben Rasenmäher-Modell ein. Allerdings ist dieser Rasenmäher teurer. Der Mehrpreis aus diesem sogenannten Deckungskauf ist vom säumigen Verkäufer zu tragen (= Schadensersatz statt der Leistung).

Rücktritt

Ein Vertragspartner kann, wenn es durch Gesetz oder Vertrag zugelassen ist, einseitig den Rücktritt vom Vertrag erklären, § 323 BGB. Rücktritt heißt, dass der Vertrag rückgängig gemacht wird und die vertraglichen Ansprüche bzw. Pflichten erlöschen. Die Vertragspartner müssen die erhaltenen Leistungen zurückgeben, § 346 BGB.

Beispiel

Wie im obigen Beispiel, jedoch ist der Ersatzmäher billiger. Es ist kein Schaden entstanden. Der Käufer tritt vom ursprünglichen Kauf zurück (= Rücktritt).

Rücktritt und Schadensersatzansprüche schließen sich nicht aus, § 325 BGB.

Ersatz vergeblicher Aufwendungen

Anstelle des Schadensersatzes statt der Leistung kann der Gläubiger den Ersatz von Aufwendungen verlangen, die er im Vertrauen auf den Erhalt der Leistung gemacht hat und billigerweise (= gerechtfertigt, zumutbar) machen durfte.

Beispiele

Schadensersatz oder vergebliche Aufwendungen

Ein Kaufvertrag über ein Gemälde für 1 000,00 € wird abgeschlossen und durch die Schuld des Verkäufers nicht rechtzeitig erfüllt, obwohl der Käufer ihm noch eine angemessene Nachfrist gesetzt hat.

- *Der Käufer wollte das Bild an einen Kunden für 1 500,00 € weiterverkaufen. Durch die Leistungsstörung entgeht ihm Gewinn. (= unfreiwilliger Vermögensverlust, Schadensersatz statt der Leistung, § 281 BGB).*
- *Der Käufer wollte das Bild behalten und hat dafür bereits einen Rahmen für 200,00 € bestellt. (= freiwilliges Vermögensopfer, Ersatz vergeblicher Aufwendungen)*

- **Schadensersatz** gleicht einen **unfreiwilligen** Vermögensverlust aus.
- Ausgaben, die der Gläubiger **freiwillig** getätigt hat, sind **vergebliche Aufwendungen.**

4.3 Schlechtleistung beim Kaufvertrag

4.3.1 Schlechtleistung von Haupt- und Nebenpflichten

Mangelhafte Lieferung als Schlechtleistung der Hauptpflicht

Wenn der Verkäufer nicht ordnungsgemäß leistet, spricht man von einer Schlechtleistung. Wenn die gekaufte Sache selbst einen Mangel aufweist, handelt es sich um eine Verletzung der **Hauptpflicht** aus dem Kaufvertrag, § 433 Abs. 1 S. 2 BGB. Der Käufer kann die Annahme der mangelhaften Sache verweigern, ohne selbst in Annahmeverzug zu geraten. Außerdem ist er berechtigt, die Zahlung des Kaufpreises abzulehnen, solange die Lieferung nicht ordnungsgemäß erfolgt ist, § 320 BGB.

Der Verkäufer kann aber auch Nebenpflichten nicht oder schlecht erfüllen. **Nebenpflichten** ergänzen meist die Hauptpflicht. Sie gewährleisten die Vorbereitung, Durchführung und Sicherung der Hauptleistung z. B. durch Verpacken, Versenden oder Versichern der Ware, Übergabe einer geeigneten Gebrauchsanweisung, Bereithalten von Ersatzteilen usw. Die schlechte Erfüllung von Haupt- oder Nebenpflichten zieht Rechte des Käufers nach sich.

221060256

4.3.2 Voraussetzungen/Tatbestand der mangelhaften Lieferung

4.3.2.1 Mangel

Ein **Rechtsmangel** liegt vor, wenn ein am Vertrag nicht beteiligter Dritter aufgrund eines privaten oder öffentlichen Rechts das Eigentum, den Besitz oder den Gebrauch des Kaufgegenstands beeinträchtigen kann.

Beispiel

Rechtsmangel, § 435 BGB

Ein Grundstück wird verkauft und dem Käufer übereignet, durch Auflassung (§ 925 BGB) und Eintragung im Grundbuch (§ 873 BGB). Es stellt sich heraus, dass bereits zum Zeitpunkt des Eigentumsübergangs eine Verpflichtung zur Veräußerung des Grundstücks an die Gemeinde zum Straßenbau existierte.

Sachmängel kann man in Beschaffenheitsmängel und sonstige Mängel gliedern. Bei den Beschaffenheitsmängeln können wiederum mehrere Arten unterschieden werden. Schrittweise wird zunächst geprüft, ob der jeweilige Mangel vorliegt oder nicht.

Sachmängel – Beschaffenheitsmängel, § 434 Abs. 1 BGB	
Prüfungsschritte	**Beispiele**
1. Sache fehlt die **vereinbarte Beschaffenheit,** § 434 Abs. 1 S. 1 BGB	Eine Waschmaschine für ein Krankenhaus sollte das Wasser aus hygienischen Gründen auf 100° C aufheizen. Tatsächlich werden nur 70° C erreicht.
2. Sache ist ungeeignet für die **vorausgesetzte Verwendung,** § 434 Abs. 1 S. 2 Nr. 1 BGB	Die gekaufte Haushaltswaschmaschine sollte unterbaufähig sein. Die gelieferte Waschmaschine ist jedoch ein Standgerät.
3. Sache ... ■ ist ungeeignet zur **gewöhnlichen Verwendung oder** besitzt nicht die **übliche Beschaffenheit,** § 434 Abs. 1 S. 2 Nr. 2 BGB, oder ■ entspricht nicht **Werbeaussagen oder Kennzeichnung,** § 434 Abs. 1 S. 3 BGB	Die Waschmaschine ist nicht funktionsfähig, sie heizt das Wasser nicht auf. Die Waschmaschine soll nach Werbeprospekt des Herstellers selbst Handwäsche ohne Beschädigung waschen. Die neue Seidenbluse und der Kaschmirschal sind nach der Wäsche eingelaufen.

Liegt kein Beschaffenheitsmangel vor, kommen die sonstigen Sachmängel in Betracht. Hier ist zu beachten, dass nur Montagemängel und mangelhafte Montageanleitungen zu den typischen Mangelgewährleistungsrechten des Kaufrechts führen, mangelhafte Bedienungs- und Gebrauchsanleitungen werden nicht als Mangel der Ware erfasst. Allerdings liegt hier eine Nebenpflichtverletzung vor, die einen Schadensersatzanspruch neben der Leistung gemäß § 280 BGB nach sich ziehen kann.

Sachmängel – sonstige Mängel, § 434 Abs. 2, 3 BGB	
Mangelart	**Beispiele**
mangelhafte Montage	Der Fachhändler führt die vereinbarte Montage der bei ihm gekauften Waschmaschine nicht fachgerecht aus. Die Gerätesicherung brennt daraufhin bald nach der Inbetriebnahme durch.
mangelhafte Montageanleitung	Der Käufer einer Haushaltswaschmaschine führt die Montage selbst mit der Montageanleitung des Herstellers aus. Durch eine fehlerhafte Beschreibung in der Anleitung entfernt der Käufer eine Transportsicherung nicht und das Gerät funktioniert nicht.
Falschlieferung	Statt der bestellten Waschmaschine mit 7 kg Fassungsvermögen wird ein Modell mit nur 5 kg Fassungsvermögen geliefert.
Zuweniglieferung	Für einen Waschsalon werden statt der bestellten fünf nur zwei Waschmaschinen geliefert.

Arten von Mängeln beim Kauf

Sachmangel, § 434 BGB

Rechtsmangel, § 435 BGB

Ein Dritter (nicht am Vertrag Beteiligter) hat Rechte an der Sache.

Beschaffenheitsmängel

1. Prüfungsschritt:

Sache hat nicht …
die vereinbarte Beschaffenheit, § 434 Abs. 1 S. 1 BGB

2. Prüfungsschritt:

Sache ist nicht …
für die vorausgesetzte Verwendung geeignet, § 434 Abs. 1 S. 2 Nr. 1 BGB

3. Prüfungsschritt:

Sache ist nicht …
für die gewöhnliche Verwendung geeignet oder besitzt nicht die übliche Beschaffenheit, § 434 Abs. 1 S. 2 Nr. 2 BGB

← **oder** →

Sache hat nicht …
die Eigenschaften, die der Verkäufer oder Hersteller öffentlich in der Werbung oder Kennzeichnung behauptet hat, § 434 Abs. 1 S. 3 BGB

Sonstige Mängel

- vereinbarte Montage durch Verkäufer oder Mitarbeiter war fehlerhaft, § 434 Abs. 2 BGB → **mangelhafte Montage**
- Montageanleitung und Montage der Sache waren fehlerhaft, § 434 Abs. 2 BGB (IKEA-Klausel) → **mangelhafte Montageanleitung**
- andere Sache wurde geliefert, § 434 Abs. 3 BGB → **Falschlieferung**
- zu geringe Menge wurde geliefert, § 434 Abs. 3 BGB → **Zuweniglieferung**

4.3.2.2 Maßgeblicher Zeitpunkt: Gefahrübergang

Für die Geltendmachung von Rechten bzw. Ansprüchen des Käufers muss der Mangel grundsätzlich schon beim Gefahrübergang vorhanden gewesen sein oder seine Ursache muss bereits bestanden haben. In der Regel wird die **Übergabe an den Käufer** der entsprechende Zeitpunkt sein, so jedenfalls bei Hol- und Bringschulden, § 446 BGB. Bei Schickschuld bzw. Versendungskauf ist meist die Übergabe an den Transporteur maßgeblich, § 447 BGB.

Wenn der Käufer den Mangel bereits bei der Übergabe erkennt, kann er die Annahme verweigern, ohne in Annahmeverzug zu geraten, § 293 ff. BGB.

221060258

4.3.3 Ansprüche/Rechtsfolgen bei mangelhafter Lieferung

Vor- und nachrangige Gewährleistungsrechte

Stellt der Käufer einen Mangel fest, der beim Gefahrübergang vorhanden war, muss er dem Verkäufer zunächst noch eine weitere Gelegenheit zur Erfüllung des Vertrags geben. Dieses vorrangige Gewährleistungsrecht nennt man Nacherfüllung. Weitere, nachrangige Rechte kommen erst in Betracht, wenn die Nacherfüllung unmöglich ist oder nicht gelingt.

Vorrangig: Nacherfüllung durch Nachbesserung oder Ersatzlieferung

Die **Nacherfüllung** umfasst die **Beseitigung des Mangels (Nachbesserung)** oder die **Lieferung einer mangelfreien Sache (Ersatzlieferung)**. Nachbesserung erfolgt, wenn der Verkäufer den Mangel unentgeltlich beseitigt; es kann sich dabei um die Reparatur oder beim Montagemangel um den sachgerechten Aufbau der Sache handeln. Ersatzlieferung ist die unentgeltliche Nachlieferung einer gleichen, mangelfreien Sache. Im Rahmen der Nacherfüllung ist der Verkäufer außerdem verpflichtet, dem Käufer die erforderlichen Aufwendungen für das Entfernen der mangelhaften und den Einbau der nachgebesserten oder gelieferten mangelfreien Sache zu ersetzen.

Beispiele

Nacherfüllung, §§ 437 Nr. 1, 439 Abs. 1, 3 BGB

- ***Nachbesserung***

  Ein Laptop läuft nach kurzer Zeit heiß und „stürzt ab". Der Käufer wählt Nachbesserung. Der Verkäufer rüstet den Laptop mit einem hochwertigen Kühlelement nach.

- ***Ersatzlieferung***

  Ein Fernseher funktioniert nicht. Der Käufer wählt Ersatzlieferung. Der Verkäufer liefert ein neues, mangelfreies Gerät.

- ***Aufwendungsersatz für Aus- und Einbau***

  Bereits verlegte Terrassenplatten stellen sich als mangelhaft heraus. Der Käufer wählt Ersatzlieferung und kann angemessenen Aufwendungsersatz für den Ausbau der mangelhaften und Einbau der neuen, mangelfreien Platten verlangen.

Der **Käufer wählt das jeweilige Nacherfüllungsrecht** und macht es gegenüber dem Verkäufer geltend. Das Nacherfüllungsverlangen gegenüber dem Verkäufer stellt eine formfreie, empfangsbedürftige Willenserklärung dar. Der Käufer muss für die Nacherfüllung keine Frist setzen, er sollte es aber tun.

Scheitern der Nacherfüllung

Ersatzlieferung ist beim Gattungskauf möglich, beim Stückkauf in der Regel nicht, denn es wird meist eine nicht vertretbare Sache, also ein Einzelstück, geschuldet. Ersatzlieferung ist dann ausgeschlossen, der Käufer kann nur Nachbesserung wählen. Wenn beim Stückkauf nun ein **unbehebbarer Mangel** vorliegt, ist die Nachbesserung ebenfalls ausgeschlossen. Damit ist die Nacherfüllung insgesamt unmöglich.

Beispiel

Unmöglichkeit der Nacherfüllung beim Stückkauf, §§ 439 Abs. 4, 275 BGB

Bei einem Kauf zwischen Privatleuten wird ein Gebrauchtwagen als unfallfrei verkauft. Bei einem Werkstattbesuch wird festgestellt, dass der Pkw einen Unfallschaden aufweist.

Die vom Käufer gewählte Art der Nacherfüllung oder die Nacherfüllung generell kann der Verkäufer darüber hinaus verweigern, wenn sie nur mit unverhältnismäßig hohen Kosten möglich ist. Hierbei sind insbesondere der Wert der mangelfreien Ware (hoch oder niedrig?) und das Ausmaß des Mangels (erheblich oder unerheblich?) zu berücksichtigen.

Beispiel

Unverhältnismäßige Kosten der Nacherfüllung, § 439 Abs. 4 BGB

Der Verkäufer verweigert die Nacherfüllung bei einer defekten billigen Digitaluhr, weil seine Kosten bei Nachbesserung oder Ersatzlieferung erheblich höher wären als der Wert der Uhr selbst.

Schließlich kann die Nacherfüllung misslingen, weil selbst **zwei Nachbesserungsversuche** den Mangel nicht beseitigt haben. Bei der Ersatzlieferung schlägt die Nacherfüllung fehl, wenn die Sache denselben Mangel oder einen anderen

Mangel aufweist. Die Nacherfüllung ist außerdem ausgeschlossen, wenn sie dem Käufer nicht zumutbar ist, z. B. wenn der Wert oder die Brauchbarkeit der Ware durch die entstehende Zeitverzögerung erheblich beeinträchtigt werden.

Beispiel

Unzumutbarkeit der Nacherfüllung für den Käufer, § 440 S. 1 BGB
Ein Produkt soll auf einer Messe präsentiert werden; die Nacherfüllung würde zu lange dauern.

Schließlich ist die Nacherfüllung gescheitert, wenn der Käufer dem Verkäufer eine angemessene **Frist** zur Nacherfüllung gesetzt hat und der Verkäufer diese nicht einhält.

Scheitert die Nacherfüllung, stehen dem Käufer die nachrangigen Rechte zu.

Nachrangig: Minderung oder Rücktritt sowie Schadens- oder Aufwendungsersatz

Scheitert die Nacherfüllung, also die Nachbesserung oder die Ersatzlieferung, kommen für den Käufer die Ansprüche auf Minderung oder Rücktritt sowie Schadens- oder Aufwendungsersatz infrage.

Der Käufer kann gegen Rückgabe der Ware sein Geld zurückverlangen **(Rücktritt)** oder die Herabsetzung des Kaufpreises **(Minderung)** fordern. Ist dem Käufer durch die mangelhafte Ware ein Schaden entstanden, so kann er **Schadensersatz** verlangen. Sind ihm freiwillige Aufwendungen entstanden, die durch die Mangelhaftigkeit der Sache vergebens waren, ist **Aufwendungsersatz** möglich.

Beispiele

Nachrangige Ansprüche/Rechte nach gescheiterter Nacherfüllung, § 437 Nr. 2 u. 3 BGB
Der Käufer hat beim Händler einen neuen Pkw gekauft. Trotz zweier Nachbesserungsversuche ist ein erheblicher Mangel am Pkw von V. nicht behoben worden. Die Nacherfüllung gilt als gescheitert, § 440 BGB.

Minderung, §§ 437 Nr. 2, 441 BGB:
Der Mangel am Pkw beeinträchtigt die Fahrtüchtigkeit des Wagens nicht. K. will den Wagen behalten, aber den Kaufpreis entsprechend reduzieren. Er hat Anspruch auf Minderung.

Rücktritt, §§ 437 Nr. 2, 440, 323 BGB:
K. erklärt den Rücktritt und macht damit den Kaufvertrag rückgängig, denn er kann den von ihm ausgewählten Pkw bei einem anderen Händler um 1 500,00 € günstiger kaufen.

Schadensersatz statt der Leistung, §§ 437 Nr. 3, 440, 281 BGB
K. kann den von ihm ausgewählten Pkw bei anderen Händlern nur um 1 500,00 € teurer kaufen. Er hat einen Anspruch auf Schadensersatz statt der Leistung in Höhe von 1 500,00 €, d. h. auf Ersatz des Mehrpreises.

Ersatz vergeblicher Aufwendungen, §§ 437 Nr. 3, 440, 284 BGB
K. will auf den Neukauf eines Pkw ganz verzichten. Der neu abgeschlossene Mietvertrag für eine Garage muss nun ebenfalls gekündigt werden. Es fallen Mietaufwendungen für drei Monate in Höhe von 150,00 € an. K. kann sich von V. diese vergeblichen Aufwendungen ersetzen lassen.

Rücktritt oder Minderung

Erklärt der Käufer den **Rücktritt,** wird der Kaufvertrag rückgängig gemacht. Die Rücktrittserklärung ist eine einseitige, empfangsbedürftige Willenserklärung.

Voraussetzungen für den Rücktritt sind eine nicht vertragsgemäße, mangelhafte Leistung, das Vorliegen eines **erheblichen Sachmangels** und grundsätzlich der Ablauf einer vom Käufer gesetzten, angemessenen **Frist** für die Nacherfüllung § 323 BGB. Die Rechtsfolgen des Rücktritts sind das Erlöschen der beiderseitigen Leistungspflichten und die Rückgewährung empfangener Leistungen: mangelhafte Ware zurück – Geld zurück.

Der Rücktritt ist nicht mit dem sogenannten **Umtausch** zu verwechseln. Die Rückgabe mangelfreier Ware ist eine vertragliche Kulanzleistung, die viele Händler ihren Kunden innerhalb einer bestimmten Frist gewähren.

„Vom Umtausch ausgeschlossen" heißt nicht „von der Mangelgewährleistung ausgeschlossen".

Statt zurückzutreten, kann der Käufer **Minderung** geltend machen, § 441 BGB. Minderung bedeutet Herabsetzung des Kaufpreises. Die Minderung wird durch einseitige, empfangsbedürftige Erklärung ausgeübt. Die Voraussetzungen für Rücktritt und Minderung sind gleich, mit der Ausnahme, dass eine Minderung **auch für unerhebliche Mängel** möglich ist.

221060260

Während Rücktritt und Minderung sich gegenseitig ausschließen, sind Schadensersatz- oder Aufwendungsersatzansprüche grundsätzlich neben Minderung bzw. Rücktritt möglich.

Schadensersatz oder Aufwendungsersatz

Die Voraussetzungen des Schadens- oder Aufwendungsersatzes entsprechen im Wesentlichen denen des Rücktritts, mit dem Unterschied, dass hierfür zusätzlich das **Vertretenmüssen** des Verkäufers vorliegen muss. Wenn ein Mangel vorliegt, wird vom Gesetzgeber jedoch unterstellt, dass der Schuldner – der Verkäufer – diese Pflichtverletzung zu vertreten hat, vgl. § 280 Abs. 1 S. 2 BGB. Der Schuldner muss dann die Schäden oder Aufwendungen ersetzen. Wenn er beweisen kann, dass er nicht vorsätzlich oder fahrlässig handelte, haftet er nicht.

Ein Vertretenmüssen des Verkäufers ist zu bejahen, wenn der Verkäufer zumindest fahrlässig nicht verhindert hat, dass der Käufer eine mangelhafte Sache erhält. Der Verkäufer muss den Mangel der Sache nicht selbst verursacht haben. Je teurer und hochwertiger die gekaufte Sache ist, desto höher sind die Sorgfaltspflichten des Verkäufers. Er hat die Sache vor der Auslieferung auf Mangelfreiheit zu überprüfen. Ausnahmsweise muss der Verkäufer auch ohne Verschulden für die Mängelfreiheit haften. Dies ist der Fall, wenn er eine vertragliche **Garantie** für bestimmte Eigenschaften der Sache übernommen hat, vgl. Kapitel 4.3.4.

Den **Schadensersatz statt der Leistung** verlangt der Käufer beim sogenannten **Mangelschaden.** Dieser Schaden wäre bei ordnungsgemäßer Nacherfüllung nicht entstanden oder bleibt nach der Rückgabe des gelieferten Kaufgegenstandes übrig. Wie beim Rücktritt ist die vollständige Rückgängigmachung des Vertrags durch Rückgabe der Sache verbunden mit dem Schadensersatz statt der „ganzen" Leistung jedoch nur bei erheblichen Mängeln möglich.

Beispiele

Schadensersatz statt der Leistung für Mangelschäden, §§ 437 Nr. 3, 281 BGB

Schadensersatz statt der Leistung

Eine gekaufte Druckmaschine ist aufgrund eines Mangels nicht einsatzbereit. Die Druckerei rügt den Mangel sofort beim Lieferanten und setzt eine Frist zur Nacherfüllung. Nach erfolglosem Ablauf der Frist lässt die Druckerei die Maschine selbst durch einen Handwerksbetrieb reparieren. Die entstandenen Kosten muss der Verkäufer ersetzen.

Schadensersatz statt der ganzen Leistung

Nach erfolglosem Ablauf der Frist zur Nacherfüllung kauft die Druckerei eine ähnliche Druckmaschine bei einem anderen Hersteller zu einem höheren Preis. Der Verkäufer erhält seine defekte Maschine zurück und muss die Mehrkosten für die neue Maschine ersetzen.

Schadensersatz neben der Leistung erhält der Käufer für sogenannte **(Mangel-) Folgeschäden,** die der Verkäufer zu vertreten hat. Entstehen durch den Mangel der Kaufsache oder durch eine Nebenpflichtverletzung Schäden an anderen Rechtsgütern, so kann der Käufer diese als Schadensersatz neben der Leistung ersetzt verlangen.

Beispiele

Schadensersatz neben der Leistung für Folgeschäden, §§ 437 Nr. 3, 280 Abs. 1 BGB

Mangelfolgeschaden

Die mangelhafte Druckmaschine hat ein Leck, aus dem die Farbe ausläuft. Die Farbe ruiniert eine Rolle mit einer Tonne Papier, die auf der Maschine montiert war. Die Kosten für das Papier muss der Verkäufer ersetzen.

Folgeschaden durch Nebenpflichtverletzung

Bei der Lieferung der Druckmaschine wird durch Unachtsamkeit eines Mitarbeiters des Verkäufers der Fußboden der Druckerei beschädigt. Für die Reparatur muss der Verkäufer aufkommen.

Anstelle des Schadensersatzes für unfreiwillige Vermögenseinbußen kann der Käufer – neben dem Rücktritt oder der Minderung – Aufwendungsersatz für freiwillige Vermögensnachteile verlangen.

Beispiel

Aufwendungsersatz, §§ 437 Nr. 3, 284 BGB

Ein Grundstück wird verkauft. Nach Abschluss des notariell beurkundeten Kaufvertrages stellt der Käufer fest, dass der Erdboden verseucht ist. Nacherfüllung ist nicht möglich. Der Käufer tritt gemäß § 323 BGB vom Vertrag zurück und macht die Beurkundungskosten gemäß § 284 BGB gegenüber dem Verkäufer als vergebliche Aufwendungen geltend.

Gewährleistung bei mangelhafter Lieferung, § 437 BGB

Voraussetzungen für vorrangiges Recht
- Mangel liegt vor.
- Mangel war bei Gefahrübergang vorhanden.

Recht bei Folgeschäden, § 437 Nr. 3 BGB

vorrangiges Recht: Nacherfüllung, §§ 437, 439 BGB

Mangelbeseitigung: **Nachbesserung** oder Lieferung einer mangelfreien Sache: **Ersatzlieferung**

und evtl.

Ersatz angemessener Aufwendungen für Aus- und Einbau

Voraussetzungen für nachrangige Rechte

Scheitern der Nacherfüllung, §§ 439 Abs. 4, 440 BGB, weil ...
- für den Käufer unzumutbar oder für den Verkäufer unverhältnismäßig
- Mangel ist nicht behebbar oder Ersatzlieferung ist ausgeschlossen
- Frist für Nacherfüllung ist abgelaufen oder zweiter Nachbesserungsversuch ist fehlgeschlagen.

nachrangige Rechte, § 437 Nr. 2, 3 BGB

Schadensersatz neben der Leistung § 280 Abs. 1 BGB

Schadensersatz statt der Leistung §§ 280 Abs. 3, 281 BGB oder **Ersatz vergeblicher Aufwendungen** §§ 281, 284 BGB und **Rücktritt** § 323 BGB oder **Minderung** § 441 BGB

weitere Voraussetzungen[1]

Schadensersatz neben der Leistung		Schadensersatz statt der Leistung		Ersatz vergeblicher Aufwendungen		Rücktritt		Minderung
0. Schaden (Mangelfolgeschaden)	=	**0.** Schaden (Mangelschaden)	≅	**0.** angemessene vergebliche Aufwendungen	≠	–	=	–
1. Vertrag	=	**1.** Vertrag	=	**1.** Vertrag	≅	**1.** Vertrag	≅	**1.** Vertrag
2. Schlechtleistung oder Hauptpflicht (Mangel) oder einer Nebenpflicht (Pflichtverletzung)	=	**2.** (ggf. erheblicher) Mangel (Leistung nicht wie geschuldet erbracht)	=	**2.** Mangel (Leistung nicht wie geschuldet erbracht)	≅	**2.** erheblicher Mangel (Leistung nicht vertragsgemäß erbracht)	≅	**2.** (auch geringfügiger) Mangel
(4.) Vertretenmüssen	=	**(4.)** Vertretenmüssen	=	**(4.)** Vertretenmüssen	≠	**(4.)** – (kein Vertretenmüssen)	=	**(4.)** – (kein Vertretenmüssen)
–	≠	**5.** Fristsetzung und Fristablauf oder Entbehrlichkeit der Frist	=	**5.** Fristsetzung und Fristablauf oder Entbehrlichkeit der Frist	=	**5.** Fristsetzung und Fristablauf oder Entbehrlichkeit der Frist	=	**5.** Fristsetzung und Fristablauf oder Entbehrlichkeit der Frist

1 Um die Prüfungsschemata bei Leistungsstörungen vergleichbar zu machen, wurde dieselbe Nummerierung gewählt. Die Verzugsvoraussetzung Nr. 3 „Mahnung" entfällt hier jedoch.

4.3.4 Sonderfälle: Garantie oder Gewährleistungsausschluss

Garantie neben der Mangelgewährleistung

Wenn der Verkäufer eine vertragliche Garantie übernommen hat, haftet er für die in der Garantieerklärung zugesicherten Eigenschaften unabhängig von seinem Verschulden, § 276 Abs. 1 BGB. Garantien ergänzen oder verlängern die gesetzlichen Rechte des Käufers bei der Mangelgewährleistung. Der Verkäufer oder ein Dritter – Hersteller, Großhändler oder Importeur der Sache – übernimmt die Gewähr dafür, dass die verkaufte Sache eine bestimmte Eigenschaft bzw. Beschaffenheit hat („wasserdicht") oder dass die Sache bestimmte Fehler nicht aufweist („rostfrei"). Wenn die Beschaffenheitszusicherung mit einer Zeitangabe verbunden ist, handelt es sich um eine Haltbarkeitsgarantie („mindestens haltbar bis ...“). Dem Käufer stehen die Rechte aus der Garantie unabhängig von seinen gesetzlichen Rechten zu. Umfang und Dauer der Rechte ergeben sich aus der Garantieerklärung, § 443 Abs. 1, 479 BGB. Das Versprechen des Garantiegebers, für die benannten Eigenschaften einstehen zu wollen, kennzeichnet die Garantie („fabrikneu“). Bloße Anpreisungen („hochfeine Qualität“) stellen keine Garantie dar.

Ausschluss der Mängelgewährleistung

Grundsätzlich können die Mängelgewährleistungsrechte vertraglich beschränkt oder ausgeschlossen werden. Dies geschieht häufig bei Kaufverträgen über Grundstücke oder über gebrauchte Sachen unter Verbrauchern („gekauft wie gesehen“).

Der **vertragliche Ausschluss** der Mängelgewährleistung ist in folgenden Fällen nicht zulässig:

- Der Verkäufer hat den Mangel **arglistig verschwiegen** oder hat eine Garantie für die Beschaffenheit der Sache übernommen, § 444 BGB.
- Es sind grundsätzlich keine abweichenden Regelungen zum Nachteil des Käufers zulässig, weil es sich um einen **Verbrauchsgüterkauf** handelt (Verkäufer ist Unternehmer, Käufer ist Verbraucher), § 475 ff. BGB.

Der **gesetzliche Ausschluss** der Mangelgewährleistung ist in folgenden Fällen vorgesehen:

- Der Käufer **kennt den Mangel** der Kaufsache bereits beim Vertragsschluss oder kennt ihn aufgrund grober Fahrlässigkeit nicht (Kauf von Waren „2. Wahl“), § 442 Abs. 1 BGB.
- Beim **zweiseitigen Handelskauf** (beide Vertragspartner sind Kaufleute) wird ein **offener Mangel nicht unverzüglich gerügt,** die Ware gilt als genehmigt, § 377 Abs. 1 HGB.

4.3.5 Verjährung der Mängelgewährleistungsrechte

Seine Rechte kann der Käufer nicht unendlich lange beanspruchen, der Verkäufer kann die Haftung für Mängel nach Ablauf der sogenannten Gewährleistungsfrist verweigern. Die maßgeblichen Verjährungsfristen sind der Tabelle zu entnehmen.

<table>
<tr><th colspan="6">Gewährleistungsfristen</th></tr>
<tr><th colspan="6">Beginn und Dauer der Verjährungsfristen für Mängel, § 438 Abs. 1, 2 BGB</th></tr>
<tr><th colspan="2">bewegliche Sachen und Grundstücke</th><th colspan="2">Bauwerke und dafür verwendete Sachen</th><th colspan="2">dingliche (im Grundbuch eingetragene) Rechte</th></tr>
<tr><td colspan="2">2 Jahre ab Übergabe/Ablieferung</td><td colspan="2">5 Jahre ab Ablieferung/Übergabe</td><td colspan="2" rowspan="3">30 Jahre ab Übergabe des Grundstücks</td></tr>
<tr><th colspan="4">Verjährung arglistig verschwiegener Mängel, § 438 ABS.3 BGB</th></tr>
<tr><td colspan="2">3 Jahre ab Ende des Jahres, in dem der Käufer von der Arglist Kenntnis bekam, §§ 195, 199 BGB</td><td colspan="2">3 Jahre ab Ende des Jahres, in dem der Käufers von der Arglist Kenntnis bekam, jedoch nicht früher als die 5-jährige Verjährungsfrist</td></tr>
<tr><th colspan="6">Gewährleistung beim Verbrauchsgüterkauf, §§ 474, 477 BGB</th></tr>
<tr><th colspan="3">neue Sachen mindestens 2 Jahre</th><th colspan="3">gebrauchte Sachen mindestens 1 Jahr</th></tr>
<tr><td colspan="6">6 Monate Beweislastumkehr zugunsten des Verbrauchers</td></tr>
</table>

4.3.6 Besonderheiten bei unterschiedlichen Kaufvertragsarten

Unterscheidung nach den Vertragsparteien

Die Regelungen zum Kaufvertrag gemäß § 433 ff. BGB werden in manchen Fällen durch Sonderregelungen ergänzt, je nachdem, wer Vertragspartei ist.

Störungen bei Abschluss und Erfüllung des Vertrags (am Beispiel des Kaufvertrags)

Kaufvertragsarten nach Vertragsparteien

Merkmale \ Vertragsart		bürgerlicher Kauf	Verbrauchsgüterkauf	zweiseitiger Handelskauf	einseitiger Handelskauf	
Vertragsparteien	**Verkäufer**	Verbraucher (§ 13 BGB)	Unternehmer (§ 14 BGB)	Kaufmann	Kaufmann (§ 1 ff. HGB)	Nichtkaufmann
	Käufer	Verbraucher	Verbraucher	Kaufmann	Nichtkaufmann	Kaufmann
Sonderregelungen		keine	diverse verbraucherschützende Regelungen, § 474 ff. BGB	Prüfungs- und Rügepflicht bei Mängeln, § 377 HGB	für den Kaufmann gelten die Regelungen des Handelskaufs, §§ 373–379 HGB	

Sonderregelungen beim zweiseitigen Handelskauf

Wenn für beide Vertragsparteien der Kauf ein Handelsgeschäft ist, d. h., es handelt sich um Geschäfte von Kaufleuten, die zum Betrieb ihres jeweiligen Handelsgewerbes gehören, spricht man von einem zweiseitigen Handelskauf. Hier muss der Käufer die Ware unverzüglich nach Ablieferung durch den Verkäufer untersuchen **(unverzügliche Prüfung).** Sollte sich ein Mangel zeigen **(offener Mangel),** muss der Käufer unverzüglich den Verkäufer benachrichtigen **(unverzügliche Rüge).** Unterlässt der Käufer die Rüge oder rügt er zu spät, gilt die Ware als genehmigt und er verliert seine Gewährleistungsrechte. Wird ein nicht offensichtlicher Mangel erst später erkannt **(versteckter, verdeckter Mangel),** muss er unverzüglich, jedoch spätestens binnen zwei Jahren gerügt werden, § 377 HGB, § 438 Abs. 1 Nr. 3 BGB.

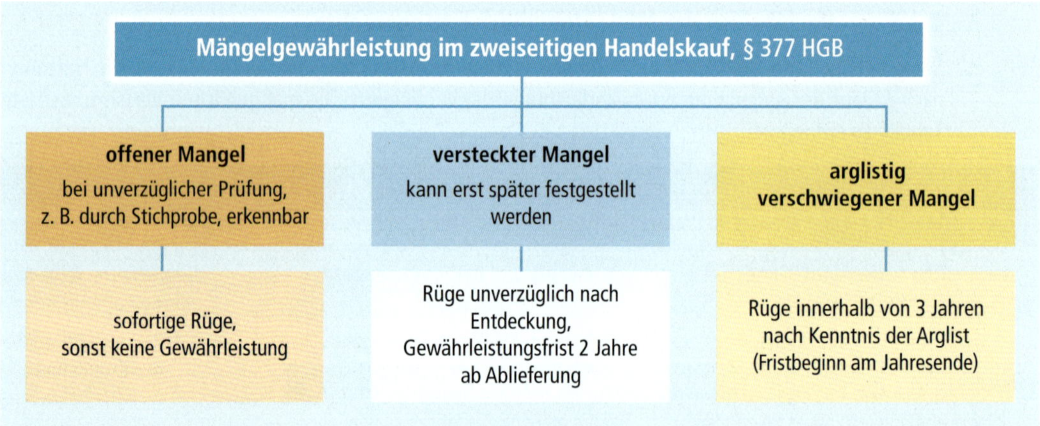

Werden an der Ware Mängel gerügt und soll die Ware zurückgegeben werden, ist der Kaufmann zur **Aufbewahrung** bis zur Abholung verpflichtet, es sei denn, es handelt sich um verderbliche Sachen. Hier ist der Notverkauf zulässig.

Der Staat wird immer dann als Kaufmann behandelt, wenn er erwerbswirtschaftlich arbeitet. Öffentliche Betriebe arbeiten meist nach dem erwerbswirtschaftlichen Prinzip, d. h., dass sie wie ein Kaufmann gekaufte Sachen bei der Übergabe unverzüglich prüfen und offene Mängel sogleich rügen müssen.

Sonderregelungen beim Verbrauchsgüterkauf

Beim Verbrauchsgüterkauf, § 474 BGB, muss es sich nicht um Verbrauchsgüter bzw. Sachen handeln, die zum Verbrauch bestimmt sind, § 92 BGB.

Beim Verbrauchsgüterkauf geht es um den Verkauf **beweglicher Sachen und eventuell ergänzender Dienstleistungen** durch einen Unternehmer an einen Verbraucher. Die Dienstleistung kann z. B. das Montieren, Installieren oder Anpassen der verkauften Sache sein. Da der Dienstleistung keine eigenständige Bedeutung zukommt, wird der Vertrag insgesamt als Verbrauchsgüterkauf bezeichnet und dem Kaufrecht zugeordnet.

Für Verbrauchsgüterkäufe gilt § 447 BGB – Gefahrübergang beim Versendungskauf – im Allgemeinen nicht. Damit ist eine **Veränderung der Gefahrtragung bei Versendung von Sachen** verbunden. Beim Versendungskauf geht die Gefahr des zufälligen Verlusts oder der Beschädigung mit der Übergabe an den Transporteur an den Käufer über. Geht die Ware beim Transport verloren oder wird sie beschädigt, muss der Käufer trotzdem zahlen. Dies ist für Verbrauchsgüterkäufe grundsätzlich ausgeschlossen, es sei denn, der Verbraucher hat den Transporteur selbst bestimmt, § 475 Abs. 2 BGB.

Beispiele

Versendungskauf, § 447 BGB

Der Großhändler Growo ExIm GmbH in Dortmund versendet auf Wunsch des Einzelhändlers Erhardt e. K. in Münster zehn Aktenvernichter per Lkw. Bei Übergabe der Aktenvernichter an den Spediteur in Dortmund geht die Gefahr an E. über. Die Transportgefahr trägt E. Werden die Aktenvernichter beim Transport beschädigt, muss E. den vollen Kaufpreis an G. zahlen.

Versendung beim Verbrauchsgüterkauf, § 475 Abs. 2 BGB

Herr Haasis aus Erfurt kauft im Urlaub Möbel beim Händler Möbelgut AG in Bad Segeberg. Die Möbel werden nach Erfurt geliefert. Herr H. muss die Möbel nicht bezahlen, wenn sie bei ihm mit Transportschäden ankommen. Dies gilt jedoch nicht, wenn es sich um Abholmöbel handelt und er selbst die Beförderung organisiert hat.

Der Unternehmer darf **Mängelgewährleistungsrechte** des Verbrauchers **nicht ausschließen.** Die Ansprüche auf Nachbesserung sowie Rücktritt oder Minderung können nicht beschränkt oder ausgeschlossen werden. Lediglich der Anspruch des Verbrauchers auf Aufwendungsersatz bei Nachbesserung oder Ersatzlieferung (Einbau- und Ausbaukosten) kann auf einen angemessenen Betrag beschränkt werden.

Beispiel

Unverhältnismäßige Aufwendungen bei Ersatzlieferung, § 475 Abs. 4 Satz 2 BGB

Die bei Frau Stein eingebauten Terrassenplatten erweisen sich als mangelhaft. Sie müssen entfernt und neue, mangelfreie Platten eingebaut werden. Der Verkäufer kann Unverhältnismäßigkeit geltend machen, wenn die Gesamtkosten ca. 100–150 % des Wertes der Platten in mangelfreiem Zustand übersteigen.

Auch die **Gewährleistungsfristen** von zwei Jahren für neue und ein Jahr für gebrauchte Sachen dürfen nicht unterschritten werden. Außerdem gilt während der ersten sechs Monate nach der Übergabe der Sache eine **Beweislastumkehr** zugunsten des Verbrauchers. Tritt nämlich während sechs Monaten nach Übergabe ein Sachmangel auf, wird vermutet, dass der Mangel bereits bei Gefahrübergang vorhanden war. Der Unternehmer muss im Streitfall beweisen, dass der Mangel z. B. durch zufällige Beschädigung oder unsachgemäßen Gebrauch des Käufers entstanden ist.

Beispiel

Beweislastumkehr, § 476 BGB (entgegen § 363 BGB)

Fünf Monate nach dem Kauf tritt am Smartphone von Frau Reinke ein Defekt im Display auf. Der Händler erklärt der Mangel sei auf Bedienungsfehler der Kundin zurückzuführen. R. bestreitet das und fordert Ersatzlieferung eines neuen Smartphones. Wenn der Händler seine Behauptung nicht beweisen kann, muss er kostenlos nacherfüllen.

4.4 Schuldnerverzug beim Kaufvertrag: Lieferungs- und Zahlungsverzug

Einstiegsfall Unpünktliche Kopierer

Laut Kaufvertrag vom 10. Mai 20.. soll die Mokros GmbH an die Stadtverwaltung Neustadt zehn Kopierer Marke Xorex 300 liefern. Die Lieferklausel lautet: „schnellstmöglich“. Am 25. Mai 20.. ist die Lieferung immer noch nicht eingetroffen. Ein Mitarbeiter der Stadtverwaltung ruft daraufhin am selben Tag bei der Mokros GmbH an.

a) M. teilt mit, dass der Hersteller noch nicht geliefert hätte und bittet um Geduld.
b) M. teilt mit, dass sie Ware dieses Herstellers leider nicht mehr führen.
c) Abwandlung: Die Lieferklausel lautet „Lieferung genau am 20. Mai“.

Liegt in den Fällen a) bis c) Verzug vor?
Welche Rechte kann die Stadtverwaltung jeweils geltend machen?

4.4.1 Voraussetzungen/Tatbestand des Schuldnerverzugs

Leistet der **Schuldner** verspätet, handelt es sich um Verzug, sofern bestimmte Voraussetzungen vorliegen. Beim Kaufvertrag unterscheidet man den Lieferungs- und Zahlungsverzug. Entsteht dem Gläubiger durch den Verzug des Schuldners ein Schaden, kann er ihn ersetzt verlangen. Dabei sind folgende Voraussetzungen zu prüfen, §§ 280, 286 BGB:

- Es liegt ein wirksamer **Vertrag** zugrunde.
- Die **Leistung** wird vom Schuldner **nicht erbracht,** obwohl sie möglich ist (also keine Unmöglichkeit der Leistung vorliegt).
  Bei der Geldschuld kann praktisch nie Unmöglichkeit vorliegen.
- Die Leistung muss **fällig** sein. Die Leistungszeit kann vertraglich vereinbart sein oder es ist nach Gesetz **sofort** zu leisten, § 271 BGB, bzw. **unverzüglich** nach Abschluss des Vertrags beim Verbrauchsgüterkauf, § 475 Abs. 1 BGB.
- Eine **Mahnung** (= einseitige empfangsbedürftige Erklärung an den Schuldner) ist erfolgt. Die Erhebung einer Klage sowie die Zustellung eines gerichtlichen Mahnbescheids bei der Geldschuld steht der Mahnung gleich (zum Mahnverfahren vgl. LF 4 Kapitel 4.5.1).

  Eine Mahnung ist in einigen Fällen nicht notwendig.

Beispiele

Keine Mahnung erforderlich, § 286 Abs. 2 BGB

Lieferungsverzug	Zahlungsverzug
Nr. 1 Leistungszeit nach dem Kalender bestimmt	
Terminkauf: „Lieferung am 5. März 20..“ Fixkauf: „Lieferung fix am 5. März 20..“	„Zahlungseingang bis Mitte Januar“
Nr. 2 Leistungszeit ab einem Ereignis nach dem Kalender berechenbar	
„Lieferung zwei Tage nach telefonischem Abruf“	„Zahlung innerhalb von zwei Wochen nach Lieferung“
Nr. 3 Leistungsverweigerung	
Der Verkäufer teilt telefonisch mit, dass er die bestellte Ware nicht mehr führt.	Der Käufer übersendet ein Fax, in dem er mitteilt, dass er zahlungsunfähig ist.
Nr. 4 Besondere Gründe	
Besondere Dringlichkeit der Leistung: Der Käufer bestellt telefonisch einen Bauzaun zur sofortigen Sicherung einer tiefen Grube, die durch Unterspülung der Erdoberfläche bei einem Wasserrohrbruch entstanden ist. Der Bauzaun wird selbst am nächsten Tag nicht geliefert.	**Gründe im Verhalten des Schuldners:** Der Käufer zieht um, ohne einen Nachsendeantrag bei der Post zu stellen. Die Mahnung kommt als unzustellbar zurück.
„Selbstmahnung“: Der Verkäufer faxt und kündigt die Lieferung bestellter Druckertonerkartuschen für den nächsten Tag an. Die Lieferung erfolgt nicht.	**„Selbstmahnung“:** Der Käufer unterschreibt ein Lastschriftmandat. Die Lastschrift wird wegen Kontoüberziehung nicht eingelöst.

Es gibt weitere gesetzliche Regelungen zum **Verzug ohne Mahnung** beim Schuldnerverzug.

Sonderregelungen für den Schuldnerverzug ohne Mahnung	
Lieferungsverzug: beim Verbrauchsgüterkauf, § 475 Abs. 1 BGB	**Zahlungsverzug: bei Entgeltforderungen, § 286 Abs. 3 BGB**
■ Übergabe der Sache unverzüglich, spätestens 30 Tage nach Vertragsschluss	■ 30 Tage nach Fälligkeit und Zugang einer Rechnung – bei Verbrauchern: nur bei entsprechendem Hinweis auf der Rechnung – bei Unternehmern: spätestens 30 Tage nach Fälligkeit und Empfang der Gegenleistung

Beispiele

Keine Mahnung erforderlich – Spezialfälle Verbrauchsgüterkauf, § 475 Abs. 1 BGB, und Entgeltforderung, § 286 Abs. 3 BGB

Lieferungsverzug 30 Tage nach Verbrauchsgüterkaufvertrag

Der Verbraucher Kühn hat beim Tischler Tramm am 5. Mai drei Holzfenster bestellt. Es wird kein Liefertermin vereinbart. Tischler Tramm liefert bis Mitte Juni ohne Begründung nicht.

Rechtsfolge: *Fälligkeit ab 5. Mai, das heißt, Fristbeginn mit Ablauf des 5. Mai (24:00 Uhr), Fristende 4. Juni (24:00 Uhr), Verzug ab 5. Juni (00:00 Uhr).*

Zahlungsverzug 30 Tage nach Fälligkeit und Rechnungszugang gegenüber Verbrauchern

Der Verbraucher K. hat beim Tischler T. am 5. Mai drei Holzfenster bestellt, die am 30. Mai geliefert werden. Die Rechnung des T. wird bei der Lieferung übergeben.

a) Die Rechnung enthält einen Hinweis auf die gesetzliche 30-Tages-Frist.
Rechtsfolge: *Fälligkeit 5. Mai, Rechnungszugang 30. Mai, d. h., Fristbeginn mit Ablauf des 30. Mai (24:00 Uhr), Fristende 29. Juni (24:00 Uhr), Verzug ab 30. Juni (00:00 Uhr).*

b) Die Rechnung enthält keinen Hinweis auf die 30-Tages-Frist.
Rechtsfolge: *Kein Verzug ohne Mahnung!*

Zahlungsverzug 30 Tage nach Fälligkeit und Rechnungszugang gegenüber Unternehmern

Der Baumarkt F. bestellt beim Tischler T. am 5. Mai 50 Holzfenster. Die Rechnung des T. geht dem F. am 15. Mai zu. Die Fenster werden am 30. Mai geliefert. T. veranlasst nichts weiter.

Rechtsfolge: *Fälligkeit 5. Mai, Rechnungszugang 15. Mai, d. h., Fristbeginn mit Ablauf des 15. Mai (24:00 Uhr), Fristende 14. Juni (24:00 Uhr), Verzug ab 15. Juni (00:00 Uhr).*

- Damit Verzug eintritt, muss schließlich noch das **Vertretenmüssen der Nichtleistung** hinzukommen. Dieses wird vom Gesetzgeber grundsätzlich unterstellt. Der Schuldner muss für die von ihm verschuldete, also vorsätzlich oder fahrlässig verursachte Nichtleistung einstehen. Wenn der Schuldner die Verzögerung ausnahmsweise nicht zu vertreten hat und dies nachweisen kann, kann er einen Entlastungsbeweis führen. Manchmal muss der Schuldner auch ohne Verschulden haften, d. h., Vertretenmüssen liegt vor, obwohl der Schuldner nicht einmal fahrlässig war.
  - Die Leistungspflicht bei Warenschulden, die **Gattungsschulden** sind (in der Regel alle neuen Serienprodukte), unterliegt einer strengen Haftung. Das Vertretenmüssen liegt unabhängig von Vorsatz oder Fahrlässigkeit grundsätzlich vor. Der Verkäufer hat das Beschaffungsrisiko zu tragen und muss liefern, solange die Leistung aus der Gattung noch möglich ist.
  - Bei **Geldschulden** liegt Vertretenmüssen meist vor, weil jeder für seine Zahlungsfähigkeit einstehen muss. Hierzu gilt unter Juristen folgender Merkspruch: „Geld hat man zu haben!" Nur in seltenen Fällen wird es einen Entlastungsbeweis geben.

Vertretenmüssen liegt grundsätzlich vor

- mit Verschulden bei Vorsatz oder Fahrlässigkeit,
- auch ohne Verschulden bei Geld- und Gattungsschulden.

Beispiele

Vertretenmüssen

bloße Lieferungsverzögerung – kein Verzug

Tischler T. kann die drei bestellten Holzfenster nicht wie am 5. Mai vereinbart rechtzeitig am 30. Mai an den Verbraucher K. ausliefern, da seine Mitarbeiter seit dem 7. Mai in einen von ihrer Gewerkschaft ausgerufenen, unbefristeten Streik getreten sind.

= Kein Vertretenmüssen und kein Verschulden, da keine Fahrlässigkeit, wenn der Streik nicht vorhersehbar und vermeidbar war.

bloße Zahlungsverzögerung – kein Verzug
Verbraucher K. kann die Rechnung des Tischlers T. nicht bezahlen, da er wegen eines schweren Autounfalls im Koma liegt. = Ausnahme hier: Kein Vertretenmüssen und kein Verschulden, finanzielle Leistungsfähigkeit liegt zwar vor, aber keine Fahrlässigkeit hinsichtlich der Nichtzahlung.

Lieferungsverzug
Tischler T. kann die drei bestellten Holzfenster nicht wie vereinbart an den Verbraucher K. ausliefern, da er zwischenzeitlich einen anderen Kunden beliefert hat.
→ Vertretenmüssen und Verschulden, Vorsatz wegen Wissen und Wollen der Vertragsverletzung

Zahlungsverzug
Verbraucher K. kann die Rechnung des Tischlers T. nicht bezahlen, weil er inzwischen unverschuldet arbeitslos geworden ist.
→ Vertretenmüssen trotz fehlendem Verschulden, da für finanzielle Leistungsfähigkeit gehaftet wird!

Voraussetzungen des Schuldnerverzugs nach §§ 280, 286

Lieferungsverzug		Zahlungsverzug
1. **Vertrag** liegt vor, § 280 Abs. 1, 2 BGB	=	1. **Vertrag** liegt vor, § 280 Abs. 1, 2 BGB
2. **Nichtlieferung** (obwohl Leistung noch möglich ist) **trotz Fälligkeit,** § 286 Abs. 1 BGB entsprechend ■ vertraglicher Vereinbarung oder ■ gesetzlicher Leistungszeit: sofort, § 271 BGB, oder unverzüglich beim Verbrauchsgüterkauf, § 475 Abs. 1 BGB	=	2. **Nichtzahlung** (obwohl Leistung von Geld stets möglich ist) **trotz Fälligkeit,** § 286 Abs. 1 BGB entsprechend ■ vertraglicher Vereinbarung oder ■ gesetzlicher Leistungszeit: sofort, § 271 BGB, oder unverzüglich beim Verbrauchsgüterkauf, § 475 Abs. 1 BGB
3. **Mahnung** (Klage), § 286 Abs. 1 BGB oder	=	3. **Mahnung** (Mahnbescheid Klage), § 286 Abs. 1 BGB oder
Verzug **ohne Mahnung** nach § 286 Abs. 2 BGB bei: ■ kalendermäßig bestimmter Leistungszeit (Termin- oder Fixkauf), Nr. 1 ■ nach Ereignis kalendermäßig berechenbarer Leistungszeit Nr. 2 ■ Leistungsverweigerung, Nr. 3 ■ besonderen Gründen, Nr. 4	=	Verzug **ohne Mahnung** nach § 286 Abs. 2 BGB bei: ■ kalendermäßig bestimmter Leistungszeit, Nr. 1 ■ nach Ereignis kalendermäßig berechenbarer Leistungszeit Nr. 2 ■ Leistungsverweigerung, Nr. 3 ■ besonderen Gründen, Nr. 4
oder Verzug **ohne Mahnung beim Verbrauchsgüterkauf** nach § 475 Abs. 1 BGB: ■ 30 Tage nach Vertragsabschluss	≈	oder Verzug **ohne Mahnung beim Entgeltforderung** nach § 286 Abs. 3 BGB: ■ 30 Tage nach Fälligkeit und Rechnungszugang
(4.) Vertretenmüssenn, §§ 286 Abs. 4, 276 BGB ■ Verschulden liegt vor bei: – Vorsatz (absichtlichem Handeln) – Fahrlässigkeit (Handeln ohne erforderliche Sorgfalt) ■ Vertretenmüssen liegt bei Übernahme eines Beschaffungsrisikos (bei Gattungsschuld) grundsätzlich vor, § 276 BGB.	=	**(4.) Vertretenmüssenn,** §§ 286 Abs. 4, 276 BGB ■ Vertretenmüssen liegt bei Geldschulden vor. = „Geld hat man zu haben“.

Leitsatz: Schuldnerverzug ist die zu vertretende Nichtleistung trotz Vertrag, Fälligkeit und Mahnung.

4.4.2 Ansprüche/Rechte des Gläubigers bei Schuldnerverzug

Sofern Schuldnerverzug vorliegt, hat der Gläubiger folgende Rechte: Vorrangig den Schadensersatz neben der Leistung oder nachrangig Rücktritt, Schadensersatz statt der Leistung oder Aufwendungsersatz. Zunächst soll dem säumigen Schuldner noch die Chance gegeben werden den abgeschlossenen Vertrag zu erfüllen, d. h. zu liefern oder zu zahlen.

■ Vorrangig: Erfüllung der Leistung und Schadensersatz neben der Leistung

Vorerst bleibt der Anspruch auf **Erfüllung der Leistung** bestehen. Der Gläubiger erwartet die Leistung des Schuldners und kann zusätzlich Schadensersatz neben der Leistung verlangen. Der **Schadensersatz neben der Leistung** umfasst den Ersatz der Schäden, die auf die Verzögerung zurückzuführen sind, d. h. während des Wartens auf die Leistung – also neben der (verspäteten) Leistung – entstehen.

Dies können beim **Lieferungsverzug** z. B. die Mahnkosten ab der zweiten Mahnung, Miete für einen Ersatzgegenstand oder entgangener Gewinn sein. Da der durch die verspätete Warenlieferung entgangene Gewinn schwierig zu ermitteln ist, werden im Geschäftsverkehr für nicht rechtzeitige Erfüllung häufig Vertragsstrafen vereinbart, § 339 ff. BGB.

Beispiele

Schadensersatz neben der Leistung bei Lieferungsverzug, § 280 Abs. 1 BGB *(Ersatz des Verzugsschadens)*

Ersatz des entgangenen Gewinns, § 252 BGB
Tischler T. kommt mit der Lieferung der 50 Holzfenster zwei Wochen in Verzug. Dem Baumarkt F. entgeht dadurch Umsatz. Da pro Woche durchschnittlich zehn Holzfenster verkauft werden, kann F. dem T. die Differenz zwischen Einkaufs- und Verkaufspreis für bis zu 20 Holzfenster als entgangenen Gewinn in Rechnung stellen.

Zahlung einer vereinbarten Vertragsstrafe, §§ 339, 341 BGB
In dem vom Baumarkt F. und Tischler T. abgeschlossenen Vertrag ist für den Fall des Lieferungsverzugs eine Vertragsstrafe von 0,2 % der Kaufsumme pro Tag vereinbart worden. Da T. zwei Wochen mit seiner Leistung in Verzug war, muss er 2,8 % der Kaufsumme als Vertragsstrafe an F. zahlen. F. kann stattdessen den Betrag der Strafe direkt mit der Kaufpreisforderung aufrechnen, § 387 ff. BGB, d. h., er zahlt T. statt 100 % nur 97,2 % der Kaufsumme.

Beim **Zahlungsverzug** werden mindestens die **Verzugszinsen** ersetzt, d. h., ob dem Geldgläubiger tatsächlich ein Schaden entstanden ist oder nicht, ist gleichgültig, er kann mindestens die gesetzlichen Verzugszinsen verlangen, § 288 BGB. Höhere Zinsen können gefordert werden, wenn sie vertraglich vereinbart wurden. Der Gläubiger hat außerdem gegenüber einem Geldschuldner, der nicht Verbraucher ist, den Anspruch auf Zahlung einer **Pauschale** in Höhe von **40,00 Euro**, § 288 Abs. 5 BGB. Der Ausgleich eines weitergehenden Schadens kann verlangt werden, wenn der Schaden nachweisbar ist, z. B. Mahnkosten, Anwaltsgebühren, die Pauschale ist dabei anzurechnen.

gesetzlicher Verzugszinssatz bei Rechtsgeschäften ...	
an denen Verbraucher nicht beteiligt sind, § 288 Abs. 2 BGB	an denen Verbraucher beteiligt sind, § 288 Abs. 1 BGB
Basiszinssatz + 9 %	Basiszinssatz + 5 %

Der **Basiszinssatz** wird halbjährlich von der Deutschen Bundesbank festgesetzt. Er wird im Bundesanzeiger und im Internet veröffentlicht (jeweils zum 1. Januar und 1. Juli). Durch den Bezug auf den Basiszinssatz wird erreicht, dass sich die Höhe des gesetzlichen Verzugszinssatzes jeweils an das herrschende Zinsniveau am Geldmarkt anpasst.

■ Nachrangig: Leistung entfällt und Rücktritt, Schadensersatz statt der Leistung oder Aufwendungsersatz

Rücktritt

Der Rücktritt kommt infrage, wenn der Gläubiger auf die Leistung nicht mehr warten und sich vom Vertrag lösen will. Der Rücktritt ist selbst dann möglich, wenn der Schuldner die Verzögerung **nicht zu vertreten** hat, er also die Verspätung der Leistung weder fahrlässig noch vorsätzlich verursacht hat. Umgekehrt darf der **Gläubiger** jedoch die **Verspätung nicht selbst verursacht** haben, z. B. durch einen Annahmeverzug. Eine wesentliche Voraussetzung für den Rücktritt ist der Ablauf einer vom Gläubiger gesetzten, angemessenen **Frist,** um dem Schuldner noch eine Möglichkeit zu geben, seine vertragliche Verpflichtung zu erfüllen.

Diese Nachfristsetzung ist wiederum in einigen Fällen überflüssig. Dies gilt bei endgültiger Leistungsverweigerung des Verkäufers oder wenn die Einhaltung einer bestimmten Frist oder eines Termins für den Käufer wesentlich ist, so z. B. beim Fixgeschäft. **Fixgeschäfte** liegen vor, wenn der Gläubiger auf die Einhaltung der vereinbarten Leistungszeit besonderen Wert legt und dies durch eine Vereinbarung (Klauseln wie „fix“, „prompt“, „präzise“) im Vertrag unterstrichen hat. Beiden Vertragsparteien ist klar, dass mit der zeitgerechten Leistung das Geschäft „stehen und fallen“ soll. Fixgeschäfte sind nicht mit **Termingeschäften** zu verwechseln: Bei nur kalendermäßig bestimmter Leistungszeit („Lieferung am ...“) ist das Nachholen der Leistung noch möglich und eine Nachfristsetzung daher notwendig. Bei **Saisongeschäften** wird die Leistung fristgerecht erwartet, ein Nachholen der Leistung ist nicht mehr möglich.

Beispiele

Rücktritt ohne Fristsetzung beim Lieferungsverzug, § 323 Abs. 2 BGB

Nr. 1 Leistungsverweigerung

Tischler T. teilt dem Baumarkt K. mit, dass er Holzfenster nicht mehr herstellt.

Nr. 2

Fixgeschäft

Im Kaufvertrag zwischen T. und K. war die Lieferung der Holzfenster für den 30. Mai „fix“ vereinbart. T. liefert am 30. Mai nicht.

Fristgerechte Lieferung aufgrund begleitender Umstände wesentlich

Tischler T. soll dem Baumarkt K. Osterhasen aus Holz für den Verkauf als Gartendekoration liefern. T. liefert nicht rechtzeitig vor Ostern. Die Osterhasen sind als Saisonartikel unverkäuflich.

Wenn der Gläubiger den Rücktritt vom Vertrag erklärt hat, entfällt der Anspruch auf die Leistung. Beim Rücktritt wird das gesamte Geschäft rückgängig gemacht, also schon erfolgte Teilzahlungen oder -lieferungen werden zurückgegeben, § 346 BGB. Rücktritt ist beim **Zahlungsverzug** selten. Er kommt nur in Betracht, wenn die Sache vom Käufer noch nicht weiterveräußert wurde und der Geldgläubiger mit der Zahlung nicht mehr rechnet. In diesem Fall kann der Verkäufer nach Ablauf der Nachfrist vom Vertrag zurücktreten, sich die Sache zurückholen und ggf. Schadensersatz statt der Leistung geltend machen, falls die Sache in der Zwischenzeit einen Wertverlust erlitten hat (Beispiel unten).

Schadensersatz statt der Leistung

Auch für den Schadensersatzanspruch ist eine wesentliche Voraussetzung der fruchtlose Ablauf einer vom Gläubiger gesetzten **Frist.** Wie beim Rücktritt ist die Fristsetzung in einigen Fällen nicht erforderlich. Der Gläubiger kann aber im Gegensatz zum Rücktritt den Schadensersatz statt der Leistung nur verlangen, wenn der Schuldner die Leistungsverzögerung **zu vertreten** hat.

Beispiele

Schadensersatz statt der Leistung bei Verzug, §§ 280 Abs. 3, 281 Abs. 1 BGB

Lieferungsverzug: Deckungskauf

Tischler T. liefert nicht rechtzeitig, Baumarkt F. mahnt und setzt eine Frist. T. liefert weiterhin schuldhaft nicht. Nach Ablauf der Frist kauft F. die 50 Holzfenster bei einem anderen Lieferanten zu einem höheren Preis. Den Mehrpreis stellt er T. als Schadensersatz statt der Leistung in Rechnung.

Zahlungsverzug: Wertminderung zurückerhaltener Ware

Tischler T. liefert rechtzeitig, aber der Baumarkt F. zahlt den Kaufpreis nicht. Nach erfolglosem Ablauf einer gesetzten Zahlungsfrist tritt T. vom Vertrag zurück und holt die von ihm gelieferten Fenster wieder ab. Zwei Fenster sind im Baumarkt beschädigt worden und nicht mehr verkäuflich. Diesen Schaden kann er von F. als Schadensersatz statt der Leistung fordern.

Grundsätzlich wird ein entstandener und berechenbarer Vermögensschaden, der **konkrete Schaden**, ersetzt. Der **abstrakte Schaden**, der nicht tatsächlich entstanden sein muss (gesetzliche Verzugszinsen, § 288 Abs. 1 BGB) oder nicht genau berechnet werden kann (entgangener Gewinn, § 252 Abs. 2 BGB), darf nur ausnahmsweise in den gesetzlich vorgeschriebenen Fällen angesetzt werden.

221060270

Ersatz vergeblicher Anwendungen

Wenn dem Gläubiger kein unfreiwilliger Vermögensverlust entstanden ist, also kein Schaden vorliegt, er aber freiwillige Auslagen im Vertrauen auf die rechtzeitige Leistung hatte, kann er Ersatz seiner vergeblichen Aufwendungen verlangen. Die Voraussetzungen sind dieselben wie beim Schadensersatz statt der Leistung.

Beispiel

Ersatz vergeblicher Aufwendungen beim Lieferungsverzug, § 284 BGB

Der Baumarkt F. hat für die Präsentation der Holzfenster bei einer Verkaufsmesse einen Stand gemietet. Da T. die Fenster nicht rechtzeitig liefert, waren die Mietaufwendungen vergeblich. T. muss die Mietaufwendungen ersetzen. Eine Übersicht zu den Voraussetzungen und Rechten aus dem Schuldnerverzug bietet das zusammenfassende Schaubild.

Rechte des Gläubigers beim Schuldnerverzug

vorrangiges Recht: Erfüllung der Leistung **und**

nachrangige Rechte: Leistung entfällt **und**

Schadensersatz neben der Leistung §§ 280 Abs. 1, 2, 286 BGB		Schadensersatz statt der Leistung §§ 280 Abs. 3, 281 BGB	oder	Ersatz vergeblicher Aufwendungen §§ 281, 284 BGB	und	Rücktritt § 323 BGB
Voraussetzungen						
0. Schaden neben der Leistung (z. B. entgangener Gewinn oder Verzugszins)	=	**0.** Schaden statt der Leistung (z. B. Mehrpreis aus Deckungskauf oder Wertminderung zurückerhaltener Ware)	≅	**0.** (angemessene) vergebliche Aufwendungen	≠	—
1. Vertrag	=	**1.** Vertrag	=	**1.** Vertrag	=	**1.** Vertrag
2. Pflichtverletzung durch Nichtleistung trotz Fälligkeit	≅	**2.** Nichtleistung trotz Fälligkeit (Leistung nicht erbracht)	=	**2.** Nichtleistung trotz Fälligkeit (Leistung nicht erbracht)	=	**2.** nicht vom Gläubiger verursachte Nichtleistung (Leistung nicht erbracht)
3. Mahnung oder Entbehrlichkeit der Mahnung	≅	**3.** (Mahnung mit Fristsetzung, siehe 5.)	=	**3.** (Mahnung mit Fristsetzung, siehe 5.)	=	**3.** (Mahnung mit Fristsetzung, siehe 5.)
(4.) Vertretenmüssen	=	**(4.)** Vertretenmüssen	=	**(4.)** Vertretenmüssen	≠	**(4.)** (kein Vertretenmüssen)
—		**5.** Fristsetzung (zugl. Mahnung) und Fristablauf oder Entbehrlichkeit der Frist	=	**5.** Fristsetzung (zugl. Mahnung) und Fristablauf oder Entbehrlichkeit der Frist	=	**5.** Fristsetzung (zugl. Mahnung) und Fristablauf oder Entbehrlichkeit der Frist

Falllösung **Unpünktliche Kopierer**

Laut Kaufvertrag vom 10. Mai soll die Mokros GmbH an die Stadtverwaltung Neustadt zehn Kopierer Marke Xorex 300 liefern. Am 25. Mai ist die Lieferung immer noch nicht eingetroffen. Ein Mitarbeiter der Stadtverwaltung ruft daraufhin am selben Tag bei der Mokros GmbH an.

a) M. teilt mit, dass der Hersteller noch nicht geliefert hätte, und bittet um Geduld.

Voraussetzungen gemäß §§ 280, 286 BGB: 1. Kaufvertrag vom 10. Mai, 2. Fälligkeit und Nichtlieferung, 3. telefonische Mahnung der Verwaltung bzw. sogenannte Selbstmahnung der M. GmbH, 4. Vertretenmüssen (da Gattungsschuld) – Verzug liegt ab 25. Mai vor.

Vorrangige Rechte: Erfüllung und Schadensersatz neben der Leistung, §§ 280, 286 BGB.

Beispiel: zeitweilige Miete für Ersatzgeräte.

b) M. teilt mit, dass sie Ware dieses Herstellers leider nicht mehr führen.

Voraussetzungen gemäß §§ 280, 281, 323 BGB: 1. Kaufvertrag, 2. Fälligkeit und Nichtlieferung, 3. Mahnung entfällt wegen Leistungsverweigerung, 4. Vertretenmüssen, 5. Nachfristsetzung entfällt wegen Leistungsverweigerung – Verzug ab 25. Mai.

Nachrangige Rechte: Schadensersatz statt der Leistung, §§ 280, 281 BGB und/oder Rücktritt, §§ 323, 325 BGB, bzw. als Alternative: Ersatz vergeblicher Aufwendungen, § 284 BGB.

Beispiel: Kauf gleichartiger, aber teurerer Geräte beim anderen Lieferanten (sogenannter Deckungskauf) – Preisdifferenz ist Schadensersatz statt der Leistung.

c) Abwandlung: Die Lieferklausel lautet „Lieferung genau am 20. Mai“.

Voraussetzungen gemäß §§ 280, 281, 323: 1. Kaufvertrag, 2. Fälligkeit und Nichtlieferung, 3. Mahnung entfällt wegen kalendermäßig bestimmter Leistungszeit mit Fixkaufklausel, 4. Vertretenmüssen, 5. Nachfristsetzung entfällt wegen Fixkaufklausel – Verzug ab 21. Mai.

Nachrangige Rechte: Schadensersatz statt der Leistung, §§ 280, 281 BGB und/oder Rücktritt, §§ 323, 325 BGB, bzw. als Alternative: Ersatz vergeblicher Aufwendungen, § 284 BGB.

Beispiel: Kauf gleichartiger, aber günstigerer Geräte beim anderen Lieferanten – Rücktritt, da kein Schaden.

4.5 Geltendmachung offener Forderungen

4.5.1 Mahnverfahren bei Geldleistungen

Kaufmännisches Mahnverfahren

Wenn ein Schuldner nicht zahlt, obwohl der Gläubiger seine Leistung ordnungsgemäß erbracht hat, wird der Gläubiger den Schuldner zunächst auf die ausstehende Zahlung hinweisen. Meist erhält der säumige Schuldner zwei bis drei Mahnungen. Die erste Mahnung erfolgt in höflicher Form als bloße Zahlungserinnerung, die zweite wird häufig mit der Aufforderung verbunden, binnen einer bestimmten Frist zu zahlen. Die dritte Mahnung setzt in unmissverständlicher Weise eine letzte Frist und wird die gerichtliche Verfolgung der Forderung in Aussicht stellen.

Eine **Mahnung** ist eine bestimmte und eindeutige Aufforderung des Gläubigers an den Schuldner, die ausstehende Leistung zu erbringen.

Offene Geldforderungen schränken die Zahlungsfähigkeit des Gläubigers ein. Gleichzeitig müssen unter Umständen für nicht termingerecht erfolgte Zahlungen Kredite aufgenommen werden, was zusätzliche Kosten verursacht.

Rechtlich ist grundsätzlich eine Mahnung erforderlich, damit der Schuldner in Verzug gerät, § 286 Abs. 1 BGB (vgl. Kapitel 4.4 Schuldnerverzug). Sofern der Verzug eingetreten ist, hat der säumige Schuldner den Verzugsschaden (Schadensersatz neben der Leistung, § 280 Abs. 1 BGB) zu ersetzen. Dies sind bei Geldforderungen die

221060272

gesetzlichen oder vertraglich vereinbarten Verzugszinsen, Mahnkosten und gegebenenfalls Kosten für die Rechtsverfolgung.

Gerichtliches Mahnverfahren

Wenn der Schuldner weiterhin nicht zahlt, kann der Gläubiger beim zuständigen Gericht **Klage erheben** oder ein **gerichtliches Mahnverfahren** beim Mahngericht betreiben, damit er einen vollsteckbaren Titel erlangt. Ein vollstreckbarer Titel ist eine öffentliche Urkunde, die ermöglicht, dass ein Gerichtsvollzieher die ausstehende Summe eintreibt. Diese Urkunden können ein Vollstreckungsbescheid, ein Urteil oder ein gerichtlicher Vergleich sein. Die Mahn-, Klage- und Vollstreckungsverfahren sind in der Zivilprozessordnung geregelt, das Mahnverfahren in §§ 688 ff. ZPO.

Für das gerichtliche Mahnverfahren sind **Amtsgerichte** zuständig. Jeder Gläubiger kann sich einen Antrag auf Erlass eines Mahnbescheids im Schreibwarenhandel kaufen, ausfüllen oder online ausfüllen und ausdrucken. Der Antrag ist sodann dem zuständigen Mahngericht seines Wohnsitzes zu übersenden. In den meisten Bundesländern existiert ein zentrales Mahngericht. Nach der Überweisung der entsprechenden Gerichtsgebühren prüft der Rechtspfleger, ob die formellen Voraussetzungen für einen Mahnbescheid gegeben sind. Ob der Anspruch dem Gläubiger tatsächlich zusteht und die Forderung der Höhe nach berechtigt ist, wird nicht geprüft.

Das Amtsgericht stellt dem Schuldner den **Mahnbescheid** zu. Zahlt dieser, ist das Mahnverfahren beendet. Erhebt der Gläubiger binnen einer Frist von zwei Wochen **Widerspruch**, geht das Verfahren vom Mahngericht an das für die Streitigkeit zuständige Gericht über. Das Gericht fordert den Gläubiger auf, seinen Anspruch in einer Klageschrift zu begründen. Liegt der streitige Betrag über 5 000,00 €, ist das Landgericht zuständig und damit herrscht Anwaltszwang.

Reagiert der Schuldner auf den Mahnbescheid gar nicht, kann der Gläubiger einen Antrag auf Erlass eines **Vollstreckungsbescheids** stellen. Der Antrag wird dem Gläubiger mit der Mitteilung der Zustellung an den Schuldner vom Amtsgericht zugesandt. Der Vollstreckungsbescheid kann frühestens nach Ablauf der Widerspruchsfrist von zwei Wochen und spätestens sechs Monate nach Zustellung des Mahnbescheids beantragt werden. Verstreicht die Sechsmonatsfrist, ohne dass der Gläubiger den Vollstreckungsbescheid beantragt hat, läuft das Verfahren neu an: Er muss einen neuen Mahnbescheid beantragen.

Legt der Schuldner gegen den Vollstreckungsbescheid binnen zwei Wochen **Einspruch** ein, geht das Verfahren auch in das streitige Verfahren über. Dasselbe gilt für einen verspätet eingelegten Widerspruch gegen den Mahnbescheid: Dieser wird als Einspruch behandelt.

Wenn der Schuldner nach Zustellung des Vollstreckungsbescheids jedoch nicht reagiert, wird der Vollstreckungsbescheid rechtskräftig und der Gläubiger kann die **Zwangsvollstreckung** betreiben, d. h. einen Gerichtsvollzieher zur Lohnpfändung oder Pfändung von Sachen beauftragen. Wenn die Summe beim Schuldner nicht eingetrieben werden kann, weil die Pfändung erfolglos war, kann der Gläubiger veranlassen, dass der Schuldner eine Vermögensauskunft gibt und diese durch eine eidesstattliche Versicherung bekräftigt. Das vom Gerichtsvollzieher sodann erstellte Vermögensverzeichnis wird in einem zentralen Vollstreckungsportal der Bundesländer hinterlegt (www.vollstreckungsportal.de, die Auskünfte sind grundsätzlich kostenpflichtig).

Ablauf des gerichtlichen Mahnverfahrens

1. Gläubiger beantragt den Erlass eines Mahnbescheids beim zuständigen **Amtsgericht** („Mahngericht"), § 688 ZPO.

↓

2. Amtsgericht prüft die formellen Voraussetzungen, erlässt den **Mahnbescheid,** stellt ihn dem Schuldner zu und benachrichtigt den Gläubiger über das Zustellungsdatum, § 689 ff. ZPO.

↓

3. Schuldner …

zahlt:	reagiert nicht:	erhebt **Widerspruch** binnen zwei Wochen, § 694 ZPO:
↓	↓	↓
Mahnverfahren beendet	**4.** Gläubiger beantragt den Erlass eines **Vollstreckungsbescheids** (frühestens zwei Wochen, spätestens sechs Monate nach Zustellung des Mahnbescheids), §§ 699, 701 ZPO	Mahngericht gibt den Rechtsstreit an das für die Streitigkeit zuständige Gericht ab, **Mahnverfahren beendet**
↑	↓	↑

5. Schuldner …

zahlt:	reagiert nicht:	erhebt **Einspruch** binnen zwei Wochen, § 700 ZPO:

↓

6. Vollstreckungsbescheid wird rechtskräftig, Mahnverfahren beendet

↓

Zwangsvollstreckung möglich

in das bewegliche Vermögen (z. B. Sachen: Pfändung, Forderungen: Pfändungs- und Überweisungsbeschluss/ Lohnpfändung)	in das unbewegliche Vermögen (z. B. Zwangsversteigerung eines Grundstücks)

sofern Zwangsvollstreckung erfolglos:
eidesstattliche Versicherung, Eintragung in das Schuldnerverzeichnis

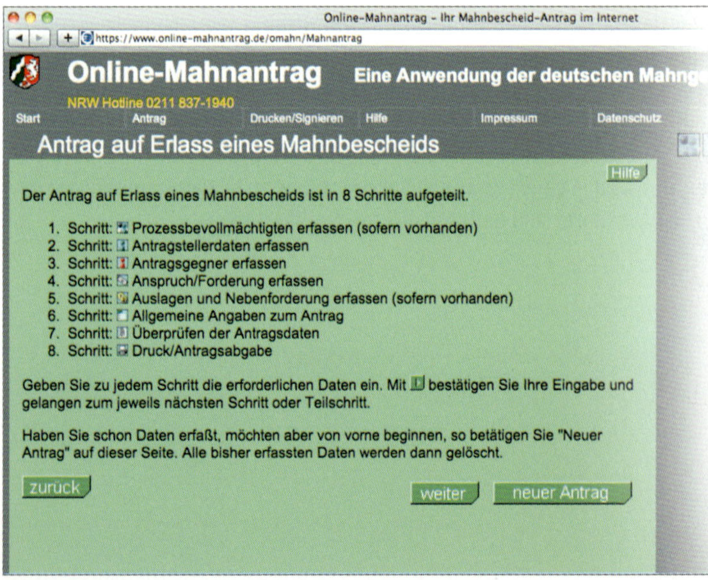

Über www.online-mahnantrag.de wird die Möglichkeit geboten, einen Antrag auf einen Mahnbescheid im Internet auszufüllen. Antragstellern wird ein interaktives Antragsformular auf Erlass eines Mahnbescheids zur Verfügung gestellt, das ausgefüllte Formular kann nach Fertigstellung ausgedruckt werden. Ein spezielles Verfahren können Unternehmen einsetzen, die das elektronische Gerichts- und Verwaltungspostfach (EGVP) nutzen. Sie wickeln die gesamte Kommunikation mit dem Amtsgericht in elektronischer Form über das Internet ab. Die Bearbeitung kann mit einer qualifizierten digitalen Signatur (elektronische Form, § 126 a BGB) über eine Signaturkarte online rechtsverbindlich abgeschlossen werden.

221060274

4.5.2 Leistungsverweigerungsrecht bei Verjährung

Einstiegsfall **Unberechnete Bücher**

Am 15. Juni 2016 bestellt der Verwaltungsfachangestellte Klaus Berger telefonisch beim Verlag Vogel & Frei GmbH das mehrbändige Werk „Rechtslexikon für Verwaltungsberufe“ zum Preis von 135,00 € inklusive Versandkosten. Der Verlagsmitarbeiter macht Berger darauf aufmerksam, dass die Zahlung bei Lieferung fällig sei. Zwei Tage später kommt das Lexikon bei Berger mit der Post an. Der Lieferung ist jedoch versehentlich keine Rechnung beigefügt; Berger vergisst deshalb, die 135,00 € zu überweisen.

Bei der Vogel & Frei GmbH wird der Betrag irrtümlich als bezahlt gebucht, erst anlässlich einer Steuerprüfung wird der Buchungsfehler erkannt. Die Rechung wird abgeschickt, Berger erhält sie am 30. Juni 2019. Er kann sich an den Vorgang nicht mehr erinnern und hat sämtliche Kontoauszüge des Jahres 2016 längst fortgeworfen. Berger schreibt der Vogel & Frei GmbH, dass er sich weigere, nach so langer Zeit noch Zahlungen zu leisten.

Muss er zahlen?

Einrede der Verjährung

Nicht nur vertragliche, sondern auch andere zivilrechtliche Ansprüche (z. B. aus dem Sachen-, dem Familien- und dem Erbrecht) verjähren. Dementsprechend sind wesentliche Bestimmungen zur Verjährung im „vor die Klammer gezogenen“ Allgemeinen Teil des BGB für alle Bücher des BGB geregelt.

Wenn der Schuldner seine Verpflichtungen auch nach längerer Zeit nicht erfüllt, weil er nicht leisten kann oder will, kann es zur Verjährung des Leistungsanspruches kommen. Nach Ablauf bestimmter Fristen kann der Schuldner dem Gläubiger die geschuldete Leistung nämlich verweigern, § 214 Abs. 1 BGB. Obwohl der Gläubiger also gegenüber dem Schuldner einen Anspruch hat, kann dieser nicht mehr durchgesetzt werden, wenn sich der Schuldner auf Verjährung beruft. Wenn der Schuldner die **Einrede der Verjährung** erhebt, hat er ein **Leistungsverweigerungsrecht**.

Der Schuldner muss dem Gläubiger gegenüber tätig werden: Erhebt er die Einrede, ist der Anspruch nicht mehr durchsetzbar, erhebt er sie nicht, bleibt die Durchsetzbarkeit des Anspruchs bestehen. Einreden werden also nur beachtet, wenn sie erhoben werden. Wenn der Schuldner jedoch trotz der Verjährung geleistet hat, kann er die Leistung nicht mehr zurückfordern.

Wirkung der Einrede

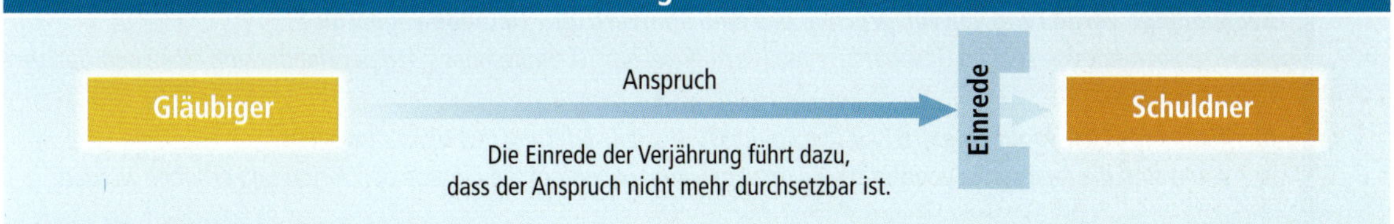

Wirkung der Verjährung

Tatbestand		Rechtsfolgen	
wenn …	■ ein Anspruch vorliegt, § 194 Abs. 1 BGB, ■ die Verjährungsfrist abgelaufen ist, § 195 ff. BGB,	dann kann …	■ der Schuldner die Einrede der Verjährung erheben, d. h. die Leistung verweigern, § 214 Abs. 1 BGB, ■ der Gläubiger den Anspruch nicht mehr durchsetzen.

Aber: Der Anspruch ist nicht erloschen - Geleistetes kann nicht zurückgefordert werden! § 214 Abs. 2 BGB

Zweck der Verjährung

Der Gesetzgeber hat entschieden, dass Ansprüche nicht in alle Ewigkeit geltend gemacht werden können, weil nach gewisser Zeit Rechtsfrieden und Rechtssicherheit herrschen sollen. Je länger der Anspruch zurückliegt, desto schwieriger wird auch die Beweislage für den Schuldner: Die „verdunkelnde Macht der Zeit" verschlechtert seine Möglichkeiten, den Anspruch zurückzuweisen. Durch die Verjährung wird der Gläubiger gezwungen, seine Ansprüche zügig durchzusetzen; der Schuldner muss seine Belege (Kontoauszüge, Quittungen) nur eine begrenzte Zeit aufheben; die Gerichte werden von Streitigkeiten über veraltete Ansprüche entlastet.

Verjährungsfristen

Neben den grundlegenden Verjährungsvorschriften im Allgemeinen Teil gibt es in den anderen Büchern des BGB zahlreiche abweichende Spezialvorschriften zur Verjährung. Ein Beispiel ist die Gewährleistungsfrist für den Kauf beweglicher Sachen, die in der Regel mit der Übergabe beginnt und nach zwei Jahren endet, § 438 BGB. Sofern keine Sonderregelungen existieren, gelten die Verjährungsfristen des Allgemeinen Teils.

Wichtige Verjährungsfristen des Allgemeinen Teils				
Anspruch / Frist	Anspruch ohne Sonderregelung: regelmäßige Verjährung, §§ 195,199 BGB	Anspruch aus Recht an einem Grundstück oder Grundstückskaufpreis, §§ 196, 200 BGB	Herausgabeansprüche aus Eigentum, §§ 197 Abs. 1 Nr. 1, 200 BGB	rechtskräftig festgestellte Ansprüche (z. B. aus Vollstreckungsbescheid, Urteil, Insolvenzverfahren), §§ 197 Abs. 1 Nr. 3 – 6, 201 BGB
Dauer	3 Jahre	10 Jahre	30 Jahre	30 Jahre
Beginn	ab Jahresschluss, in dem der Anspruch entstanden ist (Fälligkeit)	taggenau ab Entstehung des Anspruchs (Fälligkeit)	taggenau ab Entstehung des Anspruchs (Fälligkeit)	taggenau ab Rechtskraft (nach Ablauf der Rechtsmittelfrist)

Die meisten Ansprüche aus Schuldverhältnissen verjähren in der **regelmäßigen Verjährungsfrist** von drei Jahren. Diese beginnt am Ende des Jahres, in dem der Anspruch entstanden ist und der Gläubiger die anspruchsbegründenden Umstände sowie Person des Schuldners kennt. Da der Gläubiger bei Ansprüchen aus Verträgen über die Umstände (Leistung, Entgelt) und seinen Vertragspartner (Name, Adresse) in der Regel Bescheid weiß, kommt es meist allein auf die Fälligkeit des Anspruchs an.

Beispiel

Regelmäßige Verjährung von Ansprüchen aus dem Kaufvertrag – Geländewagenfall 1

Herr Kramer kauft von seinem Geschäftsfreund Herrn Vogel am 20. September 2016 per Handschlag einen gebrauchten Geländewagen.

a) Wann endet die Verjährungsfrist für den Kaufpreis und die Lieferung des Geländewagens?

b) Wann sind die Ansprüche verjährt bzw. wann kann vom Schuldner die Einrede der Verjährung erhoben werden?

Ergebnis:

a) Die Verjährungsfrist für beide Ansprüche endet am 31. Dezember 2019 (24:00 Uhr).

b) Lieferung und Kaufpreis sind ab 1. Januar 2020 (00:00 Uhr) verjährt.

Hemmung und Neubeginn der Verjährung

Bestimmte, im Gesetz aufgezählte Vorkommnisse beeinflussen den Ablauf der Verjährungsfrist: Es kommt zur Hemmung oder zum Neubeginn der Verjährung. Die Ereignisse können rechtlicher oder tatsächlicher Natur sein, von der Gläubiger- oder Schuldnerseite stammen. Beispielsweise lässt die Anerkennung des Anspruchs durch den Schuldner die Verjährung neu beginnen, Verhandlungen zwischen Gläubiger und Schuldner hemmen die Verjährung, eine Klage des Gläubigers hemmt die Verjährung ebenfalls, einfache Mahnungen des Gläubigers haben jedoch keinerlei Einfluss auf die Verjährung.

Neubeginn bedeutet, dass die Verjährungsfrist von neuem zu laufen beginnt. Bei einem Vergleich mit einer Stoppuhr kann man den Neubeginn der Verjährung wie folgt beschreiben: Die Stoppuhr wird zunächst angehalten (der Lauf der ursprünglichen Verjährungsfrist wird abgebrochen), auf Null gestellt und schließlich läuft sie wieder von vorn (die Verjährungsfrist beginnt erneut in voller Länge). Dabei beginnt auch die „neue" Verjährungsfrist nicht am Jahresende, sondern taggenau.

Beispiel

Neubeginn der Verjährung – Geländewagenfall 2

Herr Kramer kauft von seinem Geschäftsfreund Herrn Vogel am 20. September 2016 per Handschlag einen gebrauchten Geländewagen für 12 000,00 €. Herr Kramer transportiert den Geländewagen gleich ab. Herr Vogel wartet auf den Eingang des Kaufpreises. Er erinnert Kramer mehrmals telefonisch an den noch ausstehenden Betrag, schließlich schreibt er einige Mahnungen an Kramer. Auf die letzte Mahnung reagiert Kramer mit der Bitte um Verständnis für seine derzeit schwierige Finanzlage und überweist eine Abschlagszahlung von 6 000,00 €, die am 15. Mai 2017 auf dem Konto von Herrn Vogel eingeht.

Wann verjährt die Restzahlung zuzüglich Verzugszinsen?

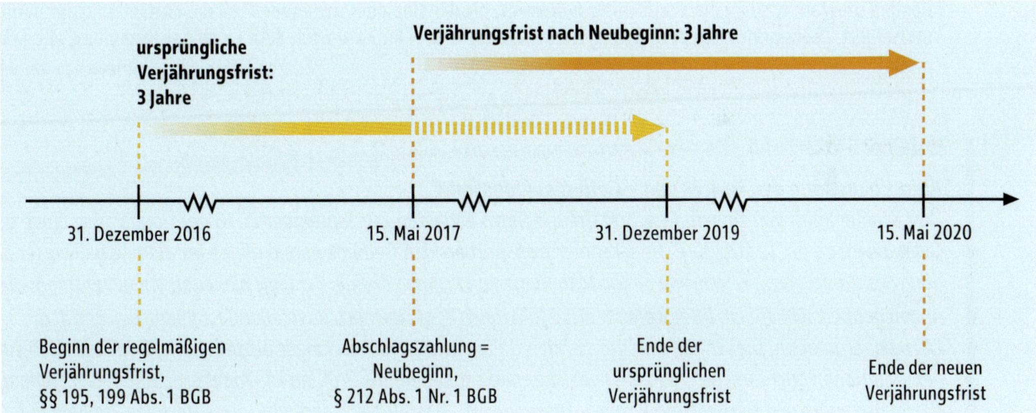

Bei der **Hemmung** wird die Verjährungsfrist um einen bestimmten Zeitraum verlängert, d. h., die Zeit der Hemmung wird an die Verjährungsfrist „angehängt". Am Stoppuhr-Beispiel: Die Stoppuhr wird für eine gewisse Zeit angehalten (die Verjährung wird aufgrund eines Hemmungsgrundes ausgesetzt) und läuft danach weiter (die Verjährungsfrist wird um die Zeit der Hemmung verlängert).

Beispiel

Hemmung der Verjährung – Geländewagenfall 3

Herr Kramer kauft von seinem Geschäftsfreund Herrn Vogel am 20. September 2016 per Handschlag einen gebrauchten Geländewagen für 12 000,00 €. Herr Kramer transportiert den Geländewagen gleich ab. Herr Vogel wartet auf den Eingang des Kaufpreises. Er erinnert Kramer mehrmals telefonisch an den noch ausstehenden Betrag, schließlich schreibt er einige Mahnungen an Kramer. Nach der letzten Mahnung ruft Herr Kramer am 1. März 2017 an und teilt mit, dass der Geländewagen defekt und zurzeit in Reparatur sei. Er schlägt vor, den Kaufpreis um die entstehenden Reparaturkosten herabzusetzen. Herr Vogel will sich die Angelegenheit überlegen. Am 31. März 2017 geht bei Vogel eine Kopie der Reparaturrechnung in Höhe von 6 500,00 € ein. Vogel ruft Kramer sofort an und verweigert die Kaufpreisminderung in dieser Höhe. Kramer besteht darauf.

Wann verjährt die Zahlung zuzüglich Verzugszinsen?

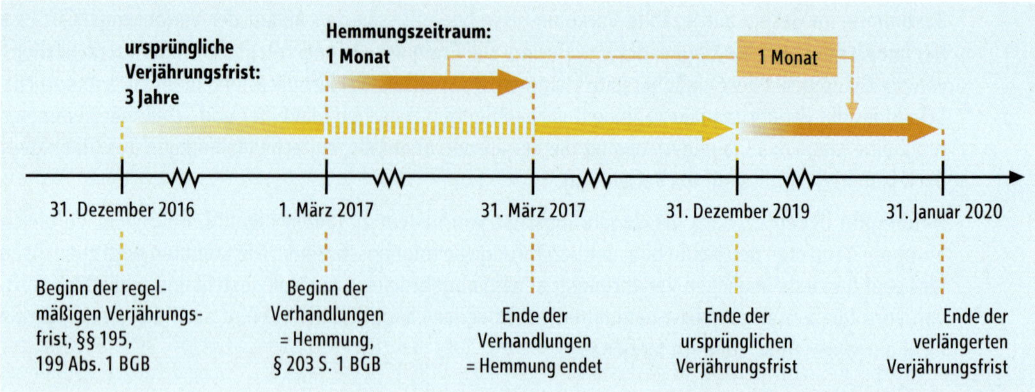

Ein Sonderfall der Hemmung ist die **Ablaufhemmung.** Diese schiebt das Ende der Verjährungsfrist hinaus. Dies ist zum Beispiel bei Verhandlungen der Fall. Damit Verhandlungen kurz vor Ablauf der Verjährungsfrist nicht unter dem zeitlichem Druck des drohenden Endes der Verjährungsfrist stehen und der Anspruch noch rechtzeitig geltend gemacht werden kann, läuft die Verjährungsfrist frühestens drei Monate nach dem Ende der Verhandlungen ab.

§ 203 BGB Hemmung der Verjährung bei Verhandlungen
Schweben zwischen dem Schuldner und dem Gläubiger **Verhandlungen** über den Anspruch oder die den Anspruch begründenden Umstände, so ist die **Verjährung gehemmt,** bis der eine oder der andere Teil die Fortsetzung der Verhandlungen verweigert. **(Hemmung) Die Verjährung tritt frühestens drei Monate nach dem Ende der Hemmung ein. (Ablaufhemmung)**
(Hervorhebungen und Klammerausdrücke nicht im Original)

Beispiel

Ablaufhemmung der Verjährung – Geländewagenfall 4
Herr Kramer kauft von seinem Geschäftsfreund Herrn Vogel am 20. September 2016 per Handschlag einen gebrauchten Geländewagen für 12 000,00 €. Herr Kramer transportiert den Geländewagen gleich ab. Herr Vogel wartet auf den Eingang des Kaufpreises. Er schreibt einige Mahnungen an Kramer. Kramer reagiert nicht und Vogel verdrängt die ärgerliche Angelegenheit schließlich. Im November 2019 fällt Herrn Vogel die noch ausstehende Zahlung ein. Er ruft am 5. November 2019 bei Kramer an. Dieser teilt mit, dass er den Geländewagen schon längst bezahlt habe. Er würde noch einmal in seinen Unterlagen nachforschen, Vogel ist unsicher und sagt ebenfalls Prüfung zu. Vogel prüft sämtliche Zahlungseingänge der letzten Jahre und fordert Kramer am 5. Dezember 2019 telefonisch endgültig zur sofortigen Zahlung auf.
Wann verjährt die Zahlung zuzüglich Verzugszinsen?

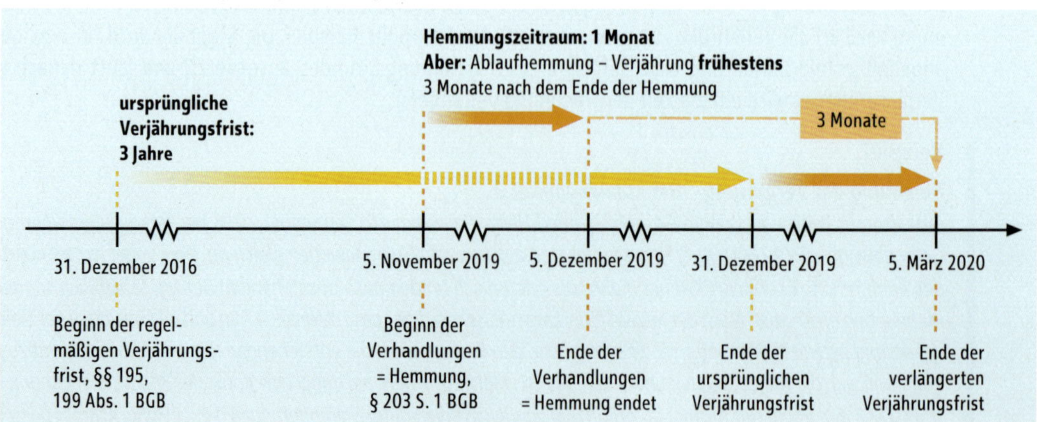

Nachstehend folgt eine Zusammenfassung der wichtigsten Gründe für Hemmung und Neubeginn der Verjährung.

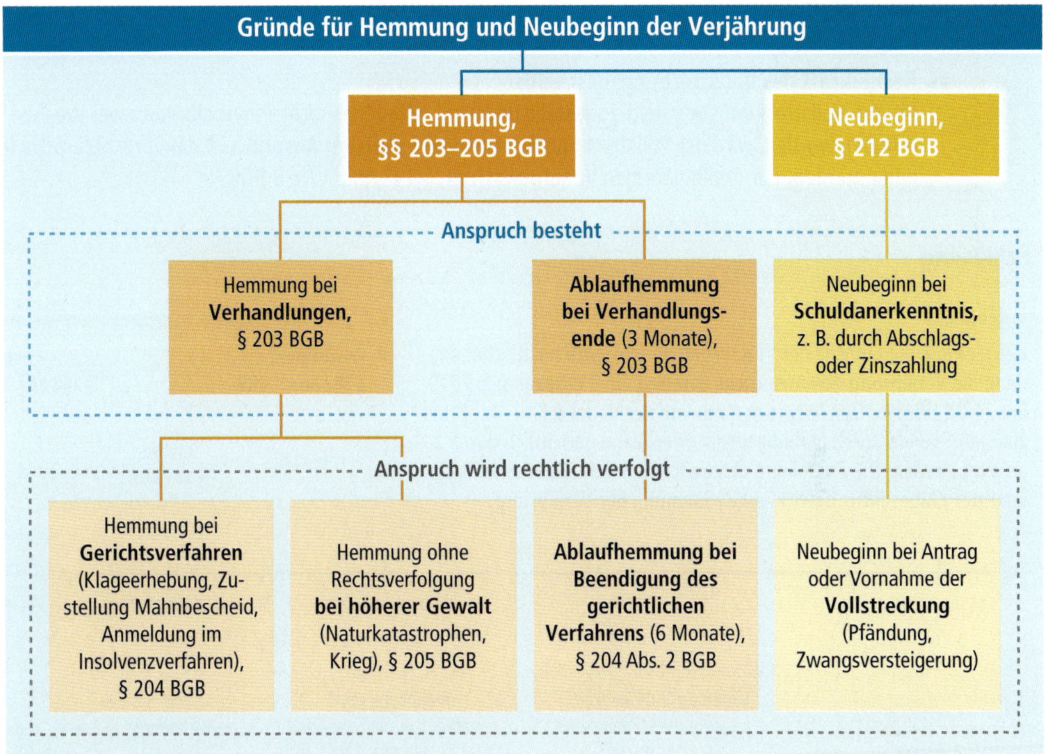

Hemmung im gerichtlichen Mahnverfahren

Normalerweise bewirkt erst die Zustellung eines Mahnbescheids beim Schuldner die Hemmung der Verjährung, § 204 Abs. 1 Nr. 3 BGB. Manchmal wird der Mahnbescheid erst sehr kurz vor Ende der Verjährung beim zuständigen Amtsgericht beantragt, z. B. am 24. Dezember eines Jahres. Doch der Antragsteller kann beruhigt sein: Wenn die Verjährung droht, tritt die Hemmung bereits bei Einreichung des korrekt ausgefüllten Antrags beim Amtsgericht ein.

§ 693 Zivilprozessordnung Zustellung des Mahnbescheids

(1) Der Mahnbescheid wird dem Antragsgegner zugestellt.

(2) Soll durch die Zustellung eine Frist gewahrt werden oder die **Verjährung** neu beginnen oder **nach § 204 BGB gehemmt werden,** so tritt die Wirkung, wenn die **Zustellung demnächst erfolgt, bereits mit der Einreichung oder Anbringung des Antrages auf Erlass des Mahnbescheids** ein.

(3) Die Geschäftsstelle setzt den Antragsteller von der Zustellung des Mahnbescheids in Kenntnis.

(Hervorhebungen nicht im Original)

Die Wirkung der Hemmung gilt für die Dauer des Verfahrens zuzüglich einer sechsmonatigen Ablaufhemmung nach Beendigung des Verfahrens, § 204 Abs. 1 Nr. 3, Abs. 2 BGB.

Ende des Mahnverfahrens

Das Mahnverfahren kann auf unterschiedliche Weise enden, z. B. durch:

- **Begleichung der Schuld:**
  Wenn der Schuldner gezahlt hat, ist das Schuldverhältnis erloschen, § 362 BGB.

- **Weitergabe an das für den Rechtsstreit zuständige Gericht:**
  Sofern die Sache nach Widerspruch oder Einspruch des Schuldners an das Streitgericht weitergeleitet und die Klageschrift des Gläubigers an den Schuldner zugestellt wird, dauert die Hemmung wegen Erhebung der Klage gemäß § 204 Abs. 1 Nr. 1 BGB fort.
- **Rechtskraft des Vollstreckungsbescheids:**
  Ist der Vollstreckungsbescheid zugestellt und vom Schuldner nicht innerhalb von zwei Wochen Einspruch erhoben worden, wird der Vollstreckungsbescheid wirksam. Der Anspruch ist damit rechtskräftig festgestellt und unterliegt der dreißigjährigen Verjährungsfrist, § 197 Abs. 1 Nr. 3 BGB.

Falllösung **Unberechnete Bücher**

Ergebnis:

Berger kann die Einrede der Verjährung im Juni 2019 nicht erheben, denn die Verjährung des Anspruchs tritt erst am 31. Dezember 2019 um 24:00 Uhr ein. Der Anspruch kann von der Vogel & Frei GmbH bis zum Jahresende durch Mahnbescheid oder Klage gerichtlich durchgesetzt werden. Die Zustellung des gerichtlichen Mahnbescheids oder der Klageschrift bewirkt eine Hemmung der Verjährung.

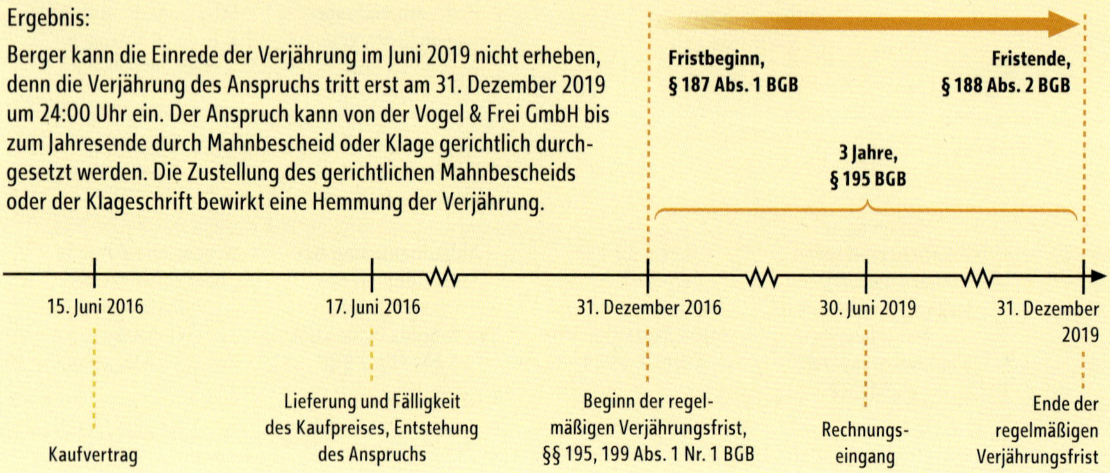

221060280

1.1 Bedeutung der Mitarbeiter für die öffentliche Verwaltung

1.1.1 Bedeutung der menschlichen Arbeit in der öffentlichen Verwaltung

Die Dienststellen und Einrichtungen des Bundes, der Länder und Kommunen sind Dienstleistungsbetriebe, die mit fast 4,7 Millionen Beschäftigten (2016) Leistungen für beinahe 83 Millionen (Ende 2017) Einwohner Deutschlands erbringen.

Die **Vielfalt der Leistungen** stellt besondere Anforderungen an die im öffentlichen Dienst Tätigen. Bei der Bundeswehr, in Krankenkassen, Schulen, Finanzämtern, Kliniken, Polizeiwachen und Theatern leisten speziell ausgebildete Menschen unter sehr unterschiedlichen Bedingungen ihren Dienst. Bei einer einzigen Stadtverwaltung kann die Spannweite der Berufe und Tätigkeiten größer sein als in entsprechenden Privatunternehmen.

Der entscheidende Produktionsfaktor bei den meisten Verwaltungsleistungen ist die menschliche Arbeit. Zwar können die Bürger Formulare häufig aus dem Internet herunterladen und das Ausdrucken von Massenbescheiden ist weitgehend automatisiert. In den verschiedenen Verwaltungsabläufen (z. B. Ahndung von Ordnungswidrigkeiten, Bearbeitung von Steuerstundungen, Genehmigungen, Sozialhilfeanträge, Widersprüche) ist die persönliche, bürgerorientierte Arbeit von Sachbearbeitern erforderlich. Der Produktionsfaktor „Betriebsmittel" (Gebäude, Computer, Netzwerke, Kopierer) hat den Produktionsfaktor Arbeit nicht überflüssig gemacht. Allerdings sinkt die Zahl der Büroarbeitskräfte langsam, einfache Arbeiten werden zum Teil maschinell erledigt. Kompliziertere Tätigkeiten bleiben dem Menschen vorbehalten.

Auch das Ziel der **Kundenorientierung** ist im öffentlichen Dienst mitunter schwierig umzusetzen, etwa beim Erheben von Bußgeldern oder dem Durchsetzen von Platzverweisen. Die Bürger sind sowohl „Eigentümer" der öffentlichen Dienstleistungsbetriebe („Alle Staatsgewalt geht vom Volke aus.") als auch dem „Staat" im öffentlichen Recht untergeordnet.

Die Aufgabenstruktur erforderte schon immer eine differenzierte Personalstruktur im öffentlichen Dienst, wie die folgende Statistik zeigt. Fast 60 % der Beschäftigen sind privatrechtlich angestellte Beschäftigte. Für bestimmte hoheitliche Aufgaben werden jedoch Beamte, Richter und Soldaten tätig, die in einem öffentlichen-rechtlichen Dienst- und Treueverhältnis stehen.

Beschäftigte nach Art des Dienst- oder Arbeitsvertragsverhältnisses, 30. Juni 2016

Beschäftigungsbereiche	Insgesamt	Beamte/Beamtinnen und Richter/Richterinnen	Berufs- und Zeitsoldaten/-soldatinnen	Arbeitnehmer
	1000			
Bundesbereich	489,5	180,0	163,8	**145,7**
Landesbereich	2364,1	1275,1	X	**1089,0**
Kommunaler Bereich	1464,4	186,3	X	**1278,1**
Sozialversicherung[1]	371,1	31,2	X	**339,8**
insgesamt	**4689,0**	**1672,7**	**163,8**	**2852,6**

1 Einschließlich Bundesagentur für Arbeit.
X = Tabellenfach gesperrt, da Aussage nicht sinnvoll.

Quelle: Statistisches Bundesamt: Beschäftigte nach Art des Dienst- oder Arbeitsvertragverhältnisses, 30. Juni 2016. In: destatis.de. 30.06.2017. www.destatis.de/DE/ZahlenFakten/GesellschaftStaat/OeffentlicheFinanzenSteuern/OeffentlicherDienst/Personal/Tabellen/Beschaeftigungsbereiche.html [25.08.2018].

Die Vielfalt der öffentlichen Leistungen, die Kompliziertheit der Verwaltungsarbeit und die schwierige Umsetzung der Kundenorientierung erfordern gut ausgebildete Fachkräfte, die motiviert und kompetent an ihre Arbeit gehen.

Dabei sind die Mitarbeiter nicht in erster Linie als arbeitende Instrumente (Produktionsfaktor „ausführende Arbeit", „Computer-Bediener") in der Hand des Arbeitgebers „Staat" zu sehen, sondern als denkende Menschen mit eigenen Einstellungen und Zielen. Damit diese mit den Zielen der Verwaltung in Einklang stehen, bedarf es u. a. der Motivation, der gemeinsamen Arbeitsgestaltung, eines guten Betriebsklimas und eines entsprechenden Führungsstils.

Die menschliche Arbeit ist ein wertvolles Gut, das Arbeitnehmer und Arbeitgeber gemeinsam pflegen und entwickeln müssen.

1.1.2 Personalwirtschaft im Zielsystem der Verwaltung

Die Personalwirtschaft umfasst alle mitarbeiterbezogenen Einrichtungen und Maßnahmen. Sie hat das Ziel, dem Betrieb zur Erfüllung seiner Aufgaben Arbeitskräfte in der erforderlichen Menge und Qualität zum richtigen Zeitpunkt am jeweiligen Einsatzort bereitzustellen. Personalwirtschaft, Personalwesen und Personalmanagement werden dabei als Begriffe weitgehend synonym verwendet.

Man kann die Personalwirtschaft in zwei Aufgabenbereiche gliedern: **Personalverwaltung und Personalpolitik**.

Personalwirtschaft

Personalverwaltung	Personalpolitik
verwaltende Aufgaben (gegenwartsbezogen)	**gestaltende Aufgaben** (zukunftsorientiert)

- Personalbeschaffung
- Personaleinsatz
- Personalabbau

- Personalplanung
- Personalführung

- Umsetzen von Verwaltungszielen
- Personalentwicklung

Schon immer haben Behörden **Personal verwaltet,** d. h. beschafft, eingestellt, eingesetzt, bezahlt, befördert und z. T. auch abgebaut/entlassen. Der Produktionsfaktor Arbeit verursacht Kosten, daher ist die **Wirtschaftlichkeit** ein wichtiges Ziel der Personalverwaltung. Die personalwirtschaftlichen Aufgaben sollen mit möglichst geringem Aufwand erfüllt werden (Minimalprinzip). So wurde Arbeitskraft zunehmend durch Maschinen (Computer) ersetzt. Wurden früher Personalakten, Kranken- und Urlaubskarteien ausschließlich von Hand geführt, bestimmen heute Datenbanken und elektronische Personalakten das Bild. Außerdem sollen die personalwirtschaftlichen Finanzmittel so eingesetzt werden, dass sich ein möglichst großer und nachhaltiger Nutzen ergibt (Maximalprinzip). Die Fortbildung ist hier ein Beispiel. Längst hat man auch erkannt, dass **Motivation** und professionelle **Führung** die Leistungsbereitschaft der Mitarbeiter fördern. Durch eine gezielte Personalplanung soll sich die erforderliche Zahl von qualifizierten Mitarbeitern zur richtigen Zeit am richtigen Ort befinden.

Zudem ist der Verwaltungsbetrieb auch ein **soziales Gebilde**, in dem die Beschäftigten neben wirtschaftlichen auch soziale Bedürfnisse haben. Nicht nur Fachwissen und ein gerechtes Arbeitsentgelt, auch befriedigende Arbeitsbedingungen und ein gutes Betriebsklima sind Voraussetzungen einer guten Arbeitsleistung. Arbeitszufriedenheit kann man aber nur über längere Zeit erreichen. Die wachsende Bedeutung der menschlichen Arbeit im Betrieb führte in den letzten Jahrzehnten zu der Einsicht, dass in der Personalwirtschaft den Gestaltungsentscheidungen grundlegende Bedeutung zukommt. Diesen Gestaltungsbereich bezeichnet man auch als **Personalpolitik.**

Personalpolitische Fragen sind z. B.:

- Wie kann ein Interessenausgleich zwischen wirtschaftlichen und sozialen **Verwaltungszielen** gefunden werden? Können z. B. die Personalkosten gesenkt und gleichzeitig die Arbeitsplätze geschützt werden?
- Wie können die Wünsche und **Bedürfnisse der Mitarbeiter** bei der Entstehung und Umsetzung von Grundsatzentscheidungen berücksichtigt werden?
- Wie sollen die Ziele der Verwaltung – insbesondere die Leitbilder – **mit den Beschäftigten wirkungsvoll umgesetzt** werden?
- Wie können **motivierende Entwicklungsperspektiven** für die einzelnen Beschäftigten mit diesen selbst aufgebaut und verwirklicht werden?
- Welche **konkreten Planungen** sind erforderlich, um diese Ziele zu realisieren?

Personalpolitik als zukunftsbezogene Gestaltungsaufgabe ist vor allem Aufgabe der Verwaltungsleitung und der politischen Gremien. Darüber hinaus sind auch die Vorgesetzten in allen Dienststellen beteiligt.

221060282

Die folgende Darstellung zeigt die Personalwirtschaft im Zielsystem eines Verwaltungsbetriebs.

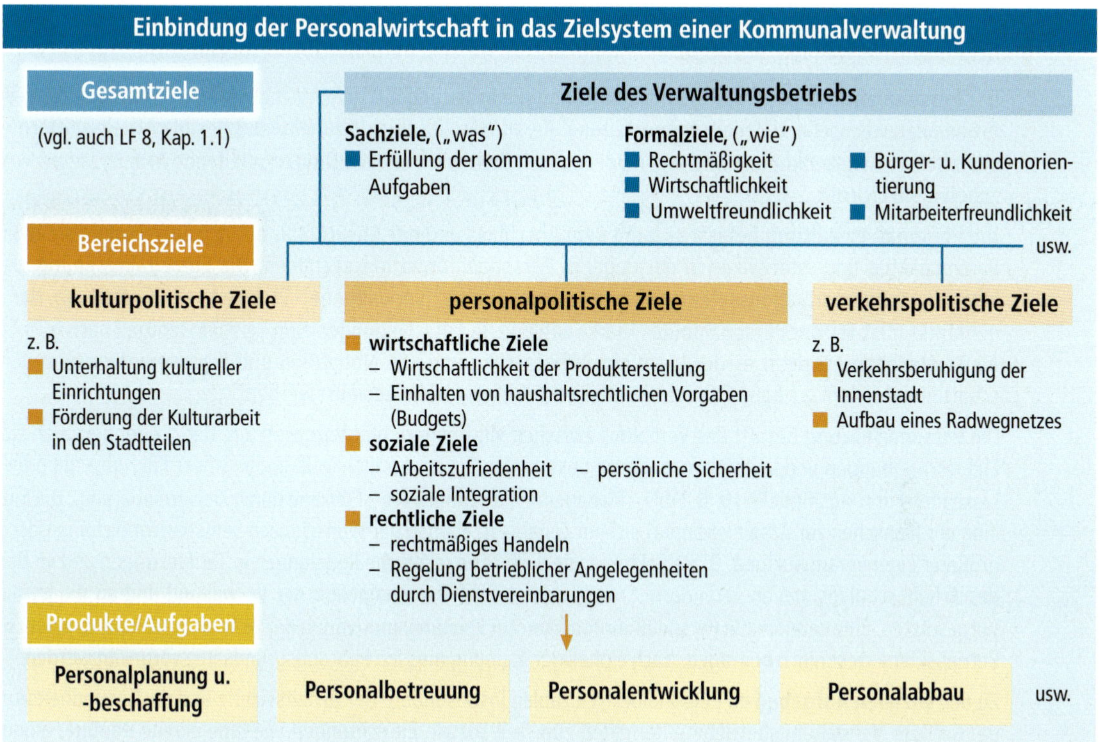

1.1.3 Aufgabenbereiche der Personalwirtschaft

Die personalwirtschaftlichen Angelegenheiten haben immer einen Zukunfts- und Gestaltungsaspekt und sind insofern personalpolitische Aufgaben. Die meisten müssen aber auch verwaltungsmäßig „abgearbeitet" werden. Im folgenden Überblick werden daher sowohl verwaltende als auch politische Gesichtspunkte berücksichtigt.

Personalplanung

Will die öffentliche Verwaltung bürgerorientiert arbeiten, so muss das erforderliche Personal zu den entsprechenden Zeiten am jeweiligen Ort bereitstehen. Die Personalplanung muss Personalbedarfe ermitteln und die Berechnung der Stellenbesetzungen durchführen (s. Kap. 1.2). Eine Rettungswache, ein Freibad oder der Bürobetrieb im Rathaus mit kundenfreundlichen Geschäftszeiten werfen personelle Probleme auf: Der Personalbedarf muss abgedeckt werden, die entstehenden Kosten sind zu berechnen und die Aufwendungen haushaltsrechtlich zu planen, der Personaleinsatz ist zu organisieren. Es muss geplant werden, wann Mitarbeiter für bestimmte Stellen gewonnen und eingestellt werden müssen. Ein Instrument hierbei ist der Stellenplan. Häufig können auch vorhandene Mitarbeiter durch Fort- und Weiterbildung sowie durch den Erwerb von Erfahrungen auf geeigneten Arbeitsplätzen auf die spätere Übernahme bestimmter Stellen vorbereitet werden. Auch diese Personalentwicklung muss vorausschauend einbezogen werden. Insgesamt müssen Personalengpässe und -überhänge vermieden werden.

Personalbeschaffung

Für besetzbare freie bzw. frei werdende Stellen müssen geeignete Mitarbeiter gefunden werden. Dies kann zunächst durch eine Stellenausschreibung innerhalb der Verwaltung (interne Personalbeschaffung) geschehen. Häufig ist es erforderlich, geeignete Mitarbeiter durch Neueinstellungen zu gewinnen (externe Personalbeschaffung).

Im Arbeits- und Beamtenrecht des öffentlichen Dienstes besteht – anders als in der Privatwirtschaft – ein grundsätzlicher Anspruch auf den gleichen Zugang zu einem öffentlichen Amt: Gemäß der Regelung in Art. 33 Abs. 2 GG hat jeder Deutsche nach seiner Eignung, Befähigung und fachlichen Leistung gleichen Zugang zu jedem öffentlichen Amt. Die ausschreibende Verwaltung hat auf gleiche Chancen für alle Interessenten zu achten.

Personalbetreuung

Die Personalbetreuung umfasst neben der Entscheidung über den Personaleinsatz die umfangreichen Aufgaben der Personalverwaltung, die Personalführung und die sozialen Aufgaben im Personalbereich.

Der **Personaleinsatz** umfasst Personaleinführung (Einarbeitung auf neuen Arbeitsplätzen), Aufgabenverteilung, Arbeitsplatzwechsel und Arbeitszeitgestaltung. Personalpolitisch sind zunehmend flexible Arbeitszeitformen zu gestalten. Arbeitszeitkonten, Sharing-Modelle, Telearbeit und vor allen Dingen „gleitende Arbeitszeiten" werden zunehmend erprobt.

Die **Personalverwaltung** befasst sich mit dem Abschluss und der Abwicklung der Arbeitsverträge, sie führt die Personalakten und -statistiken in der Regel in Personalinformationssystemen. Die Entgeltabrechnung als Teil eines Personalinformationssytems ist eine administrative (verwaltende) Tätigkeit, die Gestaltung der Entgeltstruktur ist Teil der Personalpolitik. Hierzu zählen z. B. Entscheidungen zum Leistungsentgelt nach § 18 TVöD. Als Leistungsanreiz dient es der Leistungsverbesserung und soll Motivation und Eigenverantwortung der Beschäftigten fördern. Es kann in unterschiedlicher Form und Höhe gewährt werden.

Die **Personalführung** betrifft das Verhältnis zwischen Mitarbeitern und Vorgesetzten. Dabei orientiert man sich an Zielbeschreibungen und Leitbildern sowie an bestimmten Führungsstilen (z. B. kooperativer Führungsstil) oder umfassenden Führungsmodellen (z. B. MbO = Management by Objectives – Führung durch Zielvereinbarung). Die Einstellung der Menschen zur Arbeit verändert sich im Zeitablauf, ebenso der Wunsch nach Selbstverwirklichung oder nach größerer Eigenverantwortung. Diese Faktoren wie auch neue rechtliche Regelungen in Tarifverträgen und im Bereich des Arbeitsschutzes stellen veränderte Erwartungen an die Personalpolitik der Verwaltung und an die jeweiligen Vorgesetzten. Eine zeitgemäße Personalführung kann zur Leistungsmotivation der Beschäftigten und zu einem guten Betriebsklima wesentlich beitragen. Nach einhelliger Meinung müssen Führungsgrundsätze vorgelebt werden.

Zu den **sozialen Aufgaben** im Personalbereich zählen insbesondere der Arbeitsschutz und die Gesundheitsfürsorge. Größere Verwaltungsbetriebe unterhalten zum Teil soziale Einrichtungen wie eine eigene Kantine, einen Betriebskindergarten oder eine Mitarbeiterzeitschrift.

Personalentwicklung

Geänderte Rechtsvorschriften, technische Entwicklungen und neue Leitbilder in der Verwaltung erfordern die Anpassung der Qualifikation der Beschäftigten. Diese künftigen Anforderungsprofile sind zu ermitteln, damit entsprechende Maßnahmen der Anpassungsfortbildung einerseits und der Aufstiegsfortbildung zur Vorbereitung auf Aufstiegspositionen andererseits durchgeführt werden können. Externe Weiterbildungsmaßnahmen werden insbesondere von Studieninstituten, den Fachhochschulen und den Verwaltungs- und Wirtschaftsakademien angeboten. Dem Aufstieg dient auch der gesteuerte interne Arbeitsplatzwechsel (Job-Rotation) zum Erfahrungserwerb. Auch Umschulungen und berufliche Wiedereingliederungsmaßnahmen (z. B. für Mütter erwachsener Kinder) sind hier zu erwähnen.

Die Personalentwicklung hat das Ziel, geeignete Mitarbeiter für veränderte oder neue Verwaltungsaufgaben zu gewinnen und zugleich deren berufliche Entwicklung zu fördern.

Regelmäßige Mitarbeitergespräche zwischen dem einzelnen Beschäftigten und seinem Vorgesetzten können helfen, die persönlichen Entwicklungs- und Karriereabsichten mit den betrieblichen Entwicklungen abzugleichen und eine berufliche Perspektive aufzubauen. Mitarbeitergespräche sind ein Instrument, in dem auch Ziele vereinbart und überprüft werden. Weitere Instrumente sind z. B. Job-Enrichment (Übertragen zusätzlicher anspruchsvollerer Aufgaben) oder Qualitätszirkel, in denen mehrere Beschäftigte sich regelmäßig treffen, um Arbeitsvorgänge und -ergebnisse zu verbessern. Die in vielen Kommunen praktizierte doppelte Buchführung z. B. erfordert Qualifikationen auf verschiedenen Ebenen. Es liegt auch an der Initiative der Mitarbeiter, sich durch Weiterbildung und Mitarbeitergespräche zu engagieren.

Personalabbau

Der Personalabbau wird auch Personalfreistellung oder Personalfreisetzung genannt. Ergibt sich ein sinkender Personalbedarf, z. B. wenn Schreibdienststellen wegfallen, so ist der Personalüberhang abzubauen. Dies muss aber nicht unbedingt mit der Entlassung von Beschäftigten einhergehen. Ein erheblicher Teil der Mitarbeiter scheidet aus Altersgründen aus (externer Grund). Interne Möglichkeiten des Personalabbaus sind die Umsetzung auf eine andere Stelle oder die (zeitweise) Teilzeitarbeit. Dieser Aufgabenbereich bedarf ebenfalls vorausschauender Gestaltung und setzt personalpolitische Entscheidungen voraus.

Aufgabenbereiche der Personalwirtschaft	
Aufgabenbereiche	**wichtige Einzelaufgaben**
Personalplanung	■ Personalbedarfsplanung, s. Kap. 1.2.2 ■ Personalkostenplanung ■ Personaleinsatzplanung, s. Kap. 1.2.3 ■ Personalentwicklungsplanung
Personalbeschaffung	■ interne Personalbeschaffung ■ externe Personalbeschaffung
Personalbetreuung	■ Personaleinsatz ■ Personalverwaltung (Vertragsabwicklung, Entgeltabrechnung, Aktenführung) ■ Personalführung ■ soziale Aufgaben
Personalentwicklung	■ Ermitteln künftiger Anforderungsprofile ■ interne Qualifizierungsmaßnahmen ■ externe Qualifizierungsmaßnahmen
Personalabbau	■ interne Gründe (z. B. neue Kommunikationstechnik) ■ externe Gründe (z. B. Wegfall von Aufgaben)

1.2 Personalbedarf und Personaleinsatz

1.2.1 Personalbedarf

Die Planung des Personalbedarfs befasst sich mit der Frage: Wie viele Beschäftigte mit der richtigen Qualifikation sind in den nächsten Jahren erforderlich, um die Aufgaben in den Organisationseinheiten des Verwaltungsbetriebs zu bewältigen und die vorgesehenen Produkte zu erstellen?

Vor der Personalplanung ist eine **Personalbestandsanalyse** erforderlich. Sie dokumentiert den gegenwärtigen Beschäftigungsstand und untersucht die Altersstruktur und die Ausfallzeiten. Sie könnte auch eine Aufgabenkritik übernehmen.

Der Personalbedarf verändert sich aufgrund vielfältiger Ursachen. Sie können innerhalb oder außerhalb der Verwaltung liegen.

Einflussgrößen des Personalbedarfs	
interne Einflussgrößen:	**externe Einflussgrößen:**
■ Altersstruktur (Ersatztermine!) festlegen ■ Qualifikationsstruktur (Entwicklungsbedarf!) ermitteln ■ Änderungen der Organisation oder der Arbeitszeitsysteme ■ Fluktuationsquote (Wechsel zu anderen Arbeitgebern erfordert rechtzeitigen Ersatz) ■ Fehlzeiten ■ Personalkosten (Haushaltsausgleich beachten)	■ Rechtsänderungen im Arbeits-/Personalrecht ■ politische Entscheidungen (z. B. Ratsbeschlüsse) ■ Änderungen der Bevölkerungsstruktur ■ technische Entwicklungen (z. B. Digitalisierung) ■ Entwicklung des Arbeitsmarkts ■ Änderungen der Wirtschaftslage

Um den Personalbedarf der nächsten Jahre zu ermitteln, muss man überblicken, welche **Aufgaben** sich verändern, welche neu hinzukommen oder welche an Bedeutung verlieren werden. Außerdem muss für jede Aufgabe ermittelt werden, wie viel Zeit man im Allgemeinen für die erforderlichen Tätigkeiten braucht. Das Ermitteln der Arbeitszeit für eine bestimmte Aufgabe einschließlich aller Nebenarbeiten nennt man **Arbeitsbemessung.** Kennt man den Gesamtzeitaufwand, kann man auch die Zahl der zu besetzenden Stellen ermitteln. Dies ist die **Stellenbemessung.** Durch Arbeits- und Stellenbemessung wird der mengenmäßige Personalbedarf ermittelt.

Wichtig ist aber auch die Art und Qualität der zu leistenden Arbeit, sowohl für das erwartete Arbeitsergebnis als auch für die Höhe des Entgelts. Hierfür sind die Tätigkeiten einer Stelle auf der Grundlage eines **Anforderungsprofils** zu **bewerten** und einer entsprechenden Entgeltgruppe zuzuordnen (Stellenbewertung). Erst danach weiß man, wie viele Stellen in welcher Entgeltgruppe für bestimmte Aufgaben bzw. Produkte künftig besetzt werden müssen, d. h., welcher Personalbedarf qualitativ und quantitativ besteht. Das zweite Problem der Personalbedarfsplanung ist die Deckung dieses Bedarfs.

1.2.2 Personalbedarfsplanung

Bei der **quantitativen Personalbedarfsplanung** geht es um die Berechnung der Anzahl der zu besetzenden Stellen. Eine **qualitative Personalbedarfsplanung** vergleicht die vorhandenen mit den zukünftig erforderlichen Qualifikationen der Mitarbeiterinnen und Mitarbeiter. Das folgende Beispiel einer quantitativen Planung zeigt eine Möglichkeit, den Personalbedarf für eine bestimmte Aufgabe analytisch zu ermitteln. Diese Berechnungsweise ist nicht für alle Aufgabenarten geeignet.

Personalbedarf für die Aufgabe „Antrag auf Fahrerlaubnis bearbeiten“

Arbeitsschritte	Beschreibungen	Berechnungen
Arbeit ermitteln	Die zur Aufgabe „Antrag auf Fahrerlaubnis bearbeiten“ gehörenden Tätigkeiten werden aufgelistet.	
Arbeitsmenge feststellen	Im letzten Jahr wurde statistisch festgestellt, dass 5400 Anträge bearbeitet wurden. Diese Zahl war in den letzten Jahren relativ konstant.	5400 Anträge
mittlere Bearbeitungszeit ermitteln	Die Bearbeitungszeiten für jede einzelne Tätigkeitsart wurden über mehrere Wochen aufgezeichnet. Daraus wurden folgende durchschnittliche Bearbeitungszeiten errechnet:	
	■ Antrag entgegennehmen, Vollständigkeit prüfen	1 Minute
	■ Antrag auf zugehörige Anlagen prüfen	5 Minuten
	■ Gebühren erheben, Einzahlung in Datei eintragen	2 Minuten
	■ Anfrage an Kraftfahrtbundesamt	2 Minuten
	usw.	
Jahresarbeitsminuten für Aufgabenbearbeitung berechnen	Jahresarbeitsminuten (JAM) für	
	– Fallbearbeitung	161680 JAM
	+ sonstige Arbeiten (Telefonieren, Besucher usw.)	7500 JAM
	= Jahresarbeitsminuten (JAM) insgesamt	169180 JAM
Arbeitszeit einer Normalarbeitskraft feststellen	Tage im Jahr	365,0 Tage
	– Sonntage, Samstage	104,0 Tage
	– Feiertage und feiertagsähnliche Freizeit	11,0 Tage
	– Ausfälle durch Erkrankungen, Heilverfahren	12,0 Tage
	– Ausfälle durch Urlaub	33,3 Tage
	= Arbeitszeit einer Normalarbeitskraft	204,7 Tage
	Bei 39-stündiger Wochenarbeitszeit ergeben 204,7 Arbeitstage 95799 Jahresarbeitsminuten, die Normalarbeitszeit beträgt gerundet	95800 JAM
persönlich bedingten Arbeitsausfall ermitteln	gemäß KGSt-Richtzahl	9880 JAM
persönliche Arbeitszeit (JAM) netto ermitteln		85920 JAM
Personalbedarf (PB) berechnen	$\frac{\text{Zeitbedarf für Aufgabe (JAM)}}{\text{persönliche Arbeitszeit (JAM)}} = \text{PB} \quad \frac{169180}{85920} = 1{,}97$	2 Stellen

Vgl. Siepman/Siepmann: Verwaltungsorganisation. 5. Auflage. Köln: Dienst am Buch Vertriebsgesellschaft mbH 1996, S. 80 ff.

221060286

Im Verwaltungs-, Technik- und Sozialbereich werden sehr unterschiedliche Kenntnisse und Fähigkeiten erwartet. Fort- und Weiterbildung, Studien sowie Erfahrungen im jeweiligen Bereich bestimmen den Qualifikationsgrad. Die **qualitative Personalbedarfsplanung** setzt die Kenntnis dieser Anforderungen voraus. Für jede zu besetzende Stelle muss ein **Anforderungsprofil** vorliegen. Meistens werden die Anforderungen in eine umfassendere **Stellenbeschreibung** einbezogen.

Aufbau einer Stellenbeschreibung	
Stellenbezeichnung und -einordnung	■ Stellennummer ■ Stellenfunktion (z. B. Sachbearbeitung im Bürgerbüro)
Aufgabenprofil	■ Arbeitsbeschreibung mit Tätigkeitenliste und Zeitanteilen für jede Tätigkeit ■ Befugnisse, Vollmachten (Feststellungs-, Anordnungs- und Unterschriftsbefugnisse) ■ Vertretungsregelungen ■ Stellenbewertung – bei Stellen für privatrechtlich Beschäftigte: Zuordnung der Tätigkeiten zu einer Entgeltgruppe – bei Stellen für Beamte: Dienstpostenbewertung
Anforderungsprofil	■ fachliche und methodische Kompetenzen, die für die verschiedenen Tätigkeiten erforderlich sind ■ Verhaltens- und Persönlichkeitsmerkmale ■ Sozialkompetenz ■ Art und Umfang der Verantwortung ■ besondere Belastungen
Aktualisierung	letzter Aktualisierungszeitpunkt

Im **Anforderungsprofil** sind die Qualifikationen zu beschreiben, die für die Aufgabenerfüllung **durchschnittlich** erforderlich sind. Dies sollte in einem geordneten und validen Verfahren geschehen, z. B. im Sinne der DIN-Norm 33430 (Anforderungen an berufsbezogene Eignungsverfahren). Die Stellenbeschreibungen sind auch ein Instrument, um Verwaltungsziele wie Produkt-, Kosten- und Kundenorientierung auf der Sachbearbeiterebene konkret umzusetzen. Um das zu zahlende Entgelt und damit auch die Kosten für diese Stelle zu ermitteln, müssen die Tätigkeiten anschließend nach ihrer Schwierigkeit bewertet und einer entsprechenden Entgeltgruppe zugeordnet werden. Der TVöD sieht hierfür eine Entgeltordnung vor. Bis zu deren tariflichen Abschluss werden Neueingestellte zunächst auf Grundlage des BAT eingruppiert und dann einer entsprechenden Entgeltgruppe zugeordnet (z. B. Sachbearbeiter/-in: früher Eingruppierung in Vergütungsgruppe BAT Vc – jetzt in Entgeltgruppe 8). Die Anforderungsprofile und die Arbeitsbewertung sind für das Arbeitsentgelt bedeutsam und daher sensible Elemente, die in einem transparenten „Expertenverfahren" erarbeitet werden sollten. Die beamtenrechtliche Dienstpostenbewertung geht methodisch anders vor.

Es bedarf all dieser Arbeitsschritte, um zu wissen, wie viele Stellen in welcher Entgeltgruppe für bestimmte Aufgaben bzw. Produkte künftig besetzt werden müssen, d. h., welcher Personalbedarf im Einzelnen qualitativ und quantitativ besteht. Nun schließt sich die Gesamtberechnung des Personalbedarfs an.

Das folgende Schema skizziert die Berechnung des gesamten Personalbedarfs.

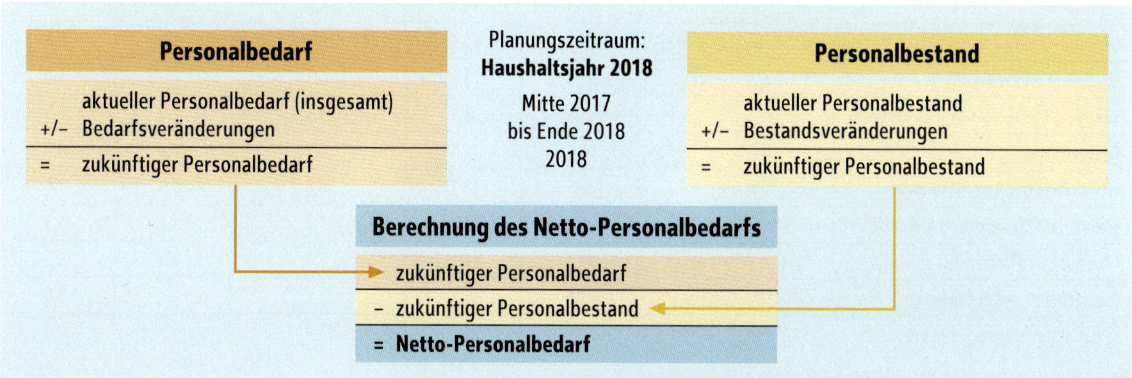

Ist der Netto-Personalbedarf negativ, so entsteht ein Personalüberhang. Ist der Netto-Personalbedarf positiv, so müssen künftig mehr Mitarbeiter eingestellt werden. Beide Ergebnisse wirken sich auf den Stellenplan aus.

Der **Stellenplan** stellt als Teil der Haushaltsplanung die Grundlage der Personalwirtschaft öffentlicher Körperschaften dar. Die Gemeindehaushaltsverordnungen sowie die Haushaltsgesetze von Bund und Ländern enthalten die entsprechenden rechtlichen Regelungen. Der Stellenplan hat die im Haushaltsjahr erforderlichen Stellen der Beschäftigten auszuweisen. Für jede Besoldungs- und Entgeltgruppe ist die Gesamtzahl der Stellen anzugeben. Eine beizufügende Stellenübersicht zeigt die vorgesehene Aufteilung der Stellen des Stellenplanes auf die Produktbereiche. Er stellt damit insgesamt die in der Körperschaft zu leistende Arbeit dar.

1.2.3 Personaleinsatzplanung

Die Personaleinsatzplanung soll gewährleisten, dass geeignete Mitarbeiter zur richtigen Zeit die Arbeitsplätze besetzen. Im Wesentlichen geht es um die **Aufgabenverteilung** und die **Arbeitszeitgestaltung.**

Ist eine Stelle neu zu besetzen, so wird man prüfen, ob dies durch einen Arbeitsplatzwechsel geschehen kann. Vielleicht wird durch diese Neuverteilung der Aufgaben ein Aufstieg möglich, eventuell erlangt jemand durch eine innerbetriebliche Umsetzung den Arbeitsplatz, der für ihn besonders geeignet ist. Bei einem Arbeitsplatzwechsel wie auch bei einer Neueinstellung ist darauf zu achten, dass das Fähigkeitsprofil der Person mit dem Anforderungsprofil der Stelle weitgehend übereinstimmt. Die Schnittmenge beider Profile – das Eignungsprofil – sollte das Anforderungsprofil möglichst weitgehend abdecken.

Fehlbesetzungen, bei denen Anforderungs- und Eignungsprofil zu weit auseinanderklaffen, sind durch erforderliche Nachqualifizierungen oder gar eine Neubesetzung sehr kostspielig. Eine sorgfältige Einarbeitung zielt darauf, den Mitarbeiter mit allen Anforderungen der Stelle vertraut zu machen.

Die Arbeitszeit der Beschäftigten in der öffentlichen Verwaltung deckt sich schon lange nicht mehr mit den Geschäftszeiten der Dienststellen. Viele Behörden haben kundenfreundliche Öffnungszeiten eingerichtet, in manchen Bereichen sind Bereitschaftsdienste und Dienstzeiten rund um die Uhr unvermeidbar. Diese **Arbeitszeitgestaltung** erfordert Personaleinsatzpläne, die von Arbeitszeitmodellen abhängig sind.

Viele Arbeitnehmer arbeiten in Arbeitszeitmodellen (Angaben in %)

Wirtschaftsbereiche	starre Arbeitszeitregelung	Arbeitszeitkonto	Gleitzeit (bei fester täglicher Arbeitsdauer)	flexible Arbeitszeitwahl	anderes Modell
insgesamt	58,1	24,1	10,2	2,0	5,6
Öffentliche Verwaltung (einschl. Verteidigung, Sozialversicherung)	33,8	45,0	13,6	1,3	6,3
Bergbau, Verarbeitendes Gewerbe	57,0	25,8	10,3	2,0	5,0
Energie-, Wasserversorgung; Entsorgung	51,5	32,9	9,3	1,0	5,3
Gastgewerbe	69,4	12,1	8,5	1,3	8,6
Information und Kommunikation	32,9	38,7	16,8	3,9	7,6
Finanz- und Versicherungs-, Grundstücks- und Wohnungswesen	28,4	51,8	11,3	3,2	5,3
Erziehung und Unterricht	67,6	17,2	7,3	2,3	5,5
Gesundheits- und Sozialwesen	73,2	13,5	7,1	1,1	5,0
Kunst, Unterhaltung, Erholung	52,7	24,7	12,9	2,7	7,0

Vgl. Arbeitskräfteerhebung 2010 des Statistischen Bundesamts

221060288

Beispiele für Arbeitszeitmodelle	
flexible Arbeitszeit (Arbeitszeitkonto)	Eine Möglichkeit ist die Festlegung einer Jahresarbeitszeit. Ein Arbeitszeitkonto dokumentiert das Erreichen der vorgesehenen Soll-Arbeitszeit (§ 10 TVöD). Man arbeitet Vollzeit und erhält Teilzeit-Vergütung. Die Differenz wird als Zeitguthaben angespart und später für längere Freistellungen genutzt. Es erlaubt auch, Zeiten verstärkten und verringerten Personalbedarfs auszugleichen. Es entstehen keine Überstunden im Sinne der Tarifverträge.
Jobsharing	Hier teilen sich zwei oder mehr Personen eine ganze Stelle. Die Beteiligten einigen sich über ihren Arbeitseinsatz, im Allgemeinen wird intensiver gearbeitet und es fallen weniger Fehlzeiten an.
Teilzeitarbeit	Hier besetzt eine Person eine Stelle mit verringertem Arbeitsvolumen (z. B. 19,25 Wochenstunden). Auch diese Form wirkt sich günstig auf Arbeitsintensität und Fehlzeiten aus. Möglicherweise entstehen (wie auch beim Jobsharing) zusätzliche Kosten für höhere Sozialabgaben und eine zusätzliche Arbeitsplatzeinrichtung.
Schichtarbeit	Im Rettungs- und Gesundheitswesen kommt Schichtarbeit häufig vor. Sie wirkt sich nachteilig aus auf den menschlichen Biorhythmus, die sozialen Beziehungen und die Freizeitgestaltung. Sind Schichtpläne dennoch unvermeidbar, ist ein angemessener Ausgleich (zusätzliche Freizeit, Schichtzulagen) anzustreben.
gleitende Arbeitszeit	Sie ist im Bürobereich sehr verbreitet und unterschiedlich ausgestaltet. Meistens besteht das Modell aus einer Kernarbeitszeit mit Anwesenheitspflicht und Gleitzeitspannen, in denen die Beschäftigten Beginn und Ende ihrer Arbeitszeit selbst bestimmen können. Mithilfe eines Gleitzeitkontos können Minus- und Plusstunden auf den Folgemonat übertragen werden. Bei langen Publikumszeiten ist einzuplanen, dass immer ein kompetenter Ansprechpartner präsent ist. Dieses Modell berücksichtigt die individuelle Leistungskurve, Zeit für private Bedürfnisse und das Abstimmen auf die Verkehrsverhältnisse.
Funktionszeit	Variables Arbeitszeitmodell als Variante des Gleitzeitmodells. Es gibt betrieblich vereinbarte Funktionszeiten, in denen bestimmte Betriebsbereiche (z. B. ein Bürgerbüro) funktionsfähig sein müssen. Das zeitautonome Arbeitsteam legt Lage und Dauer der Arbeitszeiten der Mitarbeiter selbstständig fest. Die Teammitglieder müssen über eine hohe Sozialkompetenz verfügen. Arbeitszeitkonten sind erforderlich.
Altersteilzeit	Ältere Beschäftigte können ihre Arbeitszeit nach dem Altersteilzeitgesetz ab dem 55. Lebensjahr auf die Hälfte verringern. Arbeitnehmer und Arbeitgeber können vereinbaren, die verbleibende Arbeitszeit flexibel zu verteilen (Arbeitszeitkonto erforderlich). Es kann auch vereinbart werden, in der ersten Hälfte der Altersteilzeit zu 100 % zu arbeiten und in der zweiten Hälfte gar nicht mehr (Blockaltersteilzeitmodell). Auf diese Weise soll ein gleitender Übergang in die Altersrente ohne zwischenzeitliche Phasen der Arbeitslosigkeit ermöglicht werden. Im öffentlichen Dienst gibt es abweichende Modelle.
Vertrauensarbeitszeit	Betriebsleitung und Vorgesetzte vertrauen darauf, dass die Mitarbeiter ihre Aufgaben eigenverantwortlich erledigen. Zeiterfassung (Stechuhren) und Anwesenheitskontrollen durch Vorgesetzte entfallen zwar, aber die Arbeitsergebnisse müssen im verabredeten Zeitraum erbracht werden. Die zu erbringende Leistung wird in realistischen Zielvereinbarungen festgelegt. Das Modell eignet sich daher vor allem für projektbezogenes Arbeiten. Werden die Ziele weniger vereinbart und mehr vom Vorgesetzten „diktiert“, besteht die Gefahr von „Arbeit ohne Ende“.
Telearbeit	Aufgrund moderner Informations- und Kommunikationstechnologie können Arbeitsort und -zeit vom Mitarbeiter flexibel mitbestimmt werden. Bei der Teleheimarbeit wird der „Online-Arbeitsplatz“ vollständig nach Hause verlegt. Bei der alternierenden Telearbeit arbeitet ein Mitarbeiter im Wechsel in der Wohnung und im Betrieb. Der Betrieb muss zwar den PC-Heimarbeitsplatz einrichten, hat aber sonst viele Vorteile von diesem Arbeitszeitmodell (hohe Arbeitsmotivation und -produktivität, weniger Ausfalltage, niedrige Raumkosten). Ist jedoch die Zeitsouveränität des Mitarbeiters stark eingeschränkt, weil z. B. Kleinkinder betreut werden müssen, kann Telearbeit in ungesunde Spät- und Nachtarbeit ausarten.
Minijob	Ein Minijob (in Teilzeit) liegt vor, sobald das Bruttoarbeitsentgelt im Monat 450 € nicht übersteigt. Es fallen keine Sozialabgaben an. Die Rentenbeiträge können aufgestockt werden.
Bereitschaftsdienst	Der Mitarbeiter muss sich an einer bestimmten Stelle beim Arbeitgeber arbeitsbereit aufhalten, sodass er die Arbeit jederzeit schnell aufnehmen kann (Dienst bei der Feuerwehr, im Krankenhaus).
Rufbereitschaft	Der Mitarbeiter muss sich an einem selbst gewählten, aber dem Arbeitgeber mitzuteilenden Ort auf Abruf zur Arbeit bereithalten. Rufbereitschaft wird meistens zusätzlich zur regulären Arbeitszeit geleistet. Die „bloße“ Rufbereitschaftszeit gilt nicht als Arbeitszeit (anders als beim Bereitschaftsdienst). Wichtig ist hier das Einhalten des Arbeitszeitgesetzes (Höchstarbeitszeit, Ruhezeiten).

Flexible Arbeitszeitmodelle können die Vereinbarkeit von Familie und Beruf und damit die Mitarbeiterzufriedenheit verbessern. Durch ein gesteigertes Ansehen des Unternehmens und angepasste und attraktive Arbeitszeiten werden Mitarbeiter als Fachkräfte für die Zukunft gebunden. Diese sind dann nicht selten produktiver und gleichen einen Fachkräftemangel zumindest teilweise aus.

Personalbedarfs- und Personaleinsatzplanung
1. Personalbestandsanalyse 2. quantitative Personalbedarfsplanung (Arbeitsbemessung, Stellenbemessung) 3. qualitative Personalbedarfsplanung (Stellenbeschreibung, Stellenbewertung) 4. Berechnung des gesamten Personalbedarfs 5. Anpassung des Stellenplans 6. Personaleinsatzplanung (Aufgabenverteilung, Arbeitszeitgestaltung)

221060290

2 Beschäftigung im öffentlichen Dienst

2.1 Beschäftigungsverhältnisse

Wer bei einer juristischen Person des öffentlichen Rechts (z. B. Bund, Länder, Gemeinden, Kreise, öffentlich-rechtliche Rundfunkanstalten oder Bundesagentur für Arbeit) tätig ist, gehört zum öffentlichen Dienst. Die Beschäftigungsverhältnisse im öffentlichen Dienst sind unterschiedlich geregelt. In den Verwaltungen sind Beamte sowie Beschäftigte tätig. Die frühere Trennung zwischen Angestellten und Arbeitern ist im öffentlichen Dienst aufgehoben. Der Tarifvertrag geht nur noch von Beschäftigten aus.

2.1.1 Öffentlich-rechtliche Beschäftigungsverhältnisse

Beamte stehen in einem **öffentlich-rechtlichen Dienst- und Treueverhältnis** zu einem öffentlichen Dienstherrn. Es ist durch den Grundsatz der Überordnung und entsprechende einseitige Regelungen des Staates in Gesetzen und Rechtsverordnungen geprägt. Beamte werden durch Aushändigung einer **Ernennungsurkunde (Verwaltungsakt)** in das Beamtenverhältnis berufen, und zwar in der Regel auf Lebenszeit. Sie schließen also keinen Arbeitsvertrag. Der Dienstherr ist verpflichtet, einen amtsangemessenen Lebensunterhalt (Besoldung, Versorgung) zu gewähren (**Alimentationsprinzip**).

Rechtliche Grundlagen

Bund und Länder regeln das Beamtenrecht in eigenen Gesetzen. Allerdings sind die Vorgaben des **Grundgesetzes** zu beachten. Außerdem hat der Bund im **Beamtenstatusgesetz** (BeamtStG) einheitliche Kernregelungen zum Rechtsstatus der Landes- und Kommunalbeamten festgelegt. Gleichlautende Vorschriften hat er auch für die Bundesbeamten in das Bundesbeamtengesetz (BBG) übernommen. Insbesondere Laufbahnen, Besoldung und Versorgung regeln Bund und Länder je für sich. Damit können die Einstellungs-, Aufstiegs- und Verdienstmöglichkeiten der Beamten in den Ländern unterschiedlich gestaltet werden.

<table>
<tr><th colspan="3">Rechtsgrundlagen des Beamtenrechts</th></tr>
<tr><td>für Beamte des Bundes
und Beamte sonstiger bundesunmittelbarer Körperschaften, Anstalten und Stiftungen des öffentlichen Rechts</td><td colspan="2">für Beamte der Länder und der Kommunen
und Beamte sonstiger Körperschaften, Anstalten und Stiftungen des öffentlichen Rechts unter Landesaufsicht</td></tr>
<tr><td>■ Grundgesetz (Art. 33 GG)
■ Bundesbeamtengesetz
■ Bundesbesoldungsgesetz
■ Bundesversorgungsgesetz
■ Bundeslaufbahnverordnung
■ Bundesbeihilfeverordnung
■ Bundesnebentätigkeitsverordnung
■ und weitere Rechtsvorschriften des Bundes</td><td>Bundesrecht:
■ Grundgesetz (Art. 33 GG)
■ Beamtenstatusgesetz (BeamtStG)</td><td>Landesrecht
■ Landesverfassung
■ Landesbeamtengesetz
■ Landesbesoldungsgesetz
■ Laufbahnverordnung
■ Beihilfeverordnung
■ Nebentätigkeitsverordnung
■ und weitere Rechtsvorschriften des jeweiligen Bundeslandes</td></tr>
</table>

Art. 33 GG legt folgende beamtenrechtliche Grundsätze fest:

- Hoheitsrechtliche Befugnisse sind als ständige Aufgabe in der Regel Beamten zu übertragen **(Funktionsvorbehalt).**
- Das öffentliche Dienstrecht ist unter Berücksichtigung der **hergebrachten Grundsätze des Berufsbeamtentums** zu regeln und fortzuentwickeln.
- Jeder Deutsche hat nach seiner Eignung, Befähigung und fachlichen Leistung **gleichen Zugang zu jedem öffentlichen Amte.** Niemandem darf aus seiner Zugehörigkeit oder Nichtzugehörigkeit zu einem Bekenntnisse oder einer Weltanschauung ein Nachteil erwachsen.

Das Beamtenstatusgesetz trifft grundlegende Regelungen zu folgenden Themen:

- Dienstherrnfähigkeit (das Recht, Beamtinnen und Beamte zu haben)
- Beamtenverhältnis als öffentlich-rechtliches Dienst- und Treueverhältnis
- Arten des Beamtenverhältnisses

Beschäftigung im öffentlichen Dienst

- Voraussetzungen des Beamtenverhältnisses, Ernennung
- Länderübergreifender Wechsel, Wechsel zur Bundesverwaltung
- Rechtliche Stellung im Beamtenverhältnis
- Beendigung des Beamtenverhältnisses

Hergebrachte Grundsätze des Berufsbeamtentums

Nach Art. 33 Abs. 5 GG gelten im öffentlichen Dienstrecht die hergebrachten Grundsätze des Berufsbeamtentums. Diese Grundsätze sind ein Kernbestand von Prinzipien, die sich über einen längeren Zeitraum gebildet haben und die nach der Föderalismusreform 2006 weiterzuentwickeln sind. Dazu zählen u. a.

- die Treuepflicht des Beamten ⟷ die Fürsorgepflicht des Dienstherrn
- das Alimentationsprinzip
- das Leistungsprinzip
- das Lebenszeitprinzip
- die Amtsbezeichnung
- das Laufbahnprinzip

Die **Treuepflicht** des Beamten ist das Gegenstück zur Fürsorgepflicht des Dienstherrn. Der Beamte muss sich durch sein gesamtes Verhalten zu der freiheitlichen demokratischen Grundordnung im Sinne des Grundgesetzes bekennen und für deren Erhaltung eintreten (**Verfassungstreue**). Der Beamte hat bei politischer Betätigung diejenige Mäßigung und Zurückhaltung zu wahren, die sich aus seiner Stellung gegenüber der Allgemeinheit und aus der Rücksicht auf die Pflichten seines Amtes ergibt. Die sich aus Art. 33 Abs. 5 GG ergebende Treuepflicht ist der Grund des Streikverbots für Beamte.

Die **Fürsorgepflicht** des Dienstherrn ist die Gegenleistung für die Treue des Beamten: Der Dienstherr ist verpflichtet, für das Wohl des Beamten und seiner Familie zu sorgen, auch für die Zeit nach Beendigung des Beamtenverhältnisses. Zur Fürsorgepflicht werden u. a. gezählt

- die Fürsorge im Krankheits- und Pflegefall durch Beihilfen, die die gesundheitliche Eigenvorsorge des Beamten ergänzen,
- der Anspruch auf Berücksichtigung bei Personalentscheidungen und Beförderungen, wenn die erforderlichen Voraussetzungen vorliegen,
- der Schutz des Beamten bei seiner amtlichen Tätigkeit und in seiner Stellung und
- die Beratung in dienstlichen Angelegenheiten.

Das **Alimentationsprinzip** ist das Recht auf angemessene Besoldung und Versorgung. Der Beamte erhält Dienstbezüge als Gegenleistung dafür, dass er sich mit vollem persönlichem Einsatz seinem Beruf widmet und die übertragenen Aufgaben uneigennützig nach bestem Gewissen wahrnimmt. Der Beamte erhält also nicht eine Bezahlung für geleistete Arbeitsstunden, sondern eine finanzielle Leistung für den Lebensunterhalt (Alimentation). Dabei hat der Dienstherr die Bezüge so festzulegen, dass dem Beamten ein angemessener Lebensunterhalt ermöglicht wird. Der Lebensunterhalt ist dabei – abgestuft nach dem jeweiligen Dienstrang und der damit verbundenen Verantwortung – an die Entwicklung des allgemeinen Lebensstandards anzupassen. Der Dienstherr ist außerdem verpflichtet, den Beamten im Ruhestand und – nach seinem Tode – seine Hinterbliebenen zu versorgen.

Das **Leistungsprinzip** gilt nicht nur für den Zugang zu öffentlichen Ämtern, sondern auch bei Beförderungen oder dem Aufstieg in eine höhere Laufbahn: Das Beamtenverhältnis ist in der Regel ein Verhältnis auf **Lebenszeit.** Das Beamtenverhältnis auf Zeit ist eine Ausnahme, die Beamtenverhältnisse auf Widerruf und auf Probe gehen dem Beamtenverhältnis auf Lebenszeit voraus. Aus dem Lebenszeitprinzip ergibt sich für den Beamten und seine Familie eine existenzielle Sicherheit, aus der er die für die Ausübung seines Amtes erforderliche Unabhängigkeit gewinnt. Die **Amtsbezeichnung** (z. B. Stadtinspektorin) soll die Bedeutung des Amtes deutlich machen.

Das **Laufbahnprinzip** bestimmt traditionell das Dienstverhältnis der Beamten, es befindet sich aber im Umbruch. Sie werden so ausgebildet, dass sie Aufgaben in einer bestimmten Fachrichtung und auf einer bestimmten Stufe der Verwaltung ausführen können. Der Ausbildung geht deshalb ein Vorbereitungsdienst (Anwärterzeit, Referendariat) voraus, der im mittleren, gehobenen und höheren Dienst regelmäßig mit einer Laufbahnprüfung abgeschlossen wird. In den Bundesländern gelten unterschiedliche Systeme der Laufbahngruppen und Laufbahnen.

221060292

2.1.2 Privatrechtliche Beschäftigungsverhältnisse

Im 20. Jahrhundert nahm mit den öffentlichen Aufgaben auch die Zahl der Beschäftigten im öffentlichen Dienst zu. Allerdings entstanden die meisten Aufgaben im Bereich der Daseinsvorsorge, z. B. im Ver- und Entsorgungsbereich, in Kultureinrichtungen und sozialen Einrichtungen. Der relative Beschäftigtenanteil in der Ordnungsverwaltung hingegen ging zurück. So entstanden vor allem bei den Gemeinden Beschäftigungsmöglichkeiten, die nicht hoheitlicher Art sind. Heute stellen in vielen Bereichen des öffentlichen Dienstes die privatrechtlich Beschäftigten den größten Mitarbeiteranteil. Da der Funktionsvorbehalt des Art. 33 Abs. 4 GG „in der Regel" gilt, können diese Beschäftigten durchaus hoheitliche Aufgaben übernehmen, was insbesondere in den Gemeinden auch geschieht.

Beschäftigte stehen als Arbeitnehmer in einem privatrechtlichen Arbeitsverhältnis. Die rechtliche Grundlage ist der Arbeitsvertrag zwischen Arbeitgeber und Arbeitnehmer.

2.1.2.1 Einordnung des Arbeitsvertrags

Der Arbeitsvertrag begründet anders als ein Kaufvertrag ein Dauerschuldverhältnis. Zu den Dauerschuldverhältnissen zählen z. B. auch Miete, Pacht und Darlehen. Während aber diese Vertragsarten im BGB ausdrücklich geregelt sind, ist der Arbeitsvertrag hier nicht genannt. Das BGB regelt nur den Dienstvertrag:

§ 611 BGB – Wesen des Dienstvertrags

(1) Durch den Dienstvertrag wird derjenige, welcher Dienste zusagt, zur Leistung der versprochenen Dienste, der andere Teil zur Gewährung der vereinbarten Vergütung verpflichtet.

(2) Gegenstand des Dienstvertrags können Dienste jeder Art sein.

Der Arbeitsvertrag wird als unselbstständiger Dienstvertrag und damit als Unterform des Dienstvertrags behandelt.

Der **Arbeitsvertrag** ist ein privatrechtlicher, personenrechtlicher, gegenseitiger Vertrag, durch den sich der Arbeitnehmer zur Leistung von Arbeit und der Arbeitgeber zur Lohnzahlung verpflichtet.

Rechtliche Einordnung des Arbeitsvertrags

Dienstvertrag

- **selbstständiger Dienstvertrag**: Dienstleistung durch selbstständige Gewerbetreibende und freiberuflich Tätige
- **unselbstständiger Dienstvertrag**: Weisungsgebundene Dienstleistung durch einen Arbeitnehmer in sozial abhängiger Stellung (d. h. im Dienst eines Arbeitgebers)
  = Arbeitsvertrag

Der Arbeitsvertrag ist abzugrenzen vom

- Auftrag, durch dessen Annahme sich der Beauftragte verpflichtet, ein Geschäft **unentgeltlich** zu besorgen (§ 662 BGB), und vom
- Werkvertrag, durch den sich jemand verpflichtet, ein versprochenes **Werk** herzustellen oder einen anderen **Erfolg** durch Arbeit herbeizuführen (§ 631 BGB).

Die Unterscheidung der Vertragsarten ist deshalb wichtig, weil nur für den Arbeitsvertrag mit einem Arbeitnehmer z. B. das Tarifrecht, das Kündigungsschutzrecht, das Arbeitszeitrecht sowie das Lohnsteuerabzugsverfahren in Betracht kommen.

Arbeitgeber ist jeder, der einen anderen als Arbeitnehmer beschäftigt.

Sowohl natürliche als auch juristische Personen können Arbeitgeber sein. Bund und Länder, Gemeinden und Kreise sind daher Arbeitgeber, da sie Arbeitnehmer beschäftigen. Der rechtliche Begriff des Arbeitgebers ist nicht mit dem wirtschaftlichen Begriff des Unternehmers gleichzusetzen.

Arbeitnehmer ist eine natürliche Person, die aufgrund eines privatrechtlichen Vertrags im Dienst eines anderen zur Arbeit verpflichtet ist.

Folgende Merkmale kennzeichnen u.a. den Begriff des Arbeitnehmers:

- Leistung von Arbeit
- privatrechtlicher Vertrag
- Arbeit im Dienst eines anderen

Leistung von Arbeit im Rechtssinne ist nicht leicht zu beschreiben. Meist wird es sich um eine aktive Tätigkeit handeln; jedoch kann auch die Arbeitsbereitschaft rechtlich als Arbeit anzusehen sein. Arbeit im arbeitsrechtlichen Sinne ist planmäßig, erfolgsorientiert, fremdbestimmt und weisungsgebunden.

Ein privatrechtlicher Vertrag wird von einander gleichberechtigt gegenüberstehenden Personen geschlossen. Das gilt auch für Verträge mit dem Staat oder einer Gemeinde. Wer jedoch aufgrund eines öffentlich-rechtlichen Dienstverhältnisses Dienste leistet, z. B. als Beamter, Richter oder Soldat, ist nicht Arbeitnehmer. Dasselbe gilt auch für mithelfende Familienangehörige und auch für Strafgefangene, weil hier keine vertragliche Verpflichtung besteht. Diese Gruppen unterliegen nicht dem Arbeitsrecht.

Arbeit „im Dienste eines anderen“ ist nicht zu verwechseln mit Arbeit „für andere“. Arbeit im Dienste eines anderen bedeutet, dass ein persönliches Abhängigkeitsverhältnis besteht (**Weisungsgebundenheit** des Arbeitnehmers bei der Arbeitsausführung, mangelnde Selbstständigkeit) und dass regelmäßig die ganze Arbeitskraft geschuldet wird. Meist ist der Arbeitnehmer auch in den Betrieb des Arbeitgebers eingegliedert. Diese zuletzt genannten Merkmale müssen nicht alle gleichzeitig auf einen Arbeitnehmer zutreffen.

Arbeit für andere leisten insbesondere freiberuflich Tätige, wie z. B. Ärzte, Steuerberater und Rechtsanwälte. Hier handelt es sich meist zwar auch um Dienstverträge mit Patienten bzw. Mandanten; da aber ein persönliches Abhängigkeitsverhältnis nicht besteht, sind Freiberufler keine Arbeitnehmer. Besteht keine persönliche, wohl aber eine wirtschaftliche Abhängigkeit von einem Betrieb, so kann es sich bei dem Betroffenen um eine „arbeitnehmerähnliche Person“ handeln, die bestimmte Arbeitnehmer-Schutzrechte in Anspruch nehmen kann (z. B. Heimarbeiter).

Früher hat man die Arbeitnehmer nach ihrer Tätigkeit in Angestellte und Arbeiter eingeteilt. Inzwischen ist diese Unterscheidung arbeitsrechtlich bedeutungslos. Im öffentlichen Dienst heißen alle Arbeitnehmer **Beschäftigte.**

Folgende Gruppen zählen nicht zu den Arbeitnehmern:

- Beamte, Richter und Soldaten (kein privatrechtliches Dienstverhältnis)
- Selbstständige (Gewerbetreibende, Freiberufler), nicht „im Dienste eines anderen“ (weisungsunabhängig, selbstständig)
- Ordensleute und Diakonissen (Dienstleistung in einer karitativen oder religiösen Vereinigung)
- Strafgefangene (Arbeit in einem öffentlich-rechtlichen Gewaltverhältnis)

2.1.2.2 Rechtliche Grundlagen des Arbeitsverhältnisses

Freiberuflich Tätige und Selbstständige arbeiten unabhängig und bestimmen Art, Ort und Zeit ihrer Arbeitsleistung weitgehend selbst; sie haben keinen Arbeitgeber. Arbeitnehmer hingegen sind vom Arbeitgeber persönlich abhängig, denn sie haben dienstliche Weisungen zu befolgen. Zur Sicherung ihrer Existenz sind sie auch wirtschaftlich auf abhängige Arbeit bei einem wirtschaftlich überlegenen Arbeitgeber angewiesen. Die sich am Arbeitsmarkt ergebenden Löhne und Arbeitsbedingungen werden nicht immer als gerecht empfunden. Im Allgemeinen können Arbeitgeber ihre Interessen eher durchsetzen als Arbeitnehmer.

Nach dem Grundgesetz ist die Bundesrepublik Deutschland ein sozialer Rechtsstaat, in dem die Menschenwürde unverletzlich ist. Da in einer Marktwirtschaft soziale Gerechtigkeit und humane Arbeitsbedingungen nicht von allein entstehen, greift der Staat durch Rechtsvorschriften korrigierend ein, beschränkt die Vertragsfreiheit im Arbeitsrecht und regelt zwingende Vorgaben für Arbeitsverhältnisse.

221060294

Dies geschieht im Wesentlichen durch vier Instrumente:

- Gesetze und Verordnungen sowie deren Auslegung durch die Arbeitsgerichte
- Vereinbarungen in Tarifverträgen
- Mitspracherechte der Betriebs- und Personalräte
- Mitbestimmung der Arbeitnehmer in Aufsichtsräten größerer Unternehmen

Das Arbeitsrecht umfasst die **Rechtsnormen,** die sich auf die Arbeit der Arbeitnehmer beziehen.

Ranghöchste innerstaatliche Rechtsquelle ist das Grundgesetz. Vor allem die Grundrechte „strahlen" auf das Arbeitsrecht aus. Zu nennen sind hier insbesondere die Menschenwürde (Art. 1 GG), die Koalitionsfreiheit (Art. 9 GG) und das Gleichbehandlungsrecht (Art. 3 GG). Nachrangige Rechtsnormen – in Gesetzen, Rechtsverordnungen, Tarifverträgen und Betriebsvereinbarungen – dürfen nicht gegen höherrangige Normen und insbesondere die Verfassung verstoßen (**Rangprinzip**).

Die vom Staat gesetzten arbeitsrechtlichen Vorschriften sind auf eine Vielzahl von Gesetzen verteilt. Ein einheitliches „Arbeitsgesetzbuch" gibt es in der Bundesrepublik nicht.

Regelungen über das Arbeitsverhältnis zwischen Arbeitgeber und Arbeitnehmer werden als **individuelles Arbeitsrecht** bezeichnet. Sie sind u. a. in folgenden Gesetzen enthalten:

- Bürgerliches Gesetzbuch (BGB), §§ 611–630 (Unterabschnitt über den Dienstvertrag)
- Kündigungsschutzgesetz (KSchG)
- Berufsbildungsgesetz (BBiG)
- Arbeitsplatzschutzgesetz (ArbPlSchG)

Das **Arbeitnehmerschutzrecht** regelt gesetzliche Pflichten des Arbeitgebers zum Schutz der Arbeitnehmer, insbesondere vor

Gefahren im Betrieb und vor zu starker zeitlicher Beanspruchung. Wichtige Rechtsgrundlagen enthalten z. B. das Arbeitszeitgesetz, das Mutterschutzgesetz und das Jugendarbeitsschutzgesetz.

Die Beziehungen zwischen dem Arbeitgeber und den Arbeitnehmern eines Betriebs insgesamt bzw. zwischen Arbeitgeberverbänden und Gewerkschaften gehören zum **kollektiven Arbeitsrecht.** Wichtige Rechtsgrundlagen:

- Tarifvertragsgesetz (TVG)
- Mitbestimmungsgesetz (MitbestG)
- Betriebsverfassungsgesetz (BetrVG)
- Personalvertretungsgesetze des Bundes und der Länder (BPersVG, LPVG)

Eine Besonderheit dieses Arbeitsrechtsbereichs sind die **Gesamtvereinbarungen** (Kollektivvereinbarungen). Dies sind Tarifverträge sowie Betriebs- bzw. Dienstvereinbarungen.

- **Tarifverträge** werden zwischen Arbeitgeberverbänden (oder einzelnen Arbeitgebern) und Gewerkschaften für ihre Mitglieder abgeschlossen, z. B. über Arbeitsbedingungen oder die Höhe der Löhne in einem bestimmten Wirtschaftszweig eines Tarifgebiets.
- **Betriebsvereinbarungen** werden zwischen einem Arbeitgeber und dem Betriebsrat geschlossen und gelten für alle Betriebsangehörigen (z. B. Arbeitszeit- und Pausenregelungen für einen Betrieb). Dem entsprechen im öffentlichen Dienst die **Dienstvereinbarungen** zwischen dem Dienstvorgesetzten einer Dienststelle und dem Personalrat.

Die Normen der Gesamtvereinbarungen wirken auf die betroffenen Arbeitsverhältnisse wie Gesetze (§ 1 Abs. 1 TVG; § 77 Abs. 4 BetrVG). Da hier nicht der Staat das Recht setzt, spricht man auch von der „Selbstgesetzgebung" der Sozialpartner, im Bereich der Tarifverträge von ihrer **Tarifautonomie**.

Im Bereich des öffentlichen Dienstes sind folgende Tarifverträge grundlegend:

- **Tarifvertrag für den öffentlichen Dienst (TVöD)**
  vom 13. September 2005 (gilt für Beschäftigte bei Gemeinden und Bund) mit Spartenregelungen in jeweiligen besonderen Teilen für Verwaltung, Pflege- und Betreuungseinrichtungen, Sparkassen, Entsorgung und Flughäfen in der jeweils aktuellen Änderungsfassung.

- **Tarifvertrag für den öffentlichen Dienst der Länder (TV-L)**
  vom 19. Mai 2006 in der jeweils aktuellen Änderungsfassung
- **Tarifverträge zur Überleitung** der Beschäftigten vom BAT (früher gültiger Bundes-Angestellten-Tarifvertrag) in den TVöD (TVÜ-VKA, TVÜ-Bund, TVÜ-Länder).

In diesem Buch wird – soweit nicht anders angegeben – der TVöD mit dem Besonderen Teil Verwaltung im Bereich der kommunalen Arbeitgeberverbände (TVöD-V) zugrunde gelegt. Abweichungen bestehen insbesondere bei Entgelttabellen und beim Leistungsentgelt.

Der **Arbeitsvertrag** ist die rechtliche Grundlage, durch die Arbeitgeber und Arbeitnehmer das Arbeitsverhältnis begründen. Er ist das von den Vertragsparteien individuell gestaltbare Regelungsmittel (aber keine Rechtsquelle).

Die **Weisung** des Arbeitgebers an den Arbeitnehmer, etwa eine bestimmte Arbeit auszuführen, steht am Ende der Rangfolge der arbeitsrechtlichen Regelungsmittel.

Das **zwischen- und überstaatliche Arbeitsrecht,** z. B. der Europäischen Union, gewinnt immer mehr an Bedeutung. Die Verordnungen des Ministerrats gelten in den Mitgliedstaaten unmittelbar und gehen dem nationalen Recht vor. Richtlinien hingegen geben ein gemeinsames Ziel vor, das jedoch von den Mitgliedstaaten in innerstaatliches Recht umgesetzt werden muss (s. LF 2, Kap. 1.5.2).

Beispiele

Das Verbot unterschiedlicher Behandlung von Arbeitnehmern aus anderen EU-Staaten ist durch eine EU-Verordnung geregelt und gilt unmittelbar.

Die EG-Richtlinie über die Sicherheit und den Gesundheitsschutz bei der Arbeit an Bildschirmgeräten gab den Mitgliedstaaten auf, in zwei Jahren entsprechende eigene Rechtsvorschriften zu erlassen.

Da immer wieder rechtliche Konflikte auftreten, die in Rechtsvorschriften nicht berücksichtigt wurden, tragen die **Entscheidungen der Arbeitsgerichte** wesentlich zur Fortentwicklung des Arbeitsrechts auf allen Ebenen bei („Richterrecht"). Insbesondere die Urteile des Europäischen Gerichtshofs und des Bundesarbeitsgerichts beeinflussen die Rechtsfortbildung. Sie sind zwar nicht allgemein verbindlich wie Rechtsnormen, stellen aber wichtige Orientierungspunkte für Arbeitgeber und Arbeitnehmer dar.

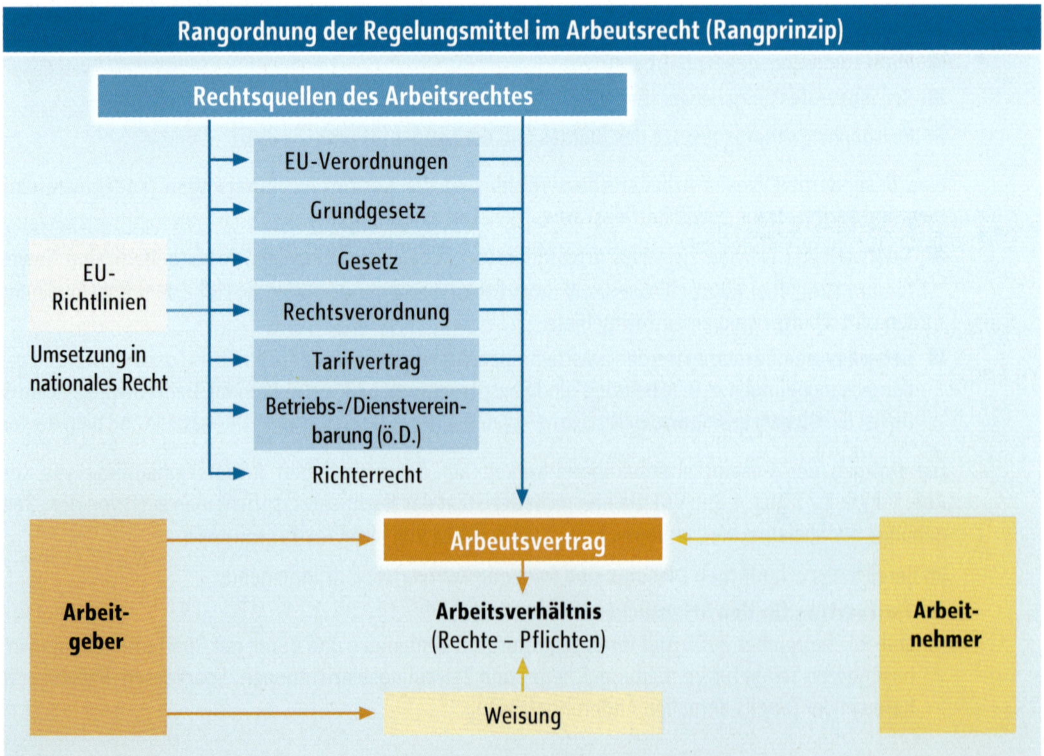

221060296

Die Rangfolge der Regelungsmittel (**„Rangprinzip“**, s. auch LF 1, Kap.1) ist entscheidend, wenn Regelungen sich widersprechen. Dann gilt in der Regel die übergeordnete Vorschrift. Diese kann aber Ausnahmen zulassen. Die nachgeordnete Regelung ist rechtswidrig und wirkungslos, wenn sie mit höherrangigem Recht nicht in Einklang steht.

Beispiel

Ein Tarifvertrag sieht einen Stundenlohn von 12,50 € vor. Über Abweichungsmöglichkeiten ist nichts ausgesagt. Kann der Betriebsrat mit dem Arbeitgeber eine rechtswirksame Betriebsvereinbarung über einen Stundenlohn von 13,50 € abschließen?

§ 77 Abs. 3 BetrVG sagt hierzu:

Arbeitsentgelte und sonstige Arbeitsbedingungen, die durch Tarifvertrag geregelt sind oder üblicherweise geregelt werden, können nicht Gegenstand einer Betriebsvereinbarung sein. Dies gilt nicht, wenn ein Tarifvertrag den Abschluss ergänzender Betriebsvereinbarungen ausdrücklich zulässt.

Die Regelung in der Betriebsvereinbarung ist zwar günstiger, jedoch verbietet das (höherrangige) Gesetz grundsätzlich die Regelung des Arbeitsentgelts in einer Betriebsvereinbarung. Sie ist deshalb unwirksam; die Arbeitnehmer könnten nur 12,50 € je Stunde verlangen.

Ein starres **Rangprinzip** würde sich häufig zum Vorteil, oft aber auch zum Nachteil des Arbeitnehmers auswirken. Das Arbeitsrecht soll jedoch den Arbeitnehmer schützen. Deshalb wird das Rangprinzip häufig durch das **Günstigkeitsprinzip** durchbrochen.

Nach dem **Günstigkeitsprinzip** gilt grundsätzlich die niederrangige (schwächere) arbeitsrechtliche Regelung, wenn sie für den Arbeitnehmer günstiger ist.

Beispiel

Der Tariflohn soll bei 12,50 € je Stunde liegen. Facharbeiter Alt akzeptiert im Arbeitsvertrag einen Stundenlohn von 10,00 €, um überhaupt eingestellt zu werden. Sein Kollege Jung handelt mit dem Arbeitgeber einen Lohn von 14,00 € aus. Welche Lohnhöhe können Alt und Jung verlangen, wenn der Tarifvertrag auf beide Arbeitsverhältnisse anzuwenden ist?

Alt kann sich auf den Tarifvertrag berufen, der als höherrangige Regelung dem Arbeitsvertrag vorgeht (Rangprinzip). Für ihn ist die Schlechterstellung durch den Arbeitsvertrag unwirksam. Jung hingegen kann die Einhaltung der vertraglichen Absprache verlangen, weil sich diese Abweichung vom Tarifvertrag zu seinem Vorteil auswirkt (Günstigkeitsprinzip).

2.1.2.3 Vergleich zwischen Beamten- und Arbeitsverhältnis

Wichtige Unterschiede zwischen den Mitarbeitern in der Verwaltung verdeutlicht die folgende Übersicht:

	Beamtenverhältnis	Arbeitsverhältnis (Beschäftigte)
Rechtscharakter	■ öffentlich-rechtliches Dienst- und Treueverhältnis	■ privatrechtliches Arbeitsverhältnis
Rechtsgrundlagen	■ öffentliches Recht: Grundgesetz, Beamtenrecht	■ Privatrecht: Bürgerliches Gesetzbuch, Arbeitsrecht
Merkmale	■ Begründung durch Verwaltungsakt (Ernennungsurkunde) ■ Berufung grundsätzlich auf Lebenszeit, Entlassung nur in den gesetzlich vorgesehenen Fällen ■ „Dienstherr“ ■ Streikverbot ■ „Besoldung“ (gesetzlich festgelegt, Alimentationspflicht) ■ „Versorgung“ der Beamten im Ruhestand ■ Sozialversicherungsfreiheit ■ Disziplinarrecht	■ Begründung durch Arbeitsvertrag ■ Kündbarkeit im Rahmen gesetzlicher und tarifvertraglicher Regelungen ■ „Arbeitgeber“ ■ Streikrecht ■ „Entgelt“ (tarifvertraglich festgelegt) als Gegenleistung für geleistete Tätigkeit ■ gesetzliche Rentenversicherung und betriebliche Altersversorgung ■ Sozialversicherungspflicht ■ Abmahnung (nach Richterrecht)
Rechtsstreitigkeiten	■ Zuständigkeit der Verwaltungsgerichte	■ Zuständigkeit der Arbeitsgerichte

2.2 Arbeitsverhältnis

2.2.1 Begründung des Arbeitsverhältnisses

Soll ein Arbeitsverhältnis begründet werden, so ist zwischen seiner Anbahnung (Einstellungsverfahren) und dem Abschluss des Arbeitsvertrags zu unterscheiden.

2.2.1.1 Anbahnung des Arbeitsverhältnisses

Stellenausschreibung

Neue Mitarbeiter können auf internem oder externem Wege gewonnen werden. Die **innerbetriebliche Stellenausschreibung** (schwarzes Brett, Betriebszeitung, Intranet) hat den Vorteil, dass die Fähigkeiten der Bewerber bereits bekannt sind. Interne Stellenbesetzungen fördern auch die Leistungsmotivation, da der Einsatz für den Betrieb den Aufstieg begünstigt. Da aber die Zahl der Bewerber oft zu gering ist und auch zusätzliche Fortbildungskosten anfallen können, werden Stellen häufig **extern ausgeschrieben.** Hier bestehen insbesondere folgende Möglichkeiten:

- Stellenanzeigen in Zeitungen und Fachzeitschriften oder auf der Homepage der Behörde
- Plakate (z. B. im Publikumsbereich der Dienststellen, in öffentlichen Verkehrsmitteln, in Bildungseinrichtungen)
- Stellen-Informations-Service der Bundesagentur für Arbeit sowie weitere Stellenbörsen in Print- und Onlinemedien

Grundlage aller Ausschreibungen ist das Aufgaben- und Anforderungsprofil (Stellenbeschreibung), das je nach Ausschreibungsart durch sinnvolle Informationen ergänzt wird. Es ist unbedingt darauf zu achten, dass die gesamte Ausschreibung den **Anforderungen des Allgemeinen Gleichbehandlungsgesetzes (AGG)** genügt (z. B. grundsätzlich geschlechts- und altersneutrale Ausschreibung) sowie die Gleichstellungsgesetze des Bundes und der Länder, das SGB IX und das Personalvertretungsrecht beachtet. Generell besteht keine tarifliche oder gesetzliche Pflicht zur öffentlichen Stellenausschreibung. Es wird allgemein empfohlen, eine Dienst- bzw. Betriebsvereinbarung aufzustellen. Um mögliche Beschwerden bearbeiten zu können, ist das gesamte Ausschreibungs- und Auswahlverfahren genau zu dokumentieren.

Bewerberauswahl

Nach Ablauf der Ausschreibungsfrist sind geeignete Bewerber **mit bestimmten Instrumenten** auszuwählen:

- Auswertung der vorgelegten Bewerbungsunterlagen
- Personalfragebögen
- Einstellungstests
- Assessment-Center
- Vorstellungsgespräche (Auswahl- bzw. Einstellungsgespräche)

Ein Assessment-Center (Assessment = Bewertung, Einschätzung) ist ein Auswahlverfahren, bei dem Berufssituationen z. B. in Rollenspielen, Diskussionen und Vorträgen simuliert werden. Leistungen und Verhalten werden von erfahrenen Beobachtern bewertet. Das Auswahlverfahren ist zeitaufwändig, daher sollte jedem Bewerber der Eingang seiner Bewerbung schriftlich bestätigt werden. Die Bewerbungsunterlagen sind zu sichten und zu vergleichen. Hierzu gehören zumindest das Bewerbungsschreiben, der Lebenslauf, ein Lichtbild und Kopien der Schul- bzw. Hochschul- und Arbeitszeugnisse. Je nach Ausschreibung können z. B. ein Führungszeugnis, Kopien von Fortbildungsbescheinigungen oder Ernennungsurkunden hinzukommen. Das Bewerbungsschreiben sollte überzeugend darlegen, warum sich der Bewerber für die ausgeschriebene Stelle für besonders geeignet hält und was die Position für ihn persönlich bedeuten würde. Der lückenlose Lebenslauf sollte in tabellarischer Form vorliegen. Bei der Prüfung dieser Unterlagen wird auch auf formale Aspekte (Rechtschreibung, Gestaltung nach DIN 5008) geachtet. Es werden zunehmend Online-Bewerbungen erbeten, die ähnlichen Gestaltungsregeln unterliegen.

221060298

Datenbank- oder Tabellenkalkulationsprogramme helfen, geeignete Bewerbungen zu vergleichen und für Vorstellungsgespräche zu nutzen. Nach der Stellenbesetzung sind die Daten zu löschen.

Vorstellungsgespräch

In die engere Wahl gelangte Bewerber werden zu einem **Vorstellungsgespräch** eingeladen, dem noch ein Einstellungsgespräch mit dem ausgesuchten Bewerber folgen kann:

Der **Bewerber** möchte einen überzeugenden Eindruck hinterlassen, vor allem hinsichtlich der Leistungsfähigkeit. Andererseits will er sein Privatleben von der Arbeit trennen. Viele Bewerber meinen, dass z. B. die Hintergründe des Stellenwechsels, eventuelle Heiratsabsichten, eine Schwangerschaft, eine Allergie oder die politischen Aktivitäten den neuen Arbeitgeber nichts angingen. Dies entspricht auch dem Recht, über die Preisgabe von Daten aus der privaten Lebensgestaltung selbst zu bestimmen. Das Grundrecht auf informationelle Selbstbestimmung ergibt sich aus Art. 2 Abs. 1 i. V. m. Art. 1 Abs. 1 GG.

Der **Personalverantwortliche des Arbeitgebers** hingegen möchte sich ein umfassendes Bild von allen Bewerbern machen. Ihn interessieren Informationen, die Aufschluss geben über Qualifikationen, eventuelle Leistungsbeeinträchtigungen sowie über voraussichtliche Personalkosten, die u. a. auch durch Arbeitsausfälle oder raschen Stellenwechsel entstehen.

Bei der Anbahnung des Arbeitsvertrags begrenzt das **Persönlichkeitsrecht (Art. 2 Abs. 1 GG)** sowohl das Fragerecht des Arbeitgebers als auch die Mitteilungspflicht des Arbeitnehmers.

Bereits mit der Bewerbung entsteht zwischen den Beteiligten ein Vertrauensverhältnis mit bestimmten Rücksichts- und Sorgfaltspflichten (§ 311 BGB). Der Arbeitgeber muss den Bewerber unterrichten, wenn er überdurchschnittliche Anforderungen stellt, der Arbeitsplatz zu besonderen gesundheitlichen Belastungen führt oder wegen beabsichtigter organisatorischer Änderungen gefährdet ist. Kommt ein Arbeitsvertrag nicht zustande, muss der Arbeitgeber die Bewerbungsunterlagen sofort zurückgeben und einen eventuell angelegten Personalfragebogen in der Regel vernichten. Machen bestimmte Tatsachen einen Bewerber für die Stelle absolut ungeeignet, so muss der Bewerber dies ungefragt mitteilen. Das Vertrauensverhältnis verpflichtet auch zur beiderseitigen Verschwiegenheit über bekanntgegebene persönliche Informationen und betriebliche Geheimnisse.

Fragerecht des Arbeitgebers

Grundsätzlich muss der Arbeitgeber nach den Informationen fragen, die für die zu leistende Tätigkeit bedeutsam sind. Hierzu werden häufig Einstellungsfragebögen benutzt. Berechtigte Fragen sind wahrheitsgemäß zu beantworten.

zulässige Fragen	unzulässige Fragen
Zulässig sind grundsätzlich solche Fragen, an denen der Arbeitgeber im Hinblick auf die zu leistende Tätigkeit ein berechtigtes Interesse hat, das stärker wiegt als das Persönlichkeitsrecht des Arbeitnehmers, z. B. Fragen ■ nach Schulbildung, beruflichem Werdegang, Zeugnis- und Prüfungsnoten, ■ nach fachlichen Fähigkeiten und Erfahrungen und ■ nach einem geleisteten oder bevorstehenden Wehr- oder Ersatzdienst.	Unzulässig sind grundsätzlich solche Fragen, die in das Persönlichkeitsrecht des Bewerbers eingreifen, z. B. Fragen ■ nach einer beabsichtigten Eheschließung, ■ nach dem Bestehen einer Schwangerschaft, ■ nach Partei-, Gewerkschafts- und Religionszugehörigkeit, ■ nach Vermögensverhältnissen, ■ zur sexuellen Orientierung und ■ nach einer Schwerbehinderung.

Es gibt Fragen, die nur unter bestimmten Voraussetzungen zulässig, sonst aber unzulässig sind.

Beispiele

Fragen nach Krankheiten sind zulässig, sofern sie für den Arbeitsplatz und für andere Arbeitnehmer von Bedeutung sind. Nach Vorstrafen darf sich der Arbeitgeber erkundigen, sofern sie für die künftige Tätigkeit relevant sind. In sogenannten Tendenzbetrieben (z. B. Kirche, Gewerkschaft oder Partei als Arbeitgeber) dürfen u. U. Fragen zur persönlichen Haltung und Einstellung gestellt werden.

Unterrichtungspflichten des Arbeitnehmers

Ein Bewerber muss berechtigte Fragen wahrheitsgemäß beantworten. Ein Bewerber muss dem Arbeitgeber außergewöhnliche persönliche Umstände, die sich unmittelbar auf den Inhalt des Arbeitsvertrags auswirken, in Ausnahmefällen von sich aus mitteilen. Kann er bestimmte Bedingungen des vorgesehenen Arbeitsvertrags nicht erfüllen, muss er den Arbeitgeber informieren.

Die Einstellungsentscheidung trifft in der Regel die Behördenleitung, bei Kommunen kommt es auf das jeweilige Kommunalverfassungsrecht an.

Anfechtung eines späteren Arbeitsvertrags

War für das Zustandekommen eines Arbeitsvertrags die falsche Beantwortung von **zulässigen Einstellungsfragen** durch den Arbeitnehmer entscheidend, so kann der Arbeitgeber den Vertrag eventuell anfechten, insbesondere wegen

- Irrtums über eine verkehrswesentliche Eigenschaft der Person des Arbeitnehmers (§ 119 Abs. 2 BGB) oder
- wegen arglistiger Täuschung (§ 123 BGB).

Folge der Anfechtung nach Vollzug des Arbeitsverhältnisses ist grundsätzlich die Unwirksamkeit des Arbeitsvertrags für die Zukunft, d. h. vom Zeitpunkt des Zugangs der Anfechtungserklärung. Man geht nach herrschender Meinung von einem faktischen Arbeitsverhältnis mit Lohnanspruch aus.

Beantwortet ein Bewerber **unzulässige Einstellungsfragen** des Arbeitgebers wahrheitswidrig, so ist eine Anfechtung des Arbeitgebers wegen arglistiger Täuschung erfolglos. Hier kann sich ein „Lügerecht" des Bewerbers ergeben.

Beispiele

Wer eine mit dauernder Arbeitsunfähigkeit verbundene chronische Krankheit verschweigt, begeht durch die unterlassene Aufklärung eine Täuschungshandlung, die zur Anfechtung des Vertrags berechtigt.

Die Ehrlichkeit einer Kassiererin wird bei der Einstellung als wesentliche Eigenschaft angesehen. Werden nach der Arbeitsaufnahme mehrfache Vorstrafen wegen Diebstahls bekannt, kann der Vertrag wegen Irrtums über die Ehrlichkeit der Kassiererin angefochten werden.

Fragt ein Arbeitgeber unzulässigerweise nach einer bestehenden HIV-Infektion eines Bewerbers und verneint der Bewerber diese Frage wahrheitswidrig, so liegt hierin kein Anfechtungsgrund wegen arglistiger Täuschung. Da allein die Infektion die berufliche Tätigkeit im Allgemeinen nicht beeinflusst, durfte der Arbeitgeber die Frage nicht stellen; außerdem hat der Bewerber nur dann eine Chance, eingestellt zu werden, wenn er die unzulässige Frage falsch beantwortet. Anders wäre die Rechtslage, wenn die Arbeitsleistung aufgrund einer akuten (also bereits ausgebrochenen) AIDS-Erkrankung eingeschränkt wäre.

Ärztliche oder psychologische Einstellungsuntersuchungen dürfen nur durchgeführt werden, wenn sie gesetzlich vorgeschrieben sind (z. B. Jugendarbeitsschutzgesetz, Bundesseuchengesetz) oder wenn der Bewerber ausdrücklich zustimmt.

Der Arbeitgeber hat vor jeder Einstellung die Zustimmung des Betriebsrats bzw. des Personalrats einzuholen.

Anbahnung eines kommunalen Arbeitsverhältnisses	
1. Stellenausschreibung (Grundlagen: Stellenplan, Stellenbeschreibung)	
2. Eingehen der Bewerbungen	
3. Bestätigen der Bewerbungseingänge	
4. Auswahl der Bewerber (Auswertung der Bewerbungsunterlagen, Einstellungsgespräche)	gleichzeitig:
5. Einstellungsentscheidung durch das kommunalrechtlich zuständige Organ, z. B. Bürgermeister	Beteiligung des Personalrats und der Gleichstellungsbeauftragten
6. Zustimmung des Personalrats	
7. Abschluss des Arbeitsvertrags (Grundlage: TVöD)	

2.2.1.2 Abschluss des Arbeitsvertrags

Der Abschluss des Arbeitsvertrags erfordert zwei inhaltlich übereinstimmende Willenserklärungen (Antrag und Annahme). Jedem Arbeitnehmer und jedem Arbeitgeber steht es frei, ein Arbeitsverhältnis einzugehen, denn es gilt der Grundsatz der Vertragsfreiheit. Im Arbeitsrecht erstreckt sie sich grundsätzlich auf den Abschluss, die Form und die inhaltliche Gestaltung von Arbeitsverträgen. Allerdings gibt es Einschränkungen in der Abschluss-, Form- und Gestaltungsfreiheit:

Besonders schutzbedürftige Personengruppen werden durch rechtliche Abschlussgebote und -verbote geschützt.

Beispiele

- *Abschlussgebot: § 71 Abs. 1 SGB IX verpflichtet private und öffentliche Arbeitgeber mit monatlich mindestens 20 Arbeitsplätzen, auf wenigstens fünf Prozent der Arbeitsplätze schwerbehinderte Menschen zu beschäftigen.*
- *Abschlussverbot: § 1 JArbSchG verbietet die Beschäftigung von Kindern.*

Der Arbeitgeber hat weitere Einschränkungen der freien Bewerberauswahl zu beachten. So darf er nach dem AGG z. B. die Einstellung nicht deshalb ablehnen, weil der Bewerber eine Frau oder ein Mann ist (es sei denn, das Geschlecht ist unverzichtbare Voraussetzung für die Tätigkeit, z. B. zur Wahrnehmung einer bestimmten Schauspielerrolle).

Im Bereich des öffentlichen Dienstes hat nach Art. 33 Abs. 2 GG jeder Deutsche nach seiner Eignung, Befähigung und fachlichen Leistung gleichen Zugang zu jedem öffentlichen Amte. Diese Regelung gilt nicht nur für Beamte, sondern auch für Arbeitnehmer.

Arbeitsverträge bedürfen zu ihrer Wirksamkeit grundsätzlich zwar keiner bestimmten Form, allerdings verlangt § 3 Abs. 1 TVöD, Arbeitsverträge schriftlich abzuschließen. Diese Vorschrift hat nur deklaratorische (rechtsbezeugende, klarstellende) Bedeutung und dient dem Schutz des Arbeitnehmers. Die in § 3 Abs. 3 TVöD vorgeschriebene Schriftform für Nebenabreden jedoch hat konstitutive (rechtsbegründende) Wirkung. Wird z. B. eine Verkürzung der Probezeit nur mündlich zugesagt, so ist diese Nebenabrede nach § 125 BGB wegen Formmangels nichtig.

Außerdem verpflichtet das Gesetz über den Nachweis der für ein Arbeitsverhältnis geltenden wesentlichen Bedingungen (**„Nachweisgesetz“**) den Arbeitgeber, dem Arbeitnehmer spätestens einen Monat nach dem Beginn des Arbeitsverhältnisses die wesentlichen Vertragsbedingungen schriftlich auszuhändigen, falls sich die Angaben nicht aus einem schriftlichen Arbeitsvertrag bzw. aus dort angegebenen Kollektivvereinbarungen ergeben. Diese Niederschrift hat deklaratorische Bedeutung.

Arbeitsverträge können Mängel enthalten, die häufig erst nach der Arbeitsaufnahme offenkundig werden.

Beispiele

Herr S. ist langjähriger Mitarbeiter in der Personalabteilung. Er stellt Frau A. für die Poststelle ein, ohne für den Abschluss von Arbeitsverträgen bevollmächtigt zu sein. Ob der Arbeitsvertrag besteht oder nicht, hängt von der Genehmigung des Arbeitgebers ab (§ 177 BGB).

Herr F. hat beim Vorstellungsgespräch unwahre Angaben über seinen beruflichen Werdegang gemacht und ein gefälschtes Arbeitszeugnis vorgelegt. Er wusste, dass beide Punkte für die Entscheidung seines neuen Arbeitgebers ausschlaggebend waren. Die arglistige Täuschung des Herrn F. ist ein Anfechtungsgrund (§ 123 BGB). Ficht der Arbeitgeber den Arbeitsvertrag an (indem er Herrn F. erklärt, der Vertrag sei unwirksam), so ist der Vertrag nichtig, d. h., er gilt als nicht geschlossen.

Stellt sich die rechtliche Unwirksamkeit des Arbeitsvertrags erst nach der Arbeitsaufnahme heraus, so können die Leistungen (Lohn und Arbeit) nicht ohne Weiteres zurückgegeben werden wie bei anderen Austauschverträgen (z. B. Rückgabe von Ware und Kaufpreis beim Kaufvertrag). Solche Arbeitsverhältnisse gelten deshalb grundsätzlich so lange als wirksam, bis sich die Unwirksamkeit des Vertrags herausstellt. Bis zu diesem Zeitpunkt besteht regelmäßig ein faktisches Arbeitsverhältnis (mit allen Rechten und Pflichten, u. a. Vergütungszahlungen), von dem sich der Arbeitgeber wie der Arbeitnehmer ohne Einhaltung einer Frist oder Form lossagen kann.

Arbeitspapiere

Zu Beginn des Arbeitsverhältnisses hat der Arbeitnehmer dem Arbeitgeber seine Steuer-Identifikationsnummer sowie bestimmte Arbeitspapiere auszuhändigen, die dieser sorgfältig aufbewahren muss:

- Sozialversicherungsausweis (Kopie)
- Bescheinigung über den im Kalenderjahr gewährten oder abgegoltenen Urlaub
- eventuell Unterlagen über vermögenswirksame Leistungen
- Mitteilung darüber, in welcher Krankenkasse der Arbeitnehmer versichert ist
- bei ausländischen Arbeitnehmern: Aufenthaltstitel

Der Arbeitgeber benötigt die Nachweise zur korrekten Abführung von Steuern, Sozialabgaben und (freiwilligen) vermögenswirksamen Leistungen sowie für die Erfüllung der Meldepflichten gegenüber der Krankenkasse.

2.2.2 Rechte und Pflichten im Arbeitsverhältnis

Beispiel eines Arbeitsvertrages (Arbeitsverhältnis auf unbestimmte Zeit)

Zwischen der Stadt Neustadt, vertreten durch den Bürgermeister Schultheiß (Arbeitgeber), und Herrn Dirk Neumann, geb. am 30. Dezember 1995 in Neustadt, (Beschäftigter), wird folgender

Arbeitsvertrag

geschlossen:

§ 1

Herr Dirk Neumann wird ab 1. Oktober 2018 auf unbestimmte Zeit als Vollbeschäftigter eingestellt.

§ 2

Das Arbeitsverhältnis bestimmt sich nach dem Tarifvertrag für den öffentlichen Dienst (TVöD) einschließlich der besonderen Regelungen für die Verwaltung (TVöD – Besonderer Teil Verwaltung) und den diesen ergänzenden, ändernden oder ersetzenden Tarifverträgen für den kommunalen Bereich in der jeweils geltenden Fassung.

§ 3

Die Probezeit nach § 2 Abs. 4 TVöD beträgt sechs Monate.

§ 4

Der Beschäftigte ist in die Entgeltgruppe 6 TVöD eingruppiert.

Bis zum In-Kraft-Treten der neuen Entgeltordnung sind alle Eingruppierungs- und Einreihungsvorgänge vorläufig und begründen keinen Vertrauensschutz und keinen Besitzstand (§ 17 Abs. 3 Satz 1 TVÜ-VKA).

§ 5

Es werden keine Nebenabreden vereinbart.

§ 6

Änderungen und Ergänzungen des Arbeitsvertrages einschließlich von Nebenabreden sind nur wirksam, wenn sie schriftlich vereinbart werden. Dies gilt auch für die Aufhebung des Schriftformerfordernisses.

Neustadt, 20. August 2018

Schultheiß
(Arbeitgeber)

Dirk Neumann
(Beschäftigter)

221060302

Kern des Arbeitsvertrags ist der Austausch von Arbeit gegen Lohn. Aus § 611 BGB ergeben sich die Hauptpflichten der Vertragspartner:

- **Arbeitspflicht** des Arbeitnehmers
- **Vergütungspflicht** des Arbeitgebers

Arbeitnehmerpflichten	**Arbeitgeberpflichten**
Hauptpflichten	
Arbeitspflicht (Art, Umfang, Dauer)	**Vergütungspflicht** (Lohnzahlung)
Nebenpflichten	
„Treuepflicht" insbesondere ■ Verschwiegenheit ■ Unterlassung schädigender Handlungen ■ Sorgfalt im Umgang mit Arbeitsmitteln ■ Verbot der Annahme von Geschenken und Belohnungen ■ Anzeige drohender Schäden ■ Beachtung eines Wettbewerbsverbots ■ Wahrung des Betriebsfriedens u. a.	**„Fürsorgepflicht"** insbesondere ■ Schutz der Persönlichkeit des Arbeitnehmers ■ Schutz von Leben, Gesundheit und Eigentum des Arbeitnehmers ■ Beschäftigung ■ Gleichbehandlung ■ Urlaubsgewährung ■ Abführung von Lohnsteuern und Sozialabgaben u. a.

Aus der gegenseitigen Rücksichtnahme auf die Interessen des jeweils anderen Vertragspartners ergeben sich Nebenpflichten, die häufig unter den Bezeichnungen **„Treuepflichten"** des Arbeitnehmers (s. § 242 BGB) und **„Fürsorgepflichten"** des Arbeitgebers zusammengefasst werden. Den Pflichten der einen stehen entsprechende Rechte der anderen Vertragspartei gegenüber.

Arbeitsverträge können je nach Wirtschaftszweig bzw. Beruf sowie nach der Stellung des Arbeitnehmers große Unterschiede in Umfang und Inhalt aufweisen. Das vorstehende Beispiel enthält neben einigen personenbezogenen Besonderheiten (z. B. Entgeltgruppe, Probezeit) nur knappe, allerdings weitreichende Festlegungen. So werden etwa die anzuwendenden Tarifverträge vereinbart. Dass außerdem gesetzliche Vorschriften und Dienstvereinbarungen in das Arbeitsverhältnis hineinwirken, versteht sich von selbst. Sogar die „betriebliche Übung" (z. B. freiwillige, regelmäßig gewährte Essenszuschüsse) sowie allgemein bedeutsame Gerichtsurteile können bei der Auslegung des Arbeitsvertrags helfen. Einzelheiten und Eventualfälle des Arbeitsverhältnisses, die weder durch den Arbeitsvertrag noch durch eine Rechtsnorm geregelt und auch sonst nicht geklärt sind, können großenteils durch das **Weisungsrecht** des Arbeitgebers ausgefüllt werden, durch das dieser die Pflichten des Arbeitnehmers im Rahmen des Arbeitsvertrags konkretisiert. Im Einzelfall kann es schwierig sein, die Pflichten von Arbeitgeber und Arbeitnehmer genau zu bestimmen.

Nachfolgend werden die Haupt- und Nebenpflichten auf der Grundlage der gesetzlichen Vorschriften und der Rechtsprechung im Überblick dargestellt. Auf spezielle Regelungen für den öffentlichen Dienst wird besonders hingewiesen.

2.2.2.1 Arbeitspflicht des Arbeitnehmers

Die Arbeitspflicht ist eine persönliche und nicht auf andere übertragbare Pflicht des Arbeitnehmers (§ 613 BGB). Er darf also grundsätzlich keine Ersatzkraft zur Arbeit schicken. Die Arbeitspflicht besteht grundsätzlich nur gegenüber dem Vertragspartner. Als Sonderfälle ermöglicht § 4 Abs. 3 TVöD jedoch die Zuweisung und die Personalgestellung. In diesen Fällen arbeitet der Beschäftigte bei einem Dritten.

Die Art der zu leistenden Arbeit kann vertraglich unterschiedlich bestimmt sein, die Einzelheiten ergeben sich nicht aus dem Arbeitsvertrag. Um die Pflichten des Arbeitnehmers hinsichtlich der Arbeitsausführung zu konkretisieren, hat der Arbeitgeber im Rahmen des Arbeitsvertrags ein **Weisungsrecht,** auch Direktionsrecht oder Leitungsrecht genannt, das sich aus § 315 BGB ergibt.

Durch Weisungen des Arbeitgebers werden der genaue Inhalt der Arbeitspflicht des Arbeitnehmers sowie Ort und Zeit der Arbeitsleistung soweit festgelegt, wie der Arbeitsvertrag sowie Gesetze und Kollektivvereinbarungen noch keine Festlegungen enthalten.

Das **Weisungsrecht (Direktionsrecht)** des Arbeitgebers ist das begrenzte und nachrangige Recht zur einseitigen näheren Leistungsbestimmung im Rahmen des Arbeitsvertrags. Es muss nach Rechtsprechung angemessen ausgeübt werden und die Interessen von Arbeitgeber und Arbeitnehmer berücksichtigen.

Je allgemeiner die Tätigkeit im Arbeitsvertrag beschrieben ist, desto weitgehender ist das Recht des Arbeitgebers, die zu leistende Arbeit einseitig näher zu bestimmen. Diese Weisungen sind zu befolgen, soweit sie zulässig sind:

- Zuweisung bestimmter Arbeiten einschließlich Vertretungsregelungen (Was soll getan werden?),
- Festlegung von Arbeitszeit und -ort einschließlich der Kontrolle der Präsenz am Arbeitsplatz (Wann und wo soll gearbeitet werden?)
- Festlegung von Einzelheiten der Arbeitsausführung einschließlich Behandlung des Arbeitsgeräts (Wie soll gearbeitet werden?)
- Festlegungen zur Ordnung im Betrieb, z. B. Rauchverbot zum Schutz anderer Arbeitnehmer oder wegen Brandgefahr, Alkoholverbot zur Unfallverhütung, Fragen der Internet- und Telefonbenutzung, Tragen von Schutzkleidung usw.

Das Weisungsrecht ist begrenzt durch

- den Arbeitsvertrag selbst (auch Nebenarbeiten müssen sich im Rahmen des Arbeitsvertrags halten, dies gilt z. B. für bestimmte Aufräumungs- und Säuberungsarbeiten, Pflege des Arbeitsgeräts, Materialbeschaffung),
- Regelungen in Gesetzen, Tarifverträgen, Betriebs- bzw. Dienstvereinbarungen über die Begrenzung der Arbeitspflicht,
- Mitbestimmungsrechte des Betriebs- bzw. Personalrats bei der Ausübung des Weisungsrechts zur Wahrung von Arbeitnehmerinteressen,
- das Persönlichkeitsrecht des Arbeitnehmers (Art. 2 Abs. 1 GG i. V. m., Art. 1 GG, insbesondere Schutz der Privatsphäre) und das
- Willkür- (Schikaneverbot) sowie Gleichbehandlungsgebot (s. Arbeitgeberpflichten). In den letztgenannten Begrenzungen strahlen Grundrechte mit ihren Wirkungen auf das privatrechtliche Arbeitsverhältnis aus.

In Notfällen (Katastrophe, Grippeepidemie oder Brand im Betrieb) muss ein Arbeitnehmer kurzfristig auch andere Arbeiten als die vereinbarten übernehmen.

Beschäftigte im öffentlichen Dienst können nach § 4 TVöD aus dienstlichen oder betrieblichen Gründen durch den Arbeitgeber versetzt oder abgeordnet werden. Bei einer **Versetzung** wird dem Beschäftigten eine dem Arbeitsvertrag entsprechende Tätigkeit bei einer anderen Dienststelle auf Dauer übertragen (Beispiel: Versetzung von der Bezirksregierung Köln zur Bezirksregierung Münster). Bei einer **Abordnung** ist diese Übertragung nur vorübergehend. Vor einer Versetzung oder längeren Abordnung an einen anderen Ort muss der Arbeitgeber den Beschäftigten hören. Von Versetzung und Abordnung zu unterscheiden ist die **Umsetzung** auf einen anderen Arbeitsplatz innerhalb der Dienststelle, z. B. von einem Fachbereich einer Stadtverwaltung zu einem anderen.

Wie weit das Weisungsrecht des Arbeitgebers reicht, muss im Einzelfall anhand des Arbeitsvertrags und der Durchführung des Arbeitsverhältnisses geprüft werden. Überschreitet der Arbeitgeber sein Weisungsrecht, darf der Arbeitnehmer die zugewiesene Arbeit verweigern. Betreibt eine Verwaltung Personalentwicklung, so kann sie die Handlungsräume der Mitarbeiter in Stellenbeschreibungen umreißen und in Mitarbeitergesprächen weiterentwickeln. Sind die Mitarbeiter selbstständig und kommunikativ, so kann auf Einzelweisungen weitgehend verzichtet werden. Der Arbeitnehmer soll seine Arbeit nach seinen Kräften und Fähigkeiten erledigen. Er darf nicht bewusst zu wenig leisten („Arbeitsbummelei"). Andererseits muss er nicht Raubbau mit seinen Kräften treiben.

Die betriebliche **Arbeitszeit** ist einzuhalten. Grundsätzlich hat der Arbeitnehmer persönliche Angelegenheiten außerhalb der Arbeitszeit zu erledigen. Er darf der Arbeit nur mit Zustimmung des Arbeitgebers fernbleiben.

Für die Arbeitszeit gelten die **Höchstarbeitszeiten des Arbeitszeitgesetzes** (ArbZG), die grundsätzlich nicht überschritten werden dürfen (Ausnahmen: § 7, 12 ArbZG). Das geht zwar vom Grundsatz des Achtstundentags aus, doch ist es zulässig, die tägliche Arbeitszeit auf zehn Stunden auszudehnen, wenn innerhalb eines Ausgleichszeitraums von sechs Monaten im Durchschnitt acht Stunden werktäglich nicht überschritten werden. Der – eventuell freie – Samstag zählt zu den Werktagen. Nach den Tarifverträgen für den öffentlichen Dienst beträgt der Ausgleichszeitraum jedoch ein Jahr (§ 6 TVöD-V). Die Pausenzeit beträgt bei einer Arbeitszeit von mehr als sechs Stunden mindestens 30 Minuten, bei mehr als neunstündiger Arbeit beträgt sie 45 Minuten (§ 4 ArbZG). Nach der Arbeitszeit haben Arbeitnehmer Anspruch auf eine ununterbrochene Ruhezeit von elf Stunden (§ 5 ArbZG).

Innerhalb dieses Rahmens bestimmen Tarifvertrag, Betriebs- bzw. Dienstvereinbarung und Einzelarbeitsvertrag die tägliche Arbeitszeit, z. T. ausgerichtet an speziellen Aufgaben oder saisonbedingt erheblich verstärkten Tätigkeiten. Das Weisungsrecht des Arbeitgebers erlaubt keine unzumutbaren Arbeitszeiten.

Für Beschäftigte im öffentlichen Dienst variiert die durchschnittliche wöchentliche Arbeitszeit zwischen 39 und 40 Stunden (Tarifgebiete West und Ost).

In Betrieben mit mehr als 15 Beschäftigten kann ein Arbeitnehmer, dessen Arbeitsverhältnis länger als sechs Monate bestanden hat, nach § 8 Teilzeit- und Befristungsgesetz verlangen, dass seine Arbeitszeit verringert wird **(Teilzeitarbeit)**. Der Arbeitgeber muss diesem Wunsch zustimmen, soweit betriebliche Gründe nicht entgegenstehen. Ein betrieblicher Grund kann beispielsweise vorliegen, wenn die Verringerung der Arbeitszeit unverhältnismäßige Kosten verursacht oder die Organisation, den Arbeitsablauf oder die Sicherheit im Betrieb wesentlich beeinträchtigt.

Nebentätigkeiten gegen Entgelt haben die Beschäftigten ihrem Arbeitgeber vorher schriftlich anzuzeigen. Ist die Nebentätigkeit geeignet, die Pflichterfüllung des Beschäftigten oder die Interessen des Arbeitgebers zu beeinträchtigen, so kann dieser die Nebentätigkeit untersagen oder dem Beschäftigten Auflagen machen (§ 3 Abs. 3 TVöD).

2.2.2.2 Nebenpflichten des Arbeitnehmers

Die **„Treuepflicht"** als Oberbegriff für die umfangreichen Rücksichts-, Obhuts- und Informationspflichten des Arbeitnehmers ist die Pflicht, die betrieblichen Interessen des Arbeitgebers zu wahren. Je nach dem Inhalt des Arbeitsvertrags, der Stellung im Betrieb und dem Vertrauensverhältnis zum Arbeitgeber kann diese Verpflichtung für verschiedene Arbeitnehmer desselben Arbeitgebers unterschiedlich ausgeprägt sein. Der Arbeitnehmer kann aber dennoch seine eigenen berechtigten Interessen wahrnehmen. Aus der allgemeinen Pflicht, die Interessen des Arbeitgebers zu wahren und alles zu unterlassen, was diese Interessen schädigt, ergeben sich für den Arbeitnehmer konkrete **Handlungs- und Unterlassungspflichten:**

- Anzeige drohender Schäden
- Sorgfalt im Umgang mit Arbeitsmitteln und -stoffen
- Einhalten der betrieblichen Ordnung
- Unterlassen ruf- bzw. kreditschädigender Äußerungen (auch wenn sie wahr sind)
- unverzügliche Mitteilung vorhersehbarer Arbeitsverhinderung, z. B. bei Erkrankung
- Verbot der Annahme von Geschenken in Zusammenhang mit pflichtwidrigen Handlungen des Arbeitnehmers (Schmiergeldverbot), im öffentlichen Dienst besteht ein striktes Annahmeverbot für Geschenke
- Pflicht zur Verschwiegenheit während und nach Beendigung des Arbeitsverhältnisses
- Wettbewerbsverbot (Verbot für Arbeitnehmer in der Privatwirtschaft, während des Arbeitsverhältnisses zum Arbeitgeber durch Tätigkeiten für einen Konkurrenten in Wettbewerb zu treten)

Insbesondere „Whistleblower" - Arbeitnehmer, die unlauteres oder gesetzwidriges Verhalten ihrer Arbeitgeber in die Öffentlichkeit tragen, erhalten zurzeit noch keinen gesetzlichen Schutz und müssen mit Kündigung rechnen. Beschäftigte bei Arbeitgebern, in deren Aufgabenbereichen auch hoheitliche Tätigkeiten wahrgenommen werden, müssen sich durch ihr dienstliches und außerdienstliches Verhalten zur freiheitlichen demokratischen Grundordnung im Sinne des Grundgesetzes bekennen (§ 3 Abs. 1.1 TVöD). Insofern haben Beschäftigte in der öffentlichen Verwaltung eine **gesteigerte Treuepflicht,** die sich vor allem auf die Verfassungstreue bezieht.

In **Tendenzbetrieben** (z. B. Betriebe, die der Berichterstattung und der Meinungsbildung dienen, wie Zeitungsverlage und private Fernsehgesellschaften, Betriebe der Parteien, Kirchen und karitativen Einrichtungen) haben die Arbeitnehmer inner- und außerdienstlich alles zu unterlassen, was mit der Tendenz des Betriebs nicht in Einklang steht. Das Weisungsrecht des Arbeitgebers geht weiter als in anderen Betrieben. Dies kann auch eine Einschränkung der Meinungsfreiheit bedeuten. Der Tendenzschutz zugunsten des Arbeitgebers schließt auch bestimmte Mitbestimmungsrechte des Betriebsrats aus. Er führt auch bei der Einstellung schon zu erweiterten Fragerechten des Arbeitgebers (s. Kap. 2.2), z. B. zur religiösen oder politischen Haltung des Bewerbers.

2.2.2.3 Vergütungspflicht des Arbeitgebers

Die Hauptpflicht des Arbeitgebers ist die Vergütungspflicht (Lohnzahlungspflicht). Sie ist die Gegenleistung für die Dienstleistung des Arbeitnehmers (§ 611 Abs. 1 BGB). Im Arbeitsrecht gilt mit Ausnahmen die Regel **„Ohne Arbeit kein Lohn"**. Für den Arbeitnehmer bedeutet das Arbeitsentgelt sowohl wirtschaftliche Existenzgrundlage als auch Anerkennung für seine Leistung. Volkswirtschaftlich bildet es einen großen Teil der Nachfrage nach Konsumgütern und prägt die mehr oder weniger gerechte Einkommensverteilung in der Gesellschaft. Darüber hinaus dient es als Grundlage für Einkommensbesteuerung und Sozialversicherungsbeiträge. Der Lohn für die geleistete Arbeit sollte daher wirtschaftlich und sozial gerecht sein.

Lohnarten und -formen

Grundsätzlich ist Geldlohn zu zahlen. Als Lohnanteil kommt auch Naturallohn (Sachlohn) vor, wenn z. B. Unterkunft oder Kost gewährt wird oder eine Werkswohnung zur Verfügung gestellt wird. Wird die Arbeit nach der Dauer der geleisteten Arbeit vergütet, spricht man von Zeitlohn (z. B. Stundenlohn, Monatslohn). Das monatliche Entgelt der Verwaltungsfachangestellten ist Zeitlohn. Beim Akkordlohn richtet sich die Lohnhöhe nach dem mengenmäßigen Arbeitsergebnis.

Die Lohnhöhe ergibt sich meistens aus einem Tarifvertrag. Ist eine solche Regelung nicht anzuwenden, kommt eine eventuell im Arbeitsvertrag enthaltene Bestimmung zum Zuge. Fehlt auch sie, ist die übliche Vergütung als vereinbart anzusehen. Da Tariflöhne grundsätzlich Mindestlöhne, nicht Festlöhne sind, gilt beim Zusammentreffen mehrerer Regelungen das Günstigkeitsprinzip.

Für die Lohnzahlung gelten folgende Grundsätze:

- Der Arbeitnehmer hat Anspruch auf eine kontrollierbare, schriftliche Abrechnung über den Bruttolohn und die Abzüge.
- Der Arbeitgeber hat den Nettolohn grundsätzlich an den Arbeitnehmer zu zahlen (Ausnahme: Abtretung, Bevollmächtigung). Dies gilt auch bei einem minderjährigen Arbeitnehmer, dessen gesetzlicher Vertreter dem Arbeitsverhältnis zugestimmt hat.
- Grundsätzlich ist die Vergütung zeitlich nach der Arbeitsleistung fällig (Monatslohn z. B. am Monatsende). Nach § 24 Abs. 1 TVöD erfolgt die Zahlung am letzten Tag des Monats für den laufenden Kalendermonat auf ein von dem Beschäftigten benanntes Konto.
- Ansprüche auf ausstehenden Lohn müssen meistens innerhalb einer tariflichen **Ausschlussfrist** erhoben werden. Es dient der Rechtssicherheit, dass § 4 Abs. 4 TVG solche Ausschlussfristen nur in Tarifverträgen erlaubt. Nach § 37 TVöD verfallen Ansprüche aus dem Arbeitsverhältnis, wenn sie nicht innerhalb einer Ausschlussfrist von sechs Monaten nach Fälligkeit schriftlich geltend gemacht werden. Ist dies geschehen, verjährt der Lohnanspruch in drei Jahren (§§ 195, 199 BGB).

Im Allgemeinen verjähren Ansprüche aus dem Arbeitsverhältnis nach drei Jahren. Während jedoch nach der tariflichen Ausschlussfrist der Anspruch erlischt, bleibt er nach der Verjährungsfrist bestehen, allerdings kann der Schuldner die „Einrede der Verjährung" erheben. Sie gibt ihm das Recht, die geforderte Leistung zu verweigern.

„Ohne Arbeit kein Lohn"

Verschiedene **Fälle der Lohnzahlung ohne Arbeit** sind allerdings rechtlich zulässig:

- Arbeitsausfall infolge unverschuldeter Krankheit:
  Gem. § 616 BGB in Verbindung mit dem Entgeltfortzahlungsgesetz (EntgFG) bzw. § 19 Abs. 1 S. 1 Ziffer 2 b BBiG ist bei Arbeitsausfall infolge unverschuldeter Krankheit grundsätzlich das Entgelt für die Dauer von sechs Wochen weiterzuzahlen. Verschuldet ist eine Krankheit z. B. dann, wenn sie auf einen Arbeitsunfall infolge Alkoholgenusses oder auf grob verkehrswidriges Verhalten im Straßenverkehr zurückzuführen ist; bei leichter Fahrlässigkeit bleibt die Entgeltfortzahlungspflicht bestehen. Im Krankheitsfall muss der Arbeitnehmer sich unverzüglich krankmelden; dauert die Krankheit länger als drei Tage, ist eine ärztliche Bescheinigung vorzulegen, die der Arbeitgeber jedoch früher verlangen kann.
- vorübergehende Verhinderung des Arbeitnehmers nach den Voraussetzungen des § 616 BGB:
  - persönlicher Hinderungsgrund (z. B. gerichtliche Vorladung, Geburt oder Todesfall in der Familie; bei allgemeinen Hinderungsgründen wie etwa Glatteis oder Ausfall öffentlicher Verkehrsmittel hingegen entfällt der Lohnanspruch bei Arbeitsverhinderung) und
  - kein Verschulden des Arbeitnehmers (eine Arbeitsverhinderung z. B. wegen Strafhaft ist verschuldet) und
  - nicht erhebliche Dauer der Arbeitsverhinderung (wenige Tage)
- § 29 TVöD regelt Anlässe sowie das Ausmaß der Arbeitsbefreiung (z. B. 25-jähriges/40-jähriges Dienstjubiläum oder ein dienstlich begründeter Umzug an einen anderen Ort, jeweils ein Tag).
- Mutterschutz:
  In den letzten sechs Wochen vor der Entbindung dürfen Frauen nur beschäftigt werden, wenn sie es ausdrücklich wünschen. In den ersten acht Wochen nach der Entbindung dürfen sie nicht beschäftigt werden. Hinsichtlich des Arbeitsentgelts soll durch die Mutterschaft kein Nachteil entstehen. Da das Mutterschaftsgeld der Krankenkasse meistens niedriger ist als das Arbeitsentgelt, zahlt der Arbeitgeber einen Zuschussbetrag.
- Betriebsstörungen:
  Der Arbeitgeber trägt das **Betriebsrisiko**. Deshalb ist bei Arbeitsausfall durch Betriebsstörungen das Arbeitsentgelt grundsätzlich weiterzuzahlen, wenn die Arbeitnehmer zur Arbeitsleistung fähig und bereit sind (z. B. bei Arbeitsausfall infolge Maschinenschadens, Stromausfalls oder wegen Absatzproblemen; nicht jedoch bei Arbeitsausfall durch Streik).
- Weitere Fälle:
  - Erholungsurlaub, Sonderurlaub
  - Bildungsurlaub nach den Arbeitnehmerweiterbildungsgesetzen der meisten Bundesländer
  - gesetzliche Feiertage
  - Betriebsratstätigkeit

2.2.2.4 Nebenpflichten des Arbeitgebers

Die Fürsorgepflicht des Arbeitgebers umfasst mehrere Einzelpflichten:

Schutz von Leben und Gesundheit des Arbeitnehmers

Die Benutzung von Arbeitsräumen und -mitteln sowie die Arbeitsabläufe sind so zu regeln, dass der Arbeitnehmer gegen Gefahren für Leben und Gesundheit so weit geschützt ist, wie die Natur des Betriebs und der Arbeit es gestatten. Der Arbeitgeber muss gesetzliche Arbeitsschutzvorschriften einhalten, z. B. Regelungen über Gerätesicherheit, Gefahrstoffe und Bildschirmarbeit. Verstößt er hiergegen, kann der Arbeitnehmer die Arbeit verweigern.

Schutz und Achtung der Personenwürde des Arbeitnehmers

Das Persönlichkeitsrecht (Art. 2 Abs. 1 in Verbindung mit Art. 1 Abs. 1 GG) umfasst auch das Recht auf **„informationelle Selbstbestimmung"** und damit den Schutz personenbezogener Daten. Er ist in den **Datenschutzgesetzen** des Bundes bzw. der Länder geregelt. Die Speicherung dieser Daten ist nur so weit zulässig, wie es der Zweck des Arbeitsverhältnisses unbedingt erfordert. Steuert ein Arbeitgeber z. B. durch ein computergestütztes Personalinformationssystem den Arbeitseinsatz einschließlich Krankheitsvertretung, Arbeitsverteilung usw., so darf er die zu diesem Zweck notwendigen, aber nicht unbedingt alle Informationen über Beschäftigte speichern, die er seit dem Vorstellungsgespräch erhält. Grundsätzlich nur mit dem Einverständnis des Arbeitnehmers oder aufgrund einer gesetzlichen Vorschrift dürfen persönliche Daten weitergegeben werden.

Personalakten enthalten Schriftstücke, die in engem Zusammenhang mit dem betreffenden Arbeitsverhältnis stehen müssen. Dazu gehören Bewerbungsunterlagen, Arbeitsverträge, Lohn- und Gehaltsdaten, Befähigungsnachweise, Bescheinigungen über besuchte Fortbildungsveranstaltungen, Beurteilungen über Arbeitsleistung und Führung, etwaige Abmahnungen und Gegendarstellungen, Zeugnisse, Kündigungen, Gesamtergebnisse ärztlicher Einstellungsuntersuchungen und Dienstfähigkeitsfeststellungen. Einzelne betriebsärztliche Befunde gehören grundsätzlich nicht hinein, mit Zustimmung des Arbeitnehmers kann der Arzt den Arbeitgeber jedoch informieren. Unrichtige Angaben, rechtswidrige Rügen oder Abmahnungen sind zu entfernen. Nach §§ 3 Abs. 5 TVöD, 83 BetrVG ist der Arbeitnehmer berechtigt, seine gesamte Personalakte einzusehen. Soweit erforderlich, darf er vom Inhalt Kopien anfertigen. Erklärungen des Arbeitnehmers zum Inhalt der Personalakte sind dieser auf sein Verlangen beizufügen.

Der Arbeitgeber muss Personalakten vor dem Zugriff und der Einsicht unbefugter Dritter geschützt aufbewahren. Er hat Verschwiegenheit zu bewahren über Tatsachen, an deren Geheimhaltung der Arbeitnehmer ein berechtigtes Interesse hat. Er darf die Personalakte nicht an andere Arbeitgeber oder Arbeitskollegen weitergeben.

Der Arbeitgeber hat die Arbeitnehmer vor **Benachteiligungen** im Sinne des **Allgemeinen Gleichbehandlungsgesetzes (AGG)** zu schützen. Dieser Schutz umfasst auch vorbeugende Maßnahmen (s. § 12 AGG). Über das AGG hinaus darf er auch rechtswidrige Handlungen von Arbeitskollegen (Beleidigung, sexuelle Übergriffe, Körperverletzung, Hänseleien, Mobbing) nicht dulden. Dasselbe gilt auch bei ungerechter Behandlung durch Vorgesetzte. Die Pflicht, für ein menschenwürdiges, erträgliches Betriebsklima zu sorgen, kann im Einzelfall so weit gehen, dass zerstrittene Arbeitnehmer nicht gemeinsam eingesetzt und Störenfriede versetzt oder gar entlassen werden. Das AGG führt in der Praxis zu einer Zunahme arbeitsgerichtlicher Streitfälle.

Schutz des Eigentums des Arbeitnehmers

Der Arbeitgeber hat dafür zu sorgen, dass die notwendigerweise mitgebrachten Sachen des Arbeitnehmers (z. B. Kleidung, nicht jedoch wertvoller Schmuck) vor Verlust und Beschädigung sicher aufbewahrt werden können. Dies gilt auch für Fahrräder oder Mopeds, nicht unbedingt für Kraftfahrzeuge. Stellt der Arbeitgeber allerdings einen Parkplatz zur Verfügung, so muss er auch für dessen Verkehrssicherheit sorgen.

Beschäftigung

Der Arbeitgeber muss den Arbeitnehmer nicht nur bezahlen, er muss ihn auch gemäß der getroffenen Vereinbarung beschäftigen. Im Arbeitsverhältnis ergibt sich das Recht auf Beschäftigung aus der personalen Würde des Arbeitnehmers und seinem Recht auf freie Entfaltung der Persönlichkeit (Persönlichkeitsrecht in Art. 2 Abs. 1 in Verbindung mit Art. 1 Abs. 1 GG). Unter bestimmten Bedingungen kann der Arbeitgeber die Beschäftigung eines Arbeitnehmers jedoch als unzumutbar ablehnen, so z. B. bei Auftragsmangel oder bei einem schwer aufzuklärenden Diebstahlsverdacht.

Urlaubsgewährung

Nach dem gesetzlich bestimmten Mindesturlaub für Arbeitnehmer (Bundesurlaubsgesetz – BUrlG) hat jeder Arbeitnehmer in jedem Kalenderjahr Anspruch auf bezahlten Erholungsurlaub. Die gesetzliche Mindestdauer beträgt 24 Werktage (einschließlich Samstage) im Kalenderjahr, jedoch ist die tarifliche Urlaubsdauer meist länger.

§ 26 Abs. 1 TVöD (Stand Juli 2017) gewährt als Erholungsurlaub 30 Arbeitstage (bei einer Fünftagewoche ohne Samstage). Bei Wechselschicht wird ein Zusatzurlaub gewährt. Schwerbehinderte haben gesetzlichen Anspruch auf zusätzlichen Urlaub.

221060308

Zweck des Urlaubs ist die Erhaltung der Gesundheit des Arbeitnehmers. Er hat Gelegenheit, sich von den Belastungen der Arbeit zu erholen. Der Urlaub stellt auch einen Freiraum zur Selbstverwirklichung dar. Zwar besteht keine „Erholungspflicht", jedoch darf der Arbeitnehmer während des Urlaubs eine dem Urlaubszweck widersprechende Erwerbstätigkeit nicht ausüben. Dieses Verbot dient nicht nur dem Arbeitnehmer. Es liegt auch im Interesse des Arbeitgebers, die Arbeitskraft seiner Mitarbeiter zu erhalten.

Während des Urlaubs zahlt der Arbeitgeber das Arbeitsentgelt weiter. Ein zusätzliches Urlaubsgeld gibt es für Beschäftigte im öffentlichen Dienst nicht mehr, es wurde mit dem Weihnachtsgeld zur Jahressonderzahlung nach § 20 TVöD zusammengefasst.

Den Urlaubszeitpunkt legt der Arbeitgeber fest. Neben den betrieblichen Erfordernissen muss er auf die Wünsche der Arbeitnehmer Rücksicht nehmen. Zur besseren Planung werden meistens Urlaubslisten ausgelegt, in die die Arbeitnehmer ihre Wünsche frühzeitig eintragen. Stellt der Arbeitgeber einen festen Urlaubsplan auf oder legt er den Betrieb für die Zeit der Betriebsferien still, hat der Betriebsrat hierbei ein Mitbestimmungsrecht.

Der Urlaub ist grundsätzlich im laufenden Kalenderjahr zu nehmen. Aus dringenden betrieblichen Gründen (z. B. unvorhergesehene zusätzliche Arbeiten) oder persönlichen Gründen des Arbeitnehmers (z. B. Krankheit) können Urlaubszeiten auch in die ersten drei Monate des folgenden Kalenderjahres übertragen werden. Danach erlischt der Urlaubsanspruch in der Regel. Diese zeitliche Begrenzung soll sicherstellen, dass der Urlaub tatsächlich gewährt und genommen und der Erholungszweck möglichst erreicht wird. Eine Urlaubsabgeltung (Vergütung des nicht gewährten Urlaubs) ist nur möglich, wenn der Urlaubsanspruch wegen Beendigung des Arbeitsverhältnisses nicht mehr erfüllt werden kann.

Vom (Erholungs-)Urlaub zu unterscheiden ist der **Sonderurlaub.** Hierunter versteht man eine in der Regel unbezahlte Freistellung von der Arbeit, auf die in Ausnahmefällen ein Anspruch besteht. Art. 48 GG regelt für Wahlkandidaten zum Deutschen Bundestag einen solchen Anspruch. Nach § 28 TVöD können Beschäftigte bei Vorliegen eines wichtigen Grundes unter Verzicht auf die Vergütung Sonderurlaub erhalten.

Der Anspruch auf bezahlten **Bildungsurlaub** für Arbeitnehmer ist in den Bundesländern unterschiedlich geregelt.

Elternzeit und Elterngeld sollen es Eltern ermöglichen, zugunsten des Kleinkindes auf eine Erwerbstätigkeit zu verzichten, ohne den Arbeitsplatz zu verlieren (s. LF 11, Kap. 4.2).

Gleichbehandlung

Der arbeitsrechtliche **Gleichbehandlungsgrundsatz** (als ein Korrektiv zur Vertragsfreiheit) ist ein wesentliches Ordnungsprinzip des Arbeitsrechts. Er verbietet dem Arbeitgeber,

- einzelne Arbeitnehmer oder Gruppen von Arbeitnehmern ohne sachlichen Grund von allgemein begünstigenden Regelungen auszunehmen (z. B. bei freiwilligen Sozialleistungen wie etwa Geburtsbeihilfen),
- einen Arbeitnehmer aus sachfremden Erwägungen schlechter zu stellen als andere Arbeitnehmer in vergleichbarer Lage, etwa weil der Arbeitnehmer in zulässiger Weise seine Rechte ausübt (die sachfremde Begünstigung eines Arbeitnehmers hingegen ist möglich).

Die Gleichbehandlung von Frauen und Männern sowohl bei arbeitsvertraglichen Vereinbarungen als auch bei einseitigen Maßnahmen des Arbeitgebers ist im AGG vorgeschrieben.

Abführung von Lohnsteuern und Sozialabgaben

Der Arbeitgeber ist gesetzlich wie auch gegenüber dem Arbeitnehmer verpflichtet, Lohnsteuer, Kirchensteuer und die Beiträge zur Sozialversicherung richtig zu berechnen und abzuführen, s. LF 6 Kap. 1.2.2.4.

2.2.2.5 Pflichtverletzungen im Arbeitsverhältnis

Die **Nichterfüllung der Arbeitspflicht** kann unterschiedliche Konsequenzen haben.

- Verlust der Vergütung (§ 320 BGB),
- Kündigung (§ 622 ff. BGB),
- Schadensersatz (§ 280 ff. BGB).

Erfüllt der Arbeitnehmer die Arbeitspflicht nicht zum vereinbarten Zeitpunkt, so kann der Arbeitgeber die Zahlung des Entgelts verweigern (§ 320 BGB).

Beispiel

Josef Schmitz macht während der Karnevalszeit zwei Tage „blau“. Am dritten Tag nimmt er die Arbeit zwar wieder auf, bringt aber wegen Übermüdung Datenbestände durcheinander.

Für die beiden Fehltage ist der Arbeitgeber nicht zur Entgeltzahlung verpflichtet. Am dritten Tag erbringt er eine schlechte Arbeitsleistung. Der Anspruch auf Entgelt hängt beim Arbeitsvertrag aber von der Tätigkeit und nicht (wie beim Werkvertrag) von deren Erfolg ab. Für diesen Tag bleibt der Vergütungsanspruch in voller Höhe bestehen.

Bei **schuldhafter Schlechterfüllung der Arbeitspflicht** kann der Arbeitgeber grundsätzlich Ersatz des entstandenen Schadens verlangen.

Beispiel

Als Josef Schmitz von der beabsichtigten Entgeltkürzung erfährt, bringt er an seinem Arbeitsplatz einen Computer-Virus in ein Programm und meldet sich am nächsten Tag krank. Im Betrieb wird festgestellt, dass der Virus nur Programme befallen hat, auf die Josef Schmitz mit einem bestimmten Passwort zugreifen konnte. Die Behebung des Schadens durch einen Software-Spezialisten kostet 2 000,00 €, für notwendige betriebliche Mehrarbeit entstehen zusätzliche Kosten von 1 500,00 €.

In diesem Fall hat der Arbeitnehmer nicht nur seine Arbeit schlecht geleistet, sondern vorsätzlich einen darüber hinausgehenden Schaden verursacht, für den er voll einstehen muss.

Grundsätzlich haftet der Arbeitnehmer dem Arbeitgeber für schuldhaft (d. h. vorsätzlich oder fahrlässig) zugefügte Schäden. Fahrlässig handelt der Arbeitnehmer, wenn er die im Verkehr erforderliche Sorgfalt außer Acht lässt (s. § 276 BGB).

Nach dieser Regelung müsste z. B. der Arbeitnehmer, der in einem Industriebetrieb mit einem einzigen (leicht fahrlässigen) Fehlgriff eine Maschine schwer beschädigt, für den Schaden aufkommen. Die Schadensersatzleistungen würden ihn bis an sein Lebensende wirtschaftlich ruinieren. Der Arbeitgeber jedoch wird einen solchen Schaden in der Regel verkraften. Er ist wirtschaftlich leistungsfähiger und kann das Schadensrisiko versichern. Daher hat die Rechtsprechung es als gerecht angesehen, die Haftungsrisiken angemessen zu verteilen und die Haftung des Arbeitnehmers weiter zu beschränken.

Das Bundesarbeitsgericht sieht die Haftung der Arbeitnehmer bei betrieblichen Tätigkeiten wie folgt:

Bei allen betrieblichen Tätigkeiten kann die Haftung der Arbeitnehmer eingeschränkt sein. Es kommt auf den Einzelfall an. Grundsätzlich gilt:

- Bei **Vorsatz** oder **grober Fahrlässigkeit** haftet der Arbeitnehmer in vollem Umfang. (Bei gesteigertem Betriebsrisiko des Arbeitgebers – z. B. bei besonders gefährlichen Arbeiten – kann den Arbeitnehmer eine gemilderte Haftung für grobe Fahrlässigkeit treffen.)
- Bei **normaler Fahrlässigkeit** wird die Haftung zwischen Arbeitgeber und Arbeitnehmer aufgeteilt.
- Bei **fehlendem Verschulden** oder **leichtester Fahrlässigkeit** entfällt die Haftung des Arbeitnehmers ganz.

Entsteht bei der Arbeit ein Schaden gegenüber Dritten, (z. B. Kunden), so haftet der Verursacher hierfür. Jedoch kann der Arbeitnehmer von seinem Arbeitgeber Freistellung von den Schadensansprüchen in der Höhe verlangen, in der ihm bei entsprechender Schädigung des Arbeitgebers eine Haftungsminderung zustünde.

221060310

Macht eine Pflichtverletzung des Arbeitnehmers die Fortsetzung des Arbeitsverhältnisses für den Arbeitgeber unzumutbar, so kommt eine fristgemäße, eventuell sogar eine fristlose Kündigung in Betracht.

Amtshaftung

Nimmt der Beschäftigte im öffentlichen Dienst öffentliche Aufgaben wahr und fügt dabei einem Dritten (Außenstehenden, Bürger) einen Schaden zu, so trifft die Verantwortlichkeit dafür die öffentliche Körperschaft, in deren Dienst er steht.

Art 34 GG

Verletzt jemand in Ausübung eines ihm anvertrauten öffentlichen Amtes die ihm einem Dritten gegenüber obliegende Amtspflicht, so trifft die Verantwortlichkeit grundsätzlich den Staat oder die Körperschaft, in deren Dienst er steht. Bei Vorsatz oder grober Fahrlässigkeit bleibt der Rückgriff vorbehalten. Für den Anspruch auf Schadensersatz und für den Rückgriff darf der ordentliche Rechtsweg nicht ausgeschlossen werden.

Diese Vorschrift und der § 839 BGB (Haftung bei Amtspflichtverletzung) gelten sowohl für Beamte wie für privatrechtlich Beschäftigte, man geht hier von einem „haftungsrechtlichen" Beamtenbegriff aus. Die Anstellungskörperschaft kann den Amtsträger u. U. bei Vorsatz und grober Fahrlässigkeit in Regress (Schadensersatz) nehmen; (s. § 3 Abs. 6 TVöD). Die Regeln über die Amtshaftung gelten nicht, wenn der Beschäftigte seinen Arbeitgeber (nicht einen Dritten) schädigt.

Es gibt weitere Haftungsfälle, die hier nicht dargestellt werden.

Bei **Pflichtverletzungen des Arbeitgebers** kann der Arbeitnehmer im Einzelfall

- seine Arbeitsleistung zurückhalten,
- den Arbeitsvertrag kündigen (außerordentliche Kündigung),
- Erfüllung der Pflichten durch den Arbeitgeber verlangen,
- Schadensersatz verlangen.

Für Körperschäden durch einen Arbeitsunfall haftet die gesetzliche Unfallversicherung.

2.2.3 Beendigung von Arbeitsverhältnissen

Die Beendigung des Arbeitsverhältnisses kann einen wesentlichen Einschnitt in das Leben des Arbeitnehmers bedeuten. Dem Schutzcharakter des Arbeitsrechts entsprechend sind erhebliche Abweichungen von den rechtlichen Regelungen über die Beendigung anderer Dauerschuldverhältnisse (z. B. Miete, Darlehn) zu beachten.

2.2.3.1 Beendigungsgründe

Beendigungsgründe	
einseitige Beendigung	**vertraglich begründete Beendigung**
■ Anfechtung des Arbeitsvertrags ■ Kündigung ■ arbeitsgerichtliche Auflösung gegen Abfindung ■ Tod des Arbeitnehmers	■ Auflösungsvertrag ■ Zeitablauf bei befristeten Arbeitsverträgen ■ Erwerbsminderung des Arbeitnehmers ■ Altersgrenze

Einseitige Beendigungsgründe

Anfechtung des Arbeitsvertrags

Der Arbeitsvertrag kann gegenüber dem anderen Vertragspartner angefochten werden wegen Irrtums, arglistiger Täuschung oder widerrechtlicher Drohung (§§ 119, 123 BGB). Die Folge ist die **Nichtigkeit** des Arbeitsvertrags von Anfang an (§ 142 Abs. 1 BGB). Normalerweise müssten nun die zuvor ausgetauschten Leistungen zurückgegeben werden (z. B. Ware und Geld beim Kaufvertrag). Der Arbeitgeber kann aber die persönlich erbrachte Leistung des Arbeitnehmers nicht herausgeben. Daher wirkt die Anfechtung des bereits vollzogenen Arbeitsvertrags nur für die Zukunft. Für die Zeit bis zur Anfechtung ist ein solches Arbeitsverhältnis wie ein fehlerfreies zu behandeln, obwohl kein gültiger Arbeitsvertrag vorliegt. Man spricht hier von einem **„faktischen Arbeitsverhältnis"**.

Kündigung

Die Kündigung durch den Arbeitgeber bringt dem Arbeitnehmer oft empfindliche Nachteile, denn sie gefährdet seine wirtschaftliche Existenz. Die Kündigung durch den Arbeitnehmer ist dagegen häufig mit einer Verbesserung in einem neuen Arbeitsverhältnis verbunden. Die Kündigung durch den Arbeitgeber wird daher noch ausführlich dargestellt.

Arbeitsgerichtliche Auflösung gegen Abfindung

In einem arbeitsgerichtlichen Prozess um die Wirksamkeit einer Kündigung ergeben sich nach § 9 Abs. 1 Kündigungsschutzgesetz (KSchG) folgende Möglichkeiten:

„Stellt das Gericht fest, dass das Arbeitsverhältnis durch die Kündigung **nicht aufgelöst** ist, ist jedoch dem Arbeitnehmer die Fortsetzung des Arbeitsverhältnisses nicht zuzumuten, so hat das Gericht auf Antrag des Arbeitnehmers das Arbeitsverhältnis **aufzulösen** und den Arbeitgeber zur Zahlung einer angemessenen **Abfindung** zu verurteilen. Die gleiche Entscheidung hat das Gericht auf Antrag des Arbeitgebers zu treffen, wenn Gründe vorliegen, die eine den Betriebszwecken dienliche weitere Zusammenarbeit zwischen Arbeitgeber und Arbeitnehmer nicht erwarten lassen. ...". Als Abfindung ist ein Betrag bis zu zwölf Monatsverdiensten festzusetzen (§ 10 KSchG). Abhängig vom Alter und der Betriebszugehörigkeit kann die Abfindung bis zu 18 Monatsverdienste betragen. Bei betriebsbedingter Kündigung kann sich ein gesetzlicher Anspruch auf eine Abfindung ergeben (s. § 1a KSchG). Wenn eine Abfindungszahlung geleistet wird, wird sie als Lohnzahlung gewertet und als einkommensteuerpflichtig behandelt.

Tod des Arbeitnehmers

Der Tod des Arbeitnehmers beendet sein Arbeitsverhältnis. Beim Tode des Arbeitgebers hingegen besteht das Arbeitsverhältnis normalerweise fort.

Vertragliche Beendigungsgründe

Aufhebungsvertrag

Arbeitgeber und Arbeitnehmer können jederzeit die Aufhebung des Arbeitsverhältnisses vereinbaren. Es bedarf dazu weder einer Kündigung noch der Mitwirkung des Betriebs- oder Personalrats. Die Vereinbarung einer Abfindung ist möglich.

Vor Abschluss eines Aufhebungsvertrags sollte sich der Arbeitnehmer über die Auswirkungen (z. B. auf die Arbeitslosenversicherung und die betriebliche Altersversorgung) informieren.

Zeitablauf

Ein befristeter Arbeitsvertrag endet ohne Kündigung mit dem Ablauf der Vertragsdauer oder mit dem Eintritt des Ereignisses, bis zu dem er abgeschlossen ist (z. B. Aushilfsarbeitsverhältnis für zwei Monate oder bis zur Rückkehr eines erkrankten Arbeitnehmers).

Erwerbsminderung

Das Arbeitsverhältnis eines Beschäftigten im öffentlichen Dienst endet mit der Zustellung eines Rentenbescheids, wonach der Beschäftigte voll oder teilweise erwerbsgemindert ist. Im Falle teilweiser Erwerbsminderung ist aber eine Weiterbeschäftigung nicht ausgeschlossen (§ 33 Abs. 3 TVöD).

221060312

Erreichen einer tarifvertraglichen Altersgrenze

Vollendet der Beschäftigte im öffentlichen Dienst die Regelaltersgrenze der Rentenversicherung, so endet das Arbeitsverhältnis gemäß § 33 Abs. 1 TVöD mit Ablauf des Monats. Es bedarf keiner Kündigung. Eine Weiterbeschäftigung ist aber nicht ausgeschlossen (neuer Arbeitsvertrag, s. § 33 Abs. 5 TVöD).

Das Arbeitsverhältnis endet nicht durch Arbeitsunfähigkeit des Arbeitnehmers, Tod des Arbeitgebers, Streik, Verkauf des Betriebs, Betriebsstilllegung, Insolvenz, freiwilligen Wehrdienst oder Bundesfreiwilligendienst.

2.2.3.2 Kündigung

Eine **Kündigung** ist die empfangsbedürftige schriftliche Willenserklärung des Arbeitgebers oder Arbeitnehmers, mit der das Arbeitsverhältnis für die Zukunft beendet wird.

Die Kündigung unterliegt den allgemeinen Regeln für Rechtsgeschäfte. Sie kann z. B. nichtig sein oder wegen Irrtums, Drohung oder Täuschung angefochten werden.

Der Kündigungswille muss eindeutig ausgedrückt werden. Dies muss schriftlich geschehen (§ 623 BGB), ein Fax reicht nicht aus. Sie muss orts- und zeitangemessen ausgesprochen werden.

Dirk Neumann · Hohe Gasse 77 · 49999 Neustadt

Stadt Neustadt
Fachbereich 1/Personalwesen
Rathausplatz 1
49999 Neustadt

13.08.2018

Kündigung meines Arbeitsvertrags vom 18.08.2017

Sehr geehrte Damen und Herren,

hiermit kündige ich das mit der Stadt Neustadt bestehende Arbeitsverhältnis fristgemäß zum 30.09.2018. Wegen meiner bevorstehenden Eheschließung werde ich den Wohnort wechseln. Deshalb kann ich meine Tätigkeit bei der Stadtverwaltung Neustadt leider nicht fortsetzen.

Ich bitte Sie, mir den Resturlaub von vier Arbeitstagen in der Zeit vom 26. bis 30.09.2018 zu gewähren und mir ein qualifiziertes Arbeitszeugnis zu erteilen. Für das mir entgegengebrachte Vertrauen danke ich Ihnen.

Mit freundlichen Grüßen

Dirk Neumann

Dirk Neumann

Die Kündigungserklärung muss dem anderen Vertragspartner zugehen. Als einseitiges Rechtsgeschäft muss sie von ihm aber nicht angenommen werden, um wirksam zu sein (s. § 130 BGB). Eine schriftliche Kündigung kann dem Empfänger direkt übergeben werden. Bei einer Übersendung durch die Post ist die Kündigungserklärung dann zugegangen und wirksam, wenn sie in den Machtbereich des Empfängers gelangt ist und mit der Möglichkeit der Kenntnisnahme unter normalen Umständen gerechnet werden kann.

Beispiel

Gibt der Kündigende seine Kündigungserklärung mit dem Zustellvermerk „Einschreiben eigenhändig" am Donnerstag, den 28. September zur Post, so könnte der Brief z. B. am Samstag, den 30. September den Empfänger erreichen. Wird dieser jedoch nicht angetroffen, hinterlässt der Postmitarbeiter eine Benachrichtigung. Holt der Empfänger den Brief am Montag, den 2. Oktober bei der Postfiliale ab, so ist er an diesem Tag zugegangen. Bei einer Kündigungsfrist von einem Monat zum Monatsschluss (31. Oktober) ist die Kündigung nicht mehr fristgerecht und kann dann nur zum nächsten Monatsende (30. November) wirksam werden. Wegen der fristgerechten Bekanntgabe werden Kündigungsschreiben oft in Anwesenheit eines Zeugen persönlich übergeben.

Die Angabe von Kündigungsgründen ist nicht allgemein vorgeschrieben.

Grundvoraussetzungen der Kündigung des Arbeitsverhältnisses

Kündigung
durch Arbeitgeber oder Arbeitnehmer

setzt voraus

Zugehen der Kündigungserklärung

+		+
Einhalten der Kündigungsfrist	oder	**Vorhandensein eines wichtigen Kündigungsgrundes**
↓		↓
ordentliche Kündigung		**außerordentliche Kündigung**

= Hauptarten der Kündigung

Zu beachten sind außerdem
Kündigungsverbote, Kündigungsausschlüsse, Zustimmungserfordernisse und Anhörungsrechte!

2.2.3.2.1 Ordentliche Kündigung

Mit der ordentlichen Kündigung wird ein unbefristetes Arbeitsverhältnis unter Wahrung der Kündigungsfrist beendet.

Ist im Arbeitsvertrag keine Kündigungsfrist vereinbart und ist ein Tarifvertrag **nicht** anzuwenden, gelten die gesetzlichen Kündigungsfristen. § 622 BGB regelt die gesetzlichen Kündigungsfristen privatrechtlich Beschäftigter. § 622 Abs. 4 BGB lässt aber zu, dass die gesetzlichen Kündigungsfristen tarifvertraglich über- und unterschritten werden.

Für die Beschäftigten im öffentlichen Dienst sind die Kündigungsfristen in § 34 Abs. 1 TVöD geregelt.

221060314

„Bis zum Ende des sechsten Monats seit Beginn des Arbeitsverhältnisses beträgt die Kündigungsfrist zwei Wochen zum Monatsschluss. Im Übrigen beträgt die Kündigungsfrist bei einer Beschäftigungszeit

bis zu einem Jahr	einen Monat zum Monatsschluss,
von mehr als einem Jahr	sechs Wochen zum Schluss des Kalendervierteljahres,
von mindestens fünf Jahren	drei Monate zum Schluss des Kalendervierteljahres,
von mindestens acht Jahren	vier Monate zum Schluss des Kalendervierteljahres,
von mindestens zehn Jahren	fünf Monate zum Schluss des Kalendervierteljahres,
von mindestens zwölf Jahren	sechs Monate zum Schluss des Kalendervierteljahres.“

§ 34 Abs. 2 TVöD regelt die **„Unkündbarkeit“** der Beschäftigten, dabei wird das Tarifgebiet Ost nicht einbezogen. Der Kündigungsschutz hängt nach § 34 Abs. 3 TVöD von der **Beschäftigungszeit** ab.

„(2) Arbeitsverhältnisse von Beschäftigten, die das 40. Lebensjahr vollendet haben und für die die Regelungen des Tarifgebiets West Anwendung finden, können nach einer Beschäftigungszeit (Absatz 3 Satz 1 und 2) von mehr als 15 Jahren durch den Arbeitgeber **nur aus einem wichtigen Grund gekündigt** werden. Soweit Beschäftigte nach den bis zum 30. September 2005 geltenden Tarifregelungen unkündbar waren, verbleibt es dabei.

(3) **Beschäftigungszeit** ist die bei demselben Arbeitgeber im Arbeitsverhältnis zurückgelegte Zeit, auch wenn sie unterbrochen ist. Unberücksichtigt bleibt die Zeit eines Sonderurlaubs gemäß § 28, es sei denn, der Arbeitgeber hat vor Antritt des Sonderurlaubs schriftlich ein dienstliches oder betriebliches Interesse anerkannt. Wechseln Beschäftigte zwischen Arbeitgebern, die vom Geltungsbereich dieses Tarifvertrags erfasst werden, werden die Zeiten bei dem anderen Arbeitgeber als Beschäftigungszeit anerkannt. Satz 3 gilt entsprechend bei einem Wechsel von einem anderen öffentlich-rechtlichen Arbeitgeber.“

Wird die Kündigungsfrist versäumt, so ist die verspätete Kündigung als solche zum nächstmöglichen Termin anzusehen.

Kündigungsverbote, Kündigungseinschränkungen, Zustimmungserfordernisse und **Anhörungsrechte** sind in einer Reihe von Kündigungsschutzvorschriften geregelt.

Eine Kündigung durch den Arbeitgeber ist grundsätzlich unzulässig während der Schwangerschaft, innerhalb der ersten vier Monate nach der Entbindung und während der Elternzeit. Betriebs- und Personalratsmitglieder, Schwerbehinderte und Auszubildende genießen einen besonderen Kündigungsschutz.

Eine rechtswidrige und damit unwirksame Kündigung wird wie eine wirksame Kündigung behandelt, wenn der Arbeitnehmer den Verstoß gegen das Kündigungsschutzrecht nicht mit einer Kündigungsschutzklage innerhalb von drei Wochen vor dem Arbeitsgericht geltend macht.

Eine ohne die Anhörung des Betriebsrats bzw. des Personalrats ausgesprochene Kündigung ist unwirksam (§ 102 Abs. 1 BetrVG oder § 79 Abs. 3, 4 BPersVG bzw. entsprechende Regelungen in den Personalvertretungsgesetzen der Länder). Der Arbeitgeber muss die Arbeitnehmervertretung – bei der ordentlichen Kündigung binnen einer Woche – ausführlich über die Kündigungsgründe informieren, damit sie mögliche Bedenken erörtern kann.

Gegen eine Kündigung kann der Arbeitnehmer binnen einer Woche **Einspruch** beim Betriebsrat einlegen.

2.2.3.2.2 Außerordentliche Kündigung

Mit der außerordentlichen Kündigung wird ein befristetes oder unbefristetes Arbeitsverhältnis aus **wichtigem Grund** und **ohne Kündigungsfrist** beendet.

Es ist allerdings eine zweiwöchige **Kündigungserklärungsfrist** zu beachten.

§ 626 BGB – fristlose Kündigung aus wichtigem Grund

(1) Das Dienstverhältnis kann von jedem Vertragsteil aus wichtigem Grund ohne Einhaltung einer Kündigungsfrist gekündigt werden, wenn Tatsachen vorliegen, aufgrund derer dem Kündigenden unter Berücksichtigung aller Umstände des Einzelfalls und unter Abwägung der Interessen beider Vertragsteile die Fortsetzung des Dienstverhältnisses bis zum Ablauf der Kündigungsfrist oder bis zu der vereinbarten Beendigung des Dienstverhältnisses nicht zugemutet werden kann.

(2) Die Kündigung kann nur innerhalb von zwei Wochen erfolgen. Die Frist beginnt mit dem Zeitpunkt, in dem der Kündigungsberechtigte von den für die Kündigung maßgebenden Tatsachen Kenntnis erlangt. Der Kündigende muss dem anderen Teil auf Verlangen den Kündigungsgrund unverzüglich schriftlich mitteilen.

Stadt Neustadt
Der Bürgermeister

Stadt Neustadt · Postfach · 49999 Neustadt

Ihre Nachricht/Ihr Zeichen:

Herrn
Adalbert Hennings
im Hause

Geschäftszeichen: 1/2
Fachbereich Dienststelle: Personalwesen
Gebäude/Zimmer: Rathausplatz 1, Zimmer 10
Bearbeiter/-in: Ulrike Kern
Telefon: 02999 177- 458
Telefax: 02999 177- 166
E-Mail: Ukern@stadtneu.de

Datum: 15. Mai 2018

Fristlose Kündigung

Sehr geehrter Herr Hennings,

in der Zeit von Montag, den 07. Mai 2018, bis Freitag, den 11. Mai 2018 kamen Sie unentschuldigt nicht zur Arbeit. Zwar teilten Sie am 02. Mai 2018 telefonisch mit, Sie seien erkrankt, doch liegt eine ärztliche Arbeitsunfähigkeitsbescheinigung hier nicht vor. Es wurde jedoch festgestellt, dass Sie während dieser Zeit in einer Autoreparaturwerkstatt arbeiteten.

Bereits mit dem Abmahnungsschreiben vom 23. April 2018 habe ich Ihr unentschuldigtes Fehlen vom 18. bis 20. April 2018 gerügt.

Ihr Verhalten stellt eine grobe Verletzung des Arbeitsvertrages und einen schweren Vertrauensbruch dar. Die Fortsetzung des Arbeitsverhältnisses mit Ihnen ist der Stadt Neustadt daher nicht zuzumuten.

Ich kündige das mit Ihnen bestehende Arbeitsverhältnis fristlos mit sofortiger Wirkung. Vorsorglich erkläre ich hiermit gleichzeitig eine ordentliche Kündigung zum nachstmöglichen Kündigungstermin.

Geben Sie Schlüssel und in Ihrem Besitz befindliche Arbeitsmittel bitte bis zum 18. Mai 2018 bei mir ab.

Die Rechte des Personalrates wurden gewahrt.

i.A. Ulrike Kern

Kern
Leiterin Personalwesen

Empfangsbestätigung

Die Kündigung wurde mir am ___________ übergeben.

____
(Adalbert Hennings)

Als **wichtiger Grund** kommt vor allem eine schwerwiegende Verletzung einer arbeitsvertraglichen Pflicht in Betracht.

Beispiele

Wichtige Gründe für die außerordentliche Kündigung durch den Arbeitnehmer sind u. a. Ausbleiben der Lohnzahlung, grobe Beleidigung oder Tätlichkeiten des Arbeitgebers, ernsthafte Gesundheitsbedrohung durch das Arbeitsverhältnis.

Kündigungsgründe für den Arbeitgeber sind u. a. beharrliche Arbeitsverweigerung, eigenmächtige Urlaubsüberschreitung, Straftaten in Zusammenhang mit dem Arbeitsverhältnis, grobe Beleidigung oder Tätlichkeiten des Arbeitnehmers, fortwährende leichtfertige Verdächtigungen und Beschimpfungen.

Einzelne geringfügige Verfehlungen stellen allein noch keinen wichtigen Grund dar (z. B. Verspätung, schlechte Arbeitsleistung).

Im einzelnen Fall kommt es immer auf die Umstände des Einzelfalls sowie die Interessenabwägung zwischen beiden Vertragsparteien an. Da die fristlose Kündigung die äußerste Maßnahme darstellt, muss geprüft werden, ob nach dem Grundsatz der Verhältnismäßigkeit dem Kündigenden nicht mildere Mittel zuzumuten sind.

Beispiele

Weiterbeschäftigung bis zum nächsten Termin einer ordentlichen Kündigung, Versetzung, Änderung der Arbeitsbedingungen (einvernehmlich oder durch Änderungskündigung), Abmahnung.

Die Verhältnismäßigkeit ist besonders zu beachten, wenn der Arbeitgeber auf Pflichtverletzungen des Arbeitnehmers reagiert, die je für sich genommen im Einzelfall keinen „wichtigen Grund" darstellen, im Wiederholungsfall aber zu Belastungen des Arbeitsverhältnisses, der Betriebssicherheit und des Betriebsklimas werden können. Auf derartige Vertragsverletzungen wird der Arbeitgeber in einer **Abmahnung** warnend hinweisen.

Beispiele

Nichteinhalten der Arbeitszeit (Verspätung, vorzeitige Arbeitsbeendigung, unberechtigte Pausen), zu geringe oder fehlerhafte Arbeitsleistung, Verstoß gegen die betriebliche Ordnung (Nichtbeachtung eines Rauchverbots, der Schutzkleidungspflicht).

Eine **Abmahnung** ist die Beanstandung des Arbeits-, Leistungs- oder Ordnungsverhaltens des Arbeitnehmers (Rüge) mit dem Hinweis, dass im Wiederholungsfalle der Bestand des Arbeitsverhältnisses gefährdet sei (Warnung). Die mündliche oder schriftliche Abmahnung eines Fehlverhaltens ist in § 314 Abs. 2 BGB geregelt und Voraussetzung einer verhaltensbedingten ordentlichen Kündigung. Wird eine Abmahnung zu den Personalakten genommen, so ist sie – je nach der Schwere des Fehlverhaltens – nach etwa ein bis drei Jahren wieder zu entfernen, wenn keine weiteren Abmahnungen folgen. Der Arbeitnehmer kann sich gegen eine ungerechtfertigte schriftliche Abmahnung durch eine schriftliche Gegendarstellung wehren, die auf seinen Wunsch zur Personalakte genommen wird. Auch vor der außerordentlichen Kündigung ist der Betriebsrat zu hören (s. § 102 Abs. 1 BetrVG) bzw. der Personalrat zu beteiligen (s. § 79 Abs. 4 BPersVG), andernfalls ist die Kündigung unwirksam. Der Betriebsrat/der Personalrat kann dieser Kündigung innerhalb von drei Tagen **widersprechen.**

2.2.3.2.3 Änderungskündigung

Der Arbeitgeber könnte daran interssiert sein, z. B. den Arbeitsort, die Art der Tätigkeit und die Eingruppierung des Arbeitnehmers zu ändern. Solche Änderungen des Arbeitsverhältnisses sind **einvernehmlich** durch einen **Änderungsvertrag** möglich.

Der Arbeitnehmer wird einer Änderung zum eigenen Nachteil jedoch kaum zustimmen wollen. Das Weisungsrecht des Arbeitgebers reicht nicht aus, grundlegende Regelungen des Arbeitsverhältnisses einseitig zu ändern. Einzelne Bestimmungen des Arbeitsvertrags dürfen auch nicht ohne Weiteres gekündigt werden. Eine Teilkündigung ist unzulässig, weil der Arbeitgeber jederzeit die Verschlechterung der vereinbarten Arbeitsbedingungen ohne Zustimmung des Arbeitnehmers herbeiführen könnte. Ist die Änderung einzelner Arbeitsbedingungen nicht einvernehmlich möglich, kommt eine Änderungskündigung infrage.

Eine **Änderungskündigung** (§ 2 KSchG) umfasst zwei Willenserklärungen:

1. die Kündigung des Arbeitsverhältnisses und
2. das Angebot, das Arbeitsverhältnis zu geänderten Arbeitsbedingungen fortzusetzen.

Kündigt der Arbeitgeber das Arbeitsverhältnis und bietet er dem Arbeitnehmer im Zusammenhang mit der Kündigung die Fortsetzung des Arbeitsverhältnisses zu geänderten Arbeitsbedingungen an, so kann der Arbeitnehmer dieses Angebot unter dem Vorbehalt annehmen, dass die Änderung der Arbeitsbedingungen nicht sozial ungerechtfertigt ist (§ 1 Abs. 2 Satz 1 bis 3, Abs. 3 Satz 1 und 2 KSchG). Diesen Vorbehalt muss der Arbeitnehmer dem Arbeitgeber innerhalb der Kündigungsfrist, spätestens jedoch innerhalb von drei Wochen nach Zugang der Kündigung erklären.

Die Änderungskündigung ist meistens eine ordentliche Kündigung, auf die der Arbeitnehmer unterschiedlich **reagieren** kann:

- Er nimmt das Änderungsangebot an. Das Arbeitsverhältnis wird dann zu den geänderten Bedingungen fortgesetzt.
- Er nimmt das Änderungsangebot nicht an. Das Arbeitsverhältnis wird durch die Änderungskündigung aufgelöst. Durch eine Kündigungsschutzklage vor dem Arbeitsgericht kann er versuchen, gegen die Kündigung anzugehen.
- Er nimmt das Änderungsangebot unter dem Vorbehalt an, dass die Veränderung des Arbeitsvertrags nicht sozial ungerechtfertigt ist. So sichert er die Fortsetzung des geänderten Arbeitsverhältnisses ab und kann vor dem Arbeitsgericht auf Feststellung klagen, dass die Änderungskündigung sozial ungerechtfertigt sei. Der Vorbehalt ist dem Arbeitgeber innerhalb der Kündigungsfrist, spätestens jedoch innerhalb von drei Wochen nach Zugang der Kündigung zu erklären.

2.2.3.3 Kündigungsschutz

In der Hälfte der Prozesse vor dem Arbeitsgericht geht es um den Kündigungsschutz. Er ist das heikelste Kapitel des individuellen Arbeitsrechts. Doch die Überschrift hält nicht, was sie verspricht. Denn es gibt in Deutschland keinen wirklichen Schutz vor Kündigungen: Will ein Arbeitgeber einen Arbeitnehmer entlassen, dann schafft er das auch.

Die Vertragsfreiheit bezieht sich nicht nur auf den Abschluss, sondern auch auf die Auflösung des Arbeitsvertrags. Die Kündigung ist beiden Vertragsparteien erlaubt, hat aber ungleiche Folgen: Der Arbeitgeber kann den ausgeschiedenen Arbeitnehmer ersetzen, wenn er das will. Dem Arbeitnehmer jedoch nimmt die Kündigung zunächst einmal die Existenzgrundlage. Ihm droht die Arbeitslosigkeit.

Also versucht der Gesetzgeber, ihn zu schützen. Einerseits baut er formale Hürden auf, wie z. B. die Beteiligung des Betriebs- und Personalrats. Andererseits verlangt er vom Arbeitgeber keine Angabe von Gründen für die Kündigung.

Der Kündigungsschutz stellt damit eine Einschränkung der Vertragsfreiheit dar.

Politiker fordern immer wieder den Abbau des Kündigungsschutzes, um kleinere Unternehmen zu entlasten und so etwas gegen die Arbeitslosigkeit zu tun. Die Gewerkschaften argumentieren dagegen, die Kündigung eines Arbeitnehmers erhöhe die Zahl der Arbeitslosen und schaffe keinen neuen Arbeitsplatz.

Vertragsfreiheit einschließlich Kündigungsfreiheit einerseits, durch Kündigung verursachte Probleme der Arbeitslosen und ihrer Familien andererseits – sind diese Gegensätze auszugleichen? Für die Allgemeinheit und den Staat sind außerdem volkswirtschaftliche und gesellschaftspolitische Gesichtspunkte wichtig: Arbeitslosigkeit verursacht hohe soziale Kosten, Nachfrageausfall, Wohlstandsminderung, Verlust sozialer Integration, Verschärfung sozialer Gegensätze und auch politischen Radikalismus.

Es sind auch die zuletzt genannten Aspekte, die schon 1951 zum ersten Kündigungsschutzgesetz (KSchG) führten. Sein Ziel ist ein (relativer) Bestandsschutz für Arbeitsverhältnisse und damit auch die Sicherung des Arbeitseinkommens durch Einschränkung der Kündigungsfreiheit des Arbeitgebers. Dies ist nicht allein gewerkschaftliches Ziel, sondern auch Aufgabe des Sozialstaats.

Der allgemeine Kündigungsschutz ist in den §§ 1–14 KSchG geregelt. Anschließend geht es um den Kündigungsschutz im Rahmen der Betriebsverfassung und Personalvertretung sowie bei Massenentlassungen (§ 15 ff. KSchG). In speziellen Gesetzen ist der besondere Kündigungsschutz bestimmter Arbeitnehmergruppen geregelt, z. B. im Mutterschutzgesetz, im SGB IX (Rehabilitation und Teilhabe behinderter Menschen), im Arbeitsplatzschutzgesetz und im Berufsbildungsgesetz.

Allgemeiner Kündigungsschutz

Der allgemeine Kündigungsschutz des KSchG gilt nur dann,

- wenn das betreffende Arbeitsverhältnis in demselben Betrieb oder Unternehmen ohne Unterbrechung länger als sechs Monate bestanden hat (§ 1 Abs. 1 KSchG) und
- wenn eine Mindestzahl von 5 bzw. 10 Arbeitnehmern beschäftigt wird. Ab 31.12.2004 neu eingestellte Arbeitnehmer werden dabei durch das KSchG erst dann geschützt, wenn im Betrieb in der Regel mehr als zehn Arbeitnehmer – ohne Auszubildende – beschäftigt sind (Einzelheiten s. § 23 KSchG).

Ziel des allgemeinen Kündigungsschutzes ist die Verhinderung sozial nicht gerechtfertiger Kündigungen gegenüber Arbeitnehmern. § 1 Abs. 1 KSchG erklärt diese Kündigungen für rechtsunwirksam.

Aus § 1 Abs. 2 KSchG ergibt sich, dass eine Kündigung als sozial gerechtfertigt und insoweit rechtswirksam angesehen werden kann, wenn sie bedingt ist

- durch Gründe in der Person des Arbeitnehmers – **personenbedingte Kündigung –,**
- durch Gründe im Verhalten des Arbeitnehmers – **verhaltensbedingte Kündigung** – oder
- durch dringende betriebliche Erfordernisse, die einer Weiterbeschäftigung des Arbeitnehmers in diesem Betrieb entgegenstehen – **betriebsbedingte Kündigung.**

Objektive Gründe in der **Person** des Arbeitnehmers sind z. B. fehlende körperliche oder geistige Eignung, mangelnde Ausbildung, längere Erkrankung ohne absehbare Genesung (wenn die Auswirkungen zu erheblichen betrieblichen Beeinträchtigungen führen und diese den Arbeitgeber unzumutbar belasten). Eine personenbedingte Kündigung ist nicht sozial ungerechtfertigt (kein Kündigungsschutz).

Gründe im **Verhalten** des Arbeitnehmers liegen vor, wenn er die Vertragspflichten nicht einhält, z. B. durch Schlechterfüllung der Arbeitspflicht, Beschädigung von Arbeitsmitteln, Verstoß gegen die Verschwiegenheitspflicht, Nichtbeachtung von Dienstanweisungen, Annahme von Belohnungen. Je nach der Schwere der Pflichtverletzung ist auch eine mildere Maßnahme als die verhaltensbedingte Kündigung zu prüfen (Belehrung, Ermahnung, Umsetzung). Nach der Rechtsprechung muss einer verhaltensbedingten ordentlichen Kündigung regelmäßig eine rechtzeitige, deutliche und zweifelsfreie Abmahnung vorausgehen.

In der **Abmahnung** wird eine schuldhafte Pflichtverletzung beanstandet und für den Wiederholungsfall auf die Gefährdung des Arbeitsverhältnisses durch eine Kündigung hingewiesen.

Die Fürsorgepflicht gebietet, den betroffenen Arbeitnehmer vorher anzuhören. Eine Abmahnung sollte schriftlich erfolgen und wird für einige Zeit in die Personalakte aufgenommen. Der Arbeitnehmer kann eine eigene Darstellung hinzufügen. Bei Fehlverhalten im Vertrauensbereich (z. B. bei Diebstahl) ist die Abmahnung nicht immer erforderlich. Eine verhaltensbedingte Kündigung ist nicht sozial ungerechtfertigt (kein Kündigungsschutz).

Dringende betriebliche Erfordernisse, die einer Weiterbeschäftigung des Arbeitnehmers in diesem Betrieb entgegenstehen:

- Rationalisierungsmaßnahmen, die bestimmte Arbeitsplätze entbehrlich machen
- Haushaltseinschränkungen, die zu konkreten Kürzungen des Stellenplans führen
- Stilllegung von Betriebsteilen
- Auftragsmangel, Umsatzrückgang

Kündigt der Arbeitgeber wegen dringender betrieblicher Erfordernisse, so ist die Kündigung nach § 1 Abs. 2 KSchG in öffentlichen Betrieben und Verwaltungen dennoch **sozial ungerechtfertigt,** wenn

1. die Kündigung gegen eine **Richtlinie über die personelle Auswahl** bei Kündigungen verstößt,
2. der Arbeitnehmer an einem **anderen Arbeitsplatz** in einer Dienststelle desselben Verwaltungszweigs an demselben Dienstort einschließlich seines Einzugsgebiets weiterbeschäftigt werden kann

   und die zuständige Personalvertretung aus einem der Gründe 1. bzw. 2. fristgerecht gegen die Kündigung **Einwendungen** erhoben hat,
3. zumutbare **Umschulungs- oder Fortbildungsmaßnahmen** oder eine Weiterbeschäftigung des Arbeitnehmers unter **geänderten Arbeitsbedingungen** möglich sind und der Arbeitnehmer hiermit einverstanden ist.

Die Kündigung aus dringenden betrieblichen Erfordernissen ist **auch sozial ungerechtfertigt,** wenn der Arbeitgeber bei der Auswahl des Arbeitnehmers die Dauer der Betriebszugehörigkeit, das Lebensalter, die Unterhaltspflichten sowie eine Schwerbehinderung des Arbeitnehmers nicht oder nicht ausreichend berücksichtigt hat. Auf Verlangen des Arbeitnehmers hat der Arbeitgeber dem Arbeitnehmer die Gründe anzugeben, die zu der getroffenen Sozialauswahl geführt haben. In die soziale Auswahl sind die „unbedingt betriebsnotwendigen“

Arbeitnehmer nicht einzubeziehen, deren Weiterbeschäftigung im berechtigten betrieblichen Interesse liegt (§ 1 Abs. 3 KSchG).

Prüfungsschema zum allgemeinen Kündigungsschutz	
Prüfschritte	**Erläuterung**
1. Sachverhaltsaufklärung	Tatsachen feststellen Beschäftigten anhören
2. Prüfen der Möglichkeit einer ordentlichen Kündigung	Kündigungsverbote ausschließen (z. B. Personalratsmitglied) Unkündbarkeit nach § 34 Abs. 2 TVöD ausschließen
3. Prüfen milderer Mittel	z. B. zumutbare Fortbildung, Umschulung mit Einverständnis des Arbeitnehmers, Kurzarbeit
4. Prüfen der Anwendbarkeit des KSchG	Arbeitsverhältnis besteht länger als sechs Monate, Betrieb beschäftigt mehr als zehn Arbeitnehmer.
5. Prüfen des Kündigungsgrundes	Liegt der Kündigungsgrund in der Verantwortung des Arbeitnehmers (personen- oder verhaltensbedingte Kündigung), ist das KSchG nicht anzuwenden. Nur bei einer betriebsbedingten Kündigung wird der Arbeitnehmer durch das KSchG geschützt.
6. Prüfen der sozialen Rechtfertigung der betriebsbedingten Kündigung	Soziale Rechtfertigung der Kündigung erfordert, ■ dass nicht gegen Richtlinien des Arbeitgebers über die personelle Auswahl bei Kündigungen verstoßen wird, ■ dass es nicht möglich ist, den Arbeitnehmer an einem anderen Arbeitsplatz weiterzubeschäftigen und ■ dass die Personalvertretung aus einem dieser Gründe fristgerecht Einwendungen erhoben hat, ■ dass der Gekündigte auch unter sozialen Gesichtspunkten ausgewählt wird.

Kündigungsschutzklage

Hält der Arbeitnehmer eine Kündigung für sozial ungerechtfertigt, so kann er binnen einer Woche **Einspruch beim Betriebsrat** einlegen. Der Betriebsrat wird sich um eine Verständigung mit dem Arbeitgeber bemühen (s. § 3 KSchG).

Die **Kündigungsschutzklage** ist innerhalb einer Ausschlussfrist von **drei Wochen** nach Zugang der Kündigung bei dem für den Sitz des Arbeitgebers zuständigen Arbeitsgericht zu erheben. Sie zielt auf die Feststellung des Gerichts, dass das Arbeitsverhältnis durch die Kündigung nicht aufgelöst worden ist (s. § 4 ff. KSchG). Die sozial nicht gerechtfertigte Kündigung gilt von Anfang an als rechtswirksam, wenn sich der Arbeitnehmer nicht durch eine Kündigungsschutzklage wehrt.

Stellt das Gericht die Unwirksamkeit der Kündigung wegen Sozialwidrigkeit (und damit das Fortbestehen des Arbeitsverhältnisses) fest, so beantragt häufig eine Prozesspartei dennoch die **Auflösung des Arbeitsverhältnisses gegen Abfindung** (s. §§ 9, 10 KSchG). Ein solcher Antrag durch den Arbeitnehmer ist begründet, wenn ihm die Fortsetzung des Arbeitsverhältnisses z. B. aufgrund herabsetzender Äußerungen über ihn während des Prozesses nicht mehr zuzumuten ist. Andererseits kann sich der Arbeitgeber möglicherweise auf Tatsachen berufen, aufgrund derer eine den Betriebszwecken dienliche Zusammenarbeit nicht mehr zu erwarten ist. Ist der Antrag begründet, so hat das Gericht das Arbeitsverhältnis aufzulösen und den Arbeitgeber zur Zahlung einer angemessenen Abfindung zu verurteilen, s. LF 5 Kap. 2.2.3.1.

Ein Weiterbeschäftigungsanspruch des Arbeitnehmers während des Kündigungsschutzprozesses besteht – außer bei offensichtlich unwirksamer Kündigung – erst dann, wenn das Arbeitsgericht die Unwirksamkeit der Kündigung festgestellt hat. Für die Zeit zwischen Kündigung und dem (erfolgreichen) Urteil in erster Instanz hat der Arbeitnehmer Anspruch auf Nachzahlung des ausstehenden Arbeitsentgelts. Wegen der Kürze der tariflichen Ausschlussfrist empfiehlt es sich, auch dieses einzuklagen.

2.2.3.4 Pflichten bei der Beendigung des Arbeitsverhältnisses

Nach der Kündigung hat der Arbeitgeber dem Arbeitnehmer auf dessen Verlangen angemessene Zeit zur **Stellensuche** zu gewähren (§ 629 BGB). Der Arbeitnehmer hat Anspruch auf ein schriftliches und in Inhalt und Form korrektes **Arbeitszeugnis** (s. § 630 BGB). Er kann zwischen einem einfachen und einem qualifizierten Arbeitszeugnis wählen.

Das **einfache Zeugnis** enthält Angaben über die Person des Arbeitnehmers sowie über Beschäftigungsdauer und Art der Tätigkeiten. Das **qualifizierte Zeugnis** gibt außerdem Auskunft über Führung und Leistungen des Arbeitnehmers während der gesamten Dauer des Arbeitsverhältnisses. In jedem Falle muss das Zeugnis wahr sein. Wesentliche Tatsachen müssen vollständig und genau angegeben sein, es darf weder unter- noch überbewertet werden. Die Beurteilung im qualifizierten Arbeitszeugnis muss **wahr**, aber **wohlwollend** sein, denn sie soll dem beruflichen Fortkommen des Arbeitnehmers dienen. Allerdings dürfen die Formulierungen beim Leser nicht falsche Vorstellungen wecken. Unangenehme Beurteilungen werden bisweilen dadurch „ausgedrückt", dass vom Leser erwartete Aussagen ganz unterbleiben. In seltenen Fällen dürfen auch ungünstige Angaben nicht verschwiegen werden, soweit es notwendig ist, künftige Arbeitgeber vor Täuschungen und Schäden zu bewahren. Enthält das Zeugnis falsche Tatsachen oder unrichtige Beurteilungen, so kann der Arbeitnehmer ein berichtigtes Zeugnis verlangen. Ein Arbeitszeugnis kann Gegenstand eines arbeitsgerichtlichen Verfahrens sein.

Beschäftigte im öffentlichen Dienst haben bei Beendigung des Arbeitsverhältnisses nach § 35 TVöD Anspruch auf ein schriftliches qualifiziertes Zeugnis (Endzeugnis). Aus triftigem Grund können Beschäftigte auch während des Arbeitsverhältnisses ein Zeugnis verlangen. Ein solches Zwischenzeugnis kann beim Wechsel des Arbeitsplatzes innerhalb einer Verwaltung oder zu Bewerbungszwecken sinnvoll bzw. erforderlich sein. Bei bevorstehender Beendigung des Arbeitsverhältnisses können Beschäftigte ein einfaches vorläufiges Zeugnis verlangen.

Beispiele aus der „Zeugnissprache"

Umschreibung der Bewertung im Zeugnis	Bedeutung
Die übertragenen Arbeiten ...	
... wurden stets zur vollsten Zufriedenheit erledigt.	sehr gute Leistungen
... wurden stets zur vollen Zufriedenheit erledigt.	gute Leistungen
... wurden zur vollen Zufriedenheit erledigt (BAG 11.2014).	befriedigende Leistungen
... wurden stets zur Zufriedenheit erledigt.	befriedigende/ausreichende Leistungen
... wurden zu unserer Zufriedenheit erledigt.	ausreichende Leistungen
... wurden im Großen und Ganzen zu unserer Zufriedenheit erledigt. ... wurden mit Fleiß und Interesse ausgeführt (ohne Hinweis auf die Qualität der Leistung). Er hat sich bemüht, den an ihn gestellten Anforderungen gerecht zu werden.	mangelhafte Leistungen
Trennung im gegenseitigen Einvernehmen	Beendigung des Arbeitsverhältnisses im Interesse des Arbeitgebers

Will der Arbeitgeber den ausscheidenden Arbeitnehmer „sehr gut" beurteilen, dann darf er nach einem BAG-Urteil im Zeugnis nicht von einer „vollen" Zufriedenheit sprechen, sondern muss – entgegen dem Duden – seine „vollste" Zufriedenheit ausdrücken, weil dies im Sprachgebrauch der Personalleiter so üblich ist (Az.: 5 AZR 573/91).

Nach Beendigung des Arbeitsverhältnisses muss der Arbeitgeber dem Arbeitnehmer die **Arbeitspapiere** aushändigen. Hierzu gehören:

- Arbeitszeugnis
- Arbeitsbescheinigung nach § 312 SGB III
- (Elektronische) Lohnsteuer- und Verdienstbescheinigung sowie ggf. Bescheinigung vermögenswirksamer Leistungen
- Bescheinigung über den im laufenden Jahr gewährten oder abgegoltenen Urlaub

- Gesundheitsbescheinigungen
- Nachweise zur betrieblichen Altersversorgung
- Sozialversicherungsausweis
- Arbeitserlaubnisse (bei Ausländern aus Nicht-EU-Staaten)

Häufig legt der Arbeitgeber dem ausscheidenden Arbeitnehmer eine **Ausgleichsquittung** zur Unterschrift vor. In ihr bestätigt der Arbeitnehmer, dass er sämtliche Arbeitsbezüge (Entgelt) und bestimmte Arbeitspapiere ordnungsgemäß erhalten hat, dass Ansprüche der Vertragspartner aus dem beendeten Arbeitsverhältnis nicht mehr bestehen und dass eine Kündigungsschutzklage nicht erhoben wird. Der Arbeitnehmer ist nicht verpflichtet, eine Ausgleichsquittung zu unterschreiben.

Personen, deren Ausbildungs- oder Arbeitsverhältnis endet, müssen sich spätestens drei Monate vor der Beendigung persönlich bei der **Agentur für Arbeit** arbeitsuchend melden (§ 38 Abs. 1 SGB III). Ansprüche aus dem Arbeitsverhältnis verfallen für beide Vertragsparteien, wenn sie nicht innerhalb einer **Ausschlussfrist** von sechs Monaten nach Fälligkeit schriftlich geltend gemacht werden (§ 37 Abs. 1 TVöD).

Nach Beendigung des Arbeitsverhältnisses können die Schweigepflicht (§ 3 Abs. 1 TVöD) und das Wettbewerbsverbot nach tariflicher Regelung weiter bestehen.

2.3 Arbeitsschutz

Das **Arbeitsschutzrecht** soll durch rechtliche, medizinische, technische und organisatorische Vorkehrungen Arbeitsunfälle und arbeitsbedingte Gesundheitsgefahren verhüten.

Wichtige Schutzrechte (insbesondere Jugendarbeitsschutz, Mutterschutz, Kündigungsschutz) sind bereits erläutert worden. An dieser Stelle folgen Ergänzungen und eine systematische Zusammenfassung.

Das **Arbeitsschutzgesetz** (ArbSchG) enthält Grundregeln, die alle Beschäftigtengruppen gleichermaßen schützen. Sie gelten auch für den öffentlichen Dienst. Für bestimmte Gefahrenbereiche und Personengruppen bestehen **spezielle Gesetze und Verordnungen.** Außerdem haben die Berufsgenossenschaften als Träger der Unfallversicherung **Unfallverhütungsvorschriften** als Satzungen erlassen.

Die Arbeitskraft ist sowohl Lebensgrundlage der Arbeitnehmer wie auch betrieblicher Produktionsfaktor und wesentliche Grundlage volkswirtschaftlicher Leistung. Damit sind der Schutz von Arbeitskraft und Gesundheit der Arbeitnehmer und die Erhaltung ihrer Beschäftigungsverhältnisse als Existenzgrundlage bedeutende staatliche Ziele.

Deshalb schreibt der Staat den Unternehmen durch Gesetz Mindestanforderungen zum Arbeitsschutz vor. Das Arbeitsschutzrecht ist **Teil des öffentlichen Rechts,** es wird staatlich gesetzt, seine Einhaltung wird überwacht und nötigenfalls erzwungen. Dies kann sogar gegen den Willen der Arbeitnehmer geschehen, wenn z. B. eine Betriebsschließung angeordnet wird.

Eine **Gefährdung** kann sich z. B. ergeben durch

- Gestaltung und die Einrichtung der Arbeitsstätte und des Arbeitsplatzes,
- eingesetzte Arbeitsmittel,
- Gestaltung von Arbeitsverfahren, Arbeitsabläufen und Arbeitszeit,
- unzureichende Qualifikation und Unterweisung der Beschäftigten,
- Zusammenwirken mehrerer Ursachen.

Das Arbeitsschutzgesetz verpflichtet Arbeitgeber, die Arbeitsplätze hinsichtlich gesundheitlicher Gefahren zu analysieren **(Arbeitsplatzanalyse),** Verbesserungen vorzunehmen und diese zu dokumentieren. Soweit das Arbeitssicherheitsgesetz dies verlangt, hat der Arbeitgeber Fachkräfte für Arbeitssicherheit und Betriebsärzte zu beteiligen.

Darüber hinaus muss der Arbeitgeber die Maßnahmen des Arbeitsschutzes in die betrieblichen **Organisationsstrukturen** einbinden, z. B. durch Arbeitsanweisungen, Stellenbeschreibungen und Geschäftsverteilung. Vorkehrungen für Maßnahmen zur ersten Hilfe und zur Brandbekämpfung sind zu treffen (Notfallpläne, Ausbildung, Übungen). Arbeitsunfälle sind zu erfassen, damit Wiederholungen künftig vermieden werden.

221060322

Die Beschäftigten sind **verpflichtet,**

- für Sicherheit und Gesundheit der eigenen Person und der von ihrer Arbeit betroffenen anderen Personen Sorge zu tragen,
- jede unmittelbare erhebliche Gefahr für die Sicherheit und Gesundheit unverzüglich dem Arbeitgeber zu melden,
- gemeinsam mit dem Betriebsarzt und der Fachkraft für Arbeitssicherheit den Arbeitgeber bei Erfüllung des Arbeitsschutzes zu unterstützen.

Die Beschäftigten sind **berechtigt,**

- bei unmittelbarer erheblicher Gefahr den Arbeitsplatz zu verlassen, ohne Nachteile für das Arbeitsverhältnis befürchten zu müssen,
- Vorschläge zu allen Arbeitsschutzfragen im Betrieb zu machen,
- sich bei den Aufsichtsbehörden über unzureichende Arbeitsschutzzustände im Betrieb ohne Nachteil zu beschweren, wenn sie sich zuvor deswegen an ihren Arbeitgeber gewandt haben und dieser keine Abhilfe geschaffen hat.

Arbeitnehmerschutzrecht (alle öffentlich-rechtlichen Regelungen zum Schutz der Arbeitnehmer)	
allgemeiner Arbeitsschutz	
Grundlegende Regelungen des Arbeitsschutzgesetzes: ■ Maßnahmen zur Verhütung von Unfällen bei der Arbeit und arbeitsbedingten Gesundheitsgefahren ■ Maßnahmen der menschengerechten Gestaltung der Arbeit	
technischer Arbeitsschutz	**sozialer Arbeitsschutz**
gesetzliche Mindeststandards zum Schutz der Arbeitssicherheit und der Gesundheit der Arbeitnehmer **Sachgebiete** ■ Arbeitsstätten ■ technische Anlagen ■ gefährliche Arbeitsstoffe, Strahlen ■ Handhabung von Lasten ■ Bildschirmarbeit	gesetzliche Mindeststandards zum Schutz vor zeitlicher Überbeanspruchung und zum Schutz des Arbeitsplatzes **Sachgebiete** ■ allgemeine Gleichbehandlung ■ allgemeiner Arbeitszeitschutz ■ allgemeiner Kündigungsschutz[1] ■ Schutz besonderer Personengruppen, z. B. Jugendliche, Mütter, Schwerbehinderte, freiwillig Wehrdienstleistende

1 Das Arbeitsschutzrecht ist kein abgegrenztes Rechtsgebiet. Das Kündigungsschutzrecht wird in der Regel dem individuellen Arbeitsrecht zugerechnet.

Durchsetzung des Arbeitsschutzes	
Organisation des Arbeitsschutzes im Betrieb	**überbetriebliche Aufsichtsdienste**
■ Verantwortlich: Arbeitgeber ■ Durchführung: - Betriebsleitung - Betriebsärzte - Sicherheitsbeauftragte - Belegschaftsmitglieder ■ Mitwirkung: Betriebs- und Personalräte	■ Aufsichtsbehörden (meistens Gewerbeaufsichtsämter) ■ Berufsgenossenschaften als Träger der gesetzlichen Unfallversicherung ■ Technische Überwachungsvereine bzw. -ämter **weitere mögliche Beteiligte** ■ Integrationsämter (für Schwerbehinderte) ■ Gerichte

2.4 Mitwirkung und Mitbestimmung der Mitarbeiter

Entscheidungen in Unternehmen und Verwaltungen wirken sich oft unmittelbar auf die Beschäftigten aus und können erhebliche Konflikte zwischen Arbeitnehmern und Arbeitgebern auslösen. Durch gesetzlich geregelte Mitwirkungs- und Mitbestimmungsrechte werden Arbeitnehmer an den Entscheidungen beteiligt.

Die Beteiligungsrechte der Arbeitnehmer sollen außerdem dazu beitragen, dass der Arbeitsfrieden erhalten und ein geregelter Arbeitsablauf gewährleistet wird. Oberster Grundsatz ist es deshalb, dass die Mitbestimmungsorgane und die Arbeitgeber vertrauensvoll zusammenarbeiten.

Die Rechtsvorschriften zur Mitwirkung und Mitbestimmung sind in erster Linie Schutzrechte für Arbeitnehmer. Sie nutzen aber auch den Arbeitgebern, denn für das Austragen der Konflikte sind feste Regelungen vorgeschrieben. Zugleich werden im Anwendungsbereich dieser Regelungen demokratische Prinzipien berücksichtigt.

Die Mitbestimmung der Arbeitnehmer ist für drei Bereiche gesetzlich geregelt:

- Die betriebliche Mitwirkung und Mitbestimmung in den privatrechtlichen Betrieben (einschließlich der privatrechtlich organisierten Betriebe der öffentlichen Hand) durch **Betriebsräte** ist im Betriebsverfassungsgesetz (BetrVG) festgelegt.
- Die Mitwirkung und Mitbestimmung in den Verwaltungen und Betrieben des öffentlichen Rechts (einschließlich Eigenbetriebe) durch **Personalvertretungen** ist in den Personalvertretungsgesetzen des Bundes und der Länder (PersVG) geregelt.
- Die Unternehmensmitbestimmung in Kapitalgesellschaften mit über 2 000 Beschäftigten durch **Aufsichtsräte** ist im Mitbestimmungsgesetz sowie in weiteren Gesetzen geregelt.

2.4.1 Betriebliche Mitwirkung und Mitbestimmung durch den Betriebsrat

Die betriebliche Interessenvertretung der Beschäftigten ist der Betriebsrat.

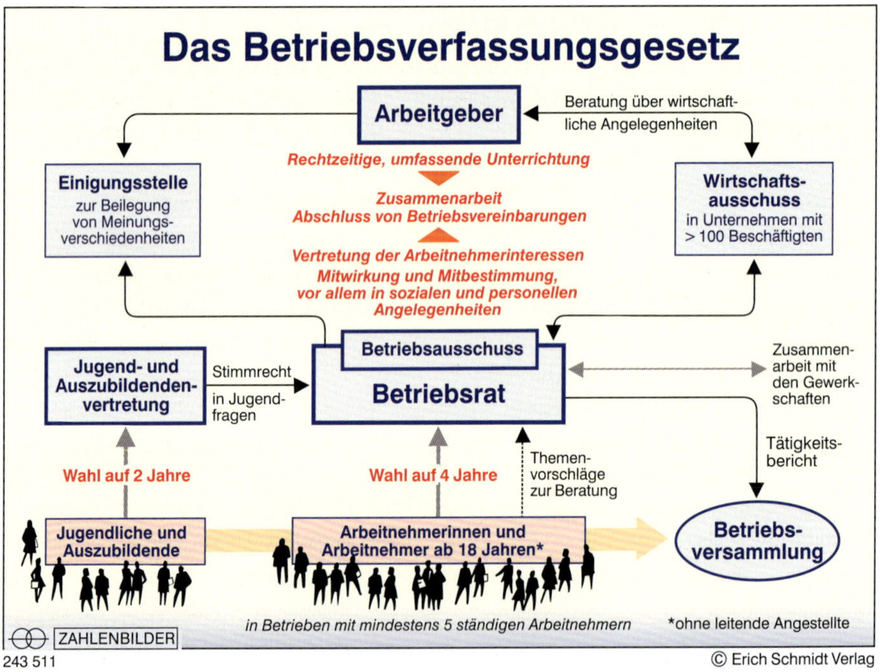

Das Betriebsverfassungsgesetz (BetrVG) ermöglicht die Bildung von Betriebsräten, wenn im Betrieb mindestens fünf wahlberechtigte Arbeitnehmer, davon drei wählbare, beschäftigt sind. Wahlberechtigt sind alle Arbeitnehmer (nicht jedoch leitende Angestellte!), die das 18. Lebensjahr vollendet haben. Wählbar ist jeder Wahlberechtigte, der mindestens sechs Monate dem Betrieb angehört. Betriebsräte werden alle vier Jahre im Mai gewählt.

Die Zahl der Mitglieder des Betriebsrats ist abhängig von der Zahl der im Betrieb beschäftigten Arbeitnehmer.

Besteht der Betriebsrat aus neun oder mehr Mitgliedern, bildet er einen Betriebsausschuss, der die laufenden Geschäfte führt und dem die selbstständige Erledigung bestimmter Aufgaben übertragen werden kann. In Unternehmen mit mehr als 100 ständig beschäftigten Arbeitnehmern beruft der Betriebsrat einen Wirtschaftsausschuss.

Dieser berät regelmäßig mit dem Arbeitgeber über die wirtschaftlichen Angelegenheiten des Unternehmens (z. B. Produktions- und Absatzlage, Investitionsprogramme, Rationalisierungsvorhaben) und informiert darüber den Betriebsrat. Der Arbeitgeber hat die Pflicht, den Wirtschaftsausschuss rechtzeitig und umfassend zu informieren.

Um die Unabhängigkeit der Arbeitnehmervertreter zu gewährleisten, ist die Kündigung eines Betriebsratsmitgliedes grundsätzlich unzulässig. Der Schutz vor einer außerordentlichen Kündigung ist jedoch eingeschränkt (§ 15 KSchG). Der Kündigungsschutz besteht nach dem Ende der Amtszeit noch ein Jahr weiter.

Aufgaben des Betriebsrats

Als gewähltes Vertretungsorgan der Beschäftigten verfügt der Betriebsrat über einen abgestuften Katalog von Beteiligungsrechten in sozialen, personellen und wirtschaftlichen Angelegenheiten. Je nach Art und Intensität der Beteiligungsrechte lassen sich Mitwirkungs- und Mitbestimmungsrechte unterscheiden. Mitwirkung bedeutet, dass der Arbeitgeber verpflichtet ist, den Betriebsrat in bestimmten Fragen zu informieren, anzuhören oder mitberaten zu lassen. Mitbestimmung dagegen liegt vor, wenn der Arbeitgeber nur mit Zustimmung des Betriebsrats entscheiden oder handeln darf (echte Mitbestimmung).

Die abgestuften Rechte des Betriebsrats	
Betriebsrat bestimmt mit.	Arbeitgeber und Betriebsrat haben ein gleichberechtigtes Initiativrecht. Sie können Entscheidungen nur gemeinsam treffen. Bei unüberbrückbaren Meinungsverschiedenheiten entscheidet die Einigungsstelle. Beispiele: Arbeitszeit, Sozialplan, Lohngestaltung
Betriebsrat muss zustimmen (Vetorecht).	Der Arbeitgeber darf eine Maßnahme nur mit Einverständnis des Betriebsrats durchführen. Der Betriebsrat hat aber kein Recht zur Durchsetzung eines Alternativvorschlags. Beispiele: Einstellungen, Versetzungen, Ein- und Umgruppierungen
Betriebsrat muss mitberaten.	Arbeitgeber und Betriebsrat erörtern eine Angelegenheit in einem gemeinsamen Gespräch. Beispiele: Gestaltung von Arbeitsplätzen, Arbeitsablauf und Arbeitsumfang
Betriebsrat muss angehört werden.	Der Arbeitgeber teilt dem Betriebsrat seine Absichten mit und setzt dem Betriebsrat eine Frist zur Stellungnahme. Beispiel: Entlassungen
Betriebsrat muss informiert werden.	Der Arbeitgeber teilt dem Betriebsrat anhand von Unterlagen seine Pläne mit. Beispiel: Personalplanung

2.4.2 Mitwirkung und Mitbestimmung durch den Personalrat

Die Unterschiede zwischen Privatwirtschaft und öffentlicher Verwaltung haben auch das Betriebsverfassungs- und Personalvertretungsrecht beeinflusst.

- Unternehmen verfolgen die Ziele ihrer Eigentümer und erstreben Gewinn. Arbeitgeber- und Arbeitnehmerinteressen stoßen hart aufeinander.
  Die öffentliche Verwaltung dagegen kennt kein Gewinnstreben, sondern handelt zum allgemeinen Wohl und ist den Grundsätzen der Gesetzmäßigkeit und der Demokratie verpflichtet. Gegenüber dem öffentlichen Arbeitgeber kann die Personalvertretung die Interessen der Beschäftigten nur so weit vertreten, wie es die demokratische Legitimation und Gesetzesbindung der Verwaltung zulassen.
- Für die Unternehmen sind Fragen der Betriebsverfassung in größerem Umfang regelungsbedürftig.
  Aufgaben und Organisation der öffentlichen Dienststellen jedoch sind bereits weitgehend durch Vorschriften geregelt (Organisationsgesetze, Gemeindeordnungen).

Aus diesen Gründen gibt es folgende rechtliche Unterschiede:

- Das Personalvertretungsrecht ist Teil des öffentlichen Rechts, Streitigkeiten gehören vor die Verwaltungsgerichte. Das Betriebsverfassungsrecht ist privates Recht, zuständig sind hier die Arbeitsgerichte.
- Die Personalvertretung repräsentiert zwar die Beschäftigten einer Dienststelle, sie hat aber dennoch die Belange des öffentlichen Dienstes und die Interessen der Allgemeinheit zu berücksichtigen.

Die Personalvertretungsgesetze des Bundes und der Länder weichen inhaltlich voneinander ab, die Unterschiede werden nach dem Wegfall der Rahmengesetzgebung des Bundes für das Personalvertretungsrecht aufgrund der Föderalismusreform 2006 weiter zunehmen. Das Gebiet kann daher nur in Grundzügen nach dem BPersVG dargestellt werden.

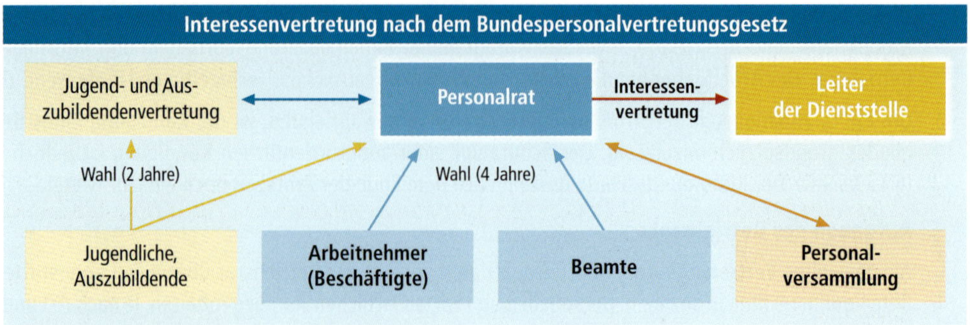

Die Personalvertretung (Personalrat) wird von allen Beschäftigten über 18 Jahren (Beamte, Arbeitnehmer, Auszubildende) für vier Jahre gewählt. Personalrat und Dienststelle arbeiten vertrauensvoll zusammen. Die Dienststelle hat den Personalrat zur Durchführung seiner Aufgaben rechtzeitig und umfassend zu unterrichten. Dienststellenleiter und Personalrat sollten anstehende Fragen monatlich besprechen. Über die dabei behandelten Angelegenheiten besteht Schweigepflicht. Dienststellenleiter und Personalrat haben unparteiisch und neutral darauf zu achten, dass alle Angehörigen der Dienststelle gerecht behandelt werden und insbesondere der Gleichbehandlungsgrundsatz eingehalten wird. Müssen Dienststelle und Personalrat eine Entscheidung treffen und können sie sich nicht einigen, wird eine von beiden Seiten gleich stark besetzte Einigungsstelle (mit einem neutralen Vorsitzenden) angerufen. Der Beschluss der Einigungsstelle ist zumindest als Empfehlung an den Arbeitgeber anzusehen. (Nach höchstrichterlicher Rechtsprechung ist ein Letztentscheidungsrecht der Einigungsstelle in personellen Angelegenheiten von Arbeitnehmern, wie es einige PersVG vorsahen, verfassungswidrig.[1])

Personalvertretung und Dienststelle können Dienstvereinbarungen schließen. Der Personalrat wirkt insbesondere bei der Arbeitsplatzgestaltung, bei Organisationsangelegenheiten, bei sozialen Fragen und bei Personalentscheidungen durch abgestufte Beteiligungsrechte mit.

Eine Dienstvereinbarung ist ein Vertrag zwischen Dienststelle und Personalvertretung, der unmittelbar und zwingend für alle Beschäftigten gilt.

Beispiele

Arbeitszeitregelungen („gleitende Arbeitszeit"), Verwaltung von Kantinen, Beurteilungsrichtlinien, Sozialpläne

abgestufte Beteiligungsrechte	
Mitbestimmung Mitwirkung Anhörung Information	Die Beteiligungsrechte entsprechen begrifflich denen des Betriebsrats. Je nach dem betreffenden PersVG ist die Beteiligung aber unterschiedlich und insgesamt schwächer als nach dem BetrVG.

2.4.3 Unternehmensmitbestimmung durch Aufsichtsräte

Die Unternehmensmitbestimmung in Kapitalgesellschaften mit über 2000 Beschäftigten (z. B. Stadtwerke AG) beteiligt Arbeitnehmer und ihre Gewerkschaften an wichtigen unternehmerischen Planungen und Entscheidungen. Hierfür gelten unterschiedliche Regelungen, die sich nach dem Geltungsbereich und dem Grad der Mitspracherechte der Arbeitnehmervertreter unterscheiden. Für kommunale GmbHs von Bedeutung ist das Drittelbeteiligungsgesetz (DrittelbG). Danach haben GmbHs mit mehr als 500 und weniger als 2000 Beschäftigten einen Aufsichtsrat einzurichten und ein Drittel der Aufsichtsratssitze mit Vertretern der Belegschaft zu besetzen.

Nach dem Mitbestimmungsgesetz (MitbestG) von 1976 werden die Aufsichtsräte je zur Hälfte mit Vertretern der Anteilseigner und der Arbeitnehmer besetzt. Auf der Arbeitnehmerseite muss aber auf jeden Fall ein leitender Angestellter vertreten sein. Außerdem hat die Arbeitgeberseite das Recht, den Vorsitzenden des Aufsichtsrats zu bestellen, dessen Stimme bei Stimmengleichheit den Ausschlag gibt. Entscheidungen gegen den Willen der Anteilseigner sind damit normalerweise ausgeschlossen.

1 siehe Müller/Preis: Arbeitsrecht im öffentlichen Dienst, München 2006

221060326

2.5 Arbeitsgerichtsbarkeit

Die Arbeitsvertragsparteien können ihre unterschiedlichen Interessen nicht immer selbst ausgleichen. Viele Anlässe führen zu einer Klage vor dem Arbeitsgericht.

Beispiele

Ein Arbeitnehmer klagt um eine bessere Eingruppierung, um die Bezahlung von Überstunden, gegen eine sozial ungerechtfertigte Kündigung, um eine Abfindung bei Auflösung des Arbeitsvertrags, gegen eine unberechtigte Abmahnung, um eine Änderung seines Arbeitszeugnisses.

Ein Arbeitgeber klagt um Schadensersatz wegen der Beschädigung von Arbeitsmitteln oder wegen eines rechtswidrigen Streiks.

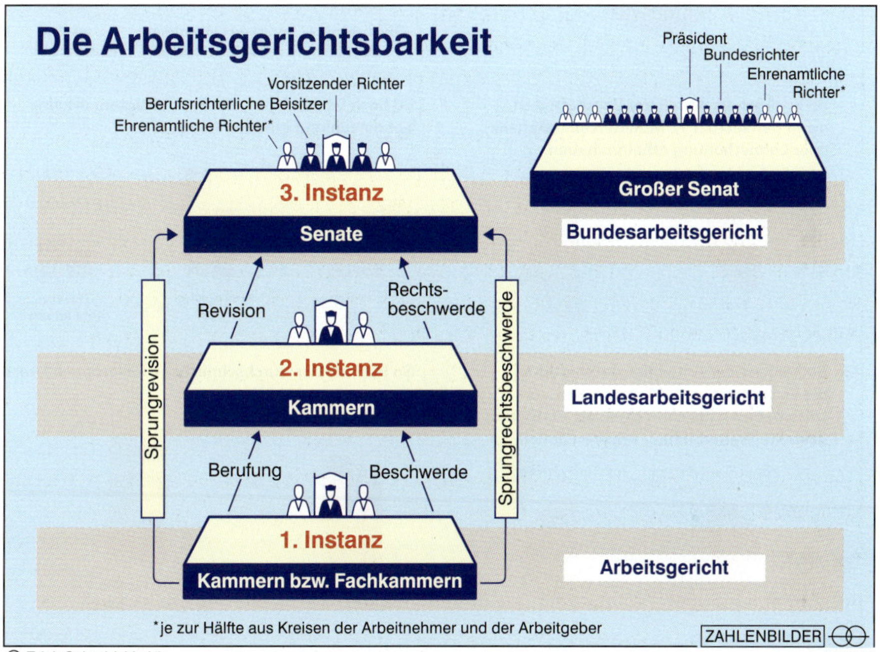

© Erich Schmidt Verlag 129 160

Das **Arbeitsgerichtsgesetz** (ArbGG) regelt Aufbau und Verfahren der Arbeitsgerichte.

Die **Klage** vor dem Arbeitsgericht ist jederzeit möglich. Nur für die Kündigungsschutzklage nach § 4 KSchG (LF 5, Kapitel 2.2.3.3) gilt eine dreiwöchige Kündigungsfrist. Das Gericht bestimmt zunächst einen Termin zur **Güteverhandlung,** die vor dem zuständigen Berufsrichter stattfindet. Wird der Streit zwischen den Parteien nicht durch einen Vergleich beigelegt, wird ein weiterer Termin zur **streitigen Verhandlung** (Kammerverhandlung/-termin) bestimmt. Vor der Kammer wird der Stand der Sache erörtert. Zu streitigen Tatsachen werden Beweise erhoben, z. B. durch Zeugenvernehmung bzw. Vorlage von Urkunden. Kommt auch nun eine gütliche Einigung nicht zustande, entscheidet die Kammer und verkündet ein **Urteil.** Große praktische Bedeutung hat die Güteverhandlung, in der es häufig um den Antrag des Arbeitnehmers nach § 3 Abs. 1 KSchG geht, das Arbeitsverhältnis aufzulösen und den Arbeitgeber zur Zahlung einer angemessenen Abfindung zu verurteilen.

Gegen die Urteile der Arbeitsgerichte ist die **Berufung** bei den Landesarbeitsgerichten möglich, wenn sie in dem Urteil des Arbeitsgerichts zugelassen worden ist und wenn der Wert des Beschwerdegegenstands (Streitwert) 600,00 € übersteigt. In der Berufung wird der arbeitsrechtliche Fall erneut tatsächlich und rechtlich gewürdigt. Die Möglichkeit der **Revision** an das Bundesarbeitsgericht in Erfurt ist gesetzlich begrenzt und nicht in jedem Verfahren gegeben (s. § 72 ArbGG). Sie muss ebenfalls zugelassen sein und findet ausschließlich aus Rechtsgründen statt.

Im Arbeitsrecht hat die Rechtsprechung eine besondere Bedeutung, denn zahlreiche Fragen waren (und sind) nicht durch Gesetze geregelt. Die Rechtsprechung hat daher selbst das Arbeitsrecht weiterentwickelt (Rechtsfortbildung durch „Richterrecht"), insbesondere durch das Bundesarbeitsgericht und dessen Großen Senat.

1.1 Kollektivvereinbarungen

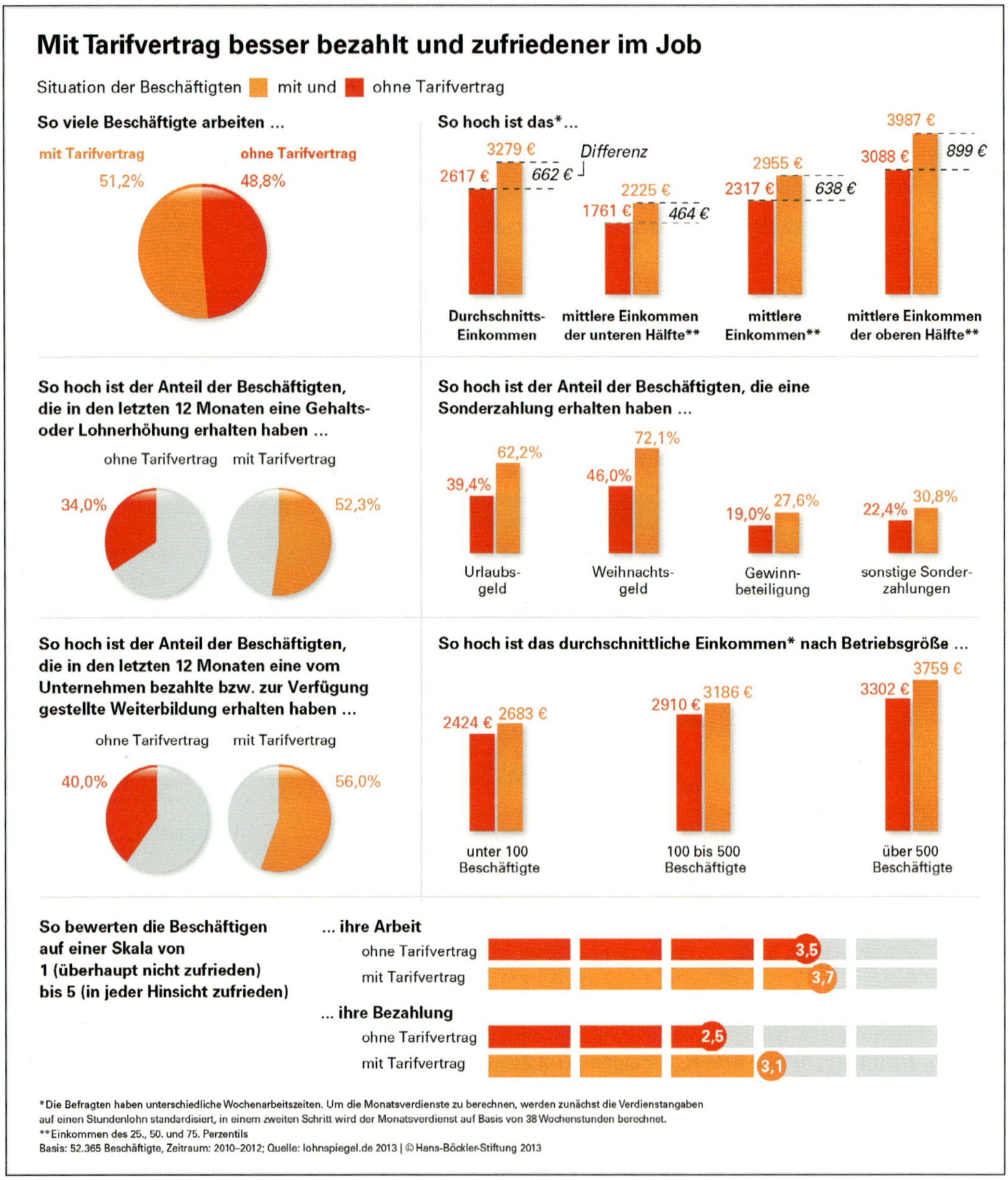

1.1.1 Koalitionsfreiheit

Vor gut hundert Jahren lagen die Löhne oft unterhalb des Existenzminimums, die Arbeitsbedingungen waren z. T. menschenunwürdig. Den Arbeitnehmern war es verboten, sich zur Verbesserung ihrer Lage zu organisieren. Der Staat stellte Streiks unter Strafe und schützte so die starke Stellung der Arbeitgeber auf dem Arbeitsmarkt. Erst nach 1900 wurden die Gewerkschaften von einigen Arbeitgeberverbänden als Verhandlungspartner akzeptiert.

Heute gestalten Gewerkschaften und Arbeitgeberverbände wichtige Arbeits- und Wirtschaftsbedingungen der Beschäftigten durch Tarifverträge, und zwar unabhängig vom Staat. Tarifvertragliche Regelungen sind – neben Gesetzen und Rechtsverordnungen – wesentliche Rechtsquellen des Arbeitsrechts; sie wirken auf die meisten Arbeitsverhältnisse wie Gesetzesnormen. Grundlage dieser „Selbstgesetzgebung“ der Sozialpartner im Arbeitsrecht ist die im Grundgesetz garantierte Koalitionsfreiheit.

Koalitionsfreiheit ist das Recht der Arbeitnehmer und Arbeitgeber, sich zur Wahrung und Förderung der Arbeits- und Wirtschaftsbedingungen zu Vereinigungen (Koalitionen) zusammenzuschließen.

Art. 9 Abs. 3 GG
Das Recht, zur Wahrung und Förderung der Arbeits- und Wirtschaftsbedingungen Vereinigungen zu bilden, ist für jedermann und für alle Berufe gewährleistet. Abreden, die dieses Recht einschränken oder zu behindern suchen, sind nichtig, hierauf gerichtete Maßnahmen sind rechtswidrig. ...

Dieses Recht gilt für jeden (nicht nur für Deutsche) und für alle Berufe (auch für Beamte, Richter und Soldaten). Jeder hat auch das Recht, einer Koalition fernzubleiben („negative Koalitionsfreiheit“).

Die Koalitionsfreiheit schützt vor allem die freie Gründung und den Bestand von Gewerkschaften und Arbeitgeberverbänden und garantiert deren koalitionsgemäße Betätigung. Das bedeutet:

- Der Staat darf nicht in die Existenz der Koalition eingreifen. Maßnahmen zur Bestandssicherung (Mitgliederwerbung und -betreuung in den Betrieben) sind ebenfalls geschützt.
- Die Koalitionsfreiheit umfasst das Recht der Gewerkschaften und Arbeitgeberverbände, ohne staatliche Einmischung eigene Angelegenheiten durch Tarifvertrag selbst zu regeln (Tarifautonomie).

Bei Tarifverhandlungen sind Gewerkschaften und Arbeitgeberverbände soziale Gegenspieler, die einen Interessenausgleich finden müssen. Dies setzt organisatorische Stärke und Durchsetzungsvermögen auf beiden Seiten voraus, denn ohne diese Eigenschaften könnte eine Tarifvertragspartei der anderen ihren Willen aufzwingen.

Eine Gewerkschaft gilt dann als „tariffähige Koalition“, wenn sie folgende Mindestanforderungen erfüllt:

- Sie ist eine auf Dauer angelegte Vereinigung einer größeren Zahl von Mitgliedern.
- Es muss sich um einen freiwilligen und grundsätzlich überbetrieblichen Zusammenschluss von Arbeitnehmern auf privatrechtlicher Grundlage handeln.
- Eine Gewerkschaft ist soziale Gegenspielerin des Arbeitgeberverbands bzw. eines Arbeitgebers. Sie muss deshalb sowohl von der Arbeitgeberseite als auch vom Staat personell, organisatorisch und finanziell unabhängig sein.
- In einer Gewerkschaft muss eine demokratische Willensbildung gewährleistet sein.
- Die Gewerkschaft muss den Abschluss von Tarifverträgen als ihre (satzungsmäßige) Aufgabe ansehen.
- Die Tariffähigkeit setzt zudem ein gewisses Durchsetzungsvermögen („soziale Mächtigkeit“) voraus.

In Deutschland gehören weniger als ein Viertel aller Arbeitnehmer einer Gewerkschaft an. Die größte Dachorganisation ist der Deutsche Gewerkschaftsbund (DGB). Die in ihm zusammengeschlossenen acht Einzelgewerkschaften vertreten zusammen etwa drei Viertel aller Gewerkschaftsmitglieder in Deutschland. Im Deutschen Beamtenbund (DBB) sind 39 Fachgewerkschaften und Berufsverbände zusammengeschlossen. Der Tarifbereich des DBB trägt den Namen DBB-Tarifunion und ist tariffähig. Das Beamtenrecht sieht allerdings für Beamte keine Tarifverträge vor. Der Christliche Gewerkschaftsbund (CGB) ist ein weiterer kleiner Dachverband.

Die Arbeitgeberverbände sind überwiegend nach Wirtschaftszweigen organisiert. Es gibt Fachverbände auf Regional- bzw. Landesebene, die auf Bundesebene einen Spitzenfachverband bilden können (z. B. „Gesamtmetall“ = Gesamtverband der Arbeitgeberverbände der Metall- und Elektro-Industrie e. V.). Im Bereich des öffentlichen Dienstes sind die Tarifgemeinschaft deutscher Länder (TdL) sowie die Vereinigung der kommunalen Arbeitgeberverbände (VkA) zu nennen.

1.1.2 Tarifverträge

Ein Tarifvertrag ist ein schriftlicher privatrechtlicher Vertrag, der zwischen Gewerkschaften und Arbeitgeberverbänden bzw. einzelnen Arbeitgebern (Tarifpartnern) geschlossen wird und der bestimmte Arbeitsbedingungen bzw. das Arbeitsentgelt regelt.

Das Tarifvertragsgesetz (TVG) ist Grundlage und Rahmen für Tarifverträge. Es regelt

- Inhalt und Form von Tarifverträgen,
- die Tarifgebundenheit der Tarifvertragsparteien,
- die Wirkung der Tarifnormen,
- das Verfahren zur Allgemeinverbindlicherklärung und
- die Einrichtung eines Tarifregisters.

Arten von Tarifverträgen	
Tarifvertragsarten	**Beschreibung**
Manteltarifverträge	Sie enthalten vor allem grundsätzliche und allgemein gültige Vereinbarungen zu konkreten Arbeitsbedingungen, wie z. B. Probezeit, Kündigungsfristen, Wochenarbeitszeit und Urlaub. Sie werden langfristig abgeschlossen.
Entgelttarifverträge	In diesen Verträgen wird die Höhe von Entgelten (Löhnen, Gehältern, Ausbildungsvergütungen) geregelt. Sie gelten meistens ein bis zwei Jahre.
Firmen- oder Haustarifverträge	Größere Unternehmen, die nicht im Arbeitgeberverband organisiert sind, können mit der zuständigen Gewerkschaft Haus- oder Firmentarifverträge vereinbaren. Werden in diesen Tarifverträgen Inhalte der branchenspezifischen Verbandstarifverträge übernommen, so spricht man von einem **Anerkennungstarifvertrag**.

2015 bestanden in Deutschland über 70 000 Tarifverträge. Die Geltungsbereiche dieser Verträge sind nach Wirtschaftszweigen (z. B. Einzelhandel, Bankgewerbe, öffentlicher Dienst) und Regionen (Bundesgebiet, Land bzw. Wirtschaftsregion, Einzelunternehmen) sehr verschieden. Etwa ein Fünftel der Tarifverträge wurde zwischen Gewerkschaften und einzelnen Arbeitgebern als Haus- oder Firmentarifvertrag vereinbart.

Aufgaben und Inhalt von Tarifverträgen

In seinem Anwendungsbereich schützt der Tarifvertrag die Arbeitnehmer vor einseitiger Festlegung der Arbeitsbedingungen durch die Arbeitgeber. Er regelt Mindestarbeitsbedingungen, die für alle betroffenen Arbeitsverhältnisse maßgeblich sind. In dieser Schutz- und Ordnungsfunktion liegt die Hauptaufgabe des Tarifvertrags. Ihm gehen fast immer Auseinandersetzungen zwischen Gewerkschaft und Arbeitgeberverband, manchmal sogar Kampfmaßnahmen wie Streik und Aussperrung voraus. Der Tarifvertrag beendet den Tarifstreit und ist deswegen auch ein „Friedensvertrag“, der während der Laufzeit neue Kampfmaßnahmen um die bereits geregelten Themen verbietet. Er hat damit auch eine Friedensfunktion.

§ 1 TVG Inhalt und Form des Tarifvertrags
(1) Der Tarifvertrag regelt die Rechte und Pflichten der Tarifvertragsparteien und enthält Rechtsnormen, die den Inhalt, den Abschluss und die Beendigung von Arbeitsverhältnissen sowie betriebliche und betriebsverfassungsrechtliche Fragen ordnen können.
(2) Tarifverträge bedürfen der Schriftform.

§ 1 TVG zeigt die rechtliche Doppelnatur des Tarifvertrags. Er enthält zwei Arten von Regelungen:

- Regelungen, die nur die **tarifschließenden Parteien** selbst betreffen (schuldrechtlicher Teil des Tarifvertrags)
- Regelungen, die als Rechtsnormen vor allem auf **Einzelarbeitsverhältnisse** wirken (normativer Teil des Tarifvertrags)

Die Abschnitte des TVöD	
I Allgemeine Vorschriften (Geltungsbereich, Arbeitsvertrag, Nebenabreden, Probezeit, allgemeine Arbeitsbedingungen, Versetzung, Abordnung, Zuweisung, Personalgestellung, Qualifizierung)	V Befristung und Beendigung des Arbeitsverhältnisses
II Arbeitszeit	VI Übergangs- und Schlussvorschriften
III Eingruppierung, Entgelt und sonstige Leistungen	Anhänge und Anlagen, insbesondere Anlage A Tabellenentgelt TVöD-V
IV Urlaub und Arbeitsbefreiung	Entgeltordnung
	Anlage C Tabellenentgelt Sozial- und Erziehungsdienst

Nahezu alle Vorschriften dieser Tarifverträge haben normativen Charakter, d.h., sie bestimmen den Inhalt der von ihnen erfassten Einzelarbeitsverhältnisse.

Aus dem **schuldrechtlichen Teil** der Tarifverträge ergeben sich die Friedenspflicht und die Durchführungspflicht.

Die Friedenspflicht gebietet, während der Laufzeit des Tarifvertrags keinen Arbeitskampf (Streik, Aussperrung) zu den in diesem Tarifvertrag vereinbarten Regelungen anzudrohen oder zu veranstalten sowie entsprechend auf die Mitglieder des eigenen Verbands einzuwirken (Einwirkungspflicht). Diese (relative) Friedenspflicht ergibt sich aus dem Sinn des Tarifvertrags und gilt auch ohne ausdrückliche Vereinbarung.

Jede Tarifvertragspartei muss dafür sorgen, dass die Tarifbestimmungen tatsächlich durchgeführt werden.

Beispiele

Während der Laufzeit eines Lohntarifvertrags ruft die Gewerkschaft zu einem Streik um höhere Löhne auf. Der Arbeitgeberverband kann von der Gewerkschaft die Einhaltung der Friedenspflicht und damit das Unterlassen des Streikaufrufs verlangen. Entsteht in diesem Fall durch Arbeitskampfmaßnahmen einem Arbeitgeber oder dem Verband ein Schaden, so haftet die Gewerkschaft wegen schuldhafter Vertragsverletzung.

Ein tarifgebundener Arbeitgeber, der Gewerkschaftsmitglieder regelmäßig untertariflich bezahlt, stört die tarifliche Ordnung. Die Durchführungspflicht gebietet das Einschreiten des Arbeitgeberverbands gegen sein Mitglied.

Rechtliche Beziehungen aus Tarifverträgen

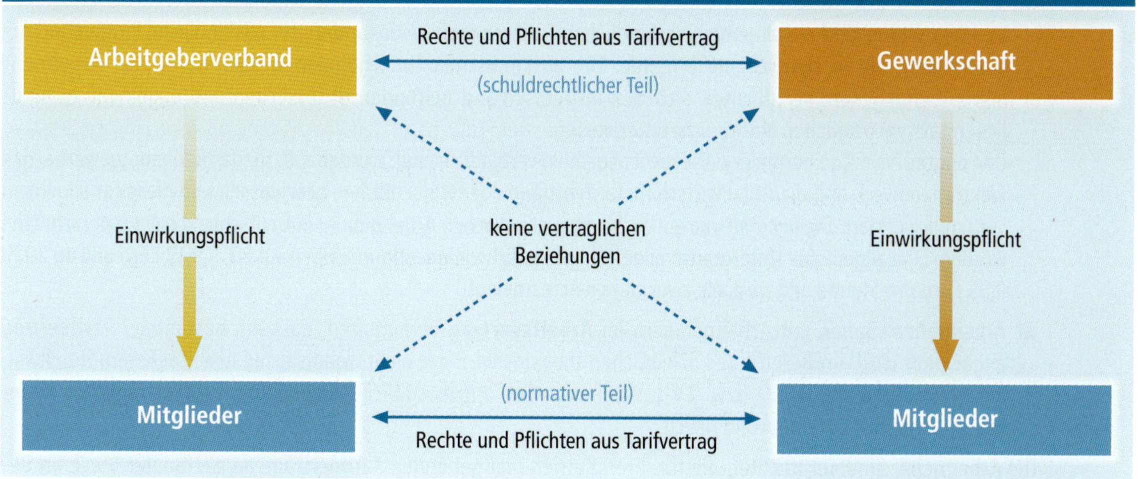

Wirkung von Tarifnormen

Tarifgebunden sind die Mitglieder der Tarifvertragsparteien und der einzelne Arbeitgeber, wenn er selbst Partei des Tarifvertrags ist.

Ist ein Tarifvertrag auf das einzelne Arbeitsverhältnis anzuwenden, so wirken die Tarifnormen unmittelbar und zwingend, sie sind „unabdingbar". Es kommt nicht darauf an, ob tarifgebundene Arbeitgeber bzw. Arbeitnehmer die Tarifregelungen kennen oder billigen. Wird eine Tarifnorm nach Abschluss des Arbeitsvertrags geändert oder neu geschaffen, so erfasst sie – wie jede andere Rechtsnorm – das Arbeitsverhältnis „automatisch". Allerdings erlaubt § 4 Abs. 3 TVG, dass abweichende Abmachungen zuungunsten des Arbeitnehmers im Tarifvertrag selbst gestattet werden.

Da das Tarifrecht den Arbeitnehmer schützen soll, haben Tarifnormen nur einseitig zwingende Wirkung. Einzelvertragliche Abmachungen, die für den Arbeitnehmer günstiger sind als die Tarifnorm, sind gültig. Das Günstigkeitsprinzip entspricht dem Schutzcharakter des Tarifrechts.

Tarifliche Rechte zum Schutz des Arbeitnehmers sind unverbrüchlich. Sie können weder eingeschränkt noch ausgeschlossen werden. Eine Vereinbarung im Arbeitsvertrag, zum Nachteil des Arbeitnehmers von einer Norm des Tarifvertrags abzuweichen, ist nichtig, weil sie gegen ein gesetzliches Verbot verstößt (§ 134 BGB; Tarifnormen gelten als Gesetz im materiellen Sinne).

Die Rechtsnormen des Tarifvertrags gelten nach dem Vertragsende (Zeitablauf, Kündigung) weiter, bis sie durch andere Abmachungen ersetzt werden (Nachwirkung).

Anwendbarkeit von Tarifverträgen

Nicht alle Arbeitnehmer können tarifvertragliche Ansprüche gegenüber ihrem Arbeitgeber geltend machen. Dies ist nur dann möglich, wenn eine der folgenden Voraussetzungen erfüllt ist:

- Arbeitgeber und Arbeitnehmer sind **tarifgebunden.** Sie gehören den Verbänden an, die den Tarifvertrag geschlossen haben (Gewerkschaft, Arbeitgeberverband). Ein Firmentarifvertrag setzt keine Verbandsmitgliedschaft des betreffenden Arbeitgebers voraus.
- Das Arbeitsverhältnis wird auch von einem Tarifvertrag erfasst, der vom Bundesminister für Arbeit und Soziales gemäß § 5 TVG für **allgemein verbindlich** erklärt worden ist. Hier ist die Tarifgebundenheit aufgrund der Verbandsmitgliedschaft von Arbeitgeber und Arbeitnehmer nicht von Bedeutung. Eine Allgemeinverbindlicherklärung soll verhindern, dass tarifgebundene Arbeitgeber bevorzugt nichtorganisierte Arbeitnehmer einstellen und mit ihnen untertarifliche Arbeitsbedingungen vereinbaren. Weniger als 1 % der Verbandstarifverträge sind allgemein verbindlich.

  Von Bedeutung sind die allgemein verbindlichen Tarifverträge insbesondere für ausländische Firmen und Arbeitnehmer, die in Deutschland arbeiten. Die ausländischen Unternehmen werden durch das Arbeitnehmerentsendegesetz verpflichtet, sich den in Deutschland geltenden gesetzlichen und allgemein verbindlichen tarifvertraglichen Normen zu unterwerfen.
  Da Lohntarifverträge normalerweise nicht allgemein verbindlich sind, wurden z. B. für das Bauhauptgewerbe, das Elektrohandwerk und die Abfallwirtschaft Tarifverträge über Mindestlöhne geschlossen und diese für allgemein verbindlich erklärt. Diese Löhne dürfen auch von ausländischen Arbeitgebern in Deutschland nicht unterschritten werden. Eine allgemeine Untergrenze bildet der gesetzliche Mindestlohn. Er beträgt 2019 9,19 Euro und ab 2020 9,35 Euro pro Stunde und wird alle zwei Jahre neu festgelegt.
- Arbeitgeber können mit Arbeitnehmern im **Arbeitsvertrag** vereinbaren, dass ein bestimmter Tarifvertrag angewandt wird. Im Bereich des öffentlichen Dienstes wird mit nichtorganisierten Arbeitnehmern durchweg die Anwendung des TVöD bzw. TV-L vereinbart. Die betriebsübliche Anwendung tarifvertraglicher Regelungen steht der Vereinbarung gleich.

Die Arbeitgeber sind verpflichtet, die für ihren Betrieb maßgebenden Tarifverträge an geeigneter Stelle im Betrieb auszulegen (§ 8 TVG).

Angestellte des oberen Managements sind regelmäßig von Tarifregelungen ausgenommen. Auch im öffentlichen Dienst müssen Entgelte oberhalb der Entgeltgruppe 15 des TVöD außertariflich im Arbeitsvertrag vereinbart werden.

221060332

1.1.3 Tarifkonflikte

Tarifverhandlungen

Tarifverträge sind kündbar. Meistens kündigt die Gewerkschaft, um durch neue Tarifverhandlungen eine Verbesserung der Lohn- und Arbeitsbedingungen zu erreichen. Lohnerhöhungen sollen zumindest die laufenden Preissteigerungen ausgleichen. Ist in einem Wirtschaftszweig die Produktivität der Arbeit gestiegen, so wollen die Arbeitnehmer auch an diesem Erfolg finanziell beteiligt werden. Wichtige Ziele waren in der Vergangenheit auch die Verkürzung der Arbeitszeit und der soziale Schutz der Arbeitnehmer bei Rationalisierungsmaßnahmen. Die zunehmende internationale Konkurrenz der Unternehmen, die Arbeitslosigkeit sowie die leeren Kassen der öffentlichen Arbeitgeber haben die Verhandlungsposition der Gewerkschaften geschwächt.

Führen die Verhandlungsrunden nicht zum Abschluss eines neuen Tarifvertrags, so kann ein Einigungsversuch in einem Schlichtungsverfahren unternommen werden. Wenn dies zwischen den Tarifpartnern vereinbart wurde, so verlängert die Schlichtung die tarifvertragliche Friedenspflicht. Häufig folgen die Tarifvertragsparteien dem Einigungsvorschlag des unabhängigen Schlichters.

Arbeitskampf

Das Scheitern der Schlichtung führt zum eigentlichen Arbeitskampf; insbesondere Streik und Aussperrung sind die Arbeitskampfmittel.

Die im Grundgesetz garantierte Tarifautonomie gebietet dem Staat auch in dieser Phase des Tarifkonflikts Neutralität. Art. 9 Abs. 3 GG schützt den Arbeitskampf insoweit, als dies für das Funktionieren der Tarifautonomie erforderlich ist. Das Arbeitskampfrecht ist weitgehend nicht gesetzlich geregelt. Einige Landesverfassungen enthalten eine ausdrückliche Streikrechtsgarantie. Die wichtigsten Begriffe und Grundsätze werden hier dargestellt.

Von einem **Arbeitskampf** spricht man, wenn von Arbeitgeber- oder Arbeitnehmerseite kollektive Maßnahmen zur **Störung des Arbeitsfriedens** ergriffen werden, um ein bestimmtes tarifpolitisches Ziel zu erreichen (meistens eine günstigere Tarifvereinbarung). Dabei stehen sich Arbeitgeberverbände bzw. ein einzelner Arbeitgeber und Gewerkschaften gegenüber. Nicht jeder Arbeitskampf ist rechtlich zulässig.

Ein **Streik** ist die von einer Mehrzahl von Arbeitnehmern gemeinsam und planmäßig durchgeführte Arbeitseinstellung zur Erreichung eines Ziels, und zwar grundsätzlich mit dem Willen zur Fortsetzung der Arbeit nach Beendigung des Arbeitskampfes.

Die Gewerkschaften können während der Verhandlungen zu kurzen Arbeitsniederlegungen (Warnstreiks) aufrufen. Nach Ablauf der Friedenspflicht sind auch reguläre (unbefristete) Streiks möglich. Voraussetzung dafür ist zumeist, dass mindestens 75 % der Gewerkschaftsmitglieder in einer Urabstimmung zustimmen. Nach einem Streik reichen in den meisten Gewerkschaften 25 % der Stimmen der Mitglieder aus, um das erzielte Ergebnis zu akzeptieren.

Es gibt verschiedene Streikarten bzw. -formen.

Beispiele

- *Ein **organisierter Streik** wird von einer Gewerkschaft geleitet (im Gegensatz zum spontanen wilden Streik).*
- *Ein **Warnstreik** ist nur auf eine kurze Dauer beschränkt und zeigt die Kampfbereitschaft.*
- *Ein **Sympathie- bzw. Solidaritätsstreik** soll andere Streikende (den Hauptstreik) bzw. Ausgesperrte unterstützen.*
- *Beim **Bummelstreik** geht es um die Schlechterfüllung der Arbeitspflicht, ähnlich beim „Dienst nach Vorschrift", der durch bewusst übertriebene Beachtung von Ordnungs- und Sicherheitsvorschriften die Arbeitsbeziehungen stört.*
- *Ein **politischer Streik** wird wegen eines politischen Ziels (z. B. Gesetzesänderung), nicht wegen eines Tarifvertrags geführt.*
- *Während bei einem **Vollstreik** alle Gewerkschaftsmitglieder eines Tarifgebiets zum Streik aufgerufen werden, wird mit einem **Teil- oder Schwerpunktstreik** in ausgewählten Betrieben versucht, die Streikkosten der Gewerkschaften niedrig zu halten.*
- *Ein **Generalstreik** lässt die gesamte Wirtschaft stillstehen.*

Nicht alle hier genannten Streikarten sind rechtmäßig!

Eine **Aussperrung** ist die planmäßige Ausschließung einer Mehrzahl von Arbeitnehmern von der Arbeit durch einen oder mehrere Arbeitgeber zur Durchsetzung eines Ziels; und zwar ohne Einverständnis der Arbeitnehmer und ohne vorherige Kündigung. Es gibt verschiedene Formen der Aussperrung.

Beispiele

*Die **Abwehraussperrung** ist die Reaktion der Arbeitgeberseite auf einen Streik, die (seltene) **Angriffsaussperrung** hingegen geht einem Streik zeitlich voraus, sie zielt auf den Abbau tariflicher Leistungen.*

*Während die **suspendierende Aussperrung** (wie der Streik) die arbeitsvertraglichen Hauptpflichten nur ruhen lässt, kann die **lösende Aussperrung** (seltene Ausnahme) das Arbeitsverhältnis beenden.*

Arbeitskämpfe sind nach der Rechtsprechung des Bundesarbeitsgerichts unter bestimmten **Voraussetzungen** rechtlich zulässig:

- Ein Arbeitskampf darf nur von tariffähigen Parteien geführt werden. Die Streikenden müssen aber nicht der Gewerkschaft angehören. (Eine Gewerkschaft wird jedoch nur ihre Mitglieder durch Streikgelder unterstützen).
- Ein Arbeitskampf darf nur um eigene tariflich regelbare Ziele geführt werden. Rechtswidrig ist deshalb z. B. ein Arbeitskampf zur Durchsetzung von Forderungen an staatliche Stellen sowie zur Sympathiebekundung für andere Streikende. (Das für eine ganz andere Situation gedachte Widerstandsrecht gem. Art. 20 Abs. 4 GG schließt z. B. einen politischen Generalstreik nicht aus.)
- Ein Arbeitskampf darf nicht gegen die tarifvertragliche Friedenspflicht verstoßen.
- Der Grundsatz der Kampfparität („Waffengleichheit" von Streik und Aussperrung) soll den Tarifpartnern etwa gleiche Chancen zur Beeinflussung des Tarifvertrags sichern und so einen Interessenausgleich ermöglichen. Der Staat darf deshalb keine Tarifpartei begünstigen. Dies gilt insbesondere für die Arbeitslosenunterstützung durch die Bundesagentur für Arbeit. Ein generelles Aussperrungsverbot besteht nicht; umstritten ist die Zulässigkeit der lösenden Aussperrung.
- Das Gebot der Verhältnismäßigkeit gilt auch für Arbeitskämpfe. Streik und Aussperrung sind als letzte Mittel anzusehen, zuvor müssen alle anderen zumutbaren Möglichkeiten erschöpft sein (Einigung, evtl. Ausschöpfen des Rechtswegs). Die Regeln eines fairen Kampfes sind zu beachten. Die Vernichtung des Gegners oder eine Schwächung, die künftige Tarifauseinandersetzungen unmöglich macht, ist immer unverhältnismäßig. Auch während eines Arbeitskampfes müssen notwendige Erhaltungsarbeiten und Notdienste gesichert sein.

Ablauf eines Arbeitskampfes

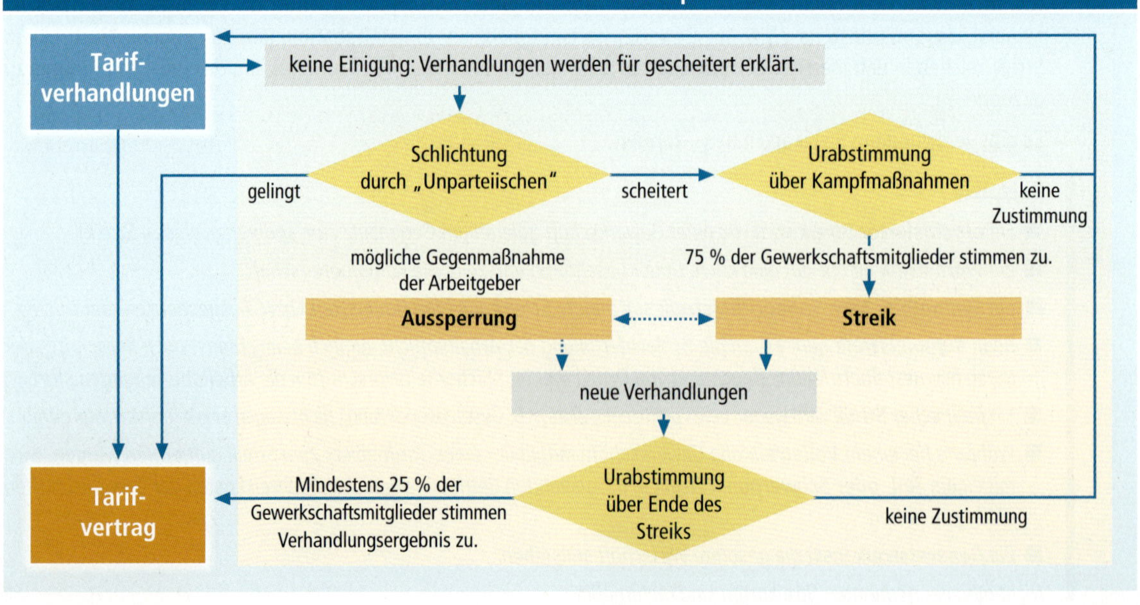

Die **Auswirkungen von Arbeitskämpfen** sind vielschichtig. Für unmittelbar betroffene Arbeitnehmer und Arbeitgeber gilt Folgendes:

- Wer an einem Streik teilnimmt, hat wegen nicht erbrachter Arbeitsleistung auch keinen Anspruch auf Vergütung. Das Arbeitsverhältnis besteht während des Streiks fort; nur die Hauptpflichten ruhen. Die Streikteilnahme allein berechtigt den Arbeitgeber nicht zur Kündigung. Auch während eines Streiks sind notwendige Erhaltungsmaßnahmen (z. B. das Verhindern des Einfrierens der Heizung im Winter) und Notdienste (Rettungsdienst, Krankenversorgung) wahrzunehmen. Ein Anspruch auf Arbeitslosengeld besteht nicht.
- Eine rechtmäßige Aussperrung hat grundsätzlich die gleichen Wirkungen.
- Bei einem rechtswidrigen Streik kommt zu dem Wegfall des Lohnanspruchs des streikenden Arbeitnehmers evtl. eine Schadensersatzpflicht wegen Vertragsverletzung gegenüber dem Arbeitgeber. Außerdem besteht die Gefahr einer außerordentlichen Kündigung (aus wichtigem Grund) oder einer ordentlichen (verhaltensbedingten) Kündigung (Abmahnung ist erforderlich).
- Bei einer rechtswidrigen Aussperrung behält der Arbeitnehmer den Anspruch auf Vergütung und vertragsgemäße Beschäftigung, außerordentliche Kündigung (wegen schwerer Vertragsverletzung des Arbeitgebers) und Schadensersatzanspruch sind nicht ausgeschlossen.

Streiks und Aussperrungen bedeuten Produktionsausfall. In volkswirtschaftlicher Hinsicht wird dieser jedoch oft überschätzt.

Beispiel

Der größte Arbeitskampf in der Bundesrepublik wurde 1984 um die Einführung der 35-Stunden-Woche in der Druck- und Metallindustrie geführt. Insgesamt kosteten Streiks und Aussperrungsmaßnahmen 65 Millionen Ausfallstunden; dieses Stundenvolumen hätte sich rechnerisch auch ergeben, wenn damals alle Arbeitnehmer drei Stunden nicht gearbeitet hätten.

Schwerwiegender können die Arbeitskampffolgen für einzelne Unternehmen sein. Umsatzrückgang und Gewinneinbußen sind spürbar, ruinieren die Unternehmen aber nicht. Lieferschwierigkeiten lassen sich häufig nicht durch vorsorgende Lagerhaltung oder nach Streikende kompensieren. Jedoch ist es üblich, das Arbeitskampfrisiko „Lieferungsverzug“ in den Allgemeinen Geschäftsbedingungen auf die Kunden abzuwälzen.

Noch stärker bekommen die Haushalte der von Arbeitskampfmaßnahmen betroffenen Arbeitnehmer die Folgen zu spüren. Streikgelder ersetzen den Lohnausfall nur teilweise; Nichtorganisierte gehen leer aus.

Da Gewerkschaften streikende wie ausgesperrte Mitglieder unterstützen, kann eine bestimmte Aussperrungspraxis der Arbeitgeberseite im Einzelfall die Existenz einer Gewerkschaft bedrohen.

1.1.4 Betriebs- und Dienstvereinbarungen

Betriebsvereinbarungen gehören wie die Tarifverträge zu den Kollektivvereinbarungen im Arbeitsrecht. Auch sie enthalten Normen, die auf die Arbeitsverhältnisse einwirken. Betriebsvereinbarungen sind im Betriebsverfassungsgesetz geregelt.

§ 77 BetrVG – Betriebsvereinbarungen

(2) Betriebsvereinbarungen sind vom Betriebsrat und Arbeitgeber gemeinsam zu beschließen und schriftlich niederzulegen. ... Der Arbeitgeber hat die Betriebsvereinbarungen an geeigneter Stelle im Betrieb auszulegen.

(3) Arbeitsentgelte und sonstige Arbeitsbedingungen, die durch Tarifvertrag geregelt sind oder üblicherweise geregelt werden, können nicht Gegenstand einer Betriebsvereinbarung sein. Dies gilt nicht, wenn ein Tarifvertrag den Abschluss ergänzender Betriebsvereinbarungen ausdrücklich zulässt.

(4) Betriebsvereinbarungen gelten unmittelbar und zwingend. Werden Arbeitnehmern durch die Betriebsvereinbarung Rechte eingeräumt, so ist ein Verzicht auf sie nur mit Zustimmung des Betriebsrats zulässig. Die Verwirkung dieser Rechte ist ausgeschlossen. ...

Betriebsvereinbarungen können nur solche Angelegenheiten regeln,

- die zum Aufgabenbereich des Betriebsrats, insbesondere zu den mitbestimmungspflichtigen Angelegenheiten gehören und
- die nicht durch einen Tarifvertrag geregelt sind oder nicht üblicherweise durch einen Tarifvertrag geregelt werden (Ausnahme: Tarifvertrag lässt ergänzende Betriebsvereinbarungen ausdrücklich zu, s. § 77 Abs. 3 BetrVG).

Im Geltungsbereich der Personalvertretungsgesetze der Länder bzw. des Bundes sind **Dienstvereinbarungen** zwischen Dienststelle und Personalvertretung möglich. Man kann sie mit den Betriebsvereinbarungen vergleichen. Dienstvereinbarungen gehören zu den öffentlich-rechtlichen Verträgen; ihre Anwendbarkeit ist in den Personalvertretungsgesetzen unterschiedlich geregelt.

Beispiele

- *Arbeitszeitregelungen („gleitende Arbeitszeit")*
- *Verwaltung von Sozialeinrichtungen (Kantine)*
- *Beurteilungsrichtlinien*
- *Sozialpläne*
- *leistungsbezogene Entgeltbestandteile*

Beschäftigte im öffentlichen Dienst können seit 2007 neben dem Entgelt nach der jeweils anzuwendenden Entgelttabelle zum TVöD (Tabellenentgelt) ein zusätzliches variables Leistungsentgelt nach § 18 TVöD erhalten. In den Kommunen wird das Leistungsentgelt als Leistungsprämie, Erfolgsprämie oder Leistungszulage gewährt. Das jeweilige System der leistungsbezogenen Bezahlung wird durch Betriebsvereinbarung oder einvernehmliche Dienstvereinbarung ausgestaltet.

1.2 Arbeitsentgelt und Besoldung

1.2.1 Tarifverträge für den öffentlichen Dienst

Der **Tarifvertrag für den öffentlichen Dienst (TVöD)** vom 13. September 2005 gilt für Beschäftigte bei Gemeinden und Bund und enthält Spartenregelungen in jeweiligen Besonderen Teilen, u. a. für die Verwaltung. Am 12. Oktober 2006 wurde der **Tarifvertrag für den öffentlichen Dienst der Länder (TV-L)** geschlossen. Die Überleitung der Beschäftigten vom früheren Bundes-Angestellten-Tarifvertrag (BAT) in den TVöD regeln besondere **Überleitungstarifverträge** (TVÜ-VKA, TVÜ-Bund, TVÜ-Länder).

In diesem Buch wird – soweit nicht anders angegeben – der TVöD mit dem Besonderen Teil Verwaltung im Bereich der kommunalen Arbeitgeberverbände (TVöD-V) zugrunde gelegt.

Diese Tarifverträge unterscheiden nicht mehr zwischen Arbeitern und Angestellten. Alle Arbeitnehmer im öffentlichen Dienst sind **Beschäftigte.** Statt Lohn und Vergütung kennt das neue Tarifrecht nur noch das **Entgelt.** Der nach Familienstand und Kinderzahl gestaffelte Ortszuschlag als „sozialer Vergütungsbestandteil" ist weggefallen. Nach dem TVöD ergibt sich das Monatsentgelt als festes **Tabellenentgelt** aus einer Entgelttabelle, hinzu kommen kann ein variables **Leistungsentgelt.** Die Leistungsorientierung zeigt sich auch in den Entgeltstufen, die je nach Leistung schneller oder langsamer durchlaufen werden können. **Flexibilität** ergibt sich darüber hinaus aus den tariflichen Öffnungsklauseln, die Regelungen in Landestarifverträgen und Betriebs- und Dienstvereinbarungen ermöglichen.

221060336

1.2.2 Entgelt der Beschäftigten

1.2.2.1 Entgeltsystem

Das Arbeitsentgelt der im öffentlichen Dienst beschäftigten Arbeitnehmer ist im Abschnitt III des TVöD „Eingruppierung und Entgelt“ geregelt, ergänzt um die Anlagen über das **Tabellenentgelt.** Der Beschäftigte erhält monatlich ein Tabellenentgelt, dessen Höhe sich nach der Entgeltgruppe, in die er eingruppiert ist, und nach der Entgeltstufe ergibt. Dazu kann ein **Leistungsentgelt** kommen.

Entgelttabelle TVöD kommunal (monatliche Tabellenentgelte vom 1. April 2019 bis 29. Februar 2020 in Euro)

Entgelt-gruppe	Grundentgelt		Entwicklungsstufen			
	Stufe 1	Stufe 2	Stufe 3	Stufe 4	Stufe 5	Stufe 6
15	4788,35	5141,23	5481,38	6004,84	6517,61	6854,95
14	4335,98	4655,42	5025,89	5451,94	5950,88	6293,73
13	3996,72	4335,42	4685,32	5093,03	5586,51	5842,91
12	3582,23	3956,45	4407,89	4890,86	5465,08	5734,95
11	3457,10	3803,91	4119,43	4477,63	4972,55	5242,43
10	3331,93	3613,93	3915,01	4238,32	4628,44	4749,89
9 c	3233,21	3480,40	3750,80	4026,57	4337,53	4545,92
9 b	3020,16	3258,72	3403,99	3824,85	4085,40	4370,07
9 a	2926,82	3133,75	3324,85	3748,35	3843,43	4086,04
8	2769,15	2971,27	3102,32	3231,30	3370,30	3439,92
7	2598,38	2822,59	2958,18	3089,21	3209,21	3279,17
6	2549,58	2739,94	2866,46	2990,93	3107,94	3173,47
5	2445,99	2630,06	2748,57	2873,03	2985,28	3045,87
4	2329,99	2514,19	2663,27	2755,21	2847,13	2900,97
3	2293,39	2488,41	2537,24	2642,50	2721,49	2793,85
2	2122,60	2316,97	2366,14	2432,35	2577,86	2730,08
1		1903,09	1935,39	1975,78	2013,43	2110,33

Die Entgelttabelle für den Bund enthält die gleichen Beträge. In dieser Darstellung fehlen die Entgeltgruppen E 2Ü und E 15Ü, da sie nur für die Überleitung aus dem BAT gelten.

Die Entgeltgruppen sind nach Qualifikationen geordnet.

Entgeltgruppen	Qualifikationsebenen
	Beschäftigte, die Tätigkeiten ausüben,
1 – 4	... die keine oder eine unter dreijährige Ausbildung in einem nach dem BBiG anerkannten Ausbildungsberuf voraussetzen.
5 – 8, 9a	... die eine mindestens dreijährige Ausbildung nach dem BBiG voraussetzen.
9b, 9c – 12	... die einen Fachhochschulabschluss (z. B. Bachelor) oder Angestelltenprüfung II voraussetzen.
13 – 15	... die eine wissenschaftliche Hochschulbildung (Masterabschluss) voraussetzen.

Jede Entgeltgruppe umfasst in der Regel sechs Stufen.

Bei einer Neueinstellung werden die Beschäftigten je nach ihrer **einschlägigen Berufserfahrung** der Stufe 1, 2 oder 3 zugeordnet. Wie schnell die Beschäftigten ab Stufe 3 die nächsthöhere Stufe erreichen, hängt von ihrer **Leistung** ab, die sie bei dem jeweiligen Arbeitgeber erbringen.

Einschlägige Berufserfahrung ist eine berufliche Erfahrung in der übertragenen Tätigkeit selbst oder in einer auf die Aufgabe bezogenen entsprechenden Tätigkeit. Ein neu eingestellter Beschäftigter kann also dann der Stufe 2 oder 3 zugeordnet werden, wenn die bisherige Tätigkeit im Wesentlichen mit der neuen Aufgabe übereinstimmt. Ausbildungszeiten, Erfahrungen in einer anderen Tätigkeit oder in einem anderen Beruf sind nicht „einschlägig".

Ab der Stufe 3 erreichen die Beschäftigten die weiteren Entwicklungsstufen in immer größeren Zeitabständen (s. § 16 Abs. 3 TVöD), wenn sie ununterbrochen in derselben Entgeltgruppe bei ihrem Arbeitgeber tätig waren und eine durchschnittliche Leistung (§ 17 Abs. 2 TVöD) erbracht haben.

Stufenentwicklung bei Durchschnittsleistung

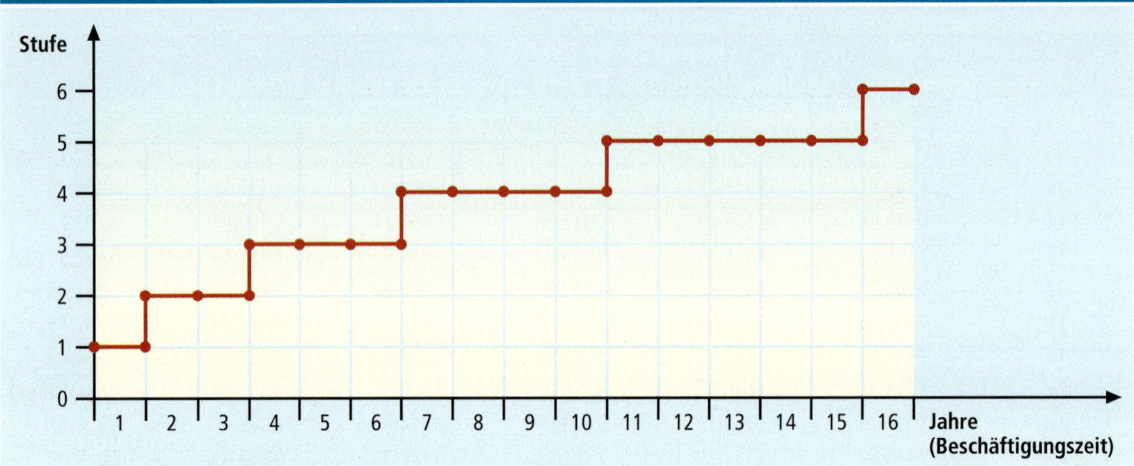

Bei überdurchschnittlichen Leistungen können die Stufen 4 bis 6 früher, bei unterdurchschnittlichen Leistungen erst später erreicht werden.

Wie erkennt man eine Durchschnittsleistung? Maßstab ist das Anforderungsprofil einer Aufgabe, das z. B. in einer Stellenbeschreibung dokumentiert ist (zum Aufbau einer Stellenbeschreibung s. LF 5, Kapitel 2.2). Es enthält die fachlichen, persönlichen und sozialen Kompetenzen, die für die Bewältigung einer Aufgabe erwartet werden. Es ist wichtig, dass bereits das Anforderungsprofil eine Durchschnittsleistung beschreibt. Eine solche Leistung muss von einem entsprechend qualifizierten und eingearbeiteten Beschäftigten mit geeigneten Arbeitsmitteln als Dauerleistung ohne Gesundheitsschäden erreicht werden können.

Bei einer Durchschnittsleistung erreicht der Beschäftigte nach der Stufenlaufzeit aufgrund der Tarifvorschrift die nächste Stufe („Tarifautomatik").

1.2.2.2 Eingruppierung in eine Entgeltgruppe

Ein relativ „gerechter Lohn" sollte die unterschiedlichen Anforderungen der Arbeit berücksichtigen. Mit zunehmender Arbeitsschwierigkeit muss auch das Entgelt steigen. Um das Entgelt für einen bestimmten Beschäftigten festzulegen, müssen seine Tätigkeiten nach ihrer Schwierigkeit bewertet und einer entsprechenden Entgeltgruppe zugeordnet werden („Eingruppierung"). Durch Entgeltordnungen zu den Tarifverträgen werden die Tätigkeiten und Berufe im öffentlichen Dienst den Entgeltgruppen des TVöD bzw. TV-L zugeordnet.

Als letzte wichtige Eingruppierungsvorschrift trat die Entgeltordnung zum TVöD für den kommunalen Bereich 2017 in Kraft.

Das Entgelt eines Beschäftigten richtet sich grundsätzlich nach der **tatsächlich auszuübenden Tätigkeit.** Entsprechend dieser Tätigkeit ist er aufgrund des § 12 TVöD in die dafür vorgesehene Entgeltgruppe eingruppiert. Die Eingruppierung und der entsprechende tarifliche Entgeltanspruch ergeben sich also automatisch aus dem Tarifvertrag („Tarifautomatik"). Teilt der Arbeitgeber dem Arbeitnehmer eine Änderung der Eingruppierung mit, so ist diese Information nicht rechtsbegründend. Entscheidend ist die tatsächliche Tätigkeit (sowie für bestimmte Entgeltgruppen die Ablegung einer Prüfung). Das Entgelt der Beschäftigten unterscheidet sich in diesem Punkt wesentlich von der Beamtenbesoldung: Die Besoldung richtet sich nach der Besoldungsgruppe (z. B. A 7), zu der das verliehene Amt gehört (z. B. Stadtobersekretär), auch wenn der Beamte höher- oder niederwertige Tätigkeiten verrichtet.

221060338

Wie ist bei der Eingruppierung der Tätigkeit gemäß § 12 TVöD vorzugehen? Die folgende Beschreibung bezieht sich auf die Entgeltgruppen (EG) für den Büro-, Buchhalterei- und sonstigen Innen-und Außendienst:

- Ermitteln und Darstellen aller Arbeitsvorgänge im gesamten Tätigkeitsbereich des Beschäftigten (z. B. unterschriftsreife Bearbeitung eines Aktenvorganges, Festsetzung einer Leistung nach dem SGB, Bearbeitung eines Antrags auf Wohngeld, Fertigung einer Bauzeichnung).
- Bewerten jedes einzelnen Arbeitsvorgangs im Hinblick auf die erfüllten tariflichen Tätigkeitsmerkmale (Schwierig kann hier die Auslegung unbestimmter Rechtsbegriffe sein; z. B. „gründliche Fachkenntnisse“ (EG 4 und 5). Hilfe bieten der Vergleich ähnlicher Fallgruppen verschiedener Entgeltgruppen, Rundschreiben der Innenministerien und Arbeitgebervereinigungen, Kommentare und gerichtliche Entscheidungen.).
- Feststellen, ob bei zusammenfassender Gesamtbetrachtung weitere Tätigkeitsmerkmale erfüllt werden (z. B. gründliche und vielseitige Fachkenntnisse bei EG 6).
- Addieren der zeitlichen Anteile gleich bewerteter Arbeitsvorgänge (Werden z. B. in den EG 7, 8 und 9a die verlangten Anteile selbstständiger Leistungen erreicht?).
- Feststellen, welche Eingruppierungsnorm (Entgeltgruppe, Fallgruppe) der so bewertete Arbeitsbereich erfüllt. Die gesamte Tätigkeit entspricht den Tätigkeitsmerkmalen einer Entgeltgruppe bereits dann, wenn zeitlich mindestens zur Hälfte Arbeitsvorgänge anfallen, die für sich genommen die Anforderungen dieser Entgeltgruppe erfüllen.

Die Bewertung der Tätigkeit wird durch eine vorhandene Stellenbeschreibung wesentlich erleichtert.

Eingruppierung von Tätigkeiten der kommunalen Beschäftigten in Entgeltgruppen

Die auszuübende Tätigkeit kann im Arbeitsvertrag geregelt werden. Dies bedeutet eine Einschränkung des Direktionsrechts des Arbeitgebers, denn der Beschäftigte kann die Beschäftigung mit der vertraglich vereinbarten Tätigkeit verlangen. Der Beschäftigte könnte bei zunehmender Schwierigkeit der vereinbarten Tätigkeit eventuell eine Höhergruppierung beanspruchen.

Die Umsetzung auf einen anderen Arbeitsplatz könnte bei einer vereinbarten Tätigkeit zum Problem werden. Daher schreibt § 12 TVöD vor, die Entgeltgruppe im Arbeitsvertrag anzugeben. Der Arbeitgeber kann im Rahmen seines Direktionsrechts auch andere Tätigkeiten dieser Entgeltgruppe zuweisen, wenn sie den Fähigkeiten des Arbeitnehmers entsprechen und ihm zugemutet werden können.

1.2.2.3 Leistungsentgelt

Das Leistungsentgelt ist eine variable und leistungsorientierte Bezahlung zusätzlich zum Tabellenentgelt.

Es war bei der Tarifrechtsreform des öffentlichen Dienstes von Anfang an umstritten. Im TV-L wurde auf ein Leistungsentgelt verzichtet. Auf Bundesebene ist es eine Kann-Leistung, die in einem besonderen Tarifvertrag (LeistungsTV-Bund) geregelt ist. Nähere Regelungen werden für Beschäftigte des Bundes und der Länder in besonderen Tarifverträgen vereinbart.

Für die Beschäftigten der Kommunen regelt § 18 TVöD mögliche **Formen des Leistungsentgelts:**

- **Leistungsprämie** als einmalige Zahlung aufgrund einer Zielvereinbarung
- **Erfolgsprämie** in Abhängigkeit von einem bestimmten wirtschaftlichen Erfolg
- **Leistungszulage** als befristete, widerrufliche, monatlich wiederkehrende Zahlung

Das jeweilige System der leistungsbezogenen Bezahlung wird in einer Betriebs- bzw. Dienstvereinbarung ausgestaltet und vereinbart.

1.2.2.4 Berechnung des Entgelts

Tabellenentgelt und die sonstigen Entgeltbestandteile für den laufenden Kalendermonat werden gemäß § 24 TVöD grundsätzlich am letzten Tag des Monats auf ein von dem Beschäftigten benanntes Konto gezahlt.

Beispiel einer Entgeltabrechnung für eine Verwaltungsfachangestellte 2018[1]

Name:	Damp, Heike	Geburtsdatum:	21. Mai 1991
Lohnsteuerklasse:	I	Personal-Nr.:	S1980462
Konfession:	rk	Arbeitszeit:	39 Std./100 %
Kinder:	0	Entgeltgruppe:	8
Abrechnungsmonat:	Juli 2018	Entwicklungsstufe:	4

Bruttoentgelt		
Tabellenentgelt	EGr. 8 Stufe 4:	3 137,78 €
Leistungsentgelt[2]	–	
Zulagen	–	
Vermögenswirksame Leistung	6,65 €/100 %	6,65 €
Summe Bruttoentgelt		**3 144,43 €**
steuerliche Abzüge		
Lohnsteuer	Steuerklasse I/0	461,58 €
Solidaritätszuschlag	5,5 % der Lohnsteuer	25,38 €
Kirchensteuer	9 %	41,54 €
Sozialversicherungsabzüge		
Krankenversicherung	AN-Beitrag: 7,3 %	238,88 €
	AN-Zusatzbeitrag: 0,9 %	29,45 €
Pflegeversicherung	AN-Beitrag: 1,525 %	49,90 €
Rentenversicherung	AN-Beitrag: 9,3 %	304,32 €
Arbeitslosenversicherung	AN-Beitrag: 1,5 %	49,08 €
sonstige Abzüge		
Zusatzversorgung (VBL)	AN-Beitrag: 1,81 %	56,79 €
Vermögenswirksame Anlage (mit Eigenanteil)		20,00 €
Summe Abzüge		**1 276,92 €**
Auszahlungsbetrag		**1 867,51 €**

steuerpflichtiges Entgelt:	sozialversicherungspflichtiges Entgelt:	zusatzversorgungspflichtiges Entgelt:
3 144,43 €	**3 272,28 €**	**3 137,78 €**

1 Das Beispiel bezieht sich auf das Entgelt einer Verwaltungsfachangestellten des Bundes. Es wurde mit dem Bezügerechner des Bundesverwaltungsamtes erstellt (https://bezuegerechner.bva.bund.de). Das Programm vermittelt einen ersten Überblick über das persönliches TVöD-Entgelt. Berechnungsdifferenzen zu anderen Bezügerechnern ergeben sich aus unterschiedlichen tarifrechtlichen Grundlagen, Kirchensteuersätzen, Beitragssätzen in der Zusatzversorgung sowie örtlichen Unterschieden beim Leistungsentgelt.
2 Das Leistungsentgelt ist nicht berücksichtigt.

Weitere Leistungen des Arbeitgebers

- **Zeitzuschläge** werden für Überstunden, Nacht-, Sonn- und Feiertagsarbeit gezahlt.
- **Erschwerniszuschläge** werden nach § 19 TVöD für Arbeiten gezahlt, die außergewöhnliche Erschwernisse wie z. B. eine besondere Gefährdung oder starke Schmutz- oder Staubbelastung beinhalten.
- Eine **Jahressonderzahlung** erhalten nach § 20 TVöD die Beschäftigten, die am 1. Dezember in einem Arbeitsverhältnis stehen. In dieser Zahlung sind das frühere Urlaubs- und Weihnachtsgeld zusammengefasst.

221060340

- Der Anspruch auf **Entgeltfortzahlung im Krankheitsfall** ergibt sich nach § 22 TVöD. Wird ein Arbeitnehmer durch Arbeitsunfähigkeit infolge Krankheit an seiner Arbeitsleistung verhindert, ohne dass ihn ein Verschulden trifft, so hat er Anspruch auf Entgeltfortzahlung durch den Arbeitgeber für die Zeit der Arbeitsunfähigkeit bis zur Dauer von sechs Wochen. Danach erhalten die Beschäftigten für die Zeit, für die ihnen Krankengeld von der gesetzlichen Krankenversicherung gezahlt wird, einen Krankengeldzuschuss in Höhe des Unterschiedsbetrags zwischen den Leistungen der Krankenkasse und dem Nettoentgelt. Wie lange der Arbeitgeber den Krankengeldzuschuss gewährt, hängt von der Beschäftigungszeit ab (längstens bis zur 39. Krankheitswoche). Krankengeld zahlt die Krankenkasse wegen der gleichen Krankheit bis zum Ende der 78. Woche der Arbeitsunfähigkeit.
- **Vermögenswirksame Leistungen** des Arbeitgebers erhalten Beschäftigte nach Maßgabe des Vermögensbildungsgesetzes. Einen Anspruch haben Beschäftigte, deren Arbeitsverhältnis voraussichtlich mindestens sechs Monate dauert. Für Vollbeschäftigte beträgt die vermögenswirksame Leistung 6,65 € monatlich.
- **Reise- und Umzugskosten** werden nach den beamtenrechtlichen Vorschriften erstattet, entsprechendes gilt für das Trennungsgeld.
- Ein **Jubiläumsgeld** erhalten Beschäftigte bei Vollendung einer Beschäftigungszeit von 25 und 40 Jahren.
- Der Arbeitgeber leistet Beiträge zu einer Versicherung für eine zusätzliche Alters- und Hinterbliebenenversorgung. Allerdings muss sich der Beschäftigte ebenfalls an der **betrieblichen Altersversorgung** beteiligen. Die zusätzliche Altersversorgung ist durch besondere Tarifverträge geregelt.
- Beim Tod von Beschäftigten zahlt der Arbeitgeber ein **Sterbegeld.**

Das **Kindergeld** ist ein staatlicher Zuschuss zum Unterhalt der Kinder, von dem weder Steuern noch Sozialabgaben abgezogen werden. Es ist nicht Bestandteil des Entgelts, wird Angehörigen des öffentlichen Dienstes jedoch durch den Arbeitgeber bzw. Dienstherrn zusammen mit den monatlichen Bezügen ausgezahlt. Es beträgt ab Juli 2019 für die ersten zwei Kinder 204,00 €, für das dritte Kind 210,00 € für jedes weitere Kind 235,00 € monatlich.

1.2.2.5 Steuerabzüge vom Entgelt

Der Staat erhebt auf das erzielte Einkommen die Einkommensteuer. Bei Arbeitnehmern wird die Einkommensteuer vom Arbeitsentgelt durch Lohnabzug erhoben. Der Arbeitgeber überweist den einbehaltenen Steuerbetrag an das Finanzamt. Nach dem Lohnabzugsverfahren wird diese Form der Einkommensteuer Lohnsteuer genannt. Der Begriff Lohnsteuer kennzeichnet also lediglich die Art der Steuererhebung; sie ist keine eigenständige Steuerart. Mit dem Steuerabzug ist das Besteuerungsverfahren im Allgemeinen abgeschlossen, es sei denn, dass für den Arbeitnehmer nach Ablauf des Kalenderjahres noch eine Veranlagung zur Einkommensteuer in Betracht kommt (z. B. wegen weiterer einkommensteuerpflichtiger Einkünfte oder zur Geltendmachung von Steuervorteilen).

Der Arbeitgeber berechnet die Lohnsteuer nach den Steuermerkmalen des Arbeitnehmers: Steuerklasse, Kinderfreibeträge, sonstige Freibeträge und Religionszugehörigkeit. Er ruft die „Elektronischen Lohnsteuerabzugsmerkmale“ (ELStAM) aus einer Datenbank des Bundeszentralamtes für Steuern ab.

Steuerklassen der Lohnsteuer (§ 38 EStG)

Steuerklasse	Arbeitnehmer
I	Ledige und geschiedene Arbeitnehmer sowie verwitwete Arbeitnehmer, sofern sie nicht in die Steuerklasse II oder III fallen.
II	Ledige, geschiedene und verwitwete Arbeitnehmer, denen der Entlastungsbetrag für Alleinerziehende zusteht.
III	Verheiratete Arbeitnehmer sowie verwitwete Arbeitnehmer, diese aber nur für das auf das Todesjahr des Ehegatten folgende Kalenderjahr.
IV	Verheiratete Arbeitnehmer, wenn beide Ehegatten Arbeitslohn beziehen.
V	Einer der Ehegatten (anstelle der Steuerklasse IV), wenn der andere Ehegatte in die Steuerklasse III eingereiht wird.
VI	Arbeitnehmer, die gleichzeitig von mehreren Arbeitgebern Arbeitslohn erhalten, mit ihren zweiten und weiteren Lohnsteuerkarten.

Sind beide Ehegatten Arbeitnehmer und leben sie nicht dauernd getrennt, so können sie zwischen zwei Steuerklassenkombinationen wählen: Entweder haben beide Ehegatten die vom Finanzamt zugewiesene Steuerklasse IV oder der eine Ehegatte (der Höherverdienende) wählt die Steuerklasse III und der andere die Steuerklasse V.

Warum werden den Arbeitnehmern verschiedene Lohnsteuerklassen zugeordnet? Unter bestimmten Voraussetzungen werden erhebliche Teile des Arbeitslohns nicht besteuert (Freibeträge). Je höher die Freibeträge, desto niedriger ist das tatsächlich zu versteuernde Einkommen und damit der Steuerbetrag. Deshalb ist es wünschenswert, dass der Arbeitgeber Freibeträge beim monatlichen Lohnsteuerabzug berücksichtigt. Bestimmte Freibeträge stehen fest und werden in den verschiedenen Lohnsteuerklassen und den zugehörigen Lohnsteuertabellen schon berücksichtigt. Aus der Lohnsteuertabelle ist der Steuerbetrag für das monatlich zu versteuernde Arbeitsentgelt abzulesen. Das folgende Beispiel erklärt die „Konstruktion" einer Steuerklasse.

Beispiel

In der Lohnsteuerklasse III wird davon ausgegangen, dass nur einer der Ehegatten Arbeitslohn bezieht. Steuerfrei bleibt ein Grundfreibetrag, der das persönliche Existenzminimum abdecken soll (2018: 9 000,00 €, für beide Ehepartner 18 000,00 € jährlich). Steuerfrei bleibt außerdem der Arbeitnehmer-Pauschbetrag für Werbungskosten von jährlich 1 000,00 €; er steht nur dem Arbeitnehmer zu. Hinzu kommen weitere pauschalierte Freibeträge, die in die Lohnsteuertabelle der Steuerklasse III eingearbeitet sind, sodass 2018 monatlich ein Betrag von insgesamt 1 952,00 € für das Ehepaar steuerfrei bleibt. Falls der andere Ehepartner eine einkommensteuerpflichtige Tätigkeit aufnimmt, wird er der Lohnsteuerklasse V zugeordnet, in der der Grundfreibetrag wegfällt. Da sich bei der Kombination III/V erfahrungsgemäß dann zu wenig Lohnsteuer ergibt, wenn der Ehegatte mit Steuerklasse V weniger als 40 % des Gesamteinkommens verdient, ist für diese Kombination der Steuerklassen die nachträgliche Veranlagung zur Einkommensteuer (Steuererklärung) vorgeschrieben.

Lohnsteuerbeträge für ausgewählte Bruttomonatsverdienste 2018

Ledig – Steuerklasse I Verheiratet – Steuerklasse IV (Grundtabelle)		
Bruttomonatsverdienst €	**Monatslohnsteuer €**	**durchschnittl. Steuersatz**
1 000,00	0,00	0,0%
1 200,00	21,75	1,8%
1 400,00	55,16	3,9%
1 600,00	98,75	6,2%
1 800,00	141,91	7,9%
2 000,00	185,08	9,3%
2 200,00	229,75	10,4%
2 400,00	275,83	11,5%
2 600,00	323,50	12,4%
2 800,00	372,58	13,3%
3 000,00	423,16	14,1%
3 200,00	475,25	14,9%
3 400,00	528,75	15,6%
3 600,00	583,83	16,2%
3 800,00	640,33	16,9%
4 000,00	698,33	17,5%
4 200,00	757,83	18,0%
4 400,00	818,75	18,6%
4 600,00	887,50	19,3%
4 800,00	959,00	20,0%
5 000,00	1 032,25	20,6%

Verheiratet – Steuerklasse III (Splitting-Tabelle)		
Bruttomonatsverdienst €	**Monatslohnsteuer €**	**durchschnittl. Steuersatz**
1 800,00	0,00	0,0%
2 000,00	5,50	0,3%
2 200,00	33,00	1,5%
2 400,00	66,00	2,8%
2 600,00	103,33	4,0%
2 800,00	140,66	5,0%
3 000,00	180,66	6,0%
3 200,00	221,66	6,9%
3 400,00	263,33	7,7%
3 600,00	305,83	8,5%
3 800,00	349,00	9,2%
4 000,00	392,83	9,8%
4 200,00	437,50	10,4%
4 400,00	483,00	11,0%
4 600,00	533,66	11,6%
4 800,00	586,00	12,2%
5 000,00	639,33	12,8%

Nicht berücksichtigt sind individuelle Vorsorgeaufwendungen (insbes. steuermindernde Sozialabgaben!), Solidaritätszuschlag und Kirchensteuer.

Die Werte wurden berechnet mithilfe des Lohnsteuerrechners der Akademischen Arbeitsgemeinschaft, Mannheim: Verlag Wolters Kluwer Deutschland GmbH.

Vgl. www.steuertipps.de/service/rechner/brutto-netto-gehaltsrechner#!/ [27.08.2018].

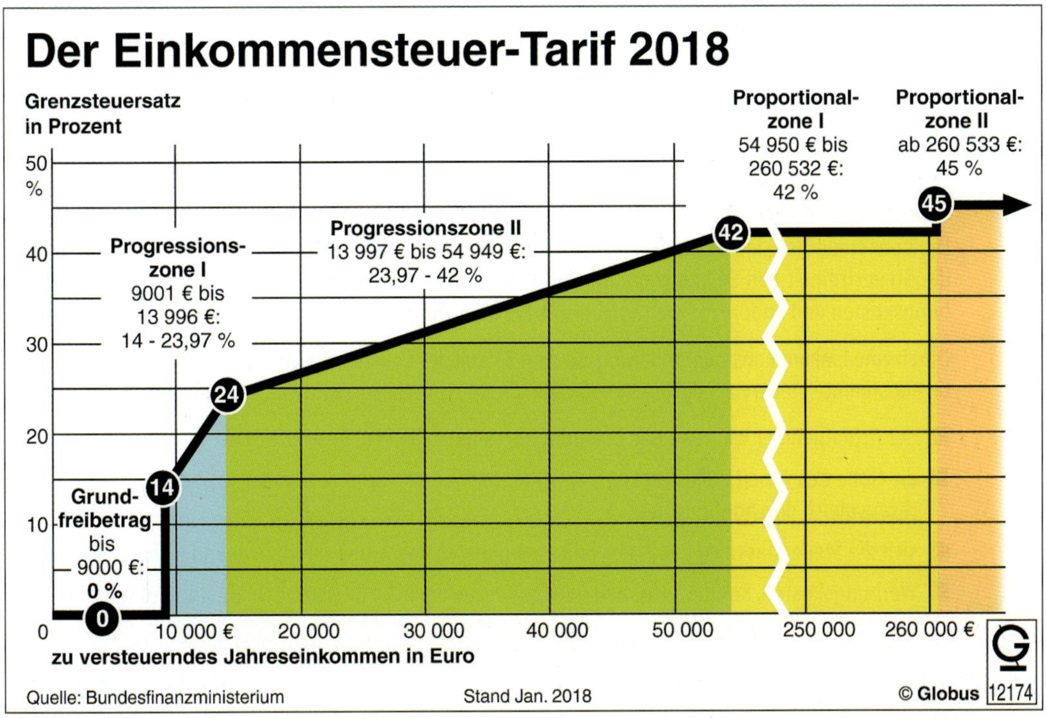

Die Meldebehörden ändern melderechtliche Daten (z. B. Heirat, Geburt eines Kindes) in der ELStAM-Datei des Bundeszentralamts für Steuern. Für die Änderung von Steuermerkmalen ist das Finanzamt zuständig. Dies gilt insbesondere für Steuerklassen und Freibeträge.

Beispiele

Gründe für die Berücksichtigung von Freibeträgen:

- *Erhöhte Werbungskosten (= Aufwendungen, die durch die Berufstätigkeit veranlasst sind), die den in der Lohnsteuertabelle berücksichtigten Arbeitnehmer-Pauschbetrag von 1 000,00 € (2015) übersteigen (Aufwendungen für Fachliteratur, Berufskleidung, Gewerkschaftsbeiträge, evtl. Fahrten zwischen Wohnung und Arbeitsstätte)*
- *Pauschbetrag für Behinderte*
- *Sonderausgaben für Unterhaltsleistungen an den geschiedenen Ehegatten*
- *außergewöhnliche Belastungen (z. B. Hochwasserschaden)*

Die Aufwendungen der Lebensführung (Ausgaben für Miete, Kleidung, Ernährung usw.) können grundsätzlich nicht steuerlich berücksichtigt werden.

Da die monatliche Lohnsteuerzahlung eine Vorauszahlung des Arbeitnehmers auf die Einkommensteuer darstellt, legen die meisten Arbeitnehmer Wert auf eine „Endabrechnung“ und stellen deshalb einen Antrag auf Einkommensteuerveranlagung beim Finanzamt. In vielen Fällen sind sie ohnehin zur Abgabe einer Einkommensteuererklärung verpflichtet. In dieser Einkommensteuererklärung können insbesondere individuelle Steuervergünstigungen geltend gemacht werden, die bisher unberücksichtigt geblieben sind.

Behält der Arbeitgeber zu wenig Lohnsteuer ein, so kann sich das Finanzamt an ihn oder den Arbeitnehmer (als Steuerschuldner) wenden; der Arbeitgeber kann beim Arbeitnehmer Regress nehmen. Behält der Arbeitgeber zu viel Steuer ein, wird der zu viel gezahlte Betrag dem Arbeitnehmer nur auf Antrag erstattet. Er muss also eine Einkommensteuererklärung abgeben.

Zeitweise werden Zuschläge zur Einkommensteuer erhoben. Hierzu zählt auch der **Solidaritätszuschlag** (5,5 % des Lohnsteuerbetrags).

Gehört der Beschäftigte einer steuererhebenden Kirche an, wird die **Kirchensteuer** wie die Lohnsteuer von der Bruttovergütung abgezogen und durch den Arbeitgeber an das Finanzamt zur Weiterleitung an die Religionsgemeinschaft überwiesen. Je nach Bundesland beträgt die Kirchensteuer 8 % oder 9 % des Lohnsteuerbetrags.

Die sozialversicherungsrechtlichen Abzüge werden im Kapitel 2 dieses Lernfelds behandelt.

1.2.2.6 Exkurs: Einkommensteuererklärung

Die Lohnsteuer ist eine besondere Erhebungsform der Einkommenssteuer. Beim monatlichen Steuerabzug sind die Steuerfreiheit des Existenzminimums durch den Grundfreibetrag, der Arbeitnehmerpauschbetrag für Werbungskosten und andere Freibeträge bereits berücksichtigt.

Durch eine Einkommensteuererklärung bis zum 31. Juli des Folgejahres (Antragsveranlagung) können Steuerpflichtige bestimmte Steuervorteile geltend machen, die sonst verfallen würden. Dies ist beispielsweise der Fall, wenn

- der Arbeitnehmer während des Kalenderjahres nur zeitweise beschäftigt war,
- die Höhe des Arbeitslohns im Laufe des Kalenderjahres variierte und der Arbeitgeber keinen Lohnsteuerjahresausgleich durchgeführt hat,
- sich die Steuerklasse im Laufe des Jahres zugunsten des Arbeitnehmers geändert hat oder
- Werbungskosten, Sonderausgaben oder außergewöhnliche Belastungen entstanden sind, für die kein Freibetrag berücksichtigt wurde.

In bestimmten Fällen besteht für Arbeitnehmer eine Verpflichtung, eine Einkommensteuererklärung abzugeben. Dies gilt z. B., wenn

- das Finanzamt in den ELStAM einen Freibetrag berücksichtigt hat,
- die steuerfreien Lohnersatzleistungen (z. B. Arbeitslosengeld I, Kurzarbeitergeld oder Krankengeld) insgesamt mehr als 410,00 € betragen,
- beide Ehegatten Arbeitslohn bezogen haben und einer nach der Steuerklasse V oder VI besteuert worden ist.

Jeder Arbeitnehmer sollte überblicken, ob eine Einkommensteuererklärung zu einer Steuerrückzahlung durch das Finanzamt führen könnte oder ob er zu einer Erklärung verpflichtet ist. Wenn man weiß, welche Umstände sich steuermindernd auswirken, sollte man entsprechende Belege während des Steuerjahres sammeln. Die Steuererklärung kann dann leichter erstellt werden.

Das folgende Berechnungsschema soll die Orientierung erleichtern, die nachstehenden Erläuterungen machen wichtige Grundbegriffe verständlich.

Bei der Berechnung der Einkommensteuer ist die **Veranlagungsart** wichtig, denn von ihr hängt die anzuwendende Steuertabelle ab. Man unterscheidet die Einzelveranlagung nach der Grundtabelle und die Zusammenveranlagung (Splittingtabelle).

Bei der Zusammenveranlagung nach der Splitting-Tabelle werden die Einkünfte der Ehegatten bzw. Lebenspartner zunächst addiert. Dann wird die Steuer für die Hälfte dieses Betrags nach dem Einkommensteuertarif berechnet und dann verdoppelt („Ehegattensplitting"). So haben einkommensteuerpflichtige Eheleute und eingetragene Lebenspartnerschaften den Vorteil, dass der ansteigende Steuersatz (s. Schaubild „Einkommensteuertarif") erheblich geringer ist als bei der Einzelveranlagung. Dadurch ist auch der Steuerbetrag niedriger. Der Vorteil ist besonders groß, wenn nur ein Partner Einkünfte erzielt.

Der **Solidaritätszuschlag** von 5,5 % der festgesetzten Einkommensteuer wird als Ergänzungsabgabe zur Einkommen- und Körperschaftsteuer erhoben. Es ist geplant, ihn schrittweise abzuschaffen.

Das Bundesfinanzministerium stellt unter www.bundesfinanzministerium.de umfangreiche Informationen und ein Steuerberechnungsprogramm (Abgabenrechner) zur Verfügung.

221060344

Schema der Ermittlung des zu versteuernden Einkommens

Einkunftsarten

- Land- und Forstwirtschaft
- Gewerbebetrieb
- selbststandige Arbeit

- nicht selbstständige Arbeit
- Vermietung, Verpachtung
- Kapitalvermögen
- sonstige Einkünfte

Einnahmen bzw. Betriebsvermögen am Ende des Jahres	Einnahmen
– Ausgaben bzw. Betriebsvermögen am Ende des Vorjahres	– Werbungskosten
= Gewinn	= Einkünfte

= Summe der Einkünfte

– Altersentlastungsbetrag, Entlastungsbetrag für Alleinerziehende, Abzug für Land- und Forstwirte

= Gesamtbetrag der Einkünfte

– Sonderausgaben, außergewöhnliche Belastungen, Steuerbegünstigungen (z. B. für Wohneigentum)

= Einkommen

– Freibeträge für Kinder

= **zu versteuerndes Einkommen**

Quelle: Bundesministerium der Finanzen: Einkommen- und Lohnsteuer. Berlin: Bundesministerium der Finanzen 2007, S. 29.

Einige Grundbegriffe des Einkommensteuerrechts	
Einkunftsarten	**Gewinneinkunftsarten:** Einkünfte sind die Gewinne aus Land- und Forstwirtschaft, Gewerbebetrieb oder selbstständiger Arbeit. **Überschusseinkunftsarten:** Einkünfte sind der Überschuss der Einnahmen über die Werbungskosten bei den übrigen Einkunftsarten.
Gewinn, Einkünfte	**Gewinneinkunftsarten:** Betriebseinnahmen (z. B. Nettoverkaufserlöse) – Betriebsausgaben (z. B. Geschäftsmiete, Arbeitsentgelte, Abschreibungen) = **Gewinne** oder: Vergleich des Betriebsvermögens **Überschusseinkunftsarten:** Einnahmen (z. B. Arbeitsentgelt) – Werbungskosten (z. B. Fahrtkosten, Arbeitsmittel) = **Einkünfte** Gewinn- und Überschusseinkünfte bilden die **Summe der Einkünfte.** Verluste können zwischen den Einkunftsarten ausgeglichen werden.
Werbungskosten	Werbungskosten sind alle Aufwendungen, die getätigt werden, um Einnahmen zu erzielen, zu sichern und zu erhalten (§ 9 EStG). Beispiele: Bewerbungskosten, Aufwendungen für die Wege zwischen Wohnung und Arbeitsstätte, Beiträge zu Berufsverbänden, Fortbildungskosten, Mehrkosten bei Dienstreisen, Berufskleidung, Kosten eines beruflich bedingten Umzugs, Arbeitsmittel (Werkzeuge, Fachliteratur), Kontoführungsgebühren, durch Berufstätigkeit bedingte Kinderbetreuungskosten. Diese Aufwendungen sind Werbungskosten, soweit sie nicht vom Arbeitgeber steuerfrei erstattet worden sind. Werbungskosten können teilweise als **Pauschbeträge** (ohne Nachweis) von den Einnahmen abgezogen werden, wenn keine höheren Aufwendungen vorliegen. Beispiel: Bei Einnahmen aus nichtselbstständiger Arbeit gilt ein Arbeitnehmerpauschbetrag von 1 000,00,00 €. Der ist bereits in das Steuerklassen-System eingearbeitet, wird also von Amts wegen berücksichtigt. Macht der Arbeitnehmer in der Steuererklärung Werbungskosten von 1 060,00 € geltend, so werden 60,00 € (zusätzlich) berücksichtigt. Erwerbsbedingte Kinderbetreuungskosten können neben dem Arbeitnehmerpauschbetrag geltend gemacht werden. Im Gegensatz dazu bleiben **Kosten der privaten Lebensführung** steuerlich unberücksichtigt. Dies sind z. B. Aufwendungen für Ernährung, Kleidung und Wohnung, aber auch für Repräsentation.
Entlastungsbetrag für Alleinerziehende	Alleinerziehende erhalten bei Vorliegen bestimmter Voraussetzungen einen Entlastungsbetrag in Höhe von 1 908,00 € jährlich.
Sonderausgaben	Gesetzlich definierte Ausgaben z. B. für Vorsorgeaufwendungen (Beiträge zur gesetzlichen Renten-, Arbeitslosenversicherung, zu bestimmten Lebensversicherungen, zu Kranken-, Pflege-, Unfall- und Haftpflichtversicherungen, zu Erwerbs- und Berufsunfähigkeitsversicherungen), bestimmte Unterhaltsleistungen, Kirchensteuer, Spenden für steuerbegünstigte Zwecke, nicht erwerbsbedingte Kinderbetreuungskosten. Ein Teil der möglichen Vorsorgeaufwendungen wird bereits als **Vorsorgepauschale** bei der Lohnsteuerberechnung abgezogen. Die Vorsorgepauschale wird bei der Einkommensteuerveranlagung von Arbeitnehmern von Amts wegen berücksichtigt, sofern keine höheren Vorsorgeaufwendungen geltend gemacht werden.
außergewöhnliche Belastungen	Belastungen, die aufgrund außergewöhnlicher Umstände die steuerliche Leistungsfähigkeit beeinträchtigen (z. B. hohe Krankheitskosten, Beerdigungskosten). Ein zumutbarer Kostenanteil ist vom Steuerpflichtigen selbst zu tragen.
Freibeträge für Kinder, Kindergeld	Der Gleichheitssatz (Art. 3 GG) verlangt in Verbindung mit Art. 6 GG auch die besondere Berücksichtigung von Ehe und Familie sowie eingetragenen Lebenspartnerschaften im Steuerrecht: Kindergeld oder Kinderfreibeträge sowie Freibeträge für Betreuungs-, Erziehungs- bzw. Ausbildungsbedarf sollen das Existenzminimum sämtlicher Familienmitglieder steuerfrei stellen. Einen Kinderfreibetrag setzt das Finanzamt dann an, wenn dies für den Steuerpflichtigen günstiger ist als das bereits gezahlte Kindergeld.

1.2.3 Besoldung der Beamten

Die Beamtenbesoldung unterscheidet sich wesentlich von dem Entgelt der Beschäftigten im öffentlichen Dienst. Die wesentlichen Unterschiede sollen nachfolgend dargestellt werden.

Beispiel einer Besoldungsabrechnung für einen Verwaltungshauptsekretär 2018[1]

Name:	Mittler, Jörg	Geburtsdatum:	10. Februar 1991
Lohnsteuerklasse:	I	Personal-Nr.:	M1980298
Familienstand:	ledig	Arbeitszeit:	41 Std./100 %
Konfession:	ev	Besoldungsgruppe:	A 8
Kinder:	0	Erfahrungsstufe:	3
Abrechnungsmonat:	Juli 2018		

Bruttobesoldung		
Grundgehalt	BesGr. 8 Stufe 3	2 799,77 €
Familienzuschlag		–
Zulagen		–
Vermögenswirksame Leistung	6,65 €/100 %	6,65 €
Summe Bruttobesoldung		**2 806,42 €**
gesetzliche Abzüge		
Lohnsteuer	Steuerklasse I/0	464,91 €
Solidaritätszuschlag	5,5 % der Lohnsteuer	25,57 €
Kirchensteuer	9 %	41,84 €
sonstige Abzüge		
Vermögenswirksame Anlage		20,00 €
Summe Abzüge		**552,32 €**
Auszahlungsbetrag		**2 254,10 €**

Steuerpflichtiges Entgelt: 2 806,42 € (Versorgungsaufwendungen: 150,00 €)

1 Das Beispiel bezieht sich auf die Besoldung eines Verwaltungshauptsekretärs im Bundesdienst. Es wurde mit dem Bezügerechner des Bundesverwaltungsamtes erstellt (https://bezuegerechner.bva.bund.de). Besoldungsabrechnungen im Bereich des Bundes und der einzelnen Bundesländer können wegen der unterschiedlichen Rechtsgrundlagen zu jeweils anderen Ergebnissen führen.

Die Besoldung des Beamten wird nicht als Gegenleistung für seine Arbeit verstanden, sondern als eine **Alimentation** (Unterhaltsgewährung, die dem Beamten wirtschaftliche Unabhängigkeit und eine seinem Status entsprechende Lebensführung ermöglichen soll. Der Grundsatz der Alimentation wird auch daran deutlich, dass die Dienstbezüge des Beamten monatlich im Voraus bezahlt werden.

Beamte sind **nicht sozialversicherungspflichtig.** Die Vorsorge für die Lebensrisiken der Krankheit und des Alters gehören zur Fürsorge- bzw. Alimentationspflicht des Dienstherrn.

Seiner Fürsorgepflicht kommt der Dienstherr u. a. durch **Beihilfen** nach, die er insbesondere zu den Aufwendungen im Krankheitsfall leistet. Die Beihilfe ist eine Ergänzung zu der Eigenversorgung, die der Beamte aus eigenen Mitteln, z. B. durch den Abschluss einer privaten Krankenversicherung, zu bestreiten hat. Ein lediger Beamter wird normalerweise eine private Krankenversicherung abschließen, die 50 % der Krankheitskosten abdeckt. Die andere Hälfte der Aufwendungen wird durch Beihilfen ersetzt, soweit das Beihilferecht nicht eine weitere Eigenbeteiligung vorsieht. Ein verheirateter Beamter mit Kindern muss normalerweise für jedes Familienmitglied eine private Krankenversicherung abschließen. Im ersten Fall können die Aufwendungen für die Krankenversicherung niedriger, beim Beamten mit Kindern erheblich höher sein als bei einem Beschäftigten im Angestelltenverhältnis.

Entsprechend dem beamtenrechtlichen Lebenszeitprinzip gehört zur Alimentation auch die **Versorgung des Beamten** nach seiner Versetzung in den Ruhestand. Der Staat gewährt auch dem aus dem aktiven Dienst ausgeschiedenen Beamten einen angemessenen Unterhalt. Die Arbeitnehmer im öffentlichen Dienst hingegen beziehen Rente der Deutschen Rentenversicherung und eine Zusatzversorgung. Die Beiträge hierfür leisten Arbeitgeber und Arbeitnehmer. Die Beamtenversorgung finanziert der Dienstherr allein.

Bestandteile der Beamtenbesoldung	
Dienstbezüge	**sonstige Bezüge**
■ Grundgehalt ■ evtl. Familienzuschlag ■ Zulagen ■ Vergütungen u. a.	■ Anwärterbezüge ■ Sonderzuwendungen ■ vermögenswirksame Leistungen

Dienstbezüge (am Beispiel der Bundesbeamten)

Das **Grundgehalt** ist der wesentliche Teil der Dienstbezüge (§§ 19 ff., 27 ff. BBesG). Seine Höhe richtet sich nach folgenden Kriterien:

- **Besoldungsordnung**
  Die Mehrzahl der Beamten ist in eine der Besoldungsstufen der Besoldungsordnung A (aufsteigende Grundgehälter) eingestuft; für Spitzenbeamte gilt die Besoldungsordnung B mit festen Grundgehältern, für Professoren die Besoldungsordnung W, für Richter die Besoldungsordnung R).
- **Besoldungsgruppe**
  Sie orientiert sich am jeweiligen Amt des Beamten. In der Besoldungsordnung A reichen die Gruppen von A 1 bis A 16.
- **Erfahrungszeiten**
  Das Grundgehalt in der Besoldungsordnung A (aufsteigende Gehälter) wird bei jeder Besoldungsgruppe nach Stufen bemessen. Dabei erfolgt der Aufstieg in eine nächsthöhere Stufe nach bestimmten Dienstzeiten, in denen anforderungsgerechte Leistungen erbracht wurden (Erfahrungszeiten, § 27 Abs. 1 BBesG).

Der **Familienzuschlag** (§ 39 ff. BBesG) bildet die familienpolitische Komponente der Beamtenbesoldung. Einen Familienzuschlag erhalten verheiratete, verwitwete und geschiedene Beamte (Stufe 1) sowie Beamte, denen Kindergeld zusteht (ab Stufe 2). Die Höhe des Familienzuschlags richtet sich nach der Besoldungsgruppe und den Familienverhältnissen des Beamten.

Bei den **Zulagen** (§ 42 ff. BBesG) sind die für viele Besoldungsgruppen und Fachrichtungen zu zahlenden Stellenzulagen zu unterscheiden von den Amtszulagen für herausgehobene Funktionen (z. B. Erster Staatsanwalt, stellvertretender Schulleiter).

Amtszulagen sind unwiderruflich und ruhegehaltsfähig, d. h., sie werden bei der Berechnung des Ruhegehaltsanspruchs voll berücksichtigt und gelten als Bestandteil des Grundgehalts (§ 42 Abs. 1 u. 2 BBesG).

Stellenzulagen dürfen grundsätzlich nur so lange gewährt werden, wie die herausgehobene Funktion vom Beamten wahrgenommen wird (§ 42 Abs. 3 Satz 1 BBesG).

Zur Abgeltung von herausragenden besonderen Leistungen sind nicht ruhegehaltsfähige **Leistungsprämien** (Einmalzahlungen) und **Leistungszulagen** (für einen bestimmten Zeitraum) an Beamte in Besoldungsgruppen der Besoldungsordnung A möglich (§ 42 a BBesG).

Sonstige Bezüge

Personen, die ihren Vorbereitungsdienst ableisten (z. B. Inspektoranwärter, Referendar im Lehramt), sind Beamte auf Widerruf (§ 5 Abs. 1 Nr. 3 BBG). Sie erhalten – je nach dem angestrebten Eingangsamt – unterschiedlich hohe Anwärterbezüge, die aus einem Anwärtergrundbetrag und evtl. einem Anwärterverheiratetenzuschlag bestehen (§ 59 ff. BBesG). Zu den sonstigen Bezügen werden außerdem die jährlichen Sonderzuwendungen (Weihnachtsgeld), die vermögenswirksamen Leistungen nach dem Vermögensbildungsgesetz (§ 68 BBesG; VermBG für Beamte, Richter, Berufssoldaten und Soldaten auf Zeit) und Jubiläumszuwendungen gezählt.

Das **Kindergeld** (nach dem Bundeskindergeldgesetz) gehört nicht zur Beamtenbesoldung. Es ist zu unterscheiden vom Kinderanteil im Familienzuschlag. Das Kindergeld wird Beamten vom Dienstherrn ausgezahlt.

Besoldung der Bundesbeamten								
Bundesbesoldungsordnung A								**gültig vom 01.04.2019–29.02.2020**
(aufsteigende Grundgehaltssätze, Monatsbeträge in Euro)								
BesGr.	**Stufe 1**	**Stufe 2**	**Stufe 3**	**Stufe 4**	**Stufe 5**	**Stufe 6**	**Stufe 7**	**Stufe 8**
A 2	2193,09	2241,94	2292,11	2329,71	2368,58	2407,44	2446,28	2485,15
A 3	2277,07	2328,45	2379,84	2421,22	2462,58	2503,94	2545,32	2586,68
A 4	2324,72	2386,12	2447,54	2496,43	2545,32	2594,21	2643,08	2688,23
A 5	2342,24	2418,70	2480,11	2540,31	2600,49	2661,92	2722,07	2780,99
A 6	2392,38	2481,41	2571,63	2640,58	2712,04	2780,99	2857,45	2923,89
A 7	2511,48	2590,46	2694,53	2801,04	2905,09	3010,39	3089,37	3168,34
A 8	2656,89	2752,17	2886,28	3021,69	3157,05	3251,07	3346,34	3440,36
A 9	2867,47	2961,50	3109,43	3259,85	3407,74	3508,29	3612,89	3714,89
A 10	3069,30	3198,41	3385,21	3572,83	3763,94	3896,95	4029,92	4162,96
A 11	3508,29	3705,84	3902,11	4099,66	4235,24	4370,82	4506,40	4642,01
A 12	3761,38	3995,09	4230,09	4463,79	4626,49	4786,59	4948,00	5112,00
A 13	4410,86	4630,37	4848,57	5068,09	5219,17	5371,54	5522,59	5671,08
A 14	4536,10	4818,87	5102,96	5385,72	5580,68	5776,98	5971,94	6168,23
A 15	5544,54	5800,22	5995,18	6190,17	6385,16	6578,83	6772,52	6964,89
A 16	6116,56	6413,57	6638,22	6862,90	7086,29	7312,27	7536,93	7759,03

Bundesbesoldungsordnung B	
Monatsbeträge in Euro (gültig vom 01.04.2019–29.02.2020)	
B 1	6964,89
B 2	8090,87
B 3	8567,32
B 4	9065,73
B 5	9637,77
B 6	10181,40
B 7	10705,62
B 8	11254,37
B 9	11934,86
B 10	14048,61
B 11	14594,79

Familienzuschläge (Monatsbeträge in Euro, gültig vom 01.04.2019–29.02.2020)	
Stufe 1 (z. B. verheiratete und verwitwete Beamte; 40 Abs. 1 BBesG)	147,78
Stufe 2 (z. B. Beamte der Stufe 1, denen Kindergeld für **1 Kind** nach dem EStG oder dem BKGG zusteht; § 40 Abs. 2 BBesG)	274,1
Stufe 3 (z. B. Beamte der Stufe 1, denen Kindergeld für **2 Kinder** nach dem EStG oder dem BKGG zusteht; § 40 Abs. 2 BBesG)	400,42
Stufe 4 (z. B. Beamte der Stufe 1, denen Kindergeld für **3 Kinder** nach dem EStG oder dem BKGG zusteht; § 40 Abs. 2 BBesG)	793,99

Für jedes weitere zu berücksichtigende Kind erhöht sich der Familienzuschlag um 393,57 €. In den Besoldungsgruppen A 2 bis A 5 werden in bestimmten Stufen weitere Erhöhungsbeträge werden gezahlt.

2 Soziale Sicherung

2.1 Grundlagen der sozialen Sicherung

2.1.1 Notwendigkeit einer sozialen Sicherung

In der Entgeltabrechnung eines Arbeitnehmers stellen die Beiträge zur Kranken-, Pflege-, Renten- und Arbeitslosenversicherung den größten Abzugsposten dar. Bedenkt man, dass der Beitragsanteil des Arbeitgebers die Summe der abzuführenden Beiträge noch einmal verdoppelt, kann man sich den riesigen Finanzbedarf der Sozialversicherung eher vorstellen. Das Haushaltsvolumen der öffentlichen Hand entfällt zu über 40 % auf die Sozialversicherung, zu etwa 60 % auf Bund, Länder und Gemeinden.

Das GG enthält das Bekenntnis zur Menschenwürde und zu einem Staat, der sich soziale Gerechtigkeit zur Aufgabe macht. Die Sicherung der wirtschaftlichen und kulturellen Existenz des Einzelnen ist außerdem eine wesentliche Bedingung dafür, dass auch die demokratische Ordnung als sinnvoll empfunden wird. Schon Ende des 19. Jahrhunderts wurde die soziale Sicherung als staatliche Aufgabe gesehen.

Start der gesetzlichen Sozialversicherung

Mit der Industrialisierung (etwa ab 1835) wuchs die Armut vieler Industriearbeiter und Handwerker in Deutschland. Bei Krankheit, Invalidität, Arbeitslosigkeit und Alter konnten die mittellosen Familien und Nachbarschaften kaum helfen. Die öffentliche Armenfürsorge war unzulänglich und oft erniedrigend. Es war daher ein großer Fortschritt, als 1881 Reichskanzler **Otto von Bismarck** im Reichstag ein Programm („Kaiserliche Botschaft") bekannt gab, wonach Sozialgesetze vor allem die Industriearbeiter bei Unfällen, Krankheiten und den Risiken des Alters in bescheidenem Umfang absichern sollten.

Mit Unfall-, Kranken- und Rentenversicherung verfolgte Bismarck **zwei Ziele**:

- Die Industriearbeiterschaft sollte durch staatliche Einrichtungen gegen die Risiken der Krankheit, des Unfalls und des Alters in bescheidenem Umfang abgesichert werden.
- Andererseits wollte Bismarck die Arbeiterschaft dem wachsenden Einfluss der Gewerkschaften und der Sozialdemokratie entziehen und sie mit dem monarchischen Obrigkeitsstaat „versöhnen".

Die Krankenversicherung der Arbeiter wurde 1883 gesetzlich geregelt. Bald folgten die Unfall- und die Alters- und Invaliditätsversicherung. Sie sicherte jedem Arbeiter eine Altersrente nach dem 70. Lebensjahr sowie eine Invalidenrente bei Arbeitsunfähigkeit. Die Beweggründe Bismarcks waren bereits damals umstritten, an der beitragsfinanzierten Sozialversicherung wird aber bis heute festgehalten.

Vieles hat sich seither verändert: Die Leistungen der Sozialversicherung sind gewachsen, ebenso der Kreis der Leistungsempfänger. Der Altersaufbau der Versicherten wird durch immer älter werdende Leistungsempfänger und relativ wenige jüngere Beitragszahler geprägt. Dies führte zu höheren Beitragssätzen und auch zu Staatszuschüssen. Immer wichtiger wird die zusätzliche private Absicherung existenzieller Risiken.

Soziale Sicherung in Deutschland		
Gesetzliche Leistungen öffentlicher Träger		
Fürsorge (Sozialhilfe) z. B. Hilfe zum Lebensunterhalt, Grundsicherung im Alter, Hilfe zur Gesundheit	**Sozialversicherung** ■ **Gesetzliche Krankenversicherung** ■ **Gesetzliche Pflegeversicherung** ■ **Gesetzliche Unfallversicherung** ■ **Gesetzliche Arbeitslosenversicherung** ■ **Gesetzliche Rentenversicherung**	**Versorgung** z. B. Beamtenversorgung, Kriegsopferversorgung, Versorgung nach Impfschäden
Leistungsgewährung bei Bedürftigkeit – steuerfinanziert –	Leistungsgewährung aufgrund eines Versicherungsverhältnisses – beitragsfinanziert –	Leistungsgewährung aufgrund erfüllter Pflichten gegenüber dem Staat – steuerfinanziert –

Besondere Leistungen privater und öffentlicher Träger		
Private Krankenversicherung Insbesondere für Selbstständige und Beamte, auch als Zusatzkrankenversicherung zur gesetzlichen Krankenversicherung – beitragsfinanziert –	**Betriebliche Altersversorgung** Ergänzung zur gesetzlichen Rentenversicherung, z. B. durch private Rentenversicherungen, Zusatzversorgungskassen im öffentlichen Dienst – beitragsfinanziert –	**Private Alterssicherung** Ergänzung zur gesetzlichen Rentenversicherung, z. B. durch Sparanlagen, Immobilien, Versorgungswerke (z. B. für freiberuflich Tätige) – spar- bzw. beitragsfinanziert –
Weitere Eigenleistungen		
Gesunderhaltung, Pflege sozialer Beziehungen		

Zweige der gesetzlichen Sozialversicherung					
	Gesetzliche Krankenversicherung (seit 1883)	**Gesetzliche Pflegeversicherung** (seit 1995)	**Gesetzliche Rentenversicherung** (seit 1889)	**Gesetzliche Arbeitslosenversicherung** (seit 1927)	**Gesetzliche Unfallversicherung** (seit 1884)
Rechtsgrundlage	SGB V	SGB XI	SGB VI	SGB III	SGB VII
Träger	gesetzliche Krankenkassen (u. a. Allgemeine Ortskrankenkassen, Betriebs-, Innungs- und Ersatzkassen)	Pflegekassen der Krankenkassen	bundesweit: Deutsche Rentenvers. Bund, Deutsche Rentenvers. Knappschaft Bahn See; regional: Deutsche Rentenvers. (Name der Region, z. B. „Westfalen")	Bundesagentur für Arbeit, regionale Arbeitsagenturen	gewerbliche und landwirtschaftliche Berufsgenossenschaften, Gemeindeunfallversicherungsverbände, Unfallkassen
Beiträge (2019)	AG: 7,3 % AN: 7,3 % Einen von der Krankenkasse festgelegten Zusatzbeitrag zahlen AG und AN je zur Hälfte.	AG: 1,525 % AN: 1,525 %[1] + Zuschlag für Kinderlose (ab 23 J. 0,25 %)	AG: 9,3 % AN: 9,3 %	AG: 1,25 % AN: 1,25 %	AG zahlt Beitrag allein, Höhe hängt von Gefahrentarif ab.
Versicherungspflichtgrenze (2019)	5 062,50 €		–	–	–
Beitragsbemessungsgrenze (2019)	4 537,50 €		West: 6 700,00 € Ost: 6 150,00 €		–

[1]) Sonderregelung in Sachsen

Grundprinzipien der Sozialversicherung

Für die gesetzliche Sozialversicherung gelten Grundsätze, die sie zugleich von der privaten Individualversicherung unterscheiden:

Prinzip der Pflichtversicherung

Die Sozialversicherung ist öffentlich-rechtlich geregelt. Das Versicherungsverhältnis kommt kraft Gesetzes zustande, wenn bestimmte Voraussetzungen erfüllt sind. Allerdings ist in bestimmten Fällen auch eine freiwillige Versicherung möglich. In Deutschland sind 75 bis 80 % aller abhängig Beschäftigten sozialversicherungspflichtig. Ein Verzicht auf den Versicherungszwang könnte Beschäftigte dazu verleiten, den Versicherungsschutz abzulehnen und im Schadensfall die Allgemeinheit zu belasten. Private Versicherungsverhältnisse werden durch Vertrag begründet.

Prinzip der Solidarität

Die zu versichernden Risiken werden von allen Versicherten gemeinsam getragen. Die Leistungen der Sozialversicherung sind grundsätzlich unabhängig von der Höhe der geleisteten Beiträge. Es gibt jedoch Ausnahmen wie z. B. das Krankengeld und Leistungen der Rentenversicherung. Familienmitglieder sind in der Krankenversicherung beitragsfrei mitversichert. Die Solidargemeinschaft schafft einen Ausgleich zwischen Gesunden und Kranken, zwischen besser und weniger gut Verdienenden, zwischen Familien und Alleinstehenden. Sie ist unabhängig von den individuellen Risiken.

Prinzip der Beitragsfinanzierung

Die Sozialversicherung (mit Ausnahme der gesetzlichen Unfallversicherung) wird aus Beiträgen der Arbeitnehmer und Arbeitgeber zu grundsätzlich gleichen Teilen finanziert. Hinzu kommen staatliche Zuschüsse zu einigen Leistungen der Sozialversicherung. Die Beiträge orientieren sich am Einkommen. Im Gegensatz dazu unterscheidt sich die Höhe der Prämien (Beiträge) in der Privatversicherung nach individuellen Risiken.

Prinzip der Selbstverwaltung

Der Staat nimmt bestimmte öffentliche Aufgaben nicht durch eigene Behörden wahr, sondern hat sie auf Selbstverwaltungsträger übertragen. Dies gilt nicht nur für die Kommunen und Handwerks- und andere Berufskammern, sondern auch für die Sozialversicherungsträger. Ihre Verwaltung wird von Versicherten und Arbeitgebern mitbestimmt. Selbstverwaltungsorgane sind die Vertreterversammlung, der Verwaltungsrat und der Vorstand. Alle sechs Jahre finden die Wahlen in der Sozialversicherung statt. Die Selbstverwaltung in der Sozialversicherung ist eingeschränkt durch die weitgehende gesetzliche Ausgestaltung des Leistungsrechts, durch überwiegend staatliche Beitragsfestsetzung und durch die staatliche Rechtsaufsicht.

2.1.2 Krankenversicherung

Die Krankenversicherung ist im Fünften Buch des Sozialgesetzbuchs – SGB V – Gesetzliche Krankenversicherung – geregelt.

Die **Aufgaben** der gesetzlichen Krankenversicherung (GKV) umreißt § 1 SGB V:

Die Krankenversicherung als Solidargemeinschaft hat die Aufgabe, die Gesundheit der Versicherten zu erhalten, wiederherzustellen oder ihren Gesundheitszustand zu bessern. Die Versicherten sind für ihre Gesundheit mitverantwortlich; sie sollen durch eine gesundheitsbewusste Lebensführung, durch frühzeitige Beteiligung an gesundheitlichen Vorsorgemaßnahmen sowie durch aktive Mitwirkung an Krankenbehandlung und Rehabilitation dazu beitragen, den Eintritt von Krankheit und Behinderung zu vermeiden oder ihre Folgen zu überwinden. Die Krankenkassen haben den Versicherten dabei durch Aufklärung, Beratung und Leistungen zu helfen und auf gesunde Lebensverhältnisse hinzuwirken.

Von praktischer Bedeutung für Arbeitgeber ist, dass die Krankenkassen für den **Einzug des Gesamtsozialversicherungsbeitrags** für die Kranken-, Pflege-, Renten- und Arbeitslosenversicherung zuständig sind. Sie teilen die Beiträge auf und leiten sie weiter.

Träger der gesetzlichen Krankenversicherung sind die Ortskrankenkassen, Ersatzkassen, Betriebskrankenkassen, Innungskrankenkassen, Landwirtschaftlichen Krankenkassen und die Bundesknappschaft. Als Körperschaften des öffentlichen Rechts (§ 4 SGB V) sind sie Teil der öffentlichen Verwaltung.

221060352

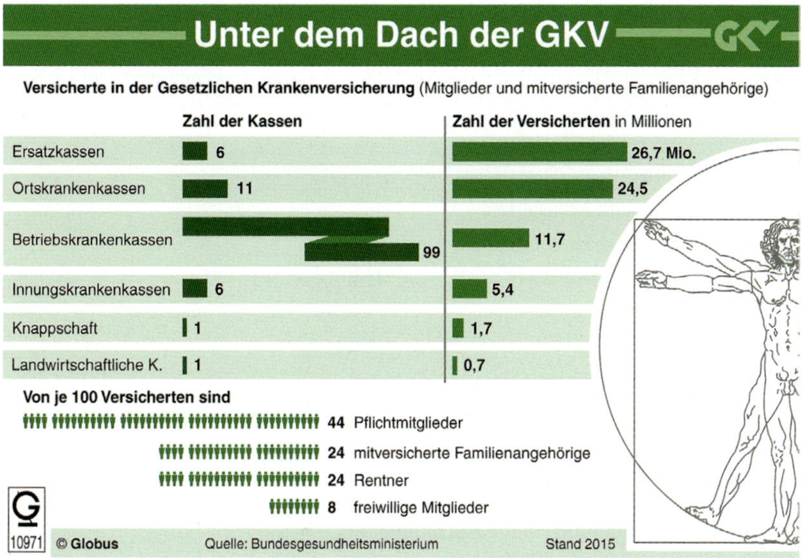

Nicht zur gesetzlichen Krankenversicherung gehört die – ebenfalls in viele Einzelkrankenkassen gegliederte – private Krankenversicherung, in der über acht Millionen Personen versichert sind.

Über den **versicherten Personenkreis** in der gesamten Sozialversicherung sagt § 2 SGB IV – Gemeinsame Vorschriften für die Sozialversicherung – (Auszug):

§ 2 SGB IV

(1) Die Sozialversicherung umfasst Personen, die kraft Gesetzes oder Satzung (Versicherungspflicht) oder aufgrund freiwilligen Beitritts oder freiwilliger Fortsetzung der Versicherung (Versicherungsberechtigung) versichert sind.

(2) In allen Zweigen der Sozialversicherung sind nach Maßgabe der besonderen Vorschriften für die einzelnen Versicherungszweige versichert

1. Personen, die gegen Arbeitsentgelt oder zu ihrer Berufsausbildung beschäftigt sind,
2. behinderte Menschen, die in geschützten Einrichtungen beschäftigt werden,
3. Landwirte,

...

(4) Die Versicherung weiterer Personengruppen in einzelnen Versicherungszweigen ergibt sich aus den für sie geltenden besonderen Vorschriften.

Eine solche besondere Vorschrift ist § 5 SGB V – Gesetzliche Krankenversicherung. Hier werden **krankenversicherungspflichtige** Personengruppen beschrieben. Für den Bereich einer Kommunalverwaltung sind insbesondere zu nennen: Arbeitnehmer einschließlich Auszubildende, Personen, die Arbeitslosengeld oder Unterhaltsgeld nach SGB III oder Arbeitslosengeld II nach SGB II beziehen, Studenten und Praktikanten. Bei Arbeitnehmern muss ein Beschäftigungsverhältnis gegen Entgelt vorliegen. Zum sozialversicherungspflichtigen Arbeitsentgelt gehören alle laufenden oder einmaligen Einnahmen aus einer Beschäftigung (§ 14 SGB IV), also neben den laufenden Entgeltzahlungen (Tabellenentgelt) insbesondere Zahlungen von Leistungsentgelt, vermögenswirksame Leistungen und die Jahressonderzahlungen.

Versicherungsfrei sind nach § 6 SGB V u. a. Beamte, Richter, Soldaten auf Zeit sowie Berufssoldaten der Bundeswehr sowie Arbeiter und Angestellte, deren regelmäßiges Jahresarbeitsentgelt die Jahresarbeitsentgeltgrenze (2019: 60 750,00 €) übersteigt und in drei aufeinanderfolgenden Kalenderjahren überstiegen hat.

Freiwillig versichern können sich Personen, die die Jahresarbeitsentgeltgrenze dauerhaft überschreiten, die aus der Familienversicherung ausscheiden oder geringfügig beschäftigt sind.

Die **Familienversicherung** ist eine Besonderheit der gesetzlichen Krankenversicherung: Unter bestimmten Umständen sind der Ehegatte, der Lebenspartner und die Kinder von Mitgliedern beitragsfrei mitversichert (§ 10 SGB V).

Nahezu alle **Leistungen der gesetzlichen Krankenkassen** sind gesetzlich vorgeschrieben. Diese **Pflichtleistungen** muss die Krankenkasse zur Verfügung stellen. Dies geschieht im Wesentlichen als Sachleistung (z. B. Medikamente) oder als Dienstleistung (ärztliche Behandlung), Geldleistungen wie z. B. das Krankengeld sind die Ausnahme.

Ausgewählte Ausgaben der gesetzlichen Krankenversicherung 2016	
Krankenhausbehandlung	35 %
Apothekenleistungen	20 %
ärztliche Behandlung	20 %
zahnärztliche Behandlung	7 %
Krankengeld	6 %
Netto-Verwaltungskosten	5 %

Vgl. GKV-Spitzenverband, www.gkv-spitzenverband.de

Daneben gibt es einige **Mehrleistungen,** die die Krankenkassen selbst gestalten können. Hierzu zählen u. a. ambulante Vorsorgekuren, die Gewährung erhöhter Zuschüsse für Rehabilitationskuren sowie die Kostenübernahme bei alternativen Heilmethoden und Zusatzimpfungen.

Die Krankenkassen informieren über ihre Leistungen im Internet.

Für die Personalverwaltung ist das **Krankengeld** von Bedeutung. Es beträgt in der Regel 70 % des Bruttoentgelts, maximal 90 % des Nettoarbeitsentgelts. Vom Krankengeld gehen Beiträge zur Renten-, Arbeitslosen- und Pflegeversicherung ab. Ist ein Beschäftigter arbeitsunfähig erkrankt, übernimmt zunächst der Arbeitgeber die Entgeltfortzahlung für sechs Wochen. Danach zahlt die Krankenkasse Krankengeld, und zwar wegen der gleichen Krankheit für längstens 78 Wochen innerhalb von drei Jahren – gerechnet vom Tage des Beginns der Arbeitsunfähigkeit an. Daneben zahlt der Arbeitgeber einen tariflichen Krankengeldzuschuss.

Der Beitragssatz (2019: 14,6 %) ist bundeseinheitlich festgelegt. Arbeitnehmer und Arbeitgeber bezahlen den Krankenversicherungsbeitrag je zur Hälfte. Allerdings gibt es einige Besonderheiten:

- Jede Krankenkasse kann einen Zusatzbeitrag erheben, insbesondere um finanzielle Engpässe auszugleichen.
- Familienangehörige ohne eigenes Einkommen sind in der GKV beitragsfrei mitversichert.
- Liegt das Entgelt eines Beschäftigten über der **Beitragbemessungsgrenze** (2019: 4 537,50 € monatlich), so wird der darüber liegende Entgeltanteil nicht mehr zur Bemessung der Versicherungsbeiträge herangezogen.

Die Finanzierung der GKV wurde zum Problem, als Arbeitslosigkeit und vor allem ein steigender Rentneranteil das Beitragsaufkommen nicht steigen ließen. Dies wäre aber dringend erforderlich, um die wachsenden Kosten zu decken. Der medizinische Fortschritt und die alternde Gesellschaft bringen auch in Zukunft höhere Krankheitskosten mit sich. Abhilfe schaffen sollte u. a. der 2009 eingeführte **Gesundheitsfonds**.

Das Bundesversicherungsamt verwaltet die Geldmittel der GKV im Gesundheitsfonds. Die bundeseinheitlich geregelten Krankenkassenbeiträge sowie staatliche Zuschüsse aus Steuermitteln sind die wesentlichen Einnahmequellen dieser Geldsammelstelle. Aus dem Gesundheitsfonds werden die gesetzlichen Krankenkassen finanziert. Für jeden Versicherten erhalten sie eine Pauschale. Hierbei werden Alter, Geschlecht und unterschiedliche Risikostruktur der Versicherten berücksichtigt. Benötigt eine Krankenkasse mehr Geld, kann sie einen Zusatzbeitrag erheben.

221060354

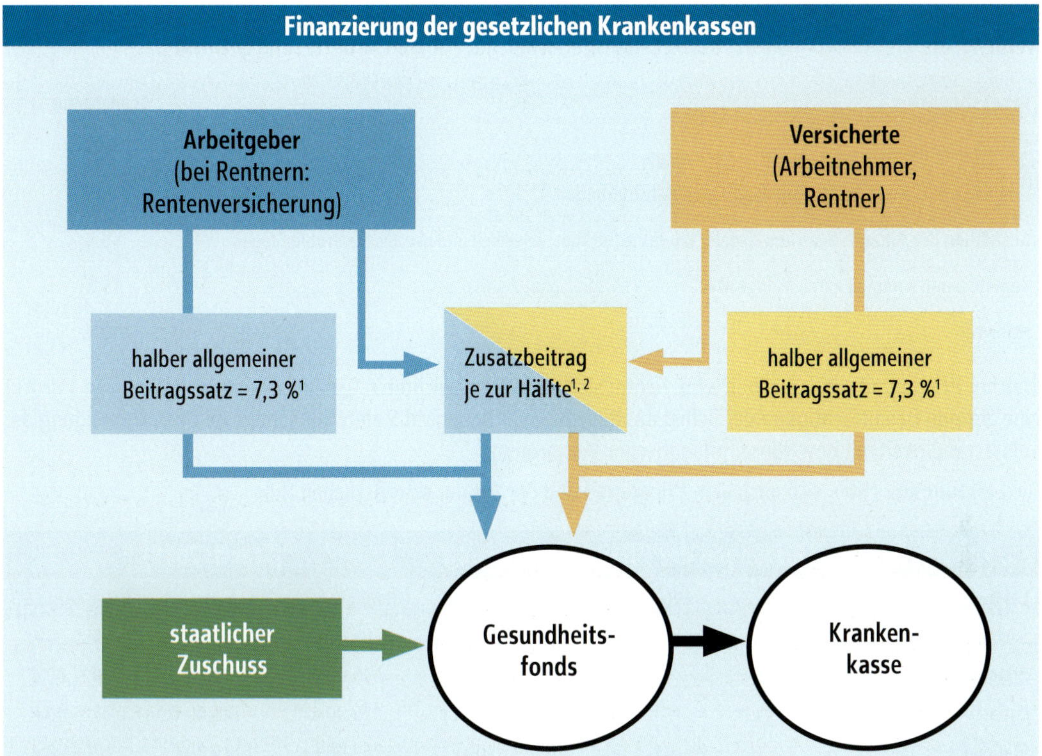

1 bis zur Beitragsbemessungsgrenze, 2019: 4 537,50 € monatlich

2 Der Zusatzbeitrag kann von der Krankenkasse festgelegt werden, wenn sie mit der Zuweisung aus dem Gesundheitsfonds nicht auskommt.

2.1.3 Pflegeversicherung

Die Pflegeversicherung ist im Elften Buch des Sozialgesetzbuchs – SGB XI – Soziale Pflegeversicherung – geregelt.

Die Pflegeversicherung hat die **Aufgabe,** das finanzielle Risiko der Pflegebedürftigkeit abzusichern. Sie soll Pflegebedürftigen ein möglichst selbstständiges und selbstbestimmtes Leben ermöglichen. In Deutschland sind über zwei Millionen Menschen auf Pflege angewiesen.

In der Pflegeversicherung besteht **Versicherungspflicht,** die an die Krankenversicherungspflicht anknüpft. „In den Schutz der sozialen Pflegeversicherung sind kraft Gesetzes alle einbezogen, die in der gesetzlichen Krankenversicherung versichert sind. Wer gegen Krankheit bei einem privaten Krankenversicherungsunternehmen versichert ist, muss eine private Pflegeversicherung abschließen“ (§ 1 Abs. 2 SGB XI).

„Träger der sozialen Pflegeversicherung sind die Pflegekassen; ihre Aufgaben werden von den Krankenkassen wahrgenommen“ (§ 1 Abs. 3 SGB XI).

Der **Grad der Pflegebedürftigkeit** eines Menschen hängt davon ab, wie viel Hilfe er im Alltag benötigt. Dabei werden mehr als 60 Merkmale aus sechs Lebensbereichen mit Punkten bewertet und gewichtet:

Lebensbereich	Gewichtung
Selbstversorgung	40 %
Umgang mit krankheits-/therapiebedingten Anforderungen	20 %
Gestaltung des Alltagslebens und sozialer Kontakte/Verhaltensweisen und psychische Problemlagen	15 %
Kognitive und kommunikative Fähigkeiten	15 %
Mobilität	10 %

Welcher Pflegegrad zugesprochen wird, richtet sich nach der gewichteten Gesamtpunktzahl. Pflegegrad 1 drückt eine geringe Beeinträchtigung der Selbstständigkeit aus, Pflegegrad 5 steht für schwerste Beeinträchtigung der Selbstständigkeit mit besonderer pflegerischer Versorgung.

Die **Leistungen** richten sich nach dem Pflegegrad und der Art der erforderlichen Hilfe.

Leistungen der Pflegeversicherung				(Stand: 2018)	
Leistung	**Pflegegrad 1**	**Pflegegrad 2**	**Pflegegrad 3**	**Pflegegrad 4**	**Pflegegrad 5**
Sachleistung/ambulante Pflege		689,00 €	1 298,00 €	1 612,00 €	1 955,00 €
Pflegegeld/ambulante Pflege		316,00 €	545,00 €	728,00 €	901,00 €
Entlastungsbeitrag/ambulante Pflege	125,00 €	125,00 €	125,00 €	125,00 €	125,00 €
Stationäre Pflege	125,00 €	770,00 €	1 262,00 €	1 775,00 €	2 005,00 €

Weitere Leistungen sind z. B. Kurzzeitpflege, Verhinderungspflege (bei Krankheit/Urlaub der Pflegeperson) sowie Maßnahmen zur Verbesserung des Wohnumfeldes und zur Förderung von Pflegewohngemeinschaften.

Pflegende Personen (häufig Angehörige) sind durch die Pflegeversicherung ab einem bestimmten zeitlichen Pflegeumfang rentenversichert. Außerdem besteht Unfallversicherungsschutz während der pflegerischen Tätigkeit.

Der **Beitrag** zur Pflegeversicherung beträgt grundsätzlich 3,05 % des sozialversicherungspflichtigen Einkommens. Bei Arbeitnehmern trägt der Arbeitgeber grundsätzlich die Hälfte. Kinderlose Mitglieder zahlen ab dem 23. Lebensjahr einen Beitragszuschlag von 0,25 Beitragssatzpunkten.

In Sachsen zahlen die Arbeitnehmer 0,5 % mehr, die Arbeitgeber 0,5 % weniger. Dieser Unterschied entstand 1995 bei Einführung der Pflegeversicherung. Damals verzichteten die Bundesländer – außer Sachsen – auf einen gesetzlichen Feiertag, der stets auf einen Werktag fällt. Der zusätzliche Arbeitstag sollte damals die Kosten des Arbeitgeberanteils ausgleichen. 2019 gelten folgende Beitragssätze: Arbeitnehmer ohne Beitragszuschlag: 1,525 % (Sachsen: 2,025 %), Arbeitnehmer mit Beitragszuschlag: 1,775 % (Sachsen: 2,275 %), Arbeitgeber: 1,525 % (Sachsen: 1,025 %).

2.1.4 Rentenversicherung

Die gesetzliche Rentenversicherung ist die Grundlage der Alterssicherung. Allerdings kann langfristig der gewohnte Lebensstandard im Alter nur mit zusätzlicher betrieblicher bzw. privater Altersvorsorge annähernd aufrechterhalten werden. Die Lebenserwartung steigt und den Beitragszahlern stehen künftig immer mehr Rentenempfänger gegenüber. Deshalb werden die betriebliche und die private Alterssicherung immer wichtiger. Gesetzliche Rentenversicherung und betriebliche Altersvorsorge sind in der Personalverwaltung von besonderer Bedeutung.

2.1.4.1 Gesetzliche Rentenversicherung

Die **gesetzliche Rentenversicherung** ist im Sechsten Buch des Sozialgesetzbuchs – SGB VI – Gesetzliche Rentenversicherung – geregelt. Sie ist das größte soziale Sicherungssystem in der Bundesrepublik. In vielen Reformschritten ist sie aus dem Gesetz über die Invaliditäts- und Altersversicherung (1889) hervorgegangen. Ihre Leistungen haben sich von einem bloßen Zuschuss zum allgemeinen Lebensbedarf zur maßgeblichen Grundlage für ein finanziell gesichertes Alter entwickelt.

Die Zahlung von Alters- und Hinterbliebenenrenten gehört zu den zentralen **Aufgaben** der gesetzlichen Rentenversicherung. Sie soll auch die Erwerbsfähigkeit kranker und behinderter Versicherter durch Leistungen zur medizinischen Rehabilitation bzw. zur Teilhabe am Arbeitsleben positiv beeinflussen und – wenn möglich – wiederherstellen.

Träger der gesetzlichen Rentenversicherung sind

- die Deutsche Rentenversicherung Bund,
- die Regionalträger, z. B. die Deutsche Rentenversicherung Mitteldeutschland, Westfalen oder Rheinland-Pfalz,
- die Deutsche Rentenversicherung Knappschaft (zuvor Knappschaft-Bahn-See) sowie
- die Sozialversicherung für Landwirtschaft, Forsten und Gartenbau

Die Rentenversicherungsträger sind Körperschaften des öffentlichen Rechts mit Selbstverwaltung.

Versicherungspflichtig sind bis auf wenige Ausnahmen alle Arbeitnehmerinnen und Arbeitnehmer (einschließlich der Auszubildenden). Auch Landwirte, selbstständige Handwerker und Künstler sind in der Rentenversicherung grundsätzlich pflichtversichert. Wer eine Entgeltersatzleistung wie Krankengeld, Verletztengeld oder Arbeitslosengeld I bezieht, ist während des Leistungsbezugs versicherungspflichtig. Für die Erziehung eines Kindes in den ersten drei Lebensjahren ist die Erziehungsperson ohne eigene Beitragszahlung pflichtversichert. Daneben gibt es weitere Gruppen von Pflichtversicherten. Alle Selbstständigen, die nicht kraft Gesetzes versicherungspflichtig sind, können die Versicherung in der Rentenversicherung beantragen. Die Versicherungspflicht (nicht die Beitragshöhe) ist unabhängig von der Einkommenshöhe; eine Jahresarbeitsentgeltgrenze (wie in der Krankenversicherung) gilt für die Rentenversicherung nicht. **Versicherungsfrei** kraft Gesetzes sind Beamte, Richter, Berufs- und Zeitsoldaten. Eine Beschäftigung kann wegen ihrer kurzen Dauer oder wegen der geringen Höhe ihres Arbeitsentgelts geringfügig und damit versicherungsfrei sein. **Leistungen** aus der Rentenversicherung setzen voraus, dass der Versicherte mindestens eine Zeit lang der Versicherung angehört hat (Wartezeit). Die allgemeine Wartezeit von fünf Jahren mit Beitragszeiten und Ersatzzeiten (z. B. Studienzeiten) ist Voraussetzung für den Anspruch auf die Regelaltersrente, die Renten wegen Erwerbsminderung und die Renten der Hinterbliebenen. Für die anderen Renten sind die Wartezeiten höher. Die Höhe der persönlichen Rente richtet sich in erster Linie nach der Zahl der Beitragsjahre und der Höhe der versicherungspflichtigen Arbeitsentgelte.

Beansprucht der Versicherte eine **Rente wegen Alters,** so muss er zunächst die „Regelaltersgrenze" erreicht haben. Diese lag bis 2011 bei 65, bei schwerbehinderten Menschen bei 63 Jahren. **Langjährig Versicherte** (Wartezeit 35 Jahre) können die Rente vorziehen. Um aber die höhere Belastung der Rentenversicherung aufgrund der längeren Rentenbezugsdauer auszugleichen, wird die monatliche Rente für jeden Monat des vorgezogenen Rentenbezugs vor Vollendung des 65. (bei Schwerbehinderten des 63.) Lebensjahres um einen Abschlag von 0,3 % verringert. Wird die Rente um fünf Jahre (60 Monate) vorgezogen, ergibt sich somit ein Abschlag von 18 % für die gesamte Rentenbezugsdauer.

Das Rentenversicherungs-Altersgrenzenanpassungsgesetz sieht eine stufenweise Anhebung der Regelaltersgrenze vom 65. auf das 67. Lebensjahr vom Jahr 2012 an bis zum Jahr 2029 und entsprechende Anhebungen bei anderen Renten vor. Der Beginn der Altersrente verschiebt sich daher jährlich um einen bzw. zwei Monate; 2019 liegt die Regelaltersgrenze bei 65 Jahren und acht Monaten.

Besonders langjährig Versicherte (Wartezeit 45 Jahre) können seit 2014 bereits ab 63 Jahren abschlagsfrei „in Rente gehen". Diese Vergünstigung wird aber schrittweise abgebaut, denn für die zwischen 1953 und 1963 Geborenen wird die Regelaltersgrenze langsam wieder auf 65 Jahre angehoben.

Renten wegen verminderter Erwerbsfähigkeit sollen Einkommen ersetzen, wenn die Erwerbsfähigkeit des Versicherten eingeschränkt oder ganz weggefallen ist. Diese Renten werden längstens bis zum Beginn der Regelaltersrente gezahlt. Außerdem werden Witwen- und Waisenrenten gezahlt. **Weitere Leistungen** der gesetzlichen Rentenversicherung sind Leistungen zur medizinischen Rehabilitation und zur Teilhabe am Arbeitsleben, Zahlung von Teil-Beiträgen zur Kranken- und Pflegeversicherung der Rentner sowie Aufklärung und Beratung der Versicherten, Rentner und Arbeitgeber.

Die **Beiträge** zur allgemeinen Rentenversicherung für versicherungspflichtige Arbeitnehmer werden von ihnen und ihren Arbeitgebern grundsätzlich je zur Hälfte getragen. Der Beitragssatz liegt bei 18,6 % des Bruttoverdienstes (Stand 2019).

Bei der Berechnung ist die **Beitragsbemessungsgrenze** von 6 700,00 € (West) und 6 150,00 € (Ost) monatlich zu beachten (Stand 2019). Für die Teile des Arbeitsentgelts oberhalb der Beitragsbemessungsgrenze werden keine Beiträge erhoben, aber auch keine Rentenansprüche erworben. Das Überschreiten der Beitragsbemessungsgrenze ändert nichts an der Versicherungspflicht.

Die Beitragseinnahmen der gesetzlichen Rentenversicherung reichen allerdings zur Finanzierung der Ausgaben nicht aus, weil die Rentenversicherung auch gesamtgesellschaftliche Aufgaben erfüllt (z. B. Familienförderung). Deshalb kommen erhebliche Mittel aus dem Bundeshaushalt hinzu.

Grundprinzip der **Finanzierung** des Rentensystems ist das **Umlageverfahren:** Die aktuellen Aufwendungen der Rentenversicherung werden aus den aktuellen Einnahmen bestritten. Dieses Prinzip hat man auch als **„Generationenvertrag"** bezeichnet. Man meint damit, dass jeweils die Generation der aktiv Arbeitenden die zur gleichen Zeit auszuzahlenden Renten für die Generation der Rentner finanziert. Sind die aktiv Arbeitenden später selbst Rentner, kommen für ihre Rente die nachfolgenden Generationen auf. Es wird also kein Kapital zurückgelegt, aus dem später Renten bezahlt werden, sondern die Einnahmen dienen unmittelbar zur Finanzierung der gegenwärtigen Ausgaben.

Die **Finanzierung** dieses Systems setzt voraus, dass bei einer stetig wachsenden Zahl von Rentenempfängern mit steigender Lebenserwartung und steigenden Rentenansprüchen auch die Höhe der eingenommenen Beiträge in gleichem Umfang wächst. Dies scheitert aber an der nicht mitwachsenden Zahl der Beitragszahler, der zeitweise hohen Arbeitslosigkeit und den nicht genügend steigenden durchschnittlichen Arbeitseinkommen. Die folgenden Grafiken verdeutlichen das Finanzierungsproblem:

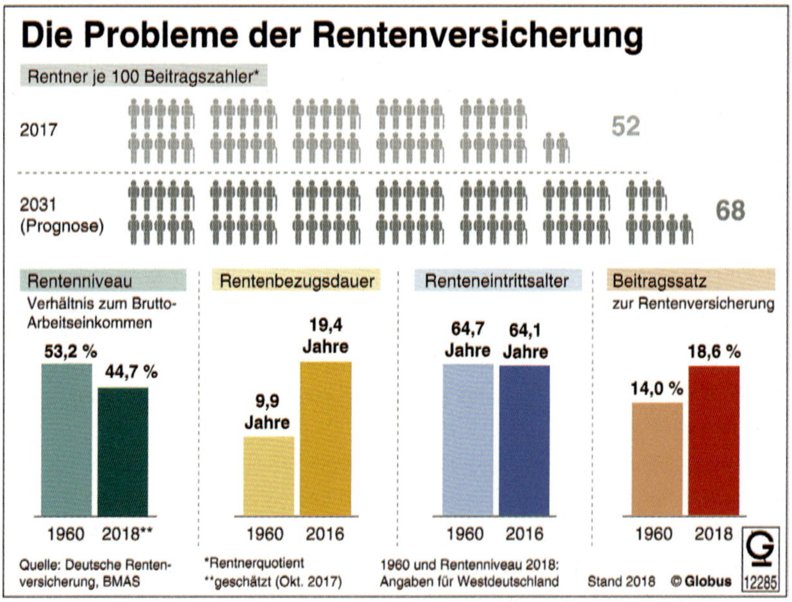

Ein Lösungsansatz ist die schrittweise **Erhöhung des Renteneintrittsalters.** Sie ist im Rahmen der Rentenreform gesetzlich geregelt.

2.1.4.2 Betriebliche Altersversorgung und private Altersvorsorge

Die Probleme der gesetzlichen Rentenversicherung erfordern eine zusätzliche Altersvorsorge, insbesondere für jüngere Menschen.

221060358

Die Alterssicherung stützt sich heute auf drei Säulen:

- die gesetzliche Rentenversicherung,
- die betriebliche Altersversorgung und
- die private Altersvorsorge.

Betriebliche Altersversorgung

Die betriebliche Altersversorgung (baV) nach dem Betriebsrentengesetz (BetrAVG) ist in der Privatwirtschaft grundsätzlich freiwillig und erfasst nur einen Teil der Beschäftigten, überwiegend in großen Unternehmen. Früher wurde sie durch freiwillige Zusage des Arbeitgebers begründet (Direktzusage), heute beruht sie zunehmend auf Tarifverträgen (Sozialpartnermodell). Auch nicht tarifgebundene Arbeitgeber und Beschäftigte können sie vereinbaren. Meistens werden die Beiträge durch steuerbegünstigte Umwandlung von Entgeltanteilen aufgebracht. Hierbei spart der Arbeitgeber aufgrund des niedrigeren Bruttoentgelts Sozialversicherungsbeiträge ein, die er der Altersversorgung zuführt und so an die Beschäftigten weitergibt. Die Betriebsrente wird durch die Bundesanstalt für Finanzdienstleistungsaufsicht (BaFin) überwacht.

Für den öffentlichen Dienst sehen § 25 TVöD und § 25 TV-L eine betriebliche Altersversorgung vor.

§ 25 TVöD

„Die Beschäftigten haben Anspruch auf Versicherung unter eigener Beteiligung zum Zwecke einer zusätzlichen Alters- und Hinterbliebenenversorgung nach Maßgabe des Tarifvertrags über die betriebliche Altersversorgung der Beschäftigten des öffentlichen Dienstes (Tarifvertrag Altersversorgung – ATV) bzw. des Tarifvertrags über die zusätzliche Altersvorsorge der Beschäftigten des öffentlichen Dienstes – Altersvorsorge-TV Kommunal (ATV-K) – in ihrer jeweils geltenden Fassung."

Die beiden genannten Tarifverträge gelten für Bund, Länder und Gemeinden bzw. deren über 30 Zusatzversorgungseinrichtungen.

Die Leistungen der Zusatzversorgung werden finanziert durch Umlagen der Arbeitgeber und Beiträge der Arbeitnehmer. Im Bereich der Versorgungsanstalt des Bundes und der Länder (VBL) beträgt der Arbeitgeberanteil 6,45 % und der Arbeitnehmeranteil 1,81 % (West) bzw. 4,25 % (Ost) des zusatzversorgungspflichtigen Einkommens.

Die Zusatzversorgung im öffentlichen Dienst orientiert sich an einem Punktemodell im Rahmen eines kapitalgedeckten Systems.

Die Beitragsleistung wird jährlich in altersabhängige Versorgungspunkte umgewandelt. In jüngeren Jahren geleistete Beiträge führen zu einer höheren Punktezahl, weil sie über einen längeren Zeitraum verzinst werden. Zusätzliche Punkte werden als soziale Komponente für Zeiten der Kindererziehung sowie im Falle einer Erwerbsminderung berücksichtigt. Für die Rentenzahlung werden die Versorgungspunkte mit einem Messbetrag in eine monatliche Betriebsrente umgerechnet. Nach Schätzungen verfügen mehr als die Hälfte aller sozialversicherungspflichtig Beschäftigten in Deutschland über eine Betriebsrentenanwartschaft.

Private Altersvorsorge

Die zusätzliche **private Altersvorsorge** kennt seit jeher viele Formen. Sie wird künftig immer wichtiger. Denn das Rentenniveau der gesetzlichen Rentenversicherung wird längerfristig weiter sinken. Der Generationenvertrag „Junge zahlen für Alte" bietet also keine Wohlstandsgarantie, er könnte zur „Wohlstandsillusion" werden. Jeder sollte daher zusätzlich individuelle Formen der Vorsorge nutzen, um dieses Defizit auszugleichen.

Im Rahmen der sogenannten **Riester-Förderung** (so bezeichnet nach dem früheren Bundessozialminister Walter Riester) unterstützt der Staat den Aufbau einer zusätzlichen kapitalgedeckten Altersvorsorge. Gefördert werden nur Beiträge zu zertifizierten Altersvorsorgeverträgen, z. B. in Zusammenhang mit „klassischen" oder fondsgebundenen privaten Rentenversicherungen, bestimmten Bank- oder Fondssparplänen sowie Bausparverträgen. Jedes „Finanzprodukt" muss durch das Bundeszentralamt für Steuern zertifiziert und damit für steuerlich förderfähig erklärt worden sein.

Die „Riester-Förderung“ besteht aus Grundzulagen, Kinderzulagen sowie eventuellen Steuerersparnissen durch Sonderausgabenabzug. Die Ansparbeträge sind damit nur teilweise vom Sparer aufzubringen. Diesen Vorteilen steht die „nachgelagerte“ Besteuerung der lebenslangen Rente gegenüber.

„Riester-Verträge“ werden häufig wegen ihrer Kompliziertheit kritisiert, ihre Rentabilität wird manchmal in Frage gestellt. Vor dem Vertragsabschluss ist daher eine neutrale Beratung, z. B. durch die Verbraucherzentrale, zu empfehlen.

Die gesetzliche Rentenversicherung informiert unter www.deutsche-rentenversicherung.de, die VBL informiert über die zusätzliche Altersvorsorge für den öffentlichen Dienst unter www.vbl.de.

2.1.5 Arbeitslosenversicherung

Die Arbeitslosenversicherung ist geregelt im Dritten Buch des Sozialgesetzbuchs (SGB III – Arbeitsförderung).

Die **Aufgaben** der Arbeitsförderung sind sehr differenziert. Nach § 1 SGB III sollen die Leistungen der Arbeitsförderung dazu beitragen, dass ein hoher Beschäftigungsstand erreicht und die Beschäftigungsstruktur ständig verbessert wird. Sie sollen das Entstehen von Arbeitslosigkeit vermeiden oder die Dauer der Arbeitslosigkeit verkürzen, indem sie z. B. die individuelle Beschäftigungsfähigkeit durch Erhalt und Ausbau von Kenntnissen und Fähigkeiten fördern. Die Leistungen sollen die finanziellen Folgen von Arbeitslosigkeit mindern und die Integration in den Arbeitsmarkt unterstützen.

In einem **Versicherungspflichtverhältnis** stehen nach § 24 SGB III Personen, die gegen Arbeitsentgelt oder zu ihrer Berufsausbildung beschäftigt sind oder nach § 26 SGB III aus sonstigen Gründen versicherungspflichtig sind.

Versicherungsfrei sind z. B. Beamte, Richter, Soldaten auf Zeit, Berufssoldaten sowie Personen in einer geringfügigen Beschäftigung.

Leistungen nach SGB III sind sowohl die Leistungen der Arbeitsförderung (z. B. Berufsberatung, Arbeitsvermittlung und Förderung der beruflichen Bildung) als auch das Arbeitslosengeld I (ALG I) als Entgeltersatzleistung im Rahmen der Arbeitslosenversicherung. Für diese Leistungen wurden Versicherungsbeiträge aufgebracht. Das Arbeitslosengeld I hängt in der Höhe wesentlich vom Arbeitseinkommen ab und wird je nach Dauer des Versicherungsverhältnisses und nach Lebensalter grundsätzlich bis zu 24 Monate gezahlt.

Besteht die Arbeitslosigkeit fort, schließt sich häufig das Arbeitslosengeld II (ALG II) an. Es ist im Zweiten Buch des SGB – Grundsicherung für Arbeit suchende – geregelt, setzt Erwerbsfähigkeit und Hilfsbedürftigkeit voraus und ist grundsätzlich am Bedarf und nicht am früheren Arbeitseinkommen orientiert. Der Hilfsbedürftige (bzw. die Bedarfsgemeinschaft, in der er lebt) muss eigenes Einkommen und Vermögen einsetzen. Das Arbeitslosengeld II ist eine staatliche Sozialleistung, keine Versicherungsleistung.

Die Bundesagentur für Arbeit finanziert sich aus **Beiträgen** und staatlichen Zuschüssen. Beschäftigte (einschließlich Auszubildende) und Arbeitgeber teilen sich die Beiträge je zur Hälfte. Der Beitragssatz liegt 2019 bei insgesamt 2,5 %. Die Höhe des Beitrages wird durch die Beitragsbemessungsgrenze [2019: 6 700,00 € (West) bzw. 6 150,00 € (Ost) monatlich] begrenzt. Die Arbeitgeber führen den Beitrag als Teil des Gesamtsozialversicherungsbeitrags monatlich an die Krankenkasse ab.

Träger der Arbeitsförderung ist die Bundesagentur für Arbeit (BA), eine Körperschaft des öffentlichen Rechts mit Selbstverwaltung. Sie erfüllt für Bürger, Unternehmen und Institutionen umfassende Dienstleistungsaufgaben für den Arbeits- und Ausbildungsmarkt. Hierzu verfügt sie über ein flächendeckendes Netz von Arbeitsagenturen und Geschäftsstellen. In einigen Kommunen tragen die Agentur für Arbeit und die Kommunalverwaltung gemeinsam eine Arbeitsgemeinschaft (ARGE), die Bezieher von Arbeitslosengeld II in der Kommune in Jobcentern betreut und vermittelt.

Die Bundesagentur für Arbeit informiert im Internet unter www.arbeitsagentur.de.

221060360

2.1.6 Unfallversicherung

Die gesetzliche Unfallversicherung ist im Siebten Buch des Sozialgesetzbuchs – SGB VII – Gesetzliche Unfallversicherung – geregelt.

Sie besteht seit 1884 und gehört zu den ersten sozialen Absicherungen für Arbeitnehmer. Ihr liegt das Prinzip zugrunde, die Haftung der Unternehmer für Schäden gegenüber ihren Beschäftigten durch die gesetzliche Pflichtversicherung abzulösen.

Heute ist es **Aufgabe** der Unfallversicherung, Arbeitsunfälle und Berufskrankheiten sowie arbeitsbedingte Gesundheitsgefahren zu verhüten sowie nach Eintritt von Arbeitsunfällen oder Berufskrankheiten die Gesundheit und die Leistungsfähigkeit der Versicherten wiederherzustellen und sie bzw. ihre Familien durch Geldleistungen zu entschädigen (§ 1 SGB VII).

Träger der gesetzlichen Unfallversicherung sind insbesondere die gewerblichen und landwirtschaftlichen Berufsgenossenschaften, die staatlichen Unfallkassen sowie die Gemeindeunfallversicherungsverbände und Unfallkassen einzelner Kommunen.

Die kommunalen Träger versichern auch Schüler, Kinder in Tageseinrichtungen, ehrenamtlich Tätige und kommunale Mandatsträger (finanziert aus Steuermitteln) sowie Haushaltshilfen in Privathaushalten.

Das Risiko eines Arbeitnehmers, einen Arbeitsunfall zu erleiden oder berufsbedingt zu erkranken, ist je nach der beruflichen Tätigkeit unterschiedlich hoch. Die Versicherungsträger berücksichtigen dies in unterschiedlichen Gefahrentarifen. Nach einem Arbeitsunfall würde der betroffene Arbeitnehmer grundsätzlich vom Arbeitgeber Schadensersatz verlangen können. Die Unfallversicherung haftet nun anstelle des Arbeitgebers. Folglich sind nach § 150 SGB VII die Unternehmer **beitragspflichtig,** für die Versicherte tätig sind. Die versicherten Arbeitnehmer zahlen keinen Beitrag. Die Beiträge werden nach Ablauf des Kalenderjahres, in dem die Beitragsansprüche entstanden sind, in Form einer Umlage festgesetzt.

Pflichtversichert sind nach § 2 ff. SGB VII zahlreiche im Gesetz beschriebene Personengruppen, u. a. Beschäftigte, Kinder während des Besuchs einer Kindertagesstätte oder eines Kindergartens, Schüler während des Besuchs von allgemein- oder berufsbildenden Schulen, Studenten, Auszubildende, Landwirte, Pflegepersonen, Helfer bei Unglücksfällen, Helfer im Zivilschutz oder Katastrophenschutz, Blut- oder Organspender.

Versicherungsfrei sind insbesondere Personen, soweit für sie beamtenrechtliche Unfallfürsorgevorschriften oder entsprechende Grundsätze gelten.

Die **Leistungen** der gesetzlichen Unfallversicherung setzen immer einen **Versicherungsfall** voraus. Nach § 8 SGB VII sind dies Arbeitsunfälle und Berufskrankheiten. Zu den Arbeitsunfällen gehören auch die Wegeunfälle, d. h. die Unfälle beim Zurücklegen des mit der versicherten Tätigkeit zusammenhängenden unmittelbaren Weges zu und von dem Ort der Tätigkeit.

Leistungen sind insbesondere

- Heilbehandlung, Pflege,
- Leistungen zur Teilhabe am Arbeitsleben,
- Leistungen zur Teilhabe am Leben in der Gemeinschaft und ergänzende Leistungen,
- Geldleistungen.

Einkommensersatz- bzw. Entschädigungsleistungen in Geld sind Verletztengeld, Verletztenrente, Hinterbliebenenrente.

2.2 Vermögenswirksame Anlagen

Das Vermögen einer Person zu einem bestimmten Zeitpunkt besteht aus deren Sach- und Geldkapital, vermindert um die Summe der Schulden. Zum Vermögen privater Haushalte zählen:

- Geldvermögen
- Immobilienvermögen sowie
- Gebrauchsvermögen.

Ansprüche gegen die staatliche Sozialversicherung gehören zwar auch dazu, doch lässt sich deren Wert schwer bestimmen. Wohnungsvermögen macht etwa die Hälfte des Vermögens der privaten Haushalte aus. Die andere Hälfte stellt überwiegend Geldvermögen dar, nur ein kleiner Teil ist Gebrauchsvermögen (z. B. Fahrzeuge, Möbel). Die folgende Grafik zeigt die Verteilung des (um die Schulden bereinigten) Nettovermögens privater Haushalte aufgrund einer Befragung der Deutschen Bundesbank 2014.

Verteilung der Nettovermögen deutscher Haushalte

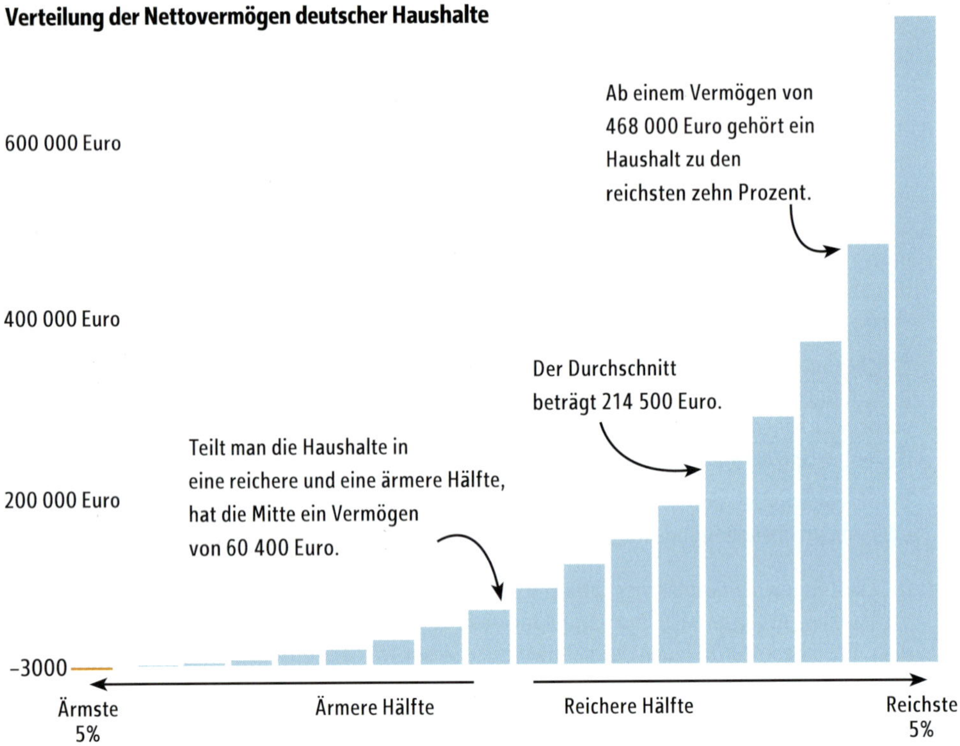

Quelle: Brunner, Katharina; Ebitsch, Sabrina: So ungleich ist Deutschland. In: Süddeutsche Zeitung. 26.09.2016. www.sueddeutsche.de/wirtschaft/vermoegensverteilung-so-ungleich-ist-deutschland-1.3169647 [27.08.2018].

Zum **Geldvermögen** gehören insbesondere

- Bausparguthaben (einschließlich Zinsen und staatliche Zulagen)
- Sparguthaben und sonstige Anlagen bei Banken und Sparkassen
- Wertpapiere (einschließlich Aktien und Investmentfonds)

Vermögen fördert – zusammen mit der allgemeinen und beruflichen Bildung einer Person – die individuellen Entwicklungschancen in der Gesellschaft. Es hilft auch, die Risiken des Lebens abzusichern, insbesondere im Alter. Eine gleichmäßigere Vermögensverteilung würde den meisten Menschen nützen.

In der letzten Zeit hat zwar das Vermögen der Haushalte stetig zugenommen, denn im Durchschnitt sparen die Deutschen über ein Zehntel ihres Einkommens. Jedoch hat nur der Teil der Haushalte vom Vermögenszuwachs profitiert, der ohnehin über großes Vermögen verfügen. Der Anteil der vermögensschwächeren Hälfte der Haushalte am Gesamtvermögen ging zurück, bei den schwächsten Haushalten wuchsen nur die Schulden.

221060362

2.2 Vermögenswirksame Anlagen

Die staatliche Vermögenspolitik bemüht sich um eine gerechtere Vermögensverteilung. Wann eine Verteilung gerecht oder ungerecht ist, kann kaum allgemeingültig festgestellt werden und ist letztlich politisch zu entscheiden. Es ist ein sozialpolitisches Ziel, Vermögen dort aufzubauen, wo niedrige Einkommen einen nachhaltigen Vermögensaufbau verhindern. Hierzu unterstützt der Staat bestimmte Formen der Vermögensanlage in Arbeitnehmerhand durch Arbeitnehmersparzulagen. Zum begünstigten Personenkreis gehören nach dem Vermögensbildungsgesetz (5. VermBG) u. a. Arbeitnehmer und Beamte (einschließlich Auszubildende, Teilzeitbeschäftigte und Aushilfen).

Nach § 23 TVöD haben alle Beschäftigten, deren Arbeitsverhältnis voraussichtlich mindestens sechs Monate dauert, einen Anspruch auf vermögenswirksame Leistungen.

Die vermögenswirksame Leistung (VL), nach TVöD 6,65 €, bekommt der Beschäftigte aber nicht ausgezahlt. Sie fließt in eine Vermögensanlage, z. B. in einen Sparvertrag, den er z. B. mit einer Bank oder Bausparkasse abschließt. Eine Durchschrift des Vertrags erhält der Arbeitgeber, der die VL nun monatlich in den Sparvertrag einzahlt, oft ergänzt um weitere freiwillige Sparbeträge des Beschäftigten. Die VL erhöht das Arbeitsentgelt, sie ist daher steuer- und sozialversicherungspflichtig. In der Entgeltabrechnung erscheint die VL des Arbeitgebers als Entgeltbestandteil und die vermögenswirksame Anlage als sonstiger (freiwilliger) Abzug.

Für welche Art von Sparvertrag soll der Arbeitnehmer sich entscheiden? In § 2 ff. 5. VermBG sind die förderfähigen Sparformen näher beschrieben. Dazu gehören insbesondere

- Bausparvertrag (einschließlich Entschuldung von Wohneigentum),
- Kapitallebensversicherungsvertrag (mit mindestens zwölfjähriger Laufzeit),
- Sparvertrag über Wertpapiere oder bestimmte andere Vermögensbeteiligungen (z. B. Investmentfonds),
- Wertpapierkaufvertrag,
- Banksparvertrag (Banksparplan).

Bei der **Auswahl** sind der Zweck der Anlage (z. B. Baufinanzierung), die Verzinsung der Sparbeträge (Rendite) und die Art und Höhe der staatlichen Förderung zu berücksichtigen. Die Förderung ist nur innerhalb von Einkommensgrenzen möglich, die relativ niedrig erscheinen. Allerdings beziehen sich die Grenzen auf das **zu versteuernde Einkommen**. Dieses entspricht – vor allem in Familien mit Kindern – einem wesentlich höheren Bruttoeinkommen.

Staatliche Förderung der Vermögensbildung der Arbeitnehmer

	Arbeitnehmersparzulage bei		Wohnungsbauprämie auf prämienbegünstigte Aufwendungen[1]
	Bausparvertrag	Beteiligungssparen	
Einkommensgrenze[2] für alleinstehende/verheiratete Arbeitnehmer	17 900,00 €/ 35 800,00 €	20 000,00 €/ 40 000,00 €	25 600,00 €/ 51 200,00€
Maximale Sparzulage bzw. Prämie	9 % Sparzulage ■ bei Anlage von 470,00 € (1 AN) = 42,30 € ■ bei Anlage von 940,00 € (2 AN) = 84,60 €	20 % Sparzulage ■ bei Anlage von 400,00 € (1 AN) = 80,00 € ■ bei Anlage von 800,00 € (2 AN) = 160,00 €	8,8 % Prämie ■ bei Anlage von 512,00 € (1 AN) = 45,06 € ■ bei Anlage von 1 024,00 € (2 AN) = 90,11 €

1 z. B. Einzahlungen auf Bausparverträge (keine vermögenswirksamen Leistungen)

2 zu versteuerndes Einkommen im Sparjahr

Bausparvertrag und Beteiligungssparen sind gleichzeitig für die Arbeitnehmersparzulage nutzbar. Wer weitere 512,00 € (Verheiratete 1 024,00 €) in den Bausparvertrag einzahlt, kann hierfür die maximale Wohnungsbauprämie zusätzlich erhalten (Stand: Mai 2018). Eine neue Eigenheimzulage für Familien („Baukindergeld") wurde 2018 eingeführt.

Die Förderung der Vermögensbildung der Arbeitnehmer ist nur innerhalb von Einkommensgrenzen möglich. Mit dem beruflichen Aufstieg könnten sie bald überschritten werden. Für die private Altersvorsorge gibt es aber weitere Fördermöglichkeiten, wie z. B. die **„Riester-Rente"**. Diese staatlich geförderte private Rente soll helfen, die wachsende Lücke zwischen Arbeits- und Renteneinkommen zu verkleinern. Sie ist besonders für Familien mit Kindern und gut verdienende Singles eine attraktive Möglichkeit der privaten Altersvorsorge (s. Kap. 2.1.4.2).

1 Vergleich von Verwaltungsbetrieben mit privatwirtschaftlichen Betrieben

Der Vergleich von Verwaltungsbetrieben mit privatwirtschaftlichen Betrieben wirft grundlegende Fragen auf:

- Welche Ziele verfolgen Verwaltungsbetriebe auf der einen und privatwirtschaftliche Betriebe auf der anderen Seite?
- Welche Eigenarten zeigen die Leistungen dieser Betriebe?
- In welcher Wettbewerbssituation befinden sich beide Betriebe?
- Welche Gegensätze lassen sich hinsichtlich der Einnahmen feststellen?

Auf der Basis dieser grundlegenden Fragestellungen lassen sich Merkmale ableiten, anhand derer ein Vergleich vorgenommen werden kann. Die Ausführungen zum Verwaltungsbetrieb konzentrieren sich auf die Kommunalverwaltung.

1.1 Ziele

Für die Betrachtung ist es sinnvoll, zwischen Sach- und Formalzielen zu unterscheiden.

Sachziele beschreiben die Leistungen des Betriebs. Sie geben an, was hergestellt wird, bestimmen also den sachlichen Zweck und somit das Absatzsortiment des Betriebs.

Das **Sachziel des kommunalen Verwaltungsbetriebs** ist es, kommunale Aufgaben zu erfüllen (Pflichtaufgaben und freiwillige Aufgaben). Zum Zwecke der Aufgabenerfüllung werden zahlreiche und sehr unterschiedliche Leistungen erbracht. Einen Überblick bieten die Produktpläne der Kommunen.

Das **Sachziel eines privatwirtschaftlichen Betriebs** ist es, bestimmte Sachgüter oder Dienstleistungen herzustellen und zu verkaufen. So zeigt sich z. B. das Sachziel einer Brauerei darin, zwei Biersorten, eine Sorte alkoholfreies Bier sowie zwei Sorten Biermischgetränke herzustellen und abzusetzen.

Formalziele beschreiben die Art und Weise (die Form) der Leistungserstellung. Sie geben an, wie die Sachziele erfüllt werden sollen.

Der **kommunale Verwaltungsbetrieb** verfolgt im Wesentlichen die folgenden **Formalziele:**

- Wirtschaftlichkeit
  Die Gemeindeordnungen verpflichten die kommunalen Verwaltungsbetriebe zu einer wirtschaftlichen und sparsamen Haushaltsführung. Es gilt, Verschwendung und Misswirtschaft zu vermeiden, indem ein optimales Verhältnis von Mitteleinsatz (z. B. Geld, Arbeitskraft) und Aufgabenerfüllung angestrebt wird. Dieses kann durch die Anwendung des ökonomischen Prinzips erreicht werden (s. LF 3, Kapitel 1.1).
- Rechtmäßigkeit
  Art. 20 Abs. 3 GG bindet die gesamte öffentliche Verwaltung an Recht und Gesetz. Die Verwaltung darf nur tätig werden, wenn sie dazu durch Gesetz ermächtigt ist (Gesetzesvorbehalt). Die Verwaltungsmaßnahmen dürfen keinem Gesetz widersprechen (Gesetzesvorrang).
- Bürger- und Kundenorientierung
  Da die Verwaltung im Dienste des Bürgers steht, strebt sie an, dessen Bedürfnisse und Wünsche bei der Leistungserstellung in besonderer Weise zu berücksichtigen. Die im Gemeindegebiet ansässigen Unternehmen sind ebenfalls eine bedeutende Kundengruppe, deren Interessen die Verwaltung bei der Gestaltung des Leistungsprozesses beachten muss.
- Mitarbeiterorientierung
  Die Qualität vieler kommunaler Dienstleistungen wird bestimmt von der Sachkenntnis, der Einsatzbereitschaft und dem Verantwortungsbewusstsein der Personen, die sie erbringen. Nach dem Grundsatz, dass zufriedene Mitarbeiter die besseren Mitarbeiter sind, muss sich die moderne Kommunalverwaltung auch darum bemühen, die Bedürfnisse und Wünsche ihrer Beschäftigten bei der Aufgabenerfüllung zu berücksichtigen.
- Umweltfreundlichkeit
  Es gehört zu den Aufgaben der Kommunalverwaltung, die dem Umweltschutz dienende Gesetzgebung des Bundes und der Länder auszuführen (z. B. in den Bereichen des Abfall- und Wasserrechts oder des Immissionsschutzes). In diesem Rahmen muss sie u. a. dafür sorgen, dass Bürger und Unternehmen umweltgerecht handeln. Insoweit ist ihr Sachziel betroffen. Das Formalziel Umweltfreundlichkeit erfordert ein Engagement

innerhalb des eigenen Bereichs. Der kommunale Verwaltungsbetrieb soll bei der Aufgabenerfüllung umweltschonend vorgehen, indem er z. B. Güter mit besonderen Umweltvorteilen beschafft und verwendet, sparsam mit Energie, Wasser und Materialien umgeht oder Maßnahmen zur Verringerung der Abfallmenge und -schädlichkeit ergreift.

Wichtige **Formalziele moderner privatwirtschaftlicher Betriebe** sind

- Gewinnmaximierung,
- Kundenorientierung,
- Mitarbeiterorientierung,
- Umweltfreundlichkeit.

Die Gewinnmaximierung nimmt in der Hierarchie der Sach- und Formalziele eine dominierende Stellung ein. Sie ist Ausgangspunkt und Antriebskraft für die unternehmerische Erwerbstätigkeit und hat entscheidende Auswirkungen auf das Sachziel des privatwirtschaftlichen Betriebs. Es verbleiben in der Regel nur solche Produkte im Absatzsortiment, die sich gegen Konkurrenzangebote durchsetzen können und gewinnbringend verkaufen lassen. Wenn z. B. eine Brauerei feststellt, dass die Nachfrage nach einer Biersorte nachlässt, kann sie diese Sorte vom Markt nehmen und ein neues Produkt entwickeln, das den Bedürfnissen der Kunden näher kommt, etwa ein neues Biermischgetränk. Das Streben von Unternehmen, durch wirtschaftliche Betätigung einen möglichst hohen Gewinn zu erzielen, ist Ausdruck des **erwerbswirtschaftlichen Prinzips**.

Das Absatzsortiment eines privatwirtschaftlichen Betriebs, sein Sachziel, steht also in ursächlichem Zusammenhang mit der Anwendung des erwerbswirtschaftlichen Prinzips. Demgegenüber ergibt sich das „Absatzsortiment" der Kommunalverwaltung aus ihrer Verpflichtung, dem **Gemeinwohl** zu dienen. Dabei handelt sie nach dem **Bedarfsdeckungsprinzip.** Das heiß, sie strebt an, durch ihre Aktivität den Bedarf der Bürgerinnen und Bürger an öffentlichen Gütern (z. B. Sicherheit, Bildung, Personennahverkehr) bestmöglich zu decken. Die Ausgaben für die Bereitstellung dieser Güter bestimmen den Finanzbedarf, der durch Einnahmen zu decken ist. Gewinn ist nicht beabsichtigt.

Der Unternehmer hat die Möglichkeit, sein Sachziel frei zu bestimmen **(Autonomieprinzip)**. Demgegenüber ist das Leistungsangebot des kommunalen Verwaltungsbetriebs durch die Vorgabe zahlreicher Pflichtaufgaben überwiegend fremdbestimmt. Handlungsspielräume ergeben sich lediglich im Bereich der freiwilligen Aufgaben.

Bei privatwirtschaftlichen Betrieben lässt sich von einer Zielhierarchie sprechen, an deren Spitze das Formalziel Gewinnmaximierung steht. Die anderen Ziele haben dienende Funktion, was am Beispiel des Sachziels bereits erläutert wurde. Deutlich wird dies auch bei einer Betrachtung des Ziels Kundenorientierung. Privatwirtschaftliche Betriebe, die es daran mangeln lassen, gefährden ihr Gewinnziel, weil sie von den Kunden mit sinkender Nachfrage „bestraft" werden.

Hinsichtlich der Zielbeziehungen beim kommunalen Verwaltungsbetrieb gibt es – auch bedingt durch politische Einflüsse – keine einheitliche Rangordnung.

Der Anspruch des Verwaltungsbetriebs, alle Formalziele gleichzeitig zu verwirklichen, kann zu einem **Zielkonflikt** führen. Das ist eine Problemlage, die sich ergibt, wenn zwei oder mehr Ziele schwer miteinander zu vereinbaren sind. Wer seine Aufgaben bürgerorientiert erfüllen will, muss z. B. bereit sein, längere Öffnungszeiten zu bieten als die Verwaltung alter Prägung. Daraus resultieren möglicherweise höhere Personalausgaben und neue Personaleinsatzpläne, die nicht den ungeteilten Zuspruch der Mitarbeiter finden. Die Formalziele Bürgerfreundlichkeit auf der einen Seite sowie Wirtschaftlichkeit und Mitarbeiterorientierung auf der anderen Seite stehen sich in diesem Fall konträr gegenüber. Bei einem Zielkonflikt müssen die Entscheidungsträger einem Ziel Vorrang (Priorität) einräumen. Die Mitarbeiter müssen bereit sein, sinnvolle Veränderungen mitzutragen und Kompromisse einzugehen.

Leitbilder

Sowohl die Privatwirtschaft als auch öffentliche Verwaltungen nutzen zunehmend die Möglichkeit, ihre Sach- und Formalziele in Leitbildern zu dokumentieren. Leitbilder beschreiben in relativ knapper Form den „Sinn" oder die

„Philosophie“ von Organisationen. Sie sollen einen Beitrag dazu leisten, die Ziele der Organisation bekannt zu machen und zu verwirklichen. Auch einzelne Organisationseinheiten verfassen Leitbilder, z. B. die Bürgerdienste der Stadt Dortmund (vgl. www.dortmund.de/de/rathaus_und_buergerservice/buergerdienste/service_bd/leitbild/index.html).

Leitbilder haben die folgenden Funktionen:

- Sie zeigen die wichtigsten Ziele und sollen helfen, diese in der täglichen Arbeit umzusetzen. Sie sind richtungsweisend, indem sie eine einheitliche Grundauffassung über das Verhalten der Mitarbeiter beschreiben **(Orientierungsfunktion)**.
- Sie zielen darauf ab, die Organisation zu verändern und eine neue Organisationskultur herbeizuführen **(Transformationsfunktion)**.
- Sie sollen dazu beitragen, dass sich die Mitarbeiter stärker und verantwortlicher für die Ziele der Organisation einsetzen **(Motivationsfunktion)**.
- Sie leisten einen Beitrag zu einer besseren Öffentlichkeitsarbeit. Leitbilder sollen auch nach außen vermitteln, wie sich die Organisation selbst versteht, welche Ziele sie verfolgt und was sie anderen verspricht **(Informationsfunktion)**.
- Die Mitarbeiter sollen ein „Wir-Bewusstsein“ entwickeln, d. h., sie sollen sich mit ihrer Organisation, deren Selbstverständnis und Zielen identifizieren. Darüber hinaus soll ein Gefühl der Zusammengehörigkeit entstehen **(Identifizierungsfunktion)**.

Leitbilder entstehen entweder von oben nach unten (Top-Down-Strategie) oder allmählich aus einem Diskussionsprozess von unten nach oben (Bottom-Up-Strategie). Wird das Leitbild von den Führungskräften entwickelt, müssen Wege gefunden werden, es „in die Köpfe und Herzen“ der Mitarbeiter gelangen zu lassen. Bei der Bottom-Up-Strategie ist der Aufwand zunächst größer, aber auch die Chance, dass das Leitbild allgemein akzeptiert wird.

1.2 Art der Leistung

Das Ergebnis des betrieblichen Produktionsprozesses (Output) kann aus Sachgütern oder aus Dienstleistungen bestehen. Im Gegensatz zu Sachgütern sind Dienstleistungen immaterieller Natur (s. LF 3, Kapitel 2). Verfolgt man Herstellung und Verkauf eines Produkts, wird die **Arbeitsteilung innerhalb einer Volkswirtschaft** deutlich. Es lassen sich im Wesentlichen drei Wirtschaftbereiche unterscheiden, die an diesem Prozess beteiligt sind.

Bereiche der Wirtschaft		
Urerzeugung (primärer Sektor)	**Weiterverarbeitung (sekundärer Sektor)**	**Handel und andere Dienstleistungen (tertiärer Sektor)**
■ Land- und Forstwirtschaft ■ Fischerei ■ Bergbau	■ Industrie ■ Handwerk	■ Handel ■ Versicherungen ■ Kreditwirtschaft ■ Transportwirtschaft ■ weitere private Dienstleister ■ die öffentliche Verwaltung

Der Output privatwirtschaftlicher Betriebe besteht aus Sachgütern oder Dienstleistungen, je nachdem, in welchem Bereich der Wirtschaft der Betrieb angesiedelt ist. Der Output des kommunalen Verwaltungsbetriebs besteht zum größten Teil aus **Dienstleistungen,** die Kollektivbedürfnisse decken. Die Gewährleistung von Sicherheit und Ordnung, Bildung, Gesundheit, Umweltschutz, Hygiene, Mobilität oder Existenzsicherung schafft die Voraussetzungen für das wirtschaftliche Handeln der Bürger und Unternehmen im Gemeindegebiet (s. LF 3, Kapitel 2).

Privatwirtschaftliche Betriebe erstellen ausschließlich marktfähige Sachgüter und Dienstleistungen. Diese werden auf Märkten angeboten und gehandelt. Die Dienstleistungen des kommunalen Verwaltungsbetriebs sind überwiegend nichtmarktfähig (s. LF 3, Kapitel 2).

221060366

1.3 Wettbewerbssituation

Wettbewerb entsteht, wenn mehrere Anbieter mit gleichartigen Produkten um die Gunst der Kunden ringen. Die Anbieter versuchen, sich gegenseitig zu übertreffen, z. B. indem sie günstigere Preise oder eine bessere Qualität bieten als die Konkurrenten. Privatwirtschaftliche Betriebe, die sich im Wettbewerb nicht behaupten können, sind in ihrer Existenz gefährdet.

Demgegenüber ist der kommunale Verwaltungsbetrieb keinem Bestandsrisiko ausgesetzt. Bedingt durch gesetzliche Zuständigkeitsregelungen ist er häufig alleiniger Anbieter im Gemeindegebiet und somit konkurrenzlos (s. LF 3, Kapitel 3.1.6). Allerdings muss er sich zumindest mit seinen marktfähigen Leistungen dem Wettbewerb stellen. Mit seinen nichtmarktfähigen Leistungen ist er hingegen keinem Leistungswettbewerb ausgesetzt.

1.4 Einnahmen

Hauptsächliche Einnahmequelle privatwirtschaftlicher Betriebe sind die Erlöse aus dem Verkauf der hergestellten Sachgüter und Dienstleistungen (Umsatzerlöse). Davon müssen die laufenden Ausgaben bestritten werden. Darüber hinaus müssen die Umsatzerlöse hoch genug sein, damit auch der angestrebte Gewinn erwirtschaftet werden kann.

Die Einnahmenseite der Kommunen ist differenzierter, sie wird deshalb ausführlicher dargestellt.

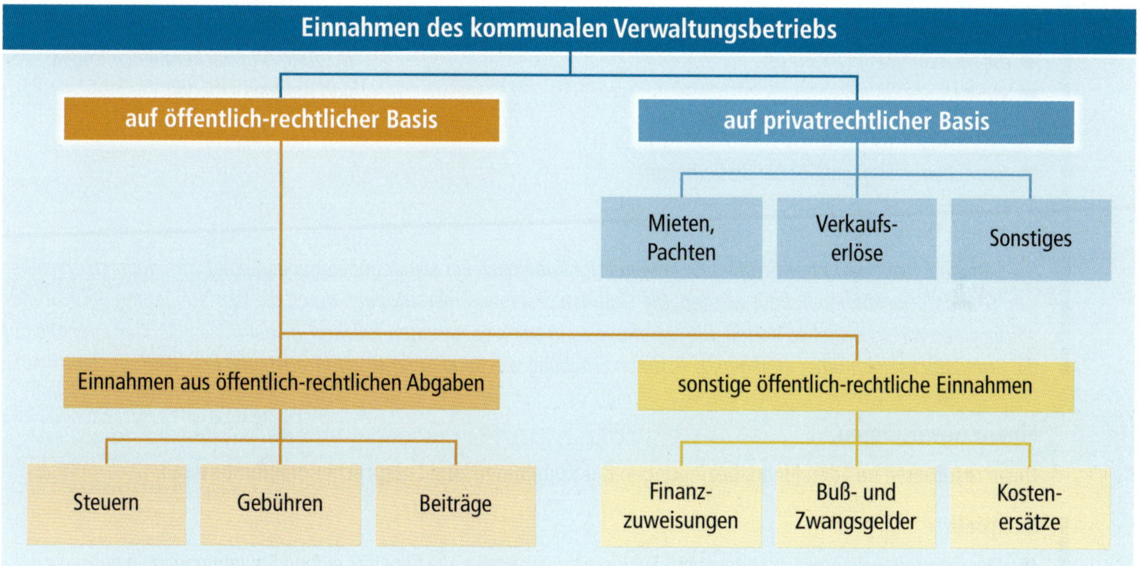

Einnahmen auf öffentlich-rechtlicher Basis

Sie beruhen im Wesentlichen auf Verwaltungsakten (z. B. Steuerbescheid, Gebührenbescheid). Darin kommt hoheitliches Handeln im Rahmen eines Über- und Unterordnungsverhältnisses zum Ausdruck.

Steuern

Eine Steuer ist nach § 3 AO eine Geldleistung, die ein öffentlich-rechtliches Gemeinwesen ohne besondere Gegenleistung zur Erzielung von Einnahmen allen auferlegt, die bestimmte Tatbestandsmerkmale erfüllen.

- Grundsteuer,
- Gewerbesteuer,
- örtlichen Verbrauch- und Aufwandsteuern wie Hunde-, Vergnügungs-, Zweitwohnungs- und Jagdsteuer.

Die Umsatz- und die Einkommensteuer sind aufgrund ihres hohen Aufkommens Gemeinschaftssteuern. Die Kommunen erhalten 2,2 % der Umsatzsteuereinnahmen, 15 % der Einkommensteuereinnahmen und 12 % der Einnahmen aus der Abgeltungssteuer.

Gebühren und Beiträge

Eine Gebühr ist eine Entgelt, das ein öffentlich-rechtliches Gemeinwesen von einer Person für eine erbrachte öffentliche Leistung (Amtshandlung - Verwaltungsgebühr) oder für die Nutzung einer öffentlichen Einrichtung oder Anlage erhebt (Benutzungsgebühr). Ein Beitrag ist eine Geldleistung, die ein öffentlich-rechtliches Gemeinwesen als Gegenleistung für eine besondere öffentliche Leistung von einer Mehrzahl begünstigter Personen erhebt, und zwar ohne Rücksicht auf die tatsächliche Inanspruchnahme der Leistung.

Beispiele für Verwaltungsgebühren

- *Führerscheingebühren*
- *Jagdscheingebühren*
- *Mahngebühren*
- *Reisepassgebühren*
- *Baugebühren*

Verwaltungsgebühren werden für Amtshandlungen erhoben.

Beispiele für Benutzungsgebühren

- *Abwassergebühren*
- *Abfallbeseitigungsgebühren*
- *Straßenreinigungsgebühren*
- *Friedhofsgebühren*
- *Jahresbenutzungsgebühr bei Bibliotheken*

Benutzungsgebühren werden für die Nutzung öffentlicher Einrichtungen und Anlagen erhoben.

Beispiele für Beiträge

Die Gemeinde baut eine neue Straße und erweitert ihr Kanalnetz. Ein bisher abgelegenes Gebiet wird dadurch erschlossen, Grundstücke können bebaut werden. Die Grundstückseigentümer erlangen durch die Wertsteigerung ihrer Grundstücke einen wirtschaftlichen Vorteil. Die Kommune kann einen bestimmten Teil ihrer Investitionsausgaben einmalig auf die Grundstückseigentümer umlegen, z. B. durch Erhebung von Kanalanschlussbeiträgen und Erschließungsbeiträgen.

Finanzzuweisungen

Diese resultieren aus den Finanzbeziehungen der Kommunen zum entsprechenden Bundesland.

Beispiele

- *allgemeine Zuweisungen, insbesondere Schlüsselzuweisungen, die fehlende eigene Steuereinnahmen teilweise ausgleichen oder*
- *Zweckzuweisungen, die besondere Lasten (z. B. Schulneubau) ausgleichen und kommunale Investitionen fördern.*

Buß- und Zwangsgelder

Sie werden festgesetzt zur Ahndung von Ordnungswidrigkeiten (z. B. für Parken im Parkverbot) bzw. um von einem Beteiligten ein bestimmtes Tun oder Unterlassen zu erzwingen (z. B. die Abgabe einer Steuererklärung).

Kostenersätze

Diese ergeben sich aus der Verpflichtung einer natürlichen oder juristischen Person zur Beteiligung an entsprechenden Kosten oder aus der Verpflichtung zur Rückzahlung von entstandenen Kosten.

221060368

Beispiele

- *Rückzahlung zu viel erhaltener Hilfe zum Lebensunterhalt*
- *Erstattung von Kosten für die Durchführung von Landtagswahlen durch das Land*

Einnahmen auf privatrechtlicher Basis

Sie beruhen auf Verträgen, in denen sich gleichberechtigte Vertragspartner gegenseitig Rechte gewähren und Pflichten auferlegen.

Beispiele

Einnahmen aus

- *der Vermietung von Wohnungen aufgrund eines Mietvertrags,*
- *der Verpachtung eines Kiosks im Schwimmbad aufgrund eines Pachtvertrags,*
- *dem Verkauf von Grundstücken oder gebrauchten Pkws aufgrund von Kaufverträgen,*
- *dem Eintritt in gemeindliche Bäder, Theater oder andere Einrichtungen aufgrund eines Dienstvertrags (soweit nicht eine Benutzungsgebühr erhoben wird).*

Die Tabelle zeigt die Bedeutung der verschiedenen Einnahmearten für die Haushaltsfinanzierung der Kommunen:

Einnahmen der Gemeinden und Gemeindeverbände (Kreise) für das Jahr 2016

Art der Einnahme	Anteil an den Gesamteinnahmen
Finanzzuweisungen	39,8 %
Steuern einschließlich Steuerbeteiligungen	38,4 %
Gebühren	8,1 %
sonstige Einnahmen (darunter Einnahmen auf privatrechtlicher Basis und Beiträge)	13,7 %
insgesamt	100,0 %

Vgl. Einnahmen und Ausgaben der Gemeinden: 1996–2017. In: sozialpolitik-aktuell.de. www.sozialpolitik-aktuell.de/tl_files/sozialpolitik-aktuell/_Politikfelder/Finanzierung/Datensammlung/PDF-Dateien/tabII9.pdf [27.08.2018].

Im Jahr 2016 wurden 1,9 % der Einnahmen nicht ausgegeben, es lag ein positiver Finanzierungssaldo vor. Dieses Ergebnis einer bundesweiten Gesamtbetrachtung darf allerdings nicht darüber hinwegtäuschen, dass vielerorts Haushaltsdefizite erzielt wurden, und zwar insbesondere in strukturschwachen Regionen wie z. B. dem Ruhrgebiet. Dort stehen hohe Sozialausgaben vergleichsweise geringen Steuereinnahmen gegenüber. Trotz erheblicher Sparanstrengungen gelingt es deshalb kaum, ohne neue Kredite auszukommen.

2 Aufbauorganisation des Verwaltungsbetriebs

Die betriebliche Organisation umfasst die Aufbauorganisation und die Ablauforganisation. Die **Aufbauorganisation** beschreibt die Gliederung eines Betriebs in Organisationseinheiten, z. B. Stellen, Gruppen, Abteilungen. Die **Ablauforganisation** regelt die Arbeitsgänge und Prozessabläufe. Aufbau- und Ablauforganisation bilden zusammen die Verwaltungsorganisation.

Aufgaben im Rahmen der Verwaltungsorganisation	
Aufbauorganisation	**Ablauforganisation**
■ Zerlegung der betrieblichen Gesamtaufgabe in Teilaufgaben (Aufgabenanalyse) ■ Bildung von Organisationseinheiten durch Zuweisung von Teilaufgaben (Aufgabensynthese) ■ Darstellung des Verwaltungsaufbaus mit den Leitungs- und Weisungsbeziehungen	Gestaltung von Arbeitsabläufen im Hinblick auf ■ Arbeitsinhalt ■ Arbeitsteilung ■ Arbeitsverteilung ■ Arbeitszeit ■ Arbeitsraum

Die Organisation des Verwaltungsbetriebs ist so zu gestalten, dass er seine Sach- und Formalziele bestmöglich verwirklichen kann. In der Praxis sollten aufbau- und ablauforganisatorische Fragen zusammen betrachtet werden, da sie meistens eng miteinander verknüpft sind.

2.1 Aufgabenanalyse und Aufgabensynthese

Bei der Aufgabenanalyse zerlegt der Organisator die Gesamtaufgabe schrittweise in immer kleiner werdende Aufgabeneinheiten: Aufgabengruppen, Teil- und Einzelaufgaben. Er verschafft sich einen lückenlosen Überblick über all das, was getan werden muss, um den Betriebszweck zu erfüllen. Die so entstehenden „Puzzleteile" werden im Rahmen der Aufgabensynthese wieder zu einem neuen Ganzen zusammengefügt. Es entstehen Organisationseinheiten (Stellen, Abteilungen usw.) durch Zuweisung der entsprechenden Aufgabeneinheit (Stelle-Einzelaufgabe, Abteilung-Teilaufgabe usw.).

Behörden verfügen regelmäßig über einen **Aufgabengliederungsplan** als Ergebnis einer Aufgabenanalyse. Der **Verwaltungsgliederungsplan** dokumentiert die Aufgabensynthese. In der Kommunalverwaltung orientierte man sich in der Vergangenheit an Modellplänen der Kommunalen Gemeinschaftsstelle für Verwaltungsmanagement (KGSt). Die traditionelle Verwaltungsgliederung kennt die Organisationseinheiten Stellen, Sachgebiete (Gruppen, Abteilungen), Ämter und Einzelverwaltungen.

Die kleinste Organisationseinheit ist die Stelle. Sie entsteht durch Zuweisung von Einzelaufgaben. Abteilungen ergeben sich durch die Zusammenfassung gleichartiger Stellen unter einheitlicher Leitung. Abteilungen werden Teilaufgaben zugewiesen. Die Ämter sind für Aufgabengruppen zuständig, die Einzelverwaltungen für Aufgabenhauptgruppen und die Kommunalverwaltung als Ganzes für die Gesamtaufgabe.

Die Vielzahl völlig unterschiedlicher Aufgaben „führt dazu", so ein Organisationsfachmann, „dass in den Kommunalverwaltungen häufig auf eine sorgfältige Aufgabenanalyse und Aufgabensynthese verzichtet wird. Stattdessen wird die Stellenbildung dann unsystematisch und wenig überzeugend vorgenommen" (F. Schuster, Einführung in die Betriebswirtschaftslehre der Verwaltung, Hamburg 2006, S. 85). Auch die Rahmenpläne der KGSt sind eher Ausdruck gewachsener Strukturen und weniger Ergebnis eines Prozesses der Aufgabenanalyse und -synthese in theoretisch reiner Form.

Der traditionelle Verwaltungsgliederungsplan der KGST ist in LF 2, Kapitel 2.2 dargestellt. Bedingt durch die Einflüsse des „Neuen Steuerungsmodells" weichen viele Kommunalverwaltungen davon inzwischen ab.

2.2 Stellenbildung und damit zusammenhängende Organisationskonzepte

Die Stelle ist die kleinste Organisationseinheit im Betrieb. Sie bündelt zusammenhängende Einzelaufgaben zu einem Aufgabenbereich und wird ausgestattet mit Befugnissen und Verantwortung. Sie sollte vom Arbeitsanfall her auf das durchschnittliche Leistungsvermögen einer gedachten Person abgestimmt sein.

Im Rahmen der Stellenbildung werden einer Stelle **Aufgaben, Kompetenzen und Verantwortung** zugeteilt (AKV-Prinzip). Diese drei Elemente gehören zusammen. Die Aufgaben und Kompetenzen der einzelnen Stellen sind exakt abzugrenzen und aufeinander abzustimmen, um Reibungen und Überschneidungen zu vermeiden. Stellenbeschreibungen sind ein hilfreiches Instrument, um diesen Anforderungen gerecht zu werden.

Kompetenzarten

Die Kompetenzen einer Stelle können folgende Befugnisse umfassen:

- Ausführungskompetenz: die Befugnis, übertragene Aufgaben auszuführen.
- Entscheidungskompetenz: die Befugnis, bestimmte Entscheidungen zu treffen.
- Weisungskompetenz: die Befugnis, anderen Stellen verbindliche Weisungen zu erteilen.
- Kontrollkompetenz: die Befugnis, das Ergebnis der eigenen Arbeit und das Ergebnis der Arbeit anderer Stelleninhaber zu kontrollieren.
- Verfügungskompetenz: die Befugnis, über Sachen und Werte zu verfügen.

Verantwortung

Darunter versteht man die Pflicht eines Stelleninhabers, für die zielentsprechende Erfüllung der Stellenaufgaben persönlich Rechenschaft abzulegen. Je schwieriger bzw. umfangreicher die übertragenen Aufgaben und Kompetenzen, desto größer ist die Verantwortung des Stelleninhabers.

Delegation von Aufgaben, Kompetenzen und Verantwortung auf nachgeordnete Stellen

Hier geht es um die Übertragung von Aufgaben, Kompetenzen und Verantwortung auf die Stelleninhaber der Sachbearbeiterebene zur möglichst einfachen Abwicklung von Arbeitsabläufen.

Der Aufgabenbereich, die Befugnisse und die Verantwortung der Sachbearbeiter sollen insbesondere so beschaffen sein, dass

- Vorgänge ganzheitlich bearbeitet werden können und
- eine flache Organisationshierarchie herrscht, in der nur wenige übergeordnete Leitungsebenen notwendig sind.

Dadurch lassen sich Bearbeiterwechsel ganz oder teilweise vermeiden mit der Folge, dass Liege-, Warte- und Transportzeiten von Anträgen reduziert werden.

Um diese Ziele zu erreichen, bedient man sich folgender – zum Teil aus der Industrie stammender – Konzepte:

Jobenlargement (Arbeitserweiterung)

Die Stellenaufgabe wird um neue, gleichrangige Tätigkeiten erweitert, um so eine übertriebene Arbeitsteilung abzubauen. Dem Mitarbeiter soll ein „natürliches", sinnvolles Arbeitspaket übertragen werden, damit ihm die Bedeutung seiner Arbeit bewusster wird.

Beispiel

Bei der Stadt Neustadt soll das Baugenehmigungsverfahren beschleunigt werden. Plan 1 sieht vor, Standardanträge innerhalb einer einzigen Organisationseinheit bearbeiten zu lassen. Zu diesem Zweck muss der Aufgabenbereich der Sachbearbeiter in der Abteilung Bauordnung und Wohnungswesen erweitert werden. Zu ihren angestammten Aufgaben gehört die bauordnungsrechtliche Prüfung der Bauanträge. Es ist u. a. geplant, die Sachbearbeiter künftig auch prüfen zu lassen, ob die Grundstückserschließung sichergestellt ist, was bisher von der Abteilung Tiefbauwesen erledigt wurde.

Jobenrichment (Arbeitsbereicherung)

Die Stellenaufgabe wird um zusätzliche Tätigkeiten erweitert, die vorher vom Vorgesetzten wahrgenommen wurden. Die Verantwortung für die Arbeitsausführung wächst und die Kontrolle durch Vorgesetzte nimmt ab.

Beispiel

Bei der Stadt Neustadt existiert ein zweiter, weitergehender Plan zur Beschleunigung der Baugenehmigungsverfahren. Danach soll die Bearbeitung eines Standardantrags komplett in der Hand eines Sachbearbeiters liegen, von der Entscheidung über das bei Antragseingang zu wählende Genehmigungsverfahren bis zur Unterschrift und zum Versand der Baugenehmigung. Dies macht die Übertragung entsprechender Befugnisse bzw. Verantwortung auf den Sachbearbeiter notwendig, da bisher allein der Abteilungsleiter die Baugenehmigung erteilen darf.

Arbeitsgruppen

Das Arbeitsfeld lässt sich häufig durch Gruppenarbeit erweitern und bereichern. Bestimmte Arbeiten werden einer Gruppe zur gemeinsamen Erledigung übertragen. Je nach Delegation von Verantwortung und Kompetenzen kann die Gruppe ihre Arbeit autonom bzw. teilautonom planen und steuern. Im Rahmen vorgegebener Bedingungen kann die Gruppe beispielsweise über verschiedene Elemente der Arbeitsorganisation selbst bestimmen (Regelungen im Hinblick auf die Arbeitszeit, Vertretungen, Urlaub usw.).

Ursprünglich waren Jobenrichment, Jobenlargement und die Einrichtung von Arbeitsgruppen mit der Zielsetzung verbunden, die Motivation und Zufriedenheit der Mitarbeiter zu steigern. Heute geht es eher darum, Arbeitsprozesse kundenfreundlicher oder kostengünstiger zu gestalten.

221060372

Optimierung von Geschäftsprozessen

Dieses Organisationskonzept macht den Kunden und die Leistungen, die er erwartet, zum Ausgangspunkt aller weiteren Überlegungen. Der Bürger möchte die Dienstleistung möglichst schnell erhalten und will nicht mit zusätzlichen Komplikationen und Schwierigkeiten konfrontiert werden. Wer Geschäftsprozesse so gestalten möchte, dass diese Erwartungen erfüllt werden, darf nicht an den Grenzen von Abteilungen oder Ämtern Halt machen. Vielmehr müssen die Arbeitsabläufe in allen Organisationseinheiten, die an der Erstellung einer Leistung beteiligt sind, auf den Prüfstand gestellt und neu organisiert werden.

Die Geschäftsprozessoptimierung ist ein sehr weitreichendes Organisationskonzept. Jobenlargement, Jobenrichment oder die Einrichtung von Arbeitsgruppen lassen sich darin integrieren.

In den Kommunen ist die Verbesserung von Geschäftsprozessen häufig verbunden mit einer Aufgabenbündelung in bestimmten Organisationseinheiten. Bezogen auf die Stelle als kleinste Organisationseinheit bedeutet dies, dass Stellenaufgaben erweitert werden, um es dem Bürger zu ermöglichen, mehr Leistungen bei einem einzigen Sachbearbeiter abzurufen. Vielfach müssen die Stellen auch mit mehr Befugnissen und Verantwortung ausgestattet werden, damit vermieden wird, dass zu viele Stelleninhaber zu lange mit dem Anliegen des Bürgers beschäftigt sind.

Geschäftsprozessoptimierung geht einher mit verstärktem EDV-Einsatz und Nutzung des Internets, wie die Idee des „E-Government“ verdeutlicht. Darunter versteht man das „elektronische“ Verwalten. Mithilfe des Internets werden Informationen bereitgestellt und ausgetauscht sowie Verwaltungsvorgänge abgewickelt. Im Idealfall müssen die Bürger keinen Behördengang mehr durchführen, sondern erledigen ihr Anliegen vom Computer aus.

2.3 Abteilungsbildung

Bei der Aufgabenanalyse und -synthese finden normalerweise bestimmte Gliederungsprinzipien Anwendung. Die beiden wichtigsten Prinzipien sind das **Verrichtungsprinzip** und das **Objektprinzip.** Die Bedeutung dieser Prinzipien soll anhand der Abteilungsbildung erläutert werden.

Verrichtungen sind alle Tätigkeiten, die zur Erreichung des betrieblichen Sachziels erforderlich sind. Objekte sind alle Gegenstände, auf die sich Verrichtungen beziehen, z. B. die Produkte der Kommunalverwaltung, aber auch ihre Kundengruppen (Bürger, Unternehmen) oder Stadtbezirke.

Im Rahmen der Aufgabensynthese können nun kleinere Organisationseinheiten (z. B. Stellen, Gruppen oder Sachgebiete) entweder nach Verrichtungen oder nach Objekten zu größeren Organisationseinheiten (Abteilungen) zusammengefasst werden. Dies wird nachfolgend am Beispiel einer kommunalen Stadtwerke GmbH verdeutlicht, deren Geschäftstätigkeit sich auf die drei Produktbereiche Strom-, Gas- und Wasserversorgung erstreckt.

Eine **Gliederung nach dem Verrichtungsprinzip** bedeutet, dass für die Abteilungsbildung gleichartige Verrichtungen maßgeblich sind. Auf diese Weise ergeben sich z. B. die Abteilungen Beschaffung, Produktion, Absatz und Allgemeine Verwaltung unterhalb der Geschäftsführungsebene.

Abteilungsbildung bei den Stadtwerken nach dem Verrichtungsprinzip

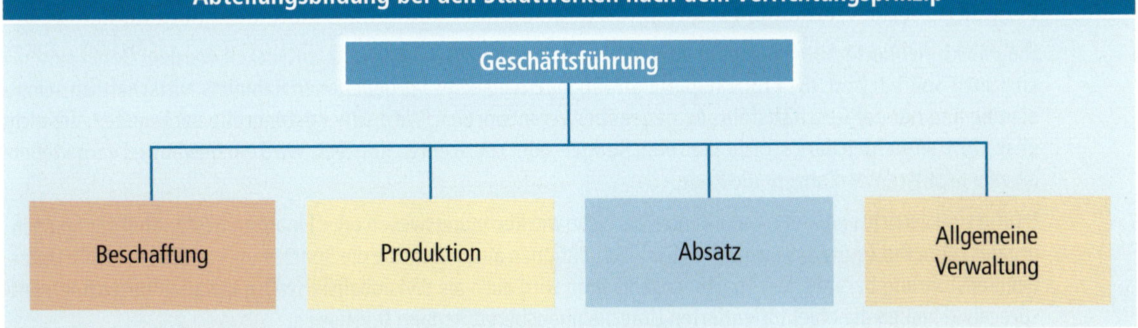

Jede Abteilung ist für alle drei Produktbereiche (Objekte) zuständig. Die Beschaffung von Werkstoffen erfolgt z. B. zentral in der Beschaffungsabteilung, die Planung von Marketingmaßnahmen zentral in der Abteilung „Absatz“.

Bei einer **Gliederung nach dem Objektprinzip** werden hingegen die verschiedenartigen Verrichtungen an einem Objekt in einer Abteilung zusammengefasst. Bei der Stadtwerke GmbH ergeben sich dann die Abteilungen Strom, Gas und Wasser. Für jede Abteilung sind nun die Verrichtungen Beschaffung, Produktion, Absatz und Verwaltung dezentral von entsprechenden Unterabteilungen zu erledigen.

Abteilungsbildung bei den Stadtwerken nach dem Objektprinzip

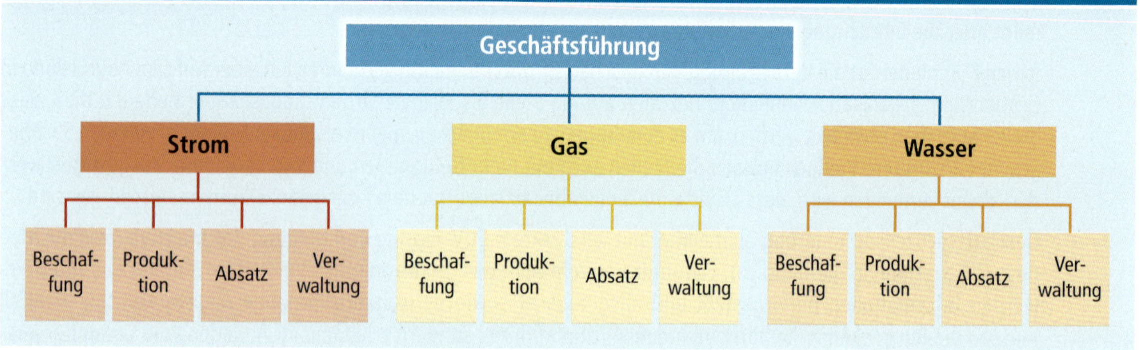

In der Praxis existieren auch **Mischformen.** Das heißt, die Abteilungen werden nicht durchgängig nach nur einem Prinzip gebildet. Im betrachteten Beispiel könnte etwa neben den Abteilungen Gas, Strom und Wasser (Objektprinzip) die Abteilung Zentrale Verwaltung (Verrichtungsprinzip) eingerichtet werden.

Mischform

In der Privatwirtschaft ist eine objektorientierte Abteilungsbildung typisch für Großunternehmen mit einem vielseitigen Absatzsortiment. Die unterschiedlichen Objekte erfordern jeweils spezielle Kenntnisse und Fertigkeiten. Die verrichtungsorientierte Abteilungsbildung ist eher bei kleinen und mittleren Unternehmen anzutreffen, die nur wenige Produkte anbieten.

Die objektorientierte Abteilungsbildung kann zur Spartenorganisation weiterentwickelt werden. Dabei sind die einzelnen Sparten (z. B. die Produktsparte Strom) innerhalb eines vorgegebenen Rahmens wirtschaftlich selbstständig und nur der Geschäftsführung gegenüber verantwortlich. Wird eine Kostengröße vorgegeben, die nicht überschritten werden darf, spricht man vom Budget- oder cost-center-Konzept. Wird ein Gewinnziel vorgegeben, ist vom profit-center-Konzept die Rede.

Häufig sind verrichtungsorientierte Zentralbereiche wie Rechnungswesen oder Finanzen Bestandteil der Spartenorganisation. Die Zentralbereiche üben Servicefunktionen aus, indem sie die Sparten unterstützen und die Unternehmensführung beraten. Die Spartenorganisation wird auch als divisionalisierte Organisation bezeichnet. Entsprechend heißen die objektorientierten Unternehmensbereiche dann Divisionen.

2.4 Weisungssysteme

Ein Weisungssystem beschreibt, wer wem im Verwaltungsbetrieb Anweisungen erteilen darf. Im Verwaltungsbetrieb gebräuchlich sind Einliniensystem und Stabliniensystem, außerdem gibt es das Mehrliniensystem und die Matrixorganisation. Die beiden letztgenannten Weisungssysteme werden nicht ausführlich dargestellt, da sie allenfalls in abgegrenzten Teilbereichen des Verwaltungsbetriebs von Bedeutung sind.

Begriffsklärungen

Es ist zweckmäßig, zunächst einige Fachbegriffe einzuführen. Die Beispiele beziehen sich auf das unten abgebildete Organigramm.

Begriff	Definition	Beispiele
Instanz	Stelle mit Leitungs- und Weisungsbefugnissen gegenüber rangniedrigeren Stellen	Die Bürgermeisterin und die Beigeordneten sind vorgesetzte Instanz für die Fachbereichsleiter. Diese wiederum sind vorgesetzte Instanz für die Abteilungsleiter usw. Letzte vorgesetzte Instanz sind die Sachgebietsleiter. Das Ausmaß der Leitungstätigkeit nimmt von Stufe zu Stufe ab.
Instanzentiefe	Anzahl der Führungsebenen	Betrachtet man die Bürgermeisterin und die Beigeordneten als eine Führungsebene, gibt es insgesamt **vier** Führungsebenen.
Instanzenbreite	Anzahl der ranggleichen Stellen einer Führungsebene	Auf der zweiten Führungsebene (Hierarchiestufe) gibt es **fünf** Fachbereichsleiter.
Leitungsspanne	Zahl der Stellen, die einer Instanz unmittelbar unterstellt sind.	Dem Sachgebietsleiter 3 sind sechs Sachbearbeiter unterstellt, es ergibt sich ein Verhältnis von 1 : 6.

Einliniensystem einer Kommunalverwaltung

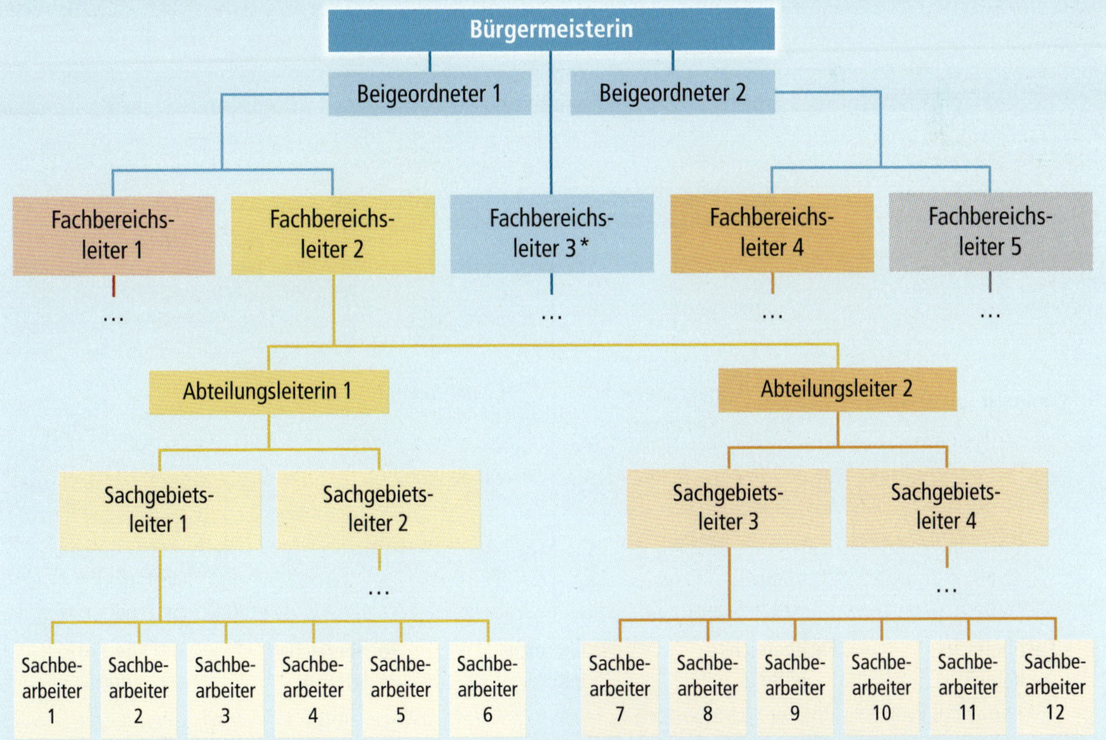

* Für das Aufgabengebiet des Fachbereiches 3 nimmt die Bürgermeisterin auch die Funktion einer Dezernentin wahr. Sie ist deshalb unmittelbare Vorgesetzte des Fachbereichsleiters 3.

Im Organisationsschaubild führt immer nur eine Linie von allen Mitarbeitern zur nächsthöheren Instanz, sodass es jeweils nur einen direkten Vorgesetzten gibt, der Weisungen erteilen darf. Dieses System wird deshalb als Einliniensystem bezeichnet.

Weisungen und Aufträge werden, entlang der Linie, von oben nach unten auf dem **Dienstweg** weitergeleitet. So gelangen z. B. Anordnungen der Bürgermeisterin zur Arbeitszeitregelung am 24. und 31.12. über den zuständigen Beigeordneten, Fachbereichsleiter, Abteilungsleiter und Sachgebietsleiter zu den Sachbearbeitern. Informationen sonstiger Art, z. B. Vorschläge, Berichte oder Rückfragen, sind (theoretisch) ebenfalls auf dem Dienstweg von oben nach unten bzw. von unten nach oben zu übermitteln.

Muss beispielsweise Sachbearbeiter 7 mit Sachbearbeiter 1 für eine Fallbearbeitung zusammenarbeiten, führt der Kommunikationspfad nach oben über Sachgebietsleiter 3 und Abteilungsleiter 2 zum Fachbereichsleiter 2 und von dort aus nach unten zum Sachbearbeiter 1 über Abteilungsleiterin 1 und Sachgebietsleiter 1. Die Einhaltung des Dienstwegs soll trotz Arbeitsteilung eine **einheitliche Willensbildung und -durchsetzung** gewährleisten. Bei den Informationen sonstiger Art finden sich aber in der Praxis vom beschriebenen Dienstweg abweichende Regelungen zur Beschleunigung der Arbeit und Entlastung der Vorgesetzten.

Vor- und Nachteile des Einliniensystems	
Vorteile	**Nachteile**
❶ einheitliche Willensbildung und -durchsetzung, ❷ gute Möglichkeiten zur Kontrolle der unterstellten Mitarbeiter, ❸ klar geregelte Zuständigkeiten und Informationswege, sodass Kompetenzstreitigkeiten selten sind; jeder Mitarbeiter hat (im Gegensatz zum Mehrliniensystem) nur einen Vorgesetzten, der ihm Weisungen erteilen darf.	❹ Gefahr der Überlastung der Vorgesetzten, die eine große Menge an Weisungen, Aufträgen und sonstigen Informationen aufnehmen, verarbeiten und weiterleiten müssen, ❺ lange und schwerfällige Kommunikationswege, insbesondere in größeren Verwaltungen, ❻ Gefahr der Informationsverfälschung durch Zwischeninstanzen.

Stabliniensystem einer Kommunalverwaltung

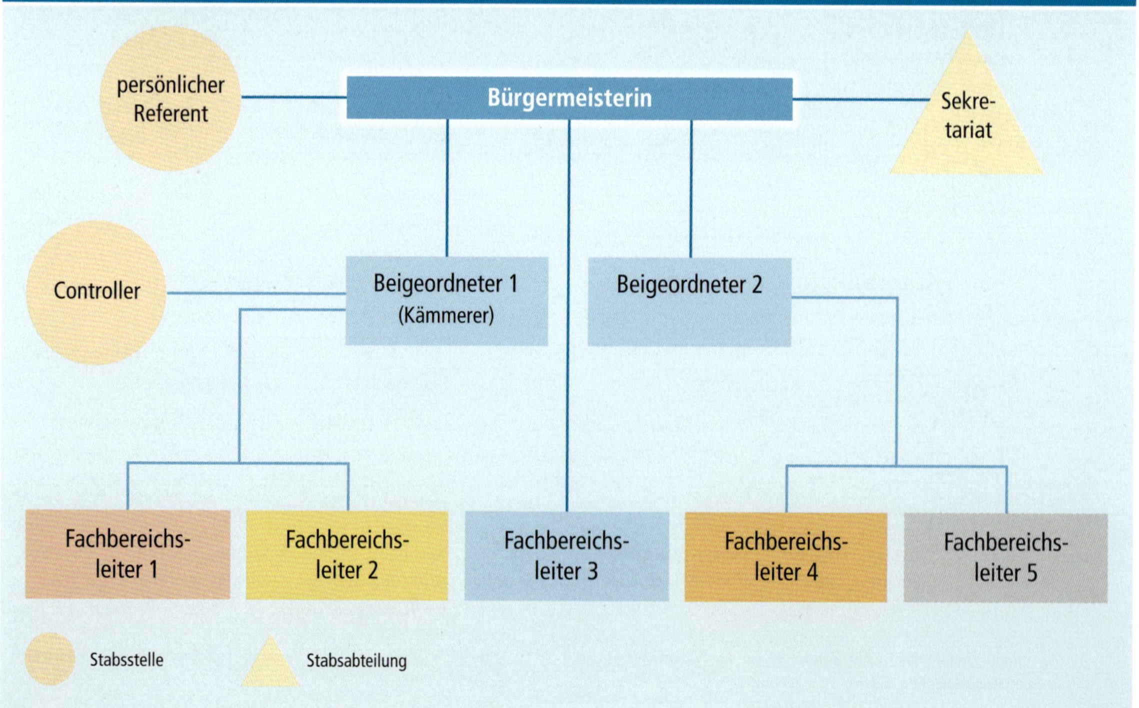

221060376

Das Stabliniensystem ist eine Erweiterung des Einliniensystems. Stäbe werden als Stelle oder Abteilung eingerichtet zur Unterstützung und Entlastung der oberen Instanzen. In der Regel haben sie keine eigenen Weisungs- und Entscheidungsbefugnisse. Ihnen können aber weitreichende Informationsrechte eingeräumt werden. Dann sind sie autorisiert, bei allen Linienstellen Auskünfte einzuholen, die sie für ihre Arbeit benötigen.

Stäbe verfügen gewöhnlich über fundierte fachspezifische Kenntnisse, damit sie ihre Entlastungsfunktion angemessen wahrnehmen können. Das Sekretariat der Verwaltungsleitung (im vorhergehenden Beispiel eine Stabsabteilung) führt allerdings hauptsächlich entlastende Routinearbeiten aus.

Vor- und Nachteile des Stabliniensystems	
Vorteile	**Nachteile**
❶ alle Vorteile des Einliniensystems bleiben erhalten, ❷ die oberen Instanzen werden entlastet und können sich verstärkt wesentlichen Führungsaufgaben zuwenden, ❸ die Qualität der Führungsentscheidungen verbessert sich durch fachlich fundierte Beratung der Stäbe.	❹ die Nachteile ❷ und ❸ des Einliniensystems bleiben weiterhin bestehen, Nachteil ❶ nur hinsichtlich der mittleren und unteren Führungsebene, ❺ Gefahr der Entstehung von Konflikten zwischen Instanz und zugeordnetem Stab, insbesondere dann, wenn die Arbeitsergebnisse des Stabes wenig Beachtung finden.

2.5 Aufbauorganisation der modernisierten Kommunalverwaltung

Unter dem Leitspruch „Von der Behörde zum Dienstleistungsunternehmen" entwarf die KGST Anfang der 1990er-Jahre ein „Neues Steuerungsmodell", das die Kommunalverwaltungen zu zahlreichen aufbauorganisatorischen Veränderungen veranlasste. Die Schwerpunkte der noch immer andauernden Umgestaltung lassen sich folgendermaßen skizzieren:

- Es wird vielerorts eine Organisationsstruktur geschaffen, die der **Spartenorganisation** ähnelt (s. Kapitel 2.3). Dadurch wird die Objektorientierung (Produktorientierung) gestärkt. Es entstehen relativ große und selbstständige Einheiten, häufig „Fachbereiche" genannt. Diesen werden bestimmte Produktbereiche zugewiesen. Die Produktverantwortung liegt bei den Fachbereichsleitern und den in der Hierarchie nachfolgenden Amts- oder Abteilungsleitern. Sie stehen dafür ein, dass alle Produkte aus ihrem Zuständigkeitsbereich in der erforderlichen Menge, Qualität und Kundenfreundlichkeit bereitgestellt werden. Die Fachbereiche erhalten zu diesem Zweck ein Budget, das sie relativ selbstständig bewirtschaften können. Die Verwendung des vorgegebenen Gesamtbetrags ist nicht mehr detailliert vorgeschrieben. Die Mittel sind in der Regel gegenseitig deckungsfähig und auf das Folgejahr übertragbar. So dürfen z. B. bei den Personalaufwendungen eingesparte Finanzmittel für die Beschaffung von Sachmitteln eingesetzt werden. Fachbereichs- sowie Amts- oder Abteilungsleiter tragen dementsprechend nicht nur die fachliche, sondern auch die finanzielle Verantwortung für ihren Zuständigkeitsbereich. Sie müssen den möglichst wirtschaftlichen Verbrauch der zur Leistungserstellung notwendigen Ressourcen (Arbeitszeit, Betriebsmittel, Werkstoffe, Geld) gewährleisten.
- Im Vergleich zur traditionellen Verwaltungsgliederung ergibt sich durch die Bildung von Fachbereichen in der Regel eine Verringerung der Instanzentiefe und -breite, sodass eine schlankere Verwaltung entsteht. Diese ist sowohl durch eine verminderte Anzahl von Führungsebenen gekennzeichnet, mit dem Resultat einer flacheren Hierarchie, als auch durch eine verminderte Anzahl von Vorgesetzten je Führungsebene. Die **schlankere Verwaltung** führt allerdings zu einer größeren Leitungsspanne mit der Gefahr einer Überforderung der Vorgesetzten. Deshalb wird den nachgeordneten Stellen heutzutage ein größeres Arbeitsfeld mit mehr Befugnissen und Verantwortung übertragen. Das Ganze dient letztendlich dem Zweck, die Verwaltung flexibler zu machen, damit sie schneller und kostengünstiger auf Kundenwünsche eingehen kann. (s. auch Kapitel 2.2).

Die folgende Abbildung zeigt den **Zusammenhang zwischen Leitungsspanne und Instanzentiefe:**

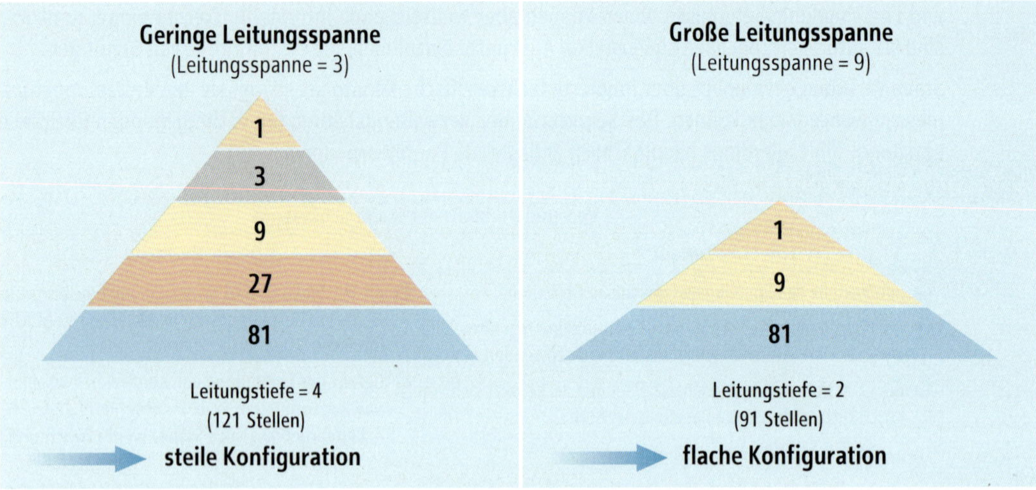

Quelle: Schulte-Zurhausen, Manfred: Organisation. München: Verlag Vahlen 2002, S. 222.

- In vielen Kommunalverwaltungen ersetzt ein **verrichtungsorientierter Zentralbereich** die früheren Querschnittsämter. Der Zentralbereich erfüllt Aufgaben für die gesamte Verwaltung. Bei der Stadt Neustadt z. B. nimmt der Fachbereich 1, Zentrale Dienste und Finanzen, diese Funktion wahr. Auch die ehemaligen Querschnittsämter erzeugten verwaltungsinterne Leistungen. Es bestehen aber Unterschiede in der Beziehung zu den Leistungsadressaten.

  Bei der Stadt Neustadt wird der Zentralbereich von den Organisationseinheiten der objektorientierten Fachbereiche 2 bis 4 in Anspruch genommen, deren Produkte überwiegend für externe Abnehmer bestimmt sind. Die Beziehung dieser Organisationseinheiten zum Zentralbereich ist von einem anderen Verständnis geprägt als die Beziehung zwischen Querschnitts- und Fachämtern in der traditionellen Kommunalverwaltung. So lag etwa die Verantwortung für die Verwendung der Haushaltsmittel zentral bei der Kämmerei. Die Fachämter waren bezüglich der Haushaltsbewirtschaftung lediglich ausführende Organe. Heutzutage liegt die finanzielle Verantwortung dezentral bei den einzelnen Fachbereichen. Sie sind Kunden des Zentralbereichs, keine Befehlsempfänger.

- Es zeichnet sich eine **zunehmende Bedeutung von Stabsstellen** ab. Die komplexen Anforderungen des Neuen Steuerungsmodells rufen bei den oberen Instanzen einen vermehrten Unterstützungs- und Beratungsbedarf hervor. Deshalb werden zusätzliche Stabsstellen geschaffen, die häufig mit der Berücksichtigung des Controllings in Verbindung stehen (s. Kapitel 2.4).

221060378

3 Ablauforganisation des Verwaltungsbetriebs

3.1 Objekte der ablauforganisatorischen Gestaltung

Objekte der Organisationsgestaltung sind bei der Ablauforganisation neben Arbeitsabläufen Informations-, Beleg- und Materialflüsse sowie diese betreffende Regelungen und Verfahren. **Arbeitsabläufe** sind dabei als Folgen von Arbeitsstufen zu verstehen, die wiederum als kleinste zusammenhängende Arbeitseinheiten definiert sind, die zur Erfüllung einer Aufgabe notwendig sind. **Arbeitsstufen** werden im Rahmen von **dreistufigen Arbeitsanalysen** zu **Arbeitsreihen** und diese wiederum zu **Arbeitszyklen** zusammengefasst.

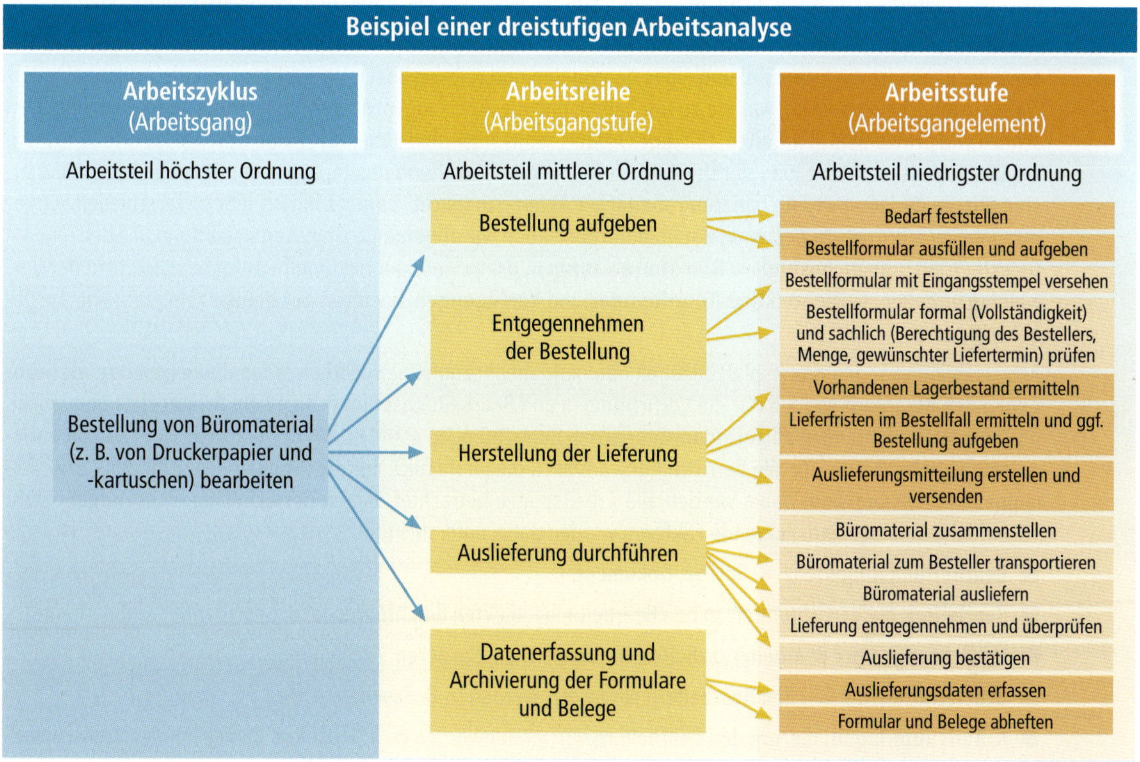

In Verwaltungen werden vor allem Daten und Informationen be- und verarbeitet **(informationelle Arbeitsabläufe)**, während in Unternehmen des produzierenden Gewerbes vorwiegend materielle Objekte be- und verarbeitet sowie transportiert werden **(materielle Arbeitsabläufe)**.

Hinsichtlich der **Regelbarkeit** von – in Verwaltungen vorherrschenden – informationellen Arbeitsabläufen sind folgende Abstufungen denkbar:

Freier Arbeitsablauf

Die Aufgabenerfüllung ist durch keinerlei organisatorische Regelungen bestimmbar (z. B. Entwicklung eines Marketingkonzepts).

Inhaltlich gebundener Arbeitsablauf

Der Arbeitsablauf ist hinsichtlich der durchzuführenden Verrichtungen bzw. der zu erstellenden Arbeitsergebnisse inhaltlich bestimmbar. Meist können zusätzlich noch der Ort der Aufgabenerfüllung sowie die für die Aufgabenerfüllung benötigten Sachmittel angegeben werden (z. B. Durchführung eines Personalgesprächs).

Abfolgegebundener Arbeitsablauf

Der Weg des Bearbeitungsobjekts bzw. die zur Aufgabenerfüllung durchzuführenden Verrichtungen sind hinsichtlich ihrer Abfolge regelbar (z. B. Erstellung und Freigabe einer Pressemitteilung).

Zeitlich gebundener Arbeitsablauf

Die Verrichtungen können zeitlich aufeinander abgestimmt werden (z. B. im Falle der Bearbeitung von termingebundenen Aufträgen wie der Erstellung von Unterlagen für eine Ratssitzung).

Taktmäßiger gebundener Arbeitsablauf

Die durchzuführenden Verrichtungen können planmäßig vorbestimmt und taktmäßig aufeinander abgestimmt werden (Fließarbeit), was vor allem im Fertigungsbereich bei rein mechanischen Tätigkeiten vorzufinden ist.

Arbeitsabläufe werden in Verwaltungen i. d. R. mittels **Organisationsplänen** und **Vorschriften** geregelt. Ziel dieser Regelungen ist die Sicherstellung eines geordneten und reibungslosen Verwaltungsablaufs, sodass alle Verwaltungsmitarbeiter wissen, was sie zu tun haben, und die ihnen zugeordneten Verwaltungsaufgaben möglichst schnell und problemlos abarbeiten. Gängige Organisationspläne sind dabei zum einen **Geschäftsverteilungspläne,** die die Auf- und Verteilung der Dienstgeschäfte in der Verwaltung regeln, sowie der **Aktenplan,** der eine systematische Ordnung und Archivierung sämtlicher Akten ermöglicht. Darüber hinaus gibt es verschiedene Organisationsvorschriften zur Regelung der Ablauforganisation wie **allgemeine Dienstanweisungen,** die den inneren Dienstbetrieb ordnen, **besondere Dienstanweisungen,** die sich nur auf bestimmte Aufgabengebiete in der Verwaltung beziehen, sowie **sonstige Anordnungen** und **Verfügungen,** die meist aus gegebenem Anlass herausgegeben werden.

Arbeitsabläufe können arbeitsplatzbezogen oder aufgabenbezogen betrachtet werden. Beim **arbeitsplatzbezogenen Arbeitsablauf** werden nur die Verrichtungen und Bearbeitungsobjekte an einem Arbeitsplatz untersucht. Im Zentrum der folgenden ablauforganisatorischen Betrachtungen steht jedoch der umfassendere **aufgabenbezogene Arbeitsablauf,** der alle Verrichtungen umfasst, die im Hinblick auf die Erfüllung einer Aufgabe bzw. Teilaufgabe notwendig sind. Dabei werden alle Arbeitsplätze betrachtet, die an der Erfüllung einer Aufgabe bzw. Teilaufgabe beteiligt sind. Folgende Faktoren werden dabei untersucht:

- **Bearbeitungsobjekte** (z. B. Belege, Dokumente)
- **Bearbeiter,** die Verrichtungen an den Bearbeitungsobjekten durchführen (z. B. Sekretärin, Sachbearbeiter)
- **Verrichtungen** der Bearbeiter (z. B. Prüfen, Vergleichen, Sortieren, Archivieren)
- **Arbeitsmittel,** die von den Bearbeitern eingesetzt werden (z. B. Taschenrechner, PC, Stempel)
- **Arbeitsunterlagen,** die von den Bearbeitern verwendet werden (z. B. Karteien, Verzeichnisse, Nachschlagewerke)
- **zeitliche Reihenfolge der Verrichtungen,** die von den beteiligten Bearbeitern durchgeführt werden
- **Schnittstellen bzw. Verknüpfungen** mit anderen Arbeitsabläufen

3.2 Zielsetzungen

Die Ablauforganisation verfolgt bei der Gestaltung von Arbeitsabläufen sowohl quantitative als auch qualitative **Zielsetzungen:**

Erfolgsbezogene **quantitative Ziele** sind die Reduzierung der Durchlaufzeiten der Verwaltungsprozesse auf ein Minimum, wobei die räumliche Anordnung der Arbeitsplätze ein wichtiger Erfolgsfaktor ist. Die vorhandenen Ressourcen an Personal- und Sachmitteln sollen bestmöglich ausgelastet bzw. genutzt werden und damit die Kosten der Vorgangsbearbeitung minimieren. Außerdem sollen die Aufgaben termingerecht erledigt werden.

Qualitative Ziele sind, die Qualität der Vorgangsbearbeitung und ihrer Ergebnisse zu steigern und die Arbeitsbedingungen und damit auch die Leistung der Mitarbeiter zu verbessern.

3.3 Gestaltungsparameter

Zur Erreichung der im vorherigen Abschnitt genannten Zielsetzungen müssen im Rahmen der Organisationsgestaltung die Arbeitsabläufe in Bezug auf die **Gestaltungsparameter** Arbeitsteilung und -verteilung (funktionso-

221060380

rientierte Ablauforganisation), Arbeitszeit (zeitorientierte Ablauforganisation), Arbeitsraum (raumorientierte Ablauforganisation) geordnet bzw. optimiert werden.

Die **funktionsorientierte Ablauforganisation** legt bei der Ordnung der Arbeitsinhalte nach der Verrichtung fest, welche Tätigkeiten in welcher Reihenfolge auszuführen sind. Wie weitgehend dabei im Rahmen der Arbeitsteilung die Arbeitsschritte zerlegt werden, hängt von der Art der Aufgabe ab. Mechanische Arbeiten können dabei i. d. R. in kleinere Arbeitsschritte unterteilt werden als geistige Tätigkeiten.

Bei der Arbeitsverteilung bzw. -zuordnung gibt es zwei grundlegende Alternativen: entweder werden die Arbeiten einer einzelnen Person bzw. Stelle zugeordnet, was häufig bei ausführenden Tätigkeiten der Fall ist; oder die Aufgabe wird einer Gruppe übertragen, die dann selbst entscheidet, welches Gruppenmitglied die Aufgabe auszuführen hat. Letzteres ist vor allem bei leitenden Tätigkeiten üblich.

Die **zeitorientierte Ablauforganisation** ordnet die Arbeitszeit häufig in mehreren Schritten. Zunächst muss die zeitliche Reihenfolge der zu erledigenden Arbeiten festgelegt werden. Anschließend wird die Bearbeitungsdauer festgelegt. Abschließend können Anfangs- und Endtermin fixiert werden.

Die **raumorientierte Ablauforganisation** muss im Rahmen der Ordnung des Arbeitsraums die einzelnen Stellen räumlich so anordnen, dass die Verwaltungsarbeit möglichst wirtschaftlich erfolgen kann. Die Anordnung der Arbeitsplätze sollte dabei dem Arbeitsablauf entsprechen und Transport- bzw. Laufwege minimieren.

3.4 Arbeitsanalytische Methoden und Instrumente

Bei der Gestaltung bzw. Optimierung der Ablauforganisation werden im Rahmen der Arbeitsanalyse zur Ermittlung der Basisdaten verschiedene Methoden und Instrumente eingesetzt. Bei der **funktionsorientierten Ablauforganisation,** die meist zur Reorganisation bestehender Arbeitsabläufe eingesetzt wird, wird i. d. R. zunächst eine **Ist-Aufnahme** der bestehenden Arbeitsabläufe durchgeführt. Methoden der Ist-Aufnahme sind dabei die Befragung, Beobachtung und die Selbstaufschreibung.

Als mündliche Befragungsmethoden eignen sich **Interviews** für die Erfassung komplexer Arbeitsabläufe, die durch systematische Nachfragen bei den beteiligten Personen sehr detailliert beschrieben werden können. Schriftliche Methoden sind **Fragebogenaktionen.** Sie eignen sich für die Erfassung von Routineabläufen und die Befragung größerer Personenkreise.

Die Beobachtung teilt sich in Dauerbeobachtung und Multimomentmethode.

Bei der **Dauerbeobachtung** hält sich der Beobachter über einen längeren Zeitraum am Ort des Geschehens auf und notiert seine Eindrücke. Mit dieser Methode lassen sich insbesondere die Arbeitsauslastung der Mitarbeiter sowie Störquellen des Arbeitsablaufs gut ermitteln. Bei der **Multimomentmethode** werden viele stichprobenartige Einzelbeobachtungen vorgenommen, um belastbare Rückschlüsse auf die tatsächlichen Arbeitsabläufe ziehen zu können. Die Multimomentmethode eignet sich besonders gut für die Ermittlung der Häufigkeit bestimmter Verrichtungen.

Die Methode **Selbstaufschreibung** eignet sich besonders gut zur Erfassung der typischen Merkmale von Arbeitsabläufen (Art, Anzahl, Bearbeitungszeit), wobei die beteiligten Personen die notwendigen Angaben selbst aufzeichnen.

Ein Erfassungsbogen für eine standardisierte Selbstaufschreibung ist auf der Folgeseite abgebildet.

Erfassungsbogen

Arbeitsbereich: ______________________ Datum: ____________
Name: ______________________
Funktion: ______________________
Telefon: ______________________

Aufgaben							Σ
Aufgabenanteil in %							
Aufgabenanteil in Monatsstunden							

Tätigkeiten							
Planen							
Bearbeiten							
Eingabe über Tastatur							
Abfrage über Tastatur							
Vorrechnen							
Nachrechnen							
Durchsehen/Unterschreieben							
Überwachen							
Prüfen							
Telefonieren intern							
Telefonieren extern							
Besprechen intern							
Besprechen extern							
Diktieren							
Diktat aufnehmen							
Schreiben Korrespond./lfd. Texte							
Schreiben/Ausfüllen Vordrucke							
Schreiben Tabellen							
Kartei führen							
Listen führen							
Eintragen in Bücher							
Sortieren/Zusammenstellen							
Ablage sortieren							
Ablage lochen							
Ablegen							
Fotokopieren							
Botengänge							
Recherche im Internet							
Recherche in Druckwerken							
Sonstiges							
Summe							

Bemerkungen: ______________________

Quelle: Vgl. Behlert, K.: Vom Organisieren. Grundlagen der praktischen Organisationsarbeit.

221060382

Für die Darstellung und Analyse von Arbeitsabläufen werden in der Praxis verschiedene **Instrumente** eingesetzt:

Listen eignen sich zur Erfassung linearer Abläufe ohne Schleifen, Alternativ- oder Parallelbearbeitungen, wie das nachfolgende Beispiel zeigt.

Arbeitszyklus: Bestellungen von Büromaterial bearbeiten				
Nr.	**Tätigkeiten**	**Menge pro Zeiteinheit, hier: pro Woche**	**Bearbeitungszeit, hier: pro Woche**	**Bearbeiter**
1	Bestellformular entgegennehmen und bearbeiten	330	4 Stunden	Müller
2	vorhandenen Lagerbestand ermitteln	160	2 Stunden	Müller
3	Bestellung beim Lieferanten aufgeben	20	5 Stunden	Müller
4	Auslieferungsmitteilung erstellen und versenden	330	2,5 Stunden	Müller
5	Lieferung kommissionieren	120	11 Stunden	Meier
6	Lieferung zum Bedarfsträger transportieren	120	6 Stunden	Meier
7	Lieferung ausliefern	120	3 Stunden	Meier
8	Daten der Formulare und Belege erfassen	380	5 Stunden	Müller
9	Formulare und Belege archivieren	380	2,5 Stunden	Müller

Ablaufdiagramme, die tabellarische und grafische Darstellungen kombinieren, eignen sich ebenfalls vorwiegend für lineare Arbeitsabläufe, die entweder stellen- oder verrichtungsorientiert dargestellt werden können. Ein einfaches Instrument sind sogenannte Arbeitsablaufkarten, bei denen die einzelnen Arbeitsschritte in der Reihenfolge ihrer Durchführung unter Angabe der Bearbeitungsdauer sowie ggf. der zurückzulegenden Wegstrecke (z. B. bei Transporten) notiert werden. Zusätzlich werden die Tätigkeiten klassifiziert, indem aus den fünf Symbolen für Bearbeitung, Kontrolle, Transport, Verzögerung und Lagerung das für den jeweiligen Arbeitsschritt passende gekennzeichnet wird.

Eine beispielhafte befüllte Arbeitsablaufkarte zeigt die Abbildung auf der folgenden Seite.

Flussdiagramme werden ebenfalls zur Darstellung von Arbeitsabläufen verwendet, nachdem sie zunächst vor allem als Datenfluss- oder Programmablaufplan in der Datenverarbeitung eingesetzt wurden. Sie verwenden normierte Symbole (im Fall von Datenflussdiagrammen beispielsweise Bearbeitungs-, Datenträger-, Datenfluss-, Kombinations- und Formalsymbole). Mit ihnen lassen sich auch Schleifen, Alternativ- und Parallelbearbeitungen darstellen. Der Abstraktionsgrad der Darstellung kann dabei über die Wahl des Diagrammtyps variiert werden. So haben Datenflussdiagramme einen höheren Detaillierungsgrad als Informationsflussdiagramme.

Ein Beispiel eines Flussdiagramms zeigt die Abbildung auf der übernächsten Seite.

Arbeitsablaufkarte

Arbeitsablauf: Bestellung von Büromaterial (z. B. von Druckerpapier und -kartuschen)
Abteilung: XYZ

Lfd. Nr.	Stufen des Arbeitsablaufs	Symbole	Zeit (min)	Weg (m)
1	Bestellformular mit Eingangsstempel versehen	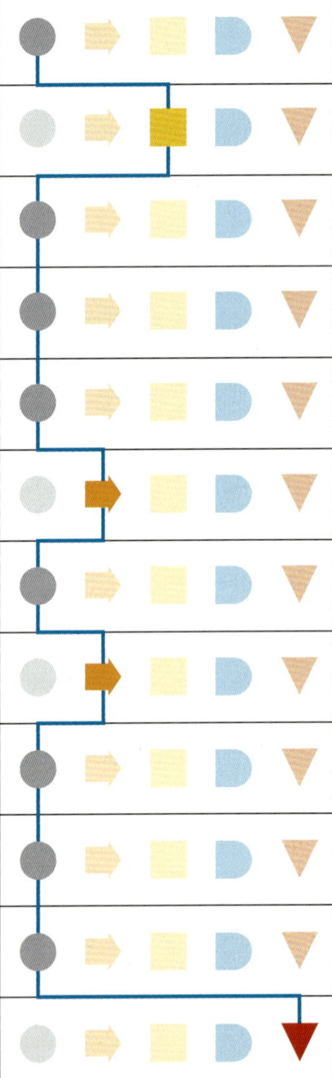	2	5
2	Bestellformular formal und sachlich prüfen		10	0
3	Vorhandenen Lagerbestand ermitteln		15	200
4	Lieferfristen im Bestellfall ermitteln und ggf. bestellen		10	10
5	Auslieferungsmitteilungen erstellen		5	15
6	Auslieferungsmitteilungen versenden		2	10
7	Büromaterial zusammenstellen		25	300
8	Büromaterial zum Besteller transportieren		30	800
9	Büromaterial ausliefern		5	50
10	Auslieferung bestätigen lassen		2	0
11	Auslieferungsdaten erfassen		5	10
12	Formular und Belege abheften		2	10
Summe			113	1 410

Legende:

221060384

Flussdiagramm Beispiel Beschaffung

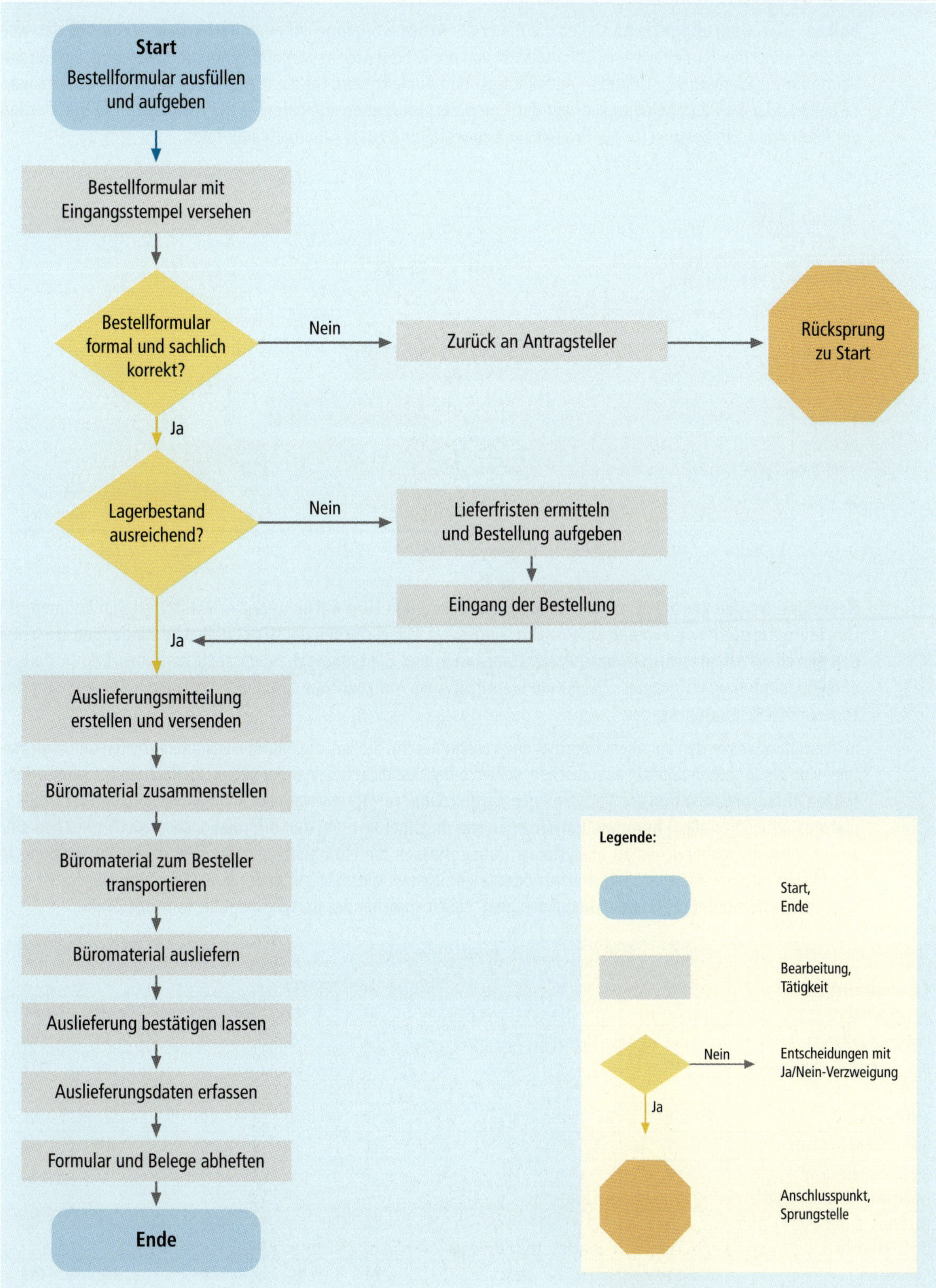

Für die optimale zeitliche Abstimmung des Arbeitsablaufs im Rahmen der **zeitorientierten Ablauforganisation** werden vor allem zwei Instrumente verwendet.

Balken- bzw. Ganttdiagramme stellen die Dauer der Arbeitsvorgänge auf einer horizontalen Zeitachse dar, wobei die Skalierung der Zeitachse in Abhängigkeit von der Art der Arbeitsvorgänge vorgenommen wird. Sie werden häufig für die Planung von Urlaubs-, Ausbildungs- und Ausfallzeiten, für die Planung von Auftrags- oder Projektarbeiten oder die Raumbelegung verwendet. Computerprogramme erleichtern die Erstellung und Aktualisierung der Planungen. Ein Beispiel für ein Projekt zur Neugestaltung eines Arbeitsablaufs folgt.

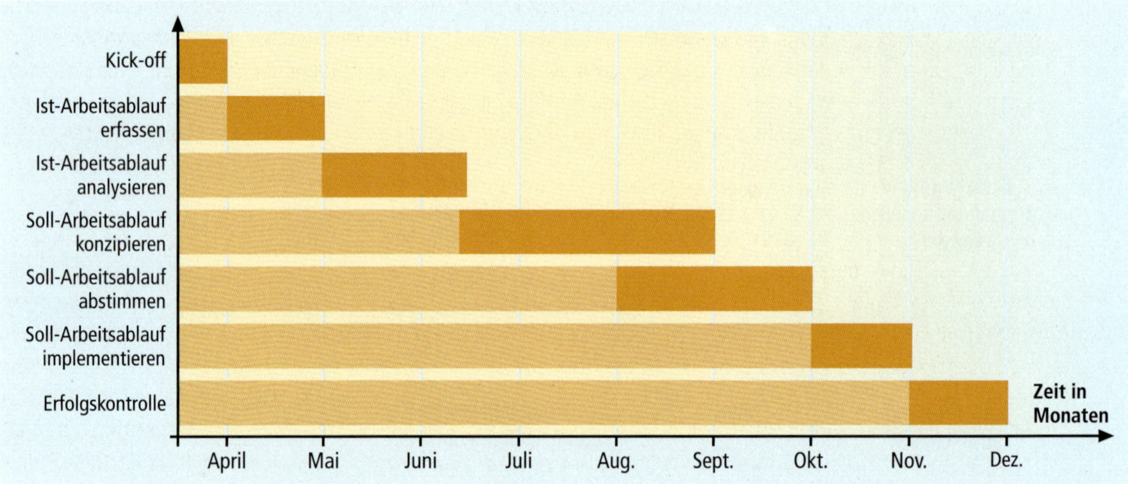

Netzpläne werden vor allem für die Planung, Steuerung und Überwachung der Arbeitsschritte im Rahmen der Durchführung großer und komplexer Projekte eingesetzt. Dabei werden die strukturellen Verbindungen zwischen den einzelnen Arbeitsschritten bzw. Projekttätigkeiten und die entsprechenden zeitlichen Vorgaben (Anfangs- und Endzeitpunkte) aufgezeigt. Ziel ist die Identifizierung von zeitlichen Engpässen sowie die Bestimmung des sogenannten kritischen Weges.

In Verwaltungen werden vor allem Informationen ausgetauscht. Stellen, die häufig zusammenarbeiten und Informationen im persönlichen Kontakt austauschen, sollten möglichst dicht beieinander liegen. Im Rahmen der **raumorientierten Ablauforganisation** von Verwaltungen werden daher zur Optimierung der Raumanordnung und der Arbeitsplatzgestaltung vor allem **Kommunikationsanalysen** durchgeführt, um den Informationsaustausch zwischen einzelnen Verwaltungsbereichen zu analysieren. Dabei erfassen die Mitarbeiter mithilfe der Selbstaufschreibung in Strichlisten ihre persönlichen, schriftlichen oder telefonischen Kontakte mit anderen Mitarbeitern. Hierfür ist eine sogenannte **Kommunikationsmatrix** gut geeignet. Ein entsprechendes Beispiel zeigt die folgende Grafik.

Stelle: Bauverwaltungsamt							
Kommunikation mit den Stellen	**Kommunikationsarten**						
	Persönlich	Schriftlich per Umlaufmappe	Fax	E-Mail	Videokonferenz	Telefon	**Summe**
Planungswesen	12	21	3	5	0	39	**80**
Bauordnung und Wohnungswesen	19	43	7	25	0	78	**172**
Tiefbauwesen	6	14	2	8	0	22	**52**
Immobilienwirtschaft	7	9	1	3	0	16	**36**
Rettungswache und Feuerwehr (Regiebetrieb)	4	11	7	6	0	15	**43**
Bau- und Betriebshof (Regiebetrieb)	3	6	4	9	0	44	**66**
Summe	**51**	**104**	**24**	**56**	**0**	**214**	**449**

221060386

3.5 Optimierung von Arbeitsabläufen im Rahmen der Arbeitssynthese

3.5.1 Zielsetzungen

Aufbauend auf den gewonnenen Ergebnissen der Arbeitsanalyse(n) werden die untersuchten Arbeitsabläufe im Rahmen der Arbeitssynthese durch die geschickte Zusammenfassung von Arbeitsstufen unter simultaner Berücksichtigung von Arbeitsträger (personelle Synthese), Zeit (zeitliche Synthese) und Raum (räumliche Synthese) neu gestaltet. Zielsetzung ist dabei die **Festlegung eines optimalen Arbeitsablaufs.** Nur die für die Aufgabenerledigung unabdingbaren Arbeitsstufen, -reihen und -zyklen werden berücksichtigt, d. h., es gibt keine überflüssigen Arbeiten. Der kürzeste Weg muss bestritten werden, d. h., unnötige Bearbeiterwechsel und Transportwege werden vermieden. Der Arbeitsablauf muss sich zwangsläufig ergeben; die Abfolge der Verrichtungen ist sachlich logisch; nur für die Aufgabenerfüllung erforderliche Verrichtungen werden durchgeführt. Das sich aus dem Arbeitsablauf ergebende Anforderungsprofil sollte sich mit dem Leistungsvermögen der Bearbeiter möglichst weitgehend decken. Schnittstellen zu anderen Arbeitsabläufen werden berücksichtigt, sofern es entsprechende sachlich begründete Abhängigkeiten bei der Aufgabenerfüllung gibt.

Bei der Gestaltung der Arbeitsabläufe im Rahmen der Arbeitssynthese sind auch Entscheidungen über den Grad der Arbeitsteilung, das Arbeitspensum, die Vorgabe von Durchlaufzeiten, Arbeitstakten und Arbeitsrhythmen sowie die Arbeitsplatzanordnung zu treffen. Hierbei müssen neben ökonomischen Aspekten (Wirksamkeit und Wirtschaftlichkeit) auch sozio-emotionale Wirkungen berücksichtigt werden, um negative Auswirkungen wie geringe oder fehlende Motivation bzw. Frustration, Monotonie oder Entfremdung zu vermeiden. Daher sollte bei der Gestaltung der Arbeitsabläufe darauf geachtet werden, dass der Anteil sich wiederholender Tätigkeiten nicht zu hoch wird, der Sinnzusammenhang der Arbeit für die Mitarbeiter erkennbar bleibt und ein notwendiges Maß an Planung und Kontrolle der eigenen Arbeit sowie sozialer Austauschmöglichkeiten für die Mitarbeiter gewährleistet ist.

3.5.2 Einflussfaktoren

Bei der Gestaltung der Ablauforganisation bzw. Arbeitsabläufe in Verwaltungen zwecks Erreichung der zuvor genannten Zielsetzungen sind verschiedene Einflussfaktoren zu beachten. Zu den **internen Einflussfaktoren** gehören das Dienstleistungsspektrum der Verwaltung, die Mitarbeiterstruktur bzw. -qualifikation, das interne Planungssystem und die Struktur des Informationssystems. **Externe Einflussgrößen** sind rechtliche Vorschriften, soziale und kulturelle Rahmenbedingungen, politische Rahmenbedingungen und technologische Entwicklungen.

In der Regel erlauben die zuvor genannten Einflussfaktoren nicht die Einführung einer – aus rein betriebswirtschaftlicher Sicht – optimalen Organisation der Arbeitsabläufe. In der Praxis sind häufig Probleme bei der Ablauforganisation zu lösen. Die **Qualifikation der Mitarbeiter** entspricht nicht (vollständig) den Anforderungen des Arbeitsgangs. Die Herausforderung besteht in diesem Fall in der Minimierung dieser Differenz.

Bei verwaltungsübergreifenden Arbeitsabläufen kann es zu Engpässen kommen, wenn die vorhandenen **Personalkapazitäten** einer beteiligten Verwaltungseinrichtung nicht ausreichen, um ihren Arbeitsanteil in der geforderten Zeit, Menge und Qualität zu erbringen. Grundsätzlich kann es bei Beteiligung mehrerer Arbeitsträger immer zu Problemen bei der zeitlichen und mengenmäßigen Synchronisation kommen.

Insbesondere größere Verwaltungseinrichtungen haben des Öfteren **mehrere Standorte.** Wenn die Arbeitsträger an unterschiedlichen Standorten tätig sind, müssen die Arbeitsobjekte zwischen ihnen hin- und hertransportiert werden. In diesem Fall müssen Lauf- und Transportwege, -kosten und -zeiten optimiert werden. Außerdem muss die Sicherheit der transportierten Objekte gewährleistet werden.

Historisch gewachsene und damit nicht hinreichend kompatible **Strukturen** der informationstechnischen Systeme (kurz IT-Systeme) stören die Abläufe.

Organisatorische Regelungen wie das sogenannte „Vier-Augen-Prinzip" bzw. die – aus ablauforientierter Sicht – nicht notwendige Beteiligung mehrerer Personen an der Erstellung eines Leistungsergebnisses wie z. B. eines Bauantrags zu Kontrollzwecken beeinflussen die Arbeitsgänge.

3.6 Prozesse und Prozessorientierung in Verwaltungen

Eine der zentralen Anforderungen an eine moderne Verwaltung ist die **wirtschaftliche Erbringung** der von den Kunden (Bürgerinnen und Bürger, Unternehmen, andere Verwaltungen) angeforderten Verwaltungsleistungen in der gewünschten Menge und Qualität unter Berücksichtigung der geltenden rechtlichen Vorgaben. Eine moderne Verwaltung ist somit kunden- und damit auch leistungsorientiert, denn der Kunde ist ja i. d. R. Abnehmer der Verwaltungsleistung. Damit eine Verwaltungsleistung wirtschaftlich in der geforderten Menge und Qualität erstellt werden kann, müssen die Leistungserstellungsprozesse entsprechend gestaltet und die Mitarbeiterinnen und Mitarbeiter motiviert sein. Die drei genannten Prinzipien **Kunden-, Prozess- bzw. Leistungs- und Mitarbeiterorientierung** sind zugleich auch die grundlegenden Prinzipien der **Total Quality Management (TQM)-Philosophie.**

Ein **Prozess** ist dabei als Abfolge von Tätigkeiten (Verrichtungen, Aktivitäten) zu verstehen, die zusammengenommen ein Ergebnis von Wert für den Kunden schaffen. DIN EN ISO 8402 definiert einen Prozess als „Satz von in Wechselbeziehungen stehenden Mitteln und Tätigkeiten, die Eingaben in Ergebnisse umgestalten".

Prozesse zeichnen sich durch verschiedene Merkmale aus. Sie haben einen eindeutigen **Anfang** (z. B. Einreichen eines Antrags auf Baugenehmigung) und **Abschluss** (z. B. Erteilen eines Baugenehmigungs-Bescheids). Sie sind zielgerichtet und erbringen ein gewünschtes **Ergebnis,** indem Tätigkeiten durchgeführt werden, mit denen Inputfaktoren in Outputfaktoren umgewandelt werden (Transformationsaspekt). Prozesse bestehen aus einer **Abfolge von Tätigkeiten,** bei denen von den prozessbeteiligten Mitarbeiterinnen und Mitarbeitern meist auch Sachmittel eingesetzt werden, sodass durch den Ressourcenverbrauch Kosten entstehen.

Sie **integrieren Kunden** (z. B. als Antragsteller) und ggf. **Lieferanten** (z. B. Bundesdruckerei im Fall von Personalausweisen oder Reisepässen) in den Prozessablauf.

Prozesse können unterteilt werden in **Kernprozesse,** bei denen eine Leistung und damit ein Mehrwert für den Verwaltungskunden erbracht wird, und verwaltungsinterne **Unterstützungsprozesse,** die unterstützende Leistungen wie z.B. Personal oder Infrastruktur für die Kernprozesse bereitstellen. Ein guter Ausgangspunkt für die Definition von Kern- und Unterstützungsprozessen kann der **Produktkatalog** sein.

Bei der Analyse, Dokumentation und Konzeption bzw. Modellierung von Prozessen gibt es verschiedene Gestaltungsfaktoren und damit auch **Schwerpunkte der Betrachtung.** Die **Ablaufsicht** stellt Prozesse als voneinander abhängige Folgen von Aktivitäten, d. h. im Einzelnen Prozessbeginn und -ende, Prozessergebnis, Prozessschnittstellen zu anderen Prozessen usw. dar. Bei der **Organisationssicht** wird die Verantwortung für die Steuerung und Durchführung der Prozesse und Prozessschritte abgebildet. Dabei sollte möglichst jeder Prozess in die Verantwortung eines Prozessverantwortlichen (Prozesseigentümers) übergeben werden, der dann für das Management des gesamten Prozesses und damit auch für das erstellte Prozessergebnis verantwortlich ist.

Die **Informationsmanagementsicht** betrachtet, dass Prozesse heutzutage i. d. R. durch Informationssysteme unterstützt werden. Damit die Informationssysteme den Prozess möglichst optimal unterstützen, muss dieser vor der Einführung der Informationssysteme systematisch analysiert und dokumentiert werden. Auf diese Weise kann vermieden werden, dass suboptimale Prozessabläufe informationstechnisch abgebildet und damit „zementiert" werden, wie bei der Einführung von E-Government immer wieder zu beobachten ist.

Im Gegensatz zur derzeit in Verwaltungen noch vorherrschenden funktionsorientierten Ablauforganisation (auch: Arbeitsorganisation genannt), bei der jeder Aufgabenträger jeweils nur stellen- oder arbeitsplatzbezogen für die ihm zugeordneten Prozessausschnitte zuständig ist, erfordert eine moderne **prozessorientierte Arbeitsorganisation** eine stellen-, arbeitsplatz- oder sogar funktionsbereichsübergreifende Zusammenarbeit mit eindeutiger Zuordnung der Prozessverantwortung. Optimierungsobjekt ist dabei nicht der Arbeitsgang, sondern das Prozessergebnis. Unabdingbar ist die Minimierung von **Prozessschnittstellen,** die durch Arbeitsteilung entstehen, Koordinationsbedarf erzeugen und die Prozessabwicklung verlangsamen. Daher ist in einer Prozessorganisation eine andere Art der Arbeitsteilung erforderlich, bei der aus Kunden- bzw. Prozesssicht zusammenhängende Verrichtungen und die entsprechende Verantwortung dafür einem Prozesseigentümer zugeordnet werden. Bei komplexen Prozessen kann dies auch ein Prozessteam sein.

221060388

Arbeitsorganisation versus Prozessorganisation	
Arbeitsorganisation	**Prozessorganisation**
■ funktionsorientierte Ablauforganisation	■ prozessorientierte Ablauforganisation
■ traditionelle Sichtweise	■ moderne Sichtweise
■ „Innensicht" dominiert, „Denken in Hierarchien und Organigrammen"	■ „Außensicht" dominiert, Ergebnis-/ Leistungs- und Kundenorientierung; „übergreifendes Denken in Abläufen bzw. Prozessen"
■ viele Hierarchieebenen	■ flache Hierarchien
■ viele Schnittstellen/Medienbrüche	■ wenig Schnittstellen/Medienbrüche
■ Die Ablauforganisation findet im Rahmen der Aufbauorganisation statt.	■ Die Aufbauorganisation richtet sich nach den Abläufen bzw. Prozessen.
■ Die Arbeitsorganisation beschäftigt sich mit der raum-zeitlichen Strukturierung von Arbeitsabläufen in einer bestehenden Aufbauorganisation.	■ Die Prozessorganisation beschäftigt sich mit der raum-zeitlichen Strukturierung von Kern- und Unterstützungsprozessen als Grundlage für die Aufbauorganisation.

In einer prozessorientierten Organisation werden die Prozesse permanent überwacht und fortlaufend optimiert. Dabei gilt es nicht nur, **Prozessabläufe** zu beschleunigen oder zu automatisieren, sondern auch, nicht mehr notwendige Prozesse zu entfernen, gleichartige Prozesse zusammenzufassen oder Prozesse auszulagern, wenn andere die Prozessleistung effektiver oder kostengünstiger erbringen und die rechtlichen Rahmenbedingungen dies zulassen. Auch das **Prozessergebnis** muss kontinuierlich in Bezug auf Menge, Qualität und Kosten kontrolliert werden. Es empfiehlt sich zudem die Durchführung von Kundenbefragungen.

Die Digitalisierung von Kern- und Unterstützungsprozessen im Rahmen der Einführung von **E-Government,** das den Verwaltungskunden den Zugriff auf Verwaltungsleistungen mittels Internet(technologien) ermöglichen soll, bietet Verwaltungen die Chance, ein stärker prozessorientiertes Denken und Handeln zu entwickeln. Diese Entwicklung braucht allerdings viel Zeit, da zumindest in großen Verwaltungen aufgrund des Besoldungssystems traditionell sehr stark in Organigrammen und Stellenbeschreibungen gedacht wird.

Große E-Government-Vorhaben beginnen zumeist mit einer politischen Vision. Ein prominentes Beispiel hierfür ist die gemeinsame E-Government Strategie von Bund, Ländern und Kommunen, **Deutschland-Online,** die mittlerweile in die Nationale E-Government-Strategie (NEGS) des IT-Planungsrats integriert wurde. Ziel dieser Initiative ist die Schaffung einer integrierten E-Government-Landschaft in Deutschland, was angesichts der föderalen Struktur in Deutschland ein ehrgeiziges Vorhaben ist. Die Regierungschefs von Bund und Ländern haben sich auf 23 Schlüsselprojekte geeinigt, mit denen Verwaltungsdienstleistungen wie z. B. die Kfz-Anmeldung oder das Meldewesen online bereitgestellt, Portale vernetzt und gemeinsam Infrastrukturen und Standards entwickelt werden.

Die weitere Abwicklung eines solchen Vorhabens erfolgt zumeist in **Projektform.** Dazu wird eine Projektgruppe gegründet, die einen entsprechenden Auftrag sowie die für die Auftragsdurchführung notwendigen Ressourcen erhält. Das Vorhaben wird geplant und mit einer sogenannten Kick-off-Veranstaltung offiziell gestartet.

Es folgt zunächst die Analysephase, in der Prozesse aufgenommen und analysiert, Schwachstellen ermittelt sowie Ziele und Maßnahmen formuliert werden.

Anschließend müssen die Prozesse neu konzipiert bzw. optimiert werden, wobei zumeist umfangreiche Abstimmungen mit den Verantwortlichen durchgeführt werden müssen.

Danach kann mit der Implementierung der optimierten Prozesse sowie der hierfür notwendigen informationstechnischen Unterstützung begonnen werden.

Nach erfolgter Implementierung und entsprechenden Tests der optimierten Prozesse muss der Erfolg des Projekts systematisch bewertet und die Basis für eine kontinuierliche Verbesserung der Prozesse geschaffen werden. In der Regel wird eine offizielle Abschlussveranstaltung durchgeführt. Die Projektunterlagen müssen archiviert und gesammelte (gute und schlechte) Erfahrungen sowie gewonnenes Know-how so dokumentiert und abgelegt werden, dass allen internen sowie ggf. externen Interessenten ein leichter Zugriff darauf möglich ist. Es muss sichergestellt werden, dass im Projekt gewonnenes Know-how nach dem Abschluss des Projekts und der Auflösung der Projektgruppe nicht verloren geht.

4 Produktbildung in der öffentlichen Verwaltung

4.1 Produktbegriff

Ein Produkt ist eine Leistung oder eine Gruppe von Leistungen, die von einer Organisationseinheit für Abnehmer innerhalb oder außerhalb der Verwaltung erstellt wird und für die normalerweise (auch bei innerbetrieblicher Nachfrage) ein Preis zu zahlen wäre.

Als **Leistung** ist ein abgeschlossenes Arbeitsergebnis zu verstehen, das durch eine Reihe von Arbeitsschritten entsteht. Miteinander verwandte Leistungen werden häufig zu einem Produkt zusammengefasst.

Produkte, die für Abnehmer außerhalb der Verwaltung bestimmt sind, bezeichnet man als **externe Produkte.** Dazu zählen z. B. die Bereitstellung von Schulen, Sporthallen, Parkanlagen, der Straßenbau und -unterhalt, der Winterdienst oder das Kursangebot der Volkshochschule. Die externen Produkte bedienen unmittelbar die Bedürfnisse von Bürgern, Unternehmen, Sportvereinen und anderen verwaltungsfremden Zielgruppen.

Produkte, die für eine andere Organisationseinheit der Verwaltung bestimmt sind, bezeichnet man als **interne Produkte.** Dazu zählen insbesondere Steuerungs- und Serviceleistungen. Gesamtstädtische Steuerungsleistungen erbringen der Rat und seine Ausschüsse sowie die Verwaltungsleitung. Serviceleistungen wie Gebäudereinigung, Gehaltsabrechnung, Organisationsberatung, Rechnungswesen oder Datenverarbeitung entstehen in den Zentralbereichen der Verwaltung. Es handelt sich um Vorleistungen, die die abnehmenden Organisationseinheiten zur Erstellung externer Produkte benötigen.

4.2 Ziele der Produktbildung

Die Produktbildung ist ein zentrales Reformelement des Neuen Steuerungsmodells. Mit ihr sind zahlreiche Erwartungen und Ansprüche verbunden:

Die Bildung von Produkten soll

- das Verwaltungshandeln transparenter machen, indem sie z. B. mit der Darstellung vielfältiger Produktinformationen verknüpft wird,
- die Darstellung von Ergebnissen und Wirkungen ermöglichen, die mit einem Produkt angestrebt werden,
- dazu anregen, die Kundenperspektive einzunehmen und aus dieser Sicht z. B. Kennziffern zu entwickeln, die Auskunft über die Leistungsqualität geben,
- in einen Produktplan münden, der die Produkte der Verwaltung übersichtlich darstellt,
- eine fundierte, auf den Produktergebnissen beruhende Aufgabenkritik ermöglichen,
- Vergleiche mit anderen Kommunen erleichtern, z. B. auf der Basis produktbezogener Kennziffern, und es so ermöglichen, besser zu werden, indem man von den anderen lernt,[1]
- im Hinblick auf die internen Serviceleistungen Preis- und Qualitätsvergleiche mit dem Angebot der Privatwirtschaft veranlassen und so die internen Dienstleister einem zunehmenden Wettbewerbsdruck aussetzen,
- Veränderungen in der Aufbau- und Ablauforganisation der Verwaltung bewirken, die zu einer kostengünstigeren und kundenfreundlicheren Aufgabenerfüllung führen.

Die Produktbildung ist Voraussetzung für eine **output- oder ergebnisorientierte Verwaltungssteuerung** mithilfe produktorientierter Haushalte. Früher erfolgte die Steuerung in erster Linie über den Input, d. h. durch die Bereitstellung von Finanzmitteln. Der Haushaltsplan sagte in Hunderten von Haushaltsstellen aus, wie viel Geld die Verwaltung ausgeben darf. Es wurde aber allenfalls in Umrissen geregelt, welche Produkte in welcher Zahl und Qualität hergestellt werden sollen. Der nach Produkten gegliederte Haushalt regelt, welche Produkte (Leistungen) die Verwaltung mit den bereitgestellten Mitteln (Budgets) erbringen soll, er beschreibt die Sachziele. Der produktorientierte Haushalt ermöglicht die Verwaltungssteuerung durch Finanz- und Leistungsvorgaben.

1 = Benchmarking; benchmark, engl.: Vergleichspunkt, Messlatte

Wichtige Instrumente der outputorientierten Steuerung sind **Kontraktmanagement, Berichtswesen und Controlling.** Kontrakte (auch: Zielvereinbarungen) sind verbindliche Absprachen zwischen zwei hierarchischen Ebenen für einen festgelegten Zeitraum über die zu erbringenden Leistungen und ggf. die zu erzielenden Wirkungen. Über die Einhaltung der Vereinbarungen wird periodisch berichtet, um bei Bedarf gegensteuern zu können.

Beispiele zur Produktbildung und outputorientierten Steuerung

- *Die Verwaltung der Stadt Neustadt legt den Entwurf ihres ersten produktorientierten Haushalts vor. Dieser enthält Teilergebnispläne für jedes Produkt. So wird u. a. erstmals der gesamte Ressourcenverbrauch übersichtlich dargestellt, den das Produkt „Schullandheim" verursacht. Nicht nur Personal-, Instandhaltungs- und laufende Betriebskosten belasten das erwartete Produktergebnis, sondern auch Abschreibungen, die den jährlichen Wertverlust des Gebäudes und seiner Einrichtungsgegenstände wiedergeben. Der kameralistische Haushaltsplan enthielt nur die geplanten Ausgaben für Personal, Reparaturen, den laufenden Betrieb sowie die Anschaffung von Anlagegütern, und dies an verschiedenen Stellen, sodass es lediglich Fachleuten möglich war, die Beträge zusammenzuführen.*

  Aufgrund der Zahlen im Teilergebnisplan diskutiert der Haushaltsausschuss des Rates die Frage, ob die Stadt sich in Zeiten knapper Kassen nicht besser vom Schullandheim trennen solle, zumal eine gleichwertige Unterbringung der Schüler auch in einer nahe gelegenen Jugendherberge möglich ist. Es zeichnet sich die Absicht der Y-Fraktion ab, dem Rat einen Antrag vorzulegen, der die Schließung und den Verkauf des Schullandheims fordert.

- *Der Produkthaushalt der Stadt Neustadt enthält für jedes Produkt auch ein sogenanntes Produktblatt mit folgenden Angaben: zuständige Organisationseinheit; verantwortliche Person; Produktbeschreibung; Leistungen, die dem Produkt zugeordnet sind; Auftragsgrundlage für die Leistungserstellung; Zielgruppe; Ziele, die mit dem Produkt verfolgt werden, und Kennzahlen, die Auskunft über Produktmenge und ggf. Produktqualität geben.*

  Die Abteilung Bauordnung und Wohnungswesen hat dem Produkt „Baugenehmigungsverfahren" drei Leistungen zugeordnet: „Baugenehmigung im vereinfachten Verfahren", „Baugenehmigung im normalen Verfahren" und „Baugenehmigung im Freistellungsverfahren". Damit aussagekräftige Daten entstehen, beziehen sich die im Produktblatt angegebenen Kennzahlen nicht auf das Produkt, sondern auf die zugehörigen Leistungen.

  Die im Produktblatt ausgewiesene durchschnittliche Bearbeitungsdauer für „Baugenehmigungen im normalen Verfahren" führt in der Phase der Haushaltsberatungen zu Diskussionen im zuständigen Ratsausschuss. Einige Ausschussmitglieder bemängeln, die Bearbeitungsdauer sei um einiges länger als in vergleichbaren Städten und hemme die Investitionsbereitschaft der örtlichen Wirtschaft. Nach Gesprächen mit der zuständigen Beigeordneten wird die Verkürzung der Bearbeitungsdauer als verbindliches Produktziel in den Haushaltsentwurf aufgenommen.

  Eine verwaltungsinterne Projektgruppe soll Vorschläge zur Realisierung des neuen Produktziels erarbeiten. Sie ist verpflichtet, alle drei Monate einen Bericht vorzulegen, der über den Arbeitsstand informiert. Nach der Devise „Besser werden durch Lernen von anderen" erhofft sich die Projektgruppe entscheidende Impulse durch den Anschluss der Stadt Neustadt an einen Vergleichsring des IKO-Netzes der KGST (s. auch LF 3, Kapitel 3.1.6).

4.3 Grundsätze der Produktbildung und -gliederung

Welche Überlegungen müssen Verwaltungsmitarbeiter anstellen, wenn sie Produkte bilden?

Die wichtigste Eigenschaft eines Produktes im betriebswirtschaftlichen Sinne ist seine Eignung als Kosten- und Erlösträger. Es müsste folglich möglich sein, dem (zunächst gedanklich) gebildeten Produkt alle Kosten zuzuordnen, die für seine Herstellung bzw. Bereitstellung anfallen. Zugleich sollte sich das erdachte Produkt auch als Erlösträger eignen. Das heißt, es müsste denkbar sein, einen Preis vom Abnehmer zu fordern.

Im Produktplan der Stadt Neustadt und vieler anderer Städte und Gemeinden finden sich aber zahlreiche Produkte, die sich nicht unmittelbar als Kosten- oder Erlösträger eignen. Es handelt sich nicht um klassische

Produkte im Sinne abgeschlossener Ergebnisse von Arbeitsprozessen. Vielmehr sind bisweilen ganze Organisationseinheiten als Produkte ausgewiesen, beispielsweise der Bau- und Betriebshof.

Offensichtlich befinden sich die eigentlichen Kosten- und Erlösträger der Verwaltung häufig auf einer tieferen Gliederungsebene. Es sind oftmals die Leistungen, denen Kosten und Erlöse zugerechnet werden.

Beispiel

Zu dem Produkt „Bau- und Betriebshof" gehört bei der Stadt Neustadt u. a. die interne Leistung „Grünpflege". Abnehmer dieser Leistung ist z. B. der Sport- und Freizeitbetrieb. Für die Grünpflege stellt der Bau- und Betriebshof einen Preis in Rechnung, der sich aus den entstehenden Kosten ergibt und im Wege der internen Leistungsverrechnung „bezahlt" wird.

Es stellt sich die Frage, warum nicht durchgängig ein abgeschlossenes Arbeitsergebnis, also die Leistung, als Produkt ausgewiesen wird. Die Antwort ergibt sich aus einer wichtigen Zielsetzung der Produktbildung. Die kommunalen Produkte sollen die ergebnisorientierte Steuerung der Verwaltung unterstützen. Damit dieses Ziel angesichts der umfangreichen Aufgaben der Verwaltung überhaupt realisiert werden kann, gilt der Grundsatz, die Anzahl der Produkte „so groß wie nötig und so klein wie möglich" zu halten. Je detaillierter die Produktbildung, desto schwieriger wird die strategische Steuerung und desto unübersichtlicher wird der Haushaltsplan. Grob gefasste Produkte müssen allerdings auf der Leistungsebene so gegliedert werden, dass die zuständigen Organisationseinheiten Kosten bzw. Preise richtig kalkulieren können.

Produkte werden zu Produktgruppen zusammengefasst und diese wiederum zu Produktbereichen. Dies geschieht zur besseren Steuerung durch übergeordnete Verwaltungseinheiten. Rat und Verwaltungsleitung z. B. können für bestimmte Fragestellungen der Politik nicht jeden Teilergebnisplan auf Produktebene zum Gegenstand ihrer Steuerungsüberlegungen machen. Oft reicht der Blick auf das zusammengefasste Zahlenwerk für Produktgruppen oder -bereiche.

Ein Arbeitskreis der „Ständigen Konferenz der Innenminister und -senatoren der Länder" (IMK) hat einen „Produktrahmen" entwickelt, der Grundlage für die einheitliche Gestaltung kommunaler Produkthaushalte sein soll. Im Produktrahmen sind die kommunalen Aufgaben in 16 Produktbereiche gegliedert. Die IMK hat den Ländern im November 2003 empfohlen, ihren Kommunen die Anwendung dieses Produktrahmens verbindlich vorzuschreiben.

Produktbereiche im IMK-Produktrahmen		
01 Innere Verwaltung	06 Kinder-, Jugend- und Familienhilfe	11 Ver- und Entsorgung
02 Sicherheit und Ordnung	07 Gesundheitsdienste	12 Verkehrsflächen und -anlagen
03 Schulträgeraufgaben	08 Sportförderung	13 Natur und Landschaftspflege
04 Kultur und Wissenschaft	09 Räumliche Planung und Entwicklung, Geoinformation	14 Umweltschutz
05 Soziale Leistungen	10 Bauen und Wohnen	15 Wirtschaft und Tourismus
		16 Allgemeine Finanzwirtschaft

Der Produktrahmen der IMK enthält auch die Gliederung der Produktbereiche in Produktgruppen. Die Bildung von Produkten unterbleibt, damit die Kommunen Spielraum zur Berücksichtigung örtlicher Gegebenheiten haben. Der Produktplan unserer Modellkommune Neustadt (s. Lehrbuchanhang) ist weitgehend nach den Vorgaben der IMK gestaltet.

Es zeichnet sich ab, dass die Länder der IMK-Empfehlung auf der Ebene der Produktbereiche folgen. Zur weiteren Gliederung erlassen sie unterschiedliche Regelungen. Nordrhein-Westfalen z. B. überlässt sie vollständig den Kommunen, während Niedersachsen über Produktgruppen hinaus auch einige verbindliche Produkte vorgibt.

221060392

Produkthierarchie

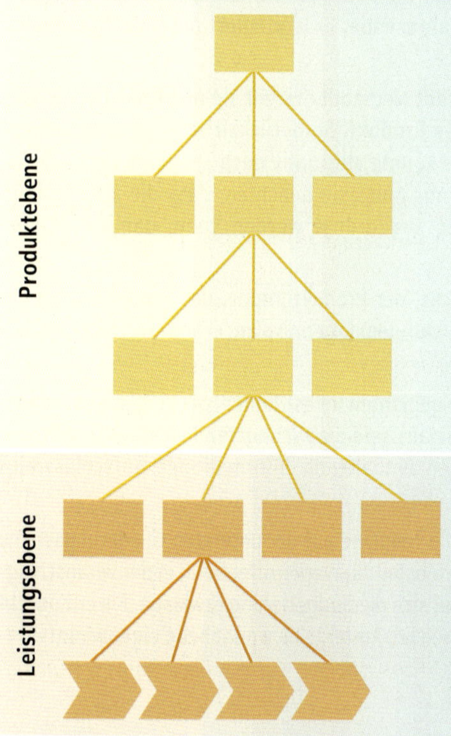

Produktbereich:
Zusammenfassung von Produktgruppen, um den Steuerungsinteressen übergeordneter Verwaltungseinheiten zu genügen (weitere Informationsverdichtung)
Bsp.: Kinder-, Jugend- und Familienhilfe

Produktgruppe:
Zusammenfassung von Produkten, um den Steuerungsinteressen übergeordneter Verwaltungseinheiten zu genügen (Informationsverdichtung)
Bsp.: Sonstige Leistungen der Kinder-, Jugend- und Familienhilfe

Produkt:
Einzelne Leistung oder Gruppe von Leistungen, die nach folgenden Kriterien zusammengefasst werden: Sinnzusammenhang, Steuerungsorientierung, Verantwortlichkeit
Bsp.: Heimerziehung; Erziehung in einer sonstigen betreuten Wohnform

Leistung:
Abgeschlossenes Arbeitsergebnis, das durch eine Reihe von Arbeitsschritten erstellt wired. Kriterien: Abnehmer auberhalb der Organisationseinheit, Messbarkeit, Zurechenbarkeit von Kosten
Bsp.: Unterbringung in einer offenen Wohngruppe

Tätigkeit/Prozessschritt:
Einzelne Schritte zur Erstellung eines Arbeitsergebnisses
Bsp.: halbjährliches Hilfeplangespräch

Quelle: Vgl. Rode, U.: Produkthierarchie. Folienvorlage zur öffentlichen BWL, Abb. 3.23. In: www.sp-dozenten.de [03.09.2018].

4.4 Produkte, Haushalt und Organisation

Der oben dargestellte IMK-Produktrahmen ist eine Empfehlung sowohl für ein doppisches als auch für ein erweitertes kameralistisches Haushalts- und Rechnungswesen. Die folgende Übersicht setzt einen doppischen Rechnungsstil voraus.

Elemente des Produkthaushalts der Stadt Neustadt

Ergebnisplan	Finanzplan	Teilpläne	Anlagen
Erträge – Aufwendungen = Ergebnis	Einzahlungen – Auszahlungen = Liquiditätssaldo	**Produktinformationen** z. B. ■ Produktbeschreibung ■ Ziele ■ Kennziffern **Teilergebnispläne** Erträge – Aufwendungen = Teilergebnis **Teilfinanzpläne** Darstellung investiver Ein- und Auszahlungen sowie investiver Einzelmaßnahmen	z. B. ■ Bilanz des Vorvorjahres, ■ Stellenplan, ■ Wirtschaftpläne und Abschlüsse der Eigenbetriebe ■ Verpflichtungsermächtigungen (Zahlungsverpflichtungen in späteren Jahren aufgrund einer Investition)

Der **Ergebnisplan** (Ergebnishaushalt) ist das wichtigste Planungselement der Gemeinde. Er enthält Erträge und Aufwendungen sowie das Jahresergebnis. Der **Finanzplan** (Finanzhaushalt) enthält die Ein- und Auszahlungen der Gemeinde sowie einen Liquiditätssaldo zum Jahresende. Er legitimiert die Investitionen der Kommune.

Kernelement des neuen Haushalts sind die **Teilpläne.** Die Stadt Neustadt erstellt sie nicht nur für die verbindlichen Produktbereiche, sondern freiwillig auch für jedes Produkt. So berücksichtigt sie unterschiedliche Informationsbedürfnisse und Steuerungsinteressen. Sie könnte alternativ auch Teilpläne für Produktgruppen aufstellen oder für Organisationseinheiten. Allerdings muss sie beachten, dass die ausgewählte unterste Gliederungsebene den Produktbereichen eindeutig zugeordnet werden kann, damit eine vorschriftsmäßige Zusammenfassung der Zahlen möglich ist.

Die **Teilergebnispläne** weisen das Ergebnis des Produktbereichs, der Produktgruppe, des Produkts oder der betrachteten Organisationseinheit aus. Sie gleichen in ihrer Struktur dem Ergebnisplan, erfassen aber zusätzlich Aufwendungen und Erträge aus internen Leistungsbeziehungen.

Die **Teilfinanzpläne** konzentrieren sich auf die Darstellung der geplanten Investitionen. Sie zeigen den Finanzmittelbedarf für die Anschaffung von Anlagegütern. Darüber hinaus sind die wichtigsten Investitionsvorhaben einzeln aufgeführt. So werden die in den Teilergebnisplänen enthaltenen Informationen aufschlussreich ergänzt.

Nachdem der Rat den Haushalt beschlossen hat, ermächtigen die Teilpläne auf der untersten Gliederungsebene die Verwaltung zum Verbrauch von Ressourcen (Arbeitszeit, Betriebsmittel, Werkstoffe, Geld) in der veranschlagten Höhe. Als geeignete Form der Ressourcenbewirtschaftung hat sich die Budgetierung erwiesen. Sie ermöglicht den Organisationseinheiten der Verwaltung (Dezernate, Fachbereiche, Ämter) eine weitgehend eigenverantwortliche Verwendung der bereitgestellten Finanzmittel.

Beispiel: Budgetierung bei der Stadt Neustadt

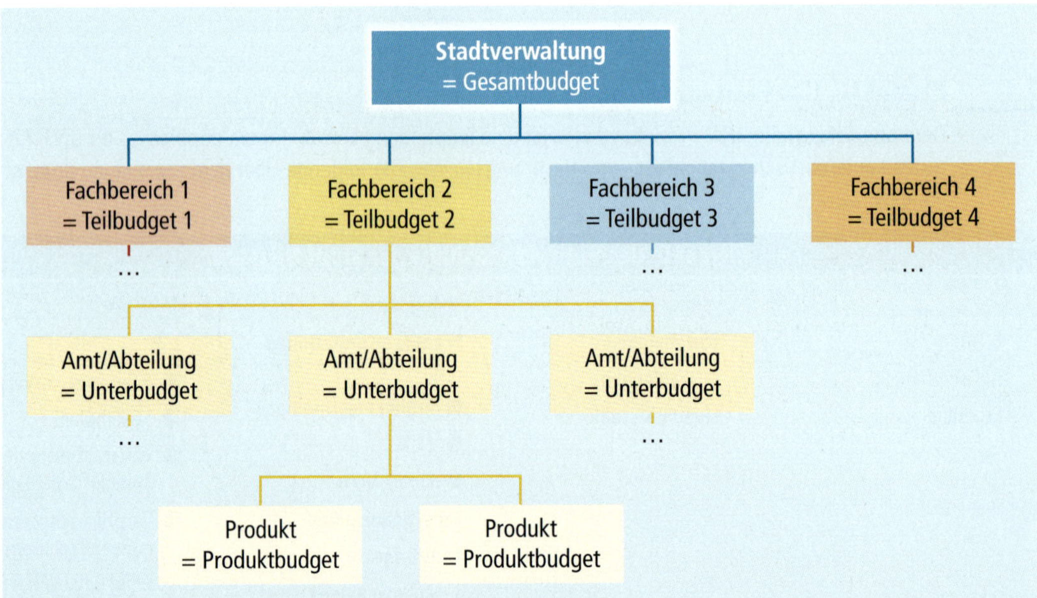

Die Stadt Neustadt weist im Haushaltsplan produktbezogene Teilergebnis- und Teilfinanzpläne aus. Daraus ergeben sich die ***Produktbudgets.*** *Diese werden den Organisationseinheiten zugewiesen, die für die Erstellung der jeweiligen Produkte zuständig sind. Als Produkt- und zugleich Budgetverantwortliche sind im Produktblatt in der Regel die Amts- bzw. Abteilungsleiter aufgeführt. Sie müssen gewährleisten, dass die Produkte aus ihrem Zuständigkeitsbereich in der geforderten Menge und Qualität hergestellt werden. Zudem sind sie dafür verantwortlich, dass die im* ***Unterbudget*** *bereitste-*

221060394

henden Finanzmittel möglichst wirtschaftlich verwendet werden. Aufwendungen und Erträge bzw. Auszahlungen und Einzahlungen im Produktbudget sind gegenseitig deckungsfähig. Sofern Mehraufwendungen auf Produktebene nicht mehr gedeckt sind, kann ein Ausgleich auf Amts- bzw. Abteilungsebene erfolgen (im Unterbudget). Die Gesamtverantwortung für das ***Teilbudget*** *liegt bei den Fachbereichsleitern. Sie entscheiden z. B., ob Mehraufwendungen in einem Unterbudget durch Einsparungen in einem anderen Unterbudget ausgeglichen werden dürfen.*

Die Einführung von Produkthaushalten hat auch Auswirkungen auf die **Verwaltungsorganisation.**

Wenn es möglich wäre, die Verwaltung neu zu erfinden, würde man mit der Produktbildung beginnen, dann Arbeitsabläufe optimal gestalten und danach die Aufbauorganisation so zuschneiden, dass sie mit der Produktstruktur übereinstimmt. Die Verantwortung für einen Produktbereich läge dabei bei nur einem Fachbereich und für eine Produktgruppe bei nur einem Amt bzw. einer Abteilung.

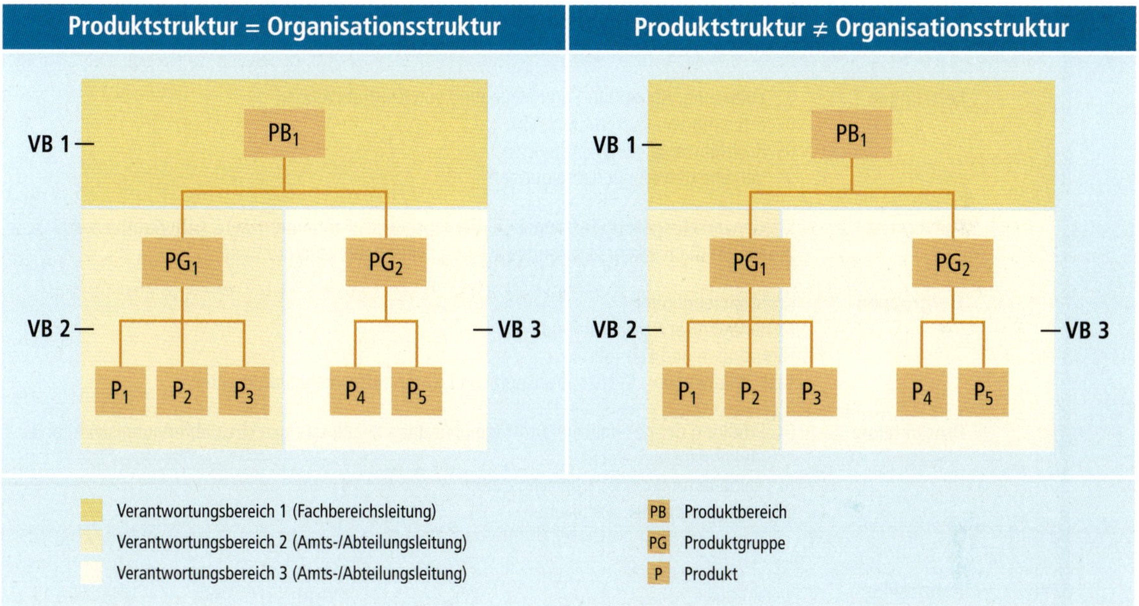

Allerdings muss in der Praxis erst einmal für eine ungeteilte Verantwortung auf der Produktebene gesorgt werden. Erst in einem zweiten Schritt wird man anstreben, auch die Verantwortung für Produktgruppen flächendeckend jeweils nur einer Organisationseinheit zu übertragen. Ob es darüber hinaus gelingt, die amtlichen Produktbereiche schnittstellenfrei den Fachbereichen zuzuordnen, ist zumindest für größere Verwaltungen eine noch offene Frage. Gewachsene Organisationsstrukturen und örtliche Gegebenheiten stehen diesem Vorhaben entgegen.

Beispiel: Produktblatt einer kreisfreien Stadt aus dem Haushaltsplan des Jahres 3

Produktbeschreibung

Produktbereich:	**020**	**– Sicherheit und Ordnung**
Produktgruppe:	**020 030**	**– Kfz-, Einwohner- und Ausländerwesen sowie Personenstandswesen**
Produkt:	**020 030 010**	**– Kfz-Angelegenheiten, Fahr- und Beförderungserlaubnisse**

Org.einheit 3300 Amt für Einwohnerwesen

Verantwortlich Schulz, Peter

Beschreibung
An- und Abmeldungen sowie Zulassungen von Kraftfahrzeugen
Erteilung von Fahrerlaubnissen
Bearbeitung von Verkehrsgewerbeangelegenheiten

Leistungen
01 Zulassung, Abmeldung und Stilllegung von Kraftfahrzeugen
02 Erteilung von Fahrerlaubnissen
03 Kraftfahrtauglichkeitsprüfungen
04 Verkehrsgewerbegenehmigungen

Auftr.grundl.
Straßenverkehrsgesetz, Personenbeförderungsgesetz, Fahrlehrergesetz, Güterkraftverkehrsgesetz, Straßenverkehrszulassungsordnung, Fahrerlaubnisverordnung

Zielgruppen
Kraftfahrzeughalter
Fahrerlaubniserwerber und -inhaber
Fahrschulen und Fahrlehrer
Taxi-, Mietwagen-, Krankentransport- und Güterkraftverkehrsunternehmen

Produktziele
01 Erfüllung der gesetzlichen Aufträge über das Kfz-Zulassungsrecht, Fahrerlaubnisrecht und Verkehrsgewerberecht
02 Beibehaltung der Bearbeitungszeiten
03 Verringerung der Wartezeiten

Kennzahlen

Bezeichnung	Mengen-einheit	Ist-Zahlen Jahr 1	Plan-Zahlen Jahr 2	Jahr 3
Allgemeine Finanzkennzahlen				
Aufwandsdeckungsgrad	Prozent	130,40	130,90	131,40
Verwaltungs- und Betriebsaufwand je Einwohner	Euro	8,16	8,13	8,10
Produktzielbezogene Kennzahlen				
Durchschnittliche Bearbeitungsdauer im Bereich Kfz-Zulassung	Minuten	24	22	20
Durchschnittliche Bearbeitungsdauer im Bereich Führerscheine	Minuten	17	16	15
Durchschnittliche Wartezeit bis zum Aufruf im Bereich Kfz-Zulassung	Minuten	29	27	25
Durchschnittliche Wartezeit bis zum Aufruf im Bereich Führerscheine	Minuten	27	26	25
Leistungskennzahlen				
Erbrachte Leistungen im Bereich Kfz-Zulassungen	Anzahl	271 503	271 503	271 503
Erbrachte Leistungen im Bereich Fahrerlaubnisse	Anzahl	52 003	52 125	52 250
Erbrachte Leistungen im Bereich Verkehrsgewerbegenehmigungen	Anzahl	2 402	2 375	2 350

221060396

Beispiel: Auszug aus einem Teilergebnisplan des Jahres 3

Produktbereich: 010 Innere Verwaltung
Produktgruppe: 005 Zentrale Dienste
Produkt: 002 Bauhof

Stadt Neustadt

Kurzbeschreibung
Leistungen des Bauhofes

Ziele
Instandhaltung gemeindlicher Gebäude und Grundstücke

Zielgruppe/-n
Alle Organisationseinheiten

Auftragsgrunglage
Organisatorische Regelungen

Gremien
Gemeindeentwicklungsausschuss

Budgetverantwortlicher
Andreas Schmidt

Produktverantwortlicher
Heinz Meier

Teilergebnisplan

Ertrags- und Aufwandsarten in €	Ergebnis Jahr 1	Ansatz Jahr 2	Ansatz Jahr 3	Planung Jahr 4	Planung Jahr 5	Planung Jahr 6
+ Zuwendungen und allgemeine Umlagen	0,00	0	100	100	100	100
+ Öffentlich-rechtliche Leistungsentgelte	4479,98	7000	7000	7000	7000	7000
+ Privatrechtliche Leistungsentgelte	663,65	500	500	500	500	500
+ Kostenerstattungen und Kostenumlagen	14933,44	14000	0	0	0	0
+ Sonstige ordentliche Erträge	8999,00	6500	700	0	0	0
= Ordentliche Erträge	**29076,07**	**28000**	**8300**	**7600**	**7600**	**7600**
− Personalaufwendungen	523199,45	473500	537600	537600	537600	537600
− Aufwendungen für Sach- und Dienstleistungen	114768,57	85400	87000	85500	85500	85500
− Bilanzielle Abschreibungen	23637,00	18100	15300	13000	13000	13000
− Sonstige ordentliche Abschreibungen	52476,24	60700	93800	97500	97500	97500
= Ordentliche Aufwendungen	**714081,26**	**637700**	**733700**	**733600**	**733600**	**733600**
= Ergebnis der laufenden Verwaltungstätigkeit	**- 685005,19**	**- 609700**	**- 725400**	**- 726000**	**- 726000**	**- 726000**
+ Erträge aus internen Leistungsbeziehungen	643380,05	724200	738000	738600	738600	738600
− Aufwendungen aus internen Leistungsbeziehungen	11021,73	11200	12600	12600	12600	12600
= Saldo aus internen Leistungsbeziehungen	**632358,32**	**713000**	**725400**	**726000**	**726000**	**726000**
= Ergebnis	**- 52646,87**	**103300**	**0**	**0**	**0**	**0**

Beispiel: Auszug aus einem Teilfinanzplan des Jahres 3 zum Produkt Bauhof

Produktbereich: 010 Innere Verwaltung
Produktgruppe: 005 Zentrale Dienste
Produkt: 002 Bauhof

Stadt Neustadt

Teilfinanzplan										
Investitionsmaßnahmen in Tausend €	**Gesamtbedarf**	**bisher bereitgestellt**	**Ergebnis Jahr 1**	**Ansatz Jahr 2**	**Ansatz Jahr 2**	**VE[1] Jahr 3**	**Planung Jahr 4**	**Planung Jahr 5**	**Planung Jahr 6**	**spätere Jahre**
Bauhoffahrzeuge										
Veräußerung von Fahrzeugen	13,5	10,5	4,0	6,5	3,0	0,0	0,0	0,0	0,0	0,0
Summe der investiven Einzahlungen	13,5	10,5	4,0	6,5	3,0	0,0	0,0	0,0	0,0	0,0
Erwerb beweglichen Vermögens/Auftrag	2,7	0,0	0,0	0,0	2,7	0,0	0,0	0,0	0,0	0,0
Summe der investiven Auszahlungen	2,7	0,0	0,0	0,0	2,7	0,0	0,0	0,0	0,0	0,0
Saldo	**10,8**	**10,5**	**4,0**	**6,5**	**0,3**	**0,0**	**0,0**	**0,0**	**0,0**	**0,0**
Pultdach für Fahrzeuge/Geräte										
Abwicklung Baumaßnahme/Auftrag	21,0	0,0	0,0	0,0	21,0	0,0	0,0	0,0	0,0	0,0
Summe der investiven Auszahlungen	21,0	0,0	0,0	0,0	21,0	0,0	0,0	0,0	0,0	0,0
Saldo	**- 21,0**	**0,0**	**0,0**	0,0	**- 21,0**	**0,0**	**0,0**	**0,0**	**0,0**	**0,0**
Investitionstätigkeit unter der Wertgrenze[2]										
Investive Einzahlungen	0,0	0,0	5,0	0,0	0,0	0,0	0,0	0,0	0,0	0,0
Investive Auszahlungen	0,0	0,0	0,8	10,9	8,5	0,0	7,0	7,0	7,0	0,0
Saldo	**0,0**	**0,0**	**4,2**	**- 10,9**	**- 8,5**	**0,0**	**- 7,0**	**- 7,0**	**- 7,0**	**0,0**
Saldo Investitionstätigkeit	**- 10,2**	**10,5**	**8,2**	**- 4,4**	**- 29,2**	**0,0**	**- 7,0**	**- 7,0**	**- 7,0**	**0,0**

Erläuterungen

Die notwendige Ersatzbeschaffung eines Kommunalarbeitsfahrzeuges „Pfau Rexter" und Zubehör für Bauhoffahrzeuge wird über eine Leasingkonstruktion sichergestellt.
Einzahlungen aus Investitionstätigkeit ergeben sich durch die Veräußerung des Kompaktschleppers „Iseki" (3000,00 €)

1 Verpflichtungsermächtigungen (Zahlungsverpflichtungen in späteren Jahren aufgrund einer Investition)
2 Es handelt sich um eine Sammelposition fur Investitionen, die eine vom Rat festgelegte Wertgrenze nicht überschreiten.

221060398

5 Marketing in Verwaltungsbetrieben

Soweit die folgenden Ausführungen nicht allgemeiner Natur sind, konzentrieren sie sich exemplarisch auf die Kommunalverwaltung. Der Begriff „Markt" wird auch dann verwendet, wenn es um nichtmarktfähige kommunale Leistungen geht. Er ist in diesem Fall nur im übertragenen Sinne zu verstehen, drückt also die speziellen Tauschbeziehungen der Verwaltung zu ihren abnahmeberechtigten bzw. abnahmepflichtigen Kunden aus (s. LF 3, Kapitel 3.1.6). Als Kunden werden vor allem Bürger und im Gemeindegebiet ansässige Unternehmen betrachtet.

5.1 Grundbegriffe

Aufgrund ihres besonderen Güterangebots (s. LF 3, Kapitel 2), ihrer speziellen Marktbeziehungen (s. LF 3, Kapitel 3.1.6) und weiterer Eigenarten im Vergleich zu privaten Unternehmen (s. Kapitel 1) ist es sinnvoll, den Marketingbegriff für die Kommunalverwaltung eigenständig zu definieren.

Marketing	
in der privaten Wirtschaft	**in der Kommunalverwaltung**
marktgesteuerte Führung eines Unternehmens mit dem Ziel, Absatzmärkte zu schaffen, zu erhalten und zu vergrößern	produktorientierte Steuerung des Verwaltungsbetriebs mit dem Ziel, die Abgabe der Leistungen möglichst kundenorientiert und wirtschaftlich zu gestalten
Die Vermarktung der betrieblichen Leistungen erfolgt auf der Grundlage einer konsequenten Kunden- und Wettbewerbsorientierung. Kosten- und Qualitätsbewusstsein ergeben sich aus den Erfordernissen des Absatzmarktes.	Die Abgabe der betrieblichen Leistungen ist geleitet von dem Grundsatz der Kundenorientierung. Kosten- und Qualitätsbewusstsein sollen u. a. durch Produkthaushalte entstehen, die Finanz- und Leistungsvorgaben miteinander verknüpfen (s. Kapitel 4.2 und 4.4).

In beiden Bereichen stellt sich **Marketing als Führungskonzeption** dar. Der Betrieb soll jeweils von der Absatzseite her gesteuert werden. Die Verwaltung produziert aber überwiegend nichtmarktfähige Leistungen. Deshalb kann nicht von einer marktgesteuerten Unternehmensführung gesprochen werden. An ihre Stelle tritt die outputorientierte Steuerung (s. Kapitel 4.2).

Mit ihren nichtmarktfähigen Leistungen unterliegt die Verwaltung in der Regel keinem Wettbewerb. Sie ist alleinige Anbieterin im Gemeindegebiet. Das Marketing zielt hier nicht darauf ab, Absatzmöglichkeiten zu schaffen oder zu erhalten. Es geht vielmehr darum, die Leistungen möglichst kundenorientiert und kostengünstig zu erstellen.

Bei den marktfähigen Leistungen der Verwaltung (s. LF 3, Kapitel 2.3) gehen kommunales und privatwirtschaftliches Marketing ineinander über. Dennoch hat auch hier die Förderung des Gemeinwohls Vorrang. Marketingziele sind aus diesem Oberziel abzuleiten.

Marketingplanung

Aus dem Denken vom Abnehmer her resultiert ein Planungsprozess mit den folgenden Elementen:

Situationsanalyse	Sie dient der Gewinnung und Auswertung von Informationen, mit dem Ziel, den gegebenen **Ist-Zustand** zu erfassen. Die benötigten Informationen stammen häufig aus dem betrieblichen Rechnungswesen oder sind das Ergebnis von Marktforschungsaktivitäten. Die Situationsanalyse bezieht sich insbesondere auf den Betrieb selbst sowie seine Konkurrenten und (potenziellen) Kunden. Sie soll Stärken, Schwächen und bisher nicht genutzte Möglichkeiten aufzeigen.
Ziel- und Strategieplanung	Auf der Grundlage der Situationsanalyse werden realisierbare Marketingziele formuliert. Sie beschreiben den angestrebten **Soll-Zustand.** Ferner wird eine geeignete Marketingstrategie zur Zielerreichung ausgewählt. Darin kommen übergeordnete Verhaltensgrundsätze zum Ausdruck, die längerfristig wirken. Bildlich gesprochen: Wenn die Ziele den Ort angeben, an den man gelangen möchte, so ist die Strategie der einzuschlagende Weg, auf dem man zum Wunschort gelangen will.

Planung eines abgestimmten Einsatzes der absatzpolitischen Instrumente (Marketing-Mix)	Als absatzpolitische Instrumente bezeichnet man die Mittel (Aktivitätsbereiche), mit deren Hilfe der strategisch vorgegebene Weg zum Ziel bewältigt wird: ■ Produkt- und Sortimentspolitik ■ Preis- und Konditionenpolitik ■ Kommunikationspolitik ■ Distributionspolitik In Kapitel 5.5 können Sie sich einen Überblick über diese Instrumente verschaffen. Für jeden Aktivitätsbereich hat die Marketinglehre zahlreiche Maßnahmen entwickelt, mit denen Markt- bzw. Abgabebeziehungen aktiv gestaltet werden können. Es müssen Maßnahmen ausgewählt und miteinander kombiniert werden, die in zeitlicher und inhaltlicher Hinsicht zueinander passen. Dabei müssen Marktforschungsergebnisse beachtet werden. Der so entstehende Marketing-Mix ist Herzstück jeder Marketingkonzeption.

Nach der Planungsphase folgt die Phase der Umsetzung. Daran schließt sich die Kontrollphase an. Mit ihrer Hilfe zeigt sich, ob es gelungen ist, die angestrebten Marketingziele zu erreichen.

Zusammenhang von Zielen, Strategien und Instrumenten in einer Marketingkonzeption

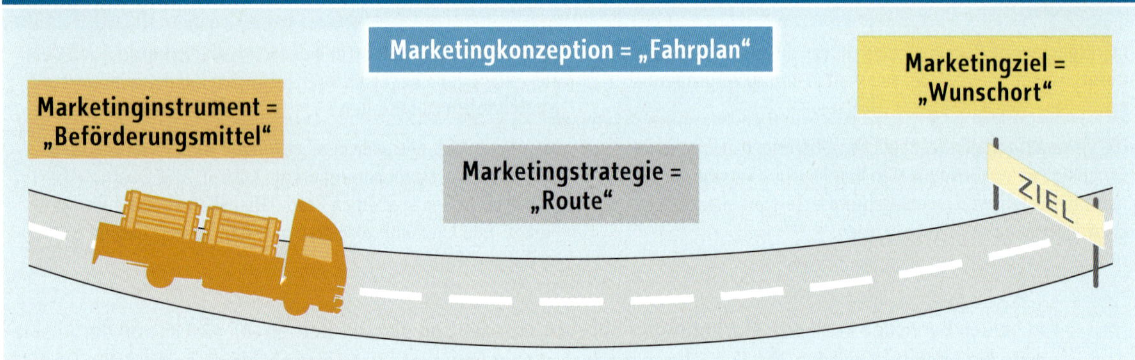

Quelle: Vgl. Ramme: Folienvorlagen zum Marketing, Abb. 98. In: www.sp-dozenten.de. [27.08.2018].

Notwendigkeit des kommunalen Marketings

Viele private Unternehmen bieten ihre Produkte heutzutage auf Käufermärkten an. Das sind hart umkämpfte Märkte, in denen der Bedarf gesättigt und daher das Angebot größer als die Nachfrage ist. Häufig resultiert daraus eine sehr starke Position der Kunden. In dieser Situation ist es für die meisten Unternehmen unerlässlich, ihre Produkte systematisch zu vermarkten, um sich Wettbewerbsvorteile zu verschaffen.

Die Verwaltung ist aber mit vielen Leistungen keinem Wettbewerb ausgesetzt. Warum also sollte sie Marketing betreiben? Die folgenden Gründe sprechen dafür:

- Durch den zielgerichteten und systematischen Einsatz der Marketinginstrumente lassen sich sowohl Art und Umfang des Leistungsangebots als auch der Leistungsprozess besser als bisher an den Bedürfnissen und Problemlagen der verschiedenen Kundengruppen ausrichten.
- Die Verwaltung steht nicht nur vor der Aufgabe, vorhandene Kundenbedürfnisse bestmöglich zu befriedigen (Bedarfsdeckungsfunktion). Insbesondere im Bereich der meritorischen Leistungen (s. LF 3, Kapitel 2.2) geht es auch darum, Werthaltungen und Einstellungen der Bürger zu beeinflussen sowie neue Bedürfnisse zu schaffen (Bedarfslenkungsfunktion). Dabei leistet das Marketing wertvolle Dienste.
- Die Kommunen sind zwar mit vielen Einzelleistungen konkurrenzlos. In der Frage ihrer Attraktivität als Ganzes stehen sie aber untereinander im Wettbewerb, z. B. um die Ansiedlung von Unternehmen, den Zuzug von Arbeitnehmern, den Besuch von Touristen oder die Ausrichtung von Kongressen, Tagungen und anderen Veranstaltungen. Marketing versetzt Kommunen in die Lage, sich im Konkurrenzkampf der Städte besser als bisher zu behaupten.
- Marketing kann dabei helfen, ein positives Verwaltungsimage aufzubauen. Ein wichtiger Ansatzpunkt ist dabei das Bestreben, die Kundenzufriedenheit zu steigern (s. Kapitel 5.7).

Dienstleistungsmarketing

Dreieck des Dienstleistungsmarketings

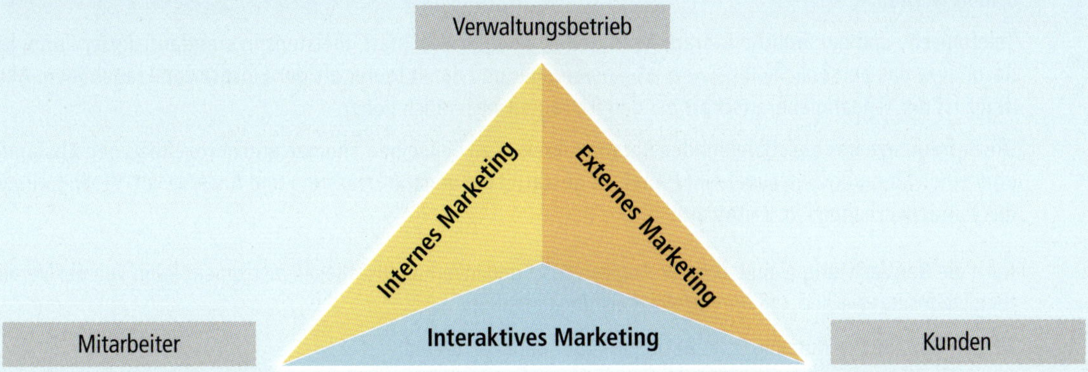

Das externe Dienstleistungsmarketing bedient sich der „klassischen" absatzpolitischen Instrumente Produkt- und Sortimentspolitik, Preis- und Konditionenpolitik, Kommunikationspolitik sowie Distributionspolitik. Diese ursprünglich für das Sachgütermarketing entwickelten Instrumente dienen der Kundenbearbeitung zur Erreichung der festgelegten Marketingziele. Die genannten Instrumente können prinzipiell auch im Dienstleistungsmarketing eingesetzt werden. Das interne und interaktive Marketing sind dienstleistungsspezifische Ergänzungen, die sich insbesondere aus der Kundenbeteiligung bei der Leistungserstellung ergeben (s. Kapitel 5.6).

5.2 Marktforschung

Marktforschung ist das systematische („professionelle") Sammeln und Auswerten von Informationen über die Märkte und Kunden eines Betriebs mit wissenschaftlichen Methoden. Die Informationsbeschaffung und -auswertung erfolgt durch den Betrieb selbst oder durch ein beauftragtes Marktforschungsinstitut.

Die Marktforschung bildet nicht nur die Grundlage für wichtige absatzpolitische Entscheidungen, sondern leistet auch wertvolle Dienste bei der Situationsanalyse und der Kontrolle von Marketingmaßnahmen. Sie ist somit ein bedeutendes Marketinginstrument.

Methoden der Informationsbeschaffung

Primärforschung (= Feldforschung)	Sekundärforschung (= Schreibtischforschung)	
Die Marktforscher erhalten die benötigten Informationen durch Erhebungen, die sie eigens für einen bestimmten Marketingzweck durchführen. Dabei gewinnen sie neue, bisher nicht vorhandene Daten.	Die Marktforscher erhalten die benötigten Informationen durch Auswertung inner- und außerbetrieblicher Quellen. Sie greifen auf bereits vorhandene Daten zurück.	
Methoden: ■ Befragung (schriftlich, online, telefonisch, persönlich) ■ Panel ■ Beobachtung (z. B. Zählungen, Videoaufzeichnungen) ■ Tests, u. a. - Warentest - Testmarkt	Beispiele für innerbetriebliche Informationsquellen bzw. Daten: ■ Haushalts-und Rechnungswesen (Haushaltsplan, Jahresabschlüsse, Berichte, Auswertungen usw.) ■ Verwaltungsvollzugsdaten (soweit Datenschutzvorschriften der Auswertung nicht entgegenstehen): Daten über Beratungen, Anträge, Bescheide, Benutzer kommunaler Einrichtungen, Beschwerden usw.	Beispiele für außerbetriebliche Informationsquellen: ■ Bilanzen,Geschäftsberichte und weitere Veröffentlichungen anderer Kommunen ■ Statistiken und Berichte von Verbänden (z. B. des Deutschen Städte- und Gemeindebundes) ■ Veröffentlichungen des Statistischen Bundesamtes, der Statistischen Landesämter, der KGST und anderer relevanter Stellen ■ Fachzeitschriften

Die gebräuchlichste Methode der **Primärforschung** ist die **Befragung.** Sie lässt sich schriftlich oder online mittels Fragebögen durchführen. Fragebögen ermöglichen die Erfassung großer Gruppen und eine schnelle Auswertung. Ein Nachteil von Fragebögen ist die relativ geringe Rücklaufquote. Sie kann durch Anreize erhöht werden.

Telefonische und persönliche Befragungen finden als Interview statt, meistens in standardisierter Form. Insbesondere das persönliche Interview ist aufwändiger und damit teurer als der Einsatz von Fragebögen. Allerdings ist die Teilnahmebereitschaft bei den Befragten wesentlich höher.

Die Befragung eines gleichbleibenden Personenkreises zu denselben Themen und in regelmäßigen Abständen über einen längeren Zeitraum heißt **Panel.** Es gestattet die genaue Erfassung und Analyse von Veränderungen des Kundenverhaltens im Zeitablauf.

Auch die **Beobachtung** eignet sich zur Analyse des Kundenverhaltens. Dieses Instrument kann von der Verwaltung eingesetzt werden, um für einzelne Leistungsangebote

- den Umfang der Nutzung (z. B. Besucher- oder Benutzerzahlen),
- die Verteilung der Nutzung über die Zeit (z. B. vormittags, nachmittags, abends) sowie
- die Dauer der Nutzung

festzustellen. In der Privatwirtschaft werden auch Videoaufzeichnungen zur Untersuchung des Kundenverhaltens eingesetzt.

Tests sind dort ebenfalls ein gängiges Mittel der Primärforschung. Sie weisen eine bestimmte Versuchsanordnung auf und haben folglich den Charakter eines Experiments. Beim Warentest erproben Versuchspersonen ein neues Produkt und beurteilen es anschließend nach verschiedenen Kriterien. Die Gesamtheit der Beurteilungen erlaubt Rückschlüsse auf künftige Absatzchancen.

Das **Testmarktverfahren** liefert noch gehaltvollere Informationen. Man führt das neue Produkt auf einem regional begrenzten Teilmarkt ein, der repräsentativ für den Gesamtmarkt ist, vermarktet es mit allen wesentlichen absatzpolitischen Maßnahmen und kontrolliert die Wirkungen. Den bekanntesten deutschen Testmarkt betreibt die Gesellschaft für Konsumforschung in der rheinland-pfälzischen Kleinstadt Haßloch (s. www.sueddeutsche.de/wirtschaft/der-deutsche-testmarkt-das-hassloch-experiment-1.907694).

Primärforschung kann mit Voll- und Teilerhebungen betrieben werden. **Vollerhebungen** sind sehr selten. Sie erfassen die für eine Untersuchung relevante Gesamtmasse, z. B. alle Bürger einer Gemeinde. Für **Teilerhebungen** wird aus der Gesamtmasse eine repräsentative Stichprobe ausgewählt. Diese muss in ihrer Struktur (z. B. im Hinblick auf Altersaufbau, Geschlecht, Ausbildung, Beruf, Einkommen) mit der Gesamtmasse übereinstimmen.

Die erhobenen Daten müssen ausgewertet werden. Dies geschieht in Form einer Marktanalyse oder Marktbeobachtung. Die Ergebnisse beider Verfahren können zu einer Marktprognose weiterverarbeitet werden.

<table>
<tr><th colspan="2">Verfahren der Informationsauswertung</th></tr>
<tr><th>Marktanalyse (Zeitpunkt-Betrachtung)</th><th>Marktbeobachtung (Zeitraum-Betrachtung)</th></tr>
<tr><td>Beschreibung der Marktverhältnisse auf der Grundlage zeitpunktbezogener Daten (Momentaufnahme).</td><td>Fortlaufende Beschreibung der Marktverhältnisse auf der Grundlage zeitraumbezogener Daten.</td></tr>
<tr><th colspan="2">Marktprognose (Zukunfts-Betrachtung)</th></tr>
<tr><td colspan="2">Es gilt, künftige Marktverhältnisse vorausschauend abzuschätzen. Die Marktprognose bildet die Grundlage für den Einsatz der absatzpolitischen Instrumente.</td></tr>
</table>

221060402

Gebiete der Marktforschung

Marktforschungsaktivitäten erstrecken sich auf sehr unterschiedliche Gebiete. Die folgende Tabelle gibt einen Überblick:

Bedarfsforschung	Konkurrenzforschung	Absatzforschung	Konjunkturforschung
Sie untersucht das Konsumverhalten der tatsächlichen und möglichen Kunden sowie ihre Bedürfnisse und Kaufkraft.	Sie untersucht die Marktstellung und das Verhalten der Konkurrenten sowie die Entwicklung der gesamten Branche.	Sie untersucht die eigene Stellung am Markt und die Wirkung der eingesetzten absatzpolitischen Instrumente.	Sie untersucht die Entwicklung der gesamtwirtschaftlichen Lage, Saisonschwankungen und langfristig wirksame Trends.

Grundsätzlich sind alle Gebiete auch für die Kommunalverwaltung relevant, vor allem hinsichtlich ihrer marktfähigen Leistungen. Einen besonderen Stellenwert hat die Bedarfsforschung, da sie sich auf die Verwaltungskunden konzentriert.

Bedarfsforschung

Die Bedarfsforschung ist für alle Verwaltungsbereiche von Bedeutung. Sie erhebt objektive und subjektive Daten über die Abnehmer kommunaler Leistungen und wertet diese aus.

Bedarfsforschung

Tatsachenforschung

erhebt objektive Daten:

- Fakten, die den Abnehmer und sein Nachfrageverhalten beschreiben

- Fakten über tatsächliche und mögliche Abnehmer der Leistung:
  - Alter
  - Geschlecht
  - Familienstand
  - Einkommen
  - Beruf
  - Bildungsstand
  - soziale Schicht
  - usw.
- Fakten zum Nachfrageverhalten:
  - Wo, wann, wie oft wird die Leistung in Anspruch genommen? (= Nutzungsanalyse)

Meinungs- und Motivforschung

erhebt subjektive Daten:

- Einstellungen der Abnehmer
- Gründe für die Inanspruchnahme des Angebots

- Einstellungen zu den Leistungen:
  - Zufriedenheit
  - Kritik
  - Änderungswünsche
  - usw.
- Idealvorstellung:
  - Eigenschaften
  - Preise
  - usw.
- Einstellungen zu Konkurrenzleistungen
- Gründe für die Inanspruchnahme der Leistung

Beispiel: Auszug aus einem Fragebogen

Fragen zum Bürgertelefon

Vor rund einem Jahr hat die Stadtverwaltung das Bürgertelefon unter der Nummer 16-1616 eingerichtet. Sie können dort Lob und Tadel loswerden, aber auch Auskünfte zu bestimmten Fragestellungen erhalten.

Nachfolgend einige Fragen zum Bürgertelefon:

20 Ist Ihnen die Einrichtung des Bürgertelefons bekannt?

ja ❑
nein ❑

Falls Bürgertelefon bekannt:

→ Wie haben Sie von der Einrichtung des Bürgertelefons erfahren?

aus der Presse ❑
durch die städtische Zeitungsbeilage „Wir fur Sie" ❑
durch das Lokalradio „Herne 90, acht" ❑
durch Freunde/Bekannte ❑
durch Nachbarn ❑
Sonstiges, und zwar: ________ ❑

21 Haben Sie vom Bürgertelefon schon einmal Gebrauch gemacht?

ja ❑
nein ❑

Falls schon einmal angewählt:

→ Mit welchem Anliegen haben Sie das Bürgertelefon angerufen?

wegen eines Tadels/einer Beschwerde ❑
um ein Lob auszusprechen ❑
um Informationen zu erhalten ❑
Sonstiges: ________ ❑

22 Halten Sie die Einrichtung des Bürgertelefons für sinnvoll?

ja ❑
nein ❑

objektive Daten
Tatsachenforschung
Motivforschung
Gründe für die Inanspruchnahme einer Leistung
Einstellungen
Meinungsforschung

Quelle: Leben in Herne. Bürgerumfrage 2000. In: Abschlussbericht. Herne: Stadt Herne 2001, S. 47.

221060404

Die Bedarfsforschung kann unterschiedlichen Zwecken dienen, nämlich der

- Entwicklung von Marketingkonzepten,
- Kontrolle von Marketingaktivitäten,
- Einteilung der Abnehmer in einheitliche Zielgruppen (= Marktsegmentierung, s. Kapitel 5.4.1)

5.3 Marketingziele

Ausgangspunkt für die Zielformulierung ist die Situationsanalyse mit den festgestellten Stärken und Schwächen. Es gilt, Stärken zu festigen und Schwächen abzubauen. Ferner ist zu beachten, dass die Marketingziele stets aus übergeordneten Sach- und Formalzielen abzuleiten sind (s. Kapitel 1.1). Daraus ergibt sich die spezielle Grundausrichtung des kommunalen Marketings. Nicht Gewinnmaximierung wird angestrebt, sondern eine Steigerung des Gemeinwohls.

Marketingziele legen fest,

- was erreicht werden soll **(Zielinhalt),**
- wie viel davon erreicht werden soll **(Zielausmaß)** und
- wann es erreicht werden soll **(Zielperiode).**

Die Ziele müssen präzise und eindeutig formuliert sein, damit man überprüfen kann, ob sie verwirklicht wurden. Sie sollen in ein geeignetes Zielsystem aus Ober- und Unterzielen eingebunden werden.

Grundsätzlich unterscheidet man zwischen quantitativen und qualitativen Marketingzielen. Quantitative Ziele lassen sich in Zahlen ausdrücken, qualitative Ziele dagegen nicht. Um messen zu können, ob qualitative Ziele erreicht wurden, muss man ggf. auf die Methoden der primären Marktforschung zurückgreifen, z. B. auf Befragungen. Eine andere Möglichkeit ist die Entwicklung von quantitativen Zielen in Form von Kennzahlen, die wiederum Aussagen zur Verwirklichung qualitativer Ziele erlauben.

Beispiele für quantitative Ziele

- *Erhöhung des Kostendeckungsgrads einer kommunalen Einrichtung um x %*
- *Erhöhung der Besucherzahlen einer kommunalen Einrichtung um x %*
- *Verringerung der jährlichen Menge häuslichen Restabfalls um x Tonnen*
- *Verringerung der Bearbeitungsdauer/Wartezeit um x Minuten*
- *Verringerung des Anteils an Widersprüchen/Klagen um x %*

Beispiele für qualitative Ziele

- *Erhöhung der Kundenzufriedenheit*
- *Erhöhung der Mitarbeiterzufriedenheit (= internes Marketing)*
- *Imagesteigerung für eine Organisationseinheit, die gesamte Verwaltung*
- *Schaffung eines Markenbewusstseins für das kommunale Sport- und Freizeitbad („Nord-Pool: Jeden Tag ein bisschen Urlaub“)*
- *Verbesserung der Kundeninformation über Produkte, Produktgruppen, Produktbereiche*

5.4 Marktsegementierung und Marketingstrategien

Marketingstrategien legen die Stoßrichtung der Marketingaktivitäten fest. Sie machen deutlich, welcher Weg zur Zielverwirklichung eingeschlagen werden soll (s. auch Kapitel 5.1). Marketingstrategien setzen meistens die Bildung von Marktsegmenten voraus. Deshalb erfolgt zunächst eine Darstellung dieses Vorgangs. Erst im Anschluss daran werden wichtige Marketingstrategien vorgestellt.

5.4.1 Marktsegmentierung

Als Marktsegmentierung bezeichnet man die Aufteilung des Gesamtmarkts in möglichst einheitliche Teilmärkte. Ein Teilmarkt oder Marktsegment ist durch eine Abnehmergruppe gekennzeichnet, deren Mitglieder sich weitgehend einheitlich verhalten.

Beispiel Marktsegmentierung

Der Sport- und Freizeitbetrieb der Stadt Neustadt hat die Besucher des frei zugänglichen Schlossparks aufgrund einer Nutzungsanalyse in unterschiedliche Zielgruppen eingeteilt, darunter Freizeitsportler, Kinder und Senioren. Betrachtet man jede Gruppe für sich, dann sind die Nutzungsgewohnheiten ihrer Mitglieder weitgehend identisch. Vergleicht man die Gruppen untereinander, fällt auf, dass die mit der Parknutzung verbundenen Interessen und Erwartungen höchst unterschiedlich sind. Der Sport- und Freizeitbetrieb hat (im übertragenen Sinne) eine Marktsegmentierung vorgenommen. Auf dieser Grundlage kann er künftig seine Marketingaktivitäten, z. B. die Parkgestaltung und -ausstattung (= Produktpolitik), zielgerichteter auf die verschiedenen Segmente ausrichten und so die Bedürfnisse der Bürger wirkungsvoller befriedigen.

Die Bildung von Marktsegmenten mit homogenen (einheitlichen) Zielgruppen erfolgt nach bestimmten Merkmalen.

Segmentierungsmerkmale	
sozioökonomische Merkmale	z. B. Geschlecht, Alter, Familienstand, Familiengröße, Nationalität, Einkommen, Beruf, Bildungsstand, soziale Schicht, Wohnort
psychografische Merkmale[1]	z. B. Persönlichkeitsmerkmale, Einstellungen (allgemein oder produktbezogen), Nutzungsmotive, Lebensstil
verhaltensorientierte Merkmale	z. B. ■ Nutzerstatus: Nichtnutzer, potenzieller, erstmaliger, regelmäßiger, ehemaliger Nutzer ■ Nutzungsintensität: Nutzungshäufigkeit in einer Periode ■ Treuestatus: gelegentliche, mittlere, häufige Nutzung ■ Preisverhalten: Kaufverhalten bei Preisänderungen ■ Mediennutzung: Art der genutzten Medien (TV, Internet usw.), Mediennutzungshäufigkeit

Bei der Marktsegmentierung werden meistens mehrere Bestimmungsmerkmale kombiniert, damit ein brauchbares Ergebnis zustande kommt. Die gebildeten Marktsegmente haben immer nur Gültigkeit für ein Produkt bzw. eine Produktgruppe. Das heißt, ein Kunde kann bezüglich der Nutzung des städtischen Schwimmbads einem völlig anderen Marktsegment angehören als bei der Nutzung der Bibliothek.

5.4.2 Produkt-Markt-Strategien

In der Matrix[2] sind vier grundlegende Strategien dargestellt, aus deren Wahl sich unterschiedliche Marketingaktivitäten ergeben.

Märkte / Produkte	Weiterbearbeitung der bisherigen Märkte	Erschließung neuer Märkte
Beibehaltung der alten Produkte (bzw. Leistungen)	**Marktdurchdringung** ■ vermehrter Absatz schon bestehender Angebote durch – stärkere Mobilisierung bereits vorhandener Kunden – Gewinnung neuer Kunden aus schon bearbeiteten Marktsegmenten **Beispiel** *Das städtische Musiktheater führt ein Jahresabonnement ein, um die Stammkundschaft zu häufigeren Besuchen anzuregen.*	**Marktentwicklung** ■ vermehrter Absatz schon bestehender Angebote durch neue Kunden, die aus bislang noch nicht bearbeiteten Marktsegmenten stammen (z. B. Kleinkinder, Senioren, auswärtig Wohnende) **Beispiel** *Das Musiktheater arbeitet künftig mit Busreiseveranstaltern zusammen, die ihm Besucher aus der umliegenden Region verschaffen.* ➡

1 seelisch-geistige Tatbestände
2 rechteckiges Schema

221060406

Märkte / Produkte	Weiterbearbeitung der bisherigen Märkte	Erschließung neuer Märkte
Aufnahme neuer Produkte (bzw. Leistungen)	**Produktentwicklung** ■ Verbesserung und Erweiterung des bisherigen Angebots mit dem Ziel, – bereits vorhandene Kunden dauerhaft zu binden und zu einer vermehrten Nutzung des Angebots zu bewegen, – neue Kunden aus schon bearbeiteten Marktsegmenten zu gewinnen, – neue Kunden aus noch nicht bearbeiteten Marktsegmenten zu gewinnen. **Beispiel** *Die Veranstaltungsreihe „Das Junge Musiktheater" bietet Aufführungen speziell für Kinder und Jugendliche. Künftig soll darin auch die Gattung Oper vertreten sein. Damit werden die Bemühungen verstärkt, Kinder- und Jugendliche für das Musiktheater zu begeistern.*	**Diversifikation** ■ Erweiterung des Angebots um völlig neue Produkte bzw. Produktgruppen, die keine oder nur geringe Verwandtschaft mit dem bisherigen Angebot haben, mit dem Ziel, ein neues Marktsegment zu erschließen. **Beispiel** *Im Musiktheater wird eine Kunstgalerie für Wanderausstellungen eingerichtet.*

Die Abgrenzung der beiden Strategien Produktentwicklung und Diversifikation ist bisweilen schwierig. Wenn man das Angebot um Leistungen oder Produkte erweitert, die den bisherigen sehr ähnlich sind, liegt keine Diversifikation vor, sondern Produktentwicklung. Eine Diversifikation ist mit dem Einstieg in ein neues Geschäftsfeld verbunden, in dem man bisher noch keine Erfahrungen gesammelt hat. Diese Strategie kann sich deshalb als sehr risikoreich erweisen.

5.4.3 Marktbearbeitungsstrategien

Die Unterscheidung von undifferenzierter und differenzierter Marktbearbeitung einerseits sowie von teilweiser und vollständiger Marktabdeckung andererseits führt zu vier Marktbearbeitungsstrategien. Diese setzen, mit einer Ausnahme, die Bildung von Marktsegmenten voraus.

Abdeckung des Marktes / Ausprägung der Marketing-strategie	vollständig	teilweise
differenziert	**Differenzierungsstrategie** Das Angebot soll den unterschiedlichen Ansprüchen aller Zielgruppensegmente gerecht werden. **Beispiel** *Mit dem Kombi-Bad „Nord-Pool" versuchen die Sport- und Freizeitbetriebe Neustadt, die Bedürfnisse nach Sport, Freizeit, Erlebnis und Gesundheit unter einem Dach zu befriedigen.*	**selektiv-differenzierte Strategie** Es werden nur ausgewählte Segmente des Gesamtmarktes bedient. **Beispiel** *Der Fahrradhersteller Herakles hat sich auf die Herstellung von Mountain-Bikes und Trekkingrädern spezialisiert.*
undifferenziert	**Standardisierungsstrategie** Der Markt bzw. die Abnehmer werden als eine Einheit angesehen, Unterschiede bleiben unberücksichtigt. **Beispiel** *Gemeinsam mit der Polizei gewährleistet die Stadt Neustadt Sicherheit und Ordnung im Gemeindegebiet. Für dieses spezifisch öffentliche Gut ist eine Zielgruppensegmentierung nicht möglich.*	**konzentrierte Strategie** Es wird nur ein Segment des Gesamtmarktes bedient. **Beispiel** *Der Fahrradhersteller Luky konzentriert sich auf die Herstellung von Kinderrädern.*

Für die Verwaltung sind die Strategien mit nur teilweiser Marktabdeckung von geringerer Bedeutung. Der kommunale Versorgungsauftrag bezieht sich in der Regel auf alle Abnehmer im Gemeindegebiet. Deshalb darf die Verwaltung sich nicht auf die Bearbeitung nur einzelner Marktsegmente zurückziehen, sondern muss alle Teile des Gesamtmarkts bedienen.

5.4.4 Wettbewerbsstrategien

Im übertragenen Sinne können Marktbearbeitungs- und Produkt-Markt-Strategien grundsätzlich auch von Verwaltungsbereichen angewandt werden, die unentgeltliche oder konkurrenzlose nichtmarktfähige Leistungen abgeben. Der Einsatz von Wettbewerbsstrategien kommt dagegen nur für Verwaltungsbereiche in Betracht, die mit anderen Anbietern konkurrieren. Das sind in erster Linie öffentliche Einrichtungen, die marktfähige Dienstleistungen aus den Bereichen Bildung, Kultur, Sport, Freizeit, Soziales und Gesundheit anbieten: Volkshochschulen, Theater, Musikschulen, Museen, Schwimmbäder, Zoologische Gärten, Seniorenheime, Kindergärten, Krankenhäuser.

Qualitätsstrategie	Sie zielt darauf ab, ein optimales Maß an Kundenzufriedenheit zu erzielen und so die gesamte Einrichtung zu einem Markenprodukt zu machen. Auf diese Weise soll die Bindung der Kunden an die Einrichtung erhöht und ihre Preisempfindlichkeit verringert werden. Von daher ist die Preisgestaltung kein primärer Ansatzpunkt dieser Strategie, sondern vielmehr Produktqualität, Produktimage und Service. **Beispiel** *Das Sport- und Freizeitbad Burgtal-Therme bietet seinen Besuchern eine Saunalandschaft, die in ihrer Größe, Vielfältigkeit und Ausstattung höchsten Ansprüchen genügt.*
Strategie der Kostenführerschaft	Diese Strategie zielt darauf ab, die eigenen Kosten unter das Kostenniveau der wichtigsten Konkurrenten zu senken. Der Kostenvorteil macht es möglich, mithilfe relativ geringer Preise die eigene Wettbewerbsposition zu halten oder auszubauen. Die Preispolitik steht folglich im Mittelpunkt dieser Strategie. **Beispiele** *Die Stadt Neustadt bietet besonders günstige gemeindliche Gewerbeflächen, kommunale Darlehen sowie Ver- und Entsorgungsleistungen für die Unternehmen im Gemeindegebiet an, um Neuansiedlungen zu fördern.*
Kooperationsstrategie	Zur Verbesserung des Angebots und der Kostensituation kann es sinnvoll sein, die Zusammenarbeit mit privatwirtschaftlichen Unternehmen oder konkurrierenden öffentlichen Einrichtungen zu suchen. **Beispiel** *Die Volkshochschule der Stadt Neustadt vereinbart eine Kooperation mit ihrer Konkurrentin aus der Nachbar-stadt Burgtal. So kann das Kursangebot insgesamt erweitert werden, ohne dass die Kosten steigen.*

Kombination von Strategien

In der Praxis werden Strategien häufig nicht in ihrer Reinform angewandt. Zueinander passende Strategien werden kombiniert; ferner existieren betriebsindividuelle Strategien.

Beispiel

Beim Sport- und Freizeitbad Burgtal-Therme findet nicht nur die Qualitätsstrategie Anwendung, sondern auch die Differenzierungsstrategie; unterschiedlichen Zielgruppen soll die Befriedigung ihrer spezifischen Badebedürfnisse ermöglicht werden. Diese Ausrichtungen basieren auf der Verwirklichung eines Modernisierungskonzepts, das die Strategie der Produktentwicklung verfolgt.

5.4.5 Portfolioanalyse und daraus abgeleitete Normstrategien

Die Portfolioanalyse ist eine weit verbreitete Methode des strategischen Marketings. Es existieren zahlreiche Versionen. Gemeinsame Grundlage ist häufig die ursprüngliche Fassung der Unternehmensberatungsgesellschaft Boston Consulting Group (BCG), die hier mit privatwirtschaftlichen Bezügen dargestellt wird. Dieses Vorgehen erleichtert das Verständnis für Versionen der Portfolioanalyse, wie sie mittlerweile auch für Teilbereiche der Kommunalverwaltung entwickelt wurden.

Produktlebenszyklus

Die Portfolioanalyse beruht auf dem Modell des Produktlebenszyklus. Dieses Modell teilt den typischen „Lebensweg“ eines Produkts von seiner „Geburt“ bis zum Marktaustritt in Phasen ein, die durch eine bestimmte Entwicklung des Umsatzes und Gewinns gekennzeichnet sind.

221060408

Modell des Produktlebenszyklus

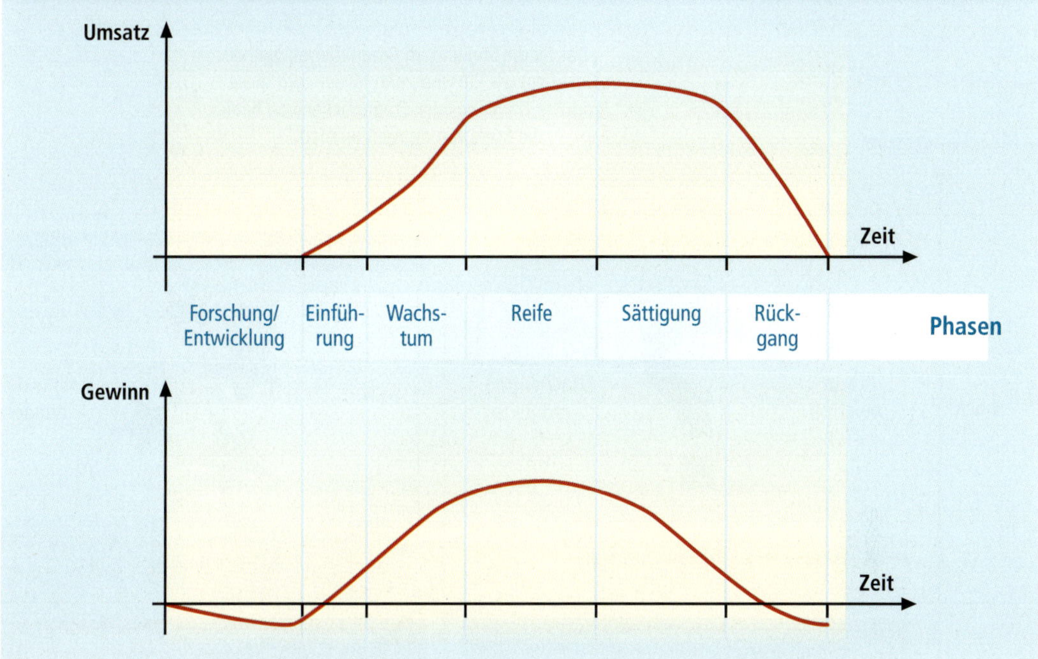

Phase	Merkmale
Forschung/ Entwicklung	Der Lebensweg eines Produkts beginnt mit Ideensuche, Ideenauswahl, Wirtschaftlichkeitsanalyse, Produktentwicklung und Markttest. Das Produkt wird noch nicht abgesetzt. Er verursacht nur Kosten und damit Verluste.
Einführung	Das Produkt wird am Markt eingeführt. Die Kosten für Werbung und Absatzförderung sind hoch. Dem stehen zunächst geringe Umsätze gegenüber, sodass meistens noch Verluste erzielt werden.
Wachstum	Das Produkt ist einem größeren Kundenkreis bekannt – die Absatzmenge und damit der Umsatz steigen stark an. Es tauchen immer mehr Konkurrenten auf, die das Produkt nachahmen und auch geringfügig verbessern.
Reife	Die Absatzmenge und der Umsatz steigen weiter, aber im geringeren Maße, und zwar bis der höchste Punkt erreicht ist. Die Zahl der Neukunden wird kleiner. Der Wettbewerb wächst.
Sättigung	Stark verbesserte Konkurrenzprodukte ziehen Käufer ab. Oft kaufen nur noch traditionsbewusste Kunden aus Gewohnheit. Absatz, Umsatz und Gewinn sind rückläufig.
Rückgang	Neue überlegene Produkte tauchen auf. Die Käufer wandern im starken Umfang ab. Auslaufmodelle können evtl. noch zu Sonderpreisen abgesetzt werden.

Ein Unternehmen gewinnt aus der Betrachtung des Produktlebenszyklus zwar Anhaltspunkte zur Auswahl und zum Zeitpunkt von Marketingmaßnahmen für ein bestimmtes Produkt. Es erhält aber aus der jeweils isolierten Betrachtung der Produkte noch kein Gesamtbild seiner aktuellen Lage.

Hier hilft die Portfolioanalyse weiter. Ihre Ergebnisse lassen sich in einer Vier-Felder-Matrix anschaulich darstellen. Der Begriff „Portfolio" bezeichnet die Zusammensetzung des Produktionsprogramms eines Unternehmens. Die Produkte oder Produktgruppen bilden strategische Geschäftsfelder. Das sind relativ autonome Unternehmensbereiche mit eigenen Chancen, Risiken und Ertragsaussichten. Der Begriff „Analyse" beinhaltet zum einen alle notwendigen Arbeitsschritte zur Positionierung der Geschäftsfelder in der Matrix nach den Kriterien Marktwachstum und relativer Marktanteil. Er umfasst zum anderen die Auswertung der Matrix und die dann folgenden strategischen Planungen.

Portfolio-Matrix (BCG-Matrix) mit Normstrategien

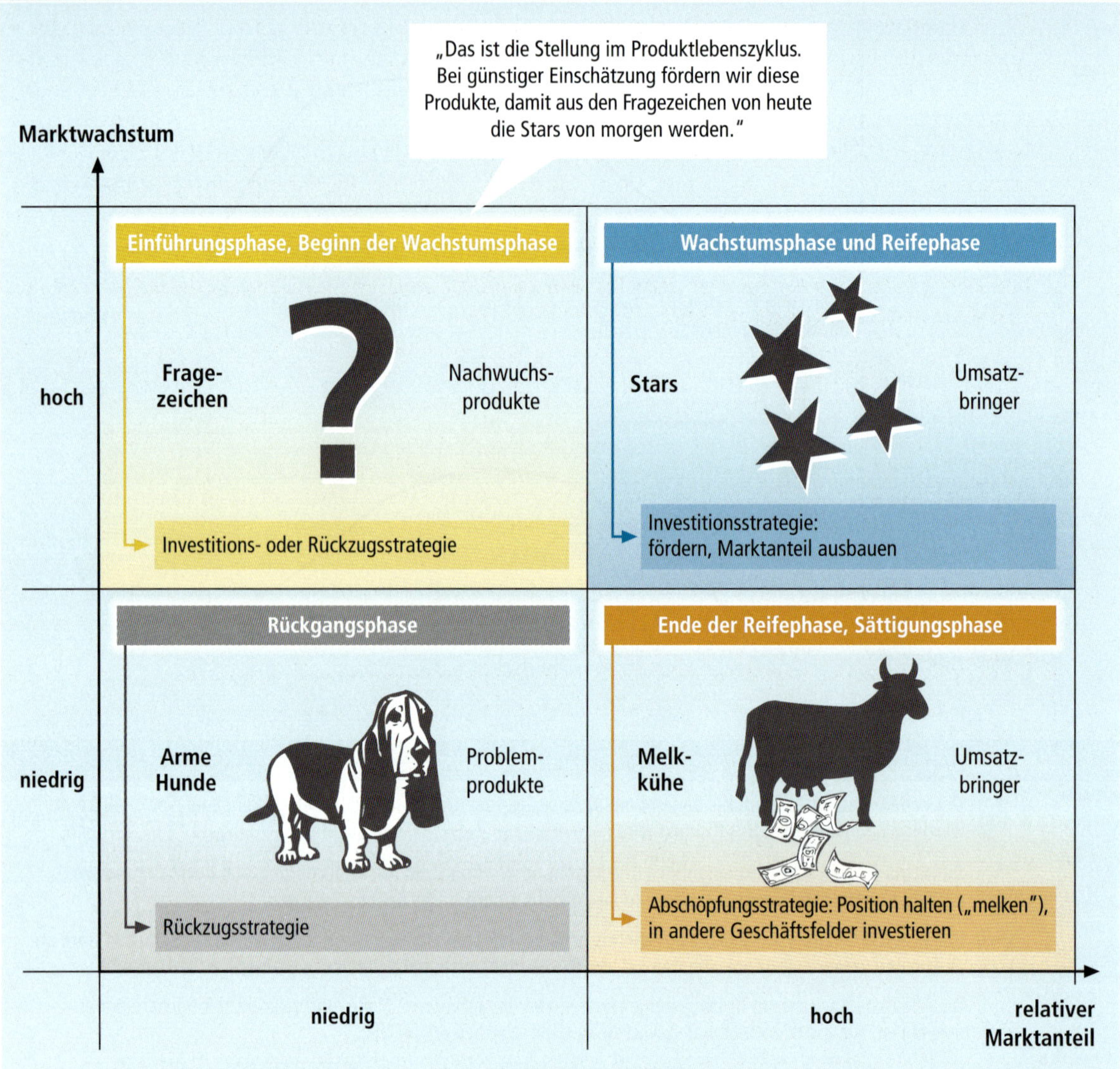

Die Achsen der Portfolio-Matrix verkörpern die wichtigsten Erfolgsfaktoren eines Unternehmens. Der relative Marktanteil repräsentiert die Wettbewerbsstärke. Er wird folgendermaßen ermittelt:

$$\text{Relativer Marktanteil} = \frac{\text{Eigener Marktanteil}}{\text{Marktanteil des stärksten Konkurrenten}}$$

Beträgt der eigene Marktanteil 20 % und der des stärksten Konkurrenten 10 %, ergibt sich ein relativer Marktanteil von 2. D. h., der eigene Marktanteil ist doppelt so hoch wie der des Konkurrenten. Bei umgekehrter Sachlage ergäbe sich ein relativer Marktanteil von 0,5. Der eigene Marktanteil wäre in diesem Fall nur halb so hoch wie der des Mitbewerbers.

Das Marktwachstum steht für die Attraktivität der Märkte, auf denen das Unternehmen tätig ist. Das Marktwachstum wird folgendermaßen berechnet:

$$\text{Marktwachstum} = \frac{\text{Gesamtumsatz aller Anbieter im aktuellen Jahr} - \text{Gesamtumsatz alle Anbieter aus dem Vorjahr}}{\text{Gesamtumsatz aller Anbieter aus dem Vorjahr}} \cdot 100$$

Den Gesamtumsatz aller Anbieter auf dem betrachteten Markt bezeichnet man auch als „Marktvolumen". Es ist im Wege der Schätzung zu ermitteln, wenn keine gesichterten Daten zur Verfügung stehen.

Die Ergebnisse der Standortbestimmung mithilfe der Portfolioanalyse sind Ausgangspunkt für eine intensive Auseinandersetzung mit der zukünftigen Entwicklung des Unternehmens. Normstrategien geben Empfehlungen zum weiteren Vorgehen. Es handelt sich dabei um grob umrissene Leitsätze, die der Konkretisierung bedürfen. Die Normstrategien hängen von der Positionierung eines Produkts oder einer Produktgruppe in der Vier-Felder-Matrix ab (s. oben). Mit ihrer Hilfe wird ein Produktionsprogramm angestrebt, das hinsichtlich Ertragskraft, Lebensalter, Marktposition, Konkurrenz und Risiken ausgewogen ist. So soll der Erfolg des Unternehmens langfristig gesichert werden.

Beispiel: Portfolio-Matrix der Neustädter Fahrradmanufaktur

Das Produktionsprogramm der Neustäder Fahrradmanufaktur umfasst sechs Produktgruppen, die auf dem europäischen Markt angeboten werden:

A	Hollandräder
B	Mountainbikes
C	Rennräder
D	Kinderräder
E	Elektrobikes
F	Citybikes

Eine Portfolioanalyse brachte folgendes Ergebnis:

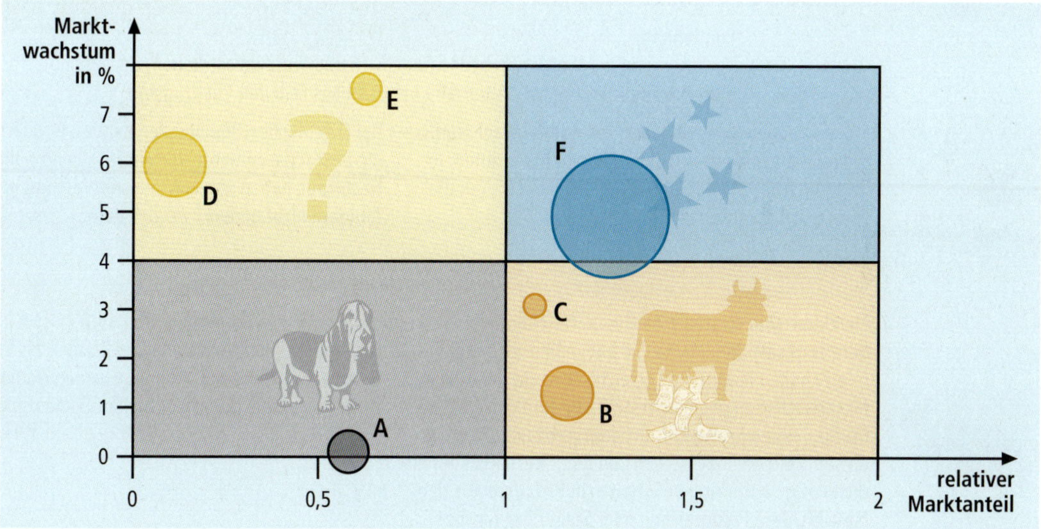

Die Grenze zwischen niedrigem und hohem relativen Marktanteil liegt bei 1. Ab diesem Punkt ist die Neustädter Fahrradmanufaktur Marktführer. Die Grenze zwischen niedrigem und hohem Marktwachstum liegt bei 4 %. Das entspricht dem durchschnittlichen Marktwachstum aller sechs Produktgruppen der Neustädter Fahrradmanufaktur. Die Kreisgröße orientiert sich an dem jeweiligen Jahresumsatz der zugehörigen Produktgruppe.

Vor- und Nachteile der Portfolioanalyse

Die hier dargestellte Version der Portfolioanalyse ist anschaulich und einfach zu handhaben. Sie fördert das Zukunftsdenken und ermöglicht es, Absatzchancen und -risiken zu erkennen. Die Erfassung des Marktanteils des schärfsten Konkurrenten kann sich allerdings als schwierig erweisen, denn man benötigt dazu Informationen über die Höhe seines Umsatzes. Schließlich wird kritisiert, dass die Portfolioanalyse in der Fassung der Boston Consulting Group zu undifferenziert sei, weil sie nur zwei Erfolgsfaktoren (das Marktwachstum und den relativen Marktanteil) berücksichtige.

Anwendung der Portfolioanalyse in der Kommunalverwaltung

Die Übertragung der Portfolioanalyse auf die Kommunalverwaltung scheint insbesondere dort möglich, wo marktfähige Leistungen erbracht werden. Die Beiträge in der Fachliteratur konzentrieren sich auf Kultur- und Weiterbildungseinrichtungen, darunter Öffentliche Bibliotheken und Volkshochschulen. Da die Rahmenbedingungen in diesen Einrichtungen unterschiedlich sind, liegen auch verschiedene Konzepte zur Durchführung einer Portfolioanalyse vor.

Hier wird ein Konzept für Öffentliche Bibliotheken vorgestellt. Zum besseren Verständnis ist es vorab notwendig, einige grundlegende Zusammenhänge zu klären. Die Bestände einer Öffentlichen Bibliothek bestehen aus Büchern und anderen Medien. Die Bücher werden nach der Allgemeinen Systematik für Öffentliche Bibliotheken (ASB) gegliedert. Diese liefert einen systematischen Überblick über die Wissensgebiete. Die Sachliteratur findet sich in den 22 Bestandsgruppen A bis Y, die Belletristik (Unterhaltungsliteratur) in der Bestandsgruppe Z. Beispiele für andere Medienbestände, die Bibliotheken bereitstellen, sind Zeitschriften, Hörbücher, CDs, DVDs, Konsolenspiele und dergleichen mehr.

Beschreibung der Matrixfelder mit den entsprechenden Normstrategien

	Unternehmen allgemein	Öffentliche Bibliotheken
?	Fragezeichen sind strategische Geschäftsfelder (Produkte, Produktgruppen) in einem Wachstumsmarkt, bei dem das Unternehmen noch nicht abschätzen kann, wie sie sich entwickeln werden. Innerhalb der Portfolio-Matrix können sich diese Geschäftsfelder zu Armen Hunden oder zu Stars entwickeln. Dabei stehen dem steigenden Finanzierungsbedarf zur Erhöhung des Marktanteils bisher geringe Erträge gegenüber.	In Öffentlichen Bibliotheken handelt es sich hierbei um Bestandssegmente, die neu eingeführt werden. Sie setzen Investitionen voraus bis ein ausreichend großer Grundbestand vorhanden ist. Dies können neue Medienarten wie E-Books oder Konsolenspiele sein, aber auch neue (...) Bestandsgruppen, die darauf abzielen, einen aktuellen Trend zu repräsentieren.
	Empfehlung: Verbesserung der Wettbewerbsposition durch überlegte Investitionen, um eine Star-Position zu erreichen. Alternativ bietet dieses Feld den Rückzug an.	
	Stars verfügen in einem Markt mit hohem Wachstumsraten über einen vergleichsweise hohen Marktanteil. In diese Geschäftsfelder lohnt es zu investieren, um die Marktposition auszubauen.	Bei Öffentlichen Bibliotheken handelt es sich hierbei um die Bestandssegmente, die eine steigend hohe Nachfrage haben, die von dem zur Verfügung stehenden Angebot nicht gedeckt werden kann.
	Empfehlung: Fördern und Investieren	
	Melkkühe sind strategische Geschäftsfelder in einem bereits gesättigten Markt. Sie haben bereits einen relativ hohen Marktanteil erreicht, dem ein niedriges Marktwachstum gegenübersteht. Sie sind die Umsatzbringer, deren Erträge für Produktverbesserungen in diesem Feld genutzt werden können. Alternativ können die Erträge auch für Investitionen in Produkte aus den Matrixfeldern Fragezeichen oder Stars oder für die Entwicklung neuer Produkte verwendet werden.	In Öffentlichen Bibliotheken handelt es sich dabei um Bestandssegmente, die von den Kunden als Standardangebote erwartet werden und die keinen Neuigkeitswert mehr haben oder keinen aktuellen Trend repräsentieren.
	Empfehlung: Position halten, in dieses oder in ein anderes Geschäftsfeld investieren.	
	Arme Hunde sind Geschäftsfelder in stagnierenden bzw. langsam wachsenden Märkten (...). Dem niedrigen bzw. stagnierenden Marktwachstum steht ein geringer Umsatz gegenüber.	Für Öffentliche Bibliotheken kennzeichnet dieses Matrixfeld vor allem Bestandssegmente, die durch technologische Entwicklungen überholt wurden, wie das z. B. bei Kassetten oder Schallplatten der Fall sein kann oder (...) die nicht mehr aktuell nachgefragt werden.
	Empfehlung: Produkte vom Markt nehmen (Rückzug) bzw. den Bücher- oder Medienbestand reduzieren.	

Quelle: Schade, Frauke: Die Portfolio-Analyse – Profilierung von Bibliotheksbeständen. In: Gut ist uns nicht gut genug! Instrumente zur Qualitätsentwicklung und Qualitätssicherung für eine ausgezeichnete Bibliothek. B.I.T.online – Innovativ Band 30. Herausgegeben von Becker, Tom; Vonhof, Cornelia. Wiesbaden: Dinges & Frick GmbH 2010, S. 120 f. (verändert)

Aufbau der Portfolio-Matrix einer Öffentlichen Bibliothek

Öffentliche Bibliotheken arbeiten unter anderen Bedingungen als Wirtschaftsunternehmen. Sie verfolgen gemeinwohlorientierte Ziele, haben als Zuschussempfänger nur relativ geringe Umsätze (im finanziellen Sinne) und sind keinem harten Wettbewerb ausgesetzt. Daher müssen sie in einer Portfolioanalyse andere Erfolgsfaktoren berücksichtigen als Wirtschaftsunternehmen. Die Portfolioanalyse dient hier nicht der Sicherung des Profits, sondern der „Profilierung von Bibliotheksbeständen". D. h., sie hilft dabei, einen attraktiven, gut genutzten, für diese Bibliothek charakteristischen Sachbuchbestand aufzubauen.

In ihrer Studie ersetzt die Marketingprofessorin Frauke Schade die aus der Vier-Felder-Matrix bekannten Erfolgsfaktoren durch zwei gängige Kennziffern aus dem Bestandsmanagement von Bibliotheken. Anstelle des relativen Marktanteils berücksichtigt sie die Kennziffer „Effizienz" und anstelle des Marktwachstums die Kennziffer „Umsatzentwicklung". Als strategische Geschäftsfelder definiert Frauke Schade die 22 Bestandsgruppen des Sachbuchbestands einer nicht näher bezeichneten Öffentlichen Bibliothek.

Formeln zur Berechnung der Kennziffer Effizienz

$$\text{Effizienz} = \frac{\text{Ausleihanteil}}{\text{Bestandsanteil}}$$

$$\text{Ausleihanteil} = \frac{\text{Ausleihen einer Bestandsgruppe}}{\text{Ausleihen insgesamt}} \cdot 100$$

$$\text{Bestandsanteil} = \frac{\text{Bestand einer Bestandsgruppe}}{\text{Gesamtbestand}} \cdot 100$$

Beispiel

Im Jahr 2 (aktuelles Jahr) lieh die Bibliothek der Stadt Neustadt 4 700 Mal Bücher aus der Bestandsgruppe „Wirtschaft" aus. (Diese hat die Buchstabenkennung „H" nach der Allgemeinen Systematik für Öffentliche Bibliotheken.) Insgesamt gab es 141 000 Ausleihen bei Sachbüchern.

Die Bestandsgruppe „Wirtschaft" umfasst 1 000 Bücher. Der Gesamtbestand an Sachbüchern beträgt 30 000 Bücher.

$$\text{Ausleihanteil} = \frac{4\,700}{141\,000} \cdot 100 = 3{,}33\,\%$$

Die Bestandsgruppe H hat einen Anteil von 3,33 % an den Gesamtausleihen (d. h., jedes 30ste entliehene Buch kam aus der Bestandsgruppe H).

$$\text{Bestandsanteil} = \frac{1\,000}{30\,000} \cdot 100 = 3{,}33\,\%$$

Die Bestandsgruppe H hat einen Anteil von 3,33 % am Gesamtbestand (d. h., jedes 30ste Buch im Sachbuchbestand ist aus der Bestandsgruppe H).

$$\text{Effizienz} = \frac{3{,}33\,\%}{3{,}33\,\%} = 1$$

Die Bestandsgruppe H hat eine Effizienz im Wert von eins. Dies entspricht einer durchschnittlichen Nutzung. Man kann auch sagen:

Nachfrage und Angebot in dieser Bestandsgruppe stehen in einem ausgeglichenen Verhältnis zueinander.

Ist der Ausleihanteil größer als der Bestandsanteil, nimmt die Effizienz einen Wert an, der größer ist als eins. In diesem Fall wird die Bestandsgruppe überdurchschnittlich genutzt. Man kann auch sagen: die Nachfrage ist größer als das Angebot. Demnach ist der Bestand zu klein und müsste vergrößert werden. Ist der Ausleihanteil kleiner als der Bestandsanteil, liegt der Effizienzwert unter eins. Die Bestandsgruppe wird unterdurchschnittlich genutzt. Der Bestand sollte verkleinert werden.

Formeln zur Berechnung der Kennziffer Umsatzentwicklung

$$\text{Umsatzentwicklung} = \frac{\text{Umsatz d. aktuellen Jahres} - \text{Umsatz d. Vorjahres}}{\text{Umsatz des Vorjahres}} \cdot 100$$

$$\text{Umsatz} = \frac{\text{Ausleihen im Jahr}}{\text{Bestand}}$$

Beispiel

Umsatz $= \frac{4\,700}{1\,000} = 4{,}70$

Der Umsatz der Bestandsgruppe H hatte im Jahr 2 einen Wert von 4,7.

Es wird deutlich, dass der Umsatz einer Bestandsgruppe keine Geldgröße ist, sondern eine Art Umschlagshäufigkeit. Die 1 000 Wirtschaftsbücher der Neustädter Bibliothek wurden im Schnitt 4,7 Mal ausgeliehen.

Annahme: Im Jahr 1 betrug der Umsatz 4,04.

Umsatzentwicklung $= \frac{4{,}70 - 4{,}04}{4{,}04} \cdot 100 = 16{,}34\,\%$

Im Vergleich zum Vorjahr ist der Umsatz um 16,34 % gestiegen.

Kennzahlen einer Öffentlichen Bibliothek 2007 und 2008

Bestandsgruppe nach ASB	Effizienz 2008	Umsatz 2007	Umsatz 2008	Umsatz entwicklung
A Allgemeines	0,8	3,42	3,83	11,98
B Biografie	0,8	3,25	3,95	21,5
C Geografie	1,5	5,76	7,08	22,97
D Heimatkunde	0,7	3,13	3,46	10,5
E Geschichte	0,6	2,47	2,98	19,87
F Recht	0,7	2,88	3,19	10,76
G Sozialwissenschaft	0,6	2,41	2,84	17,84
H Wirtschaft	1	4,04	4,7	16,34
K Religion	0,7	3,2	3,56	11,25
L Philosophie	0,6	2.58	2,94	13,95
M Psychologie	1,3	4,31	6,04	40,13
N Pädagogik	1,1	4,07	5,4	32,67
O Sprache	1,1	4,41	5,27	19,5
P Literatur	0,6	2,48	2,81	13,3
R Kunst	0,7	2,98	3,48	16,79
S Musik ...	0,5	1,88	2,3	22,334
T Mathematik	1,3	5,12	6,29	22,85
U Naturwissenschaft	0,8	3,5	3,94	12,57
V Medizin	1,3	4,51	6,19	37,25
W Technik ...	1	3,68	4,81	30,7
X Landwirtschaft ...	1,3	5,18	6,24	20,46
Y Sport ...	1,7	4,06	5,11	25,86

Quelle: Schade, Frauke: Die Portfolio-Analyse – Profilierung von Bibliotheksbeständen. In: Gut ist uns nicht gut genug! Instrumente zur Qualitätsentwicklung und Qualitätssicherung für eine ausgezeichnete Bibliothek. B.I.T.online – Innovativ Band 30. Herausgegeben von Becker, Tom; Vonhof, Cornelia. Wiesbaden: Dinges & Frick GmbH 2010, S. 128.

221060414

Portfolio-Matrix zum Sachbauchbestand einer Öffentlichen Bibliothek 2008

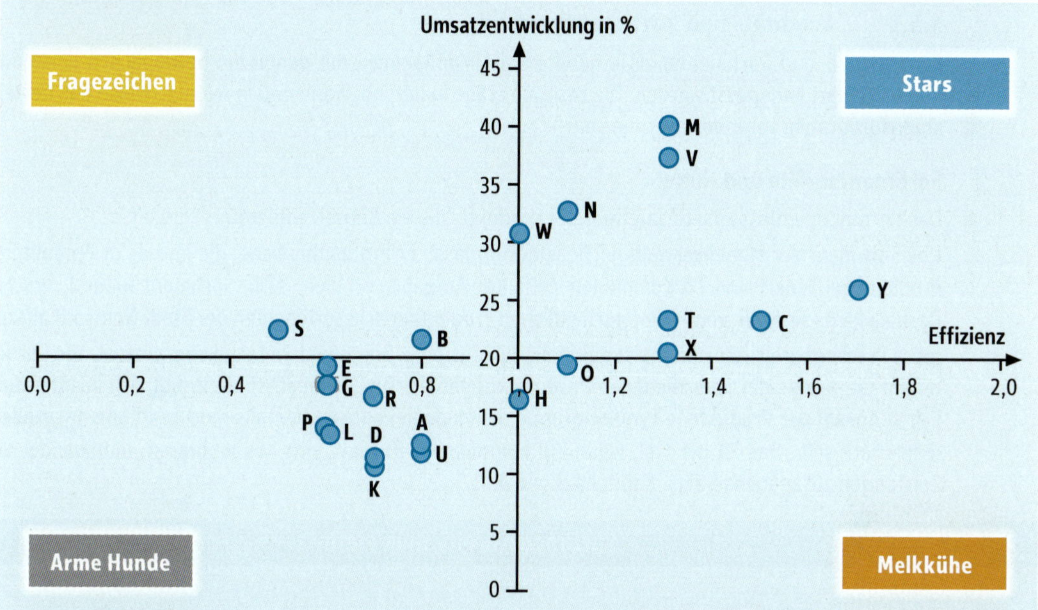

Quelle: Schade, Frauke: Die Portfolio-Analyse – Profilierung von Bibliotheksbeständen. In: Gut ist uns nicht gut genug! Instrumente zur Qualitätsentwicklung und Qualitätssicherung für eine ausgezeichnete Bibliothek. B.I.T.online – Innovativ Band 30. Herausgegeben von Becker, Tom; Vonhof, Cornelia. Wiesbaden: Dinges & Frick GmbH 2010, S. 128.

Die Grenze zwischen niedriger und hoher Effizienz liegt bei dem Wert von eins. Über diesem Wert ist die Nachfrage im Verhältnis zum Bestand überdurchschnittlich, darunter ist sie unterdurchschnittlich. Die Grenzziehung zwischen niedriger und hoher Umsatzentwicklung beruht auf individueller Einschätzung der Bibliothek. Hier wurde die waagerechte Trennungslinie bei 20 % gezogen. Es macht in diesem Fall keinen Sinn, mit unterschiedlichen Kreisgrößen je Bestandsgruppe zu arbeiten, da die zugrunde liegenden Umsätze eigentlich Umschlagshäufigkeiten darstellen. Deren Unterschiede sind für eine Visualisierung nicht groß genug.

Auswertung der Portfolio-Matrix

Frauke Schade wertet die Matrix ausführlich und detailliert aus. Auf der Basis der zugrunde liegenden Normstrategie leitet sie dabei auch klare Empfehlungen für die weitere Behandlung der Bestandsgruppen jedes Matrixfeldes ab. Das kann hier aber nicht ausführlich dargestellt werden. Der folgende Textauszug gibt aber den Gesamtblick auf das Portfolio wieder:

> In der Gesamtschau [...] zeigt sich, dass die Bibliothek über kein ausgewogenes Bestandsportfolio verfügt. [...] Einzelne Bestandssegmente werden entweder schlecht genutzt und befinden sich in dem Matrixfeld Arme Hunde oder sie verzeichnen eine hohe Umsatzentwicklung und befinden sich in dem Matrixfeld Stars. Nur zwei Bestandssegmente – Wirtschaft (H) und Sprache (O) – befinden sich in dem Matrixfeld Melkkühe. Über einen profitablen Bestand, der sich vor allem in dem Matrixfeld Melkkühe abzeichnen würde, verfügt die Bibliothek nicht. Die Bibliothek steht vor der Herausforderung, Bestände in dem Matrixfeld Arme Hunde abzubauen, zu modifizieren bzw. ganz aus dem Angebot zu nehmen und in Bestandsgruppen, die sich in dem Matrixfeld Stars befinden, zu investieren, um eine Profilierung des Bestands herbeizuführen.
>
> *Quelle: Schade, Frauke: Die Portfolio-Analyse – Profilierung von Bibliotheksbeständen. In: Gut ist uns nicht gut genug! Instrumente zur Qualitätsentwicklung und Qualitätssicherung für eine ausgezeichnete Bibliothek. B.I.T.online – Innovativ Band 30. Herausgegeben von Becker, Tom; Vonhof, Cornelia. Wiesbaden: Dinges & Frick GmbH 2010, S. 128.*

5.5 Absatzpolitische Instrumente

5.5.1 Produkt- und Sortimentspolitik

Zur Produkt- und Sortimentspolitik gehören alle Maßnahmen, mit denen die betrieblichen Leistungen an den Kundenbedarf angepasst werden. Die zentrale Frage lautet, ob, wann und in welcher Weise das bestehende Leistungsprogramm verändert werden soll.

Sortimentsbreite und -tiefe

Das Sortiment umfasst die Gesamtheit der Produkte, die ein Betrieb anbietet.

Das Sortiment der Modellverwaltung Neustadt umfasst 17 Produktbereiche, die jeweils in Produktgruppen und Produkte gegliedert sind. Da Kommunen vielfältige Aufgaben erfüllen, ist ihr Sortiment äußerst verschiedenartig. Deshalb ist es sinnvoll, von 17 unterschiedlichen Produktbereichssortimenten der Stadt Neustadt auszugehen.

Jedes Produktbereichssortiment ist durch die Dimensionen Breite und Tiefe gekennzeichnet. Die Sortimentsbreite gibt die Anzahl der verschiedenen Produktgruppen an. Die Sortimentstiefe ergibt sich aus der durchschnittlichen Anzahl der Produkte je Produktgruppe. Leistungen können ebenfalls eine Bestimmungsgröße der Sortimentstiefe sein. Das ist der Fall, wenn ein kommunales Produkt sich aus mehreren, miteinander verwandten Leistungen zusammensetzt (s. Kapitel 4.3 und 4.4).

Sortimentsbreite und -tiefe

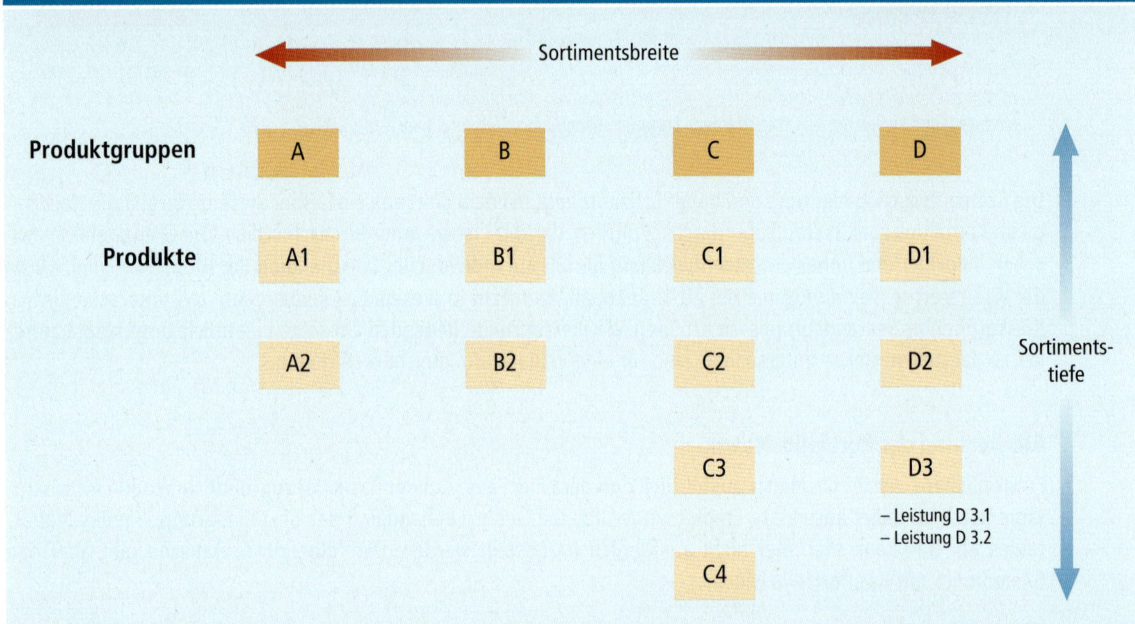

Maßnahmen der Produkt- und Sortimentspolitik

Produktinnovation	Das Angeot wird erweitert um völlig neue, andersartige Produkte, die mit den bereits vorhandenen nicht verwandt sind. Das Sortiment wird breiter. So wird ein neues Geschäftsfeld erschlossen.	**Produktdiversifikation**
	Das Angebot wird erweitert um Produkte (bzw. Leistungen), die mit den bereits vorhandenen verwandt sind. Die neuen Produkte (bzw. Leistungen) treten als zusätzliches Angebot neben die bereits vorhandenen. Das Sortiment wird tiefer.	**Produktdifferenzierung**
Produktvariation	Bereits vorhandene Produkte (bzw. Leistungen) werden verändert. Die modifizierte Ausführung ersetzt die ursprüngliche.	
Produktelimination	Vorhandene Produkte (bzw. Leistungen) werden aus dem Sortiment genommen.	

221060416

Sortimentswirkungen der Maßnahmen

	Produktdiversifikation	Produktdifferenzierung	Produktvariation	Produktelimination
vorher:	A1, B1 A2, B2	A1, B1 A2, B2	A1, B1 A2, B2	A1, B1 A2, B2
nachher:	A1, B1, E1 A2, B2	A1, B1 A2, B2 A3	A1, B1 A2, B2	A1, B1 B2

Produktpolitische Maßnahmen im Modell des Produktlebenszyklus

Das Modell des Produktlebenszyklus (s. Kapitel 5.4.5) bietet Anhaltspunkte für die Auswahl und den Zeitpunkt produktpolitischer Maßnahmen. Die Abbildung zeigt entsprechende Zuordnungen.

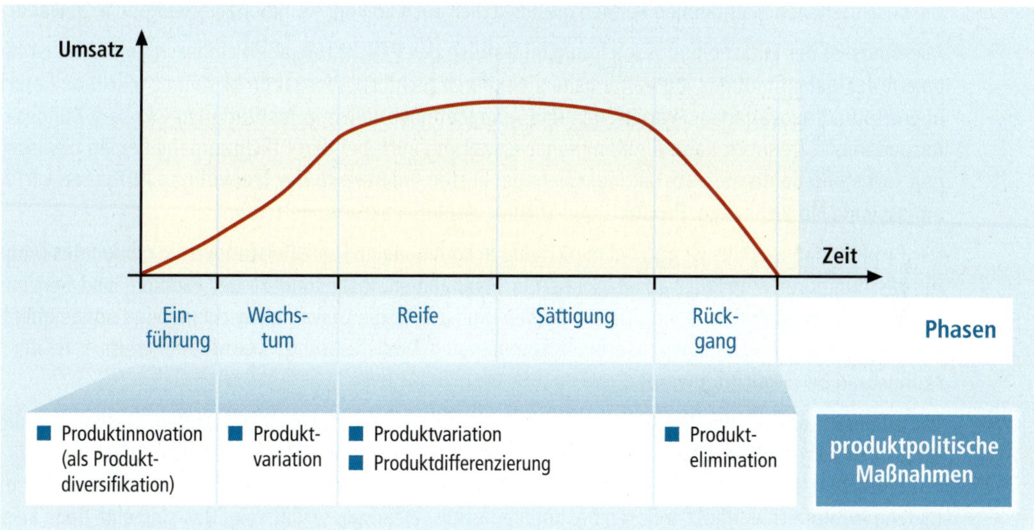

Produktpolitische Maßnahmen

Unternehmen müssen sich ständig um **Produktinnovationen** bemühen, um konkurrenzfähig zu bleiben.

In der Wachstums- oder Reifephase bringen Konkurrenten häufig Produktimitationen auf den Markt. Als Gegenmaßnahme bietet es sich an, das eigene Produkt in verbesserter, abgewandelter Form anzubieten: **Produktvariation.**

In der Reife- und Sättigungsphase kommt es zu einer weiteren Verschärfung des Wettbewerbs. Jetzt kann es sinnvoll sein, Produktausführungen auf den Markt zu bringen, die aus der ursprünglichen Grundform des Produkts abgeleitet sind (Cola-Light, Cola-Light-Lemon, koffeinfreie Cola, Cola-Zero). Sie treten neben die Grundform (Coca-Cola), ergänzen diese und ermöglichen es so, die eigenen Marktanteile zu halten oder gar auszubauen: **Produktdifferenzierung.**

Die Phase des Rückgangs ist durch eine rasche Abnahme der Absatzmenge und des Gewinns gekennzeichnet. Das Produkt muss aus dem Markt genommen werden, bevor es keinen Gewinn mehr abwirft: **Produktelimination.** Spätestens zu diesem Zeitpunkt sollte ein neues Produkt zur Markteinführung bereitstehen.

Das Modell des Produktlebenszyklus bietet auch Anhaltspunkte für den phasengerechten Einsatz weiterer absatzpolitischer Instrumente. Es kann demnach als Planungshilfe für einen stimmigen Marketing-Mix angesehen werden. Grundlage für eine korrekte Einschätzung der relevanten Aspekte sind möglichst aktuelle Informationen der Marktforschung.

Markenbildung

Hierbei handelt es sich um eine weitere bedeutende Maßnahme der Produkt- und Sortimentspolitik. Unter Markenbildung versteht man den Aufbau von Produkten als Markenartikel.

Daraus ergeben sich bestimmte Vorteile:

- Die Marke hebt das eigene Produkt von Konkurrenzprodukten ab.
- Die Marke bürgt für dauerhafte und überdurchschnittliche Qualität. Sie genießt daher das Vertrauen der Kunden, die ihrer Marke treu bleiben. Das hat absatzfördernde Wirkung und eröffnet Spielräume bei der Preissetzung.
- Die Marke und die mit ihr verbundene Qualitätsvorstellung können in der Werbung wirksam eingesetzt werden.

Ein einmal aufgebautes Markenimage muss sorgsam gepflegt werden. Qualitätsmängel werden von den Kunden mit Vertrauensverlust beantwortet, der nur mit großem Aufwand wieder rückgängig gemacht werden kann.

Produkt- und Sortimentspolitik der Kommunalverwaltung

Die beschriebenen Maßnahmen können grundsätzlich auch von der Kommunalverwaltung angewandt werden.

Allerdings ist der Entscheidungsspielraum im **Bereich der Pflichtaufgaben** eingeschränkt. Hier ist die Produktpalette festgelegt und das Verwaltungshandeln durch rechtliche Vorgaben bestimmt. Wichtige Entscheidungen über Produktinnovationen, -variationen und -eliminationen fallen in Institutionen wie dem Bundes- oder Landesparlament. Dennoch kann die Kommunalverwaltung auch bei den Pflichtaufgaben einen gewissen produkt- und sortimentspolitischen Gestaltungsspielraum nutzen. Im **Bereich der freiwilligen Aufgaben** verfügt sie über umfassende Möglichkeiten, Produkt- und Sortimentspolitik aktiv zu betreiben.

Der Produktlebenszyklus ist ggf. bei marktfähigen kommunalen Dienstleistungen ein geeignetes Diagnosemittel für das Aufspüren sinnvoller absatzpolitischer Maßnahmen, insbesondere der Produkt- und Sortimentspolitik. Das Modell muss allerdings modifiziert werden. So ist z. B. die Gewinnentwicklung eine ungeeignete Größe für die Bestimmung der Lebensphase einer kommunalen Dienstleistung. Stattdessen muss z. B. der Kostendeckungsgrad berücksichtigt werden.

Marktfähige kommunale Dienstleistungen müssen sich im Wettbewerb behaupten. Deshalb ist die **Markenbildung** in diesem Bereich eine zweckmäßige produktpolitische Maßnahme. Sie konzentriert sich nicht auf einzelne Leistungen, sondern auf die gesamte öffentliche Einrichtung (z. B. Schwimmbad, Theater). Damit die Markenbildung erfolgreich verläuft, müssen bestimmte Voraussetzungen erfüllt sein. Das sind eine hohe Leistungsqualität, ein gefälliger Markenname, ein ansprechendes Markenzeichen bzw. -design sowie Werbeaktivitäten, die den Aufbau und die Pflege der Marke unterstützen.

5.5.2 Preis- und Konditionenpolitik

Im kommerziellen Marketing versteht man unter Preispolitik das Herauf- oder Herabsetzen der Absatzpreise mit der Absicht, die Absatzmenge, den Umsatz und den Gewinn zu erhöhen.

Faktoren der Preisbildung

Grundsätzlich orientiert sich der Angebotspreis in der privaten Wirtschaft an den Kosten, die pro Mengeneinheit entstehen, zuzüglich eines Gewinnzuschlags: **kostenorientierte Preisbildung.** Für die Preisgestaltung spielt aber auch die jeweilige Marktsituation eine wesentliche Rolle. Das Nachfrageverhalten der Kunden oder die Preise der Konkurrenz können (vorübergehend) zu einem anderen als dem kostenorientierten Preis führen: **nachfrage- bzw. konkurrenzorientierte Preisbildung.**

221060418

Strategien der Preispolitik

Preisdifferenzierung	Preispositionierung	dynamische Preisgestaltung
Der Anbieter verlangt für das gleiche Produkt unterschiedliche Preise.	Der Anbieter beabsichtigt, für ein Produkt, eine Produktgruppe oder auch sein komplettes Sortiment langfristig ein bestimmtes Preisniveau am Markt durchzusetzen.	Der Anbieter gestaltet den Preis eines Produkts flexibel in Abhängigkeit von der Marketingstrategie, Produktlebensphase oder Marktsituation.
■ räumliche Preisdifferenzierung ■ zeitliche Preisdifferenzierung ■ mengenmäßige Preisdifferenzierung ■ personelle Preisdifferenzierung	■ Hochpreisstrategie ■ Niedrigpreisstrategie	■ hohe Einführungspreise (Marktabschöpfung) ■ niedrige Einführungspreise (Marktdurchdringung)

Räumliche Preisdifferenzierung

Ein Produkt wird auf verschiedenen Gebietsmärkten wie Stadt, Land, Region, Inland, Ausland zu unterschiedlichen Preisen angeboten. Dort, wo es möglich ist, verlangt man mehr für das gleiche Produkt.

Beispiele

- *unterschiedliche Preise in den Filialen der inländischen Absatzregionen A und B*
- *höhere Preise für Pkws deutscher Hersteller im Inland*
- *höhere Benzinpreise an Autobahntankstellen*

Zeitliche Preisdifferenzierung

Für ein Produkt werden zu verschiedenen Zeiten unterschiedliche Preise verlangt. Der Preis folgt dabei den tageszeitabhängigen oder saisonalen Nachfrageschwankungen. So können das Nachfrageverhalten und damit die Kapazitätsauslastung gelenkt werden.

Beispiele

- *günstigere Tarife für Nachtstrom*
- *höhere Preise für Heizöl in den Wintermonaten*
- *unterschiedliche Preise für Pauschalreisen in der Haupt- und Nebensaison*

Mengenmäßige Preisdifferenzierung

Der Preis richtet sich nach der Abnahmemenge. Je größer sie ist, desto günstiger ist der Preis pro Mengeneinheit.

Beispiele

- *Mengenrabatt*
- *Staffelpreise (unterschiedliche Preise für vorgegebene Mengenintervalle)*

Personelle Preisdifferenzierung

Sie liegt vor, wenn Kunden einen Preisnachlass erhalten, weil sie einer bestimmten Personengruppe angehören. Dabei können auch soziale Aspekte berücksichtigt werden.

Beispiele

- *Treuerabatt für einen langjährigen Kunden*
- *Wiederverkäuferrabatt für Händler, die eine Ware weiterverkaufen*
- *Sonderpreise für Schüler und Studenten beim Kauf von Software*

Hochpreisstrategie

Der Anbieter strebt an, langfristig Preise zu realisieren, die über dem Durchschnittspreis für vergleichbare Produkte liegen. Zielgruppe sind Abnehmer mit gehobenen Ansprüchen. Die Strategie eignet sich besonders für Markenprodukte.

Niedrigpreisstrategie

Der Anbieter strebt an, langfristig Preise zu realisieren, die unter dem Durchschnittspreis vergleichbarer Produkte liegen. Zielgruppe sind besonders preisbewusste Abnehmer. Aldi, Ikea, oder Ryan-Air sind Beispiele für Unternehmen, die diese Strategie erfolgreich anwenden.

Hohe Einführungspreise (Marktabschöpfung)

Der Anbieter versucht, in der Einführungsphase eines Produkts möglichst hohe Preise zu erzielen. Diese Maßnahme eignet sich für absolute Marktneuheiten, die besonders begehrt sind. Zielgruppe sind dabei zunächst zahlungskräftige Kunden. Dieses Marktsegment soll „abgeschöpft" werden, bevor die Konkurrenz mit vergleichbaren Produkten auf den Markt kommt. Dann kann der Preis schrittweise gesenkt werden, um immer mehr Käuferschichten anzusprechen. City-Roller, DVD-Recorder und später MP3-Player sind Beispiele für Produkte, bei denen diese Vorgehensweise gelang.

Niedrige Einführungspreise (Marktdurchdringung)

Der Anbieter verlangt in der Einführungsphase eines Produkts besonders niedrige Preise, um den Gesamtmarkt möglichst schnell zu durchdringen. Es sollen von Anfang an möglichst viele Käuferschichten angesprochen werden. Wenn die Markteinführung geglückt ist, kann der Preis angehoben werden. Diese Vorgehensweise bietet sich z. B. für Standardsachgüter oder -dienstleistungen an.

Konditionenpolitik

Unternehmen können Kaufanreize auch über die Bedingungen (Konditionen) setzen, zu denen sie ihre Ware verkaufen. Angesprochen sind hier die Zahlungs- und Lieferbedingungen. Lieferzeit, Zahlungsziel, Finanzierungshilfen (Kreditkauf, Ratenkauf) und über die gesetzliche Gewährleistung hinausgehende Garantieleistungen können so gestaltet werden, dass ein Vorteil gegenüber Konkurrenten entsteht.

Skonti, Rabatte und Bezugskosten sind quantitative Elemente der Zahlungs- und Lieferbedingungen (s. LF 3, Kapitel 4.6). Sie fließen in den Preisvergleich ein, den der Kunde durchführt, und beeinflussen folglich seine Kaufentscheidung.

Preis- und Konditionenpolitik der Kommunalverwaltung

Die Kommunalverwaltung gibt eine Vielzahl von Leistungen ab, für die sie kein direktes Leistungsentgelt verlangt (z. B. Bereitstellung von Straßen, Schulen, Parkanlagen). Demnach hat die Preis- und Konditionenpolitik im kommunalen Marketing einen geringeren Stellenwert als im kommerziellen Marketing.

Die Kommunalverwaltung erhebt für ihre entgeltpflichtigen Leistungen Verwaltungsgebühren, Benutzungsgebühren, Beiträge und privatrechtliche Entgelte (s. Kapitel 1.4). Preispolitische Gestaltungsspielräume ergeben sich insbesondere bei den Benutzungsgebühren und privatrechtlichen Entgelten kommunaler Einrichtungen. Darauf konzentrieren sich die nachfolgenden Betrachtungen.

Benutzungsgebühren werden aufgrund einer Satzung erhoben. Privatrechtliche Entgelte basieren auf einer Entgeltordnung. Satzungen und vielfach auch Entgeltordnungen werden vom Gemeinderat auf der Grundlage einer Empfehlung aus der Verwaltung beschlossen. Für Benutzungsgebühren und zum Teil auch für privatrechtliche Entgelte sind dabei die Kalkulationsvorschriften der Kommunalabgabengesetze der Bundesländer zu beachten. All dies führt dazu, dass kommunale Verwaltungsbetriebe unflexibler in ihrer Preispolitik sind als privatwirtschaftliche Betriebe.

221060420

Die von Verwaltungskunden zu entrichtenden Benutzungsgebühren und privatrechtlichen Entgelte müssen zum Zwecke preispolitischer Überlegungen in zwei Gruppen eingeteilt werden:

Pflichtgebühren	freiwillige Gebühren und Entgelte
Benutzungsgebühren aufgrund eines Anschluss- und Benutzungszwangs im Bereich der: ■ Abfallentsorgung (häuslicher Restabfall), ■ Abwasserbeseitigung, ■ Straßenreinigung und ■ Friedhöfe (Gebühr für Grabstellennutzung)	Benutzungsgebühren und privatrechtliche Entgelte bei freiwilliger Nutzung öffentlicher Einrichtungen und Anlagen, z. B. aus den Bereichen Verkehrsversorgung, Bildung, Kultur, Sport, Freizeit, Gesundheit und Soziales. Das sind u. a.: ■ kommunale Verkehrsbetriebe ■ Volkshochschulen ■ Theater ■ Kindergärten ■ Museen ■ Musikschulen ■ Schwimmbäder ■ Bibliotheken ■ Zoologische Gärten

Vgl. Homann, Klaus: Marketing für Kommunalverwaltungen. Berlin: Erich Schmidt Verlag 1995, S. 284 ff.

Preiskalkulation und Preispolitik bei Pflichtgebühren

Die Preiskalkulation folgt den Grundsätzen **kostenorientierter Preisbildung.** Freilich entfällt in der Regel ein Gewinnzuschlag, weil das Gebührenaufkommen die Kosten der Einrichtung nicht überschreiten darf.

Kostendeckung bei Pflichtgebühren	
volle Kostendeckung	**teilweise Kostendeckung**
■ Abfallentsorgung ■ Abwasserbeseitigung Grund für die volle Kostendeckung: Es besteht ein überwiegend individueller Nutzen.	■ Straßenreinigung ■ Friedhöfe Grund für die nur teilweise Kostendeckung: Straßen und Friedhöfe werden auch von der Allgemeinheit genutzt.

Hinsichtlich der Straßenreinigung und der Friedhöfe liegt eine wichtige preispolitische Aufgabe darin, den Kostenanteil festzulegen, den die Gebührenpflichtigen tragen müssen **(Kostendeckungsgrad)**.

Für alle Leistungen mit Anschluss- und Benutzungszwang gilt, dass man kundenorientiert handelt, wenn die Kosten der Aufgabenerfüllung möglichst gering ausfallen. Dann sind die Gebühren für Bürger und Unternehmen günstig. Ansonsten entfällt die Anwendung preispolitischer Maßnahmen weitgehend.

Preispolitik bei Gebühren und Entgelten, die auf der freiwilligen Nutzung öffentlicher Einrichtungen und Anlagen beruhen

Die öffentlichen Einrichtungen aus den Bereichen Verkehrsversorgung, Bildung, Kultur, Sport, Freizeit, Gesundheit und Soziales stellen Leistungen bereit, die als besonders förderungswürdig gelten. Über den Einzelnutzen hinaus entsteht, so die Argumentation, auch ein Nutzen für die Allgemeinheit, z. B. die Förderung der Mobilität und des Umweltschutzes, der Volksgesundheit oder des allgemeinen Bildungsstands.

Deshalb werden in der Regel Gebühren oder Entgelte erhoben, die die anfallenden Kosten nicht decken. Auf diese Weise soll es möglichst vielen Bürger ermöglicht werden, die Leistungen in Anspruch zu nehmen. Andererseits darf in Zeiten knapper Kassen der Zuschussbedarf aus Steuermitteln nicht weiter steigen oder muss gar gesenkt werden, um die Existenz der Einrichtungen nicht zu gefährden.

In diesem Spannungsfeld zwischen Aufgabenerfüllung (auch zum Wohle der Allgemeinheit) und ihrer Finanzierung bestehen beachtliche preispolitische Gestaltungsspielräume. Räumliche Preisdifferenzierungen im Gemeindegebiet sind allerdings unzulässig. Außerdem dürfen personelle Preisdifferenzierungen nur aus sozialen Gründen durchgeführt werden. Ferner ist es fraglich, ob langfristig hohe Gebühren bzw. Entgelte im Sinne der Hochpreisstrategie dem sozialpolitischen Auftrag der Einrichtungen entsprechen. Ansonsten können grundsätzlich alle Strategien der Preispolitik genutzt werden, in Abhängigkeit von den Zielen der Einrichtung und den jeweiligen Marktbedingungen.

Die Konditionenpolitik ist für die Verwaltung im Großen und Ganzen ohne Belang. Gestaltungsmöglichkeiten bestehen nur bei Zahlungsbedingungen.

5.5.3 Kommunikationspolitik

Gegenstand der Kommunikationspolitik ist die bewusste Beeinflussung von Einstellungen, Erwartungen und Verhaltensweisen gegenwärtiger und möglicher Kunden, in der Absicht, die betrieblichen Ziele zu verwirklichen.

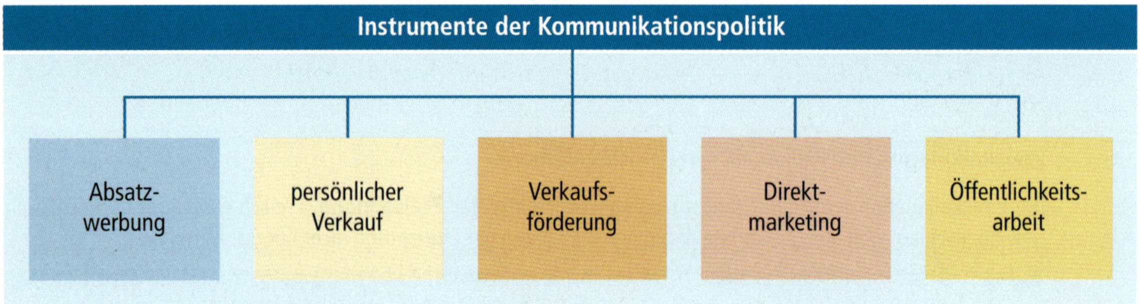

Absatzwerbung

Darunter versteht man im kommerziellen Marketing jede Art der nicht-persönlichen Präsentation von Waren oder Dienstleistungen eines Anbieters durch den Einsatz von Medien mit dem Ziel der Absatzsteigerung.

Die Werbung vermittelt eine produktbezogene Botschaft, die beim Empfänger einen mehrstufigen Verarbeitungsprozess auslösen soll, der schließlich zur Kaufhandlung führt. Die erhoffte **psychologische Wirkung** der Werbung lässt sich z. B. durch die AIDA-Formel beschreiben:

Aufmerksamkeit erregen	=	Attention	**A**
Interesse an der Leistung wecken	=	Interest	**I**
Kaufwunsch erzeugen	=	Desire	**D**
Nachfragereaktion auslösen	=	Action	**A**

Werbegrundsätze

An die Werbung werden bestimmte Anforderungen gestellt:

Wirksamkeit	Die Werbung muss so beschaffen sein, dass die Nachfrager auch tatsächlich im Sinne der angestrebten Ziele beeinflusst werden. Daher ist eine sorgfältige Planung der Werbemaßnahmen erforderlich. Die Kontrolle des Werbeerfolgs bereitet in der Praxis Probleme, u. a. weil es schwierig ist, den Einfluss der Werbung auf die Zielgrößen (z. B. Umsatzsteigerung) isoliert zu erfassen.
Wahrheit	Die Werbung darf nicht täuschen oder irreführend sein, sie muss sachlich richtig informieren. Ist dies nicht der Fall, setzt der Werbende nicht nur seine Glaubwürdigkeit aufs Spiel. Er verstößt auch gegen die Vorschriften des Gesetzes gegen den unlauteren Wettbewerb (UWG).
Klarheit	Die Werbebotschaft soll leicht verständlich, eindeutig, einprägsam und nicht erklärungsbedürftig sein. Wichtig ist ferner, dass die Werbeziele klar bestimmt werden, damit geeignete Werbemaßnahmen ausgewählt werden können.
Wirtschaftlichkeit	Die Kosten der Werbung sollen in einem vernünftigen Verhältnis zum Werbeerfolg stehen.

Arten der Werbung

Nachfolgend werden ausgewählte Werbearten im Überblick dargestellt. Sie ergeben sich, wenn man Werbung einteilt ...

... nach ihren Zielen im Lebenszyklus eines Produkts	
Einführungswerbung	Neue Leistungen müssen den ausgewählten Zielgruppen bekannt gemacht werden. Es sind erhebliche Werbeanstrengungen nötig.
Ausweitungswerbung	Bei bereits eingeführten Produkten will man Absatzmenge, Umsatz und Marktanteil weiter steigern, indem neue Kunden gewonnen werden.
Stabilisierungs-/Erinnerungswerbung	Bekanntheitsgrad, Image und Absatz sollen gesichert werden. Die Werbemaßnahmen zielen darauf ab, die betrieblichen Leistungen bei bestehenden und früheren Kunden in Erinnerung zu bringen und letztere zurückzugewinnen.

... nach der Zahl der Umworbenen	
Direktwerbung	Die Werbung richtet sich unmittelbar an ausgewählte Personen, deren Name und Adresse bekannt sind (z. B. per Werbebrief).
Massenwerbung	Die Werbung richtet sich an eine anonyme und breit gestreute Zielgruppe (z. B. über Zeitungsannoncen, Hörfunk- oder Fernsehspots).

... nach der Werbebotschaft	
informative Werbung	Die Werbebotschaft ist eher rational gestaltet. Sie gibt den Zielpersonen möglichst umfassende und sachliche Informationen, z. B. über Qualität, Preis und Nutzen einer Dienstleistung.
Suggestivwerbung	Die Werbebotschaft ist emotional gestaltet. Sie spricht tiefer liegende Sehnsüchte und Wünsche der Zielpersonen an und will glauben machen, dass diese durch Besitz oder Nutzung des angepriesenen Produkts in Erfüllung gehen.

Werbeträger und Werbemittel

Werbung erreicht ihre Adressaten mithilfe von **Werbeträgern.** Das sind Medien, die den Kontakt zur Zielgruppe der Werbung herstellen. Wichtige Werbeträger sind:

- Zeitungen
- Zeitschriften
- der Hörfunk
- das Fernsehen
- das Internet
- die Briefpost
- Kinos
- Plakatwände/Litfaßsäulen
- Personen
- Handzettel

Das **Werbemittel** ist die Darstellungsform der Werbebotschaft, dem eigentlichen Kern der Werbung. Werbemittel können u. a. schriftlich, akustisch (Ton), visuell (Bild) und audio-visuell (Ton und Bild) gestaltet werden. Sie müssen geeignet sein, den Empfänger der Werbebotschaft im Sinne der AIDA-Formel (oder anderer Wirkungsmodelle) zu aktivieren.

Gestaltungsform	Werbemittel
Schrift	Werbeanzeigen, Broschüren/Prospekte, Werbebriefe, werbende Handzettel, Internetwerbung, Werbung per E-Mail, Zeitungsbeilagen, Kundenzeitschriften, ...
Ton	Hörfunkspot, ...
Bild	Plakat, Werbebanner, ...
Ton und Bild	Fernsehspot, Werbefilm (im Kino, auf DVD), ...

Bei der Auswahl der Werbemittel und Werbeträger sind zu berücksichtigen:

- die Zielgruppe der Umworbenen, der sogenannte Streukreis,
- das Streugebiet, in dem geworben werden soll,
- die Streuzeit, die klärt, wann und wie oft die Werbemaßnahme durchgeführt werden soll,
- die Reichweite, d. h. die Kontakthäufigkeit der umworbenen Personen mit dem Werbeträger innerhalb eines festgelegten Zeitraums,
- die Kosten der Werbung.

Wichtige **Elemente der Werbeplanung** sind somit:

- die Bestimmung der Werbeziele,
- die Festlegung der Zielgruppe, die angesprochen werden soll,
- die Formulierung der Werbebotschaft,
- die Auswahl geeigneter Werbemittel, -träger und -arten in Abhängigkeit von den Werbezielen, der Zielgruppe, der Werbebotschaft und dem zur Verfügung stehenden Werbebudget.

Persönlicher Verkauf

Darunter versteht man die persönliche Präsentation von Waren oder Dienstleistungen im Rahmen eines Verkaufsgesprächs mit dem Ziel des Geschäftsabschlusses, insbesondere bei sehr erklärungsbedürftigen Produkten. Es geht dabei auch um die Frage, wie der Verkäufer sich psychologisch richtig verhalten soll, um sein Ziel zu erreichen.

Verkaufsförderung

Dazu gehören verschiedene, meist zeitlich begrenzte Maßnahmen mit Aktionscharakter, die zu einer kurzfristigen Steigerung der Absatzmenge führen sollen. Sie ergänzen und unterstützen die üblichen Maßnahmen der Kommunikationspolitik. Die verkaufsfördernden Aktivitäten können sich an die Endverbraucher, das eigene Verkaufspersonal oder den Handel richten.

Zielgruppe	denkbare Maßnahmen
Endverbraucher	Gewinnspiele, Zugaben, Probepackungen, Produktvorführungen im Verkaufsraum, Probierstände bei Lebensmitteln, ...
das eigene Verkaufspersonal	Produktschulungen, Verkaufswettbewerbe, Bereitstellung von Verkaufshilfen (z. B. PC-Beratungsprogramme), ...
Handel	Aktionsstände, Gestaltung von Verkaufsflächen, Schulungen, Bereitstellung von Werbemitteln, ...

Direktmarketing

Das Direktmarketing umfasst alle Werbeaktivitäten, die sich an einen genau ausgewählten Personenkreis richten und eine deutlich hervorgehobene Antwortmöglichkeit beinhalten. Es wird auch als Dialogmarketing bezeichnet. Bekannte Formen sind das Telefonmarketing sowie personalisierte Werbebriefe, E-Mails oder Faxsendungen mit Reaktionsmöglichkeit (z. B. in Form von Bestellscheinen).

Öffentlichkeitsarbeit (Publicrelations – PR)

Öffentlichkeitsarbeit bezeichnet alle Maßnahmen, mit denen eine Organisation versucht, ihre Beziehungen zur Öffentlichkeit planvoll zu gestalten. Dabei wird nicht für ein bestimmtes Produkt geworben, sondern für die Organisation als Ganzes.

Ziele der Öffentlichkeitsarbeit sind:

- Aufmerksamkeit und Interesse für die Organisation und ihre Probleme zu wecken,
- den Bekanntheitsgrad der Organisation zu erhöhen,
- ein positives Image aufzubauen und zu pflegen,
- Vertrauen und Verständnis zu gewinnen.

221060424

Beispiele

Tag der offenen Tür, Berichte in Tageszeitungen und Zeitschriften, gesellschaftliches Engagement, z. B. durch Spenden für Vereine, Schulen oder karitative Zwecke

Kommunikationspolitik der Kommunalverwaltung

Die Ziele des kommunalen Verwaltungsbetriebs unterscheiden sich erheblich von denen der Privatwirtschaft (s. Kapitel 1.1). Deshalb geht die Kommunikationspolitik der Verwaltung teilweise andere Wege als das kommerzielle Marketing.

Ziele der kommunalen Absatzwerbung	
Ausweitung der Nachfrage	Dieses Werbeziel verfolgt die Verwaltung hinsichtlich ihrer marktfähigen Leistungen. Hier ähneln sich kommerzielle und kommunale Werbeaktivitäten.
Verbreitung von Informationen über die angebotenen Leistungen und ihre Abgabebedingungen	Im Bereich der nichtmarktfähigen Leistungen gilt es, den Informationsstand der Abnehmer zu verbessern, Verständnis für Abgabebedingungen und Gebühren zu schaffen und Widerstände abzubauen, z. B. gegen belastende Verwaltungsakte, umfassende Mitwirkungspflichten oder Abnahme- und Anschlusszwänge.
Verbreitung von Informationen im Dienste gesellschaftlicher Anliegen	**Beispiele** *Verkehrserziehung, Gesundheitsvorsorge, Umweltschutz* Hier können Werbeaktivitäten dazu beitragen, den Informationsstand der jeweiligen Zielgruppen zu erhöhen, Einstellungen zu verändern und gewünschtes Verhalten herbeizuführen.

Vgl. Homann, Klaus: Marketing für Kommunalverwaltungen. Berlin: Erich Schmidt Verlag 1995, S. 338 ff.

Die Auswahl geeigneter Werbearten, -botschaften, -mittel und -träger erfolgt in Abhängigkeit von den jeweiligen Zielsetzungen und Bedingungen.

Persönlicher Verkauf: Bei vielen kommunalen Leistungen kommt es zu einem persönlichen Kontakt zwischen Verwaltungsmitarbeitern und Bürgern. Dabei fehlt aber meistens die rein absatzbezogene Orientierung, wie sie für den persönlichen Verkauf kennzeichnend ist. Maßnahmen zur positiven Gestaltung der Kommunikation zwischen Kunde und Mitarbeiter sind deshalb Aufgabe des internen und interaktiven Marketings (s. Kapitel 5.6).

Verkaufsförderung, Direktmarketing: Diese Instrumente der kommerziellen Kommunikationspolitik sind ebenfalls speziell auf den Verkauf ausgerichtet. Trotzdem sind Maßnahmen aus den Bereichen der Verkaufsförderung und des Direktmarketings in bestimmten Verwaltungsbereichen denkbar, z. B. zur Erhöhung des Bekanntheitsgrades oder der kurzfristigen Steigerung der Besucherzahlen von Museen, Theatern oder Schwimmbädern. Dabei sind besonders aufdringliche Formen des Direktmarketings zu vermeiden, weil sie Imageschäden hervorrufen können.

Öffentlichkeitsarbeit (Publicrelations, PR): Sie ist überaus bedeutend für die Kommunalverwaltung, insbesondere in Form der Presse- und Medienarbeit. Die Berichterstattung in den Medien muss nicht bezahlt werden, ist also im Vergleich zur Werbung eine sehr kostengünstige Möglichkeit, Aufmerksamkeit zu wecken, zu informieren und ein positives Bild von der Stadt zu fördern. Tage der offenen Tür gewähren einen Blick hinter die Kulissen und vermitteln dem Besucher ein umfassendes Bild von der Leistungsfähigkeit der Kommunalverwaltung, ihrer Einrichtungen und Mitarbeiter.

5.5.4 Distributionspolitik

Die Distributionspolitik[1] umfasst alle Entscheidungen, die zur optimalen Verteilung der betrieblichen Leistungen an den Endverbraucher, Verwender oder Nutznießer getroffen werden. Es gilt, die Leistungen in der erforderlichen Menge und Qualität zur richtigen Zeit am richtigen Ort bereitzustellen.

1 distribuere: lat. verteilen

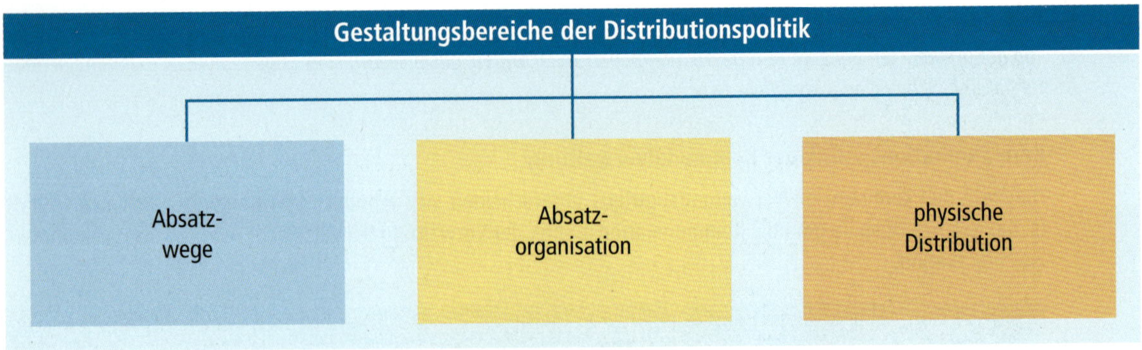

Absatzwege

Hier ist zu klären, ob die betrieblichen Leistungen direkt oder indirekt abgesetzt werden sollen. Ein **direkter Absatzweg** liegt vor, wenn der Hersteller seine Produkte an den Endverbraucher bzw. Verwender vertreibt, ohne selbstständige Handelsbetriebe einzuschalten. Ein **indirekter Absatzweg** liegt vor, wenn der Hersteller seine Produkte über selbstständige Handelsbetriebe absetzt.

Die folgende Abbildung zeigt einige gängige Absatzwege von Sachgütern.

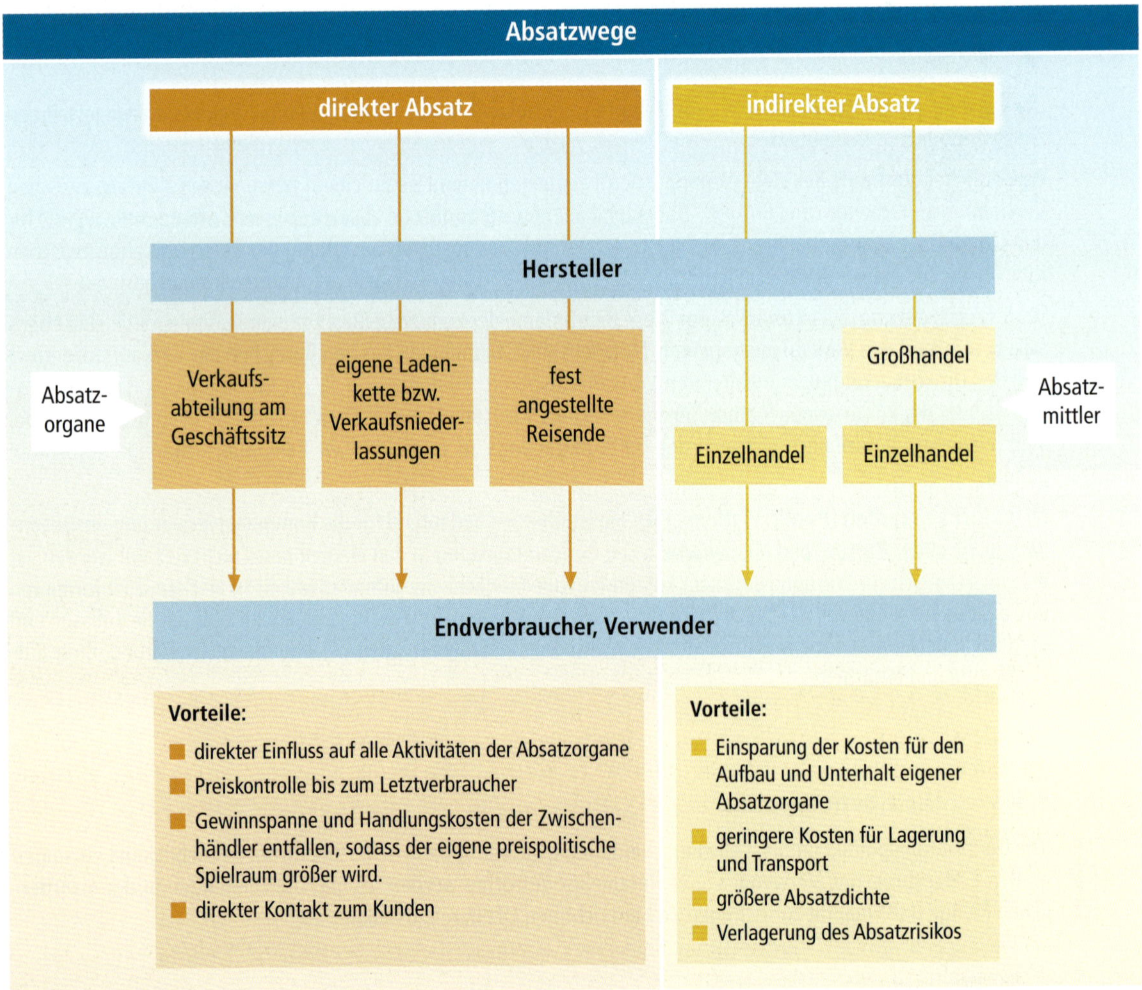

221060426

Absatzorganisation

innere Organisation	Hier stellt sich die Aufgabe, die Zuständigkeiten für den Absatz innerhalb des Betriebs durch eine entsprechende Gliederung der Verkaufsabteilung zweckmäßig zu verteilen. Das kann verrichtungs- oder objektorientiert geschehen (zu den Gliederungsprinzipien s. Kapitel 2.3).
äußere Organisation	Es ist zu entscheiden, ob der Absatz zentral oder dezentral durchgeführt werden soll. Erfolgt der Vertrieb von nur einer Stelle aus, liegt ein **zentraler Absatz** vor. Unterhält der Betrieb hingegen mehrere, im Absatzgebiet verteilte, eigene Verkaufsstellen an Orten hohen Bedarfs, liegt ein **dezentraler Absatz** vor. Dieser verursacht höhere Kosten, steigert aber die Absatzchancen aufgrund der Kundennähe.

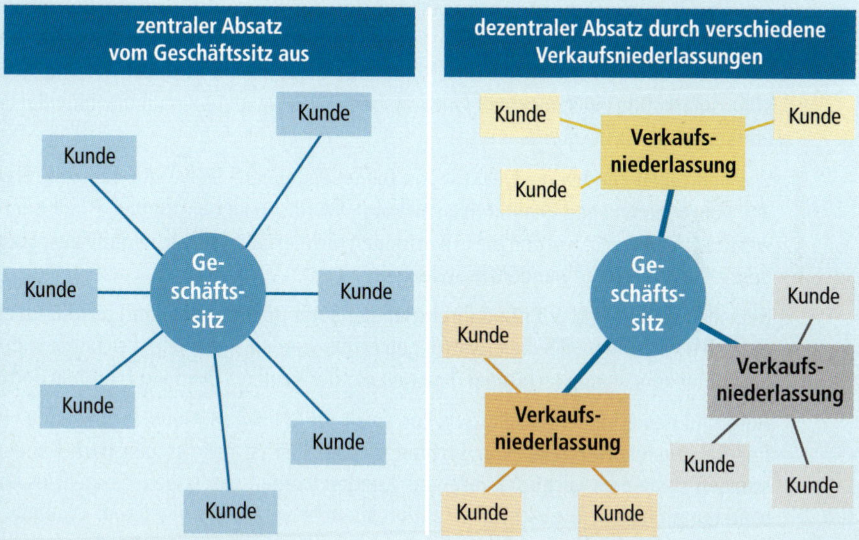

Distributionspolitik der Kommunalverwaltung

Physische Distribution: Die Verwaltung muss keine Entscheidungen über Lagerung, Verpackung und Transport ihrer Produkte treffen, da diese immateriell sind. Allenfalls bei Zusatzangeboten wie Büchern, Katalogen, Broschüren, CDs oder Stadtplänen sind Überlegungen zur physischen Distribution erforderlich.

Absatzwege: Die Dienstleistungen der Verwaltung werden meistens auf direktem Wege über den persönlichen Kontakt zwischen Mitarbeiter und Bürger abgegeben.

Nicht alle Dienstleistungsbetriebe sind auf den direkten Absatzweg festgelegt. Rechte zur späteren Nutzung von Dienstleistungen lassen sich auch indirekt vertreiben. Selbstständige Versicherungsvertreter oder -makler vermitteln Versicherungsverträge, Reisebüros Pauschalreisen oder Ticketagenturen Eintrittskarten für Sport- und Kulturveranstaltungen.

Kommunale Theater oder Museen können diese Möglichkeit ebenfalls nutzen. Als Absatzhelfer für den Verkauf von Eintrittskarten bieten sich Reiseveranstalter, Touristeninformationsbüros, Hotels oder Ticketagenturen an. Möglicherweise können über Reiseveranstalter sogar neue Zielgruppen erschlossen werden (Strategie der Marktentwicklung, s. Kapitel 5.4).

Absatzorganisation: Hier kann die Verwaltung Gestaltungsmöglichkeiten nutzen. Mit der Einrichtung von Bürgerbüros in verschiedenen Stadtteilen ist es z. B. möglich, die Leistungsabgabe zugunsten der Bürger zu dezentralisieren, wodurch ihr Raumüberbrückungs- und Zeitaufwand geringer wird. Dadurch entstehen der Verwaltung allerdings höhere Kosten.

Die Öffnungszeiten und die verkehrstechnische Erreichbarkeit der Verwaltung sind ebenfalls distributionspolitische Gestaltungselemente.

Mit dem „E-Government“ soll künftig der Raumüberbrückungsaufwand der Verwaltungskunden ganz entfallen und der Zeitaufwand weiter reduziert werden. „E-Government“ bezeichnet das „elektronische“ Verwalten. Mithilfe des

Internets werden Informationen bereitgestellt und ausgetauscht sowie Verwaltungsvorgänge abgewickelt. Im Idealfall muss der Bürger keinen Behördengang mehr durchführen, sondern erledigt sein Anliegen vom Computer aus.

5.6 Besonderheiten des Dienstleistungsmarketings

Qualitätsbegriff bei Dienstleistungen

Typische Dienstleistungen der Verwaltung sind durch eine maßgebliche Beteiligung der Kunden am Leistungsprozess gekennzeichnet. Daher ist im Grunde genommen jede Dienstleistung einzigartig, denn jeder Kunde erlebt sie anders und beteiligt sich an ihrer Entstehung auf eine individuelle Art und Weise. Darum wird im Dienstleistungsmarketing ein subjektiver Qualitätsbegriff verwendet, der auf die individuelle Kundenbewertung als Qualitätsmaßstab zurückgreift.

Wie beurteilen Kunden die Qualität von Dienstleistungen? Sie vergleichen ihre Erwartungen (Soll-Leistung) mit der wahrgenommenen Realität (Ist-Leistung). Wurden die Erwartungen erfüllt oder gar übertroffen, fällt die Bewertung positiv aus, wurden die Erwartungen nicht erfüllt, fällt sie negativ aus. Folglich ist Qualität identisch mit dem erzielten Maß an Kundenzufriedenheit.

Dienstleistungen sind aufgrund ihrer Immaterialität (Nichtgreifbarkeit) aus Kundensicht mit einem hohen Qualitätsrisiko verbunden. Ob die Erwartungen erfüllt werden, entscheidet sich erst während des Leistungsprozesses. Sachgüter können die Nachfrager dagegen vor der Kaufentscheidung erproben und auf Mängel hin untersuchen.

Aufgrund des erhöhten Qualitätsrisikos spielt die „Mund-zu-Mund-Propaganda" für Dienstleister eine größere Rolle als für die Hersteller von Sachgütern. Deshalb ist das Streben nach Kundenzufriedenheit bei Dienstleistungen besonders wichtig. Zufriedene Kunden werden das Angebot erneut in Anspruch nehmen und es auch weiterempfehlen. Ein positiver Erfahrungsbericht veranlasst wiederum Freunde und Bekannte, das Angebot ebenfalls wahrzunehmen, während ein negativer Bericht sie davon abhält.

Zur Frage der Qualitätsbeurteilung von Dienstleistungen liegen u. a. folgende Forschungsergebnisse vor:

- positive Qualitätsbeurteilungen werden nur an eine bis drei Personen weitergegeben, negative dagegen an acht bis elf Personen,
- nur vier Prozent der unzufriedenen Kunden beschweren sich offiziell, der Rest wechselt lautlos zur Konkurrenz,
- einen neuen Kunden zu gewinnen, ist bis zu sechsmal teurer, als einen bestehenden Kunden an sich zu binden,
- eine wirklich befriedigende Kundenbindung wird erst erreicht, wenn es gelingt, die Erwartungen der Kunden zu übertreffen.

Auf den ersten Blick scheinen diese Befunde nur für Organisationseinheiten der Kommunalverwaltung interessant zu sein, die marktfähige Leistungen im Wettbewerb anbieten (s. LF 3, Kapitel 2.3). Die meisten Verwaltungsleistungen sind aber konkurrenzlos, sodass ein Anbieterwechsel nicht möglich ist. Nimmt man jedoch das Ziel „Kundenorientierung" ernst, dann müssen alle Bereiche der Kommunalverwaltung nach bestmöglicher Kundenzufriedenheit streben. Bürger und Unternehmer, die mit ihrer Verwaltung zufrieden sind, erleichtern zudem die tägliche Arbeit der Bediensteten und steigern das Image der Verwaltung.

Darüber hinaus sind die außerordentlich hohen Kosten eines mangelnden Qualitätsbewusstseins zu beachten. Experten schätzen, dass in den Kommunal- und Landesverwaltungen bis zu 30 Prozent der Arbeitszeit für die Bearbeitung von Eingaben, Petitionen und Beschwerden aufgewendet werden.

Interaktives Marketing

Obwohl jede Dienstleistung einzigartig ist, lassen sich verschiedene Faktoren ausmachen, die die Qualitätswahrnehmungen aller Kunden gleichermaßen beeinflussen. Zusammengefasst erhält man drei wesentliche Bestimmungsgrößen, die im Englischen jeweils mit dem Buchstaben P beginnen.

Bestimmungsgrößen der Dienstleistungsqualität (die drei P)	
person	Person, die die Leistung erbringt/Mitarbeiter
physical environment	physisches Leistungsumfeld
process	Leistungsprozess

Im Mittelpunkt des interaktiven Marketings steht die Interaktion zwischen dem Kunden und den „drei P", also Wechselwirkungen zwischen

- Kunde und Mitarbeiter,
- Kunde und Leistungsumfeld sowie
- Kunde und Leistungsprozess.

Die optimale Gestaltung dieser Wechselwirkungen im Sinne bestmöglicher Kundenzufriedenheit ist die Aufgabe des interaktiven Marketings.

Gestaltungselemente des interaktiven Marketings		
Mitarbeiter	**Leistungsumfeld**	**Leistungsprozess**
Die Leistungsqualität wird positiv beeinflusst, z. B. durch ...		
■ fachliche Kompetenz, ■ einen angemessenen Umgang mit Konflikten, ■ eine verständliche und damit kundenfreundliche Sprache, ■ kundenorientiertes Telefonieren.	■ eine gute Anbindung des Verwaltungsstandortes an den Öffentlichen Personennahverkehr, ■ eine ausreichende Anzahl von Kundenparkplätzen, ■ verständliche Wegweiser, ■ kundenorientiert ausgestattete Büroeinrichtungen und Wartezonen.	■ kurze Wartezeiten, ■ kundengerechte Öffnungszeiten, ■ verständliche und benutzerfreundliche Vordrucke und Informationsmaterialien, ■ Leistungen aus einer Hand an einem Ort, ■ eine kurze Bearbeitungsdauer von Anträgen.

Die Maßnahmen zur kundenorientierten Ausformung dieser Faktoren könnte man unter der Rubrik „Produktgestaltung" ebenso der Produktpolitik zuordnen, einzelne Elemente auch der Kommunikations- und Distributionspolitik.

Internes Marketing

Da das Mitarbeiterverhalten maßgeblich die Dienstleistungsqualität beeinflusst, wird das interne Marketing bisweilen als eigenständiges absatzpolitisches Instrument angesehen (Personalpolitik). Die Beschäftigten sollen den Grundsatz der Kundenorientierung als Geisteshaltung verinnerlichen. Dazu sind besondere, an die Mitarbeiter gerichtete Maßnahmen erforderlich, die vor allem eine Steigerung der Qualifikation und Motivation bezwecken.

Unterschiede des interaktiven und internen Marketings

Bei den Maßnahmen, die sich an die Mitarbeiter richten, könnten definitorische Abgrenzungsprobleme entstehen. Gehören die Aktivitäten zum internen Marketing oder zum interaktiven Marketing? Unternehmensberater ordnen z. B. Workshops zum Thema „Konfliktbewältigung" dem internen Marketing zu und Veranstaltungen wie „Coaching am Arbeitsplatz (Beobachten – Feedback geben – Optimieren)" dem interaktiven Marketing. Eine genaue Abgrenzung ist in diesem Lehrbuch aber nicht erforderlich. Für die Praxis reicht die Erkenntnis, dass Mitarbeiter in bestimmten Bereichen unterstützt und geschult werden müssen, damit sie die Anforderungen einer kundenorientierten Verwaltung bewältigen können.

Qualitätsmanagement

Moderne Ansätze des Qualitätsmanagements beruhen auf der Philosophie des **Total Quality Managements** (TQM, umfassendes Qualitätsmanagement). Das TQM ist eine Führungsaufgabe, die sich auf die gesamte Verwaltung erstreckt. Seine wesentlichen Grundsätze sind:

- die konsequente Orientierung an den Erwartungen der (externen und internen) Kunden,
- die Sichtweise, dass nur optimale Arbeitsabläufe zu Dienstleistungen führen, die die Kundenanforderungen erfüllen,
- die planmäßige Qualifizierung, Motivierung und Unterstützung der Mitarbeiter, damit diese den Qualitätsgedanken verinnerlichen und umsetzen können,
- das Streben nach kontinuierlichen Verbesserungen in allen Verwaltungsbereichen und auf allen Hierarchiestufen,
- die Übernahme von gesamtgesellschaftlicher Verantwortung, z. B. durch Berücksichtigung des Umweltschutzes im Qualitätskonzept.

Hilfen zur Umsetzung des TQM kommen von der gemeinnützigen European Foundation for Quality Management (EFQM, Europäische Stiftung für Qualitätsmanagement). Sie hat ein Modell entwickelt, das Kriterien für eine qualitätsorientierte Selbstwertung vorgibt. Der Selbstbewertungsprozess soll Stärken und Schwächen offenlegen und zur Planung, Verwirklichung und Überwachung von Verbesserungsmaßnahmen beitragen. Die EFQM vergibt jährlich einen europäischen Qualitätspreis für herausragende Leistungen in der Anwendung des Modells.

Ausgewählte Instrumente des TQM

- Maßnahmen zur Qualitätssicherung, z. B. Vorgabe und spätere Überprüfung messbarer Qualitätsstandards für die Produkte der Verwaltung;
- Benchmarking[1]: Vergleiche mit anderen Kommunen, z. B. auf der Basis produktbezogener Kennziffern, um besser zu werden durch Lernen von anderen;
- Personalentwicklung, z. B. Mitarbeiterqualifizierung im Rahmen des internen oder interaktiven Marketings;
- Anwendung des EFQM-Modells oder vergleichbarer Ansätze;
- Organisationsentwicklung, z. B. Schaffung ganzheitlicher Arbeitszusammenhänge mit stärkerer Eigenverantwortung der Mitarbeiter;
- Einrichtung von Arbeitsgruppen, in denen Mitarbeiter eigenverantwortlich Vorschläge zur Verbesserung der Arbeitsabläufe oder Produktqualität entwickeln (= Qualitätszirkel);
- Aufbau eines Beschwerdemanagements, das Beschwerdegründe systematisch auswertet, um eine konsequente Ursachenbekämpfung zu ermöglichen.

5.7 Corporate Identity

Mithilfe der Kommunikationspolitik sowie des interaktiven und internen Marketings soll auf der Grundlage des Verwaltungsleitbildes ein positives Image erzeugt werden, das nach innen und außen den Eindruck einer glaubwürdigen und unverwechselbaren Persönlichkeit entstehen lässt (= Verwaltungsidentität, Corporate Identity). Um dieses Ziel zu erreichen, müssen Worte, Taten und Erscheinungsbild der Verwaltung eine stimmige Einheit bilden.

Bestandteile der Corporate Identity

Kommunikation (Corporate Communication)	Verhalten (Corporate Behavior)	Erscheinungsbild (Corporate Design)
Maßnahmen: ■ Entwicklung und Umsetzung von Leitsätzen zur betriebsinternen Kommunikation (Sprachgebrauch, Umgangston, Informationsflüsse usw.), ■ abgestimmter Einsatz aller nach außen wirkenden Kommunikationsaktivitäten (Öffentlichkeitsarbeit, Werbung usw.)	Maßnahmen: Entwicklung und Umsetzung von Leitsätzen zum Verhalten der Mitarbeiter ■ untereinander (z. B. Führungsverhalten, Konfliktbewältigung) und ■ gegenüber Außenstehenden (z. B. Konfliktbewältigung, Umgang mit Beschwerden)	Maßnahmen: Entwicklung und durchgängige Verwendung visueller Gestaltungselemente mit hohem Symphatie- und Wiedererkennungswert, wie z. B. ■ ein einheitliches städtisches Schriftzeichen (Logo), ■ einheitliche Symbole, Farben, Schriftarten usw.

1 benchmark, engl.: Vergleichspunkt, Messlatte

221060430

1 Rechtliche Grundlagen des Verwaltungshandelns

1.1 Arten des Verwaltungshandelns

1.1.1 Arten der Verwaltung

Verwaltungszweige

Die Verwaltung dient verschiedenen Zwecken. Daher unterscheidet man folgende Verwaltungszweige:

- Die **Abgabenverwaltung** dient der Deckung des öffentlichen Finanzbedarfs; zu ihr gehören insbesondere die Finanz- und Steuerbehörden.
- **Ordnende Verwaltung** nennt man insbesondere den Bereich der Gefahrenabwehr durch Polizei- und Ordnungsbehörden.
- Die **planende Verwaltung** gestaltet „Entwürfe für die Zunkunft". Sie ist Teil der Daseinsvorsorge des Staats. Je besser z. B. die Stadt- und Landesentwicklung geplant und von den Betroffenen vorausschauend mitgestaltet wird, desto seltener muss der Staat nach Fehlentwicklungen als „Pannendienst" einspringen.
- Die **Leistungsverwaltung** gewährt unmittelbar soziale und wirtschaftliche Leistungen (Sozialversicherung, Sozialhilfe, Subventionen, öffentliche Einrichtungen) und dient damit der Sicherung und Verbesserung der Lebensverhältnisse. Diese „Daseinsvorsorge" im weitesten Sinne ist ein typisches Merkmal des Sozialstaats.
- Von **Bedarfsdeckungsverwaltung** spricht man, wenn es um die Deckung des Personal- und Sachbedarfs geht, der durch die Verwaltungstätigkeit bedingt ist („Beschaffungsverwaltung").

Eingriffsverwaltung – gewährende Verwaltung – Leistungsverwaltung

Die Wirkung von Verwaltungsmaßnahmen kann für den Bürger grundsätzlich in einer Belastung oder einer Begünstigung bestehen.

Belastungen bestehen regelmäßig in Rechtseingriffen, z. B. durch Steuerbescheide, Polizeiverfügungen oder Bußgeldbescheide. Hier spricht man von **Eingriffsverwaltung**.

Begünstigungen (z. B. Kindergeld, Arbeitsvermittlung, Rente) vermittelt insbesondere die Leistungsverwaltung, z. T. auch die planende Verwaltung (Verbesserung der Infrastruktur durch Verkehrsanlagen, Schulen usw.). Hierfür ist der Ausdruck **„gewährende Verwaltung"** oder „pflegende Verwaltung" gebräuchlich.

Leistungsverwaltung kann im einzelnen Fall sowohl gewährende als auch Eingriffsverwaltung sein. Das Schulwesen mit dem Angebot verschiedener öffentlicher Schulen und der Wahl der Schulformen einerseits, der Schulpflicht und den verbindlichen Aufnahme-, Versetzungs- und Prüfungsregelungen andererseits ist ein Beispiel dafür.

Arten des Verwaltungshandelns					
nach Verwaltungszwecken	**Abgabenverwaltung**	**Ordnungsverwaltung**	**Planungsverwaltung**	**Leistungsverwaltung**	**Bedarfsdeckungsverwaltung**
und Wirkungen für die Bürger	**Eingriffsverwaltung**			**gewährende Verwaltung**	

Hoheitliche und fiskalische Verwaltung

Eine Verwaltungsbehörde kann öffentlich-rechtlich oder privatrechlich handeln. Tritt sie dem Bürger als Teil der übergeordneten Staatsgewalt gegenüber, so verfährt sie nach öffentlichem Recht; sie handelt **hoheitlich** (z. B. Steuerbescheid, Rentenbescheid, Sozialhilfebewilligung).

Die Verwaltung kann aber auch private Rechtsgeschäfte wie jede andere juristische Person abschließen. Hier begegnet sie anderen Beteiligten rechtlich gleichgeordnet, sie handelt **fiskalisch** (von Fiskus = Staat, soweit er bürgerlichem Recht unterliegt, z. B. Kauf von Büromaterial oder Abschluss eines Arbeitsvertrags durch die Behörde).

Diese Unterscheidung ist von Bedeutung für das Verwaltungsverfahrens-, Verwaltungsvollstreckungs- und Widerspruchsverfahrensrecht.

Merkmale des öffentlichen Rechts	Merkmale des privaten Rechts
■ Regelung der Rechtsverhältnisse zwischen Staat und Bürgern	■ Regelung der Rechtsverhältnisse zwischen Privatpersonen
■ Überordnung des Staats	■ Gleichordnung der Beteiligten
■ Regelungen sind grundsätzlich einseitig (durch Gesetz oder Verwaltungsakt)	■ Regelungen sind grundsätzlich frei gestaltbar (Privatautonomie: Vertrags-, Eigentums-, Vereinigungsfreiheit)

Im Bereich der hoheitlichen Verwaltung sind **verschieden strenge rechtliche Mittel** möglich:

- Betont die Behörde die staatliche Überordnung durch Befehl, Verbot, Genehmigungserfordernis oder Zwangsanwendung, so übt sie **obrigkeitliche Verwaltung** aus (z. B. Anordnung des Abbruchs eines baufälligen Hauses, Pfändung wegen einer Steuerforderung).
- Die weniger strenge Form – die **schlicht hoheitliche Verwaltung** – verzichtet auf Zwang; ihre Mittel sind insbesondere die Empfehlung und Beratung (z. B. Impfempfehlung und kostenlose Polioimpfung, polizeiliche Ermahnung, Fahrzeugmängel zu beseitigen). Auch Leistungen im Bereich der Daseinsvorsorge (z. B. Straßenausbesserung) und der gewährenden Verwaltung (z. B. Ausbildungsförderung) zählen zur schlichten Hoheitsverwaltung.

Auch im Bereich der fiskalischen Verwaltung sind unterschiedliche Handlungsformen möglich:

- Die Verwaltung kann **fiskal-privatrechtlich** handeln, wenn sie zur eigenen Bedarfsdeckung bzw. im Rahmen einer (begrenzten) erwerbswirtschaftlichen Tätigkeit privates Recht wie eine Privatperson anwendet. Hier sind insbesondere die privaten „Hilfsgeschäfte" einer Behörde im Beschaffungsbereich (Kauf, Miete) zu nennen.
- Die Verwaltung kann **verwaltungs-privatrechlich** handeln, wenn sie öffentliche Aufgaben (Daseinsvorsorge) unmittelbar in privatrechlichen Formen (Vertrag) erledigt (z. B. das Betreiben einer Stadthalle in der Rechtsform der GmbH). Hier bleiben die öffentlich-rechtlichen Bindungen (z. B. Grundrechte, Benutzungsansprüche, Verhältnismäßigkeitsgrundsatz) erhalten.

Arten des Verwaltungshandelns nach rechtlichen Formen

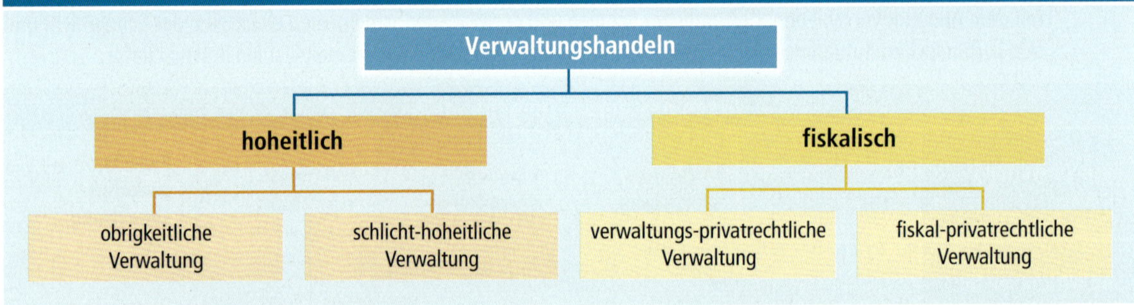

Überblick über die Rechtsakte der Verwaltung

Den zahlreichen und sehr verschiedenen Verwaltungsaufgaben entspricht die Vielfalt der Arten und Formen des Verwaltungshandelns. In Verfügungen und Bescheiden, Verordnungen und Satzungen, Verträgen, Haushalts-, Bebauungs-, Verkehrs- und Schulentwicklungsplänen wird die Arbeit der Exekutive sichtbar. Auch der interne Dienstbetrieb und seine Regelungen, schlichte Tätigkeiten, wie z. B. eine Dienstfahrt oder die Reinigung einer Straße, sind Verwaltungshandeln.

All diese Beispiele sind von sehr unterschiedlicher rechtlicher Bedeutung. Grundlegend unterscheidet man zwischen Real- und Rechtsakten.

Realakte
sind bloße Tathandlungen, die nicht auf einen rechtlichen, sondern nur auf einen tatsächlichen Erfolg gerichtet sind.

Beispiele

Auskunft aus dem Melderegister, Festrede des Bürgermeisters, Auszahlung eines bereits bewilligten Geldbetrags, Bau einer Schule, Leerung der Mülltonnen, Löschübung der Feuerwehr. Einige dieser Handlungen können durchaus rechtliche Folgen haben (z. B. Schadensersatzansprüche nach einer Löschübung), doch sind sie nicht das Ziel der Tätigkeit.

Rechtsakte
sind Handlungen, die auf eine rechtliche Wirkung abzielen.

Sie können privatrechtlicher Art (z. B. Arbeitsvertrag) oder öffentlich-rechtlicher Natur sein (z. B. Steuerbescheid). Die Wirkung solcher Rechtshandlungen kann sich auf den Bürger (Außenverhältnis) oder auf den inneren Bereich der Verwaltung (Innenverhältnis) richten. In beiden Bereichen gibt es allgemeine (generelle) und auf den Einzelfall bezogene (konkrete) Regelungen. Beispiele enthält das folgende Schaubild.

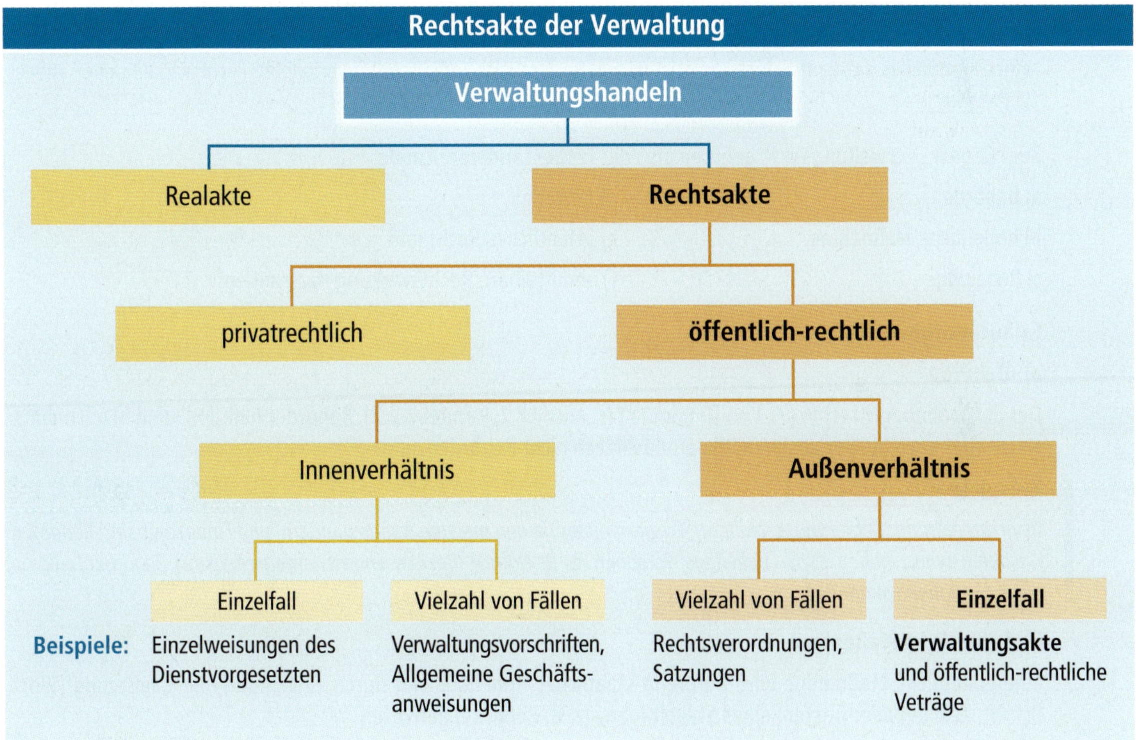

1.1.2 Grundlagen des Verwaltungsakts

Begriff und Bedeutung des Verwaltungsakts

Die häufigste und wichtigste Art behördlicher Rechtshandlungen ist der Verwaltungsakt (VA), Steuerbescheide, Fahrerlaubnisse, Beurkundungen, Rentenentscheidungen sind Verwaltungsakte. Der VA ist ein Gestaltungsmittel, das in seiner Bedeutung dem Vertrag im Privatrecht entspricht.

Für die **Bürger** ist von Interesse, dass der VA eindeutige und stabile Rechtsbeziehungen zum Staat schafft, auf

Bürokratie-Kontakte

Malermeister Bunt:

„Im Handwerk ist es einfach: Ich einige mich mit dem Kunden in einen Vertrag. Jeder weiß, was seine Pflicht ist.

Aber bei den Behörden? Hast du schon mal über deinen Steuerbescheid verhandelt? Beim Finanzamt habe ich lernen müssen, dass ich Einspruch hätte einlegen sollen, und zwar rechtzeitig.

Und jeder Bescheid funktioniert anders: Beim Grundsteuerbescheid muss ich zahlen, bei den Bußgeldbescheiden ganz flott Einspruch einlegen, gegen Ordnungsverfügungen Widerspruch erheben. Ist das Schulzeugnis meines Sohnes nicht auch so eine Art Bescheid?"

„Ja, das sind alles Verwaltungsakte. Die funktionieren alle ähnlich."

deren Bestand der Betroffene vertrauen kann. Dies gilt grundsätzlich auch dann, wenn die Behörde sich einmal geirrt hat.

Für die **Behörde** ist der VA ein unentbehrliches Regelungsmittel, insbesondere für Massenvorgänge. Ein VA muss beachtet werden. „Befehlende" Verwaltungsakte kann die Exekutive selbst vollstrecken. Widerspricht der Betroffene einem VA, so überprüft die Exekutive die Maßnahme in einem Widerspruchsverfahren. In manchen Fällen kann auch direkt gegen den VA geklagt werden.

Der **Behördenmitarbeiter** hat bei Verwaltungsverfahren mit der Vorbereitung von Verwaltungsakten zu tun. Auch der Vollzug dieser Maßnahmen und die Bearbeitung von Widersprüchen gegen sie gehören zur beruflichen Arbeit. Die Lehre vom Verwaltungsakt ist deshalb wichtiger Teil jeder Verwaltungsausbildung.

Der **Begriff** des Verwaltungsakts ist in allen das Verwaltungsverfahren regelnden Gesetzen einheitlich definiert.

§ 35 VwVfG, § 31 SGB X, § 118 AO
Verwaltungsakt ist jede Verfügung, Entscheidung oder andere hoheitliche Maßnahme, die eine Behörde zur Regelung eines Einzelfalles auf dem Gebiet des öffentlichen Rechts trifft und die auf unmittelbare Rechtswirkung nach außen gerichtet ist.

Zum Begriff „Verwaltungsakt" gehören also die **Tatbestandsmerkmale**:

a) Behörde,
b) hoheitliche Maßnahme,
c) Regelung,
d) Einzelfall,
e) öffentliches Recht und
f) unmittelbare Rechtswirkung nach außen.

Erläuterungen

a) Behörde

Der Behördenbegriff ist in § 1 VwVfG geregelt (s. auch LF 2, Kapitel 2.2.2). Behördenfunktion können ausnahmsweise aber auch Stellen ausüben, die grundsätzlich nicht Behörden sind.

Beispiele

Bezirksregierung (Regierungspräsident), Bürgermeister (in den meisten Bundesländern) und Finanzamt sind Behörden. Ausnahmsweise haben bspw. beliehene Personen (z. B. Notare, Bezirksschornsteinfegermeister) Behördenfunktion, wenn sie hoheitlich handelt.

b) hoheitliche Maßnahme

Eine hoheitliche Maßnahme wird aufgrund staatlicher Hoheitsgewalt durch einseitige Willensäußerung (Wort, Schrift, Zeichen oder Gesten) eines Staatsorgans (z. B. Behörde) getroffen.

Beispiele

Sowohl eine beantragte Gewerbeerlaubnis als auch eine mit Zwang durchsetzbare Gewerbeuntersagung sind einseitige hoheitliche Maßnahmen der Behörde. Vereinbart die Gemeinde mit einem Bauträger die Erschließung eines Baugebiets (Erschließungsvertrag nach § 124 BauGB), so ist diese Maßnahme nicht einseitig und kann damit auch nicht hoheitlich sein.

c) Regelung

Die Maßnahme der Behörde zielt auf eine bestimmte Rechtsfolge ab. Eine Regelung liegt dann vor, wenn Rechte bzw. Pflichten begründet, geändert, aufgehoben oder verbindlich festgestellt werden. Bei Realakten und Handlungen zur Vorbereitung eines Verwaltungsakts ist dies nicht der Fall. Diese enthalten keine bzw. noch keine abschließende Regelung.

Beispiel

Das amtsärztliche Gutachten über den Gesundheitszustand eines Beamtenbewerbers ist noch nicht die abschließende Regelung des Einstellungsverfahrens; erst die Ernennung oder deren Ablehnung ist ein Verwaltungsakt.

221060434

d) Einzelfall

Verwaltungsakte regeln Einzelfälle. Dies unterscheidet sie von Rechtsnormen, die eine unbestimmte Zahl von Fällen und Personen betreffen. Einzelfall ist der tatsächlich bestehende konkrete Sachverhalt.

Wird jemand mit einem Bescheid zu mehreren gleichartigen Handlungen aufgefordert, so wird ebenfalls nur ein Einzelfall geregelt.

Beispiel

Die Stadt S. verlangt gemäß Hundesteuersatzung vom Hundehalter H. für drei Hunde 360,00 Euro Hundesteuer, die in vier Teilbeträgen quartalsweise fällig wird. Die Satzung betrifft eine Vielzahl von Steuerfällen und kann deshalb kein Verwaltungsakt sein; der an H. gerichtete Bescheid dagegen regelt die Steuerpflicht des H. im Einzelfall. Der von der Zahl der Tiere abhängige Betrag und die Fälligkeitstermine sind Bestandteil dieser Regelung.

Allgemeinverfügungen

Verwaltungsakte regeln Einzelfälle, Rechtsnormen dagegen eine unbestimmte Zahl von Fällen. Um die Abgrenzung zu erleichtern, regelt § 35 S. 2 VwVfG die Allgemeinverfügung. **Allgemeinverfügungen gelten immer als Verwaltungsakte. Das Gesetz unterscheidet drei Fälle von Allgemeinverfügungen.**

- Die Verfügung ist nicht an eine einzelne Person gerichtet. Ihr Adressatenkreis ist aber ein **nach allgemeinen Merkmalen bestimmter oder bestimmbarer Personenkreis**. Solche allgemeinen Merkmale ergeben sich häufig aus der Gleichartigkeit der äußeren Situation.

Beispiel

Alle Verkehrsteilnehmer im Bereich einer Straßenkreuzung müssen die Handzeichen eines Polizisten als Allgemeinverfügung beachten.

- Durch die Allgemeinverfügung kann die **öffentlich-rechtliche Eigenschaft einer Sache** geregelt werden.

Beispiel

Eine Verkehrsfläche erhält durch einen Widmungsakt (z. B. Wegräumen der Baustellenbeschilderung und -absperrung) die Eigenschaft einer öffentlichen Straße.

- Allgemeinverfügungen können sich auch auf die **Benutzung einer Sache durch die Allgemeinheit** beziehen.

Beispiel

Die Stadtverwaltung regelt den Badebetrieb in den städtischen Freibädern durch Hinweistafeln.

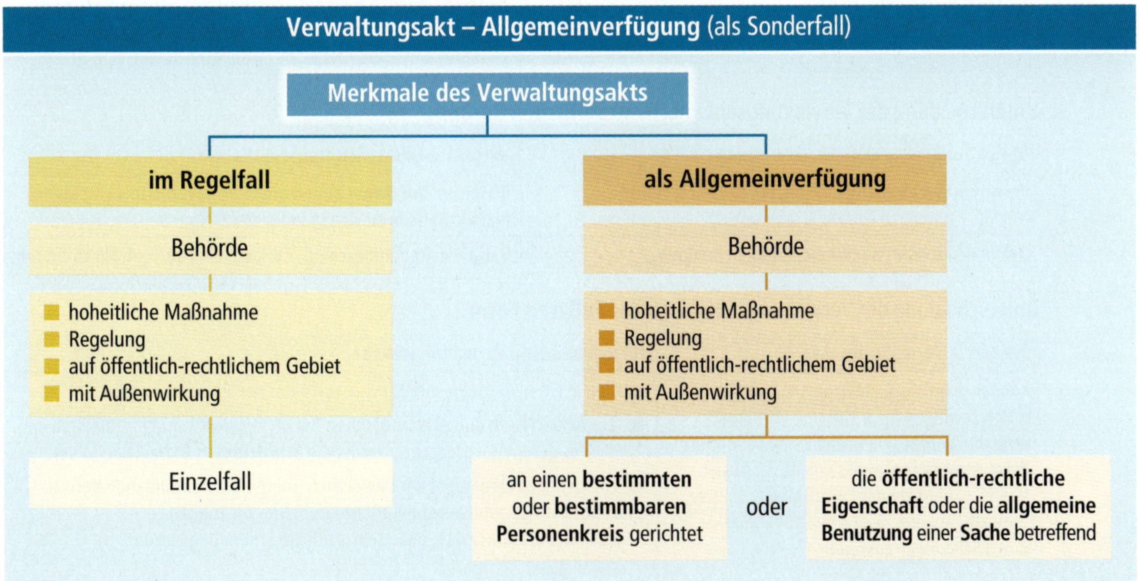

e) Öffentliches Recht

Die Regelung muss dem öffentlichen Recht zuzuordnen sein (Über-/Unterordnungsprinzip). Da Verwaltungsakte grundsätzlich aber nur von Behörden erlassen werden und da Behörden Aufgaben der öffentlichen Verwaltung wahrnehmen (§ 1 VwVfG), ist letztlich nur das **Verwaltungsrecht** als Teilbereich des öffentlichen Rechts angesprochen. Privatrechtliche Handlungen (Verträge, Kündigungen) sowie verfassungs-, völker- und kirchenrechtliche Maßnahmen sind keine Verwaltungsakte.

f) Unmittelbare Rechtswirkung nach außen

Unmittelbare Außenwirkung bedeutet, dass Rechte bzw. Pflichten Außenstehender geregelt werden. Mit seiner Bekanntgabe wirkt der Verwaltungsakt über den inneren Behördenbereich hinaus.

Schwierigkeiten kann dieses Tatbestandsmerkmal bei Regelungen bereiten, die sich auf Beamte beziehen. Trifft eine Maßnahme den Beamten lediglich „als Teil der Behörde" (z. B. Weisung zur Sachbearbeitung), so regelt sie nur das Innenverhältnis und ist kein Verwaltungsakt. Der Beamte ist aber auch selbstständige Rechtsperson mit einer (außerdienstlichen) Privatsphäre. Ist eine behördliche Maßnahme auch auf diesen Bereich gerichtet (z. B. Entlassung), so regelt sie auch das Außenverhältnis und ist ein Verwaltungsakt.

Arten des Verwaltungsakts

Verwaltungsakte lassen sich nach verschiedenen Gesichtspunkten einteilen. Die Unterscheidungen haben in der Verwaltungspraxis Bedeutung, z. B. im Hinblick auf die Vollstreckung, die Berechtigung zum Widerspruch und die eventuelle Aufhebung des Verwaltungsakts durch die Behörde (Rücknahme, Widerruf).

Unterscheidung der Verwaltungsakte nach dem **Inhalt der Regelung**

befehlende Verwaltungsakte	gestaltende Verwaltungsakte	feststellende Verwaltungsakte
enthalten **Gebote** oder **Verbote**	**gestalten** (begründen, ändern oder beseitigen) ein **Rechtsverhältnis**	**stellen** ein Recht oder eine rechtserhebliche Eigenschaft **fest**
Beispiel: Steuerbescheid	Beispiel: Beamtenernennung	Beispiel: Schwerbehindertenausweis

Unterscheidung der Verwaltungsakte nach der rechtlichen **Wirkung für den Betroffenen**

begünstigende Verwaltungsakte	belastende Verwaltungsakte	Verwaltungsakte mit Doppelwirkung	Verwaltungsakte mit Drittwirkung
begründen oder bestätigen ein **Recht** oder einen rechtserheblichen **Vorteil**	wirken sich **nachteilig** aus (Rechtseingriff, Ablehnung einer Vergünstigung)	wirken auf den Adressaten **begünstigend und belastend** zugleich	wirken rechtlich auf den **Adressaten und auf Dritte**
Beispiel: Bewilligung einer Rente	Beispiele: Gebührenbescheid, Ablehnung einer Gewerbeerlaubnis	Beispiel: Genehmigung mit belastenden Auflagen	Beispiel: Baugenehmigung, die den Nachbarn in seinen Rechten beeinträchtigt

Unterscheidung der Verwaltungsakte nach der **zeitlichen Wirkung**

Verwaltungsakte ohne Dauerwirkung	Verwaltungsakte mit Dauerwirkung
verwirklichen **einmalig** eine bestimmte Rechtsfolge	lassen ein **auf Dauer** angelegtes Rechtsverhältnis entstehen und **aktualisieren** sich ständig neu
Beispiele: Gebührenbescheid, Baugenehmigung	Beispiele: Rentenbescheid, Auflage, ein Fahrtenbuch zu führen

Unterscheidung der Verwaltungsakte nach der **äußeren Form**

formfreie Verwaltungsakte	formgebundene Verwaltungsakte
können schriftlich, elektronisch, mündlich, durch Zeichen oder schlüssige Handlung erlassen werden, wenn nicht eine besondere Form vorgeschrieben ist (§§ 10, 37 Abs. 2 VwVfG Grundsatz der Formfreiheit). Fiktive Verwaltungsakte (§ 42 a VwVfG) kommen durch Schweigen zustande.	werden in einer spezialgesetzlich vorgeschriebenen Form erlassen. ■ Zur **Schriftform** und **elektronischen Form** (Signatur!) sind Einzelheiten im VwVfG geregelt; vorgeschrieben ist die Schriftform z. B. für Erlaubnisse. ■ Die **Urkundsform** dient der Beweissicherung. Für beurkundende Verwaltungsakte gilt eine besondere Vermutung der Richtigkeit (z. B. Geburtsurkunden, beamtenrechtliche Ernennungsurkunden).

221060436

Verwaltungsakte können zahlreiche weitere Besonderheiten aufweisen. So ist bei Erlaubnissen regelmäßig ein Antrag zu stellen. Die Beamtenernennung erfordert das Aushändigen einer Urkunde. Man spricht hier von mitwirkungsbedürftigen Verwaltungsakten.

1.1.3 Grundlagen des öffentlich-rechtlichen Vertrags

Rechtsverhältnisse zwischen Behörde und Bürger werden meistens durch Verwaltungsakte, oft auch durch privatrechtliche Verträge gestaltet.

Das Gesetz sieht neben dem Verwaltungsakt noch eine weitere Möglichkeit als Ergebnis eines Verwaltungsverfahrens vor: den öffentlich-rechtlichen Vertrag (§ 54 ff. VwVfG). Unter bestimmten Voraussetzungen kann ein solcher verwaltungsrechtlicher Vertrag anstelle von Verwaltungsakten geschlossen werden.

Beispiel

Frau Kaufmann beabsichtigt, ein Wohn- und Geschäftshaus zu errichten, kann aber die erforderlichen Kfz-Einstellplätze nicht bereitstellen. Andererseits möchte die Stadt auf dem Nachbargrundstück eine Tiefgarage bauen und hierfür einen kleinen Teil von Frau Kaufmanns Grundstück erwerben. In einem öffentlich-rechtlichen Vertrag verzichtet die Stadt auf den Nachweis der Einstellplätze durch Frau Kaufmann, die sich ihrerseits verpflichtet, der Stadt einen Teil ihres Grundstücks für die städtische Tiefgarage zu übereignen.

Abgrenzung des öffentlich-rechtlichen Vertrags

	Verwaltungsakt	öffentlich-rechtlicher Vertrag	privatrechtlicher Vertrag
Regelung	einseitige hoheitliche Regelung	zweiseitige einvernehmliche Regelung	
Rechtsgebiet	auf öffentlich-rechtlichem Gebiet		auf privatrechtlichem Gebiet

Wichtige Arten öffentlich-rechtlicher Verträge

Stehen sich die Vertragsparteien gleichgeordnet gegenüber, schließen sie einen **koordinationsrechtlichen Vertrag**.

Kennzeichnen jedoch Über- und Unterordnung das Verhältnis der Partner zueinander, so kommt ein subordinationsrechtlicher Vertrag zustande. Hier regelt das VwVfG zwei Vertragstypen: **Vergleichsvertrag** und **Austauschvertrag**.

Öffentlich-rechtliche Verträge

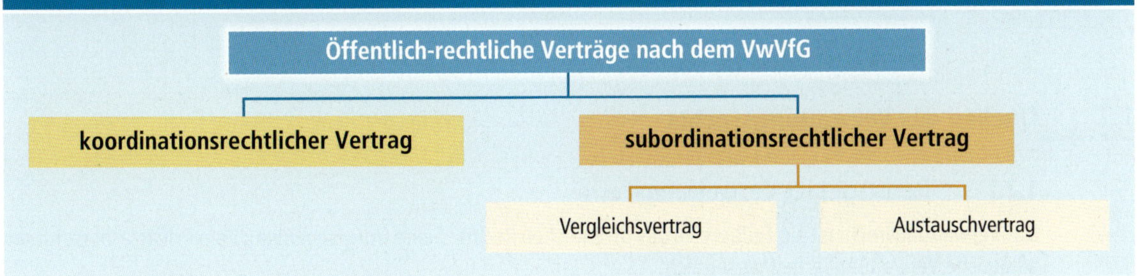

Koordinationsrechtlicher Vertrag

Beispiele

- *Vertrag zwischen zwei Gemeinden über die Finanzierung einer Schule,*
- *Grenzänderungsvertrag zwischen zwei Gemeinden,*
- *Verträge zwischen zwei juristischen Personen des öffentlichen Rechts über die Unterhaltung von Wegen und Brücken.*

Subordinationsrechtlicher Vertrag

Beispiele

- *Übernahme der Stellplatzpflicht der Kaufhaus-AG durch die Stadt gegen Zahlung einer Ablösung,*
- *Erschließungsvertrag zwischen der Gemeinde A und dem Bauherrn „Baumarkt Schulte OHG".*

Die beiden subordinationsrechtlichen Vertragstypen des Vergleichs- und Austauschvertrags werden mit folgenden Beispielen vorgestellt:

Vergleichsvertrag	Austauschvertrag
Vergleichsweises (beiderseitiges) Nachgeben bei Ungewissheit über einen Sachverhalt oder eine Rechtslage **Beispiel:** E. will sein Grundstück für eine Flughafenerweiterung nicht verkaufen und soll nun enteignet werden. Anstelle eines langwierigen Verfahrens mit ungewissem Ausgang vereinbart er mit der Behörde eine sofort zu zahlende Enteignungsentschädigung und verzichtet auf weitere Ansprüche.	Austausch angemessener und sachlich zusammenhängender Leistungen **Beispiel:** Die Behörde sagt die rechtlich mögliche Befreiung von einer baurechtlichen Vorschrift zu; der Begünstigte verpflichtet sich, eine Leistung für einen bestimmten damit sachlich zusammenhängenden öffentlichen Zweck zu erbringen; siehe Einstellplatz-Fälle oben.

Zulässigkeit des öffentlich-rechtlichen Vertrags

Öffentlich-rechtliche Verträge bedürfen keiner besonderen gesetzlichen Ermächtigung. Sie sind jedoch unzulässig, wenn Rechtsvorschriften ihrem Sinn und Zweck nach Verwaltungsverträge ausschließen (z. B. bei der Beamtenernennung, bei Pflichtleistungen nach dem SGB, bei Steuerfestsetzungen).

Erfordernisse des öffentlich-rechtlichen Vertrags

- Der Vertrag kommt durch zwei auf einen gemeinsamen Rechtserfolg gerichtete Willenserklärungen – Antrag und Annahme – zustande.
- Die Vertragspartner müssen beteiligungs- und handlungsfähig sein (§§ 1 Abs. 1, 12 VwVfG).
- Grundsätzlich ist die Schriftform vorgeschrieben (§ 57 VwVfG).
- Greift der Vertrag in Rechte eines Dritten (z. B. Nachbarn) ein, so ist dessen Zustimmung erforderlich (§ 58 Abs. 1 VwVfG).

1.2 Quellen des Verwaltungsrechts

1.2.1 Rechtsgebiet Verwaltungsrecht

Das Verwaltungsrecht ist ein Teilbereich des öffentlichen Rechts. Seine Unterscheidung vom Privatrecht ist für die alltägliche Verwaltungsarbeit wesentlich:

- Nur bei öffentlich-rechtlicher Verwaltungstätigkeit ist das Verwaltungsverfahrensgesetz anzuwenden (§ 1 Abs. 1 VwVfG).
- Grundsätzlich unterliegen nur öffentlich-rechtliche Geldforderungen der Verwaltungsvollstreckung durch öffentliche Kassen (§ 1 Abs. 1 VwVG).
- Vor den Verwaltungsgerichten werden nur öffentlich-rechtliche Streitigkeiten ausgetragen (§ 40 VwGO).

221060438

Systematik des Verwaltungsrechts

Öffentliches Recht	
Völkerrecht	Steuerrecht
Verfassungsrecht	Kirchenrecht
Staatsrecht	Strafrecht
Verwaltungsrecht	weitere Bereiche

Allgemeines Verwaltungsrecht	Besonderes Verwaltungsrecht
■ Grundsätze des Verwaltungshandelns ■ Verwaltungsverfahren (VwVfG)[1] ■ Verwaltungszwang (VwVG) ■ Verwaltungsrechtsschutz (VwGO) Wegen der besonderen Bedeutung der Gefahrenabwehr in einigen Bereichen des Gewerberechts ist dieser Rechtsbereich in den Gemeinden organisatorisch den Ordnungsämtern zugeordnet.	■ Kommunalrecht ■ Sozialhilferecht ■ Baurecht ■ Schulrecht ■ Polizei- und Ordnungsrecht ■ **Wirtschaftsverwaltungsrecht** – Wettbewerbsrecht – Kartellrecht – **Gewerberecht** • Handwerksrecht • **Gaststättenrecht** ...

1.2.2 Rechtsquellen

Begriff und Abgrenzung der Rechtsquellen

Mit Rechtsquellen meint man die verschiedenen Erscheinungsformen des Rechts im objektiven Sinne, vor allem Gesetze, Rechtsverordnungen und Satzungen. Rechtsquellen enthalten Rechtsnormen (Rechtssätze, Vorschriften). Sie sind für eine unbestimmte Vielzahl von Personen und Fällen verbindlich (generell-abstrakte Regelungen).

Rechtsquellen begegnen uns in schriftlicher Form oder als ungeschriebenes Recht. Grundgesetz und Landesverfassungen, formelle Gesetze, Rechtsverordnungen und Satzungen sind geschriebene Rechtsquellen. Das Gewohnheitsrecht ergibt sich aus ungeschriebenen Rechtsquellen. Einzelne Rechtsquellen und ihre Rangordnung werden im LF 2 (Abschnitt 1.3.2 – Merkmale des Rechtsstaats nach dem Grundgesetz) ausführlich erläutert.

In Verwaltungsverfahren kommt es darauf an, dass die Behörde die richtigen Rechtsquellen anwendet und ihre Bescheide darauf stützt. Denn nach Art. 20 Abs. 3 GG ist die vollziehende Gewalt an Gesetz und Recht gebunden. Damit sind sowohl ursprüngliche als auch abgeleitete Rechtsquellen gemeint. Ursprüngliche Rechtsquellen wie die Verfassung, die formellen Gesetze und auch das Gewohnheitsrecht ergeben sich unmittelbar aus der Hoheitsgewalt des Staats, seiner Souveränität. Rechtsverordnungen und Satzungen sind abgeleitete Rechtsquellen; sie beruhen immer auf einer Ermächtigung durch ein formelles Gesetz, also durch das Parlament.

Bei der Rechtsanwendung ist von Bedeutung, dass unter Gesetzen häufig die Gesetze im materiellen Sinne verstanden werden. Hierzu gehören alle Rechtsnormen, die Rechte bzw. Pflichten für den Einzelnen begründen; dies können neben den Parlamentsgesetzen auch Rechtsverordnungen und Satzungen sein.

[1] Dieses Buch bezieht sich auf VwVfG und VwVG als Bundesrecht; in der Kommunal- und Landesverwaltung sind entsprechende landesrechtliche Regelungen anzuwenden.

1 Rechtliche Grundlagen des Verwaltungshandelns

Auf ursprüngliche und abgeleitete Rechtsquellen stützt die Verwaltung ihre Bescheide gegenüber dem Bürger. Es ist daher wichtig, die Rechtsquellen von anderen Regelungen bzw. Erkenntnisquellen abzugrenzen.

Keine Rechtsquellen sind:

- Verwaltungsvorschriften, denn sie binden nur die Verwaltungsmitarbeiter und begründen für die Bürger keine Rechte oder Pflichten,
- Gerichtsurteile, weil sie grundsätzlich nur für die an einem Rechtsstreit beteiligten Parteien verbindlich sind,
- Kommentare, die zwar wichtige Erkenntnisquellen, aber keine Rechtsquellen darstellen;
- technische Normen (z. B. DIN-Normen), die als Empfehlungen zur Rationalisierung der Industrieproduktion und zur Vereinfachung des Warenverkehrs nützlich sind, aber keinen Rechtsquellencharakter besitzen.

Verwaltungsvorschriften beeinflussen die Arbeit der Verwaltungsmitarbeiter in erheblichem Maße. Sie tragen Bezeichnungen wie z. B. Runderlass, Richtlinie, Ausführungsbestimmungen oder -vorschriften, Dienstanweisung, Allgemeine Geschäftsanweisung.

Während Rechtsquellen nach außen wirken, sind Verwaltungsvorschriften Weisungen an nachgeordnete Mitarbeiter oder Behörden. In Verwaltungsvorschriften regeln Ministerien und andere Behörden insbesondere Organisations- und Verfahrensfragen. Sie sollen dazu beitragen, dass die Verwaltungsmitarbeiter Rechtsvorschriften einheitlich anwenden. Zu diesem Zweck erläutern sie z. B. Definitionen, legen unbestimmte Rechtsbegriffe aus und regeln einheitliche Gesichtspunkte für Ermessensentscheidungen der Verwaltung. Auf diese Weise – z. B. als Maßstab für die Gleichbehandlung gleich gelagerter Fälle – können sie zwar indirekt Behördenentscheidungen mit beeinflussen (mittelbare Außenwirkung), dennoch sind sie keine Rechtsquellen. Denn Grundlage für Rechte und Pflichten der Bürger kann nur ein Gesetz im materiellen Sinne sein.

Beispiele für Verwaltungsvorschriften mit mittelbarer Außenwirkung sind die Allgemeinen Verwaltungsvorschriften zum Bundes-Immissionsschutzgesetz wie etwa die „TA Lärm“ (Technische Anleitung zum Schutz gegen Lärm) und die „TA Luft“ (Technische Anleitung zur Reinhaltung der Luft). Verwaltungsvorschriften für Landes- und Kommunalbehörden werden meistens in Ministerialblättern bekannt gegeben.

Gerichtsurteile – insbesondere die höherer Gerichte – sind praktisch bedeutsam als Erkenntnisquelle. Doch auch sogenannte Grundsatzurteile regeln nur einen bestimmten Fall und sind daher keine (allgemeinen) Rechtsquellen, für die Verwaltung sind sie jedoch nützliche Entscheidungshilfen für gleiche oder ähnliche Fälle. Zu den Rechtsquellen zählen nur diejenigen Entscheidungen des Bundesverfassungsgerichts, durch die Gesetze aufgehoben werden.

Rechtsquellen und ihre Verkündigungsblätter

Quellen des Verwaltungsrechts	Verkündigungsblätter
Verfassung	Bundesgesetzblatt (BGBl.) bzw. Gesetz- und Verordnungsblätter der Länder
Gesetz	
Rechtsverordnung	
Satzung	Amtliches Verkündungsorgan des Verwaltungsträgers (z. B. „Amtsblatt der Stadt X.“; Tageszeitung)
Entscheidungen des BVerfG über die Gültigkeit von Gesetzen	Bundesgesetzblatt
Verordnungen der EU	Amtsblatt der EU
Gewohnheitsrecht	–

221060440

Kollisionsregeln

Kann ein Sachverhalt unter mehrere Rechtsnormen subsumiert werden, die unterschiedliche Rechtsfolgen vorsehen, so sind folgende Kollisionsregeln zu beachten:

- Bundesrecht bricht Landesrecht (Art. 31 GG). Dieser Grundsatz geht der allgemeinen Rangordnung der Rechtsquellen vor.

Beispiel

Art 9 GG garantiert die Koalitionsfreiheit, dazu gehören auch die Arbeitskampfrechte des Streiks und der Aussperrung. In Art. 29 Abs. 5 der Verfassung des Landes Hessen heißt es: „Die Aussperrung ist rechtswidrig." Diese Regelung ist nichtig.

- Übergeordnetes verdrängt untergeordnetes Recht.
- Neueres Recht setzt älteres Recht außer Kraft.
- Spezielle Bestimmungen gehen allgemeinen Regelungen vor.

1.3 Anwendung des Verwaltungsrechts

1.3.1 Aufbau von Rechtsnormen

Eine Rechtsvorschrift – den einzelnen Rechtssatz – bezeichnet man als Rechtsnorm. Ein Gesetz oder eine Rechtsverordnung als Ganzes nennt man Rechtsquelle.

Rechtsnormen sind nach ihrem Zweck verschiedenartig gestaltet: Hervorzuheben sind hier die vollständigen Rechtsnormen und die Hilfsnormen.

Vollständige Rechtsnormen regeln, dass unter bestimmten Voraussetzungen bestimmte Folgen eintreten.

Beispiel

„Erweist sich jemand als ungeeignet oder nicht befähigt zum Führen von Kraftfahrzeugen, so hat ihm die Fahrerlaubnisbehörde die Fahrerlaubnis zu entziehen." (§ 3 Abs. 1 S. 1 StVG)

Hilfsnormen können z. B. Begriffsbestimmungen (Legaldefinitionen) enthalten oder eine andere Vorschrift näher erläutern.

Beispiele

Was unter einem „Verwaltungsakt" zu verstehen ist, beschreibt § 35 VwVfG (gleichlautend § 31 SGB X).

Es gibt auch Rechtsnormen, die nur **allgemeine Ziele** vorschreiben:

Beispiel

„Aufgabe der Sozialhilfe ist es, den Leistungsberechtigten die Führung eines Lebens zu ermöglichen, das der Würde des Menschen entspricht." (§ 1 SGB XII)

Wir wollen uns hier nur mit den vollständigen Rechtsnormen befassen. Sie sind nach dem „Wenn-dann-Schema" aufgebaut:

Beispiel

Wenn ...	dann ...
die Ernennung eines Beamten durch arglistige Täuschung herbeigeführt wurde,	ist die Ernennung zurückzunehmen.

Der erste Satzteil nennt die Voraussetzungen für die Rücknahme, diese gesetzlichen Bedingungen heißen **Tatbestandsmerkmale.** Der zweite Satzteil gibt an, was geschehen soll, wenn die Tatbestandsmerkmale erfüllt sind. Er enthält die **Rechtsfolge.** Tatbestand und Rechtsfolge können auch in umgekehrter Reihenfolge formuliert werden.

Eine Rechtsnorm kann vorsehen, dass eine Rechtsfolge eintreten **muss, soll** oder **kann.**

Eine **Mussbestimmung** schreibt die Rechtsfolge zwingend vor. Hier gilt das Legalitätsprinzip.

Beispiel

„In Gaststätten, Verkaufsstellen oder sonst in der Öffentlichkeit dürfen Tabakwaren und andere nikotinhaltige Erzeugnisse und deren Behältnisse an Kinder oder Jugendliche weder abgegeben noch darf ihnen das Rauchen oder der Konsum nikotinhaltiger Produkte gestattet werden." (§ 10 Abs. 1 JuSchG)

Eine **Sollbestimmung** ist grundsätzlich wie eine **Mussbestimmung** anzuwenden, es sei denn, dass der vorgeschriebenen Verfahrensweise ausnahmsweise ein wichtiger Grund entgegensteht („atypischer" Fall).

Beispiel

„Wünschen der Leistungsberechtigten, die sich auf die Gestaltung der Leistung richten, soll entsprochen werden, soweit sie angemessen sind." (§ 9 Abs. 2 S. 1 SGB XII)

Eine **Kannbestimmung** eröffnet der Behörde einen begrenzten Handlungsfreiraum für eine Ermessensentscheidung. Hier gilt das Opportunitätsprinzip.

Beispiel

„Die Ordnungsbehörden können die notwendigen Maßnahmen treffen, um eine im einzelnen Falle bestehende Gefahr für die öffentliche Sicherheit oder Ordnung abzuwehren." (§ 14 Abs. 1 OBG NW, Generalklausel in allen Gesetzen zur Gefahrenabwehr der Länder)

1.3.2 Anwendung von Rechtsnormen

Ein verwaltungsrechtlicher Fall wird schrittweise gelöst. Hierzu sind meistens nacheinander mehrere Fragen zu klären, z. B. nach der Zuständigkeit, der richtigen Maßnahme, Entscheidungsfehlern oder der Klagemöglichkeit. Beim Anwenden einer vollständigen Rechtsnorm empfiehlt sich folgende Vorgehensweise:

Aufbau einer Rechtsnorm

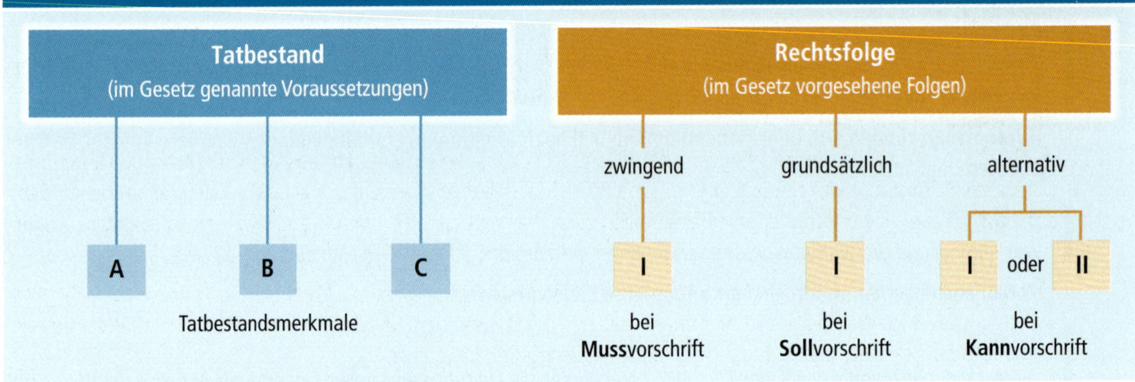

- Welche (Teil-)**Frage** soll gelöst werden?
- Welche **Rechtsnorm** kommt hierfür in Betracht?
- Welche **Tatbestandsmerkmale** enthält die Rechtsnorm?
- **Subsumtion:** Entspricht der Sachverhalt (tatsächliches Ereignis) in allen Punkten dem (gesetzlichen) Tatbestand?
- Wie lautet die **Rechtsfolge**?

Beispiel

Willi T. – kostümiert als Seeräuber – fährt am Rosenmontag nach einem Gaststättenbesuch mit seinem Fahrrad in Schlangenlinien über öffentliche Straßen nach Hause. Ein Polizist hält ihn an und bemerkt an Willi T. starken Alkoholgeruch und große Schwierigkeiten, sich sprachlich auszudrücken.

1. Schritt: Welche Frage soll gelöst werden?

Willi T. kann durch seine offensichtliche Trunkenheit sein Fahrzeug nicht mehr sicher führen und gefährdet die Verkehrssicherheit. Die Frage nach den sofortigen polizeilichen Maßnahmen steht im Vordergrund.

2. Schritt: Welche Rechtsnorm kommt hierfür in Betracht?

In Frage kommt § 3 Abs. 1 S. 1 der Verordnung über die Zulassung von Personen zum Straßenverkehr (Fahrerlaubnis-Verordnung – FeV).

„Erweist sich jemand als ungeeignet oder nur noch bedingt geeignet zum Führen von Fahrzeugen oder Tieren, hat die Fahrerlaubnisbehörde ihm das Führen zu untersagen, zu beschränken oder die erforderlichen Auflagen anzuordnen."

3. Schritt: Welche Tatbestandsmerkmale enthält die Rechtsnorm?

Die Vorschrift in § 3 Abs. 1 S. 1 FeV ist als vollständige Rechtsnorm wie folgt aufgebaut:

Tatbestand	→	Rechtsfolge
Erweist sich jemand als ungeeignet oder nur noch bedingt geeignet zum Führen von Fahrzeugen oder Tieren, …		… hat die Fahrerlaubnisbehörde ■ ihm das Führen zu untersagen, ■ zu beschränken oder ■ die erforderlichen Auflagen anzuordnen.

Was bedeutet „ungeeignet" oder „bedingt geeignet zum Führen von Fahrzeugen"?

§ 3 Abs. 2 FeV verweist auf anzuwendende Regelungen:

„Rechtfertigen Tatsachen die Annahme, dass der Führer eines Fahrzeugs oder Tieres zum Führen ungeeignet oder nur noch bedingt geeignet ist, finden die Vorschriften der §§ 11 bis 14 entsprechend Anwendung."

Die Vorschriften der §§ 11 bis 14 FeV stehen im Kapitel II „Führen von Kraftfahrzeugen". Nach § 3 Abs. 2 FeV werden sie aber auch auf das Führen anderer Fahrzeuge sinngemäß angewandt, wenn Tatsachen vorliegen, die die Annahme mangelnder Eignung rechtfertigen.

§ 11 Abs. 1 FeV knüpft die Eignung von Bewerbern um eine Fahrerlaubnis an die notwendigen körperlichen und geistigen Anforderungen. „Die Anforderungen sind insbesondere nicht erfüllt, wenn eine Erkrankung oder ein Mangel nach Anlage 4 oder 5 vorliegt, wodurch die Eignung oder die bedingte Eignung zum Führen von Kraftfahrzeugen ausgeschlossen wird."

Anlage 4 führt unter Ziffer 8 **Alkoholmissbrauch** und **Alkoholabhängigkeit** als Mangel bzw. Krankheit auf, die eine Eignung oder bedingte Eignung zum Führen von Kraftfahrzeugen ausschließen. § 11 FeV nennt daneben weitere Tatbestandsmerkmale, die die Eignung ebenfalls ausschließen.

Man kann die Vorschriften in § 3 Abs. 1 und 2 FeV in Verbindung mit § 11 Abs. 1 FeV in das „Wenn-Dann-Schema" übertragen, um durch Ordnung der Tatbestandsmerkmale und eine klare Trennung von der Rechtsfolge die Begutachtung des Sachverhalts zu erleichtern:

Wenn …	dann …
sich jemand als ungeeignet zum Führen von Fahrzeugen erweist, insbesondere durch Alkoholmissbrauch oder Alkoholabhängigkeit,	hat die Fahrerlaubnisbehörde ■ ihm das Führen zu untersagen, ■ zu beschränken oder ■ die erforderlichen Auflagen anzuordnen.

4. Schritt: Entspricht der Sachverhalt in allen Punkten dem Tatbestand? (Subsumtion)

T. fährt mit dem Fahrrad und ist damit jemand, der ein Fahrzeug führt. T. würde sich insbesondere bei Alkoholmissbrauch oder Alkoholabhängigkeit als ungeeignet zum Führen von Fahrzeugen erweisen. Aus dem geschilderten Sachverhalt ergibt sich, dass T. eine öffentliche Straße in Schlangenlinien befahren hat und dass der Polizist bei T. starken Alkoholgeruch und sprachliche Einschränkungen feststellt. Diese Tatsachen rechtfertigen die Annahme, dass bei T. Alkoholmissbrauch vorliegt. Durch Alkoholmissbrauch erweist sich T. als ungeeignet zum Führen von Fahrzeugen.

5. Schritt: Wie lautet die Rechtsfolge?

Da T. sich als ungeeignet zum Führen von Fahrzeugen erweist, hat die Fahrerlaubnisbehörde ihm das Führen zu untersagen, zu beschränken oder die erforderlichen Auflagen anzuordnen. (Bei Gefahr im Verzug trifft der Polizist anstelle der Fahrerlaubnisbehörde die sofort notwendigen Maßnahmen.)

1.3.3 Ermessen

Ermessensbegriff und Ermessensarten

Oft wird die Behörde in einer Rechtsnorm ausdrücklich ermächtigt, nach ihrem Ermessen zu handeln.

Ermessen eröffnet der Verwaltung einen begrenzten Entscheidungsspielraum, die Rechtsfolge im Einzelfall eigenverantwortlich zu bestimmen. Das Gesetz schreibt also keine bestimmte Rechtsfolge vor, sondern setzt einen engen oder weiten Entscheidungsrahmen.

Man unterscheidet Entschließungs- und Auswahlermessen.

Geht es um die Frage, **ob** die Behörde überhaupt tätig wird oder nicht, spricht man von **Entschließungsermessen.**

Beispiel

„Die Abhaltung einer Versammlung kann nur im Einzelfall und nur dann verboten werden, wenn …“ (aus § 5 Versammlungsgesetz)

Hier hat die Behörde zwei Verhaltensmöglichkeiten, entweder entschließt sie sich zu einem Verbot oder nicht.

Von **Auswahlermessen** spricht man dann, wenn es darum geht, wie die Behörde handelt, welche Mittel sie auswählt.

Beispiel

„Die Verfolgung von Ordnungswidrigkeiten liegt im pflichtgemäßen Ermessen der Verfolgungsbehörde.“ (§ 47 Abs. 1 S. 1 OWiG)

Auch hier hat die Behörde zunächst ein Entschließungsermessen. Sie kann sich im Einzelfall zum Handeln entschließen, sie kann aber auch von einer Verfolgung absehen, etwa bei Ordnungswidrigkeiten von geringer Bedeutung ohne Wiederholungsgefahr oder bei unverhältnismäßig großem Ermittlungsaufwand.

Entschließt sich die Behörde, zu handeln, so hat sie zwischen mehreren Möglichkeiten der Ahndung (z. B. Verwarnung, Geldbuße) die geeignete zu wählen.

Entschließungs- und Auswahlermessen

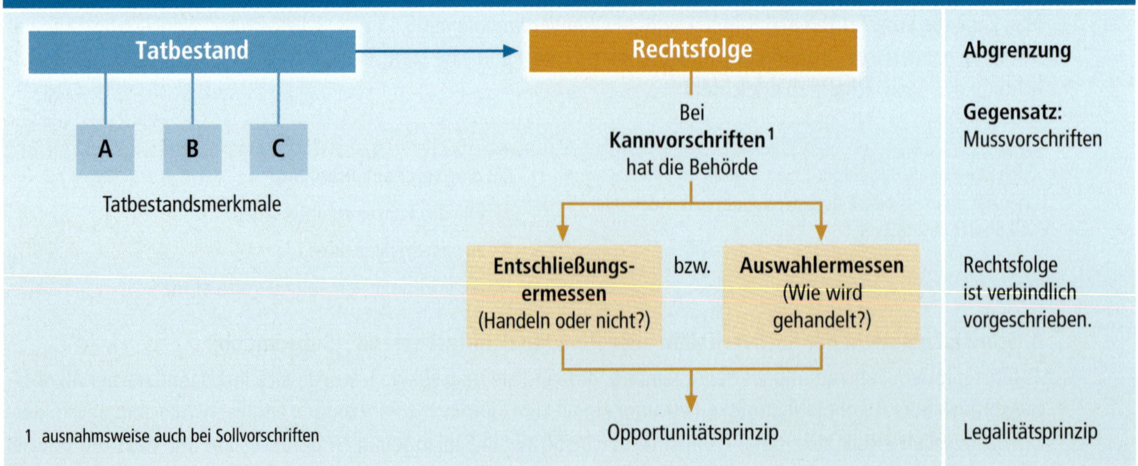

Ermessensausübung

§ 40 VwVfG
Ist die Behörde ermächtigt, nach ihrem Ermessen zu handeln, so hat sie ihr Ermessen entsprechend dem Zweck der Ermächtigung auszuüben und die gesetzlichen Grenzen des Ermessens einzuhalten.

Ermessen ist also nie schrankenlos. Die Ermächtigung zum Ermessensgebrauch hat den Sinn, den Gesetzeszweck auch dort zu verwirklichen, wo die Verschiedenartigkeit der Einzelfälle eine starre Regelung nicht verträgt. Die Besonderheiten des Einzelfalles sind also zunächst zu ermitteln, um sie bei der Entscheidung berücksichtigen zu können.

Im Einzelfall kann es vorkommen, dass der Handlungsspielraum der Behörde auf nur noch eine einzige rechtmäßige Entscheidung schrumpft. Man spricht dann von **Ermessensreduktion** auf Null (sogenannter „Ermessensschwund").

Ermessensentscheidungen bedürfen einer **Begründung**; diese muss die Gesichtspunkte erkennen lassen, die bei der Festlegung der Rechtsfolge im Einzelfall maßgeblich waren. So kann der Adressat der Entscheidung prüfen, ob und wie der Ermessensspielraum genutzt wurde und ob Ermessensfehler auszuschließen sind. Solche Fehler machen die Entscheidung rechtswidrig. Bereits die fehlende Begründung ist ein Anfechtungsgrund.

Erhebt ein Bürger Widerspruch gegen eine Verwaltungsmaßnahme, so muss die Widerspruchsbehörde Rechtmäßigkeit und Zweckmäßigkeit der Maßnahme prüfen (§ 68 Abs. 1 S. 1 VwGO).

Anders ist es nach einer Klage: Das Verwaltungsgericht untersucht nur die Rechtmäßigkeit der behördlichen Maßnahme. Das Gericht kann das Handlungsermessen der Verwaltung nicht durch eigene Zweckmäßigkeitserwägungen ersetzen. Allerdings prüft es nach § 114 VwGO, „ob der Verwaltungsakt oder die Ablehnung oder Unterlassung des Verwaltungsakts rechtswidrig ist, weil die gesetzlichen Grenzen des Ermessens überschritten sind oder von dem Ermessen in einer dem Zweck der Ermächtigung nicht entsprechenden Weise Gebrauch gemacht ist."

Die Bürger haben also ein einklagbares Recht auf eine fehlerfreie Ermessensentscheidung.

Bei der Auswahl einer Ermessensentscheidung sind die Ermessensgrundsätze zu beachten. Wer typische Ermessensfehler kennt, kann sie auch vermeiden.

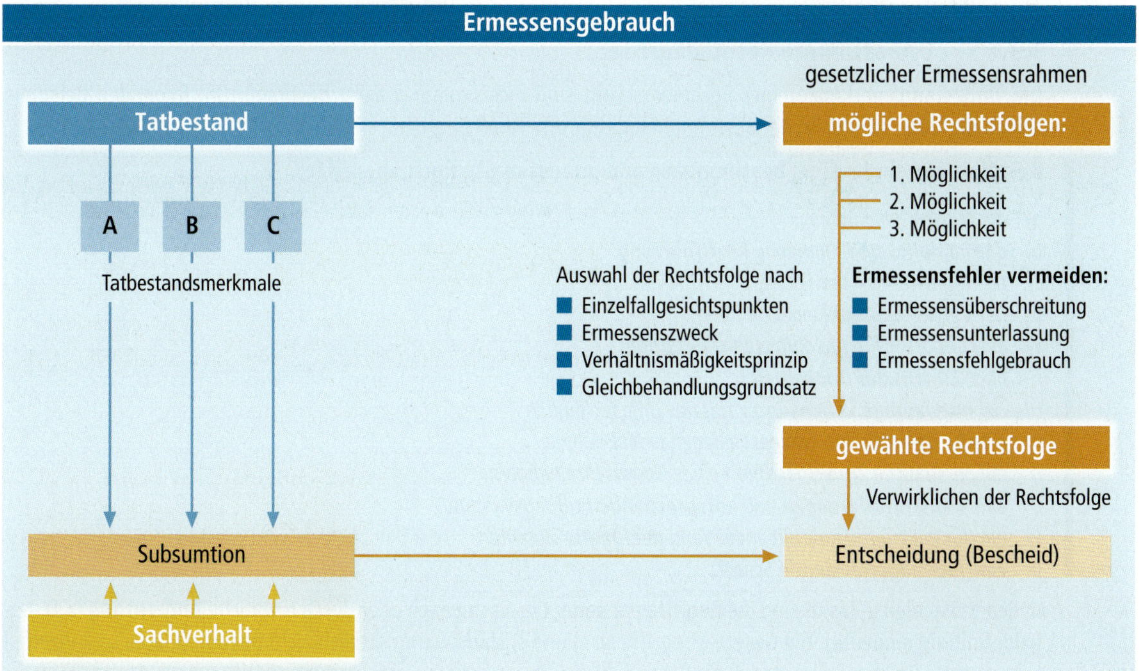

Vorgehensweise bei Ermessensentscheidungen

- Die Behörde muss **Einzelfallgesichtspunkte** beachten und den Sachverhalt entsprechend gründlich untersuchen. Sie muss also rechtlich bedeutsame Ereignisse, persönliche Möglichkeiten (etwa aufgrund des Berufs oder des Alters), evtl. auch die finanziellen Verhältnisse ermitteln, z. B. durch Anhörung, Befragung, Besuch, Besichtigung.
- Mögliche **Handlungsalternativen** innerhalb des Ermessensrahmens sind zu sammeln. (Hierzu gilt es anzumerken, dass Ermessen immer etwas mit möglichen Handlungsalternativen zu tun hat, also mit der Rechtsfolge, nicht mit den Tatbestandsmerkmalen bzw. der Subsumtion.)
- Das **Abwägen der Möglichkeiten** und das **Bestimmen der Rechtsfolge** hängen ab
  - vom **Zweck der Ermessensermächtigung** (Ziel des Gesetzes),
  - vom **Verhältnismäßigkeitsprinzip** (Geeignetheit, Erforderlichkeit, Angemessenheit der Maßnahme),
  - vom **Gleichbehandlungsgrundsatz** (hier sind auch von der Behörde selbst gesetzte Maßstäbe zu beachten),
  - evtl. von ergänzenden Gesichtspunkten (z. B. haushaltsrechtliche Vorgaben)

Typische Ermessensfehler

- **Ermessensüberschreitung** ist jedes Überschreiten des Ermessensrahmens, dazu zählen auch unverhältnismäßige Maßnahmen.
- **Ermessensunterlassung** (Ermessensnichtgebrauch) heißt, dass die Behörde gar keine Ermessenserwägungen anstellt, weil sie z. B. ihren Ermessensspielraum nicht erkannt hat.
- **Ermessensfehlgebrauch** (Ermessensmissbrauch) bedeutet, dass die Behörde den Ermessenszweck missachtet, z. B.,
  - wenn sie sich von sachfremden Erwägungen leiten lässt,
  - wenn sie Entscheidungen widersprüchlich oder unwahr begründet,
  - wenn sie das Gesetz in gleich gelagerten Fällen ohne hinreichenden Grund ungleich anwendet. (Eine ständig gleiche Entscheidungspraxis führt zu einer „Selbstbindung“ der Behörde, aber nur bei rechtmäßigen Entscheidungen.)

1.3.4 Unbestimmte Rechtsbegriffe

Die Tatbestandsmerkmale einer Rechtsvorschrift sind nicht immer präzise bestimmt. Die folgenden Beispiele zeigen die Unterschiede in der Bestimmtheit der gesetzlichen Begriffe.

Beispiele für eindeutige, bestimmbare und unbestimmte Rechtsbegriffe:

*a) die **Mutter** des Kindes;*
*b) das im Halteverbot stehende **Kraftfahrzeug**;*
*c) das **Eigentum** an der Sache;*
*d) der **Verwaltungsakt** einer Behörde;*
*e) ein Grundstück in **geschlossener Ortslage**;*
*f) nach **Eintritt der Dunkelheit**;*
*g) der **notwendige Lebensunterhalt** des Hilfesuchenden;*
*h) eine im **öffentlichen Interesse** liegende Maßnahme;*
*i) die persönliche **Zuverlässigkeit** eines Gewerbetreibenden;*
*j) eine **den Anforderungen voll entsprechende** Prüfungsleistung;*
*k) ein (für ein künftig auszuübendes Amt) **geeigneter** Beamter;*
*l) eine **jugendgefährdende** Schrift.*

In den Beispielen a) bis d) sind die Begriffe entweder der Sache nach oder durch rechtliche Abgrenzung (z. B. Legaldefinition) eindeutig. Die Gesetzesbegriffe zu e) und f) sind zwar gesetzlich nicht bestimmt, aber im Einzelfall bestimmbar. Bei den Beispielen g) bis l) handelt es sich um unbestimmte Rechtsbegriffe.

Sie sind **vor** ihrer Anwendung (Subsumtion) **auszulegen**. Das heißt, ihr Sinngehalt ist zu klären.

Dabei sind der Zweck des jeweiligen Gesetzes und der Verwendungszusammenhang des unbestimmten Rechtsbegriffs in der Vorschrift zu berücksichtigen. Jede Gesetzesauslegung muss verfassungskonform sein, also mit dem Grundgesetz in Einklang stehen. Der Verwaltungsmitarbeiter stützt sich bei der mitunter schwierigen Auslegung auf Verwaltungsvorschriften, Kommentare und Gerichtsurteile.

Zu einem einzelnen unbestimmten Rechtsbegriff kann es nur eine einzige richtige Auslegung geben. Diese Auslegung ist gerichtlich nachprüfbar. Die Ermittlung dieses eindeutigen Gesetzessinns hat nichts mit Ermessen zu tun.

Beispiele

*Im Gewerberecht muss die persönliche **Zuverlässigkeit** des Gewerbetreibenden gegeben sein. Der Begriff der Zuverlässigkeit bzw. Unzuverlässigkeit ist rechtlich unbestimmt und daher auszulegen. Nach der Rechtsprechung des Bundesverwaltungsgerichts ist ein Gewerbetreibender unzuverlässig, „der nach dem Gesamteindruck seines Verhaltens nicht die Gewähr dafür bietet, dass er sein Gewerbe zukünftig ordnungsgemäß betreibt."*

Geht es um die Zuverlässigkeit des vorbestraften Gastwirts Krugmann, ist diese Auslegung auf das Gastgewerbe zu beziehen und danach auf den Gastwirt anzuwenden. Das Ergebnis wird eindeutig „zuverlässig" oder „unzuverlässig" sein; Ermessen besteht hier nicht.

Jedoch ist die Zuverlässigkeit eines Gastwirts anders auszulegen als die eines Busunternehmers: Alkoholgenuss beeinträchtigt die Zuverlässigkeit eines Gastwirts weniger als die eines Busfahrers.

Der Begriff „Hilfsbedürftigkeit" ist nicht so auszulegen, dass Arno Schuster von Sachbearbeiter A als hilfsbedürftig, von Sachbearbeiter B als nicht hilfsbedürftig angesehen wird. Entweder ist er hilfsbedürftig oder nicht. Die Auslegung muss also zu einem einheitlichen, gerichtlich überprüfbaren Maßstab führen.

1.3.5 Beurteilungsspielraum

Bei der Anwendung einiger weniger unbestimmter Rechtsbegriffe ist zusätzlich – also nach der Auslegung – die Bewertung des Sachverhalts in einem weiteren Arbeitsschritt notwendig. Bei dieser Bewertung hat die Verwaltung einen Beurteilungsspielraum.

Ein Beurteilungsspielraum besteht in den Beispielen j) bis l) (s. Kapitel 1.3.4).

In diesen Fällen ist die klare und eindeutige Subsumtion des Sachverhalts unter den (ausgelegten) unbestimmten Rechtsbegriff erschwert, weil der Sachverhalt aufgrund unterschiedlicher Erfahrungen und Zukunftseinschätzungen oder wegen des Fehlens objektiver Bewertungsmaßstäbe verschieden daraufhin beurteilt werden kann, ob er den Tatbestand erfüllt oder nicht. Typisch für einen Beurteilungsspielraum ist ferner, dass Subsumtion und Entscheidung nur eingeschränkt gerichtlich nachgeprüft werden können, beispielsweise wegen der Unwiederholbarkeit bestimmter Sachverhalte.

Die subjektive Bewertung kann das Gericht nicht nachvollziehen und nicht nachprüfen. Allgemein gültige Bewertungsmaßstäbe und objektiv feststellbare Tatsachen sind hingegen überprüfbar.

Beispiel

Alexander Jung legt die Prüfung als Verwaltungsfachangestellter ab. Seine mäßige Leistung im Prüfungsbereich Fallbezogene Rechtsanwendung wird von den Mitgliedern des Prüfungsausschusses unterschiedlich eingeschätzt.

Die Ausbildungs- und Prüfungsordnung schreibt vor, dass mit „ausreichend" eine Leistung zu bewerten ist, „die zwar Mängel aufweist, aber im Ganzen den Anforderungen noch entspricht." Diese Vorschrift bestimmt nicht, was unter den Begriffen „Anforderungen" und „im Ganzen noch entspricht" zu verstehen ist. Die Ausschussmitglieder legen den Begriff „Anforderungen" so aus, dass neben den in der Ausbildungsordnung vorgeschriebenen Mindestinhalten die Schwerpunkte des Berufsschulunterrichts und der dienstbegleitenden Unterweisung in der betreffenden Fachrichtung zu berücksichtigen sind. Der Begriff „im Ganzen noch entspricht" muss ebenfalls ausgelegt werden.

Alexander Jungs Leistung ist unter die (ausgelegte) Notendefinition zu subsumieren. Dabei kann der Prüfer seine subjektiven Bewertungsmaßstäbe nicht ausklammern; er hat hier einen Beurteilungsspielraum, d. h. einen Bereich eigener Wertung der Prüfungsleistung

Eine gerichtliche Überprüfung dieses Bereichs ist – schon wegen der Unwiederholbarkeit dieser praktischen Prüfung – nicht möglich. Hingegen unterliegen objektiv feststellbare Rechtsverstöße bei Prüfungen gerichtlicher Kontrolle.

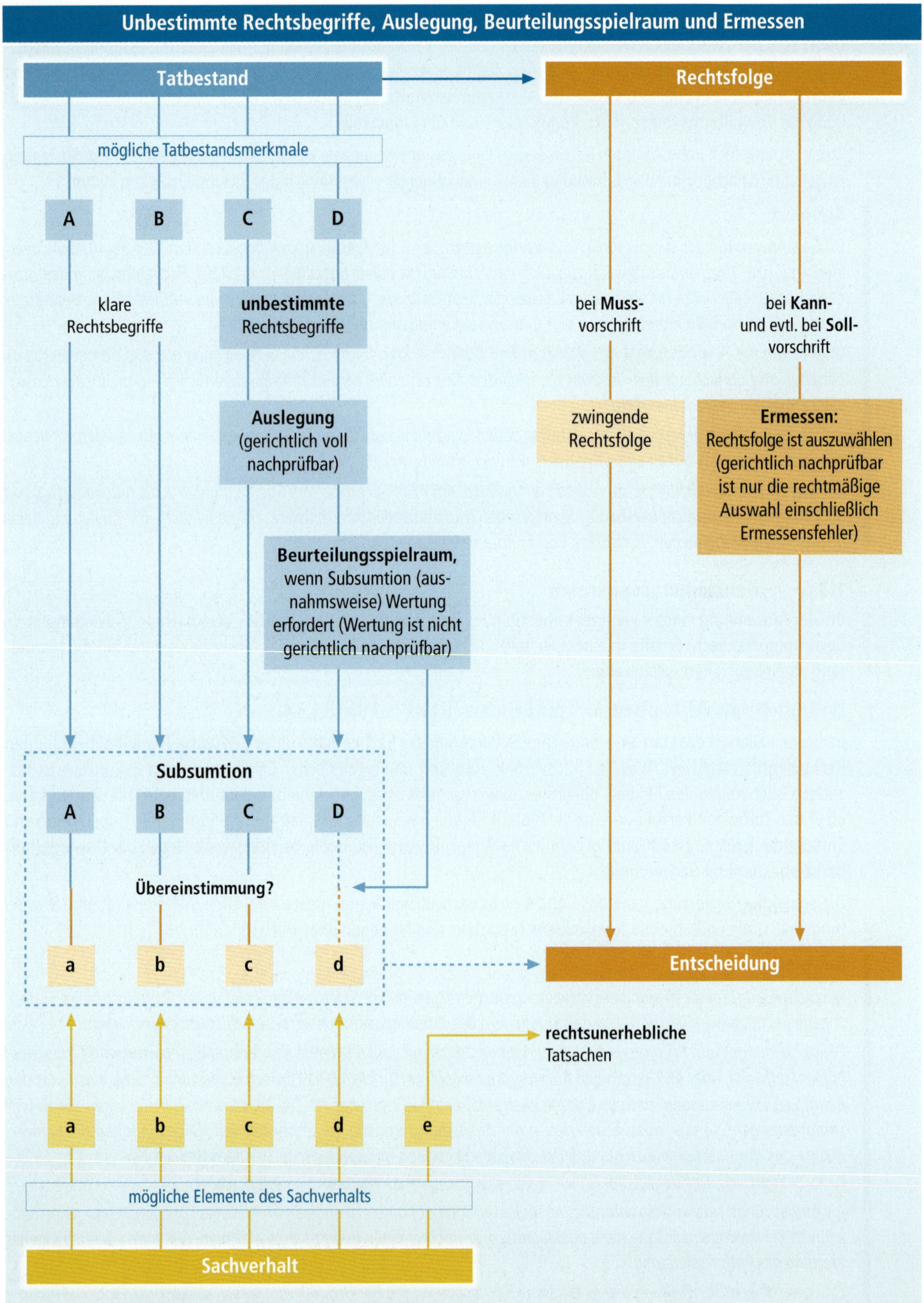
Unbestimmte Rechtsbegriffe, Auslegung, Beurteilungsspielraum und Ermessen
Tatbestand
Rechtsfolge
mögliche Tatbestandsmerkmale
A
B
C
D
klare Rechtsbegriffe
unbestimmte Rechtsbegriffe
Auslegung (gerichtlich voll nachprüfbar)
Beurteilungsspielraum, wenn Subsumtion (ausnahmsweise) Wertung erfordert (Wertung ist nicht gerichtlich nachprüfbar)
bei Muss-vorschrift
bei Kann- und evtl. bei Soll-vorschrift
zwingende Rechtsfolge
Ermessen: Rechtsfolge ist auszuwählen (gerichtlich nachprüfbar ist nur die rechtmäßige Auswahl einschließlich Ermessensfehler)
Subsumtion
A
B
C
D
Übereinstimmung?
a
b
c
d
Entscheidung
rechtsunerhebliche Tatsachen
a
b
c
d
e
mögliche Elemente des Sachverhalts
Sachverhalt

221060448

2.1 Allgemeine Verwaltungsverfahren

63-1 12. Juni 20..
F 26 57

Aktenvermerk

Frau Elke Berg, Lindenallee 35, und Herr Dr. Hubert Dressler, Lindenallee 39, beschwerten sich heute telefonisch darüber, dass an den beiden letzten Wochenenden auf dem am Waldweg gelegenen Dressurplatz des örtlichen Clubs für Hundesport e. V. gegrillt und bis spät in die Nacht lautstark gefeiert worden sei. Die Anwohner der Lindenallee seien in ihrer Nachtruhe empfindlich gestört worden.

Frau Berg berichtete, der Verein habe auf dem erst vor zwei Jahren gepachteten Wiesengrundstück eine überdachte Sitzecke errichtet, aus der in kurzer Zeit ein Aufenthaltsraum mit Holzwänden entstanden sei. Seitdem dieses „Vereinsheim" bestehe, gehe es „fast jeden Abend rund".

Eine Nachfrage beim Stadtsteueramt ergab, dass das Grundstück dem Landwirt Karl Jütten, Waldweg 1, gehört. Das Vereinsregister beim Amtsgericht weist Herrn Josef Schön, Hauptstraße 25, als Vorsitzenden des Clubs für Hundesport e. V. aus. Für das genannte Bauwerk liegt weder ein Baugesuch noch eine Bauerlaubnis vor.

Griese
Verwaltungsfachangestellte

In diesem Beispiel geht es um Fragen des materiellen Verwaltungsrechts und des Verwaltungsverfahrensrechts.

- Im Bereich des **materiellen Verwaltungsrechts** ist zu klären, ob die Behörde die Lärmbelästigungen untersagt (allg. Ordnungsrecht) und den Abriss des Holzhauses verlangt (Bauordnungsrecht), falls die Genehmigung nicht nachträglich beantragt wird bzw. rechtlich ausgeschlossen ist. Es geht um den Inhalt behördlicher Regelungen.
- Im Bereich des **Verwaltungsverfahrensrechts** geht es darum, wie die Behörde ihre Verwaltungsaufgabe durchführt, also wie sie Sachverhalte aufklärt, die rechtlichen Interessen und Verfahrensrechte der Beteiligten berücksichtigt und wie sie ein insgesamt rechtsstaatliches, faires Verfahren gestaltet. Verfahrensrechtliche und materielle Regelungen hängen z. T. eng zusammen.

2.1.1 Begriff und Arten des Verwaltungsverfahrens

Mit Verfahren meint man allgemein das Vorgehen oder die Handlungsweise, um zu einem bestimmten Ergebnis zu gelangen. § 9 VwVfG und § 8 SGB X geben für den Begriff Verwaltungsverfahren gleiche Merkmale an:

Das **Verwaltungsverfahren** ist

- nach **außen** wirkende **Behörden**tätigkeit,
- **gerichtet auf** Prüfung der Voraussetzungen, auf Vorbereitung und Erlass
- eines **Verwaltungsakts** oder eines **öffentlich-rechtlichen Vertrags**.

Ausgeklammert sind also

- innerbehördliche Regelungen (z. B.: Absprachen zur Sachbearbeitung, Personaleinsatz),
- privatrechtliche Handlungen (z. B.: Kauf von Büromaterial),
- Realakte (z. B.: Löschübung).

Im geschilderten Beispiel („Vereinsheim") handelt es sich bei der nach außen wirkenden Behördentätigkeit um ein Verwaltungsverfahren, weil sie auf die Prüfung der Voraussetzungen eines Verwaltungsakts (z. B. Abriss-Verfügung) gerichtet ist. Dabei ist zunächst nicht entscheidend, ob am Ende tatsächlich ein Verwaltungsakt erlassen wird. Für die Beteiligten ist jedoch wichtig, dass sie von Anfang an Verfahrensrechte wahrnehmen können, z. B. die Rechte auf Anhörung, Beratung, Auskunft und Akteneinsicht. Auch die Arbeit der Behörde wird durch die Verfahrensregeln des VwVfG einfacher und sicherer.

Das VwVfG unterscheidet grundlegend zwischen **allgemeinen** und **besonderen Verfahren**:

Allgemeine Verwaltungsverfahren

Sie sind einfach, zweckmäßig, zügig und nicht förmlich durchzuführen. Viele Verfahren der Ordnungsbehörden, z. B. wegen wilder Müllkippen oder Lärmbelästigungen, sind hier einzuordnen. Das VwVfG regelt in §§ 9 ff. insbesondere Verfahrensgrundsätze und Beteiligtenrechte. Der Behörde wird das nötige Ermessen eingeräumt, damit sie sich auf verschiedenartige Einzelfälle einstellen und das Verfahren entsprechend gestalten kann. Die allgemeinen Verwaltungsverfahren sind der Regelfall.

Besondere Verwaltungsverfahren

Schwerwiegende Eingriffe und umfassende Vorhaben erfordern detaillierte Verfahrensregelungen. Besonders geregelt sind z. B. Planfeststellungsverfahren (z. B. beim Bau von Autobahnen oder Eisenbahnlinien, §§ 72 f. VwVfG). Zu den besonderen Verwaltungsverfahren zählen auch förmliche Verfahren nach §§ 63 ff. VwVfG, für die spezialgesetzliche Regelungen fehlen. Spezialgesetzliche Verfahrensvorschriften gibt es z. B. für Widerspruchsverfahren (§§ 79, 80 VwVfG und §§ 68 f. VwGO) und Enteignungsverfahren (§§ 104 f. BauGB).

Arten von Verwaltungsverfahren

Verwaltungsverfahren

Unterscheidung nach der Formgebundenheit

Allgemeine Verwaltungsverfahren

- nicht formgebunden
- einfache, zweckmäßige und zügige Durchführung (§ 10 VwVfG)

Unterscheidung nach der Verfahrenseinleitung

Verfahren nach Ermessen

(§ 22 S. 1 VwVfG)

- Verfahren von Amts wegen (Opportunitätsprinzip)

pflichtige Verfahren

(§ 22 S. 2 VwVfG)

- Verfahren auf Antrag (Dispositionsprinzip)
- Verfahren von Amts wegen (Offizialprinzip)

Besondere Verwaltungsverfahren

- formgebunden
- Anwendung nur, wenn ausdrücklich vorgeschrieben

Beispiele:

- Widerspruchsverfahren gem. §§ 68 ff. VwGO
- Planfeststellungsverfahren gem. §§ 72 ff. VwVfG
- förmliches Verwaltungsverfahren gem. §§ 63 ff. VwVfG
- Verfahren über eine einheitliche Stelle (§§ 71 a ff. VwVfG)

2.1.2 Mitwirkende im allgemeinen Verwaltungsverfahren

Die zuständige **Behörde** führt das Verfahren. Sie handelt durch beauftragte Mitarbeiter (Amtsträger), die zu unparteilicher Amtsführung verpflichtet sind. **Interessenkonflikte** entstehen jedoch dann, wenn ein Sachbearbeiter z. B. selbst Antragsteller ist, mit einem Verfahrensbeteiligten verwandt ist oder wenn sonst ein Grund vorliegt, der Misstrauen gegen eine unvoreingenommene Amtsführung rechtfertigen könnte.

Um auch den Anschein einer befangenen Verfahrensführung auszuschließen, sind im VwVfG folgende Möglichkeiten vorgesehen:

- Ausschluss von der Mitwirkung im Verwaltungsverfahren kraft Gesetzes (§ 20 VwVfG);
- Unterrichtung des Behördenleiters bzw. Vorgesetzten über den möglichen Interessenkonflikt; ein Mitwirkungsausschluss hängt von der Anordnung des Vorgesetzten ab (§ 21 VwVfG). Beteiligte haben kein Ablehnungsrecht gegenüber einem bestimmten Amtsträger.

Da in Verwaltungsverfahren öffentlich-rechtliche Beziehungen zwischen Behörden und Bürgern geregelt werden, sind Bürger immer beteiligt, zumindest als mögliche Adressaten von Verwaltungsakten. **Beteiligungsfähig**

221060450

ist, wer im Verfahren Rechte und Pflichten haben kann. Im Verfahren **handlungsfähig** ist, wer diese Rechte ausüben und diese Pflichten erfüllen kann (§§ 11, 12 VwVfG).

Beispiel

Gem. § 11 VwVfG sind u. a. alle natürlichen und juristischen Personen beteiligungsfähig. Rechtlich handlungsfähig sind die geschäftsfähigen natürlichen Personen. In sozial- und jugendhilferechtlichen Verfahren können auch Minderjährige mitwirken (Antrag auf Sozialleistungen). Für nicht handlungsfähige natürliche Personen wirken ihre gesetzlichen Vertreter mit. Ein Verein ist nach außen handlungsfähig durch seinen Vorstand, eine GmbH wird durch ihren Geschäftsführer, evtl. durch einen Prokuristen vertreten.

Wer **Beteiligter** in einem Verwaltungsverfahren ist, ergibt sich aus dem Gesetz bzw. durch behördliche Entscheidung (§ 13 VwVfG). Nicht jeder, der sich für ein Verfahren interessiert oder sich von ihm betroffen fühlt, hat allein deshalb schon den Rechtsstatus eines „Beteiligten“ und die damit verbundenen Verfahrensrechte.

Die verfahrensführende Behörde ist selbst nicht Beteiligte im Sinne des VwVfG. In einem Antragsverfahren ist der **Antragsteller** beteiligt, der z. B. eine Bauerlaubnis zur Aufstockung seines Hauses begehrt. Er ist in diesem Fall auch **Adressat des Verwaltungsakts. Antragsgegner** ist nicht etwa die Behörde. Diese seltene Beteiligungsform kommt dann vor, wenn eine geplante Entscheidung Rechte eines Dritten verletzen kann. So könnte die Aufstockung eines Gebäudes in Rechte des Nachbarn eingreifen. Über die **Hinzuziehung** von weiteren Beteiligten entscheidet nach § 13 Abs. 2 VwVfG die Behörde. Wer eine Behörde durch entsprechende Information (Beschwerde, „Antrag“) veranlasst, von Amts wegen tätig zu werden, ist deswegen noch nicht Antragsteller und Beteiligter im Sinne des Verwaltungsverfahrensrechts.

Ein Beteiligter kann sich durch einen Bevollmächtigten vertreten lassen und zu Verhandlungen und Besprechungen mit einem Beistand erscheinen (§ 14 VwVfG).

Mitwirkende im Verwaltungsverfahren		
Behörde	**Beteiligte**	
führt Verfahren	**haben Verfahrensrechte und -pflichten**	
	Beteiligte nach Gesetz	**hinzugezogene Beteiligte**
Interessenkollision bei Beschäftigten der Behörde wird vermieden durch Mitwirkungsausschluss (§§ 20, 21 VwVfG)	gem. § 13 Abs. 1 VwVfG: ■ Antragsteller ■ Antragsgegner ■ Adressat(en) des Verwaltungsakts bzw. ■ Partner des öffentlich-rechtlichen Vertrags	gem. § 13 Abs. 2 VwVfG: Dritte, deren rechtliche Interessen durch die Entscheidung berührt werden können

2.1.3 Ablauf des allgemeinen Verwaltungsverfahrens

Über **Beginn und Durchführung eines Verwaltungsverfahrens** entscheidet gemäß § 22 S. 1 VwVfG grundsätzlich die Behörde selbst nach pflichtgemäßem Ermessen. In einigen wichtigen Aufgabenbereichen wie z. B. der Gefahrenabwehr und der Verfolgung von Ordnungswidrigkeiten wird den Behörden entsprechendes Auswahl- und Entschließungsermessen in den jeweiligen Gesetzen ausdrücklich eingeräumt.

Ist für ein bestimmtes Verwaltungshandeln – z. B. die Erteilung einer Fahrerlaubnis – ein Antrag vorgeschrieben (Legalitätsprinzip), so beginnt das Verwaltungsverfahren erst mit dem Antrag (§ 22 S. 2 VwVfG). Ist die Behörde durch eine Rechtsvorschrift verpflichtet, ein Verwaltungsverfahren von Amts wegen durchzuführen, z. B. bei der Untersagung der Gewerbeausübung wegen Unzuverlässigkeit des Gewerbetreibenden, so hat sie ebenfalls kein Ermessen hinsichtlich des Verfahrensbeginns.

Am Anfang eines Verwaltungsverfahrens ermittelt die Behörde den Sachverhalt von Amts wegen und hat alle für den Einzelfall bedeutsamen, auch die für die Beteiligten günstigen Umstände zu berücksichtigen. Dieser **Untersuchungsgrundsatz** (§ 24 VwVfG) ermächtigt die Behörde jedoch nicht, in Rechte Dritter einzugreifen.

Das Sammeln von Informationen kann durch Formulare erleichtert werden (einfache und zweckmäßige Verfahrensführung); in einem nicht formgebundenen Verfahren können die Bürger aber nicht gezwungen werden, Formblätter zu benutzen. Die Behörde entscheidet nach ihrem Ermessen über die Verwendung von **Beweismitteln** (s. § 26 Abs. 1 VwVfG), sie ist an deren Bewertung durch Zeugen bzw. Sachverständige nicht gebunden. Hinsichtlich der **Amtssprache** (deutsch) sind die Regelungen für die Vorlage von Übersetzungen zu beachten (s. § 23 VwVfG). Die Behörde hat auch zu beachten, dass die Beteiligten den Gang des Verfahrens und die Entscheidung beeinflussen können, indem sie **Verfahrensrechte** geltend machen (s. unten).

Am **Ende eines Verwaltungsverfahrens** steht entsprechend der Definition in § 9 VwVfG regelmäßig der Erlass bzw. die Ablehnung des geplanten bzw. gewünschten Verwaltungsakts (Bekanntgabe) oder – seltener – der Abschluss bzw. das Scheitern eines öffentlich-rechtlichen Vertrags. Umsicht und Sorgfalt in der Verfahrensführung erleichtern zum einen die Begründung der getroffenen (Ermessens-)Entscheidung, zum anderen fördern sie die Bereitschaft der Betroffenen, die Regelung zu akzeptieren.

Nicht selten stellt die Behörde das Verfahren, das sie nach pflichtgemäßem Ermessen begonnen hat, aus Ermessensgründen auch wieder ein oder sie verfolgt es nicht weiter, wenn geringe Erfolgsaussichten den erforderlichen Aufwand nicht rechtfertigen. Manche Angelegenheiten erledigen sich von selbst, wenn etwa der Verursacher einer „wilden" Müllkippe einer behördlichen Beseitigungsanordnung zuvorkommt. Ein antragsgebundenes Verfahren muss eingestellt werden, wenn der Antrag zurückgezogen wird.

Nachdem der Verwaltungsakt bestandskräftig geworden ist, besteht unter den engen Voraussetzungen des § 51 VwVfG die Möglichkeit, das beendete Verfahren wieder aufzugreifen (z. B. bei nachträglicher Änderung der Sach- oder Rechtslage zugunsten des Betroffenen).

2.1.4 Verfahrensrechte und Mitwirkungspflicht der Beteiligten

Die **Beteiligten** haben im Verwaltungsverfahren folgende Rechte:

Das Recht auf **Anhörung** (§ 28 VwVfG) entspricht grundsätzlich dem für Gerichtsverfahren geltenden verfassungsrechtlichen Grundsatz des rechtlichen Gehörs und bedeutet, dass die Entscheidung nur auf solche Umstände gestützt werden darf, zu denen sich der Beteiligte vorher äußern konnte.

Macht der Beteiligte von dieser Möglichkeit Gebrauch, so muss die Behörde seine Ausführungen in ihre Erwägungen einbeziehen. Vor allem dann, wenn sie den Äußerungen nicht zustimmen kann, wird sie dies in der Begründung des Verwaltungsakts darlegen. § 28 VwVfG gilt allerdings nur für belastende Verwaltungsakte und beschreibt mehrere Ausnahmen, in denen von der Anhörung abgesehen werden kann. Kommt die Behörde ihrer Anhörungspflicht nicht nach, so kann die Anhörung bis zum Ende des Klageverfahrens nachgeholt werden.

Das Recht der Beteiligten auf **Akteneinsicht** (§ 29 VwVfG) bezieht sich auf die das Verfahren betreffenden Akten, soweit deren Kenntnis erforderlich ist, um rechtliche Interessen geltend zu machen oder zu verteidigen.

Zu den Akten gehören neben schriftlichen Vorgängen auch Fotos, Tonbänder und Dateien, die sich auf ein bestimmtes Verwaltungsverfahren beziehen. Nicht zu den Akten zählen entscheidungsvorbereitende Entwurfsarbeiten. Das Akteneinsichtsrecht ist in § 29 Abs. 2 VwVfG eingeschränkt, insbesondere durch bestehende Geheimhaltungspflichten (Schutz personenbezogener Daten, Sozialgeheimnis, Betriebs- und Geschäftsgeheimnisse von Unternehmen). Im Sozial-, Arbeits- und Beamtenrecht bestehen spezielle Regelungen. Verweigert die Behörde die Akteneinsicht (Verwaltungsakt), so kann der Beteiligte sich gegen diese Verfahrenshandlung nach § 44a VwGO erst in Zusammenhang mit einem Widerspruch gegen die getroffene Sachentscheidung wehren.

Da Verwaltungsverfahren nicht öffentlich sind, haben die Bürger grundsätzlich kein allgemeines Akteneinsichtsrecht während des Verfahrens. Das Umweltinformationsgesetz (UIG), begründet einen (über den Kreis der Beteiligten hinausgehenden) allgemeinen Anspruch auf Zugang zu Umweltinformationen bei Behörden mit Umweltschutzaufgaben. Dieser Anspruch besteht jedoch nicht während der Dauer eines Verwaltungsverfahren hinsichtlich derjenigen Daten, die der Behörde aufgrund des Verfahrens zugehen (§ 7 Abs. 1 Nr. 2 UIG). Die

221060452

Akteneinsichtsrechte nach den Informationsfreiheitsgesetzen des Bundes und der Länder beziehen sich ebenfalls nicht auf laufende Verwaltungsverfahren.

Das Recht auf **Geheimhaltung** (§ 30 VwVfG) bedeutet vor allem, dass die zum persönlichen Lebensbereich gehörenden Geheimnisse sowie die Geschäftsgeheimnisse der Beteiligten von der Behörde nicht unbefugt offenbart werden dürfen.

Die Verwaltungsverfahrensgesetze der Länder enthalten entsprechende Regelungen z. T. an anderer Stelle. Die Datenschutzgesetze schützen Daten von Personen. Das Bundesdatenschutzgesetz (BDSG) soll den Einzelnen vor Beeinträchtigungen in seinem Persönlichkeitsrecht durch den Umgang anderer mit seinen personenbezogenen Daten schützen. Es gilt für die Erhebung, Verarbeitung und Nutzung personenbezogener Daten durch öffentliche Stellen des Bundes und öffentliche Stellen der Länder, soweit nicht ein Landesdatenschutzgesetz besteht oder Bundesrecht auszuführen ist. Das BDSG gilt auch für nicht-öffentliche Stellen (Unternehmen, Vereine, kommunale Wirtschaftsbetriebe), soweit sie die Daten mithilfe von Datenverarbeitungsanlagen oder nicht automatisierten Dateien verarbeiten. Nach Inkrafttreten entsprechender Gesetzesänderungen regelt es auch den Datenschutz der Beschäftigten. Die Vorschriften des BDSG gehen denen des VwVfG vor. Die Datenschutzgesetze der Länder gelten insbesondere für Landes- und Kommunalbehörden. Wichtige Regelungen zum Schutz personenbezogener Daten finden sich auch im § 35 SGB I (Sozialgeheimnis) und in den Gefahrenabwehr- und Meldegesetzen.

Verwaltungsmitarbeiter sollten sich auch als Helfer der Bürger verstehen, zumal Gesetze und Verwaltungsstrukturen immer komplizierter werden. **Beratung und Auskunft** gegenüber den Beteiligten (§ 25 VwVfG) fördern den zügigen Verfahrensablauf und können wesentlich zu sachgerechten Entscheidungen beitragen. Bereits vor Antragstellung erörtert der Sachbearbeiter mit dem Antragsteller, welche Unterlagen von ihm zu erbringen sind und wie das Verfahren beschleunigt werden kann.

Pflichten der Beteiligten werden im VwVfG kaum angesprochen. Nach § 26 Abs. 2 VwVfG „sollen" Beteiligte bei der Ermittlung des Sachverhalts mitwirken; weiter gehende Pflichten bestehen nur, soweit andere Rechtsvorschriften dies bestimmen. „Sollen" ist hier nicht wie bei den an die Behörde gerichteten Soll-Vorschriften als „Muss-Vorschrift mit Ausnahmen in atypischen Fällen" zu verstehen, sondern als Aufgabe (Obliegenheit), deren Nichterfüllung dem Beteiligten Nachteile bringen kann. Die Untätigkeit des Beteiligten entbindet die Behörde aber nicht von ihrer Pflicht, im Rahmen des Möglichen und Zumutbaren den Sachverhalt aufzuklären.

Ablauf und Grundsätze des allgemeinen (nichtförmlichen) Verwaltungsverfahrens nach dem VwVfG

Rechtliche Regelungen im VwVfG		Bearbeitungsablauf
Behörde beginnt das Verfahren von Amts wegen oder auf Antrag.	**Beginn**	Beginn der auf das Ziel (z. B. „Verwaltungsakt") gerichteten externen Behördentätigkeit:
Wichtige Verfahrensgrundsätze und Rechte: ■ Nichtförmlichkeit (§ 10) ■ Beteiligungsgrundsätze (§§ 11 ff.) ■ Amtssprache (§ 23) ■ Untersuchungsgrundsatz (§ 24) ■ Beweisregeln (§§ 26, 27) ■ Beratung/Auskunft (§ 25) ■ Anhörung (§ 28) ■ Akteneinsicht (§ 29) ■ Geheimhaltung (§ 30) ■ Datenschutz (nach den allgemeinen Datenschutzgesetzen des Bundes und der Länder sowie besonderen Vorschriften für einzelne Verwaltungsbereiche)		■ Informationssammlung ■ Zusammenstellung des Materials für Subsumtion und evtl. Ermessensausübung ■ Entscheidung (Anwendung der Rechtsnorm, evtl. Auslegung, evtl. Ermessensausübung) ■ Bescheid/Vertrag formulieren
Verwaltungsakt ←	**Ende**	Bescheid bekannt geben
öffentlich-rechtlicher Vertrag ←		Vertrag unterzeichnen

2.1.5 Planfeststellungsverfahren und Verfahren gemäß EU-Dienstleistungsrichtlinie

Das **Planfeststellungsverfahren** ist ein besonderes, streng formalisiertes Genehmigungsverfahren. Es wird bei größeren Baumaßnahmen (Bau von Straßen, Eisenbahnanlagen, Flughäfen, Abfalldeponien, Endlager für radioaktive Abfälle) durchgeführt. Bereits vor der Antragstellung wirkt die Behörde darauf hin, dass der Träger eines wichtigen Vorhabens bei der Planung die betroffene Öffentlichkeit frühzeitig über das Vorhaben, seine Verwirklichung und Auswirkungen unterrichtet. Es soll Gelegenheit zur öffentlichen Äußerung und Erörterung bestehen. Das Ergebnis dieser frühzeitigen Öffentlichkeitsbeteiligung soll der betroffenen Öffentlichkeit und der Behörde mit der Antragstellung mitgeteilt werden. Zum Planfeststellungsverfahren gehört eine besondere Anhörung. Es endet mit einem Planfeststellungsbeschluss.

In der **Anhörung** nehmen die Träger öffentlicher Belange (z. B. andere Behörden, Kammern) zu dem Vorhaben Stellung. Ebenso kann jeder, dessen Belange durch das Vorhaben berührt werden, nach öffentlicher Auslegung des Planes in einer zweiwöchigen Frist Einwendungen gegen den Plan erheben. In einem **Erörterungstermin** behandelt die Anhörungsbehörde Stellungnahmen der Behörden sowie Einwendungen mit dem Träger des Vorhabens, den Behörden und den Einwendern.

Das Verfahren endet mit dem **Planfeststellungsbeschluss.** Er umfasst und ersetzt alle erforderlichen Einzelgenehmigungen, Zustimmungen und Erlaubnisse für das festgestellte Vorhaben (**Konzentrationswirkung**). Der Planfeststellungsbeschluss ist ein Verwaltungsakt, er kann durch Klage vor dem Verwaltungsgericht direkt angefochten werden. Allerdings werden im Prozess nur Einwendungen berücksichtigt, die bereits im Anhörungsverfahren vorgebracht worden sind.

Ablauf eines Planfeststellungsverfahrens		
Träger des Vorhaben →	**Anhörungsbehörde →**	**Planfeststellungsbehörde**
■ Plan erstellen ■ Frühzeitige Öffentlichkeitsbeteiligung ■ Einreichen bei Anhörungsbehörde	■ Einholen von Stellungnahmen der Träger öffentlicher Belange ■ Öffentliche Auslegung ■ Betroffene können Einwendungen fristgerecht einreichen ■ Erörterungstermin ■ Weiterleiten der Anhörungsergebnisse	■ Erarbeiten des Planfeststellungsbeschlusses ■ Bekanntgabe des Planfeststellungsbeschlusses (mit Konzentrationswirkung) ■ Bestandskraft des Planfeststellungsbeschlusses (tritt ein, wenn Anfechtungsklage nicht erhoben wird)

Das **Verfahren über eine einheitliche Stelle** ist ein neuer, offener Verfahrenstyp. Es erleichtert den Unternehmen aus der EU, eine Niederlassung in Deutschland zu gründen oder in Deutschland tätig zu sein. Es basiert auf der Dienstleistungsrichtlinie der EU, die 2009 in Deutschland umgesetzt wurde, insbesondere durch Änderung der Verwaltungsverfahrensgesetze.

Die **Dienstleistungsrichtlinie der EU** verpflichtet alle Mitgliedstaaten, „einheitliche Ansprechpartner" einzurichten. Bei denen können Dienstleistungserbringer alle notwendigen Informationen erhalten und alle für ihre Tätigkeiten erforderlichen Verfahren erledigen, und zwar aus der Ferne und auf elektronischem Wege. Alternativ sind auch die herkömmlichen Verfahren möglich.

Die in den Verwaltungsverfahrensgesetzen vorgesehene einheitliche Stelle erteilt Auskunft über Vorschriften, Behörden, öffentliche Register und Datenbanken, Verfahrensrechte und unterstützende Einrichtungen. Sie nimmt Anzeigen und Anträge entgegen und leitet sie an die zuständigen Behörden weiter. Diese Dokumente gelten am dritten Tag nach Eingang bei der einheitlichen Stelle als bei der zuständigen Behörde eingegangen. Die zuständige Behörde informiert über nachzureichende Unterlagen. Bescheide der zuständigen Behörden werden grundsätzlich elektronisch über die einheitliche Stelle an den Empfänger geleitet, eine Konzentrationswirkung (s. Planfeststellungsverfahren) gibt es in diesem neuen Verfahrens nicht.

In den Bundesländern üben unterschiedliche Behörden die Mittlertätigkeiten der „einheitlichen Stelle" aus, z. B. Bezirksregierungen, Industrie- und Handelskammern sowie andere Wirtschafts- und Berufskammern oder Kreisverwaltungen. Die Gemeinde- und Kreisbehörden sind als sachlich und örtlich zuständige Behörden (z. B. bei Baugenehmigungen, Gewerbeerlaubnissen, Transportgenehmigungen für Abfälle, Fahrerlaubnis zur Fahrgastbeförderung) häufig in das Verfahren einbezogen. Sie behalten ihre entscheidende Funktion, die einheitliche Stelle ist nur Verfahrensmittler. Die Kommunen müssen daher EU-Standards im Datenaustausch mit der „einheitlichen

221060454

Stelle“ beachten (spezielle Software, E-Mail reicht nicht aus). Sie sollten auch ihre Informationen im Internet, soweit sie für ausländische Unternehmen wichtig sind, mehrsprachig anbieten.

Beispiel zum Verfahren über eine einheitliche Stelle

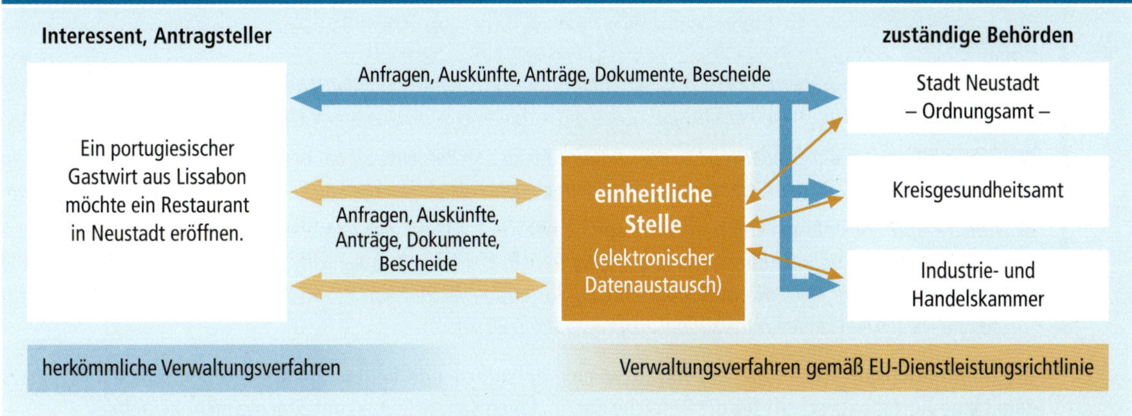

2.1.6 Exkurs: Informationsfreiheit

Als eines der letzten Länder der EU führte die Bundesrepublik Deutschland das Recht auf freien Zugang zu Verwaltungsinformationen ein. Seit 2006 gilt das Gesetz zur Regelung des Zugangs zu Informationen des Bundes (Informationsfreiheitsgesetz – IFG). Vergleichbare – aber nicht inhaltsgleiche – Gesetze haben die meisten Bundesländer für ihre Landes- und Kommunalbehörden erlassen. Damit ist für einen erheblichen Teil der deutschen Verwaltung das grundsätzliche Recht auf voraussetzungslose Akteneinsicht geregelt, für Bayern und Sachsen war Ende 2015 ein IFG noch nicht absehbar.

Noch 1986 stellte das Bundesverfassungsgericht fest, dass Behördenakten keine allgemein zugänglichen Informationsquellen im Sinne des Art. 5 Abs. 1 S. 1 GG seien. Dementsprechend war das Aktengeheimnis früher ein allgemeiner Grundsatz behördlicher Arbeit. Ausnahmen kannte das Bundesrecht nur in wenigen Teilbereichen, z. B. bei der Einsicht in Stasi-Unterlagen, Umweltinformationen oder in öffentliche Register (Handelsregister, Vereinsregister). Seit 2006 jedoch hat jeder gegenüber den Behörden des Bundes nach § 1 IFG (Bund) grundsätzlich einen Anspruch auf Zugang zu amtlichen Informationen, d. h. zu jeder amtlichen Zwecken dienenden Aufzeichnung. Entwürfe und Notizen, die nicht Bestandteil eines Vorgangs werden sollen, gehören nicht dazu. Das Besondere dabei ist der **voraussetzungslose Zugang zu den Bundesinformationen**: Der Antragsteller muss nicht – wie im Verwaltungsverfahren – Beteiligter sein und ein berechtigtes Interesse nachweisen, er muss nicht einmal von der gewünschten Information irgendwie betroffen sein.

Dieser Wechsel vom Prinzip des Aktengeheimnisses zum **Prinzip des freien Informationszugangs** soll das Verwaltungshandeln transparenter gestalten und so die demokratischen Beteiligungschancen der Bürger verbessern.

In über 90 Staaten und in nahezu allen EU-Mitgliedstaaten besteht ein vergleichbares Informationsfreiheitsgesetz. Im Verwaltungsverständnis hierzulande haben Bürgerbeteiligung, Kunden- und Dienstleistungsorientierung einen wachsenden Stellenwert erlangt. Schließlich war die allgemeine Verbreitung des Internets eine wichtige Voraussetzung für ein solches Gesetz. Websites ermöglichen es jeder Behörde, zahlreiche Informationen mit relativ geringem Aufwand allgemein zugänglich zu machen.

Dieses Informationszugangsrecht darf aber nicht als ein Recht missverstanden werden, das jedem ein Blättern in sämtlichen Behördenakten erlauben würde. Der **Vorrang von Spezialvorschriften**, zahlreiche Ausnahmen sowie ein vorgeschriebenes Verfahren sind zu beachten.

Spezielle Rechtsvorschriften gehen vor

Es gibt Verwaltungsbereiche, in denen besondere Rechtsvorschriften den Zugang zu amtlichen Informationen regeln, sodass ein Informationsanspruch nach dem Informationsfreiheitsgesetz des Bundes oder eines Landes hier ausscheidet.

Beispiele

- *Die Kfz-Zulassungsbehörde darf z. B. eine Halterauskunft aus ihrem Fahrzeugregister erteilen, wenn die Voraussetzungen des § 39 Abs. 1 StVG erfüllt sind.*
- *Die Meldegesetze der Länder regeln, dass für eine Melderegisterauskunft ein berechtigtes Interesse glaubhaft zu machen ist, wenn z. B. das Geburtsdatum, die Staatsangehörigkeit oder der Familienstand einer Person erfragt wird.*
- ***Andererseits** besteht ein Informationsanspruch nach § 1 IFG bei der Vergabe der Lieferung von Drucker-Verbrauchs-Material an eine Bundesdienststelle (unterhalb der EU-Schwellenwerte), wenn ein Bieter für eine Klage Informationen über die Auftragsvergabe benötigt (Urteil des VG Stuttgart Az. 13 K 3505/09). Das Vergaberecht regelt für diesen Fall keinen Informationsanspruch (Stand 2018).*

Der Informationsanspruch nach § 1 IFG (bzw. eine entsprechende Regelung im jeweiligen Bundesland) stellt damit eine Auffangvorschrift für die Bereiche dar, in denen spezielle Auskunftsrechte nicht bestehen.

Das Akteneinsichtsrecht aufgrund der Verwaltungsverfahrensgesetze der Länder ermöglicht **Beteiligten** die Einsichtnahme **während eines laufenden Verwaltungsverfahrens**. Ein Anspruch auf Informationszugang durch jeden nach einem Informationsfreiheitsgesetz besteht regelmäßig nur **außerhalb eines laufenden Verwaltungsverfahrens.**

Antragsberechtigt nach IFG sind nicht nur natürliche Personen, sondern auch juristische Personen des privaten Rechts. Der Antrag bedarf keiner Begründung. Gegen eine ablehnende Entscheidung (Verwaltungsakt) sind Widerspruch und Verpflichtungsklage zulässig.

Die Behörde darf die **Herausgabe** von Informationen **verweigern**, wenn es z. B. um den Schutz öffentlicher Belange, laufender Verfahren, personenbezogener Daten und von Betriebs- und Geschäftsgeheimnissen geht. Eine behauptete „allgemeine Pflicht zur Amtsverschwiegenheit" ist allerdings kein Ablehnungsgrund.

Beschäftigte müssen wissen, dass sie durch ein Informationsfreiheitsgesetz von ihren beamten- bzw. arbeitsrechtlichen Verpflichtungen nicht befreit werden. Der Tarifvertrag für den öffentlichen Dienst (TVÖD) z. B. verlangt in § 3: „Die Beschäftigten haben über Angelegenheiten, deren Geheimhaltung durch gesetzliche Vorschriften vorgesehen oder vom Arbeitgeber angeordnet ist, Verschwiegenheit zu wahren; dies gilt auch über die Beendigung des Arbeitsverhältnisses hinaus." § 5 des Tarifvertrags für Auszubildende des öffentlichen Dienstes trifft eine entsprechende Regelung.

Die **Themen der Informationsbegehren** sind vielfältig. Anträge auf Informationszugang wurden z. B. gestellt zu Bau- und Planungssachen (Bebauungsplanakten, Denkmalschutzakten, luftfahrtrechtliche Genehmigungsakten, Braunkohleplanungen, Entwässerungsplanungen einschließlich -gutachten), zur Vergabe von Kindergartenplätzen, zu landwirtschaftlichen Subventionen, zur Organisation von Behörden, zu internen Verwaltungsvorschriften, zu Fragen des Tierschutzes (Tierfarmen, Hundezucht), zur Verkehrssicherheit (Verkehrsunfallstatistiken, Tempolimit, Einrichtung von Halteverbotszonen), zur Kalkulation von Gebühren usw.

Die bisherigen Erfahrungen mit den Informationsfreiheitsgesetzen sind überwiegend positiv. Nirgendwo ist es zu der von Kritikern befürchteten Überlastung der Verwaltung oder zu unverhältnismäßigen Kostensteigerungen gekommen.

2.2 Schriftliche Verwaltungsakte

2.2.1 Rechtliche Anforderungen an schriftliche Verwaltungsakte

Mit dem Verwaltungsakt vollzieht die Behörde eine Rechtsnorm im Einzelfall. Hier hat der Grundsatz der **Gesetzmäßigkeit** der Verwaltung besonderes Gewicht: Die Behörde darf nicht gegen die Verfassung (Grundrechte), andere Rechtsvorschriften oder allgemeine rechtsstaatliche Grundsätze verstoßen. In der Regel besteht ein Gesetzesvorbehalt, sodass für Verwaltungsakte eine Ermächtigungsgrundlage erforderlich ist. Der Inhalt des Verwaltungsakts muss klar, eindeutig und frei von Ermessensfehlern sein.

Neben diesen Anforderungen hat der Verwaltungsakt auch **formellen Erfordernissen** zu genügen. Er muss von der zuständigen Behörde in einem rechtlich einwandfreien Verfahren erlassen und in der richtigen Form bekannt gegeben werden. Die getroffene Entscheidung ist zu begründen. Eine Belehrung über die dem Empfänger zustehende Abwehrmöglichkeit (Rechtsbehelfsbelehrung) ist für viele Verwaltungszweige zwingend vorgeschrieben.

Kern des Verwaltungsakts sind die Einzelfallregelung und deren Begründung. Auf diese beiden Merkmale und auf die äußere Form soll zunächst eingegangen werden.

Form des Verwaltungsakts

Obwohl der Grundsatz der Formfreiheit gilt (§ 37 Abs. 2 S. 1 VwVfG), ist die Schriftform gebräuchlich. Sie schafft Rechtsklarheit und erleichtert die Beweis- und Aktenführung. Bei mündlichen Verwaltungsakten kann der Betroffene bei berechtigtem Interesse eine schriftliche Bestätigung verlangen.

Ein schriftlicher oder elektronischer Verwaltungsakt (E-Mail) muss die Behörde erkennen lassen, die ihn erlassen hat. Er muss die Unterschrift des Verantwortlichen oder dessen Namenswiedergabe enthalten. Bei einem elektronischen Verwaltungsakt müssen auch die Signatur und das zugrunde liegende qualifizierte Zertifikat die Behörde erkennen lassen, wenn für diesen Bescheid grundsätzlich die Schriftform vorgeschrieben ist.

Da § 37 Abs. 3 VwVfG nur die Namenswiedergabe verlangt, ist ein Beglaubigungsvermerk nicht erforderlich. Verwaltungsakte ohne Unterschrift, jedoch mit Namenswiedergabe, begünstigen den Einsatz moderner Kommunikationstechniken bei der Bekanntgabe. Zur Beweissicherung und zum Schutz vor Versehen sind jedoch strenge Anforderungen an die Aktenführung zu stellen.

Die mit automatischen Einrichtungen erlassenen Verwaltungsakte gelten nach § 37 Abs. 4 VwVfG ohne Unterschrift oder Namenswiedergabe.

Beispiel

Wahlbenachrichtigungen werden nach einem auf diesen Zweck ausgerichteten Programm per Datenverarbeitungsanlage erstellt und nicht unterschrieben.

Bestimmtheit des Verwaltungsakts

Der Verwaltungsakt muss inhaltlich hinreichend bestimmt sein (§ 37 Abs. 1 VwVfG). Die getroffene Regelung muss eindeutig, vollständig und aus sich heraus verständlich sein, sodass der Empfänger klar erkennt, was die Behörde will. Vorteilhaft ist eine eindeutige Regelung auch dann, wenn eine Maßnahme im Verwaltungszwangsverfahren durchgesetzt werden muss.

Beispiel

Falsch: *„Ich bitte Sie, den auf Ihrem Grundstück festgestellten Gefahrenzustand zu beseitigen."*

Richtig: *„Ich fordere Sie auf, den Abfall von Ihrem Grundstück Gartenstraße 3 durch den Abfallentsorgungsbetrieb Neustadt entfernen zu lassen sowie die Ratten von der Desinfektionsstelle der Stadt (Anschrift wie oben) oder anderen Fachkräften bekämpfen zu lassen. Die Kosten tragen Sie selbst."*

Der Bestimmtheitsgrundsatz gilt für den gesamten Inhalt des Verwaltungsakts, auch für die Behörden- und Adressatenangabe.

Begründung des Verwaltungsakts

Ein schriftlicher Verwaltungsakt ist schriftlich zu begründen (Begründungspflicht, § 39 Abs. 1 VwVfG).

Die Begründung soll den Bürger von der Recht- und Zweckmäßigkeit der getroffenen Regelung überzeugen. Dies ist bei einem belastenden Verwaltungsakt die beste Voraussetzung für seine Befolgung. Die Begründung zwingt die Behörde zu einer überlegten und rechtlich abgesicherten Entscheidung und erleichtert dem Betroffenen, die Chancen eines Widerspruches bzw. einer Klage abzuschätzen.

Die Ausführlichkeit der Begründung hängt von ihrem Zweck im Einzelfall ab. Sie umfasst regelmäßig die **tatsächlichen Gründe** (Sachverhalt) und die **rechtlichen Gründe** (Rechtsgrundlagen). Der Empfänger soll so die Subsumtion des Sachverhalts unter den Tatbestand nachvollziehen können. Bei Ermessensentscheidungen hat die Behörde zusätzlich auch die **Ermessensgesichtspunkte** (Erwägungen zur Bestimmung der Rechtsfolge) anzugeben. Bei der Festsetzung der Verwaltungsgebühr hingegen reicht es aus, die ermächtigende Rechtsvorschrift anzugeben. Ganz entfallen kann die Begründung in den Ausnahmefällen des § 39 Abs. 2 VwVfG.

Rechtsbehelfsbelehrung

Der Empfänger eines Bescheids ist diesem nicht wehrlos ausgeliefert. Fühlt er sich durch die öffentliche Gewalt in seinen Rechten verletzt, so steht ihm der Rechtsweg offen (Art. 19 Abs. 4 S. 1 GG). Vor einer Klage vor dem Verwaltungsgericht ist regelmäßig ein Vorverfahren, das behördliche Widerspruchsverfahren, durchzuführen. Widerspruch und Klage sind Rechtsbehelfe. Der Adressat eines Verwaltungsakts sollte die jeweils zutreffende Abwehrmöglichkeit kennen.

Den Mindestinhalt einer Rechtsbehelfsbelehrung regelt § 58 Abs. 1 VwGO. Die §§ 70 und 81 VwGO bestimmen die zulässigen Formen für den Widerspruch bzw. die Klage.

Inhalt der Rechtsbehelfsbelehrung

- Art des Rechtsbehelfs (z. B. Widerspruch, Klage)
- Behörde/Gericht, bei der/dem der Rechtsbehelf einzulegen ist
- Sitz (Adresse) der Behörde/des Gerichts
- Frist (regelmäßig ein Monat seit Bekanntgabe bzw. Zustellung)
- Form des Rechtsbehelfs

Dies ist der Mindestinhalt. In der Verwaltungspraxis sind Zusätze hinsichtlich Bevollmächtigung und – bei sofortiger Vollziehung – die Belehrung über den Antrag auf Anordnung bzw. Wiederherstellung der aufschiebenden Wirkung des Widerspruchs gem. § 80 Abs. 5 VwGO gebräuchlich. Zunehmend werden auch verständlichere und erklärende Formulierungen gewählt. Erschwerende Zusätze sind nicht erlaubt.

Bedeutung der Rechtsbehelfsbelehrung

- Sie belehrt den Empfänger über die Möglichkeit, wie, wo und bis wann er den Verwaltungsakt überprüfen lassen kann. Es ist wünschenswert, wenn der Adressat sowohl die Tragweite eines Widerspruchs oder einer Klage als auch die Folgen eines Verzichts auf Rechtsbehelfe kennt.
- Die Rechtsbehelfsbelehrung setzt die Rechtsbehelfsfrist in Lauf (§ 58 VwGO). Nach Fristablauf ist der Verwaltungsakt unanfechtbar; die Behörde kann ihn erzwingen.

Vorgeschrieben sind Rechtsbehelfsbelehrungen für schriftliche Verwaltungsakte der Bundesbehörden (§ 59 VwGO); darüber hinaus ist z. T. aufgrund spezialgesetzlicher Regelung zu belehren. Zu empfehlen ist eine Rechtsbehelfsbelehrung für jeden schriftlichen Verwaltungsakt. Fehlt sie oder wird sie unrichtig erteilt, so verlängert sich die Rechtsbehelfsfrist auf ein Jahr (§ 58 Abs. 2 VwGO).

Die Wirksamkeit des Verwaltungsakts hängt aber nicht davon ab, ob eine Rechtsbehelfsbelehrung vorhanden ist oder ob sie richtig erteilt wurde.

221060458

Meistens ist über den Rechtsbehelf des Widerspruchs zu belehren. Ein Widerspruch hat grundsätzlich aufschiebende Wirkung, d. h., aus dem angefochtenen Verwaltungsakt dürfen keine Folgen hergeleitet werden (§ 80 Abs. 1 VwGO). Ausnahmsweise entfällt jedoch die aufschiebende Wirkung eines Widerspruchs (§ 80 Abs. 2 Nr. 1–4 VwGO). In diesen Fällen sollte auch darüber belehrt werden, dass das Verwaltungsgericht die aufschiebende Wirkung auf Antrag anordnen bzw. wiederherstellen kann.

2.2.2 Bescheidaufbau

Form und Inhalt von Bescheiden sind nicht umfassend rechtlich geregelt. Im allgemeinen Verwaltungsrecht und in Spezialgesetzen finden sich zahlreiche verstreute Vorschriften zu einzelnen Komponenten spezieller Bescheide, darüber hinaus besteht aber ein Gestaltungsfreiraum. Ziel der Behörden ist es, Bescheide rechtmäßig, inhaltlich klar und überzeugend sowie wirtschaftlich zu erstellen.

Für den Textkörper eines Bescheids (nach Betreffvermerk und Anrede) ist der folgende grundlegende Aufbau üblich:

- **Tenor** Hauptregelung (Hauptsachentscheidung, Regelung gem. § 35 VwVfG), Nebenbestimmungen
- **Begründung** wesentliche tatsächliche und rechtliche Gründe, Ermessensgesichtspunkte
- **Rechtsbehelfsbelehrung** über die Möglichkeit, einen Rechtsbehelf (Widerspruch, Klage) einzulegen

2.2.3 Sprache

Verwaltungsakte müssen vom Empfänger verstanden werden. Die Formulierungen müssen daher übersichtlich und logisch nachvollziehbar sein. Die Sprache sollte möglichst einfach gehalten werden, notwendige Fachausdrücke sind zu erläutern. Auch die Unterschiedlichkeit der Adressaten ist zu berücksichtigen. Über adressatengerechte Bescheidgestaltung wurden Bücher geschrieben, das Thema ist auch in den Fortbildungsangeboten zu finden. Schließlich führt die Akzeptanz von Verwaltungsakten sowohl zu einer geringeren Zahl von Verwaltungszwangsverfahren als auch zu weniger Widersprüchen. Das Image der Behörde verbessert sich dank größerer Kundenzufriedenheit.

Ist für das Verfahren ein Bevollmächtigter bestellt, so soll sich die Behörde gem. § 14 Abs. 3 VwVfG an ihn wenden. In diesem Fall wird vom Vollmachtgeber (Mandant) in der dritten Person gesprochen.

Viele Behörden regeln Grundsätze und Einzelheiten der Kommunikation in allgemeinen Dienstanweisungen oder Empfehlungen zum Schriftverkehr. Die Modellverwaltung Neustadt gibt ihren Mitarbeiterinnen und Mitarbeitern einen Kommunikationsleitfaden an die Hand (s. Anhang).

Einfaches Beispiel eines Bescheids

Stadt Neustadt
Der Bürgermeister

Stadt Neustadt · Postfach · 49999 Neustadt

Postzustellungsauftrag
Herrn
Karl Spitz
Steinbruch 7
49999 Neustadt

Ihre Nachricht/Ihr Zeichen:

Geschäftszeichen: 2.3-3
Fachbereich/Dienststelle: 2/3 – Ordnungsamt
Gebäude/Zimmer: Rathausplatz 1, Zimmer 9
Bearbeiter/-in: Herr Kurz
Telefon: 02999 177- 346
Telefax: 02999 177- 300
E-Mail: Kurz@stadtneu.de

Datum: 29. Januar 20..

Bodenverunreinigung im Bereich Ihres Schrottplatzes in Neustadt, Steinbruch 7
Ordnungsverfügung

Sehr geehrter Herr Spitz,

Sie werden aufgefordert,

1. die auf Ihrem Schrottplatz in Neustadt, Am Steinbruch 7, im Freien gelagerten ausgebauten Autobatterien innerhalb einer Woche nach Zustellung dieser Ordnungsverfügung in einer Abfallbeseitigungsanlage schadlos zu beseitigen und in derselben Frist das Erdreich des Lagerortes der Batterien sowie im Umkreis von fünf Metern bis auf eine Tiefe von 1,50 m auszubaggern und ebenfalls einer Abfallbeseitigungsanlage zuzuführen.
2. Diese Verfügung ist sofort vollziehbar. Das heißt, dass Sie die Beseitigung der Batterien und die Baggerarbeiten innerhalb der gesetzten Frist vornehmen müssen und ich diese Maßnahmen notfalls zwangsweise durchsetzen kann, auch wenn Sie gegen diese Ordnungsverfügung Klage erheben sollten.
3. Falls Sie Ihren Verpflichtungen (Ziffer 1) nicht fristgemäß und vollständig nachkommen, lasse ich die geforderten Maßnahmen auf Ihre Kosten von einem Unternehmen durchführen. Die voraussichtlichen Kosten der Ersatzvornahme betragen 8.000,00 €.

Begründung:

1. Nach mehreren Beschwerden von Passanten habe ich Ihr Grundstück Steinbruch 7 gestern besichtigt. Zwischen Lagerschuppen und Zaun lagern Sie mehrere Dutzend alter Autobatterien, die von Schwefelsäure bereits so zerstört sind, dass Bleisalze ausgewaschen werden und in den Boden eindringen. Die hierdurch eingetretene Bodenverunreinigung und drohende Grundwasservergiftung stellen eine Straftat (§ 324 a StGB) und damit eine Gefahr für die öffentliche Sicherheit dar, für die Sie aufgrund Ihres Verhaltens und als Grundstückseigentümer nach §§ 14 Abs. 1, 17 Abs. 1 und 18 Abs. 1 des Ordnungsbehördengesetzes NW verantwortlich sind.
2. Die Anordnung der sofortigen Vollziehung (Ziffer 2) beruht auf § 80 Abs. 2 Nr. 4 VwGO. Das öffentliche Interesse an der schnellen Beseitigung der Gefährdung und damit an der sofortigen Vollziehung der Ordnungsverfügung überwiegt ein mögliches privates Interesse an einem Vollziehungsaufschub, zumal die von Ihnen zu tragenden Kosten der Schadensbeseitigung erheblich ansteigen können.
3. Die Androhung der Ersatzvornahme (Ziffer 3) wird auf §§ 55–59 und 63 VwVG NW gestützt. Sie gewährleistet, dass die Bodenverunreinigung möglichst schnell beseitigt wird. Die Ersatzvornahme ist ein Zwangsmittel, das Sie und die Allgemeinheit am wenigsten beeinträchtigt.

Rechtsmittelbelehrung[1]

Gegen diesen Bescheid kann innerhalb eines Monats nach seiner Zustellung Klage erhoben werden. Die Klage ist beim Verwaltungsgericht Gelsenkirchen, Bahnhofsvorplatz 3, 45879 Gelsenkirchen, schriftlich einzureichen oder mündlich zur Niederschrift des Urkundenbeamten der Geschäftsstelle zu erklären. Die Klage muss den Kläger, den Beklagten und den Gegenstand des Klagebegehrens bezeichnen. Die Klage soll einen bestimmten Antrag enthalten. Falls die Frist durch das Verschulden eines von Ihnen Bevollmächtigten versäumt werden sollte, so wird dessen Verschulden Ihnen zugerechnet werden. Gegen die Anordnung der sofortigen Vollziehung können Sie beim Verwaltungsgericht Gelsenkirchen beantragen, die aufschiebende Wirkung wieder herzustellen.

Mit freundlichem Gruß

i. A. Kurz

Kurz

Vereinfachend wurde die Entscheidung ausschließlich auf das allgemeine Ordnungsrecht gestützt und leichtfasslich begründet.

Bankverbindung der Stadtkasse Neustadt:
Neustädter Sparkasse, BLZ 999 500 01, Konto 0 415 920 301,
IBAN DE99 9995 0001 0415 9203 01

Besuchszeiten
Montag, Dienstag, Mittwoch: 08:00–12:30 Uhr, 14:00–17:00 Uhr,
Donnerstag: 08:00–12:30 Uhr, 14:00–20:00 Uhr, Freitag: 08:00–12:30 Uhr

Internet
www.stadtneu.de

1 In diesem Beispiel ist in Nordrhein-Westfalen über das Rechtsmittel der Klage zu belehren, in den meisten Bundesländern über den Rechtsbehelf des Widerspruchs.

Absender (Behörde) mit Adresse und Hinweisen zur Erreichbarkeit (Dienststelle, Bearbeiter) Aktenzeichen

Datum

Betreff evtl. Überschrift (z. B. Ordnungsverfügung, Erlaubnis)

Anrede

Tenor
- **Hauptentscheidung,** evtl. **Nebenbestimmungen** (§§ 35, 36, 37 Abs. 1 VwVfG)
- evtl. **Anordnung der sofortigen Vollziehung** (§ 80 Abs. 2 Nr. 4 VwGO)
- evtl. **Zwangsmittelandrohung** (nach dem jeweils anzuwendenden Verwaltungsvollstreckungsgesetz)
- evtl. Gebührenentscheidung

Begründung
- der Hauptentscheidung und der Nebenbestimmungen (§ 39 VwVfG; Tatsachen, Rechtsgrundlagen, Ermessensgesichtspunkte)
- ebenso gegebenenfalls der sofortigen Vollziehung (§ 80 Abs. 3 VwGO)
- der Androhung des Verwaltungszwangs
- und der Gebührenentscheidung

Adressat mit Anschrift (§ 41 Abs. 1 VwVfG)

evtl. Zustellvermerk

Rechtsmittelbelehrung (§§ 70, 58 VwGO)

evtl. Zusätze zur Rechtsmittelbelehrung, die dem Bürger helfen, seine Rechte zu wahren

Unterschrift (i. A., i. V.) oder Namenswiedergabe oder Hinweis auf Gültigkeit ohne Unterschrift (§ 37 Abs. 5 VwVfG)

2.3 Nebenbestimmungen zu Verwaltungsakten

2.3.1 Zulässigkeit von Nebenbestimmungen

Die Hauptregelung eines Verwaltungsakts kann durch Nebenbestimmungen ergänzt werden. Erlaubnisse werden z. B. häufig durch Befristungen, Bedingungen oder Auflagen eingeschränkt. So hat die Verwaltung die Möglichkeit, eine Erlaubnis auch dann zu erteilen, wenn einzelne, weniger wichtige Voraussetzungen hierfür erst später erfüllt werden. Der Verwaltungsakt wird dann mit einer entsprechenden Nebenbestimmung (z. B. Auflage oder Bedingung) versehen.

Nebenbestimmungen wirken einschränkend und damit belastend auf die begünstigende Hauptregelung. Deshalb sind sie im Bereich der gebundenen Verwaltung (Legalitätsprinzip) nicht ohne Weiteres zugelassen (Gesetzesvorbehalt). Nach § 36 Abs. 1 VwVfG darf ein Verwaltungsakt, auf den ein Anspruch besteht, nur dann mit einer Nebenbestimmung versehen werden, wenn diese

- durch Rechtsvorschrift **zugelassen** ist (z. B. Auflage zur Spielhallenerlaubnis nach § 5 GastG 33i GewO) oder
- wenn sie sicherstellen soll, dass die gesetzlichen Voraussetzungen des Verwaltungsakts erfüllt werden (z. B. durch nachträgliche Vorlage eines Dokuments als letzte noch zur erfüllende Voraussetzung für die Erteilung einer Erlaubnis).

Steht der Erlass des Verwaltungsakts jedoch im behördlichen Ermessen, so gelten die Ermessensgrundsätze auch für die Nebenbestimmung (§ 36 Abs. 2 VwVfG).

Beispiel

Die Marktsatzung der Stadt Neustadt behandelt u. a. die Zulassung von Schaustellern zur Stadtkirmes. Die Vergabe der Standplätze, die förmliche Zulassung durch die Stadt sowie die Rechte und Pflichten der Schausteller sind da geregelt, nicht jedoch Bedingungen oder Auflagen. Hier stehen sowohl der Verwaltungsakt „Zulassung" als auch Nebenbestimmungen im behördlichen Ermessen.

2.3.2 Arten der Nebenbestimmungen

Die Arten der Nebenbestimmungen sind in § 36 Abs. 2 VwVfG geregelt:

Nebenbestimmungen	Beispiele
Befristung	Die Blumenhandlung H. erhält die Erlaubnis, in der Zeit vom 1. bis 30. Mai einen Verkaufswagen auf dem Gehweg in der Nähe des Ladengeschäfts aufzustellen.
Bedingung	Die Blumenhandlung H. erhält die Erlaubnis, einen Verkaufswagen auf dem Gehweg in der Nähe des Ladengeschäfts so lange aufzustellen, bis die Straßenbauarbeiten in der Hauptstraße beendet sind (auflösende Bedingung). Das Chemieunternehmen B. erhält die Erlaubnis zur Einleitung von Abwässern in den Rhein unter der aufschiebenden Bedingung, dass die Abwässer zuvor gefiltert und ständig kontrolliert werden.
Auflage	Bauherr B. erhält die beantragte Baugenehmigung, allerdings mit der negativen Zusatzregelung, dem Haus dauerhaft zwei Stellplätze zuzuordnen. (Die Baugenehmigung hängt nicht von der Erfüllung der Auflage ab.)
Auflagenvorbehalt	Frau M. erhält die beantragte Gewerbeerlaubnis für einen Metallbaubetrieb mit der negativen Zusatzregelung, dass sich die Behörde spätere Auflagen zur Lärmminderung vorbehält, falls die Nachbarschaft durch Lärm aus den Betriebsräumen erheblich belästigt wird.
Widerrufsvorbehalt	Rentner R. möchte auf dem Bürgersteig der Ortsdurchfahrt der Bundesstraße 54 einen Zeitungskiosk aufstellen. Mit erheblicher Zunahme des Straßenverkehrs ist zu rechnen. Die Behörde erteilt ihm die Erlaubnis mit dem Vorbehalt des jederzeitigen Widerrufs (durch einen späteren VA), falls dieser Fall eintritt.

Befristung, Bedingung und Widerrufsvorbehalt sind unselbstständige **Bestandteile** des Verwaltungsakts. Ist z. B. eine Bedingung nicht erfüllt, ist der Verwaltungsakt nicht wirksam.

Die Auflage ist ein selbstständig erzwingbares Ge- oder Verbot und damit ein **Neben-Verwaltungsakt**, der aber mit der begünstigenden Hauptregelung sachlich zusammenhängt. Daher hängt die Auflage vom Bestand des Verwaltungsakts ab. Endet die Wirksamkeit des Verwaltungsakts, z. B. durch Aufhebung, so gilt dies auch für die Auflage. Wird die Auflage nicht erfüllt, ist die Hauptregelung dennoch wirksam. Allerdings kann die Behörde in diesem Fall den begünstigenden Verwaltungsakt widerrufen (§ 49 Abs. 2 Nr. 2 VwVfG) oder die Auflage zwangsweise durchsetzen.

Auflage und Auflagenvorbehalt sind als Verwaltungsakte gesondert anfechtbar (Widerspruch, Klage). Die unselbstständigen Nebenstimmungen sind für sich anfechtbar, soweit eine Teilaufhebung des Verwaltungsakts möglich und sinnvoll ist. Ein Verwaltungsakt mit Befristung, Bedingung und Widerrufsvorbehalt ist in jedem Fall als Ganzes anfechtbar.

Modifizierende Auflage

Von einer „modifizierenden Auflage" spricht man dann, wenn der Inhalt des Verwaltungsakts vom Antrag qualitativ abweicht, ohne dass ein zusätzliches Ge- oder Verbot hinzugefügt wird. Hierbei handelt es sich um eine Inhaltsbestimmung der Hauptregelung des Verwaltungsakts, nicht um eine Auflage im Sinne des § 36 VwVfG.

Beispiel

Bauherr B. beantragt eine Baugenehmigung für ein Haus mit Satteldach. Die Baugenehmigungsbehörde erteilt ihm eine Baugenehmigung mit zwei Zusätzen:

a) B. wird verpflichtet, zwei Stellplätze für Pkw zu schaffen.

b) B. wird ein Haus mit Flachdach genehmigt, da der Bebauungsplan nur diese Dachform zulässt.

Zusatz a) ist als zusätzliche Verpflichtung eine „echte" Auflage. Zusatz b) jedoch verändert die beantragte Baugenehmigung derart, dass der erteilte Verwaltungsakt inhaltlich etwas qualitativ anderes darstellt. Mit der genehmigten Dachform ergibt sich ein ganz anderes Bauwerk. B. darf das geplante Haus nicht bauen, sondern ein anderes, das dem Bebauungsplan entspricht. Bei Zusatz b) handelt es sich damit um eine inhaltliche Bestimmung der Hauptregelung, nicht um eine Auflage.

221060462

Nebenbestimmungen des Verwaltungsakts

Befristung

Regelung im Verwaltungsakt ist **zeitlich** begrenzt.

Begrenzung durch
- Anfangstermin: **aufschiebende** Befristung
- Endtermin: **auflösende** Befristung

Bedingung

Regelung im Verwaltungsakt hängt ab vom **ungewissen** Eintritt eines zukünftigen **Ereignisses.**

Ereigniseintritt lässt die Regelung
- wirksam werden: **aufschiebende** Bedingung
- unwirksam werden: **auflösende** Bedingung

Widerrufsvorbehalt

Regelung im Verwaltungsakt endet, **wenn** die Behörde den Verwaltungsakt tatsächlich **widerruft.**

(Sonderfall der auflösenden Bedingung)

Auflage

Hauptregelung (begünstigender Verwaltungsakt) verbunden mit **Nebenregelung** (zusätzlich auferlegte Verpflichtung) **– Auflage –**

Auflagenvorbehalt

Hauptregelung (begünstigender Verwaltungsakt) verbunden mit **Nebenregelung** (Vorbehalt einer nachträglichen Auflage) **– Auflagenvorbehalt –**

2.4 Bekanntgabe von Verwaltungsakten

2.4.1 Formen der Bekanntgabe

Der Verwaltungsakt ist demjenigen bekannt zu geben, für den er bestimmt ist oder der von ihm betroffen wird. Erst im Zeitpunkt der Bekanntgabe erhält die beabsichtigte Regelung Außenwirkung und wird zum Verwaltungsakt.

Verwaltungsakte sind empfangsbedürftige Willenserklärungen. Von **„Empfangen"** des Willens der Behörde kann man nur dann sprechen, wenn der Adressat in der Lage ist, die Regelung der Behörde wahrzunehmen und zu erkennen. Bei schriftlichen Verwaltungsakten genügt das **Zugehen** (§ 130 BGB) des Bescheids; es kommt nicht darauf an, ob der Empfänger den Brief tatsächlich öffnet und liest. Ferner muss die Bekanntgabe durch die zuständige Behörde amtlich veranlasst werden. Zufälliges Kennen der Regelung – etwa aus privaten Gesprächen – genügt nicht.

Als **Empfänger** des Verwaltungsakts kommen infrage
- der Beteiligte, für den der Verwaltungsakt bestimmt ist (Adressat kann z. B. der Antragsteller sein),
- derjenige, der (außerdem) von dem Verwaltungsakt betroffen wird (z. B. der durch eine Baugenehmigung in seinen Rechten betroffene Nachbar),
- ein evtl. bestellter Bevollmächtigter.

Ausnahmsweise sind öffentliche Bekanntgabeformen zugelassen, z. B.

- bei Verwaltungsakten, deren Adressat nicht erreichbar ist (§ 10 VwZG),
- bei bestimmten Allgemeinverfügungen (§ 41 Abs. 3 Satz 2 VwVfG),
- bei Entscheidungen in bestimmten „Massenverfahren" (vgl. z. B. Bekanntmachungen gem. §§ 69 Abs. 2 und 74 Abs. 5 VwVfG).

Verwaltungsakte werden meistens schriftlich, seltener elektronisch, mündlich oder durch Zeichen übermittelt. Die Behörden wählen für schriftliche Verwaltungsakte oft die preiswerte Versendungsform des einfachen Briefes. Der Zeitpunkt des Zugehens ist hier kaum zu ermitteln. Deshalb legt § 41 Abs. 2 VwVfG für den **einfachen Postversand** nur eine **Zugangsvermutung** fest: Als Bekanntgabezeitpunkt gilt hier grundsätzlich der dritte Tag nach der Aufgabe zur Post, auch wenn dies ein Samstag, Sonntag oder Feiertag ist.

Diese „Drei-Tage-Fiktion" ist keine verbindliche „Frist". Von diesem nur angenommenen Bekanntgabetag darf die Behörde jedoch nicht ausgehen, wenn der Adressat einen späteren Zeitpunkt oder den Nichtzugang behauptet und sie den Zugang nicht beweisen kann.

Die einfache Bekanntgabe eines schriftlichen Verwaltungsakts ist auch per **Fax oder E-Mail** möglich. Kommt ein Dokument beim Empfänger in elektronischer Form an (also nicht schriftlich), ist davon auszugehen, dass er den Brief auf Papier ausdrucken kann, da er die technische Möglichkeit zur Übermittlung elektronischer Post durch Mitteilen der Faxnummer bzw. E-Mail-Adresse selbst bekannt gegeben hat. Die „Drei-Tage-Fiktion" gilt auch für diese Verwaltungsakte. Die Beweislast trägt die Behörde.

2.4.2 Zustellungsarten

Der Zeitpunkt der Bekanntgabe ist bedeutsam für evtl. im Verwaltungsakt festgesetzte Handlungs- und Zwangsmittelfristen sowie für die Rechtsbehelfsfrist. Die bloße Zugangsvermutung bei den einfachen Briefen bringt die Behörde im Zweifelsfall in Beweisnot. Dieses Problem lässt sich durch eine **„förmliche" Zustellung** ausschließen.

Zustellung (im Sinne des Verwaltungsrechts) ist die Bekanntgabe eines schriftlichen oder elektronischen Dokuments in der **gesetzlich bestimmten Form**.

Festgelegt ist sie im Verwaltungszustellungsgesetz des Bundes (VwZG) und ähnlich in den Zustellungsgesetzen der Länder. Oft erklären diese das VwZG des Bundes für verbindlich. Nachfolgend werden die bundesrechtlichen Regelungen zugrunde gelegt. Die Zustellung ist vorgeschrieben z. B. für Widerspruchsbescheide, beamtenrechtliche Verfügungen und Entscheidungen; im Landesrecht z. B. für Zwangsmittelandrohungen.

Die Zustellung wird durch einen Erbringer von Postdienstleistungen (Post) oder durch die Behörde ausgeführt. Daneben gibt es Sonderarten der Zustellung. Die Behörde hat die Wahl zwischen den einzelnen Zustellungsarten.

Wichtige **Zustellungsarten**:

- Zustellung mittels Einschreiben,
- Zustellung gegen Empfangsbekenntnis,
- Zustellung mit Zustellungsurkunde,
- öffentliche Zustellung.

Zustellung mittels Einschreiben

Die Erbringer von Postdienstleistungen – z. B. die Deutsche Post AG – bieten „Einwurf-Einschreiben", „Übergabe-Einschreiben" oder „Einschreiben mit Rückschein" an, jedoch zählen nur die beiden letztgenannten Varianten zu den Zustellungsformen nach dem VwZG.

Beim **„Übergabe-Einschreiben"** (Zustellvermerk: Einschreiben Eigenhändig) erhält die absendende Behörde bei der Aufgabe des Briefes einen Einlieferungsschein; anschließend wird der Brief persönlich an den Empfänger, seinen Ehegatten beziehungsweise Bevollmächtigten oder einen anderen Empfangsberechtigten gegen Unterschrift ausgeliefert. Da die Behörde keinen Nachweis über die Zustellung erhält, gilt der Brief grundsätzlich mit dem dritten Tag nach der Aufgabe zur Post als zugestellt.

Beim **Einschreiben mit Rückschein** fügt der Absender dem Brief einen ausgefüllten Rückschein bei. Die Post sendet die Empfangsbestätigung des Adressaten an den Absender zurück. Das bestätigte Empfangsdatum ist dann das Zustelldatum des Bescheids.

221060464

Trifft der Postzusteller den Adressaten oder dessen Angehörige bzw. Angestellte nicht an, hinterlässt er einen Benachrichtigungsschein. Da der Brief selbst noch im „Machtbereich“ der Post verbleibt, geht der Verwaltungsakt erst mit dessen Aushändigung zu. Es ist auch möglich, dass der Adressat die Annahme verweigert. Daher ist die Zustellung durch eingeschriebenen Brief nur dann zweckmäßig, wenn zu erwarten ist, dass der Empfänger (oder Ersatzempfänger) angetroffen und das Schriftstück angenommen wird.

Zustellung mit Zustellungsurkunde

Der verschlossene Bescheid wird zusammen mit dem vorbereiteten Postzustellungsauftrag der Post übergeben. Der Postzusteller beurkundet die Zustellung. Die absendende Behörde erhält mit der Zustellungsurkunde einen exakten Zustellungsbeweis.

Wird der Adressat nicht angetroffen, kann ersatzweise an andere Personen zugestellt werden, und zwar in Geschäftslokalen an Mitarbeiter, in Wohnungen an Familienangehörige, an zum Haushalt gehörende erwachsene Personen (Ersatzzustellung). Bei Annahmeverweigerung lässt der Postzusteller den Brief am Ort der Zustellung zurück; damit ist die Zustellung bewirkt. Trifft er weder den Empfänger noch eine für die Ersatzzustellung infrage kommende Person an, legt er den Brief in den Hausbriefkasten. Ist auch dies nicht möglich, hinterlässt er eine Benachrichtigung (z. B. an der Wohnungstür oder bei Nachbarn) und legt den Brief bei der Postfiliale oder -agentur nieder. Dort liegt er drei Monate zur Abholung bereit. Durch die Niederlegung wird die Zustellung bewirkt. Der Verwaltungsakt gilt zum beurkundeten Zustellungszeitpunkt als bekannt gegeben. Der Empfänger kann sich dieser Zustellung nicht entziehen.

Zustellung durch die Behörde gegen Empfangsbekenntnis

Ein Mitarbeiter der absendenden Behörde händigt das Schriftstück aus. Der Empfänger unterschreibt das vorbereitete Empfangsbekenntnis. Das Datum der Aushändigung wird auf dem Empfangsbekenntnis und auf dem Schriftstück bzw. dem Umschlag vermerkt. Die Vorschriften über die Ersatzzustellung und Annahmeverweigerung entsprechen den Regelungen für den Postzustellungsauftrag. Besonders geregelt ist die Zustellung gegen Empfangsbekenntnis bei **elektronischen Dokumenten**. Hierfür muss der Empfänger einen entsprechenden Zugang eröffnet haben, außerdem ist das Dokument mit einer qualifizierten elektronischen Signatur zu versehen. Das unterzeichnete Empfangsbekenntnis ist als elektronisches Dokument an die Behörde zurückzusenden. Muss eine Behörde schnell zustellen, bietet sich das Empfangsbekenntnis an. Diese Art der Zustellung ist – wie auch die Postzustellungsurkunde – wesentlich sicherer als die Zustellung per Einschreiben.

Elektronische Zustellung

Ein elektronisches Dokument kann elektronisch zugestellt werden, soweit der Empfänger hierfür einen Zugang eröffnet. Er benötigt dazu eine Browser-Erweiterung und die Anmeldung im De-Mail-Account[1]. Danach sind Schlüssel zu erstellen und mit dem jeweiligen Kommunikationspartner auszutauschen. Nun können verschlüsselte De-Mails (auch mit Dateianhängen) passwortgeschützt gesendet und gelesen werden. Ein elektronisches Dokument einer Behörde kann z. B. mit dem Hinweis „Zustellung gegen Abholbestätigung“ an das De-Mail-Postfach des Empfängers zugestellt werden. Das Verfahren ist sicherer, schneller und günstiger als Briefpost.

Der Bund hat das De-Mail-Gesetz 2011 erlassen. Die rechtlichen Voraussetzungen für die elektronische Bescheidzustellung liegen auch bei den Ländern weitgehend vor. Obwohl De-Mails wesentlich sicherer, aber ähnlich leicht zu handhaben sind wie E-Mails, haben sie sich bisher nicht durchgesetzt.

Öffentliche Zustellung

Die öffentliche Zustellung ist nur in gesetzlich vorgesehenen Fällen zulässig und kommt relativ selten vor.

Diese Zustellung kann durch **öffentliche Bekanntmachung** erfolgen, wenn der Aufenthaltsort des Empfängers unbekannt ist und eine Zustellung an einen Vertreter nicht möglich ist oder wenn eine Zustellung im Ausland nicht möglich ist oder keinen Erfolg verspricht.

---

1 Niemand darf De-Mail-Dienste ohne vorherige Akkreditierung (Zulassung durch das Bundesamt für Sicherheit in der Informationstechnik) anbieten. Nach § 21 De-Mail Gesetz hat das Bundesamt für Sicherheit in der Informationstechnik als zuständige Behörde die Namen der akkreditierten Diensteanbieter zu veröffentlichen. Zu den ersten akkreditierten Diensten gehören die Deutsche Telekom und 1&1 De-Mail GmbH.

Die Benachrichtigung muss den Hinweis enthalten, dass das Dokument öffentlich zugestellt wird und Fristen in Gang gesetzt werden können, nach deren Ablauf Rechtsverluste drohen können. Das Dokument gilt als zugestellt, wenn seit dem Tag der Bekanntmachung der Benachrichtigung zwei Wochen vergangen sind.

Beispiel

NEUSTÄDTER Bekanntmachungen

Nr. 5 – 63. Jahrgang | **Amtsblatt der Stadt Neustadt** | **Mittwoch, 2. Februar 20 . .**

Öffentliche Zustellung

Für Herrn Mirko von Dannenberg, zuletzt wohnhaft: 49999 Neustadt, Dortmunder Straße 52, liegt beim Rechtsamt der Stadt Neustadt, Rathausplatz 1, Zimmer 219, folgendes Schriftstück zur Abholung bereit: Bescheid vom 08. Dezember 20 . ., Aktenzeichen: 30/OWi CB 530 700 077. Dieses Schriftstück kann in der vorgenannten Dienststelle von Montag bis Mittwoch in der Zeit von 8:00 bis 12:00 Uhr, 13:00 bis 15:30 Uhr, Donnerstag von 8:00 bis 12:00 Uhr, 13:00 bis 17:00 Uhr und Freitag von 8:00 bis 12:00 Uhr in Empfang genommen werden.

Neustadt, 25. Januar 20 . .

2.4.3 Wirksamkeit, Bestandskraft und Erlöschen des Verwaltungsakts

Verwaltungsakte sollen **verbindlich** und **dauerhaft** sein. Es würde zu Rechtsunsicherheit führen, wenn Behörden hoheitliche Regelungen beliebig abändern bzw. für ungültig erklären dürften oder wenn betroffene Bürger die Verbindlichkeit von Bescheiden immer wieder infrage stellen könnten.

Der Grundsatz der Rechtssicherheit muss allerdings mit dem des Rechtsschutzes (dem Schutz vor fehlerhaften Verwaltungsakten) in Einklang stehen. Hierzu tragen die Rechtsnormen über die **Wirksamkeit** und **Bestandskraft** des Verwaltungsakts bei.

Mit seiner Bekanntgabe wird der Verwaltungsakt **unmittelbar wirksam**, d. h., er bindet die Behörde und wird auch für den Betroffenen maßgeblich (§ 43 Abs. 1 VwVfG). Diese Wirksamkeit wird in der Literatur auch einfache oder materielle Bestandskraft genannt.

Beispiel

Frau Kunze erhält am 21. Juli einen Bescheid über die Festsetzung der Hilfe zum Lebensunterhalt ab 18. Juli (Antragsdatum). An diesen Bescheid ist die Behörde ab 21. Juli gebunden. Solange die Voraussetzungen unverändert bleiben, ist der festgesetzte Sozialhilfebetrag zu zahlen, und zwar ab dem im Bescheid genannten Datum. Auch für Frau Kunze ist die Höhe der Zahlungen wie auch ihre Mitteilungspflicht über Veränderungen in den persönlichen oder wirtschaftlichen Verhältnissen vom Tage der Bekanntgabe des Verwaltungsakts an verbindlich.

Bestandskraft erlangt der Verwaltungsakt, wenn er mit Rechtsbehelfen nicht mehr angefochten werden kann. (Im VwVfG ist die Bestandskraft nicht näher bestimmt.)

Nach Ablauf der Rechtsbehelfsfrist ist der Verwaltungsakt regelmäßig unanfechtbar. (Ein Rechtsbehelf hingegen schiebt den Eintritt der Bestandskraft vorläufig auf.) Die durch Fristablauf eintretende Unanfechtbarkeit wird auch als formelle oder gesteigerte Bestandskraft bezeichnet.

Wirkungen der Bestandskraft

- Ein **Rechtsbehelf ist nun unzulässig**. Er kann nur ausnahmsweise nachgeholt werden. Versäumt jemand ohne Verschulden die Rechtsbehelfsfrist (z. B. wegen Klinikaufenthalts bei schwerer Krankheit), so ist ihm auf Antrag Wiedereinsetzung in den vorigen Stand zu gewähren (§ 60 Abs. 1 VwGO).
- Lässt die Behörde den Verwaltungsakt so bestehen, so bleibt er auch dann wirksam und bestandskräftig, **wenn er Fehler enthält**. Behördliche Beseitigungsmöglichkeiten sind gesetzlich geregelt; nur ausnahmsweise (bei schwersten Fehlern) ist der Verwaltungsakt nichtig und damit unwirksam.
- Einen befehlenden Verwaltungsakt kann die Behörde nun **erzwingen**.

Die **Bestandskraft endet** bei Rücknahme, Widerruf, anderweitiger Aufhebung, Zeitablauf oder sonstiger Erledigung des Verwaltungsakts.

221060466

Nicht zu verwechseln ist die Bestandskraft des Verwaltungsakts mit der Rechtskraft, die nur Gerichtsurteilen zukommt. Ein rechtskräftiges (nicht mehr anfechtbares) Urteil bindet nicht nur Kläger und Beklagten, sondern auch das Gericht; es hat als neutrale Instanz „das letzte Wort". Den bestandskräftigen Verwaltungsakt hingegen kann der Betroffene zwar nicht mehr anfechten, jedoch hat die Behörde unter bestimmten Voraussetzungen gesetzlich geregelte Aufhebungsmöglichkeiten.

Beispiel

Wenn der Bescheid an Frau Kunze am 20. Juli als einfacher Brief zur Post gegeben wurde, so gilt er kraft Gesetzes mit dem 23. Juli als bekannt gegeben; die Rechtsbehelfsfrist (Belehrung vorausgesetzt) endet mit Ablauf des 23. August. Erhebt Frau Kunze nicht Widerspruch, wird der Verwaltungsakt am 24. August unanfechtbar und damit bestandskräftig. Hat die Behörde die Hilfe irrtümlich auf einen um 25,00 € zu hohen Betrag festgesetzt, darf sie den Verwaltungsakt gem. § 45 SGB X auch nach dem 23. August mit Wirkung für die Zukunft zurücknehmen. Im Falle einer Rücknahme enden Bestandskraft und Wirksamkeit, ebenso bei Erledigung des Sozialhilfebescheids wegen Wegfalls der Hilfsbedürftigkeit.

Formen der Bekanntgabe des Verwaltungsakts

einfache Bekanntgabe

durch Zeichen	schriftlich		elektronisch	mündlich
Beispiel: Verkehrsregelung durch Polizisten	Übergabe durch Behörde (im Büro, durch Boten)	Postversand als einfacher Brief, Versand als Telefax	Übermittlung einer E-Mail	Beispiel: Gebäuderäumung vor Entschärfung einer Bombe

Zustellung (förmliche Bekanntgabe)

durch Anbieter von Post- und De-Mail-Dienstleistungen	durch die Behörde selbst
Zustellung ■ **mittels Einschreiben** (§ 4 VwZG), als Zustellungszeitpunkt gilt grundsätzlich der dritte Tag nach Aufgabe zur Post (Ausnahme: Bei Einschreiben mit Rückschein gilt das Zustelldatum.) ■ **mit Zustellungsurkunde** (§ 3 VwZG), Bekanntgabe zum beurkundeten Zeitpunkt der Zustellung ■ elektronisch, gegen Abholbestätigung (§§ 5, 5 a VwZG), als Zustellzeitpunkt gilt grundsätzlich der dritte Tag nach Absendung.	**Zustellung** ■ **gegen Empfangsbekenntnis** (§ 5 VwZG), Bekanntgabe zum Zeitpunkt der Zustellung ■ **durch öffentliche Zustellung** (§ 10 VwZG), der Verwaltungsakt gilt zwei Wochen nach Bekanntmachung der Benachrichtigung über den Bescheid als zugestellt. ■ **durch öffentliche Bekanntgabe** (§ 41 Abs. 3, 4 VwVfG), bei schriftlichen Allgemeinverfügungen kann als Bekanntgabezeitpunkt frühestens der auf die Bekanntmachung folgende Tag bestimmt werden; für **Massenverfahren** gelten spezielle Vorschriften.

Ohne Bekanntgabe wird ein fiktiver („gedachter") Verwaltungsakt wirksam: Nach § 42 a VwVfG gilt eine beantragte Genehmigung nach Ablauf einer Frist von grundsätzlich drei Monaten als erteilt, wenn dies durch Rechtsvorschrift angeordnet und der Antrag hinreichend bestimmt ist. Die fiktive Genehmigung kann nur entstehen, wenn die Behörde nicht fristgerecht entscheidet.

2.5 Aufheben von Verwaltungsakten

2.5.1 Möglichkeiten der Aufhebung von Verwaltungsakten

Die Wirksamkeit eines Verwaltungsakts kann auf unterschiedliche Weise enden.

„Lebensweg" eines Verwaltungsakts

Verwaltungsverfahren	Rechtsbehelfsfrist (ein Monat)	Unanfechtbarkeit	Ende der Wirksamkeit
↑ Eintritt der Wirksamkeit mit Bekanntgabe des Verwaltungsakts	↑ Eintritt der Bestandskraft mit Ablauf der Rechtsbehelfsfrist (wenn kein Rechtsbehelf eingelegt wird)		↑ z. B. durch Rücknahme, Widerruf, Aufhebung nach Anfechtung, Zeitablauf, Erledigung

Für die Verwaltung ist der Verwaltungsakt die wichtigste Handlungsform. Ein Grund hierfür ist die Möglichkeit der Verwaltung, ihre Verwaltungsakte selbst wieder aufheben, d. h. „aus der Welt schaffen", zu können. Aber auch der Adressat eines Verwaltungsakts kann an dessen Beseitigung interessiert sein.

Beispiele

- *Frau Sommer erhält eine Erlaubnis zum Bau eines zweistöckigen Hauses. Wenig später ändert die Stadt den Bebauungsplan; er lässt nur noch einstöckige Bauweise zu.*
- *Herr Winter erhält eine Bauerlaubnis mit Auflagen, die er zunächst akzeptiert. Nach zwei Monaten erfährt er, dass der zugrunde gelegte Bebauungsplan nicht rechtswirksam ist und die Auflage nicht hätte festgesetzt werden dürfen.*

Im ersten Beispiel hat die Behörde die Erlaubnis zwar rechtmäßig erteilt, der neuen Rechtslage entspricht sie aber nicht mehr. Frau Sommer war sich sicher, auf den Bestand der Erlaubnis fest vertrauen zu können. Muss sie dennoch den zu erwartenden Widerruf des Verwaltungsakts durch die Behörde akzeptieren?

Im zweiten Beispiel wird Herr Winter sich den rechtswidrigen Auflgen nicht beugen. Er wird es nicht hinnehmen, dass die Behörde den Grundsatz der Gesetzmäßigkeit verletzt. Der Verwaltungsakt ist aber inzwischen unanfechtbar. Muss er sich nun mit den Auflagen abfinden?

Beide Fälle zeigen ein Spannungsverhältnis zwischen zwei Grundsätzen des Rechtsstaats:

Gesetzmäßigkeit der Verwaltung ⟷ **Rechtssicherheit und Vertrauensschutz**

Der Begriff „Aufhebung" ist der Oberbegriff zu den Begriffen „Rücknahme" und „Widerruf". Unter „Aufhebung" ist die Beseitigung der rechtlichen Wirksamkeit des Verwaltungsakts zu verstehen. Die Aufhebung eines Verwaltungsaktes ist selbst ein Verwaltungsakt.

Relativ unproblematisch erscheint die Aufhebung eines rechtswidrigen Verwaltungsakts, der den Bürger belastet. Hier trifft die Verwaltung zum einen aufgrund von Art. 20 Abs. 3 GG die Verpflichtung, wieder einen rechtmäßigen Zustand zu schaffen. Zum anderen dürfte auch der von dem Verwaltungsakt betroffene Bürger ein Interesse daran haben, die mit dem Verwaltungsakt verbundene Belastung zu verlieren.

Schwieriger ist demgegenüber die Aufhebung eines begünstigenden Verwaltungsakts; insbesondere, wenn dieser rechtmäßig ist. Hier dürfte der von dem Verwaltungsakt betroffene Bürger kein Interesse daran haben, die ihm gewährte Begünstigung wieder zu verlieren. Soweit für die Aufhebung eines Verwaltungsakts keine spezialgesetzliche Rechtsgrundlage gilt (z. B. in SGB X, AO oder VwGO), regeln § 48 und § 49 VwVfG die Rücknahme bzw. den Widerruf von Verwaltungsakten. Mithilfe dieser Rechtsgrundlagen erhält die Verwaltung die Möglichkeit, die Wirksamkeit eines Verwaltungsakts zu beseitigen.

Möglichkeiten der Beseitigung von Verwaltungsakten			
Aufhebung			
rechtmäßiger Verwaltungsakte	**rechtswidriger Verwaltungsakte**		
Widerruf	**Rücknahme**	**Aufhebung in einem Rechtsbehelfsverfahren**	
durch die Behörde (§ 49 VwVfG)	durch die Behörde (§ 48 VwVfG)	durch die Behörde („Abhilfe", § 73 VwGO)	durch ein Gericht (§ 113 VwGO)

Die Aufhebung im Widerspruchs- bzw. Klageverfahren wird im Lernfeld 10 behandelt.

2.5.2 Rücknahme von Verwaltungsakten

§ 48 VwVfG regelt die Rücknahme von rechtswidrigen Verwaltungsakten. Grundvoraussetzung für die Anwendung von § 48 VwVfG ist ein ursprünglich rechtswidriger Verwaltungsakt. Maßgeblich ist hierbei grundsätzlich der Zeitpunkt, an dem der Verwaltungsakt erlassen wurde.

Innerhalb der Vorschrift unterscheidet der Gesetzgeber zunächst zwischen belastenden und begünstigenden Verwaltungsakten. Des Weiteren differenziert er zwischen begünstigenden Verwaltungsakten über eine Geldleistung oder teilbare Sachleistung sowie anderen begünstigenden Verwaltungsakten. Diese Unterscheidungen wirken sich auf die Tatbestandsvoraussetzungen aus, nach denen der jeweilige Verwaltungsakt zurückgenommen werden kann.

Rücknahme belastender Verwaltungsakte

§ 48 Abs. 1 S. 1 VwVfG regelt die Rücknahme rechtswidriger belastender Verwaltungsakte. Solche Verwaltungsakte können ohne weitere Voraussetzungen nach Ermessen aufgehoben werden. Eine Berücksichtigung des Vertrauensschutzes des Bürgers in den Bestand des Verwaltungsakts ist aufgrund des belastenden Charakters des Verwaltungsakts nicht notwendig.

Rücknahme begünstigender Verwaltungsakte über eine Geldleistung oder teilbare Sachleistung

§ 48 Abs. 1 S. 1 und S. 2 VwVfG regeln i. V. m. § 48 Abs. 2 und Abs. 4 VwVfG die Rücknahme von rechtswidrigen, begünstigenden Verwaltungsakten über eine Geldleistung oder eine teilbare Sachleistung.

Beispiele

- *Verwaltungsakte über Geldleistungen sind bspw. Subventions- oder andere Förderbescheide, sowie Verwaltungsakte über Kindergeld, Sozialhilfe, BAföG.*
- *Verwaltungsakte über teilbare Sachleistungen kommen in der Verwaltungspraxis wesentlich seltener vor, als solche über Geldleistungen. Teilbare Sachleistungen sind bspw. die Überlassung von Wohnraum.*

Bei der Rücknahme von Verwaltungsakten, die eine Geldleistung oder eine teilbare Sachleistung beinhalten, ist in besonderem Maße das Vertrauen des Adressaten in den Bestand des Verwaltungsakts zu berücksichtigen (§ 48 Abs. 2 S. 1 VwVfG).

Bei der Anwendung dieser Vorschrift ist demnach zuerst zu prüfen, ob der Begünstigte überhaupt auf den Bestand des Verwaltungsaktes vertraut hat. Liegt kein Vertrauen des Begünstigten vor, bspw. weil dieser schon mit einer Aufhebung rechnete, so kann der Verwaltungsakt zurückgenommen werden.

Hat der Begünstigte auf den Bestand des Verwaltungsakts vertraut, so ist abzuwägen, ob dieses Vertrauen schutzwürdig ist und das öffentliche Interesse an einer Rücknahme des Verwaltungsakts überwiegt. Um diese Abwägung für den Gesetzesanwender zu erleichtern, gibt der Gesetzgeber in § 48 Abs. 2 S. 2 und S. 3 VwVfG zwei Maßgaben für das Vorliegen bzw. Nicht-Vorliegen von schutzwürdigem Vertrauen des Begünstigten vor.

- Zunächst sind die Ausschlussgründe des § 48 Abs. 2 S. 3 VwVfG zu prüfen. In § 48 Abs. 2 S. 3 Nr. 1 bis 3 VwVfG zählt der Gesetzgeber Möglichkeiten auf, in denen sich der Begünstigte nicht auf sein Vertrauen in den Bestand des Verwaltungsakts berufen kann.
- Liegt keiner der drei Tatbestände des § 48 Abs. 2 S. 3 VwVfG vor, so ist § 48 Abs. 2 S. 2 VwVfG zu berücksichtigen. Hiernach überwiegt der Vertrauensschutz des Begünstigten in der Regel, wenn dieser gewährte Leistungen verbraucht hat oder eine Vermögensdisposition getroffen hat, die nicht mehr oder nur unter unzumutbaren Nachteilen rückgängig machen kann. Letzteres ist bspw. der Fall, wenn der Begünstigte angesichts des Verwaltungsakts Verträge geschlossen hat, die zu erfüllen sind.

Soweit weder § 48 Abs. 2 S. 3 VwVfG noch § 48 Abs. 2 S. 2 VwVfG anzuwenden ist, erfolgt eine allgemeine Abwägung zwischen dem Vertrauensschutz des Begünstigten am Bestand des Verwaltungsakts und dem öffentlichen Interesse an der Rücknahme. Hierbei ist insbesondere der Zeitraum seit dem Erlass des Verwaltungsaktes, die Art des Verfahrens sowie die Auswirkungen des Verwaltungsakts auf die Allgemeinheit zu berücksichtigen. Zu beachten ist auch, dass die Rücknahme eines begünstigenden Verwaltungsakts über eine Geldleistung oder eine teilbare Sachleistung nur innerhalb der Jahresfrist des § 48 Abs. 4 S. 1 VwVfG erfolgen darf.

Auf Rechtsfolgenebene hat die Behörde über die Rücknahme von begünstigenden Verwaltungsakten über eine Geldleistung oder eine teilbare Sachleistung nach Ermessen zu entscheiden. Sie kann den Verwaltungsakt unter Berücksichtigung der Maßgaben des § 40 VwVfG ganz oder teilweise mit Wirkung für die Zukunft oder die Vergangenheit zurücknehmen. In diesem Zusammenhang ist zu beachten, dass die Rechtsprechung bei der Aufhebung von Geldleistungs-Verwaltungsakten die „Kann"-Vorschrift des § 48 Abs. 1 S. 1 VwVfG in eine „Soll"-Entscheidung, d. h. in eine angestrebte Ermessensentscheidung umdeutet. Grund hierfür ist, dass das Gebot der Wirtschaftlichkeit und Sparsamkeit der Haushaltsführung für die Rechtsprechung in der Regel die Interessen des Begünstigten überwiegt. Insofern müssen für diesen besondere Gründe vorliegen, um eine anders lautende Ermessensentscheidungen herbeizuführen.

Rücknahme begünstigender Verwaltungsakte über keine Geldleistung oder teilbare Sachleistung

§ 48 Abs. 1 S. 1 und S. 2 VwVfG regeln i. V. m. § 48 Abs. 3 und 4 VwVfG die Rücknahme rechtswidriger, begünstigender Verwaltungsakte, die keine Geldleistung und keine teilbare Sachleistung beinhalten. Dies sind bspw. behördlich erteilte Erlaubnisse und Genehmigungen.

Tatbestandsvoraussetzung ist in solchen Fällen ein rechtswidriger, begünstigender Verwaltungsakt, der nicht unter § 48 Abs. 2 VwVfG fällt. Daneben ist die Fristenregelung des § 48 Abs. 4 S. 1 VwVfG zu beachten. Auf Rechtsfolgenseite erfolgt die Rücknahme nach Ermessen.

Im Gegensatz zu Verwaltungsakten die unter § 48 Abs. 2 VwVfG fallen, spielt bei Verwaltungsakten die keine Geldleistung und keine teilbare Sachleistung beinhalten, die Frage des Vertrauensschutzes des Begünstigten auf Tatbestandsebene keine Rolle. Der Gesetzgeber gewährt bei diesen Verwaltungsakten Vertrauensschutz nicht i. S. v. Bestandsschutz, sondern i. S. v. Vermögensschutz. Die Vorschrift des § 48 Abs. 3 VwVfG gewährt dem Begünstigten den Ausgleich des durch die Rücknahme entstanden Vermögensnachteils auf Antrag, soweit sein Vertrauen in den Bestand des Verwaltungsakts schutzwürdig ist.

Vertrauensschutzaspekte, die auf den Bestand des Verwaltungsaktes gerichtet sind, können lediglich im Rahmen des Ermessens, d. h. bei der Prüfung der Rechtsfolge berücksichtigt werden. Dies ist aufgrund einer verfassungskonformen Auslegung von § 48 Abs. 3 VwVfG möglich. Das Prinzip des Vertrauensschutzes folgt aus dem Rechtsstaatsprinzip. Würde bei der Rücknahme von Verwaltungsakten die unter § 48 Abs. 3 VwVfG fallen, Vertrauensschutz ausschließlich i. S. v. Vermögensschutz gewährt, so würde dem Rechtsstaatsprinzip nicht angemessen genüge getan.

2.5.3 Widerruf von Verwaltungsakten

§ 49 VwVfG regelt den Widerruf von rechtmäßigen Verwaltungsakten. Grundvoraussetzung für die Anwendung von § 49 VwVfG ist somit das Vorliegen eines ursprünglich rechtmäßigen Verwaltungsakts. Liegen die Voraussetzungen einer Rücknahme gem. § 48 VwVfG nicht vor, so können freilich auch rechtswidrige Verwaltungsakte nach § 49 VwVfG widerrufen werden. Wenn sogar ein rechtmäßiger Verwaltungsakt gem. § 49 VwVfG aufhebbar ist, dann erst recht ein rechtswidriger.

Widerruf belastender Verwaltungsakte

Ein rechtmäßiger belastender Verwaltungsakt kann grundsätzlich ohne weitere Einschränkungen für die Zukunft widerrufen werden. Ausnahmsweise ist ein Widerruf von rechtmäßigen belastenden Verwaltungsakten nicht möglich, wenn die Behörde einen Verwaltungsakt gleichen Inhalts erneut erlassen müsste. Dies ist der Fall, wenn die Behörde bei unveränderter Sach- und Rechtslage aufgrund des Vorliegens einer gebundenen Entscheidung dazu gezwungen ist, den Verwaltungsakt zu erlassen.

Überdies ist der Widerruf eines rechtmäßigen, belastenden Verwaltungsakts unzulässig, wenn andere Gründe, bspw. eine entsprechende gesetzliche Regelung oder die Natur des jeweiligen Verwaltungsakts, den Widerruf ausschließen. Beide der genannten Ausnahmen sind notwendig, da die Behörde in diesen Ausnahmekonstellationen bei einer Widerrufshandlung verpflichtet wäre, sofort wieder einen gleichlautenden Verwaltungsakt zu erlassen.

Widerruf begünstigender Verwaltungsakte

Rechtmäßige begünstigende Verwaltungsakte dürfen grundsätzlich nicht widerrufen werden. Hier sind in rechtmäßiger Weise Rechtspositionen begründet worden und es besteht grundsätzlich ein Schutz des Vertrauens des Begünstigten auf den Fortbestand dieser Rechtspositionen.

Ein begünstigender Verwaltungsakt darf daher nach § 49 Abs. 2 VwVfG nur ausnahmsweise widerrufen werden, wenn ein Widerrufsgrund vorliegt. Die jeweiligen Widerrufsgründe sind in § 49 Abs. 2 S. 1 Nr. 1 bis 5 VwVfG aufgelistet.

221060470

Widerruf begünstigender Verwaltungsakte über eine Geldleistung oder teilbare Sachleistung

§ 49 Abs. 3 VwVfG regelt den Widerruf von begünstigenden Verwaltungsakten über eine Geldleistung oder eine teilbare Sachleistung zur Erfüllung eines bestimmten Zwecks. Dies sind Verwaltungsakte, bei denen der Bürger eine Geldleistung oder teilbare Sachleistung unter der Maßgabe erhält, hiermit einen bestimmten, im Verwaltungsakt angelegten Zweck zu erfüllen.

Zwar können begünstigende Verwaltungsakte über eine Geldleistung oder eine teilbare Sachleistung vom Wortlaut her auch nach § 49 Abs. 2 VwVfG widerrufen werden, allerdings ermöglicht § 49 Abs. 3 VwVfG im Gegensatz zu § 49 Abs. 2 VwVfG nicht nur deren Widerruf für die Zukunft, sondern auch für die Vergangenheit.

Hauptvoraussetzung für einen Widerruf nach § 49 Abs. 3 VwVfG ist genauso wie bei einem Widerruf nach § 49 Abs. 2 VwVfG das Vorliegen eines Widerrufsgrundes. Die jeweiligen Widerrufsgründe sind in § 49 Abs. 3 S. 1 Nr. 1 und Nr. 2 VwVfG aufgeführt. Hierzu ist im Einzelnen folgendes anzuführen:

Nach der Nr. 1 ist ein Widerrufsgrund gegeben, wenn der Begünstigte die jeweilige Leistung nicht, nicht alsbald nach der Erbringung (d. h. nicht kurz nach der Gewährung durch die Behörde) oder nicht mehr für den in dem Verwaltungsakt bestimmten Zweck verwendet.

Beispiele

Dies ist unter anderem der Fall, wenn der Begünstigte eine Subvention zur Instandhaltung eines landwirtschaftlichen Betriebs erhält, sich hiermit aber stattdessen ein neues Auto „gönnt".

Nach der Nr. 2 darf der Widerruf erfolgen, wenn mit dem Verwaltungsakt eine Auflage verbunden ist und der Begünstigte diese nicht oder nicht innerhalb einer ihm gesetzten Frist erfüllt. Diese Maßgabe ist mit der Vorgabe in § 49 Abs. 2 S. 1 Nr. 2 VwVfG identisch.

Gem. § 49 Abs. 3 S. 2 i. V. m. § 48 Abs. 4 VwVfG kann der Widerruf eines begünstigenden Verwaltungsakts über eine Geldleistung oder eine teilbare Sachleistung zur Erfüllung eines bestimmten Zwecks nur erfolgen, wenn die in § 48 Abs. 4 S. 1 VwVfG genannte Jahresfrist eingehalten wurde.

Auf Rechtsfolgenebene ist die Entscheidung über den Widerruf dieser begünstigenden Verwaltungsakte eine Ermessensentscheidung. Die Behörde kann den Verwaltungsakt ganz oder teilweise mit Wirkung für die Zukunft oder die Vergangenheit widerrufen. Die Ausführungen zur Ermessenprüfung bei einer Rücknahme nach § 48 Abs. 2 VwVfG gelten hier entsprechend.

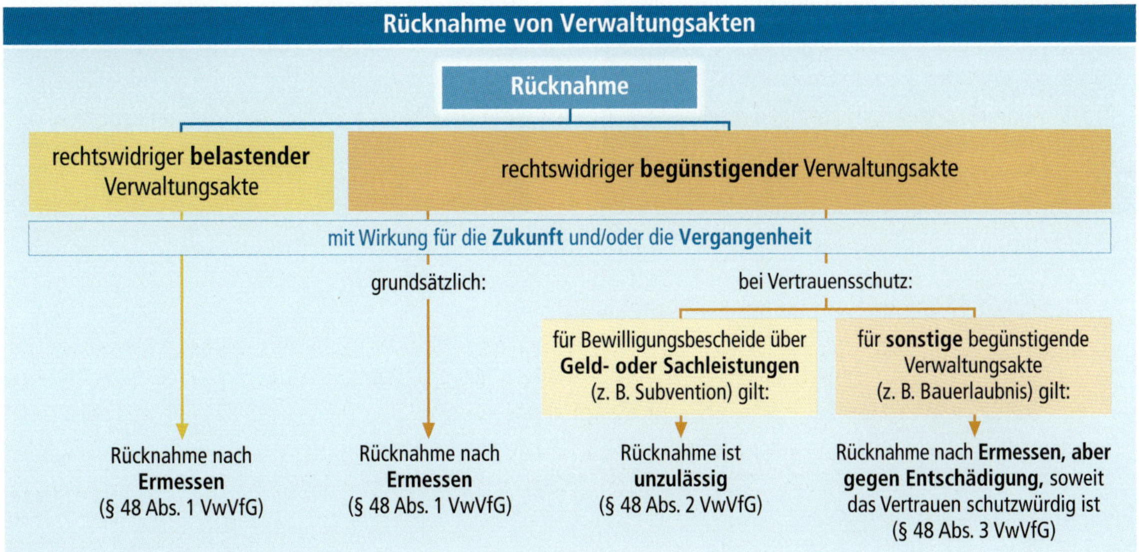

Widerruf von Verwaltungsakten

Widerruf

rechtmäßiger **belastender** Verwaltungsakte	rechtsmäßiger **begünstigender** Verwaltungsakte
mit Wirkung für die **Zukunft** und – im Fall des § 49 Abs. 3 VwVfG – für die Vergangenheit	
Grundsatz: Widerruf nach **Ermessen** (§ 49 Abs. 1 VwVfG)	**Grundsatz:** Widerruf ist **unzulässig** (§ 49 Abs. 2 VwVfG, Umkehrschluss)

Ausnahmen:

Widerruf ist **unzulässig**

- im Bereich des Legalitätsprinzips (rechtlich gebundene Verwaltungsakte)
- aus „anderen Gründen", z. B.: Sinn und Zweck der gesetzlichen Regelung, Gleichbehandlung gleichgelagerter Fälle

Ausnahmen:

Widerruf ist **zulässig**

- wenn ein Widerrufsgrund vorliegt (§ 49 Abs. 2 Ziffern 1–5, § 49 Abs. 3 VwVfG)
- bei Vertrauensschutz gegen Entschädigung (§ 49 Abs. 6 VwVfG)

Aufhebung von Verwaltungsakten

1. Vorprüfung: Vor der Anwendung der subsidiären §§ 48 und 49 VwVfG ist die Anwendbarkeit von Spezialvorschriften (z. B. § 15 GastG, § 21 BImSchG) zu prüfen.

Aufhebung von Verwaltungsakten (VA) gem. §§ 48, 49 VwVfG

	Rechtswidriger VA, § 48 VwVfG			oder	Rechtmäßiger VA, § 49 VwVfG		
2.							
3.	Belastender VA (Abs. 1 S. 1)	oder	Begünstigender VA (Abs. 1 S. 2, Abs. 2, 3, 4)		Belastender VA (Abs. 1)	oder	Begünstigender VA (Abs. 2, 3)
4.	„Geldleistung oder teilbare Sachleistung" (Abs. 2)	oder	„VA der nicht unter Abs. 2 fällt" (Abs. 3)		„Rechtmäßiger, begünstigender" VA (Abs. 2)	oder	„Geldleistung oder teilbare Sachleistung" (Abs. 3)

221060472

1 Rechtseingriffe zur Gefahrenabwehr

1.1 Entwicklung und Organisation des Gefahrenabwehrrechts

1.1.1 Geschichtliche Entwicklung des Polizeirechts

Seit dem 15. Jahrhundert wird der Ausdruck „Polizei" in Deutschland verwendet. Die „Polizey" (von griech.: politeía; lat.: policia = Staatsverwaltung) umfasste damals alle Maßnahmen zur Verwaltung eines Gemeinwesens; sie war dessen „gute Ordnung". Es gab die Bau-, Markt-, Ausländer- und Friedhofspolizei sowie weitere Polizeien. Heute würde man stattdessen von Bauverwaltung, Marktaufsicht, Ausländerbehörde bzw. Einwohnermeldeamt und Friedhofsverwaltung sprechen.

In den absoluten Fürstenstaaten des 17. und 18. Jahrhunderts war die Polizeigewalt der Landesfürsten rechtlich nahezu unbeschränkt: Sie schloss Gesetzgebung und Rechtsprechung ein („Polizeistaaten").

Mit der Zeit wurden staatliche Aufgaben zunehmend aus dem Polizeibegriff ausgeklammert. Er bezog sich immer enger auf die innere und allgemeine Verwaltung und schloss die Finanz-, Justiz-, Heeres- und äußeren Angelegenheiten aus.

Nach dem „Allgemeinen Preußischen Landrecht" (seit 1794) war die Polizei für die Erhaltung der öffentlichen Ruhe, Sicherheit und Ordnung und „der dem Publiko oder einzelnen Mitgliedern desselben bevorstehenden Gefahr" und nicht mehr für die „Wohlfahrtsförderung" zuständig.

Die Beschränkung der Polizei auf den Bereich der Gefahrenabwehr konnte sich in Deutschland allerdings erst Ende des 19. Jahrhunderts endgültig durchsetzen. Entscheidend hierfür war das **„Kreuzberg-Urteil"** (1882) des Preußischen Oberverwaltungsgerichts:

> Die Berliner Baubehörde hatte einem Bürger die Bauerlaubnis versagt. Sie befürchtete, das Bauvorhaben würde die Sicht auf das Kreuzberger Kriegerdenkmal beeinträchtigen. Das Gericht erklärte diese Entscheidung jedoch für rechtswidrig, weil sie nicht der Gefahrenabwehr, sondern der Wohlfahrtspflege diene und auf diesem Gebiet keine gesetzlichen Ermächtigungen für polizeiliche Rechtseingriffe bestünden.

Damit unterstrich das Gericht zunächst die **Grenzen des polizeilichen Aufgabenbereichs** (Gefahrenabwehr), außerdem bestätigte es den **Gesetzesvorbehalt** für das Handeln der Polizei (kein Rechtseingriff ohne gesetzliche Ermächtigung).

In Preußen wurde das Polizeirecht erstmals 1931 im Polizeiverwaltungsgesetz (PVG) zusammengefasst (kodifiziert). Die Generalklausel des § 14 PVG prägt auch heute noch als Eingriffsgrundlage das Polizei- und Ordnungsrecht nahezu aller Bundesländer.

> **§ 14 S. 1 PVG (Generalklausel)**
> „Die Polizeibehörden haben im Rahmen der geltenden Gesetze die nach pflichtgemäßem Ermessen notwendigen Maßnahmen zu treffen, um von der Allgemeinheit oder dem Einzelnen Gefahren abzuwehren, durch die die öffentliche Sicherheit oder Ordnung bedroht wird."

In der NS-Zeit wurde die Polizei zum Instrument der Diktatur. Wichtige Grundrechte wurden außer Kraft gesetzt; zudem ging die Polizeigewalt von den Ländern auf das Reich über. Die Bürger standen somit der Polizei – insbesondere der Geheimen Staatspolizei (Gestapo) – schutzlos gegenüber.

Nach dem Ende der Gewaltherrschaft verkleinerten die Besatzungsmächte den aufgeblähten Polizeiapparat und reduzierten seine Befugnisse: In der britischen und amerikanischen Zone war die Polizei nur noch für Vollzugsaufgaben (Schutzpolizei) und die Kriminalitätsbekämpfung (Kriminalpolizei) zuständig; die Aufgaben der allgemeinen Gefahrenabwehr sollten Verwaltungsbehörden (Ordnungsbehörden) wahrnehmen, z. B. im Bau-, Melde-, Gesundheits- und Gewerbewesen. Diese „Entpolizeilichung" durch die Siegermächte sowie die Übertragung der Gesetzgebungszuständigkeit auf die Länder führten dazu, dass heute das Recht der Gefahrenabwehr in den Bundesländern Unterschiede aufweist.

In den meisten Ländern sind neben der Polizei (Vollzugs- und Kriminalpolizei) Verwaltungsbehörden mit unterschiedlichen Bezeichnungen für die Gefahrenabwehr zuständig (z. B. Ordnungsbehörden, allgemeine Polizeibehörden). Daneben befassen sich auch die Gerichte mit der Abwehr innerstaatlicher Gefahren (z. B. durch Strafvollzug für Straftäter).

1.1.2 Einordnung und Gliederung des Gefahrenabwehrrechts

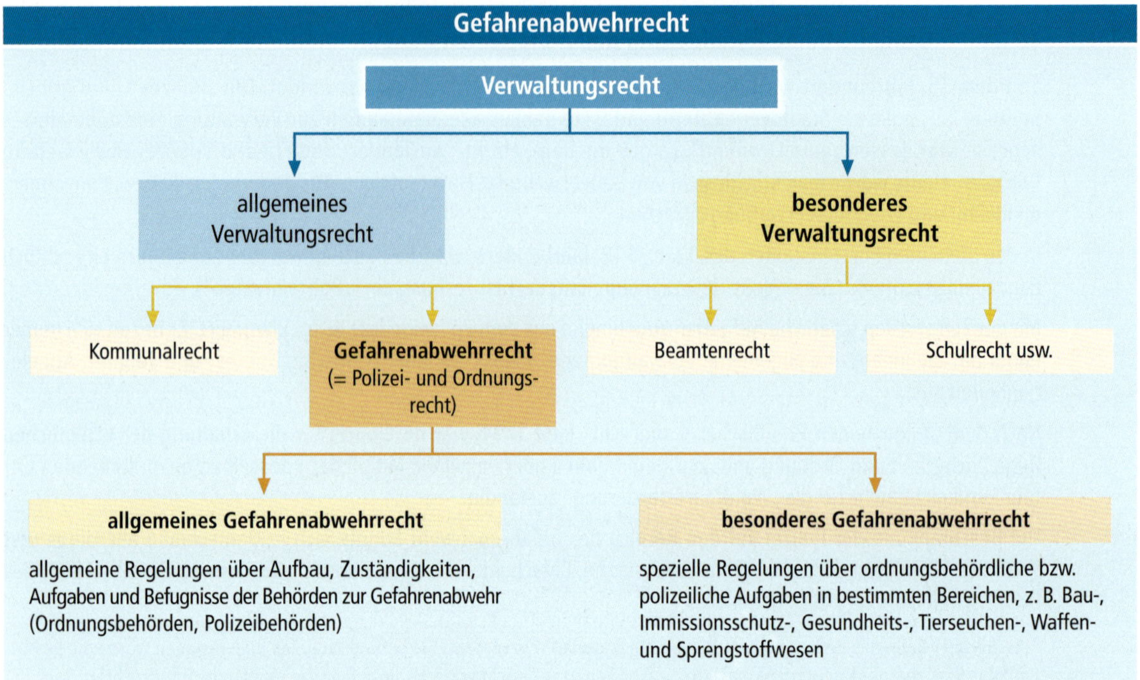

Das **allgemeine Gefahrenabwehrrecht** haben die Länder entsprechend Art. 70 GG gesetzlich geregelt. Diese Gesetze heißen häufig „Polizeigesetz" oder „Gesetz über die öffentliche Sicherheit und Ordnung"; in einigen Ländern sind die Organisation und Aufgaben der Polizei und das Recht der Ordnungsbehörden in verschiedenen Gesetzen geregelt, in den meisten Bundesländern gibt es ein gemeinsames „Gefahrenabwehrgesetz" für Polizei und Ordnungsbehörden.

Bundesgesetzliche Sonderregelungen – z. B. für die Bundespolizei (bis 2005 Bundesgrenzschutz), das Bundeskriminalamt und das Bundesamt für Verfassungsschutz – sind Ausnahmen vom Prinzip der Länderzuständigkeit.

Das **besondere Gefahrenabwehrrecht** umfasst zahlreiche Gesetze. Für viele Einzelgebiete – wie z. B. das Bauordnungs-, Gewerbe-, Ausländer-, Straßenverkehrs- oder das Umweltschutzrecht – reichen allgemeine Rechtsvorschriften nicht aus. Hier greifen die Behörden häufig empfindlich in Rechte einzelner Bürger ein. Weil ihre Maßnahmen aufgrund des Rechtsstaatsgebots auch hier voraussehbar und bestimmt sein müssen, wurden Vorschriften zur Gefahrenabwehr in diesen Bereichen in besonderen Gesetzen geregelt. Dieses besondere Gefahrenabwehrrecht ist überwiegend Bundesrecht, weil Art. 74 GG bestimmte Sondergebiete der konkurrierenden Gesetzgebung des Bundes zuordnet.

Ausgeführt werden polizei- und ordnungsrechtliche Bundes- wie Landesgesetze gemäß Art. 83 GG jedoch überwiegend von Behörden der Länder und Kommunen.

1.1.3 Behörden der Gefahrenabwehr

Die Behördenorganisation der Gefahrenabwehr in den 16 Bundesländern und auf Bundesebene insgesamt ist so uneinheitlich wie in keinem anderen Verwaltungsbereich. Allgemein und vereinfacht kann man sagen, dass die Gefahrenabwehr **in den Bundesländern** in zwei Behördenbereichen wahrgenommen wird.

- **Polizeibehörden**

  (Hier werden Bezeichnungen wie Vollzugspolizei, Schutz- und Kriminalpolizei verwendet; die Polizeibehörden sind in der Regel Landesbehörden.)

221060474

- **Ordnungsbehörden**
  (Diese Verwaltungsbehörden werden in einigen Landesgesetzen auch als allgemeine Polizeibehörden, Polizeiverwaltungsbehörden, Verwaltungsbehörden oder Sicherheitsbehörden bezeichnet. Damit sind insbesondere die Dienststellen mit Gefahrenabwehraufgaben in den Kommunen gemeint, also die Ordnungs-, Bauordnungs- und Umweltämter; deren Aufsichtsbehörden sind Landesbehörden.)

Daneben gibt es in jedem Bundesland weitere Behörden, die ebenfalls Gefahren abwehren. Die Behördenstruktur und die Zuständigkeiten sind für das jeweilige Bundesland nachzuschlagen.

In diesem Buch wird vereinfachend von Polizei- und Ordnungsbehörden gesprochen.

1.1.4 Aufgabenbereiche der Gefahrenabwehr

Die Aufgaben der Polizei- und Ordnungsbehörden sind vielgestaltig und z. T. in Spezialgesetzen geregelt. Die Generalklausel des allgemeinen Ordnungs- und Polizeirechts – in allen Bundesländern nahezu gleich lautend – enthält eine allgemeine Aufgabenzuweisung. Danach ist die Abwehr von Gefahren für die öffentliche Sicherheit und Ordnung die gemeinsame Aufgabe von Polizei- und Ordnungsbehörden.

Damit wird eine **Aufgabenabgrenzung** zwischen Ordnungs- und Polizeibehörden erforderlich.

- Die Gefahrenabwehr obliegt **grundsätzlich den (allgemeinen) Ordnungsbehörden,** soweit sie nicht anderen Stellen zugewiesen ist (z. B. den Gerichten, der Polizei, den Sonderordnungsbehörden).
- Die **Polizei** ist dann zuständig, wenn die Ordnungsbehörde
  - **nicht handeln kann** (z. B. wegen fehlender Befugnisse, Durchsetzungsmittel, Sachkenntnis) oder
  - **nicht rechtzeitig eingreifen kann** („Eilzuständigkeit" bei unaufschiebbaren Maßnahmen).

Die „Eilzuständigkeit" der Polizei entlässt die Ordnungsbehörde nicht aus ihrer Verantwortung.

Beispiel

Zu einem schweren Unfall kam es auf einer Kirmes in Dortmund. Ein 18-Jähriger stürzte aus einem laufenden Fahrgeschäft. Nach Ermittlungen der Polizei löste sich aus ungeklärter Ursache eine Verriegelung. Der Mann wurde aus dem Sitz geschleudert, konnte sich kurz festhalten, stürzte dann aber aus vier bis sechs Metern Höhe ab.

Das Fahrgeschäft wurde von der Polizei zunächst stillgelegt. Weil Mitarbeiter des zuständigen Ordnungsamts über Stunden nicht zu erreichen waren, kam es zu Verzögerungen, die den Protest der Schausteller hervorriefen. Wegen der Einnahmeausfälle von mehreren Tausend Euro kündigte der Betreiber an, die Stadt auf Schadensersatz in Anspruch zu nehmen.

Außerdem sind viele Aufgaben den Ordnungs- und Polizeibehörden besonders zugewiesen. So ist die Polizei neben bestimmten Aufgaben der vorbeugenden (präventiven) Gefahrenabwehr auch für die (repressive) Verfolgung von Straftaten zuständig. Hierzu räumt ihr die Strafprozessordnung besondere Befugnisse ein.

Beispiele für weitere typische Aufgaben der Ordnungs- und (Vollzugs-)Polizeibehörden

Aufgaben der allgemeinen Ordnungsbehörden	Aufgaben der Polizeibehörden
■ Pass- und Meldewesen	■ Vollzugshilfe
■ Gewerbeangelegenheiten einschließlich Märkte und Jahrmärkte	■ Verfolgung von Straftaten und Ordnungswidrigkeiten
■ Gesundheitswesen	■ vorbeugende Straftatenbekämpfung
■ Bauaufsicht	■ Verkehrsüberwachung auf Straßen und Wasserstraßen
■ Umweltschutz	■ Versammlungs-, Waffen- Munitions- und Sprengstoffwesen
■ Verkehrswesen (ruhender Verkehr)	■ Anordnungen zum Schutz vor Gewalt in engen sozialen Beziehungen
■ Obdachlosenwesen	
■ Schutz privater Rechte[1]	

1 Der Schutz privater Rechte (bürgerlich-rechtlicher Ansprüche) ist in den Polizei- bzw. Ordnungsgesetzen mehrerer Länder zwar ausdrücklich als Aufgabe genannt (z. B. Schutz des Rechts auf Nutzung des Privatwagens, wenn der private Stellplatz „zugeparkt" wurde). Grundsätzlich jedoch obliegt der Schutz privater Rechte den Gerichten und nur unter sehr einschränkenden Bedingungen (ausnahmsweise) den Polizei- bzw. Ordnungsbehörden.

1.1.5 Zuständigkeiten

Die Zuständigkeiten der Ordnungsbehörden werden hier nur im Grundsatz dargestellt. Besonderheiten sollten im Landesrecht nachgeschlagen werden.

- **Sachliche Zuständigkeit**
  Die sachliche Zuständigkeit umfasst den Aufgabenbereich, der der Behörde durch formelles Gesetz oder Rechtsverordnung zugewiesen ist. Die Aufgaben der Gefahrenabwehr nehmen die Ordnungsbehörden und die Polizei wahr. Grundsätzlich ist von einer **unbeschränkten Zuständigkeit der Ordnungsbehörden für die Gefahrenabwehr** auszugehen (Ausnahmen: Eilzuständigkeit der Polizei, Spezialregelungen). Die sachliche Zuständigkeit ist jedoch auf verschiedene Behördenstufen (Instanzen) verteilt (instanzielle Zuständigkeit). Regelmäßig ist die Gefahrenabwehr Aufgabe der Gemeindebehörden. Höherrangige Behörden sind nur aufgrund besonderer Regelung zuständig. Sie können jedoch Weisungen innerhalb des gesetzlichen Rahmens erteilen und üben auch die Aufsicht über die jeweils nachgeordneten Behörden aus.
- **Örtliche Zuständigkeit**
  Die örtliche Zuständigkeit erstreckt sich auf den räumlichen Tätigkeitsbereich der Behörde. Grundsätzlich ist diejenige Ordnungsbehörde örtlich zuständig, in deren Bezirk die zu schützenden Interessen verletzt oder gefährdet werden. Regelmäßig ist diese Zuständigkeit auf den Amtsbezirk der Behörde begrenzt.
- **Außerordentliche Zuständigkeit**
  Daneben sehen die Gefahrenabwehrgesetze der Länder außerordentliche Zuständigkeiten vor, die von den Regelzuständigkeiten abweichen. Dabei gilt folgender Leitgedanke: Um die Abwehr von Gefahren sicherzustellen, kann auch eine andere als die zuständige Behörde tätig werden, wenn eine sehr dringliche Gefahr das rechtzeitige Eingreifen der eigentlich zuständigen Behörde nicht mehr erlaubt (Gefahr im Verzuge).

Bei der **Prüfung der Zuständigkeit** empfiehlt sich die folgende Schrittfolge:

1. **Sachliche Zuständigkeit (= Welche Behörde ist überhaupt zuständig?):**
   Gehört ein zu bearbeitender Fall im Bereich der Gefahrenabwehr zum Aufgabenbereich der Gerichte, der Polizei, der Sonderordnungsbehörden oder der allgemeinen Ordnungsbehörden (Verwaltungs-/Polizeibehörden)?
2. **Instanzielle Zuständigkeit (= Welche Behörde ist zuständig?):**
   Ist im zuvor ermittelten Verwaltungszweig z. B. die Gemeindebehörde, die Kreisbehörde oder die Bezirksregierung zuständig?

   Im Bereich der sachlichen und instanziellen Zuständigkeit haben die Gemeindebehörden regelmäßig eine „Auffangzuständigkeit" für Angelegenheiten der Gefahrenabwehr: Sie sind immer dann zuständig, wenn Rechtsvorschriften nichts anderes regeln.
3. **Örtliche Zuständigkeit (= Welche Behörde ist räumlich zuständig?):**
   Mehrere Gemeindebehörden kommen in Betracht, wenn eine Gefahr im Grenzbereich benachbarter Gemeinden auftritt oder sich auf mehrere Gemeinden auswirkt.

Die Polizei- und Ordnungsgesetze der Länder regeln nicht die Frage, welche Dienststelle innerhalb einer Behörde die Funktion der Ordnungsbehörde wahrnimmt (funktionale Zuständigkeit). Es obliegt z. B. der Organisationshoheit einer Stadtverwaltung, ob das Bauordnungsamt, Umweltamt, Ordnungsamt oder die Feuerwehr eine bestimmte Aufgabe wahrnimmt und mit welchen Namen diese Organisationseinheiten bezeichnet werden.

1.2 Gefahren für die öffentliche Sicherheit und Ordnung

1.2.1 Gesetzliche Ermächtigungen

Die Ordnungsverwaltung greift mit ihren Maßnahmen häufig in Rechtsgüter der Bürger ein, insbesondere in ihr Eigentumsrecht und ihre Handlungsfreiheit.

221060476

1.2 Gefahren für die öffentliche Sicherheit und Ordnung

Beispiele

Die Behörde untersagt, ein Gewerbe auszuüben. Sie verlangt von einem Grundstückseigentümer, eine wilde Müllkippe zu beseitigen. Sie bringt eine selbstmordgefährdete Person gegen ihren Willen in ein psychiatrisches Krankenhaus.

In jedem dieser Fälle beschränkt die Behörde bestimmte Grundrechte der Betroffenen. In einem Rechtsstaat sind solche Eingriffe nur dann erlaubt, wenn hierfür eine **ausdrückliche gesetzliche Ermächtigung** vorliegt.

Spezielle Eingriffsermächtigungen

Dem Handeln der Ordnungsverwaltung liegt häufig ein **spezielles Gesetz** zugrunde, das oft auch besondere Ermächtigungen für bestimmte behördliche Eingriffe enthält (Eingriffsnorm). Solche Eingriffsnormen können auf Bundes-, Landes- oder Kommunalebene bestehen.

Beispiel

Die Gewerbeordnung ist ein Spezialgesetz, das die Gewerbezulassung und -ausübung regelt. § 35 Abs. 1 GewO (Eingriffsnorm) ermächtigt die Behörde, die Ausübung des Gewerbes wegen Unzuverlässigkeit des Gewerbetreibenden zu untersagen.

Ermächtigungen zu polizeilichen Standardmaßnahmen

Die allgemeinen Gefahrenabwehrgesetze der Länder ermächtigen zu bestimmten polizeilichen **Standardmaßnahmen,** die in vielen Fällen auch von den Ordnungsbehörden angewandt werden, in denen keine spezialgesetzliche Ermächtigung vorliegt. Solche Maßnahmen sind z. B. Identitätsfeststellung, Platzverweisung, Befragung, Prüfung eines Berechtigungsscheins, Sicherstellung und Verwahrung von Gegenständen.

Ermächtigung durch eine Generalklausel

Nicht allen denkbaren Gefahren kann mit speziellen Vorschriften begegnet werden. Die Veränderungen der Technik, unseres Verhaltens und unseres Wissens um mögliche Gefährdungen (Umweltschutz) erfordern dennoch, dass jede erkannte Gefahr für die öffentliche Sicherheit oder Ordnung abgewehrt wird. Rechtsgrundlage dafür ist die jeweilige **Generalklausel** (allgemeine Rechtsvorschrift) in den grundlegenden Gefahrenabwehrgesetzen der Länder.

Beispiele

§ 13 Abs. 1 OBG Bbg, § 14 Abs. 1 OBG NW: „Die Ordnungsbehörden können die notwendigen Maßnahmen treffen, um eine im einzelnen Falle bestehende Gefahr für die öffentliche Sicherheit oder Ordnung (Gefahr) abzuwehren."

§ 9 Abs. 1 POG RhPf: „Die allgemeinen Ordnungsbehörden und die Polizei können die notwendigen Maßnahmen treffen, um eine im einzelnen Fall bestehende Gefahr für die öffentliche Sicherheit oder Ordnung abzuwehren, soweit nicht die §§ 9 a bis 42 ihre Befugnisse besonders regeln."

In den übrigen Ländern finden sich die Generalklauseln in folgenden Vorschriften:
Baden-Württemberg: § 3 i. V. m. § 1 PolG; Bayern: Art. 7 LStVG; Berlin: § 17 ASOG Bln; Bremen: § 10 BremPolG; Hamburg: § 3 Abs. 1 SOG; Hessen: § 11 HSOG; Mecklenburg-Vorpommern: §§ 13, 16 SOG; Niedersachsen: § 11 Nds. SOG; Sachsen: § 3 SächsPolG; Sachsen-Anhalt: § 13 SOG LSA; Schleswig-Holstein: §§ 174, 176 LVwG, Thüringen: § 5 OBG.

Eine solche Generalklausel ist eine **„Auffangvorschrift"** für alle denkbaren Gefahrensituationen, die von einer Spezialvorschrift nicht oder nicht vollständig erfasst werden.

Da Spezialnormen der Generalnorm vorgehen, die Generalklausel also nur nachrangig gilt (Grundsatz der Subsidiarität), ist zunächst nach einer spezialgesetzlichen Ermächtigung im Bundesrecht und Landesrecht zu suchen. Ist ein solches Spezialgesetz zur Gefahrenabwehr gefunden, muss auf mögliche Lücken in den Regelungen geachtet werden: Es kann vorkommen, dass ein bestimmter (seltener) Sachverhalt nicht oder nicht abschließend geregelt ist oder keine Eingriffsermächtigung enthält.

Das gesetzliche Verbot eines bestimmten Verhaltens allein berechtigt die Ordnungsbehörde nicht von vornherein zu einem Eingriff durch Verwaltungsakt. Das gesetzliche Verbot ist noch keine **„VA-Befugnis"**.

Derartige Lücken im besonderen Gefahrenabwehrrecht werden durch das allgemeine Ordnungsgesetz des jeweiligen Landes – durch die dort enthaltenen Standardmaßnahmen und insbesondere durch die Generalklausel – ausgefüllt. Die Behörde muss ihren Verwaltungsakt auf die jeweils zutreffende Ermächtigungsgrundlage stützen.

System und Prüffolge der Ermächtigungsgrundlagen

1. **Spezielle Ermächtigungen (vorrangig) in**

		Beispiele:
Gesetzen und Rechtsverordnungen des **Bundes**	→	§§ 15, 16 GastG[1], § 35 GewO
Gesetzen und Rechtsverordnungen des **Landes**	→	§§ 9, 11, 17 PsychKG NW, § 58 Abs. 1 BauO NW
Verordnungen der **Gemeinden/ Kreise**	→	Verordnung zur Erhaltung der Sauberkeit auf Straßen, Plätzen und Anlagen

2. **Ermächtigung zu Standardmaßnahme** (z. B. Identitätsfeststellung, Platzverweisung, Betreten und Durchsuchen von Wohnungen)

3. **Generelle Ermächtigung** (**nachrangig,** Generalklausel im jeweiligen Gefahrenabwehrgesetz)

Ermächtigung zu den notwendigen Maßnahmen, um eine im Einzelfall bestehende Gefahr für die öffentliche Sicherheit oder Ordnung abzuwehren.

1.2.2 Öffentliche Sicherheit und öffentliche Ordnung

Handelt die für die Gefahrenabwehr zuständige Behörde nach der Generalklausel, so müssen deren Tatbestandsmerkmale erfüllt sein. Bei der Rechtsanwendung sind folgende Rechtsbegriffe zu prüfen:

Tatbestandsmerkmale zur Generalklausel zur Gefahrenabwehr

Im einzelnen Falle bestehende Gefahr

für die öffentliche Sicherheit oder **für die öffentliche Ordnung**

„Öffentliche Sicherheit" und „öffentliche Ordnung" sind unbestimmte Rechtsbegriffe, die ausgelegt werden müssen.

Öffentliche Sicherheit

Mit Gefahren für die öffentliche Sicherheit sind zunächst die Risiken gemeint, die dem Staat und seiner Funktionsfähigkeit drohen.

Beispiele

Anschläge auf Parlamente, Gerichte, Behörden und andere staatliche Einrichtungen; Störungen von Wahlen, Volkszählungen, Staatsbesuchen, öffentlichen Rekrutenvereidigungen und anderen staatlichen Veranstaltungen.

Eine Grundbedingung für Bestand und Arbeitsfähigkeit des Staates ist die Unverletzlichkeit der vom Staat garantierten Rechtsordnung. Werden gesetzliche Gebote oder Verbote verletzt, so liegt in dieser Missachtung der Rechtsordnung auch eine Gefahr für die öffentliche Sicherheit.

Beispiele

Straftaten, Ordnungswidrigkeiten, Verletzung verwaltungsrechtlicher Vorschriften (z. B. eines Bauverbotes oder des Verbotes der Feiertagsarbeit).

1 GastG des Bundes (gilt nur in den Ländern, die nicht ein eigenes GastG erlassen haben)

221060478

Die öffentliche Sicherheit umfasst auch Rechte und Rechtsgüter des Einzelnen. Gefährdungen des Lebens, der Gesundheit oder der persönlichen Freiheit (Individualrechtsgüter) sowie Verletzungen der persönlichen Ehre, des Eigentums oder Besitzes des Einzelnen (Individualrechte) stellen oft (aber nicht immer) drohende Störungen der öffentlichen Sicherheit dar. Soweit diese Individualrechtsgüter und -rechte durch das Straf- und Verwaltungsrecht geschützt werden, gehören sie auf jeden Fall zum Bestand der öffentlichen Sicherheit.

Beispiele

Schutz des Einzelnen vor Straftaten (wie Körperverletzung, Diebstahl, Hausfriedensbruch, Volksverhetzung) durch das StGB, Schutz seines Lebens und seiner Gesundheit durch Vorschriften zum Lärmschutz, zur Seuchenbekämpfung oder Lebensmittelüberwachung.

Ist das Individualrecht nicht so weitgehend geschützt und kann der Bürger es auch selbst gerichtlich geltend machen, besteht normalerweise kein öffentliches Interesse an behördlicher Gefahrenabwehr, denn sie bezieht sich nur auf die öffentliche Sicherheit. Das Eingreifen der Ordnungsbehörde zum Schutz privater Ansprüche würde außerdem die gerichtliche Zuständigkeit und damit das Gewaltenteilungsprinzip verletzen.

Ein öffentliches Interesse am ordnungsbehördlichen (polizeilichen) Schutz ausschließlich privater Rechte kann deshalb nur (ausnahmsweise) vorliegen, wenn

- der Betroffene das zu schützende Recht glaubhaft macht,
- er sich nicht selbst helfen oder gerichtlichen Rechtsschutz nicht rechtzeitig erlangen kann und
- ohne Einschreiten der Ordnungsbehörde (Polizei) die Verwirklichung des Rechts wesentlich erschwert oder unmöglich würde.

Beispiele

P. findet keinen Parkplatz und parkt vor der Garage des Arztes A. so, dass diesem die Ausfahrt versperrt ist. Hierdurch verletzt P. das Eigentumsrecht des A. Vor dem nächsten Patientenbesuch kann A. gerichtlichen Rechtsschutz nicht erlangen; ohne polizeiliches oder ordnungsbehördliches Abschleppen ist ihm die Ausübung des Eigentumsrechts erheblich erschwert.

X. hat seinem Mieter M. den Mietvertrag gekündigt; der nicht auszugswillige M. hat den X. deswegen beleidigt. Diese Streitigkeiten sind vor Gericht auszutragen, ein öffentliches Interesse am Eingreifen der Ordnungsbehörde oder der Polizei liegt deshalb nicht vor.

Wer ein Risiko nur für sich selbst eingeht – etwa als Artist, im Boxsport oder als Verkehrsteilnehmer – gefährdet damit grundsätzlich noch nicht die öffentliche Sicherheit. Die Handlungsfreiheit erlaubt eine begrenzte Selbstgefährdung. Im Falle eines beabsichtigten Selbstmordes jedoch begründet das Grundrecht auf Leben auch eine staatliche Schutzpflicht zugunsten des Betroffenen.

Schutzgüter der öffentlichen Sicherheit

Bestand des Staates, seiner Einrichtungen und Veranstaltungen

objektive Rechtsordnung

→ Das **öffentliche Interesse** an der Gefahrenabwehr wird hier unterstellt.

Individualrechtsgüter; Individualrechte (Leben, Gesundheit, Freiheit) **anderer** (i. d. R. nicht die des „Störers"),

→ **wenn** ihr Schutz im **öffentlichen Interesse** liegt

→ ausnahmsweise: Schutz privater Rechte

Die Verletzung eines dieser Schutzgüter der öffentlichen Sicherheit ist Voraussetzung für behördliches Eingreifen.

Öffentliche Ordnung

Das menschliche Zusammenleben wird nicht nur durch die bereits angesprochenen Rechtsnormen, sondern auch durch **moralische Wertvorstellungen und soziale Verhaltensregeln** bestimmt. Vieles von dem, was als „normal" gilt, was „sich so gehört", wurde durch Gesetze rechtsverbindlich gemacht (geschriebenes Recht). Daneben existiert ein Feld rechtlich nicht festgelegter, sozialer Verhaltenserwartungen. Gemeinsam bilden sie die öffentliche Ordnung. Zu ihr gehören z. B. Anschauungen über

- religiöse Überzeugung und Betätigung,
- menschenunwürdige Gewalthandlungen,
- Achtung des politischen Gegners,
- Nichtverbreitung nationalsozialistischen Gedankenguts,
- Totenruhe.

Eine Verletzung der Sitten- und Anstandsregeln oder der moralisch und religiös geprägten (inneren) Wertvorstellungen kann die öffentliche Ordnung dann empfindlich stören, wenn diese Wertvorstellungen von der ganz überwiegenden Mehrheit der Bevölkerung geteilt und wirklich als unerlässliche Mindestanforderungen eines gedeihlichen menschlichen und staatsbürgerlichen Zusammenlebens angesehen werden.

Die Wertvorstellungen, die insgesamt die „öffentliche Ordnung" bilden, können sich von einer Generation zur anderen wandeln; sie sind auch geografisch verschieden.

Beispiele

Über die Geschlechtertrennung beim Baden dachte die Bevölkerungsmehrheit früher anders als heute.

Was den „Anstand" verletzt, wird man auf der Reeperbahn in St. Pauli anders bewerten als in einer Landgemeinde.

Gerichtlich ausgetragen wurde der Streit darüber, ob wegen des Todes des ersten Bundespräsidenten Prof. Heuss öffentliche Tanzveranstaltungen bis zum Beisetzungstage verboten werden durften.

Es ist schwierig, zu beurteilen, wann eine Störung der öffentlichen Ordnung vorliegt. Deshalb sollte vor einer ordnungsbehördlichen Maßnahme vorrangig geprüft werden, ob diese nicht auf die Abwehr einer Gefahr für die öffentliche Sicherheit zu stützen ist. Die in der Bevölkerung verwurzelten elementaren Wertvorstellungen sind in den meisten Fällen gesetzlich geregelt. (Deshalb ist die öffentliche Ordnung z. B. in den Polizeigesetzen mehrerer Länder nicht mehr als Tatbestandsmerkmal der Einzelfallgefahr genannt.)

Begriffsmerkmale der öffentlichen Ordnung

Ungeschriebene Wertvorstellungen über das Verhalten in der Öffentlichkeit,

die sich bei der **Bevölkerungsmehrheit** durchgesetzt haben

und

die als unerlässliche Mindestanforderung für ein geordnetes Zusammenleben angesehen werden.

Die öffentliche Ordnung ist nur dann verletzt, wenn alle Merkmale dieser Begriffsbestimmung erfüllt sind.

1.2.3 Arten und Grade der Gefahr

Begriff: Grundsätzlich versteht man unter einer Gefahr im ordnungsrechtlichen Sinne eine Sachlage, bei der die hinreichende Wahrscheinlichkeit besteht, dass in absehbarer Zeit ein Schaden für die öffentliche Sicherheit oder Ordnung eintreten wird.

Zwei Begriffsmerkmale sind für eine Gefahr wesentlich:

- **Schadenseintritt**
  Die Schutzgüter der öffentlichen Sicherheit oder Ordnung (Leben, körperliche Unversehrtheit, öffentliche Einrichtung usw.) befinden sich in einem regelwidrigen Zustand. Dabei handelt es sich um eine nicht unerhebliche Beeinträchtigung, nicht nur um eine geringfügige Belästigung oder Unbequemlichkeit.

- **hinreichende Wahrscheinlichkeit**
  „Hinreichend wahrscheinlich" ist ein nicht allgemein bestimmbarer Begriff. Schadensgewissheit ist nicht erforderlich, eine weit entfernte Schadensmöglichkeit reicht aber grundsätzlich nicht aus. Maßgeblich ist die Beurteilung im Zeitpunkt des Einschreitens.

Im Ordnungsrecht werden verschiedene Gefahrenarten und -grade unterschieden, von denen jeweils unterschiedliche Handlungsmöglichkeiten abhängen.

Grundlegende Gefahrenarten	
allgemeine Gefahr (abstrakte Gefahr)	**Gefahr im Einzelfall (konkrete Gefahr)**
Eine **mögliche Sachlage,** die nach allgemeiner Lebenserfahrung oder Erkenntnissen fachkundiger Stellen gegebenenfalls eine Gefahr darstellt. *Beispiel: Brandgefahr durch Abfallverbrennung in Wohngebieten. Da die Gefahr allgemein besteht, Handlungsbeteiligte, -orte und -zeiten also nicht bekannt sind, kann sie auch nur durch eine allgemeine Rechtsvorschrift vorbeugend bekämpft werden.*	Ein **tatsächlicher Sachverhalt** (Einzelfall, das „schädigende Ereignis"), der einen **Schaden** der zu schützenden Rechtsgüter **hinreichend wahrscheinlich macht.** *Beispiel: Ein kranker Baum in einer Siedlung droht umzustürzen. Ist der Schaden bereits eingetreten (der Baum ist umgestürzt), so kann von diesem Sachverhalt erneut eine Gefahr für die öffentliche Sicherheit ausgehen (dann, wenn der Baum auf der Straße liegt, jedoch nicht, wenn er auf einem Nachbargrundstück liegt).*
Maßnahme	**Maßnahme**
Allgemeine Ge- und Verbote in einer **Verordnung** zur Gefahrenabwehr (ordungsbehördliche Verordnung, Polizeiverordnung)	**Einzelfallregelung** in einem **Verwaltungsakt** (Ordnungsverfügung, polizeiliche Verfügung)

Zur Beurteilung der Wahrscheinlichkeit eines Schadenseintritts ist es erforderlich, die künftige Entwicklung des gegenwärtigen Sachverhalts abzuschätzen. Dabei ist vom erfahrungsgemäß zu erwartenden Ablauf auszugehen, mögliche äußerliche Einwirkungen auf den Sachverhalt sind zu berücksichtigen.

Beispiel

Bei einem kranken Baum erhöhen die Belastung durch das Gewicht der Früchte zur Erntezeit, unübersichtliche Straßenverhältnisse oder zu erwartende Herbststürme die Schadenswahrscheinlichkeit.

Bei der konkreten Gefahr wird die Tätigkeit der Ordnungsbehörde vom jeweiligen Gefahrengrad unterschiedlich beeinflusst.

Gefahrengrade bei konkreten Gefahren		
Gefahrengrad	**Beschreibung**	**Hinweise/Anwendungsfälle**
latente Gefahr	Verborgene Gefahr, die erst durch das Hinzutreten weiterer Umstände zu erkennen ist.	Wichtig für die Entscheidung, wer eine spätere konkrete Gefahr zu beseitigen hat.
gegenwärtige Gefahr	Eine besonders dringliche Art der konkreten Gefahr; die **Einwirkung** des schädigenden Ereignisses **hat begonnen oder steht mit an Sicherheit grenzender Wahrscheinlichkeit unmittelbar bevor.**	Voraussetzung für den sofortigen Vollzug (Vollstreckungsrecht)
erhebliche Gefahr	Ein **besonders bedeutsames Rechtsgut** (Leben, Gesundheit, Freiheit der Person, wichtige öffentliche Einrichtungen) ist bedroht.	Inanspruchnahme des Nichtstörers bei gegenwärtiger erheblicher Gefahr
Gefahr im Verzug	Eine sehr dringliche Gefahr, die **ein rechtzeitiges Eingreifen der zuständigen Ordnungsbehörde nicht mehr erlaubt,** sodass an ihrer Stelle eine andere Ordnungsbehörde zur Abwendung des sonst sicheren Schadens handeln muss.	Voraussetzung für außerordentliche Zuständigkeit

Ein Fall der konkreten Gefahr ist auch die **Anscheinsgefahr:** Eine Sachlage erweckt objektiv einen dringenden Gefahrenverdacht, der aber später nicht bestätigt wird. Die Anscheinsgefahr macht das Eingreifen der Behörde nicht rechtswidrig.

Beispiel

Ein anonymer Anrufer behauptet, in einem gerade gestarteten Flugzeug sei eine Bombe versteckt. Auf Anweisung der Polizei kehrt der Pilot zum Flughafen zurück und lässt die Maschine räumen. Später stellt sich heraus, dass es sich bei dem anonymen Anruf um einen schlechten Scherz gehandelt hat.

Anders bei der **Scheingefahr** (Putativgefahr): Eine Sachlage erweckt beim Behördenmitarbeiter subjektiv den Eindruck einer Gefahr, ohne dass hierfür objektiv (tatsächlich) ausreichende Anhaltspunkte vorliegen. Hier ist ein Eingreifen der Behörde rechtswidrig.

Beispiel

Ein Polizist beobachtet, wie zwei maskierte Männer in eine Bank stürmen. Er übersieht, dass ein Filmteam hier gerade einen Kriminalfilm dreht, und nimmt die beiden fest.

Bisher ging es um die Tatbestandsmerkmale der Generalklausel und damit um die Voraussetzungen ordnungsbehördlichen Handelns. Lässt sich der Sachverhalt im Einzelfall diesem Tatbestand unterordnen, so können die Behörden die notwendigen Maßnahmen treffen, um die Gefahr abzuwehren. Diese Rechtsfolge wirft mehrere Fragen auf:

- Welche Maßnahmen sind notwendig?
- Wer kommt als Adressat in Betracht?
- Wie groß ist der Ermessensspielraum, den das Wort „können“ einräumt?

1.3 Ordnungspflichtige Personen

Sollen die öffentliche Sicherheit und Ordnung so gut wie möglich geschützt werden, reicht es nicht aus, wenn die Behörden selbst aktiv werden, die verschiedenen Gefahrenbereiche überwachen, Auskünfte erteilen, vorbeugend beraten und Gefahren beseitigen (z. B. durch Wegräumen eines Verkehrshindernisses). Ordnungsbehörden und Polizei wären überfordert, wenn sie Gefahren nur mit den eigenen begrenzten Mitteln abwehren müssten.

1.3.1 Verantwortlichkeit und Verursachungsprinzip

Da die Bürger selbst es sind, die Rechtsvorschriften und die wichtigsten sozialen Verhaltensregeln beachten oder verletzen können, sind sie auch selbst für deren Einhaltung verantwortlich. Jeder „haftet“ dafür, dass durch sein Verhalten oder den Zustand seiner Sachen die öffentliche Sicherheit und Ordnung nicht gestört werden. Diese Pflicht nennt man Ordnungspflicht oder Polizeipflicht. Gegen den „Störer“, der diese Ordnungspflicht verletzt, richtet die Ordnungs- bzw. Polizeibehörde ihre Maßnahmen.

Wer ist „Störer“? An wen soll die Behörde ihre Anweisungen richten?

Beispiele

S. übt bis in die späte Nacht hinein Schlagzeug, an warmen Tagen auch bei offenem Fenster, sodass sich auch im weiteren Umkreis die Nachbarschaft empfindlich gestört fühlt.

Auf dem Grundstück des A., das neben einem belebten Spielplatz liegt, haben Unbekannte größere Mengen Hausmüll und Küchenabfälle abgekippt; Ratten und Mäuse haben sich bereits eingenistet.

Im ersten Fall verursacht S. durch sein Verhalten (zu lautes nächtliches Musizieren) die Gefahr. S. ist „Verhaltensstörer“. Im zweiten Fall geht die Gefahr vom Zustand einer Sache aus (dem Grundstück des A.). A. ist für sein Grundstück verantwortlich und somit „Zustandsstörer“. Die Behörde kann ihre Maßnahmen gegen S. und A. richten.

221060482

Dieses Ergebnis erscheint vielleicht ungerecht. Ist S. erst 13 Jahre alt, so hat er die Auswirkungen seines lauten Spiels vielleicht gar nicht bedacht und fühlt sich schuldlos. Verlangt die Ordnungsbehörde von A. die Säuberung seines Grundstücks auf eigene Kosten, könnte A. einwenden, er habe den ordnungswidrigen Zustand nicht verschuldet. Solche Argumente gründen auf dem Schuldprinzip; es geht um Verschulden (Vorsatz, Fahrlässigkeit), Schuldfähigkeit, Strafe und Sühne. Dieses Denken ist dem Ordnungsrecht jedoch fremd. Der Ordnungsbehörde liegt daran, eine Gefahr schnell und wirksam zu beseitigen. Ihr Ziel ist nicht, einen Schuldigen zu finden. Dies wäre oft schwierig, langwierig und mitunter gar nicht mehr möglich. Deshalb verlangt sie die Beseitigung der Gefahr von dem, der sie durch sein Verhalten oder den Zustand seiner Sachen verursacht hat, also vom Verhaltens- bzw. Zustandsstörer (Verursachungsprinzip). Wenn A. an dem Müll auf seinem Grundstück keine Schuld trifft, er aber den Zustand seines Eigentums voll zu verantworten hat, ist er ein „schuldloser Verursacher".

Verursachungsprinzip – Schuldprinzip

Recht der Gefahrenabwehr	Strafrecht, Zivilrecht
Verursachungsprinzip: Wer durch sein **Verhalten** oder den **Zustand einer Sache** für das **Entstehen einer Gefahr verantwortlich** ist, hat für ihre Beseitigung zu sorgen.	**Schuldprinzip:** Die **schuldhafte (= vorwerfbare)** Handlung ist strafbar bzw. verpflichtet zum Schadensersatz.

1.3.2 Verhaltensverantwortlichkeit

Mit „Verhalten" ist hier nicht nur ein Handeln (Tun), sondern auch ein pflichtwidriges Unterlassen gemeint. Die Ordnungsbehörde hat ihre Maßnahmen gegen die Person zu richten, die die Gefahr unmittelbar hervorgerufen hat. Dieser Verantwortliche (Verhaltensstörer) trägt grundsätzlich auch eventuelle Kosten der Gefahrbeseitigung.

Im Schlagzeug-Beispiel kann die Lärmbelästigung der Nachbarn viele Ursachen haben: das warme Wetter, das das Öffnen des Fensters erforderte, die Hellhörigkeit der Wohnung, das geringe Einkommen der Familie S., das einen schallisolierten Übungsraum nicht erlaubt usw. Verantwortlich im Sinne des Ordnungsbehördenrechts ist S., weil er durch die Benutzung des Schlagzeugs die Gefahr unmittelbar herbeiführte, indem er die letzte wesentliche Ursache für die Gefahr setzte, er überschreitet als „Letztverursacher" die „Gefahrengrenze".

Die Verhaltenshaftung umfasst die Verantwortlichkeit für **eigenes Verhalten** und für bestimmte Fälle **fremden Verhaltens.**

Verhaltensstörer ist,	Beispiele
■ wer **selbst** eine Gefahr unmittelbar verursacht,	*T. lädt in der Dämmerung drei Schubkarren Tapeziermüll und Glasscherben auf einem Kinderspielplatz ab.*
■ wer zur **Aufsicht** über eine Person verpflichtet ist, die eine Gefahr verursacht,	*Der zehnjährige Mario entleert mehrmals den Küchen-Abfalleimer auf dem Spielplatz, um ihn zum Spielen im Sand zu benutzen. Die Behörde kann sich an **ihn selbst** und an **seine Eltern** wenden.*
■ wer Arbeiten durch einen **Verrichtungsgehilfen** (z. B. Arbeitnehmer) ausführen lässt, der dabei eine Gefahr verursacht.	*Malermeister M. beauftragt seinen Gesellen G., Reste von Farben und Lösungsmitteln wegzuräumen. Der sonst gewissenhafte G. bringt die Chemikalien zur wilden Müllkippe auf dem nahen Spielplatz. Da G. die Gefahr beim Ausführen der ihm aufgetragenen Verrichtung verursacht, ist **neben ihm auch M. Störer;** Verschulden braucht nicht vorzuliegen.*

1.3.3 Zustandsverantwortlichkeit

Gefährdet der Zustand einer Sache die öffentliche Sicherheit oder Ordnung, so richtet die Ordnungsbehörde ihre Maßnahmen gegen den **Eigentümer oder gegen den Inhaber der tatsächlichen Gewalt** (Zustandsstörer).

Sachen sind körperliche Gegenstände (§ 90 BGB), also Immobilien und bewegliche Sachen; auf Tiere sind ordnungsrechtliche Vorschriften grundsätzlich ebenso anzuwenden (s. § 90 a BGB). Die Gefahr muss von der **Beschaffenheit oder der Lage der Sache** (bzw. der Lebenssituation bzw. dem Verhalten des Tieres) ausgehen, das Verschulden ist auch hier unerheblich. Behördliche Maßnahmen gegen den Eigentümer muten diesem häufig Vermögenseinbußen zu, für die er grundsätzlich nicht entschädigt wird. Hierin liegt allerdings keine Verletzung des Eigentumsrechts, da in Art. 14 Abs. 2 GG eine Sozialpflichtigkeit des Eigentums begründet wird („Eigentum verpflichtet. Sein Gebrauch soll zugleich dem Wohle der Allgemeinheit dienen.").

„Inhaber der tatsächlichen Gewalt" kann z. B. der Pächter, Mieter oder Entleiher sein.

Zustandsstörer ist	Beispiele
■ der **Eigentümer**, von dessen Sache eine Gefahr ausgeht,	*H. lässt seinen nicht abgerichteten Schäferhund frei herumlaufen. Ihn trifft die Zustandshaftung für das Tier.*
■ bei einer **herrenlosen Sache,** von der eine Gefahr ausgeht, der letzte Eigentümer der Sache,	*A. hat die Nummernschilder seines alten Autos abgeschraubt und das ausgeschlachtete Fahrzeug auf einem Waldweg offensichtlich in der Absicht abgestellt, sich durch Aufgabe des Eigentums der Ordnungspflicht zu entziehen.*
■ der **Inhaber der tatsächlichen Gewalt** über eine Sache, von der eine Gefahr ausgeht.	*P. hat eine Obstwiese gepachtet. Ein großer abgestorbener Ast eines Baumes droht auf die Straße zu fallen. Obwohl ihm der Baum nicht gehört, kann die Ordnungsbehörde sich an ihn wenden.*

1.3.4 Verursachung und Zweckveranlassung

Es kommt vor, dass **mehrere Faktoren** zu einer Gefahr beitragen. Ausschlaggebend ist grundsätzlich die **unmittelbare** (letzte) Ursache.

Beispiel

Kinobesitzer K. hat die deutsche Erstaufführung eines Films angekündigt, der sich mit einer bestimmten Religion äußerst kritisch auseinandersetzt. Anhänger dieser Religion versammeln sich nun vor dem Kino, um den Besuch der Filmveranstaltung unmöglich zu machen. Es kommt zu Beschimpfungen und Körperverletzungen zwischen Demonstranten, Besuchern und dem Personal. Kann die Ordnungs- bzw. Polizeibehörde von K. verlangen, den Film aus dem Programm zu nehmen?

Das Vorführen des Films ist hier Anlass für die Auseinandersetzungen, diese stören (als strafbare Handlung) die öffentliche Sicherheit. Der Kinobesitzer ist als **mittelbarer Verursacher der Gefahr nicht ordnungspflichtig.** Störer sind hier nur die Demonstranten, da erst ihr Verhalten die „Gefahrengrenze" überschreitet.

Ausnahmsweise kann auch der mittelbare Verursacher (Veranlasser) in Anspruch genommen werden.

Beispiel

Kaufmann K. lässt Bademode im Schaufenster vorführen, um Schaulustige auf sein Geschäft aufmerksam zu machen. Erwartungsgemäß finden sich auf der engen Straße zahlreiche Schaulustige ein. Die Menschenansammlung legt in kurzer Zeit den Straßenverkehr lahm.

Hier sind nicht nur die Zuschauer Störer, sondern (ausnahmsweise) auch K. Er hat den Anlass für die Menschenansammlung gezielt gesetzt und damit die vorhersehbare Verkehrsstörung in Kauf genommen. Als **„Zweckveranlasser"** überschreitet auch er die Gefahrengrenze und ist ebenfalls (neben den Zuschauern) ordnungspflichtig.

221060484

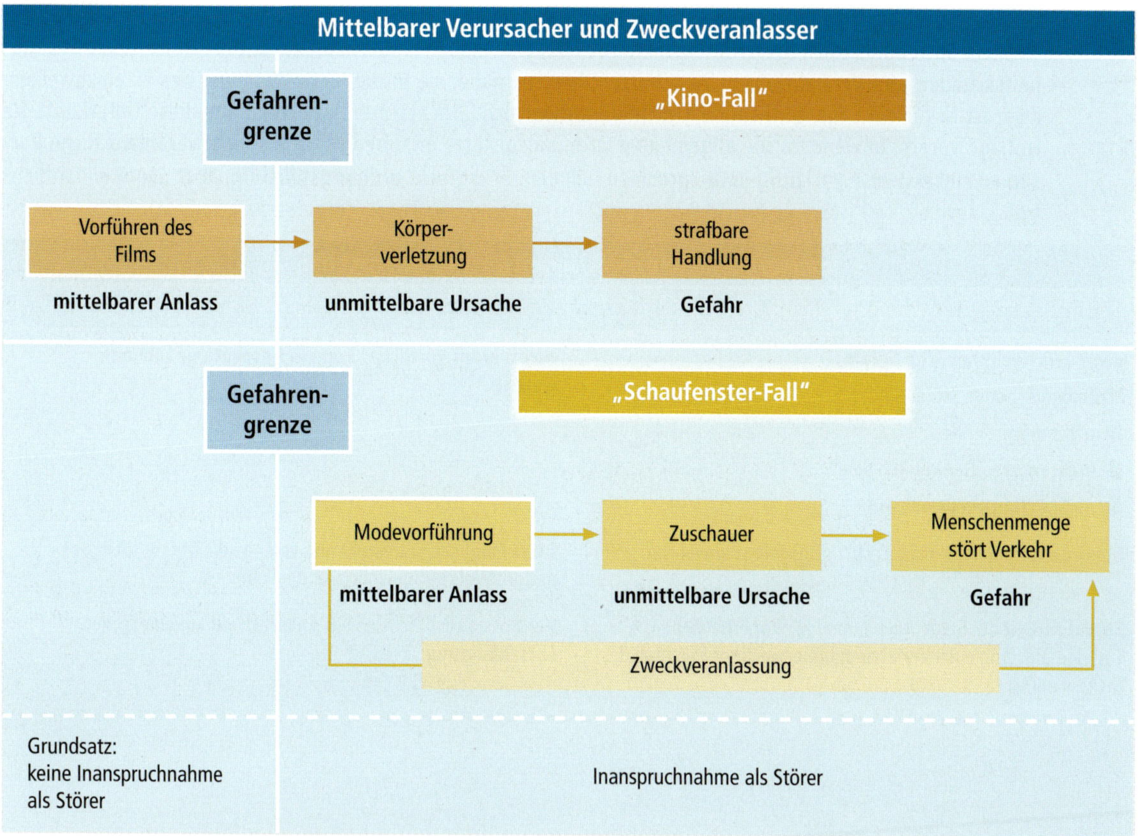

Wer eine Gefahr nur **mittelbar** verursacht, ist grundsätzlich nicht ordnungspflichtig, es sei denn, er ist Zweckveranlasser. **Zweckveranlasser** ist, wer gefahrerhöhende typische Risiken schafft oder die störende Folge bezweckt, sodass andere letztlich eine Gefahr auslösen.

1.3.5 Störerauswahl

Für ein und dieselbe Gefahr sind häufig mehrere Personen verantwortlich. Aber wen kann bzw. soll die Behörde in Anspruch nehmen?

Nach dem Prinzip der Verhältnismäßigkeit entscheidet die Behörde, ob sie einen oder mehrere Störer gleichzeitig oder nacheinander zur Beseitigung der Gefahr heranzieht. Hierbei sind folgende Grundsätze zu beachten:

- Für die Maßnahme kommt insbesondere derjenige in Betracht, der die Gefahr **schnell und wirksam beseitigen** kann (zeitliche und räumliche Nähe zur Gefahr; persönliche, sachliche und finanzielle Leistungsfähigkeit zur Gefahrbeseitigung).
- Der **Verhaltensstörer ist regelmäßig vor dem Zustandsstörer** in Anspruch zu nehmen, weil er durch sein Verhalten den engeren Bezug zur Gefahr hat. Zudem sollte nach Möglichkeit der Mehrfachstörer (z. B. Verhaltens- und gleichzeitig Zustandsstörer) vor einem Einfachstörer (z. B. „nur" Zustandsstörer) in Anspruch genommen werden.
- Der **Grad der Beteiligung** beim Verursachen der Gefahr ist bei der Auswahl eines Störers zu berücksichtigen.

1.3.6 Inanspruchnahme nicht verantwortlicher Personen

Beispiel

Aufgrund eines Räumungsurteils wird Familie F. am 1. Oktober obdachlos. Das Ehepaar F. ist arbeitslos und hat drei kleine Kinder. Die Gemeinde hat keine freien Notunterkünfte. Nachbar N. verfügt über eine leere Wohnung, die er aber nicht an Familie F. vermieten will.

Die Gefahr für die öffentliche Sicherheit und Ordnung ist offensichtlich; Familie F. als Verhaltensstörer kann sie nicht abwenden. Auch die Ordnungsbehörde hat keine eigene Möglichkeit dazu. Um Familie F. vor Gesundheitsschäden und Verwahrlosung zu schützen, liegt es nahe, sie in die leere Wohnung des N. einzuweisen. Zwar ist N. für die Lage der Familie F. nicht verantwortlich („Nichtstörer"), doch könnte diese Unterkunft die Notlage vorerst abwenden. Die allgemeinen Ordnungsgesetze erlauben es, N. als nicht verantwortliche Person ausnahmsweise vorläufig in Anspruch zu nehmen. Er ist nicht ordnungspflichtig, aber „notstandspflichtig".

Inanspruchnahme nicht verantwortlicher Personen	
Voraussetzungen	**Folgen**
gegenwärtige erhebliche Gefahr; Maßnahmen gegen Störer sind ■ **nicht möglich** oder ■ **nicht rechtzeitig möglich** oder ■ **nicht Erfolg versprechend;**	**Nichtverantwortlicher kann in Anspruch genommen werden.**
Behörde kann Gefahr nicht (rechtzeitig) **selbst** abwehren;	Diese Möglichkeit besteht nur, solange die Gefahr **nicht auf andere Weise** abgewehrt werden kann.
Zumutbarkeit der Inanspruchnahme (weder erhebliche Eigengefährdung noch Verletzung höherwertiger Pflichten des Nichtstörers)	Der Notstandspflichtige hat Anspruch auf angemessene **Entschädigung.**

1.4 Maßnahmen zur Gefahrenabwehr

Die zuständigen Behörden haben grundsätzlich zwei Möglichkeiten der Gefahrenbekämpfung:

- eigenes Handeln mit eigenen Mitteln,
- Maßnahmen gegen Personen.

Häufig reichen eigene Mittel des Ordnungsamts oder anderer Dienststellen aus, eine Gefahr zu beseitigen. Oft liegt hier bloß tatsächliches Handeln vor (Realakte), manchmal wird die Behörde schlicht hoheitlich tätig.

Beispiele

Wegräumen eines Verkehrshindernisses, Einsatz der Feuerwehr, Gewährung von Obdach im städtischen Obdachlosenasyl, Streifenfahrt, Auskunft über die Vermeidung von Gefahren bei Gartenfesten, Beratung über Abfallbeseitigung.

Maßnahmen gegen Personen sind regelmäßig mit Beeinträchtigungen von Individualrechten verbunden und deshalb gesetzlich genau geregelt.

- In ordnungsbehördlichen bzw. polizeilichen **Verordnungen** können bei einer allgemeinen (abstrakten) Gefahr allgemeine Ge- und Verbote aufgestellt werden.
- Zur Abwehr konkreter Gefahren erlassen die Behörden im Einzelfall **Verwaltungsakte** (Ordnungs- bzw. Polizeiverfügungen), die notfalls mit **Zwangsmitteln** durchgesetzt werden.
- Bestimmte Rechtsverstöße können außerdem als **Ordnungswidrigkeit** geahndet werden.
- In bestimmten Bereichen des Polizei- und Ordnungsrechts spielen darüber hinaus die **Erlaubnisse** und die polizeilichen **Standardmaßnahmen** eine wichtige Rolle.

221060486

1.4.1 Verordnungen

Sachverhalte, die nach ihrer Art regelmäßig eine allgemeine Gefahr darstellen, können nur durch eine allgemeine Rechtsvorschrift vorbeugend bekämpft werden.

Beispiel

In Neustadt haben frei laufende Hunde in letzter Zeit häufig Kinder auf Spielplätzen sowie Jogger und Radfahrer im Stadtwald angegriffen und verletzt. Ferner nehmen die Klagen über Verschmutzungen der Gehwege durch Hunde zu. Viele Tierhalter haben die Tiere offensichtlich nicht genügend unter Kontrolle. Deshalb ergänzt die Stadt Neustadt ihre ordnungsbehördliche Verordnung zur Aufrechterhaltung der öffentlichen Sicherheit und Ordnung auf Straßen, Plätzen und öffentlichen Sport-, Spiel- und Grünanlagen um folgende Regelungen:

§ 8

(1) Wer ein Tier mit sich führt, hat dafür zu sorgen, dass es Straßen, Wege und Anlagen nicht verunreinigt. Verschmutzungen sind unverzüglich zu beseitigen.

(2) Hunde sind an der Leine zu führen.

(3) Auf Sport- und Spielplätzen sind Hunde verboten.

§ 9

Ordnungswidrig handelt, wer vorsätzlich oder fahrlässig den §§ 2 bis 8 dieser Verordnung zuwiderhandelt.

Ein frei laufender Hund kann eine konkrete Gefahr für die öffentliche Sicherheit verursachen. Zwar tritt die Gefahr in den meisten Fällen nicht ein, doch kommt es immer wieder zu konkreten Verkehrsgefährdungen und Verletzungen. Es handelt sich noch nicht um eine konkrete Gefahr, aber um einen allgemein gefährlichen Sachverhalt und damit um eine **abstrakte Gefahr.** Ihr begegnet die Stadt Neustadt, indem sie von vornherein **allgemeine Ge- und Verbote** in einer Rechtsverordnung festlegt. Die allgemeinen Ordnungsgesetze der Länder und mehrere Spezialgesetze ermächtigen zum Erlass solcher Verordnungen, die je nach Bundesland als Verordnung, Ordnungsbehördliche Verordnung oder Polizeiverordnung bezeichnet werden.

Verordnungen zur Gefahrenabwehr sind **Rechtsquellen.** Sie enthalten **Gebote und Verbote,** die für eine **unbestimmte Anzahl von Fällen** an eine **unbestimmte Anzahl von Personen** gerichtet sind und der **vorbeugenden Abwehr allgemeiner Gefahren** für die öffentliche Sicherheit oder Ordnung dienen. Für den Fall einer Zuwiderhandlung können Geldbußen angedroht werden.

Da diese Verordnungen Pflichten begründen, sind sie **Gesetze im materiellen Sinne.** Wie alle Rechtsverordnungen stellen sie eine Durchbrechung der Gewaltenteilung dar und bedürfen deshalb einer gesetzlichen Ermächtigung durch das jeweilige allgemeine Ordnungsgesetz oder ein Spezialgesetz. Die Verordnung muss sich ausdrücklich auf diese Ermächtigung beziehen. Verordnungen aufgrund von Spezialgesetzen können z. B. die Straßenreinigung, den Immissionsschutz, die Marktordnung und die Droschkenordnung (für Taxen) betreffen.

Wer **erlässt** Verordnungen zur Gefahrenabwehr? Ermächtigt sind die Fachminister der Länder, die Bezirksregierungen, die Kreise und Gemeinden. Die Verordnungen der Kommunen werden – mit kleinen Abweichungen – nach den für Satzungen geltenden Vorschriften erlassen. (Beschluss des Rates bzw. Kreistags, öffentliche Bekanntmachung). Es gelten strenge Formerfordernisse.

Verordnungen zur Gefahrenabwehr werden öffentlich bekannt gemacht. Ihre Ge- und Verbote werden aber häufig auf Hinweisschildern wiederholt, damit z. B. die Besucher von Grünanlagen sie auch einhalten. Werden **Zuwiderhandlungen** in der Verordnung ausdrücklich zu Ordnungswidrigkeiten erklärt, so können sie nach dem Gesetz über Ordnungswidrigkeiten (OWiG) geahndet werden. Im Falle einer bestehenden konkreten Gefahr für die öffentliche Sicherheit oder Ordnung kann die Einhaltung eines Ge- oder Verbots (zusätzlich) auch durch eine Ordnungsverfügung (bzw. Polizeiverfügung) durchgesetzt und im Verwaltungszwangsverfahren erzwungen werden.

Beispiele

Wenn Herr Zwindorf Bellos Hinterlassenschaft nicht vom Gehweg räumt, muss er mit einer Verwarnung rechnen, denn die Verunreinigung stellt nach § 9 der Verordnung eine Ordnungswidrigkeit dar.

Nimmt er mit dem angeleinten Bello eine Abkürzung über den Spielplatz, verstößt er gegen § 8 Abs. 3 der Verordnung und begeht aufgrund des § 9 ebenfalls eine Ordnungswidrigkeit, die nach dem Gesetz über Ordnungswidrigkeiten mit einem Verwarnungs- oder Bußgeld geahndet werden kann.

Verhält er sich als „Wiederholungstäter", der vermutlich auch in Zukunft gegen das „Spielplatzverbot" verstoßen wird, so liegt eine konkrete Gefahr vor, auf die die Behörde mit einer Ordnungsverfügung mit Zwangsgeldandrohung reagieren wird.

Rechtsschutz erlangt der von einer Verordnung Betroffene, indem er mit einem förmlichen Rechtsbehelf gegen den jeweiligen ihn betreffenden Vollzugsakt vorgeht.

Rechtliche Einordnung der Verordnung zur Gefahrenabwehr

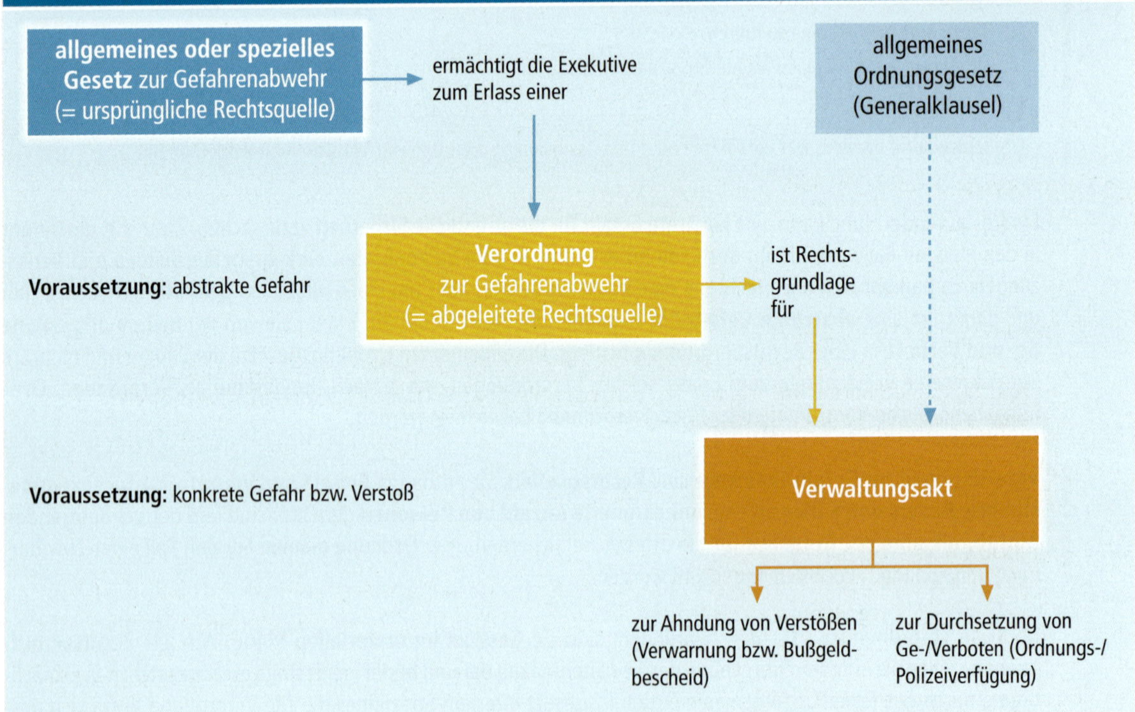

1.4.2 Verwaltungsakte (Ordnungs- und Polizeiverfügungen)

An einzelne Personen gerichtete Gebote oder Verbote zur Abwehr einer konkreten Gefahr werden in Form von Verwaltungsakten ausgesprochen. Meistens werden sie als Ordnungs- oder Polizeiverfügungen bezeichnet.

Nach der Eingriffsermächtigung unterscheidet man „selbstständige" und „unselbstständige" Ordnungsverfügungen. Stützt die Behörde ihre Maßnahme auf die Generalermächtigung, spricht man von einer selbstständigen Ordnungsverfügung. Als unselbstständig wird sie bezeichnet, wenn sie auf einem speziellen Gesetz oder einer Rechtsverordnung basiert. Beim Aufbau einer solchen Verfügung sind die Vorschriften des jeweiligen Ordnungsgesetzes (Schriftlichkeit) sowie der §§ 35 ff. VwVfG über Anforderungen an schriftliche Verwaltungsakte zu beachten. Hinzu kommen insbesondere die Regelungen im Ordnungs- bzw. Polizeirecht des jeweiligen Landes.

Aufbau einer Verfügung zur Gefahrenabwehr (Ordnungs-/Polizeiverfügung)

(Die rechtlich bedeutendsten Punkte der Verfügung sind **fett** gedruckt.)

1. **Erlassende Behörde**
(Name, Sitz, Anschrift; § 37 Abs. 3 VwVfG)

2. **Adressat**
Ein bestimmter „Störer" wird herangezogen.
Mit einem Zustellungsvermerk, z. B. „Postzustellungsauftrag", „Empfangsbekenntnis", kann die Behörde einen Zustellungsnachweis (Beweismittel) schaffen. (Zum Teil ist förmliche Zustellung vorgeschrieben, wenn ein Zwangsmittel angedroht wird.)

3. Datum und Bezugszeichen, Geschäftszeichen, Name des Sachbearbeiters

4. Betreff: Gegenstand der Entscheidung; in einigen Bundesländern sind bestimmte Überschriften vorgeschrieben, z. B. „Ordnungsverfügung", „Ordnungsverfügung mit Androhung eines Zwangsgeldes".

5. Anrede

6. **Entscheidung/-en (Entscheidungstenor)**

   a) **Sachentscheidung**
   Dies ist die Regelung im Sinne des § 35 VwVfG. Die Anordnung muss eindeutig, vollständig und aus sich heraus verständlich sein, sodass der Empfänger klar erkennt, was die Behörde will.

   b) **Androhung eines Zwangsmittels**
   Um die Befolgung der Verfügung zu sichern, wird oft eine Androhung ausgesprochen. Sie soll insbesondere dann in die Verfügung aufgenommen werden, wenn ein Rechtsbehelf keine aufschiebende Wirkung hat. Wird eine Handlung verlangt, ist eine angemessene Frist zu bestimmen.

   c) **Anordnung der sofortigen Vollziehung**
   gem. § 80 Abs. 2 Nr. 4 VwGO, wenn einem Rechtsbehelf die aufschiebende Wirkung genommen werden soll.

7. **Begründung der Entscheidungen**
Nach § 39 Abs. 1 VwVfG besteht grundsätzlich Begründungspflicht: Tatsächliche Gründe (wesentlicher Sachverhalt) und rechtliche Gründe (Rechtsgrundlagen der Entscheidung) sind mitzuteilen. Bei Ermessensentscheidungen sind die Gesichtspunkte der Ermessensausübung anzugeben.
Gegebenenfalls ist bei Anordnung der sofortigen Vollziehung gem. § 80 Abs. 3 VwGO das öffentliche Interesse bzw. das überwiegende Interesse eines Beteiligten darzulegen.

8. **Gebühren-/Kostenregelung**
(nach spezialgesetzlicher Vorschrift, nicht in allen Bundesländern generell vorgesehen)

9. **Rechtsbehelfsbelehrung**
Die Belehrung über die Widerspruchs- oder Klagemöglichkeit (§§ 68–70, § 58 Abs. 1 VwGO) sollte nicht fehlen, auch wenn sie nicht in allen Bundesländern vorgeschrieben ist.
Auf die Möglichkeit vorläufigen Rechtsschutzes (§ 80 Abs. 4, 5 VwGO) sollte hingewiesen werden, wenn die sofortige Vollziehung angeordnet wurde.

10. Grußformel und **Unterschrift**
(§ 37 Abs. 3 VwVfG)

Beispiel eines Verwaltungsaktes zur Gefahrenabwehr[1]

Stadt Neustadt
Der Bürgermeister

Stadt Neustadt · Postfach · 49999 Neustadt

Gegen Empfangsbekenntnis
Herrn
Ernst Morsch
Gartenstraße 23
49999 Neustadt

Ihre Nachricht/Ihr Zeichen:

Geschäftszeichen: 2/3-Kn
Fachbereich/Dienststelle: 2/3 – Ordnungsamt
Gebäude/Zimmer: Rathausplatz 1, Zimmer 9
Bearbeiter/-in: Kurt Knoop
Telefon: 02999 177- 628
Telefax: 02999 177- 168
E-Mail: KKnoop@stadtneu-wvd.de

Datum: 12. Oktober 20..

Beseitigung eines abgestorbenen Baumes auf Ihrem Grundstück Gartenstraße 23 in Neustadt
Ordnungsverfügung[1]

Sehr geehrter Herr Morsch,

1. Sie werden aufgefordert, die auf Ihrem Grundstück Gartenstraße 23 in Neustadt stehende Pappel unverzüglich zu fällen bzw. fällen zu lassen.
2. Sollten Sie dieser Aufforderung nicht bis zum 28. Oktober 20.. nachkommen, lasse ich die geforderten Maßnahmen auf Ihre Kosten von einem Unternehmen durchführen. Die Kosten dieser Ersatzvornahme betragen voraussichtlich etwa 500,00 €.
3. Die sofortige Vollziehung der Ziffer 1 dieser Verfügung wird angeordnet. Das heißt, dass ich diese Beseitigung des Baumes nach Ablauf der gesetzten Frist zwangsweise durchsetzen kann, auch wenn Sie gegen diese Verfügung Widerspruch einlegen sollten.

Begründung

Zu 1. Mitarbeiter der Abteilung Tiefbauwesen der Stadt Neustadt stellten im September fest, dass die ca. 12 m hohe Pappel auf Ihrem Grundstück abgestorben ist. Der morsche und nicht mehr standsichere Baum droht, insbesondere bei Sturm auf die unmittelbar vorbeiführende stark befahrene Gartenstraße zu stürzen. Durch herabfallende brüchige Äste können die Benutzer des Bürgersteigs und der Fahrbahn verletzt und Sachschäden verursacht werden. Damit geht von dem Baum eine erhebliche Gefahr für die öffentliche Sicherheit im Sinne der §§ 1 und 13 des Ordnungsbehördengesetzes Bbg (OBG) aus, für die Sie als Grundstückseigentümer nach § 17 Abs. 1 OBG verantwortlich sind[1]. Da die Pappel abgestorben ist, kommt für die Abwehr der Gefahr nur die Beseitigung des Baumes infrage.

Zu 2. Die Ersatzvornahme wird gemäß §§ 15, 19 und 23 des Verwaltungsvollstreckungsgesetzes Bbg angedroht[1], um die schnelle Beseitigung der Gefahr zu sichern.

Zu 3. Die sofortige Vollziehung dieser Verfügung wird gem. § 80 Abs. 2 Nr. 4 VwGO angeordnet. Das zu erwartende stürmische Herbstwetter erhöht die Umsturzgefahr und damit das Schadensrisiko der Verkehrsteilnehmer. Das öffentliche Interesse an der umgehenden Vermeidung dieser Gefahren für Gesundheit und Eigentum der Verkehrsteilnehmer überwiegt Ihr mögliches Interesse an der Vermeidung der Kosten für das Fällen des Baumes. Die Anordnung der sofortigen Vollziehung ist daher im öffentlichen Interesse geboten.

Rechtsbehelfsbelehrung

Gegen diesen Bescheid können Sie Widerspruch erheben. Ein Widerspruch führt zu einer nochmaligen behördlichen Überprüfung des Bescheides. Wenn Sie gegen die Stadt klagen wollen, ist er unbedingt erforderlich. Ein Widerspruch muss der Behörde innerhalb eines Monats nach Zustellung dieses Bescheides vorliegen. Er ist bei der Stadtverwaltung Neustadt (Anschrift wie oben) schriftlich einzulegen oder mündlich zur Niederschrift zu erklären. Falls die Frist durch das Verschulden eines von Ihnen Bevollmächtigten versäumt werden sollte, würde dessen Verschulden Ihnen zugerechnet werden. Gegen die Anordnung der sofortigen Vollziehung können Sie beim Verwaltungsgericht in 45879 Gelsenkirchen, Bahnhofsvorplatz 3, beantragen, die aufschiebende Wirkung wiederherzustellen.

Hochachtungsvoll

i. A. Knoop

Knoop

Bankverbindung der Stadtkasse Neustadt:
Neustädter Sparkasse, BLZ 999 500 01, Konto 0 415 920 301,
IBAN DE99 9995 0001 0415 9203 01

Besuchszeiten
Montag, Dienstag, Mittwoch: 08:00–12:30 Uhr, 14:00–17:00 Uhr,
Donnerstag: 08:00–12:30 Uhr, 14:00–20:00 Uhr, Freitag: 08:00–12:30 Uhr

Internet
www.stadtneu-wvd.de

1 Der Bezug des Beispiels auf das Landesrecht (hier: Brandenburgs) ist an einigen Stellen unvermeidbar; nach Änderung der Überschrift und der Gesetzesbezüge ist der Text auf andere Bundesländer übertragbar.

221060490

1.4.3 Polizeiliche Standardmaßnahmen

Als polizeiliche Standardmaßnahmen bezeichnet man besonders geregelte typische Eingriffe der Behörden zur Gefahrenabwehr.

Bestimmte Standardmaßnahmen spielen im Bereich der (Vollzugs-)Polizei eine bedeutende Rolle, können großenteils aber auch von der Verwaltung ergriffen werden.

Beispiele

Identitätsfeststellung: *Festhalten von Personen und Verlangen von Ausweispapieren zur Aufklärung von Sachbeschädigungen in einem Sportstadion;*

Vorladung: *Aufforderung, zu einer Aussage im Rahmen der Gefahrenabwehr zu einem bestimmten Zeitpunkt zur Dienststelle zu kommen;*

Prüfung von Berechtigungsscheinen: *Kontrolle von Führerscheinen, Waffenscheinen, Fischereischeinen (die Aushändigungspflicht ist häufig in Spezialvorschriften geregelt, die vorrangig gelten);*

Sicherstellung: *Einziehen von Mikro-Abhörgeräten („Wanzen"), die zum Verkauf angeboten werden.*

Einige Eingriffe (z. B. Platzverweise, Durchsuchung von Personen, Betreten und Durchsuchen von Wohnungen) stellen Grundrechtseinschränkungen dar. Sie bedürfen einer speziellen gesetzlichen Grundlage. Daher sind die eindeutig und abschließend geregelten Tatbestandsmerkmale der Standardmaßnahmen vorrangig vor der auslegungsbedürftigen Generalklausel anzuwenden. Sind die Voraussetzungen für eine bestimmte Standardmaßnahme nicht erfüllt, so darf die Behörde die Maßnahme auch nicht auf die Generalklausel stützen.

Beispiel

Beabsichtigt jemand, giftigen Abfall in einem Baggersee zu „entsorgen", so könnte es zweckmäßig sein, ihn vorerst in polizeilichen Sicherheitsgewahrsam zu nehmen. Sind die strengen Tatbestandsvoraussetzungen für diese Standardmaßnahme im Einzelfall jedoch nicht erfüllt, kann die Polizeibehörde eine solche Handlungsweise nun nicht auf die Generalklausel stützen; sie muss eine andere Maßnahme ergreifen.

1.4.4 Erlaubnisse

Erlaubnisse sind in Spezialgesetzen geregelt und betreffen die Gebiete des besonderen Polizei- und Ordnungsrechts. In vielen Lebensbereichen liegen allgemeine Gefahren für die öffentliche Sicherheit, sodass der Gesetzgeber Handlungen in diesen Bereichen von einer Erlaubnis abhängig macht. Wenn die Behörde bei Vorliegen der jeweiligen Voraussetzungen verpflichtet ist, eine Erlaubnis zu erteilen, spricht man von einer gebundenen Erlaubnis.

Beispiel

Gewerberechtliche Erlaubnisse, Aufenthaltserlaubnis, Bauerlaubnis, Fahrerlaubnis

Über Ordnungswidrigkeitsverfahren informiert das folgende Kapitel.

Handlungsmöglichkeiten der Behörden zur Gefahrenabwehr

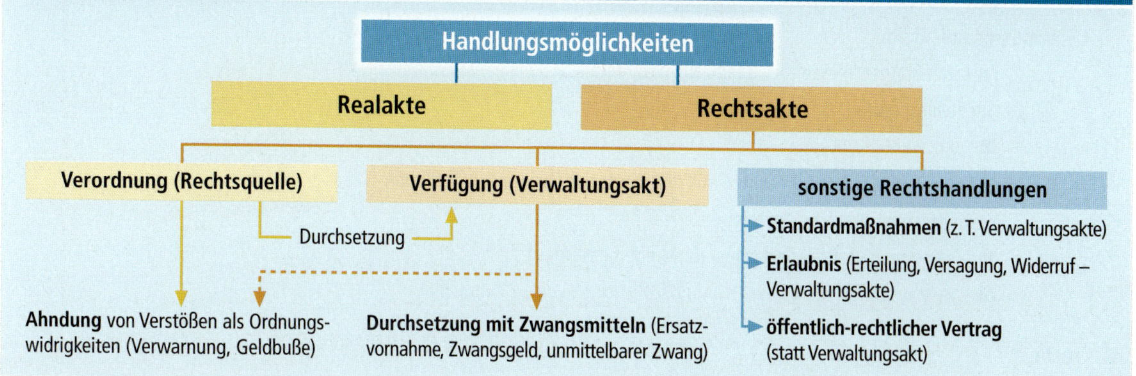

1.5 Rechtliche Anforderungen an Rechtseingriffe zur Gefahrenabwehr

Alle Maßnahmen zur Gefahrenabwehr müssen rechtmäßig sein. Ein Verwaltungsakt muss auf einer gesetzlichen Ermächtigung basieren, er muss formell und materiell rechtmäßig sein. Im Falle von Beschwerden oder Widersprüchen gegen Ordnungs- oder Polizeiverfügungen ist deren Rechtmäßigkeit zu überprüfen. Wie man bei dieser gutachtlichen Prüfung systematisch vorgeht, zeigt das folgende Schema.

Aufbauhilfe: Prüfung der Rechtmäßigkeit von Verwaltungsakten im Gefahrenabwehrrecht

1. Ermächtigungsgrundlage

1.1 Spezialermächtigung aus dem besonderen Gefahrenabwehrrecht (z. B. GewO, BauO, GastG), VA-Befugnis oder

1.2 Ermächtigung zu Standardmaßnahmen aus dem allgemeinen Gefahrenabwehrrecht oder

1.3 Generalklausel des allgemeinen Gefahrenabwehrrechts

2. Formelle Rechtmäßigkeit

2.1 Zuständigkeit

2.1.1 sachlich (zugewiesene Sachaufgaben der Behörde [Ordnungsbehörde/Polizei])

2.1.2 örtlich (räumlicher Tätigkeitsbereich der Behörde)

2.1.3 instanziell (Ebene der Behörde [i. d. R. untere Behördenebene])

2.2 Verfahren (entspr. VwVfG, insbes. Anhörung)

2.3 Form (zum Teil ist landesspezifisch Schriftform, evtl. Zustellung vorgeschrieben, Bestimmtheit, Begründung)

3. Materielle Rechtmäßigkeit

3.1. **Tatbestandsvoraussetzungen der Ermächtigungsgrundlage**
bei Generalklausel des allgemeinen Gefahrenabwehrrechts:

3.1.1 **Schutzgut „öffentliche Sicherheit"** (Unversehrtheit von Leben, Gesundheit, Freiheit, Ehre und Vermögen eines Einzelnen, Bestand und Funktionsfähigkeit des Staates und seiner Einrichtungen, gesamte Rechtsordnung);

3.1.2 **Schutzgut „öffentliche Ordnung"** (Gesamtheit der ungeschriebenen Regeln für das Verhalten in der Öffentlichkeit, deren Beachtung nach den jeweils herrschenden Anschauungen als unerlässliche Voraussetzung eines geordneten staatsbürgerlichen Lebens betrachtet wird);

3.1.3 **konkrete Gefahr** (hinreichende Wahrscheinlichkeit des Eintritts eines Schadens für die vorstehenden Rechtsgüter im Einzelfall).

3.2 **Tatbestandsvoraussetzungen der Ordnungspflicht**
(Wer kommt als Verantwortlicher infrage?)

- aufgrund einer Spezialvorschrift,
- aufgrund einer Vorschrift über Standardmaßnahmen,
- aufgrund der Verhaltens- oder Zustandsverantwortlichkeit (als Störer) gemäß Generalklausel,
- evtl. als Nichtstörer.

3.3. **Ermessensausübung**

3.3.1 Entschließungsermessen (Handeln/Nichthandeln)

3.3.2 Auswahlermessen

- Auswahl des Mittels
- Auswahl des VA-Adressaten aus dem Kreis der Ordnungspflichtigen

3.3.3 Verhältnismäßigkeit des Mittels

- Geeignetheit, Erforderlichkeit und Angemessenheit
- Austauschmittel, das der Ordnungspflichtige eventuell vorschlägt

4. Ergebnis

221060492

Verwaltungszwangsverfahren und Verfahren wegen Ordnungswidrigkeiten

2.1 Verwaltungszwangsverfahren im Gefahrenabwehrrecht

2.1.1 Grundlagen der Verwaltungsvollstreckung

Wenn Privatleute die Erfüllung von Ansprüchen durchsetzen wollen, beantragen sie ein gerichtliches Mahnverfahren oder sie klagen vor Gericht, denn das Gewaltmonopol besitzt der Staat: Nur er darf das Recht mit Zwang durchsetzen. Ein Gerichtsurteil, das z.B. das Bestehen einer Forderung feststellt, ist die Grundlage für die Zwangsvollstreckung dieser Forderung. Ohne diesen „vollstreckbaren Titel" werden weder das Vollstreckungsgericht (Amtsgericht) noch der Gerichtsvollzieher tätig.

Will der Staat die Befolgung eines befehlenden Verwaltungsakts (z. B. Steuerbescheid, Ordnungsverfügung) erzwingen, so vollstreckt die Exekutive selbst ihren Verwaltungsakt. Die Behörde muss also nicht erst ein Gerichtsurteil als „vollstreckbaren Titel" erwirken; Grundlage der Vollstreckung ist der Verwaltungsakt. Das Verwaltungsvollstreckungsverfahren wird heute als besonderes Verfahren angesehen, das dem Verwaltungsverfahren nachgelagert ist. Es wird ausgeführt durch Vollstreckungsbehörden und Vollziehungsbeamte der Verwaltung, nicht etwa durch Gerichtsvollzieher.

Gerichtliche und behördliche Vollstreckung

	gerichtliche Vollstreckung	behördliche Vollstreckung
Ziel	Durchsetzung **privater Ansprüche** (nach Klage auf Erfüllung)	Durchsetzung von **Verwaltungsakten**
Grundlage der Vollstreckung	rechtskräftiges **Urteil eines Gerichts** („vollstreckbarer Titel")	vollstreckbarer **Verwaltungsakt einer Behörde**
Durchführung der Vollstreckung	Vollstreckungsverfahren durch Vollstreckungsgericht, **Gerichtsvollzieher**	Vollstreckungsverfahren durch die **Behörde selbst**

Verwaltungsvollstreckung ist die zwangsweise Durchsetzung verwaltungsrechtlicher Ansprüche durch die Behörde.

Rechtsgrundlagen

Behördliche Vollstreckungsmaßnahmen sind Rechtseingriffe. Sie unterliegen dem Gesetzesvorbehalt, bedürfen also ausdrücklicher gesetzlicher Ermächtigungen.

Rechtsgrundlagen für Vollstreckungsmaßnahmen

der Bundesbehörden:	der Landes- und Kommunalbehörden:
Verwaltungsvollstreckungsgesetz des Bundes (BVwVG)	Verwaltungsvollstreckungsgesetze (VwVG) der Länder
Gesetz über den unmittelbaren Zwang bei Ausübung öffentlicher Gewalt durch Vollzugsbeamte des Bundes (UZwG)	zum Teil Landesgesetze über die Polizei bzw. Ordnungsbehörden

Die Regelungen des Vollstreckungsrechts stimmen im Wesentlichen überein.

Abgrenzung und Arten der Verwaltungsvollstreckung

Begünstigende, gestaltende und feststellende Verwaltungsakte können nicht „vollstreckt" werden, denn sie enthalten keine verwaltungsrechtlichen Ansprüche, die evtl. zwangsweise durchgesetzt werden müssten.

Beispiele

Die bewilligte Sozialhilfe wird ausgezahlt, eine Beamtin wird mit ihrer Zustimmung ernannt, jemand kann von seiner Fahrerlaubnis Gebrauch machen.

Befehlende Verwaltungsakte aber enthalten Anordnungen, die nicht immer freiwillig befolgt werden und in diesen Fällen von der Behörde vollstreckt werden müssen. Je nach dem Inhalt der Verwaltungsakte unterscheidet man zwei Arten der Verwaltungsvollstreckung:

- **Handlungen, Duldungen oder Unterlassungen** kann die Behörde in einem Verwaltungszwangsverfahren erzwingen.

- **Öffentlich-rechtliche Geldforderungen** werden in einem besonders geregelten Beitreibungsverfahren vollstreckt.

Vollstreckungsverfahren nach dem Inhalt der Verwaltungsakte

Erzwingung von Handlungen, Duldungen oder Unterlassungen	Vollstreckung wegen öffentlich-rechtlicher Geldforderungen
↓	↓
Verwaltungszwangsverfahren	**Beitreibungsverfahren (Vollstreckungsverfahren)**

2.1.2 Erzwingung von Handlungen, Duldungen und Unterlassungen

Die Behörde hat die Möglichkeit, Handlungen, Duldungen und Unterlassungen notfalls zu erzwingen:

Beispiele

*Zu erzwingende **Handlungen** können sein*

- *der Abriss eines baufälligen Hauses,*
- *das Streuen des Gehweges bei Glätte,*
- *die Beseitigung einer wilden Müllkippe.*

*Eine **Duldung** wird von einem Kranken verlangt, wenn er zwangsweise in einer psychiatrischen Einrichtung untergebracht wird. (Dies ist unter engen gesetzlichen Voraussetzungen möglich.) Ein Vermieter muss unter bestimmten Umständen dulden, dass die Behörde seine Mietwohnung einer Familie zur Abwendung der Obdachlosigkeit vorläufig zuweist.*

*Auf eine **Unterlassung** gerichtet sind die Anordnungen,*

- *eine Gaststätte zu schließen,*
- *Radiolärm zu unterlassen,*
- *kein Wasser mehr aus dem eigenen Brunnen zu entnehmen.*

2.1.2.1 Zwangsmittel

Die Behörde kann die folgenden gesetzlich vorgesehenen Zwangsmittel einsetzen:

- **Ersatzvornahme**
- **Zwangsgeld**
- **unmittelbarer Zwang**

Zwangsmittel sollen ein **künftiges Verhalten erzwingen.** Sie sind **Beugemittel,** keine Strafen für begangenes Unrecht. Im Gegensatz zu Ahndungsmitteln (Strafen, Geldbußen) können Zwangsmittel (insbesondere Zwangsgelder) im selben Fall wiederholt angewandt werden, sogar neben einer Strafe oder Geldbuße. Zwangsmittel dürfen nicht mehr angewendet werden, wenn ihr Zweck erreicht ist.

Ersatzvornahme

Führt der durch Verwaltungsakt zu einer Handlung Verpflichtete diese Handlung nicht durch, so kann die Behörde einen anderen beauftragen, die Handlung auf Kosten des Pflichtigen vorzunehmen. Merkmale der Ersatzvornahme sind also:

- Ausführung durch einen anderen
- im Auftrag der Behörde
- auf Kosten des Pflichtigen

Ersatzvornahme ist nur bei **vertretbaren Handlungen** möglich, d. h. bei Handlungen, die auch ein anderer durchführen kann.

Beispiel

Gemüsehändler H. kommt der behördlichen Aufforderung, eine wilde Müllkippe auf seinem Grundstück zu beseitigen, nicht nach. Die Müllbeseitigung ist eine vertretbare Handlung, denn auch ein anderer kann sie für H. vornehmen. Um die Gesundheitsgefährdung schnell abzuwenden, beauftragt die Behörde den Fuhrunternehmer F. mit der Abfuhr des Abfalls. Sie belastet H. mit den Kosten.

In den meisten Bundesländern umfasst die Ersatzvornahme nicht nur die Ausführung der Handlung durch Dritte (Fremdvornahme, z. B. durch Unternehmer), sondern auch die Ausführung durch die Behörde selbst (Selbstvornahme, z. B. durch eine städtische Dienststelle).

Bei der Androhung der Ersatzvornahme gibt die Behörde die voraussichtlichen Kosten an. Sie kann sie bei der Festsetzung des Zwangsmittels im Voraus verlangen.

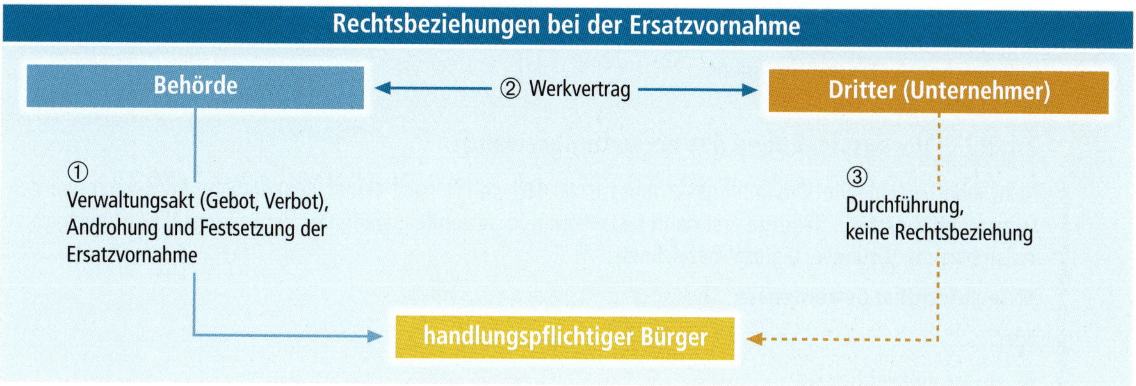

Zwangsgeld

Wird die Verpflichtung zu einer Duldung, Unterlassung oder nicht vertretbaren Handlung nicht erfüllt, kann der Pflichtige durch ein Zwangsgeld zu der Handlung bzw. Unterlassung angehalten werden.

Beispiel

Das Chemieunternehmen C. leitet trotz eines behördlichen Verbots ungeklärte Abwässer in einen Bach. Ersatzvornahme ist hier nicht möglich, C. muss das Verbot schon selbst einhalten. Die Behörde wird die Höhe des anzudrohenden Zwangsgeldes so wählen, dass C. es voraussichtlich vorziehen wird, das Verbot zu respektieren. Werden weiter ungeklärte Abwässer eingeleitet, muss C. mit immer höheren Zwangsgeldern rechnen.

Auch bei vertretbaren Handlungen kann das Zwangsgeld angewandt werden, wenn die Ersatzvornahme unzweckmäßig ist. Der mögliche Mindest- und Höchstbetrag des Zwangsgeldes richtet sich nach der jeweiligen Rechtsgrundlage. Zwangsgeld ist immer in bestimmter Höhe anzudrohen und festzusetzen.

Zahlt der Pflichtige nicht fristgerecht, wird das Zwangsgeld durch die Kasse als Vollstreckungsbehörde beigetrieben. Ist es uneinbringlich, so kann das **Verwaltungsgericht** eine **Zwangshaft** (in einigen Bundesländern Ersatzzwangshaft) unter folgenden Voraussetzungen anordnen:

- Antrag der Vollzugsbehörde an das Verwaltungsgericht und
- Hinweis auf die Ersatzzwangshaft (in der Regel bei Androhung des Zwangsgeldes).

Die Zwangshaft hat nur „Stellvertreterfunktion“, ist also kein selbstständiges Zwangsmittel und praktisch von geringer Bedeutung.

Unmittelbarer Zwang

Unter unmittelbarem Zwang versteht man die Einwirkung auf Personen oder Sachen durch Anwendung von

- körperlicher Gewalt,
- von Hilfsmitteln körperlicher Gewalt
- oder von Waffen.

Beispiele

Körperliche Gewalt *ist das zwangsweise Vorführen von Personen durch die Polizei, ebenso das gewaltsame Öffnen einer Wohnungstür durch Vollzugsbeamte.*

Hilfsmittel körperlicher Gewalt *sind z. B. Fesseln, technische Sperren, Dienstwagen, Nachschlüssel.*
Zu den ***Waffen*** *zählen Schlagstöcke, Schusswaffen und Reizstoffe.*

Der unmittelbare Zwang ist das schärfste Zwangsmittel. Er wird deshalb erst dann angewandt, wenn andere Zwangsmittel nicht möglich, nicht Erfolg versprechend oder nicht zweckmäßig sind. Die Anwendung dieses Zwangsmittels ist ausführlich gesetzlich geregelt und nur besonders ermächtigten Vollzugsbeamten erlaubt. Der Schusswaffengebrauch unterliegt zusätzlichen Einschränkungen. Andere Zwangsmittel als Ersatzvornahme, Zwangsgeld und unmittelbarer Zwang stehen der Behörde zur Erzwingung von Handlungen, Duldungen oder Unterlassungen nicht zur Verfügung.

2.1.2.2 Voraussetzungen des Verwaltungszwangs

Nicht jeder befehlende Verwaltungsakt muss bzw. darf sofort nach seiner Bekanntgabe erzwungen werden. Zwangsmittel darf die Behörde erst dann festsetzen und anwenden, wenn der Verwaltungsakt (oft auch als zu vollstreckende „Grundverfügung“ bezeichnet)

- **unanfechtbar geworden ist**

oder

- **sofort vollziehbar ist.**

Ordnet die Behörde eine relativ „harmlose“ Maßnahme an und hält sie die Befolgung des Verwaltungsakts für sehr wahrscheinlich, so wird sie auf die nicht gerade bürgerfreundliche Zwangsmittelandrohung im Verwaltungsakt verzichten.

Beispiel

H. wurde am 4. September (Absendedatum) aufgefordert, innerhalb eines Monats an seinem Haus eine Hausnummer anzubringen. H. bleibt untätig. Der Bescheid enthielt eine korrekte Rechtsbehelfsbelehrung. Widerspruch ist deshalb nur bis zum 7. Oktober möglich; ab dem 8. Oktober ist der Verwaltungsakt unanfechtbar. Nun können Zwangsmittel eingesetzt werden.

Die H. in der „Grundverfügung“ gesetzte Frist für die Beschilderung endet mit dem 7. Oktober. Die Behörde schickt H. am 8. Oktober einen „Androhungsbescheid“.

Im Falle eines Widerspruchs- und Klageverfahrens kann es Monate oder Jahre dauern, bis der Verwaltungsakt bestandskräftig ist. Deshalb ordnet die Verwaltung in begründeten Fällen die sofortige Vollziehbarkeit an, die (als Vollstreckungsvoraussetzung) **an die Stelle der Unanfechtbarkeit** tritt.

Beispiel

B. ist Eigentümer eines Grundstücks, das zur Straße durch eine alte Mauer abgegrenzt wird. Die zwei Meter hohe Mauer weist immer größere Risse auf, die Einsturzgefahr nimmt zu.

Die Behörde

- *gibt dem B. die Reparatur der Mauer auf,*
- *setzt ihm hierfür eine Frist von zwei Wochen,*
- ***ordnet die sofortige Vollziehung dieser Verfügung gemäß § 80 Abs. 2 Nr. 4 VwGO an,***
- *droht für den Fall der Nichtbefolgung die Ersatzvornahme an*
- *und teilt deren voraussichtliche Kosten mit.*

Dies bedeutet für den handlungspflichtigen **Bürger** (B.):

- **Wirksam** wird der Bescheid mit seiner Bekanntgabe, deshalb muss B. in der gesetzten Frist für die Reparatur sorgen. Solange die Rechtsbehelfsfrist läuft, ist der Bescheid aber noch anfechtbar.
  B. kann Widerspruch bzw. Klage erheben. Dies hat aber **ausnahmsweise keine aufschiebende Wirkung,** weil die Behörde die **sofortige Vollziehung** der Reparatur im Verwaltungsakt ausdrücklich angeordnet hat.

221060496

Sofortige Vollziehung:
Ist ein Verwaltungsakt sofort vollziehbar, so hat ein gegen ihn gerichtetes Rechtsmittel keine aufschiebende Wirkung. Die sofortige Vollziehbarkeit ergibt sich entweder

- aus dem Gesetz (z. B. § 80 Abs. 2 Nr. 1–3 VwGO oder Regelungen in den Ausführungsgesetzen der Länder zur VwGO über die sofortige Vollziehung von Vollstreckungsmaßnahmen)

oder

- aus einer besonderen behördlichen Anordnung im Einzelfall (§ 80 Abs. 2 Nr. 4 VwGO).

Der Verwaltungsakt ist also unabhängig von einem evtl. Widerspruch zu befolgen. B. kann in diesem Fall durch Rechtsbehelf keinen Aufschub erreichen.

- Wenn B. seine Pflicht nicht erfüllt, **kann die Behörde die Reparatur durch Ersatzvornahme erzwingen;** nach Ablauf der im Bescheid gesetzten Frist muss B. mit der Festsetzung dieses Zwangsmittels rechnen.

Die **Behörde** muss beachten:

- Die Anordnung der sofortigen Vollziehung (§ 80 Abs. 2 Nr. 4 VwGO) führt zu einer **Verkürzung des Verwaltungszwangsverfahrens.** Die sofortige Vollziehung darf aber nur im öffentlichen Interesse oder im überwiegenden Interesse eines Beteiligten angeordnet werden.
  Gemäß § 80 Abs. 3 VwGO muss die Behörde **das besondere Interesse an der Anordnung der sofortigen Vollziehung schriftlich begründen.**

Beispiel

„Mit zunehmendem Verfall der Mauer und bei zu erwartendem stürmischem Herbstwetter wächst die Gefahr, dass Mauerstücke auf die Straße stürzen und Passanten verletzen. Das öffentliche Interesse an der Vermeidung derartiger Gesundheitsschäden überwiegt Ihr mögliches Interesse an der Vermeidung von Reparaturkosten. Die Anordnung der sofortigen Vollziehung ist daher im öffentlichen Interesse geboten."

- Bei Anordnung der sofortigen Vollziehung verbindet die Behörde die Zwangsmittelandrohung mit dem Verwaltungsakt.

Gesetzliche Voraussetzungen des Verwaltungszwangs		
Verwaltungsakt (Grundverfügung) und **Unanfechtbarkeit** des Verwaltungsakts	**oder**	**Verwaltungsakt** (Grundverfügung) und **Fehlen der aufschiebenden Wirkung** des möglichen Rechtsmittels
Ein Verwaltungsakt ist unanfechtbar, ■ wenn die **Rechtsbehelfsfrist abgelaufen** ist (§§ 70, 58 VwGO) oder ■ wenn er – nach Widerspruch und Klage – durch ein rechtskräftiges Urteil bestätigt worden ist.		Die aufschiebende Wirkung entfällt in den Fällen des § 80 Abs. 2 VwGO, z. B. ■ bei bestimmten Polizeimaßnahmen (kraft Gesetzes), ■ bei ausdrücklicher **Anordnung der sofortigen Vollziehung** des Verwaltungsakts durch die Behörde.

2.1.2.3 Ablauf von Verwaltungszwangsverfahren

Der auf eine Handlung, Duldung oder Unterlassung gerichtete Verwaltungsakt wird grundsätzlich von der Behörde vollzogen, die ihn erlassen hat. So sind z. B. die Ordnungs- und Polizeibehörden Vollzugsbehörden in ihrem Zuständigkeitsbereich.

Das Verwaltungszwangsverfahren umfasst im Regelfall drei Stufen: Androhung, Festsetzung und Anwendung des Zwangsmittels. Die Androhung kann mit der Grundverfügung verbunden werden. Bleibt sie erfolglos, wird das Zwangsmittel entsprechend der Androhung in einem besonderen Bescheid festgesetzt. Danach kann das Zwangsmittel angewendet werden. In den Verwaltungsvollstreckungsgesetzen der Länder sind die Einzelheiten allerdings unterschiedlich geregelt.

Ablauf des Verwaltungszwangsverfahrens	
Stufen	**Erläuterungen**
Androhung des Zwangsmittels	■ schriftlich, in den meisten Bundesländern förmliche Zustellung, ■ angemessene Frist für Handlungen (im „gestreckten Verfahren“ bis zum Ende der Widerspruchsfrist), ■ genaue Bestimmung des Zwangsmittels, (bei Ersatzvornahme: Kostenschätzung),
Festsetzung des Zwangsmittels	■ bei Nichterfüllung der Verpflichtung, ■ durch besonderen schriftlichen Bescheid (in einigen Bundesländern abweichende Regelungen),
Anwendung des Zwangsmittels	■ sofort nach Festsetzung (deshalb unterscheiden die Verwaltungsvollstreckungsgesetze einiger Länder nicht zwischen Festsetzung und Anwendung), ■ bei **Ersatzvornahme:** Auftrag an Dritten (wenn nicht Selbstvornahme durch Behörde), Kostenbeitreibung und Durchführung der Maßnahme, ■ bei **Zwangsgeld:** Beitreibung (ohne Mahnfrist), ■ bei **unmittelbarem Zwang:** körperliche Gewaltanwendung.

Gestrecktes Verfahren

Das dreistufige Verwaltungszwangsverfahren kann – nach Erlass des Verwaltungsakts (Grundverfügung) und Eintritt der Unanfechtbarkeit – **in drei gesonderten „Akten“,** nämlich Androhungsbescheid, Festsetzungsbescheid und Anwendungsmaßnahmen, durchgeführt werden. Die Behörde kann die Androhung auch in die Grundverfügung aufnehmen. Dieses gestreckte Verfahren ist besonders zeitaufwändig.

Verkürztes Verfahren

Wenn die Voraussetzungen für die **Anordnung der sofortigen Vollziehung** gem. § 80 Abs. 2 Nr. 4 VwGO vorliegen, wird die Behörde diese Anordnung mit besonderer Begründung (§ 80 Abs. 3 VwGO) wie auch die Zwangsmittelandrohung in die Grundverfügung hineinnehmen. In bestimmten Fällen ist ein Verwaltungsakt bereits kraft Gesetzes sofort vollziehbar (§ 80 Abs. 2 Nr. 2 oder 3 VwGO). In allen Fällen des § 80 Abs. 2 VwGO muss die im Bescheid gesetzte Frist, nicht aber die Unanfechtbarkeit abgewartet werden. Nach Möglichkeit ist das verkürzte Verfahren durchzuführen.

Sofortiger Vollzug

Es kommt vor, dass die Zeit weder für den Erlass eines schriftlichen Verwaltungsakts noch für ein normales Zwangsverfahren ausreicht.

Beispiele

Bei Tiefbauarbeiten wird eine Bombe aus dem letzten Weltkrieg gefunden. Die Umgebung des Fundorts wird sofort durch körperliche Gewalt (Wegdrängen, Absperrung) und gleichzeitige Lautsprecherdurchsagen geräumt, die Bombe wird so schnell wie möglich entschärft.

Ist bei einem Unfall Dieselöl aus einem Tankwagen ausgelaufen, trifft die Behörde ebenfalls ohne vorausgehenden Verwaltungsakt Sofortmaßnahmen. Sie wird ölbindende Mittel einsetzen und den verunreinigten Boden ausheben und abfahren lassen (sofortiger Vollzug durch Ersatzvornahme gegenüber dem Grundstückseigentümer).

Für derart eilbedürftige Fälle sehen die Verwaltungsvollstreckungsgesetze den sofortigen Vollzug vor.

Sofortiger Vollzug (im Sinne des Vollstreckungsrechts) ist die Anwendung von Verwaltungszwang ohne vorausgegangenen Verwaltungsakt.

Dieser Sofortvollzug (auch „sofortiger Zwang“ genannt) darf nicht mit der „sofortigen Vollziehung“ nach der VwGO verwechselt werden, durch die einem Rechtsbehelf die aufschiebende Wirkung genommen wird.

Aus der Sicht der kommunalen Verwaltung kommt der sofortige Vollzug nur in **Ausnahmefällen** infrage. Er setzt eine außerordentliche Eilbedürftigkeit und Beachtung der eng gefassten behördlichen Anwendungsbefugnis voraus.

Die Androhung und die Festsetzung eines Zwangsmittels können mit dem Widerspruch bzw. der Klage angefochten werden, ebenso die Maßnahmen des sofortigen Vollzugs. Der Rechtsbehelf gegen Vollstreckungsmaßnahmen hat regelmäßig keine aufschiebende Wirkung.

221060498

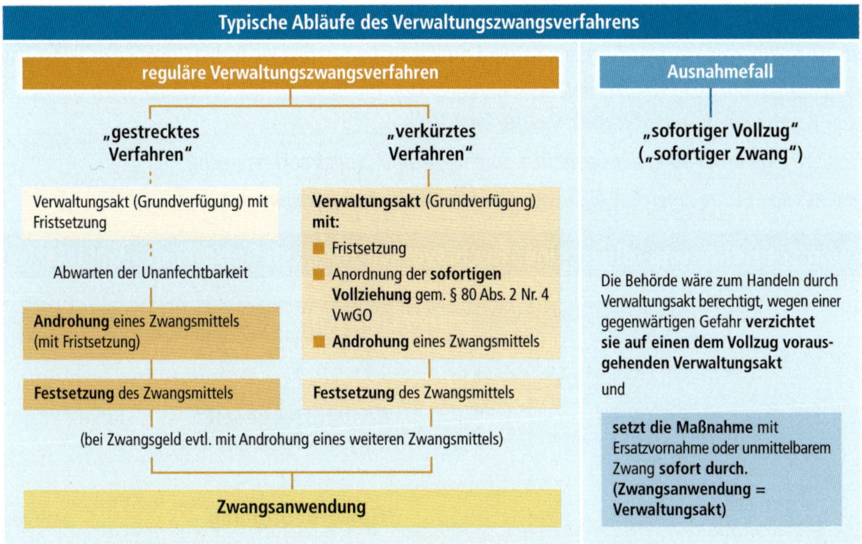

Grundrechtseinschränkungen bei Verwaltungszwangsverfahren

Verwaltungsakte zur Gefahrenabwehr wie auch Maßnahmen im Verwaltungszwangsverfahren greifen in der Regel in Grundrechte ein. Daher enthalten die Gefahrenabwehr- und Verwaltungsvollstreckungsgesetze Einschränkungen der folgenden Grundrechte:

- Leben und körperliche Unversehrtheit (Art. 2 Abs. 2 Satz 1 GG),
- Freiheit der Person (Art. 2 Abs. 2 Satz 2 GG),
- Unverletzlichkeit der Wohnung (Art. 13 GG).

Im GG ist die Einschränkung ausdrücklich zugelassen. Art. 19 Abs. 1 GG verlangt, dass das einschränkende Gesetz das eingeschränkte Grundrecht nennt. Bestimmte Eingriffe bedürfen richterlicher Zustimmung.

2.2 Exkurs: Verwaltungszwangsverfahren im Gaststättenrecht

2.2.1 Zusammenhang zwischen allgemeinen und speziellen Gesetzen im Gaststättenrecht

Im Gesetzestext wirken Verwaltungsverfahren und -vollstreckung recht trocken. Im Alltag ist das anders. Zusammen mit dem Ordnungsrecht gibt es interessantere Anwendungen. Allerdings kommt der „Standardfall" der selbstständigen Ordnungsverfügung einschließlich Zwangsverfahren praktisch seltener vor als die unselbstständige Verfügung, an der mehrere Rechtsgebiete beteiligt sind. An einem Beispiel aus dem Gaststättenrecht soll nun gezeigt werden, wie Normen aus verschiedenen Gebieten in der Begründung einer Maßnahme schlüssig zusammengeführt werden.[1]

Beispiel

Gastwirt G. betreibt eine Gaststätte mit der in diesem Bundesland erforderlichen Erlaubnis. Die Ordnungsbehörde erfährt, dass G. bereits zum Zeitpunkt der Erlaubnis unzuverlässig für dieses Gewerbe war. Der Sachbearbeiter der Ordnungsbehörde überlegt, wie er sich verhalten soll. Für ihn ergeben sich Fragen an mehrere Rechtsgebiete: (Daraus ergibt sich eine „Begründungskette" für eine Schließungsverfügung – s. 2.2.2.)

[1] Für das Gaststättenrecht haben die Länder seit 2007 die Gesetzgebungskompetenz. Jedoch gilt in den meisten Ländern das alte Gaststättengesetz des Bundes (GastG) weiter. Es schreibt die Erlaubnispflicht für das Gaststättengewerbe mit Alkoholausschank vor. Brandenburg, Hessen, Niedersachsen, Saarland, Sachsen, Sachsen-Anhalt und Thüringen haben in ihren Gaststättengesetzen die Erlaubnis- durch eine Anzeigepflicht ersetzt. Die Beispiele in den Kapiteln 2.2.1 und 2.2.2 entsprechen nicht ganz dem Rechtsstand in diesen Ländern.

- *Was geschieht mit der Gaststättenerlaubnis? (Rücknahme, Widerruf, § 15 Abs. 1 GastG)*
- *Was ist zu tun, wenn G. eine Beseitigung der Erlaubnis ignoriert und weiterhin Gäste bewirtet? (GastG, GewO)*
- *Die Betriebsschließung ist im GastG nicht geregelt. Darf die Behörde den Betrieb dennoch schließen? Wäre dazu ein neuer Bescheid notwendig? (GewO, VwVfG, VwVG)*
- *Wie wäre eine Schließung der Gaststätte durchzusetzen? (Vollstreckungsrecht)*
- *Bedeutet das Ganze einen Eingriff in das Grundrecht der Berufsfreiheit des G. (Art. 12 GG)?*

Anwendung spezieller und allgemeiner Rechtsvorschriften am Beispiel des Gaststättenrechts

2.2.2 Spezielle Regelungen von Zwangsmaßnahmen im Gaststättenrecht

Der rechtliche Begründungszusammenhang bei der Schließung einer Gaststätte wird nun beispielhaft skizziert.

Auszüge aus Quellen des speziellen Verwaltungsrechts

Auszug aus dem GastG

§ 15 Rücknahme und Widerruf der Erlaubnis

(1) Die Erlaubnis zum Betrieb eines Gaststättengewerbes ist zurückzunehmen, wenn bekannt wird, dass bei ihrer Erteilung Versagungsgründe nach § 4 Abs. 1 Nr. 1 vorlagen.

(2) Die Erlaubnis ist zu widerrufen, wenn nachträglich Tatsachen eintreten, die die Versagung der Erlaubnis nach § 4 Abs. 1 Nr. 1 rechtfertigen würden.

(3) Sie kann widerrufen werden, wenn

1. der Gewerbetreibende oder sein Stellvertreter die Betriebsart, für welche die Erlaubnis erteilt worden ist, unbefugt ändert, andere als die zugelassenen Räume zum Betrieb verwendet oder nicht zugelassene Getränke oder Speisen verabreicht oder sonstige inhaltliche Beschränkungen der Erlaubnis nicht beachtet,
2. der Gewerbetreibende oder sein Stellvertreter Auflagen nach § 5 Abs. 1 nicht innerhalb einer gesetzten Frist erfüllt,
3. der Gewerbetreibende seinen Betrieb ohne Erlaubnis durch einen Stellvertreter betreiben lässt,
4. … (weitere Widerrufsgründe)

1 GastG des Bundes oder eines Landes

§ 4 Versagungsgründe

(1) Die Erlaubnis ist zu versagen, wenn

1. Tatsachen die Annahme rechtfertigen, dass der Antragsteller die für den Gewerbebetrieb erforderliche Zuverlässigkeit nicht besitzt, insbesondere dem Trunke ergeben ist oder befürchten lässt, dass er Unerfahrene, Leichtsinnige oder Willensschwache ausbeuten wird oder dem Alkoholmissbrauch, verbotenem Glücksspiel, der Hehlerei oder der Unsittlichkeit Vorschub leisten wird oder die Vorschriften des Gesundheits- oder Lebensmittelrechts, des Arbeits- oder Jugendschutzes nicht einhalten wird,
2. ... (weitere Versagungsgründe)

§ 31 Anwendbarkeit der Gewerbeordnung

Auf die den Vorschriften dieses Gesetzes unterliegenden Gewerbebetriebe finden die Vorschriften der Gewerbeordnung soweit Anwendung, als nicht in diesem Gesetz besondere Bestimmungen getroffen worden sind; die Vorschriften über den Arbeitsschutz werden durch dieses Gesetz nicht berührt.

Auszug aus der GewO

§ 15 Betrieb ohne Zulassung

(1) ...

(2) Wird ein Gewerbe, zu dessen Ausübung eine Erlaubnis, Genehmigung, Konzession oder Bewilligung (Zulassung) erforderlich ist, ohne diese Zulassung betrieben, so kann die Fortsetzung des Betriebs von der zuständigen Behörde verhindert werden. ...

Beispiel für eine rechtliche Begründungskette

§ 15 Abs. 1 GastG ↓	„Die Erlaubnis zum Betrieb eines Gaststättengewerbes ist zurückzunehmen, wenn bekannt wird, dass bei ihrer Erteilung Versagungsgründe nach § 4 Abs. 1 Nr. 1 vorlagen."
§ 4 Abs. 1 Nr. 1 GastG ↓	„Die Erlaubnis ist zu versagen, wenn Tatsachen die Annahme rechtfertigen, dass der Antragsteller die für den Gewerbebetrieb erforderliche Zuverlässigkeit nicht besitzt, insbesondere ..." Wenn der vorliegende Sachverhalt die Annahme rechtfertigt, dass der Gewerbetreibende die für das Gaststättengewerbe erforderliche Zuverlässigkeit nicht besitzt, ist die Erlaubnis zum Betrieb des Gaststättengewerbes zurückzunehmen. Die Rücknahme der Erlaubnis schließt jedoch noch nicht aus, dass der Gastwirt die Gaststätte möglicherweise ohne Erlaubnis weiterbetreibt. Gibt der Sachverhalt hierfür einen Anhalt, muss die Fortsetzung des Betriebs verhindert werden, erforderlichenfalls mit Zwang. Hierfür erforderliche rechtliche Ermächtigungsgrundlagen finden sich aber nicht unmittelbar im GastG.
§ 31 GastG ↓	„Auf die den Vorschriften dieses Gesetzes unterliegenden Gewerbebetriebe finden die Vorschriften der Gewerbeordnung soweit Anwendung, als nicht in diesem Gesetz besondere Bestimmungen getroffen worden sind; ..."
§ 15 Abs. 2 GewO ↓	„Wird ein Gewerbe, zu dessen Ausübung eine Erlaubnis, Genehmigung, Konzession oder Bewilligung (Zulassung) erforderlich ist, ohne diese Zulassung betrieben, so kann die Fortsetzung des Betriebs von der zuständigen Behörde verhindert werden." Die Verhinderung der Fortsetzung des Gaststättenbetriebs bedeutet, dass die Behörde den Gastwirt auffordert, die nunmehr ohne Erlaubnis betriebene Gaststätte sofort zu schließen, also das Betreiben zu unterlassen. § 15 Abs. 2 GewO stellt die erforderliche Ermächtigungsgrundlage (VA-Befugnis) für diesen VA dar. Eine solche Schließungsverfügung wird in der Regel mit einer Zwangsmittelandrohung und der Anordnung der sofortigen Vollziehung versehen.
allgemeines Verwaltungsrecht	Da die Gewerbeordnung Näheres hierzu nicht regelt, sind das Verwaltungsverfahrensgesetz und das Vollstreckungsrecht des jeweiligen Bundeslandes nun anzuwenden.

2.3 Verfahren wegen Ordnungswidrigkeiten

2.3.1 Bedeutung und Einordnung der Ordnungswidrigkeit

Mit den Staatsaufgaben nahm auch die Zahl der gesetzlichen Gebote und Verbote zu. Dies gilt nicht allein für das Polizei- und Ordnungsrecht. Neben dem Strafgesetzbuch sind hier auch das Sozialgesetzbuch sowie zivil-, finanz-, und wirtschaftsrechtliche Vorschriften zu nennen. Der Staat hat die Einhaltung der Ge- und Verbote in diesen Rechtsquellen zu sichern.

Schwerere Rechtsverstöße – Verbrechen und Vergehen – verletzen elementare Werte des Gemeinschaftslebens und sind deshalb unter Strafe gestellt. Straftaten sind von Staatsanwaltschaft und Gerichten nach dem Legalitätsprinzip zu verfolgen.

Dies gilt nicht für Ordnungswidrigkeiten, wie z. B. das Parken im Parkverbot, das Unterlassen des Bauantrags für einen kleinen Umbau oder unlauteren Wettbewerb. Hier geht es meistens um Bagatellfälle, zum Teil handelt es sich nur um „Verwaltungsunrecht". Bei leichten Gesetzesübertretungen wäre es unangemessen, die Täter zu vorbestraften Kriminellen zu machen. Deshalb sieht das Gesetz über Ordnungswidrigkeiten (OWiG) zunächst kein gerichtliches, sondern ein Verwaltungsverfahren zur Ahndung dieser kleineren Gesetzesverstöße vor.

Die Verwaltungsbehörden verfolgen Ordnungswidrigkeiten nach dem Opportunitätsprinzip und ahnden (= vergelten, bestrafen) sie mit einem Bußgeld, wenn nicht eine Verwarnung bereits ausreicht. Polizeibeamte sind bei der Erforschung von Ordnungswidrigkeiten auch tätig, geben die Anzeigen bzw. Akten danach aber an die Verwaltungsbehörde ab. Der Bußgeldbescheid ist ein Appell, sich ordnungsgemäß zu verhalten. Bestimmte Ordnungswidrigkeiten werden in das Verkehrszentralregister bzw. das Gewerbezentralregister aufgenommen, jedoch nicht ins Strafregister eingetragen.

Einordnung des Ordnungswidrigkeitenrechts		
Verwaltungsrecht		Strafrecht (im weiteren Sinne)
Bundes- und Landesgesetze, die bestimmte Handlungen als **Ordnungswidrigkeit** einstufen	**Ordnungwidrigkeitengesetz (OWiG)** regelt **Ahndung von Ordnungswidrigkeiten** im Verwaltungs- und evtl. Gerichtsverfahren. ↓ **1. Verwaltungsverfahren** ■ Ermittlungsverfahren ■ Ahndungsverfahren ■ evtl. Einspruchsverfahren →	**Strafgesetzbuch** und Nebengesetze regeln **Bestrafung von Straftaten (= Verbrechen, Vergehen).** **2. Gerichtsverfahren** Rechtsbehelfsverfahren (nach verworfenem Einspruch)

Der Gesetzgeber kann Gesetzesverstöße im Gesetz als Straftat oder als Ordnungswidrigkeit qualifizieren.

2.3.2 Begriff der Ordnungswidrigkeit

§ 1 OWiG

(1) Eine Ordnungswidrigkeit ist eine **rechtswidrige** und **vorwerfbare Handlung,** die den **Tatbestand eines Gesetzes verwirklicht, das die Ahndung mit einer Geldbuße zulässt.**

Voraussetzung einer Ahndung durch die Behörde ist, dass der Betroffene – dies kann eine natürliche oder juristische Person sein – durch sein Tun oder Unterlassen (Handlung) einen **„Ordnungswidrigkeits-Tatbestand"** erfüllt. Die Tatbestandsmerkmale müssen in einem Gesetz (im materiellen Sinne) geregelt sein, nur dann kann es sich um eine Ordnungswidrigkeit handeln. Eine Generalklausel wie im Polizei- und Ordnungsrecht gibt es hier nicht. In vielen Gesetzen werden Verstöße als Ordnungswidrigkeiten qualifiziert.

Beispiele

Der 14-jährige Tobias hat einen Fußball in eine Schaufensterscheibe geschossen. Er wird von der Polizei gestellt, gibt aber anstelle seiner Personalien Namen, Alter und Adresse seines Mitschülers Fabian an. Durch diese falschen Angaben erfüllt Tobias die Tatbestandsvoraussetzungen des § 111 OWiG. (Von der Ordnungswidrigkeit der Falschangabe ist die Schadensersatzpflicht nach § 823 BGB wegen unerlaubter Handlung gegenüber dem Ladenbesitzer rechtlich zu trennen.)

221060502

Benno Reimers lässt bestimmte Arbeiten an seinem Neubau von seinem Bekannten Rüdiger Sattler für 8 000,00 € ausführen. Dieser hatte ihm erzählt, er käme mit dem Arbeitslosengeld II nicht aus.

Aus dem Gesetz zur Bekämpfung der Schwarzarbeit und illegalen Beschäftigung:

§ 8 Bußgeldvorschriften

(1) Ordnungswidrig handelt, wer

1. a) der Verpflichtung zur Anzeige vom Beginn des selbstständigen Betriebs eines stehenden Gewerbes (§ 14 der Gewerbeordnung) nicht nachgekommen ist oder die erforderliche Reisegewerbekarte (§ 55 der Gewerbeordnung) nicht erworben hat oder

   b) ein zulassungspflichtiges Handwerk als stehendes Gewerbe selbstständig betreibt, ohne in die Handwerksrolle eingetragen zu sein (§ 1 der Handwerksordnung)

   und Dienst- oder Werkleistungen in erheblichem Umfang erbringt **oder**

2. Dienst- oder Werkleistungen in erheblichem Umfang ausführen lässt, indem er eine oder mehrere Personen beauftragt, die diese Leistungen unter vorsätzlichem Verstoß gegen eine in Nummer 1 genannte Vorschrift erbringen ...

(3) Die Ordnungswidrigkeit kann in den Fällen des Absatzes 1 Nr. 1 Buchstabe a bis c sowie Nr. 2 in Verbindung mit Nr. 1 Buchstabe a bis c mit einer Geldbuße bis zu dreihunderttausend Euro, in den Fällen des Absatzes 1 Nr. 1 Buchstabe d und e sowie Nr. 2 in Verbindung mit Nr. 1 Buchstabe d und e mit einer Geldbuße bis zu fünfzigtausend Euro, in den Fällen des Absatzes 2 Nr. 3 Buchstabe a und Nr. 5 mit einer Geldbuße bis zu dreißigtausend Euro, in den Fällen des Absatzes 2 Nr. 1 mit einer Geldbuße bis zu fünftausend Euro, in den Fällen des Absatzes 2 Nr. 1 mit einer Geldbuße bis zu fünftausend Euro und in den übrigen Fällen mit einer Geldbuße bis zu tausend Euro geahndet werden ...

§ 9 Erschleichen von Sozialleistungen im Zusammenhang mit der Erbringung von Dienst- oder Werkleistungen

Wer eine in § 8 Abs. 1 Nr. 1 Buchstabe a, b oder c bezeichnete Handlung begeht und dadurch bewirkt, dass ihm eine Leistung nach einem dort genannten Gesetz zu Unrecht gewährt wird, wird mit Freiheitsstrafe bis zu drei Jahren oder mit Geldstrafe **bestraft**, wenn die Tat nicht in § 263 des Strafgesetzbuchs mit Strafe bedroht ist.

Hier erfüllen Reimers und Sattler den Tatbestand eines Gesetzes, das die Ahndung mit einer Geldbuße zulässt. Das Verfahren allerdings richtet sich nach dem OWiG. Sattler begeht zudem die Straftat des Erschleichens von Sozialleistungen. Der Strafrahmen hierfür beträgt drei Jahre, sofern der Tatbestand des Betrugs erfüllt ist (§ 263 StGB) fünf Jahre.

Erfüllt die Handlung alle gesetzlichen Tatbestandsmerkmale einer Ordnungswidrigkeit, so ist sie regelmäßig auch **rechtswidrig.** Ausnahmen sind gesetzliche Rechtfertigungsgründe wie z. B. Notwehr (§ 15 OWiG), rechtfertigender Notstand (§ 16 OWiG) oder eine behördliche Erlaubnis dieses Handelns.

Beispiel

Ein Arzt parkt im Halteverbot, um bei einem schweren Verkehrsunfall Erste Hilfe zu leisten. Die Notstandslage rechtfertigt sein Verhalten (s. § 16 OWiG).

Eine Ordnungswidrigkeit setzt außerdem die **Vorwerfbarkeit** der Handlung voraus.

Nicht vorwerfbar handelt, wer bei Begehung einer Handlung noch nicht vierzehn Jahre als ist (§ 12 OWiG). Jugendliche sind entsprechend ihrer Reife und Einsichtsfähigkeit bedingt verantwortlich.

Nach § 10 OWiG kann nur vorsätzliches Handeln als Ordnungswidrigkeit geahndet werden, außer wenn das Gesetz fahrlässiges Handeln ausdrücklich mit Geldbuße bedroht. Dies ist meistens der Fall.

Beispiele

Reimers (s. oben) kam es auf den wirtschaftlichen Vorteil der Schwarzarbeit an. Er handelt ebenso vorsätzlich wie Tobias. Gegen beide kann ein Bußgeldbescheid erlassen werden.

Begriffsmerkmale der Ordnungswidrigkeit (nach § 1 OWiG)

Ordnungswidrigkeit

setzt voraus:

tatbestandsmäßige Handlung
- **Tun** oder **Unterlassen,** dessen
- **Ahndung mit Geldbuße** ausdrücklich zugelassen ist:
  - im OWiG
  - in anderen Gesetzen oder Verordnungen

Rechtswidrigkeit
- **grundsätzlich gegeben,** wenn Tatbestand erfüllt ist
- Ausnahmen: gesetzliche Rechtfertigungsgründe

Vorwerfbarkeit
- **Verantwortlichkeit**
- **Schuld** grundsätzlich: Vorsatz, soweit ahndbar: Fahrlässigkeit

Nicht selten begeht jemand eine Ordnungswidrigkeit durch ein Verhalten, das zugleich eine weiter bestehende Gefahr für die öffentliche Sicherheit oder Ordnung darstellt.

Beispiel

Die „wilde Müllkippe" erfüllt meistens sowohl den Tatbestand einer Ordnungswidrigkeit nach dem Kreislaufwirtschaftsgesetz als auch den Tatbestand einer (zunächst weiter bestehenden) Gefahr für die öffentliche Sicherheit nach dem Gefahrenabwehrrecht.

In einem solchen Fall wird die Behörde zur Gefahrenabwehr eine Ordnungsverfügung erlassen und diese notfalls mit Zwangsmitteln durchsetzen. Außerdem muss sie entscheiden, ob sie die Ordnungswidrigkeit mit einem Bußgeld ahnden will. Das in beiden Rechtsbereichen geltende Opportunitätsprinzip lässt ihr einen Handlungsspielraum.

Unterscheidung: Ahndung von Ordnungswidrigkeiten – Verwaltungszwang

Verwaltungshandeln

Vergangenheit ← → Zukunft

Zur Abwehr einer bestehenden Gefahr wird ein bestimmtes Verhalten verlangt:

Ordnungsverfügung zur Gefahrenabwehr mit **Zwangsgeldandrohung** → evtl. mehrmalige Anwendung → Befolgung eines VA

Begangene Handlung wird als Ordnungswidrigkeit (nachträglich) geahndet:

Bußgeldbescheid wegen einer Ordnungswidrigkeit → einmalige Strafe → begangenes Unrecht

221060504

2.3.3 Folgen von Ordnungswidrigkeiten

Das OWiG erlaubt mehrere Ahndungsmittel, die jedoch nur einmal auf eine Tat angewandt werden dürfen: Im Vordergrund steht die Geldbuße; außerdem sind Verwarnung und die Festlegung von Nebenfolgen vorgesehen.

Bei geringfügigen Ordnungswidrigkeiten kann die Verwaltungsbehörde den Betroffenen verwarnen und ein **Verwarnungsgeld** von 5,00 bis 55,00 € erheben. Sie kann eine Verwarnung ohne Verwarnungsgeld erteilen. Für häufige Verwarnungsfälle (geringfügige Straßenverkehrsdelikte) bestehen Verwarngeldkataloge als Verwaltungsvorschriften. Die Verwarnung ist nur wirksam, wenn der Betroffene nach Belehrung über sein Weigerungsrecht mit ihr einverstanden ist und das Verwarnungsgeld zahlt. Ein Bußgeldbescheid nach wirksamer Verwarnung ist ausgeschlossen. Ein Rechtsbehelf gegen die Verwarnung ist nicht vorgesehen; der Betroffene kann aber Einverständnis und Zahlung verweigern.

Zahlt der Betroffene das Verwarnungsgeld nicht (rechtzeitig), wird die Behörde eine **Geldbuße** verhängen. Ein Bußgeldbescheid kommt auch dann infrage, wenn die Ordnungswidrigkeit nicht mehr geringfügig ist und ein Verwarnungsgeld von 55,00 € deshalb nicht ausreicht. Der in § 17 Abs. 1 OWiG vorgegebene Bußgeldrahmen (5,00 bis 1 000,00 €) wird in vielen Spezialgesetzen nach oben erweitert. So sieht z. B. das Kreislaufwirtschaftsgesetz Geldbußen bis zu 100 000,00 € vor, das Gaststättengesetz bis zu 5 000,00 €. § 17 OWiG enthält Gesichtspunkte für die Festsetzung der Höhe der Geldbuße.

Neben der Geldbuße kann die Behörde gleichzeitig bestimmte **Nebenfolgen** anordnen, wenn ein Gesetz sie hierzu ausdrücklich ermächtigt.

Folgen von Ordnungswidrigkeiten

Ahndungsmittel

Verwarnung

- nur bei **geringfügiger Ordnungswidrigkeit**
- mündliche oder schriftliche Verwarnung
- mit oder ohne Festsetzung eines Verwarnungsgelds

Geldbuße

Hauptfolge einer Ordnungswidrigkeit

Die Höhe ergibt sich aus:

- Spezialvorschrift (z. B. besonderem Bußgeldkatalog)
- § 17 Abs. 1 OWiG (wenn ein besonderes Gesetz nichts anderes bestimmt)
- auf den Einzelfall bezogenen Bemessungskriterien, z. B. Bedeutung (Umfang) der Ordnungswidrigkeit, Schwere der Schuld, wirtschaftliche Verhältnisse des Betroffenen, allgemeine Bemessensgrundsätze (siehe § 17 OWiG)

Nebenfolgen

(nur aufgrund gesetzlicher Ermächtigung)

Beispiele:

- Einziehung von Tatwerkzeugen
- Fahrverbot gem. § 25 StVG für ein bis drei Monate
- Abführung des (Mehr-)Erlöses aus der Ordnungswidrigkeit

Durch die **Verjährung** wird die Verfolgung von Ordnungswidrigkeiten ausgeschlossen. Die Verfolgung von Ordnungswidrigkeiten verjährt grundsätzlich in sechs Monaten, diese Frist beginnt mit dem Ende der ordnungswidrigen Handlung. Überschreitet die Geldbuße im Höchstmaß 1 000,00 €, verlängert sich die Frist mit zunehmender Höhe der Geldbuße.

Dies gilt, soweit andere Gesetze keine speziellen Regelungen treffen. Ordnungswidrigkeiten im Straßenverkehr z. B. verjähren grundsätzlich in drei Monaten, solange wegen der Handlung weder ein Bußgeldbescheid ergangen noch öffentliche Klage erhoben ist, danach in sechs Monaten. (§ 26 III StVG).

Zu beachten sind die Vorschriften über das Ruhen und über die Unterbrechung der Verjährung (§§ 32, 33 OWiG). Nach jeder Unterbrechung beginnt die Verjährung von neuem.

Grundzüge des Bußgeldverfahrens

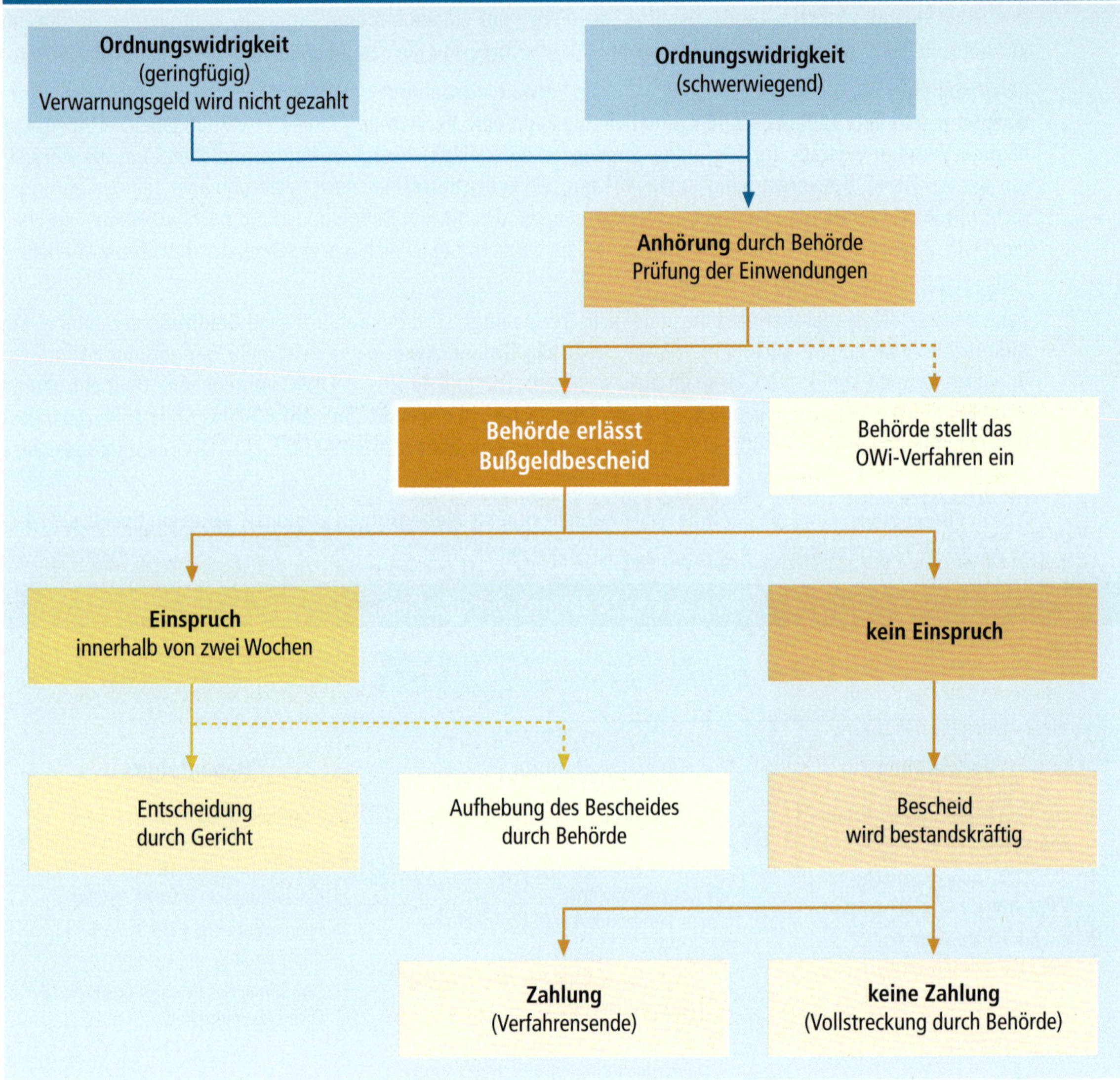

3 Fehlerhafte Verwaltungsakte

Verwaltungsakte können Mängel aufweisen. Auch vermeintlich einfache Fehler werfen Fragen auf:

- Muss man einen Hundesteuerbescheid mit falscher Adresse befolgen?
- Darf man den Steuerbetrag kürzen, wenn man nur einen kleinen Hund hält oder drei statt zwei Tiere besteuert werden?
- Muss der Hundehalter auch aufgrund des Bescheids zahlen, den Moritz Frisch im Berufsschulunterricht zur Übung entworfen und abgeschickt hat?

Das Verwaltungsrecht regelt, wie Behörde und Bürger auch in solchen Situationen zurechtkommen.

3.1 Fehlerarten in Verwaltungsakten

Formelle Fehler	Materielle (inhaltliche) Fehler
■ **Zuständigkeitsmängel** (Behörde ist sachlich, instanziell oder örtlich unzuständig) ■ **Verletzungen von Formvorschriften** (z. B. über die Unterzeichnung oder die Urkundsform) ■ **Verletzungen von Verfahrensvorschriften** betreffen die einzelnen Schritte im Verwaltungsverfahren, z. B. – Nichtmitwirkung ausgeschlossener bzw. befangener Personen (§§ 20, 21 VwVfG), – Anhörung Beteiligter (§ 28 VwVfG), – Begründung (§ 39 VwVfG), – Rechtsbehelfsbelehrung (§ 58 VwGO) und – Bekanntgabe (§ 41 VwVfG; VwZG)	■ **Fehlende oder falsche Ermächtigungsgrundlage** (z. B. nichtiger Bebauungsplan, Übersehen einschlägiger Spezialvorschriften) ■ **Fehler bei der Rechtsanwendung** (unvollständige Sachverhaltsaufklärung; Subsumtionsfehler) ■ **falscher Adressat** ■ **Bestimmtheitsmängel** (z. B. Anordnung einer unbestimmten Baumaßnahme, Androhung eines Zwangsgeldes in nicht genau bestimmter Höhe) ■ **rechtliche oder tatsächliche Unmöglichkeit der Maßnahme** (z. B. Vorführung eines Autos durch A., – das dieser vor Kurzem verkauft hat, – das bei einem Unfall verbrannt ist.) ■ **Unverhältnismäßigkeit der Maßnahme** (z. B. der Abriss eines Hauses wegen eines defekten Kamins) ■ **Ermessensfehler** (Ermessensnichtgebrauch, -überschreitung, -missbrauch)

Werden Verwaltungsmaßnahmen auf Fehler untersucht, so ist zu beachten:

- Manche Besonderheit kann rechtlich durchaus zulässig sein (etwa die fehlende Unterschrift bei einem Massenbescheid).
- Nicht jede einseitige behördliche Regelung eines Einzelfalles ist ein Verwaltungsakt (z. B. die Kündigung eines Arbeitsverhältnisses).
- Manchmal haben Maßnahmen nur den Anschein einer Behördentätigkeit, z. B. die Anweisungen des „Hauptmanns von Köpenick“: 1906 ließ sich der Schuhmacher Voigt als Hauptmann verkleidet Gelder der Stadtkasse in Berlin-Köpenick aushändigen.

Abgrenzung fehlerhafter Verwaltungsakte

fehlerfreier Verwaltungsakt	fehlerhafter Verwaltungsakt	Handeln in anderer (rechtlicher) Form	Nichtverwaltungsakt („Nichtakt“)
Der Verwaltungsakt ist rechtmäßig und wirksam.	Der Verwaltungsakt enthält Rechts- bzw. andere Fehler; fehlerhafte Verwaltungsakte können rechtmäßig **oder** rechtswidrig, letztere wirksam **oder** unwirksam sein.	Behörde handelt z. B. privatrechtlich (Beispiele: Kündigung, Mängelrüge, Auftrag) oder durch Realakt (Beispiele: Auskunft, Überweisung eines Betrags).	Die Maßnahme ähnelt einem Verwaltungsakt, es wird jedoch keine Behörde tätig (Beispiele: Amtsanmaßung, Scherzhandlung: solche Maßnahmen sind nichtig).

Wirkungen und Folgen fehlerhafter Verwaltungsakte

Die Folgen fehlerhafter Verwaltungsakte sind sehr unterschiedlich und hängen nicht von der Art (formelle/materielle Fehler), sondern von der **Schwere des einzelnen Fehlers** ab.

Die Fehlerwirkungen werden in zwei Stufen dargestellt:

Erste Stufe: Entspricht der fehlerhafte Verwaltungsakt noch geltendem Recht? (Begriffspaar „rechtmäßig" – „rechtswidrig")

Zweite Stufe: Ist der VA rechtswidrig, so ist zu klären, ob der Betroffene ihn trotzdem beachten muss, ob also der VA Rechtswirkungen entfaltet oder nicht (Begriffspaar „wirksam" – „unwirksam").

„Fehlerhaft" bedeutet also nicht unbedingt „rechtswidrig".
„Rechtswidrig" bedeutet nicht unbedingt „unwirksam".

3.2 Fehlerhafte Verwaltungsakte und ihre Folgen

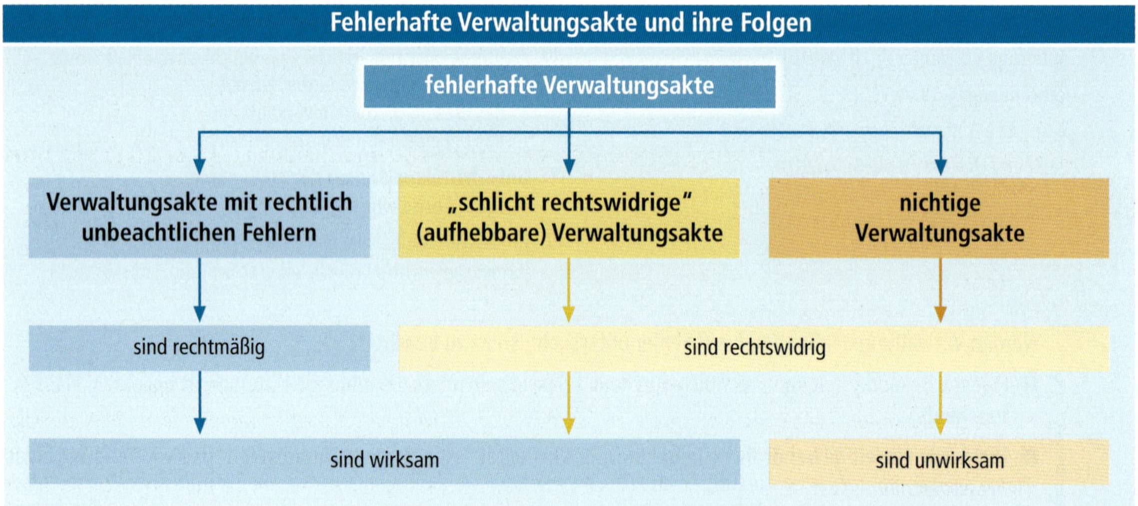

3.2.1 Verwaltungsakte mit unbeachtlichen Fehlern

Es gibt leichte formelle Fehler, die man als unbeachtlich bezeichnet, weil sie **nicht zur Rechtswidrigkeit des Verwaltungsakts** führen. Fälle solcher unbeachtlicher Fehler sind:

- **offenbare Unrichtigkeiten** (§ 42 VwVfG)
- **fehlende oder unrichtige Rechtsbehelfsbelehrung** (§ 58 Abs. 2 VwGO)
- **bestimmte Verfahrens- und Formfehler**, soweit sie geheilt wurden (§ 45 VwVfG) oder sich auf die Sachentscheidung offensichtlich nicht auswirken (§ 46 VwVfG).

Zu den **offenbaren Unrichtigkeiten** zählen gem. § 42 VwVfG insbesondere Schreib- und Rechenfehler. Wenn der Sinn des Verwaltungsakts verständlich bleibt, gilt er mit diesem erkennbar gemeinten Inhalt. Bei berechtigtem Interesse des Empfänger hat die Behörde den Bescheid zu berichtigen.

221060508

Beispiele

Heinz Schulte, Heuweg 2, erhält einen Abgabenbescheid, obwohl dieser wegen eines Schreibfehlers an Heinz Schulze, Heustraße 2, adressiert ist.

Die Berechnung eines zu zahlenden Betrags lautet: 30,00 € + Mahngebühr 6,00 € = 30,00 €. Trotz des Rechenfehlers erkennt der Empfänger, dass die Behörde 36,00 € von ihm haben will.

Bei **fehlender oder unrichtiger Rechtsbehelfsbelehrung** beträgt die Rechtsbehelfsfrist grundsätzlich ein Jahr. Auch wenn die Rechtsbehelfsbelehrung vorgeschrieben ist (z. B. für Bundesbehörden in § 59 Abs. 2 VwGO), beeinflusst ein Fehler bei der Belehrung die Rechtswirkung des Verwaltungsakts nicht.

Einige Verfahrens- und Formfehler, die nicht zur Nichtigkeit des Verwaltungsakts führen, sind nach einer Heilung gem. § 45 VwVfG rechtlich unbeachtlich:

Antragstellung, Begründung und Anhörung sind auch nachträglich noch möglich. Die versäumte Handlung muss aber spätestens bis zum Abschluss des verwaltungsgerichtlichen Klageverfahrens nachgeholt werden. Wird der Fehler nicht geheilt, bleibt der VA formell rechtswidrig. (Ein Aufhebungsanspruch kann dennoch nach § 46 VwVfG ausgeschlossen sein, s. unten.) Es kann vorkommen, dass wegen einer fehlenden erforderlichen Begründung oder Anhörung eine Widerspruchs- bzw. Klagefrist versäumt wird. Ein solches Versäumnis gilt als nicht verschuldet.

Beispiel

Beim Erlass einer Ordnungsverfügung wurde die erforderliche Begründung vergessen. Wird die Begründung bis zum Abschluss des Klageverfahrens nachgeholt, ist der Fehler geheilt und damit rechtlich unbeachtlich.

Basiert jedoch die falsche Entscheidung in einem Verwaltungsakt auf einer unvollständigen Sachverhaltsermittlung und ist dies wegen einer fehlenden Begründung dem Empfänger nicht bekannt, so folgt aus dem Begründungsmangel auch, dass ein eventuelles Überschreiten der Widerspruchsfrist nicht verschuldet und daher rechtlich unbeachtlich wäre.

Unbeachtlich sind formelle Fehler auch, soweit sie **sich auf die Sachentscheidung offensichtlich nicht auswirken**. Nach § 46 VwVfG kann die Aufhebung eines Verwaltungsakts nicht allein deshalb beansprucht werden, weil er unter Verletzung von Vorschriften über das Verfahren, die Form oder die örtliche Zuständigkeit zustande gekommen ist, wenn offensichtlich ist, dass die Verletzung die Entscheidung in der Sache nicht beeinflusst hat.

Beispiel

Nach § 15 Abs. 2 und § 4 Abs. 1 Nr. 1 GastG ist eine erteilte Gaststättenerlaubnis bei Vorliegen bestimmter Einzeltatbestände zu widerrufen. Die Behörde widerruft die Erlaubnis gegenüber dem vor Kurzem wegen wiederholter Hehlerei, Rauschgifthandels und verbotenen Glücksspiels vorbestraften und – wie jetzt bekannt wird – trunksüchtigen Dieter Blume, weil er mehrere Widerrufstatbestände zugleich erfüllt. Der Bescheid enthält keine Begründung. Da das Gesetz die Entscheidung zwingend vorschreibt, kann Blume die Aufhebung der Widerrufsverfügung nicht deshalb verlangen, weil die Begründung fehlt.

3.2.2 Nichtige Verwaltungsakte

Ist der Fehler in einem Verwaltungsakt nicht „unbeachtlich", wiegt er also schwerer, so ist der Verwaltungsakt rechtswidrig. Das heißt aber noch nicht, dass er auch unwirksam (nichtig) ist. Unwirksamkeit oder Wirksamkeit hängen von der Schwere der Fehler ab.

Die Nichtigkeit eines Verwaltungsakts ist ein **Ausnahmefall**. Um diesen seltenen Fall möglichst auszuschließen, prüft man bei der systematischen Fehlersuche als Nächstes die Nichtigkeitstatbestände. Dabei geht man folgendermaßen vor:

1. Ist die Nichtigkeit des Verwaltungsakts durch eine **spezialgesetzliche Vorschrift** geregelt?

Beispiel

Nach § 13 Abs. 1 BBG ist eine Ernennung nichtig, wenn sie von einer sachlich unzuständigen Behörde ausgesprochen wurde oder wenn der Ernannte im Zeitpunkt der Ernennung nicht die Fähigkeit zur Bekleidung öffentlicher Ämter hatte.

2. Liegt einer der absoluten **Nichtigkeitsgründe des § 44 Abs. 2 VwVfG** vor?

Beispiele

Eine Abrissverfügung für ein bereits beseitigtes Gartenhaus kann aus tatsächlichen Gründen niemand ausführen. Sie ist nach § 44 Abs. 2 Nr. 4 VwVfG nichtig. Eine Einbürgerung erfordert nach § 16 StAG die Aushändigung der entsprechenden Urkunde. Ein Verstoß gegen diese Form macht den Verwaltungsakt nach § 44 Abs. 2 Nr. 2 VwVfG nichtig.

3. Kann der vorliegende Sachverhalt unter die Tatbestandsmerkmale der Generalklausel des **§ 44 Abs. 1 VwVfG** subsumiert werden?

Beispiel

Die Agentur für Arbeit stellt einen Jagdschein aus. Die Prüfungsschritte 1. und 2. sind erfolglos. Es handelt sich entsprechend den Tatbestandsmerkmalen des § 44 Abs. 1 VwVfG um „einen besonders schwerwiegenden Fehler", dies ist „bei verständiger Würdigung aller ... Umstände offenkundig". (Ausnahmetatbestände des Abs. 3 treffen hier nicht zu.)

Die **Folge** nichtiger Verwaltungsakte ist ihre **Unwirksamkeit**. Niemand muss sie beachten. Um auch den Anschein eines Verwaltungsakts zu beseitigen, kann der Betroffene die Nichtigkeit feststellen lassen (§ 44 Abs. 5 VwVfG). Die Behörde kann dies auch von Amts wegen (ohne Antrag) tun.

3.2.3 Schlicht rechtswidrige Verwaltungsakte

Besteht ein Fehler nicht aus einer rechtlich „harmlosen" Unrichtigkeit, liegt andererseits aber auch kein Nichtigkeitsgrund vor, so kann die Behörde den Verwaltungsakt aufheben. Der Verwaltungsakt ist also nicht nichtig, sondern „vernichtbar". Diese Möglichkeit ergibt sich nach einem Widerspruch. Auch eine Anfechtungsklage kann zur Aufhebung des Verwaltungsakts führen. Ohne eine derartige Anfechtung bleibt ein schlicht rechtswidriger Verwaltungsakt grundsätzlich so verbindlich wie ein rechtmäßiger Verwaltungsakt.

Weil sich der Bürger auf Äußerungen der Staatsautorität verlassen können soll (Vertrauensschutz), gilt für Verwaltungsakte grundsätzlich eine **Gültigkeits- und Richtigkeitsvermutung**. Bei Zweifeln über die Nichtigkeit oder Vernichtbarkeit eines rechtswidrigen Verwaltungsakts ist also von dessen Aufhebbarkeit und vorläufiger Wirksamkeit auszugehen.

Widerspruch und Klage haben normalerweise eine aufschiebende (nicht aufhebende) Wirkung auf den Verwaltungsakt (§ 80 Abs. 1 VwGO). Er muss dann vorerst nicht befolgt werden. Ausnahmen enthält § 80 Abs. 2 VwGO.

Heilbare Verfahrens- und Formmängel bieten zwar grundsätzlich einen Anfechtungsgrund, nach ihrer Heilung sind sie gemäß § 45 VwVfG unbeachtlich. Die Möglichkeit der Umdeutung eines fehlerhaften Verwaltungsakts (§ 47 VwVfG) ist nur selten gegeben.

Die **Folgen** schlicht rechtswidriger Verwaltungsakte sind mehrschichtig:

zunächst:	**Wirksamkeit** des schlicht rechtswidrigen Verwaltungsakts
nach Anfechtung:	■ grundsätzlich **vorläufige Aufschiebung der Wirksamkeit** des Verwaltungsakts ■ Ausnahmefälle s. § 80 Abs. 2 VwGO
mögliche Behördenentscheidungen:	■ **Aufhebung** des Verwaltungsakts ■ evtl. **Heilung** bestimmter Form- und Verfahrensfehler ■ Umdeutung des Verwaltungsakts (selten)

221060510

Fehler und Fehlerfolgen rechtswidriger Verwaltungsakte

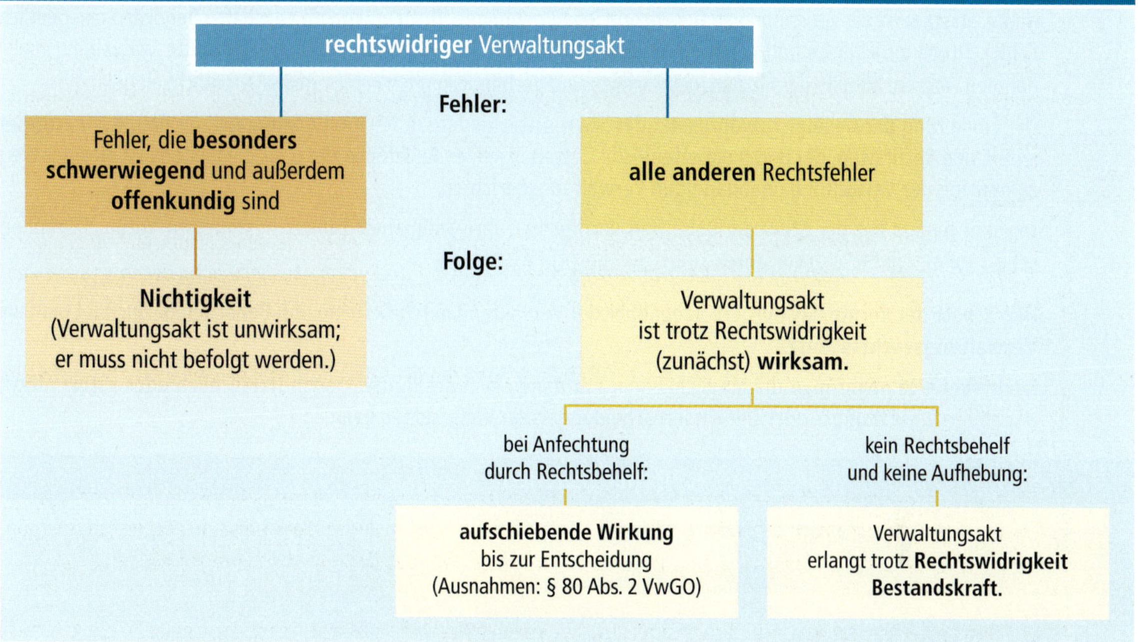

Im Falle einer Beschwerde oder eines Widerspruchs gegen einen Verwaltungsakt ist er auf Fehler zu untersuchen. Eine solche gutachtliche Prüfung wird von Fall zu Fall unterschiedlich aufzubauen sein. Manchmal kommt es auf Spezialvorschriften an, bisweilen sind Generalklauseln zu prüfen. Das Prüfen von Ermessensentscheidungen ist oft aufwändiger als das Untersuchen einer gebundenen Entscheidung. Im Allgemeinen ist folgender Grundaufbau hilfreich (s. auch Aufbauhilfe im Kapitel 1.5 in diesem Lernfeld):

Aufbauhilfe	Prüfung der Rechtmäßigkeit von Verwaltungsakten
1.	Bestimmen der anzuwendenden **Rechtsgrundlagen** (z. B. Ermächtigungsgrundlage, Befugnis zur Regelung durch Verwaltungsakt)
2.	Prüfen der **formellen Rechtmäßigkeit** des Verwaltungsakts (Beachten von Zuständigkeit, Verfahrens- und Formvorschriften)
3.	Prüfen der **materiellen Rechtmäßigkeit** des Verwaltungsakts (Beachten aller Tatbestandsmerkmale der anzuwendenden Rechtsnormen, Suchen nach weiteren materiellen Fehlern)
4.	**Ergebnis** (Zusammenfassen der Fehlerfolgen, Vorschlag einer begründeten Behördenreaktion)

4 Verwaltungsrechtsschutz

4.1 Arten der Rechtsbehelfe

Im Rechtsstaat ist die Verwaltung an Gesetz und Recht gebunden. Doch unterlaufen auch den Behörden gelegentlich Fehler. Durch gerichtliche und behördliche Kontrollen können sich die Bürger gegen fehlerhafte Verwaltungsmaßnahmen wehren. Mithilfe der Medien, der Parteien und Verbände können Fehler an die Öffentlichkeit gelangen.

Die Einhaltung der Gesetze gewährleistet der Staat insbesondere durch die Gerichte. Art. 19 Abs. 4 GG eröffnet jedem den Rechtsweg, der durch die öffentliche Gewalt in seinen Rechten verletzt wird. Meistens ist dies der Weg zu den von der Verwaltung unabhängigen Verwaltungsgerichten.

Darüber hinaus hat der Staat die Behörden verpflichtet, ihre Maßnahmen unter bestimmten Voraussetzungen schon vor einem Gerichtsverfahren selbst zu überprüfen.

Den Schutz der Rechte des Bürgers gegenüber der Verwaltung durch Gerichte und Behörden bezeichnet man als **Verwaltungsrechtsschutz**.

Rechtsbehelfe nennt man die Möglichkeiten, mit denen sich der Bürger gegen (tatsächlich oder vermeintlich) unrichtige Verwaltungs- oder Gerichtsentscheidungen zur Wehr setzen kann.

Rechtsbehelfe

formlose („unechte") Rechtsbehelfe

sind weder form- noch fristgebunden

Beispiele:
- Gegenvorstellung
- Fachaufsichtsbeschwerde
- Dienstaufsichtsbeschwerde

förmliche („echte") Rechtsbehelfe
nach der VwGO

sind form- und fristgebunden

Beispiele:
- Widerspruch
- Klage
- Berufung
- Revision

Klage, Berufung, Revision → Rechtsmittel

4.2 Formlose Rechtsbehelfe

Art. 17 GG – Petitionsgrundrecht

Jedermann hat das Recht, sich einzeln oder in Gemeinschaft mit anderen schriftlich mit Bitten oder Beschwerden an die zuständigen Stellen und an die Volksvertretung zu wenden.

Das verfassungsmäßige **Petitionsrecht** (Beschwerderecht) sichert, dass die Bürger ihre Nöte, Sorgen und Beschwerden auch außerhalb förmlicher Verfahren den staatlichen Stellen mitteilen können. Es sind weder Fristen noch Formen vorgeschrieben.

Soll durch eine Petition gegenüber der Verwaltung deren Maßnahme aufgehoben oder geändert werden, so spricht man von einem **formlosen Rechtsbehelf.**

Im Allgemeinen unterscheidet man drei Arten formloser Rechtsbehelfe:

Gegenvorstellung	Fachaufsichtsbeschwerde	Dienstaufsichtsbeschwerde
Der Beschwerdeführer bittet die Behörde, die für die beanstandete Maßnahme zuständig ist, um erneute Sachprüfung.	Der Beschwerdeführer bittet die übergeordnete Behörde, der zuständigen Behörde bestimmte Weisungen zu erteilen.	Der Beschwerdeführer wendet sich wegen des (behaupteten) Fehlverhaltens eines Bediensteten an dessen (Dienst-) Vorgesetzten.

221060512

Damit Art. 17 GG keine wirkungslose Vorschrift bleibt, leitet man bestimmte **Reaktionspflichten** der Behörde aus dem Petitionsgrundrecht ab. Die Behörde muss

- die Eingabe annehmen,
- die Angelegenheit prüfen (je nach Begehren des Beschwerdeführers mehr oder weniger eingehend),
- über die Erledigung der Eingabe entscheiden und den Beschwerdeführer darüber informieren.

Die Antwort der Behörde ist kein Verwaltungsakt, wenn sie an den bisherigen Rechtsbeziehungen zwischen Staat und Bürger nichts ändert.

4.3 Widerspruch

Für einige Verwaltungsbereiche sind Einspruch bzw. Beschwerde zulässige Rechtsbehelfe (z. B. gegen Bußgeldbescheide wegen Ordnungswidrigkeiten sowie gegen Steuerbescheide der Finanzämter).

Meistens jedoch kann der in seinen Rechten Verletzte gegen einen Verwaltungsakt Widerspruch einlegen. Der Rechtsbehelf des Widerspruchs ist in der VwGO geregelt. Das Sozialgerichtsgesetz (SGG) enthält entsprechende Normen für die Sozialverwaltung, auf die im Lernfeld 11 eingegangen wird.

Der Widerspruch ist der wichtigste außergerichtliche **förmliche Rechtsbehelf.** Wer einen Verwaltungsakt gerichtlich anfechten will, muss grundsätzlich vor der Klage Widerspruch erheben. Die Behörde prüft aufgrund des Widerspruchs Rechtmäßigkeit und Zweckmäßigkeit des Verwaltungsakts in einem Vorverfahren (§ 68 Abs. 1 S. 1 VwGO). Das Vorverfahren (Widerspruchsverfahren) beginnt mit der Erhebung des Widerspruchs (§ 69 VwGO).

Das Widerspruchsverfahren dient im Wesentlichen **drei Zielen:**

- Rechtsschutz des Betroffenen (mit geringem Kostenrisiko),
- Selbstkontrolle der Verwaltung durch Überprüfung der Recht- und Zweckmäßigkeit ihrer Maßnahme,
- Entlastung der Verwaltungsgerichte durch behördeninterne Streitbereinigung.

Ein **Nachteil** des Widerspruchsverfahrens vor dem Klageverfahren ist die insgesamt längere Verfahrensdauer, die die tatsächliche Verwirklichung eines Vorhabens verzögern kann.

§ 68 Abs. 1 Satz 2 VwGO erlaubt den Ausschluss von Widerspruchsverfahren durch Gesetz. So können Klageverfahren beschleunigt werden. Einige Bundesländer haben diese Ermächtigung aufgegriffen[1] und erproben den Verzicht auf Widerspruchsverfahren z. T. für große Bereiche des Verwaltungsrechts.

Form, Frist und Einlegungsstelle für den Widerspruch werden in § 70 VwGO festgelegt. Der Widerspruch ist innerhalb eines Monats, nachdem der Verwaltungsakt bekannt gegeben worden ist, schriftlich oder zur Niederschrift bei der Behörde zu erheben, die den Verwaltungsakt erlassen hat. Die Frist wird auch durch Einlegung bei der Behörde, die den Widerspruchsbescheid zu erlassen hat, gewahrt.

Der Widerspruch hat grundsätzlich **aufschiebende Wirkung** (§ 80 Abs. 1 VwGO). Sie verhindert die Vollstreckung des Verwaltungsakts. Die aufschiebende Wirkung endet erst, wenn der Widerspruchsbescheid bzw. eine gerichtliche Entscheidung unanfechtbar wird.

Zu beachten sind die **Ausnahmefälle,** in denen die aufschiebende Wirkung

- kraft Gesetzes entfällt (§ 80 Abs. 2 Nr. 1–3 VwGO – Anforderung öffentlicher Abgaben und Kosten, unaufschiebbare Polizeivollzugsmaßnahmen und bundesgesetzlich vorgeschriebene Fälle),
- entfällt, weil die sofortige Vollziehung des Verwaltungsakts besonders angeordnet wurde (§ 80 Abs. 2 Nr. 4 i. V. m. § 80 Abs. 3 VwGO).

Ist der Widerspruch zulässig, hat die Behörde die Rechtmäßigkeit und – bei Ermessensentscheidungen – die Zweckmäßigkeit des Verwaltungsakts nachzuprüfen. Hilft sie dem Widerspruch nicht ab, ergeht ein Widerspruchsbescheid.

1 Niedersachsen (§ 80 NJG), Nordrhein – Westfalen (§ 110 JustG NRW), Bayern (Art. 15 BayAGVwGO), Hessen (§ 16a HessAGVwGO)

Voraussetzungen des Widerspruchs (§§ 70, 58 VwGO) | **Folgen des Widerspruchs** (§§ 80, 68, 72 f. VwGO)

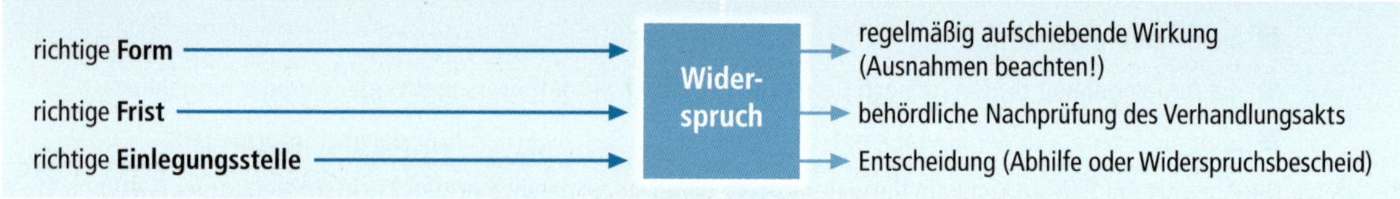

4.3.1 Widerspruchsverfahren

Häufig wird mit einem Widerspruch ein bereits erlassener Verwaltungsakt angefochten (Anfechtungswiderspruch). Der Rechtsbehelf kann aber auch darauf gerichtet sein, einen beantragten, aber bisher abgelehnten Verwaltungsakt zu erwirken (Verpflichtungswiderspruch).

Beispiele

- *Der Empfänger eines Hundesteuerbescheids hält keine Hunde mehr; er wird den Bescheid mit dem Widerspruch anfechten.*
- *Lehnt die Behörde den Bauantrag eines Bauherrn ab, so will dieser mit seinem Widerspruch eine Bauerlaubnis erwirken, nicht nur die Aufhebung der Ablehnung. Im Widerspruchsverfahren muss die Behörde also erneut prüfen, ob der abgelehnte Verwaltungsakt nicht doch erlassen werden kann.*

Im Widerspruchsverfahren hat die Behörde zunächst die Zulässigkeit des Widerspruchs und – wenn diese gegeben ist – danach die Rechtmäßigkeit und Zweckmäßigkeit des betreffenden Verwaltungsakts zu prüfen. Die Einordnung beider Prüfungsphasen in das gesamte Verfahren und die wichtigsten Prüfungspunkte zeigt das folgende Schaubild.

Ablauf des Widerspruchsverfahrens

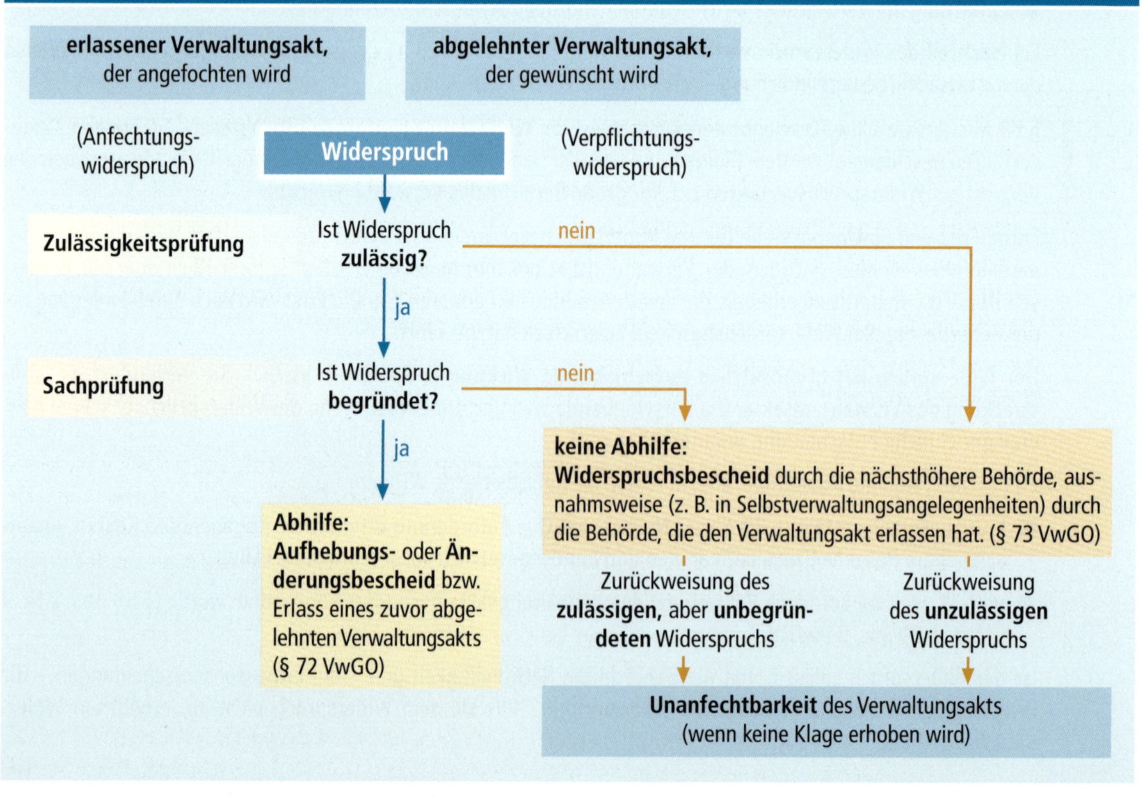

221060514

Der Rechtsbehelf des Widerspruchs ist form- und fristgebunden. Nicht jeder, der sich „betroffen" fühlt, kann ein Widerspruchsverfahren in Gang setzen. Ebenso kann nicht jede Verwaltungsmaßnahme mit diesem Rechtsbehelf angefochten werden, kurz: Der Widerspruch ist nicht in jedem Fall zulässig. Deshalb sind die formalen Zulässigkeitsfragen vor der inhaltlichen Auseinandersetzung mit dem Rechtsbehelf zu klären. Welche Punkte bei der Bearbeitung eines Widerspruchs im Einzelnen zu prüfen sind, zeigt das folgende Schema.

Aufbauhilfe	**Zulässigkeits- und Sachprüfung eines Widerspruchs**
Zulässigkeitsprüfung	**Sachprüfung (Prüfung der Begründetheit)**
1. Ist der Widerspruch statthaft? (Verwaltungsakt? Widerspruch?) 2. Ist der **Verwaltungsrechtsweg** gegeben? (§ 40 VwGO) 3. Wurde der Widerspruch **ordnungsgemäß erhoben**? (Form, Frist, Einlegungsstelle, §§ 70, 58, VwGO) 4. Ist die **Widerspruchsbefugnis** gegeben (analog § 42 Abs. 2 VwGO) 5. Sind die **allgemeinen Zulässigkeitsvoraussetzungen** (z. B. Beteiligungs- und Handlungsfähigkeit) erfüllt?	1. Ist der angefochtene Verwaltungsakt (bzw. die Ablehnung des beantragten Verwaltungsakts) **rechtswidrig** und 2. Wird der Widerspruchsführer dadurch in seinen Rechten verletzt? 3. War (bei einer Ermessensentscheidung) die Maßnahme der Behörde unzweckmäßig?

4.3.2 Zulässigkeitsprüfung des Widerspruchs

Ein Widerspruch ist zulässig, wenn alle folgenden Voraussetzungen erfüllt sind:

1. Der Rechtsbehelf „Widerspruch" muss statthaft sein (nach Spezialvorschrift oder § 68 VwGO).

Zu prüfen ist hier: Darf die zu prüfende Verwaltungsmaßnahme mit diesem Rechtsbehelf angefochten werden?

§ 68 VwGO schreibt vor, dass vor der Erhebung bestimmter Klagearten Rechtmäßigkeit und Zweckmäßigkeit des Verwaltungsakts in einem Vorverfahren – beginnend mit der Erhebung des Widerspruchs – nachzuprüfen sind. Man könnte auch fragen: Wird hier einem **Verwaltungsakt widersprochen?** (Liegt ein Verwaltungsakt vor? Handelt es sich bei dem eingelegten Rechtsbehelf um einen Widerspruch?)

Ist unklar, ob der Beschwerdeführer Widerspruch oder einen formlosen Rechtsbehelf einlegen will, so ist Widerspruch als der stärkere Rechtsbehelf zu vermuten.

Nach § 68 Abs. 1 S. 2 VwGO kann ein Widerspruchsverfahren ausnahmsweise **durch Gesetz ausgeschlossen** sein. Dabei kann es sich um ein Bundesgesetz handeln oder um ein Landesgesetz (in Bayern, Hessen, Niedersachsen und Nordrhein-Westfalen gibt es zahlreiche Ausnahmen, in denen direkt geklagt werden kann!).

2. Der Verwaltungsrechtsweg muss zugelassen sein (nach Spezialvorschrift oder § 40 Abs. 1 VwGO).

Ein späteres Klageverfahren vor dem Verwaltungsgericht setzt voraus, dass der Verwaltungsrechtsweg zugelassen ist. Deshalb prüft man bereits beim Widerspruch die Zulässigkeit des Verwaltungsrechtswegs, denn ohne Klagemöglichkeit wäre das Vorverfahren (Widerspruchsverfahren) überflüssig.

Voraussetzungen des Verwaltungsrechtswegs:

- öffentlich-rechtliche Streitigkeit nichtverfassungsrechtlicher Art (bei Streitigkeiten der Verfassungsorgane scheidet der Verwaltungsrechtsweg aus),
- keine Zuweisung durch Bundesgesetz an ein anderes Gericht, z. B. an ein Finanz-, Sozial- und ordentliches Gericht. (Für Verfahren nach dem SGB einschließlich Sozialhilfe sind nach § 51 SGG die Sozialgerichte zuständig. Ausbildungsförderung, Wohngeld und Jugendhilfe sind ihnen jedoch nicht zugewiesen, sodass Streitigkeiten auf diesen Gebieten vor die Verwaltungsgerichte gehören. Für Kindergeldstreitigkeiten nach dem Einkommensteuergesetz ist die Finanzgerichtsbarkeit zuständig.)

3. Der Widerspruch muss ordnungsgemäß erhoben worden sein.

Hier geht es um die richtige Form, Frist und Einlegungsstelle.

- **Form** (§ 70 Abs. 1 S. 1 VwGO): Der Widerspruch ist schriftlich oder zur Niederschrift zu erheben. Widerspruch kann auch per Telefax oder De-Mail eingelegt werden. In der Regel ist zwar die eigenhändige Unterschrift erforderlich. Nach der Rechtsprechung ist es jedoch ausreichend, wenn bei fehlender Unterschrift die Urheberschaft aus der Absenderkennung ersehen werden kann. Die Verwaltung sollte darauf bestehen, dass das Original-Schriftstück mit Unterschrift nachgereicht wird. Ein Widerspruch per E-Mail oder Computerfax ist ohne Verwendung einer qualifizierten Signatur nicht formgerecht. (Hierzu gibt es noch keine einheitliche Rechtsprechung.)

- **Frist** (§ 70 Abs. 1 S. 1 und Abs. 2 VwGO): Widerspruch kann grundsätzlich innerhalb eines Monats nach Bekanntgabe des Verwaltungsakts erhoben werden.

  Ausnahmen:
  - War die Rechtsbehelfsbelehrung unrichtig oder ist sie unterblieben, beträgt die Frist ein Jahr.
  - Wurde in der Rechtsbehelfsbelehrung ein Rechtsbehelf ausgeschlossen, kann Widerspruch unbefristet erhoben werden. Dasselbe gilt bei Unmöglichkeit in Fällen höherer Gewalt.
  - Wurde die Rechtsbehelfsfrist unverschuldet versäumt und daher die Wiedereinsetzung in den vorigen Stand gewährt (§ 60 VwGO), verlängert sich die Frist.

  Die **Berechnung** der Widerspruchsfrist richtet sich nach §§ 187 ff. BGB. Danach endet die Monatsfrist mit dem Ablauf des Tages, der durch seine Zahl dem Tag entspricht, in den die Bekanntgabe fällt. Das heißt, die Ordnungsziffer des letzten Tages der Frist entspricht der Ordnungsziffer des Tages der Bekanntgabe. Wird z. B. ein Bescheid am 15. Februar zur Post aufgegeben, so gilt er nach § 41 Abs. 2 VwVfG (Drei-Tage-Fiktion) am 18. Februar als bekannt gegeben. Die Widerspruchsfrist endet grundsätzlich mit Ablauf des 18. März. Fällt dieser Tag aber auf einen Sonnabend, Sonntag oder gesetzlichen Feiertag, so endet die Frist gem. § 193 BGB am folgenden Werktag.
- **Einlegungsstelle** (§ 70 Abs. 1 S. 1 und 2 VwGO): Der Widerspruch ist grundsätzlich bei der Behörde einzulegen, die den Verwaltungsakt erlassen hat; er kann aber auch fristgemäß bei der Behörde eingelegt werden, die den Widerspruchsbescheid zu erlassen hat (§ 73 VwGO, vgl. abweichende Regelung in § 84 SGG).

4. Der Widerspruchsführer muss widerspruchsbefugt sein. Widerspruchsführer ist regelmäßig der Adressat eines Verwaltungsakts oder dessen Bevollmächtigter. Es kann aber auch ein Dritter sein, der durch die Wirkungen des Verwaltungsakts in seinen Rechten benachteiligt ist (z. B. der durch eine Baugenehmigung benachteiligte Nachbar).

Der Widerspruchsführer hat dann ein Rechtsschutzinteresse und ist widerspruchsbefugt, wenn die Möglichkeit nicht auszuschließen ist, dass der Verwaltungsakt **die Rechte des Widerspruchsführers verletzt** oder – bei Ermessensentscheidungen – unzweckmäßig ist (Widerspruchsbefugnis ergibt sich aus § 42 Abs. 2 VwGO analog).

5. Allgemeine Zulässigkeitsvoraussetzungen

Aufgrund des § 79 VwVfG gelten z. B. für die Beteiligungsfähigkeit und die Handlungsfähigkeit auch im Widerspruchsverfahren die Regelungen des VwVfG (§§ 11, 12 VwVfG).

Ist eine dieser formellen Voraussetzungen **nicht erfüllt,** so ist der Widerspruch **unzulässig** und deshalb zurückzuweisen. Der zulässige Widerspruch hingegen ist in der Sache zu prüfen.

4.3.3 Sachprüfung des Widerspruchs

Zu untersuchen ist, ob der Widerspruch aufgrund eines Fehlverhaltens der Behörde begründet ist. „Begründung des Widerspruchs" heißt hier nicht, dass der Widerspruchsführer Gründe nennt (das muss er nicht!), sondern dass der angefochtene Verwaltungsakt rechtswidrig bzw. unzweckmäßig ist und seine Fehlerhaftigkeit einen Grund darstellt, der Behörde zu widersprechen.

Der Widerspruch ist dann begründet,

- wenn der Verwaltungsakt **rechtswidrig** und
- der Widerspruchsführer **hierdurch in seinen Rechten verletzt** ist.
- Bei Ermessensentscheidungen kann auch die **Unzweckmäßigkeit der Maßnahme** den Widerspruch rechtfertigen.

Vorgehensweise bei der Sachprüfung[1]:

Bei der Sachprüfung empfiehlt es sich, zunächst auf die möglicherweise vorgebrachten **Einwände** des Widerspruchsführers einzugehen.

1 Die Sachprüfung wird hier - entsprechend dem Rahmenlehrplan der KMK - nur kurz angesprochen.

221060516

Damit ist die Behörde ihrer Pflicht, Rechtmäßigkeit und Zweckmäßigkeit des Verwaltungsakts nachzuprüfen (§ 68 Abs. 1 S. 1 VwGO), jedoch noch nicht ausreichend nachgekommen, denn es sind **weitere rechtliche Fehler** möglich. Also kommt nun das gesamte Spektrum eventueller formeller und materieller Fehler ins Blickfeld.

Auch wenn das Verhalten der Behörde im Übrigen rechtmäßig war, so ist bei Ermessensentscheidungen deren **Zweckmäßigkeit** nachzuprüfen, vor allem dann, wenn der Widerspruchsführer selbst **Änderungen** der Maßnahme vorschlägt.

4.3.4 Abhilfe- und Widerspruchsbescheid

Hält die Behörde den Widerspruch für gerechtfertigt, so hilft sie ihm ab und entscheidet über die Kosten. Abhilfe kann z. B. die Aufhebung des alten Bescheids und der Erlass eines neuen bedeuten. Auch die Heilung von Form- und Verfahrensfehlern (§ 45 VwVfG) ist bis zum Ende des Klageverfahrens noch möglich.

Hält die Behörde den Widerspruch für unbegründet, so legt sie ihn zusammen mit ihrer Stellungnahme der Widerspruchsbehörde vor. Dies ist im Regelfall die nächsthöhere Behörde (§ 73 Abs. 1 S. 2 Nr. 1 VwGO).

Ausnahmsweise ist die erlassende Behörde zugleich Widerspruchsbehörde,

- wenn die nächsthöhere Behörde eine oberste Bundes- oder Landesbehörde ist (§ 73 Abs. 1 S. 2 Nr.2 VwGO),
- wenn es sich um eine Selbstverwaltungsangelegenheit handelt (§ 73 Abs. 1 S. 2 Nr. 3 VwGO),

oder wenn gesetzlich bestimmt ist, dass die erlassende Behörde zugleich Widerspruchsbehörde ist. Die Widerspruchsbehörde erlässt den Widerspruchsbescheid. Sein Inhalt ist in § 73 Abs. 3 VwGO geregelt.[1]

Einen verspäteten oder in der Form mangelhaften Widerspruch wird die Behörde regelmäßig als unzulässig zurückweisen; entscheidet sie „als Herrin des Verfahrens" ausnahmsweise dennoch in der Sache und weist den Widerspruch als unbegründet zurück, so verschafft sie dem Widerspruchsführer eine günstigere Position im gerichtlichen Prozess.

Auch einen nicht ordnungsgemäß erhobenen Widerspruch wird die Behörde bearbeiten, wenn ein Grund zur Rücknahme eines rechtswidrigen Verwaltungsakts vorliegt (§ 48 VwVfG) und die Behörde den Verwaltungsakt ohnehin aufheben würde.

4.4 Vorläufiger Rechtsschutz

Der in Art. 19 Abs. 4 GG garantierte Rechtsschutz muss im einzelnen Fall auch wirksam sein. Hier könnte eine Lücke entstehen. Die Verwaltung kann nach der Anordnung des sofortigen Vollzugs die verlangte Maßnahme erzwingen und so „vollendete Tatsachen" schaffen, ohne eine Widerspruchsentscheidung bzw. ein Gerichtsurteil abzuwarten. Dann aber bleibt der Rechtsschutz unwirksam, denn es ist nicht auszuschließen, dass der Betroffene mit seinem Rechtsbehelf Erfolg hat. Die VwGO sieht daher Möglichkeiten vorläufigen Rechtsschutzes für den Fall vor, dass dem Widerspruch die aufschiebende Wirkung genommen wurde:

- Antrag an das **Verwaltungsgericht** auf Wiederherstellung der aufschiebenden Wirkung (§ 80 Abs. 5 VwGO).
- Antrag an die **Behörde**, die den Verwaltungsakt erlassen hat, oder an die Widerspruchsbehörde auf Aussetzung der Vollziehung (§ 80 Abs. 4 VwGO). Die Aussetzung soll bei öffentlichen

Neulich im Bauordnungsamt

„Nebenan steht ein Baggerführer – wegen des Altbau-Abrisses ..."

„Ach ja, Hafenstraße 7 c – da komme ich mit."

„Hafenstraße? Gestern ist ein Widerspruch gegen die Abbruchverfügung gekommen. Da hat der Eigentümer ja noch mal Glück gehabt – ich meine, wegen der aufschiebenden Wirkung!"

„Wieso Glück? Ich hatte doch die sofortige Vollziehung angeordnet."

„Und gegen die kann er nichts machen?"

1 Einige Ausführungsgesetze der Länder zur VwGO sehen zur Entscheidung über den Widerspruch Besonderheiten vor: In Hessen z. B. ist der Widerspruchsführer in Verfahren vor bestimmten Behörden vor deren Entscheidung grundsätzlich durch einen Ausschuss mündlich zu hören (§§ 7 ff. HessAGVwGO). In Rheinland-Pfalz und im Saarland z. B. tritt im Kommunalbereich an die Stelle der in § 73 Abs. 1 Nr. 1 und 3 der VwGO genannten Widerspruchsbehörden grundsätzlich der Rechtsausschuss des Kreises bzw. der Stadt (§§ 6 ff. AGVwGO Rh.-Pfalz; § 8 Saarl. AGVwGO). In Nordrhein-Westfalen entscheidet nach § 111 Justizgesetz grundsätzlich die erlassende Behörde über den Widerspruch.

Abgaben und Kosten erfolgen, wenn ernstliche Zweifel an der Rechtmäßigkeit des angegriffenen Verwaltungsakts bestehen, z. B. wenn die Entscheidung in einem Musterprozess abgewartet werden soll. Dieser Antrag ist zuerst zu stellen, wenn auch ein Antrag nach § 80 Abs. 5 VwGO infrage kommt.

- Antrag an das Verwaltungsgericht auf eine einstweilige Anordnung gem. § 123 VwGO. Dieser Antrag ist möglich, wenn die Gefahr besteht, dass durch die Veränderung eines bestehenden Zustands ein Recht des Antragstellers vereitelt oder wesentlich erschwert werden könnte. Dies gilt für den Fall, dass ein begünstigender Verwaltungsakt begehrt wird. (Genauere Darstellung s. Band „Lernsituationen und Übungen".)

4.5 Verwaltungsgerichtlicher Rechtsschutz

4.5.1 Verwaltungsgerichtsbarkeit

Mit Erlass eines Widerspruchsbescheids durch die Behörde ist ein Rechtsstreit zwischen Bürger und Verwaltung in vielen Fällen noch nicht abgeschlossen. Der Bürger kann die Verwaltungsentscheidung durch ein Gericht überprüfen lassen.

Art. 19 Abs. 4 GG

Wird jemand durch die öffentliche Gewalt in seinen Rechten verletzt, so steht ihm der Rechtsweg offen. Soweit eine andere Zuständigkeit nicht begründet ist, ist der ordentliche Rechtsweg gegeben.

Art. 19 Abs. 4 GG eröffnet den Bürgern den Weg zu den ordentlichen Gerichten (Zivilgerichtsbarkeit). Die Zuständigkeit der Verwaltungsgerichtsbarkeit ist nach § 40 VwGO gegeben in allen öffentlich-rechtlichen Streitigkeiten nichtverfassungsrechtlicher Art, soweit die Streitigkeiten nicht durch Bundesgesetz einem anderen Gericht ausdrücklich zugewiesen sind.

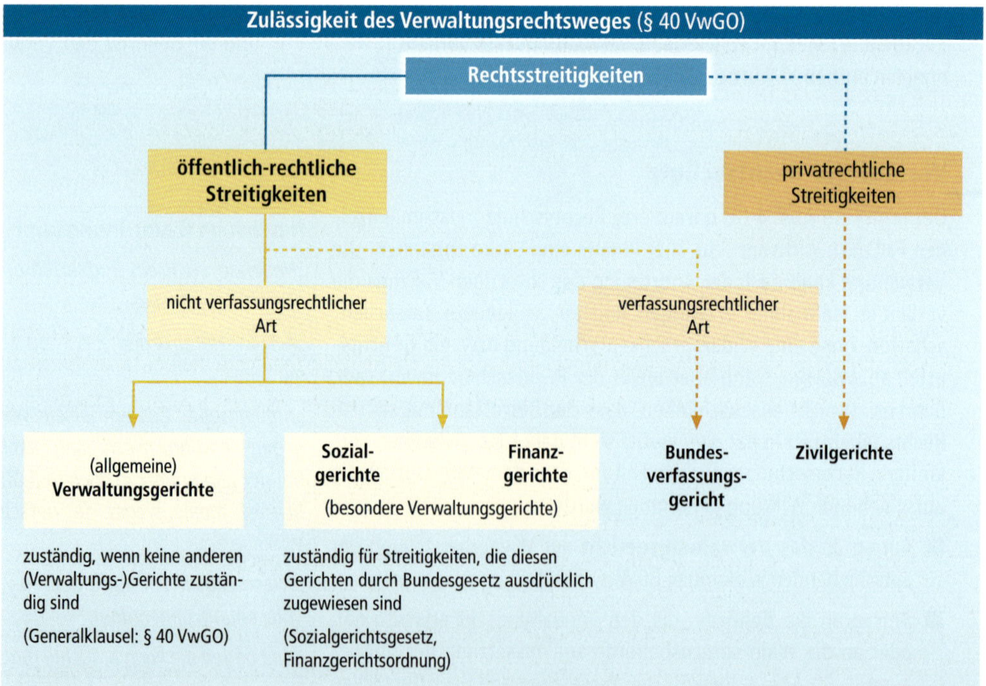

Die allgemeine Verwaltungsgerichtsbarkeit ist dreistufig aufgebaut. In den Ländern bestehen 52 Verwaltungsgerichte (VG) als erste Instanz und 16 Oberverwaltungsgerichte (OVG; in Baden-Württemberg, Bayern und Hessen „Verwaltungsgerichtshöfe") als zweite Instanz. In jedem Bundesland gibt es ein OVG, für Berlin und Brandenburg ist ein gemeinsames OVG zuständig. Dritte (oberste) Instanz ist das Bundesverwaltungsgericht (BVerwG) mit Sitz in Leipzig.

Während die VG für alle Streitigkeiten zuständig sind, für die der Verwaltungsrechtsweg gegeben ist, sind die OVG Berufungsgerichte, die über Urteile des VG und über Beschwerden (z. B. über Beschlüsse des VG) zu entscheiden haben. In der Berufung wird das Urteil der Vorinstanz einerseits bezüglich der zugrunde liegenden Tatsachen und andererseits rechtlich überprüft.

Das BVerwG als Revisionsgericht befindet über Urteile der OVG und über Beschwerden (bei der Sprungrevision auch über Urteile des VG). In der Revision wird das vorinstanzliche Urteil lediglich rechtlich überprüft.

Die Verwaltungsgerichtsbarkeit

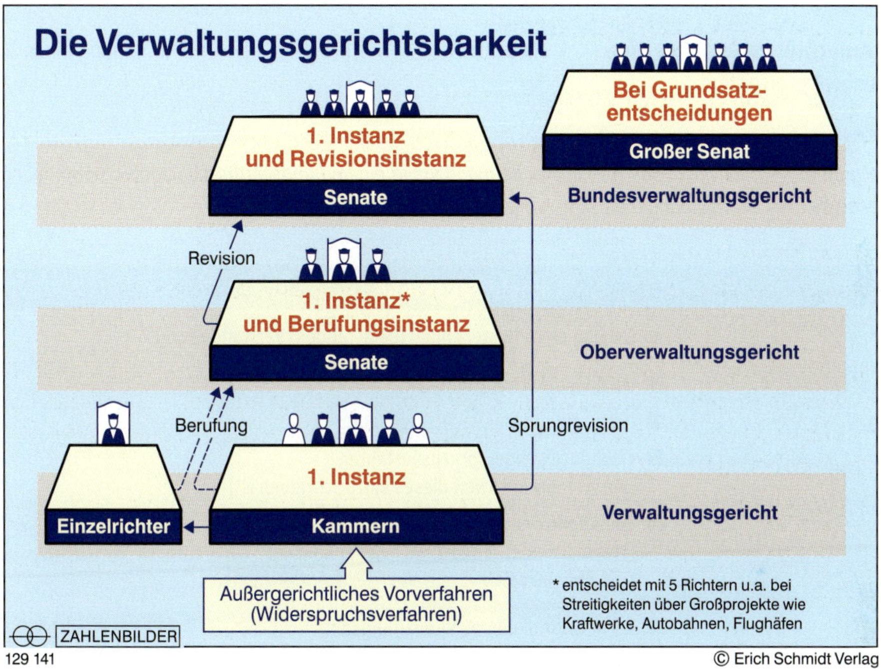

4.5.2 Klage vor dem Verwaltungsgericht

Klagen vor dem Verwaltungsgericht sind nur dann zulässig, wenn der Verwaltungsrechtsweg gegeben ist (s. § 40 VwGO) und wenn sie vor dem zuständigen Gericht (§§ 45 ff. VwGO) ordnungsgemäß erhoben werden.

Wichtige Voraussetzungen des verwaltungsgerichtlichen Klageverfahrens gem. § 82 Abs. 1 VwGO:

- Die Klagefrist von einem Monat muss eingehalten werden.
- Die Klageschrift muss den Kläger, den Beklagten und den Gegenstand des Klagebegehrens bezeichnen und soll einen bestimmten Antrag enthalten.
- Die zur Begründung dienenden Tatsachen und Beweismittel sollen angegeben, die angefochtene Verfügung (Verwaltungsakt) und der Widerspruchsbescheid beigefügt werden.
- Zusätzliche Voraussetzungen werden nachfolgend bei den verschiedenen Klagearten angegeben.

Wer nach seinen persönlichen und wirtschaftlichen Verhältnissen die Kosten der Prozessführung nicht oder nur zum Teil oder nur in Raten aufzubringen in der Lage ist, kann gem. § 166 VwGO und §§ 114 ff. ZPO beim Prozessgericht (hier: Verwaltungsgericht) **Prozesskostenhilfe** beantragen. Bei nicht hinreichenden Erfolgsaussichten oder bei bestehendem Versicherungsschutz ist die Prozesskostenhilfe für das Klageverfahren ausgeschlossen.

Je nach dem **Ziel,** das der Kläger in einem verwaltungsgerichtlichen Verfahren verfolgt, werden im Verwaltungsprozessrecht **drei Klagearten** unterschieden (s. § 43 Abs. 2 VwGO):

Klagearten		
Gestaltungsklage	Leistungsklage	Feststellungsklage
■ Anfechtungsklage	■ Verpflichtungsklage ■ allgemeine Leistungsklage	

Mit der **Anfechtungsklage** (§ 42 Abs. 1, 1. Halbsatz VwGO) möchte der Kläger die Aufhebung eines belastenden Verwaltungsakts erreichen.

Beispiele

Aufhebung einer Abbruchverfügung für ein Wochenendhaus in einem Landschaftsschutzgebiet; Aufhebung eines Beitragsbescheids über Erschließungsbeiträge; Aufhebung einer Gewerbeuntersagung

Anfechtungsklage	
Ziel	Aufhebung eines bestehenden (belastenden) Verwaltungsakts
Zulässigkeitsvoraussetzungen	■ belastender Verwaltungsakt ■ Behauptung einer Rechtsverletzung ■ erfolgloses Widerspruchsverfahren (Vorverfahren, soweit dieses vorgeschrieben ist) ■ Einhaltung der Klagefrist [innerhalb eines Monats nach Zustellung des (Widerspruchs-)Bescheids, § 74 Abs. 1 VwGO]
Klagebegründungen	■ Rechtswidrigkeit des Verwaltungsakts ■ Verletzung der Rechte des Klägers
Urteil	■ Aufhebung des fehlerhaften Verwaltungsakts (s. § 113 Abs. 1 VwGO)

Mit einer **Verpflichtungsklage** (§ 42 Abs. 1, 2. Halbsatz VwGO) beabsichtigt der Kläger, dass die Behörde zum Erlass eines abgelehnten (Vornahmeklage) oder unterlassenen Verwaltungsakts (Untätigkeitsklage) verurteilt wird.

Beispiel

Herr Müller beantragt die Anerkennung einer Schwerbehinderung. Die Behörde lehnt den Antrag nach eingehender Prüfung ab. Durch Verpflichtungsklage (als Vornahmeklage) soll die Behörde zum Erlass des begehrten Verwaltungsakts verurteilt werden.

Durch eine Anfechtungsklage könnte der ablehnende Bescheid der Behörde zwar aufgehoben werden, sein Ziel – nämlich die Anerkennung seiner Schwerbehinderung – hätte Herr Müller damit aber noch nicht erreicht. Ein neuer Antrag wäre erforderlich. Mit einer Verpflichtungsklage könnte die Behörde hingegen zum Erlass eines entsprechenden Bescheids verurteilt werden.

Bleibt die Behörde im selben Fall untätig, so wird der erstrebte Verwaltungsakt ebenfalls durch Verpflichtungsklage (nun aber als Untätigkeitsklage) begehrt (s. § 75 VwGO).

221060520

Verpflichtungsklage	
Ziel	Erlass eines (begünstigenden) Verwaltungsakts
Zulässigkeitsvoraussetzungen	■ Begehren eines abgelehnten oder unterlassenen Verwaltungsakts ■ Behauptung einer Rechtsverletzung ■ erfolgloses Widerspruchsverfahren (soweit vorgeschrieben, bei Untätigkeitsklage **nicht** erforderlich) ■ Einhaltung der Klagefrist [innerhalb eines Monats nach Zustellung des (Widerspruchs-)Bescheids; bei **Untätigkeitsklage** frühestens drei Monate nach Antragstellung]
Klagebegründung	■ subjektives öffentliches Recht auf Erlass eines (begünstigten) Verwaltungsakts
Urteil	■ **Vornahmeurteil** (Behörde wird verpflichtet, die beantragte Amtshandlung vorzunehmen; in der Regel bei gebundener Verwaltung) **oder** ■ **Bescheidungsurteil** (Behörde wird verpflichtet, den Kläger unter Beachtung der Rechtsauffassung des Gerichtes neu zu bescheiden; in der Regel bei Ermessensentscheidungen) (s. § 113 Abs. 1 VwGO)

Die **allgemeine Leistungsklage** zielt auf die Verurteilung der Behörde zur Vornahme einer Leistung ab, die nicht im Erlass eines Verwaltungsakts besteht. Diese Klageart kann aber auch – in der Form einer Unterlassungsklage – zur Abwehr von Verwaltungshandlungen, die nicht Verwaltungsakte sind, eingesetzt werden. Die allgemeine Leistungsklage ist in der VwGO zwar erwähnt (s. § 43 Abs. 2, S. 1 VwGO), aber nicht ausdrücklich geregelt. Sie ist an keine Klagefrist gebunden, ein Vorverfahren ist nicht erforderlich.

Beispiele

Die Behörde gibt eine eingezogene Fahrerlaubnis trotz rechtskräftigen Urteils nicht an den Berechtigten zurück. Die Behörde weigert sich widerrechtlich, bestimmte Schriftstücke aus der Personalakte einer Beamtin zu entfernen.

Mit der **Feststellungsklage** (§ 43 VwGO) soll das Bestehen oder Nichtbestehen eines Rechtsverhältnisses oder die Nichtigkeit eines Verwaltungsakts festgestellt werden.

Wichtige Klagearten nach Klagezielen

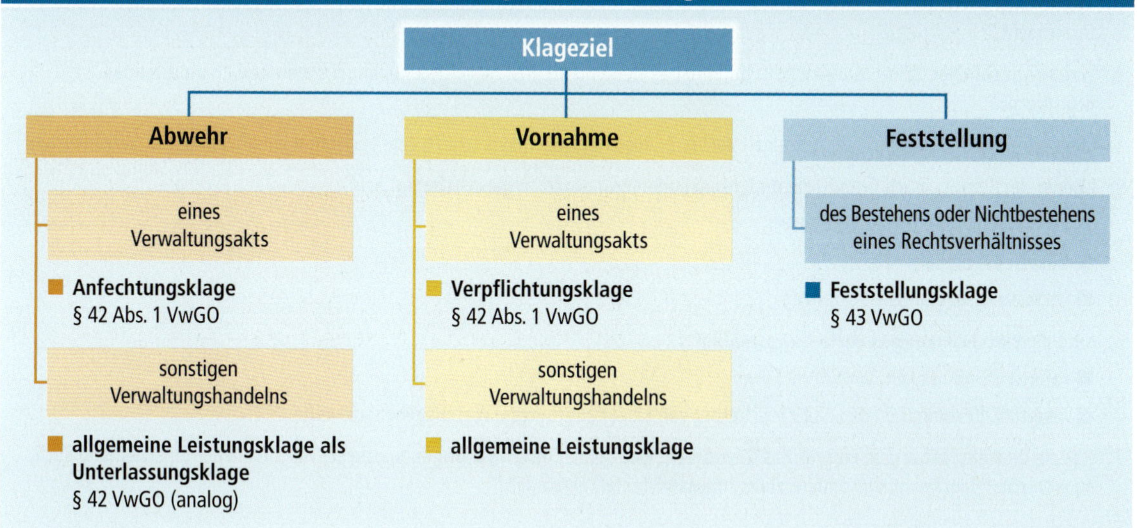

5 Exkurs: Staats- und verfassungsrechtliche Zusammenhänge

Am Ende dieses Lernfeldes soll die Bedeutung bestimmter Inhalte des Staats- und Verfassungsrechts für die Verwaltungsarbeit betrachtet werden. Die Einordnung der Verwaltung in die Staatsgewalt, die Auswirkungen der Verfassungsprinzipien des Grundgesetzes auf den Rahmen und die Inhalte des Verwaltungshandelns, insbesondere die große Bedeutung des Rechtsstaatsprinzips und die Beachtung der Grundrechte, sind Themen, die auch für die Berufsabschlussprüfung der Verwaltungsfachangestellten wichtig sind.

Im Prüfungsbereich Wirtschafts- und Sozialkunde sind wirtschaftliche, rechtliche und gesellschaftliche Beziehungen der Berufs- und Arbeitswelt darzustellen und zu beurteilen. Dies soll anhand praxisbezogener Aufgaben oder Fälle – auch aus dem Gebiet der staats- und verfassungsrechtlichen Zusammenhänge – geschehen.

Diese Zusammenhänge wurden im Lernfeld 2 erörtert. Nachdem im Lernfeld 10 auch die Praxis der Eingriffsverwaltung behandelt wurde, sollen nun konkrete behördliche Eingriffe in Grundrechte an den Ansprüchen des Grundgesetzes gemessen und Abwehrmöglichkeiten gegen ungerechtfertigte Eingriffe behandelt werden.

5.1 Eingriffe der Verwaltung in Freiheitsrechte

Fühlt sich ein Bürger durch einen Verwaltungsakt in einem Grundrecht verletzt, so hat er – meistens nach vorausgehendem Widerspruchsverfahren – eine Klagemöglichkeit vor dem Verwaltungsgericht. Eine solche Grundrechtsverletzung durch eine Behörde macht den fehlerhaften Verwaltungsakt anfechtbar. Der Fehler muss aber nicht unbedingt bei der Verwaltung liegen. Es könnte auch sein, dass das angewandte Gesetz eine Grundrechtseinschränkung enthält, deren Vereinbarkeit mit dem Grundgesetz bezweifelt wird. Gegenstand einer „Grundrechtsprüfung" kann also z. B. ein Gesetz oder ein Verwaltungsakt, aber auch ein Gerichtsurteil sein.

Vereinfacht sind bei Eingriffen in Freiheitsrechte drei Punkte zu untersuchen:

- Schutzbereich des Grundrechts
- Eingriff in den Schutzbereich
- Rechtfertigung des Eingriffs

Die Prüfung von Eingriffen in Freiheitsrechte sollte an Beispielen aus dem Band „Lernsituationen und Übungen" angewandt werden. Dort werden auch die Schutzbereiche einzelner Grundrechte näher erörtert. Einen möglichen Aufbau einer Prüfung zeigt die folgende Übersicht.

Aufbauhilfe	Prüfung von Eingriffen in Freiheitsrechte
1.	Welches **Grundrecht** wird (eventuell) verletzt?
2.	Auf welchen **persönlichen Schutzbereich** (Bürgerrechte, Menschenrechte, inländische juristische Personen) bezieht sich das Grundrecht?
3.	Welchen **sachlichen Schutzbereich** (z. B. Umfang der Meinungsfreiheit, der Versammlungsfreiheit usw.) garantiert das Grundrecht?
4.	Liegt ein **Eingriff** in die geschützte Freiheit vor? (z. B. durch eine Rechtsvorschrift, eine Verwaltungsmaßnahme, ein Gerichtsurteil)
5.	Könnte der Eingriff durch Grundrechtsbeschränkungen grundsätzlich **gerechtfertigt** sein? ■ verfassungsunmittelbare Schranken ■ Gesetzesvorbehalt ■ verfassungsimmanente Schranken
6.	Sind die **Einschränkungen verfassungsmäßig**? ■ formell: Zuständigkeit, Verfahren, Form ■ materiell: Bestimmtheit des Gesetzes, Verbot von Einzelfallgesetzen, Wesensgehaltsgarantie
7.	Hat die Verwaltung bei dem Eingriff das **Grundrecht und seine Einschränkungen beachtet**? Hat sie bei der Entscheidung auch sonst rechtsfehlerfrei (insbesondere ohne Ermessensfehler) gehandelt?
8.	Ergebnis

221060522

5.2 Eingriffe der Verwaltung in Gleichheitsrechte

Art. 3 Abs. 1 GG enthält den allgemeinen Gleichheitsgrundsatz: „Alle Menschen sind vor dem Gesetz gleich." Diese knappe Formulierung muss inhaltlich präzisiert werden, um sie richtig zu verstehen. Sie bezieht sich sowohl auf die Rechtsetzung als auch auf die Rechtsanwendung.

Die **Rechtsetzungsgleichheit** bedeutet, dass jeder Gesetzgeber und jeder sonstige Normgeber tatbestandlich Gleiches gleich, Ungleiches seiner Eigenart entsprechend verschieden zu behandeln hat. Im Normalfall ist zu prüfen, ob eine bestimmte Rechtsvorschrift, die eine Ungleichbehandlung vorsieht, dem Gebot der Rechtsetzungsgleichheit entspricht (z. B. ungleiche Behandlung eines möglichen Dachgeschossausbaus in verschiedenen Bebauungsplänen einer Gemeinde).

Nach der Rechtsprechung des BVerfG ist hier die zentrale Frage, ob für die Ungleichbehandlung „Gründe von solcher Art und solchem Gewicht bestehen, dass sie die ungleichen Rechtsfolgen rechtfertigen können." Es ist also zu untersuchen, ob für die Differenzierung ein wirklich hinreichender sachlicher Grund existiert.

Mit **Rechtsanwendungsgleichheit** ist gemeint, dass auch Verwaltung und Gerichte tatbestandlich Gleiches gleich, Ungleiches seiner Eigenart entsprechend verschieden behandeln. Bei Ermessensentscheidungen ist die Rechtsanwendungsgleichheit ein wichtiges Prinzip. Wird das Ermessen durch Verwaltungsvorschriften gesteuert, sind diese gleich anzuwenden. Sie sind zwar keine Rechtsnormen, binden aber die Verwaltung, das geltende Recht gleich anzuwenden. Eine ähnliche **Selbstbindung der Verwaltung** entsteht – auch ohne Verwaltungsvorschriften – durch eine ständige Verwaltungspraxis, von der die Behörde nicht ohne Grund abweichen darf. Die Verwaltung ist jedoch nicht verpflichtet, etwa nach einer Fehlentscheidung vergleichbare Fälle ebenfalls falsch zu entscheiden: Es gibt keine Gleichheit im Unrecht.

Der allgemeine Gleichheitssatz ist nicht anwendbar, wenn **spezielle Gleichheitssätze** vorgehen. Vorrangig anzuwenden sind z. B. die Gleichheit von Mann und Frau (Art. 3 Abs. 2 GG), das Diskriminierungsverbot hinsichtlich des Geschlechts, der Abstammung, der Rasse, der Sprache, der Heimat und Herkunft, des Glaubens, der religiösen oder politischen Anschauungen oder der Behinderung (Art. 3 Abs. 3 GG), die Gleichstellung nicht ehelicher Kinder (Art. 6 Abs. 5 GG) oder die Gleichbehandlung der Parteien durch den Staat (Art. 21 GG).

Zu vergleichen sind immer nur die Handlungen eines Hoheitsträgers. Gemeinde A muss in ihrem Gebiet gleiche Hundesteuerfälle gleich behandeln, sie muss aber nicht die gleichen Steuersätze erheben wie Gemeinde B.

Das Prüfungsschema für Gleichheitsrechte weicht erheblich von dem für Freiheitsrechte ab. Insbesondere gibt es keine zulässigen Eingriffe in Gleichheitsrechte (das wäre Willkür).

Aufbauhilfe — **Prüfung von Eingriffen in Gleichheitsrechte**

- Worauf bezieht sich die mögliche Verletzung der Gleichheit vor dem Gesetz?
  (ein besonderer oder der allgemeine Gleichheitssatz, Rechtsetzungs- oder Rechtsanwendungsgleichheit)

besondere Gleichheitssätze (vorrangig)

allgemeiner Gleichheitssatz (Art. 3 Abs. 1 GG)

Rechtsetzungsgleichheit	Rechtsanwendungsgleichheit
■ Welche Grundrechtsträger in einer bestimmten Situation werden **ungleich** behandelt? ■ Besteht dafür ein hinreichender sachlicher Grund? **oder** ■ Welche unterschiedlichen Fälle werden **gleich** behandelt? ■ Besteht dafür ein zwingender sachlicher Grund?	■ bei Ermessensentscheidungen: wichtiger **Ermessensgrundsatz** ■ Verwaltungsvorschriften und eine stetige Verwaltungspraxis führen zu einer **Selbstbindung** der Verwaltung ■ keine Gleichheit im Unrecht

5.3 Gerichtliche Überprüfung von Grundrechtseingriffen

Grundrechtseingriffe durch die öffentliche Verwaltung können von den **Fachgerichten**, insbesondere den Verwaltungs- und Sozialgerichten, überprüft werden.

Geht es z. B. in einem verwaltungsgerichtlichen Verfahren um eine Grundrechtsverletzung, so prüft das Gericht, ob der Kläger wirklich in einem Grundrecht verletzt wurde, und gibt im Falle einer Grundrechtsverletzung der Klage statt. Wenn sich die Verletzung daraus ergibt, dass ein formelles Gesetz möglicherweise verfassungswidrig ist, holt das Verwaltungsgericht die Entscheidung des Bundesverfassungsgerichts ein (Art. 100 GG); denn nur das Bundesverfassungsgericht kann ein formelles Gesetz für nichtig erklären. Im Übrigen führt das Verwaltungsgericht das Klageverfahren und hat die Aufgabe, Grundrechtsverletzungen rückgängig zu machen. Der Rechtsschutz bei Grundrechtsverletzungen wird also primär durch die Fachgerichte gewährt, und zwar in allen Instanzen.

 129 015

Das **Bundesverfassungsgericht** in Karlsruhe ist nach seiner Stellung und Bedeutung das höchste Gericht des Bundes, es stellt jedoch nicht die Fortsetzung des Instanzenzugs anderer Gerichtszweige dar. Es hat spezielle Aufgaben, die in Art. 93 GG geregelt sind. Seine Hauptaufgabe ist es, auf Antrag die Vereinbarkeit bestimmter staatlicher Machtäußerungen mit dem Grundgesetz zu überprüfen. Das BVerfG gilt deshalb auch als „Hüterin der Verfassung". In den Bundesländern bestehen außerdem Landesverfassungsgerichte (Verfassungsgerichtshöfe).

Dem Grundsatz der Gewaltenteilung entsprechend ist das Bundesverfassungsgericht ein gegenüber den anderen Verfassungsorganen selbstständiger und unabhängiger Gerichtshof. Die Art. 93 und 94 GG sowie das Gesetz über das Bundesverfassungsgericht (BVerfGG) regeln Organisation und Arbeit dieses Gerichts.

Die **Verfassungsbeschwerde** ist eine Beschwerde, die jeder, der sich durch die öffentliche Gewalt in einem Grundrecht verletzt fühlt, beim Bundesverfassungsgericht einlegen kann. Sie ist in Art. 93 Abs. 1 Nr. 4a GG sowie im Gesetz über das Bundesverfassungsgericht (BverfGG) geregelt. Die Definition im GG enthält bereits die wichtigsten Voraussetzungen:

- Die Verfassungsbeschwerde kann von **jedermann** erhoben werden.
- Hierzu reicht die **Behauptung** aus,
- durch die **öffentliche Gewalt verletzt** zu sein
- in einem seiner **Grundrechte** oder in einem seiner in Art. 20 Abs. 4, 33, 38, 101, 103 und 104 GG enthaltenen Rechte.
- Weitere Voraussetzung ist grundsätzlich die Erschöpfung des Rechtswegs (§ 90 Abs. 2 BVerfGG).

Wichtige Verfahren vor dem Bundesverfassungsgericht			
Verfahrensart	**Gegenstand**	**Verfahrenseinleitung**	**Frist**
Verfassungsbeschwerde	Entscheidung über die Behauptung, durch die öffentliche Gewalt in einem Grundrecht oder einem ähnlichen Recht verletzt zu sein (Art. 93 Abs. 1 Nr. 4a GG)	jedermann	Gegen eine Gerichts- oder Verwaltungsentscheidung kann grundsätzlich nach Ausschöpfung des Rechtswegs binnen eines Monats, gegen eine Rechtsvorschrift kann binnen eines Jahres seit Inkrafttreten Verfassungsbeschwerde erhoben werden (§ 93 Abs. 1, 3 BVerfGG).
	Entscheidung über die Verletzung des Rechts auf Selbstverwaltung einer Gemeinde oder eines Gemeindeverbands nach Art. 28 GG durch ein (Bundes-)Gesetz (Art. 93 Abs. 1 Nr. 4b GG)	Gemeinde, Gemeindeverband	ein Jahr seit Inkrafttreten des Gesetzes (§ 93 Abs. 3 BVerfGG)
Normenkontrollverfahren	Entscheidung über die Unvereinbarkeit eines Gesetzes mit dem Grundgesetz. Konkrete Normenkontrolle: Hält ein Gericht ein Gesetz für verfassungswidrig und will es deshalb nicht anwenden, muss es die Entscheidung des Bundesverfassungsgerichts einholen (Art. 100 Abs. 1 GG).	Gericht	keine
	Abstrakte Normenkontrolle: Bestimmte Staatsorgane können die Verfassungsmäßigkeit einer Rechtsnorm überprüfen lassen (Art. 93 Abs. 1 Nr. 2 GG).	Bundesregierung, eine Landesregierung oder ein Drittel der Mitglieder des Bundestags	keine
Verfassungsstreit zwischen Staatsorganen	Entscheidung bei Meinungsverschiedenheiten zwischen Verfassungsorganen oder zwischen Bund und Ländern über die gegenseitigen verfassungsmäßigen Rechte und Pflichten (Organstreit bzw. Bund-Länder-Streit, Art. 93 Abs. 1 Nr. 1 bzw. Art. 93 Abs. 1 Nr. 2a, 3; 84 Abs. 4 GG)	Bundesorgane bzw. Bundesregierung und jeweilige Landesregierung	sechs Monate nach Kenntnis der beanstandeten Maßnahme oder Unterlassung; Antrag nach Art. 84 Abs. 4 GG: ein Monat
Parteiverbot	Feststellung der Verfassungswidrigkeit einer Partei (Art. 21 Abs. 2 GG)	Bundestag, Bundesrat, Bundesregierung	keine

Die Verfassungsbeschwerde kann von jedem erhoben werden, der Träger des Grundrechts sein kann, um dessen Schutz es geht. Der Beschwerdeführer muss prozessfähig (grundsätzlich volljährig) sein. Ist ein Minderjähriger nicht grundrechtsmündig, wird er von den Eltern vertreten.

Für die Verfassungsbeschwerde reicht die Behauptung einer Grundrechtsverletzung aus. Ob sie tatsächlich vorliegt, kann erst das folgende Verfahren erweisen. Zunächst genügt es, dass eine Grundrechtsverletzung nicht auszuschließen ist.

Die behauptete Grundrechtsverletzung muss durch die deutsche öffentliche Gewalt geschehen sein. Dabei kann es sich um Maßnahmen der Verwaltung (Verwaltungsakte, Realakte) oder eines Gerichts handeln (Urteile und alle anderen gerichtlichen Entscheidungen, auch der Zivilgerichte). Zu den angreifbaren Hoheitsakten zählen auch Gesetze, Rechtsverordnungen und andere Rechtsnormen des Bundes und auch eines Landes, soweit nicht bei Verletzung von Grundrechten eines Landes das entsprechende Landesverfassungsgericht zuständig ist. Die Grundrechtsverletzung muss den Beschwerdeführenden selbst, gegenwärtig und unmittelbar betreffen.

Der Kreis der Grundrechtsverletzungen ist weit gezogen. Art. 93 Abs. 1 Nr. 4b GG räumt auch Gemeinden und Gemeindeverbänden das Recht einer Verfassungsbeschwerde wegen Verletzung des Rechts auf Selbstverwaltung nach Art. 28 GG durch ein Gesetz ein.

Vor einer Verfassungsbeschwerde muss der Rechtsweg vor der jeweiligen Fachgerichtsbarkeit vollständig durchlaufen werden. Abweichend davon kann das Bundesverfassungsgericht über eine vor Erschöpfung des Rechtswegs eingelegte Verfassungsbeschwerde sofort entscheiden, wenn sie von allgemeiner Bedeutung ist („Musterprozess") oder wenn dem Beschwerdeführer sonst ein schwerer und unabwendbarer Nachteil entstünde.

Die Frist für den Rechtsbehelf der Verfassungsbeschwerde beträgt einen Monat (bei Gesetzen ein Jahr).

Ist die Beschwerde zulässig, überprüft das Bundesverfassungsgericht die behauptete Grundrechtsverletzung inhaltlich und entscheidet gem. § 95 BVerfGG. Es kann angefochtene Verwaltungsakte und Urteile aufheben und angefochtene Gesetze für nichtig erklären.

Beispiele für Entscheidungen veröffentlicht das Bundesverfassungsgericht im Internet:

www.bundesverfassungsgericht.de

221060526

1 Das soziale Sicherungssystem in Deutschland

1.1 Wesen und Begriff der gewährenden Verwaltung

Die gewährende Verwaltung ist an das Sozialstaatsprinzip gem. Art. 20 Abs. 1 GG gebunden. Das Sozialstaatsprinzip verpflichtet den Staat, und hier insbesondere den Gesetzgeber, zu sozialer Gerechtigkeit. Angestrebt wird dieses Ziel durch ein umfassendes System der sozialen Sicherung und durch den Ausgleich sozialer Gegensätze (vgl. auch LF 2, Kapitel 1.2.4).

Der Gesetzgeber hat den Auftrag des Grundgesetzes angenommen und ein Netz der sozialen Sicherung geknüpft, das verschiedene Verwaltungsträger auszuführen haben.

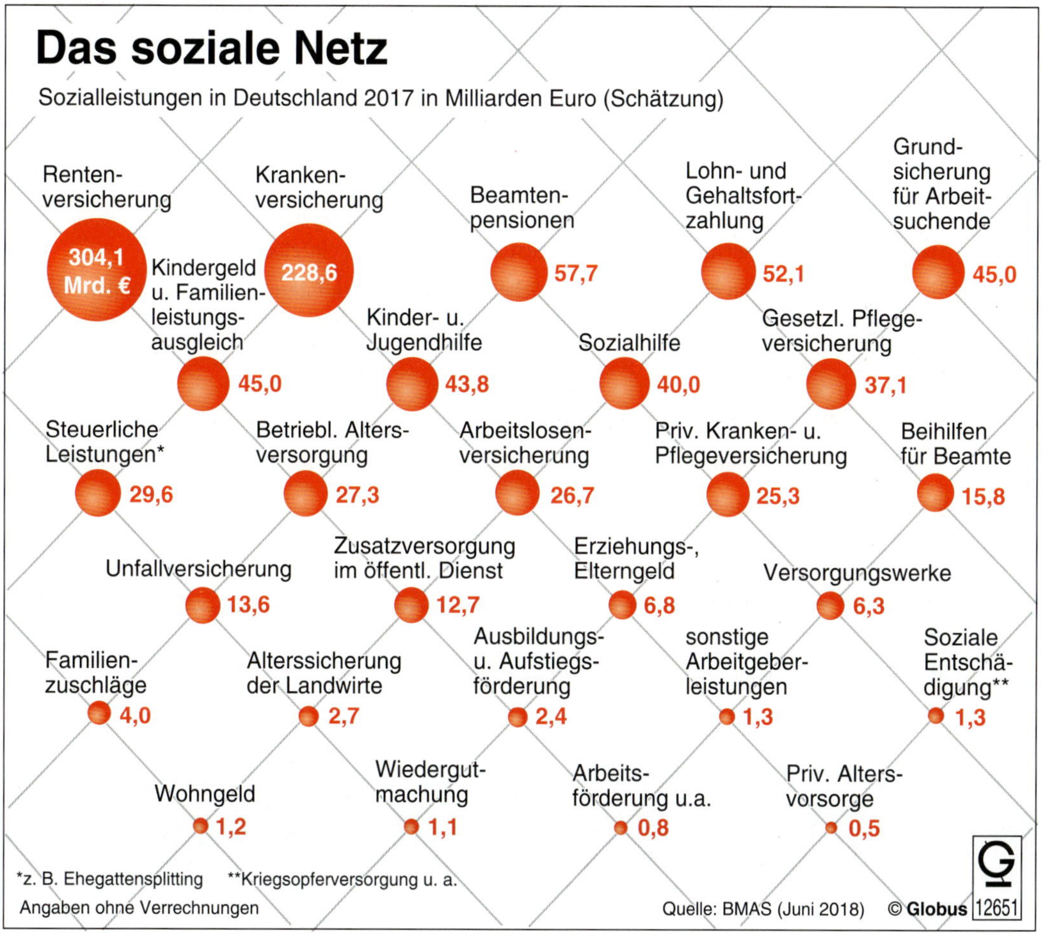

Die gewährende Verwaltung ist Teil dieses sozialen Netzes und kann als Leistungsverwaltung bezeichnet werden.

Leistungsverwaltung ist im Gegensatz zur Eingriffsverwaltung (überwiegend Gefahrenabwehr) der Teil der öffentlichen Verwaltung, der Dienst-, Geld- und Sachleistungen für den Bürger erbringt. Zur Leistungsverwaltung zählen zum Beispiel die Gewährung von Wohngeld, Ausbildungs- oder Arbeitsförderung und nachrangig von Sozialhilfe (subsidiäre Hilfe).

Auch die Gewährung von Unterhaltsvorschuss ist ein Beispiel für die leistende Verwaltung. In diesem Falle übernimmt der Staat für einen festgelegten Zeitraum familienrechtliche Unterhaltsverpflichtungen.

Instrumente der Leistungsverwaltung sind insbesondere den Bürger begünstigende Verwaltungsakte sowie die vielen unterschiedlichen Beratungs-, Aufklärungs- und Informationshandlungen (Realakte).

Als schlichte Hoheitsverwaltung setzt der Staat in diesem Bereich seine Ziele überwiegend ohne staatlichen Zwang um, s. LF 9 Kap. 1.1.1.

In einzelnen Leistungsbereichen, z. B. im Bereich des Sozialgesetzbuchs, 2. Buch (SGB II), können Pflichtverletzungen des Hilfeempfängers allerdings zur Absenkung des Arbeitslosengelds und zum Wegfall von Zuschlägen führen.

Pflichtverletzungen können z. B. darin liegen, sich nicht aktiv um die Beendigung von Arbeitslosigkeit zu kümmern oder zu bestimmten Meldeterminen nicht zu erscheinen.

Insgesamt hat auch die schlichte Hoheitsverwaltung wie die Eingriffsverwaltung das öffentliche Recht mit einigen Besonderheiten zu beachten.

Die Sozialversicherung als wesentlicher Teil der sozialen Sicherung eines Arbeitnehmers wird in LF 6, Kapitel 2, mit Blick auf das Beschäftigungsverhältnis von Arbeitnehmerinnen und Arbeitnehmern dargestellt.

1.2 Träger der sozialen Sicherung

Es besteht eine fast unübersehbare Vielfalt an Trägern sozialer Leistungen in der Bundesrepublik Deutschland. Hilfesuchende erhalten aus diesem Grund in ihren Gemeinden häufig durch eine informative Internetpräsenz der Stadtverwaltung ausreichend Hinweise auf zuständige Stellen für einzelne Hilfearten.

Sinnvollerweise werden die öffentlich-rechtlichen Angebote durch Internet-Links, beispielsweise zu Verbänden der freien Wohlfahrtspflege oder zu Selbsthilfeeinrichtungen ergänzt und deren private Hilfsangebote bekannt gemacht.

1.2.1 Öffentlich-rechtliche Träger

Die öffentlich-rechtlichen Träger werden mit ihren Leistungen in der nachfolgenden Übersicht dargestellt.

Sie können grob unterteilt werden in

- Bund,
- Länder,
- Gemeinden und deren jeweilig zuständige Dienststellen,
- Sozialversicherungsträger als Selbstverwaltungskörperschaften und
- die Bundesagentur für Arbeit.

Sozialrechtsbereich (Gesetzestext)	Grundprinzipien und Träger	Leistungen
Versicherungsprinzip/Sozialversicherung/soziale Vorsorge		
Gesetzliche Arbeitslosenversicherung (SGB III)	Bundesagentur für Arbeit	Arbeitslosengeld, Insolvenz-, Kurzarbeitergeld, Berufsberatung, Ausbildungs- und Arbeitsvermittlung, Förderung der beruflichen Aus- und Weiterbildung, Eingliederung behinderter Menschen
Gesetzliche Krankenversicherung (SGB V)	110 gesetzliche Krankenkassen (Orts-, Betriebs-, Innungs-, Ersatzkassen) Stand 01.01.2018, vgl. www.gkv-spitzenverband.de	Krankengeld, Mutterschaftsgeld, Krankenbehandlung, Arznei-, Heil- und Hilfsmittel, Rehabilitationsmaßnahmen
Gesetzliche Rentenversicherung (SGB VI)	Deutsche Rentenversicherung Bund (seit Oktober 2005)	Rente wegen Alter, verminderter Erwerbsfähigkeit und Tod, medizinische und berufliche Rehabilitation
Gesetzliche Unfallversicherung (SGB VII)	Deutsche Gesetzliche Unfallversicherung (seit Juli 2007)	Verletztengeld, Verletztenrenten, Übergangsgeld, Unfallrente, Hinterbliebenenrente
Gesetzliche Pflegeversicherung (SGB XI)	Gesetzliche Pflegekassen (integriert in die gesetzlichen Krankenkassen)	häusliche und stationäre Pflegeleistungen bei entsprechender Bedürftigkeit (Pflegegrade)

221060528

Sozialrechtsbereich (Gesetzestext)	Grundprinzipien und Träger	Leistungen
Sozialhilfeprinzip (früher „Fürsorge“)/Existenzsicherung		
Grundsicherung für Arbeitssuchende (SGB II)	Bundesagentur für Arbeit, Optionskommunen und Kreise (Neuregelung 2010, Art. 91 e GG)	Arbeitslosengeld II, Sozialgeld, Eingliederungshilfe
Kinder- und Jugendhilfe (SGB VIII)	örtliche und überörtliche Träger (Kreise, kreisfreie Städte und deren Jugendämter, Landesjugendämter), kommunale Selbstverwaltung	Jugendsozialarbeit, Kinder- und Jugendschutz, Förderung der Familie, Hilfen für behinderte Kinder und Jugendliche
Grundsicherung/ Sozialhilfe (SGB XII)	Sozialamt der Gemeinde-, Stadt- und Kreisverwaltung	Grundsicherung an dauerhaft Erwerbsgeminderte, Hilfe zum Lebensunterhalt, Kranken-, Alten- und Pflegehilfe
Versorgungsprinzip/soziale Entschädigung/soziale Förderung		
Soziale Entschädigung (BVG, SVG, ZDG, OEG, InfektionsschutzG)	Versorgungsämter	Beschädigtenrenten für Kriegsopfer, Soldaten, für Opfer von Gewalttaten und Impfschädigungen, Hinterbliebenenrente, SED-Unrechtsopfer
Ausbildungsförderung (BAföG)	Ämter für Ausbildungsförderung	Förderung von Schul- und Hochschulausbildung
Kindergeld (BKGG, EStG)	Bundesagentur für Arbeit (Kindergeldkasse), Finanzamt	Kindergeld als Geldleistung, Freibeträge als Steuerentlastung
Elterngeld, Elternzeit (BEEG)	länderspezifische Regelungen	Elterngeld (max. 14 Monatsbeträge), Basiselterngeld, seit 01.07.2015 auch Elterngeld Plus Gewährung von Elternzeit (max. 3 Jahre)
Wohngeld (WohngeldG)	Gemeinde, Stadt- bzw. Kreisverwaltung	Zuschuss zur Miete
Unterhaltsvorschuss (UnterhaltsvorschussG)	Gemeinde, Stadt- bzw. Kreisverwaltung	zeitlich befristete Übernahme von Unterhaltszahlungen

In diesem umfangreichen Sicherungssystem werden die Ansprüche nach verschiedenen Voraussetzungen erworben. Die Leistungen der öffentlich-rechtlichen Träger werden unterschiedlich finanziert (vgl. nachfolgende Tabelle).

Insgesamt dienen alle Leistungen dem Sozialstaatsprinzip nach Art. 20 GG. Sie stehen zunehmend unter dem Gebot haushaltsrechtlicher Verfügbarkeit. Sie sind kürz- und im Leistungszuschnitt änderbar.

	Sozialversicherung	soziale Versorgung	soziale „Fürsorge“
Wer hat Anspruch?	Mitglieder der Sozialversicherung, wenn der Versicherungsfall eintritt, unabhängig von individueller Bedürftigkeit	besonderer Rechtsanspruch für Personengruppen, die „Sonderopfer“ erbringen, unabhängig von individueller Bedürftigkeit	grundsätzlich alle bedürftigen Bürger und Bürgerinnen, nachrangig zu gewähren, individuell zu bestimmen
Finanzierung	beitragsfinanziert, Versicherungsbeiträge zur Sozialversicherung (fixe Prozentanteile von der Bruttolohnsumme)	steuermittelfinanziert	steuermittelfinanziert

1.2.2 Private Träger

Ein Mitarbeiter der Verwaltung sollte Kenntnis darüber haben, welche Leistungen private Träger Hilfesuchenden gewähren können. Öffentlich-rechtliche Mittel stehen unter dem Vorbehalt der verfügbaren Ressourcen. Sollten diese Mittel nicht zur Verfügung stehen oder wegen ihrer Nachrangigkeit (Subsidiarität) nicht geleistet werden können, bleiben für die Bürger zusätzlich private Angebote, auf die die Verwaltungsmitarbeiter hinweisen können.

Bereich	Träger	Angebote (Beispiele)
Wirtschaft	■ Arbeitgeber (-verbände) ■ Gewerkschaften ■ Genossenschaften	z. B. durch Stiftungen
Gesellschaft	■ Kirchen und Religionsgemeinschaften	Kindergärten, Krankenhäuser, Altenheime, soziale Dienste
	■ Verbände der freien Wohlfahrtspflege	Krankenhäuser, Behindertenwerkstätten, Erziehungs-, Beratungs- und Behandlungsstellen, Kindergärten, ambulante Sozial- und Pflegedienste
	■ Freie Träger der Jugendhilfe	vielfältige Angebote für junge Menschen und Familien
	■ Selbsthilfeorganisationen zu Themen wie Familie, Behinderung, Sucht, Krebserkrankung, Misshandlung usw.	gemeinsame und gleichberechtigte Bewältigung von Problemen in Gesprächsgruppen und Arbeitskreisen
	■ andere Organisationen und Hilfswerke (z. B. Arbeiter-Samariter-Bund, Johanniter-Unfall-Hilfe, Malteser Hilfsdienst, Müttergenesungswerk)	Krankenpflege, Erste Hilfe, Rettungsdienst

Quelle: Gunkel, Alfons: SGB II und SGB XII für Studium und Praxis. Band 1. Leistungsrecht. 8. Auflage. Witten: Verlag Bernhardt 2017, S. 7–9. (verändert)

Für den Bereich von Stiftungen und Selbsthilfeeinrichtungen vergleichen Sie auch die Internetadressen www.dag-shg.de, www.selbsthilfenetz.de (Nordrhein-Westfalen), www.selbsthilfenetzwerk-sachsen.de mit weiteren Ländernachweisen, www.stiftungen.org (Bundesverband Deutscher Stiftungen) mit weiteren externen Links zum Thema.

1.3 Zukunft der sozialen Sicherung

„[…]Das Lebensrecht ist das Grundrecht eines jeden Menschen – wie bedroht dieses Grundrecht ist, zeigen Menschen, die auf der Flucht vor menschenunwürdigen Bedingungen genau solche vorfinden; und bisweilen versuchen Menschen genau das vor anderen zu verstecken, wenn sie vor Armut nicht wissen, wie sie oder ihre Kinder über den Tag kommen sollen; wenn sie nicht wissen, wo das Geld für den Schulausflug oder das Pausenbrot herkommen soll. Und das ist keine ferne Realität – es ist die Realität vieler Tausender Menschen hier in unserem Land. Keine Gesellschaft kann sich menschlich nennen, wenn sie das Schicksal ihrer Armen aus dem Blick verliert oder die Schuld dafür bei anderen Armen sucht und diese zum Sündenbock macht. […]“

Quelle: Woelki, Rainer Maria: Predigt von Kardinal Rainer Maria Woelki in der Eucharistiefeier am 21. September 2016. Pressemeldung Nr. 176. In: www.dbk.de/presse/aktuelles/meldung/predigt-von-kardinal-rainer-maria-woelki-in-der-eucharistiefeier-am-21-september-2016/detail [08.02.2019].

Diese oder ähnlich nachdenkliche Worte werden ausgesprochen im Rahmen von Diskussionen über die Gefährdung und Zukunft unseres sozialen Sicherungssystems vor dem Hintergrund globaler Migrationsbewegungen.

In Deutschland werden Lebensrisiken wie Krankheit, Unfall, Arbeitslosigkeit sowie die Versorgung im Alter überwiegend durch Sozialversicherungsbeiträge der Beschäftigten und Rentner abgesichert. Die Bemessungsgrundlage stellen Löhne, Gehälter und Renten dar. Arbeitnehmer und Arbeitgeber tragen diese Kosten in der Renten-, Pflege- und Arbeitslosenversicherung je zur Hälfte. Die Beiträge zur Unfallversicherung trägt der Arbeitgeber allein (vgl. LF 6, Kapitel 2.1.6). In der Krankenversicherung beträgt der allgemeine Beitragssatz 14,6 % vom Bruttoeinkommen. Der Arbeitnehmerbeitrag beträgt dabei 7,3 %, der Anteil des Arbeitgebers liegt ebenfalls bei 7,3 % (Stand 1/2018). Jede gesetzliche Krankenkasse kann zudem einen individuellen Zusatzbeitrag erheben, den die Versicherten allein tragen.

Die Kosten für die Absicherung von Lebensrisiken sind in den letzten Jahren stetig gestiegen, wie die Grafik auf der folgenden Seite zeigt.

221060530

Als Gründe werden häufiger genannt:

- hohe Arbeitslosigkeit,
- zunehmende Alterung der Bevölkerung (demografische Entwicklung),
- Leistungsmissbrauch, zu freigiebige Leistungsgewährung und
- die Kosten der deutsch-deutschen Vereinigung.

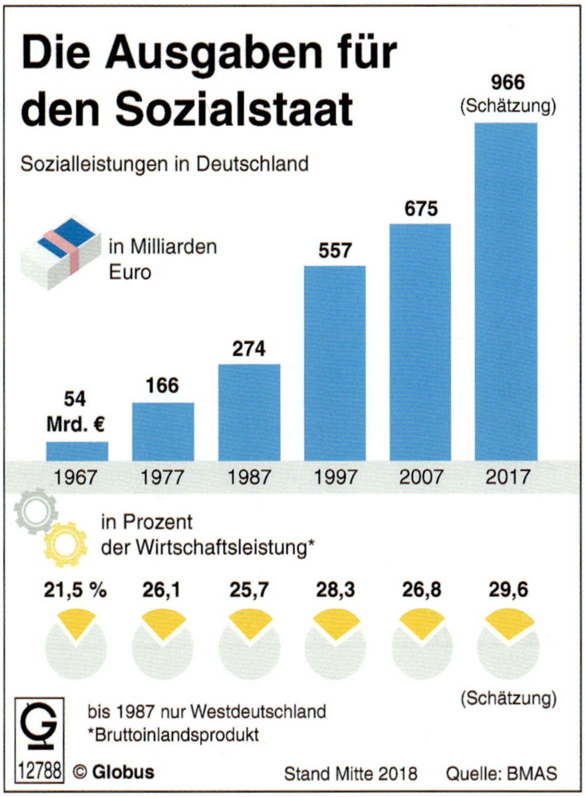

Außerdem sei der deutsche Sozialstaat aufgrund der globalisierenden Weltwirtschaft und der weltweiten Konkurrenz unter Druck geraten. Eine „Verschlankung" des Sozialstaats sei damit unerlässlich, meinen die Kritiker. Hinzu kommen enorme Kosten des Staates etwa für Ernährung, Unterkunft, Heizung oder Kleidung von Flüchtlingen. Weitere Aufwendungen für zusätzliche Stellen von Erziehern, Sozialarbeitern oder Lehrern müssen eingeplant werden.

In der gesetzlichen Krankenversicherung klagen die Krankenkassen über hohe Gesundheitsausgaben und zunehmende Defizite. Als Gründe werden die Bevölkerungsentwicklung und der medizinisch-technische Fortschritt genannt.

Die pharmazeutische Industrie entwickelt ständig neue Medikamente, die bezahlt werden wollen. Die Ärzteschaft sorgt sich wegen einer zunehmenden Budgetierung ihrer Einkommen um einen angemessenen Verdienst. Die Patienten haben nicht selten hohe Ansprüche an ihre gesundheitliche Versorgung, die eine Solidargemeinschaft möglicherweise aber nicht tragen kann.

Die Patienten werden daher in Zukunft vermutlich höhere Selbstanteile tragen müssen. Die Gesundheitskosten werden wahrscheinlich trotzdem weiter steigen.

Diskutiert wird die Einführung einer Bürgerversicherung. Alle Deutschen (auch Selbstständige und Beamte) zahlen bei diesem Modell Krankenversicherungsbeiträge. Zur Berechnung der Beiträge werden alle Einkünfte, also nicht nur die Erwerbseinkommen, sondern auch Vermögens-, Zins- und Mieteinkommen, herangezogen.

Ein anderes Modell bevorzugt die Kopfpauschale. Hier zahlt jeder Beitragszahler unabhängig vom Einkommen einen einheitlichen festen Beitrag. Der Arbeitgeberanteil wird auf einen bestimmten Prozentsatz begrenzt und an die Arbeitnehmer ausbezahlt. Krankheit wird damit zunehmend zur privaten Angelegenheit.

Das bisherige Rentenversicherungssystem scheint nicht mehr uneingeschränkt zukunftsfähig zu sein. Weniger Jüngere und mehr Rentner führen in Zukunft dazu, dass die Beiträge der Erwerbstätigen kaum zur Finanzierung der Rentenversicherung ausreichen. Die staatlichen Zuschüsse in die Rentenkasse nehmen schon jetzt erheblich zu. Eine längere Lebensarbeitszeit ist beschlossen und eingeleitet („Rente mit 67"). Zudem tragen die Rentner ihren Beitrag zur Pflegeversicherung allein (2,55 % des Rentenzahlbetrages/Stand 01.01.2018).

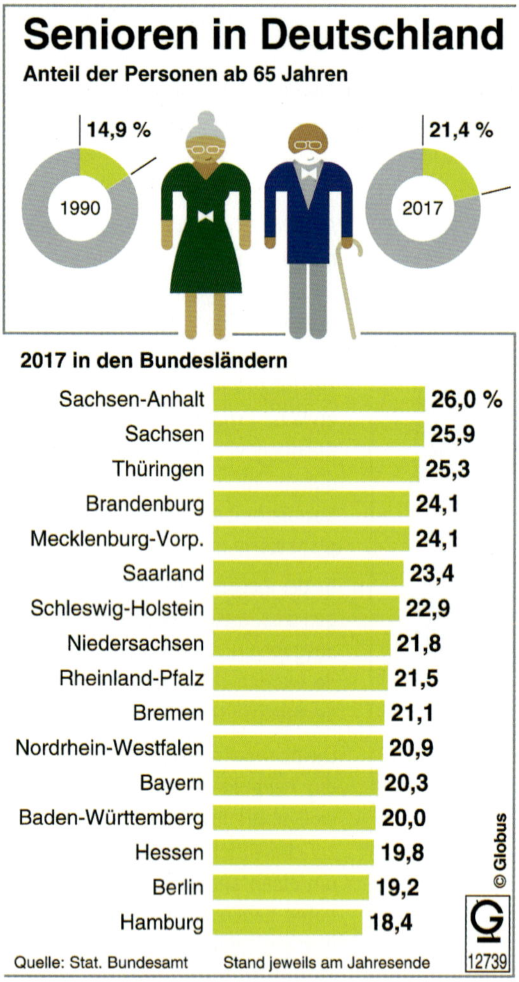

Seit dem 1. April 2004 wird allen Rentnern der volle Beitrag zur Pflegeversicherung abverlangt.

Die Erhöhung von Renten steigt zudem langsamer. Daneben wird Eigenvorsorge zum Teil staatlich gefördert (z. B. sogenannte Riester- oder Rürup-Rente).

Für die jüngeren Generationen stellt sich die Frage, ob ihr Erwerbseinkommen überhaupt ausreichen wird, um eine angemessene Alterssicherung ansparen zu können.

Die Bezugsdauer des Arbeitslosengeldes wurde zum 1. Februar 2006 auf zwölf Monate verkürzt. Nur ältere Arbeitnehmer erhalten gestaffelt nach Lebensalter länger Arbeitslosengeld. Für einen Hilfeempfänger, der Arbeitslosengeld II (entsprach zuvor Arbeitslosenhilfe und Sozialhilfe) erhält, ist fast jede Arbeit, unter Umständen auch unter dem Tariflohn, zumutbar.

Die Arbeitgeber fordern, die Lohnnebenkosten (Beiträge zur Sozialversicherung) zu senken, um die eigene Konkurrenzfähigkeit zu sichern und zu steigern.

Die Gewerkschaften stehen vor der schwierigen Aufgabe, einerseits Arbeitsplätze sichern zu wollen und andererseits Gehalts- und Lohnsteigerungen erreichen zu müssen, die dem Anstieg der Lebenshaltungskosten gerecht werden.

Die Vertreter der Kirchen verlangen im Grundsatz ebenfalls Reformen des Sozialstaats. Diese Reformen sollten aber weiterhin an den Interessen der sozial Schwachen und der künftigen Generationen orientiert sein. Es wird darauf hingewiesen, dass zur Würde des Menschen die Sicherung des Existenzminimums gehört.

Deutlicher angemahnt wird (wieder) eine Ausrichtung der Sozialpolitik an Kriterien der moral-ethischen Gerechtigkeit.

Es stellt sich vor diesem Hintergrund die Frage, ob der Einzelne für die Absicherung seiner Lebensrisiken zunehmend allein verantwortlich sein wird oder ob und in welchen Formen die staatliche Gemeinschaft wie bisher solidarisch helfen kann.

Regelmäßige Umfragen zu den Ängsten der deutschen Bevölkerung spiegeln wider, dass die Sorge um die soziale Absicherung die Menschen neben weiteren Ängsten beschäftigt.

2 Das Sozialgesetzbuch

2.1 Aufbau des Gesamtwerks

Das Sozialrecht war lange Zeit unübersichtlich und in viele Spezialgesetze zersplittert. Um es im Interesse der Bürger zu vereinfachen und die Rechtsanwendung für die im öffentlichen Dienst Beschäftigten zu erleichtern, wurde ein Sozialgesetzbuch (SGB) geschaffen, das in unterschiedliche Bücher aufgeteilt ist.

Mit den Arbeiten zur Schaffung eines einheitlichen Gesetzwerkes des Sozialrechts wurde 1970 begonnen. Im Laufe von über 30 Jahren wurden im Wandel der Zeit sozialrechtliche Bestimmungen des SGB erheblich ergänzt und verändert:

SGB I	Allgemeiner Teil (1976)
SGB II	Grundsicherung für Arbeitssuchende (2005)
SGB III	Arbeitsförderung (1998)
SGB IV	Gemeinsame Vorschriften für die Sozialversicherung (1977)
SGB V	Gesetzliche Krankenversicherung (1989)
SGB VI	Gesetzliche Rentenversicherung (1992)
SGB VII	Gesetzliche Unfallversicherung (1997)
SGB VIII	Kinder- und Jugendhilfe (1991)
SGB IX	Rehabilitation und Teilhabe behinderter Menschen (2001)
SGB X	Sozialverwaltungsverfahren und Sozialdatenschutz (1977/1983)
SGB XI	Soziale Pflegeversicherung (1995)
SGB XII	Sozialhilfe (2005)

Anmerkung: In Klammern ist das jeweilige Jahr des Inkrafttretens der einzelnen Bücher angeführt.

Einzelne Rechtsbereiche der sozialen Sicherung, z. B. die Versorgung der Beamten im öffentlichen Dienst, sind im SGB nicht berücksichtigt, sondern gesondert geregelt.

Mit den bisher vorgelegten Büchern sind die Arbeiten am Sozialgesetzbuch im Wesentlichen beendet.

2.2 Das SGB I – Allgemeiner Teil

Das Erste Buch des Sozialgesetzbuchs (SGB I) enthält vier größere Abschnitte mit Vorschriften, die

- die Aufgaben des SGB und die sozialen Rechte der Bürger grundlegend darstellen,
- Sozialleistungen und Leistungsträger im Überblick aufführen (sog. Einweisungsvorschriften),
- gemeinsame Vorschriften für alle Sozialleistungsbereiche des SGB benennen und
- in Übergangs- und Schlussvorschriften die Gesetze auflisten, die bis zu ihrer Einordnung als besondere Teile des SGB gelten.

Bedeutsam für den Mitarbeiter einer Stadtverwaltung ist es, dass bis zu ihrer Einordnung in das Sozialgesetzbuch eine größere Zahl von Sozialgesetzen weiterhin als besondere Teile des SGB gelten (vgl. § 68 SGB I).

Das hat zur Folge, dass der Allgemeine Teil des SGB (SGB I) und das SGB X mit den Bestimmungen zum Sozialverwaltungsverfahren und zum Sozialdatenschutz bereits vor der Einordnung der besonderen Sozialgesetze in das SGB auf diese anzuwenden sind.

Ein Mitarbeiter des Wohngeldamtes hätte somit beispielsweise die Datenschutzbestimmungen des Sozialgesetzbuchs zu beachten.

Die Mitarbeiter müssen allerdings immer gleichzeitig auf die Modifizierungen und Erweiterungen der allgemeinen Bestimmungen und Grundsätze in den einzelnen Büchern des SGB sowie in den besonderen Sozialgesetzen achten.

In der Rechtsanwendung sind nämlich, auch bedingt durch länderspezifische Regelungen, wiederholt Ausnahmen von der Anwendbarkeit der SGB I-Bestimmungen in allen Büchern des Sozialgesetzbuchs feststellbar.

Während z. B. das SGB I herausstellt, dass Anträge auf Sozialleistungen beim zuständigen Leistungsträger zu stellen sind, setzt Sozialhilfe nach dem SGB XII ein, sobald dem Träger der Sozialhilfe bekannt wird, dass die Voraussetzungen für die Leistung vorliegen. Bekanntwerden setzt aber nicht unbedingt einen Antrag voraus.

2.2.1 Soziale Leitideen

Das Sozialrecht im Sozialgesetzbuch stellt die wichtigste Konkretisierung des Sozialstaatsprinzips dar (vgl. Art. 20 Abs. 1 und Art. 28 Abs. 1 GG).

Ziel des Sozialgesetzbuchs ist es, zur Verwirklichung sozialer Gerechtigkeit und sozialer Sicherheit durch Sozialleistungen beizutragen (§ 1 Abs. 1 S. 1 SGB I). Sozialleistungen können Dienst-, Geld- und Sachleistungen sein (§ 11 SGB I).

Diese Sozialleistungen sollen helfen, die Leitideen des SGB nach § 1 Abs. 1 S. 2 SGB I umzusetzen:

- ein menschenwürdiges Dasein sichern
- gleiche Voraussetzungen für die freie Entfaltung der Persönlichkeit schaffen
- die Familie schützen und fördern
- den Erwerb des Lebensunterhalts durch eine frei gewählte Tätigkeit ermöglichen
- besondere Belastungen des Lebens abwenden oder ausgleichen (auch durch Hilfe zur Selbsthilfe)

Diese Leitideen werden in den einzelnen Büchern des Sozialgesetzbuchs oder in den Spezialgesetzen des Sozialrechts in konkrete Leistungen umgesetzt (z. B. Wohngeldgesetz, Künstlersozialversicherungsgesetz).

2.2.2 Soziale Rechte nach SGB

Das SGB I weist im § 2 auf die in den §§ 3 bis 10 SGB I enthaltenen sozialen Rechte hin. Diese gewähren den Bürgern grundsätzlich keine eigenständigen, subjektiven Rechtsansprüche.

Diese sind vielmehr ausschließlich in den Bestimmungen der besonderen Teile und in den Gesetzen, die als Teile des SGB gelten, zu ermitteln.

Ein Anspruch auf Sozialhilfe z. B. kann also nicht auf das „soziale Recht" des § 9 SGB I gestützt werden, sondern ausschließlich auf § 17 SGB XII. Die sozialen Rechte sind daher sozialpolitische Leitvorstellungen des Gesetzgebers, die als Auslegungshilfen in anderen Regelungsbereichen dienen können.

Diese „Rechte" umfassen im Einzelnen:

- Bildungs- und Arbeitsförderung
- Sozialversicherung
- soziale Entschädigung bei Gesundheitsschäden
- Minderung des Familienaufwandes
- Zuschuss für eine angemessene Wohnung
- Kinder- und Jugendhilfe
- Sozialhilfe
- Teilhabe behinderter Menschen

Die genannten Rechte finden sich im Großen und Ganzen in ähnlicher Reihenfolge in den Büchern des SGB wieder und werden dort konkretisiert.

Von größerer praktischer Bedeutung sind für Mitarbeiter der zuständigen Stellen die §§ 13 bis 17 SGB I. Diese gewähren den Bürgern Aufklärungs-, Beratungs-, Auskunfts- und Betreuungsansprüche, um das unübersichtliche und schwer verständliche Sozialrecht transparenter zu machen.

221060534

In Kommunalverwaltungen werden diese Ansprüche auf Beratung und Aufklärung z. B. durch die Auslage von Merkblättern und Informationsbroschüren an geeigneten Stellen (Bürgerbüros) verwirklicht. Die Websites der Kommunen halten zudem die notwendigen Antragsformulare für Sozialleistungen immer häufiger zum Herunterladen bereit. Zukünftig werden sich Beschäftigte der Sozialverwaltungen darauf einstellen müssen, dass sie Anträge der Berechtigten online erhalten, falls die notwendigen und gesetzlich vorgeschriebenen Verschlüsselungen technisch vorgenommen werden können.

Zu erheblichen Rechtsfolgen kann eine unrichtige oder fehlerhafte Aufklärung oder Beratung durch die Beschäftigten der zuständigen Stellen führen. Unter Umständen entsteht ein Schadensersatzanspruch der Bürgerin/des Bürgers nach § 839 BGB (Haftung bei Amtspflichtverletzung), falls den Beschäftigten ein Verschulden trifft.

Der Leistungsträger selbst, z. B. die Gemeinde, hätte den Bürger zudem so zu stellen, wie er stehen würde, wenn richtig und vollständig beraten worden wäre (Rechtsprechung Bundessozialgericht 1980). Auf ein Verschulden kommt es bei diesem sog. Herstellungsanspruch durch den Leistungsträger nicht an.

Wenn sich in einer Beratungssituation herausstellt, dass weitere Sozialleistungen möglich sind, ist darauf hinzuweisen. Eine begehrte Leistung des Antragstellers könnte z. B. ergänzt werden müssen durch Leistungen für weitere Familienmitglieder.

Das Bundesministerium für Familie, Senioren, Frauen und Jugend gibt einen Überblick über Sozialleistungen für den Bereich Familie mit weiteren Links zu länder- und regionalspezifischen Regelungen:

https://familienportal.de

Nach § 16 SGB I können Anträge auf Sozialleistungen u. a. bei allen Gemeinden abgegeben werden. Beschäftigte der Gemeinden müssen Anträge auch entgegennehmen, wenn sie unzuständig sind, und diese ohne schuldhaftes Zögern (unverzüglich) an die zuständigen Leistungsträger weiterleiten.

Antragsabhängige Leistungen gelten nämlich auch dann als beantragt, wenn der Antrag bei einer unzuständigen Behörde eingeht.

Eine Besonderheit müssen die Beschäftigten der Sozialleistungsträger noch beachten. Jugendliche sind gem. § 36 SGB I nach Vollendung des 15. Lebensjahres im Sozialrecht handlungsfähig und können einen Antrag auf Sozialleistungen stellen.

Die Jugendlichen können die Sozialleistung auch entgegennehmen. Der Leistungsträger soll jedoch den gesetzlichen Vertreter über die Antragstellung und die erbrachten Sozialleistungen unterrichten. Die Handlungsfähigkeit ist durch die gesetzlichen Vertreter einschränkbar, aber nicht gänzlich aufhebbar.

2.2.3 Mitwirkungspflichten der Leistungsempfänger

Mitwirkungspflichten eines Leistungsberechtigten (§§ 60 bis 67 SGB I) sind in der Rechtsanwendung des Sozialrechts sehr wichtig.

Verzögerungen und Unrichtigkeiten bei der Leistungsbewilligung können sich nicht zuletzt durch mangelhafte Mitwirkung des Hilfesuchenden ergeben.

Nach den Vorschriften des Sozialverwaltungsverfahrensrechts (§ 20 SGB X) hat der Sozialleistungsträger grundsätzlich den Sachverhalt von Amts wegen zu ermitteln. Er ist an das Vorbringen und die Beweisanträge der Beteiligten nicht gebunden (**Untersuchungsgrundsatz** oder **Amtsermittlungsgrundsatz**).

Ohne Informationen des Hilfesuchenden kann der Leistungsträger den Sachverhalt jedoch nicht feststellen. Daher hat jeder, der Sozialleistungen beantragt oder erhält, alle Tatsachen anzugeben, die für die Leistung erheblich sind.

Was im Einzelnen unter die Mitwirkungspflicht fällt und damit erheblich ist, ist rechtlich z. T. sehr umstritten.

Im Bereich der Sozialhilfe z. B. müssen alle Tatsachen mitgeteilt werden, die für die Beurteilung der Bedürftigkeit notwendig sind (Beweismittel, Beweisurkunden). Die Mitteilungspflicht kann im Einzelfall auch die Pflicht umfassen, von Dritten leistungsrelevante Fakten zu beschaffen (z. B. von Ärzten, Versicherungen, Geldinstituten usw.).

Die leistungserheblichen Tatsachen sind vom Hilfesuchenden selbstständig anzugeben, auch wenn diese nicht ausdrücklich verlangt werden.

Dritte im Sinne des Gesetzes sind alle natürlichen und juristischen Personen (z. B. Arbeitgeber, Ärzte, Banken, Finanzämter, Krankenhäuser, private Versicherungen usw.).

Es können in anderen Leistungsbereichen z. B. noch ärztliche Untersuchungen, medizinische Heilbehandlungen, berufsfördernde Maßnahmen oder psychologische Eignungstests als spezielle Mitwirkungspflichten für die Leistungsgewährung erforderlich sein.

In der Praxis ergeben sich bei der Vorlage von Kontoauszügen immer wieder erhebliche rechtliche Schwierigkeiten. Mit Hinweis auf Mitwirkungspflichten wird die Leistungsgewährung im Rahmen des SGB II verweigert oder aufgeschoben, falls nicht ungeschwärzte Kontoauszüge über einen längeren Zeitraum vorgelegt werden.

Da die Schwärzung von Kontoauszügen auch ein relevantes Thema des Datenschutzes ist, werden in diesem Rechtsbereich auch Hinweise zur datenschutzgerechten Ausgestaltung der Anforderung von Kontoauszügen gegeben (Gemeinsame Hinweise der Landesbeauftragten für den Datenschutz der Länder Berlin, Brandenburg, Hamburg, Mecklenburg-Vorpommern, Sachsen-Anhalt und Schleswig-Holstein, April 2009):

Vgl. www.datenschutzzentrum.de/artikel/824-Hinweise-zur-datenschutzgerechten-Ausgestaltung-der-Anforderung-von-Kontoauszuegen-bei-der-Beantragung-von-Sozialleistungen.html#extended

Nicht jede als Mitwirkung geforderte Pflicht muss erfüllt werden. Unter bestimmten Voraussetzungen kann die Mitwirkungspflicht wegfallen:

Grenzen der Mitwirkungspflichten (§ 65 Abs. 1 Nr. 1 – 3 SGB I)

Eine Mitwirkungspflicht besteht nicht, ...	
Tatbestände	**Beispiele**
■ wenn die Erfüllung der Pflicht in einem unangemessenen Verhältnis zur begehrten Leistung steht.	Die Kosten eines ärztlichen Gutachtens übersteigen den Wert eines beantragten Hilfsmittels.
■ wenn die Erfüllung dem Betroffenen aus einem wichtigen Grund nicht zugemutet werden kann.	Ein Familienmitglied wird ganztägig über einige Wochen gepflegt. Hier könnte beispielsweise eine Terminverschiebung oder die Bevollmächtigung eines Dritten zugelassen werden. Eine persönliche Pflichterfüllung wäre nicht zumutbar.
■ wenn der Leistungsträger sich durch einen geringeren Aufwand als der Antragsteller die erforderlichen Kenntnisse beschaffen kann.	Eventuell lässt sich durch Amtshilfe bei einem anderen Leistungsträger oder durch rechtlich zulässige Amtsermittlung bei Dritten (z. B. Ärzten, Arbeitgebern) die Belastung für kranke, ältere oder behinderte Menschen abmildern oder vermeiden.

Sozialleistungen können bei Verstößen gegen die Mitwirkungspflichten versagt oder entzogen werden. Voraussetzung ist, dass der Hilfesuchende seinen Mitwirkungspflichten nach § 60 ff. SGB I nicht nachgekommen ist, obwohl die Mitwirkung möglich war. Auf schuldhaftes Verhalten (Vorsatz oder Fahrlässigkeit) des Hilfesuchenden kommt es nicht an.

Eine solche Versagung oder der Entzug einer Leistung kann bei fehlender Mitwirkung allerdings nicht sofort verfügt werden. Der Antragsteller muss auf diese Rechtsfolge hingewiesen worden sein. Außerdem ist ihm eine angemessene Frist für die Erfüllung seiner Mitwirkungspflichten zu setzen.

Die Entscheidung steht letztlich im Ermessen des Leistungsträgers.

Zur Absicherung von Leistungsanträgen enthalten diese abschließend häufig sogenannte Schlusserklärungen. In diesen Erklärungen versichern die Hilfesuchenden, dass sie die rechtlichen Regelungen zu den Mitwirkungspflichten und zum Datenschutz wahrgenommen haben bzw. darüber aufgeklärt worden sind.

Beispiel für eine Schlusserklärung im Bereich der Sozialhilfe:

Antrag auf Leistungen gem. SGB XII

Formulartext

(...)

Hinweise und Schlusserklärungen

1. Richtige Angaben

Ich versichere, dass sämtliche Erklärungen richtig sind. Insbesondere erkläre ich, dass ich alle Angaben über meine häuslichen Verhältnisse wahrheitsgemäß gemacht habe. Alle Personen (auch nicht verwandte), die sich im Haushalt aufhalten, wurden aufgeführt.

Die Angaben zum Einkommen und Vermögen sind vollständig und richtig. Mir ist bekannt, dass meine Ansprüche gegen Drittverpflichtete (z. B. auf Unterhalt) auf den Träger der Hilfe übergehen können. Der Träger der Hilfe kann außerdem Erstattungsansprüche gegen andere Leistungsträger (z. B. Mietzuschuss/Wohngeld, Arbeitslosengeld) geltend machen.

Ich bin mir bewusst, dass falsche Angaben zu einer strafrechtlichen Verfolgung wegen Betruges (§ 263 Strafgesetzbuch) führen können.

Zu Unrecht erhaltene Leistungen muss ich erstatten.

2. Meine Mitwirkungspflichten

Ich nehme zur Kenntnis, dass ich verpflichtet bin, Änderungen in den Verhältnissen, die für die Leistung erheblich sind oder über die im Zusammenhang mit der Leistung Erklärungen abgegeben worden sind, mitzuteilen.

Ich habe dies unverzüglich, ohne schuldhaftes Zögern, einem Mitarbeiter der Sozialhilfebehörde anzuzeigen (§ 60 Abs. 1 Satz 1 Nr. 2 SGB I). Daher werde ich unaufgefordert alle Änderungen, insbesondere in den Familien-, Einkommens- und Vermögensverhältnissen sowie in den häuslichen Verhältnissen (z. B. durch Zu- oder Wegzug von Personen), anzeigen.

3. Aushändigen des Merkblattes

Ich bestätige den Erhalt eines Merkblattes mit den Vorschriften über die Mitwirkungspflichten nach den §§ 60 bis 67 SGB I, dem § 263 StGB (Betrug) und den Vorschriften zum Sozialdatenschutz.

☐ Bitte ankreuzen!

4. Hinweise zum Datenschutz

Die vorstehenden Daten werden aufgrund der Bestimmungen des SGB XII erhoben. Rechtsgrundlage für die Erhebung sind § 60 ff. SGB I und § 67 ff. SGB X. Die Daten werden in automatischen Datenverarbeitungsanlagen gespeichert und können nach Maßgabe des § 118 SGB XII zur Vermeidung von Leistungsmissbrauch auch anderen Trägern der Sozialhilfe übermittelt werden.

5. Unterschriften

Mit meiner Unterschrift bestätige ich die Richtigkeit und Vollständigkeit aller abgegebenen Erklärungen.

______________	______________	______________
Ort, Datum	Unterschrift Hilfesuchende/ Hilfesuchender	Unterschrift Ehegatte/ Lebenspartner/Lebenspartnerin

2.3 Das SGB X – Verwaltungsverfahren

Für das Sozialrecht nach dem Sozialgesetzbuch ist mit dem SGB X ein einheitliches sozialrechtliches Verwaltungsverfahren vorgesehen. Es lehnt sich inhaltlich an die allgemeinen Verwaltungsverfahrensgesetze des Bundes und der Länder an.

Nach § 37 SGB I gilt das SGB X insbesondere auch für das Sozialhilferecht, soweit sich dort nichts Abweichendes ergibt. Das SGB X regelt neben dem Verwaltungsverfahren auch den Schutz der Sozialdaten und die Zusammenarbeit der Leistungsträger nach dem SGB untereinander und ihre Beziehung zu Dritten.

2.3.1 Allgemeine Verfahrensgrundsätze

Die Grundsätze in den Vorschriften über das sozialrechtliche Verwaltungsverfahren (1. Kapitel SGB X, §§ 1–66) entsprechen weitgehend dem Verwaltungsverfahrensgesetz (VwVfG) des Bundes. Nach § 2 Abs. 2 Nr. 4 VwVfG gilt dieses nicht für Verfahren nach dem Sozialgesetzbuch.

Weitgehend inhaltlich gleich sind die allgemeinen Vorschriften über das Verwaltungsverfahren und deren Grundsätze (§§ 9–34 VwVfG/§§ 8–30 SGB X, vgl. LF 9 Kap. 2.1 ff.). Regelungen über Beratungen und Auskünfte fehlen im SGB X.

Sie sind als ausgeprägte Pflichten der Sozialleistungsträger aber schon in § 14 f. SGB I geregelt (vgl. LF 11 Kapitel 2.2.2). Ebenso finden sich dort Vorschriften über das Ermessen und die Geheimhaltung.

Das Sozialverwaltungsverfahren ist an keine besondere Form gebunden. Es ist einfach und zweckmäßig durchzuführen. In der Regel setzen die einzelnen Sozialleistungsgesetze einen Antrag voraus, der mitunter fristabhängig ist.

Es ist auch möglich, einen Beistand bzw. Bevollmächtigten einzusetzen, der dem Hilfesuchenden bei der Antragstellung und im weiteren Verfahren hilft.

Auch der Untersuchungsgrundsatz (Ermittlung von Amts wegen) und das Prinzip der Anhörung sind prägend für das Sozialverwaltungsverfahren.

Die Kostenfreiheit des Sozialverwaltungsverfahrens kennt das allgemeine Verwaltungsverfahren allerdings nicht. Nach § 64 SGB X werden keine Gebühren und Auslagen für Verfahren nach dem SGB erhoben. Im allgemeinen Verwaltungsverfahren werden regelmäßig Verwaltungsgebühren erhoben.

Die folgende Synopse (vergleichende Übersicht) zeigt die weitgehend gleiche Abfolge der Verfahrensvorschriften in VwVfG und SGB X/SGB I. Die Inhaltsgleichheit bzw. Unterschiedlichkeit kann parallel nachgelesen werden.

Führen die Länder Bundesrecht aus, gelten die Bundesbestimmungen nicht, soweit die Länder eigene Regelungen getroffen haben. Auf die bundesrechtlichen Regelungen darf wegen der weitgehenden Inhaltsgleichheit der länderspezifischen Verwaltungsverfahren hingewiesen werden.

Synopse (vergleichende Übersicht) der Vorschriften zum Verwaltungsakt nach VwVfG und SGB X/SGB I

Inhalt	VwVfG – Bund/NRW	SGB X/SGB I
Verwaltungsverfahren	§ 9	§ 8 SGB X
Beteiligte	§ 13	§ 12 SGB X
Bevollmächtigte und Beistände	§ 14	§ 13 SGB X
Ausgeschlossene Personen	§ 20	§ 16 SGB X
Befangenheit	§ 21	§ 17 SGB X
Beginn des Verfahrens	§ 22	§ 18 SGB X
Untersuchungsgrundsatz	§ 24	§ 20 SGB X
Beratung und Auskunft	§ 25	§ 14 f. SGB I
Beweismittel	§ 26	§ 21 SGB X
Anhörung Beteiligter	§ 28	§ 24 SGB X
Akteneinsicht durch Beteiligte	§ 29	§ 25 SGB X
Geheimhaltung	§ 30	§ 35 SGB I
Wiedereinsetzung	§ 32	§ 27 SGB X
Verwaltungsakt	§ 35	§ 31 SGB X

221060538

Synopse (vergleichende Übersicht) der Vorschriften zum Verwaltungsakt nach VwVfG und SGB X/SGB I		
Bestimmtheit und Form	§ 37	§ 33 SGB X
Begründung	§ 39	§ 35 SGB X
Ermessen	§ 40	§ 39 SGB I
Bekanntgabe des Verwaltungsakts	§ 41	§ 37 SGB X
Offenbare Unrichtigkeiten	§ 42	§ 38 SGB X
Wirksamkeit des Verwaltungsakts	§ 43	§ 39 SGB X
Nichtigkeit	§ 44	§ 40 SGB X
Heilung	§ 45	§ 41 SGB X
Rücknahme eines rechtswidrigen Verwaltungsakts	§ 48	–
Rücknahme eines rechtswidrigen nicht begünstigenden Verwaltungsakts	–	§ 44 SGB X
Rücknahme eines rechtswidrigen begünstigenden Verwaltungsakts	–	§ 45 SGB X
Widerruf eines rechtmäßigen nicht begünstigenden Verwaltungsakts	–	§ 46 SGB X
Widerruf eines rechtmäßigen begünstigenden Verwaltungsakts	–	§ 47 SGB X
Aufhebung eines Verwaltungsakts mit Dauerwirkung bei Änderung der Verhältnisse	–	§ 48 SGB X
Widerruf eines rechtmäßigen Verwaltungsakts	§ 49	–
Rücknahme und Widerruf im Rechtsbehelfsverfahren	§ 50	§ 49 SGB X

Im Hauptteil des Verwaltungsverfahrens sind die Vorschriften über das Zustandekommen eines Verwaltungsakts inhaltlich weitgehend übereinstimmend. Eine Bestimmung zum Ermessen fehlt im SGB X. Für das Verwaltungsverfahren des Sozialrechts ist aber eine entsprechende Regelung schon im SGB I enthalten (§ 39 SGB I).

Die Regelungen über die Bestandskraft eines Verwaltungsakts (§§ 39, 40, 41, 42 und 43 SGB X) stimmen weitgehend mit den Regelungen des Verwaltungsverfahrensgesetzes überein. Wichtige Unterschiede bestehen allerdings bei den Paragrafen über die Aufhebung eines Verwaltungsakts (§§ 48–52 VwVfG und §§ 44–51 SGB X). Diese Regelungen müssen als Besonderheiten des sozialrechtlichen Verwaltungsverfahrens gesehen werden.

2.3.2 Besonderheiten des begünstigenden Verwaltungshandelns

Ein Verwaltungsakt, der eine soziale Leistung gewährt, wird in dem Zeitpunkt wirksam, in dem er bekannt gegeben wird (vgl. § 39 Abs. 1 SGB X). Die Wirksamkeit bleibt gem. § 39 Abs. 2 SGB X so lange erhalten, bis der Verwaltungsakt zurückgenommen, widerrufen oder anderweitig aufgehoben wird oder durch Zeitablauf oder andere Weise erledigt ist. Damit bleibt ein rechtswidriger Verwaltungsakt zunächst genauso wirksam wie ein rechtmäßiger.

Ausgenommen sind nur nichtige Verwaltungsakte, die von Anfang an unwirksam sind gem. § 39 Abs. 3 SGB X. Hier liegen besonders schwerwiegende Fehler als Inhalts- oder Formfehler vor. Auf die Ausführungen im allgemeinen Verwaltungsrecht wird verwiesen.

Die nachträgliche Heilung von Verfahrens- und Formfehlern wird nach § 41 SGB X ebenfalls zugelassen. Die erforderliche Begründung eines Leistungsbescheides oder die gesetzlich vorgesehene Anhörung eines Beteiligten kann beispielsweise bis zur letzten Tatsacheninstanz eines sozial- oder verwaltungsgerichtlichen Verfahrens nachgeholt werden.

Wenn Verfahrens- oder Formvorschriften verletzt wurden, besteht kein Anspruch auf Aufhebung des Verwaltungsakts, wenn die Entscheidung in der Sache nicht anders hätte getroffen werden können (vgl. § 42 SGB X). Die Anhörung eines Betroffenen muss allerdings immer vorgenommen bzw. wirksam nachgeholt werden. Dies ist kein belangloser Verfahrensfehler.

Aufhebung ist der Obergriff für die Beseitigung von Verwaltungsakten:

- Der Sozialleistungsträger kann oder muss rechtswidrige Verwaltungsakte zurücknehmen (vgl. §§ 44, 45 SGB X).
- Rechtmäßige Verwaltungsakte werden widerrufen (vgl. §§ 46, 47 SGB X).
- Verwaltungsakte mit sogenannter Dauerwirkung werden nach § 48 SGB X aufgehoben.

Im Gegensatz zum VwVfG wird im SGB X nochmals danach unterschieden, ob der Verwaltungsakt über die Sozialleistung auf den Hilfesuchenden begünstigend oder nicht begünstigend, d. h. überwiegend belastend wirkt.

Eine Aufhebungsmöglichkeit, wie sie § 48 SGB X darstellt, ist im VwVfG ebenfalls nicht enthalten.

Ein nicht begünstigender Verwaltungsakt liegt dann vor, wenn dem Hilfeersuchen des Antragstellers nicht oder nicht in vollem Umfang entsprochen wurde. Auch wenn eine Leistung durch Verwaltungsakt gewährt wurde, ist dieser u. U. nicht begünstigend, wenn der Hilfesuchende eine höhere Leistung begehrte.

Beispiel

Eine Rentnerin erhält erstmalig Altersrente aus der gesetzlichen Rentenversicherung. Sie wird durch den zugrunde liegenden Rentenbescheid grundsätzlich begünstigt. Werden jedoch Beschäftigungszeiten bei der Berechnung der Rentenhöhe vergessen, liegt eine Belastung vor.

Ein begünstigender Verwaltungsakt liegt vor, wenn der Hilfeempfänger ein Recht oder einen rechtlichen Vorteil erhält, z. B. durch die Bewilligung von Sozialhilfe nach SGB XII.

Ein begünstigender Verwaltungsakt kann nur unter engen Voraussetzungen zurückgenommen werden, weil der Hilfeempfänger in besonderer Weise darauf vertraut, dass der Verwaltungsakt rechtmäßig ist.

Die Aufhebung eines Verwaltungsakts wird von Amts wegen oder aufgrund eines eingeräumten Ermessens mit Wirkung für die Vergangenheit oder mit Wirkung für die Zukunft vorgenommen. Abhängig ist dies von den jeweiligen Aufhebungstatbeständen und deren Rechtsfolgen.

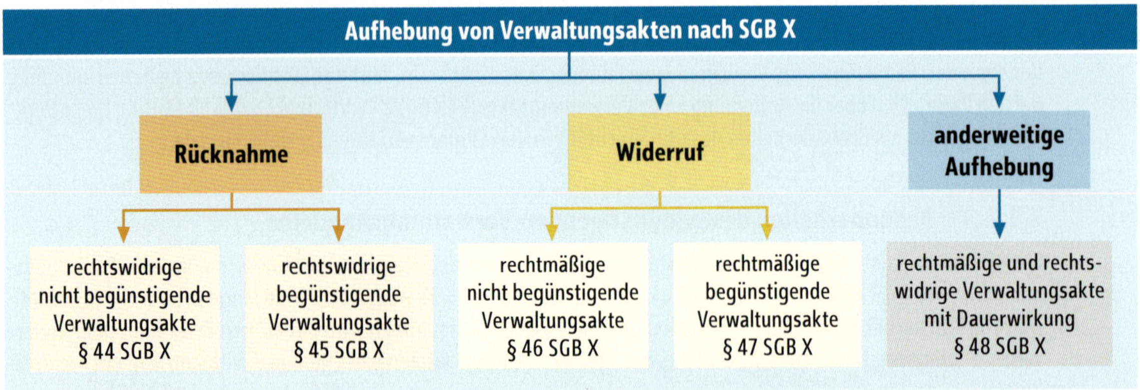

Die Aufhebungsformen bieten dem Sozialleistungsträger die Möglichkeit, die rechtliche Bindung an die Inhalte zu beseitigen, auch nachdem der Verwaltungsakt unanfechtbar und damit bestandskräftig geworden ist.

Einerseits ist das Interesse des Leistungsempfängers am Fortbestand der einmal getroffenen Entscheidung zu sehen. Andererseits müssen unrechtmäßige Zustände jederzeit vom Sozialleistungsträger beseitigt werden können.

Im Verwaltungsalltag ist die Korrektur fehlerhaften Verwaltungshandelns (vgl. §§ 44 und 45 SGB X) naturgemäß bedeutsamer als die Aufhebung rechtmäßiger Verwaltungsakte (§§ 46 und 47 SGB X).

Der Sozialleistungsträger ist gem. § 44 Abs. 1 SGB X von Amts wegen verpflichtet, einen Verwaltungsakt zurückzunehmen, wenn bei seinem Erlass

- Recht nicht richtig angewendet wurde oder
- von einem Sachverhalt ausgegangen worden ist, der sich als unrichtig erweist.

221060540

Sind aus diesen Gründen Sozialleistungen zu Unrecht nicht erbracht worden oder Beiträge zu Unrecht erhoben worden, ist der Verwaltungsakt trotz Unanfechtbarkeit für die Vergangenheit zurückzunehmen.

Ob der Verwaltungsakt bei seinem Erlass rechtswidrig war, entscheidet sich nach der bei seiner Bekanntgabe herrschenden Sach- und Rechtslage.

Die Rücknahme ist dann nicht vorzunehmen, wenn der Verwaltungsakt auf Angaben beruht, die der Betroffene vorsätzlich unrichtig oder unvollständig gemacht hat (vgl. § 44 Abs. 1 S. 2 SGB X).

Ist ein Verwaltungsakt für die Vergangenheit zurückgenommen worden, werden die neu festgesetzten Sozialleistungen längstens für einen Zeitraum von bis zu vier Jahren vor der Rücknahme erbracht.

Sollte der Verwaltungsakt bei seinem Erlass rechtmäßig gewesen sein, könnte eine Aufhebung wegen einer eingetretenen Änderung in der Sach- oder Rechtslage nach § 48 SGB X in Betracht kommen. Es müsste sich aber um einen Verwaltungsakt mit Dauerwirkung handeln (z. B. Rente nach SGB VI). Die rechtlichen Verhältnisse würden sich beispielsweise i. S. d. § 48 Abs. 1 Satz 1 SGB X ändern, wenn einer Rentnerin drei Jahre nach Rentenbeginn aufgrund einer Gesetzesänderung Kindererziehungszeiten höher angerechnet würden als beim Erlass des Rentenbescheids. Hier kommt zum Ausdruck, dass die Verwaltung nicht mehr an eine Entscheidung gebunden sein soll, wenn sich die tatsächlichen oder rechtlichen Verhältnisse wesentlich ändern, auf denen die Entscheidung beruht.

Grundsätzlich sind diese Verwaltungsakte für die Zukunft zurückzunehmen. Für die Vergangenheit sollen sie zurückgenommen werden, wenn eine der in § 48 Abs. 1 Nr. 1–4 SGB X genannten Voraussetzungen vorliegt. Die Rücknahme eines rechtswidrigen begünstigenden Verwaltungsakts ist nur nach strengen Regeln möglich. § 45 SGB X enthält einen weiterreichenden Vertrauensschutz als § 48 VwVfG (vgl. insbesondere die §§ 48 Abs. 2 Nr. 2 VwVfG und 45 Abs. 2 Nr. 2 SGB X).

Rechtswidrige begünstigende Verwaltungsakte dürfen ganz oder teilweise mit Wirkung für die Zukunft oder die Vergangenheit zurückgenommen werden. Die Entscheidung liegt im Ermessen des Sozialleistungsträgers. Auch bei dieser Aufhebungsform muss der Verwaltungsakt bei seinem Erlass rechtswidrig gewesen sein. Ein rechtswidriger begünstigender Verwaltungsakt darf nicht zurückgenommen werden, soweit der Begünstigte auf den Verwaltungsakt vertraut hat. Sein Vertrauen müsste zudem unter Abwägung mit dem öffentlichen Interesse an einer Rücknahme schutzwürdig sein. Nach gesetzlicher Definition ist es dann regelmäßig schutzwürdig, wenn der Begünstigte erbrachte Leistungen verbraucht oder eine Vermögensdisposition getroffen hat, die er nicht mehr oder nur unter unzumutbaren Nachteilen rückgängig machen kann.

Beispiel

Ein Leistungsberechtigter erhält gem. § 30 Abs. 5 SGB XII wegen Krankheit vom zuständigen Sozialamt einen Mehrbedarf für kostenaufwändige Ernährung zuerkannt. Tatsächlich berechtigte die Art der Krankheit aber diese Mehrbedarfsleistung nicht. Hat der Hilfeempfänger den Irrtum des Sozialamts nicht erkennen können und ist die ausgezahlte Mehrleistung verbraucht, wäre sein Vertrauen schutzwürdig (vgl. § 45 Abs. 2 Nr. 3 SGB X – Umkehrschluss).

Auf Vertrauensschutz kann sich ein Begünstigter dann nicht berufen, wenn er unredlich oder bösgläubig war (vgl. § 45 Abs. 2 Nr. 1–3 SGB X).

Beispiel

Ein Sozialhilfeempfänger hat bei der Antragstellung Vermögen bewusst verheimlicht. Da Sozialhilfe erst gewährt wird, wenn eigenes Einkommen und Vermögen eingesetzt worden sind (Nachrang der Sozialhilfe), ist der Sozialhilfebescheid rechtswidrig zustande gekommen.

Auf Vertrauensschutz kann sich ein Hilfeempfänger hier nicht berufen.

Gem. § 50 SGB X wäre der Hilfeempfänger verpflichtet, die zu Unrecht gewährte Sozialhilfe zu erstatten. Sollte er nicht leistungsfähig sein, können Stundung, Niederschlagung oder Erlass der Rückforderung nach haushaltsrechtlichen Vorschriften geprüft werden. Eine Erleichterung der Rückzahlung durch Erlass könnte dann nicht in Betracht kommen, wenn Mitteilungspflichten i. S. d. § 60 SGB I verletzt worden wären.

In jedem Einzelfall ist abzuwägen, ob das Interesse der Öffentlichkeit an einem rechtmäßigen Zustand höher zu gewichten ist als das Interesse des Einzelnen an der Aufrechterhaltung der Entscheidung:

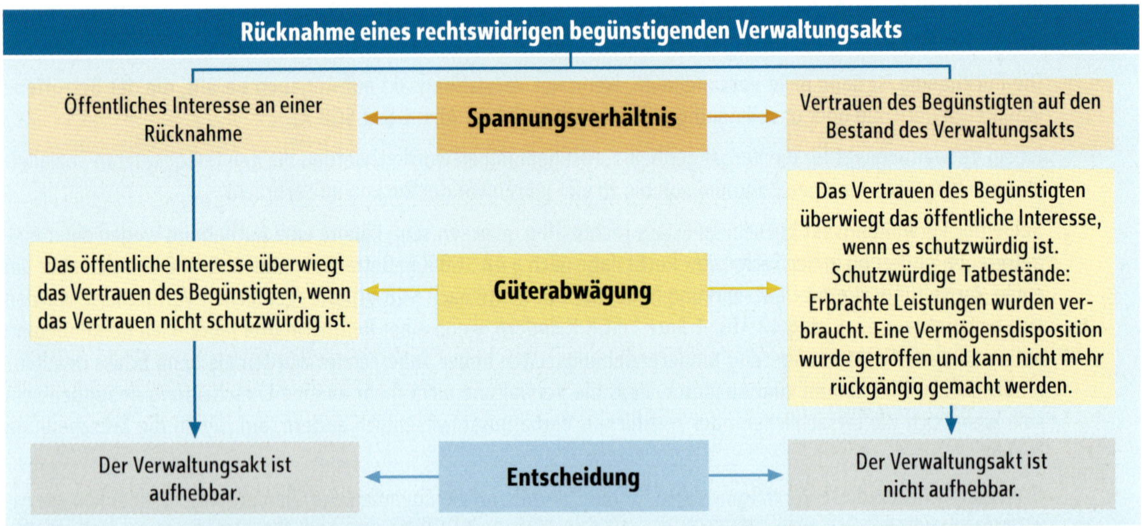

Quelle: BKK Akademie/IKK Akademie: Rücknahme eines rechtswidrigen begünstigenden Verwaltungsakts. In: Verwaltungsverfahren und Verwaltungsakt der Krankenkassen. SF Medien Schriftenreihe, Berufliche Bildung in der Krankenversicherung. BKK-Akademie GmbH. 2. Auflage. Hagen: 2007, S. 179.

Die Rücknahme eines rechtwidrigen begünstigenden Verwaltungsakts ist zudem nach § 45 Abs. 3 und Abs. 4 SGB X an Fristen gebunden.

Die Rücknahme eines rechtswidrigen begünstigenden Leistungsbescheids könnte im Tenor und in der Begründung wie im folgenden Beispiel ausgestaltet sein. Die Regeln zur formalen Ausgestaltung eines Bescheids lassen sich im Kommunikationsleitfaden nachlesen.

Beispiel:

Sehr geehrte Frau Muster,

ich hebe gem. § 45 SGB X meinen Leistungsbescheid über die Ihnen gewährte Sozialhilfe für den Zeitraum vom 1. Januar bis 30. April 20.. bis zur Höhe von (...) € auf.

Sie sind zudem verpflichtet, die Ihnen zu Unrecht gewährte Sozialhilfe gem. § 50 SGB X unter Angabe des Kassenzeichens 123456 auf das unten angegebene Konto bis zum 20. Juli 20.. zu erstatten.

Nach § 19 Abs. 1 S. 1 SGB XII ist Hilfe zum Lebensunterhalt nur Personen zu gewähren, die ihren notwendigen Lebensunterhalt nicht oder nicht ausreichend aus eigenen Kräften und Mitteln, insbesondere aus ihrem Einkommen und Vermögen, beschaffen können. Gemäß § 60 SGB I ist der Hilfesuchende verpflichtet, alle Tatsachen, die für die Leistung erheblich sind, anzugeben. Veränderungen in den persönlichen und wirtschaftlichen Verhältnissen sind dem Leistungsträger unverzüglich mitzuteilen.

Sie haben dem Sozialamt von Neustadt verschwiegen, dass Sie über Sparguthaben in Höhe von (...) € verfügen. Dieses hätten Sie vorrangig einsetzen müssen.

Es ist aus diesem Grund im Zeitraum vom 1. Januar bis zum 30. April 20.. zu einer rechtswidrigen Leistung von Sozialhilfe in Höhe von (...) € gekommen.

Ihnen ist mit Schreiben vom 25. Juni 20.. Gelegenheit gegeben worden, sich hierzu zu äußern. Eine andere Entscheidungsmöglichkeit hat sich damit für mich nicht ergeben.

(...)

Ihre Rechte:

(...)

2.3.3 Sozialdatenschutz

Grundsätzlich gilt im Sozialrecht das sogenannte Sozialgeheimnis als ein besonderes Amtsgeheimnis. Es steht gleichrangig neben der ärztlichen Schweigepflicht, dem Steuergeheimnis und dem Statistikgeheimnis.

Die Bundesbeauftragte für den Datenschutz und die Informationsfreiheit beschreibt den Sinn und Zweck des Sozialgeheimnisses folgendermaßen:

„Nach (§ 35 Abs. 1 S. 1 SGB I, d.Verf.) hat jeder, dessen Daten von Sozialleistungsträgern im Zusammenhang mit einem Versicherungsverhältnis, der Erbringung von Sozialleistungen oder der Erfüllung gesetzlicher Pflichten nach dem Sozialgesetzbuch bekannt geworden ist, einen Anspruch darauf, dass ihn betreffende Sozialdaten von den Leistungsträgern nicht unbefugt erhoben, verarbeitet oder genutzt werden."

Quelle: Die Bundesbeauftragte für den Datenschutz und die Informationsfreiheit. In: bfdi.bund.de. www.bfdi.bund.de/DE/Datenschutz/Themen/Gesundheit_Soziales/GesundheitSozialesArtikel/Sozialgeheimnis.html [28.08.2018].

Das Recht der Sozialhilfe unterliegt der datenschutzrechtlichen Kontrolle der Länder. Bürgerinnen und Bürger, Mitarbeiterinnen und Mitarbeiter können sich in datenschutzrechtlichen Fragen an die jeweiligen Landesbeauftragten der Bundesländer für den Datenschutz wenden. Diese sind für die Kontrolle des Datenschutzes in den Verwaltungen der Länder und Gemeinden zuständig.

Zu finden sind diese Länderbeauftragten beim Bundesbeauftragten für den Datenschutz und die Informationsfreiheit:

www.bfdi.bund.de/DE/Infothek/Anschriften_Links/anschriften_links-node.html;jsessionid=F2CB1583F5D92659511C61CE77AB8FBC.2_cid344 (Datenschutz/Infothek-Anschriften und Links)

Die datenverarbeitenden Stellen in den Ländern haben nach den Datenschutzgesetzen der Länder einen behördlichen Datenschutzbeauftragten zu bestellen. Dieser ist frei von Weisungen und in der Regel dem Leiter der datenverarbeitenden Stelle unterstellt. Der Beauftragte überwacht die Einhaltung des Datenschutzes in der Datenverarbeitung der Gemeindeverwaltung.

Die Bürgerinnen und Bürger haben grundsätzlich nach den Datenschutzgesetzen das Recht, selbstbestimmt ihre persönlichen Daten preiszugeben und die Verwendung der eigenen Daten zu bestimmen (informationelles Selbstbestimmungsrecht).

Maßgebend für den Sozialdatenschutz ist die Datenschutzgrundverordnung (DSGVO) des Europäischen Parlamentes und des Rates Nr. 2016/679 i.V.m. den Regelungen des SGB I und SGB X, gemeinsam in Kraft getreten am 25.05.2018.

Sozialdaten sind nach § 67 Abs. 2 S. 1 SGB X personenbezogene Daten, die von einer in § 35 SGB I genannten Stelle im Hinblick auf ihre Aufgaben nach dem Sozialgesetzbuch verarbeitet werden.

Neben Angaben über persönliche Verhältnisse wie Name, Geburtstag, Alter, Staatsangehörigkeit, Familienangaben, Ausbildung, Fähigkeiten, oder gesundheitliche Verfassung können.

Angaben über sachliche Verhältnisse Sozialdaten darstellen (u.a. Einkommen, Vermögen, Rente, Schulden).

Wenn Körperschaften, Anstalten oder Behörden Sozialdaten verarbeiten (Leistungserbringer im Sinne des § 12 SGB I), ist der Leistungsträger im engeren Sinne der jeweils Verantwortliche. Bei den Gemeinden als Gebietskörperschaft ist die Organisationseinheit für die Einhaltung des Datenschutzes zuständig, die Aufgaben nach dem Sozialgesetzbuch erfüllt.

Sozialdaten dürfen nach den Regelungen der §§ 67 d bis 78 SGB X übermittelt werden. Es gilt dabei der Grundsatz der Erforderlichkeit gem. § 67 c SGB X.

Ausgeweitet wird die Befugnis Sozialdaten zu speichern, zu nutzen und zu übermitteln für Zwecke der wissenschaftlichen Forschung. Die Rechte Betroffener i.S. der Art. 13 ff. DSGO werden neu geregelt in den §§ 82 ff. SGB X (u. a. Recht auf Auskunft, Löschung oder Berichtigung, Widerspruchsrecht).

3 Einzelne Hilfearten des SGB im Überblick

3.1 Das SGB II – Grundsicherung für Arbeitssuchende

Wer gekündigt wird oder trotz aller Bemühungen keinen neuen Arbeitsplatz findet, bekommt unter bestimmten Voraussetzungen Beratungs-, Förder- und Geldleistungen vom Staat. Die Gewährung von Leistungen für den Fall dieses Lebensrisikos richtet sich hauptsächlich nach dem SGB II sowie nach dem SGB III.

Es erhält allerdings nur derjenige staatliche Hilfe, der sich nicht selbst helfen kann. Der Hilfebedürftige muss von sich aus alle Anstrengungen unternehmen, um diesen Zustand zu beenden.

Das „Vierte Gesetz für moderne Dienstleistungen am Arbeitsmarkt" (2005), allgemein auch Hartz IV genannt, regelt im SGB II die Zusammenführung der zuvor getrennten Fürsorgesysteme Arbeitslosenhilfe und Sozialhilfe für erwerbsfähige Langzeitarbeitslose zum sogenannten Arbeitslosengeld II (ALG II). Den höchsten Anteil von Hartz IV-Empfängern haben Berlin und Bremen. Im Durchschnitt bezogen Ende 2016 9,5 % der Einwohner (rund 7,9 Mio. Leistungsempfänger) Hartz IV- Leistungen.

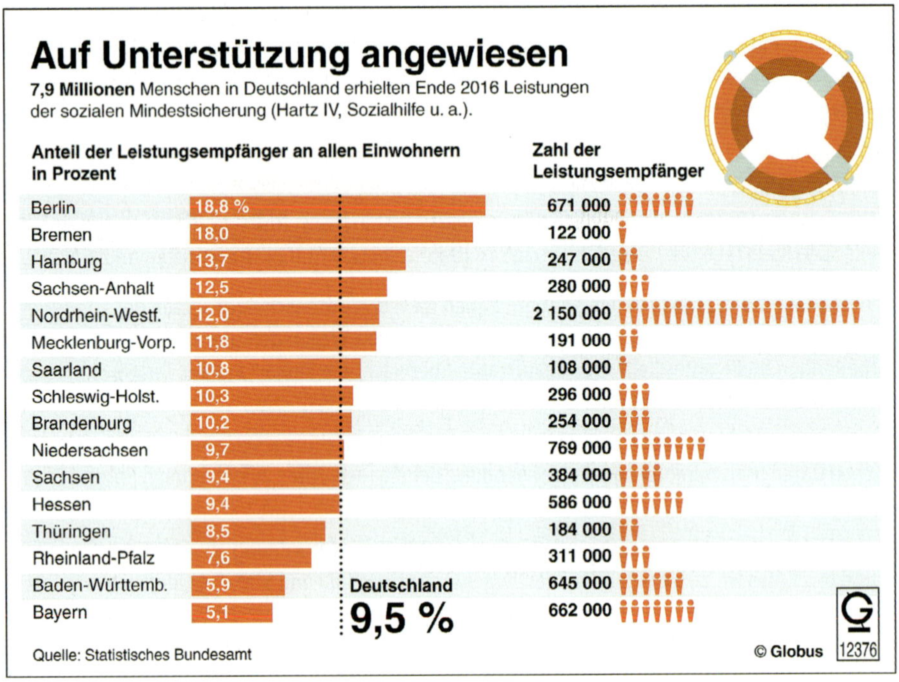

Zunehmende Arbeitslosigkeit und demografischer Wandel erforderten eine Modernisierung der Gesetze des Arbeitsmarkts. Sozialhilfe und Arbeitslosenhilfe wurden bis 2005 von unterschiedlichen Stellen ausgezahlt, den Sozialämtern und den Agenturen für Arbeit. Dieser behördliche Rahmen war ineffizient, führte nicht ausreichend zu Beschäftigung und war zudem kostenträchtig.

Darüber hinaus hatten die Bezieher der staatlichen Leistungen eine unterschiedliche soziale Absicherung hinzunehmen. Arbeitslosenhilfebezieher waren auf Kosten des Bundes umfassend sozialversichert, Sozialhilfeempfänger waren hingegen in aller Regel in der Rentenversicherung nicht weiterversichert. Zudem mussten Arbeitslosenhilfebezieher, die zusätzlich Sozialhilfe zur Absicherung bezogen, zwei verschiedene Behörden aufsuchen.

Im SGB II ist aus diesem Grunde die Bildung von gemeinsamen Arbeitsgemeinschaften zwischen den Agenturen für Arbeit und den Kommunen vorgesehen worden (vgl. auch LF 6, Kapitel 2.1.5). Diese Konstruktion war allerdings nach einem Urteil des Bundesverfassungsgerichts aus dem Jahr 2007 verfassungswidrig.

Daneben waren zunächst bundesweit 69 Kommunen (kreisfreie Städte und Landkreise) zugelassen worden, die als sogenannte Optionskommunen die Aufgaben der Bundesagentur für Arbeit mit übernommen haben.

Mit der Jobcenter-Reform und einer Grundgesetzänderung (Art. 91 e GG) im Sommer 2010 sind seit dem 01. Januar 2012 weitere Kommunen als zugelassene Träger für die Grundsicherung für Arbeitsuchende unbefristet zuständig. Insgesamt sind nun 104 Optionskommunen tätig, s. www.kommunenfuerarbeit.de.

Die Kommunen erbringen ca. 1/4 der SGB II-Leistungen, im Wesentlichen die Leistungen für Unterkunft und Heizung sowie einige Sonderleistungen wie Schuldnerberatung, Suchtberatung, Leistungen für Klassenfahrten usw. Insbesondere bei der Feststellung einer angemessenen Unterkunft haben die Mitarbeiterinnen und Mitarbeiter der Kommunen schwierige Entscheidungen zu treffen.

Als „Grundsicherung für Arbeitssuchende" (SGB II) werden Leistungen für erwerbsfähige Hilfeempfängerinnen und Hilfeempfänger und deren Angehörige als ALG II und Sozialgeld gewährt. Dies geschieht unabhängig von vorherigen Erwerbsleistungen. Das Arbeitslosengeld II ist eine Steuerleistung. Daher sind auch Bedürftige berechtigt, die vorher keine versicherungspflichtige Beschäftigung ausgeübt haben. Sozialgeld erhalten nicht erwerbsfähige Angehörige, die mit erwerbsfähigen Hilfebedürftigen in einer Bedarfsgemeinschaft leben.

Geldleistungen werden zur Eingliederung in den Arbeitsmarkt und zur Sicherung des Lebensunterhalts gezahlt. Neben den Geldleistungen sieht das SGB II aber auch Dienstleistungen in Form von Beratung und Information sowie Sachleistungen vor. Sollten Hilfeleistungen nicht zweckentsprechend eingesetzt werden, können z. B. bei Alkoholabhängigkeit und Verschwendung von Hilfeleistungen auch Lebensmittelgutscheine als Sachleistungen ausgeteilt werden. Gutscheine sind allerdings umstritten, weil sie die Hilfeempfänger diskriminieren können.

Immer häufiger wird ALG II auch neben einem Erwerbseinkommen gezahlt, weil der notwendige Lebensbedarf damit nicht gedeckt werden kann. Mini-Jobber und Teilzeitbeschäftigte sind als sogenannte „Aufstocker" nicht selten auf ALG II als Zusatzleistung angewiesen.

Entgeltersatzleistungen als Versicherungsleistung wegen gezahlter Beiträge auf das Erwerbseinkommen (Arbeitslosenversicherung) werden nach den Bestimmungen des SGB III als Arbeitslosengeld I gewährt (vgl. auch LF 6, Kapitel 2.1.5 und nachfolgendes Kapitel). Es geht dem ALG II zeitlich vor, obwohl es im Sozialgesetzbuch an nachfolgender Stelle geregelt ist.

Hilfeempfänger, die nicht erwerbsfähig sind, erhalten nun nach SGB XII Sozialhilfe. Auch die Grundsicherung im Alter und bei Erwerbsminderung sind hier neu geregelt (vgl. folgende Abb.).

ALG II wird so lange gezahlt, wie die Arbeitslosigkeit dauert.

Die genannten Hilfen werden durch sogenannte Regelbedarfe abgedeckt. Die Regelsätze oder Regelleistungen (RL) werden jährlich überprüft und fortgeschrieben. Die Sozialhilfe und die Grundsicherung im Alter sowie bei Erwerbsminderung und das Arbeitslosengeld II haben zum 1. Januar 2018 folgenden Stand:

Regelsatz für Erwachsene	
Regelbedarfsstufe 1 – Alleinstehend/Alleinerziehend	416,00 €
Regelbedarfsstufe 1 – nicht-erwerbsfähige Erwachsene/Behinderte (z. B. Wohngemeinschaften)	416,00 €
Regelbedarfsstufe 2 – Paare je Partner/Bedarfsgemeinschaften	374,00 €
Regelbedarfsstufe 3 – Erwachsene Behinderte in stationären Einrichtungen (bis Ende 2019)	332,00 €
Regelbedarfsstufe 3 – nicht-erwerbstätige Erwachsene unter 25 Jahre im Haushalt der Eltern	332,00 €
Regelbedarfsstufe 4 – Jugendliche von 14 Jahren bis unter 18 Jahren	316,00 €
Regelbedarfsstufe 5 – Kinder von 6 Jahren bis unter 14 Jahren	296,00 €
Regelbedarfsstufe 6 – Kinder von 0 Jahre bis 6 Jahre	240,00 €

Die Lebenshaltungskosten eines Erwachsenen verteilen sich dabei wie folgt:

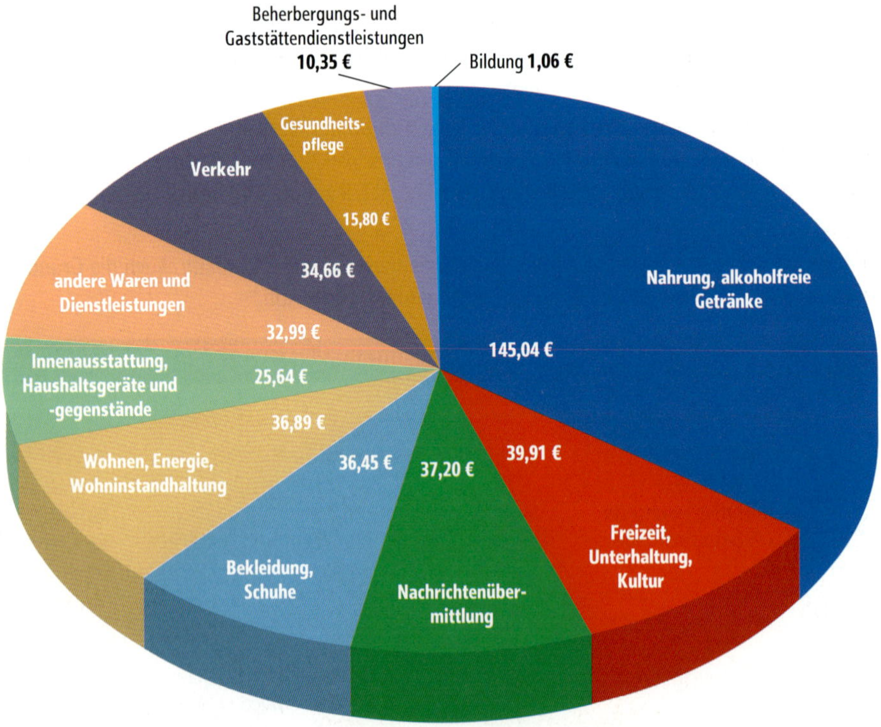

Für Kinder und Jugendliche verteilen sich die Lebenshaltungskosten anteilig. Zusätzlich zum maßgebenden Regelbedarf können diese Bildungs- und Teilhabeleistungen empfangen, z. B. Kosten für Klassen- und Schulausflüge, Leistungen für Schulbedarf zum Schuljahresbeginn und zum Schulhalbjahr oder Mehrkosten für ein Schulmittagessen. Ein monatliches Teilhabebudget im Wert von bis zu 10,00 € kann darüber hinaus für soziale Teilhabe bis zum 18. Lebensjahr, zum Beispiel für Mitgliedsbeiträge in Sportvereinen, für Musikunterricht oder andere Aktivitäten in den Bereichen Sport, Kultur und Freizeit, verwendet werden.

221060546

Die genannten Regelleistungen decken laufende und einmalige Bedarfe pauschaliert nach festen Regelsätzen ab. Darüber hinaus können Mehrbedarfe beantragt werden.

Die angemessenen Kosten für Miete und Heizung sowie die Beiträge zur gesetzlichen Kranken- und Pflegeversicherung und der Mindestbeitrag zur Rentenversicherung werden darüber hinaus übernommen. Während der Arbeitslosigkeit geht auf diese Weise der Sozialversicherungsschutz nicht verloren. Die Bundesagentur für Arbeit zahlt für die Bezieher von Arbeitslosengeld Beiträge zur Renten-, Kranken- und Pflegeversicherung. In der Rentenversicherung können damit Versicherungszeiten berücksichtigt werden.

Jeder Erwerbsfähige im Alter zwischen 15 und der Altersgrenze gem. § 7a SGB II kann diese Leistungen auf Antrag erhalten. Ab dem Geburtsjahrgang 1964 erreichen Personen mit der Vollendung des 67. Lebensjahres ihre Altersgrenze. Vorher wird geprüft, ob der Antragsteller und sein Ehe- oder Lebenspartner Vermögen besitzen oder andere Einkünfte vorhanden sind. In diesem Fall fällt die Grundsicherung niedriger aus oder wird gar nicht gezahlt.

Als erwerbsfähig gilt, wer mindestens drei Stunden täglich unter üblichen Bedingungen erwerbstätig sein kann.

Auszubildende, die dem Grunde nach berechtigt sind, nach SGB III Berufsausbildungsbeihilfe zu erhalten (vgl. §§ 60 – 62 SGB III), haben keinen Anspruch auf Leistungen zur Sicherung des Lebensunterhalts. Auch der Besuch vollzeitschulischer, beruflicher Ausbildungsformen schließt den Bezug auf Leistungen zum Lebensunterhalt nach SGB II aus.

Bezieher des Arbeitslosengelds II werden einerseits gefördert, andererseits werden sie stärker gefordert als bisher. Wer ohne wichtigen Grund zumutbare Arbeit ablehnt, muss mit einer Kürzung der Geldleistung rechnen.

Als zumutbar gelten für Alleinstehende zum Beispiel erhebliche Pendelzeiten zum Arbeitsplatz oder sogar ein Wohnortwechsel, wenn dort ein Job verfügbar wäre. Außerdem müssen Arbeitsstellen auch dann angenommen werden, wenn die Bezahlung unter dem Tariflohn liegt oder die offene Arbeitsstelle nicht dem erlernten Beruf entspricht. Liegt die Bezahlung mindestens 30 % unter dem ortsüblichen Tariflohn, kann der Arbeitssuchende allerdings das Angebot ablehnen.

Auch für diese soziale Leistung gilt, dass Hilfeempfängern Sanktionen für den Fall drohen, dass sie zumutbare Arbeit ablehnen, Meldepflichten nicht einhalten oder an ärztlichen Untersuchungen nicht teilnehmen. Darüber hinaus bestehen die allgemeinen Mitwirkungspflichten, z. B. in Form von Auskunftserteilung.

Zivilrechtliche Ansprüche gegen Dritte, z. B. Unterhaltsansprüche, müssen Hilfesuchende vorrangig verfolgen, bevor ALG II gezahlt werden kann. Ersetzt werden müssen Leistungen der Grundsicherung, wenn die eigene Hilfebedürftigkeit vorsätzlich oder grob fahrlässig herbeigeführt worden ist.

3.2 Das SGB III – Arbeitsförderung

Situation:

Hans Möller (40), verheiratet, drei Kinder, Alleinverdiener, Steuerklasse 3, Fachhochschulabsolvent, beschäftigt im mittleren Management eines Wirtschaftsunternehmens, wird arbeitslos.

Als Angehöriger der Mittelschicht fühlte er sich bisher im Großen und Ganzen gut abgesichert und weitgehend frei von finanziellen Nöten und Sorgen. Da er gehört hat, dass man sich umgehend arbeitslos melden muss, wendet er sich an die nächste zuständige Agentur für Arbeit.

Einzelne Hilfearten des SGB im Überblick

Hans Möller wird als Arbeitsloser unter bestimmten Voraussetzungen in besonderem Maße von den Regelungen der Arbeitsförderung des SGB III erfasst.

Die Arbeitsförderung steht im Mittelpunkt der staatlichen Arbeitsmarktpolitik. Sie hat das Ziel, einen hohen Beschäftigungsstand zu erreichen und zu erhalten sowie Zeiten der Arbeitslosigkeit abzusichern und zu verkürzen. Realisiert werden soll dies durch einen breit gefächerten Maßnahmenkatalog aktiver und passiver Hilfen.

Für die Organisation der Arbeitsförderung und die Aufgaben nach dem SGB III sind die Bundesagentur für Arbeit (BA) mit Sitz in Nürnberg, zehn Regionaldirektionen, die örtlichen 156 Agenturen für Arbeit mit ihren etwa 600 Niederlassungen zuständig. Dazu kommen 303 Jobcenter sowie die Familienkassen mit 100 Standorten.

Die Kommunen sind in diesem Bereich, anders als in der Grundsicherung nach dem SGB II, nicht verantwortlich.

Das Risiko, arbeitslos zu werden, scheint die Bürgerinnen und Bürger in besonderem Maße zu sorgen. Neben den allgemein steigenden Kosten belegt die Arbeitslosigkeit den Spitzenplatz in der Sorgenliste.

Um einer längerfristigen Arbeitslosigkeit zu entgehen, könnte in unserem Beispiel Hans Möller Beratungs-, Vermittlungs- und Weiterqualifizierungsleistungen seiner Agentur für Arbeit in Anspruch nehmen (sogenannte aktive Hilfen). Falls dies nicht unmittelbar wieder zur Beschäftigung führt, stehen ihm parallel dazu Leistungen aus der Arbeitslosenversicherung (passive Hilfen), insbesondere das Arbeitslosengeld I, zur Verfügung.

Das Arbeitslosengeld I als Entgeltersatzleistung ist daran geknüpft, dass ein Arbeitnehmer sozialversicherungspflichtig beschäftigt war.

Vermittlungs- und Beratungsdienste stehen allen Arbeitnehmern, unabhängig von ihrer Eigenschaft als Beitragszahler in die Arbeitslosenversicherung, zur Verfügung. Diese Leistungen sind grundsätzlich unentgeltlich.

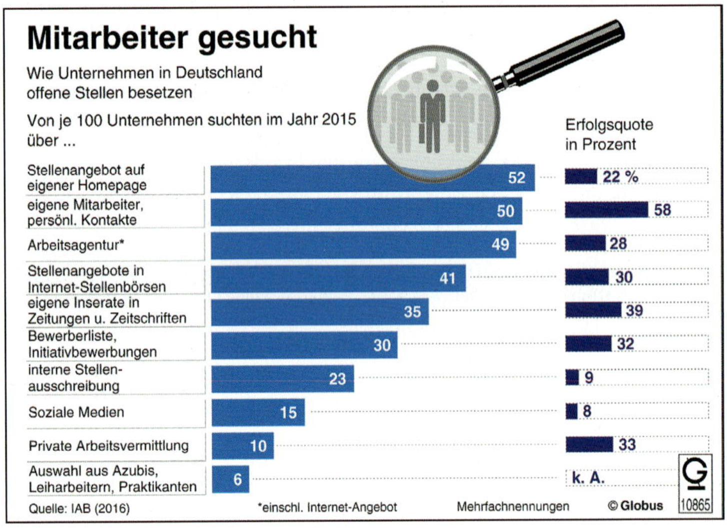

Offene Stellen werden nicht nur durch staatliche Vermittlungsbemühungen besetzt, wie die nebenstehende Grafik zeigt. Arbeitsvermittlung kann auch durch private Vermittlungsunternehmen geschehen. Diese sind im Rahmen der Arbeitsförderung ausdrücklich zugelassen und werden für erfolgreiche Vermittlungen auch honoriert.

Hans Möller gehört zur Gruppe der ca. 2,57 Millionen gemeldeten Arbeitslosen (Januar 2018) bei einer Arbeitslosenquote von 5,8 %. Mit seinem Lebensalter gehört er zur prozentual größten Gruppe der Nichterwerbstätigen. Die Chance, innerhalb eines Jahres wieder einen Arbeitsplatz zu finden, liegen statistisch gesehen bei etwas mehr als 50 %. Da Hans Möller erst 40 Jahre alt ist, droht ihm nach einem Jahr Bezug des ALG I der Übergang in den Bezug von ALG II.

Merkmal	2018	2017			Veränderung gegenüber Vorjahresmonat (Arbeitslosen-/Unterbeschäftigungsquote Vorjahreswerte)			
	Januar	Dezember	November	Oktober	Januar		Dezember	November
					absolut	in %	in %	in %
	1	2	3	4	5	6	7	8
Erwerbstätigkeit								
Erwerbstätige (Monatsdurchschnitt; Inland)	...	44 623 000	44 770 000	44 730 000	...	...	1,5	1,4
Soz.-Verspfl. Beschäftigte (Bestand, geschätzt)	...	...	32 824 900	32 779 900	...	...	...	2,4
Arbeitslosigkeit registriert nach § 16 SGB III								
– Bestand	2 570 311	2 384 961	2 368 411	2 388 711	-207 076	-7,5	-7,1	-6,5
36,6% Rechtskreis SGB III	940 906	795 817	772 208	771 777	-69 570	-6,9	1,3	2,1
63,4% Rechtskreis SGB II	1 629 405	1 589 144	1 596 203	1 616 934	-137 506	-7,8	-10,9	-10,1
dar.: 56,2% Männer	1 444 716	1 314 245	1 292 957	1 299 506	-122 978	-7,8	-7,5	-6,7
43,8% Frauen	1 125 593	1 070 714	1 075 449	1 089 195	-84 094	-7,0	-6,7	-6,2
8,5% 15 bis unter 25 Jahre	217 360	201 379	203 755	215 175	-21 832	-9,1	-8,3	-7,4
1,7% dar.: 15 bis unter 20 Jahre	43 662	42 970	44 129	47 272	-4 428	-9,2	-9,5	-8,6
21,4% dar.: 55 Jahre und älter	549 546	512 763	505 798	504 027	-24 781	-4,3	-4,1	-4,1
26,1% Ausländer	670 711	624 261	625 273	633 263	-21 845	-3,2	-2,9	-1,3
73,6% Deutsche	1 892 860	1 754 383	1 736 854	1 748 881	-184 960	-8,9	-8,6	-8,2
6,4% schwerbehinderte Menschen	163 496	157 452	157 049	158 172	-6 954	-4,1	-4,0	-4,3
Arbeitslosenquoten bezogen auf								
– alle zivilen Erwerbspersonen insgesamt	5,8	5,3	5,3	5,4	6,3	-	5,8	5,7
Männer	6,1	5,6	5,5	5,5	6,7	-	6,1	5,9
Frauen	5,4	5,1	5,1	5,2	5,8	-	5,5	5,5
15 bis unter 25 Jahre	4,8	4,5	4,5	4,8	5,3	-	4,9	4,9
15 bis unter 20 Jahre	3,3	3,2	3,3	3,6	3,7	-	3,7	3,7
55 bis unter 65 Jahre	6,4	6,0	5,9	5,9	7,0	-	6,5	6,4
Ausländer	14,6	13,6	13,6	13,8	16,4	-	15,2	15,0
Deutsche	4,7	4,4	4,3	4,4	5,2	-	4,8	4,7
– abhängige zivile Erwerbspersonen insgesamt	6,4	5,9	5,9	5,9	7,0	-	6,5	6,4

Quelle: Bundesagentur für Arbeit, Statistik/Arbeitsmarktberichterstattung: Der Arbeits- und Ausbildungsmarkt in Deutschland. In: Monatsbericht Januar 2018. Nürnberg: Bundesagentur für Arbeit 2018, Seite 47.

Das SGB III bezieht sich grundsätzlich auf alle abhängig beschäftigen Arbeitnehmer, auf Arbeitslose wie auf Arbeitssuchende.

Entgeltersatzleistungen wie das ALG I knüpfen an die Versicherungspflicht eines Arbeitnehmers. Versicherungspflichtig sind grundsätzlich alle Personen, die gegen Arbeitsentgelt beschäftigt sind. Zu den versicherungspflichtigen Arbeitnehmern zählen auch Auszubildende.

Aus diesem Grunde sind z. B. Beamte vom Leistungsbezug ausgeschlossen. Für sie gelten besondere Sicherungssysteme (u. a. Versorgungs-, Beihilferecht).

Versicherungsfreiheit in der Arbeitslosenversicherung gilt noch für Arbeitnehmer, die Anspruch auf Regelaltersrente haben oder die geringfügig beschäftigt sind. Auch Arbeitnehmer, die aufgrund einer vollen Erwerbsminderung der Arbeitsvermittlung nicht zur Verfügung stehen, sind versicherungsfrei. Darüber hinaus sind weitere Gruppen versicherungsfrei.

Die Arbeitsförderung im Sinne von Beratung, Vermittlung und Qualifizierung umfasst u. a. folgende Teilleistungen:

- Beratung im Sinne des § 29 ff. SGB III,
- Vermittlung nach § 35 ff. SGB III oder
- Förderung der Berufsausbildung nach § 56 ff. SGB III
- und weitere.

Wenn Auszubildende außerhalb des elterlichen Haushalts wohnen, können sie unter bestimmten Voraussetzungen finanzielle Unterstützung für ihren Lebensunterhalt, ihre Fahrtkosten, für sonstige Aufwendungen (z. B. Kosten für Arbeitskleidung) oder Lehrgangskosten erhalten. Diese Berufsausbildungsbeihilfe erfolgt durch Zuschüsse, die nicht zurückgezahlt werden müssen. Abhängig ist diese Berufsausbildungsbeihilfe vom Einkommen des Auszubildenden und seiner Eltern. Die Berechnung und Anrechnung von Einkommen geschieht entsprechend nach den Vorschriften des BAföG.

Bei Arbeitslosigkeit tritt als Entgeltersatzleistung das Arbeitslosengeld I ein. Es tritt an die Stelle des ausgefallenen Arbeitsentgelts und soll den Lebensstandard des Hilfebedürftigen im Großen und Ganzen erhalten.

Daneben sind weitere Entgeltersatzleistungen wie Kurzarbeitergeld oder Insolvenzgeld vorgesehen.

Arbeitslosengeld erhält nur derjenige, der sich persönlich bei der Agentur für Arbeit arbeitslos gemeldet hat. Eine schriftliche oder telefonische Meldung ist nicht ausreichend. Sie muss spätestens am ersten Tag der Beschäftigungslosigkeit erfolgen.

Anspruch auf Arbeitslosengeld I hat, wer

- vorübergehend nicht beschäftigt ist **(Beschäftigungslosigkeit)**,
- sich bemüht, seine Beschäftigungslosigkeit zu beenden **(Eigenbemühungen)**, und
- den Vermittlungsbemühungen der Agentur für Arbeit zur Verfügung steht **(Verfügbarkeit)**.

Zur Verfügung steht ein Arbeitnehmer, wenn er eine zumutbare versicherungspflichtige, mindestens 15 Stunden wöchentlich umfassende Beschäftigung aufnehmen und ausüben könnte.

Zumutbar kann eine Beschäftigung auch dann sein, wenn längere Pendelzeiten zwischen Wohnung und Arbeitsstätte, ein Umzug oder Einbußen beim Beschäftigungsentgelt vorkommen. Es muss u. U. auch eine Beschäftigung in einem nicht erlernten Berufsfeld übernommen werden.

Arbeitslosengeld I für Ältere

Beitragszahlungen in den letzten fünf Jahren	Bezugsdauer ALG I
über 50-Jährige	
30 Monate	**15 Monate**
über 55-Jährige	
36 Monate	**18 Monate**
über 58-Jährige	
48 Monate	**24 Monate**
ALG I für Jüngere (bis 50 Jahre, unverändert)	
Je nach Zahl der Beitragsmonate, mind. 12 Monate	**6 bis 12 Monate**

Die Anwartschaftszeit für das ALG I hat grundsätzlich erfüllt, wer in einem Zeitraum von zwei Jahren (Rahmenfrist) mindestens zwölf Monate in einem Versicherungspflichtverhältnis gestanden hat.

Für Ältere ergeben sich rückwirkend zum 1. Januar 2008 andere Beitrags- und Bezugsdauerzeiträume:

Die Grafik beschreibt die Verlängerung des Arbeitslosengeldes I. Über 58-Jährige haben bei vier Beitragsjahren innerhalb der letzten fünf Jahre jetzt 24 Monate Anspruch auf Arbeitslosengeld. Jüngere Arbeitslose erhalten weiterhin höchstens ein Jahr Arbeitslosengeld I.

Das Bruttoarbeitsentgelt, das der Arbeitslose im letzten Jahr vor der Entstehung des Anspruchs auf ALG I durchschnittlich täglich erzielt hat (Bemessungsentgelt), ist Ausgangspunkt der Bemessung.

Das Bemessungsentgelt vermindert sich um eine Sozialversicherungspauschale von 21 % und um die sonstigen gesetzlichen Abzüge ohne Kirchensteuer.

221060550

Dieses pauschalierte Nettoarbeitsentgelt (Leistungsentgelt) ist die Berechnungsgröße für das ALG I. In unserem Ausgangsbeispiel erhält Hans Möller 67 % des Nettoarbeitsentgeltes als ALG I, da er mindestens ein Kind hat. Kinderlos bekäme er nur 60 % dieses Leistungsentgelts.

Vom Arbeitslosengeld muss Hans Möller keine Steuern abführen. Die Beiträge zur Sozialversicherung werden von der Bundesagentur für Arbeit übernommen.

Unbedingt beachten müsste Hans Möller, dass er persönlich keinen Grund für eine Sperrzeit liefert, in welcher der Anspruch auf ALG I ruht.

Er dürfte u. a.

- seine Arbeitslosigkeit nicht vorsätzlich oder grob fahrlässig herbeigeführt haben, z. B. wenn er ohne wichtigen Grund selbst gekündigt hat,
- keine angebotene zumutbare Stelle ablehnen oder
- sich nicht weigern, an einer beruflichen Weiterbildungsmaßnahme teilzunehmen.

Die Agentur für Arbeit und weitere Sozialberatungsstellen bieten auf ihren Internetseiten Rechner für die **Höhe des Arbeitslosengelds** (ALG I) an. Mit der Eingabe des Bruttogehalts und wenigen weiteren Mausklicks kann man sich schnell einen Überblick über die Höhe des zu erwartenden ALG I verschaffen.

Auf diese Weise könnte Hans Möller mit einem monatlichen Bruttoarbeitsentgelt von 4 800,00 € für das Kalenderjahr 2018 eine Selbstberechnung seines ALG I durchführen. Am Ende seiner Berechnung wird die Höhe des kalendertäglichen Arbeitslosengelds angezeigt.

Das Ergebnis stellt wegen möglicher Besonderheiten des Einzelfalles einen Orientierungswert dar. Regelmäßig weisen alle Internet-Rechner darauf hin, dass das Ergebnis daher nicht rechtlich bindend sein kann.

Selbstberechnung Arbeitslosengeld I (Kalenderjahr 2018)

Auf dieser Seite können Sie die Höhe des kalendertäglichen Arbeitslosengeldes berechnen lassen. Bitte beachten Sie, dass das hier berechnete und angezeigte **Ergebnis** aus den eingangs genannten Gründen lediglich ein **Orientierungswert** für Sie sein kann. **Das Ergebnis ist daher rechtlich nicht bindend.**

Bitte nehmen Sie die erforderlichen Eintragungen vor.

Tragen Sie hier Ihr durchschnittliches **monatliches Bruttoarbeitsentgelt der versicherungspflichtigen Beschäftigungen der letzten 12 Monate ein** (Arbeitsentgelt sonstiger Versicherungspflichtverhältnisse z.B. Krankengeld-Bezug bleibt außer Betracht). Format: Euro,Cent (KEINE Punkte verwenden!!)	4800,00 EURO
In welchen Bundesländern waren Sie im letzten Jahr beschäftigt?	Alte Bundesländer
Übersteigt das monatliche Bruttoarbeitsentgelt die Beitragsbemessungsgrenze, wird bei der Berechnung ein Bruttoarbeitsentgelt in Höhe der Beitragsbemessungsgrenze berücksichtigt. Die monatliche Beitragsbemessungsgrenze beträgt:	EURO
Wählen Sie Ihre **Lohnsteuerklasse** aus:	III
Haben Sie, Ihre Ehegatte oder Lebenspartner ein **Kind**, für das Sie, Ihr Ehegatte oder Lebenspartner Kindergeld erhalten?	JA

Berechnen

Ergebnisse der Berechnung:

Bruttoentgelt/tgl. (Bemessungsentgelt gerundet) Das tägliche Bruttoentgelt wird errechnet, indem der von Ihnen eingegebene Monatswert mit 12 multipliziert und durch 365 dividiert wird (täglicher Wert im Monatsdurchschnitt).	157,81 EURO
Lohnsteuer	19,08 EURO
Solidaritätszuschlag	1,04 EURO
Sozialversicherungsbeiträge (21%-Pauschale, gerundet)	33,14 EURO
Nettoentgelt/tgl. (Leistungsentgelt)	104,55 EURO
(x 67%)= **Arbeitslosengeld/kalendertäglich (Leistungssatz gerundet)**	70,05 EURO
(x 30 Kalendertage)= **Arbeitslosengeld für volle Monate**	2101,50 EURO

Wichtige Hinweise:

Bei den dargestellten Abzügen handelt es sich um Beträge, die ausschließlich zur Berechnung des pauschalierten Nettoentgeltes dienen. Sie werden nicht tatsächlich abgeführt.

Für weitere Fragen steht Ihnen Ihre örtliche Arbeitsagentur zur Verfügung.

Zurücksetzen Startseite

Quelle: Bundesagentur für Arbeit: Selbstberechnung Arbeitslosengeld I. In: pub.arbeitsagentur.de. www.pub.arbeitsagentur.de/selbst.php#ergebnisse [29.08.2018].

Anmerkung: Die vorgenommenen Abzüge im vorangegangenen Beispiel stellen Beträge dar, die ausschließlich zur Berechnung des pauschalierten Nettoentgelts dienen. Sie werden nicht tatsächlich abgeführt.

Die Ausgaben der Bundesagentur für Arbeit werden überwiegend durch Beiträge der versicherungspflichtig Beschäftigten finanziert.

Die Beitragsbemessungsgrenze (Allgemeine Rentenversicherung) ist der Höchstbetrag, bis zu dem Arbeitsentgelt und Arbeitseinkommen bei der Berechnung des Versicherungsbeitrags berücksichtigt werden. Für darüber hinausgehendes Einkommen sind keine Beiträge zu zahlen.

Beitragsbemessungsgrenze 2018		
	West	Ost
jährlich	78 000,00 €	69 600,00 €
monatlich	6 500,00 €	5 800,00 €

Die Beiträge zur Arbeitslosenversicherung werden von Arbeitnehmern und Arbeitgebern je zur Hälfte getragen.

Wenn diese bei ungünstiger Konjunkturlage nicht ausreichen, um die Kosten zu decken, erhält die Bundesagentur für Arbeit einen Beitrag des Bundes, um Mindereinnahmen teilweise auszugleichen, gegebenenfalls auch Darlehen oder Zuschüsse.

3.3 Das SGB VIII – Jugendhilfe

Die Verschärfung gesellschaftlicher Probleme bedeutet insbesondere für Kinder und Jugendliche eine nicht zu unterschätzende Belastung und Bedrohung (vgl. Abb.).

Die Arbeitslosigkeit der Eltern und die Gefahr, selbst keinen Ausbildungsplatz zu finden, können z. B. mutlos machen. Familiäre Belastungen durch überforderte Eltern führen u. a. zu Ehescheidungen und nicht selten zu dauerhaften Folgeerscheinungen.

Erziehungsschwierigkeiten, Schulversagen, erschwerte Haushaltsführung und Alltagsbewältigung, soziale Isolation oder psychische Erkrankungen sind nur einige dieser Folgen.

Kinder und Jugendliche sind als Ergebnis dieser Situation im Alltag, in Schule und Ausbildung stark belastet und häufig hilfe- und schutzbedürftig.

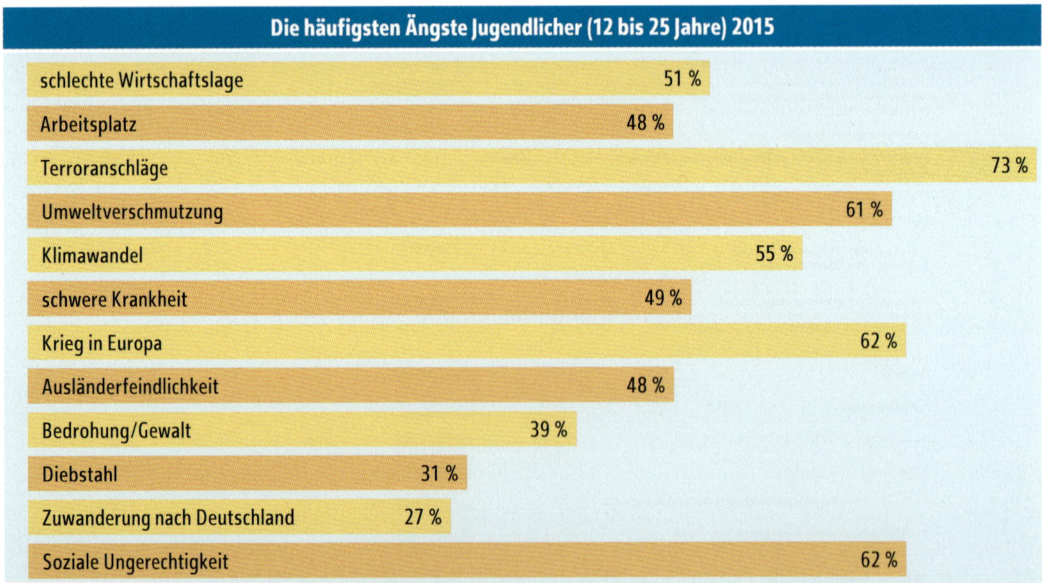

Quelle: Shell Deutschland Oil GmbH: Die häufigsten Ängste Jugendlicher (12 bis 25 Jahre) 2015. In: 17. Shell Jugendstudie. Hamburg: Shell Deutschland Oil GmbH 2015. www.shell.de/ueber-uns/die-shell-jugendstudie.html#vanity-aHR0cHM6Ly93d3cuc2hlbGwuZGUvYWJvdXRzaGVsbC9vdXItY29tbWl0bWVudC9zaGVsbC15b3V0aC1zdHVkeS0yMDE1Lmh0bWw

Kinder und Jugendliche sind Träger von Grundrechten. Der Staat hat sich in Art. 6 GG verpflichtet, darüber zu wachen, dass Eltern ihr Erziehungsrecht verantwortlich ausüben (staatliches Wächteramt).

Eltern- und Kinderrechte sowie -pflichten (!) sind daher sowohl im privaten als auch im öffentlichen Recht verankert. Im Familienrecht des Bürgerlichen Gesetzbuchs (BGB) sowie im Kinder- und Jugendhilfegesetz (SGB VIII) finden sich zentrale Regelungen des privaten als auch des öffentlichen Rechts für Eltern, Kinder und Jugendliche.

Darüber hinaus stellt eine große Zahl weiterer Gesetze Schutzbestimmungen und Hilfen für Heranwachsende bereit (vgl. nachfolgende Abb.). Die Hilfen werden sowohl in Form von Geldleistungen (z. B. Elterngeld) als auch durch Sach- und Dienstleistungen (Betreuungseinrichtungen, Beratung) bereitgestellt.

Standort des Kinder- und Jugendhilfegesetzes innerhalb des Bundesrechts

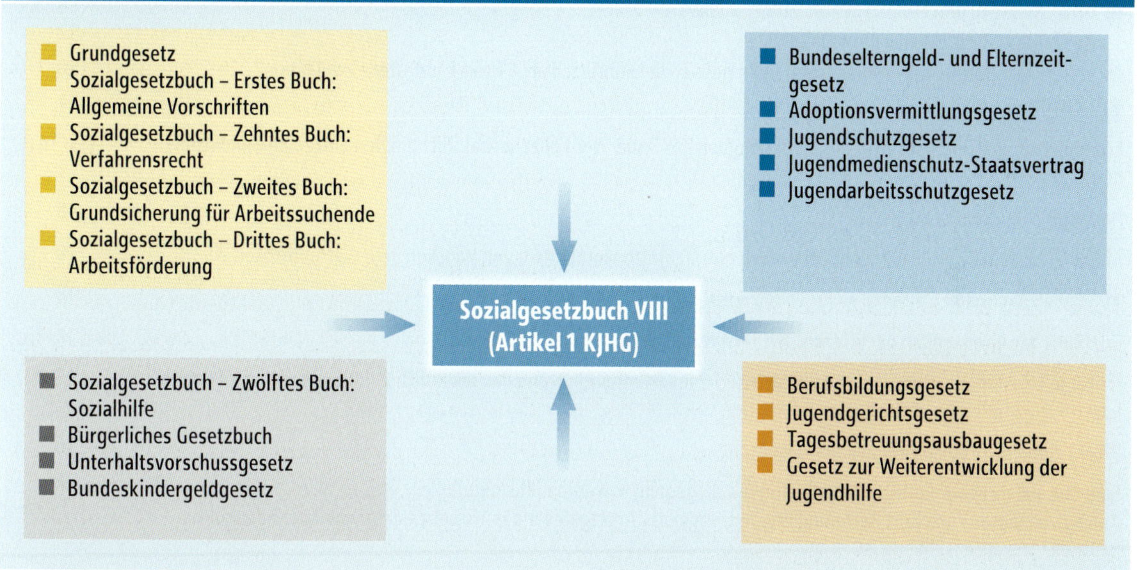

Vgl. www.kinder-jugendhilfe.info

Die gesetzgebenden Parlamente haben in vielen Rechtsbereichen (vgl. nachfolgende Tabelle) Schutzbestimmungen der Entwicklung von Kindern und Jugendlichen und damit bestimmten Altersgrenzen angepasst.

Altersbezogene gesetzliche Regelungen für Kinder- und Jugendliche

Regelungen	Alter
Die Rechtsfähigkeit des Menschen beginnt mit der Vollendung der Geburt.	0
Kinder haben vom vollendeten dritten Lebensjahr bis zum Schuleintritt Anspruch auf den Besuch eines Kindergartens (§ 24 SGB VIII).	3
Beginn der Schulpflicht	6
Besuch der jeweils für die Altersgruppe freigegebenen Filme	6, 12, 16, 18
Ein Minderjähriger, der das siebente Lebensjahr vollendet hat, ist nach Maßgabe der §§ 107 bis 113 BGB in der Geschäftsfähigkeit beschränkt.	7
Wer nicht das siebente Lebensjahr vollendet hat, ist für einen Schaden, den er einem anderen zufügt, nicht verantwortlich.	7
Kinderarbeit ist bis zum Alter von 15 Jahren grundsätzlich verboten, Ausnahmen sind zulässig.	15
aktives und passives Wahlrecht für die Jugendvertretung im Betrieb	14
bedingte Strafmündigkeit	14

Altersbezogene gesetzliche Regelungen für Kinder- und Jugendliche	
Straftaten von Jugendlichen (14 bis 18 Jahre) werden in jedem Fall vor Jugendgerichten verhandelt; dies gilt auch für Heranwachsende (18 bis 21 Jahre), die zur Zeit der Tat nach ihrer sittlichen und geistigen Entwicklung noch einem Jugendlichen gleichstanden.	14 bis 20
uneingeschränkte Strafmündigkeit	21
Recht zum Erwerb des Führerscheins für:	
■ Mofas bis 25 km/h Geschwindigkeit	15
■ Mopeds bis 50 km/h und Leichtkrafträder bis 80 km/h	16
■ PKW (Klasse B) und Motorräder bis 20 kW (Klasse A)	18
Auf Probezeit für Fahrten in Begleitung	17
■ Motorräder (Klasse A), vorausgesetzt, man besitzt den Führerschein A 1 seit mindestens zwei Jahren	20
■ LKW (Klasse C)	21
Erlaubnis zur Vollzeitbeschäftigung, abhängig von der Dauer der Vollzeitschulpflicht in den einzelnen Bundesländern	(15) 16
Nachtschichten sind gestattet ab	18
Abgabe von Tabakwaren an Jugendliche, auch aus Zigarettenautomaten, und Rauchen in der Öffentlichkeit ab	18
Abgabe alkoholischer Getränke an Jugendliche ab	18
Erlaubnis zur Anwesenheit bei öffentlichen Tanzveranstaltungen bis 24:00 Uhr	16
Heirat mit Zustimmung des Vormundschaftsgerichtes ist möglich, wenn der/die künftige Ehepartner/-in volljährig ist.	16
Pflicht zum Besitz eines Personalausweises	16
Eine Ehe soll nicht vor Eintritt der Volljährigkeit eingegangen werden (Ehemündigkeit). Das Familiengericht kann auf Antrag von dieser Vorschrift Befreiung erteilen, wenn der Antragsteller das 16. Lebensjahr vollendet hat und sein künftiger Ehegatte volljährig ist.	16
Strafbar ist für Erwachsene: ■ sexuelle Handlungen an einem Kind vorzunehmen oder durch ein Kind an sich vornehmen zu lassen; ■ ein Kind dazu zu bestimmen, dass es sexuelle Handlungen an einem Dritten vornimmt oder von einem Dritten an sich vornehmen lässt; ■ Einwirkung auf ein Kind durch Vorzeigen pornografischer Abbildungen oder Darstellungen durch Abspielen von Tonträgern pornografischen Inhalts oder durch entsprechende Reden; ■ Verführung von Mädchen unter 16 Jahren zum Beischlaf; ■ sexueller Missbrauch von Schutzbefohlenen unter 18 Jahren.	
Recht, einer Gewerkschaft beizutreten, sobald ein Arbeitsverhältnis begonnen wurde	15/16
Ende der Schulpflicht	18
Volljährigkeit ab	18
aktives und passives Wahlrecht (Besonderheiten im Kommunalrecht)	16/18
Altersgrenze für den Erwerb und Besitz von Schusswaffen für Jäger, nach Ablegung der Jägerprüfung	18
Altersgrenze für den Erwerb und Besitz von Schusswaffen	21
Dienst als ehrenamtlicher Richter oder als Schöffe	25

Vgl. www.kinder-jugendhilfe.info

221060554

Das Kinder- und Jugendhilfegesetz im SGB VIII bietet vor Ort ein verzahntes System von Hilfen in partnerschaftlicher Zusammenarbeit zwischen den öffentlichen und freien Trägern der Kinder- und Jugendhilfe an.

Nach § 1 Abs. 3 SGB VIII verfolgt die Kinder- und Jugendhilfe bestimmte Ziele:

- junge Menschen in ihrer individuellen und sozialen Entwicklung zu fördern und dazu beizutragen, Benachteiligungen zu vermeiden oder abzubauen,
- Eltern und andere Erziehungsberechtigte bei der Erziehung zu beraten und zu unterstützen,
- Kinder und Jugendliche vor Gefahren für ihr Wohl zu schützen,
- dazu beizutragen, positive Lebensbedingungen für junge Menschen und ihre Familien sowie eine kinder- und familienfreundliche Umwelt zu erhalten oder zu schaffen.

Vorrangiges Ziel aller Hilfeleistungen ist es, Familien durch geeignete Angebote Hilfe zur Selbsthilfe zu geben und die Erziehungsarbeit ggf. zu ergänzen, notfalls in sie einzugreifen. Grundsätzlich sind sämtliche Jugendhilfeaufgaben wegen des in Artikel 6 Absatz 2 GG geschützten Elternrechtes auf Erziehung als nachrangig zu sehen.

Adressatenkreis des Kinder- und Jugendhilfegesetzes sind in erster Linie Minderjährige und ihre Familien, aber auch noch nicht 27 Jahre alte Volljährige (vgl. § 7 Abs. 1 SGB VIII).

Das Gesetz geht nicht vom hergebrachten Familienverständnis verheirateter Eltern mit Kindern aus. Erfasst werden heute alle familiären Lebensformen, z. B. Ein-Eltern-Familien, unverheiratete Paare mit Kindern, Pflegeeltern sowie Kinder, die von nahen Verwandten (z. B. Großeltern) erzogen werden.

Leistungsangebote der Kinder- und Jugendhilfe finden im örtlichen Lebensraum von Kindern und Jugendlichen statt. Die Träger der öffentlichen Jugendhilfe werden durch Landesrecht bestimmt. Die örtlichen Träger sind gesetzlich verpflichtet, ein Jugendamt einzurichten. Unter bestimmten Voraussetzungen können auch kreisangehörige Gemeinden ein Jugendamt einrichten.

Das kommunale Jugendamt plant, gewährleistet und finanziert als zentrale Einrichtung vor Ort die Aufgaben und Leistungen der Kinder- und Jugendhilfe. Die Aufgaben des Jugendamtes werden durch den Jugendhilfeausschuss und durch die Verwaltung des Jugendamts wahrgenommen (vgl. folgende Abb.).

Aufbau des Jugendamtes auf örtlicher Ebene

Jugendamt

Jugendhilfeausschuss (JHA)	**Verwaltung**
Der **JHA** befasst sich mit allen Angelegenheiten der Jugendhilfe, inbesondere mit: ▪ der Beratung von Problemlagen junger Menschen und Familien ▪ Vorschlägen für die Weiterentwicklung der Jugendhilfe ▪ der Jugendhilfeplanung ▪ der Förderung der freien Jugendhilfe	laufende verwaltung im Rahmen der Satzung und der Beschlüsse der Vertretungskörperschaft und des Jugendhilfeausschusses

Zusammensetzung des Jugendhilfeausschusses:
zu **2/5** freie Träger, Jugendverbände, Wohlfahrtsverbände, Religionsgemeinschaften, Vereine
zu **3/5** Vertreter des Kommunalparlaments

Vgl. www.kinder-jugendhilfe.info

Die Organisation der Kinder- und Jugendhilfe gehört zur kommunalen Selbstverwaltung. Während die Verwaltung des Jugendamts die Beschlüsse und Gesetze ausführt, ist der Jugendhilfeausschuss steuernd und planend in die Kinder- und Jugendhilfe eingebunden. Die täglichen Geschäfte der laufenden Verwaltung werden von der Verwaltung des Jugendamts im Rahmen einer kommunalen Satzung und der Beschlüsse des Gemeinderats und des Jugendhilfeausschusses wahrgenommen (vgl. § 70 Abs. 2 SGB VIII).

Die Beteiligung freier Träger der Kinder- und Jugendhilfe im Jugendhilfeausschuss bietet die Gewähr, dass die Interessen von Kindern, Jugendlichen und ihren Eltern unmittelbar einbezogen werden.

Träger der freien Jugendhilfe sind u. a. Jugendverbände, Jugendwohlfahrtsverbände, die Kirchen und Selbsthilfe-Organisationen, z.B. Deutscher Caritasverband, Diakonisches Werk, Arbeiterwohlfahrt oder Deutscher Paritätischer Wohlfahrtsverband.

In der alltäglichen Praxis erbringen die freien Träger der Jugendhilfe im Verhältnis zur öffentlichen Jugendhilfe erhebliche Jugendhilfeleistungen. Deutlich wird dies vor allem bei der Trägerschaft von Kindergärten, Heimen sowie im Bereich der Jugendarbeit.

Das Jugendamt ist Partner für Familien-, Vormundschafts- und Jugendgerichte, Polizei und Staatsanwaltschaft. Es ist Anlaufstelle für Hilfesuchende und zentraler Ansprechpartner bei Gefährdungen des Kindeswohls.

Die Aufgaben des Jugendamtes sind im SGB VIII als „Leistungen und andere Aufgaben zugunsten junger Menschen und Familien" definiert.

Leistungen der Jugendhilfe sind u. a.:

- Jugendarbeit, Jugendsozialarbeit sowie Kinder- und Jugendschutz anzubieten,
- die Erziehung in der Familie zu unterstützen,
- Kinder in Tageseinrichtungen und Tagespflege zu fördern oder
- seelisch behinderten Kindern und Jugendlichen zu helfen.

Andere Aufgaben der Jugendhilfe sind unter anderem:

- Kinder und Jugendliche in Obhut zu nehmen, d. h. sie vorläufig sicher außerhalb der Familie unterzubringen,
- Kinder oder Jugendliche aus einer Wohnumgebung herauszunehmen,
- in Verfahren vor den Vormundschafts- und Familiengerichten mitzuwirken,
- in Adoptionsverfahren zu beraten und aufzuklären,
- in Verfahren nach dem Jugendgerichtsgesetz mitzuwirken,
- Pfleger und Vormünder zu beraten und zu unterstützen,
- Amtspflegschaft, Amtsvormundschaft und Beistandschaft einzurichten.

Die Leistungen der Jugendhilfe haben überwiegend beratenden Charakter. Sie stellen Angebote dar, die freiwillig in Anspruch genommen werden können. Angeordnet oder erzwungen werden können sie im Grundsatz nicht. Leistungen sind von den Jugendämtern aber immer anzubieten. Sie stellen einklagbare Rechtsansprüche Hilfesuchender dar, z. B. auf Beratungsangebote.

Der Bereich der Beratung und Hilfeleistung wird allerdings verlassen, wenn das Kindeswohl gefährdet ist. Durch das Familiengericht sind Eingriffe in das elterliche Sorgerecht möglich (vgl. nachfolgende Abb.). Das Jugendamt spielt in diesem Verfahren eine zentrale Rolle.

Mitwirkungen in Verfahren vor dem Familiengericht	
„Pflege und Erziehung sind das natürliche Recht der Eltern und die zuvörderst ihnen obliegende Pflicht. Über ihre Betätigung wacht die staatliche Gemeinschaft." (Art. 6 Abs. 2 GG) Entscheidungen über Eingriffe ins elterliche Sorgerecht können nur vom Familiengericht getroffen werden.	**Eingriffe in dieses Recht (Sorgerecht) sind nach § 1666 BGB nur möglich,** ■ **wenn** das Wohl des Kindes gefährdet ist (Vernachlässigung, Misshandlung, Missbrauch) ■ **und** die Eltern nicht bereit oder in der Lage sind, diese Gefährdungssituation zu beenden, ■ **und** andere Maßnahmen (z. B. der Jugendhilfe) erfolglos geblieben sind oder zur Abwendung der Gefahr nicht ausreichen (§ 1666 a BGB/Verhältnismäßigkeit) ■ **und** die ergriffenen Maßnahmen eine geeignete und verhältnismäßige Form der Gefahrenabwehr darstellen.
Das Jugendamt **kann** das Gericht anrufen.	Das Gericht **muss** das Jugendamt anhören.

Vgl. www.kinder-jugendhilfe.info

Die tägliche Arbeit einer Mitarbeiterin/eines Mitarbeiters eines Jugendamts ist durch bestimmte Verfahrensgrundsätze (vgl. nachfolgende Abb.) geprägt, die zu beachten sind.

Es muss u. a. ein Hilfeplan (§ 36 Abs. 2 SGB VIII) aufgestellt und dem Wunsch- und Wahlrecht der Betroffenen (§ 5 SGB VIII) gefolgt werden.

Verfahrensgrundsätze (Auswahl) im Jugendamt	
■ Information und Beratung von Eltern und Kindern/Jugendlichen bei der Auswahl der Hilfe ■ Berücksichtigung des Wunsch- und Wahlrechts der Betroffenen (Eltern und Kinder) ■ Entscheidungen im Zusammenwirken mehrerer Fachkräfte (kollegiale Beratung im Fachteam) ■ Aufstellen eines Hilfeplans ■ regelmäßige Entscheidungsüberprüfung	**Bei Hilfe außerhalb der eigenen Familie (Pflegefamilien, Heime, sonstige betreute Wohnformen):** ■ Sicherung der Zusammenarbeit mit den Eltern ■ weitere Unterstützung der Herkunftsfamilie, Wiederherstellen der Erziehungsfähigkeit (Rückkehroption für das Kind) ■ mittelfristige Klärung und Entscheidung, ob die Unterbringung auf Zeit oder auf Dauer erfolgt

Vgl. www.kinder-jugendhilfe.info

Es ist immer das gesamte Umfeld der Kinder und Jugendlichen zu berücksichtigen. Die Familie, Freunde, die Ausbildungsstätte oder die Rahmenbedingungen in der Gemeinde sind in alle Jugendhilfe-Aktivitäten einzubeziehen.

Wenn Jugendhilfe gewährt wird, bedeutet dies nicht, dass Unterhalts- oder Sorgeverpflichtete sich ihren Pflichten entziehen können (vgl. § 10 SGB VIII). Jugendhilfe ist gegenüber den Elternrechten und -pflichten nachrangig anzuwenden.

Nach § 10 Abs. 3 SGB VIII gehen allerdings Jugendhilfeleistungen den Sozialhilfeleistungen vor. Sozialhilfe bleibt also im Verhältnis zur Jugendhilfe nachrangig (Nachrangprinzip der Sozialhilfe).

3.4 Das SGB XII – Sozialhilfe

Menschen, die hilfebedürftig, aber nicht erwerbsfähig sind, erhalten nach Sozialgesetzbuch, Zwölftes Buch (XII), Sozialhilfe. Sozialhilfe ist eine Leistung der Kommunen, auf die bei Vorliegen der gesetzlichen Voraussetzungen ein Anspruch besteht, wie auf andere Sozialleistungen auch (z. B. Kindergeld). In dieses Gesetz integriert wurde auch die Grundsicherung im Alter und bei Erwerbsminderung.

Personen, die erwerbsfähig und hilfebedürftig sind, erhalten keine Sozialhilfe, sondern das ALG II (vgl. Kapitel 3.1).

Viele Menschen geraten ohne eigenes Verschulden in eine Notsituation. Daher ist der Anspruch auf Sozialhilfe im Gesetz verschuldensunabhängig ausgestaltet worden.

Sozialhilfe kann grundsätzlich

- als Dienstleistung, z. B. unterstützend bei der Wohnungsbeschaffung, oder vermittelnd zu anderen Sozialleistungsträgern,
- als Geldleistung in Form monatlicher Zahlungen oder
- als Sachleistung, zum Beispiel bei der Beschaffung von Haushaltsgegenständen,

gewährt werden.

Der überwiegende Teil der Sozialhilfeleistungen sind Muss-Leistungen, auf die bei Vorliegen der Voraussetzungen ein Rechtsanspruch besteht (z. B. Hilfe zur Pflege oder zum Lebensunterhalt).

Daneben sind auch Soll- und Kann-Leistungen im SGB XII vorgesehen.

3.4.1 Grundsätze

Die Leistungen werden in den Kapiteln drei bis neun des SGB XII geregelt.

Es sind dabei drei Grundformen der Leistungserbringung vorgesehen:

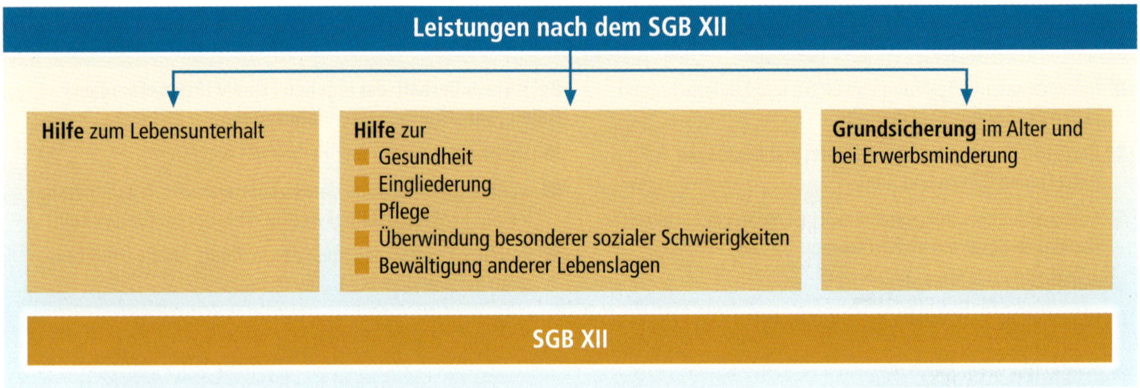

Bei der Erbringung dieser Leistungen sind von den Mitarbeitern der Sozialbehörden wichtige Grundsätze zu beachten:

- Nach § 9 SGB XII sind die Leistungen auf den individuellen Bedarf abzustimmen; dabei sind die Lebenslage, die Wünsche und die Fähigkeiten des Leistungsempfängers zu berücksichtigen.
- Im Sinne von § 2 Abs. 1 SGB XII ist Sozialhilfe eine nachrangige Leistung (Subsidiaritätsprinzip) und wird daher grundsätzlich erst dann geleistet, wenn alle anderen Möglichkeiten ausgeschöpft sind. Der Leistungsberechtigte hat zunächst sein Einkommen und Vermögen, ihm ggf. zustehende Unterhaltsleistungen und seine eigene Arbeitskraft einzusetzen oder seine Ansprüche gegenüber vorrangigen Leistungsträgern geltend zu machen. Wenn Leistungen von Trägern der freien Wohlfahrtspflege gewährt werden, soll Sozialhilfe ebenfalls nur nachrangig gewährt (vgl. § 5 Abs. 4 SGB XII). Dies gilt nicht für Geldleistungen.
- Sozialhilfe muss nicht beantragt werden, sondern setzt unmittelbar ein, wenn dem Träger der Sozialhilfe bekannt wird, dass die Leistungsvoraussetzungen gegeben sind (vgl. § 18 Abs. 1 SGB XII), z. B. durch persönliche oder telefonische Vorsprache oder einen formlosen Brief.
  Die Leistungen der Grundsicherung im Alter und die Leistungen bei Erwerbsminderung nach dem vierten Kapitel müssen allerdings beantragt werden (vgl. § 41 Abs. 1 SGB XII).
- Im Sinne von § 10 Abs. 3 SGB XII werden Leistungen vorrangig als Geldleistungen erbracht. Dienst- oder Sachleistungen sind daneben ebenfalls möglich. Gutscheine gehören zu den Sachleistungen.
- Nach § 11 SGB XII besteht auch ein Anspruch auf Beratung und weitere Unterstützungsformen, die von der Sozialhilfe unabhängig machen sollen.
- Grundsätzlich haben ambulante Hilfen Vorrang vor stationären. Stationäre Hilfe soll erst nach Prüfung von Bedarf, möglichen Alternativen und Kosten erfolgen.
- Mitwirkungspflichten des Leistungsberechtigten sind trotz fehlender oder geminderter Erwerbsfähigkeit deutlich herauszustellen.
- Sozialhilfe übernimmt bis auf wenige Ausnahmen, z. B. zur Wohnraumsicherung, keine Schulden.
- Sozialhilfe wird grundsätzlich im Inland gewährt. Im Ausland lebende Deutsche haben gem. § 24 SGB XII nur in außergewöhnlichen Notlagen Anspruch auf Sozialhilfe.

3.4.2 Aufgaben und Ziele

Krankheit, Unfall, Pflegebedürftigkeit oder Arbeitslosigkeit sind Lebensrisiken, die durch die Leistungsbereiche der Sozialversicherung weitgehend abgedeckt sind. Es können sich aber Notlagen ergeben, die nicht durch eine private oder öffentlich-rechtliche Versicherung oder private Hilfe durch Verwandte abgesichert sind.

Für diese Notlagen steht als nachrangige und „letzte Hilfe“ die Sozialhilfe zur Verfügung.

Aufgabe der Sozialhilfe ist es gem. § 1 SGB XII, den Leistungsberechtigten die Führung eines Lebens zu ermöglichen, das der Würde des Menschen entspricht. Die Leistungen sind im Wesentlichen Hilfe zur Selbsthilfe, bei der die Leistungsberechtigten nach ihren Kräften mitzuwirken haben.

3.4.3 Organisation und Träger der Sozialhilfe

Das Sozialhilferecht ist mit dem SGB XII als Bundesgesetz geregelt. Als öffentliche „Fürsorge“ gehört die Sozialhilfe gem. Art. 74 Nr. 7 GG zum Bereich der konkurrierenden Gesetzgebung. Die Länder sind nur dann für die Sozialhilfe gesetzgeberisch verantwortlich, solange der Bund keine Notwendigkeit sieht, durch ein Bundesgesetz gleichwertige Lebensverhältnisse und Rechtseinheitlichkeit im gesamten Bundesgebiet herstellen zu müssen. Die Notwendigkeit einer bundeseinheitlichen Regelung wird für das Sozialhilferecht aber gesehen.

Die Behörden der Bundesländer führen das Sozialhilferecht nach Art. 84 GG als eigene Angelegenheit aus, d. h., sie bestimmen im Wesentlichen die behördliche Organisation. Die Leistungen der Sozialhilfe werden aus Steuermitteln der Länder finanziert.

Die örtlichen Träger der Sozialhilfe sind gem. § 3 SGB XII die kreisfreien Städte und die Kreise, die verfassungsrechtlich zu den Ländern gehören. Örtlich umgesetzt werden die Sozialhilferegeln durch Sozialämter, Fachbereiche für Soziales und ähnliche Organisationseinheiten.

Die Kommunen haben die Sozialhilfeausgaben aus den ihnen zustehenden Steuereinnahmen und aus Mitteln des Finanzausgleichs innerhalb des Bundeslands zu bestreiten.

3.4.4 Hilfe zum Lebensunterhalt

Hilfe zum Lebensunterhalt erhält, wer den notwendigen Lebensunterhalt weder aus eigenen Mitteln (Einkommen und Vermögen) und Kräften (Arbeitskraft), noch mit Hilfe Dritter (z. B. Unterhaltszahlungen) sicherstellen kann. Es besteht im Grundsatz eine hohe Verpflichtung, sich selbst zu helfen.

Hilfe zum Lebensunterhalt wird sowohl vorübergehend als auch längerfristig gewährt, wenn es die individuelle Notlage der Leistungsberechtigten erfordert.

Die Hilfe zum Lebensunterhalt soll die Grundbedürfnisse des täglichen Lebens eines Menschen sichern (Bedarf). Dazu gehören u. a. die angemessenen Kosten der Unterkunft einschließlich Heizung, Ernährung, Kleidung und Hausrat. Umzugskosten können im Einzelfall übernommen werden.

Mit der Verlagerung von Sozialhilfeleistungen für Erwerbsfähige in den Bereich der Grundsicherung nach dem SGB II ab 2005 hat sich die Zahl der Leistungsempfänger in den Kommunen deutlich verringert (vgl. nachfolgende Abb.).

EmpfängerInnen von Hilfe zum Lebensunterhalt 1975 bis 2014

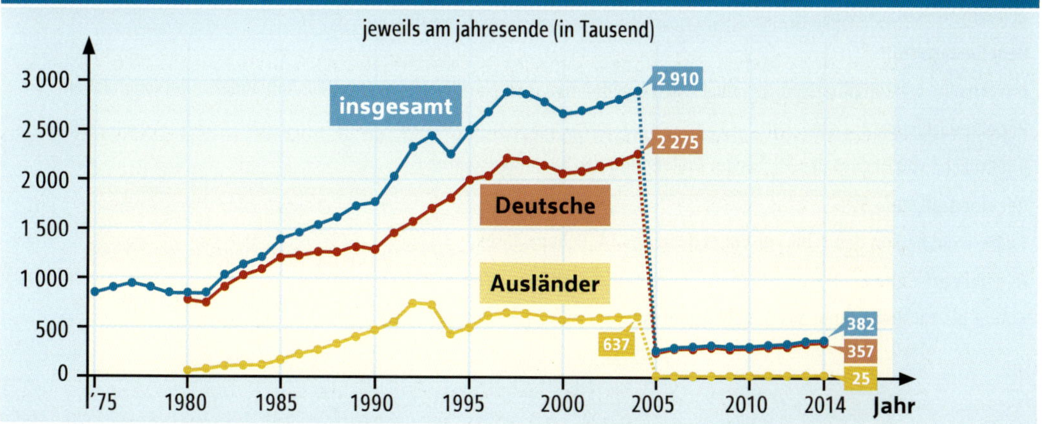

Vgl. Statistisches Bundesamt, Wiesbaden 2016

3 Einzelne Hilfearten des SGB im Überblick

Die Hilfe zum Lebensunterhalt wird durch Regelbeträge weitgehend pauschaliert. Die Unterhaltsleistungen nach dem SGB II richten sich ebenfalls nach diesen Regelbeträgen.

Sozialhilfe als laufende Hilfe zum Lebensunterhalt berechnet sich vereinfacht nach nebenstehendem Schema:

	Regelbetrag
+	Mehrbedarf
+	Sonderbedarf
+	Unterkunftskosten
+	Kranken- und Pflegeversicherungsbeiträge
–	Einkommen
–	Vermögen
=	Hilfe zum Lebensunterhalt

Für die Berechnung muss ein Leistungsempfänger umfangreich über seine persönlichen und finanziellen Verhältnisse Auskunft erteilen.

Regelmäßig müssen u. a. folgende Nachweise erbracht werden:

- Lohn- oder Gehaltsabrechnungen
- Kontoauszüge
- Vermögensnachweise über Sparverträge, Lebensversicherungen usw.
- Versicherungspolicen (z. B. über Hausrat- oder Haftpflichtversicherung)
- Mietvertrag
- Kindergeldbescheid
- Unterhaltszahlungen
- Nachweise über eine besondere Pflegebedürftigkeit

Zum Einkommen sind grundsätzlich alle Einkünfte in Geld oder Geldeswert zu zählen. Das können zum Beispiel Arbeitseinkommen aus geringfügiger Beschäftigung, Renten, Kindergeld oder Unterhaltsvorschussleistungen sein. Nicht zum Einkommen gehören u. a. Leistungen nach dem SGB XII selbst. Vom Einkommen und Vermögen bleiben bestimmte Beträge anrechnungsfrei (vgl. Ausführungen in Kapitel 3.1).

Regelsätze (RS) in der Hilfe zum Lebensunterhalt und der Grundsicherung im Alter und bei Erwerbsminderung (alle Beträge in Euro) ab 1. Januar 2018

gültig ab	Regelbedarfsstufe 1	Regelbedarfsstufe 2	Regelbedarfsstufe 3	Regelbedarfsstufe 4	Regelbedarfsstufe 5	Regelbedarfsstufe 6
01.01.2018	416	374	332	316	296	240

Regelbedarfsstufe 1:
alleinstehende oder alleinerziehende Leistungsberechtigte

Regelbedarfsstufe 2:
Ehegatten und Lebenspartner sowie andere erwachsene Leistungsberechtigte, die in einem gemeinsamen Haushalt leben und gemeinsam wirtschaften

Regelbedarfsstufe 3:
erwachsene Leistungsberechtigte, die keinen eigenen Haushalt führen, weil sie im Haushalt anderer Personen leben

Regelbedarfsstufe 4:
Jugendliche von Beginn des 15. bis zur Vollendung des 18. Lebensjahres

Regelbedarfsstufe 5:
Kinder vom Beginn des 7. bis zur Vollendung des 14. Lebensjahres

Regelbedarfsstufe 6:
Kinder bis zur Vollendung des 6. Lebensjahres

221060560

Seit dem 1. Januar 2018 gilt in der Regelbedarfsstufe 1 ein Regelsatz von 416,00 €. Der Regelsatz soll die dargestellten Bedarfe sichern. Diesen Betrag erhalten Alleinstehende und alleinerziehende Leistungsberechtigte. Weitere Haushaltsangehörige erhöhen diesen Betrag. Bei Kindern bleibt es im Grundsatz bei den alten Regelungen. Zusammenlebende Ehepaare und Lebenspartner erhalten, wie beim ALG II, jeweils 90 % des Eckregelsatzes (vgl. zu den Regelsätzen auch die Tabelle auf vorheriger Seite).

Zusätzlich übernimmt das Sozialamt die angemessenen Kosten der Unterkunft und die Heizkosten. Wegen dieser Übernahme haben Sozialhilfeempfänger keinen zusätzlichen Anspruch auf Wohngeld. Das zuständige Jobcenter orientiert sich bei der Festlegung am örtlichen Mietniveau.

Sozialhilfe soll sich grundsätzlich nach den Besonderheiten des Einzelfalles richten (vgl. § 9 Abs. 1 SGB XII). Die Gewährung von Sozialhilfe als pauschalierte Regelleistung steht zu diesem Grundsatz in einem gewissen Widerspruch. Die Mitarbeiter der Sozialbehörden können diesen Widerspruch durch das ihnen eingeräumte Ermessen auflösen. Von pauschalierten Leistungen darf daher im Einzelfall wegen Sonder- oder Mehrbedarf abgewichen werden, wenn eine ausreichende Hilfeleistung anders nicht gewährt werden kann.

Mehrbedarfe können z. B. entstehen durch Schwangerschaft, eine Behinderung oder eine kostenaufwändigere Ernährung. Auch voll Erwerbsgeminderte mit einem Merkzeichen G im Schwerbehindertenausweis können Mehrbedarfe haben.

3.4.5 Grundsicherung im Alter und bei Erwerbsminderung

Die Grundsicherung im Alter und bei dauerhaft voller Erwerbsminderung ist eine der im SGB XII geregelten Sozialhilfeleistungen. Sie stellt den Bedarf für den Lebensunterhalt älterer und dauerhaft Erwerbsgeminderter sicher.

Sie ist eine bedürftigkeitsabhängige Leistung, die in ihrem Umfang weitgehend den Leistungen der Hilfe zum Lebensunterhalt entspricht.

Beantragen können diese Leistung im Einzelnen Personen mit gewöhnlichem Aufenthalt in der Bundesrepublik Deutschland,

- die ihre Altersgrenze gem. § 41 SGB XII erreicht haben oder
- die das 18. Lebensjahr vollendet haben und dauerhaft voll erwerbsgemindert sind.

Beanspruchen können diese Personen die Grundsicherung,

- wenn sie ihren Lebensunterhalt nicht aus eigenem Einkommen und Vermögen oder
- aus dem Einkommen und Vermögen des nicht getrennt lebenden Ehegatten oder Lebenspartners bestreiten können.

Zum Einkommen gehören u. a. Renten und Pensionen, Erwerbseinkommen, Einkünfte aus Vermietung und Verpachtung oder Unterhaltsleistungen des geschiedenen Ehegatten. Abzugsfähig vom Einkommen sind Steuern und bestimmte Versicherungen. Zum Vermögen gehören u. a. Bargeld und Wertpapiere, Immobilien, Spargelder oder auch der eigene PKW. Ein bestimmtes Schonvermögen bleibt unberücksichtigt.

Die Grundsicherung ist ähnlich ausgestaltet wie die Hilfe zum Lebensunterhalt. Daher ist auch bei dieser Form der Sozialhilfe von den bekannten Regelsätzen auszugehen.

Die Grundsicherung schützt unterhaltsverpflichtete Kinder, weil sie steuerfinanziert ist. Ältere Menschen müssen daher den Rückgriff des Sozialamts auf die Einkommen der Kinder in der Regel nicht befürchten.

Keinen Anspruch auf Leistungen haben Personen u. a.,

- wenn das Einkommen von Unterhaltspflichtigen einen Betrag von jährlich 100 000,00 € übersteigt, s. § 43 Abs. 5 SGB XII, oder
- wenn sie ihre Bedürftigkeit innerhalb der letzten zehn Jahre vor dem Hilfegesuch vorsätzlich oder grob fahrlässig herbeigeführt haben, s. § 41 Abs. 4 SGB XII.

Eine vereinfachte Bedarfsberechnung wird in der folgenden Situation dargestellt.

Hiltrud Möller, 69 Jahre alt, ist Witwe und stark gehbehindert. Sie wohnt in einer 46 m² großen Wohnung. Wegen ihrer beiden Kinder war sie nur wenige Jahre berufstätig. Ihr verstorbener Ehemann hatte ihre Berufstätigkeit immer kritisch gesehen. Ihre Versichertenrente ist daher gering. Da ihr verstorbener Ehemann ebenfalls keine hohe Rente bezogen hatte, fällt ihre Witwenrente gering aus.

Eine Bedarfsberechnung könnte vereinfacht folgendermaßen aussehen:

Einkommen:	€/Monat
eigene Rente (bereinigt um Pflichtversicherungsbeiträge)	95,00
Witwenrente (ebenso bereinigt)	325,00
Summe Einkommen:	420,00
Bedarf an Grundsicherung:	
Regelsatz Haushaltsvorstand (ab 2018 vorgesehen)	416,00
Mehrbedarf von 17 % wegen Gehbehinderung	71,00
Unterkunftskosten	290,00
Heizkosten	68,00
Bedarf insgesamt	845,00
Grundsicherungsleistung:	
Gesamtbedarf	845,00
abzüglich Einkommen	420,00
Grundsicherung monatlich	425,00

Hiltrud Möller hätte einen Anspruch auf Grundsicherungsleistung im Alter in Höhe von monatlich 425,00 €. Dieser würde nur dann entfallen, wenn ihre Kinder über mehr als 100 000,00 € Einkommen jährlich verfügen. Ihre Kinder müssten diese Sozialhilfeleistung auch nicht erstatten.

Für Sozialhilfeberechtigte und Grundsicherungsberechtigte wie Hiltrud Möller werden die tatsächlichen Kosten für Unterkunft und Heizung übernommen. Ein Anspruch auf Wohngeld entfällt damit.

Folgende Wohnungs- und Hausgrößen gelten als angemessen (Bsp. Stadt Bochum, NRW):

- bis zu 50 m² für eine Person
- bis zu 65 m² für zwei Personen
- bis zu 80 m² für drei Personen
- bis zu 95 m² für vier Personen
- ein eigenes Haus darf ca. 130 m² groß sein, eine eigene Wohnung bis 120 m²

Eine Mitarbeiter der Sozialbehörde muss die Besonderheiten des Einzelfalls berücksichtigen. Richtlinien des Sozialhilfeträgers sind zu beachten. Eine Veränderung der Wohnsituation kann durch Umzug u. U. aufwändiger und kostenintensiver sein als ein Verbleib in der alten Wohnung.

Eine Grundsicherung wegen dauerhaft voller Erwerbsminderung setzt voraus, dass das Leistungsvermögen wegen Krankheit oder Behinderung stark herabgesetzt ist. Die leistungsberechtigte Person müsste auf nicht absehbare Zeit außerstande sein, unter üblicherweise geltenden Arbeitsbedingungen mindestens drei Stunden täglich erwerbstätig zu sein (vgl. § 43 SGB XII).

221060562

3.4.6 Weitere Leistungen nach SGB XII

Neben der Hilfe zum Lebensunterhalt und der Grundsicherung im Alter und bei Erwerbsminderung tritt die Sozialhilfe auch ein, wenn Menschen in einer besonderen Lebenssituation stecken. Krankheit, Pflegebedürftigkeit, Behinderung oder besondere soziale Schwierigkeiten können eine spezielle Unterstützung wegen einer besonderen Bedarfssituation erforderlich machen.

Im Einzelnen können folgende Hilfen besondere Unterstützungen liefern:

- Hilfen zur Gesundheit (§§ 47 bis 52 SGB XII)
- Eingliederungshilfe für behinderte Menschen (§§ 53 bis 60 SGB XII)
- Hilfe zur Pflege (§§ 61 bis 66 SGB XII)
- Hilfe zur Überwindung besonderer sozialer Schwierigkeiten (§§ 67 bis 69 SGB XII)
- Hilfe in anderen Lebenslagen (§§ 70 bis 74 SGB XII)

Die Ausgaben für diese Hilfen sind im Vergleich zur Hilfe zum Lebensunterhalt und zur Grundsicherung im Alter und bei Erwerbsminderung deutlich höher (vgl. nachfolgende Abb.).

Nettoausgaben in der Sozialhilfe (SGB XII) nach Leistungsarten in den Jahren 2015 und 2016

	Nettoausgaben SGB XII im Jahr 2015		Nettoausgaben SGB XII im Jahr 2016		
Leistung	Netto-ausgaben in Mio. €	Anteile der Ausgaben nach Kap. an Gesamtkosten	Erhöhung 2016 gegenüber 2015	Netto-ausgaben in Mio. €	Anteile der Ausgaben nach Kap. an Gesamtkosten
Hilfe zum Lebensunterhalt	1 403,0	5,1 %	+ 7,6 %	1 435,7	4,9 %
Grundsicherung im Alter und bei Erwerbsminderung [1]	5 925,8	21,4 %	+ 8,0 %	5 925,8	21,7 %
Hilfen zur Gesundheit ohne Kostenerstattung an GKV [2]	775,5	2,8 %		742,1	2,5 %
Eingliederungshilfe	15 649,0	56,5 %	+ 4,5 %	16 471,9	56,3 %
Hilfe zur Pflege	3 502,4	12,6 %	+ 1,9 %	3 796,1	13,0 %
Hilfe zur Überwindung besonderer sozialer Schwierigkeiten Hilfe in anderen Lebenslagen	450,6	0,0 %		1 195,4	1,6 %
Ausgaben insgesamt	27 705,8	100 %	+ 4,8 %	29 265,3	100 %

1 Ausgaben ohne Kosten für von den Trägern der gesetzlichen Rentenversicherung durchgeführte Gutachten zur Feststellung einer dauerhaften vollen Erwerbsminderung; ohne Berücksichtigung des finanziellen Anteils des Bundes

2 einschließlich Erstattungszahlungen an die Krankenkassen für Krankenbehandlung nach § 264 SGB V

Vgl. Bundesministerium für Arbeit und Soziales: Übersicht über das Sozialrecht. 15. Auflage. 2018, S. 889.

3.4.7 Überleitung von Ansprüchen auf den Sozialhilfeträger

Der Übergang von Unterhaltsansprüchen auf den Sozialhilfeträger ist in § 94 SGB XII geregelt. Eine leistungsberechtigte Person, die Unterhaltsansprüche gegen einen Unterhaltspflichtigen nach bürgerlichem Recht hat, „verliert" diesen Anspruch gewissermaßen an den Sozialhilfeträger.

Durch eine Überleitungsanzeige an Unterhaltsverpflichtete werden die privatrechtlichen Ansprüche auf den Sozialhilfeträger übergeleitet. Der Unterhaltsanspruch geht dabei bis zur Höhe der geleisteten Hilfe auf den Träger über.

Ein solcher Unterhaltsrückgriff ist allerdings nur bei Unterhaltsansprüchen in gerader Linie möglich, d. h. ausschließlich zwischen Eltern und ihren Kindern und umgekehrt. Unterhaltsverpflichtete dürfen durch den Unterhaltsrückgriff allerdings nicht selbst hilfebedürftig werden. Der Unterhaltsrückgriff ist, wie oben dargestellt, nicht möglich in der Grundsicherung im Alter und bei Erwerbsminderung.

4 Ausgewählte öffentlich-rechtliche Leistungen

4.1 Kindergeld

Die Familienpolitik in der Bundesrepublik Deutschland stand auch im Jahr 2018 weiter im Blickpunkt. Die bundesweite Zahlung von Betreuungsgeld wurde als verfassungswidrig eingestuft und wird nun von den Bundesländern geregelt. In Bayern und Sachsen können Eltern das Betreuungsgeld bzw. das Landeserziehungsgeld noch erhalten.

Fehlender Nachwuchs gefährdet vor allen Dingen die Sozialversicherungssysteme, die überwiegend (noch) als Generationenverträge ausgestaltet sind. Darüber hinaus beklagt die Wirtschaft zunehmend einen spürbaren Facharbeitermangel.

Aus diesen Gründen hat die staatliche Unterstützung von Familien ein hohes Gewicht. In der Bundesrepublik Deutschland werden Familien überwiegend materiell durch steuerliche Freibeträge und Kindergeld gefördert. In anderen Ländern sind Sachleistungen ausgeprägter (vgl. nachfolgende Grafik).

Die Geburtenrate in Deutschland ist z. Zt. steigend mit 1,59 Kindern pro Frau (2016). Sie rückt damit ins europäische Mittelfeld auf. Beklagt wird weiterhin eine schlechte Vereinbarkeit von Beruf und Familie. In Frankreich beträgt die Geburtenrate 1,92 (2016) Kinder je Frau. Damit ist diese Geburtenrate am höchsten in der EU und in Italien mit 1,34 Kindern je Frau am niedrigsten.

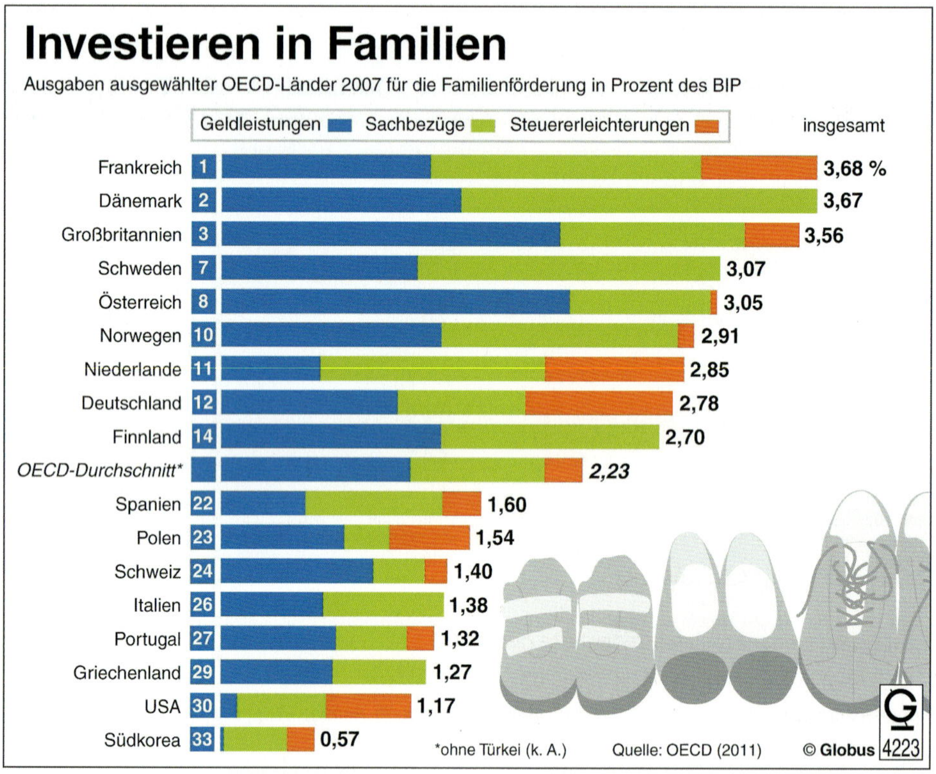

Kindergeld ist keine Sozialleistung im herkömmlichen Sinne. Durch das monatlich gezahlte Kindergeld sollen Eltern eher steuerlich entlastet und das Existenzminimum des Kindes in dieser Höhe abgesichert werden.

Bei der Veranlagung zur Einkommensteuer einmal jährlich wird geprüft, ob die Gewährung steuerlicher Kinder- und Betreuungsfreibeträge für das Existenzminimum eines Kindes sich günstiger auswirken würde als das ausgezahlte Kindergeld (sogenannte Günstigerregelung). Ist dies der Fall, erfolgt eine Verrechnung mit dem ausgezahlten Kindergeld.

Geregelt ist das Kindergeld im X. Abschnitt des Einkommensteuergesetzes sowie im Bundeskindergeldgesetz. Kindergeld nach dem Bundeskindergeldgesetz wird aber nur für einen kleinen Kreis von Berechtigten gezahlt und tritt hinter die steuerrechtlichen Regelungen zurück.

4.1 Kindergeld

Grundsätzlich erhält Kindergeld, wer seinen Wohnsitz oder seinen gewöhnlichen Aufenthalt in Deutschland hat. Daneben erhält Kindergeld, wer zwar im Ausland wohnt, in Deutschland aber unbeschränkt einkommensteuerpflichtig ist.

Als Kinder des Antragstellers zählen leibliche und adoptierte Kinder, Kinder des Ehegatten sowie Enkelkinder, wenn Großeltern als Antragsteller diese in ihren Haushalt aufgenommen haben. Ebenfalls als Kinder zählen Pflegekinder, soweit eine auf Dauer angelegte familienähnliche Beziehung entstanden ist. Einen Anspruch auf Kindergeld haben grundsätzlich die Eltern, nicht aber die Kinder selbst.

Das Kindergeld ist bei der zuständigen Familienkasse der Bundesagentur für Arbeit schriftlich zu beantragen. Für Angehörige des öffentlichen Dienstes gelten Sonderzuständigkeiten. Ein Anspruch besteht für jeden Monat, in dem die Anspruchsvoraussetzungen für mindestens einen Tag vorgelegen haben. Rückwirkend kann Kindergeld für vier Jahre festgesetzt werden.

Kindergeld wird mindestens bis zum 18. Lebensjahr des Kindes gezahlt. Befindet sich das Kind in einer Schul- oder Berufsausbildung bzw. im Studium, wird Kindergeld bis zur Vollendung des 25. Lebensjahres gezahlt. Hat ein in Studium oder Ausbildung befindliches Kind Zivil- oder Wehrdienst geleistet, verlängert sich der Anspruchszeitraum um die Dauer des Wehr- bzw. Zivildienstes (vgl. Schaubild). Eine Ausnahme von der Altersgrenze gilt bei schwerbehinderten Kindern, sofern die Schwerbehinderung vor dem 25. Lebensjahr festgestellt wurde und mindestens ein Elternteil noch lebt.

Anspruchsvoraussetzungen

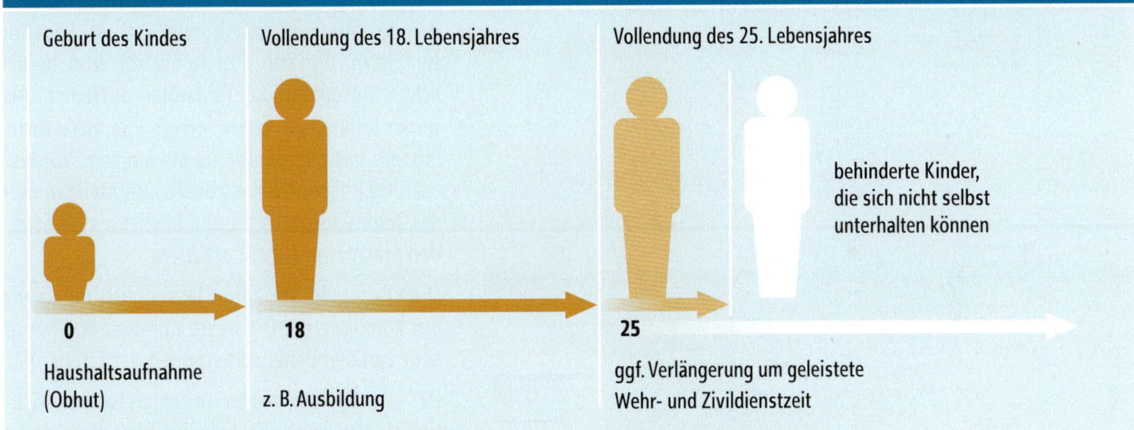

Vgl. Bundeszentralamt für Steuern: Merkblatt Kindergeld. 2018, S. 12.

Kindergeld wird monatlich in folgender Höhe gezahlt (2018):

- für die ersten zwei Kinder jeweils 194,00 €
- für ein drittes Kind 200,00 €
- für jedes weitere Kind 225,00 €

Welches Kind bei einem Berechtigten erstes, zweites, drittes oder weiteres Kind ist, richtet sich nach der Reihenfolge der Geburten.

Erhält ein Kind wegen Erreichen der Altersgrenze kein Kindergeld mehr, rücken die Geschwisterkinder auf. Diese stellen die sogenannten Zahlkinder dar.

Berücksichtigt werden aber auch die sogenannten Zählkinder. Diese sind Kinder des Kindergeldberechtigten, für die er aber kein Kindergeld erhält, z. B. weil ein anderer kindergeldberechtigt ist. Die Zählkinder werden bei der Gesamtzahl der Kinder mitgezählt und können den Anspruch auf die Höhe des Kindergelds verändern.

Aktuelle Informationen über die Leistungen der Familienkassen der Bundesagentur für Arbeit findet man im Internet unter: www.arbeitsagentur.de/familie-und-kinder

4.2 Elterngeld und Elternzeit

Elterngeld nach dem Bundeselterngeld- und Elternzeitgesetz (BEEG) ist eine Familienleistung und soll das Einkommen zumindest teilweise ersetzen. Es wird gezahlt für Kinder, die ab dem 1. Januar 2007 geboren wurden, zusätzlich zum Kindergeld. Elterngeld gibt es in den Varianten Basiselterngeld, ElterngeldPlus und Partnerschaftsbonus. Basiselterngeld wird in der Regel für den Zeitraum von zwölf Monaten gewährt. Zwei zusätzliche Partnermonate können hinzugewonnen werden, wenn sich auch der Partner Zeit für das Kind nimmt und seine Erwerbstätigkeit einschränkt oder unterbricht. Voraussetzung für Partnermonate ist, dass nach der Geburt weniger Einkommen zur Verfügung steht als davor. Auch Alleinerziehende können diese zwei Monate hinzubekommen.

Die 14 Monate können zwischen Vater und Mutter frei aufgeteilt werden. Sie könnten von den Eltern auch gemeinsam genommen werden. In der Praxis wird die Aufteilung häufig danach entschieden, auf welche Weise das Familieneinkommen am besten sichergestellt werden kann. Für Eltern, die Elternzeit und Teilzeitarbeit miteinander koppeln möchten, bietet sich ElterngeldPlus an. Mit den Regelungen können Mütter und Väter länger Elterngeld beziehen, wenn sie nach der Geburt ihres Kindes in Teilzeit arbeiten. Sie erhalten ElterngeldPlus in maximal halber Höhe des Elterngeldes, das dem Elternteil ohne Einkommen nach der Geburt zustünde, dafür aber doppelt so lange.

Näheres vgl.: https://familienportal.de

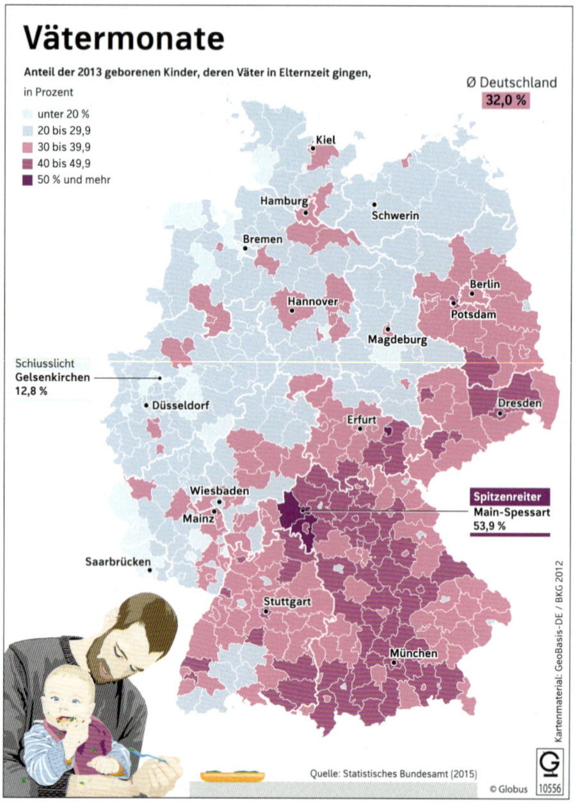

Familienpolitisches Ziel dieser Zusatzleistung ist es, dass sich Väter oder Eltern gemeinsam stärker in die Erziehung ihrer Kinder einbinden lassen und Verantwortung übernehmen. Der sogenannte „Partnerschaftsbonus" ist ein Angebot für Eltern, die sich ihre familiären und beruflichen Aufgaben untereinander aufteilen. Als Bonus können die Eltern jeweils vier zusätzliche Monate mit ElterngeldPlus bekommen. Voraussetzung ist jedoch, dass beide Elternteile in dieser Zeit mindestens 25 und höchstens 30 Stunden pro Woche Teilzeit arbeiten.

Die Elterngeld-Varianten lassen sich miteinander kombinieren. Die beste Kombination hängt sehr von den Lebensumständen der Eltern ab.

Das Elterngeld in seinen Varianten ist eine wichtige Unterstüzung für Familien nach der Geburt eines Kindes. Das belegen Zahlen des Statistischen Bundesamts: In mehreren Bundesländern hat die Väterquote im 2. Quartal 2015 die 40 Prozent-Hürde überschritten (BW, Bayern, Sachsen u. Thüringen). 2008 lag die Väterbeteiligung im Jahresdurchschnitt bei knapp 21 %. 2010 stieg sie auf 25,3 %. 2015 wurden im Jahresdurchschnitt 35,7 % Väterbeteiligung erreicht.

Vgl. www.destatis.de/DE/ZahlenFakten/GesellschaftStaat/Soziales/Sozialleistungen/Elterngeld/Tabellen/Tabellen_Elterngeld-BeendeteLeistungsbezuegeGeburtenVaeterbeteiligungQuartal2015.html [29.08.2018].

65 % des bisherigen monatlichen Netteinkommens werden durch das Basiselterngeld ersetzt. Für das Basiselterngeld gilt eine obere Grenze von 1 800,00 € monatlich. 300,00 € werden monatlich mindestens gezahlt. Das ElterngeldPlus und der Partnerschaftsbonus betragen mindestens 150 Euro und höchstens 900 Euro im Monat. Für Nettoeinkommen ab 1 240,00 € und mehr vor der Geburt des Kindes beträgt die Ersatzrate des Basiselterngeldes 65 %. Darunter steigt sie bis 1 000,00 € auf 67% an. Bei einem Einkommen vor der Geburt von unter 1 000,00 € steigt die Ersatzrate schrittweise auf bis zu 100 %. Je geringer das Einkommen ist, um so höher ist die Ersatzrate.

Das Elterngeld wird beim Arbeitslosengeld II, bei der Sozialhilfe und beim Kinderzuschlag seit dem 1. Januar 2011 vollständig als Einkommen angerechnet, mit Ausnahme eines Elternfreibetrags für Eltern, die vor der Geburt erwerbstätig waren.

Quelle: https://familienportal.de/familienportal/rechner-antraege/elterngeldrechner

Das durchschnittliche Nettoeinkommen in den letzten zwölf Monaten vor der Geburt bestimmt die Höhe des Anspruchs. Väter und Mütter, die mehr als 30 Stunden pro Woche berufstätig sind, haben keinen Anspruch.

Das Elterngeld wird, wie das Kindergeld, nicht versteuert. Es wird steuer- und abgabenfrei gewährt. Das Elterngeld wird aber bei der Ermittlung des persönlichen Steuersatzes als Einkommen berücksichtigt.

Sozialleistungen – Elterngeld

Elterngeldbezüge

Land	Insgesamt	Davon			darunter mit Partnerschaftsbonus[2]	
		ohne Elterngeld Plus	mit Elterngeld Plus[1]			
	Anzahl			Anteil an Spalte 1 in %	Anzahl	Anteil an Spalte 3 in %
	1	2	3	4	5	6
Baden-Württemberg	126 634	88 424	38 210	30,2	2 000	5,2
Bayern	157 539	118 239	39 300	24,9	2 273	5,8
Berlin	48 201	34 560	13 641	28,3	2 154	15,8
Brandenburg	25 563	19 361	6 202	24,3	615	9,9
Bremen	8 524	5 372	3 152	37,0	126	4,0
Hamburg	25 319	19 834	5 485	21,7	656	12,0
Hessen	72 771	51 328	21 443	29,5	997	4,6
Mecklenburg-Vorpommern	16 131	12 707	3 424	21,2	211	6,2
Niedersachsen	96 612	61 116	35 496	36,7	1 267	3,6
Nordrhein-Westfalen	215 396	143 305	72 091	33,5	3 451	4,8
Rheinland-Pfalz	48 472	29 178	19 294	39,8	528	2,7
Saarland	10 218	7 021	3 197	31,3	69	2,2
Sachsen	45 704	31 671	14 033	30,7	939	6,7
Sachsen-Anhalt	22 007	15 829	6 178	28,1	228	3,7
Schleswig-Holstein	31 636	21 613	10 023	31,7	545	5,2
Thüringen	25 391	15 065	10 326	40,7	488	4,7
Deutschland	**976 118**	**674 623**	**301 495**	**30,9**	**16 527**	**5,5**

1 Hierunter werden auch Beziehende gezählt, die nicht über den gesamten Bezugszeitraum, sondern nur zeitweise Elterngeld Plus beziehen. Die Inanspruchnahme von Elterngeld Plus muss nicht in den aktuellen Berichtszeitraum fallen.

2 Hierunter werden alle Beziehenden gezählt, die im Rahmen ihres Bezuges die Inanspruchnahme von Partnerschafts-Bonusmonaten vorgesehen haben. Die Inanspruchnahme von Partnerschafts-Bonus muss nicht in den aktuellen Berichtszeitraum fallen.

Elternzeit

- Nach der Geburt eines Kindes kuönnen Eltern, die in einem Arbeitsverhältnis stehen, auch ganz oder zeitweise gemeinsam, bis zur Vollendung des dritten Lebensjahres Elternzeit nehmen.
- Mit zustimmung des Arbeitgebers kann Elternzeit von bis zu einem Jahr für später (bis zum 8. Lebensjahr) aufgespart werden; das gilt z. B. auch, wenn Zwillinge oder nach kurzer Zeit Geschwisterkinder geboren werden.

Anmeldefrist

Frühestens acht Wochen vor Beginn der Elternzeit, auch wenn die Elternzeit sofort nach dem Mutterschutz bzw. der Geburt beginnen soll. Die Anmeldung muss beim Arbeitgeber Schriftlich erfolgen.

Zulässige Teilzeitarbeit

30 Std./Woche für beide = max. 60 Std./Woche

Rechtsanspruch auf Teilzeitarbeit in Betrieben mit mehr als 15 Mitarbeitern und sechs Monaten Beschäftigung beim AG

Elterngeld und Elternzeit sind rechtlich nicht voneinander abhängig. Der Anspruch auf Elternzeit muss beim Arbeitgeber geltend gemacht werden, um Arbeitszeit reduzieren und Elterngeld in seinen Varianten nutzen zu können.

Die Elternzeit soll jedem Elternteil die Möglichkeit geben, ihr Kind in Ruhe und ohne Sorge vor Kündigung betreuen und erziehen zu können. Sie bedarf nicht der Zustimmung des Arbeitgebers. Begleitend zur Erweiterung des Basiselterngeldes um das ElterngeldPlus und den Partnerschaftsbonus sollen Eltern künftig die Möglichkeit bekommen, die Elternzeit flexibler aufzuteilen. Mütter und Väter können dann 24 statt bisher 12 Monate auf den Zeitraum zwischen dem dritten und dem achten Lebensjahr übertragen.

Die Hauptpflichten des Arbeitsverhältnisses ruhen in der Elternzeit. Das Arbeitsverhältnis bleibt aber bestehen und nach Ablauf der Elternzeit besteht ein Anspruch auf Rückkehr auf den Arbeitsplatz.

Vgl. zu Elterngeld und Elternzeit insgesamt:

www.bmfsfj.de

4.3 Unterhaltsvorschuss

Der Unterhaltsvorschuss ist eine wichtige finanzielle Hilfe und soziale Leistung für alleinerziehende Mütter und Väter. Die besondere Belastung Alleinerziehender soll durch eine öffentlich-rechtliche Unterhaltsleistung gemildert werden.

Diese Leistung soll entlasten, wenn der Barunterhalt des Unterhaltspflichtigen ausbleibt. Sie ist keine Ausfallleistung für privatrechtliche Unterhaltsverpflichtungen.

Liegen die Unterhaltszahlungen des unterhaltspflichtigen Elternteils unter dem festgesetzten Regelbedarf oder wird kein Unterhalt gezahlt, soll das geänderte Unterhaltsvorschussgesetz (UVG) vom 1. Juli 2017 Hilfe leisten.

Nach § 1 UVG müssen folgende Voraussetzungen erfüllt sein:

- Das Kind darf das zwölfte Lebensjahr noch nicht vollendet haben.
- Das Kind muss in Deutschland bei einem (alleinerziehenden) Elternteil leben, der ledig, geschieden, verwitwet oder dauernd getrennt lebend ist.
- Das Kind erhält nicht ausreichend, nicht regelmäßig oder gar keinen Unterhalt vom unterhaltspflichtigen Elternteil gem. § 1612 a Abs. 1 BGB.

Für ein Kind zwischen 12 und 18 Jahren besteht zusätzlich die Voraussetzung,

- dass das Kind nicht auf Leistungen nach dem SGB II angewiesen ist oder
- der alleinerziehende Elternteil im SGB II-Bezug ein eigenes Bruttoeinkommen von mindestens 600 € monatlich erzielt.

Der Elternteil ist nicht alleinerziehend, wenn er verheiratet ist und nicht dauernd getrennt lebt oder wenn er unverheiratet mit dem anderen Elternteil zusammenlebt.

221060568

Von den genannten Unterhaltsvorschussbeträgen werden Unterhaltszahlungen des anderen Elternteils oder Waisenbezüge abgezogen. Der Unterhaltsvorschuss wird grundsätzlich ab Antragstellung gezahlt, kann rückwirkend auch für den Monat vor der Antragstellung gewährt werden, wenn die gesetzlichen Voraussetzungen bereits in dieser Zeit erfüllt waren. Es müssen Unterhaltszahlungen von dem anderen Elternteil eingefordert worden sein. Ein mündlicher Antrag bei der zuständigen Stelle, z. B. durch Telefonanruf, genügt dem Formerfordernis nicht.

Die Unterhaltssätze 2018

Richtlinie für Scheidungskinder und nichteheliche Kinder („Düsseldorfer Tabelle") monatlich in Euro (geplant ab 2018)

Monatliches Nettoeinkommen des Unterhaltspflichtigen	Alter des Kindes			
	bis 5 Jahre	6 bis 11	12 bis 17	ab 18
bis 1900 Euro	**348 €**	**399**	**467**	**527**
1901 – 2300	**366**	**419**	**491**	**554**
2301 – 2700	**383**	**439**	**514**	**580**
2701 – 3100	**401**	**459**	**538**	**607**
3101 – 3500	**418**	**479**	**561**	**633**
3501 – 3900	**446**	**511**	**598**	**675**
3901 – 4300	**474**	**543**	**636**	**717**
4301 – 4700	**502**	**575**	**673**	**759**
4701 – 5100	**529**	**607**	**710**	**802**
5101 – 5500	**557**	**639**	**748**	**844**
ab 5501	nach den Umständen des Falles			

Mindestbedarf (der tatsächliche Zahlbetrag ergibt sich nach Berücksichtigung von Selbstbehalt, Kindergeld, Studiengebühren u.ä.) **dpa•27496**

Örtlich und sachlich zuständig ist in der Regel das Jugendamt der Stadt-, Gemeinde- oder Kreisverwaltung. Dieses ist ausführende Stelle des Bundeslands, die das Unterhaltsvorschussgesetz als eigene Angelegenheit ausführt.

Eine Besonderheit im Verfahren entsteht durch den sogenannten Übergang von Unterhaltsansprüchen. Wenn einem Kind ein Unterhaltsanspruch gegen den mit ihm nicht zusammenlebenden Elternteil zusteht, geht dieser privatrechtliche Unterhaltsanspruch in Höhe des geleisteten Unterhaltsvorschusses auf das Land über. Das Land kann also ggf. diesen Anspruch einklagen und vollstrecken.

Darüber hinaus kann der Hilfesuchende freiwillig durch einen schriftlichen Antrag beim Jugendamt eine Beistandschaft erwirken, wenn er das alleinige Sorgerecht hat. Das Jugendamt macht dann für das Kind Unterhaltsansprüche geltend und setzt diese auch durch.

Der Anspruch auf Unterhaltsvorschussleistungen könnte u. a. dann verloren gehen, wenn der alleinerziehende Elternteil sich weigert, Auskünfte zu erteilen, oder wenn die Mutter eines Kindes bei der Feststellung der Vaterschaft nicht mitwirkt.

Nur bei einer besonderen Konfliktlage, z. B. bei Furcht vor Bedrohung oder Misshandlung, könnte die Auskunft verweigert werden. Besteht kein glaubhafter Konflikt, entfällt grundsätzlich der Anspruch auf Unterhaltsvorschuss wegen Verletzung der Mitwirkungspflichten.

Unterhaltsvorschuss schließt Sozialhilfe oder Sozialgeld nicht aus, wird aber als vorrangige Sozialleistung auf Leistungen nach dem SGB II oder SGB XII angerechnet. Wenn der notwendige Lebensunterhalt durch den Unterhaltsvorschuss nicht vollständig gedeckt wird, kommt Sozialgeld oder Sozialhilfe in Betracht.

Vgl. zum Unterhaltsvorschuss:

www.bmfsfj.de/bmfsfj/themen/familie/familienleistungen/unterhaltsvorschuss/unterhaltsvorschuss/73558

5 Rechtsbehelfe und Rechtsmittel gegen Verwaltungsentscheidungen

Bürger, die eine Leistung für ihre soziale Absicherung begehren, können sich in der Regel mit einem formlosen Antrag an den jeweiligen Leistungsträger wenden. Wenn die gesetzlichen Voraussetzungen vorliegen, wird dem Antrag entsprochen und der Bürger erhält die beantragte Leistung.

Wenn der Leistungsträger der beantragten Leistung nicht oder nicht in vollem Umfange entspricht, muss sich der Bürger in vorgeschriebenen Verfahren gegen diese Entscheidung wehren.

Grundsätzlich sind die nach dem Sozialgerichtsgesetz (SGG) vorgesehenen Verfahrenswege und -mittel zu nutzen, um sich gegen Verwaltungshandeln zu wehren.

Entscheidungen der gewährenden Verwaltung stellen rechtlich Verwaltungsakte dar. Wie gegen alle Verwaltungsakte, durch die sich Bürger belastet fühlen, können auch diese angefochten werden.

Auch begünstigende Verwaltungsakte können mit Widersprüchen angefochten werden. Nur wenn die gewährte Leistung genau der beantragten entspricht, könnte es an einem Rechtsschutzbedürfnis fehlen.

Rechtsbehelfe bzw. Rechtsmittel in einem gerichtlichen Verfahren wären dann nicht statthaft.

Die zuständige Verwaltungsbehörde bzw. das zuständige Gericht können sich je nach gewährter Leistung unterscheiden.

Während Wohngeld-Entscheidungen vor dem Verwaltungsgericht zu beklagen sind, müssen z. B. Elterngeld-Entscheidungen vor den Sozialgerichten verhandelt werden. Dies liegt an spezialgesetzlicher Zuweisung im § 13 BEEG, welche das Sozialgerichtsgesetz im § 51 Abs. 1 Nr. 10 SGG ausdrücklich zulässt.

Formlos kann sich jedermann gegen Verwaltungsentscheidungen wehren. Dieses Recht leitet sich letztlich aus Art. 17 GG (Petitionsrecht) ab, wonach sich jedermann schriftlich einzeln oder in Gemeinschaft mit Bitten oder Beschwerden an die zuständigen Stellen und an die Volksvertretung wenden kann.

Rechtsbehelfe

förmliche Rechtsbehelfe/Rechtsmittel

- Widerspruch
- Klage (verschiedene Formen)

Rechtsmittel:

- Revision
- Berufung

formlose Rechtsbehelfe

- Petition
- Gegenvorstellung
- Fachaufsichtsbeschwerde
- Dienstaufsichtsbeschwerde

5.1 Formlose Rechtsbehelfe

Wenn ein Bürger mit einem bestimmten Handeln der Verwaltung nicht einverstanden ist, gibt es neben der Durchführung förmlicher Verfahren noch die Möglichkeit, formlose außergerichtliche Rechtsbehelfe einzulegen. Hierzu gehören die Petition, die Gegenvorstellung sowie die Fach- und Dienstaufsichtsbeschwerde. Im Gegensatz zum Widerspruch sind diese Rechtsbehelfe nicht an Formen und Fristen gebunden. Sie können bei der Behörde eingelegt werden, die die strittige Entscheidung getroffen hat, bzw. bei deren Aufsichtsbehörde oder speziell dafür vorgesehenen Ausschüssen (Petitionsausschüsse im Bundes- bzw. den Landtagen).

Bei der grundgesetzlich verankerten Petition i. S. d. Art. 17 GG kann sich jeder Bürger an eine Behörde oder einen Petitionsausschuss wenden und dabei ein bestimmtes Verwaltungshandeln kritisieren bzw. begehren.

Es besteht ein Anspruch darauf, dass eine Petition entgegengenommen und sachlich geprüft wird. Dem Beschwerdeführer muss mitgeteilt werden, wie seine Eingabe erledigt wurde und wie das weitere Verfahren ist.

Ziel einer Gegenvorstellung ist es, dass die erlassende Behörde ihre Entscheidung in rechtlicher oder tatsächlicher Hinsicht noch einmal überprüft.

Bei der Fachaufsichtsbeschwerde wird anders als bei der Gegenvorstellung die Aufhebung oder Änderung eines Verwaltungshandelns nicht von der Erlassbehörde, sondern von deren Aufsichtsbehörde, der übergeordneten Behörde, begehrt.

Steht nicht die Rechtmäßigkeit einer bestimmten Verwaltungsmaßnahme im Vordergrund, sondern das persönliche Verhalten eines Angehörigen des öffentlichen Dienstes, so kann sich der Betroffene im Wege einer Dienstaufsichtsbeschwerde an den (Dienst-)Vorgesetzten bzw. die Dienstaufsichtsbehörde wenden.

Formlose Rechtsbehelfe sind keine Voraussetzung für ein förmliches Rechtsbehelfsverfahren und ersetzen ein solches auch nicht. Ein formloser Rechtsbehelf kann daher jederzeit erhoben werden.

Wird durch ein formloses Rechtsbehelfsverfahren keine Abhilfe für den Beschwerdeführer geschaffen, so schafft diese Ablehnung keine Widerspruchs- oder Klagemöglichkeit.

Formlose Rechtsbehelfe sind in ihrer Wirkung keinesfalls nur als „formlos, fristlos und fruchtlos" einzustufen. Sie stellen für die Behörde wichtige Hinweise dar, mögliche eigene Fehler jederzeit abstellen bzw. korrigieren zu können (vgl. Ausführungen zum Verwaltungsverfahren, LF 11 Kap. 2.3)

5.2 Förmliche Rechtsbehelfe

Förmliche Rechtsbehelfe sind Widerspruch, verschiedene Klagearten, Berufung und Revision. Während der Widerspruch noch im Verwaltungsverfahren zu behandeln ist, sind Klagen und die gegen sie gerichteten Rechtsmittel Berufung und Revision auf den verschiedenen Ebenen der Sozialgerichtsbarkeit einzulegen (s. Schaubild LF 11 Kap. 5.3.1).

Der Klage geht im Regelfall gem. § 78 SGG ein **Widerspruchsverfahren** voraus. In diesem Vorverfahren wird die Verwaltungsentscheidung zunächst intern vor einem Widerspruchsausschuss bzw. einer Widerspruchsstelle überprüft.

Eine Klage ist gem. § 57 SGG bei dem Sozialgericht einzureichen, in dessen Bezirk der Kläger seinen Sitz, Wohnsitz oder Beschäftigungsort hat. Die **Frist** beträgt gem. § 87 SGG einen Monat nach der **Bekanntgabe** des Widerspruchsbescheids.

Ist die Klagefrist abgelaufen, so kann unter Umständen gem. § 67 SGG eine **Wiedereinsetzung in den vorigen Stand** gewährt werden, z. B. wenn der Kläger sich während der Klagefrist in stationärer Krankenhausbehandlung befand. Er muss ohne Verschulden verhindert gewesen sein, eine gesetzliche Verfahrensfrist einzuhalten.

Das Gericht ermittelt, anders als im Zivilprozess, den Sachverhalt der Klage von Amts wegen (Amtsermittlungsgrundsatz). Es ist nicht an die Eingaben und Beweise Beteiligter gebunden, sondern klärt den Sachverhalt von sich aus, z. B. durch ein medizinisches Gutachten, das in Auftrag gegeben wird.

5.3 Rechtsmittel in der Sozialgerichtsbarkeit

Rechtsmittel in der Sozialgerichtsbarkeit sind ähnlich wie in anderen Gerichtsverfahren Berufung und Revision. Diese sind bei nicht rechtskräftigen Entscheidungen der Sozialbehörde bzw. eines Sozialgerichtes möglich. Sie folgen zeitlich gesehen nach den förmlichen Rechtsbehelfen Widerspruch und Klage.

Die Berufung ist ein Rechtsmittel beim Landessozialgericht gegen ein Urteil eines Sozialgerichts. Die Revision beim Bundessozialgericht ist ein Rechtsmittel gegen ein Urteil eines Landessozialgerichtes.

Diese Rechtsmittel gestatten die nochmalige Überprüfung des Ursprungsbescheides der Verwaltungsbehörde bzw. eines darauffolgenden Sozialgerichtsurteils beim Landessozialgericht bzw. beim Bundessozialgericht.

5.3.1 Aufbau der Sozialgerichtsbarkeit

Die Sozialgerichtsbarkeit steht selbstständig neben den übrigen vier Zweigen der Gerichtsbarkeit, nämlich der ordentlichen Gerichtsbarkeit (Zivil- und Strafgerichte), der allgemeinen Verwaltungsgerichtsbarkeit, der Arbeitsgerichtsbarkeit und der Finanzgerichtsbarkeit.

Mit den allgemeinen Verwaltungsgerichten und den Finanzgerichten bilden die Sozialgerichte eine besondere Verwaltungsgerichtsbarkeit im weiteren Sinne. Gerichte der Sozialgerichtsbarkeit sind die Sozialgerichte, die Landessozialgerichte und das Bundessozialgericht (vgl. nachfolgende Grafik).

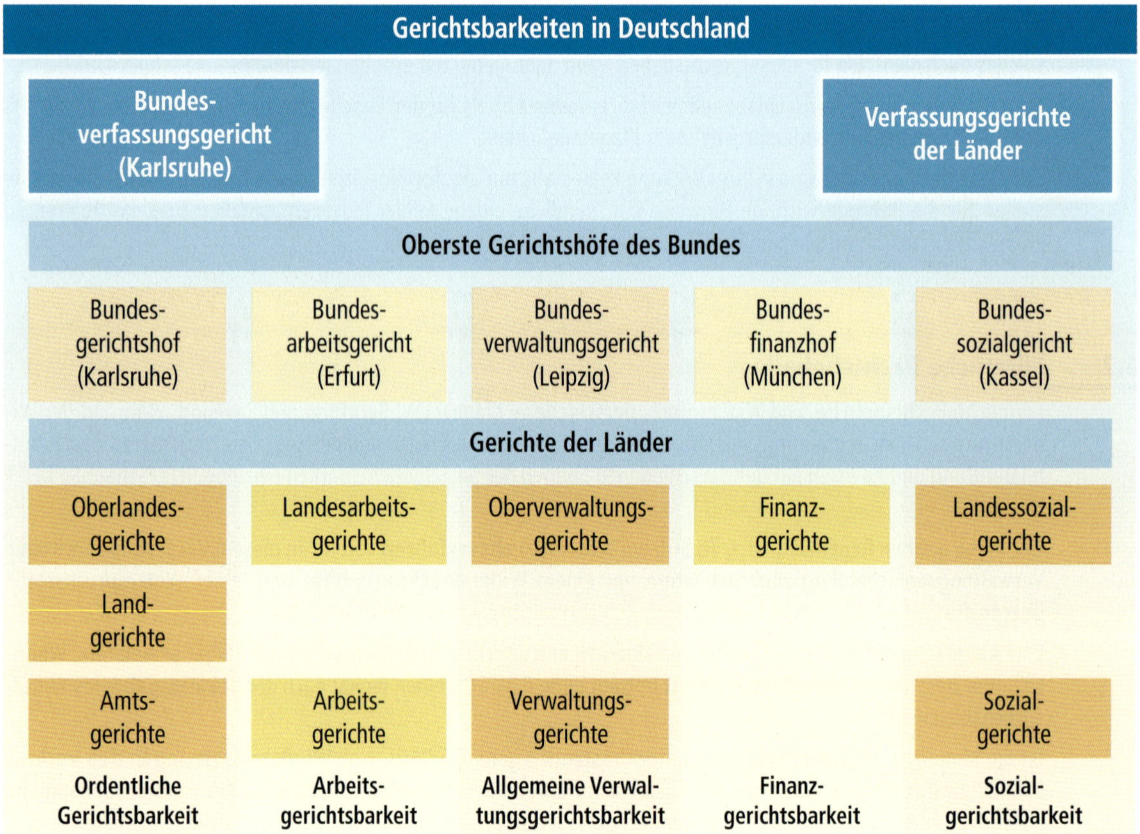

Sie entscheiden über öffentlich-rechtliche Streitigkeiten nichtverfassungsrechtlicher Art, die ihnen gesetzlich zugewiesen sind. Die Sozialgerichtsbarkeit hat die Aufgabe, Rechtsschutz zu bieten in weiten Teilen des in der Bundesrepublik Deutschland geltenden Systems der sozialen Sicherung.

Die Zuständigkeit, die Organisation und das Verfahren der Sozialgerichtsbarkeit sind im Sozialgerichtsgesetz (SGG) geregelt. Die sachliche Zuständigkeit der Sozialgerichte erstreckt sich dabei auf große Teile des gesamten Sozialrechtes.

Die Sozialgerichte entscheiden gemäß § 51 SGG unter anderem in folgenden Angelegenheiten:

- Krankenversicherung, Pflegeversicherung, Unfallversicherung, Rentenversicherung,
- Arbeitsförderung und übrige Aufgaben der Agentur für Arbeit (z. B. Arbeitslosenhilfe, Förderungsmaßnahmen nach dem SGB III),
- Grundsicherung für Arbeitssuchende,
- Sozialhilfe (SGB XII) und Angelegenheiten des Asylbewerberleistungsgesetzes,
- Fragen des Schwerbehindertenrechtes und -ausweises gemäß § 69 SGB IX und
- Angelegenheiten, in denen die Zuständigkeit der Sozialgerichte spezialgesetzlich vorgesehen ist.

Streitigkeiten der privaten Pflegeversicherung sind nun ebenfalls vor den Sozialgerichten zu verhandeln. Damit wird privat Pflichtversicherten das Kostenrisiko einer evtl. Zivilklage vor einem ordentlichen Gericht genommen und eine Gleichstellung gegenüber gesetzlich Versicherten erreicht.

Die Sozialgerichtsbarkeit ist im Gegensatz zur Ordentlichen Gerichtsbarkeit dreistufig aufgebaut:

Dreistufige Sozialgerichtsbarkeit

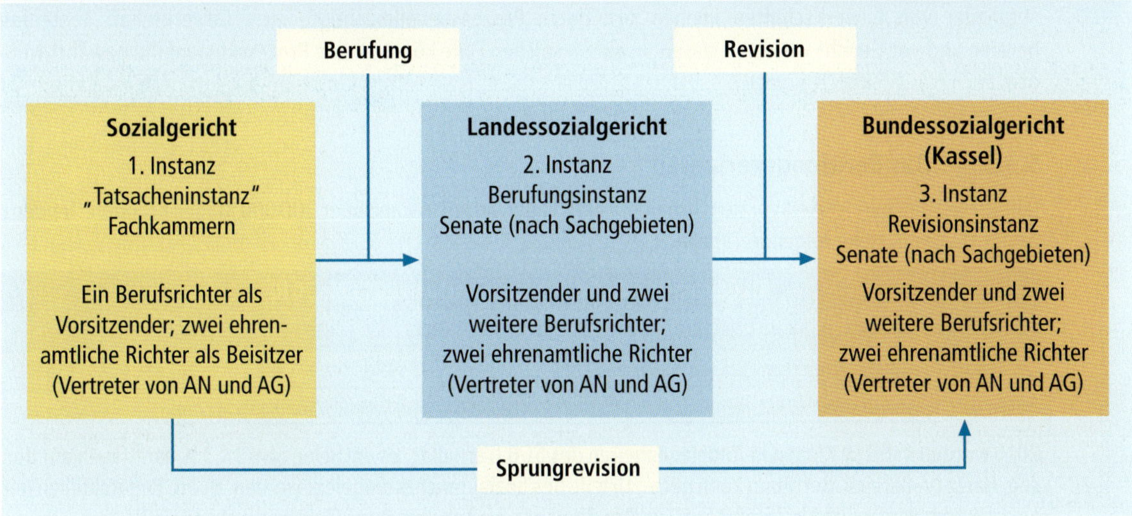

Die Kammern der Sozialgerichte sind mit einem Berufsrichter und zwei ehrenamtlichen Richtern besetzt. Die ehrenamtlichen Richter werden aus Vorschlagslisten der Gewerkschaften sowie der Vereinigungen der Arbeitgeber ausgewählt. Sie haben gleiches Stimmrecht und sollen die Verbindung herstellen zur Alltagswirklichkeit.

Die Verfahrensvorschriften ähneln denen der **Verwaltungsgerichtsordnung** (VwGO). Es herrscht der Amtsermittlungsgrundsatz (§ 103 SGG). Es besteht kein Vertretungszwang durch einen Rechtsanwalt. Ein Vertretungszwang durch Prozessbevollmächtigte mit der Befähigung zum Richteramt besteht nur vor dem Bundessozialgericht. Vor den Sozial- und Landessozialgerichten kommen als Prozessbevollmächtigte neben Rechtsanwälten z. B. auch Gewerkschaftsvertreter in Betracht.

Im Gegensatz zum Verfahren vor einem Verwaltungsgericht ist es dem Kläger möglich, sich auf eigene Kosten von einem Arzt seiner Wahl ein Gutachten erstellen zu lassen (§ 109 SGG).

Regelmäßig werden auch verschiedene Klagearten kombiniert (§ 54 SGG). Die Kombination von Anfechtungs- mit Verpflichtungsklage ist im sozialgerichtlichen Verfahren häufig anzutreffen.

Sozialgerichte fällen in der Regel sogenannte Stuhlurteile, das Urteil wird also unmittelbar in der Sitzung verkündet. Das Urteil eines Sozialgerichts, das mittels Berufung nicht angefochten wird, wird rechtskräftig und bindet die Beteiligten.

5.3.2 Kosten eines Verfahrens – Prozesskostenhilfe

Gerichtskosten werden gem. § 183 SGG in allen drei Instanzen von den Versicherten, Leistungsempfängern und Behinderten grundsätzlich nicht erhoben. Es könnten allerdings Gerichtskosten anfallen, wenn jemand einen Rechtsstreit trotz eines entsprechenden Hinweises des Vorsitzenden des Gerichtes schuldhaft verzögert oder missbräuchlich fortführt.

Gerichtskosten fallen dagegen für jede Streitigkeit an, wenn in einer Streitsache weder der Kläger noch der Beklagte Versicherter, Leistungsempfänger oder Behinderter ist. Für diese Fälle sind Pauschalgebührenregelungen eingeführt worden.

Außergerichtliche Kosten, also Rechtsanwaltskosten, trägt jeder Verfahrensbeteiligte grundsätzlich erst einmal selbst. Das Sozialgericht entscheidet bei Beendigung des Verfahrens, ob und in welchem Umfang der Klagegegner ggf. diese Kosten zu erstatten hat.

Ist es einem Beteiligten nach seinen finanziellen Verhältnissen nicht zuzumuten, die außergerichtlichen Kosten zu übernehmen, kann er auf Antrag Prozesskostenhilfe nach den Vorschriften der Zivilprozessordnung (ZPO) erhalten. Voraussetzung ist, dass die Rechtsverfolgung nicht aussichtslos oder mutwillig erscheint.

Mitglieder von Gewerkschaften können sich durch Prozessbevollmächtigte ihrer Gewerkschaft kostenlos beraten und vor Gericht vertreten lassen. In einem solchen Falle könnte keine Prozesskostenhilfe gewährt werden.

5.3.3 Das Berufungsverfahren

Jährlich werden bundesweit vor den Sozialgerichten in der ersten Instanz über 300 000 Klagen erhoben, Tendenz weiter steigend, siehe folgende Tabelle.

Klageverfahren bei den Sozialgerichten 2013 bis 2016				
Art des Nachweises	**2013**	**2014**	**2015**	**2016**
beim Sozialgericht eingegangene Klagen insgesamt	392 999	371 388	361 816	356 562

Zahlen nach www.destatis.de/DE/ZahlenFakten/GesellschaftStaat/Rechtspflege/Tabellen/Sozialgerichte.html

2016 wurden 130 810 Klagen in Angelegenheiten des SGB II erledigt. Es entfielen also 34,3 % der Klagen auf den sog. Hartz IV-Bereich. Berufung kann gegen Urteile des Sozialgerichts eingelegt werden. Nur in Bagatellfällen mit einem Beschwerdewert bis 750,00 € ist die Berufung von einer besonderen Zulassung abhängig.

Im Berufungsverfahren wird die gesamte strittige Angelegenheit noch einmal überprüft, d. h., dass auch neue Tatsachen bzw. Beweise in die Verhandlung eingebracht werden können. Der Streitfall wird in gleichem Umfang geprüft wie beim Sozialgericht. Damit ist das Landessozialgericht eine weitere Tatsacheninstanz.

Auch das Berufungsverfahren ist grundsätzlich kostenfrei.

5.3.4 Das Revisionsverfahren

Im Unterschied zur Berufung ist die Revision zum Bundessozialgericht nur dann möglich, wenn sie entweder vom Landessozialgericht in seinem Urteil oder vom Bundessozialgericht durch besonderen Beschluss im Einzelfall zugelassen wird (§ 160 SGG).

Als Revisionsgründe kommen u. a. grundsätzliche Rechtsfragen oder erhebliche Verfahrensmängel in Betracht. Das Bundessozialgericht trifft im Revisionsverfahren keine eigenen Sachverhaltsfeststellungen. Es klärt die aufgeworfenen Rechtsfragen auf der Grundlage der tatsächlichen Feststellungen der Vorinstanzen (§ 163 SGG). Es ist damit eine reine Rechtsinstanz, die die Urteile der Landessozialgerichte auf Rechtsfehler hin überprüft.

Ein solcher Fehler läge z. B. dann vor, wenn eine Bestimmung aus dem Sozialgesetzbuch nicht oder nicht richtig angewendet worden wäre.

Die Sprungrevision (vgl. Abbildung LF 11 Kap. 5.3.1) ist ein Rechtsmittel gegen ein Sozialgerichtsurteil, das unmittelbar beim Bundessozialgericht eingelegt wird. Es kann nur dann dort eingelegt werden, wenn der Klagegegner schriftlich zustimmt und das erstinstanzliche Sozialgericht die Sprungrevision zugelassen hat.

Zugelassen werden darf sie dann, wenn die Rechtssache von grundsätzlicher Bedeutung ist oder das Urteil von einer Entscheidung des Bundessozialgerichts abweicht.

221060574

1 Erfüllung öffentlicher Aufgaben durch öffentliche Unternehmen

1.1 Öffentliche Einrichtungen und kommunale Unternehmen

Die Gemeindeordnungen der Bundesländer fordern die Kommunen dazu auf, spezielle **öffentliche Einrichtungen zur Förderung des wirtschaftlichen, sozialen und kulturellen Wohlergehens** ihrer Bürger zu schaffen (vgl. z. B. § 8 GO NRW). Die öffentlichen Einrichtungen übernehmen wichtige Aufgaben der Daseinsvorsorge. Sie sind im LF 2, Kapitel 3.3.2 dargestellt.

Im Rahmen ihrer Organisationshoheit können die Gemeinden den internen Verwaltungsaufbau bestimmen. Sie entscheiden also selbst, welche Einrichtungen sie errichten und welche Aufgaben diese wahrnehmen sollen. Für die Errichtung, Gründung, Übernahme, wesentliche Erweiterung, teilweise und vollständige Veräußerung, Aufhebung oder Auflösung öffentlicher Einrichtungen ist nach den Regelungen der Gemeindeordnungen grundsätzlich der Rat bzw. der Hauptausschuss der Kommune zuständig. Öffentliche Einrichtungen werden sowohl in Organisationsformen des öffentlichen Rechts als auch des privaten Rechts betrieben:

Organisationsformen des öffentlichen Rechts	Organisationsformen des privaten Rechts
■ Amt/Fachbereich ■ Regiebetrieb ■ nicht rechtsfähige Anstalt des öffentlichen Rechts } Organisationsformen innerhalb der Kommunalverwaltung ■ Eigenbetrieb/eigenbetriebsähnliche Einrichtung ■ rechtsfähige Anstalt des öffentlichen Rechts ■ Zweckverband (Zusammenschluss von kommunalen Körperschaften zur Erfüllung gemeinsamer Aufgaben) ■ Stiftung des öffentlichen Rechts[1]	■ Eigengesellschaft (z. B. die Verkehrsbetrieb Neustadt GmbH, Stadtwerke Dortmund AG) ■ Beteiligungsgesellschaft (z. B. die Stadtmarketing Neustadt GmbH, Stadtwerke Göttingen AG)

Eigenbetriebe, rechtsfähige Anstalten des öffentlichen Rechts (AöR) sowie Eigen- oder Beteiligungsgesellschaften werden auch als **öffentliche** bzw. **kommunale Unternehmen** bezeichnet. Sie etablieren sich im Bereich kommunaler Daseinsvorsorge zunehmend als Alternative zum Amt oder Regiebetrieb, weil sie mit höherer Selbstständigkeit geführt werden können. Davon verspricht sich die Kommune eine wirtschaftlichere Arbeitsweise.

Bedeutung kommunaler Unternehmen

Vgl. Statistisches Bundesamt. Stand: 30.06.2016.

1 Die nichtrechtsfähige Anstalt und die Stiftung des öffentlichen Rechts sowie der Zweckverband nehmen eine Sonderrolle ein. Sie bleiben deshalb in den weiteren Ausführungen unberücksichtigt.

1.2 Merkmale zur Beurteilung der Selbstständigkeit öffentlicher Einrichtungen

Um die Selbstständigkeit der verschiedenen Organisationsformen öffentlicher Einrichtungen beurteilen zu können, muss zwischen rechtlicher, organisatorischer und finanzwirtschaftlicher Selbstständigkeit unterschieden werden.

Rechtliche Selbstständigkeit

Sie liegt dann vor, wenn eine Organisationsform rechtsfähig ist. Rechtsfähigkeit ist die Fähigkeit, Träger von Rechten und Pflichten zu sein. Rechtsfähige öffentliche Einrichtungen können auf eigenen Namen Verträge schließen, klagen (und verklagt werden) und Verpflichtungen eingehen. Rechtsfähig sind natürliche und juristische Personen. Rechtlich unselbstständige öffentliche Einrichtungen können somit nicht selbstständig Verträge abschließen, sondern handeln „im Auftrag" der Behörde.

Organisatorische Selbstständigkeit

Für die organisatorische Selbstständigkeit einer öffentlichen Einrichtung sprechen folgende Merkmale:

- **eigene Organe**

  Das Wort „Organ" kommt aus dem Griechischen und bedeutet sinngemäß „Werkzeug". Juristische Personen können nur durch ihre Organe handeln.

Organisationsform	Organe
Gemeinde	Bürgermeister, Verwaltungsausschuss, Rat[1]
GmbH	Geschäftsführer, Gesellschafterversammlung

  Die Organe eines Eigenbetriebs oder einer kommunalen GmbH sind in der Regel mit größeren Befugnissen ausgestattet als der Leiter eines Amtes oder eines Regiebetriebs. Wichtige Entscheidungen können somit nicht nur schneller, sondern auch wirtschaftlicher getroffen werden, weil weniger Personen daran beteiligt sind.

- **eigenes Personal und eigenes Vermögen**

  Die Vorteile der Selbstständigkeit in diesem Punkt liegen auf der Hand: Das Personal und die Betriebsmittel (z. B. Betriebs- und Geschäftsausstattung) können nach den speziellen Erfordernissen der zu erfüllenden Aufgabe durch die Einrichtung selbst beschafft werden. Zusätzlich wirkt sich die größere Selbstständigkeit durch eine höhere Flexibilität bei der Personaleinstellung und -entlassung aus: In organisatorisch unselbstständigen Einrichtungen ist die Gemeinde für Einstellungen und Entlassungen zuständig, in einer organisatorisch selbstständigen Einrichtung dagegen die Geschäftsführung bzw. der Vorstand der Einrichtung.

- **Befreiung vom öffentlichen Dienstrecht**

  Das für die Beschäftigten des öffentlichen Dienstes geltende Dienstrecht offenbart sich in den Bestimmungen des Tarifvertrages für den öffentlichen Dienst (TVöD/TV-L) und in speziellen Verträgen, z. B. zur Altersvorsorge und Arbeitszeit, die zusätzlich zu den allgemeinen gesetzlichen Regelungen angewandt werden. Die Befreiung vom öffentlichen Dienstrecht bringt aus Arbeitgebersicht die Vorteile einer flexibleren Personaleinsatzplanung und damit sinkender Personalkosten mit sich. Weitere Rationalisierungsmöglichkeiten ergeben sich aus dem gegenüber dem öffentlichen Dienstrecht reduzierten Kündigungsschutz.

- **eigene Organisationsstruktur**

  Selbstständige Einrichtungen haben die Möglichkeit, ihre Aufbau- und Ablauforganisation (s. dazu auch LF 8, Kapitel 3 und 4) im Rahmen der gesetzlichen Vorgaben selbst zu gestalten.

- **Möglichkeit zur Beteiligung privaten Kapitals**

  Die Beteiligung Privater an öffentlichen Einrichtungen bietet die Chance, den kommunalen Finanzeinsatz zu verringern. Diese Maßnahme ist nur durchführbar, wenn die Einrichtung in privatrechtlicher Form geführt wird.

1 Die Bezeichnung der Gemeindeorgane ist in den Bundesländern nicht einheitlich (vgl. LF 3, Kap. 3.4)

221060576

Finanzwirtschaftliche Selbstständigkeit

Sie lässt sich an den folgenden Merkmalen festmachen:

- **eigene Kassen- und Kreditwirtschaft**

  Traditionell werden alle Ein- und Auszahlungen der Gemeinde über eine zentrale Kasse abgewickelt, Kredite werden zentral über die Gemeinde aufgenommen. Wenn die Einrichtung eine eigene Kasse führt und selbst Kredite aufnehmen kann, erfüllt sie einen Aspekt der finanzwirtschaftlichen Selbstständigkeit. Da diese Kredite den Haushalt der Gemeinde nicht unmittelbar belasten, erhöht sich der Kreditspielraum der Gemeinde.

- **eigene doppelte Buchführung und eigener Jahresabschluss**

  Die doppelte Buchführung ermöglicht Aussagen über die Wirtschaftlichkeit der Aufgabenerfüllung.

- **Nettobetrieb**

  Nur das Ergebnis der Geschäftstätigkeit erscheint im Haushaltsplan der Gemeinde: Der Gewinn bzw. die Gewinnausschüttung als Ertrag, der Verlust bzw. der Zuschussbedarf als Aufwand. Bruttobetriebe werden hingegen detailliert im Haushaltsplan der Gemeinde erfasst.

- **eigene Pläne**

  In klassischen Organisationsformen bildet der Haushaltsplan der Gemeinde die Grundlage des Wirtschaftens. Finanzwirtschaftlich selbstständige Organisationsformen haben aber einen einrichtungsspezifischen Wirtschafts- und Finanzplan.

- **(teilweise) Befreiung vom Vergaberecht**

  Das Vergaberecht umfasst die Gesamtheit der Regeln und Vorschriften, die den öffentlichen Auftraggebern eine bestimmte Vorgehensweise beim Einkauf von Gütern und Leistungen vorschreiben. Bestimmte Organisationsformen sind zumindest teilweise von der Anwendung des Vergaberechts befreit. In diesen Fällen lässt sich die Güterbeschaffung schneller, mit geringerem Arbeitsaufwand und demnach kostengünstiger durchführen. Es dürfen Verhandlungen mit Bietern geführt werden, nachdem diese ihr Angebot abgegeben haben. So wird es möglich, günstigere Vertragskonditionen auszuhandeln.

Selbstständigkeit öffentlicher Einrichtungen		
rechtlich	**organisatorisch**	**finanzwirtschaftlich**
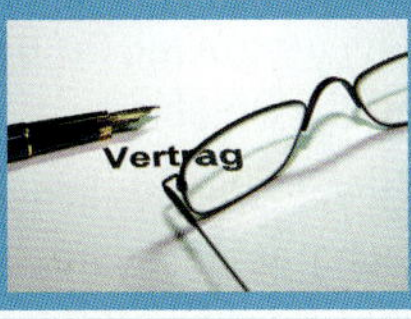	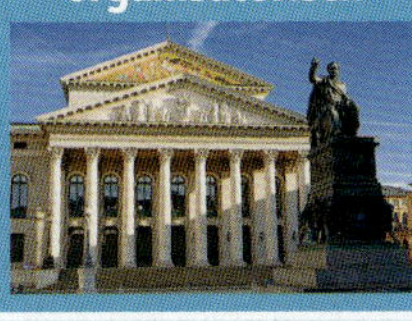	
Rechtsfähigkeit	■ eigene Organe ■ eigenes Personal und eigenes Vermögen ■ Befreiung vom öffentlichen Dienstrecht ■ eigene Organisationsstruktur und eigene Arbeitsorganisation ■ Möglichkeit zur Beteiligung privaten Kapitals	■ eigene Kassen- und Kreditwirtschaft ■ eigene doppelte Buchführung und eigener Jahresabschluss ■ Nettobetrieb ■ eigene Pläne ■ (teilweise) Befreiung vom Vergaberecht

Je mehr für Selbstständigkeit sprechende Merkmale die Organisationsform einer öffentlichen Einrichtung erfüllt, desto größer ist der Grad an Selbstständigkeit.

1.3 Selbstständigkeit verschiedener Organisationsformen

Amt/Fachbereich und Regiebetrieb

Sie sind die „klassischen" Organisationsformen kommunaler Einrichtungen und gehören demnach zur unmittelbaren Kommunalverwaltung (s. LF 3, Kapitel 1.2). Das Amt/der Fachbereich ist die traditionelle Organisationseinheit für einen bestimmten Aufgabenbereich, der Regiebetrieb für eine bestimmte Aufgabe. Sie sind rechtlich unselbstständiger Teil der Kommunalverwaltung und weisen keine bzw. kaum Merkmale organisatorischer oder finanzwirtschaftlicher Selbstständigkeit auf. Sie haben keine eigenen Organe, sondern handeln im Namen der Behörde. Ihre Ausstattung ist Teil des Vermögens der Behörde und auch ihr Personal ist in den Stellenplan der Behörde eingebunden und wird zentral von der Behörde eingestellt und verwaltet. Eine Möglichkeit zur Beteiligung privaten Kapitals ist nicht gegeben. Die Erträge und Aufwendungen von Amt/Fachbereich und Regiebetrieb erscheinen vollständig im Haushaltsplan der Gemeinde. Auf Nettoregiebetriebe, die in einigen Bundesländern zulässig sind, wird im Folgenden nicht weiter eingegangen.

Eigenbetrieb

Der Eigenbetrieb ist ein organisatorisch abgegrenzter Teil der Kommune. Er ist eine rechtlich unselbstständige, finanzwirtschaftlich und organisatorisch aber weitgehend selbstständige Organisationsform kommunaler Aufgabenerfüllung. Der Eigenbetrieb wird von der Gemeinde als Sondervermögen verwaltet.

Die organisatorische Selbstständigkeit ist an dem Vorhandensein eigener Organe, eigenen Personals und Vermögens abzulesen. Die Betriebsleitung (Werkleitung) ist ein Organ des Eigenbetriebs, der Betriebsausschuss (Werkausschuss) ein spezieller Ausschuss des Gemeinderats für den Eigenbetrieb. Allerdings haben der Gemeinderat und der Bürgermeister einen hohen Einfluss. Das Vermögen wird dem Eigenbetrieb zur Erfüllung seiner Aufgaben von der Gemeinde zur freien Verfügung überlassen. Das Personal wird dem Eigenbetrieb von der Gemeinde zur Verfügung gestellt und von der Betriebsleitung geführt. Wenn der Rat es für sinnvoll hält, kann er die Satzung des Eigenbetriebs so gestalten, dass die Betriebsleitung die Befugnis erhält, Einstellungen, Höhergruppierungen und Entlassungen von Arbeitnehmern selbst durchzuführen.

Eine Befreiung vom öffentlichen Dienstrecht ist nicht möglich, weil der Eigenbetrieb rechtlich zur Kommunalverwaltung gehört. Der Eigenbetrieb hat grundsätzlich eine eigene Organisationsstruktur. Die Beteiligung privater Kapitalgeber ist nicht zulässig, weil der Eigenbetrieb eine öffentlich-rechtliche Organisationsform ist.

Die besondere finanzwirtschaftliche Stellung zeigt sich nicht nur daran, dass der Eigenbetrieb als Sondervermögen mit eigener doppelter Buchführung und eigener Gewinn- und Verlustrechnung geführt wird sowie eine eigene Kassen- und Kreditwirtschaft hat. Der Eigenbetrieb ist auch den strengen haushaltsrechtlichen Bindungen zum Teil entzogen. Grundlage des Wirtschaftens bilden ein eigener Wirtschaftsplan, der in Erfolgs-, Vermögens- und Stellenplan untergliedert ist, und ein eigener Finanzplan. Im Haushaltsplan der Gemeinde erscheint der Eigenbetrieb nur mit seinem Gewinn oder Verlust (Nettobetrieb). Bei der Vergabe von Aufträgen sind die Eigenbetriebe in den meisten Bundesländern uneingeschränkt zur Anwendung des Vergaberechts verpflichtet.

Eine Unterscheidung von Eigenbetrieb und eigenbetriebsähnlicher Einrichtung (s. LF 3, Kapitel 1.2) ist an dieser Stelle nicht notwendig. Die Ausführungen gelten grundsätzlich für beide Organisationsformen.

Rechtlich selbstständige Anstalt des öffentlichen Rechts (AöR)

Die Bezeichnungen für diese Rechtsform sind in den Bundesländern unterschiedlich. Die Anstalt des öffentlichen Rechts wird auch „Kommunalunternehmen" oder „kommunale Anstalt" genannt.

221060578

AöRs können durch die Kommunen nur durch Gesetz oder aufgrund eines Gesetzes gebildet werden. Ein bundesweit repräsentatives Beispiel für eine rechtsfähige Anstalt auf kommunaler Ebene sind die Sparkassen, denen diese Organisationsform gemäß den Landessparkassengesetzen verliehen worden ist. Die Organisationsform der rechtsfähigen Anstalt des öffentlichen Rechts ist auf kommunaler Ebene nicht in allen Bundesländern möglich.

Bei der AöR handelt es sich um eine juristische Person des öffentlichen Rechts, die zur Erfüllung einer öffentlichen Aufgabe mit eigenem Stammkapital und eigenem Personal ausgestattet ist. Die AöR ist organisatorisch und finanzwirtschaftlich selbstständig. Ihre Organe sind in der Regel Vorstand und Verwaltungsrat. Sie hat die Möglichkeit, unmittelbar hoheitlich tätig zu werden, da nicht nur die Erfüllung der Aufgabe, sondern die Aufgabe selbst auf die kommunale Anstalt übertragen werden kann. Zusätzlich kann der Anstalt das Recht eingeräumt werden, Satzungen für ihr Aufgabengebiet zu erlassen und selbst Dienstherrnfähigkeit zu haben, also Beamte zu beschäftigen. In einigen Bundesländern ist es generell möglich, dass AöR Beamte beschäftigen, in anderen dagegen nur, wenn der AöR hoheitliche Aufgaben übertragen worden sind oder wenn der AöR per Satzung Dienstherrenfähigkeit verliehen wurde. Die AöR ist als Organisationsform des öffentlichen Rechts nicht vom öffentlichen Dienstrecht befreit. Die Organe der AöR können die Aufbau- und Ablauforganisation innerhalb der AöR selbstständig regeln. Die Beteiligung Privater ist bei der AöR grundsätzlich nicht möglich. Zulässig ist nur die „typische stille Beteiligung"(§ 230 ff. HGB).

Nach den Bestimmungen der Gemeindeordnungen und entsprechender weiterer Vorschriften ist die AöR verpflichtet, eine eigene doppelte Buchführung und einen eigenen Jahresabschluss durchzuführen. Somit ist sie finanzwirtschaftlich selbstständig.

Die AöR wirtschaftet nach einem eigenen Wirtschafts- und Finanzplan und hat eine eigene Kassen- und Kreditwirtschaft. Im Haushaltsplan der Trägergemeinde (Anstaltsträger) erscheint ebenso wie beim Eigenbetrieb nur ihre Gewinnausschüttung als Ertrag bzw. der Zuschuss zur Deckung des Fehlbetrags als Aufwand.

Oberhalb der EG-Schwellenwerte gilt das Vergaberecht gemäß § 98 GWB unabhängig von der Rechtsform für alle öffentlichen Auftraggeber, also grundsätzlich auch für die AöR. Unterhalb der Schwellenwerte legen die haushaltsrechtlichen Bestimmungen der Bundesländer fest, ob die Verdingungsordnung anzuwenden ist. So sind beispielsweise AöRs, denen keine hoheitlichen Aufgaben übertragen wurden, in Nordrhein-Westfalen von den Vergabegrundsätzen nach dem Gemeindehaushaltsrecht grundsätzlich befreit. Teilweise sind AöRs durch ihre Satzung verpflichtet, das (nationale) Vergaberecht anzuwenden.

Eigen- und Beteiligungsgesellschaft

Neben den bisher genannten Organisationsformen des öffentlichen Rechts stehen den Kommunen im Rahmen ihrer Organisationshoheit unter bestimmten Voraussetzungen auch bestimmte Gesellschaftsformen des Privatrechts zur Verfügung. Gesellschaftsformen des Privatrechts sind z. B. die Kommanditgesellschaft (KG), die Gesellschaft mit beschränkter Haftung (GmbH) und die Aktiengesellschaft (AG).

Eine **Eigengesellschaft** ist eine Gesellschaft mit privatrechtlicher Rechtsform, bei der sämtliche Anteile des Unternehmens der Gemeinde gehören. Die Versorgungs- und Verkehrsbetriebe größerer Gemeinden werden häufig als Eigengesellschaften geführt (z. B. Stadtwerke GmbH, Stadtwerke AG), aber auch öffentliche Einrichtungen anderer Bereiche sind oft als Eigengesellschaft organisiert (ein Beispiel von vielen: Westfalenhalle Dortmund GmbH). Die Trägerkommune erhofft sich von der höheren Selbstständigkeit des öffentlichen Unternehmens Rationalisierungsvorteile und dadurch Haushaltsentlastungen. Im Haushaltsplan der Gemeinde wird das Ergebnis ihrer doppelten Buchführung nur per Saldo übernommen.

Eine **Beteiligungsgesellschaft** ist eine Gesellschaft mit privatrechtlicher Rechtsform, die nicht in vollem Eigentum der Gemeinde steht. Vielmehr beteiligt sich die Gemeinde an einem Unternehmen, indem sie zur Erfüllung einer öffentlichen Aufgabe Anteile an einer Gesellschaft, z. B. Aktien oder GmbH-Anteile, erwirbt. So wird die Gemeinde Miteigentümerin des Unternehmens und erlangt damit grundsätzlich Einfluss auf die Unternehmensführung. Außerdem kann die Gemeinde in ein bestehendes öffentliches Unternehmen weitere Kapitaleigner aufnehmen oder mit ihnen zusammen ein öffentliches Unternehmen gründen. Sind die anderen Gesellschafter Träger öffentlicher Verwaltung, handelt es sich um eine gemischtöffentliche Beteiligungsgesellschaft; sind einzelne Gesellschafter Private, handelt es sich um eine gemischtwirtschaftliche Beteiligungsgesellschaft. Diese Organisationsform ermöglicht somit die Beteiligung privater Kapitalgeber an der Erfüllung öffentlicher Aufgaben (ein Beispiel von vielen: Zoo Duisburg AG). Im Haushaltsplan der Gemeinde erscheinen nur die Höhe der Beteiligung und der Anteil der Gewinnausschüttung an die Gemeinde.

Gesellschaftsformen des Privatrechts sind grundsätzlich organisatorisch und finanzwirtschaftlich selbstständig. Die organisatorische Selbstständigkeit ist an dem Vorhandensein eigener Organe (in der GmbH z. B. Geschäftsführer und Gesellschafterversammlung) sowie eigenen Personals und Vermögens zu erkennen. Privatrechtliche Organisationsformen haben keine Dienstherrnfähigkeit und können somit keine Beamten beschäftigen. Entsprechende Regelungen des öffentlichen Dienstrechts werden also nicht angewendet. Die Vorschriften des öffentlichen Dienstrechts für die anderen Beschäftigten sind im kommunalen Bereich grundsätzlich ebenfalls nicht anzuwenden, die Organisation kann sich aber unter bestimmten Voraussetzungen dem TVöD oder entsprechenden Regelungen anschließen (s. Kapitel 2.1.1). Die Eigen- bzw. Beteiligungsgesellschaften legen die Organisationsstruktur und die Arbeitsorganisation im Rahmen der gesetzlichen Vorgaben eigenständig fest.

Die finanzwirtschaftliche Selbstständigkeit ist daran zu erkennen, dass die Organisationsformen des Privatrechts eine eigene Kassen- und Kreditwirtschaft haben und eine eigene doppelte Buchführung mit Jahresabschluss führen. Die Gemeindeordnungen fordern, dass die Eigen- und Beteiligungsgesellschaften in Satzung bzw. Gesellschaftsvertrag sicherstellen, dass Wirtschafts- und Finanzpläne aufgestellt werden. Die rechtliche Selbstständigkeit der Eigen- bzw. Beteiligungsgesellschaft ist gegeben, soweit es sich um eine Kapitalgesellschaft handelt (s. Kapitel 4.1).

Privatrechtliche Gesellschaften, die sich ganz oder mehrheitlich im Eigentum der öffentlichen Hand befinden, sind nur oberhalb der EU-Schwellenwerte zur Anwendung des Vergaberechts verpflichtet (s. LF 3, Kapitel 4.1.3). Es bleibt den Gemeinden unbenommen, in den Gesellschaftssatzungen die Anwendung des Vergaberechts auch unterhalb der Schwellenwerte vorzuschreiben. Davon rät aber z. B. der Städte- und Gemeindebund Nordrhein-Westfalens ab, weil die Güterbeschaffung dadurch unflexibler und teurer wird (s. LF 12, Kapitel 1.2).

1.4 Handlungsformen öffentlicher Aufgabenerfüllung

Grundsätzlich stehen den Verwaltungen Handlungsformen des öffentlichen Rechts und des privaten Rechts zur Verfügung (s. LF 9, Kapitel 9.1).

Den Organisationsformen Amt und Regiebetrieb sowie den kommunalen Unternehmen in öffentlich-rechtlicher Rechtsform (Eigenbetrieb, AöR) stehen mit den Rechtsnormen des öffentlichen Rechts spezielle Regelungen zur Verfügung, aus denen sich mögliche Handlungsformen zur Erfüllung öffentlicher Aufgaben ergeben. So können juristische Personen des öffentlichen Rechts beispielsweise grundsätzlich **Satzungen** und **Verwaltungsakte** erlassen. Diese Handlungsform ist für Gesellschaftsformen des Privatrechts nicht gegeben.

Des Weiteren kann sich die Verwaltung auch den Handlungsformen des Privatrechts bedienen, insbesondere kann sie privatrechtliche Verträge schließen (fiskalisches Verwaltungshandeln). Die privatrechtlichen Handlungsformen stehen allen öffentlichen Einrichtungen zur Verfügung.

221060580

Mögliche Handlungsformen am Beispiel öffentlicher Bibliotheken

Bibliothekswesen, dargestellt in den Formen
- des **öffentlichen Rechts** (Stadt A) und
- des **Verwaltungsprivatrechts** (Städte B und C)

Stadt A | **Stadt B** | **Stadt C**

Stadt A und Stadt B: betreibt eine **Bibliothek**

Stadt C: ist Gesellschafter der **„Stadtbibliothek C GmbH"**

Organisationsform:
- Stadt A und Stadt B: **öffentlich-rechtliche** Organisationsform
- Stadt C: **privatrechtliche** Organisationsform

Benutzungsverhältnis:
- Stadt A und Stadt B: **wahlweise** **öffentlich-rechtliches** Benutzungsverhältnis oder **privatrechtliches** Benutzungsverhältnis
- Stadt C: **nur** **privatrechtliches** Benutzungsverhältnis

Für ein öffentlich-rechtliches Benutzungsverhältnis spricht z. B.: Regelung in **Satzungsform,** Bezeichnung des Entgelts als **Gebühr.**

Benutzungsregelung: **„Die Benutzung richtet sich nach dem BGB."**

Medienausleihe:
- Öffentlich-rechtlich: Ausleihe durch **Verwaltungsakt**
- Privatrechtlich (Stadt B): Ausleihe durch **Vertrag**
- Privatrechtlich (Stadt C): Ausleihe durch **Vertrag**

Maßnahmen bei Nichtrückgabe fälliger Medien:

Bei Ausleihe durch Verwaltungsakt:
- Aufforderung **zur Rückgabe** (Verwaltungsakt)
- Bescheid über **Mahngebühren** und Einziehungskosten (Verwaltungsakt)
- **Vollstreckungsverfahren** (wenn nötig, mit **Zwangsmittelanwendung** durch die **Behörde selbst**)

Bei Ausleihe durch Vertrag:
- Erinnerung
- **gerichtliches Mahnverfahren** (Antrag auf Mahn- und evtl. Vollstreckungsbescheid) → Amtsgericht
- evtl. Klage
- evtl. **Vollstreckung (Gerichtsvollzieher)**

1.5 Exkurs: Steuerpflicht öffentlicher Unternehmen

Steuern
= Geldleistung ohne direkte Gegenleistung (§3 Abs. 1 AO)

Besitzsteuern (Ertrag-bzw. Substanzsteuern)

Vermögenszuwachs bzw. Eigentum des Steuerpflichtigen wird besteuert

Beispiele:
Einkommensteuer
Körperschaftsteuer
Gewerbesteuer
Erbschaftsteuer
Grundsteuer

Verkehrs-bzw. Verbrauchsteuern

werden z. B. von den Unternehmen erhoben, die bestimmte Waren verkaufen

Beispiele:
Umsatzsteuer
Energiesteuer
Tabaksteuer

Wie jede Privatperson ist auch die Kommune verpflichtet, Steuern zu zahlen.

So zahlt sie ihre Rechnungen einschließlich der Verbrauchsteuern (z. B. Umsatzsteuer, Energiesteuer) und führt verschiedene direkte Steuern (z. B. Kraftfahrzeugsteuer, Grundsteuer) ab.

Zusätzlich erzielt die Privatperson in der Regel ein Einkommen, auf das Einkommensteuer zu zahlen ist. Auch private Unternehmen zahlen auf ihren Vermögenszuwachs Steuern. So zahlen Gewerbetreibende Gewerbesteuer. Juristische Personen, andere Personenvereinigungen und Stiftungen zahlen Körperschaftsteuer auf ihren Gewinn.

1.5.1 Ertragsteuern kommunaler Unternehmen

Was ist aber mit dem Einkommen, dass die Kommune bzw. das öffentliche Unternehmen über seine Entgelte erzielt? Ist das auch zu versteuern?

Grundsätzlich werden juristische Personen des öffentlichen Rechts und des Privatrechts im Steuerrecht aus Gründen der Wettbewerbsneutralität gleichbehandelt. Öffentliche Einrichtungen können deshalb der Steuerpflicht unterliegen. Hier ist nach der Tätigkeit der Einrichtung zwischen Hoheitsbetrieben und Betrieben gewerblicher Art zu unterscheiden:

Hoheitsbetriebe dienen überwiegend der Ausübung der öffentlichen Gewalt (§ 4 Abs. 5 Körperschaftsteuergesetz) und erfüllen öffentlich-rechtliche Aufgaben (z. B. Abwasserbeseitigung, Straßenreinigung, Bestattungswesen). Hoheitsbetriebe unterliegen nicht der Gewerbe- und Körperschaftsteuerpflicht.

Betriebe gewerblicher Art (BgA) sind dagegen alle Einrichtungen, die einer nachhaltigen wirtschaftlichen Tätigkeit zur Erzielung von Einnahmen außerhalb der Land- und Forstwirtschaft dienen und die sich innerhalb der Gesamtbetätigung der juristischen Person wirtschaftlich herausheben (§ 4 Abs. 1 Körperschaftsteuergesetz). Beispiele für Betriebe gewerblicher Art sind Altenheime, Kindergärten, Schwimm- und Hallenbäder, Kantinen, Parkhäuser, Stadthallen, Zeltplätze. Zu den Betrieben gewerblicher Art gehören auch Betriebe, die der Versorgung der Bevölkerung mit Wasser, Gas, Elektrizität oder Wärme, dem öffentlichen Verkehr oder dem Hafenbetrieb dienen (§ 4 Abs. 3 Körperschaftsteuergesetz).

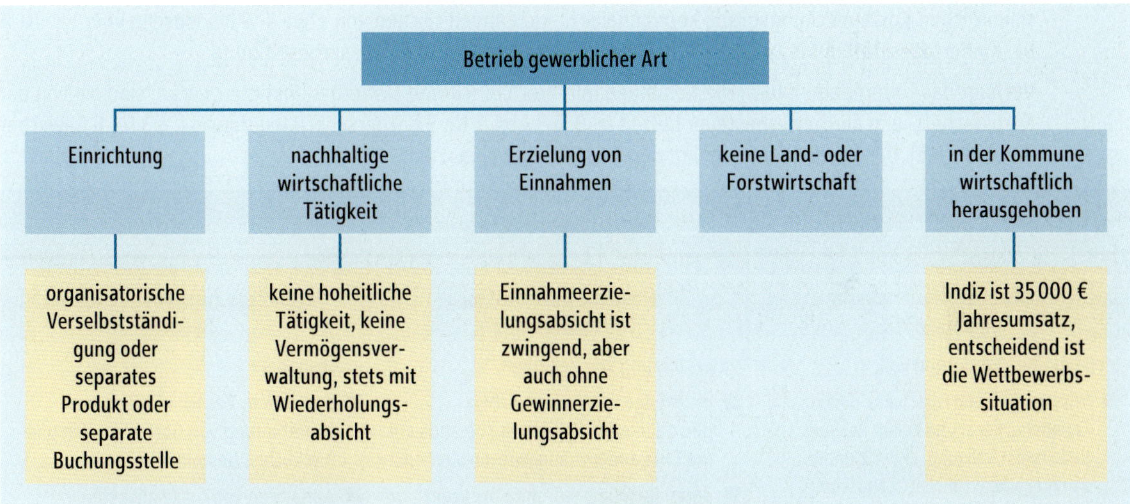

Quelle: Rose, Joachim: Betriebe gewerblicher Art. In: Kommunale Finanzwirtschaft Niedersachsen. Grundriss für die Aus- und Fortbildung. 7. Auflage. Stuttgart: Deutscher Gemeindeverlag GmbH 2017, S. 573.

Juristische Personen des privaten Rechts sowie Betriebe gewerblicher Art von juristischen Personen des öffentlichen Rechts sind grundsätzlich **körperschaftsteuer**pflichtig (§ 1 Abs. 1 Körperschaftsteuergesetz). Für Betriebe gewerblicher Art ergeben sich ggf. aus den haushaltsrechtlichen Regelungen der Bundesländer Besonderheiten zur Ermittlung des steuerpflichtigen Einkommens.[1]

1 So sind z. B. für den Nachweis von beweglichen Vermögensgegenständen in den von den Kommunen geführten Betrieben gewerblicher Art die steuerrechtlichen Regelungen vorrangig zu beachten (§ 47 Abs. 5 S. 2 Nds. Kommunalhaushalts- und -kassenverordnung), damit gelten u. a. statt der landesrechtlichen Wertgrenzen für geringwertige Vermögensgegenstände die Vorschriften des Einkommensteuergesetzes (EStG). Demnach können Vermögensgegenstände mit einem Anschaffungswert von unter 800,00 € netto unmittelbar als Aufwand verbucht werden (§ 6 Abs. 2 EStG). Für Vermögensgegenstände mit einem Anschaffungswert von 250,00 bis 1.000,00 € können Sammelposten gebildet werden, die über fünf Jahre abzuschreiben sind (§ 6 Abs. 2a EStG). Zudem ist für die Abschreibungen nach § 7 EStG u. a. grundsätzlich die vom Bundesfinanzministerium herausgegebene AfA-Tabelle zu berücksichtigen.

Jeder Gewerbebetrieb unterliegt zudem der **Gewerbesteuer**pflicht. Dazu gehören stets Kapitalgesellschaften wie AG und GmbH (§ 2 Abs. 2 Gewerbesteuergesetz). Einrichtungen des öffentlichen Rechts sind u. a. nur dann Gewerbebetrieb, wenn eine Gewinnerzielungsabsicht vorliegt und sie sich allgemein am wirtschaftlichen Verkehr beteiligen (§ 2 Gewerbesteuer-Durchführungsverordnung, § 15 Abs. 2 Einkommensteuergesetz).

Einkommensteuergesetz (EStG)
§ 15 Einkünfte aus Gewerbebetrieb

[...]

(2) [1]Eine selbständige nachhaltige Betätigung, die mit der Absicht, Gewinn zu erzielen, unternommen wird und sich als Beteiligung am allgemeinen wirtschaftlichen Verkehr darstellt, ist Gewerbebetrieb, wenn die Betätigung weder als Ausübung von Land- und Forstwirtschaft noch als Ausübung eines freien Berufs noch als eine andere selbständige Arbeit anzusehen ist. [2]Eine durch die Betätigung verursachte Minderung der Steuern vom Einkommen ist kein Gewinn im Sinne des Satzes 1. [3]Ein Gewerbebetrieb liegt, wenn seine Voraussetzungen im Übrigen gegeben sind, auch dann vor, wenn die Gewinnerzielungsabsicht nur ein Nebenzweck ist.

[...]

Viele Kommunalbetriebe verfügen allerdings nicht über Erträge, die zu einer Besteuerung führen. Die durchschnittlichen Kostendeckungsgrade kommunaler Einrichtungen reichen von etwa 4 % bei Museen über ca. 40 % bei Kindertagesstätten bis zu ca. 95 % in Bereichen der Abfall- und Abwasserbeseitigung.

Verfolgt das Unternehmen bzw. die Kommune mit ihrer Einrichtung steuerbegünstigte Zwecke, sind sie von der Körperschaft- und der Gewerbesteuer befreit (z. B. § 5 Abs. 1 Nr. 9 Körperschaftsteuergesetz, § 3 Nr. 6 Gewerbesteuergesetz). Die Anerkennung obliegt dem zuständigen Finanzamt.

steuerbegünstigte Zwecke		
gemeinnützige Zwecke § 52 AO	**mildtätige Zwecke § 53 AO**	**kirchliche Zwecke § 54 AO**
= selbstlose Förderung der Allgemeinheit	**= selbstlose Unterstützung Hilfsbedürftiger**	**= selbstlose Förderung religiöser Zwecke**
insbesondere Förderung von ■ Wissenschaft und Forschung, Bildung und Erziehung, Kunst und Kultur, Religion, Völkerverständigung, Entwicklungszusammenarbeit, Umwelt-, Landschafts-, und Denkmalschutz, Heimatgedanke ■ Jugendhilfe, Altenhilfe, öffentlichem Gesundheitswesen, Wohlfahrtwesen, Sport ■ demokratischem Staatswesen ■ Tierzucht, Pflanzenzucht, Kleingärtnerei, traditionellem Brauchtum, Soldaten- und Reservistenbetreuung, Amateurfunk, Modellflug, Hundesport	Unterstützung von Personen, ■ die infolge ihres körperlichen, geistigen oder seelischen Zustands auf die Hilfe anderer angewiesen sind oder ■ deren Bezüge bestimmte Grenzen nicht überschreiten	insbesondere ■ Errichtung, Ausschmückung und Unterhaltung von Gotteshäusern und kirchlichen Gemeindehäusern ■ Abhaltung von Gottesdiensten ■ Ausbildung von Geistlichen ■ Erteilung von Religionsunterricht ■ Beerdigung und die Pflege des Andenkens der Toten ■ Verwaltung des Kirchenvermögens ■ Besoldung und Versorgung von Geistlichen und Kirchendienern

Kommunale Betätigungsfelder sind hier insbesondere Krankenhäuser sowie Heime für alte bzw. behinderte Menschen, Volkshochschulen, Musikschulen, Einrichtungen des Sports, der Kultur, des Friedhofwesens sowie des Umweltschutzes und der Landschaftspflege. Verfolgt die Kommune mit ihrem Betrieb gewerblicher Art steuerbegünstigte Zwecke, handelt es sich ggf. um einen **Zweckbetrieb** (§§ 65 bis 68 AO). Auch Eigen- bzw. Beteiligungsgesellschaften können steuerbegünstigte Zwecke verfolgen, z. B. gemeinnützige GmbH (gGmbH), gemeinnützige Unternehmergesellschaft.

221060584

1.5.2 Umsatzsteuer in kommunalen Unternehmen

Bei bestehender Umsatzsteuerpflicht muss das Unternehmen dem Abnehmer seiner Leistungen mit dem Preis der Leistung auch die Umsatzsteuer in Rechnung stellen. Im Gegenzug kann das Unternehmen die an seine Lieferanten gezahlte Umsatzsteuer als Vorsteuerabzug geltend machen.

Der Umsatzsteuerpflicht unterliegen nach dem Umsatzsteuergesetz (UStG) alle Lieferungen und Leistungen, die ein Unternehmer im Inland gegen Entgelt im Rahmen seines Unternehmens ausführt (§ 1 Abs. 1 UStG). Unternehmer ist, wer eine gewerbliche oder berufliche Tätigkeit selbständig ausübt (§ 2 Abs. 1 UStG).

Unternehmer sind stets die juristischen Personen des privaten Rechts. Bis zum Inkrafttreten des Steueränderungsgesetzes 2015 waren juristische Personen des öffentlichen Rechts nur im Rahmen ihrer Betriebe gewerblicher Art und ihrer land- oder forstwirtschaftlichen Betriebe umsatzsteuerpflichtig. Nach aktueller Rechtslage gelten juristische Personen des öffentlichen Rechts aber nur dann nicht als Unternehmer im Sinne des UstG, wenn sie Tätigkeiten ausüben, die ihnen im Rahmen der öffentlichen Gewalt obliegen, soweit dieses nicht zu größeren Wettbewerbsverzerrungen führen würde (§ 2b Abs. 1 UStG). Größere Wettbewerbsverzerrungen liegen insbesondere nicht vor, wenn der voraussichtliche Umsatz aus gleichartiger Tätigkeit 17 500,00 € im Kalenderjahr nicht übersteigen wird (§ 2b Abs. 2 Nr. 1 UStG). Diese Neuregelung ist für alle Kommunen spätestens 2021 anzuwenden.

Prüfschema zur Anwendung des § 2b UStG

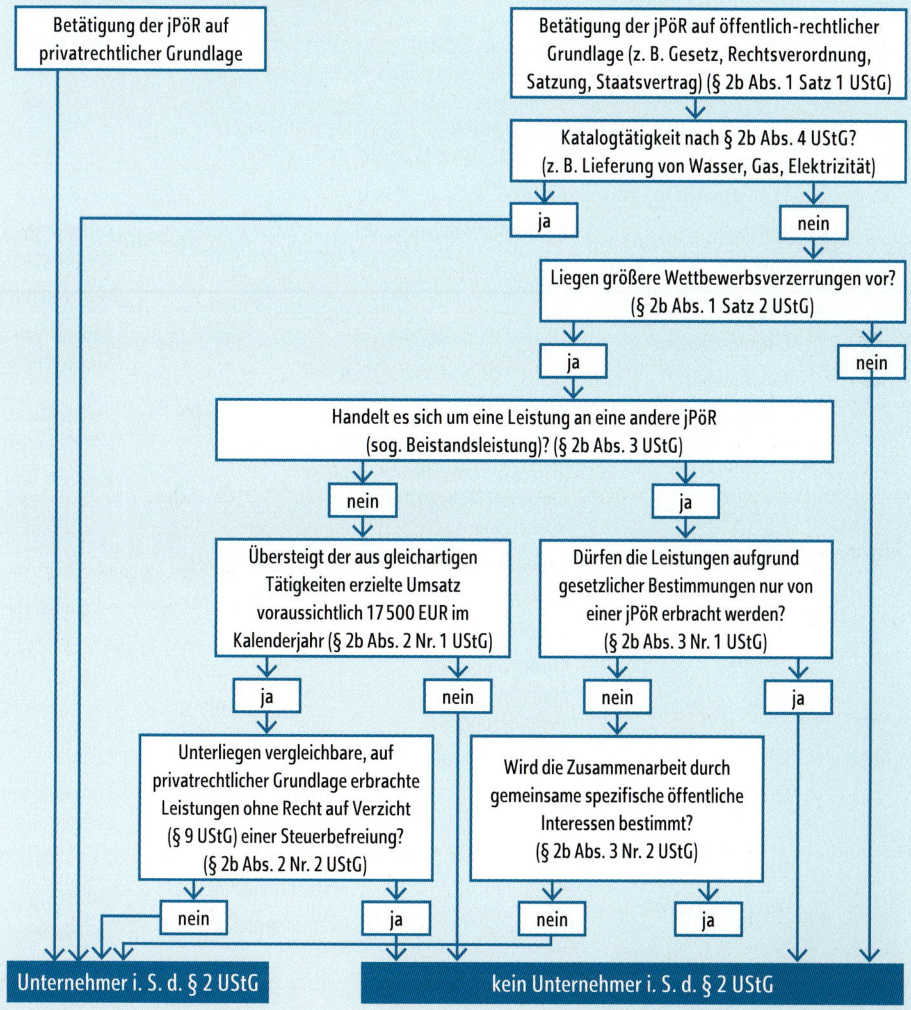

Quelle: Freistaat Sachsen, Staatsministerium der Finanzen: Steuerinfos für Gemeinden und andere juristische Personen des öffentlichen Rechts. 6. Auflage 2017. S. 84.

Demnach gilt die Umsatzsteuerpflicht grundsätzlich für alle Leistungen von juristischen Personen des privaten Rechts und für alle Leistungen von juristischen Personen des öffentlichen Rechts, die aufgrund privatrechtlicher Verträge erbracht werden bzw. aufgrund von wirtschaftlicher Tätigkeit mit öffentlich-rechtlichen Leistungsbeziehungen, soweit diese einen Umsatz von 17 500,00 € pro Jahr übersteigen.

Einige Bereiche der Kommunalverwaltung erfüllen hoheitliche Hilfsgeschäfte, erbringen ihre Leistungen ohne Entgelt oder unterliegen z. B. wegen eines Benutzungszwangs nicht dem Wettbewerb. Somit sind diese **nicht umsatzsteuerpflichtig**.

Als weitere Ausnahme sind die Lieferungen und Leistungen zu berücksichtigen, die nach § 4 UStG **von der Umsatzsteuer befreit** sind. Hierunter fallen hauptsächlich Leistungen von Einrichtungen des öffentlichen Rechts für bestimmte Aufgaben. Auch Personen des privaten Rechts können von der Umsatzsteuer befreit werden, z. B. wenn ihnen die Landesbehörde bescheinigt, dass sie die gleichen Aufgaben erfüllen (§ 4 Nr. 20a S. 2 UStG). Die steuerpflichtigen Umsätze sind grundsätzlich mit einem Steuersatz von 19 % zu versteuern. Für die in § 12 Abs. 2 UStG genannten Umsätze wird der **ermäßigte Steuersatz von 7 %** angewendet, hierzu gehören auch die Leistungen der Körperschaften, die ausschließlich und unmittelbar steuerbegünstigte Zwecke verfolgen.

Umsatzsteuerpflicht von öffentlichen Leistungen
Beispiele

Produktbereich	**nicht steuerpflichtig** § 2b UStG	**befreit** (soweit von Einrichtungen des öffentlichen Rechts oder von entsprechenden Einrichtungen erbracht) § 4 UStG	**ermäßigter Umsatzsteuersatz** § 12 Abs. 2 UStG	**voller Umsatzsteuersatz**
Zentrale Verwaltung	Fuhrpark, Bauhof, Brandschutz, Rettungsdienst, Veterinäramt	Krankenbeförderung		Verkauf von Druckerzeugnissen, Werbeleistungen, Verkauf von KfzKennzeichen
Schule und Kultur	Schulverwaltung	Volkshochschulen, Schulmensa, Zoologische Gärten, Theater, Konzerte, Museen, Büchereien	Kleinkunstveranstaltungen	Verpachtung von Schulmensen, Kopierer für Lernende
Soziales und Jugend	Jobcenter	Tageseinrichtungen für Kinder, Altenheime, Einrichtungen für Menschen mit Behinderung	Werkstätten für Menschen mit Behinderung	
Gesundheit und Sport	Schulsporthallen	Krankenhäuser	Schwimmbäder	Sauna
Umwelt	Abfallentsorgung, Abwasserbeseitigung, Straßenreinigung, Friedhöfe, -wälder		Öffentlicher Personennahverkehr, Blumenverkäufe einer Friedhofsgärtnerei, Campingplätze	Lieferung von Strom, Wasser und Gas, Parkhäuser, Grabpflege, Krematorien

Vgl. Trost, Christian / Menebröcker, Matthias: Umsatzsteuer in der öffentlichen Verwaltung. 2018.

Näheres zum System der Umsatzsteuer und zu ihrer Berücksichtigung im kommunalen Rechnungswesen finden Sie im Band Rechnungswesen, Kapitel 4.3.

221060586

1.6 Rechtliche Grenzen für kommunale Unternehmen

1.6.1 Notwendigkeit rechtlicher Grenzen

Die Kommunen sind in das in der Bundesrepublik Deutschland bestehende System der sozialen Marktwirtschaft eingebettet. Wesentliche Bestandteile dieser Wirtschaftsordnung sind Privateigentum, freie Preisbildung und Wettbewerb. Die Gemeinden nehmen aber nach dem Sozialstaatsprinzip am Wirtschaftsgeschehen teil, wenn „der Markt versagt" und die Privatwirtschaft nicht zu den politisch gewollten Ergebnissen führt (s. LF 3, Kapitel 3.3.1).

Um die Privatwirtschaft vor einer drohenden Beeinträchtigung durch den Wettbewerb mit kommunalen Unternehmen und die Gemeinden als Träger der öffentlichen Unternehmen selbst zu schützen, sind für die Einrichtung und Führung kommunaler Unternehmen gesetzliche Grenzen zu beachten.

Zu diesen Gesetzen zählen neben den Wettbewerbsregeln des Vertrags über die Arbeitsweise der Europäischen Union (Art. 101–113 AEUV) alle Rechtsnormen, die die Organisationsform für bestimmte kommunale Einrichtungen vorgeben. So sind beispielsweise öffentliche Schulen nichtrechtsfähige Anstalten des Schulträgers (z. B. § 6 Abs. 3 Satz 2 Schulgesetz NRW). Zudem sind die **gemeindewirtschaftsrechtlichen Regelungen der Kommunalgesetze** der Bundesländer zu beachten. In ihnen sind die Voraussetzungen und Grenzen der wirtschaftlichen Betätigung von Gemeinden sowie die zulässigen Organisationsformen, teilweise mit unterschiedlichen Inhalten, festgelegt (vgl. §§ 102–108 BaWüGO; Art. 86–96 BayGO; §§ 91–100 BbgKVerf; §§ 121–127 b HGO; §§ 68–77 KV M-V; §§ 136–152 NKomVG, §§ 107–115 GO NRW, §§ 85 -92 RhPfGemO; §§ 108–118 SaarlKSVG; §§ 94a–102 SächsGemO; §§ 128–135 KVG LSA; §§ 101–109a GO SH; §§ 71–77 ThürKO).

Soll die Erfüllung öffentlicher Aufgaben von kommunalen Unternehmen übernommen werden (Eigenbetrieb, AöR, Eigen- oder Beteiligungsgesellschaft), müssen bestimmte Voraussetzungen erfüllt sein. Die meisten Gemeindeordnungen unterscheiden „wirtschaftliche Betätigung" und „nichtwirtschaftliche Betätigung", für die bei der Wahl der Organisationsform abweichende Voraussetzungen zu berücksichtigen sind. Diese Voraussetzungen werden im Folgenden am Beispiel des Niedersächsischer Kommunalverfassungsgesetzes (NKomVG) bzw. der Gemeindeordnung Nordrhein-Westfalens (GO NRW) oder der Gemeindeordnung des Landes Rheinland-Pfalz (RhPfGemO) geschildert.

1.6.2 Rechtliche Grenzen für wirtschaftliche Betätigung

Als wirtschaftliche Betätigung ist der Betrieb von Unternehmen zu verstehen, die als Hersteller, Anbieter oder Verteiler von Gütern und Dienstleistungen am Markt tätig werden, sofern die Leistung ihrer Art nach auch von einem Privatunternehmer mit der Absicht der Gewinnerzielung betrieben werden könnte (§ 107 Abs. 1 S. 3 GO NRW). Beispiele hierfür sind Versorgungsbetriebe (Wasser-, Gas-, Elektrizitäts-, Fernwärmewerke), Verkehrsbetriebe (Straßenbahnen, Busse, Bergbahnen, Hafenanlagen, Flughäfen, Parkhäuser), Betriebe der Urproduktion (Molkereien, Forstbetriebe, Kies- und Sandgruben) und sonstige Betriebe (Messehallen, Gaststätten).

Gemeinsame Voraussetzungen der Gemeindeordnungen für die Errichtung, Übernahme oder wesentliche Erweiterung wirtschaftlicher Unternehmen sind, dass

- **ein (dringender) öffentlicher Zweck das Unternehmen rechtfertigt.** Der öffentliche Zweck einer kommunalen Einrichtung ist gegeben, wenn die Einrichtung Zielsetzungen verfolgt, die aus der Verpflichtung der Kommune zur Förderung des gemeinsamen Wohls ihrer Einwohnerschaft zu rechtfertigen sind. Das Merkmal des öffentlichen Zwecks obliegt der Einschätzung durch die Entscheidungsträger der Gemeinde. Kein öffentlicher Zweck ist aber eine vorrangige Gewinnerzielungsabsicht.
- **die Betätigung nach Art und Umfang in einem angemessenen Verhältnis zur Leistungsfähigkeit der Gemeinde (und zum voraussichtlichen Bedarf) steht.** Die Gemeinde muss in der Lage sein, die Errichtung bzw. Erweiterung und Unterhaltung des Unternehmens zu finanzieren. Diese Voraussetzung will die Kommunen vor Aktivitäten bewahren, die ihre Finanzkraft überfordern. Auch das Merkmal des Bedarfs dient dem Schutz der Kommunen: Überkapazitäten sind zu vermeiden. Eine Bedarfsprognose sollte Entscheidungsgrundlage sein.

Verschiedene Gemeindeordnungen enthalten darüber hinaus eine sogenannte Subsidiaritätsklausel. Die RhPfGemO z. B. lässt eine wirtschaftliche Betätigung grundsätzlich nur dann zu, wenn

- **der öffentliche Zweck nicht ebenso gut und wirtschaftlich durch einen privaten Dritten erfüllt wird oder erfüllt werden kann.** Wirtschaftliche Unternehmen sollen demnach nur dort auftreten, wo private Wirtschaftstätigkeit allein ein bestimmtes Güter- oder Dienstleistungsangebot nicht oder nur mit unbefriedigenden Ergebnissen erbrächte („Lückenfüller-Funktion", Subsidiarität der Gemeindewirtschaft gegenüber der Privatwirtschaft). Anhaltspunkte für die Entscheidungsfindung können die Zuverlässigkeit privater Wettbewerber, die gleichmäßige Versorgung der Einwohner, die Notwendigkeit sozial ausgerichteter Leistungsentgelte, die Wirtschaftlichkeit der Betriebsführung sowie sämtliche Qualitätsmerkmale der Leistung sein.

Schrankentrias

Sind diese Voraussetzungen erfüllt, kann das wirtschaftliche Unternehmen grundsätzlich als **Eigenbetrieb** oder als **Anstalt des öffentlichen Rechts** geführt werden.

Die Führung eines wirtschaftlichen Unternehmens als **Eigen- oder Beteiligungsgesellschaft** ist vom Vorliegen zusätzlicher Voraussetzungen abhängig, auf die in Kapitel 4.2 (Grenzen der Rechtsformwahl) genauer eingegangen wird.

1.6.3 Rechtliche Grenzen für nichtwirtschaftliche Betätigung

In den Gemeindeordnungen einiger Länder werden Einrichtungen genannt, die per Gesetz **nicht** als wirtschaftliche Betätigung anzusehen sind. Einen ausführlichen Katalog nichtwirtschaftlicher Betätigung enthält das nordrhein-westfälische Landesrecht:

Demnach gehören zu den nichtwirtschaftlichen Einrichtungen:

- Einrichtungen, zu denen die Gemeinde gesetzlich verpflichtet ist,
- Einrichtungen auf den Gebieten der Erziehung, Bildung und Kultur (Schulen, Volkshochschulen, Tageseinrichtungen für Kinder, Bibliotheken, Stadthallen), auf den Gebieten des Gesundheits- und Sozialwesens (Krankenhäuser, Senioren- und Behindertenheime), auf den Gebieten Sport und Erholung (Sportanlagen, zoologische Gärten, Bäder), auf den Gebieten die der Straßenreinigung, Wirtschaftsförderung oder der Wohnraumversorgung dienen, Einrichtungen des Umweltschutzes, insbesondere der Abfallentsorgung oder Abwasserbeseitigung sowie des Messe- und Ausstellungswesens,
- Hilfsbetriebe, die ausschließlich der Deckung des Eigenbedarfes der Gemeinde dienen.

Sofern die öffentliche Einrichtung als „nichtwirtschaftlich" einzustufen ist, steht der Kommune in erster Linie der Regiebetrieb und damit die unmittelbare Kommunalverwaltung als Organisationsform zur Verfügung.

Einrichtungen der Abwasserbeseitigung, der Straßenreinigung und der Abfallbeseitigung können außerdem als Eigenbetrieb oder AöR geführt werden; sie können auch in privater Rechtsform betrieben werden, wenn die Gemeinde allein oder zusammen mit anderen kommunalen Körperschaften über die Mehrheit der Anteile verfügt (§ 136 Abs. 4 NKomVG).

Andere nichtwirtschaftliche Einrichtungen können nach dem Niedersächsischem Kommunalverfassungsgesetz nur dann als Eigenbetrieb oder AöR geführt werden, wenn ein **wichtiges Interesse** daran besteht. Ein wichtiges Interesse an der Führung einer Einrichtung in einer alternativen Organisationsform kann unter anderem darin liegen, dass die Einrichtung in dieser Organisationsform im Vergleich zur bisherigen kostengünstiger oder flexibler geführt werden kann. Bei der Einschätzung der Gemeinde, ob ein wichtiges Interesse vorliegt, können daneben z. B. auch eine größere Autonomie bei der Aufgabenerfüllung und die bessere Gewinnung qualifizierten Fachpersonals berücksichtigt werden.

1.6 Rechtliche Grenzen für kommunale Unternehmen

Die Gründung einer Eigen- oder Beteiligungsgesellschaft ist nur zulässig, wenn „... ein wichtiges Interesse der Kommune daran besteht und ... in einem Bericht ... unter umfassender Abwägung der Vor- und Nachteile dargelegt wird, dass die Aufgabe im Vergleich zu den zulässigen Organisationsformen des öffentlichen Rechts wirtschaftlicher durchgeführt werden kann (§ 136 Abs. 4 S. 4 NKomVG).“ Auch die weiteren Beschränkungen zur Führung von Eigen- oder Beteiligungsgesellschaften sind zu beachten (s. Kapitel 4).

öffentliche Einrichtungen	
wirtschaftliche Betätigung	**nichtwirtschaftliche Betätigung**
Beispiele ■ **Versorgungsbetriebe** Wasser-, Gas-, Elektrizitäts- und Fernheizwerke ■ **Verkehrsbetriebe** Straßenbahnen, Busse, Hafenanlage, Flughäfen, Parkhäuser ■ **Betriebe der Urproduktion** Molkereien, Kies- und Sandgruben, Steinbrüche	**Beispiele** ■ **Schulen, Einrichtungen der Wissenschaft, der Forschung und der Kultur** Museen, Theater, Volkshochschulen, Büchereien ■ **Einrichtungen der sozialen Sicherung** Kindergärten, Altenheime, Behindertenheime, Obdachlosenheime ■ **Einrichtungen für Gesundheit, Sport und Erholung** Krankenhäuser, Sportanlagen, Badeanstalten ■ **Einrichtungen des Umweltschutzes** Abwasserbeseitigung, Abfallwirtschaft

Auswirkungen der Umwandlung der Organisationsform öffentlicher Einrichtungen auf die Beschäftigten und Bürger

2.1 Auswirkungen der Umwandlung auf die Beschäftigten

2.1.1 Rechtliche Auswirkungen

Die rechtliche Regelung der Beschäftigungsverhältnisse hängt von der Zuordnung zum **öffentlichen Dienst** ab (s. LF 5).

Rechtsgrundlage für **Beamten**verhältnisse ist das Beamtenrecht des Bundes und der Länder. Juristische Personen des öffentlichen Rechts haben grundsätzlich Dienstherrnfähigkeit, sie können also Beamte beschäftigen (§ 121 BRRG, § 2 BeamtStG). Nur die Unternehmen in öffentlich-rechtlicher Rechtsform haben demnach die Wahlmöglichkeit, ob sie ihr Personal öffentlich-rechtlich im Rahmen von Beamtenverhältnissen oder privatrechtlich durch Dienstverträge anstellen. Juristische Personen des privaten Rechts haben keine Dienstherrnfähigkeit, können also keine Beamten beschäftigen.

Rechtsgrundlage für die Beschäftigung von **Arbeitnehmern** ist das Arbeitsrecht (s. LF 5). Für die Arbeitnehmer im kommunalen öffentlichen Dienst gelten grundsätzlich der Tarifvertrag für den öffentlichen Dienst (TVöD) bzw. spezielle Spartentarifverträge.

Grundsätzlich sind alle kommunalen Unternehmen öffentlich-rechtlicher Organisationsform Mitglied eines kommunalen Arbeitgeberverbands und damit tarifgebunden. Öffentliche Unternehmen privatrechtlicher Rechtsform können nach den entsprechenden Satzungen nur dann ordentliches Mitglied des kommunalen Arbeitgeberverbands und damit tarifgebunden sein, wenn öffentlich-rechtliche Körperschaften an ihnen beteiligt sind oder wenn sie Aufgaben erfüllen, die in der Regel von Körperschaften des öffentlichen Rechts wahrgenommen werden.

Wird eine kommunale Einrichtung in ein kommunales Unternehmen umgewandelt, das Mitglied eines Mitgliedsverbands der VKA ist, gelten die Regelungen des Tarifvertrags für den öffentlichen Dienst weiter. Es findet dann ein **Arbeitgeberwechsel** statt, der das Arbeitsverhältnis in seinem Bestand nicht berührt.

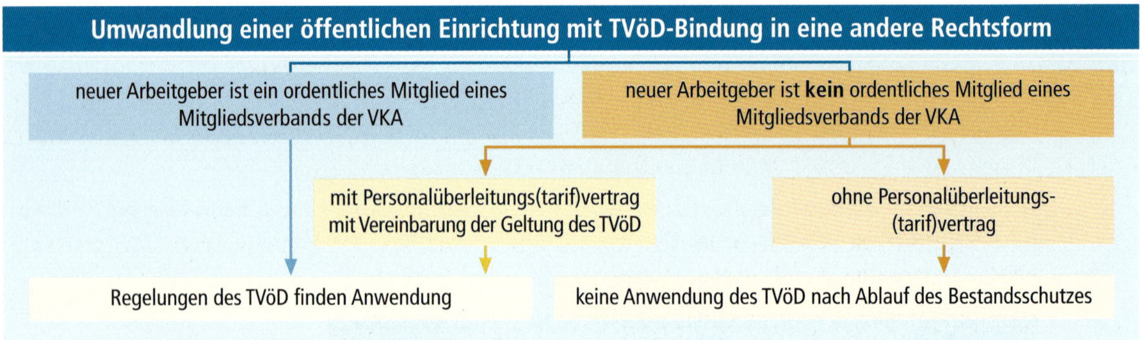

Wird die kommunale Einrichtung allerdings in ein öffentliches Unternehmen umgewandelt, das nicht Mitglied eines Mitgliedsverbands der VKA ist, greifen die Regelungen zum **Betriebsübergang** nach § 613 a BGB. Demnach tritt der neue Arbeitgeber automatisch in die Rechte und Pflichten des im Zeitpunkt des Übergangs bestehenden Arbeitsverhältnisses ein, wenn der Arbeitnehmer dem zustimmt. Unterliegt der neue Arbeitgeber keiner Tarifbindung an einen anderen Tarifvertrag, so werden auch die Rechte und Pflichten aus dem TVöD grundsätzlich Inhalt des Arbeitsverhältnisses und dürfen nicht vor Ablauf eines Jahres zum Nachteil des Arbeitnehmers verändert werden. Es besteht somit ein **Bestandsschutz** für ein Jahr. Erst nach Ablauf eines Jahres kann der neue Arbeitgeber die Rechte und Pflichten aus dem alten Arbeitsverhältnis durch eine Änderungskündigung abändern. Vor Ablauf der Jahresfrist können die Rechte und Pflichten nur geändert werden, wenn Arbeitnehmer oder Arbeitgeber nicht tarifgebunden sind und die Geltung eines anderen Tarifvertrags vereinbart wird. Werden die Rechte und Pflichten bei dem neuen Betriebsinhaber durch einen anderen Tarifvertrag geregelt, gilt dieser Bestandsschutz nicht. Eine Ausgliederung durch Hoheitsakt (Gesetz, Verordnung, Satzung) fällt nicht unter die Regelungen des § 613 a BGB.

221060590

Die Kündigung eines Arbeitnehmers wegen des Betriebsübergangs ist unwirksam. Betriebsbedingte Kündigungen sind dann nach Ablauf eines Jahres nach der Umwandlung grundsätzlich möglich.

Allerdings können den Arbeitnehmern mittels Personalüberleitungsvertrag oder Personalüberleitungstarifvertrag weitere Rechte – auch über das Jahr des Bestandsschutzes hinaus – zugesichert werden. In diesen Verträgen können beispielsweise die Weitergeltung des TVöD, eine Ausdehnung des Kündigungsschutzes, die Besitzstandswahrung oder die Anerkennung zurückgelegter Beschäftigungszeiten abgesichert werden.

Ohne entsprechende Regelung gelten nach Ablauf des Bestandsschutzes nur noch die gesetzlichen (Mindest-)Regelungen aus dem BGB und anderen arbeitsrechtlichen Gesetzen und Verordnungen als Grundlage für die im einzelnen Arbeitsvertrag auszuhandelnden Arbeitsbedingungen.

2.1.2 Auswirkungen der Umwandlung auf das Beschäftigungsniveau

Wenn nach Ablauf des Bestandsschutzes keine Bindung an den TVöD mehr besteht, ist der Arbeitgeber „vom öffentlichen Dienstrecht befreit". Dies soll aus Arbeitgebersicht die Vorteile einer flexibleren Personaleinsatzplanung und damit sinkende Personalkosten mit sich bringen.

Sinkende Personalkosten können u. a. dadurch erreicht werden, dass

- weniger Personal beschäftigt wird,
- die Vergütung des Personals herabgesetzt wird,
- Nebenleistungen herabgesetzt werden,
- der einzelne Beschäftigte mehr leisten muss.

Hieraus ergeben sich gravierende Konsequenzen für die Beschäftigung:

Betriebsbedingte **Kündigungen** sind im öffentlichen Dienst wegen der gemeinwohlorientierten Zielsetzung noch nicht an der Tagesordnung. Wenn Personalabbau erforderlich ist, wird insbesondere „natürliche Fluktuation" genutzt – frei werdende Stellen werden nicht oder nur befristet wieder besetzt. So wurde im öffentlichen Dienst bei Kommunen von 1991 bis 2016 etwa jede vierte Stelle abgebaut.

Anders in Betrieben, die nicht dem öffentlichen Dienstrecht unterliegen. Hier ist der Arbeitsplatzabbau aus Rationalisierungsgründen sehr viel höher. Auch gibt es hier keine „Unkündbarkeit" in Sinne des § 34 Abs. 2 TVöD. Mit der Umwandlung einer öffentlichen Einrichtung in ein privatrechtliches Unternehmen ohne Anwendung des Tarifvertrags für den öffentlichen Dienst besteht somit für die Beschäftigten nach Ablauf des Bestandsschutzjahres tatsächlich eine latente Gefahr der betriebsbedingten Kündigung.

Über diesen Arbeitsplatzabbau liegen keine aktuellen Zahlen vor, da entsprechende Kündigungen nicht statistisch erfasst werden. Eine Studie aus dem Jahr 2008 bietet aber einen Anhaltspunkt für die Größenordnung privatisierungsbedingten Arbeitsplatzabbaus:

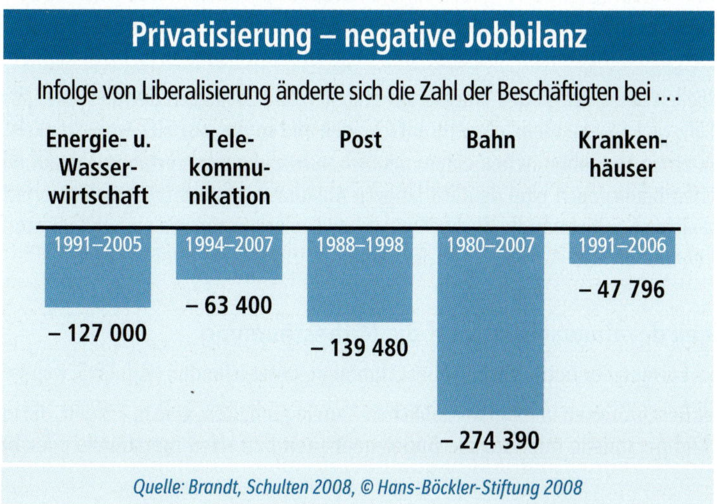

2.1.3 Auswirkungen der Umwandlung auf Arbeitsbedingungen und -abläufe

Arbeitsbedingungen

Ein Beschäftigungsabbau kann in vielen Fällen auch Auswirkungen auf die Arbeitsbedingungen der im Betrieb verbleibenden Beschäftigten haben: steigende Arbeitsintensität, längere Arbeitszeiten, mehr Stress und damit zusammenhängend gesundheitliche Probleme sowie Unfallgefährdungen. Dies wird durch die höhere Unsicherheit des Arbeitsplatzes und durch Konkurrenz der Beschäftigten untereinander noch verschärft.

Besonders deutliche Auswirkungen auf die Arbeitsbedingungen der Beschäftigten hat eine Umwandlung eines öffentlichen Unternehmens in eine andere Rechtsform, wenn nach Ablauf des Bestandschutzjahres keine Tarifbindung mehr besteht. Dann gelten – soweit nicht anders vereinbart – nur noch die gesetzlichen (Mindest-)Regelungen.

Beispiele

- *Nach dem Bundesurlaubsgesetz stehen einem Arbeitnehmer bei einer 6-Tage-Woche jährlich 24 Arbeitstage Urlaub zu, nach dem TVöD hätte der Arbeitnehmer dagegen Anspruch auf mindestens 30 Tage **Urlaub** bei einer 5-Tage-Woche.*
- *Die **Kündigungsfrist** nach BGB beträgt für ein Arbeitsverhältnis, das fünf Jahre bestanden hat, einen Monat zum Monatsende; nach dem TVöD sind dagegen in diesem Fall drei Monate zum Ende eines Kalendervierteljahres vorgesehen.*
- *Die **Arbeitszeit** darf nach dem Arbeitszeitgesetz acht Stunden werktäglich nicht übersteigen, das sind 48 Stunden bei einer 6-Tage-Woche; nach dem TVöD beträgt die regelmäßige wöchentliche Arbeitszeit auf kommunaler Ebene dagegen 39 Stunden (Tarifgebiet West) bzw. 40 Stunden (Tarifgebiet Ost).*

Das **Entgelt** der Beschäftigten im öffentlichen Dienst setzt sich nach dem TVöD grundsätzlich aus dem Tabellenentgelt und dem Leistungsentgelt zusammen. Alle Beschäftigten derselben Entgeltgruppe und derselben Stufe haben im öffentlichen Dienst dasselbe Tabellenentgelt. Die maximale Höhe des Leistungsentgelts ist tarifvertraglich geregelt. In privatrechtlich organisierten Unternehmen ohne Tarifbindung sind die Entgelte im Rahmen der Gesetze (insb. MiLoG) vertraglich frei vereinbar und Leistungsanreize in beliebiger Höhe problemlos möglich und üblich.

Zusätzlich gelten die **Gleichstellungs- bzw. Gleichberechtigungsgesetze** der Länder grundsätzlich nur für juristische Personen des öffentlichen Rechts. Folglich haben beispielsweise Beschäftigte mit Kindern unter zwölf Jahren in Eigen- oder Beteiligungsgesellschaften keinen Rechtsanspruch auf eine familiengerechte Arbeitszeitgestaltung, wie er in öffentlich-rechtlichen Organisationsformen gegeben wäre. Ebenso gelten hier die Regelungen zur Frauenförderung bei Unterrepräsentanz von Frauen nicht unmittelbar. Die Anwendbarkeit des entsprechenden Gesetzes kann aber in Personalüberleitungs(tarif)verträgen vereinbart werden.

Arbeitsabläufe

Während organisatorisch selbstständige Einrichtungen weitestgehend frei von externen Vorgaben zur Gestaltung der **Arbeitsorganisation** sind, ist diese in organisatorisch unselbstständigen Einrichtungen oftmals durch externe Vorgaben bestimmt. Entsprechende Vorgaben für die Aufbauorganisation finden sich beispielsweise im Verwaltungsgliederungsplan der Behörde; Vorgaben für die Ablauforganisation ergeben sich z. B. aus Verfahrensvorschriften in Gesetzen und in Allgemeinen Dienst- und Geschäftsanweisungen (s. LF 8, Kapitel 3.4).

Diese externen Vorgaben sollen den Einfluss des Trägers sicherstellen und zusätzlich gewährleisten, dass die Einrichtungen vergleichbare Fälle gleich behandeln, objektiv entscheiden und so zur „sozialen Gerechtigkeit" beitragen. Allerdings bewirken die externen Vorgaben neben einem deutlich aufwändigeren Verfahrensablauf mit vorgegebenen Entscheidungskriterien häufig auch eine deutlich längere Ablaufzeit, sodass die organisatorisch unselbstständige Einrichtung meist nicht so selbstständig, flexibel und schnell agieren kann wie eine organisatorisch selbstständige Einrichtung. Hier entstehen also Vorteile durch den Abbau „bürokratischer Vorschriften".

2.1.4 Auswirkungen der Umwandlung auf die Mitbestimmung

Grundsätzlich werden zwei Formen der betrieblichen Mitbestimmung unterschieden (vgl. LF 5, Kapitel 2.4):

- die Mitbestimmung der Beschäftigten in innerbetrieblichen Angelegenheiten, also in Fragen, die insbesondere den Arbeitsablauf und personelle oder soziale Angelegenheiten betreffen (personelle oder **betriebliche Mitbestimmung**),

- die Mitbestimmung, die auf eine Beteiligung der Beschäftigten an unternehmerischen Entscheidungen gerichtet ist (direktive oder **unternehmerische Mitbestimmung**): Vertreter der Arbeitnehmer nehmen als stimmberechtigte Mitglieder an den Versammlungen des Aufsichtsrats oder eines entsprechenden Organs des Unternehmens teil und entscheiden beispielsweise über das Leistungsangebot mit.

Die Anwendbarkeit der maßgeblichen Gesetze bestimmt sich allein danach, ob die Einrichtung öffentlich-rechtlicht oder privatrechtlich organisiert ist.

Betriebliche Mitbestimmung

In öffentlichen Unternehmen öffentlich-rechtlicher Organisationsform richtet sich die betriebliche Mitbestimmung nach dem Bundespersonalvertretungsgesetz und den **Personalvertretungsgesetzen** der Länder. Nach diesen ist für jede Dienststelle, in der mindestens fünf Arbeitnehmer beschäftigt sind, ein Personalrat zu wählen, der die Interessen der Beschäftigten vertritt. Als eigene Dienststelle können – je nach Landesrecht – auch die Eigenbetriebe und die AöR gelten.

Für die betriebliche Mitbestimmung in öffentlichen Unternehmen in privatrechtlicher Rechtsform gilt das **Betriebsverfassungsgesetz** (BetrVG). In Betrieben mit mindestens fünf Arbeitnehmern werden Betriebsräte gewählt, die die Interessen der Arbeitnehmer vertreten.

Werden Regiebetriebe in Eigenbetriebe oder Anstalten des öffentlichen Rechts umgewandelt, bleibt für die betriebliche Mitbestimmung das Personalvertretungsrecht gültig. Werden sie dagegen in eine Eigen- oder Beteiligungsgesellschaft umgewandelt, findet ein Wechsel in den Bereich des Betriebsverfassungsrechts statt; dann ist die Neuwahl eines Betriebsrats erforderlich, der Personalrat hat ggf. für die maximale Dauer von sechs Monaten ein Übergangsmandat.

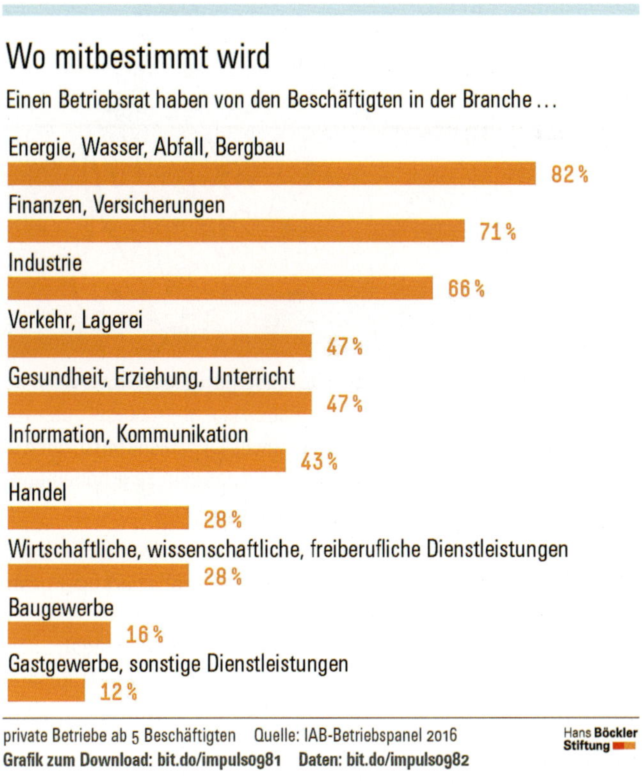

Unternehmerische Mitbestimmung

Eine unternehmerische Mitbestimmung ist in öffentlichen Unternehmen öffentlich-rechtlicher Organisationsform grundsätzlich nicht vorgesehen[1].

Die unternehmerische Mitbestimmung in Eigen- und Beteiligungsgesellschaften, die in der Form einer GmbH oder AG betrieben werden, richtet sich nach der Anzahl der Arbeitnehmer. So besteht der Aufsichtsrat einer Gesellschaft ab 500 Arbeitnehmern zu einem Drittel aus Arbeitnehmervertretern, bei Gesellschaften über 2 000 Arbeitnehmern sind sogar die Hälfte der Aufsichtsratsmitglieder Arbeitnehmervertreter (s. Kapitel 4).

2.2 Auswirkungen der Umwandlung für die Bürgerinnen und Bürger

Befürworter der Umwandlung öffentlicher Einrichtungen in privatrechtliche Organisationsformen sehen die Chance, dass die Verbraucher durch ihr Nachfrageverhalten das Angebot der Unternehmer bezüglich des Warensortiments bzw. der Dienstleistungen sowie der Preise und qualitativer Merkmale besser steuern können, als der Staat es kann (Konsumenten-Souveränität). Insbesondere erhoffen sie sich durch die erhöhten Rationalisierungsmöglichkeiten eine Senkung der Leistungsentgelte. Diese Wirkung soll auch eintreten, wenn öffentliche Angebotsmonopole durch eine Öffnung des Marktes aufgegeben werden und so Konkurrenz entsteht. Damit ist auch die Erwartung einer höheren Leistungsqualität verbunden. Zusätzlich erhoffen die Bürger, dass durch eine Beteiligung privater Kapitalgeber die Höhe öffentlicher Zuschüsse und dadurch die Steuer- und Abgabenlast sinkt.

DROHEN NACHTEILE BEI DER WASSERPRIVATISIERUNG?

Gegner der Umwandlung erwarten, dass privatrechtliche Organisationsformen unter stärkerem Erfolgsdruck stehen. Folglich wird das Unternehmen versuchen, die Einnahmen zu erhöhen und die Kosten zu senken – zulasten des Verbrauchers. Es wird beispielsweise befürchtet, dass

- Preise steigen,
- lukrative Teilbereiche ausgebaut und defizitäre Bereiche reduziert oder gestrichen werden, was eine schlechtere Versorgung zur Folge hätte,
- die Leistungsqualität sinkt, weil weniger Personal zur Verfügung steht,
- die Sicherheit gefährdet ist, z. B weil das Personal überlastet ist oder Reparaturen seltener und nicht sorgfältig erfolgen.

1 In einigen Bundesländern schreiben Gemeindeordnungen, Eigenbetriebsgesetze oder das Landespersonalvertretungsrecht jedoch die Entsendung von Vertretern der Beschäftigten in den Betriebsausschuss oder ein vergleichbares Organ eines wirtschaftlichen kommunalen Unternehmens vor. Sehr weitgehend ist die unternehmerische Mitbestimmung etwa in Niedersachsen. Hier sieht das Personalvertretungsgesetz für öffentliche Einrichtungen mit wirtschaftlicher Zweckbestimmung mit mehr als zehn Beschäftigten vor, dass der Verwaltungs- bzw. Aufsichtsrat bzw. der Betriebsausschuss zu einem Drittel aus Vertretern der Bediensteten bestehen muss (§ 110 Abs. 2 NPersVG).

Umwandlungsgegner befürchten ferner einen geringeren Standard beim Datenschutz. Die strengen Regelungen des Datenschutzes nach den Landesdatenschutzgesetzen gelten nämlich für selbstständige Organisationsformen grundsätzlich nur eingeschränkt. Stattdessen gelten die Vorschriften des Bundesdatenschutzgesetzes.

Schließlich verringern sich durch Umwandlung in eine privatrechtliche Organisationsform auch die Chancen der Einflussnahme des Bürgers auf das Unternehmen, das öffentliche Leistungen erbringt, sowie seine Informationsmöglichkeiten: Die Einflussmöglichkeiten der von den Bürgern gewählten Vertreter nehmen ab; die Entscheidungen über die Geschäftspolitik fallen nicht mehr in öffentlichen Sitzungen; die detaillierten Zahlen des Unternehmens erscheinen nicht mehr im Haushaltsplan – die Bürger können nur noch durch ihr Nachfrageverhalten auf die privaten Unternehmen als Anbieter einwirken und ihre Marktmacht ist häufig nicht besonders groß. In der Ausgestaltung des entsprechenden Gesellschaftsvertrags ist deshalb zwingend darauf zu achten, dass die Verfolgung des öffentlichen Interesses als vorrangiges Ziel festgelegt wird; dabei können auch Leistungsanforderungen und Höchstpreise festgelegt werden (s. Kapitel 4).

3 Privatisierung

Die Daseinsvorsorge wurde traditionell als eine zentrale Aufgabe der öffentlichen Verwaltung gesehen und durch öffentliche Einrichtungen sichergestellt. Im Laufe der Zeit wurden allerdings immer mehr öffentliche Einrichtungen privatisiert. Der Begriff der „Privatisierung" ist in der Fachliteratur nicht eindeutig definiert, er reicht von einer engen bis zu einer sehr weiten Betrachtungsweise:

„Wir verstehen unter Privatisierung die Übereignung von staatlichem oder kommunalem Eigentum an Private, [...]" [enge Betrachtung]

(Quelle: von Loesch, Achim: Privatisierung öffentlicher Unternehmen. Baden-Baden: Nomos Verlagsgesellschaft 1987, S. 42.)

↔

„Privatisierung kann definiert werden als eine durch Einfluss- oder Aufgabenverlagerung bewirkte Grenzverschiebung zwischen öffentlicher Hand und privater Wirtschaft zugunsten der Privatwirtschaft." [weite Betrachtung]

(Quelle: Brede, Helmut: Grundzüge der Öffentlichen Betriebswirtschaftslehre. 2. Auflage. München: De Gruyter Oldenbourg 2005, S. 39.)

Die folgenden Ausführungen beziehen sich auf die weite Betrachtungsweise.

Man unterscheidet **formale** (auch formelle) **Privatisierung** und **materielle Privatisierung.** Während bei der formalen Privatisierung nur eine Änderung der Organisationsform von einer öffentlich-rechtlichen in eine privatrechtliche vorgenommen wird, wird bei der materiellen Privatisierung konkret die Durchführung bzw. Finanzierung der öffentlichen Aufgabe auf private Unternehmen oder private Haushalte übertragen.

Phasen der Privatisierung

In einer ersten Phase der Privatisierung in Deutschland (etwa ab 1960) wurden vor allem öffentliche Betriebe im **Industriesektor** in Aktiengesellschaften umgewandelt und die Aktien teilweise an Private verkauft (z. B. Volkswagen AG, Lufthansa AG, Salzgitter AG). In dieser Phase sinkender Staatseinnahmen diente dies zur Einnahmebeschaffung für den Staat. Zudem gewann politisch das Postulat „Privat vor Staat" an Bedeutung. Man erhoffte sich, dass Private die Aufgaben im Rahmen der Marktwirtschaft kostengünstiger und besser erfüllen können.

In einer weiteren Phase der Privatisierung (etwa ab 1985) wurden auch Betriebe im Bereich der **Energie- und Wasserversorgung, der Netzwerkdienste und der Medien** privatisiert (z. B. Bahn, Telekom, Post, Fernsehen). Gründe hierfür waren insbesondere die Liberalisierung von Märkten im Rahmen der Europäischen Wirtschaftsgemeinschaft. Auch hier erhoffte man sich eine Modernisierung der Dienstleistungen und eine Reduzierung der Belastung öffentlicher Haushalte.

Die dritte Phase (etwa ab 1990) umfasste insbesondere Privatisierungsmaßnahmen in den neuen Bundesländern nach der Wiedervereinigung. Hier wurden **Volkseigene Betriebe (VEB)** durch die Treuhandanstalt bzw. deren Nachfolgeorganisation privatisiert.

Etwa ab 2000 wurden auch Betriebe im Bereich der **sozialen Sicherungssysteme** (z. B. Krankenhäuser, Wohnungsbau) privatisiert. Gründe hierfür waren die haushaltspolitischen Restriktionen sowie fiskalische Vorgaben der EU.

Gleichzeitig wurden erste Projekte in **öffentlich-private Partnerschaft (ÖPP)** umgesetzt. Unter ÖPP versteht man die Kooperation zwischen der öffentlichen Hand und privaten Unternehmen. So wird beispielsweise ein öffentliches Unternehmen mit dem Bau eines Verwaltungsgebäudes beauftragt, die öffentliche Hand zahlt im Gegenzug eine jährliche Rate für die Nutzung.

Allerdings wurden im Laufe der Zeit vermehrt Stimmen gegen die Privatisierung laut, da Privatisierungen oftmals zum Abbau von Arbeitsplätzen geführt haben. Auch Versprechen hinsichtlich einer gestiegenen Servicequalität wurden oft nicht erfüllt. So kommt es etwa seit 2007 immer wieder zu **Rekommunalisierungen**, bei denen Aufgabenbereiche wie Energieversorgung und Gebäudereinigung wieder unter das kommunale Dach zurückgeführt werden.

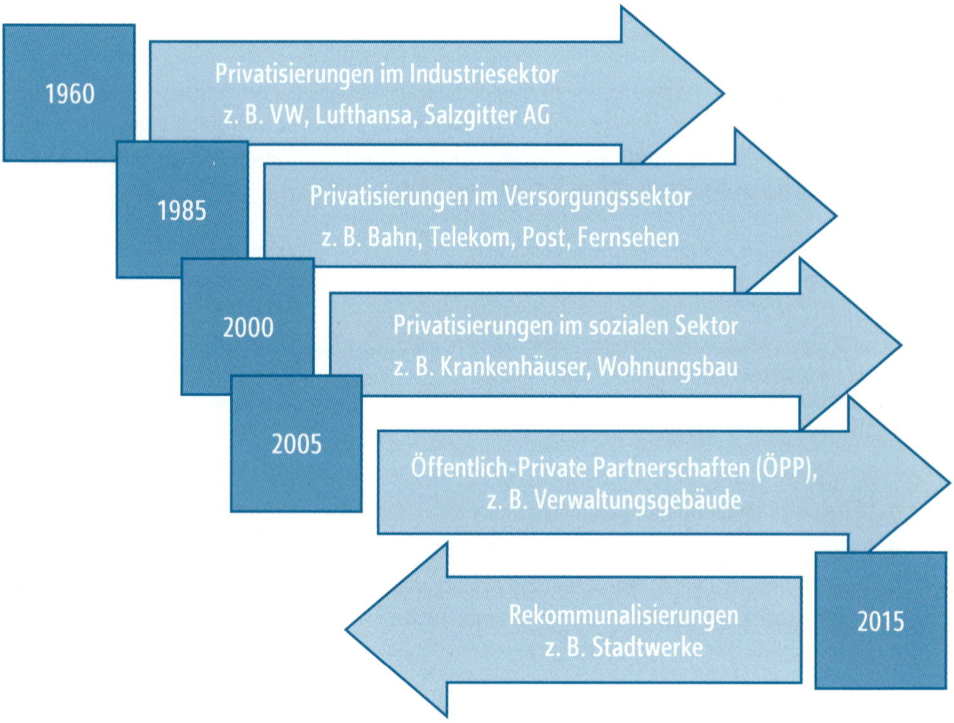

Privatisierungsüberlegungen einer Kommune erfordern eine Reihe politischer Entscheidungen des Rates, die die verschiedenen Formen der Privatisierung deutlich aufzeigen. Entsprechende Entscheidungen sollten stets mit einer Aufgabenkritik beginnen:

221060596

Entscheidungen über die Form der Privatisierung

Ob?
Handelt es sich bei einer bestehenden oder neuen Aufgabe um eine **öffentliche Aufgabe?** (Aufgabenkritik)

→ nein: Wenn kein öffentlicher Zweck ein öffentliches Unternehmen rechtfertigt, darf die Kommune ein solches nicht führen. Öffentliche Unternehmen, deren öffentlicher Zweck entfallen ist, müssen eingestellt werden. Hier handelt es sich **nicht um eine Form der Privatisierung** öffentlicher Leistungen, da – nach der politischen Entscheidung des Rats – keine öffentliche Aufgabe (mehr) besteht.

↓ ja

Wer?
Wer soll die öffentliche Aufgabe **durchführen?**

→ Private:

Durchführungsprivatisierung

Die Erfüllung der öffentlichen Aufgabe wird auf private Unternehmen oder private Haushalte übertragen, z. B.:

- eine Gemeinde errichtet ein Parkhaus und überträgt den Betrieb des Parkhauses auf einen Privaten (Betriebsführungsvertrag),
- eine Gemeinde beauftragt – ggf. mittels Konzessionsvertrages – eine private Abfuhrfirma mit der örtlichen Abfallentsorgung (contracting out),
- eine Gemeinde entlässt die eigenen Reinigungskräfte und beauftragt für den Eigenbedarf eine private Reinigungsfirma (Outsourcing).

↓ Kommune

Womit?
Mit wessen **Eigentum** bzw. **Finanzmitteln** soll die öffentliche Aufgabe durchgeführt werden?

→ privates Eigentum:

Eigentums- bzw. Finanzierungsprivatisierung

Das Eigentum an öffentlichen Vermögen bzw. die Finanzierung von Investitionen wird auf Private übertragen, z. B.:

- eine Gemeinde verkauft ihre Müllverbrennungsanlage an einen privaten Betreiber,
- ein Privater finanziert, errichtet und betreibt eine Kläranlage und erhält dafür von der Gemeinde das Gebührenaufkommen (Betreibermodell),
- ein Privater beteiligt sich am Gesellschaftskapital einer kommunalen GmbH (Beteiligungsgesellschaft).

↓ kommunales Eigentum

Wie?
In welcher **Organisationsform** soll die öffentliche Aufgabe durchgeführt werden?

→ privat-rechtlich:

Formale Privatisierung/Organisationsprivatisierung

Änderung der Organisationsform einer Einrichtung von einer öffentlich-rechtlichen Organisationsform in eine privatrechtliche Organisationsform, z. B.:

- Umwandlung eines Eigenbetriebs in eine Eigengesellschaft.

Die öffentliche Aufgabe wird nicht aus dem kommunalen Bereich entlassen, die Geltung des Verwaltungsprivatrechts stellt die Fortgeltung der öffentlichen Bindungen auch im Fall eines privatrechtlich organisierten kommunalen Unternehmens sicher.

↓ öffentlich-rechtlich

keine Privatisierung,
evtl. Umwandlung in eine andere öffentlich-rechtliche Organisationsform

3 Privatisierung

Privatisierungsarten im Überblick

- **Privatisierung**
  - **Formale Privatisierung**
  - **Materielle Privatisierung**
    - **Durchführungsprivatisierung**
      - Stilllegung des Unternehmens
      - Indienstnahme Privater
      - Contracting out
      - Betriebsführungsvertrag
      - Outsourcing
    - **Finanzierungsprivatisierung**
      - Veräußerung des Unternehmens
      - Aufnahme privater Kapitaleigner
      - Leasing
      - Betreibermodell
      - Sponsoring

Vgl. Brede, H.: Grundzüge der Öffentlichen Betriebswirtschaftslehre. München: De Gruyter Oldenbourg 2005, S. 41.

Stilllegung des Betriebs oder wesentlicher Betriebsteile

Die öffentliche Hand legt öffentliche Betriebe oder Betriebsteile still und lässt offen, wie die Leistung zukünftig erbracht werden soll. Bisher von der öffentlichen Hand erbrachte Leistungen müssen nun von privaten Unternehmern oder privaten Haushalten übernommen werden.

Beispiel: Streckenstilllegungen und Schließung von Bahnhöfen im öffentlichen Personen- und Güterverkehr

Veräußerung des Unternehmens

Ein öffentliches Unternehmen wird an einen Privaten verkauft und somit in ein privatwirtschaftliches Unternehmen umgewandelt. Der Verkaufserlös verbessert die aktuelle Haushaltssituation der Kommune, kann aber längerfristig zu Gewinneinbußen führen, wenn das Unternehmen rentierlich war – und defizitäre Unternehmen lassen sich in der Regel nicht verkaufen. Durch Vertragsmanagement muss sichergestellt werden, dass der Private das Leistungsangebot beibehält.

Indienstnahme Privater

Die öffentliche Hand verzichtet auf die eigene Leistungserbringung und **verpflichtet** Private zur Durchführung der Aufgabe.

Beispiel: Grundstücksbesitzer sind verpflichtet, öffentliche Gehwege an ihrem Grundstück von Schnee und Eis zu befreien, Notare haben Urkunden zu beglaubigen.

Aufnahme privater Kapitaleigner

Kapitalanteile eines öffentlichen Unternehmens in privatrechtlicher Rechtsform werden an einen Privaten verkauft. So wird das öffentliche Unternehmen in ein gemischtwirtschaftliches Unternehmen umgewandelt.

Contracting out

Die öffentliche Hand schließt mit Privaten einen **Vertrag,** in dem sich der Private verpflichtet, die öffentliche Leistung zukünftig zu erbringen.

Beispiel: Konzessionsvertrag mit privatem Abfallentsorgungsunternehmen

Leasing

Ein Privater überlässt der öffentlichen Hand mietweise Investitionsobjekte. Die Aufbringung des Investitionsbetrags wird somit durch die periodische Zahlung von Leasingraten ersetzt.

Betriebsführungsvertrag

Die öffentliche Hand finanziert und errichtet einen Betrieb, ein Privater führt den Betrieb gegen Entgelt. Die Gebühren fließen vom Kunden an die Kommune.

Betreibermodell

Ein Privater errichtet, finanziert und betreibt einen Betrieb anstelle der öffentlichen Hand. Die Dienste des Privaten werden von der Kommune aus dem Gebührenaufkommen bezahlt.

Beispiel: Finanzierung und Betrieb einer Kläranlage durch einen Privaten

Outsourcing

Bisher selbst erstellte **Eigenversorgung** wird eingestellt und mittels Auftrag an privates Unternehmen vergeben.

Beispiel: Die Hausdruckerei wird stillgelegt, stattdessen werden Druckaufträge an eine private Druckerei gegeben.

Sponsoring

Ein Privater „spendet" finanzielle Mittel an die Kommune und erwartet als Gegenleistung dafür beispielsweise die Nennung seines Namens, wovon er sich eine Werbewirkung verspricht. Sponsoring kommt bisher vor allem im Kultur- und Sportbereich vor.

4 Rechtsformen kommunaler Unternehmen

4.1 Rechtsformen von Unternehmen im Überblick

Unternehmen können in verschiedenen **Rechtsformen** betrieben werden. Die Rechtsform stellt den rechtlich vorgeschriebenen Rahmen für das Unternehmen dar, sie ist seine „Verfassung“. Die Entscheidung für eine Rechtsform hängt grundlegend vom Kapitalbedarf und der Aufgabenstellung des Unternehmens ab. Man unterscheidet grundsätzlich zwischen Rechtsformen des öffentlichen Rechts, die in den Gemeindeordnungen und anderen öffentlich-rechtlichen Rechtsvorschriften geregelt sind, und Rechtsformen des privaten Rechts, die sich aus privatrechtlichen Gesetzen (§ 705 ff. BGB, HGB, GmbH-Gesetz, Aktiengesetz) ergeben:

Rechtsformen von Unternehmen im Überblick				
Rechtsformen des öffentlichen Rechts	Rechtsformen des privaten Rechts			
	Einzelunternehmen	Gesellschaftsunternehmen		
		Personengesellschaften	Kapitalgesellschaften	weitere Gesellschaftsformen[1]
z. B.: ■ Eigenbetrieb ■ rechtsfähige Anstalt des öffentlichen Rechts	z. B.: ■ Einzelkaufmann, Einzelkauffrau (e. K., e. Kfm., e. Kffr.)	z. B.: ■ Gesellschaft des bürgerlichen Rechts (BGB-Gesellschaft) ■ Offene Handelsgesellschaft (OHG) ■ Kommanditgesellschaft (KG) ■ GmbH & Co. KG ■ Stille Gesellschaft	z. B.: ■ Gesellschaft mit beschränkter Haftung (GmbH) ■ Aktiengesellschaft (AG)	z. B.: ■ eingetragene Genossenschaft (e. G.) ■ Vereine ■ Stiftungen des privaten Rechts

Die Rechtsformen des öffentlichen Rechts stehen nur Trägern öffentlicher Verwaltung zur Verfügung.

Ein **Einzelunternehmen** ist ein Unternehmen, dessen Eigenkapital von einer natürlichen Person aufgebracht wird. Diese leitet das Unternehmen und haftet zugleich für dessen Schulden mit ihrem gesamten Vermögen, also auch mit dem Privatvermögen.

Personengesellschaften zeichnen sich dadurch aus, dass bestimmte Personen zusammen einen bestimmten Zweck verfolgen. Gesellschaftszweck und Mitgliederbestand sind eng miteinander verflochten. Die persönliche Arbeitsteilung steht im Vordergrund. Scheidet ein Gesellschafter aus, ist grundsätzlich auch die Personengesellschaft aufgelöst.

- Die **Gesellschaft des bürgerlichen Rechts (GbR/BGB-Gesellschaft)** ist eine typische Organisationsform von Klein- und Mittelbetrieben. Sie entsteht durch die vertragliche Vereinigung von mindestens zwei Personen zur Erreichung eines gemeinsamen Zweckes. Die Rechte und Pflichten der Gesellschafter ergeben sich aus § 705 ff. BGB. Die Gesellschafter führen ihre Gesellschaft gemeinschaftlich und haften mit ihrem gesamten Vermögen.
- Auch die Rechtsform der **Offenen Handelsgesellschaft (OHG)** ist vorrangig für Klein- und Mittelbetriebe geeignet. Sie ist eine vertragliche Vereinigung (Gesellschaftsvertrag) von zwei oder mehr Personen zum Betrieb eines Handelsgewerbes unter gemeinschaftlicher Firma (das ist der Unternehmensname) mit unbeschränkter Haftung aller Gesellschafter. Die Rechte und Pflichten der Gesellschafter ergeben sich aus § 105 ff. HGB.
- Die **Kommanditgesellschaft (KG)** ist der vertragliche Zusammenschluss von mindestens einem Vollhafter (Komplementär) und einem Teilhafter (Kommanditist) zum Betrieb eines Handelsgewerbes unter gemeinschaftlicher Firma. Der Vollhafter führt die Geschäfte der Gesellschaft und haftet dafür mit seinem gesamten

1 Die weiteren Unternehmensformen werden im Folgenden nicht weiter betrachtet, da sie für kommunale Unternehmen grundsätzlich nicht infrage kommen.

Vermögen. Der Kommanditist hat im Wesentlichen nur die Aufgabe eines Kapitalgebers; er ist nicht zur Geschäftsführung berechtigt und haftet für die Gesellschaft nur mit seinem eingebrachten Kapital. Dafür bekommt er einen Anteil am Gewinn der KG. Weitere Rechte und Pflichten der Gesellschafter ergeben sich aus § 161 ff. HGB.

- Die **GmbH & Co. KG** ist eine Kommanditgesellschaft, bei der der einzige Vollhafter in der Regel eine juristische Person des privaten Rechts ist, nämlich eine GmbH. Die „volle" Haftung ist somit auf das Vermögen der GmbH beschränkt. Entsprechend ergeben sich die Rechte und Pflichten der Gesellschafter sowohl aus dem HGB als auch aus dem GmbH-Gesetz.
- Eine **stille Gesellschaft** entsteht dadurch, dass ein Einzelunternehmen oder eine Gesellschaft einen weiteren Gesellschafter aufnimmt, der Kapital in die Gesellschaft einbringt und dadurch das Recht auf einen Anteil des Gewinns erlangt. Der „stille" Gesellschafter hat kein Recht zur Geschäftsführung und tritt nach außen nicht in Erscheinung, er haftet grundsätzlich nur mit seiner Einlage (§§ 230–236 HGB, § 705 ff. BGB).

Bei **Kapitalgesellschaften** ist der Gesellschaftszweck gegenüber den Mitgliedern verselbstständigt; im Vordergrund steht die Zweckverfolgung, unabhängig vom jeweiligen Mitgliederbestand. Die Gesellschafter beteiligen sich am Unternehmen mit ihrer Kapital- oder Sacheinlage.

- Die **Gesellschaft mit beschränkter Haftung (GmbH)** ist eine juristische Person des privaten Rechts, die gegenüber Dritten nur mit ihrem Gesellschaftsvermögen haftet. Die Gesellschafter sind mit Stammeinlagen am Stammkapital beteiligt. Die GmbH entsteht durch die Eintragung ins Handelsregister. Sie kann durch eine oder mehrere Personen für jeden gesetzlich zulässigen Zweck gebildet werden. Die Rechte und Pflichten der Gesellschafter ergeben sich insbesondere aus dem GmbH-Gesetz (GmbHG).
- Die **Aktiengesellschaft (AG)** ist eine juristische Person des privaten Rechts, die gegenüber Dritten nur mit ihrem Gesellschaftsvermögen haftet. Die Gesellschafter (Aktionäre) sind mit Anteilen an dem in Wertpapiere (Aktien) zerlegten Grundkapital der Gesellschaft beteiligt. Das Grundkapital beträgt mindestens 50 000,00 €. Die Gründung kann durch eine oder mehrere Personen erfolgen. Die Rechte und Pflichten der Gesellschafter ergeben sich aus dem Aktiengesetz.

In der folgenden Tabelle sind weitere Unterscheidungsmerkmale von Personen- und Kapitalgesellschaften dargestellt:

	Personengesellschaften	Kapitalgesellschaften
rechtliche Selbstständigkeit	Personengesellschaften sind **keine juristischen Personen.** Sie sind aber gegebenenfalls rechtsfähig (§ 14 Abs. 2 BGB) und können unter ihrer Firma klagen und verklagt werden.	Kapitalgesellschafen sind **juristische Personen** des privaten Rechts und als solche rechtsfähig. Sie benötigen aber die gesetzlich vorgeschriebenen Organe, die für die Gesellschaft handeln.
Entscheidungsstruktur	Sieht der Gesellschaftsvertrag nichts anderes vor, sind alle Gesellschafter zur **Führung der Geschäfte** und zur Vertretung der Gesellschaft nach außen verpflichtet. (Ausnahme: KG, stille Gesellschaft)	In den Verfassungen der Kapitalgesellschaft ist eine „Gewaltenteilung" der **Organe** vorgeschrieben: In der Regel zwingend einzurichten sind: ■ ein ausführendes Organ (Geschäftsführung und Vertretung nach außen), ■ ein überwachendes Organ, ■ ein beschließendes Organ.
Haftung	Grundsätzlich haftet jeder Gesellschafter gesamtschuldnerisch (= jeder Gesellschafter haftet für die gesamte Verbindlichkeit, nicht anteilig; Ausgleichspflicht zwischen den Gesellschaftern), unmittelbar (= Gläubiger kann nicht zunächst auf das Gesellschaftsvermögen verwiesen werden) und unbeschränkt (= mit Privat- und Gesellschaftsvermögen, in unbegrenzter Höhe).	Die Gesellschaft haftet nur mit ihrem eigenen Vermögen für ihre Schulden. Die Gesellschafter haften beschränkt in Höhe ihrer vereinbarten Einlagen in das Gesellschaftsvermögen.

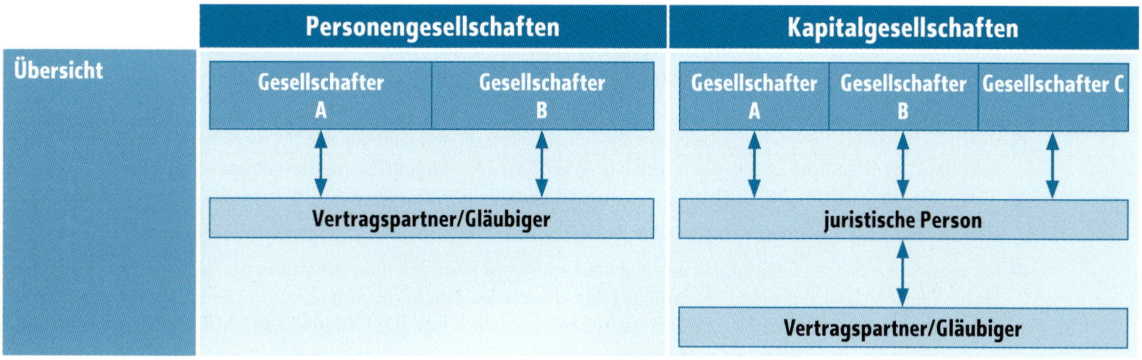

4.2 Grenzen der Rechtsformenwahl für kommunale Unternehmen

Öffentliche Unternehmen (auch die privatrechtlich organisierten) sollen als Instrumente ihrer Träger öffentliche (und nicht privatwirtschaftliche) Ziele verfolgen. Um die Verfolgung der bedarfswirtschaftlichen Ziele zu gewährleisten, ist die **Steuerung** des öffentlichen Unternehmens durch den Träger mittels möglichst konkreter Zielvorgaben und der entsprechenden **Kontrolle** der Zielerreichung notwendig.

Eine weitere Ursache des Steuerungs- und Kontrollbedarfs öffentlicher Unternehmen ergibt sich aus dem Demokratieprinzip. Im System parlamentarischer Demokratie geschieht jede Verwaltungstätigkeit in Verantwortung vor dem Volk und dessen gewählten Vertretern.

Rat bzw. Gemeindevertretung und -verwaltung haben volle Einwirkungsmöglichkeiten auf die unmittelbare Kommunalverwaltung. Mit jeder Verselbstständigung von Aufgaben und der Einrichtung entsprechender gesonderter Organisationen ist jedoch ein Verlust von politischer Einflussnahme verbunden. Wesentliche und weitreichende Entscheidungen fallen nicht mehr im Sitzungssaal des Rathauses, sondern in Aufsichtsräten, Betriebsausschüssen und Gesellschafterversammlungen der kommunalen Unternehmen. Um eine „ununterbrochene Legitimationskette“ vom Volk über Volksvertretung bis hin zum Amtsträger dennoch zu sichern, ist die Verwaltung zur Steuerung und Kontrolle der öffentlichen Unternehmen berechtigt und verpflichtet.

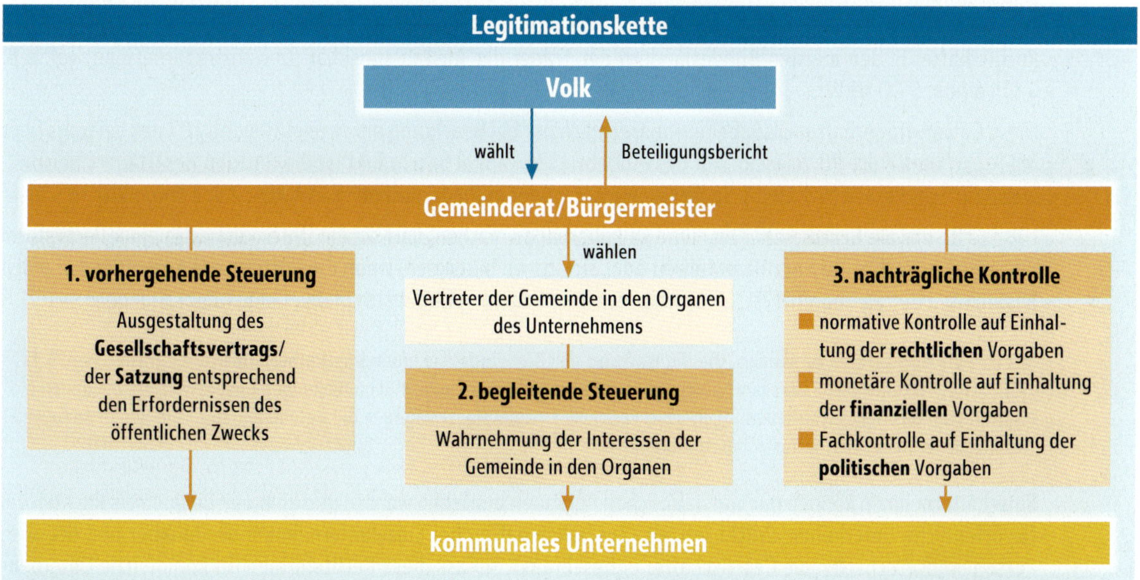

vgl. Talkenberg, D.: Steuerung der wirtschaftlichen Unternehmen in der Landeshauptstadt Saarbrücken, S. 343 und Bremeier, W.: Verwaltung 2000: Kommunale Unternehmen im Wettbewerb, S. 332; beide in Töpfer, A. (Hrsg.): Die erfolgreiche Steuerung öffentlicher Verwaltungen, Wiesbaden 2000

Genau diese sich aus dem Demokratieprinzip ergebenden Voraussetzungen bilden auch die rechtlichen Grenzen der Rechtsformwahl öffentlicher Unternehmen. Öffentliche Unternehmen dürfen nur unter bestimmten Voraussetzungen in einer Rechtsform des privaten Rechts geführt werden:

- Durch Ausgestaltung des Gesellschaftsvertrags oder der Satzung des kommunalen Unternehmens muss sichergestellt sein, dass der öffentliche Zweck erfüllt wird (vgl. § 137 Abs. 1 Nr. 5 NKomVG). **(vorhergehende Steuerung)**
- Die Gemeinde muss einen angemessenen und gesicherten Einfluss, insbesondere im Aufsichtsrat oder in einem entsprechenden Überwachungsorgan, erhalten (vgl. § 137 Abs. 1 Nr. 6 NKomVG). **(begleitende Steuerung)**
- Darüber hinaus hat die Gemeinde in einem jährlichen Bericht über ihre Unternehmen in der Rechtsform des privaten Rechts Angaben über den Stand der Erfüllung des öffentlichen Zwecks, die Grundzüge des Geschäftsverlaufs und die Auswirkungen auf die Haushalts- und Finanzwirtschaft zu machen (vgl. § 151 NKomVG). **(nachträgliche Kontrolle)**

Die Steuerung versucht, die Tätigkeiten und Ergebnisse des kommunalen Unternehmens vorausgehend zu beeinflussen, indem bestimmte Zielvorgaben oder Vereinbarungen zur Sicherstellung der Erfüllung des öffentlichen Zwecks im Gesellschaftsvertrag bzw. der Satzung des kommunalen Unternehmens festgeschrieben werden.

Die Entsendung von Vertreterinnen oder Vertretern der Gemeinde in die Organe des kommunalen Unternehmens stellt eine Möglichkeit der begleitenden Steuerung dar. Die Vertreterinnen oder Vertreter der Gemeinde haben in den Organen die Interessen der Gemeinde zu verfolgen und sind grundsätzlich an die Beschlüsse des Gemeinderats gebunden. Die Gemeindeordnungen der Länder enthalten häufig präzise Vorgaben für die Vertretung der Gemeinde in Unternehmen und Einrichtungen (z. B. § 138 NKomVG).

Mit der Kontrolle werden die Tätigkeiten, Ergebnisse und Zielerreichungsgrade des kommunalen Unternehmens im Nachhinein überprüft. Innerhalb der Gemeindeverwaltung sind Prüfungsinstanzen der normativen Kontrolle beispielsweise Rechnungsprüfungsämter, die monetäre Kontrolle wird in der Regel vom Kämmerer durchgeführt, für die Fachkontrolle sind meist das Fachdezernat bzw. die Fachämter zuständig. Zusätzlich werden externe normative Kontrollen durch Kommunalaufsicht, Wirtschaftsprüfer oder überörtliche Prüfungsbehörden durchgeführt. Ein entsprechender Bericht über die Beteiligungen und den Stand der Erfüllung des öffentlichen Zwecks ist jährlich zu erstellen. Die Einsicht in diesen Bericht ist jedermann gestattet.

Eine weitere Grenze der Rechtsformwahl stellt die **Haftung** dar. Für die Verbindlichkeiten der rechtlich nicht selbstständigen Einrichtungen haftet die Trägerkommune unbeschränkt, da rechtlich gesehen die Schulden dieser Einrichtungen Schulden der Kommune sind. Auch für die Schulden einer kommunalen Anstalt des öffentlichen Rechts haftet in den meisten Bundesländern der Träger der Anstalt subsidiär (Gewährträgerhaftung, vgl. z. B. § 114 a Abs. 5 GO NRW).

Diese Gewährträgerhaftung ist aber europarechtlich nur bei Beachtung der Artikel 106 und 107 des Vertrags über die Arbeitsweise der EU zulässig. Auf das eingebrachte Kapitel beschränkt ist die Haftung des Trägers beispielweise für Sparkassen (§ 3 Abs. 1 Sparkassengesetz) oder in Niedersachen (§ 144 Abs. 2 S. 2 NKomVG).

Um das finanzielle Risiko einer Kommune kalkulierbar zu machen, darf sie ein Unternehmen in einer Rechtsform des privaten Rechts aber nur dann führen oder sich daran beteiligen, wenn die Haftung der Kommune auf einen bestimmten Betrag begrenzt ist. Eine entsprechende Regelung findet sich in den Gemeindeordnungen:

Es ist eine Rechtsform zu wählen, die die Haftung der Gemeinde auf einen bestimmten Betrag begrenzt. (vgl. § 137 Abs. 1 Nr. 2 NKomVG) Die Voraussetzungen dieser Haftungsbegrenzung erfüllen diejenigen Gesellschaften, bei denen die Haftung auf das Gesellschaftsvermögen beschränkt ist. Unzulässig ist dagegen die Beteiligung der Kommunen an Gesellschaften, deren Gesellschafter unbeschränkt haften.

Einzelunternehmen können nur von natürlichen Personen betrieben werden und kommen deshalb als Rechtsform für öffentliche Unternehmen nicht infrage. Zusätzlich haften bei Einzelunternehmen der Inhaber und bei allen Personengesellschaften die Gesellschafter unbeschränkt, sodass diese Rechtsformen für kommunale Unternehmen grundsätzlich nicht in Betracht kommen.

Eine Ausnahme bildet die Kommanditgesellschaft (KG), bei der die Gesellschafter sowohl Vollhafter (Komplementäre) als auch Teilhafter (Kommanditisten) sein können. Der Kommune steht die Rechtsform der KG wegen der

Haftungsbeschränkung nur als Kommanditist zur Verfügung. Die Kommanditisten sind nach § 164 HGB aber von der Geschäftsführung ausgeschlossen. Zudem haben sie nur einen Anspruch auf Mitteilung des Jahresabschlusses, nicht jedoch das Recht auf begleitende Steuerung. Aus diesen Gründen kommt die Rechtsform „KG" für kommunale Unternehmen grundsätzlich selbst dann nicht infrage, wenn die Gemeinde Kommanditist ist.

4.3 Rechtsformen kommunaler Unternehmen

4.3.1 Der Eigenbetrieb

Der Eigenbetrieb ist die gemeindetypische und gemeindespezifische öffentlich-rechtliche Organisationsform für kommunale Unternehmen. Eigenbetriebe sind rechtlich unselbstständige Vermögens- und Verwaltungsteile der Gemeinde. Maßgeblich für die Organisation und Rechtsform der Eigenbetriebe sind

- die Kommunalverfassungen der Bundesländer,
- die Eigenbetriebsgesetze bzw. Eigenbetriebsverordnungen der Bundesländer,
- die Betriebssatzung des Eigenbetriebs[1].

Die Vorschriften der Bundesländer stimmen in den Grundzügen des Eigenbetriebsrechts weitgehend überein. Im Folgenden sind exemplarisch die entsprechenden niedersächsischen Regelungen angegeben.

Niedersächsisches Kommunalverfassungsgesetz

§ 140 Eigenbetriebe

(1) Die Kommune hat für ihre Eigenbetriebe Betriebssatzungen zu erlassen.

(2) Für die Eigenbetriebe sind Betriebsausschüsse zu bilden.

(3) Die Vertretung kann durch die Betriebssatzung den Betriebsausschüssen bestimmte Angelegenheiten zur eigenen Entscheidung übertragen. ...

(4) Die laufenden Geschäfte des Eigenbetriebs führt die Betriebsleitung.

(5) ...

Willensbildung und Entscheidungs- bzw. Kontrollkompetenzen sind vier verschiedenen Organen zugewiesen:

- Betriebsleitung,
- Betriebsausschuss,
- Hauptverwaltungsbeamte der Trägerkommune,
- Vertretung/Rat der Trägerkommune.

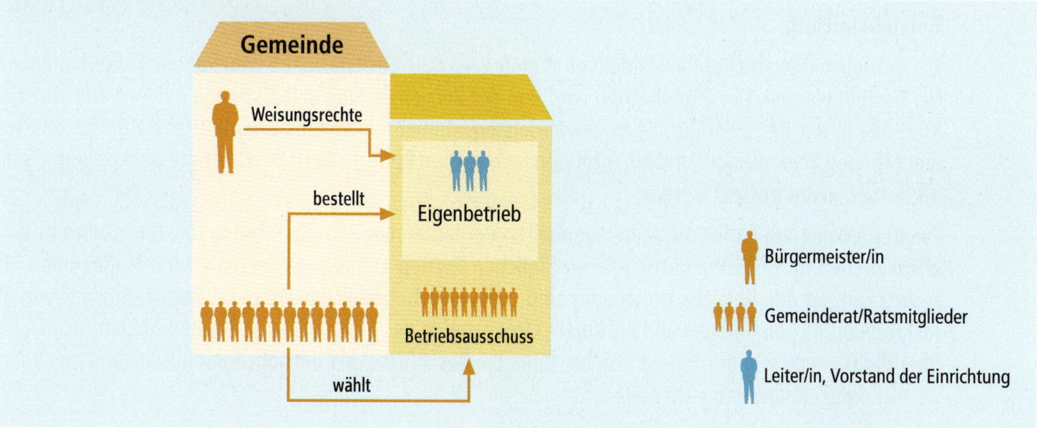

1 Das Muster einer Eigenbetriebssatzung finden Sie im Download-Bereich des Lernsituationen-Bands.

Eine klare Abgrenzung der Rechte und Pflichten der einzelnen Organe ist schwierig. Eine präzise Zuordnung der Kompetenzen auf die einzelnen Organe ist somit in der Betriebssatzung erforderlich.

Rat der Trägerkommune

Die Gemeinde regelt die Rechtsverhältnisse des Eigenbetriebs durch die gesetzlich vorgeschriebene Betriebssatzung. Zuständig für den Erlass oder die Änderung von Satzungen ist gemäß Gemeindeordnung der Rat der Trägergemeinde. Zudem bestellt der Rat den oder die Betriebsleiter und wählt die Mitglieder des Betriebsausschusses. Als formal wichtigstes Beschlussfassungs- und Überwachungsorgan sind dem Rat der Kommune weitere grundlegende Entscheidungen vorbehalten, z. B. die Feststellung des Wirtschaftsplans. Der Rat stellt den Jahresabschluss und den Lagebericht fest und entscheidet über die Verwendung des Gewinns. Er hat somit weitreichende Kontroll- und Prüfmöglichkeiten, darf aber nicht in die laufende Geschäftsführung eingreifen.

Hauptverwaltungsbeamte der Trägerkommune

Der Hauptverwaltungsbeamte der Trägerkommune ist Dienstvorgesetzter der Mitarbeiter des Eigenbetriebs. Die Gemeinde ist grundsätzlich für die Einstellung, Beförderung und Entlassung der Dienstkräfte zuständig. Soweit nicht Beamte betroffen sind, können die genannten Befugnisse in der Betriebssatzung auch der Betriebsleitung übertragen werden.

Der Hauptverwaltungsbeamte hat wichtige Unterrichtungs- und Weisungsrechte gegenüber der Betriebsleitung und überwacht somit den Eigenbetrieb. Die Betriebsleitung hat den Hauptverwaltungsbeamten über alle wichtigen Angelegenheiten rechtzeitig zu unterrichten, der Hauptverwaltungsbeamte kann von der Betriebsleitung Auskunft verlangen. Er regelt die Geschäftsverteilung innerhalb der Betriebsleitung. Sein Weisungsrecht gegenüber der Betriebsleitung gilt nur im Interesse der Einheitlichkeit der Verwaltungsführung (z. B. eine einheitliche Festsetzung der Dienststunden), er darf nicht in die laufende Betriebsführung eingreifen.

Betriebsausschuss

Der Betriebsausschuss ist ein besonderer Ausschuss des Rats der Trägerkommune, der sich ausschließlich mit den Angelegenheiten des Eigenbetriebs zu befassen hat. Er besteht aus Ratsmitgliedern und – sofern das Landesrecht es zulässt – aus sachkundigen Bürgern, die vom Rat gewählt werden, sowie ggf. aus Vertretern der Beschäftigten des Eigenbetriebs (vgl. z. B. § 110 Abs. 2 NPersVG).

Der Betriebsausschuss hat die Aufgabe, die Beschlüsse der Gemeindevertretung vorzubereiten. Er setzt zudem die allgemeinen Lieferungsbedingungen des Eigenbetriebs fest und ist somit ebenfalls Beschlussfassungsorgan. Darüber hinaus ist der Betriebsausschuss über alle wichtigen Angelegenheiten vom Hauptverwaltungsbeamten und von der Betriebsleitung zu unterrichten.

Betriebsleitung

Die Betriebsleitung besteht aus einem oder mehreren Betriebsleitern, die vom Rat der Trägerkommune unmittelbar bestellt werden. Der Eigenbetrieb wird von der Betriebsleitung selbstständig geleitet. Um eine gegenseitige Kontrolle in der Betriebsführung zu gewährleisten, sollten mindestens zwei Betriebsleiter bestellt werden, z. B. einer für den Verwaltungs- und einer für den technischen Bereich. Auch Beschäftigte der Kommune selbst können als Betriebsleiter bestellt werden.

Die Betriebsleitung ist für die Angelegenheiten der laufenden Betriebsführung des Eigenbetriebs grundsätzlich allein zuständig. Hierzu gehören alle im täglichen Betrieb ständig wiederkehrenden Maßnahmen, die zur Aufrechterhaltung des Betriebs notwendig sind, z. B. innerbetrieblicher Personaleinsatz, Einkauf von Materialien, Instandhaltung von Anlagen und die innere Organisation des Eigenbetriebs. Die Betriebsleitung, die Fachaufsicht über die Dienstkräfte des Eigenbetriebs, führt die Beschlüsse des Betriebsausschusses und des Rats durch und vertritt den Eigenbetrieb nach außen.

221060604

4.3.2 Anstalt des öffentlichen Rechts (AöR)

Die Rechtsform der kommunalen AöR ergibt sich aus den landesrechtlichen Regelungen und der Satzung der Anstalt[1].

Organe der Anstalt sind

- der Vorstand
- und der Verwaltungsrat.

Weitgehende Befugnisse hat außerdem der Rat der Trägerkommune.

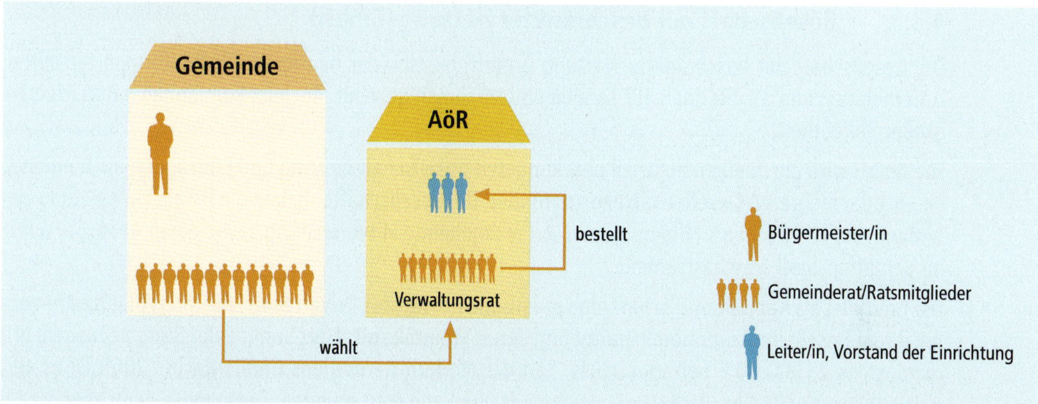

Rat der Trägerkommune

Die Gemeinde regelt die Rechtsverhältnisse der Anstalt durch eine Satzung. Sie kann der Anstalt Aufgaben ganz oder teilweise übertragen und der Anstalt das Recht einräumen, an ihrer Stelle Satzungen für das übertragene Aufgabengebiet zu erlassen. Der Anstalt kann durch die Satzung Dienstherrnfähigkeit verliehen werden. In der Satzung der Anstalt kann vorgesehen werden, dass bei Entscheidungen der Organe der Anstalt von grundsätzlicher Bedeutung die Zustimmung des Gemeinderats erforderlich ist. Falls in der Satzung so vorgesehen, kann der Rat somit Einfluss auf die laufende Geschäftsführung nehmen bzw. Überwachungs- und Beschlussfassungsfunktionen haben. Der Gemeinderat wählt die stimmberechtigten Mitglieder des Verwaltungsrats der Anstalt.

Verwaltungsrat der Anstalt

Die Anzahl der Mitglieder des Verwaltungsrats wird von der Gemeinde durch die Satzung der Anstalt geregelt. Der Verwaltungsrat besteht grundsätzlich aus dem vorsitzenden Mitglied, den übrigen stimmberechtigten Mitgliedern und – je nach Landesrecht – der Mitarbeitervertretung der Anstalt. Den Vorsitz des Verwaltungsrats führt in der Regel der Bürgermeister. Die übrigen stimmberechtigten Mitglieder des Verwaltungsrats der Anstalt werden vom Rat der Trägerkommune gewählt, sie sind meist Ratsmitglieder.

Hauptaufgaben des Verwaltungsrats sind:

- Bestellung des Vorstands
- Überwachung der Geschäftsführung des Vorstands
- Erlass von Satzungen für das übertragene Aufgabengebiet
- strategische Entscheidungen
- Feststellung des Wirtschaftsplans und des Jahresabschlusses
- Bestellung des Abschlussprüfers
- Entscheidung über die Ergebnisverwendung

Er hat somit Beschlussfassungs- und weitreichende Überwachungs- und Kontrollmöglichkeiten.

Bei dem Erlass von Satzungen für das übertragene Aufgabengebiet und bei in der Satzung entsprechend festgeschriebenen Angelegenheiten unterliegt der Verwaltungsrat den Weisungen des Gemeinderats.

1 Ein Muster einer Satzung einer AöR finden Sie im Download-Bereich des Lernsituationen-Bands.

Vorstand der Anstalt

Der Vorstand wird vom Verwaltungsrat bestellt. Die Anzahl der Mitglieder des Vorstands ergibt sich aus der Satzung der Anstalt. Der Vorstand des Theaters Regensburg (AöR) besteht beispielsweise aus dem Intendanten und der kaufmännischen Direktorin. Der Vorstand leitet die Anstalt in eigener Verantwortung, soweit nicht durch die Satzung der Gemeinde etwas anderes bestimmt ist. Gegebenenfalls können Weisungsbefugnisse des Verwaltungs- oder Gemeinderats gegenüber dem Vorstand in der Satzung verankert werden. Der Vorstand vertritt die Anstalt gerichtlich und außergerichtlich.

4.3.3 Gesellschaft mit beschränkter Haftung (GmbH)

Die Gesellschaft mit beschränkter Haftung (GmbH) ist eine der häufigsten Rechtsformen für mittelständische Unternehmen und wird oftmals für Familienunternehmen gewählt. Auch im kommunalen Bereich erfreut sie sich großer Beliebtheit.

Die GmbH wird durch einen notariell beurkundeten Gesellschaftsvertrag und Eintragung ins Handelsregister von einem oder mehreren **Gesellschaftern** gegründet. Die Gesellschafter haben die Pflicht zur Leistung einer **Stammeinlage** und das Recht als Miteigentümer auf weitgehende Mitverwaltung sowie einen Anspruch auf den Gewinn im Verhältnis ihrer Geschäftsanteile.

Die GmbH ist als Kapitalgesellschaft eine juristische Person des Privatrechts, die ihren Gläubigern gegenüber nur mit ihrem Gesellschaftsvermögen haftet und deren **Stammkapital** (als Summe der Stammeinlagen) grundsätzlich mindestens 25 000,00 € betragen muss. Seit der Modernisierung des GmbH-Rechts 2008 ist es auch möglich, eine entsprechende Gesellschaft mit weniger Stammkapital zu gründen. Diese muss dann aber die Bezeichnung „Unternehmergesellschaft (haftungsbeschränkt)“ oder „UG (haftungsbeschränkt)“ führen. Zusätzlich wurde die Gründung von GmbH bzw. UG in einem vereinfachten Verfahren ermöglicht. Hierzu stehen in der Anlage zum GmbH-Gesetz zwei Musterprotokolle zur Verfügung – eines für die Einpersonengesellschaft, das andere für die Mehrpersonengesellschaft.

Die Rechtsform der GmbH sowie der gGmbH (vgl. Kapitel 1.5.1) ergibt sich aus dem Gesetz betreffend die Gesellschaften mit beschränkter Haftung (GmbHG) und dem Gesellschaftsvertrag der GmbH[1].

Die GmbH hat gesetzlich zwingend zunächst zwei **Organe:**

- die Gesellschafterversammlung (§ 48 ff. GmbHG)
- und einen oder mehrere Geschäftsführer (§§ 6, 35 ff. GmbHG).

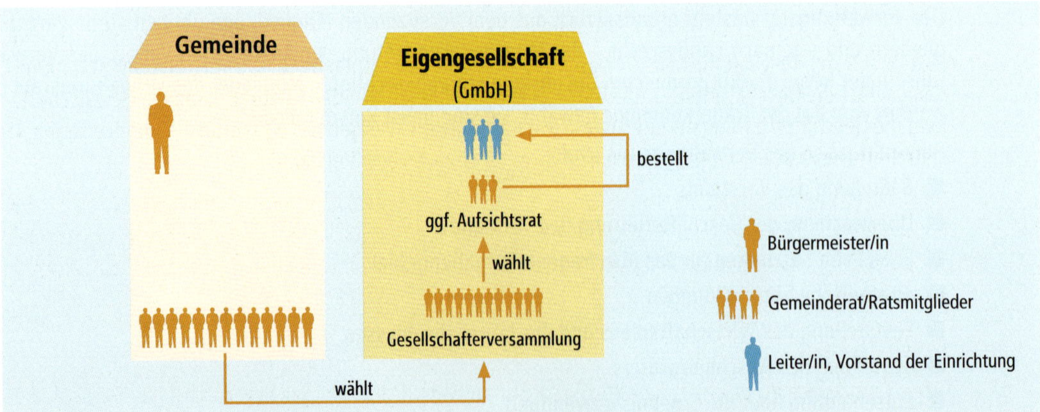

1 Ein Muster eines Gesellschaftsvertrags für eine GmbH finden Sie im Download-Bereich des Lernsituationen-Bands.

Wenn mehr als 500 Arbeitnehmer in der GmbH beschäftigt sind, muss zusätzlich ein Aufsichtsrat gebildet werden (§ 1 Abs. 1 Nr. 3 DrittelbG). Dieser ist zu einem Drittel mit Vertretern der Arbeitnehmer zu besetzen. Hat das Unternehmen über 2000 Beschäftigte, dann besteht der Aufsichtsrat nach § 7 des Mitbestimmungsgesetzes zur Hälfte aus Arbeitnehmern (paritätische Mitbestimmung).

Hat die GmbH weniger als 501 Arbeitnehmer, kann ein Aufsichtsrat freiwillig (fakultativ) eingerichtet werden (§ 52 GmbHG). Die Berücksichtigung von Arbeitnehmern ist dabei nicht vorgeschrieben.

Gesellschafterversammlung

Die Gesellschafterversammlung setzt sich aus den Gesellschaftern der GmbH zusammen. Ihre Rechte ergeben sich aus dem Gesellschaftsvertrag. Werden dort keine spezifischen Regelungen getroffen, ergeben sich die Rechte der Gesellschafterversammlung aus dem GmbH-Gesetz:

Der Gesellschafterversammlung obliegen die Beschlussfassung und die Überwachung der Gesellschaft. Sie kann z. B.:

- den Gesellschaftsvertrag erlassen und ändern,
- den Jahresabschluss feststellen und über die Verwendung des Ergebnisses bestimmen,
- Geschäftsführer bestellen und abberufen,
- Regelungen zur Prüfung und Überwachung der Geschäftsführung aufstellen.

Die Bandbreite der im Gesellschaftsvertrag auszugestaltenden Zuständigkeiten der Gesellschafterversammlung ist somit sehr groß; sie reicht von einer weitgehenden Anbindung der Geschäftsführung an Beschlüsse der Gesellschafterversammlung bis zu einer weitgehenden Entscheidungsfreiheit der Geschäftsführung.

Allerdings sind die Möglichkeiten der Gestaltung des Gesellschaftervertrags dann geringer, wenn die GmbH mehr als 500 Arbeitnehmer beschäftigt und somit dem Geltungsbereich des Drittelbeteiligungsgesetzes bzw. des Mitbestimmungsgesetzes unterliegt. In diesem Fall ist Aktienrecht zwingend anzuwenden, das eine unmittelbare Einflussnahme auf die Geschäftsführung durch die anderen Unternehmensorgane nicht zulässt. Doch die wenigsten kommunalen Gesellschaften mit beschränkter Haftung beschäftigen mehr als 500 Arbeitnehmer. Daher kommen die beschrieben Einschränkungen bei der Gestaltung des Gesellschaftsvertrags auf kommunaler Ebene selten zum Tragen.

Der Einfluss der Kommune auf die Zusammensetzung der Gesellschafterversammlung und auf die Ausgestaltung der Satzung hängt vom Geschäftsanteil der Kommune am Stammkapital der Gesellschaft ab: Bei einer Eigengesellschaft ist die Kommune alleiniger Gesellschafter, sodass der Gemeinderat die Zusammensetzung der Gesellschafterversammlung bestimmt und so die Gesellschafterversammlung selbst bildet. Die Gesellschafterversammlung könnte z. B. aus dem jeweiligen Rat bestehen. Daneben kann der Rat auch einzelne Ratsmitglieder und Mitarbeiter der Verwaltung in die Gesellschafterversammlung entsenden. Die Vertreter der Kommune bestimmen dann selbst die Geschäftsführer und überwachen sie. Als „Herrin der Satzung" kann die Gesellschafterversammlung die Geschäftsführungsbefugnis des Geschäftsführers weitgehend einschränken und festlegen, dass die Gesellschafterversammlung dem Geschäftsführer Weisungen erteilen kann.

Im Falle von Beteiligungsgesellschaften setzt sich die Gesellschafterversammlung aus den von der Kommune bestimmten Vertretern und den Vertretern der übrigen Gesellschafter zusammen. In diesen Fällen richtet sich die Zahl der Stimmen nach dem Geschäftsanteil der einzelnen Gesellschafter am Stammkapital der Gesellschaft.

Geschäftsführer

Der oder die Geschäftsführer werden grundsätzlich von der Gesellschafterversammlung bestellt, daneben kann der Kommune im Gesellschaftsvertrag das Recht auf die Bestellung des bzw. der Geschäftsführer eingeräumt werden.

Der Geschäftsführer vertritt die Gesellschaft gerichtlich und außergerichtlich und leitet die GmbH. Allerdings kann durch Gesellschaftsvertrag oder durch Beschlüsse der Gesellschafter die Geschäftsführungsbefugnis weitgehend eingeschränkt werden. Im Ergebnis hat die Kommune als Gesellschafterin damit weitgehende Einflussmöglichkeiten auf die Geschäftsführung einer GmbH:

Gesetz betreffend die Gesellschaften mit beschränkter Haftung

§ 37 Beschränkung der Vertretungsbefugnis

(1) Die Geschäftsführer sind der Gesellschaft gegenüber verpflichtet, die Beschränkungen einzuhalten, welche für den Umfang ihrer Befugnis, die Gesellschaft zu vertreten, durch den Gesellschaftsvertrag oder, soweit dieser nicht ein anderes bestimmt, durch die Beschlüsse der Gesellschaft festgesetzt sind. ...

Der oder die Geschäftsführer müssen nicht hauptamtlich angestellt sein, sodass bei kleineren Gesellschaften einer Kommune ein Mitarbeiter der Verwaltung im Nebenamt mit der Aufgabe der Geschäftsführung der GmbH betraut werden kann. Bei größeren Gesellschaften sollten zumindest zwei Geschäftsführer angestellt werden.

Aufsichtsrat

Die Pflicht zur Einrichtung eines Aufsichtsrats dürfte bei kommunalen Gesellschaften mit beschränkter Haftung eher die Ausnahme sein (s. o.). Wird ein Aufsichtsrat auf freiwilliger Basis eingerichtet, gehen auf ihn vor allen Dingen solche Zuständigkeiten der Gesellschafterversammlung über, die Kontroll- und Überwachungsfunktion haben. So wird der mindestens dreiköpfige Aufsichtsrat vor allem darauf achten, ob

- die Geschäftsführung richtig besetzt und in ihrer Arbeitsweise sachgerecht organisiert ist,
- die Unternehmensplanung, das Rechnungswesen sowie das Berichtswesen den Erfordernissen entsprechen,
- die Entscheidungen der Geschäftsführung mit der gebotenen Sorgfalt erarbeitet, begründet und vorgetragen wurden.

Bisweilen wird kritisiert, dass zahlreiche Ratsmitglieder gleichzeitig in mehreren Aufsichtsräten vertreten sind und deshalb ihre Aufgabe nicht mit der gebotenen Sorgfalt wahrnehmen können. Ferner wird vorgebracht, es bestehe die Gefahr, dass Mitglieder der Gesellschafterversammlung bzw. des Aufsichtsrats eher die überwiegend wirtschaftlichen Interessen der GmbH verfolgen und weniger das Ziel, die Daseinsvorsorge für die Bürger zu verbessern. Gestützt werden diese Argumente dadurch, dass die Sitzungen der Gesellschafterversammlung und des Aufsichtsrats nicht öffentlich sind, während beispielsweise Betriebsausschüsse von Eigenbetrieben öffentlich tagen.

4.3.4 Aktiengesellschaft (AG)

Die **Aktiengesellschaft (AG)** ist die typische Rechtsform von Großunternehmen. Sie hatte ihren Aufschwung in der Zeit der Industrialisierung, als einzelne Personen das notwendige Kapital für ihre Unternehmung nicht mehr aufbringen konnten und deshalb von vielen Personen Kapital einsammelten und diesen dafür Anteilsscheine **(Aktien)** an der Unternehmung gaben. Der Eigentümer der Aktie **(Aktionär)** ist somit Miteigentümer der Aktiengesellschaft, er ist in Höhe des **Nennwertes** seiner Aktie am Gesellschaftskapital beteiligt. Der Nennwert einer Aktie ist auf der Aktie aufgedruckt und beträgt mindestens einen Euro. Die Summe der Nennwerte aller Aktien bildet das **Grundkapital** der Aktiengesellschaft, dieses muss mindestens 50000,00 € betragen. Aktionäre haben u. a. das Recht auf einen Anteil am Bilanzgewinn **(Dividende)** und die Pflicht zur Haftung mit dem Wert des Kaufpreises der eigenen Aktien. Der Aktionär kann seine Aktie jederzeit verkaufen. Die Aktien vieler großer Aktiengesellschaften werden an der Börse gehandelt. Der Preis, den der Aktionär für seine Aktie erzielt **(Kurswert)**, ergibt sich aus Angebot und Nachfrage nach Aktien dieser AG und kann erheblich vom Nennwert der Aktie abweichen, sodass der Aktionär **Kursgewinne** (oder -verluste) erzielen kann.

In der Praxis findet sich die Rechtsform der AG für kommunale Unternehmen häufig nur für größere Betriebe, sie ist damit überwiegend größeren Städten vorbehalten.

Rechtliche Grundlagen der Aktiengesellschaft ergeben sich aus dem Aktiengesetz (AktG). Für das Zusammenwirken der Gesellschaftsorgane und die kommunale Einflussnahme ist ferner die Satzung der AG von Bedeutung.

221060608

Aktiengesetz

§ 1 Wesen der Aktiengesellschaft

(1) Die Aktiengesellschaft ist eine Gesellschaft mit eigener Rechtspersönlichkeit. Für die Verbindlichkeiten der Gesellschaft haftet den Gläubigern nur das Gesellschaftsvermögen.

(2) Die Aktiengesellschaft hat ein in Aktien zerlegtes Grundkapital.

Gesetzlich zwingend vorgeschriebene **Organe der Aktiengesellschaft** sind

- die Hauptversammlung (§ 118 ff. AktG),
- der Aufsichtsrat (§ 95 ff. AktG) sowie
- der Vorstand (§ 76 ff. AktG).

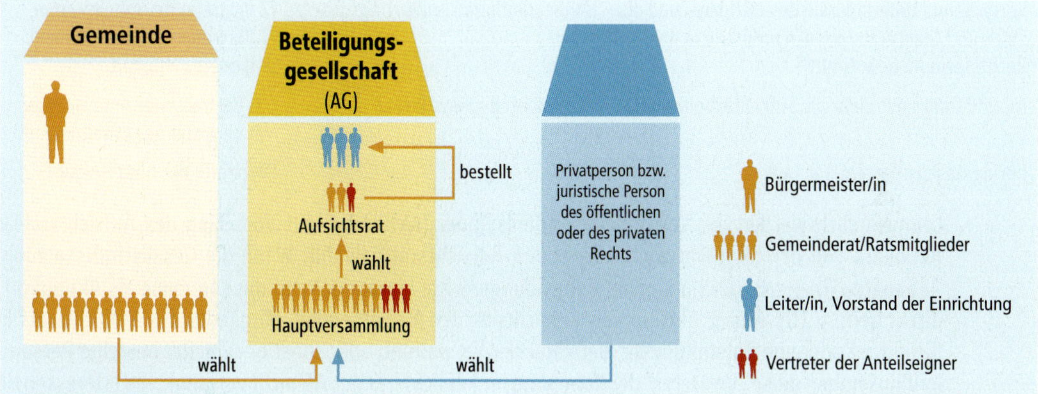

Hauptversammlung

Die Hauptversammlung ist das oberste Organ der AG und für die Beschlussfassung zuständig. Sie setzt sich aus den Aktionären der Gesellschaft zusammen. Nach dem Aktiengesetz beschließt die Hauptversammlung insbesondere über die Satzung und Satzungsänderungen, die Bestellung von Mitgliedern in den Aufsichtsrat und die Verwendung des Bilanzgewinns. Über Fragen der Geschäftsführung kann sie nur entscheiden, wenn der Vorstand es verlangt.

Der Einfluss der Kommune auf die Zusammensetzung der Hauptversammlung und auf die Ausgestaltung der Satzung bzw. des Gesellschaftsvertrags hängt vom Anteil der Kommune am Grundkapital der Gesellschaft ab: Bei einer Eigengesellschaft ist die Kommune alleiniger Aktionär, sodass der Gemeinderat die Zusammensetzung der Hauptversammlung bestimmt. Die Hauptversammlung könnte z. B. aus dem jeweiligen Rat bestehen. Daneben kann der Rat auch bestimmen, dass die Kommune von einzelnen Ratsmitgliedern und Mitarbeitern der Verwaltung vertreten wird. Die Vertreter der Kommune wählen dann selbst die Aufsichtsratsmitglieder. Als „Herrin der Satzung" kann die Hauptversammlung alle über das Alltagsgeschäft hinausgehenden Geschäfte des Vorstands von der Zustimmung des Aufsichtsrats abhängig machen. Der Alleinaktionär kann somit über die Hauptversammlung die Grundzüge der Unternehmenspolitik bestimmen.

Im Falle von Beteiligungsgesellschaften setzt sich die Hauptversammlung aus den von der Kommune bestimmten Vertretern und den Vertretern der übrigen Gesellschafter zusammen. In diesen Fällen richtet sich die Zahl der Stimmen nach den Anteilen der einzelnen Gesellschafter am Grundkapital der Gesellschaft.

Aufsichtsrat

Der Aufsichtsrat besteht aus Vertretern der Aktionäre und der Arbeitnehmer der AG. Er umfasst gem. § 95 AktG drei Mitglieder; die Satzung kann eine höhere Zahl festlegen.

Zusammensetzung des Aufsichtsrates (§ 96 Abs. 1 AktG)		
Unternehmenstyp	**Rechtsquelle**	**Zusammensetzung**
AG und GmbH mit mehr als 2000 Mitarbeitern	Mitbestimmungsgesetz	50 % Vertreter der Anteilseigner 50 % Vertreter der Arbeitnehmer
Unternehmen des Bergbaus und der Eisen und Stahl erzeugenden Industrie in der Rechtsform AG oder GmbH mit mehr als 1000 Mitarbeitern	Montan-Mitbestimmungsgesetz	4 Vertreter der Anteilseigner 4 Vertreter der Arbeitnehmer 3 weitere Mitglieder
herrschende Unternehmen des Bergbaus und der Eisen und Stahl erzeugenden Industrie in der Rechtsform AG oder GmbH	Mitbestimmungsergänzungsgesetz	7 Vertreter der Anteilseigner 7 Vertreter der Arbeitnehmer 1 weiteres Mitglied
AG und GmbH mit mehr als 500 Mitarbeitern	Drittelbeteiligungsgesetz	$^{2}/_{3}$ Vertreter der Anteilseigner $^{1}/_{3}$ Vertreter der Arbeitnehmer
übrige Gesellschaften		Vertreter der Anteilseigner

Grundsätzlich werden die Vertreter der Anteilseigner (Aktionäre) auf Vorschlag des Aufsichtsrats oder eines Aktionärs von der Hauptversammlung in den Aufsichtsrat gewählt. Wenn die Gesellschaftssatzung einzelnen Aktionären (hier z. B. der Kommune) Entsendungsrechte einräumt, kann die Kommune als Aktionärin Mitglieder direkt gem. § 101 Abs. 2 AktG in den Aufsichtsrat der AG entsenden. Mitglieder des Aufsichtsrats können aus Sicht der Kommune Ratsmitglieder, Vertreter der Verwaltung oder sonstige vom Rat bestellte Personen sein. Allerdings haben diese „Vertreter" der Kommune im Aufsichtsrat der AG nicht vorrangig die Interessen der Kommune als Anteilseignerin wahrzunehmen, sondern nach Aktienrecht ausdrücklich die Belange des Unternehmens (vgl. §§ 93, 116 AktG). Mit dieser besonderen Pflichtenstellung der Aufsichtsratsmitglieder sind aber Weisungsrechte der entsendenden Kommune grundsätzlich unvereinbar, insoweit überlagert das bundesrechtliche Gesellschaftsrecht das Kommunalrecht der Bundesländer.

Der Aufsichtsrat hat zwei Hauptaufgaben:

- die Bestellung und Abberufung des Vorstands (§ 84 Abs. 1 AktG),
- die laufende Überwachung und Kontrolle der Betriebsführung (§ 111 AktG):

Aktiengesetz

§ 111 Aufgaben und Rechte des Aufsichtsrats

(1) Der Aufsichtsrat hat die Geschäftsführung zu überwachen.

(2) Der Aufsichtsrat kann die Bücher ... der Gesellschaft sowie die Vermögensgegenstände ... einsehen und prüfen. ...

(3) Der Aufsichtsrat hat eine Hauptversammlung einzuberufen, wenn das Wohl der Gesellschaft es fordert. ...

(4) Maßnahmen der Geschäftsführung können dem Aufsichtsrat nicht übertragen werden. Die Satzung oder der Aufsichtsrat hat jedoch zu bestimmen, dass bestimmte Arten von Geschäften nur mit seiner Zustimmung vorgenommen werden dürfen. ...

...

Vorstand

Aktiengesetz

§ 76 Leitung der Aktiengesellschaft

(1) Der Vorstand hat unter eigener Verantwortung die Gesellschaft zu leiten.

(2) Der Vorstand kann aus einer oder mehreren Personen bestehen. ...

...

Dem Vorstand einer AG kommt eine starke Stellung zu; er leitet – gesetzlich zwingend – das Unternehmen eigenverantwortlich, sodass er durch den Anteilseigner Kommune weder mithilfe von Weisungen noch durch sonstige Kontrollrechte beeinflusst werden kann. Der Vorstand ist ausschließlich dem Wohl der Gesellschaft verpflichtet.

Zuständigkeiten des Vorstands können auch nicht durch Satzung oder durch Beschluss der Hauptversammlung auf andere Organe der Gesell-

221060610

schaft verlagert werden. Eine – allerdings schwache – Beschränkung der umfassenden Befugnisse des Vorstands ist allenfalls dadurch möglich, dass in der Satzung der Gesellschaft festgelegt wird, dass bestimmte Arten von Geschäften nur mit Zustimmung des Aufsichtsrats vorgenommen werden dürfen.

Auch kann in der Satzung der AG nicht festgelegt werden, dass die Kommune ein Mitglied des Rats oder der Verwaltung unmittelbar in den Vorstand entsendet. Vielmehr ist die Bestellung der Vorstandsmitglieder einer AG kraft Gesetz ausschließlich dem Aufsichtsrat zugewiesen.

Die Sichtweisen der unterschiedlichen Interessengruppen bei der Wahl einer alternativen Rechtsform für öffentliche Einrichtungen sind in der unten stehenden Grafik zusammengefasst. Diese Grafik finden Sie animiert im Download-Bereich des Lernsituationen-Bands.

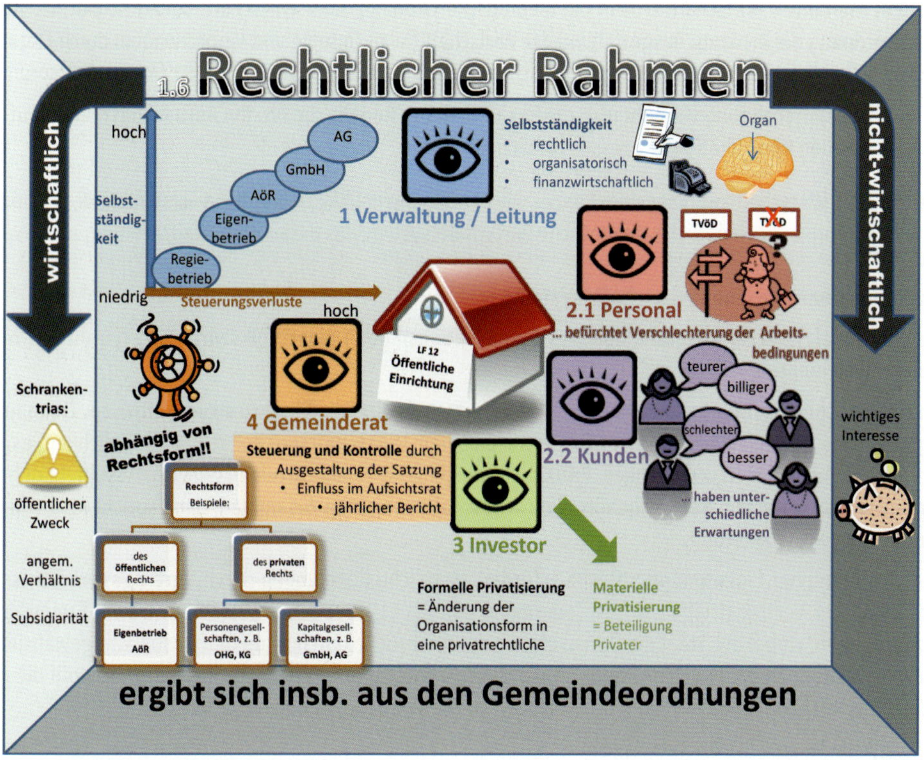

1 Merkmale der sozialen Marktwirtschaft

1.1 Ordnungsmodelle

Wirtschaftssystem und Wirtschaftsordnung

In einer arbeitsteiligen Wirtschaft erfolgt die Produktion von Gütern in den Unternehmen unabhängig vom Konsum, den die Haushalte entwickeln. Das Angebot der Betriebe und die Nachfrage der Konsumenten müssen demnach aufeinander abgestimmt werden. Betrachtet man den Lenkungs- und Koordinationsmechanismus der Geld- und Güterströme zwischen den Wirtschaftssubjekten mehr von der grundlegenden theoretischen Seite her, so beschreibt man das Wirtschaftssystem einer Volkswirtschaft.

Unter Wirtschaftssystem versteht man ein gedankliches Ordnungsmodell, das den Lenkungsmechanismus und die wichtigsten Strukturmerkmale in einer Gesellschaft kennzeichnet.

Versteht man unter Wirtschaftssystem die theoretische Ordnung einer Wirtschaft, so bezeichnet der Begriff Wirtschaftsordnung die konkrete Ausgestaltung der Wirtschaft durch Gesetze und Verordnungen, durch Organisationen, aber auch durch die Verhaltensweisen der Menschen. Die Wirtschaftsordnung ist Teil der Gesellschaftsordnung.

Unter Wirtschaftsordnung versteht man die Gesamtheit der Regeln, die für den Aufbau und den Ablauf des volkswirtschaftlichen Koordinationsprozesses tatsächlich gelten.

Wer die reale Wirtschaftsordnung eines Landes wie der Bundesrepublik Deutschland verstehen will, benötigt zunächst genauere Informationen über das theoretische Wirtschaftssystem, das dieser Wirtschaftsordnung zugrunde liegt.

Ordnungselemente eines Wirtschaftssystems

Das Wirtschaftssystem als grundlegendes Organisationsmodell einer Volkswirtschaft beruht auf bestimmten Ordnungselementen.

Ein wesentliches Gestaltungselement einer Volkswirtschaft sind die **Eigentumsverhältnisse.** Ökonomisch stellt Eigentum das ausschließliche Recht einer Person an einem Wirtschaftsgut dar, d. h. die Möglichkeit, es zu verkaufen, zu verleihen oder zu verschenken. Prinzipiell kann ein Gut einem einzelnen Wirtschaftssubjekt gehören, dann liegt Privateigentum vor, oder es gehört allen Wirtschaftssubjekten zusammen, dann spricht man von Gemeineigentum (Kollektiveigentum).

Das Verfügen über Eigentum oder Besitz erfordert rechtliche Regelungen durch **Vertragsverhältnisse.** Gilt der Grundsatz der Vertragsfreiheit, so hat jedermann das Recht, über seine Güter nach freiem Ermessen Verträge abzuschließen, wobei der Staat die Durchsetzung der Ansprüche durch seine Gerichtsbarkeit gewährleistet. Prinzipiell besteht noch die Möglichkeit der totalen Einschränkung der Vertragsfreiheit, d. h., sowohl die Abschlussfreiheit als auch die Inhaltsfreiheit von Verträgen werden den Individuen nicht gewährt.

Die verschiedenen Formen von Eigentums- und Vertragsverhältnissen erzwingen unterschiedliche **Koordinationsmechanismen** zwischen Produktion und Konsum. Entweder erfolgt die Abstimmung zwischen Angebot und Nachfrage am Markt über den Mechanismus des Preises oder durch die Festsetzung einer Zentralbehörde in Form eines Planes. Beim Koordinationsmechanismus des Planes muss die Zentralbehörde Freiheitsrechte unterbinden, da die Gründung bzw. Auflösung eines Betriebes und die Verfügung über Arbeitskräfte alleiniges Recht der Zentrale sind.

Die Alternativen Markt oder Plan haben noch für weitere Bereiche der Volkswirtschaft Konsequenzen.

Bei der **Preisbildung** auf den Märkten können sich die Preise frei nach Angebot und Nachfrage entwickeln. Beim Koordinationsmechanismus des Planes werden sie von der Zentralbehörde festgelegt.

Die **Lohnbildung** am Arbeitsmarkt ermöglicht das freie Aushandeln des Arbeitsentgelts von Arbeitnehmern und Arbeitgebern. Im anderen Fall kann die Lohnhöhe von einer Zentralbehörde festgelegt werden.

Freie Marktwirtschaft und Zentralverwaltungswirtschaft

Werden gleichartige Ordnungselemente zusammengefasst, so kommt man zu Ordnungsmodellen, wobei zwei prinzipielle Wirtschaftssysteme zu unterscheiden sind. Werden die einzelnen Pläne der Wirtschaftssubjekte über das Angebot und die Nachfrage an Sachgütern, Dienstleistungen und Produktionsfaktoren über Märkte koordiniert, spricht man von einem dezentral gesteuerten Wirtschaftssystem, auch freie Marktwirtschaft genannt. Werden die Einzelpläne von einer Planbehörde aus abgestimmt, liegt ein zentral gesteuertes Wirtschaftssystem vor, auch Zentralverwaltungswirtschaft genannt.

Der Grundsatz der **freien Marktwirtschaft** lautet: Alle planen das Ihre. Die Unternehmen planen selbstständig ihre Produktion und die privaten Haushalte ihren Verbrauch. Die Information, wie viel produziert werden soll und was verbraucht werden kann, erfolgt über den Preis am Markt. Der Markt fungiert nicht nur als Informationssystem, sondern auch als Sanktionssystem, da über den Preismechanismus die Produktion und der Konsum angeregt bzw. gedrosselt werden. (Zu den Preisfunktionen in Märkten s. LF 3.)

Der Grundsatz der **Zentralverwaltungswirtschaft** lautet: Einer plant alles. Der Wirtschaftsprozess wird von einer zentralen Stelle aus gelenkt und der Informationsfluss erfolgt zwischen der Planbehörde und dem einzelnen Wirtschaftssubjekt. Hierbei sind dauernde Anordnungen der Zentrale und Rückmeldungen von den Wirtschaftseinheiten nötig. Das Sanktionssystem besteht aus Prämiengewährung und -entzug.

Vergleich der Wirtschaftssysteme

freie Marktwirtschaft	← Ordnungselemente →	Zentralverwaltungswirtschaft
Privateigentum	Eigentumsverhältnisse	Kollektiveigentum
Vertragsfreiheit	Vertragsverhältnisse	keine Vertragsfreiheit
Markt	Koordinationsverhältnisse	Plan
freie Preisbildung	Preisbildung	Preisfestsetzung
freie Lohnbildung	Lohnbildung	Lohnfestsetzung

1.2 Freie Marktwirtschaft

Ordnungsmodell der freien Marktwirtschaft

Die Auffassung über die Stellung des einzelnen Menschen in der Gesellschaft beeinflusst sehr stark die Art und Weise, wie eine Wirtschaft organisiert ist. Steht der Mensch, das Individuum (lat. das Unteilbare) im Mittelpunkt der Weltanschauung, so spricht man vom **Individualismus.** Für den Individualismus ist die Freiheit des Einzelnen und dessen Recht auf Streben nach Glück oberster Grundsatz.

Der Individualismus ist die Grundlage für den **Liberalismus,** einer geistig-politischen Bewegung am Ende des 18. Jahrhunderts. Der Liberalismus geht von der Vorstellung aus, dass die größtmögliche Freiheit der Individuen zu einer vollkommenen Ordnung führt.

Auf der Idee des Liberalismus beruht das Modell der **freien Marktwirtschaft,** deren Grundlagen und Funktionsweise von dem Schotten Adam Smith (1723 – 1790) in seinem Werk „An inquiry into the nature and causes of wealth of nations“ beschrieben wurden. Wichtige Triebfedern einer Wirtschaft sind seiner Meinung nach der wirtschaftliche Egoismus seiner Bürger und die „invisible hand“ des Wettbewerbs auf Märkten.

Merkmale der sozialen Marktwirtschaft

Am Markt treffen Anbieter und Nachfrager aufeinander, wobei der Anbieter sein Produkt möglichst teuer verkaufen will, um Gewinn zu erwirtschaften. Der Nachfrager möchte möglichst günstig einkaufen, um seinen Nutzen zu erhöhen. Der Ausgleich zwischen diesen unterschiedlichen Vorstellungen erfolgt über den Preis. Ist z. B. die nachgefragte Menge größer als die angebotene Menge, so steigt der Preis. Sind mehr Güter auf dem Markt, als die Käufer haben wollen, so sinkt deren Preis.

Beim Ordnungsmodell der freien Marktwirtschaft handelt es sich um ein sich selbst steuerndes System, bei dem zwischen den Plänen einzelner Wirtschaftssubjekte ein Mengenausgleich von Angebot und Nachfrage über flexible Preise am Markt erfolgt.

Vor- und Nachteile der freien Marktwirtschaft

Wichtige **Vorteile** dieses Ordnungsmodells sind:

- Die uneingeschränkte Freiheit der einzelnen Wirtschaftssubjekte fördert deren Egoismus als stärkste Triebkraft des menschlichen Handelns. Das Streben nach Wohlstand, Reichtum und Unabhängigkeit erhöht die Leistungsbereitschaft aller und infolgedessen die Gesamtversorgung der Bevölkerung **(Leistungsbereitschaft).**
- Funktionierende Märkte führen dazu, dass dynamische und innovative Unternehmer ihr Erfolgsinteresse besonders gut verwirklichen können, wenn sie Marktlücken aufspüren, Produkte verbessern und kostensparende Produktionsverfahren entwickeln. Der technische Fortschritt findet damit in diesem System besonders günstige Rahmenbedingungen **(ermöglicht technischen Fortschritt).**
- Bei sinkenden Preisen muss der Unternehmer seine Produktion drosseln und auf andere Produkte umstellen. Falls der Produzent die veränderte Marktlage überhaupt nicht oder zu spät erkennt, gerät er in die Verlustzone und wird aus dem Markt verdrängt. Über den Preis werden damit diejenigen Betriebe in die Insolvenz getrieben und ausgelesen, die auf Marktsignale nicht reagieren **(Auslesefunktion).**

Das Schild hängt da jetzt auch schon seit Jahren …

Als wesentliche **Nachteile** des Modells sind zu nennen:

- Der Selbststeuerungsmechanismus des Preises funktioniert im Wesentlichen nur bei privaten Gütern, nicht jedoch für öffentliche Güter, die vom Staat angeboten werden, wie z.B. Bildung, Verwaltungsleistungen, innere und äußere Sicherheit. Dasselbe gilt für bestimmte Bedürfnisse wie Ruhe, Erholung, gesunde Umwelt, die keinen konkreten Preis haben. Würde man die Bildung der Bevölkerung dem Marktmechanismus überlassen, so könnten sich nur wenige kaufkräftige Personen dieses Gut leisten **(begrenzte Funktionsweise).**
- Die Möglichkeit der freien Entfaltung des Individuums kann in einer Wirtschaftsordnung zu einem rücksichtslosen Kampf um Erfolg führen, dessen Begleiterscheinungen Neid, Hass und Aggressionslust sind. Alles, was nicht direkt dem materiellen Erfolg dient, wird gering geschätzt und vernachlässigt. Für den Glücklosen, den sozial Schwachen ist in diesem Modell kein Platz **(übersteigerter Egoismus).**
- Der Preismechanismus kann sozial negative Folgen haben, wenn sich bei Preissteigerungen nur diejenigen Wirtschaftssubjekte die gewünschten Waren kaufen können, die über ein hohes Einkommen verfügen **(unsoziale Güterverteilung).**
- Die Nachfrage nach einem Gut beruht auf der Kaufkraft, die ein Wirtschaftssubjekt für dieses Gut zur Verfügung stellt. Hierbei kann durch eine geschickte Werbung die Kaufkraft auf ein bestimmtes Gut gelenkt werden. Es ist demnach möglich, Güter herzustellen, die allein dem Prestige- und Geltungsbedürfnis der Menschen dienen. Damit entsteht eine Konsumgesellschaft, für die die These gilt: Man kauft das, was man

nicht braucht, mit dem Geld, das man nicht hat, um dem zu imponieren, den man nicht mag. Infolge dieses unkontrollierten Konsumierens, um des Konsums willen, wird eine Reihe von wertvollen Rohstoffen verbraucht, die kommenden Generationen nicht mehr zu Verfügung stehen **(Prestigekonsum und Ressourcenverschwendung).**

- Zwar führt der Leistungswettbewerb zu einer optimalen Ausnutzung der Produktionsfaktoren, aber er ermöglicht auch Formen der ruinösen Konkurrenz. Hierbei können finanzstarke Unternehmen einen konkurrierenden Betrieb so lange preislich unterbieten, bis dieser sein Unternehmen aufgibt, oder das finanzstarke Unternehmen kauft den Konkurrenten auf und schließt den Betrieb. Infolgedessen bilden sich im Laufe der Zeit Märkte, auf denen einzelne Betriebe monopolartige Stellungen erringen und den freien Wettbewerb ausschalten **(monopolartige Märkte).**

1.3 Soziale Marktwirtschaft

Die Wirtschaftsordnung der Bundesrepublik Deutschland ist ein Mischsystem, das schwerpunktmäßig aus Ordnungselementen des Wirtschaftssystems der freien Marktwirtschaft besteht und in Teilbereichen durch Elemente der Zentralverwaltungswirtschaft ergänzt wird. Es trägt den Namen **soziale Marktwirtschaft.**

„Die soziale Marktwirtschaft versucht, das Prinzip der Freiheit auf dem Markt mit dem des sozialen Ausgleichs zu verbinden. Ihr primäres Koordinationsprinzip soll der Wettbewerb sein."

Quelle: Müller-Armack, Alfred: Soziale Marktwirtschaft. In: Handwörterbuch der Sozialwissenschaften. Band 9. Stuttgart, Tübingen, Göttingen: Gustav Fischer, J.C.B.Mohr (Paul Siebeck), Vandenhoeck & Ruprecht. S. 39.

Geschichte der sozialen Marktwirtschaft

Die Entstehung der sozialen Marktwirtschaft ist an die äußerst schwierige Situation nach dem Zweiten Weltkrieg gebunden. Deutschland war nach 1945 durch starke Kriegszerstörungen, eine zerrüttete Währung und eine unzureichende Nahrungsmittelversorgung gekennzeichnet. In der Zeit von 1945 bis 1947 kam es infolge der Kriegsnachwirkungen zu einer Ernährungskrise, die durch den harten Winter von 1946/1947 noch verstärkt wurde. Die Nahrungsmittelrationen für den Normalverbraucher lagen bei 1 300 Kalorien und konnten zeitweilig nicht eingehalten werden. Die schlechte Versorgungslage und die sich anbahnende politische Auseinandersetzung zwischen der ehemaligen Sowjetunion und den westlichen Alliierten zwangen zu einer Veränderung der staatlich gelenkten Wirtschaftsordnung aus der Zeit des Nationalsozialismus. Eine Neuordnung der Währung und in diesem Zusammenhang der gesamten wirtschaftlichen Verhältnisse war unbedingt notwendig.

Das wissenschaftliche Konzept für eine neue Wirtschaftsordnung in Westdeutschland war bereits vorhanden. Ihre geistigen Väter waren die Mitglieder der sogenannten „Freiburger Schule". Dazu gehörten die Wirtschaftsprofessoren Walter Euken, Franz Böhm und Wilhelm Röpke, die das Konzept der sozialen Marktwirtschaft an der Universität Freiburg während des Zweiten Weltkriegs entwickelt hatten. Sie verfochten den Gedanken einer grundsätzlich freiheitlichen Gesellschafts-, Wirtschafts- und Sozialordnung, die aber deutliche soziale Verpflichtungen einschloss.

In die Tat umgesetzt wurde die Konzeption der sozialen Markwirtschaft von **Ludwig Erhard.** Dieser war zunächst Direktor im Zweizonen-Wirtschaftsrat und beabsichtigte, die notwendige Währungsreform mit einer Wirtschaftsreform zu verbinden. Der 20. Juni 1948 brachte die Währungsreform und damit das Ende der abgewirtschafteten Reichsmark (RM), die durch die Deutsche Mark (DM) ersetzt wurde. Jeder Bewohner der Westzone konnte bei seiner bisherigen Lebensmittelkontrollstelle 40,00 RM in 40,00 DM umtauschen. Sparguthaben wurden im Verhältnis 100,00 RM : 6,50 DM eingetauscht und Reichsmarkverbindlichkeiten im Verhältnis 10 : 1 umgestellt.

Ludwig Erhard

1 Merkmale der sozialen Marktwirtschaft

Der eigentliche Geburtstag der sozialen Marktwirtschaft fiel auf den 24. Juni 1948. Das vom Zweizonen-Wirtschaftsrat erlassene „Gesetz über Leitsätze für die Bewirtschaftung und Preispolitik nach der Geldreform" legte die Prinzipien für die neue Wirtschaftsordnung fest, hob zahlreiche Bewirtschaftungsvorschriften auf und stellte die Weichen für die Einführung der Marktwirtschaft.

Merkmale der sozialen Marktwirtschaft

Wichtige Merkmale der sozialen Marktwirtschaft sind die klare Entscheidung für die Ordnungselemente der freien Marktwirtschaft, jedoch werden diese Elemente durch staatliche Gesetze und Regelungen beschränkt, um einseitige Machtpositionen zu verhindern. Die Ordnungselemente unterliegen in der Bundesrepublik Deutschland folgenden Begrenzungen:

Einschränkung des Privateigentums

Das Privateigentum ist das Fundament, auf dem sich freie Initiative und Unternehmergeist entwickeln können, und damit besteht eine wesentliche Motivation für technischen und wirtschaftlichen Fortschritt. Allerdings wird aus verschiedenen Gründen das Privateigentum zum Wohle der Allgemeinheit eingeschränkt. Damit z. B. das Eigentum an Produktionsmitteln nicht zur vollständigen Herrschaft der Arbeitgeber über die Arbeitnehmer führt, werden den Arbeitnehmern demokratische Mitwirkungsrechte in Form von Mitbestimmungsregelungen in den Betrieben gewährt.

Grundsätzlich haben die privaten Unternehmen das Eigentum an den Produktionsmitteln. In Fällen, in denen die private Wirtschaft die erforderlichen Leistungen nicht oder nur unzureichend erbringt, übernimmt der Staat die Güterproduktion, wie z. B. im Gesundheits- und Bildungswesen.

Das Grundgesetz der Bundesrepublik Deutschland gewährleistet zwar in Art. 14 GG das Privateigentum, betont aber auch die Sozialgebundenheit des Eigentums. Der Staat begrenzt im öffentlichen Interesse das Eigentum durch eine Reihe von Vorschriften, wie z. B. Regelungen der Baugestaltung, der Grenzabstände, des Wasserrechts oder Umweltauflagen.

Einschränkung der Vertragsfreiheit

Die Vertragsfreiheit ermöglicht es den Wirtschaftssubjekten, Verträge der Form und dem Inhalt nach frei zu gestalten. Um negative Auswüchse in Verbraucherverträgen, Wohnungsmietverträgen oder Arbeitsverträgen zu vermeiden, wurden begrenzende rechtliche Regelungen geschaffen. Schutzbestimmungen, wie die Regelungen zu den AGB im BGB oder die Preisangabenverordnung, verbessern die rechtliche Position des Verbrauchers gegenüber dem Unternehmer. Mieterschutzregelungen im BGB verhindern willkürliche Mieterhöhungen oder Kündigungen von Mietern durch den Vermieter. Eine Reihe von Arbeitsschutzgesetzen, wie die Arbeitszeit-, Mindesturlaubs- und Kündigungsregelungen, wendet Missbrauch beim Abschluss und der Beendigung von Arbeitsverträgen ab.

Ebenso bestehen für die Niederlassungs- und Gewerbefreiheit viele Einschränkungen. Die Führung eines zulassungspflichtigen Handwerksbetriebes, wie z. B. Dachdecker oder Elektromaschinenbauer, ist vom Bestehen der Meisterprüfung abhängig. Arzneimittel und Gifte dürfen nur von solchen Personen verkauft werden, die persönlich zuverlässig und sachkundig sind. Zur Einrichtung von Anlagen, die für die Umwelt erhebliche Gefahren oder Belästigungen bedeuten, sind besondere Genehmigungen erforderlich.

Einschränkung der freien Preisbildung

Der Mechanismus der freien Preisbildung lenkt in einer Wirtschaft die Investitionen, den Arbeitseinsatz und die Einkommensverteilung, da die Hauptmotivation für unternehmerische Aktivitäten die über den Preis und Absatz erzielten Gewinne sind. In Branchen und Regionen, in denen keine ausreichenden Gewinne erwirtschaftet werden, unterbleiben diese Investitionen und es kommt zu einer Unterversorgung.

Darum lenkt der Staat z. B. auf den Teilmärkten des Verkehrswesens (Straßen- und Schienennetz) und des Versorgungswesens (Abwasser, Müll) das Güterangebot und legt Preise fest. Dies gilt ebenso für Agrarprodukte, um den Landwirten im Rahmen des europäischen Marktes ein entsprechendes Mindesteinkommen zu ermöglichen.

Auf allen anderen Märkten wird darauf geachtet, dass Machtkonzentrationen in Form von Monopolen und Oligopolen den Wettbewerb nicht ausschließen oder behindern dürfen. Der Zusammenschluss marktbeherrschender Unternehmen wird durch die Fusionskontrolle, die unfaire Ausübung von Marktmacht durch die sogenannte Missbrauchsaufsicht sowie wettbewerbsbeschränkende Preis- oder Regionalabsprachen zwischen Unternehmen durch das Kartellverbot verhindert. Rechtliche Grundlagen sind das „Gesetz gegen Wettbewerbsbeschränkungen“, dessen Einhaltung das Bundeskartellamt überwacht, sowie Regelungen des europäischen Rechts, die die Wettbewerbsdirektion der EU-Kommission anwendet.

Einschränkung der freien Lohnbildung

Wenn nicht der Staat auf dem Arbeitsmarkt durch nachträgliche Korrektur, d. h. durch Umverteilung, die freie Lohnbildung beeinflusst, wird bei steigendem Arbeitskräfteangebot der Lohn sinken und die Arbeitnehmer an den Rand ihrer Existenz bringen. Um diesem „ehernen ökonomischen Gesetz“ von Ferdinand Lassalle entgegenzuwirken, sind die Gewerkschaften im Rahmen der Tarifautonomie bestrebt, Löhne mit den Arbeitgebern zu vereinbaren. Seit dem 01.01.2015 gilt in Deutschland ein gesetzlicher Mindestlohn je Zeitstunde. Er beträgt seit 01.01.2019 9,19 € pro Stunde und wird laut Mindestlohngesetz alle zwei Jahre neu festgelegt.

Der Staat selbst regelt die Einkommensumverteilung mit dem Ziel, den mittleren und höheren Einkommensschichten Kaufkraft zu entziehen, um den niedrigen Einkommensschichten über Kindergeld, Ausbildungsförderung, Arbeitslosengeld oder Sparförderung Kaufkraft zur Verfügung zu stellen.

Ordnungselemente und Einschränkungen

Ordnungselemente der freien Marktwirtschaft	Beispiele für Beschränkungen in der sozialen Marktwirtschaft
Privateigentum	■ Mitbestimmung der Arbeitnehmer an Produktionsmitteln ■ Versorgung mit öffentlichen Gütern ■ Sozialbindung des Eigentums
Vertragsfreiheit	■ Verbraucherschutzbestimmungen ■ Mieter- und Arbeitsschutzgesetze ■ begrenzte Gewerbefreiheit
freie Preisbildung	■ auf Teilmärkten überwachte Preise (Versorgungsunternehmen, Landwirtschaft)
freie Lohnbildung	■ ausgehandelte Tariflöhne ■ Mindestlöhne ■ Einkommensumverteilung durch den Staat

2 Wirtschaftspolitische Ziele der sozialen Marktwirtschaft

2.1 Preisniveaustabilität und hoher Beschäftigungsstand

Um das Wirtschaftsgeschehen beurteilen und planmäßig ordnen oder beeinflussen zu können, müssen Ziele bestimmt werden. Die Oberziele jeglicher Politik ergeben sich dabei aus den Grundwerten der Bundesrepublik Deutschland und der Europäischen Union (Freiheit, Gleichheit, Gerechtigkeit, Innere Sicherheit, Frieden, Umweltschutz). Aus diesen Grundwerten werden die für die Wirtschaftspolitik maßgeblichen Ziele abgeleitet. Diese findet man in Rechtsvorschriften. Eine wesentliche Norm für die deutsche Wirtschaftspolitik ist das Gesetz über die Bildung eines Sachverständigenrats zur Begutachtung der gesamtwirtschaftlichen Lage von 1963 (SVR-Gesetz), mit dem die „Fünf Wirtschaftsweisen" als Beratungsgremium der Bundesregierung berufen und erstmalig wirtschaftspolitische Ziele benannt wurden.

Wirtschaftspolitische Oberziele	
Rechtsnorm	**Ziel**
Art. 20 GG	Staatsziel Sozialstaat (Versorgung mit Gütern, Verteilungsgerechtigkeit hinsichtlich Gütern sowie Einkommen und Vermögen)
Art. 20 a GG 1994	Staatsziel Schutz der natürlichen Lebensgrundlagen (Umweltschutz)
Art. 109 GG	gesamtwirtschaftliches Gleichgewicht
SVR-Gesetz 1963	gerechte Einkommens- und Vermögensverteilung

Darauf folgte das Stabilitäts- und Wachstumsgesetz (Stabilitätsgesetz, StWG) von 1967, in dem die vier wichtigsten wirtschaftspolitischen Ziele und einige zur Zielerreichung vorgesehene Mittel festgelegt wurden. Nach dem Stabilitätsgesetz hat die Bundesregierung in ihrem Jahresbericht jedes Jahr im Januar auf das vom Sachverständigenrat vorgelegte Gutachten des Vorjahres zu antworten.

§ 1 Stabilitäts- und Wachstumsgesetz 1967 – Erfordernisse der Wirtschaftspolitik
Bund und Länder haben bei ihren wirtschafts- und finanzpolitischen Maßnahmen die Erfordernisse des gesamtwirtschaftlichen Gleichgewichts zu beachten. Die Maßnahmen sind so zu treffen, dass sie im Rahmen der marktwirtschaftlichen Ordnung gleichzeitig zur Stabilität des Preisniveaus, zu einem hohen Beschäftigungsstand und außenwirtschaftlichem Gleichgewicht bei stetigem und angemessenem Wirtschaftswachstum beitragen.

Die starken Zusammenhänge und Verflechtungen zwischen wirtschaftlichen Aktivitäten und der Umwelt zwingen dazu, den Umweltschutz in den Katalog der wirtschaftspolitischen Ziele aufzunehmen. Da eine vollkommene und gleichzeitige Verwirklichung aller Ziele an Zauberei grenzt, spricht man vom magischen Viereck bzw. Sechseck.

„Magisches Sechseck" der wirtschaftspolitischen Ziele

221060618

Preisniveaustabilität

Preisniveaustabilität bedeutet nicht, dass die Preise der einzelnen Sachgüter und Dienstleistungen konstant bleiben müssen, sondern dass sich der Durchschnitt der Preise nicht ändern soll. Eine marktwirtschaftliche Ordnung mit dem Ausgleich von Angebot und Nachfrage über den Preis fordert geradezu bewegliche Preise nach unten und nach oben. Preissteigerungen einzelner Güter sollten durch Preissenkungen anderer Güter ausgeglichen werden, sodass das Preisniveau gleich bleibt.

Zur **Begründung** des Zieles wird angeführt, dass eine wesentliche Aufgabe der Wirtschaftspolitik darin besteht, Geldwertschwankungen und damit eine ungerechte Einkommens- und Vermögensverteilung zu verhindern.

Die Geldordnung des Eurosystems und damit der Bundesrepublik Deutschland fußt nämlich auf dem sogenannten Nominal(wert)prinzip, d. h. auf der Regelung, nach der „Euro gleich Euro" ist. Ändern sich im Zeitablauf die Preise in einem Land, so hat dieses Prinzip sowohl Auswirkungen auf die Vermögensverteilung als auch auf die Einkommensverteilung einer Bevölkerung. Durch das Nominalwertprinzip bleibt die Höhe der betragsmäßig festgelegten Geldschulden gleich, auch wenn die Preise der Waren und Dienstleistungen steigen oder sinken.

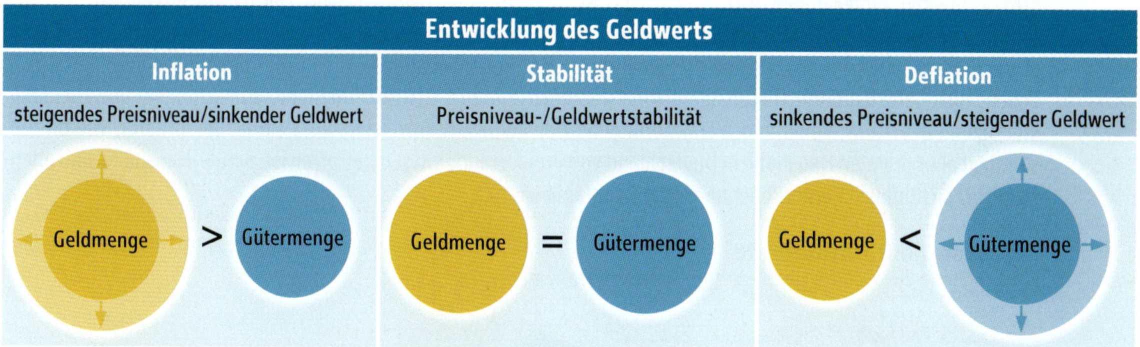

Geld erfüllt bei Geldwertstabilität folgende Funktionen:

- Tauschmittel (Tausch Geld gegen Güter)
- gesetzliches Zahlungsmittel (Es muss nach gesetzlichen Vorschriften zur Tilgung von Geldschulden angenommen werden.)
- Wertmaßstab und Recheneinheit (Bezugsgröße für Bilanzen und Statistiken)
- Wertaufbewahrung (Sparen)
- Wertübertragung (Erbschaft, Schenkung, Spenden)

Bei stetig sinkendem Geldwert verliert das Geld eine Reihe seiner Funktionen. In der Hyperinflation der Weimarer Republik von 1918 bis 1923 arbeiteten die Notenpressen im Auftrag der Reichsbank Tag und Nacht, um Geldscheine herzustellen. Das Geld verlor seine Funktionen als Wertaufbewahrungsmittel, als Recheneinheit und als Tauschmittel. Die Funktion als gesetzliches Zahlungsmittel blieb bestehen: Man konnte weiterhin seine Schulden damit tilgen. Am 30. August 1924 wurde die Reichsmark eingeführt. Der Umtauschkurs betrug 1 Billion (1 000 000 000 000) Mark = 1 neue Reichsmark. Die Ersparnisse großer Teile der Bevölkerung waren vernichtet.

Banknoten zu Beginn und am Ende der Inflation von 1918 bis 1923

Jede Inflation bedeutet Verringerung des Geldwerts über Preiserhöhungen und führt neben einer ungerechten Vermögensverteilung auch zu unerwünschten Veränderungen in der Einkommensverteilung. Hier sind es die Bezieher fester oder nur langsam steigender Einkommen, die für ihr Geld einen immer geringer werdenden Gegenwert an Gütern erhalten. Die Arbeitnehmer sind normalerweise erst nach Ablauf des Tarifvertrags, der meist eine Laufzeit von ein bis zwei Jahren hat, in der Lage, Einkommenserhöhungen durchzusetzen. In der gleichen Situation befinden sich auch die Rentner, Pensionäre und Sozialhilfeempfänger. Hohe Preissteigerungen benachteiligen in starkem Maße Sparer und Arbeitnehmer, also untere und mittlere Schichten und damit den größten Teil der Bevölkerung. Bei einer deflationären Entwicklung, also Geldwertsteigerung, ergeben sich umgekehrte Prozesse. Gläubiger wie die Sparer, die Kreditgeber, z. B. Banken, und die Bezieher fester Einkommen sind bevorzugt.

Die **Messung** der Preisveränderungen in einer Volkswirtschaft erfolgt durch Indexziffern, die zeitliche und örtliche Vergleiche ermöglichen. Die Ermittlung des Preisindexes erfolgt anhand eines sogenannten Warenkorbs. Hierzu werden bestimmte Güter ausgewählt, ihr Wert ermittelt und die Preisveränderungen im Zeitablauf registriert. Für die Bundesrepublik Deutschland kalkuliert das Statistische Bundesamt in Wiesbaden monatlich einen Warenkorb für 600 Güterarten, hinter denen 300000 Einzelpreise in 30000 Geschäften stehen. Der daraus errechnete deutsche Verbraucherpreisindex (VPI) misst die durchschnittliche Preisveränderung aller Waren und Dienstleistungen, die von privaten Haushalten für Konsumzwecke gekauft werden. Berücksichtigt werden Güter des täglichen Bedarfs (z. B. Lebensmittel, Bekleidung), Mieten, langlebige Gebrauchsgüter (z. B. Kraftfahrzeuge, Kühlschränke) und Dienstleistungen (z. B. Friseur, Reinigung, Versicherungen). Der Verbraucherpreisindex ist ein Maßstab dafür, wie die Gesamtheit aller privaten Haushalte in Deutschland von Preisveränderungen betroffen ist. Single-Haushalte sind ebenso berücksichtigt wie Rentnerehepaare oder Großfamilien.

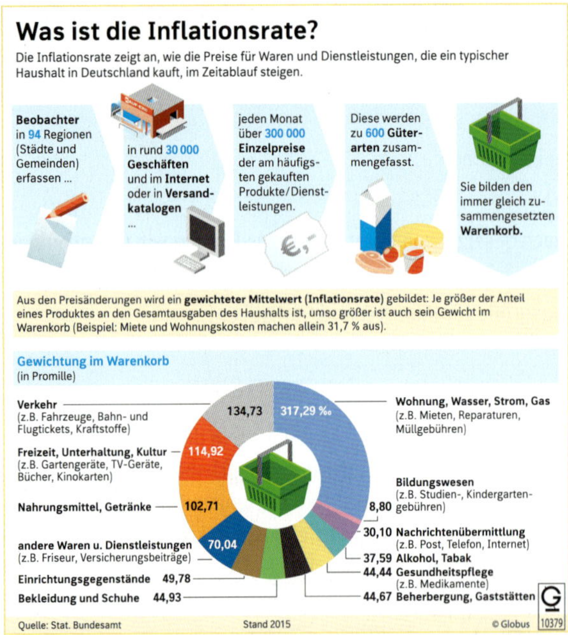

Neben dem Statistischen Bundesamt ermittelt Eurostat, das statistische Amt der EU, seit 1997 einen harmonisierten Verbraucherpreisindex (HVPI). Mit diesem harmonisierten Preisindex sollen länderspezifische Besonderheiten der Lebenshaltung ausgeschaltet werden, um so zu einer größtmöglichen Vergleichbarkeit der Inflationsraten zu gelangen. Dem HVPI, der für jedes EU-Land, aber auch für das Euro-Währungsgebiet berechnet wird, liegt ein Warenkorb zugrunde, der nur Güter und Dienstleistungen enthält, die sich auch in allen nationalen Warenkörben befinden.

Die Preisindizes dienen drei Zwecken:

- Sie sind Indikatoren für die Geldwertstabilität und werden zur Messung der Inflation verwendet. Aus diesem Grund wird die Veränderungsrate eines Preisindexes auch als „Inflationsrate“ bezeichnet.

- Sie sind für die volkswirtschaftlichen Gesamtrechnungen notwendig. Bestimmte Werte können besser interpretiert werden, wenn man die Preissteigerungen „abzieht" bzw. zu konstanten Preisen rechnet. (Beispiel: Eine Erhöhung des Bruttoinlandsprodukts vom Jahr 1 auf das Jahr 2 kann bei gestiegenen, gleich gebliebenen oder sogar sinkenden Produktionsmengen zustande kommen; es kommt wesentlich auf die jeweiligen Preissteigerungs- bzw. Inflationsraten an. Wenn man das BIP des Jahres 2 in Preisen des Jahres 1 ausdrückt, spricht man vom deflationierten, realen Bruttoinlandsprodukt. Die entsprechende Veränderungsrate vom Jahr 1 auf das Jahr 2 nennt man Wachstum. Es drückt die Mengenänderungen in der Produktion aus.)
- Sie dienen als Maßstab für Wertsicherungsklauseln, die in manchen Vertragsbeziehungen erlaubt sind (z. B. kann sich eine Wohnungsmieterhöhung an der Veränderung des Preisindexes orientieren).

Die Entwicklung der Verbraucherpreise zeigt, dass Westdeutschland bis zur Wiedervereinigung im Jahre 1990 zum Teil mit hohen Inflationsraten zu kämpfen hatte. Auch nach der Wiedervereinigung stiegen die Preise auf bis zu 4 %. Seit der Einführung des Euro als Buchgeld im Jahr 1999 bewegt sich die Veränderung des Verbraucherpreisindexes um die 2 %.

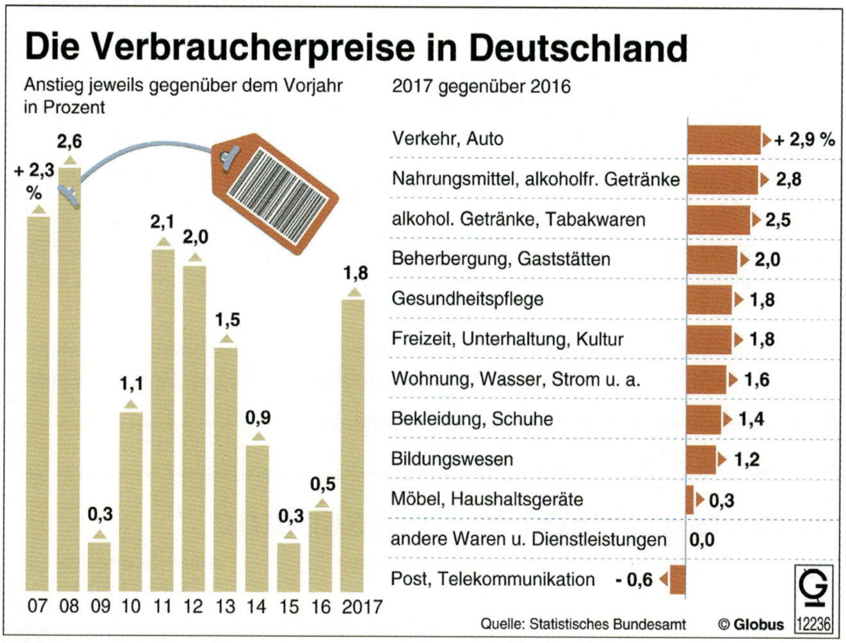

Hoher Beschäftigungsstand

Unter hohem Beschäftigungsstand, teilweise auch als Vollbeschäftigung bezeichnet, versteht man die Situation, in der möglichst viele Menschen eine Arbeit haben. Das Ziel – die Vermeidung oder der Abbau von Arbeitslosigkeit – hat einen zentralen Stellenwert. **Gründe** sind, dass Arbeitslosigkeit starke Auswirkungen sowohl auf den Arbeitslosen selbst und sein familiäres Umfeld als auch auf die Gesellschaft als Ganzes hat.

Zunächst führt Arbeitslosigkeit zu Einkommenseinbußen für die Betroffenen; vor allem müssen persönliche Ausgaben eingeschränkt und vorgesehene Anschaffungen zurückgestellt werden. Manchmal stehen die Betroffenen am Anfang einer Schuldenspirale. Stärker noch als die finanziellen werden von den Arbeitslosen die nichtfinanziellen Belastungen empfunden: Die durch die Arbeitslosigkeit entstandene freie Zeit wird zum Problem, mitmenschliche Beziehungen werden in Mitleidenschaft gezogen.

Hohe Arbeitslosigkeit kann für die Gesellschaft eine Gefährdung des sozialen Friedens bedeuten: zunehmende Kriminalität, psychische Schäden, Alkoholismus, Drogenabhängigkeit, Obdachlosigkeit, möglicherweise auch politische Veränderungen und „Radikalisierung" sind möglich. Unmittelbar entstehen dem Staat durch Arbeitslosigkeit erhebliche finanzielle Belastungen durch Einnahmeausfälle (Ausfälle an Steuern und Beiträgen zur Sozialversicherung) und Ausgabenerhöhungen (Zahlungen der Arbeitslosenversicherung an Arbeitslose, gegebenenfalls Unterstützungszahlungen an die Sozialversicherungsträger). Schließlich ist der enorme mit Arbeitslosigkeit verbundene volkswirtschaftliche Verlust zu bedenken, der durch den Ausfall möglicher Produktion entsteht.

Es liegt darum im Interesse des Einzelnen und der Gemeinschaft, dass die Zahl der Arbeitslosen möglichst gering gehalten wird.

Die **Messung** der Höhe der Arbeitslosigkeit erfolgt durch die Arbeitslosenquote. Arbeitslos im Sinne der amtlichen Statistik ist in der Bundesrepublik Deutschland ein Arbeitnehmer, der vorübergehend nicht in einem Beschäftigungsverhältnis steht oder nur eine geringfügige Beschäftigung ausübt und sich persönlich bei der Agentur für Arbeit als Arbeitssuchender gemeldet hat.

$$\text{Arbeitslosenquote} = \frac{\text{registrierte Arbeitslose} \cdot 100}{\text{beschäftigte Arbeitnehmer} + \text{registrierte Arbeitslose}}$$

Ein hoher Beschäftigungsstand ist erreicht, wenn ein möglichst hoher Prozentsatz der vorhandenen Arbeitskräfte beschäftigt ist bzw. die Arbeitslosenquote möglichst niedrig ist. Außerdem werden häufig noch weitere Daten zur Beurteilung der Situation auf dem Arbeitsmarkt hinzugezogen: Anzahl der offenen Stellen, Zahl der Langzeitarbeitslosen, Zahl der arbeitslosen Jugendlichen usw.

Bei den Ursachen der Arbeitslosigkeit können verschiedene **Arten** unterschieden werden:

- Die **friktionelle Arbeitslosigkeit** entsteht im Zusammenhang mit dem zwischenbetrieblichen Arbeitgeberwechsel bzw. mit der Arbeitsplatzsuche nach Abschluss einer Ausbildung. Sie dauert meist nur wenige Wochen.
- Die **saisonale Arbeitslosigkeit** bildet sich durch jahreszeitliche, meist witterungsbedingte Schwankungen der Produktion bzw. der Nachfrage nach bestimmten Gütern. Sie ist ihrem Wesen nach nur begrenzt vermeidbar.
- Die **strukturelle Arbeitslosigkeit** bildet sich, wenn die Nachfrage oder das Angebot an Arbeitskräften örtlich, zeitlich oder im Hinblick auf die Qualifikationsstruktur nicht zusammenpassen. Strukturelle Arbeitslosigkeit ist darum immer durch einen sogenannten Mismatch bedingt, wobei zwischen qualifikationsbedingtem bzw. regionalem Mismatch unterschieden wird. Ein Mismatch besteht auch, wenn eine Differenz zwischen Lohnanspruch und Lohnangebot besteht.
- Die **konjunkturelle Arbeitslosigkeit** beruht auf den Konjunkturschwankungen, wobei in der Depression (Rezession) Arbeitskräfte entlassen werden, die man im wirtschaftlichen Aufschwung meist wieder einstellt.

Die Arbeitslosigkeit bot in der Vergangenheit folgendes Bild:

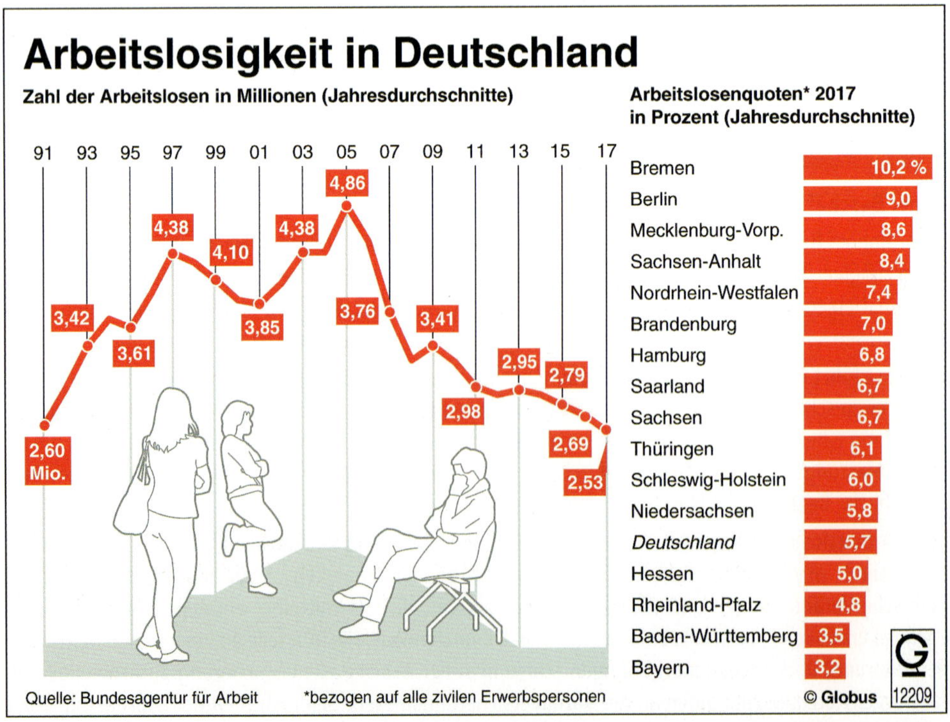

Nach der Wiedervereinigung stieg die Arbeitslosigkeit auf über vier Millionen Beschäftigte, wobei starke Unterschiede zwischen Westdeutschland und Ostdeutschland entstanden. In Ostdeutschland kam es, verursacht durch den Wegfall der Absatzmärkte in Osteuropa und der mangelnden Konkurrenzfähigkeit der Unternehmen, zum Zusammenbruch ganzer Industriezweige. Nach der Finanzkrise 2008/2009 entwickelte sich ein starker Wirtschaftsaufschwung, der 2012 bis 2017 zu einem Rückgang der Arbeitslosigkeit unter 3 Mio. führte.

2.2 Wirtschaftswachstum und außenwirtschaftliches Gleichgewicht

Stetiges und angemessenes Wirtschaftswachstum

Das Ziel eines stetigen und angemessenen Wirtschaftswachstums wird verfolgt, weil Wachstum eine Zunahme der Güterproduktion bedeutet und damit hilft, Arbeitsplätze zu sichern. Zunehmende Beschäftigung ermöglicht ein höheres Einkommen und im Gefolge einen gleich bleibenden bzw. steigenden Lebensstandard. Der materielle Wohlstand war und ist für viele Menschen Grundlage ihrer persönlichen Entfaltung.

Wesentliche **Gründe** für das Ziel sind, dass es bei einer wachsenden Wirtschaft dem Staat eher möglich ist, strukturelle Probleme zu lösen, die soziale Sicherheit aufrechtzuerhalten und Entwicklungshilfe zu zahlen. Steigende Gewinne ermöglichen den Unternehmen, Investitionen durchzuführen und sich so dem nationalen und internationalen Wettbewerb anzupassen.

Einer der größten Vorteile des Wirtschaftswachstums ist die Tatsache, dass mehrere miteinander in Konkurrenz stehende Ziele gleichzeitig verwirklicht werden können. Man kann die Arbeitszeit verkürzen und trotzdem ein höheres Realeinkommen erwarten, die Armut bekämpfen, ohne von den Wohlhabenden Opfer zu verlangen, die Leistungen des Staates anheben, ohne die Steuersätze zu erhöhen, und den Entwicklungsländern wirtschaftliche Hilfe gewähren, ohne den nationalen Lebensstandard zu vermindern.

Die Grundlage der **Messung** des Wirtschaftswachstums ist das Bruttoinlandsprodukt (BIP).

Das Bruttoinlandsprodukt besteht aus der Summe an Sachgütern und Dienstleistungen, die in einem Zeitraum in einer Volkswirtschaft erzeugt und zu Preisen bewertet werden.

Das Bruttoinlandsprodukt zu Marktpreisen erhält man, indem die Güterproduktion eines Jahres mit den jeweiligen Preisen bewertet wird. Steigen die Preise in einem Jahr stark an, nimmt das Bruttoinlandsprodukt zu, obwohl vielleicht die Sachgüter- und Dienstleistungsproduktion gleich geblieben oder sogar gesunken ist.

Unter Wirtschaftswachstum ist die Veränderung des realen, also des um die Inflationsrate korrigierten Bruttoinlandsprodukts zu verstehen. Die prozentuale Zu- oder Abnahme der Produktion von Sachgütern und Dienstleistungen in einer Periode, z. B. in einem Jahr gegenüber dem Vorjahr, bezeichnet man als Wachstumsrate.

$$\text{Wachstumsrate} = \frac{\text{Veränderung des Bruttoinlandsprodukts} \cdot 100}{\text{Bruttoinlandsprodukt (des Vorjahres)}}$$

Das Bruttoinlandsprodukt ist eine der wichtigsten Größen zur Beurteilung der Wirtschaftsentwicklung eines Landes. Wie jede statistische Zahl, die das Ergebnis von Umfragen, Teilerhebungen, wissenschaftlichen Abgrenzungen usw. ist, enthält auch das Bruttoinlandsprodukt einige Unzulänglichkeiten:

- Für einen Teil der erzeugten Güter gibt es keine Marktpreise, wie z. B. bei den Leistungen der staatlichen Behörden. Diese Leistungen werden zu den Herstellungskosten in das Bruttoinlandsprodukt aufgenommen.
- Eine Vielzahl von Tätigkeiten werden in das Bruttoinlandsprodukt überhaupt nicht eingerechnet, z. B. die Leistungen der Hausfrauen, der mithelfenden Kinder oder die sogenannte Schattenwirtschaft (Schwarzarbeit).
- Es gibt Bestandteile des Bruttoinlandsprodukts, die erst aufgrund der Zerstörung von Werten entstehen. (Beispiel: Wird ein Auto – das bei seiner Fertigstellung die Bruttowertschöpfung bereits erhöhte – durch einen Verkehrsunfall beschädigt, entsteht durch die nachfolgende Reparaturleistung wiederum ein Beitrag zum Bruttoinlandsprodukt.)
- Das Bruttoinlandsprodukt für sich betrachtet lässt keine Aussagen über seine Verteilung, also über den Wohlstand breiter Bevölkerungsschichten zu.

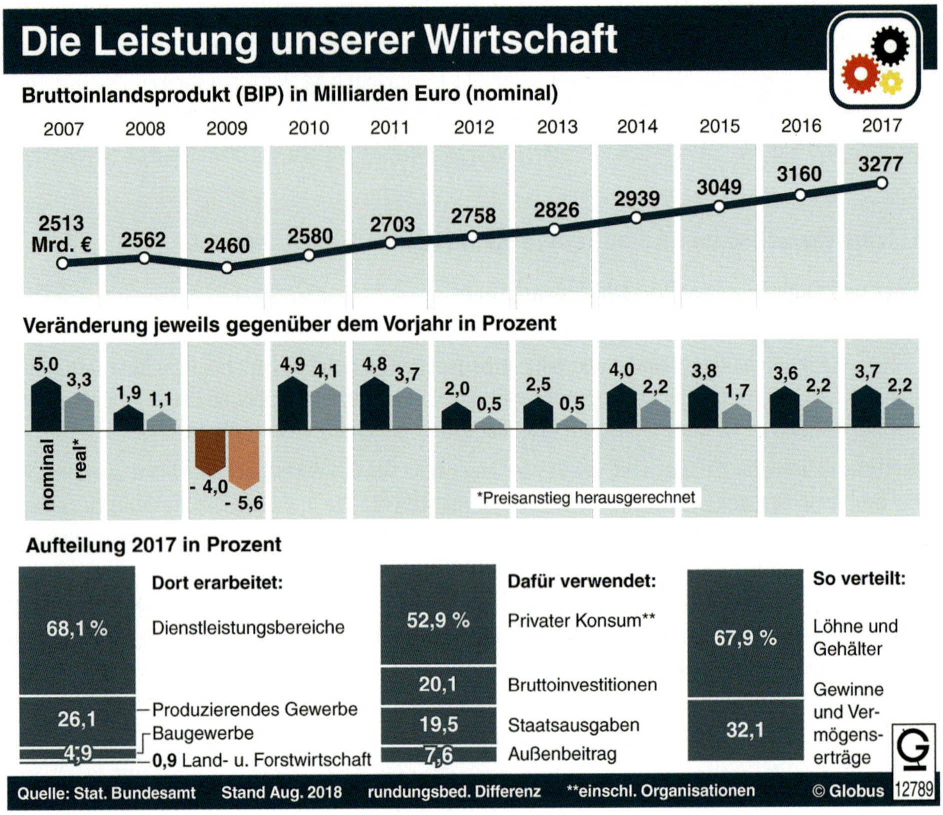

Außenwirtschaftliches Gleichgewicht

Die Definition des Ziels des außenwirtschaftlichen Gleichgewichts gestaltet sich schwierig. Allgemein spricht man von außenwirtschaftlichem Gleichgewicht, wenn sich die Zahlungsbilanz im Gleichgewicht befindet. Die Zahlungsbilanz erfasst sämtliche (in Geld ausgedrückten) Transaktionen zwischen dem Inland und dem Ausland. Sie wird in mehrere Teilbilanzen untergliedert, zu denen z. B. die Leistungsbilanz, aber auch die Devisenbilanz gehören. Die Leistungsbilanz erfasst zum überwiegenden Teil die Waren- und Dienstleistungsimporte und -exporte und die Devisenbilanz registriert die nationalen Währungsreserven, also die Geld- und Devisenbestände sowie die Forderungen gegenüber der Europäischen Zentralbank (s. Kapitel 8.2). Da definitionsgemäß die Zahlungsbilanz als statistische Übersicht immer ausgeglichen ist, spricht man von außenwirtschaftlichem Gleichgewicht, wenn einzelne Teilbilanzen im Gleichgewicht sind.

Für die **Messung** des außenwirtschaftlichen Gleichgewichts gibt es unterschiedliche Varianten. Die erste bezieht sich auf eine ausgeglichene Devisenbilanz, d. h., wenn über einen längeren Zeitraum (z. B. zwei bis drei Jahre) die Gold- und Devisenabflüsse den Gold- und Devisenzuflüssen entsprechen. Das heißt, die Zahlungsströme von der Bundesrepublik Deutschland ins Ausland und vom Ausland in die Bundesrepublik sind ausgeglichen und die Währungsreserven bleiben unverändert.

Die zweite Möglichkeit betrifft die Leistungsbilanz. Eine ausgeglichene Leistungsbilanz bedeutet allerdings nicht, dass keine Überschüsse bzw. Defizite in der Handels- und Dienstleistungsbilanz vorhanden sind. Im Gegenteil, die Bundesrepublik Deutschland benötigt in begrenztem Umfang einen Ausfuhrüberschuss, um ihren Verpflichtungen gegenüber den Entwicklungsländern, den Organisationen der Europäischen Gemeinschaft nachzukommen und die Überweisungen der ausländischen Arbeitskräfte in ihre Heimatländer außerhalb des Eurosystems zu ermöglichen. Für den regen Urlaubsverkehr der Deutschen in die außereuropäischen Länder ist ebenfalls ein Devisenpolster erforderlich. Manchmal betrachtet man auch lediglich den dritten Indikator, den Außenbeitrag (Saldo der Aus- und Einfuhr von Waren und Dienstleistungen zwischen Inländern und der übrigen Welt). In der Bundesrepublik gilt ein positiver Außenbeitrag – ein Ausfuhrüberschuss – von ca. 2 % des BIP im Allgemeinen als außenwirtschaftliches Gleichgewicht.

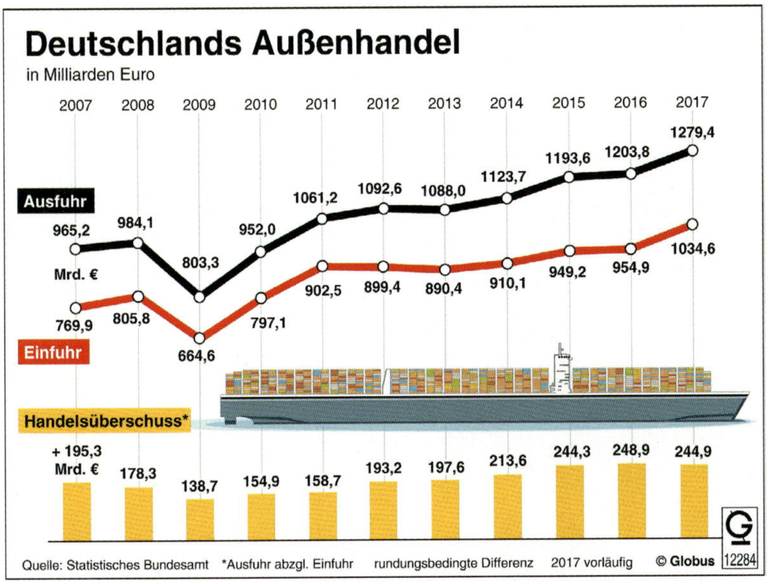

Die **Begründung** für das Ziel des außenwirtschaftlichen Gleichgewichts ist, dass jede Volkswirtschaft einen Ausgleich der Zahlungseingänge aus dem Ausland und der Zahlungsausgänge ins Ausland anstreben muss, andernfalls ergeben sich Störungen des Leistungsaustauschs und der internationalen Arbeitsteilung, die sowohl die Überschussländer als auch die Defizitländer betreffen.

Überschussländer haben aufgrund verstärkter Exporte steigende Devisenreserven. Defizitländer, deren Übergewicht im Import liegt, bezahlen die eingeführten Güter mit ausländischen Devisen. Diese Länder drohen mit dem Dahinschmelzen ihrer Gold- und Devisenreserven allmählich international zahlungsunfähig zu werden. Zahlungsunfähigkeit bringt einem Land starke Rückschläge in der sozialen, politischen und wirtschaftlichen Entwicklung.

Die Außenhandelssituation der Bundesrepublik Deutschland ist seit Jahren durch einen Ausfuhrüberschuss gekennzeichnet, d. h. durch eine ständige Zunahme sowohl der Ausfuhren als auch Einfuhren verbunden mit einem Übergewicht der Ausfuhren. Der Grund für die zum Teil hohen Ausfuhrüberschüsse liegt darin, dass Deutschland eine Veredelungswirtschaft betreibt. Hierbei werden Vorleistungen und Energie importiert und Fertigerzeugnisse wie Maschinen, chemische Produkte und Automobile auf den Weltmärkten verkauft.

Die Bundesrepublik Deutschland zählt sowohl in der Weltausfuhr als auch in der Welteinfuhr mit China, den Vereinigten Staaten von Amerika und Japan zu den führenden Handelsnationen. Sie gehört demnach zu den Ländern, die dem internationalen Wettbewerbsdruck und damit der Globalisierung verstärkt ausgesetzt sind.

2.3 Gerechte Einkommensverteilung und Umweltschutz

Gerechte Einkommens- und Vermögensverteilung

Selbst wenn in einer Volkswirtschaft alle Ziele des magischen Vierecks erreicht werden und das Bruttoinlandsprodukt stark ansteigt, bedeutet dies noch nicht, dass eine gerechte Einkommens- und Vermögensverteilung gegeben ist. Der **Grund** für die Verfolgung dieses Zieles ist die Gewährleistung des sozialen Friedens in einer Gesellschaft.

Die Vermögensverteilung wird durch den Staat indirekt mittels Steuern (Erbschaftsteuer) und Sparförderung (Arbeitnehmersparzulage) beeinflusst. Eine direkte staatliche Enteignung von Vermögen wird in marktwirtschaftlich orientierten Ländern abgelehnt. Bei der Verteilung von Einkommen versuchen Wirtschaftssubjekte, ihren Anteil zu erhöhen. Darüber werden „Kämpfe" ausgefochten: über Löhne (Arbeitnehmer über Gewerkschaften in Tarifkämpfen), Preise (Unternehmer über Preiserhöhungen ihrer Sachgüter und Dienstleistungen), aber auch über Steuern (z. B. Unternehmenssteuerreform), Subventionen (z. B. Agrarsubventionen) und Transfers (z. B. Elterngeld).

Die **Messung** der Einkommensverteilung geschieht häufig durch die Lohnquote, diese weist den Anteil der Arbeitnehmerentgelte am Volkseinkommen aus.

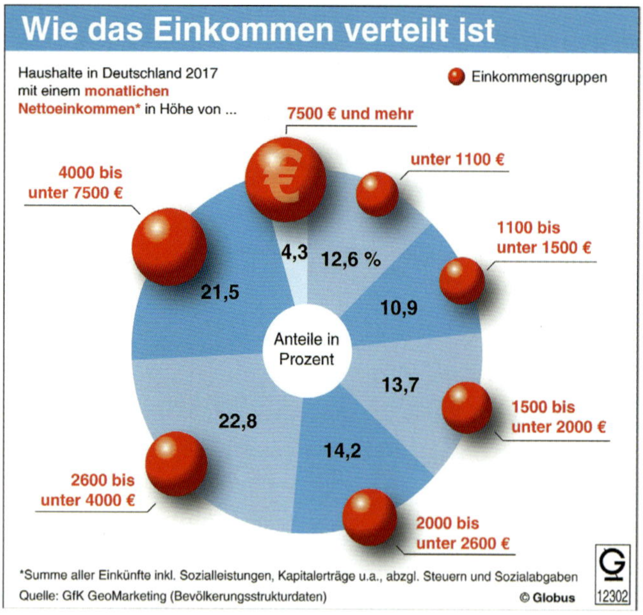

Schutz der natürlichen Lebensgrundlagen

In zunehmendem Maße erkennen die Staaten der Erde, dass das Ziel des Schutzes der natürlichen Lebensgrundlagen (Umweltschutz) ein unverzichtbarer Bestandteil jeder Wirtschaftspolitik sein muss.

Der Mensch ist es seit Jahrhunderten gewohnt, die Umwelt zum „Nulltarif" in seine Produktionskalkulation einzusetzen. Die Natur, die eine Vielfalt von Gütern wie Luft, Wasser, Bodenschätze für den Produktionsvorgang zur Verfügung stellt, wird als freies Gut betrachtet.

Die Bundesrepublik Deutschland hat sich im Laufe der Zeit zu einer Wohlstandsgesellschaft entwickelt, die eine steigende Güterproduktion erfordert und zu einem starken Anwachsen der Umweltbelastung beiträgt. Auf die Gefahr, die der Menschheit durch ein übersteigertes Wirtschaftswachstum droht, wurde 1972 in dem Buch von Dennis Meadows „Grenzen des Wachstums" erstmals eindringlich hingewiesen. Die heutige **Begründung** für die zentrale Bedeutung des Umweltschutzes in wirtschaftspolitischen Zielen ist die Notwendigkeit des „Sustainable Development". Unter dem Begriff Sustainable Development versteht man eine nachhaltige wirtschaftliche Entwicklung, welche den Bedürfnissen der heutigen Generation entspricht, ohne die Möglichkeiten künftiger Generationen zu gefährden, ihre Bedürfnisse zu befriedigen.

Sustainable Development

„Der Begriff Sustainable Development, also eine nachhaltige Entwicklung, ist der Forstwirtschaft entlehnt. Dort kennzeichnet Nachhaltigkeit eine Art der Waldbewirtschaftung, bei der die Reproduktionskraft des Waldes und die jeweilige Holzernte so miteinander in Einklang gebracht werden, dass nur so viel Holz geschlagen wird, wie wieder nachwächst. In der Umweltpolitik bezeichnet der Begriff der Nachhaltigen Entwicklung ein Wirtschaftswachstum, das die Erhaltung der Umwelt und ihrer Funktionen auch für die künftigen Generationen sichert. ‚Sustainable Development' war der Leitbegriff der Konferenz von Rio de Janeiro (1992) und der Berliner UN-Klimakonferenz (1995)."

Quelle: Hohlstein, Michael; Pflugmann-Hohlstein, Barbara; Sperber, Herbert; Sprink, Joachim: Sustainable Development. In: Lexikon der Volkswirtschaft. 1. Auflage. München: Beck Verlag 2000, S. 409.

Eine umfassende Kennziffer zur **Messung** der Zielerreichung gibt es beim Umweltschutz nicht. Da die Umwelt keine Lobby hat, muss der Staat als Ordnungshüter den Umweltgedanken in seine Gesetzgebung aufnehmen und versuchen, eine regulierende Umweltpolitik zu betreiben. Es ist eine Reihe von Gesetzen und Verordnungen vorhanden, in denen z. B. Ge- und Verbote (zulässige Höchst- bzw. Niederstwerte für die Umweltbelastung oder Nutzungsquoten), Abgaben („Ökosteuer") oder Subventionen (für erneuerbare Energien aus Wind und Sonne) festgelegt werden. Auch auf internationaler Ebene wird versucht, den Umweltschutz vertraglich zu verankern (z. B. Kyoto-Protokoll zur Verringerung des CO_2-Ausstoßes).

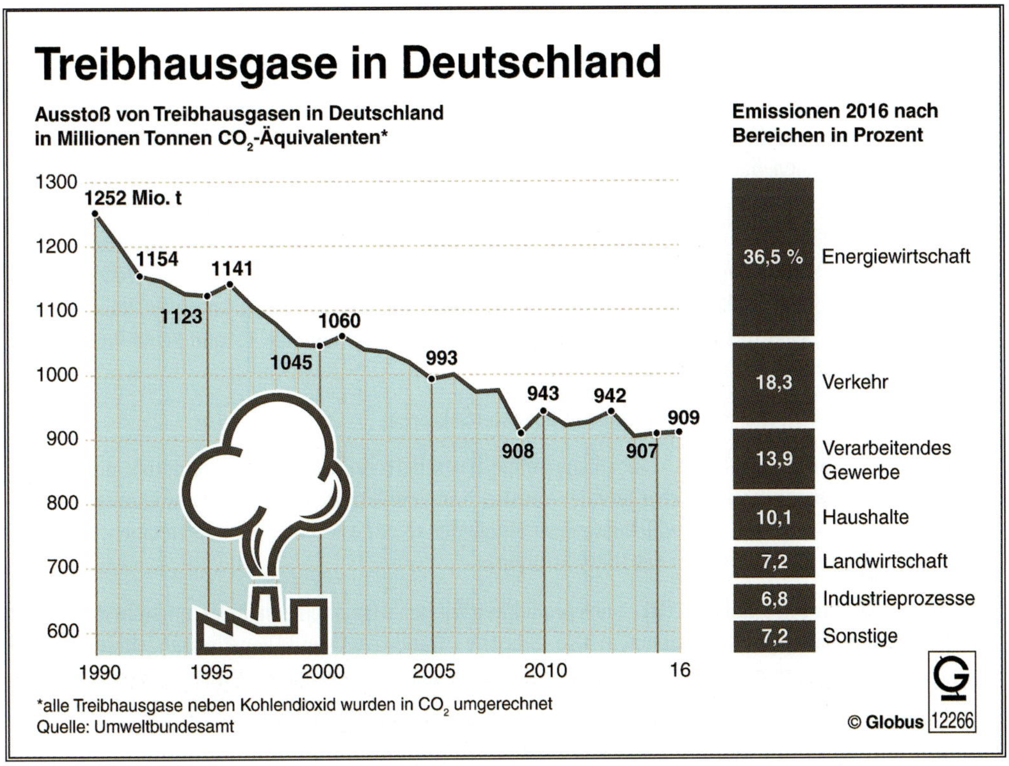
Treibhausgase in Deutschland
Ausstoß von Treibhausgasen in Deutschland in Millionen Tonnen CO₂-Äquivalenten*
1300
1200
1100
1000
900
800
700
600
1252 Mio. t
1154
1123
1141
1045
1060
993
908
943
942
907
909
1990
1995
2000
2005
2010
16
*alle Treibhausgase neben Kohlendioxid wurden in CO₂ umgerechnet
Quelle: Umweltbundesamt
Emissionen 2016 nach Bereichen in Prozent
36,5 % Energiewirtschaft
18,3 Verkehr
13,9 Verarbeitendes Gewerbe
10,1 Haushalte
7,2 Landwirtschaft
6,8 Industrieprozesse
7,2 Sonstige
© Globus 12266

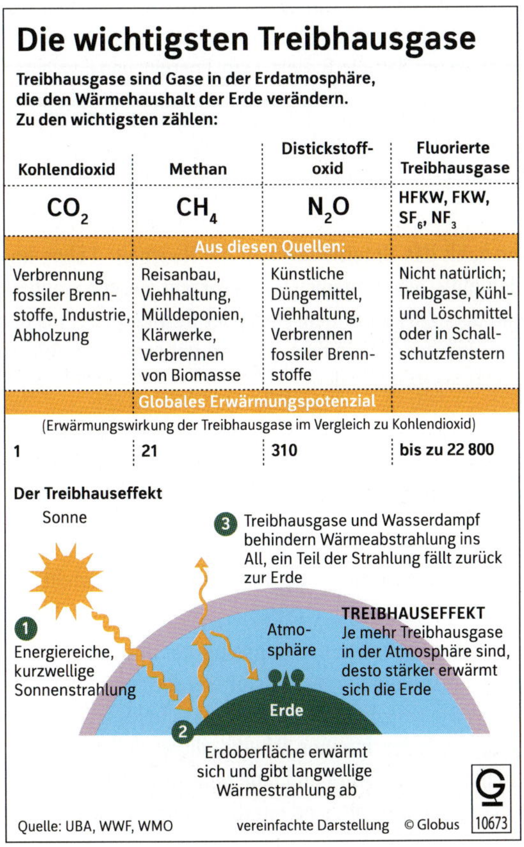
Die wichtigsten Treibhausgase
Treibhausgase sind Gase in der Erdatmosphäre, die den Wärmehaushalt der Erde verändern. Zu den wichtigsten zählen:
Kohlendioxid
Methan
Distickstoffoxid
Fluorierte Treibhausgase
CO₂
CH₄
N₂O
HFKW, FKW, SF₆, NF₃
Aus diesen Quellen:
Verbrennung fossiler Brennstoffe, Industrie, Abholzung
Reisanbau, Viehhaltung, Mülldeponien, Klärwerke, Verbrennen von Biomasse
Künstliche Düngemittel, Viehhaltung, Verbrennen fossiler Brennstoffe
Nicht natürlich; Treibgase, Kühl- und Löschmittel oder in Schallschutzfenstern
Globales Erwärmungspotenzial
(Erwärmungswirkung der Treibhausgase im Vergleich zu Kohlendioxid)
1
21
310
bis zu 22 800
Der Treibhauseffekt
Sonne
1 Energiereiche, kurzwellige Sonnenstrahlung
2 Erdoberfläche erwärmt sich und gibt langwellige Wärmestrahlung ab
3 Treibhausgase und Wasserdampf behindern Wärmeabstrahlung ins All, ein Teil der Strahlung fällt zurück zur Erde
Atmosphäre
Erde
TREIBHAUSEFFEKT
Je mehr Treibhausgase in der Atmosphäre sind, desto stärker erwärmt sich die Erde
Quelle: UBA, WWF, WMO
vereinfachte Darstellung
© Globus 10673

3 Wirtschaftskreislauf und volkswirtschaftliche Gesamtrechnungen

3.1 Stationäre und evolutorische Volkswirtschaft

Modell einer stationären Volkswirtschaft

Die wirtschaftlichen Beziehungen in einer arbeitsteilig organisierten Volkswirtschaft wie der Bundesrepublik Deutschland sind sehr vielfältig und können nur schwer erfasst werden. Um trotzdem die prinzipiellen Zusammenhänge zu erkennen, bedient man sich eines Modells, also einer vereinfachten Abbildung der gesamten Volkswirtschaft. So wie der Globus das vereinfachte Modell der Erde ist, so bildet das **Kreislaufmodell** die ökonomischen Verflechtungen in einer Volkswirtschaft ab.

Das einfache Kreislaufmodell wird auch als Modell einer stationären (= stillstehenden) Volkswirtschaft bezeichnet, weil sich die Wirtschaft nicht weiterentwickelt, d. h., es wird weder gespart noch zusätzlich investiert. Es wird angenommen, dass das vorhandene Anlagevermögen sich nicht abnutzt: Es gibt keine Wertminderungen (Abschreibungen). Die Wirtschaft wächst nicht.

Der einfache Wirtschaftskreislauf besteht aus zwei Sektoren:

- Der **Sektor Haushalt (H)** – auch konsumtive Wirtschaftseinheit genannt – entsteht durch die gedankliche Zusammenfassung sämtlicher privater Haushalte einer Volkswirtschaft. Es ist das ökonomische Hauptziel der privaten Haushalte, die Bedürfnisse ihrer Mitglieder so gut wie möglich zu befriedigen. Der Haushalt ist der Bereich des Konsums, also des Güterverbrauchs.
- Der **Sektor Unternehmen (U)** – auch produktive Wirtschaftseinheit genannt –, entsteht durch die Zusammenfassung sämtlicher Unternehmen, also Industrie-, Handwerks- und Dienstleistungsbetriebe. Das Unternehmen als Bereich der Gütererstellung verfolgt dabei das Ziel, Gewinne zu erwirtschaften.

Die beiden Sektoren Unternehmen und Haushalte sind durch folgende Ströme verbunden:

Strom der Faktorleistungen

Um ihren Bedarf zu befriedigen, bieten die privaten Haushalte ihre Arbeitsleistung den Unternehmen an. Der Sektor Unternehmen benötigt den Produktionsfaktor Arbeit, um Gegenstände und Dienste herzustellen. Arbeitskräfte führen aber nur in sinnvoller Kombination mit den Schätzen der Natur (z. B. Holz, Erze, Energie) und dem entsprechenden Sachkapital (z. B. Werkzeuge, Maschinen, Geräte) zur Erzeugung eines Gegenstandes, auch Gut genannt.

Die Kombination der Produktionsfaktoren Arbeit, Natur und Kapital vollzieht sich im Sektor Unternehmen. Der Sektor Haushalt stellt dem Sektor Unternehmen sämtliche Faktorleistungen zur Verfügung.

Strom des Volkseinkommens (Y)

Zum Ausgleich für die erbrachte Arbeitsleistung zahlt das Unternehmen an die Haushalte Löhne und Gehälter. Aber nicht nur für die geleisteten Arbeitsstunden muss eine Gegenleistung erbracht werden, sondern auch das zur Verfügung gestellte Kapital soll einen Gewinn oder Zins erbringen. Fließt der Gewinn bzw. Zins den Haushalten zu, bildet er für den Sektor Haushalt ein zusätzliches Einkommen. Ebenso gehören zum Volkseinkommen Mieten und Pachteinnahmen für den Produktionsfaktor Natur/Boden.

Strom der Konsumausgaben (C)

Die Haushalte verwenden das von ihnen erzielte Einkommen für die Deckung ihres Bedarfs, d. h., sie geben es für Konsumgüter aus. Die Konsumausgaben der Haushalte bilden für die Unternehmung wiederum Erlöse.

Strom der Konsumgüter

Den wertgleichen Gegenstrom der Konsumausgaben bildet der Strom der Konsumgüter. Er besteht aus den Sachgütern und Dienstleistungen, die die Haushalte erhalten.

Der einfache Kreislauf enthält die realen Ströme Faktorleistungen und Konsumgüter und die Geldströme Volkseinkommen und Konsumausgaben. Die Güterströme können vernachlässigt werden, ohne den Informationswert des Kreislaufmodells stark zu beeinträchtigen. Die Begründung dafür ist, dass Geld- und Realströme wertmäßig gleich sind. Sachgüter und Dienstleistungen werden in einer arbeitsteiligen Volkswirtschaft mit Geld bewertet; Geld ist Wertmesser und Vergleichsmaßstab. Jede Ware und jede geleistete Arbeitsstunde hat ihren Preis. Der Wert eines Gutes und der Preis, den man dafür bezahlt, sind nur die unterschiedlichen Seiten ein und derselben Sache.

221060628

Einfacher Wirtschaftskreislauf/stationäre Volkswirtschaft (2-Sektoren-Modell)

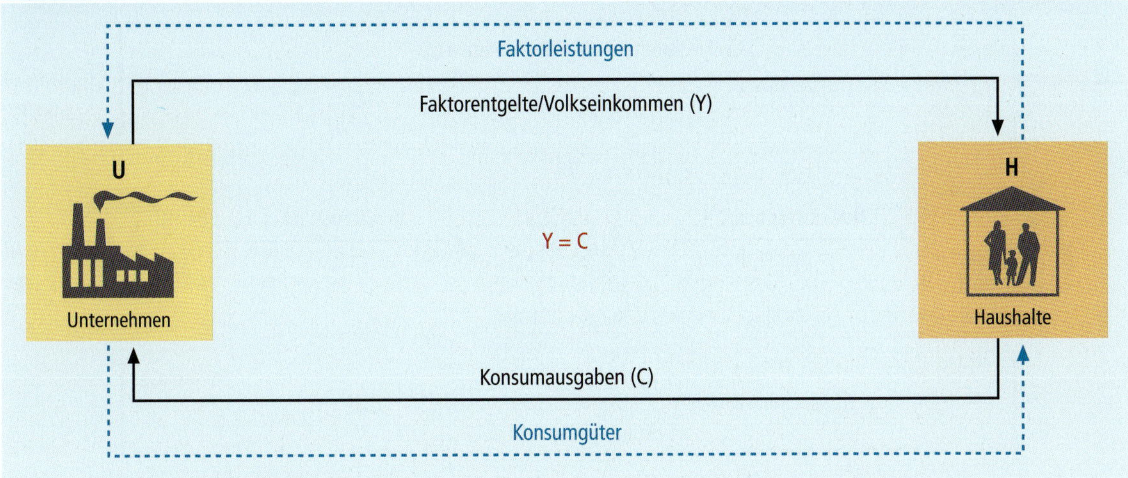

Wenn in den folgenden Kreislaufmodellen die Realströme in den grafischen Darstellungen nicht mehr erscheinen, sollte man sich trotzdem bewusst sein, dass grundsätzlich jedem Geldstrom ein Realstrom entspricht, der entgegengesetzt verläuft. Auf Ausnahmen wie Steuern und Subventionen (Geldströme ohne Gegenleistung) wird in den folgenden Abschnitten noch hingewiesen.

Der veränderte Kreislauf enthält die zwei Kreislaufsektoren

U = Unternehmen (produktive Einheiten),

H = Haushalte (konsumtive Einheiten),

und die Geldströme

Y = Volkseinkommen (Y = Yield = Ertrag),

C = privater Konsum (C = Consum, Consumption).

Im Modell einer stationären Volkswirtschaft wird unterstellt, dass die Haushalte ihr gesamtes Einkommen für den privaten Konsum ausgeben und demzufolge die Unternehmen nur Konsumgüter herstellen. Es handelt sich um einen geschlossenen Kreislauf, die Summe aller Zugänge entspricht der Summe aller Abgänge eines Sektors.

Modell einer evolutorischen Volkswirtschaft

Das Modell des stationären Kreislaufs entspricht nicht der Realität moderner Volkswirtschaften und muss der Wirklichkeit angenähert werden. Bei den meisten Ländern handelt es sich um Volkswirtschaften, die sich allmählich entwickeln und deren Produktionskapazität durch Investitionen wächst. Diese Situation wird mit dem Modell einer evolutorischen (= sich entwickelnden) Volkswirtschaft abgebildet.

In einer evolutorischen Volkswirtschaft verwenden die Unternehmen die Faktorleistungen der Haushalte nicht nur für die Produktion von Konsum- und Ersatzgütern, sondern erstellen auch **Bruttoinvestitionen (I^{br})**, die sich aus **Neu(Netto)investitionen (I^{n})** und **Ersatzinvestitionen (I^{e})** zusammensetzen. Ersatzinvestitionen tätigen heißt, nur die Maschinen und Werkzeuge auszuwechseln, die während eines bestimmten Zeitabschnitts verbraucht worden sind. Die laufende Wertminderung durch Abnutzung der Anlagen nennt man auch **Abschreibung (D).**

Die Haushalte erhalten in einer evolutorischen Volkswirtschaft mehr Einkommen, als sie für den Konsum wieder ausgeben. Den restlichen Teil des Einkommens legen sie als **Ersparnisse (S)** zurück.

Sparen bedeutet den Nichtverbrauch von Einkommensteilen. Wer spart, leistet Konsumverzicht. Das Sparvolumen einer Volkswirtschaft ist in einer Periode genauso groß wie die Güter, die im Unternehmenssektor in Form von Nettoinvestitionen verblieben sind.

Auch hier gilt, dass es sich um einen geschlossenen Kreislauf handelt, d. h., alles, was in einen Sektor hineinfließt, fließt auch wieder heraus. Damit der evolutorische Kreislauf geschlossen ist, erfasst man die Ströme I^{n} und D (= I^{e}) sowie S in dem Sektor **Vermögensänderung (VÄ).**

Erweiterter Wirtschaftskreislauf/evolutorische Volkswirtschaft (3-Sektoren-Modell)

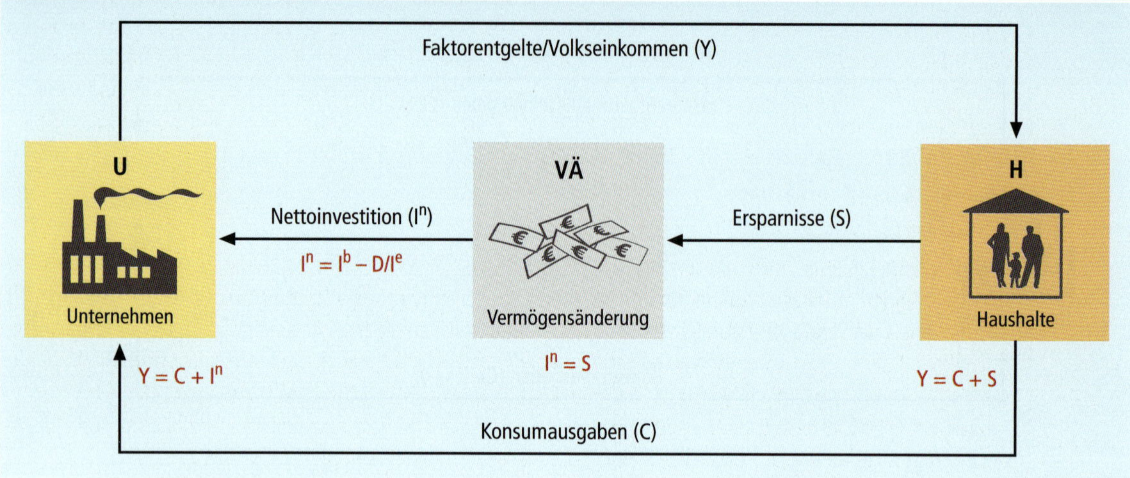

Der Vermögensänderungssektor zeigt, wie viel und in welcher Form während einer Wirtschaftsperiode Vermögen gebildet wird und in welcher Weise sich daher das zu Beginn der Periode vorhandene Vermögen geändert hat. Der Vermögensänderungssektor enthält auch Aussagen über die Finanzierung des gebildeten Vermögens.

Beim Sektor Unternehmen wird der Sachgüterbestand um die Netto-/Neuinvestitionen (I^n) erhöht, sodass das Realvermögen der Volkswirtschaft zunimmt. Beim Sektor Haushalt hat sich das Vermögen der Haushalte durch Sparen (S) in Gestalt von Forderungen aller Art, z. B. Spar-, Termin-, Sichtguthaben und Aktien, erhöht.

Der Sektor Vermögensänderung ist im Unterschied zu den Sektoren Haushalt und Unternehmen nicht durch die Zusammenfassung von tatsächlich vorhandenen Wirtschaftssubjekten entstanden, sondern ist ein gedachter Sektor, der die Vermögenszuwächse einer Volkswirtschaft erfasst.

3.2 Volkswirtschaft mit staatlicher Aktivität und Ausland

Modell einer evolutorischen Volkswirtschaft mit staatlicher Aktivität

Das Modell einer evolutorischen Volkswirtschaft berücksichtigt nicht die Aktivitäten des Staates. Das Wesen des Staates liegt in seiner Umverteilung, d. h., er beschafft sich seine Mittel in der Regel nicht durch die Teilnahme am privatwirtschaftlichen Produktionsprozess, sondern er schöpft einen Teil der Kaufkraft ab, der in der Privatwirtschaft entstanden ist. Diese Mittel benötigt er, um öffentliche Güter bereitstellen zu können, wie z. B. Bau von Straßen und Brücken, Verwaltung, Verteidigung. Wird der Sektor Staat in das Kreislaufmodell aufgenommen, spricht man vom Modell einer evolutorischen Volkswirtschaft mit staatlicher Aktivität.

Gedanklich entsteht der **Sektor Staat (St)** durch die Aggregation (= Zusammenfassung) der Gebietskörperschaften, also Bund, Länder, Gemeinden und die von diesen aus Haushaltsmitteln finanzierten Gemeinschaftseinrichtungen. Neben den Gebietskörperschaften zählt zum Sektor Staat auch die gesetzliche Sozialversicherung mit der Krankenversicherung, der Unfallversicherung, der Rentenversicherung der Arbeiter und Angestellten, der Arbeitslosenversicherung und der Pflegeversicherung.

Die Umverteilungsfunktion des Sektors Staat bedingt, dass er durch Einnahmen- und Ausgabenströme mit den Sektoren private Haushalte und Unternehmen in Verbindung steht.

Zu den Einnahmenströmen gehören:

- die **direkten Steuern (T^{dir})**
  Sie werden unmittelbar beim Einkommensempfänger, also beim Haushalt, erhoben. Zu den direkten Steuern rechnet man die Lohn- und Einkommensteuer, die Erbschaftsteuer, die Körperschaftsteuer, ebenso die Grundsteuer und die Kraftfahrzeugsteuer. Die Beiträge zu Kranken-, Unfall-, Renten-, Pflege- und Arbeitslosenversicherung, also die Sozialversicherungsbeiträge der Arbeitgeber und Arbeitnehmer, werden im Kreislauf wie direkte Steuern behandelt.

- die **indirekten Steuern (T^{ind})**
  Sie werden im Produktionsbereich (Unternehmen) erhoben. Zu ihnen rechnet man die Umsatzsteuer (Mehrwertsteuer), die Zölle, die verschiedenen Verbrauchsteuern (z. B. Mineralöl-, Tabak-, Kaffeesteuer), aber auch die Gewerbesteuer. Es handelt sich bei den indirekten Steuern um Kostensteuern, die in der Regel überwälzt werden können, d. h., Steuerpflichtiger (der die Steuer an das Finanzamt abführt) und Steuerträger (der die Steuerlast aus seinem Einkommen letztlich trägt) sind nicht identisch. Steuerpflichtiger ist der Sektor Unternehmen, Steuerträger ist der Sektor Haushalt.

Zu den Ausgabenströmen gehören:

- der **staatliche Konsum (C_{St})**
  Der staatliche Konsum, auch Staatsverbrauch genannt, entspricht den Aufwendungen des Staates für Verwaltungsleistungen. Zu diesen Aufwendungen werden alle Waren und Dienstleistungskäufe des Staates gezählt, ebenso wie unterstellte Nettomieten für die vom Staat genutzten eigenen Gebäude. Zu dieser Größe gehören auch die Ausgaben des Staates für Dienstleistungen, die von privaten Haushalten bezogen werden, z. B. Gehälter, Vergütungen und Löhne für Beamte, Angestellte und Arbeiter im öffentlichen Dienst. Der staatliche Konsum enthält noch die Bruttoinvestitionen des Staates und aus Vereinfachungsgründen werden die Löhne und Gehälter der Angestellten und Beamten des Staates aus dem Volkseinkommen nicht herausgelöst.
- die **Übertragungen an die Haushalte (Z_H)**
  Die Größe Z_H umfasst vor allem Zuzahlungen in Form von Renten und Pensionen, Wohngeld und Kindergeld.
- die **Übertragungen an die Unternehmen (Z_U)**
  Hier handelt es sich um Zahlungen des Staates an Wirtschaftsbereiche wie Landwirtschaft oder Bergbau. Diese Zahlungen haben das Ziel, die Leistungsbereitschaft in diesen Wirtschaftsbereichen aufrechtzuerhalten, da sie sonst wegen mangelnder Rentabilität eingestellt werden müssten.

Ein gemeinsames Merkmal der Stromgrößen Z_H und Z_U, aber auch von T^{dir} und T^{ind} ist, dass den Leistungen des Staates keine direkten Gegenleistungen des Empfängers gegenüberstehen. Dem Geldstrom fehlt als Gegenstrom der Real- bzw. Güterstrom.

Erweiterter Wirtschaftskreislauf mit staatlicher Aktivität

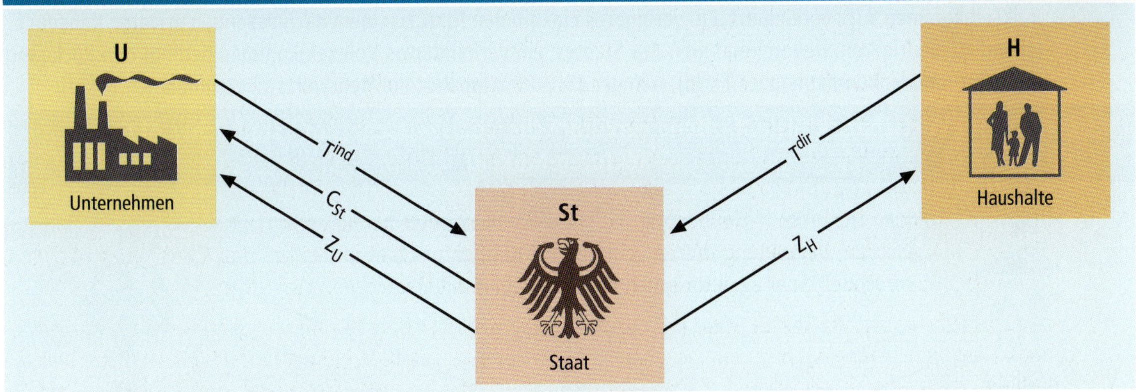

Modell einer offenen Volkswirtschaft mit staatlicher Aktivität

Um das Kreislaufmodell so weit wie möglich an die ökonomische Realität anzunähern, müssen noch die Beziehungen zum Ausland berücksichtigt werden. Hierzu führt man den **Sektor Ausland (A)** ein, der ebenso wie die Sektoren U, H und St durch die Zusammenfassung aller Länder entsteht, die mit einem Land in wirtschaftlichen Beziehungen stehen. Das dadurch entstehende Modell ist das Modell einer offenen Volkswirtschaft mit staatlicher Aktivität.

Das Inland steht mit dem Ausland durch Exportströme und Importströme in Beziehung.

Exporte (Ex) oder Ausfuhren sind Verkäufe von Sachgütern und Dienstleistungen an ausländische Wirtschaftssubjekte. Der Realstrom der Waren- und Dienstleistungsexporte verläuft von den inländischen Unternehmen zum Ausland. Der Geldstrom verläuft entgegengesetzt, d. h. vom Ausland zu den Unternehmen.

Importe (Im) oder Einfuhren sind Käufe inländischer Wirtschaftssubjekte von ausländischen Wirtschaftssubjekten.

Erweiterter Wirtschaftskreislauf/offene Volkswirtschaft

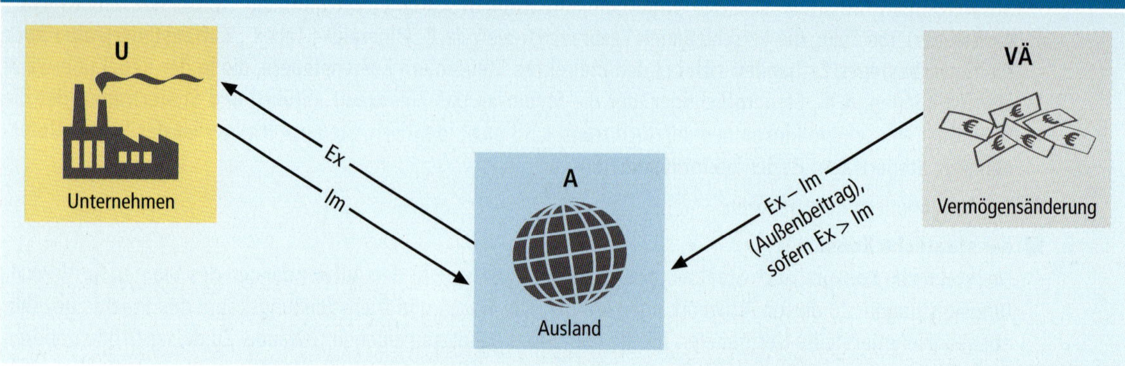

Sind die Exporte größer als die Importe, ergibt sich ein **positiver Außenbeitrag (Ex – Im)** oder Exportüberschuss. Ein Exportüberschuss bedeutet Verzicht auf Konsum oder Investition im Inland zugunsten des Auslands. Ein positiver Außenbeitrag (Ex > Im) kommt zustande, wenn bei unveränderter Ersparnis im Inland die Investitionen (= Verzicht auf Investition) gesunken sind oder bei unveränderten Investitionen eine erhöhte Ersparnis (= Konsumverzicht) vorgelegen hat. In beiden Fällen gilt, dass die inländische Produktion (C + I + Ex) größer ist als die inländische Verwendung (C + I + Im). Durch einen positiven Außenbeitrag erhöht sich das Vermögen der Volkswirtschaft. Ein negativer Außenbeitrag (Ex < Im) bedeutet, dass das Land „über seine Verhältnisse lebt", die inländische Verwendung (C + I + Im) ist größer als die inländische Produktion (C + I + Ex).

Kreislaufmodell als Prognoseinstrument

Das Kreislaufmodell ist ein wichtiges Instrument, um gesamtwirtschaftliche Zusammenhänge und Prozesse zu diagnostizieren und entsprechende Prognosen abzuleiten.

Hierfür ein Beispiel: Ermittelt das Statistische Bundesamt eine rückläufige Auslandsnachfrage Ex (a) oder einen Rückgang der Investitionen I^n (a), geht unter sonst gleich bleibenden Bedingungen die Produktion zurück. Die Kapazitäten sind nicht mehr ausgelastet; es kommt zu Kurzarbeit und Arbeitslosigkeit, in deren Folge sich das Volkseinkommen Y (b) verkleinert. Ein geringeres Einkommen führt zu einem nachlassenden privaten Konsum C_H (c) und zu niedrigeren Steuereinnahmen des Staates; ein vermindertes Volkseinkommen bedingt den Rückgang der Lohn- und Einkommensteuer T^{dir} (d), weniger Konsum schmälert die Mehrwertsteuereinnahmen T^{ind} (d).

Erweiterter Wirtschaftskreislauf/offene evolutorische Volkswirtschaft mit staatlicher Aktivität (5-Sektoren-Modell)

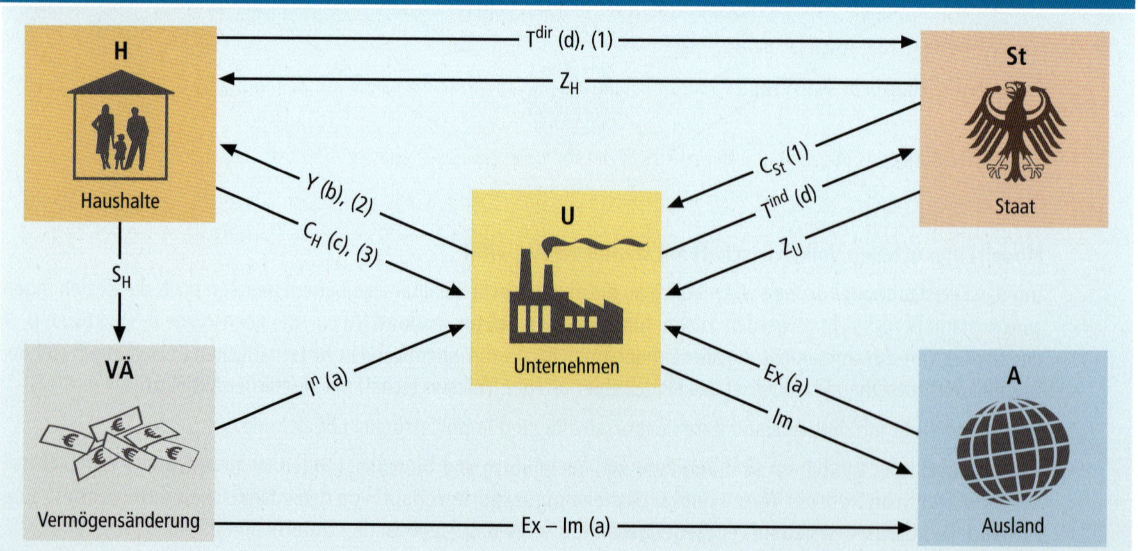

221060632

Dem rückläufigen privaten Konsum kann der Sektor Staat durch erhöhten staatlichen Konsum C_{St} (1) oder durch Senkung der direkten Steuern T^{dir} (1) entgegenwirken. Bei erhöhter Staatsnachfrage verbessern sich die Auftragslage und die Produktion in den Unternehmen, das Einkommen Y (2) und der Konsum C_H (3) der Haushalte nehmen zu. Bei einer schwächeren Belastung der Haushalte durch direkte Steuern wird bei gleich bleibendem Sparverhalten der private Konsum C_H (3) ebenfalls steigen.

3.3 Gesamtwirtschaftliche Größen

Den umfassendsten Überblick über das wirtschaftliche Geschehen bieten die volkswirtschaftlichen Gesamtrechnungen (VGR). Hier werden die Ströme des Wirtschaftskreislaufs vom Statistischen Bundesamt mit ihren absoluten Werten ermittelt und dienen zur Berechnung wichtiger gesamtwirtschaftlicher Größen. Solche gesamtwirtschaftlichen Größen sind:

Gesamtwirtschaftliche Nachfrage

Die gesamtwirtschaftliche Nachfrage eines Zeitraums ist die gesamte Kaufkraft, welche Inländer (Sektoren H, St, U) und Ausländer (Sektor A) in einer Volkswirtschaft zum Gütererwerb zu gegebenen Marktpreisen aufzuwenden bereit sind.

Ein Teilstrom der gesamtwirtschaftlichen Nachfrage (N) ist der **private Konsum (C_H).** Der private Konsum besteht aus den Konsumausgaben der privaten Haushalte und hängt von der Einkommenshöhe, der Einkommensverteilung, dem Grad der Besteuerung, der Höhe der staatlichen Zuschüsse usw. ab. Die Preiserwartungen, die Mentalität der Bevölkerung sowie die Sparförderung sind ebenfalls wichtige Einflussfaktoren.

Ein weiterer Teilstrom ist der **staatliche Konsum (C_{St}).** Wichtige Einflussgrößen sind hier die staatlichen Einnahmen aus Steuern, Zöllen und Abgaben und die Ausgaben der öffentlichen Hand. Weiter spielt die Bereitschaft des Staates, sich zu verschulden und Kredite aufzunehmen, eine entscheidende Rolle.

Der dritte Teilstrom sind **Bruttoinvestitionen (I^b).** Die Investitionen einer Volkswirtschaft orientieren sich an den Umsätzen und Gewinnen der letzten Perioden und an den Absatzerwartungen in der Zukunft. Weil Investitionen meist aus Krediten finanziert werden, können niedrige Zinsen Investitionen fördern, während höhere Zinsen die Investitionslust dämpfen. Risikobereitschaft der Unternehmer und ihr Vertrauen in die Zukunft sind ebenfalls entscheidend.

Der letzte Teilstrom der gesamtwirtschaftlichen Nachfrage sind die **Exporte (Ex).** Sie ergeben sich, wenn z. B. im Ausland eine kaufkräftige Nachfrage vorhanden ist oder wenn die Güter im Ausland teurer oder nicht verfügbar sind. Sowohl Importe als auch Exporte werden von den Preisunterschieden und Wechselkursungleichgewichten zwischen Inland und Ausland beeinflusst.

Gesamtwirtschaftliche Nachfrage	=	priv. Konsum	+	staatl. Konsum	+	Bruttoinvestitionen	+	Exporte
N	=	C_H	+	C_{St}	+	I^b	+	Ex

(wobei I^b = Nettoinvestitionen I^n + Ersatzinvestitionen/Abschreibungen I^e/D)

Die Entwicklung der Teilströme der gesamtwirtschaftlichen Nachfrage ist entscheidend für die konjunkturelle Situation bzw. die Wirtschaftsstruktur eines Landes. Eine wichtige Aufgabe der Wirtschaftspolitik besteht darin, die Teilkomponenten der gesamtwirtschaftlichen Nachfrage so zu beeinflussen, dass möglichst viele Ziele des magischen Vielecks erreicht werden.

Bruttoinlandsprodukt

Das Bruttoinlandsprodukt (BIP) ist die Summe der Sachgüter und Dienstleistungen, die in einer Volkswirtschaft innerhalb eines Zeitraumes (Jahr) ausgedrückt in Geldwerten erzeugt wird.

Die beiden Konsumgrößen (C_H, C_{St}) und die Bruttoinvestitionen (I^b) bilden die Inlandsnachfrage und die Exporte (Ex) die Auslandsnachfrage. Zieht man von der gesamtwirtschaftlichen Nachfrage N die Importe (Im) ab, ergibt sich das Bruttoinlandsprodukt, berechnet von der Verwendungsseite.

Unter kreislauftheoretischem Aspekt ist das Bruttoinlandsprodukt identisch mit dem Güterstrom, der in einem bestimmten Zeitraum den privaten und öffentlichen Haushalten und den Unternehmen zugeflossen ist. Die Exporte entstammen der Inlandsproduktion und werden der inländischen Verwendung entzogen; die Importe hingegen sind Produkte des Auslands und werden der inländischen Verwendung zugeführt. Es ist daher notwendig, Exporte und Importe gegeneinander aufzurechnen und nur die Differenz, den Außenbeitrag, in das Inlandsprodukt einzubeziehen.

Bruttoinlandsprodukt = priv. Konsum + staatl. Konsum + Bruttoinvestitionen + (Exporte – Importe)

$$BIP = C_H + C_{St} + I^b + (Ex - Im)$$

Entstehungs-, Verwendungs- und Verteilungsrechnung des Bruttoinlandsprodukts

Ein Ziel der volkswirtschaftlichen Gesamtrechnungen ist die Messung der Leistung einer Volkswirtschaft als Ganzes. Dies kann aus drei Blickwinkeln heraus erfolgen:

- Die Entstehungsrechnung geht den Fragen nach: Wo ist die Leistung entstanden? Wie haben die einzelnen Wirtschaftsbereiche zum gesamtwirtschaftlichen Ergebnis beigetragen?
- Die Verwendungsrechnung geht den Fragen nach: Wofür wurde das, was erarbeitet wurde, verwendet? Wurde es investiert, konsumiert oder exportiert?
- Die Verteilungsrechnung geht der Frage nach: Wie wurde das bei der Erarbeitung der gesamtwirtschaftlichen Leistung entstandene Einkommen verteilt?

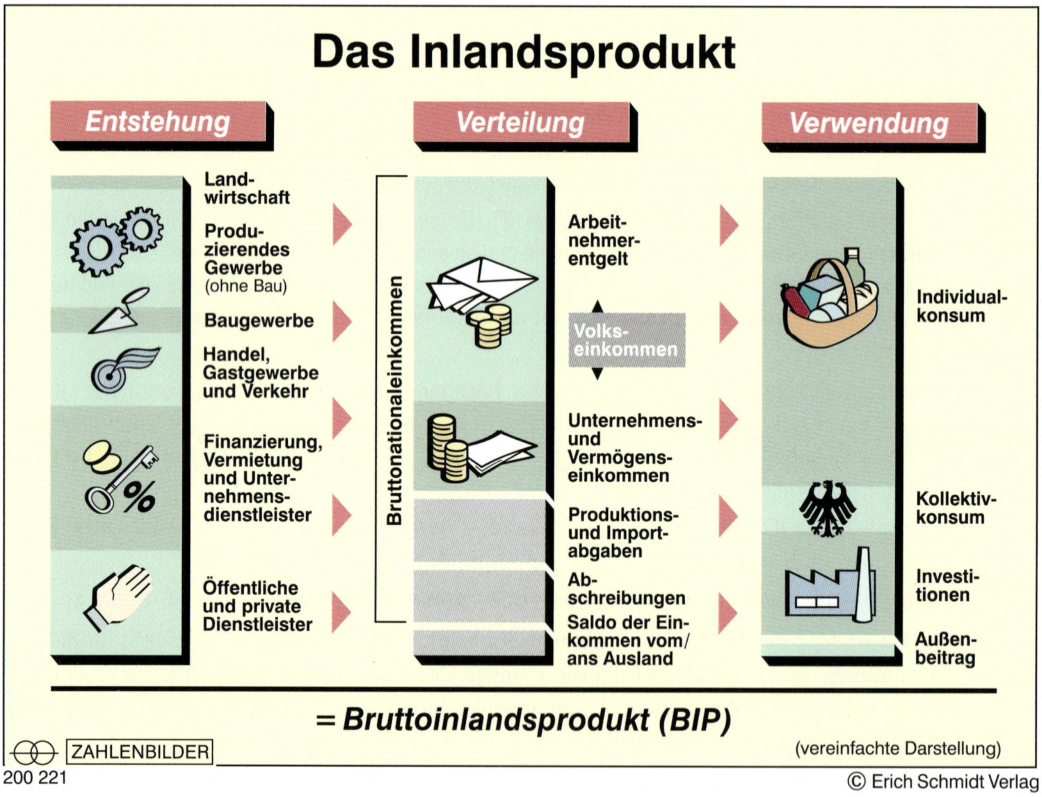

Als zentrale Größen werden in der Entstehungsrechnung die Bruttowertschöpfung, in der Verwendungsrechnung der Konsum, die Bruttoinvestitionen sowie der Außenbeitrag und in der Verteilungsrechnung das Bruttonationaleinkommen, das Volkseinkommen, das Arbeitnehmerentgelt sowie die Unternehmens- und Vermögenseinkommen ausgewiesen.

Entstehung, Verwendung und Verteilung des Bruttoinlandsprodukts 2017 in Mrd. €

Entstehung		Verwendung		Verteilung	
Bruttowertschöpfung	2 941,3	Konsumausgaben	2 370,7	Volkseinkommen	2 434,7
		Private Konsumausgaben	1 732,8	Arbeitnehmerentgelt	1 668,9
		Konsumausgaben des Staates	637,9	Unternehmens- und Vermögenseinkommen	765,8
Land- und Forstwirtschaft, Fischerei	20,7	+		+	
Produzierendes Gewerbe ohne Baugewerbe	755,1	Bruttoinvestitionen	645,5	Produktions- und Importabgaben an den Staat abzüglich Subventionen vom Staat	316,7
		Bruttoanlageinvestitionen	663,1		
		Vorratsveränderungen	–17,5		
Baugewerbe	145,5	+		+	
Handel, Verkehr, Gastgewerbe	474,6	Außenbeitrag	247,2	Abschreibungen	572,2
Information und Kommunikation	138,5	Exporte	1 541,5	–	
Finanz- und Versicherungsdienstleister	111,1	Importe	1 294,3	Saldo der Primäreinkommen aus der übrigen Welt	60,3
Grundstücks- und Wohnungswesen	317,4				
Unternehmensdienstleister	323,2				
Öffentl. Dienstleister, Erziehung, Gesundheit	536,2				
Sonstige Dienstleister	118,8				
+					
Gütersteuern abzüglich Gütersubventionen	322,1				

BRUTTOINLANDSPRODUKT 3 134,1

Zahlen nach Statistisches Jahrbuch 2018, S. 329.

Bruttonationaleinkommen

Der Berechnung des Bruttoinlandsprodukts und des Bruttonationaleinkommens liegen unterschiedliche Konzepte zugrunde, wobei zwischen Inländern und Ausländern bzw. Inland und Ausland unterschieden werden muss.

Unter **Inländer** versteht man die Einwohner eines Landes, also alle Personen (Staatsangehörige und Ausländer), die ihren ständigen Wohnsitz und den Schwerpunkt ihrer wirtschaftlichen Tätigkeiten im Inland haben. **Ausländer** sind Personen, die ihren festen Wohnsitz außerhalb der betrachteten Volkswirtschaft haben.

Bei den Ländern wird zwischen **Inland** und **Ausland** unterschieden, wobei der Begriff Ausland – auch als übrige Welt bezeichnet – die Länder umfasst, mit denen ein Land in wirtschaftlichen Beziehungen steht.

Setzt man Personen und Länder in Beziehung, ergeben sich folgende Kombinationsmöglichkeiten:

- Inländer im Inland, also ein Bayer, der in Deutschland arbeitet.
- Inländer im Ausland, also ein Deutscher, der in Polen tätig ist.

- Ausländer im Inland, also ein Tscheche, der in Deutschland arbeitet.
- Ausländer im Ausland, also ein Tscheche, der in Prag tätig ist.

Durch die unterschiedliche Zusammenfassung der Personen erhält man das Inlandskonzept und das Inländerkonzept.

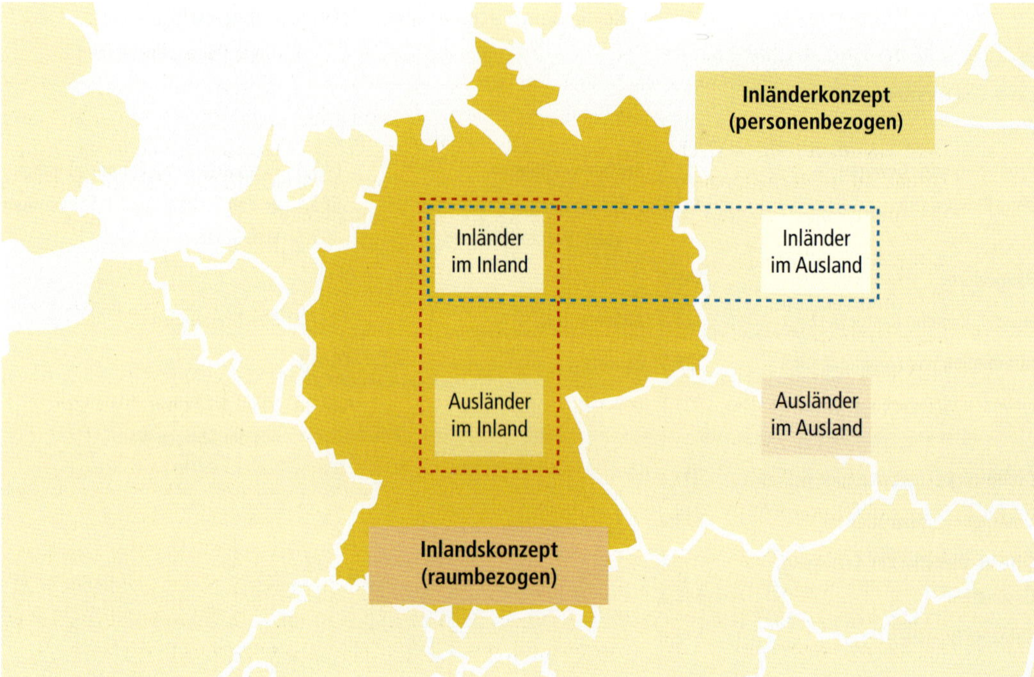

Beim Inlandskonzept erfasst man die wirtschaftlichen Aktivitäten von Inländern und Ausländern im Inland. Das **Bruttoinlandsprodukt** beruht auf dem **Inlandskonzept.** Es ist das Ergebnis aller Prodktionsprozesse innerhalb der geografischen Grenzen eines Landes und wird im internationalen Sprachgebrauch als **„domestic product"** bezeichnet. Zum Bruttoinlandsprodukt zählen demnach nicht nur die Leistungen aller in Deutschland lebenden Personen, sondern auch die Arbeitsleistung z. B. eines tschechischen Grenzgängers in Bayern.

Beim **Inländerkonzept** erfasst man die wirtschaftlichen Aktivitäten aller Inländer, gleichgültig, ob sie sich im Inland oder im Ausland befinden. Das **Bruttonationaleinkommen** beruht auf dem Inländerkonzept. Es handelt sich um eine personenbezogene Größe, die auch als **„national income"** bezeichnet wird. Zum Bruttonationaleinkommen gehören sowohl die Leistungen aller in Deutschland lebenden Personen wie auch das Einkommen, das z. B. ein deutscher Bauingenieur im Ausland verdient. Das Bruttonationaleinkommen wurde bis 1999 als Bruttosozialprodukt bezeichnet und im Zuge der europäischen Vereinheitlichung durch das Bruttoinlandskonzept ersetzt.

Zwischen dem Bruttoinlandsprodukt und Bruttoinländerprodukt besteht folgender grundsätzlicher Zusammenhang: Addiert man zum Bruttoinlandsprodukt das Primäreinkommen aus der übrigen Welt (also das, was die Deutschen im Ausland verdient haben) und subtrahiert das Primäreinkommen an die übrige Welt (also was die Ausländer in Deutschland erwirtschaftet haben), so erhält man das Bruttonationaleinkommen. Verrechnet man die Zu- und Abflüsse des Primäreinkommens, erhält man den Saldo der Primäreinkommen mit der übrigen Welt.

	BRUTTOINLANDSPRODUKT (BIP)
+/-	Saldo der Primäreinkommen mit der übrigen Welt
	BRUTTONATIONALEINKOMMEN (BNE)

4 Konjunktur und Konjunkturpolitik

4.1 Indikatoren und Ausgangslage

Die wirtschaftliche Situation eines Landes wird durch Indikatoren beschrieben. **Indikatoren sind Maßgrößen in Form statistischer Zahlenreihen,** die wirtschaftliche Entwicklungsvorgänge aufzeigen und sich häufig auf eine Grundzahl mit dem Index = 100 beziehen.

Die Aufgabe der Informationsbeschaffung und Datensammlung erfüllen amtliche Stellen – wie das Statistische Amt der Europäischen Union (EUROSTAT), das Statistische Bundesamt (destatis), die statistischen Landesämter, die Deutsche Bundesbank und die Bundesagentur für Arbeit – und nichtamtliche Stellen. Zu Letzteren gehören wirtschaftswissenschaftliche Forschungsinstitute wie z. B. das Institut der deutschen Wirtschaft (IdW) oder das Deutsche Institut für Wirtschaftsforschung (DIW), außerdem Wirtschaftsverbände und Meinungsforschungsinstitute. Auch internationale Institutionen wie die Organisation für wirtschaftliche Zusammenarbeit (OECD) und der Internationale Währungsfonds (IWF) liefern wertvolle Informationen.

Arten von Indikatoren

Eine Unterscheidung der Indikatoren kann nach der zeitlichen Beziehung zur Wirtschaftssituation erfolgen. Hierbei unterscheidet man Früh-, Präsens- und Spätindikatoren.

Frühindikatoren kündigen den zukünftigen Verlauf der wirtschaftlichen Entwicklung an und sind darum für eine Wirtschaftsprognose unentbehrlich. Die wichtigsten Indikatoren sind dabei der Index des Geschäftsklimas und der des Auftragseingangs.

Beim Geschäftsklimaindex verschickt das ifo-Institut für Wirtschaftsforschung in München einen Fragebogen an rund 7 000 Unternehmen und ermittelt dadurch die Erwartungen der Betriebe für die Zukunft.

Der Index des Auftragseingangs wird von den statistischen Landesämtern nach den Meldungen von Betrieben mit im Allgemeinen 50 und mehr Beschäftigten erhoben, wobei die in einem Monat eingegangenen und angenommenen Bestellungen erfasst werden. Der Auftragseingang wird für viele Wirtschaftsbereiche, wie z. B. das Bauhauptgewerbe oder das verarbeitende Gewerbe, aus dem Inland oder dem Ausland erfasst.

Präsensindikatoren laufen zur Wirtschaftsentwicklung parallel und verdeutlichen damit die von den Frühindikatoren angezeigte Bewegungsrichtung.

Zu den Präsensindikatoren gehören die Kapazitätsauslastung in den verschiedenen Wirtschaftszweigen, die Produktion z. B. in der Metallindustrie, Textilindustrie oder im Bauhauptgewerbe, sowie die Einzelhandelsumsätze oder die Einfuhren und Ausfuhren.

Spätindikatoren zeigen Veränderungen am Ende einer abgelaufenen Wirtschaftsperiode an.

Solche Indikatoren sind z. B. der Verbraucherpreisindex, die Arbeitslosenquote, die das Verhältnis der Arbeitslosen zur Gesamtzahl der Beschäftigten angibt, oder die Veränderung des Inlandsprodukts, das aus der Summe der Sachgüter und Dienstleistungen, die in einem Zeitraum in einer Volkswirtschaft erzeugt werden, besteht.

Arten von Indikatoren nach der zeitlichen Beziehung zur Wirtschaftssituation		
Zeit ↓	Index des Geschäftsklimas Auftragseingang	Frühindikatoren
	Kapazitätsauslastung Industrieproduktion	Präsensindikatoren
	Veränderung des BIP/Wirtschaftswachstum Arbeitslosenquote	Spätindikatoren

Eine weitere Einteilungsmöglichkeit der Indikatoren kann nach Mengen- und Preis- bzw. Kostenindikatoren erfolgen.

Mengenindikatoren sind vor allem im Produktionsbereich von Bedeutung, wobei der wichtigste Indikator der Index der industriellen Produktion ist. Weitere Mengenindikatoren sind z. B. der Auftragseingang, die Lagerhaltung, die Auslastung der Kapazitäten oder die Zahl der Arbeitslosen.

Preis- bzw. Kostenindikatoren zeigen die Verteuerung (Verbilligung) bestimmter Sachgüter oder Dienstleistungen im Zeitablauf an. Zu ihnen gehören die Veränderung der Löhne und Gehälter (Einkommen aus unselbstständiger Arbeit), die Veränderung der Gewinne (Einkommen aus selbstständiger Arbeit), die Preisveränderungen für die Lebenshaltung, für die industriellen und landwirtschaftlichen Produkte, die Entwicklung der Zinsen und die Veränderung der Aktienkurse.

Kosten- und Preisindikatoren folgen den Mengenindikatoren meist mit deutlicher Verzögerung. Verlässliche Folgerungen von der Veränderung der Mengenindikatoren auf die Entwicklung der Preisindikatoren sind nicht möglich.

Ausgangslage einer Volkswirtschaft

Durch die Beobachtung einzelner Indikatoren im Zeitablauf erhält man Informationen über Veränderungen und Vorgänge in Teilbereichen der Wirtschaft. Ermittelt man mehrere Indikatoren, so erhält man einen Überblick über die gesamtwirtschaftliche Situation.

Fasst man mehrere wichtige Indikatoren zusammen, so ergibt sich ein Einblick in die gesamtwirtschaftliche Situation zu einer bestimmten Zeit, d. h., die Ausgangslage einer Volkswirtschaft wird diagnostiziert.

Eine Vielzahl von Indikatoren ermöglicht somit eine Lageanalyse, mit deren Hilfe gewisse Schlüsse auf die mutmaßliche weitere Entwicklung gezogen werden können. Die Diagnose einer Ausgangslage anhand der Indikatoren beschreibt den augenblicklichen Stand einer Volkswirtschaft. Sie bietet Einblicke in die wichtigsten Probleme einer Volkswirtschaft. Die exakte Kenntnis der Problemlage einer gesamtwirtschaftlichen Situation ist die Grundlage für die Festlegung von Zielen. Genaue Zielsetzungen bestimmen wiederum die Art und Intensität von Maßnahmen, mit denen die Probleme gelöst werden können. Die genaue Diagnose der wirtschaftlichen Situation ermöglicht – verbunden mit der Kenntnis um die Wirkungsweise der Maßnahmen – eine fundierte Prognose für die wirtschaftliche Zukunft. Im Zeitablauf verändern die ergriffenen Maßnahmen die Ausgangslage, schaffen neue Probleme und erfordern geänderte Zielsetzungen.

Diagnose und Prognose der Lage einer Volkswirtschaft

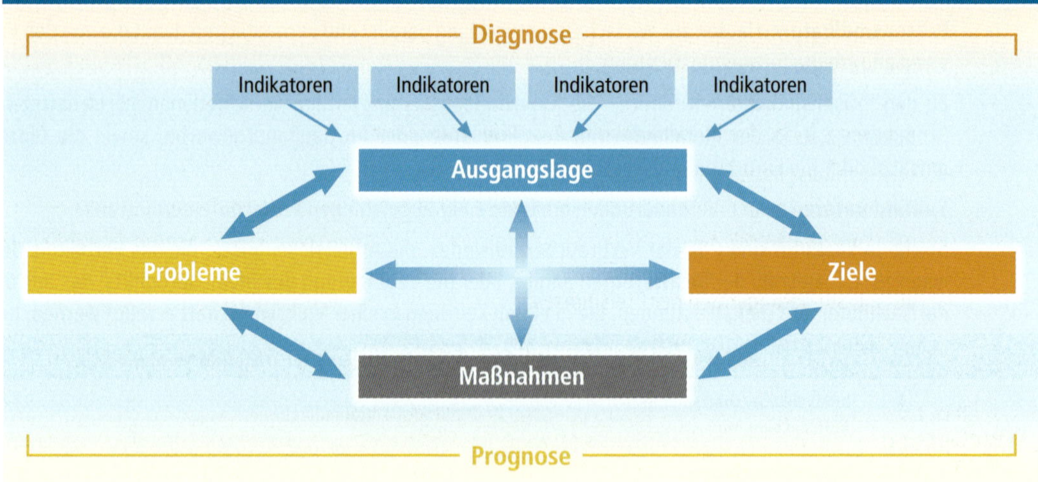

4.2 Konjunktur und Wirtschaftsschwankungen

Konjunkturzyklus

Als Schüsselindikator für die Beschreibung einer volkswirtschaftlichen Ausgangslage eignet sich das Bruttoinlandsprodukt als typischer Spätindikator sehr gut.

Die Veränderungen der Wachstumsraten des realen Bruttoinlandsprodukts im Zeitablauf werden als Konjunkturschwankungen bezeichnet.

221060638

Da Konjunkturschwankungen mit einer gewissen Regelmäßigkeit auftreten, bezeichnet man einen Teilausschnitt davon als Konjunkturzyklus. Der Konjunkturzyklus besteht in vereinfachter Form aus einem wellenförmigen Verlauf mit bestimmter Zyklusdauer und Schwankungsbreite, die von Land zu Land unterschiedlich sind. Ein Zyklus erstreckt sich vom unteren (oberen) Wendepunkt der wirtschaftlichen Entwicklung zum nächsten unteren (oberen) Wendepunkt.

Konjunkturphasen

Ein Konjunkturzyklus wird in unterschiedliche Phasen eingeteilt. Die häufigste Unterteilung ist der 4-Phasen-Zyklus mit:

- **Aufschwungphase** (Wiederbelebung, Expansion)
  Ein Aufschwung wird meist durch Ausweitung der privaten oder staatlichen Nachfrage ausgelöst. Dadurch nehmen im Unternehmensbereich die Bestellungen zu, das Geschäftsklima und die Auftragslage verbessern sich. Die Produktion kann in vielen Zweigen der Wirtschaft durch Auslastung bisher unzureichend genutzter Kapazitäten schnell ausgeweitet werden. Viele ursprünglich Arbeitslose werden in den Produktionsprozess aufgenommen und finden Beschäftigung.
- **Phase der Hochkonjunktur** (Boom, Hausse)
  Mit dem weiteren Ansteigen der Nachfrage werden die Produktionskapazitäten erst in einigen, dann in allen Produktionsbereichen voll ausgelastet. Die Zahl der Überstunden nimmt zu und die Arbeitskräfte werden knapp. Die Unternehmen zahlen Lohnzuschläge, um Arbeitskräfte aus anderen Betrieben abzuwerben und um eigene Arbeitskräfte zu halten. Nach der Auslastung der Kapazitäten sind zusätzliche Investitionen nötig, um die Nachfrage zu befriedigen. Diese Übernachfrage sowohl nach Arbeitskräften als auch nach Sachgütern und Dienstleistungen führt zu starken Preissteigerungen, d. h., die Mengenkonjunktur des Aufschwungs wird von einer reinen Preiskonjunktur abgelöst.
- **Abschwungphase** (Krise, Kontraktion, Rezession)
  Weisen die Indikatoren im Aufschwung und in der Hochkonjunktur eine positive Tendenz auf, so verändern sich die Vorzeichen im Abschwung und in der Depression. Ein Merkmal des Abschwungs sind rückläufige Absätze im Unternehmensbereich, die in der Hochkonjunktur geräumten Lager werden wieder aufgebaut. Ist ein weiterer Lageraufbau nicht mehr sinnvoll, drosselt man die Produktion, die Kapazitäten können nicht mehr voll ausgelastet werden. Um die Lohnkosten zu senken, wird man Kurzarbeit beantragen und Arbeitskräfte entlassen. Damit nimmt der Indikator Arbeitslosenquote zu.
- **Depressionsphase** (sehr starke Rezession, Tief, Stagnation)
  Die wesentlichsten Kennzeichen der Depression sind ein niedriger Auftragsbestand, gepaart mit einer geringen Kapazitätsauslastung und zunehmender Arbeitslosigkeit. Investitionen sind in dieser Zeit riskant und werden unterlassen; der private Konsum ist rückläufig. Die schrumpfende Gesamtnachfrage wirkt bremsend auf die Steigerungsraten der Preisindizes.

Konjunkturzyklus und Konjunkturphasen

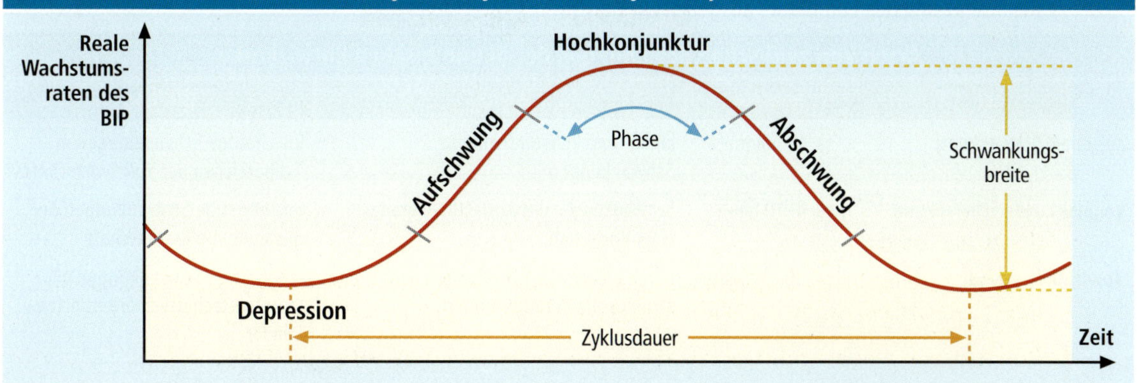

Wirtschaftsschwankungen

Die Schwankungen der wirtschaftlichen Aktivitäten beschränken sich nicht nur auf die Veränderung des realen Bruttoinlandsprodukts – als Indikator der Gesamtwirtschaft –, sondern treten auch in einzelnen Teilbereichen und in unterschiedlicher zeitlicher Länge einer Volkswirtschaft auf.

Kurzfristige Schwankungen finden sich im Baugewerbe, wo die Beschäftigungs- und Produktionsindikatoren alljährlich einen ganz bestimmten klimaabhängigen Verlauf aufzeigen. Diese saisonalen, klima- und witterungsbedingten Schwankungen sind auch in anderen Wirtschaftsbereichen zu finden, z. B. in der Land- und Forstwirtschaft, dem Baustoffhandel, der Getränkeindustrie und dem Transportwesen. Durch das Verbraucherverhalten werden ebenfalls kurzfristige Schwankungen ausgelöst, beispielsweise der Anstieg von Einzelhandelsumsätzen während der Weihnachtszeit oder die Überfüllung von Ferienhotels zur Sommerzeit. Solche saisonalen Schwankungen dauern meist ein bis drei Monate und werden von der Geschäftswelt gut vorhergesehen.

Mittelfristige Schwankungen sind die bereits beschriebenen Konjunkturzyklen. Unter Konjunkturzyklen versteht man Schwankungen des Auslastungsgrades des Produktionspotenzials einer gesamten Volkswirtschaft, die meist an der Veränderung des realen Bruttoinlandsprodukts gemessen werden. Sie unterscheiden sich in der Länge und im Verlauf und werden durch Nachfrageveränderungen in Teilbereichen der Wirtschaft ausgelöst.

Langfristige Schwankungen wurden 1926 von dem russischen Statistiker N. D. Kondratieff nachgewiesen, dabei stellte er eine Periodenlänge von etwa 50 Jahren fest.

Die langen Wellen der Konjunktur und ihre Basisinnovationen

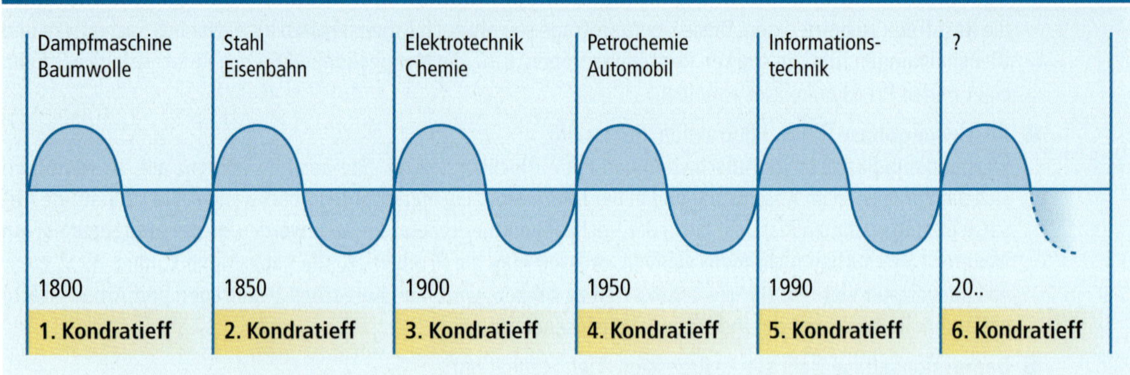

Der Wissenschaftler J. A. Schumpeter hat versucht, den Kondratieff-Wellen die entsprechenden Ursachen zuzuordnen. So umfasst die historisch bekannte erste Welle von 1770 bis 1850 die industrielle Revolution, die zweite Welle 1850 bis 1900 das Zeitalter des „Dampfes und Stahls“, die dritte Welle von 1900 bis 1950 das Zeitalter der Elektrifizierung, der chemischen Industrie und der Motorisierung. Unter der Annahme, dass dieser Zyklus auch heute noch gilt, befinden wir uns in einem sechsten Zyklus, der durch die technische Neuerung des Flugzeugs, der Raumfahrt und des Computers ausgelöst wurde.

Arten von zyklischen Bewegungen der ökonomischen Entwicklung

Art	Zeitdauer	Wesen	Umfang
saisonale Schwankung	ca. 1–3 Monate	klima- und konsumbedingte Schwankungen	kurzfristige Schwankungen in Teilbereichen der Volkswirtschaft
konjunkturelle Schwankung	ca. 4–10 Jahre	Schwankungen des Auslastungsgrades einer Wirtschaft	mittelfristige Schwankungen der gesamten Volkswirtschaft
Kondratieff-Zyklus	ca. 40–60 Jahre	durch technische Erfindungen ausgelöste strukturelle Veränderungen	langfristige Schwankungen aller marktwirtschaftlich orientierten Länder

221060640

4.3 Konjunkturverlauf in Deutschland

Jede Konjunktur hat individuelle Züge, die sich in der unterschiedlichen Schwankungsbreite und Zeitdauer eines Zyklus äußern. Kein bisher beobachteter Zyklus gleicht einem anderen, da sich wichtige wirtschaftliche Einflüsse wie z. B. politische Gegebenheiten, Konsumgewohnheiten, technisches Wissen oder die Lage der Energieversorgung ständig ändern. Hierbei ist zu berücksichtigen, dass Wirtschaftsschwankungen nur in marktwirtschaftlich orientierten Wirtschaftsordnungen auftreten, d. h. in den alten Bundesländern nur bis zur Wiedervereinigung und nicht in der zentralverwaltungswirtschaftlich organisierten Wirtschaft der ehemaligen Deutschen Demokratischen Republik. Etwa ab 1991 beginnen die Zyklen für Gesamtdeutschland.

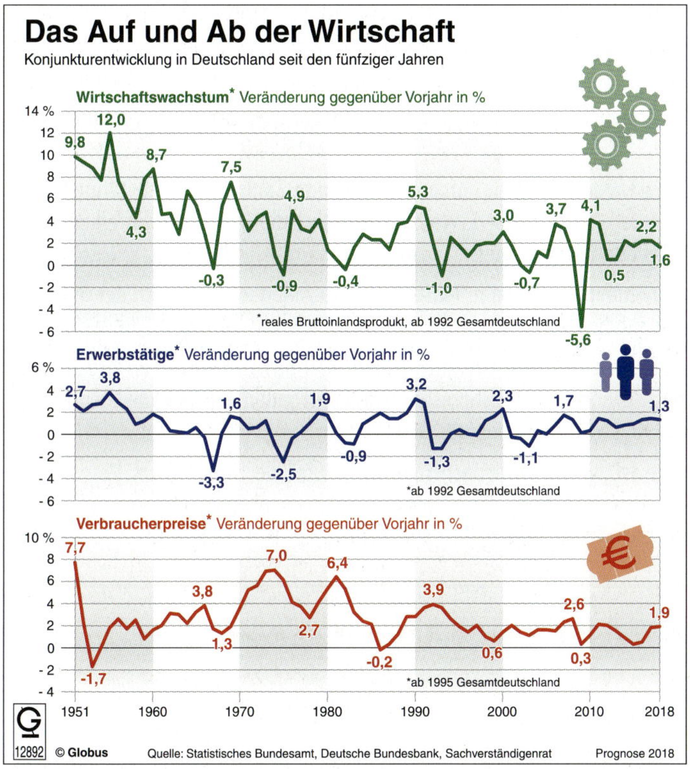

In der deutschen Nachkriegsgeschichte hat es seit 1950 sechs Rezessionen mit negativen Veränderungsraten des preisbereinigten Bruttoinlandsprodukts gegeben. **Westdeutschland** durchlief zunächst von 1950 bis 1967, dann von 1967 bis 1975 und schließlich von 1975 bis 1982 drei Zyklen.

In die vierte Phase von 1982 bis 1993 fällt die Wiedervereinigung der beiden deutschen Staaten im Jahr 1990. Die Wirtschaft der alten Bundesländer profitierte vom Zusammenbruch der Planwirtschaft der ehemaligen Deutschen Demokratischen Republik. Durch die Öffnung der Grenzen zu den ehemaligen Ostblockstaaten kam es zu einem starken Nachfrageschub auf den westdeutschen Konsumgütermärkten.

Nach diesem Wiedervereinigungsboom folgte 1993 eine Rezession mit Minuswachstum von – 0,8 %. Zudem befand sich die Weltwirtschaft in einem globalen Wirtschaftsabschwung, der in Deutschland durch die Sondersituation der Wiedervereinigung erst verzögert zum Durchbruch kam.

Der fünfte Zyklus zwischen 1993 und 2003 betrifft **Gesamtdeutschland** und war durch das „Platzen“ der sogenannten Internetblase, dem Höhenflug der Technologie-Aktien, erneuten Ölpreissteigerungen und dem Terroranschlag vom 11. September 2001 gekennzeichnet. Das Negativwachstum im Jahr 2003 belief sich auf – 0,2 %.

Von 2003 bis 2008/09 dauerte der sechste Zyklus, dessen Einbruch durch die Finanz- und Wirtschaftskrise 2008/09 verursacht wurde. In den Vereinigten Staaten hatte sich aufgrund niedriger Zinsen eine Immobilienblase entwickelt. Die den Bauwilligen gewährten Kredite wurden als Wertpapiere gebündelt und weltweit vor allem von

Großbanken gehandelt. Durch die Immobilienkrise kam es zu rasanten Kurseinbrüchen und die folgende Bankenkrise sprang auf die Realwirtschaft über und führte zu einem Rückgang der Produktion, steigenden Arbeitslosenzahlen und einem starken Einbruch des Wirtschaftswachstums von – 5,0 % im Jahr 2009 in Deutschland.

Beim siebten Zyklus, der 2009 begann, wurde dem starken Negativwachstum durch die Bundesregierung mit zwei umfangreichen staatlichen Konjunkturprogrammen entgegengewirkt. Zur Stabilisierung der Beschäftigung wurde die Möglichkeit der Kurzarbeit ausgeweitet und der Automobilbranche durch eine Abwrackprämie zur Verschrottung alter Autos geholfen.

Im Jahr 2010 stieg das Wirtschaftswachstum bereits auf + 4,1 % und ab 2012 kam es zu einem lang andauernden Aufschwung. Die Ursachen für diese positive konjunkturelle Entwicklung sind vielfältig.

- Die Europäische Zentralbank verfolgt seit der Rezession von 2008 eine Niedrigzinspolitik, die die privaten Haushalte veranlasst, mehr zu konsumieren, da das Sparen durch die geringen Zinsen nicht belohnt wird. Eine niedrige Inflationsrate von unter 2 % erhöhte ebenfalls die Kaufkraft des Euro und förderte die Kaufbereitschaft der Bevölkerung.
- Auch die Lage auf dem Arbeitsmarkt hat sich durch die steigende Zahl der Erwerbstätigen und die geringe Arbeitslosigkeit günstig entwickelt. Eine hohe Erwerbstätigkeit ist die Grundlage für einen steigenden Konsum und höhere Umsätze bei den Unternehmen.
- Die Investitionen der Unternehmen vor allem in Maschinen und Anlagen, aber auch der Bauboom tragen zu einem anhaltenden Aufschwung bei.
- Niedrige Zinsen und hohe Steuereinnahmen ermöglichen den öffentlichen Haushalten ihre Schulden abzubauen und die Staatsnachfrage zu erhöhen. Die zusätzlichen Staatsausgaben, auch für die Lösung der Flüchtlingskrise in den Jahren 2015/2016, steigerten ebenfalls den Konsum.
- Neben der Binnennachfrage ist die Auslandsnachfrage der Motor der Konjunktur. Vor allem der niedrige Ölpreis in Verbindung mit dem schwachen Euro verbilligten die deutschen Exporte auf den Weltmärkten und beschleunigten das Wirtschaftswachstum in Deutschland.

221060642

5 Beschäftigungspolitik

Unter Beschäftigungspolitik versteht man die Summe aller wirtschaftspolitischen Maßnahmen, die darauf zielen, den Beschäftigungsstand in einer Volkswirtschaft möglichst auf hohem Niveau zu halten („Vollbeschäftigung").

Hierbei ist es vor allem Aufgabe des Staates, durch geeignete Maßnahmen die Arbeitslosigkeit zu bekämpfen und Vollbeschäftigung zu erreichen (staatliche Beschäftigungspolitik). Im weiteren Sinne können auch die Gewerkschaften und Arbeitgeberverbände im Rahmen ihrer Tarifautonomie Beschäftigungspolitik betreiben (Lohnpolitik der Tarifparteien).

5.1 Staatliche Beschäftigungspolitik

Bei der staatlichen Beschäftigungspolitik stehen sich zwei unterschiedliche Konzeptionen gegenüber. Die nachfrageorientierte Wirtschaftspolitik, die erstmals von dem englischen Ökonomen John M. Keynes unter dem Eindruck der Weltwirtschaftskrise in seinem Buch „Allgemeine Theorie der Beschäftigung, des Zinses und des Geldes" formuliert wurde, und die angebotsorientierte Wirtschaftspolitik in der Form des Monetarismus, die der amerikanische Nationalökonom und Nobelpreisträger Milton Friedmann entwickelt hat.

Nachfrageorientierte Wirtschaftspolitik

John Maynard Keynes

Die nachfrageorientierte Wirtschaftspolitik baut auf der Erkenntnis auf, dass zur Beseitigung von Arbeitslosigkeit die Marktkräfte nicht ausreichen, sondern der Staat gezielte Maßnahmen zum Abbau der Arbeitslosigkeit ergreifen muss. Zentraler Ansatzpunkt der keynesschen Theorie ist die gesamtwirtschaftliche Nachfrage, die sich aus privatem Konsum, staatlichem Konsum, Bruttoinvestitionen und Exporten zusammensetzt. Da sich Konjunkturschwankungen durch ein Auseinanderklaffen von gesamtwirtschaftlichem Angebot und gesamtwirtschaftlicher Nachfrage ergeben, fällt dem Staat die Aufgabe zu, die Nachfrage so zu steuern, dass sie dem Angebot entspricht.

Ist die gesamtwirtschaftliche Nachfrage wegen nicht ausreichendem privatem Konsum zu gering, so muss der Staat diese fehlende Nachfrage durch Erhöhung seiner Ausgaben ausgleichen. Er kann aber auch versuchen, die private Nachfrage durch Steuererleichterung anzuregen. Im Falle einer überhöhten gesamtwirtschaftlichen Nachfrage hat der Staat seine Ausgaben und die der privaten Wirtschaft zu drosseln. Um den Konsum in der Depression zu erhöhen, soll die Regierung ein Haushaltsdefizit in Kauf nehmen, in der Hochkonjunktur hingegen einen Haushaltsüberschuss bilden, damit die gesamtwirtschaftliche Nachfrage schrumpft.

Der Staat hat sich mit Haushaltsdefiziten bzw. -überschüssen antizyklisch (= dem Zyklus entgegenrichtet) zum Konjunkturverlauf zu verhalten. Der Haushaltsausgleich braucht dabei nicht jährlich zu erfolgen, sondern sollte über die Zeitdauer des Konjunkturzyklus abgeschlossen sein. Da nach Ansicht der Keynesianer Beschäftigungspolitik überwiegend Haushaltspolitik ist und vom Fiskus betrieben wird, bezeichnet man diese Theorie auch als **Fiskalismus.**

Die Grundgedanken der keynesschen Beschäftigungstheorie wurden im Jahr 1967 in das „Gesetz zur Förderung der Stabilität und des Wachstums der Wirtschaft", kurz Stabilitätsgesetz genannt, aufgenommen. Dieses Gesetz enthält eine Reihe von Instrumenten, die es Bund und Ländern ermöglichen, dem Konjunkturverlauf entgegenzusteuern und eine antizyklische Finanzpolitik zu betreiben.

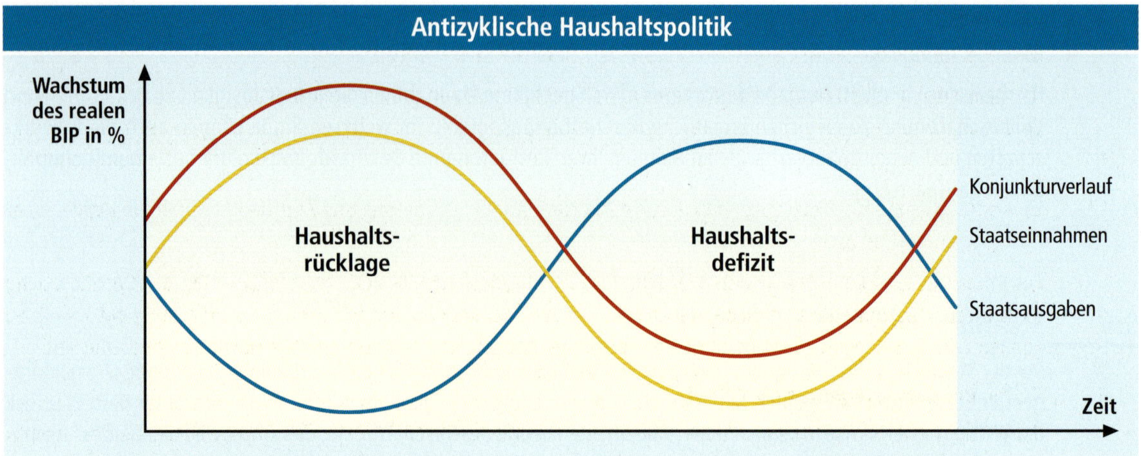

Zu den wichtigen Maßnahmen der Beschäftigungspolitik im Rahmen des Fiskalismus gehören:

Hochkonjunktur	Depression
■ Senkung der Staatsausgaben	■ Erhöhung der Staatsausgaben
■ Erhöhung der Einkommen- und Körperschaftsteuer	■ Senkung der Einkommen- und Körperschaftsteuer
■ Aussetzung der steuerlichen Abschreibungsvergünstigungen	■ Wiedereinführung von steuerlichen Abschreibungsvergünstigungen
■ Streichung von Investitionszulagen	■ Gewährung von Investitionszulagen
■ Beschränkung der staatlichen Kreditvergabe	■ Gewährung staatlicher Kredite

Angebotsorientierte Wirtschaftspolitik

Während der Fiskalismus unter Beschäftigungspolitik vor allem die kurz- bzw. mittelfristige Beeinflussung der Teilströme der gesamtwirtschaftlichen Nachfrage versteht, will die angebotsorientierte Wirtschaftspolitik/der **Monetarismus** des Milton Friedman vor allem die langfristigen Rahmenbedingungen für die Güterproduktion günstig gestalten.

Die Theorie des Milton Friedman knüpft an den Grundsatz der klassischen Nationalökonomie an, der lautet: So viel Markt wie möglich und so viel Staat wie nötig. Friedman unterstellt wie Adam Smith, dass der Markt ein harmonisches System ist, in dem stets Kräfte wirksam werden, die zum Gleichgewicht hinführen. Dadurch ergibt sich eine Absage an eine aktive Beschäftigungspolitik über den Staatshaushalt. Für die notwendige Steuerung der gesamtwirtschaftlichen Größen soll nicht die Staatsnachfrage eingesetzt werden, sondern die Geldmengensteuerung der Zentralbank. Die Bevorzugung der Geldmenge hat diesem Konzept den Namen Monetarismus eingetragen.

Milton Friedman

Die Theorie des Monetarismus baut auf folgenden Annahmen auf:

- Wachstumsschwächen, und damit Arbeitslosigkeit, haben ihre Ursachen in Störungen auf der Angebotsseite.
- Unterbeschäftigung ist damit vor allem auf unzureichende Investitionen zurückzuführen.
- Die Veränderung des realen Volkseinkommens und damit die Nachfrageentwicklung hängt in erster Linie von der Veränderung der Geldmenge ab.
- Die wirtschaftlichen Ungleichgewichte kommen nicht vom privaten Sektor, sondern sind die Folge von falschen staatlichen Eingriffen.

221060644

Zur staatlichen Beschäftigungspolitik im Rahmen des Monetarismus gehören folgende Maßnahmen:

- Beseitigung von Investitionshemmnissen, vor allem der Bürokratieabbau,
- steuerliche Entlastung und dadurch indirekte Förderung gewerblicher Investitionen,
- Stärkung der Antriebskräfte des Marktes durch Verzicht auf Interventionen, Abbau von Subventionen und leistungshemmenden Steuern,
- Konsolidierung der Staatsfinanzen durch Abbau der Staatsverschuldung und die Bevorzugung investiver statt konsumtiver Ausgaben.

Zusammenfassend kann festgestellt werden, dass der Bundeshaushalt und die Möglichkeiten der Gesetzgebung die zentralen Instrumente sowohl der nachfrage- wie auch der angebotsorientierten Beschäftigungspolitik sind. So können z. B. steuerrechtliche Regelungen das gesamtwirtschaftliche Angebot und die Nachfrage beeinflussen.

Politik der Bundesagentur für Arbeit

Beschäftigungspolitik wird auch von der bundesmittelbaren Körperschaft der Bundesagentur für Arbeit betrieben. Sie hat ihren Sitz in Nürnberg, steht unter der Rechtsaufsicht des Bundesministeriums für Arbeit und Soziales und wird vor allem durch die Sozialversicherungsbeiträge der sozialversicherungspflichtigen Beschäftigten (Arbeitnehmer und Arbeitgeber) bezahlt. Der Bund leistet allerdings finanzielle Hilfen, wenn die Mittel der Bundesagentur nicht für die Erfüllung ihrer Zahlungsverpflichtungen ausreichen.

Zu den zentralen Aufgaben der Bundesagentur für Arbeit im Rahmen der Beschäftigungspolitik gehören:

- Beobachtung des Arbeitsmarktes in Verbindung mit der Beratung und Arbeitsvermittlung,
- Zahlungen von Lohnersatzleistungen, wie z. B. Arbeitslosengeld und Insolvenzgeld,
- Förderung der Berufsausbildung, also berufsvorbereitende Bildungsmaßnahmen, ausbildungsbegleitende Hilfen und die Ausbildung in außerbetrieblichen Einrichtungen,
- aktiven Arbeitsförderung in Form von Arbeitsbeschaffungs- und Strukturanpassungsmaßnahmen.

Arbeitsbeschaffungsmaßnahmen (ABM) sind in Zeiten hoher Arbeitslosigkeit vom Arbeitsmarkt bezuschusste Tätigkeiten, um Arbeitssuchenden bei der Wiedereingliederung in eine Beschäftigung zu helfen oder ein geringes Einkommen zu sichern. Die Arbeitskräfte werden hauptsächlich bei den Kommunen und in Vereinen zu zusätzlichen gemeinnützigen Arbeiten eingesetzt.

Veranlasst durch die hohe Zahl der Arbeitslosen und die geringe Effizienz der ehemaligen Bundesanstalt für Arbeit wurde unter der Leitung von Dr. Peter Hartz eine Kommission eingesetzt, deren Vorschläge zu einer deutlichen Reduzierung der Arbeitslosigkeit führen sollten. Das Hartz-Paket enthält eine Reihe von Maßnahmen zur Verbesserung der Beschäftigungssituation. Dazu gehört z. B. die Regelung der **„Ein-Euro-Jobs“.** Langzeitarbeitslosen soll hier die Möglichkeit geboten werden, durch Zusatzjobs wieder in das reguläre Arbeitsleben zu kommen.

Zu den Hartz-Regelungen gehört auch die Konstruktion des **Gründungszuschusses.** Empfänger des Arbeitslosengeldes I (nicht jedoch ALG II, also „Hartz IV“-Empfänger), die durch die Aufnahme einer selbstständigen hauptberuflichen Tätigkeit ihre Arbeitslosigkeit beenden, können einen monatlichen Existenzgründungszuschuss beantragen. Ein noch bestehender Anspruch auf Arbeitslosengeld wird jedoch während der Förderung aufgebraucht.

5.2 Lohnpolitik der Tarifparteien

Unter Lohnpolitik versteht man die Gesamtheit aller Maßnahmen zur Beeinflussung von Höhe und Struktur der Löhne. In Deutschland sind die Träger der Lohnpolitik aufgrund der verfassungsmäßig garantierten Koalitionsfreiheit und Tarifautonomie nach Artikel 9 Absatz 3 des Grundgesetzes die Tarifpartner, also die Gewerkschaften und die Arbeitgeberverbände.

Artikel 9 GG

(1) Alle Deutschen haben das Recht, Vereine und Gesellschaften zu bilden.

(3) Das Recht, zur Wahrung und Förderung der Arbeits- und Wirtschaftsbedingungen Vereinigungen zu bilden, ist für jedermann und für alle Berufe gewährleistet. Abreden, die dieses Recht einschränken oder zu behindern suchen, sind nichtig, hierauf gerichtete Maßnahmen sind rechtswidrig. Maßnahmen (...) dürfen sich nicht gegen Arbeitskämpfe richten, die zur Wahrung und Förderung der Arbeits- und Wirtschaftsbedingungen von Vereinigungen im Sinne des Satzes 1 geführt werden.

Arbeitnehmerverbände

Die Gewerkschaften und die Arbeitgeberverbände haben das Recht Tarifverträge abzuschließen. Bei den Tarifverträgen unterscheidet man:

- Mantel- bzw. Rahmentarifverträge
  Sie enthalten auf längere Zeit festgelegte Regelungen zu den grundsätzlichen Fragen des Arbeitsverhältnisses. Dazu gehören die Urlaubsgewährung, Arbeitszeitregelungen, vom BGB abweichende Kündigungsfristen, Übernahme der Auszubildenden sowie grundlegende Entgeltschemata.
- Vergütung bzw. Lohntarifverträge
  Sie enthalten die kurzfristigen Vergütungsregelungen für die Arbeitsleistung der Arbeitnehmer, die über ein bis zwei Jahre laufen. Dazu gehören auch Sonderzahlungen wie das Weihnachtsgeld, Urlaubsgeld oder Gratifikationen.

In der Bundesrepublik Deutschland gibt es mehrere **Gewerkschaften,** wobei der Deutsche Gewerkschaftsbund (DGB) mit acht Einzelgewerkschaften die größte ist. Der DGB ist der Dachverband seiner acht Mitgliedsgewerkschaften. Ihre Delegierten wählen auf den unterschiedlichen Ebenen – in den 88 Regionen, in den neun Bezirken und im Bund – Vorstände.

Neben den Einheitsgewerkschaften des DGB gibt es noch die weniger mitgliederstarken Verbände des Christlichen Gewerkschaftsbundes Deutschlands (CGB) und des Deutschen Beamtenbunds und Tarifunion (dbb). Der dbb ist eine Spitzenorganisation von Gewerkschaften des öffentlichen Dienstes und des privaten Dienstleistungssektors. 16 Landesbünde des dbb agieren auf der Ebene der Bundesländer.

Die Gewerkschaften verstehen sich als Interessenvertretung aller Arbeitnehmer nicht nur gegenüber den Arbeitgebern, sondern auch gegenüber Parlament, Verwaltung und anderen gesellschaftlichen Institutionen. Die konjunkturpolitisch bedeutsamen Aussagen konzentrieren sich auf drei Forderungen: höhere Löhne und Gehälter, um

221060646

einen Inflationsausgleich und eine Umverteilung zugunsten der Arbeitnehmer zu erreichen; Sicherung der Arbeitsplätze und eine gerechte Vermögensverteilung.

Insgesamt streben die Gewerkschaften eine Erhöhung des realen Lohnanteils am Inlandsprodukt an, also eine **Erhöhung der Lohnquote** gegenüber der sogenannten Gewinnquote, die den Anteil aus Unternehmens- und Vermögenseinkommen am BIP ausweist.

Arbeitgeberverbände

Die Arbeitgeberverbände haben einen Spitzenverband, die sogenannten Bundesvereinigung der Arbeitgeberverbände (BDA). Die Bundesvereinigung hat Bundesfachverbände und mehrere überfachliche Landesverbände als Mitglieder. Mittelbar sind weitere Verbände über diese Mitgliedsorganisationen angeschlossen. Die Verbindungslinien vom örtlichen Verband zur Spitze sowie zwischen Verbänden der gleichen regionalen Ebene sind vielfach verschlungen und von Bundesland zu Bundesland wie von Wirtschaftszweig zu Wirtschaftszweig unterschiedlich.

Arbeitgeberverbände sind Zusammenschlüsse von Unternehmern bzw. Unternehmen zur Wahrnehmung kollektiver Arbeitgeberinteressen. Auch diese Organisation nimmt eine Reihe von allgemeinen wirtschaftlichen Aufgaben wahr, sie nimmt Einfluss auf die Arbeitsrechtgestaltung, Berufsbildung, Bildungs- und Jugendarbeit u. v. m.

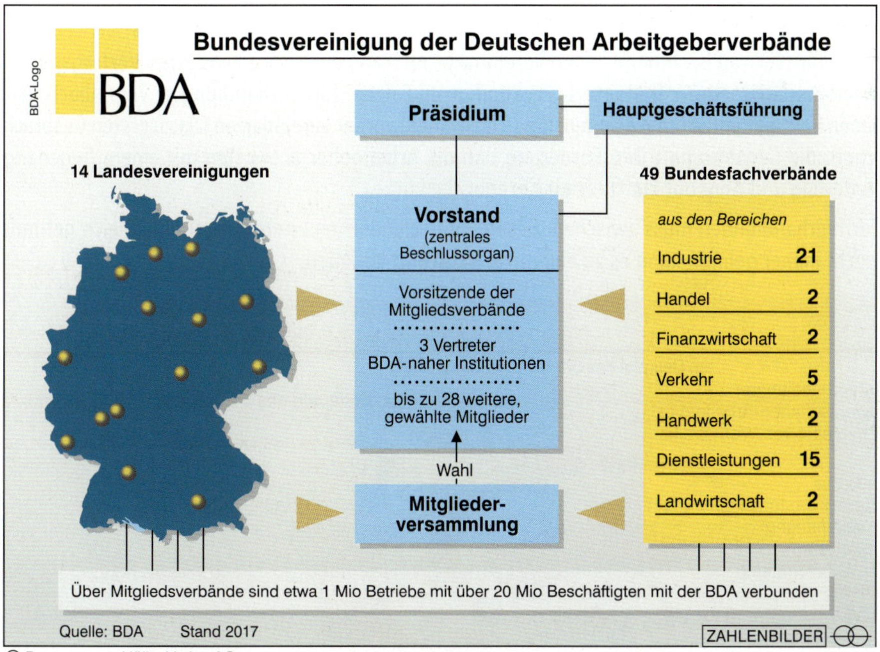

 236 150

Die Arbeitgeberseite fordert eine **produktivitätsorientierte Lohnpolitik.** Die Zielsetzung der produktivitätsorientierten Lohnpolitik beinhaltet, dass die durchschnittlichen Nominallöhne nicht mehr steigen dürfen, als die Zuwachsrate der Produktivität in einem Unternehmen beträgt.

Tarifverhandlungen

In Tarifverhandlungen versuchen die autonomen Organisationen der Arbeitnehmer und Arbeitgeber zu einer Einigung zu kommen und einen einheitlichen Tarifvertrag über Lohnhöhe und Arbeitsbedingungen abzuschließen.

Jeder **Tarifvertrag** hat eine Ordnungs- und Friedensfunktion. Ordnungsfunktion heißt, dass Mindestbedingungen für die Beschäftigten einer Branche in einem bestimmten Gebiet geregelt werden. Der Tarifvertrag hat somit für den einzelnen Arbeitnehmer einen Schutzcharakter. Vom Tarifvertrag abweichende Vereinbarungen im Arbeitsvertrag, die für den einzelnen Arbeitnehmer günstiger sind als die Regelungen des Tarifvertrages, sind zulässig.

Die Friedensfunktion beinhaltet, dass während der Laufzeit eines Tarifvertrages Arbeitskämpfe unzulässig sind. Werden während dieser Zeit „Warnstreiks" oder „spontane Arbeitsniederlegungen" durchgeführt, wird die Friedenspflicht verletzt. Die Friedenspflicht endet mit dem Ablauf der geltenden Verträge.

Da für einen Tarifvertrag bestimmte Zeiten vereinbart sind, kann der Vertrag von einer Vertragspartei – meist ist es die Gewerkschaftsseite – fristgerecht gekündigt und neue Tarifverhandlungen vereinbart werden. Beide Seiten bilden Verhandlungskommissionen, die sich an einem vorher vereinbarten Ort zu ersten Gesprächen treffen. Dabei erhebt die Gewerkschaft ihre Forderung und die Arbeitgeber antworten mit einem Gegenangebot. Zwischen Forderung und Angebot klafft oft eine erhebliche Lücke.

In den Tarifverhandlungen muss zwischen diesen unterschiedlichen Interessen ein Ausgleich gefunden werden. Da dies nicht immer gelingt, kann es zu einem **Tarifkonflikt** kommen.

Wirkungen von Lohnerhöhungen

Da die Tarifpartner mit ihrer Lohnpolitik über die Verteilung eines großen Teils des Inlandsprodukts entscheiden, stellen sie wichtige Weichen für die Arbeitsplatzsituation in einer Volkswirtschaft. Erhöhen die Tarifparteien die Löhne, dann erhalten die privaten Haushalte eine größere Geldmenge, von der sie aufgrund der

Steuerprogression einen steigenden Anteil an den Staat abführen müssen. Der verbleibende Rest zuzüglich Transfers wie Wohn- und Kindergeld ergibt das verfügbare Einkommen. Dieses können die Haushalte zur Erhöhung des privaten Konsums oder für Ersparnisse verwenden. Steigender Konsum der privaten Haushalte bedeutet für die Unternehmen steigende Umsätze und normalerweise einen erhöhten Gewinn. Mittel- und langfristig müssen die Unternehmen Investitionen tätigen, um die steigende Nachfrage zu befriedigen. Zusätzliche Investitionen bedeuten neue Arbeitsplätze und sinkende Arbeitslosigkeit. Die Kaufkrafttheorie des Lohnes besagt demnach, dass höhere Löhne zu einer steigenden Nachfrage verbunden mit zunehmender Beschäftigung und sinkender Arbeitslosigkeit führen.

Andererseits stellen Löhne für den Unternehmer Kosten dar. Kann ein Unternehmen aufgrund der Marktlage die erhöhten Lohnkosten nicht auf die Preise überwälzen, so bedeuten Lohnsteigerungen sinkende Gewinne. Da der Gewinn die Grundlage für Investitionen ist, kommt es mittel- und langfristig zu einem Rückgang von Investitionen verbunden mit steigender Arbeitslosigkeit.

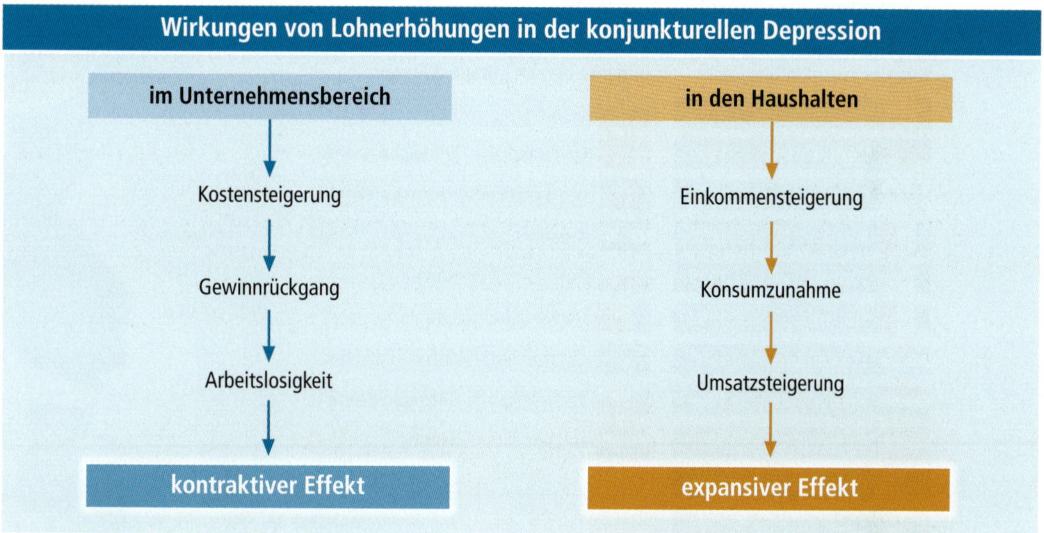

Ein Problem der Lohnpolitik der Tarifpartner besteht darin, dass die Gewerkschaften vor allem die Interessen der Insider – also der Inhaber eines Arbeitsplatzes – vor Augen haben. Die Interessen der Outsider – dies sind die Arbeitlosen – finden demgegenüber kaum Gehör. So sind etwa Abkommen zur Beschäftigungssicherung zum Schutz der vorhandenen Belegschaft weit verbreitet.

6.1 Europäisches System der Zentralbanken

Im Rahmen der dritten Stufe der Europäischen Wirtschafts- und Währungsunion (WWU) wurden 1999 das **Europäische System der Zentralbanken (ESZB)** und der Euro als gemeinsame Währung der teilnehmenden Länder, zu denen auch die Bundesrepublik Deutschland gehört, eingeführt. Die Organe des ESZB sind die Europäische Zentralbank (EZB) und die nationalen Zentralbanken (NZBen). Dem ESZB wurden verschiedene Aufgaben übertragen, die von der Europäischen Zentralbank und den nationalen Zentralbanken auszuführen sind. Beim ESZB wird, solange der Euro nicht in allen Mitgliedstaaten der EU eingeführt ist, zwischen dem ESZB einerseits und dem Eurosystem andererseits unterschieden. Das Eurosystem umfasst die EZB und die NZBen der Euro-Währungsunion.

Die Euroländer

EU-Mitglieder, die den Euro als offizielle Währung eingeführt haben, und das Jahr der Euro-Einführung

Belgien	1999
Deutschland	1999
Finnland	1999
Frankreich	1999
Irland	1999
Italien	1999
Luxemburg	1999
Niederlande	1999
Österreich	1999
Portugal	1999
Spanien	1999
Griechenland	2001
Slowenien	2007
Malta	2008
Zypern	2008
Slowakei	2009
Estland	2011
Lettland	2014
Litauen	2015

EU-Mitglieder, die den Euro (noch) nicht eingeführt haben, und ihre derzeit gültige Währung

Bulgarien	Lew
Dänemark	Dänische Krone
Großbritannien	Pfund Sterling
Kroatien	Kuna
Polen	Złoty
Rumänien	Leu
Schweden	Schwed. Krone
Tschechien	Tschech. Krone
Ungarn	Forint

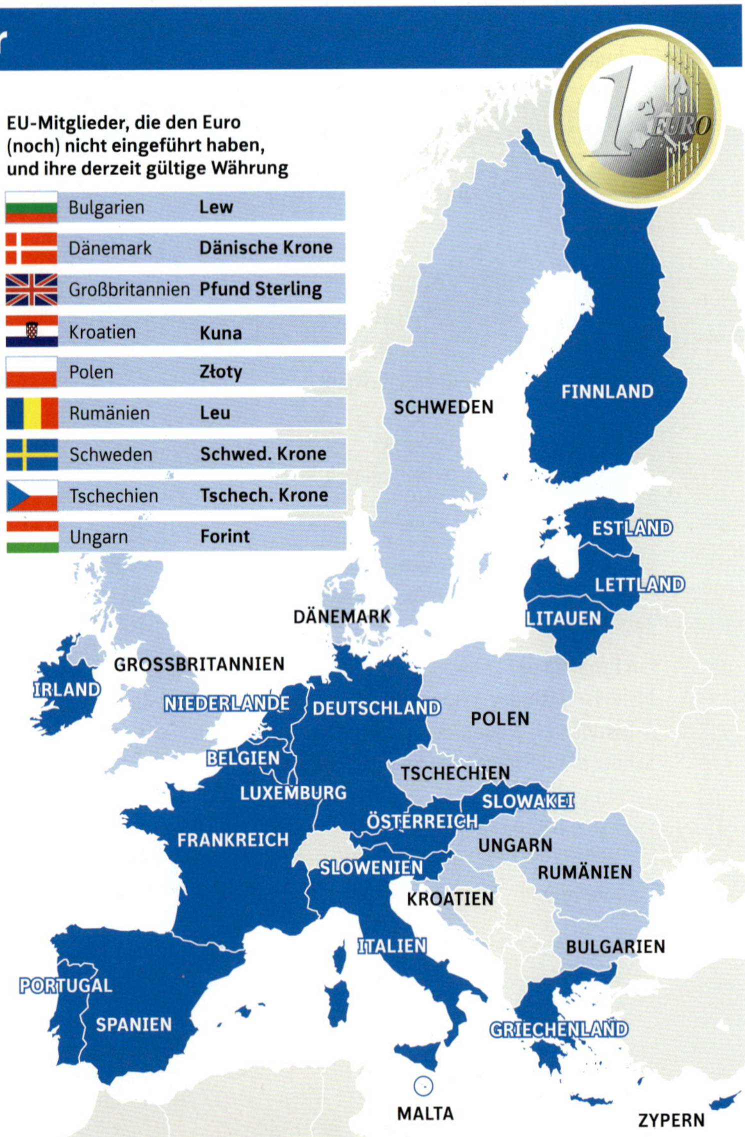

10045 © Globus Stand 2015 Quelle: Europäische Union

Europäische Zentralbank

Die Europäische Zentralbank ist die gemeinsame Währungsbehörde für die Mitgliedstaaten der Europäischen Währungsunion und hat ihren Sitz in Frankfurt am Main. Ihr oberstes Entscheidungsorgan ist der **Europäische Zentralbank-**

rat (EZB-Rat). Der EZB-Rat (25 Mitglieder) besteht aus dem Direktorium der EZB (6 Mitglieder) und den Präsidenten der nationalen Zentralbanken der Euroländer (19 Mitglieder, Stand: 2018). Die Deutsche Bundesbank ist wie die übrigen nationalen Zentralbanken integraler Bestandteil des Europäischen Systems der Zentralbanken. Die Präsidenten der nationalen Zentralbanken werden von jedem Mitgliedstaat bestimmt und haben eine Amtszeit von mindestens fünf Jahren. Damit der EZB-Rat bei einer Erweiterung des Eurolands noch entscheidungsfähig bleibt, hat der EU-Rat Abstimmungsregeln für diesen Fall beschlossen. Künftig sollen maximal 15 Präsidenten nationaler Zentralbanken stimmberechtigt sein. Sollte die Zahl der Euroländer diese Grenze überschreiten, tritt ein Rotationssystem in Kraft, das die Größe der Wirtschafts- und Finanzkraft der jeweiligen Teilnehmerländer berücksichtigt.

Der EZB-Rat tagt in der Regel alle vierzehn Tage und ist für die geldpolitischen Entscheidungen im Euroland verantwortlich. Das Gremium legt mit einfacher Mehrheit die Richtlinien der Geldpolitik fest. Jedes Mitglied hat dabei eine Stimme. Nach dieser Regelung haben also die Vertreter großer Notenbanken dasselbe Stimmrecht wie die Vertreter kleiner Zentralbanken. Der Sinn dieser Regelung besteht darin, dass sich jedes Ratsmitglied nicht als Vertreter seines Landes verstehen, sondern in persönlicher Verantwortung die europäische Geldpolitik mitgestalten soll.

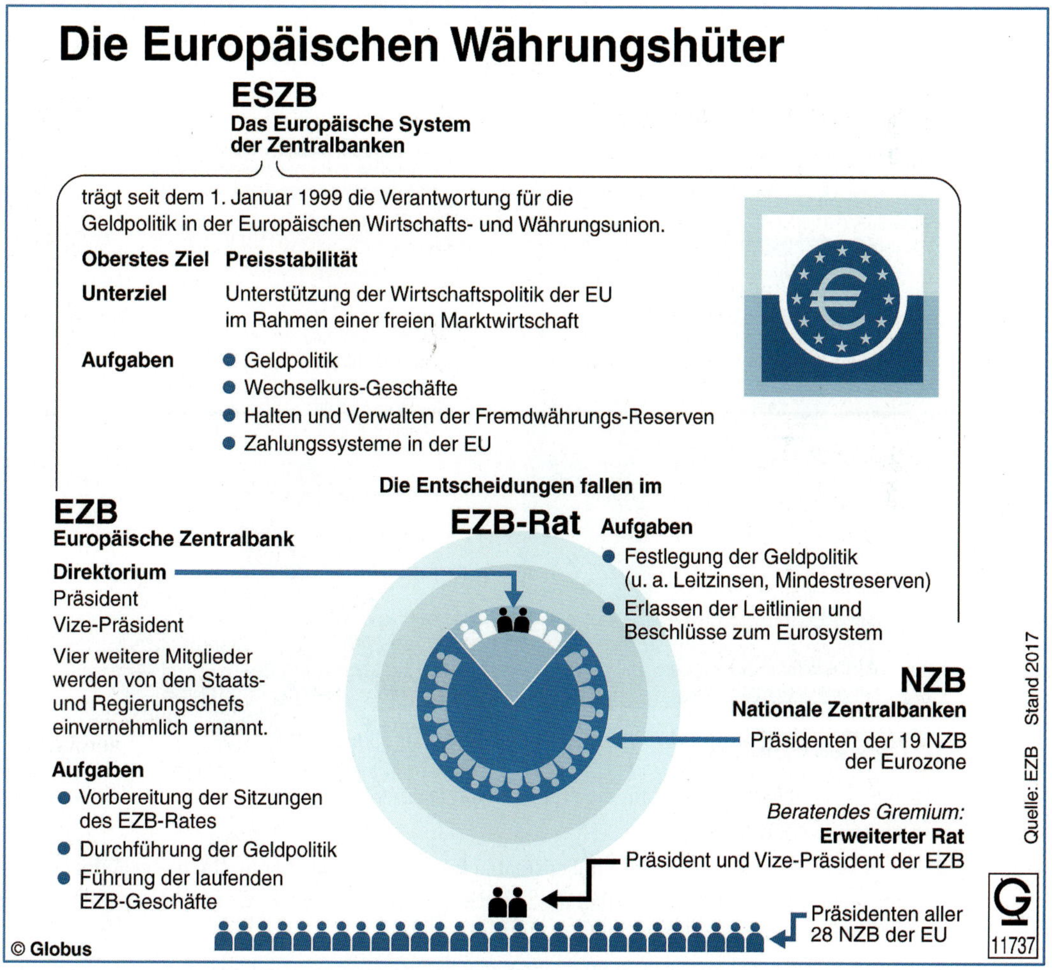

Das **EZB-Direktorium** besteht aus dem Präsidenten und dem Vizepräsidenten sowie bis zu vier weiteren Mitgliedern. Das Direktorium führt die laufenden Geschäfte der Europäischen Zentralbank, bereitet die Sitzungen des EZB-Rats vor, sorgt für die Durchführung der Beschlüsse des EZB-Rates und gibt die nötigen Anweisungen an die nationalen Zentralbanken, die für die praktische Umsetzung der Beschlüsse verantwortlich sind. Alle Mitglieder des Direktoriums werden von den Staats- und Regierungschefs der Teilnehmerstaaten einvernehmlich auf Empfehlung der Wirtschafts- und Finanzminister ausgewählt und auf acht Jahre ohne Verlängerungsmöglichkeit ernannt.

Neben dem Direktorium und dem EZB-Rat gibt es ein drittes Organ, den **Erweiterten Rat der EZB.** Ihm gehören der EZB-Präsident, der Vizepräsident der EZB sowie die Präsidenten aller nationalen Zentralbanken der EU-Mitgliedstaaten an – also auch die Nichtteilnehmerstaaten. In diesem Gremium werden die Vorarbeiten beraten, die für die Teilnahme weiterer Mitgliedstaaten an der Währungsunion erforderlich sind. Geldpolitische Entscheidungen werden nicht getroffen.

Ziele des ESZB

Das Europäische System der Zentralbanken verfolgt nach dem EU-Vertrag das vorrangige Ziel, die Preisstabilität in den EU-Mitgliedsländern zu gewährleisten. Daneben soll es die allgemeine Wirtschaftspolitik in der Gemeinschaft unterstützen. Die EZB darf die allgemeine Wirtschaftspolitik in den EU-Staaten jedoch nur dann unterstützen, wenn dadurch das primäre Ziel der Preisstabilität nicht gefährdet wird. Unter Preisstabilität versteht man den Anstieg des harmonisierten Verbraucherpreisindex (HVPI) für das Euro-Währungsgebiet von unter 2 % gegenüber dem Vorjahr. Die Preisstabilität muss mittelfristig gewährleistet werden.

Um das Ziel der Preisstabilität zu erreichen, muss die Zentralbank die Geldmenge in der europäischen Wirtschaft beeinflussen. Ansatzpunkt für die Geldmengensteuerung ist der Bedarf an Zentralbankgeld der Geschäftsbanken. Der Zentralbank stehen dabei verschiedene Instrumente zur Verfügung, mit denen sie die Geld- und Kreditschöpfung der Banken und damit die Geldmenge steuert.

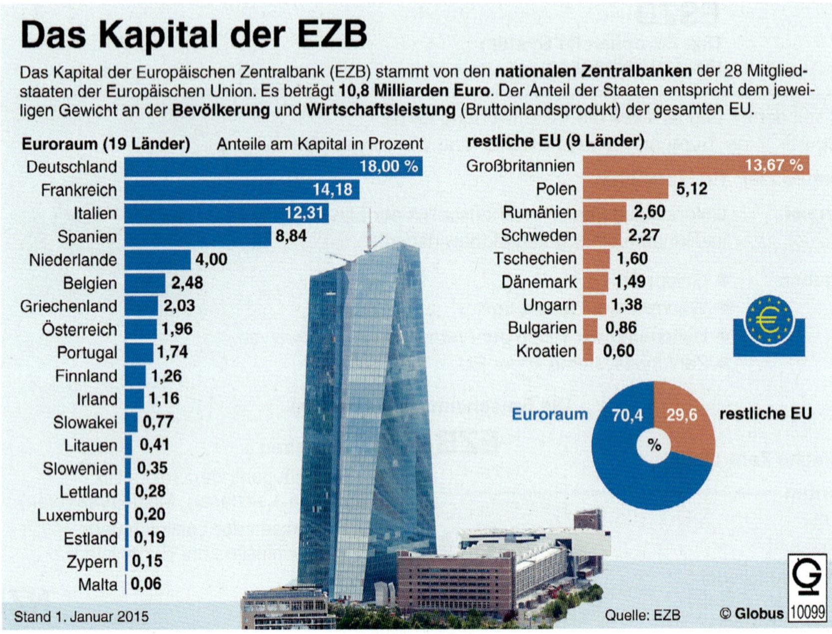

Aufgaben des ESZB

Neben dem grundlegenden Ziel, für die Preisstabilität in der Gemeinschaft zu sorgen, erfüllt das ESZB noch weitere wichtige Aufgaben:

- Es muss die Geldpolitik der EU-Mitgliedstaaten festlegen und ausführen. Um dieser Aufgabe im Euro-Währungsgebiet nachzukommen, verfügt die EZB über Instrumente wie z. B. die Offenmarktpolitik, die Mindestreservepolitik und die Fazilitätenpolitik (s. hierzu Kapitel 6.2).
- Das ESZB führt die Devisengeschäfte im Rahmen der Wechselkurspolitik der EU-Länder durch.
- Es hält und verwaltet die offiziellen Währungsreserven der teilnehmenden Mitgliedstaaten.
- Eine weitere Aufgabe ist, die Aufsicht über die Kreditinstitute wahrzunehmen und deren Anordnungen und Regelungen zu überwachen. Das ESZB muss für die Stabilität des Finanzsystems sorgen und die reibungslose Durchführung der finanziellen Maßnahmen und Transaktionen gewährleisten.
- Außerdem trägt es Sorge für ein reibungsloses Funktionieren des Zahlungsverkehrs. Über Maßnahmen, die den Umlauf des Eurogelds betreffen, entscheidet die Europäische Zentralbank. Die EZB hat das alleinige

Recht, die Euro-Banknoten als gesetzliche Zahlungsmittel in der Währungsunion über die nationalen Zentralbanken auszugeben. Das Recht, Münzen zu prägen (das sogenannte „Münzregal"), bleibt bei den Mitgliedstaaten. Allerdings entscheidet das Eurosystem darüber, wie viele Münzen in Umlauf gebracht werden.

- Seit 2014 hat die EZB die Bankenaufsicht über systemrelevante Großbanken der Eurozone.

Unabhängigkeit der ESZB

Um die Aufgabe der Geldwertsicherung erfüllen zu können, wurde das Europäische Zentralbanksystem mit einem klaren gesetzlichen Auftrag und einer unabhängigen Stellung ausgestattet. Bei der Unabhängigkeit kann man vier Dimensionen unterscheiden:

- Operative Unabhängigkeit bedeutet die Entscheidungsfreiheit der Notenbank hinsichtlich der Methoden, mit denen sie den gesetzlichen Auftrag erfüllen möchte. Oberstes Ziel des ESZB ist die Geldwertstabilität. Erst nachrangig darf die allgemeine Wirtschaftspolitik in der Gemeinschaft unterstützt werden.
- Institutionelle Unabhängigkeit ist dann gesichert, wenn die EZB und die nationalen Zentralbanken bei der Ausübung ihrer Befugnisse frei von Weisungen der nationalen oder gemeinschaftlichen politischen Instanzen sind. Ebenso darf die EZB Haushaltsdefizite der Gemeinschaft oder Euro-Teilnehmerländer nicht finanzieren.
- Finanzielle Unabhängigkeit meint die Freiheit einer Notenbank im Umgang mit ihren finanziellen Mitteln. Dazu ist die EZB von den Notenbanken des Euro-Währungsraums mit Kapital und Währungsreserven ausgestattet worden, über die sie uneingeschränkt verfügen kann.
- Personelle Unabhängigkeit bezieht sich auf das Auswahlverfahren und die Freiheit in der Amtsausübung der Personen, die Leitungsorgane einer Zentralbank zu besetzen. Zum Beispiel kann ein Mitglied des EZB-Rates nur bei sehr schweren Verfehlungen seines Amtes enthoben werden.

Die EZB in Stichworten	
Ziele	■ Preisniveaustabilität ■ Unterstützung der allgemeinen Wirtschaftspolitik der Gemeinschaft
Organe	■ EZB-Rat (Beschlussorgan) ■ EZB-Direktorium (Exekutivorgan) ■ erweiterter Rat der EZB
Aufgaben	■ Geldpolitik festlegen und ausführen ■ Währungsreserven verwalten und Devisengeschäfte durchführen ■ Zahlungsverkehr organisieren ■ Kreditwesen überwachen ■ Bankenaufsicht über Großbanken der Eurozone
Unabhängigkeit	■ operative Unabhängigkeit ■ institutionelle Unabhängigkeit ■ finanzielle Unabhängigkeit ■ personelle Unabhängigkeit
Instrumente	■ Offenmarktpolitik ■ Fazilitätenpolitik ■ Mindestreservepolitik

Die Deutsche Bundesbank hat ihre geldpolitische Autonomie verloren und führt im Rahmen von Leitlinien und Weisungen der unabhängigen Europäischen Zentralbank die Geldpolitik in Deutschland durch. Die Organe der Deutschen Bundesbank (DB) sind der Zentralbankrat der DB, das Direktorium der DB und die Vorstände der Landeszentralbanken. Das Direktorium der DB besteht aus dem Präsidenten, dem Vizepräsidenten und sechs weiteren Direktoriumsmitgliedern. Daneben finden sich im Zentralbankrat noch die neun Präsidenten der Landeszentralbanken. Der Zentralbankrat der DB bestimmt die Geschäftspolitik der Bundesbank und handelt bei der Erfüllung der Aufgaben, die ihm von der Europäischen Zentralbank übertragen werden.

Die Geschäftsfelder der Deutschen Bundesbank sind insbesondere die Förderung der Stabilität des Preisniveaus sowie eines funktionierenden Finanz- und Währungssystems, die Sicherung der Bargeldversorgung in Deutschland, die Gewährleistung der Sicherheit und Effizienz der unbaren Zahlungsabwicklung, die Bankenaufsicht über die nichtsystemrelevanten Banken, gemeinsam mit der Bundesanstalt für Finanzdienstleistungsaufsicht (BaFin).

6.2 Geldpolitische Instrumente im Eurosystem

Offenmarktpolitik

Im Mittelpunkt der Geldpolitik der EZB steht die Offenmarktpolitik. Mit ihr wird die laufende Steuerung der Zinssätze und der Liquidität (= Zahlungsfähigkeit, Geldverfügbarkeit) am Geldmarkt vorgenommen. Der Geldmarkt umfasst Geschäfte mit kurzfristigen Wertpapieren bis zu einer Laufzeit von zwei Jahren und den Handel von Zentralbankgeld zwischen den Banken, während der Kapitalmarkt längerfristige Geldtransaktionen beinhaltet.

Unter Offenmarktgeschäften versteht man den Ankauf und Verkauf, aber auch die Verpfändung von Wertpapieren durch die Zentralbank auf dem offenen Markt.

Die Zentralbank kann die Wertpapiergeschäfte dabei sowohl mit Banken als auch mit Nichtbanken abwickeln. Sie stellt damit Zentralbankgeld überwiegend in Form von Sichtguthaben zur Verfügung. Sichtguthaben werden bei „Sicht", d. h. in der Regel sofort fällig, wie Girokonten.

Ansatzpunkt für die geldpolitischen Instrumente der Offenmarktpolitik ist der Bedarf der Geschäftsbanken an Zentralbankgeld. Die Menge des Zentralbankgelds ist für die Banken wiederum die Grundlage für ihre eigene Kreditvergabe an ihre Kunden. Über die Bedingungen, zu denen die Notenbank Zentralbankgeld an die Banken abgibt, steuert sie die Geld- und Kreditschöpfung der Banken und beeinflusst damit den Zins und letztlich auch die Preisentwicklung.

Die Notenbank kann die Wertpapiere „endgültig" ankaufen oder verkaufen, d. h., das Eigentum an den Vermögensgegenständen geht vollständig vom Verkäufer auf den Käufer über. Ebenso kann sie die Wertpapiere für einen bestimmen Zeitraum in Form befristeter Transaktionen als Pfand nehmen. Hier handelt es sich um sogenannte Pensionsgeschäfte, bei denen die abgebende Bank ihre Wertpapiere am Ende der Frist wieder zurücknehmen muss, d. h. die Wertpapiere für eine relativ kurze Zeitspanne „in Pension" gegeben werden.

Nehmen die EZB bzw. die nationalen Zentralbanken des Eurolandes solche Käufe vor, so fließt dem Markt Zentralbankgeld zu und die Kreditschöpfungsmöglichkeiten der Geschäftsbanken erhöhen sich. Verkaufen die Zentralbanken des Eurosystems dagegen Wertpapiere, so wird dem Markt Liquidität entzogen. Die Initiative zu den Offenmarktgeschäften geht vom Eurosystem aus, da es die Bedingungen, zu denen die Transaktionen durchgeführt werden, bestimmt. Die Laufzeit der Offenmarktgeschäfte variiert zwischen einer Woche für das **Hauptrefinanzierungsinstrument,** drei Monaten für **längerfristige Refinanzierungsgeschäfte** und frei festgelegten Zeiträumen für weitere Geschäfte (Feinsteuerungsoperationen, strukturelle Operationen).

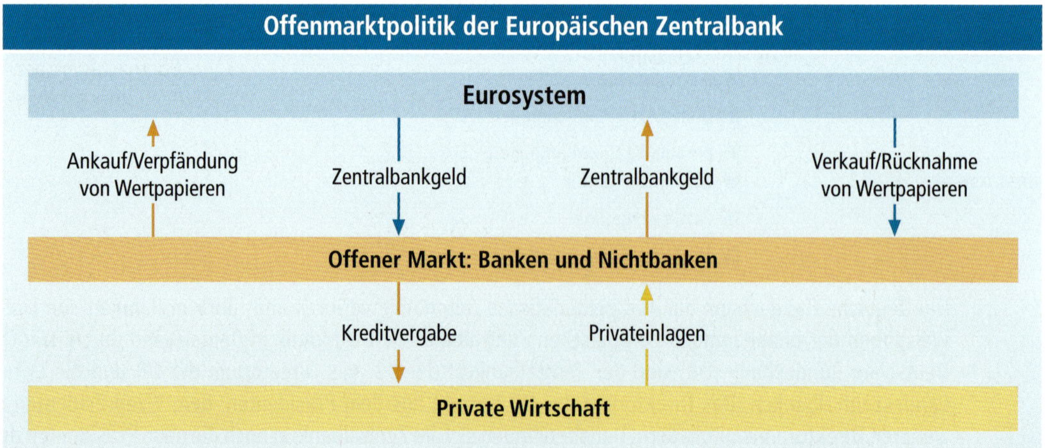

In der Hochkonjunktur mit der Gefahr steigender Preise werden die Zentralbanken des Eurosystems Wertpapiere verkaufen, damit sich die Geldmenge verringert, und das Zinsniveau anheben, also eine **kontraktive Geldpolitik**

verfolgen. Höhere Leitzinsen verteuern die Geldbeschaffung der Geschäftsbanken bei der EZB. Diese Verteuerung geben die Banken an ihre Kunden weiter, indem sie die Kreditzinsen erhöhen.

In der Depression wird die Europäische Zentralbank eine **expansive Geldpolitik** betreiben, d. h., sie wird Wertpapiere ankaufen, um die Geldmenge zu erhöhen, und die Leitzinsen schrittweise senken. Damit wird die Bankenliquidität erhöht und die Geldinstitute haben die Möglichkeit, ihren Kunden günstigere Kredite einzuräumen.

Fazilitätenpolitik

Ständige Fazilitäten ermöglichen es den Geschäftsbanken, ihre täglichen Liquiditätsspitzen auszugleichen, indem sehr kurzfristige Gelder bei den nationalen Notenbanken entweder angelegt oder aufgenommen werden.

Unter Fazilität versteht man ganz allgemein die Kreditmöglichkeit, die bei Bedarf in Anspruch genommen wird.

Fazilitäten sind Geschäfte, die nur für einen Tag („über Nacht") abgeschlossen werden. Es können dabei sowohl Übernacht**kredite** (Spitzenrefinanzierungsfazilitäten) zu einem bestimmten Zinssatz aufgenommen oder auch Übernacht**einlagen** (Einlagenfazilitäten) zu einem gegebenen Zinssatz erfolgen.

Ziel des Einsatzes dieses Instruments ist die Beeinflussung der Zinssätze für Tagesgeld (= täglich verfügbares Geld). Die Inanspruchnahme der Fazilitäten geht im Gegensatz zu den Offenmarktgeschäften jeweils auf die Initiative der Kreditinstitute zurück.

Die Zinsen für die Spitzenrefinanzierungsfazilität und die Einlagenfazilität bilden einen Zinskorridor für den Geldmarkt. Der Zinssatz für den Übernachtkredit bildet die Obergrenze des Tagesgeldsatzes. Er ist höher als der Zinssatz für die Übernachteinlage, der die Untergrenze des Tagesgeldsatzes bildet. Diese beiden Zinssätze bilden den Schwankungsbereich für den Tagesgeldzins und damit für die Leitzinsen am Geldmarkt einer Volkswirtschaft.

In der Hochkonjunktur wird das Zentralbanksystem die Zinssätze für die Fazilitäten schrittweise steigern, somit die Tagesgeldsätze auf dem Geldmarkt erhöhen und durch diese Zinserhöhung die Kreditfinanzierung bei den Unternehmen zunehmend ungünstiger gestalten. Kreditfinanzierte Investitionen können sich rückläufig entwickeln und damit einen Teil der gesamtwirtschaftlichen Nachfrage drosseln (kontraktive Geldpolitik).

In der Depression wird die Zentralbank die Zinssätze für Fazilitäten und damit die Tagesgeldsätze am Geldmarkt schrittweise senken. Dies kann bei den Unternehmen zunehmende kreditfinanzierte Investitionen auslösen; die Haushalte können bei niedrigen Kreditzinsen ihre Konsumnachfrage ebenfalls erhöhen. Es werden demnach günstige Rahmenbedingungen für expansive Effekte geschaffen.

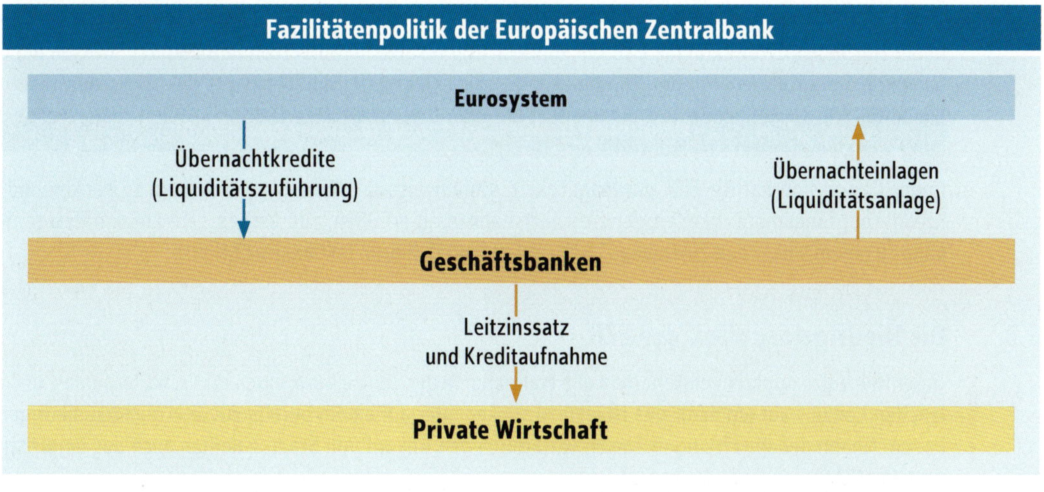

Mindestreservepolitik

Bei der Mindestreservepolitik werden die Mindestreserven der Geschäftsbanken von der Zentralbank beeinflusst. Die Geschäftsbanken erhalten von ihren inländischen und ausländischen Kunden Einlagen in Form von Sichteinlagen, also täglich fälligen Geldern, Termineinlagen mit unterschiedlichen Laufzeiten und Spareinlagen.

Zur Sicherheit und aus Gründen des Vertrauensschutzes gegenüber ihren Gläubigern halten die Geschäftsbanken einen Teil der Kundeneinlagen als Barreserve. Zusätzlich zwingt das Zentralbanksystem die Geschäftsbanken, einen bestimmten Prozentsatz für bestimmte Kundeneinlagen bei den NZB des Eurosystems auf Konten als Mindestreserve zu halten.

Mindestreserven sind Zwangsguthaben, die die Geschäftsbanken des Euro-Währungsraums auf Girokonten bei der jeweiligen nationalen Zentralbank für bestimmte, genau festgelegte Kundeneinlagen (u. a. täglich fällige Einlagen und Einlagen mit einer Laufzeit bis zu zwei Jahren) unterhalten müssen.

Bei den Offenmarktoperationen und den ständigen Fazilitäten können sich die Geschäftsbanken selbst entscheiden, ob sie Geschäfte mit der Zentralbank tätigen oder auf einen Geschäftsabschluss verzichten wollen; der Mindestreserveverpflichtung können sich die Kreditinstitute jedoch nicht entziehen. Die bei der Zentralbank angelegte Mindestreserve wird verzinst, und zwar zum Hauptfinanzierungssatz der Offenmarktgeschäfte.

Die Wirkungsweise der Mindestreservepolitik beruht darauf, dass die Guthaben, die die Geschäftsbanken auf Konten nationaler Zentralbanken des Euroraums halten müssen, nicht für Kreditgeschäfte eingesetzt werden können. Dadurch erhöhen sich die Finanzierungskosten der Banken und schmälern ihre Erlösbasis. Geringe Mindestreserven erhöhen den Kreditschöpfungsspielraum der Banken; hohe Mindestreservesätze mindern ihn.

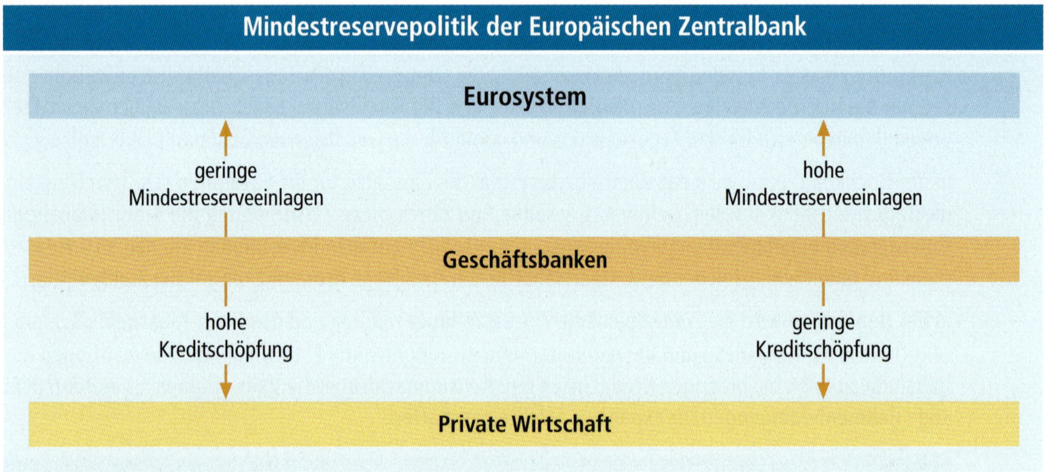

In der Hochkonjunktur kann die EZB die Mindestreservesätze heraufsetzen und dadurch müssen die Geschäftsbanken einen größeren Teil der Kundeneinlagen hinterlegen. Damit schrumpft die Überschussreserve und die Liquidität der Banken sinkt. Die Geldmenge, die dem Geschäftsbankensektor für die Kreditvergabe zur Verfügung steht, vermindert sich (kontraktiver Effekt).

In der Depression hat die EZB die Möglichkeit, stufenweise die Mindestreservesätze zu senken und damit die Kreditschöpfungsmöglichkeiten der Geschäftsbanken zu erhöhen. Die verbesserte Liquiditätslage der Banken kann zu einem sinkenden Zinsniveau auf dem Geldmarkt führen (expansiver Effekt).

6.3 Die Niedrigzinspolitik der EZB

Unter Niedrigzinspolitik versteht man alle Maßnahmen der Zentralbank eines Wirtschaftsraumes, die darauf zielen, den Leitzins auf ein niedriges Niveau zu senken oder auf einem bereits zuvor erreichten niedrigen Stand zu halten. Neben den kurzfristigen Zinsen wird durch den Ankauf von Staatsanleihen auch das langfristige Zinsniveau gesenkt.

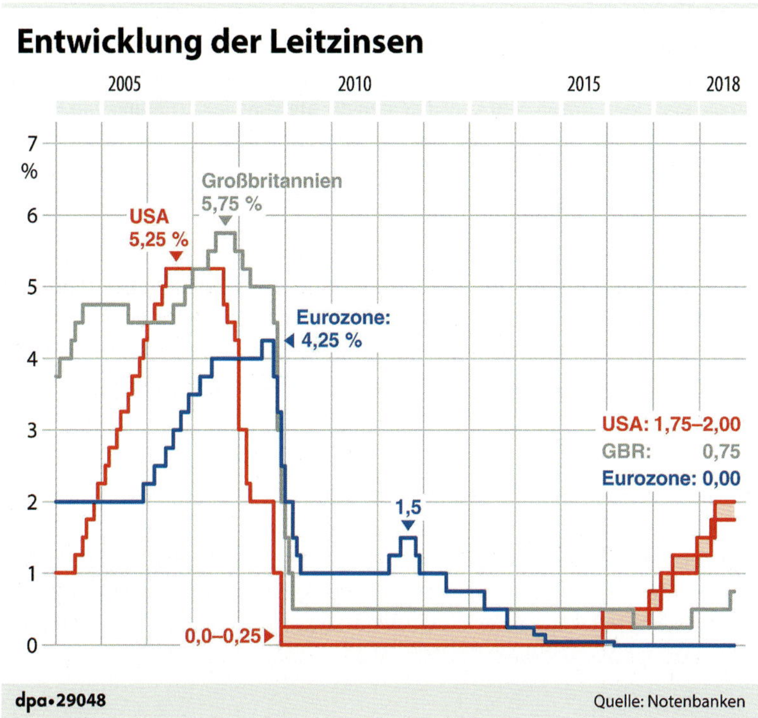

Die **Gründe** für die Niedrigzinspolitik der EZB liegen zum einen in der weltweiten Finanz- und Wirtschaftskrise von 2008/2009 und zum anderen in der hohen Staatsverschuldung vor allem der südeuropäischen Länder. Durch die drastische Senkung des Leitzinses verfolgte die EZB ebenso wie die amerikanische Notenbank (FED) und die Zentralbanken Japans und Großbritanniens folgende **Ziele**:

- Förderung des Wirtschaftswachstums

Die permanente Wachstumsschwäche in einigen Ländern der Europäischen Union kann durch eine Niedrigzinspolitik gemindert werden. Niedrige Zinsen können bei den Unternehmen mehr kreditfinanzierte Investitionen ermöglichen, die privaten Haushalte veranlassen, ihren Konsum anzukurbeln, beim Staat die Zinsbelastung senken sowie die Steuereinnahmen erhöhen und damit das Wirtschaftswachstum fördern.

- Abbau der hohen Staatsverschuldung

Vor allem die südeuropäischen Länder wie Griechenland, Spanien und Portugal sowie Italien haben über Jahre hinweg eine hohe Staatsverschuldung aufgebaut. Durch die Niedrigzinspolitik sinken die Zinsbelastungen für ihre Staatshaushalte und die Gefahr eines Staatsbankrotts wird gemindert.

- Verhinderung einer Deflation

Da in der Eurozone teilweise die Gefahr einer negativen Preisentwicklung besteht, versucht die EZB eine Deflation zu verhindern. Eine Deflation bringt einen anhaltenden Rückgang des Preisniveaus, gefolgt von Absatzkrisen, nachlassenden Investitionen und einem wirtschaftlichen Abschwung. Durch eine Niedrigzinspolitik kann über günstige Kredite die gesamtwirtschaftliche Nachfrage gefördert und das Wirtschaftswachstum gestärkt werden.

Die Niedrigzinspolitik der EZB hatte im Euroraum seit 2008/2009 folgende **Auswirkungen**:

- auf die Verbraucher:

Niedrige Zinsen haben für den Verbraucher Auswirkungen auf sein Sparverhalten, seine Kreditaufnahme und seinen Konsum. Sein Sparverhalten wird durch geringe Zinserträge vor allem bei risikoarmen Anlageformen wie Sparbüchern, Tagesgeld, Lebensversicherungen und Bausparverträgen beeinflusst. Dadurch gehen den privaten Haushalten in Deutschland Milliarden von Zinseinnahmen verloren. Da die Inflationsrate meist höher ist als das

Zinsniveau, kommt es beim Verbraucher zu einer schleichenden Enteignung. Das Vermögen der Sparer verliert an realem Wert, anstatt sich durch Zinsen zu vermehren. Zudem belasten niedrige Zinsen die private Altersvorsorge, da für die Versicherer die Möglichkeit einer günstigen Kapitalanlage und der Zinseszinseffekt entfallen. Als Kreditnehmer ermöglichen die niedrigen Zinsen dem Konsumenten die günstige Finanzierung von Eigenheimen, Eigentumswohnungen oder Autos. Da einerseits die Bereitschaft Geld anzulegen sinkt und anderseits kreditfinanzierte Anschaffungen möglich sind, fördert die Niedrigzinspolitik der EZB beim Verbraucher den Konsum und stützt damit das Wirtschaftswachstum.

- auf die Unternehmen:

Niedrige Zinsen sind nicht nur günstig für die Verbraucher, sondern auch für die Unternehmen. Da der private Konsum zunimmt und damit die Gewinnaussichten der Unternehmen steigen, bieten günstige Kreditzinsen die Möglichkeit zusätzlicher Investitionen und einer steigenden Nachfrage nach Arbeitskräften. Die EZB hofft, dass die Darlehensaufnahme der Unternehmen zunimmt und die günstigen Finanzierungsbedingungen für eine konjunkturelle Belebung sorgen sowie das Wirtschaftswachstum steigern.

- auf den Staat:

Die Niedrigzinspolitik kommt vor allem den hochverschuldeten Staaten, also Griechenland, Portugal, Italien und Spanien zugute. Da die Leitzinsen sehr niedrig sind, können sich diese Staaten billig Geld auf den Kapitalmärkten leihen und damit ihre aufgelaufenen Zins- und Tilgungsraten bedienen. Zudem leistet die EZB einen Beitrag zur Stabilisierung der Finanzmärkte, federt die Auswirkungen der Schuldenkrise ab und unterstützt die wirtschaftliche Erholung. Auch die wirtschaftsstarken Länder wie die Bundesrepublik profitieren von den niedrigen Zinsen, da ihre Neuverschuldung sinkt und ausgeglichene Staatshaushalte möglich sind.

- auf die Banken:

Beim traditionellen Bankengeschäft vergeben die Kreditinstitute zu höheren Zinsen Kredite an die Unternehmen und Haushalte und zahlen für Spareinlagen ihrer Kunden geringere Zinsen. Dieser Zinsüberschuss ist die Haupteinkommensquelle der Kreditinstitute. Durch die Leitzinssenkung der EZB wurde die Differenz zwischen Kreditvergabezins und Einlagenzins immer geringer und die Erträge der Banken sanken drastisch. Diese Ertragsschwäche zwingt die Banken, sich über Gebühren und Provisionen ein Einkommen zu verschaffen.

- auf das Ausland:

Durch eine starke Senkung des Leitzinses der EZB, also eine „Politik des billigen Geldes", übersteigt das Geldangebot an den Devisenbörsen die Nachfrage bei Weitem. Dadurch verliert der Euro in Bezug auf andere Währungen an Wert und es kommt zu einer Abwertung. Unter Abwertung versteht man die Kursenkung der Inlandswährung gegenüber der Fremdwährung. Die Abwertung verändert die internationale Wettbewerbsfähigkeit der Euroregion in zweierlei Hinsicht. Zum einen verteuern sich die im Ausland produzierten Güter und die Importe gehen zurück, andererseits werden die im Inland hergestellten Güter relativ billiger und es kommt zu einem Anstieg der Exporte. Höhere Exporte verursachen ein steigendes Wirtschaftswachstum und verringern die Arbeitslosigkeit.

Die Maßnahme der Niedrigzinspolitik der EZB stößt auf **Kritik**.

Zu den wesentlichen kritischen Anmerkungen gehören:

- mangelnde strukturelle Reformen

Durch die niedrigen Zinsen ist es für die hochverschuldeten Staaten Südeuropas bequemer, ihre Finanzhaushalte durch die Aufnahme neuer Schulden am Laufen zu halten. Sie sind nicht gezwungen zu sparen und damit ihre Gesamtverschuldung zu reduzieren. Dadurch werden die dringend erforderlichen strukturellen Reformen wie Schuldenreduzierung, Abbau der Bürokratie, gerechte Besteuerung usw. unterlassen. Durch den Verzicht auf Zinseinnahmen leisten die nordeuropäischen Sparer langfristige Transferzahlungen an die südeuropäischen Schuldnerländer, deren Kreditzinsen gering sind.

- mangelnde Investitionsbereitschaft

Die Leitzinssenkung der EZB hat in den nordeuropäischen Ländern keine tiefgreifenden konjunkturellen Wirkungen gezeigt. Vor allem den deutschen Unternehmen haben die Niedrigzinsen wenig genutzt, da es ihre hohen Gewinne ermöglichen, die Investitionen aus eigener Kraft zu finanzieren. Zudem fehlt es den Unternehmen in den anderen Ländern des Euroraumes an Wachstumspotential, wodurch der Bedarf an Investitionskrediten sehr gering ist. Es besteht in weiten Teilen der Europäischen Union kein Engpass beim Kreditangebot, sondern eher auf der Nachfrageseite.

- Gefahr von Finanz- und Immobilienblasen

Bei der „Politik des billigen Geldes“ besteht die Gefahr einer „Blasenbildung“, vor allem bei den Finanz- und Immobilienmärkten. Auf der Suche nach rentablen Anlageformen investieren die Haushalte und Unternehmen immer mehr in Aktien- und Immobilien. Die Folge sind steigende Aktienkurse sowie teurer werdende Immobilien und im Extremfall kann die Blase platzen und es kommt zu einer Finanz- und Wirtschaftskrise.

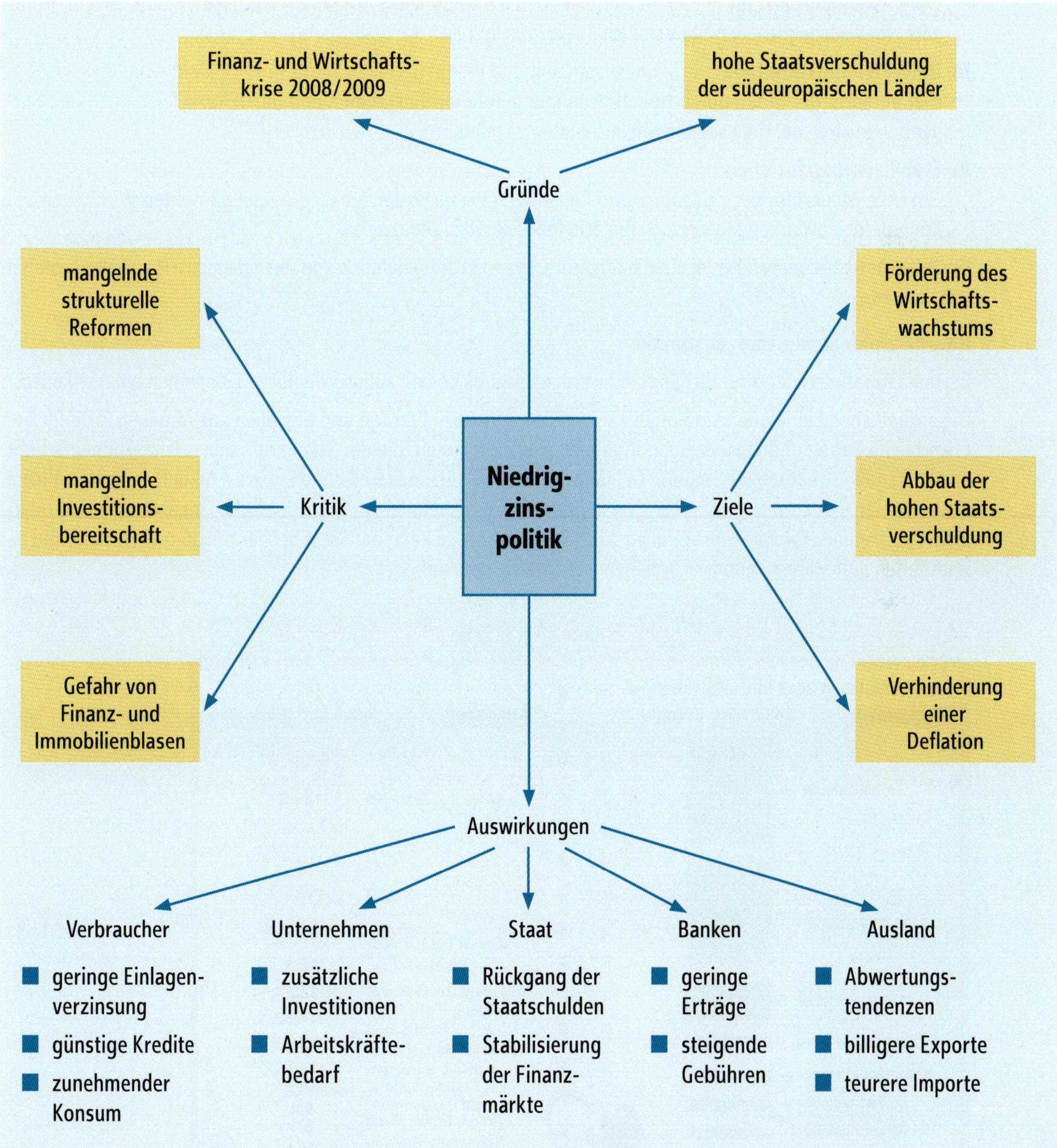

7 Finanzpolitik

7.1 Staatshaushalt und Stabilitätspakt

Funktionen der Fiskalpolitik

Die Finanzpolitik ist ebenso wie die Geldpolitik ein Teilgebiet der allgemeinen Wirtschaftspolitik und beschäftigt sich mit den Einnahmen und Ausgaben des Staatshaushalts. In einer modernen Volkswirtschaft hat die Finanzpolitik drei wichtige Funktionen zu erfüllen:

- **Bedarfsdeckungsfunktion:**
  Der Staat muss sich Einnahmen verschaffen, mit denen er die für die Gemeinschaft notwendigen öffentlichen Güter wie Bildung an Schulen und Hochschulen, die Bereitstellung von Verkehrswegen, Polizei und Verteidigung usw. finanziert. Diese Funktion gehört zu den traditionellen Aufgaben des Fiskus, wobei er dem Grundsatz eines ausgeglichenen Staatshaushalts verpflichtet ist.
- **Umverteilungsfunktion:**
  Hier versucht der Staat, durch Höherbesteuerung höherer Einkommen und durch Sozialleistungen und Subventionen an Bedürftige soziale Ungleichheiten zu mindern.
- **Stabilisierungsfunktion:**
  Über die Steuerung der Ausgaben und Einnahmen versucht der Staat, die unerwünschten Wirkungen von Konjunkturschwankungen wie z. B. die Arbeitslosigkeit zu reduzieren.

Um diese Aufgaben zu erfüllen, kann die öffentliche Hand über Einnahmen und Ausgaben ihre Haushalte gestalten und variieren.

Haushaltseinnahmen und -ausgaben

Bei den **Einnahmen** der öffentlichen Hand werden ordentliche und außerordentliche Einnahmen unterschieden.

Die ordentlichen Einnahmen sind regelmäßig wiederkehrende Beträge und bestehen aus Abgaben, öffentlichen Erwerbseinkünften und Zuweisungen. Abgaben sind Einnahmen, die der Staat kraft seiner Finanzhoheit erhebt. Zu den Abgaben gehören die Steuern, Gebühren und Beiträge. Hinzu treten die Erwerbseinkünfte aus öffentlichen Unternehmen und Zuweisungen, z. B. vom Bundesland an Gemeinden. Außerordentliche Einnahmen sind unregelmäßig auftretende Einnahmen, vor allem aus Krediten. Kredite kann der Staat bei der privaten Wirtschaft und bei Haushalten aufnehmen, indem er Anleihen und Schatzbriefe auflegt.

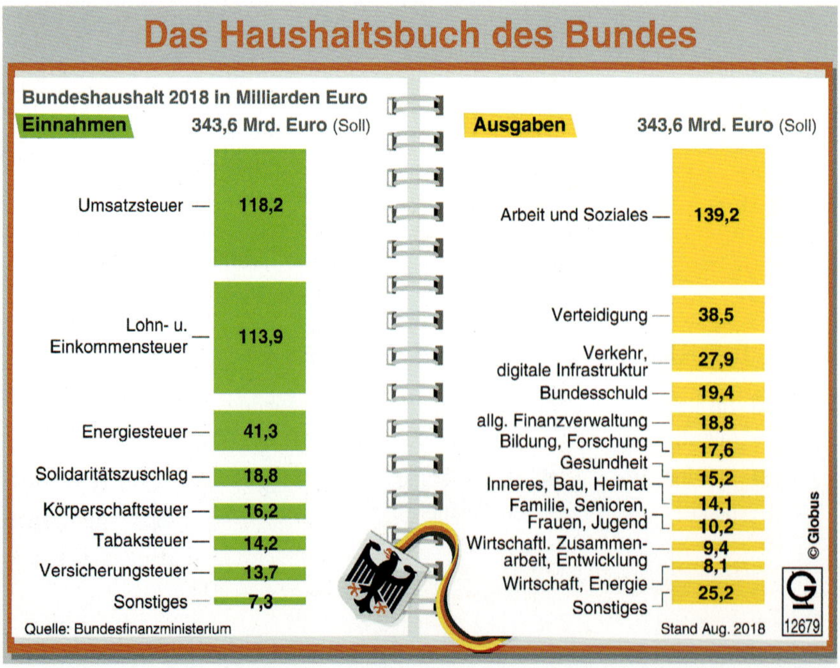

Die **Ausgaben** der öffentlichen Hand können – ebenso wie die Einnahmen – in ordentliche und außerordentliche Ausgaben unterteilt werden.

Ordentliche Ausgaben sind regelmäßig wiederkehrende Ausgaben für den laufenden öffentlichen Bedarf und sollen aus den ordentlichen Einnahmen finanziert werden. Hier sind z. B. Personalausgaben für Löhne und Gehälter von Angestellten und Beamten und Sachausgaben für staatliche Investitionen zu nennen.

Außerordentliche Ausgaben sind unregelmäßig auftretende Ausgaben, die bei Katastrophenschäden oder im Verteidigungsfall auftreten können.

In einem föderativen Staat wie dem der Bundesrepublik Deutschland erfolgt die Umverteilung durch den Staat auf drei Ebenen: die des Bundes (einschließlich verschiedener Fonds und Sondervermögen), der Länder (einschließlich der Stadtstaaten) und der Gemeinden (mit Gemeindeverbänden).

EU-Stabilitätspakt

Mit dem Beitritt der Bundesrepublik zur Europäischen Wirtschafts- und Währungsunion muss Deutschland außerdem in seiner Haushaltspolitik die Konvergenzkriterien des EU-Stabilitätspakts berücksichtigen. Der Stabilitäts- und Wachstumspakt ist eine Vereinbarung der Mitgliedsländer, die für einen stabilen Euro sorgen soll, indem vor allem die Haushaltsverschuldung geregelt wird. Im Maastricht-Vertrag von 1992 einigten sich die EG-Mitgliedstaaten auf sogenannte Konvergenzkriterien, die Staaten erfüllen müssen, die den Euro als Währung einführen wollen.

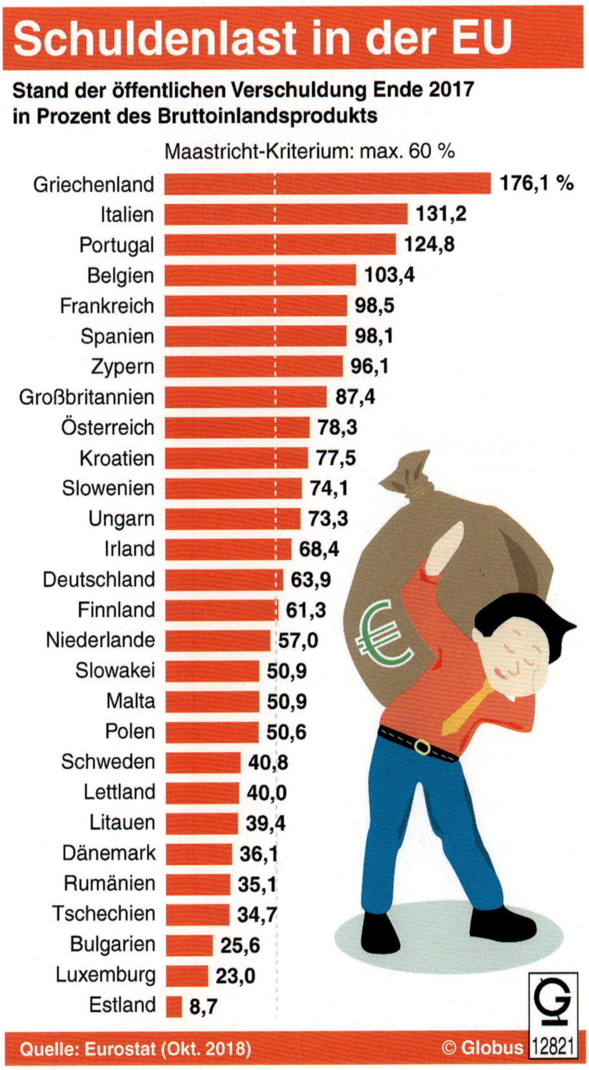

Auf Initiative des damaligen deutschen Finanzministers Theo Waigel wurden zwei dieser Kriterien auf dem EG-Gipfel 1996 in Dublin auch über den Euro-Eintritt hinaus festgeschrieben. Die Neuverschuldung eines Staates darf 3 % des Bruttoninlandsprodukts (BIP) nicht überschreiten und die Gesamtverschuldung sollte 60 % des Bruttoinlandsprodukts betragen.

Ziel dieses Paktes ist die Förderung von Stabilität und Wachstum in Europa. Das Regelwerk soll dabei insbesondere verhindern, dass durch eine übermäßige Verschuldung der Euroländer die Inflation steigt und Unsicherheit entsteht. Es zeigte sich jedoch, dass einige Länder (vor allem Griechenland) die Maastricht-Kriterien nicht einhielten und eine Verschuldenspolitik betrieben. Nach 2010 waren deshalb umfangreiche Rettungsschirme erforderlich.

Nähert sich das Haushaltsdefizit eines Mitgliedstaates der Drei-Prozent-Grenze, so erhält der betreffende Staat eine Frühwarnung in Form eines „Blauen Briefes“. Falls die Neuverschuldung 3 % des Bruttoinlandsprodukts überscheitet, startet die EU-Kommission weitere Sanktionen.

7.2 Staatsverschuldung

Ursachen der Staatsverschuldung

Bei der Staatsverschuldung muss zwischen Gesamtverschuldung und Neuverschuldung unterschieden werden. Die **Gesamtverschuldung** enthält die in den vergangenen Jahrzehnten aufgelaufenen Schulden und die **Neuverschuldung** registriert die in einem Haushaltsjahr neu aufgenommenen Schulden. Während die Gesamtverschuldung in Deutschland über 2 Billionen € beträgt, ist eine Neuverschuldung aufgrund der Niedrigzinspolitik der EZB nicht erforderlich.

Die Anfänge einer verstärkten Gesamtverschuldung finden sich in der antizyklischen Fiskalpolitik in Westdeutschland in der Zeit von 1969 – 1979. Der Politik des deficit spending folgte in der Hochkonjunktur keine Rücklagenbildung, sodass die Verschuldung zunahm.

Ein weiterer Grund war die strukturell bedingte Verschuldung durch die Wiedervereinigung Deutschlands. Der Beitritt der neuen Bundesländer machte hohe Investitionen in den öffentlichen, aber auch in sozialen Bereichen erforderlich. Diese stark steigenden Ausgaben für den Aufbau einer modernen Infrastruktur der ehemaligen Deutschen Demokratischen Republik wurden weitestgehend über Kredite finanziert.

Einen weiteren Hemmschuh für den Abbau der hohen Staatsverschuldung bildet die in Deutschland vorfindbare Mentalität, dem Staat die Alleinzuständigkeit für die soziale Daseinsfürsorge des Einzelnen zu übertragen. Eine Vielzahl von staatlich mitfinanzierten Sozialleistungen wie Renten, Arbeitslosenunterstützungen oder das Gesundheitssystem führen zu Haushaltslöchern, die über Kredite finanziert wurden.

Die seit den 70er-Jahren stark steigende Arbeitslosigkeit hat in Deutschland ebenfalls zu steigenden Transferleistungen in Form von Arbeitslosenunterstützung und Ausgaben für Beschäftigungsprogramme geführt. Zudem bedeutet Arbeitslosigkeit sinkende Steuer- und Sozialversicherungseinnahmen, wodurch der Staatshaushalt zusätzlich in Anspruch genommen wird.

Den letzten großen Anstieg der Staatsverschuldung brachte die Finanz- und Wirtschaftskrise von 2008/2009, in der die Bundesregierung zwei Konjunkturpakete mit einem Gesamtvolumen von ca. 40 Mrd. € auflegte.

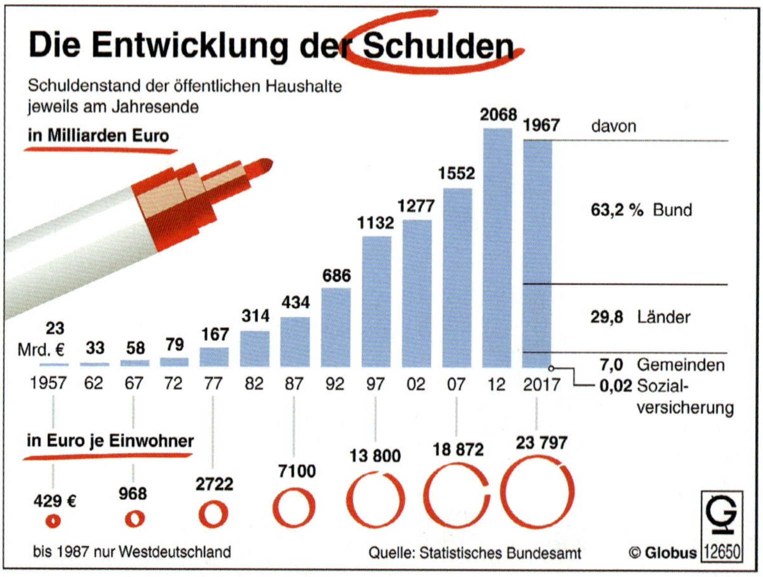

Grenzen der Staatsverschuldung

Eine ständig zunehmende Kreditaufnahme wirft die Frage auf, wo die Grenzen der Verschuldung der öffentlichen Hand liegen. Hierbei kann zwischen den gesetzlichen und den ökonomischen Grenzen unterschieden werden.

221060662

Die **gesetzlichen Grenzen** schreibt Artikel 115 des Grundgesetzes dem Bund vor. Nach dieser Vorschrift dürfen die Einnahmen aus Krediten die Summe der im Haushaltsplan veranschlagten Ausgaben für die Investitionen nicht überschreiten. Ausnahmen sind nur zur Abwehr einer Störung des gesamtwirtschaftlichen Gleichgewichts zulässig. „Seit 2011 gibt es in Deutschland eine „Schuldenbremse", die Bund und Länder verbindliche Vorgaben zur Reduzierung des Haushaltsdefizits macht (Art 109 Abs. 3 GG). Zudem verpflichten die Maastricht-Verträge die EU-Länder zu einer Neuverschuldung unter 3% des BIP und einer Gesamtverschuldung unter 60% des BIP.

Die **ökonomischen Grenzen** sind jedoch bei der Betrachtung der öffentlichen Verschuldung von größerer Bedeutsamkeit, da es gesamtwirtschaftlich zu folgenden negativen Effekten kommen kann:

- Eine langfristig zunehmende Staatsverschuldung bedeutet, dass ein ständig wachsender Teil der Staatseinnahmen für den Schuldendienst, also die Zahlungen für Zinsen und Tilgung, blockiert wird. Dies engt nicht nur den finanzpolitischen Spielraum der öffentliche Hand ein, sondern kann dazu führen, dass der Schuldendienst nicht mehr über die laufenden Einnahmen finanziert werden kann. Um alte Schulden zu tilgen, müssen neue Kredite aufgenommen werden.
- Eine steigende Staatsverschuldung kann auch dazu führen, dass die öffentliche Hand durch ihre Kreditnachfrage die private Kreditnachfrage und damit einen Teil der privaten Investitionen verdrängt. Diese Verdrängungseffekte werden als Crowding-out bezeichnet.
- Einer der schwerwiegendsten negativen Effekte der Staatsverschuldung ist die Belastung zukünftiger Steuerzahler. In den vergangenen Jahrzehnten hat jede Generation über ihre Verhältnisse gelebt und Lasten für zukünftige Generationen angehäuft. Die künftigen Erwerbstätigen müssen sich auf höhere Steuern und wegen der hohen Zins- und Tilgungslasten auch auf niedrigere Staatsausgaben einstellen.

Staatsausgabenquote

Die **Staatsquote** (besser: Staatsausgabenquote) ist das Verhältnis zwischen den gesamten öffentlichen Ausgaben und dem Bruttoinlandsprodukt eines Landes. Zu den öffentlichen Ausgaben gehören die Leistungen von Bund, Ländern und Gemeinden sowie die Sozialversicherung. Allgemein gilt die Staatsquote als Kennziffer für den Umfang der staatlichen Tätigkeit in einer Volkswirtschaft. Sie steigt z. B., wenn die Staatsausgaben stärker wachsen als das Bruttoinlandsprodukt, und sinkt bei rückläufigen öffentlichen Ausgaben.

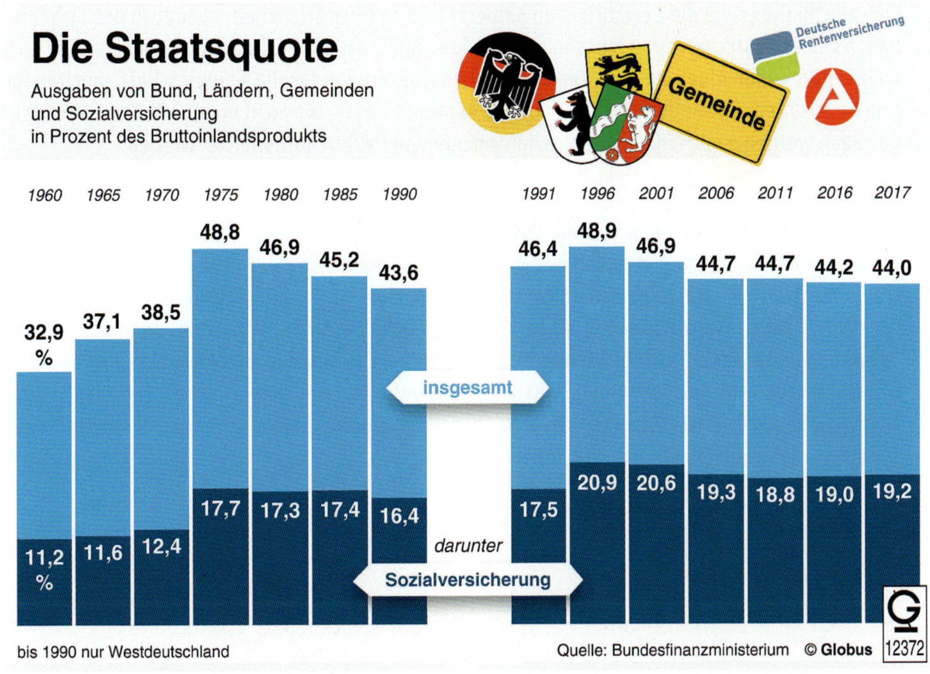

$$\text{Staatsquote} = \frac{\text{öffentliche Ausgaben}}{\text{Bruttoinlandsprodukt}}$$

Der deutsche Finanzwissenschaftler Adolph Wagner hat bereits 1876 die These aufgestellt, dass die Staatstätigkeit im Verhältnis zu den gesamten wirtschaftlichen Aktivitäten überproportional zunimmt. Diese Aussage wird als „Gesetz der wachsenden Staatstätigkeit" oder auch als „Wagnersches Gesetz" bezeichnet. Betrachtet man die Staatsquote im Zeitablauf, so betrug sie um 1900 in Deutschland etwa 15 %. Nach dem Zweiten Weltkrieg kam es in vielen Industrieländern zu einem starken Anstieg der Staatsquoten.

Zwischen 1960 und 1970 entwickelte sich die Staatsquote in Westdeutschland von knapp 33 % auf 39 %. Im Rezessionsjahr 1975 stieg sie, verursacht durch „Konjunkturspritzen" und wachsende Sozialleistungen, auf 49 %. Die deutsche Vereinigung brachte für die Gebietskörperschaften und die Sozialversicherungsträger eine starke Zunahme der Ausgaben, die zu einem Anstieg der Staatsquote auf knapp 50 % im Jahr 1996 führte.

Ein Vergleich der Staatsquoten verschiedener Länder zeigt, dass die europäischen Länder überwiegend hohe Staatsquoten um die 50 % haben, während die Quote in den Vereinigten Staaten oder Kanada bei ungefähr 35 % liegt.

Die Wirtschaftspolitik der Bundesrepublik verfolgt in den letzten Jahren deshalb das Ziel eines „schlanken Staates". Der Rückzug der öffentlichen Hand aus der Privatwirtschaft, also eine niedrigere Staatsquote, bedeutet z. B., dass der Staat weniger Steuern und Abgaben für seine umfangreichen Ausgaben benötigt und demzufolge keine zusätzlichen Schulden aufnehmen, Staatskredite tilgen oder Rücklagen bilden kann. Der Umfang der staatlichen Umverteilung wird verringert. Weniger Staat könnte zu mehr Wachstum führen. Eine hohe Staatsquote bedingt immer eine Einschränkung der persönlichen Entfaltungsmöglichkeiten. Viele staatliche Leistungen sind durch Gesetze und Verordnungen genauestens geregelt. Werden die staatlichen Aktivitäten eingeschränkt, erweitert sich der Freiraum des Bürgers.

7.3 Staatliches Handeln und soziale Kosten

Der Staat als wichtigster Gestalter der Wirtschaftspolitik muss vor allem dort eingreifen, wo der Selbststeuerungsmechanismus des Marktes über den Preis nicht mehr funktioniert. Es handelt sich dabei um das Problem der öffentlichen Güter, aber auch der sozialen Kosten.

Öffentliche Güter wie die Gewährleistung innerer und äußerer Sicherheit, aber auch das Straßen- und Wegenetz, haben keinen Marktpreis und müssen demzufolge vom Staat zur Verfügung gestellt werden. Soziale Kosten entstehen durch individuell zwar rationale Verhaltensweisen, die für die Gemeinschaft aber zu einem nachteiligen Ergebnis führen. Es handelt sich um negative externe Effekte, die nicht vom verursachenden Wirtschaftssubjekt getragen werden, sondern der Gesellschaft oder einem Dritten aufgebürdet werden.

Beispiel

Durch die Produktion von Strom in einem Kohlekraftwerk wird die Luft der Umgebung verunreinigt, sodass die Anwohner unter Atemwegserkrankungen leiden, die Gebäudefassaden verschmutzt und die umliegende Natur geschädigt werden. Die Kosten für die medizinische Betreuung der Erkrankten, die häufigeren Außenanstriche der Fassaden hat das Unternehmen in seiner Preiskalkulation nicht zu berücksichtigen. Der Strom, den dieses Kraftwerk liefert, wird demzufolge billiger angeboten, als er in Wirklichkeit ist. Der Marktpreis entspricht nicht dem tatsächlichen Preis und berücksichtigt die sozialen Kosten nicht. Müsste das Unternehmen für die durch den negativen Effekt der Luftverschmutzung entstandenen Kosten aufkommen, so wäre der Preis des erzeugten Stromes entsprechend höher und die nachgefragte Menge geringer.

Unter sozialen Kosten versteht man die Auswirkungen des ökonomischen Handelns auf die Wohlfahrt eines unbeteiligten Dritten, für die der Verursacher nicht bezahlt. Die Gesellschaft muss für die sozialen Kosten aufkommen.

Zu den negativen externen Effekten gehören z. B. die Folgen der

- Produktionsaktivitäten der Unternehmen, wobei durch Schadstoffausstoß, Abwässereinleitungen, Lärmbelästigungen viele Menschen beeinträchtigt werden.
- Konsumaktivitäten der Haushalte, wobei durch laute Musik, Autolärm, Müllentsorgung andere Haushalte beeinflusst werden.
- Lärm- und Abgasbelästigung von Flugzeugen, Autos und der Eisenbahn, die das Wohlbefinden der Bevölkerung mindern.

Vor allem der Personen- und Güterverkehr bedeuten für die Umwelt erhebliche Belastungen und Kosten. Diese Kosten werden nur zum Teil von den Verkehrsteilnehmern getragen und überwiegend auf die Allgemeinheit bzw. auf unbeteiligte Dritte abgewälzt. Nach den Regeln des Marktes werden die Umweltressourcen als freies Gut betrachtet und an die Gesellschaft kostenlos abgegeben. Dieses Marktversagen führte zu einer exzessiven Nutzung der Umwelt und zu steigenden Umweltbelastungen. Vor allem die verkehrsbedingten externen Effekte brachten einen steigenden CO_2-Ausstoß und eine Veränderung des Weltklimas mit sich.

Bei den negativen externen Effekten ist es sinnvoll, wenn der Staat in den Marktmechanismus durch Regelungen und gesetzliche Maßnahmen steuernd eingreift. Das staatliche Handeln wird am Beispiel der sozialen Kosten für die Umwelt belegt. Hier kann der Staat z. B.

- Grenzwerte festlegen: Durch die Vorgabe von Obergrenzen wird die Emission von Schadstoffen begrenzt. Ein Kraftwerk darf danach nur eine bestimmte Menge Schwefeldioxid, Stickstoffoxid und Kohlenmonoxid pro Kubikmeter Abgasmenge an die Außenluft abgeben.
- Gebote erlassen: Es dürfen nur bestimmte Güter wie schwefelarmes Heizöl oder bleifreies Benzin verwendet werden.
- Verbote aussprechen: Bei extrem schädlichen Stoffen wie z. B. bestimmten hochgiftigen Insektiziden kann der Staat die Produktion oder Emission vollständig untersagen.

- Emissionssteuern einführen: Durch diese Steuern will der Staat das Verhalten der Wirtschaftssubjekte beeinflussen. Eine höhere Steuer bedeutet höhere Kosten, die einen steigenden Preis verursachen, wobei dies möglicherweise zu einem Rückgang der Nachfrage führt. Emissionssteuern sind in ihrer Wirkung schwer vorhersagbar.
- Emissionslizenzen handeln: Hier werden Emissionslizenzen ausgegeben, die das Recht zur Emission einer bestimmten Menge Schadstoff verbriefen. Die Verursacher müssen dem Staat im Rahmen einer Versteigerung Lizenzen abkaufen. Je nach Bedarf der Verursacher können die Lizenzen untereinander gehandelt werden.

7.4 Soziale Ungleichheit in Deutschland

Ausgangslage

Beginnend ab den Jahren 1999/2000 hat die ungleiche Verteilung der Einkommen in der Bundesrepublik Deutschland zugenommen. Bei der Einkommensverteilung erhielten die oberen Schichten ein zunehmend höheres Einkommen, während bei den unteren Bevölkerungsgruppen die Einkommenssituation fast gleich geblieben ist. Die Vermögen sind noch ungleicher verteilt als die Einkommen und die Vermögensverteilung weist in Deutschland eine der höchsten Ungleichheiten in Europa auf. Geht diese Entwicklung über Jahre hinweg weiter, so droht die Gefahr der Spaltung einer Gesellschaft.

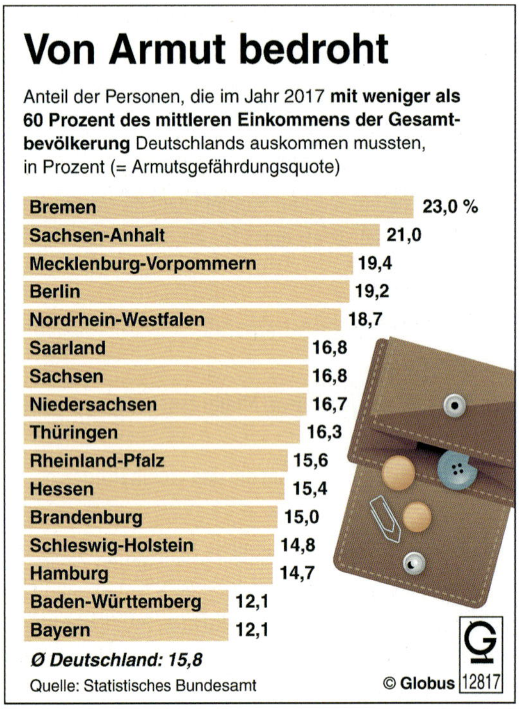

Definition

Von sozialer Ungleichheit spricht man, wenn die Ressourcenverteilung z. B. durch Bildung oder Einkommen sowie die Lebensbedingungen, also Arbeits-, Wohn-, Umwelt- und Freizeitbedingungen, von bestimmten Bevölkerungsschichten dauerhaft schlechter sind als bei anderen Gruppen. Während ein Teil der Bevölkerung über bessere Lebens- und Verwirklichungschancen verfügt und ein Leben in Sicherheit, Wohlstand und Gesundheit führt, mangelt es anderen Schichten an den erforderlichen materiellen und immateriellen Gütern.

Ursachen

Die Ursachen für die Zunahme der sozialen Ungleichheit sind vielfältig. Wichtige Gründe sind:

- ungleiche Bildungschancen

In Deutschland besteht ein deutlicher Zusammenhang zwischen der sozialen Herkunft einer Person und ihrem schulischen Bildungserfolg oder -misserfolg. Die Einkommens- und Vermögenssituation, die berufliche Stellung und das Bildungsniveau der Herkunftsfamilie entscheiden über die gesellschaftliche Teilhabe und das zukünftige Qualifikationsniveau. Menschen mit geringer Bildung sind häufiger von Arbeitslosigkeit betroffen und finden oft nur prekäre Arbeitsverhältnisse mit geringer Arbeitsplatzsicherheit und niedrigem Lohn. Personen mit höherem Bildungsniveau haben mehr Möglichkeiten der Selbstverwirklichung, des materiellen Aufstiegs, bessere Lebenschancen, einen größeren beruflichen Erfolg und eine umfangreichere Teilhabe an sozialen, politischen und kulturellen Ereignissen.

- ungleiche Arbeitsmarktchancen

Durch den technischen Wandel und die Globalisierung verstärkte sich die Nachfrage nach hochqualifizierten Arbeitskräften, während der Bedarf an ungelernten und angelernten Arbeitskräften zurückging. Die Folge war eine Zunahme der Arbeitslosigkeit vor allem bei den Geringqualifizierten. Durch eine Flexibilisierung des Arbeitsmarktes sollte dieser Prozess gestoppt und das Wirtschaftswachstum gesteigert werden. Die Arbeitsmarktflexibilisierung brachte jedoch einen Wandel am Arbeitsmarkt: Aus normalen Arbeitsplätzen wurden immer mehr Zeit-, Frist- oder Minijobs und in der Folge entstanden prekäre Beschäftigungsverhältnisse, in denen zu wenig Lohn gezahlt wird, keine soziale Absicherung besteht und die Zukunft ungewiss ist. Es entstand ein Niedriglohnsektor, bei dem das Arbeitsentgelt eines vollzeitbeschäftigten Arbeitnehmers oft knapp oberhalb oder unter der Armutsgrenze lag. Dies führte zu einer Spreizung der Löhne (Lohnschere) mit deutlich geringeren Einkommen der Minderqualifizierten und höheren Löhnen, sicheren Arbeitsplätzen und einer besseren Altersabsicherung bei den Höherqualifizierten.

- ungleiche Einkommens- und Vermögensverteilung

Seit Mitte der 1990er Jahre kann in Deutschland eine zunehmend ungleiche Einkommens- und Vermögensverteilung festgestellt werden. Eine Ursache beruht in dem Mechanismus, wonach Vermögen die Grundlage von Einkommen darstellt und Einkommen zu wachsendem Vermögen führt. Mit Vermögen können Zinsen, Dividenden und Mieteinnahmen erzielt werden und damit steigt das Einkommen. Die gestiegenen Einkommen konzentrieren sich bei den wohlhabenden Bevölkerungsschichten, während die ärmeren Schichten in diesen Regelkreis nicht eingebunden sind. Das deutsche Steuersystem mit einem geringen Steuersatz für höhere Einkommen und umfangreichen Abschreibungsmöglichkeiten toleriert den Prozess des „the rich get richer and the poor get poorer“. Die Folge ist eine Verfestigung des Zustands der ärmeren Einkommensschichten, eine Abwärtsmobilität der Mittelschichten und ein Aufstieg der höheren Einkommensklassen.

Auswirkungen

Zu den möglichen Auswirkungen der sozialen Ungleichheit gehört eine zunehmende Armut der unteren Bevölkerungsschichten. Der Armutsbegriff ist nicht einheitlich definiert und man unterscheidet zwischen absoluter und relativer Armut.

Unter **absoluter Armut** versteht man ein Leben am Rande der Existenz, das von Hunger, Entbehrungen, Verwahrlosung und Entwürdigung gekennzeichnet ist. Vor allem in Afrika gibt es Länder, bei denen die Menschen mit weniger als 1 Dollar pro Tag auskommen müssen und damit am Rande des Verhungerns leben.

In Deutschland mit seiner Wohlstandsgesellschaft ist die absolute Armut praktisch nicht gegeben, so dass nur eine **relative Armut** zu finden ist, die wie folgt definiert wird:

Relative Armut liegt vor, wenn „Personen über ein so geringes Einkommen und so geringe Mittel verfügen, dass ihnen ein Lebensstandard verwehrt wird, der in der Gesellschaft, in der sie leben, als annehmbar gilt."[1]

Nach der Armutsgefährdungsquote „ [...] gelten diejenigen Personen als von Armut gefährdet, deren verfügbares Äquivalenzeinkommen [Das Äquivalenzeinkommen ist ein Wert, der sich aus dem Gesamteinkommen eines Haushalts und der Anzahl und dem Alter der von diesem Einkommen lebenden Personen ergibt] unter der Armutsgefährdungsgrenze in Höhe von 60% des durchschnittlichen nationalen Äquivalenzeinkommens liegt."[2]

[1] *Europäische Kommission: Gemeinsamer Bericht über die soziale Eingliederung 2004. Generaldirektion Beschäftigung und Soziales. Brüssel: Europäische Kommission 2004, S. 12.*
[2] *Körner, Thomas; Meyer, Iris; Minkel, Hartmut; Timm, Ulrike: Leben in Europa – die neue Statistik über Einkommen und Lebensbedingungen. Wiesbaden: Statistisches Bundesamt 2005, S. 1138.*

Zu den Risikogruppen bzw. schichten die aufgrund ihrer begrenzten finanziellen Mittel an den üblichen kulturellen Errungenschaften nicht ausreichend teilhaben können, gehören:

- Rentner

In die Altersarmut geraten Personen, die während ihres Berufslebens im Niedriglohnsektor tätig waren und/oder deren Berufsleben durch Arbeitslosigkeit unterbrochen wurde. Dadurch leisteten sie geringere Beitragszahlungen und erhalten dementsprechend eine niedrigere Rente. Armutsgefährdet sind aber auch Beamte mit geringem Einkommen und Selbständige mit einer unzureichenden Altersabsicherung. Fällt das Ruhestandseinkommen unter eine bestimmte Grenze, so kann die sogenannte Grundsicherung beantragt werden. Unter Grundsicherung versteht man eine aus Steuern finanzierte bedarfsorientierte Sozialleistung, die den Lebensunterhalt einer Person absichert.

- Alleinerziehende

Meist verursacht durch eine Trennung oder Scheidung sind die Mütter gezwungen ihre Kinder als Alleinerziehende zu versorgen. In dieser Baby- oder Erziehungspause verfügen sie meist über ein geringes Einkommen, da sie die Unterhaltszahlungen oft nur teilweise, in unregelmäßigen Zeitabständen oder überhaupt nicht erhalten. Zudem behindern die schwierige Vereinbarkeit von Familie und Berufsleben sowie die fehlenden Kinderbetreuungsmöglichkeiten eine Erwerbsintegration dieser Frauen. Die in Deutschland zunehmende Kinderarmut hängt stark mit der Armut der Alleinerziehenden zusammen.

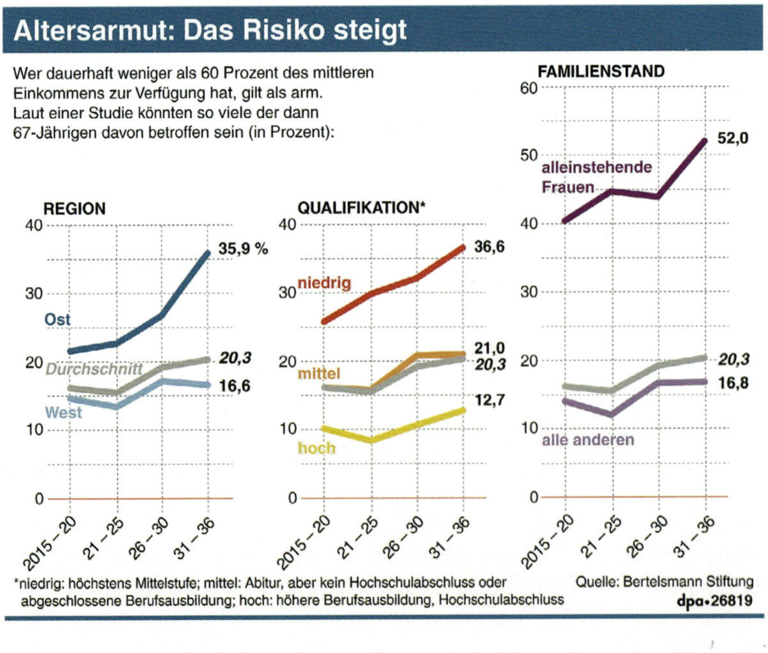

- Langzeitarbeitslose

Arbeitslosigkeit und vor allem Langzeitarbeitslosigkeit ist eine wesentliche Ursache für ein Leben in Armut. Langzeitarbeitslose sind zum größten Teil ohne Ausbildung oder über 55 Jahre alt und finden damit nur schwer einen Arbeitsplatz. Zur Gruppe der Langzeitarbeitslosen gehören auch Personen, die z. B. durch Überschuldung, Sucht, Konflikte in der Familie sowie psychische und gesundheitliche Probleme gekennzeichnet sind. Nach dem Zusammenbruch des sozialistischen Wirtschaftssystems und der Wiedervereinigung wurden viele Ostdeutsche arbeitslos und haben über eine längere Zeit nicht in die Sozialkassen eingezahlt. Wer arbeitslos wird erhält in Deutschland Sozialleistungen nach dem Hartz-IV-System. Diese staatlichen Leistungen sind jedoch nicht ausreichend, um die Armut zu überwinden. Zudem gilt für alle Langzeitarbeitslosen die Regel: Wer weniger arbeitet, zahlt weniger in die Rentenversicherung ein und bekommt im Alter eine geringere Rente.

- Migranten

Personen mit Migrationshintergrund haben in Deutschland insgesamt ein höheres Armutsrisiko als Personen ohne Migrationshintergrund. Die Gründe dafür liegen überwiegend in der geringen schulischen und beruflichen Qualifikation der Eingewanderten. Die fehlenden Schul- und Berufsabschlüsse, die oftmals zeitlich begrenzte Aufenthaltsdauer sowie die mangelnden Sprachkenntnisse bilden eine große Hürde bei der Eingliederung in den Arbeitsmarkt. Auch hier gilt der Zusammenhang: keine Arbeit - kein Einkommen und damit ein Leben an der Armutsgrenze.

Maßnahmen

Mögliche Maßnahmen im Bildungsbereich sind:

- Schaffung von Kinderbetreuungsplätzen und einer außerhäuslichen Kinderbetreuung. Länder mit einer hohen Kinderbetreuungsquote der unter Dreijährigen haben eine hohe Müttererwerbsquote und damit eine geringere Kinderarmut.
- Ausbau der Qualifizierungs- und Weiterbildungsmöglichkeiten für Personen mit geringer oder ohne abgeschlossene Berufsausbildung. Eine abgeschlossene Berufsausbildung ist die beste Absicherung gegen Arbeitslosigkeit.
- Einstellung von Lehrkräften, um die Sprachkompetenz von Personen mit Migrationshintergrund zu fördern
- Schaffung eines Bildungsbewusstseins und eines Verständnisses für den Wert der Bildung bei bildungsfernen Schichten

Mögliche Maßnahmen im Steuersystem sind:

- Bei der Einkommensteuer kann der Steuersatz für Besserverdienende angehoben und in die Steuerprogression eventuell eine Reichensteuer eingefügt werden. Dadurch können sich die wohlhabenden Spitzenverdiener stärker an der Finanzierung des Gemeinwesens beteiligen.
- Statt des Ehegattensplittings kann bei der Einkommensteuer das Familiensplitting eingeführt werden. Beim Ehegattensplitting werden den Ehegatten steuerliche Vorteile gewährt, während kinderreiche Familien, aber auch Alleinerziehende, Geschiedene, Witwen und Geringverdiener benachteiligt werden. Das Familiensplitting mindert die Steuerlast der Familien, weil die kindergeldberechtigten Kinder steuerlich berücksichtigt werden.
- Die Vermögenssteuer, deren Erhebung im Jahr 1997 ausgesetzt wurde, kann wieder eingeführt werden. Ebenso ist es möglich, die Erbschafts- und Schenkungssteuer stärker nach den sozialen Erfordernissen auszurichten. Durch diese Maßnahmen ist es möglich, die ungleiche Vermögensverteilung zu reduzieren.
- Auch bei den Kapitalerträgen kann die starre in eine progressive Besteuerung übergeführt werden. Hierbei können Zinserträge über dem Freibetrag, die bisher mit einer Steuer von 25 % belegt wurden, mit höheren Sätzen besteuert werden.

Mögliche Maßnahmen am Arbeitsmarkt sind:

- Abbau von prekärer Tätigkeit, also die Umwandlung von Leiharbeit in normale Arbeitsplätze oder die Aufwertung von Minijobs
- Erhöhung der Mindestlöhne, um einen Lebensstandard über der Armutsgrenze zu ermöglichen und die Altersarmut zu reduzieren
- Erhöhung des Arbeitslosenentgeltes, also des Arbeitslosengeldes (I), das bei Eintritt der Arbeitslosigkeit normalerweise bis zu einem Jahr gezahlt wird, und des Arbeitslosengeldes II (Hartz-4). Das Arbeitslosengeld II ist eine unbefristete Leistung, die der Grundsicherung von Arbeitsuchenden oder Arbeitslosen dient.
- Schaffung von Arbeitsplätzen vor allem für Minderqualifizierte durch staatliche Beschäftigungsprogramme, Arbeitsbeschaffungsmaßnahmen und Qualifizierungsprogramme, um Arbeitslose in den Arbeitsmarkt zu integrieren

Mögliche weitere Maßnahmen sind:

- Erhöhung des Kindergeldes und Verschärfung der Regelungen für den Kindesunterhalt
- Schaffung von mehr bezahlbarem Wohnraum für benachteiligte Bevölkerungsgruppen. Dadurch kann die Konzentration von Armut in einzelnen Stadteilen verhindert werden. Zu diesem Maßnahmenbündel gehören auch der Ausbau von Sozialwohnungen und die Verschärfung der Mietpreisbremse.

8 Außenwirtschaftspolitik und Globalisierung

8.1 Außenhandel und Außenwirtschaftspolitik

Ursachen des Außenhandels

Unter **Außenhandel** versteht man den grenzüberschreitenden Güterverkehr eines Landes, der aus Exporten und Importen besteht. Er wird in der Handelsbilanz erfasst.

Die Gründe, warum Länder wirtschaftliche Beziehungen aufnehmen können, sind vielfältig.

Sind bestimmte Güter in einem Land überhaupt nicht oder nur in minderer Qualität vorhanden, ist man gezwungen, diese im Ausland zu kaufen. Deutschland als rohstoffarmes und dicht besiedeltes Land benötigt vor allem Güter, die aufgrund geologischer Verhältnisse hier nicht vorkommen (Erdöl, Kupfer) oder wegen klimatischer Bedingungen nicht gedeihen – Kaffee, Kakao, Südfrüchte – **dauerhafte Nichtverfügbarkeit.**

Neben den geografischen Gegebenheiten können unterschiedlich verlaufende technische Entwicklungen zu Handelsströmen führen. In hoch entwickelten Volkswirtschaften behaupten sich industrielle Neuerungen bereits erfolgreich in der Produktionspraxis, während andere Länder so lange gezwungen sind, diese Güter zu kaufen, bis sie diese selbst herstellen können – **zeitweilige Nichtverfügbarkeit.**

Ebenso ist internationaler Handel vorteilhaft, wenn die Einkaufspreise auf Auslandsmärkten einschließlich Transport- und Versandkosten niedriger sind als im Inland und demnach **Preis- und Kostendifferenzen** vorliegen. Der Außenhandel folgt wie der Binnenhandel dem Grundsatz der Arbeitsteilung und der Gewinnsteigerung, jedoch mit dem Unterschied, dass Grenzen überschritten werden.

Arten des Außenhandels

Mit der Einführung des Europäischen Binnenmarktes zum 1. Januar 1993 sind die zollamtlichen Kontrollen an den Binnengrenzen der Mitgliedstaaten der Europäischen Union weggefallen und man unterscheidet seitdem zwei Arten des Außenhandels. Der **Intrahandel** erfasst den grenzüberschreitenden Warenverkehr zwischen Deutschland und den anderen Mitgliedstaaten der Europäischen Union. Der **Extrahandel** registriert den grenzüberschreitenden Warenverkehr zwischen Deutschland und den sogenannten Drittländern, also Länder außerhalb der Europäischen Union. Die Erfassung der Daten über die grenzüberschreitenden Warenbewegungen erfolgt im Grundsatz entweder klassisch über die Zollverwaltung (Extrahandel) oder im Wege einer direkten Firmenanmeldung (Intrahandel).

Güter- und Devisenströme zwischen In- und Ausland

Beim Extrahandel werden Waren und Dienstleistungen in Drittländer – der Einfachheit halber hier mit dem Außereuroraum gleichgesetzt – verkauft bzw. von dort gekauft. Dieser grenzüberschreitende Außenhandel erfordert Devisenbörsen und Wechselkurssysteme.

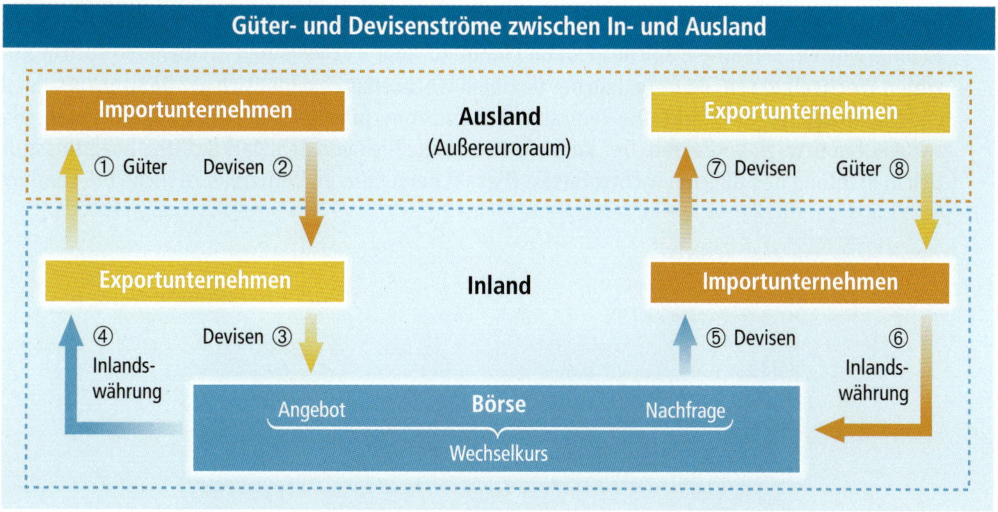

Verkauft ein inländisches Exportunternehmen Güter (1) in den Außereuroraum, erhält es von seinem Geschäftspartner ausländisches Geld, auch Devisen (2) genannt. Unter **Devisen** versteht man auf inländische Währungen lautende und im Außereuroraum zahlbare Überweisungen, Schecks und Wechsel. Im allgemeinen Sprachgebrauch rechnet man zu den Devisen auch die **Sorten,** das sind ausländische Banknoten und Münzen. Unter **Währung** versteht man das Geldwesen eines Landes und die Bezeichnung für die Zahlungsmittel.

Das inländische Exportunternehmen bietet seine Devisen (3) an der Börse an und erhält dafür Inlandswährung (4), mit der es seinen Verpflichtungen nachkommt, die aus der Exportgüterproduktion entstanden sind.

Die Nachfrager an der Börse bilden die inländischen Importunternehmen, die Devisen (5) gegen Inlandswährung (6) kaufen. Der Ort, an dem Angebot und Nachfrage nach Devisen aufeinandertreffen, ist die **Devisenbörse.** Hier bildet sich der Devisenkurs als der Preis einer ausländischen Währung, ausgedrückt in heimischer Währung. Statt von Devisenkurs wird auch von Wechselkurs gesprochen. Mit den an der Börse erworbenen Devisen (7) bezahlt der Importeur seine Güter (8), die er im Außereuroraum erwirbt.

Bei den geschilderten Außenhandelsbeziehungen ist nur ein Devisenmarkt im Inland nötig. Da internationale Wirtschaftsbeziehungen auf verschiedenartigsten vertraglichen Abmachungen beruhen, benötigt der ausländische Wirtschaftspartner ebenfalls eine Devisenbörse.

Binnen- und Außenwert

Wie jede Währung hat der Euro als international anerkanntes Zahlungsmittel einen Binnenwert (abhängig von der Inflationsrate) und einen Außenwert.

Änderungen des Außenwerts erkennt man am Wechselkurs des Euro gegenüber Drittländern, also z. B. US-Dollar pro Euro. Der Wechselkurs als Preis für eine ausländische Geldeinheit kann in Form der Preis-, aber auch als Mengennotierung erfolgen. Zum 1. Januar 1999 wurde in allen Euroländern die Darstellung der Devisenkurse von der Preis- auf die Mengennotierung umgestellt. Es wird nicht mehr angegeben, wie viel eine feste Einheit Fremdwährung in heimischer Währung kostet:

z. B. statt 1 USD = 0,7900 EUR (preisnotierter Wechselkurs)

wird angegeben, wie viel Fremdwährung man für 1 EUR erhält:

z. B. 1 EUR = 1,2658 USD (mengennotierter Wechselkurs).

Wechselkurssysteme

Der Wert des Euro zu den Außereuroländern kann prinzipiell durch zwei unterschiedliche Wechselkurssysteme geregelt werden.

Eine Möglichkeit ist, den Wechselkurs an den Devisenbörsen nicht zu beeinflussen und den Marktgesetzen zu unterwerfen. Erfolgt ein solches Floating (engl. to float = schwimmen, treiben), so spricht man von **flexiblen Wechselkursen.** Beim System der flexiblen Wechselkurse bildet sich der Devisenkurs durch Angebot und Nachfrage frei am Markt. Die Zentralbank ist nicht verpflichtet den Kurs zu stabilisieren, also Devisen anzukaufen bzw. zu verkaufen. Der Kurs wird ausschließlich von den Marktkräften beeinflusst und bewegt sich in Richtung des Gleichgewichtspreises. Dies ist beim Euro im Verhältnis zu Nicht-EU-Ländern der Fall.

221060672

Der Devisenmarkt bei flexiblen Wechselkursen

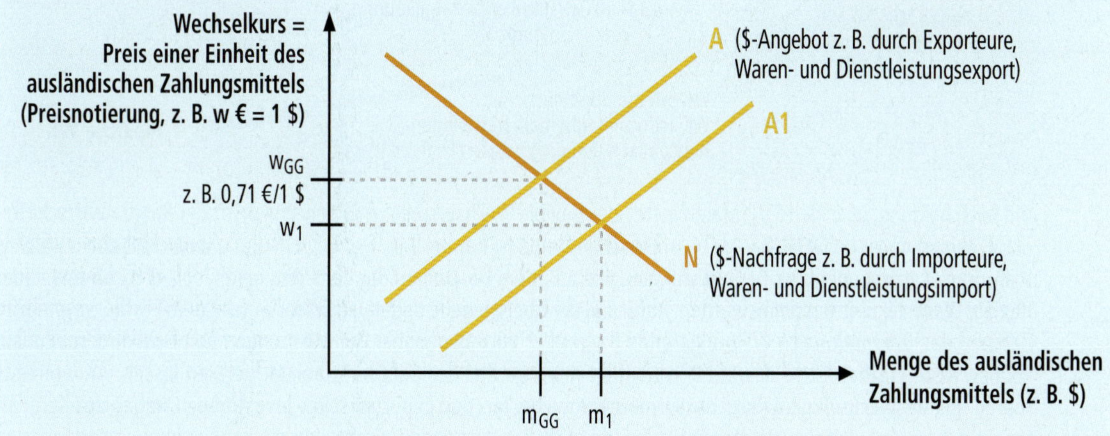

Kommt es in einem Land z. B. aufgrund zunehmender Exporte zu einem steigenden Devisenangebot von A nach A_1, so wird der Wechselkurs so lange sinken, bis Angebot und Nachfrage bei w_1, m_1 ausgeglichen sind (s. Abbildung).

Versucht man hingegen, in den Marktmechanismus einzugreifen und den Wechselkurs auf einer bestimmten Höhe zu halten, so spricht man von starren bzw. **festen Wechselkursen.** Beim festen Wechselkurs handelt es sich um einen Paritätskurs, d. h., es wird zunächst ein festes Austauschverhältnis zwischen den beiden Währungen (z. B. zwischen Euro und der tschechischen Krone) festgesetzt. Da sich die angebotenen und nachgefragten Devisenmengen an der Börse bei diesem fixierten Mittelkurs selten einpendeln, lässt man meist eine Schwankung des Wechselkurses von z. B. +/– 1 % zu. Diesen Schwankungsbereich bezeichnet man als **Bandbreite.** Hier handelt es sich um keine starren Wechselkurse, sondern um begrenzt freie Wechselkurse.

Kommt es zwischen den Währungen zu längerfristigen fundamentalen Ungleichgewichten (= an statistischen Daten erkennbare, gefestigte wirtschaftliche Entwicklungen), so sind Aufwertungen bzw. Abwertungen erforderlich. Bei der Aufwertung wird der Paritätskurs gesenkt und der Außenwert der Währung steigt; bei der Abwertung wird der Paritätskurs erhöht und der Außenwert der Währung sinkt. Dies ist in der EU beim Wechselkursmechanismus II gegeben. Neben den flexiblen Kursen des Euro zum Außereuroraum gibt es den Wechselkursmechanismus II (WKM II). Er besteht aus dem Euro und den Währungen der EU-Staaten, die (noch) nicht dem Eurosystem beigetreten sind.

Außenwirtschaftspolitik

Unter Außenwirtschaftspolitik versteht man die Gesamtheit aller staatlichen Maßnahmen zur Beeinflussung der außenwirtschaftlichen Beziehungen, also des Waren-, Dienstleistungs- und Kapitalverkehrs mit dem Ausland.

Hierbei kann man zwischen den Maßnahmen der Außenwährungspolitik und den Maßnahmen der Preis- und Mengenpolitik im Außenwirtschaftsverkehr unterscheiden.

Zu den Maßnahmen der **Außenwährungspolitik** gehören:

- **Interventionen:** Im Rahmen des Systems starrer Wechselkurse führt die Zentralbank Stützungskäufe bzw. -verkäufe durch, um den Wechselkurs innerhalb der festgesetzten Bandbreiten zu halten.
- **Erweiterung der Bandbreiten:** Befindet sich der Wechselkurs dauernd am oberen oder unteren Interventionspunkt, so kann die Schwankungsbreite z. B. von +/– 1 % auf +/– 2 % usw. erhöht werden. Im Allgemeinen sind nach bestimmten Zeitabläufen wiederum Interventionen nötig.
- **Paritätskursänderungen:** Bei fundamentalen Ungleichgewichten muss der Paritätskurs erhöht (Abwertung) bzw. gesenkt (Aufwertung) werden.

Überwiegen die Nachteile der starren Wechselkurse, so wird man den Wechselkurs freigeben, d. h., es werden keine Interventionen mehr durchgeführt und die Devisenkurse entwickeln sich frei nach Angebot und Nachfrage. Es herrschen flexible Wechselkurse.

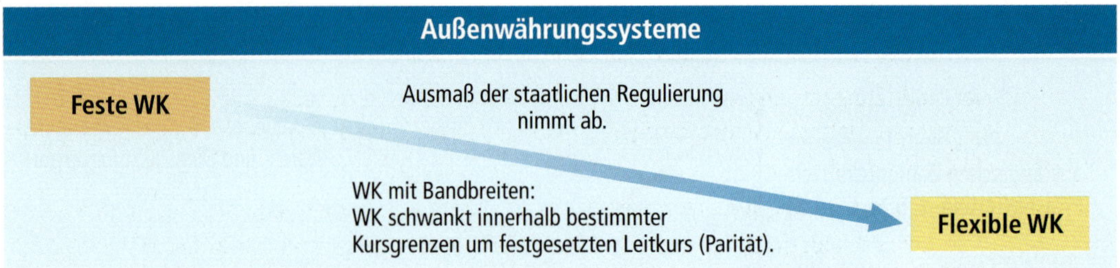

Die Entscheidung, ob in den EU-Staaten feste oder flexible Wechselkurse zu finden sind, trifft der Rat der Wirtschafts- und Finanzminister (ECOFIN-Rat) der Europäischen Union (s. Kapitel 8.4). Der ECOFIN-Rat entscheidet auch, welches Währungssystem gegenüber Drittwährungen, wie z. B. dem US-Dollar oder dem Yen, gelten soll, d. h., ob feste oder flexible Wechselkurse bestimmt werden. Aufgrund der überwiegend negativen Erfahrung mit dem Festkurssystem im Rahmen des Internationalen Währungsfonds floatet der Euro gegenüber den Währungen von Drittländern. Zudem können feste Wechselkurse das ESZB in Konflikt mit dem Ziel der Geldwertstabilität geraten lassen. Andererseits führen flexible Wechselkurse dazu, dass Unternehmen bei Im- und Exporten sowie Investitionen wegen des Kursrisikos unsichere Kalkulationsgrundlagen haben. Bei stark schwankenden Wechselkursen können in exportorientierten Branchen Absatzprobleme entstehen, die zu Entlassungen und damit zu Arbeitslosigkeit führen.

Die Außenwirtschaftspolitik kann nicht nur die Geldströme zwischen den Ländern beeinflussen, sondern auch die Güterströme. Zu den **Maßnahmen der Preis- und Mengenpolitik im Außenwirtschaftsverkehr** gehören Zölle und Kontingente.

Werden die ein- oder ausgeführten Güter an der Grenze mit Abgaben belegt, so spricht man von Zollpolitik. Die Erhebung von **Zöllen** ist nötig, wenn ausländische Hersteller ihre Produkte zu niedrigen Preisen auf den Binnenmärkten anbieten und dies zu Absatzrückgängen und Arbeitslosigkeit führt. Um dies zu verhindern, können Schutzzölle in Form von Importzöllen erhoben werden. Von Finanzzöllen spricht man, wenn der Staat durch Anheben der Zölle sich lediglich Einnahmen verschaffen will. Zölle führen zu Wettbewerbsverzerrungen und deshalb haben sich viele Länder dem GATT (General Agreement on Tarifs and Trade) bzw. später der WTO (World Trade Organization) angeschlossen, um Handelsbeschränkungen abzubauen (s. Kapitel 8.4).

Kontingente sind mengenmäßige Beschränkungen der Einfuhr oder der Ausfuhr innerhalb eines bestimmten Zeitraumes. Wird bei ausgewählten Gütern der Handel gänzlich untersagt, liegt ein Embargo vor. Am wichtigsten ist die Kontingentierung der Einfuhren; die Ausfuhrkontingente dienen ähnlich wie der Ausfuhrzoll der Einschränkung des Exports.

8.2 Zahlungsbilanz

Die grenzüberschreitenden Geld- und Güterströme werden in der Zahlungsbilanz erfasst.

Die Zahlungsbilanz ist die systematische Aufzeichnung aller wirtschaftlichen Transaktionen zwischen Inländern und Ausländern innerhalb einer Wirtschaftsperiode.

Aufgrund der Vielzahl an Transaktionen wird die Zahlungsbilanz in die Leistungsbilanz und die Kapitalbilanz unterteilt, die wiederum in Teilbilanzen zerfallen. Daneben enthält sie noch Vermögensübertragungen, Veränderungen der Währungsreserven und Restposten.

Die Teilbilanzen der **Leistungsbilanz** sind:

- **Außenhandel:** Er erfasst den Warenverkehr zwischen den Inländern und Ausländern und ist die Gegenüberstellung von Warenexporten (Ausfuhr von Maschinen, Fahrzeugen, chemischen Produkten usw.) und Warenimporten (Einfuhr von Erdöl, Textilien, Südfrüchten). Bei einem Überschuss der Warenausfuhr gegenüber der -einfuhr spricht man von einer aktiven Handelsbilanz.
- **Dienstleistungen:** Sie sind unterteilt in Dienstleistungseinnahmen und -ausgaben. Einnahmen resultieren aus dem Reiseverkehr der Ausländer im Inland und Ausgaben fallen für inländische Touristen und Geschäftsreisende im Ausland an.

221060674

- **Erwerbs- und Vermögenseinkommen:** Diese Bilanz erfasst die Kapitalerträge und -einkommen aus selbstständiger Arbeit, die zwischen In- und Ausländern fließen.
- **laufende Übertragungen:** Zu diesen Posten gehören Überweisungen ausländischer Arbeitskräfte, Renten, Pensionen, Unterstützungszahlungen, Zahlungen an die Europäische Union und an sonstige internationale Organisationen.

Die **Vermögensübertragungen** werden aus der Leistungsbilanz ausgegliedert und gesondert ausgewiesen, da es sich um Bestandsänderungen handelt. Vermögensübertragungen sind u. a. Schuldenerlasse (z. B. erlässt Deutschland Entwicklungsländern ihre Schulden), Erbschaften, Vermächtnisse und Schenkungen sowie die Vermögenstransfers von Aus- und Einwanderern.

Die Kapitalaus- und -einfuhren werden in der **Kapitalbilanz** erfasst, wobei ein Passivsaldo (–) Kapitalexport und ein Aktivsaldo (+) Kapitalimport bedeutet.

Weitere Teilbilanzen der Zahlungsbilanz sind:

- Die **Veränderungen der Währungsreserven** einschließlich der Goldreserven und damit die Auslandsposition der Deutschen Bundesbank.
- Der Saldo der statistisch nicht aufgliederbaren Transaktionen, auch als **Restposten** bezeichnet.

Teile der Zahlungsbilanz (vereinfacht)

	Unterbilanzen	Erläuterung	Beispiel
A. Leistungsbilanz	Handelsbilanz/Außenhandel	Warenimporte und -exporte	Ein deutsches Unternehmen verkauft Maschinen an ein Unternehmen in Dubai.
	Dienstleistungsbilanz	Einnahmen und Ausgaben bei grenzüberschreitenden Dienstleistungen	Flug mit einer deutschen Airline nach USA
	Saldo: Außenbeitrag		
	Bilanz der Erwerbs- und Vermögenseinkommen	Einkommen aus unselbstständiger Arbeit für Grenzgänger und Saisonarbeiter; Zinsen und Dividenden	Ein Deutscher arbeitet im Winter in einem Schweizer Skigebiet.
	Bilanz der laufenden Übertragungen	laufende unentgeltliche Zuwendungen: Zahlungen an internationale Organisationen, Versicherungsprämien	Deutschland zahlt für die Mitgliedschaft in der UNO.
	Saldo der Leistungsbilanz		
B. Bilanz der Vermögensübertragung		unentgeltliche Leistungen, die das Einkommen in den beteiligten Ländern nicht verändern und einmalig erfolgen	Die EU überweist Deutschland Mittel für den Bau der Autobahn A 20.
C. Kapitalbilanz	(fünf Unterbilanzen, hier nicht angegeben)	Forderungen und Verbindlichkeiten gegenüber Ausländern, z. B. aufgrund von Investitionen vom oder im Ausland, Kreditgewährung, Wertpapieranlagen	Ein ausländisches Unternehmen kauft Aktien eines deutschen Unternehmens auf.
D. Devisenbilanz		Veränderungen der nationalen Währungsreserven (Gold- und Devisenbestände) sowie Forderungen gegenüber der EZB	Die deutsche Bundesbank verkauft einen Teil ihrer Goldreserven.
E. Ausgleichs-/ Restposten		dient dem Ausgleich der Zahlungsbilanz, bei ungeklärten Beträgen aufgrund statistischer Ermittlungsfehler	

Die Zahlungsbilanz ist nach den Regeln der Doppik aufgebaut und registriert die internationalen Vorgänge im Soll (Aktiva) und im Haben (Passiva). Jeder Vorgang, der im Inland zu Zahlungseingängen führt, wird auf der Aktivseite verbucht und jeder Vorgang, der im Inland Zahlungsabflüsse auslöst, auf der Passivseite. Die Zahlungseingänge der Aktivseite führen zum Devisenangebot, die Zahlungsabflüsse auf der Passivseite zur Nachfrage an Devisen. Da jede internationale Transaktion sowohl auf der Aktivseite als auch auf der Passivseite verbucht wird, ist die Zahlungsbilanz immer ausgeglichen. Ungleichgewichte ergeben sich demnach nur für die einzelnen Teilbilanzen.

Die Bundesrepublik Deutschland ist eine der größten Außenhandelsnationen der Welt. Der Export deutscher Waren ins Ausland stellt seit Jahren die wichtigste Triebfeder der Volkswirtschaft dar und mittlerweile hängt jeder fünfte Arbeitsplatz direkt oder indirekt vom Export ab. Ein wichtiges ökonomisches Merkmal der Bundesrepublik besteht darin, dass Rohstoffe und Halberzeugnisse aus dem Ausland bezogen, diese im Inland zu hochwertigen Fertigprodukten zusammengebaut und anschließend auf den Weltmärkten verkauft werden. Demzufolge führt ein steigender Export immer zu steigenden Importen. Wie die Leistungsbilanz zeigt, ermöglichen die Deviseneinnahmen aus dem Exportüberschuss den Bundesbürgern umfangreiche Reiseaktivitäten.

8.3 Globalisierung

Eine zentrale Herausforderung im Außenwirtschaftsverkehr der Bundesrepublik Deutschland bildet der weltweite Vorgang der Globalisierung.

Unter Globalisierung versteht man einen Prozess, der die national(staatlich)en Grenzen überwindet, eine internationale Arbeitsteilung beinhaltet und zur Ausweitung und Intensivierung wirtschaftlicher, technischer, wissenschaftlicher, aber auch kultureller Beziehungen zwischen Ländern bzw. Kontinenten führt.

Ursachen der Globalisierung

Als Ursache für die Globalisierung werden mehrere Faktoren genannt, die zu einer veränderten Ausgangslage in der Weltwirtschaft geführt haben:

- Der technische Fortschritt, vor allem bei den modernen Informations- und Kommunikationssystemen, ermöglicht internationale Aktivitäten ohne nennenswerte Zeit- und Informationsverluste zu verhältnismäßig geringen Kosten.
- Politische Veränderungen durch internationale Vereinbarungen und internationale Institutionen, wie z. B. das GATT bzw. die WTO, führen zu Einschränkungen der wirtschafts- und sozialpolitischen Handlungsmöglichkeiten von Einzelstaaten.

- Sinkende Transportkosten und ein Lohngefälle zwischen den Ländern begünstigen die Verlagerung von Produktionsstandorten bzw. Auslagerung von Unternehmensbereichen (Outsourcing).
- Die Herausbildung internationaler Kapitalmärkte, die unabhängig von nationalen Zwängen sind, ermöglicht es jedermann, seine finanziellen Mittel dort einzusetzen, wo sie den meisten Ertrag bringen, d. h. weltweit zu investieren.

Auswirkungen der Globalisierung

Als zentrale Auswirkungen der Globalisierung ergeben sich für die Bundesrepublik Deutschland wie auch für andere hoch entwickelte Länder folgende Veränderungen:

- Es entstehen transnationale Unternehmen, sogenannte Global Player, die auf weltweiten Märkten operieren. Neue Arten der Zusammenarbeit bzw. Unternehmenszusammenschlüsse treten auf, wobei „strategische Allianzen" mit globalen Produktions- und Vertriebsnetzen geschaffen werden. Deutsche Unternehmen investieren und kooperieren mit dem Ausland; ausländische Unternehmen suchen nach günstigen Bedingungen in Deutschland.
- Der Einfluss und die Wirksamkeit politischer Maßnahmen durch nationale Träger der Wirtschaftspolitik wie Regierungen und Wirtschaftsverbände sind eingeschränkt. Durch die internationale Arbeitsteilung können die Global Player bei Steuererhöhungen, Umweltauflagen, erhöhten Lohnforderungen oder Sozialabgaben ihren Standort in ein anderes Land verlegen. Bei Zinsvariationen werden umfangreiche Kapitaltransaktionen innerhalb kürzester Zeit ausgelöst.
- Die Beschäftigungs- und Einkommensstruktur eines Landes erfährt fundamentale Veränderungen. In den Bereichen der neuen Technologien kommt es zu einer starken Zunahme an Arbeitsplätzen, vor allem bei qualifizierten Tätigkeiten mit hohem Einkommen. In Wirtschaftssektoren, wie z. B. dem produzierenden Gewerbe mit geringerer Qualifikation der Arbeitnehmer und mittlerem Einkommen, kommt es zu einer strukturellen Arbeitslosigkeit. Ursache dieses Prozesses ist die Verlagerung der Unternehmensstandorte aus dem Inland in Niedriglohnländer, um Lohnkosten zu sparen.

Der Vorgang der Globalisierung führt in jedem Land zu Ungleichheiten, vor allem auf dem Arbeitsmarkt, und es ist die Aufgabe der staatlichen Wirtschaftspolitik, diese Ungleichgewichte zu mildern bzw. zu verhindern. Das Ziel der nationalen Strukturpolitik muss es sein, die Bundesrepublik Deutschland für den internationalen Wettbewerb „fit" zu machen, d. h., in Deutschland müssen die Rahmenbedingungen geschaffen werden, die es dem Land erlauben, sich dem internationalen Wettbewerb zu stellen.

Reaktionen auf die Globalisierung

Zu den wichtigen Maßnahmen, mit denen Deutschland auf die Herausforderung der Globalisierung reagieren kann, gehören:

- Schaffung von günstigen Investitionsbedingungen für ausländische Unternehmen in Deutschland: Die Bundesregierung muss versuchen, ihr Steuer- und Abgabensystem, die Verwaltungsbestimmungen, evtl. auch Umweltauflagen internationalen Standards anzugleichen; die Tarifparteien sollten die Arbeitszeitregelung, Lohnniveau, Maschinenlaufzeiten usw. an den Gepflogenheiten der „Leaderländer" orientieren.
- Entwicklung von Produktionsstrukturen für ein Hochlohnland: Nach 1945 hatte sich Westdeutschland zu einem Hochlohnland entwickelt, in dem einfache manuelle Tätigkeiten relativ teuer bezahlt werden müssen. Da sinkende Löhne aus sozialen Überlegungen und tariflichen Bindungen in Deutschland nicht durchsetzbar sind, besteht nur die Möglichkeit, einfache Tätigkeiten in Niedriglohnländer zu verlagern und sich auf die Herstellung „intelligenter Produkte" zu konzentrieren. Qualifizierte Arbeiten wie die Entwicklung, Konstruktion und die Herstellung von „higher sophisticated products" schaffen neue Arbeitsplätze. Qualifizierte Tätigkeiten erfordern den Einsatz von Humankapital, flexible Arbeitszeitmodelle und Lohndifferenzierungen.
- Förderung der Hochtechnologie: Die Bundesregierung bietet Steuererleichterungen und Subventionsleistungen, um Betriebsgründungen in der Informations- und Kommunikationstechnologie, der Bio- und Gentechnologie als Schlüsseltechnologien des 21. Jahrhunderts zu ermöglichen.
- Ausbau des Bildungssystems: Die Bedingung für qualifizierte Tätigkeiten, technische Innovationen, Mobilität und Flexibilität einer Bevölkerung ist ein gut ausgebautes Bildungssystem. Nicht nur die Förderung von Leistungsbereitschaft und Auslese in den allgemeinbildenden und berufsbildenden Schulen ist ein zentrales Anliegen des Bildungswesens, sondern auch die Erhöhung der Produktivität des „human capital" an den Hochschulen.

Die negativen Folgen der Globalisierung können gemindert werden, wenn nicht nur staatliche Forschungsprojekte und -einrichtungen wie z. B. die Max-Planck-Gesellschaft oder das Fraunhofer-Institut bezuschusst werden, sondern auch die Zusammenarbeit staatlicher Forschungsstellen mit der Wirtschaft gefördert wird, um die Umsetzung von Forschungsergebnissen in marktfähige Produkte zu beschleunigen.

Globalisierung	
Vorteile	**Nachteile**
■ steigende Beschäftigung in den Billiglohnländern ■ Zunahme von hoch qualifizierten Arbeitsplätzen in den Industrieländern ■ geringere Produktionskosten, da niedrigere Löhne, Steuern und Umweltabgaben genutzt werden ■ günstigere Preise der global vermarkteten Waren und Dienstleistungen ■ internationale Konkurrenz bedeutet Leistungssteigerung ■ internationaler Kapitalverkehr ermöglicht optimalen Kapitaleinsatz	■ Abwanderung von Arbeitsplätzen für wenig qualifizierte Arbeitskräfte in Billiglohnländer ■ sinkender Einfluss der Nationalstaaten gegenüber multinationalen Konzernen ■ Kluft zwischen Armen und Reichen wird immer größer, d. h., die Entwicklungsländer werden benachteiligt ■ Einkommensunterschiede auch in Hochlohnländern verschärfen sich ■ steigende Transportleistungen und damit zunehmender Energieverbrauch; Wandel des Weltklimas ■ Gefahr internationaler Finanzkrisen steigt

8.4 Wirtschaftspolitische Zusammenarbeit von Staaten

Wirtschaftspolitik findet auf unterschiedlichen Ebenen statt: Auf **nationaler Ebene** treffen die Bundes- und Landesregierungen mit den Parlamenten im Rahmen ihrer Haushaltspolitik wichtige Entscheidungen. Wesentliche Träger der nationalen Wirtschaftspolitik sind auch die Tarifparteien. Auf der **europäischen Ebene** wird die Wirtschaftspolitik der Nationalstaaten ebenfalls beeinflusst. Die Europäische Union besitzt eine eigene Rechtspersönlichkeit und kann unter bestimmten Bedingungen auf dem Gebiet der Gemeinschaft rechtliche Regelungen schaffen, die die Wirtschaft betreffen. Darüber hinaus gibt es Organisationen, die länderübergreifend auf **internationaler Ebene** die Wirtschaftspolitik beeinflussen.

221060678

Die Europäische Union

Die Europäische Union kann in dem Ausmaß, in dem die Mitgliedstaaten ihr Befugnisse zugewiesen haben, durch ihre supranationalen Organe Wirtschaftspolitik betreiben. Bezüglich der an die Europäische Union übertragenen Kompetenzen unterscheidet man Bereiche mit einer einheitlichen Politik. Dazu gehören die Geld- und Währungspolitik, die von der **Europäischen Zentralbank** betrieben werden (s. Kapitel 6). Bei den Bereichen mit einer gemeinsamen Politik kommt es zu einer Zusammenarbeit z. B. auf dem Gebiet der Landwirtschaft, der Fischerei, des Verkehrs sowie des Handels. Darüber hinaus gibt es noch Bereiche, in denen Koordinierung angestrebt wird. Hierzu gehören unterschiedliche Felder, wie z. B. die Beschäftigungspolitik, Umweltpolitik oder Sozialpolitik, bei denen bis jetzt nur ein geringer Kooperationsgrad erreicht wurde.

Grundlage für die wirtschaftliche Zusammenarbeit sind die verschiedenen Organe der Europäischen Union.

Organe der Europäischen Union

Der Europäische Rat

Hier treffen sich die Staats- und Regierungschefs zusammen mit dem Präsidenten der Kommission in der Regel zweimal im Jahr. Auf diesem Gipfel werden Grundsatzfragen geklärt und Weichen für weitere Entwicklungen gestellt. Mögliche Themen sind hier die Eurokrise, die Energie- und Strukturpolitik.

Der Rat der Europäischen Union (Ministerrat)

Im Ministerrat treffen sich je nach Politikfeld die entsprechenden Fachminister, also z. B. Landwirtschaftsminister, Finanzminister oder Wirtschaftsminister der nationalen Regierungen, um Entscheidungen zu treffen. Treten die Wirtschafts- und Finanzminister zusammen, so spricht man vom ECOFIN-Rat. Der ECOFIN-Rat ist eines der mächtigsten Entscheidungsgremien der EU. Er überwacht die Haushaltspolitik und die öffentlichen Finanzen der Mitgliedsländer im Rahmen des Stabilitätspaktes. Jeder Minister vertritt sein Land. Der Ministerrat ist das zentrale Beschlussorgan der EU und lenkt die Zusammenarbeit der Mitgliedstaaten, er erlässt europäische Richtlinien und Verordnungen und beschließt zusammen mit dem Parlament den EU-Haushalt. Bei bestimmten wirtschaftlichen Problemen wie z. B. Steuern oder Arbeitnehmerrechten ist Einstimmigkeit verlangt; in vielen anderen Fragen genügt eine qualifizierte Mehrheit.

Die Europäische Kommission

Die Kommission ist das eigentliche ausführende Organ der Europäischen Union. An ihrer Spitze steht der Präsident und jedes Kommissionsmitglied ist für ein bestimmtes Sachgebiet verantwortlich. Die Mitglieder werden zwar von den nationalen Regierungen vorgeschlagen, sie vertreten jedoch nicht ihr Land, sondern in erster Linie die Interessen der EU. Eine Aufgabe der Europäischen Kommission besteht darin, die Wirtschaftspolitik eines jeden Mitgliedstaats zu beurteilen und zu überprüfen, ob sie mit den vereinbarten wirtschaftlichen, sozialen und ökologischen Zielen der EU in Einklang steht. Zudem spricht sie Frühwarnungen aus, wenn sie erkennt, dass ein Land seine Defizitgrenzen wahrscheinlich überschreitet.

Das Europäische Parlament

Die Abgeordneten des Parlaments haben z. B. Mitentscheidungsrechte bei der Aufstellung, Beratung und Verabschiedung des EU-Etats sowie bei der europäischen Normsetzung, darüber hinaus besitzen die Parlamentarier noch Kontroll- und Beratungsrechte.

Der Europäische Gerichtshof

Der Gerichtshof überprüft Entscheidungen des Ministerrats und der Kommission, er kann aber auch Regelungen der nationalen Regierungen für ungültig erklären, wenn sie europäischem Recht widersprechen.

Mit diesen Organen werden wichtige Aufgabenfelder der Europäischen Union beeinflusst. Neben der Außen- und Sicherheitspolitik und der Innen- und Justizpolitik beschäftigt sich die Europäische Gemeinschaft mit zentralen wirtschaftspolitischen Aufgabenfeldern wie der Zollunion und dem Außenhandel, der Agrarpolitik ebenso wie der Strukturpolitik, die die Förderung schwacher Regionen übernimmt. Darüber hinaus sind die Verkehrs-, Energie-, und Kommunikationspolitik weitere Säulen der Europäischen Wirtschaftspolitik.

Die Grundlage für den wirtschaftlichen Einigungsprozess im europäischen Binnenmarkt bilden die vier Grundfreiheiten, der freie Personen-, Dienstleistungs-, Waren- und Kapitalverkehr.

Die vier Freiheiten im Binnenmarkt			
freier Personenverkehr	**freier Dienstleistungsverkehr**	**freier Warenverkehr**	**freier Kapitalverkehr**
■ Wegfall von Grenzkontrollen ■ Harmonisierung der Einreise-, Asyl-, Waffen- und Drogengesetze ■ Niederlassungs- und Beschäftigungsfreiheit für EG-Bürger ■ verstärkte Außenkontrollen	■ Liberalisierung der Finanzdienste ■ Harmonisierung der Banken- und Versicherungsaufsicht ■ Öffnung der Transport- und Telekommunikationsmärkte	■ Wegfall der Grenzkontrollen ■ Harmonisierung oder gegenseitige Anerkennung von Normen und Vorschriften ■ Steuerharmonisierung	■ größere Freizügigkeit für Geld- und Kapitalbewegungen ■ Schritte zu einem gemeinsamen Markt für Finanzleistungen ■ Liberalisierung des Wertpapierverkehrs

Internationale Organisationen

Auf internationaler Ebene sind vor allem nach dem Zweiten Weltkrieg eine Reihe von Organisationen gegründet worden, die das Ziel einer zunehmenden wirtschaftlichen Kooperation zwischen den jeweiligen Mitgliedstaaten verfolgen. Zu diesen Organisationen gehören:

World Trade Organization

Die Welthandelsorganisation, abgekürzt WTO, hat ihren Sitz in Genf in der Schweiz. Ihre primäre Zielsetzung ist die Verbesserung der internationalen Handels- und Wirtschaftsbeziehungen vor allem durch den Abbau von Handelshemmnissen und die Liberalisierung der Weltwirtschaft. Es handelt sich um eine international anerkannte Institution, die unparteiische Regeln vorgibt, um zwischen den Staaten Verträge zu ermöglichen, und bei Streitigkeiten Hilfestellung zur Beilegung bietet. Die WTO hat zurzeit ca. 164 Mitglieder, die mehr als 90 % des Welthandelsvolumens erwirtschaften und zu denen die USA, Japan, China, die Mitgliedstaaten der EU und viele Entwicklungsländer gehören. Die Welthandelsorganisation ist die Weiterentwicklung des GATT und wurde 1994 gegründet.

Bereits 1947 einigten sich 23 Staaten auf ein allgemeines Zoll- und Handelsabkommen (General Agreement on Tarifs and Trade GATT), um über völkerrechtliche Verträge eine Liberalisierung des Handels zu erreichen und zum Wiederaufbau der Weltwirtschaft beizutragen. In insgesamt acht Verhandlungsrunden kam man dem Ziel eines unbeschränkten Warenverkehrs, z. B. durch den Abbau von Einfuhrzöllen, Schritt für Schritt näher. Die sogenannte Uruguay-Runde dauerte von 1986 bis 1994 und seit 2001 läuft die Doha-Runde.

Welthandelsorganisation (WTO)		
164 Mitgliedstaaten; Prinzip der Konsensentscheidungen: Eine Entscheidung gilt als angenommen, wenn ihr kein Mitgliedstaat formell widerspricht.		
Güter- und Zollabkommen (GATT)	**Dienstleistungsabkommen (GATS)**	**Abkommen über geistiges Eigentum (TRIPS)**
regelt den Warenverkehr in den Bereichen: ■ Industriegüter: Zollsenkungen bis zu 100 % ■ Landwirtschaft: Abbau von Subventionen ■ Textilhandel: Abbau von Exportbeschränkungen	regelt den Handel mit Dienstleistungen. Öffnung der Märkte, Abbau von Handelshemmnissen in den Bereichen: ■ Telekommunikation ■ Banken und Versicherungen ■ Transport ■ Tourismus	regelt den Schutz des geistigen Eigentums in den Bereichen: ■ Patente ■ Marken ■ Urheberrecht ■ Industriedesign ■ Computerprogramme
Streitschlichtung – Regelung bei Handelskonflikten		
Prinzip der Meistbegünstigung: Handelsvorteile müssen allen Mitgliedstaaten in gleicher Weise gewährt werden. **Prinzip der Nichtdiskriminierung:** keine Benachteiligung eines einzelnen Mitgliedstaats gegenüber anderen Mitgliedstaaten **Prinzip der Inländerbehandlung:** keine Begünstigung inländischer Güter und Dienstleistungen gegenüber ausländischen Produkten **Prinzip der Transparenz:** keine geheimen Abkommen, sondern gegenseitige Informationen über Handelsvorschriften		

Quelle: Die WTO und ihre Grundprinzipien. In: Politik & Unterricht 4/2003: Globalisierung. Herausgegeben von der Landeszentrale für politische Bildung Baden-Württemberg, S. 28. (verändert).

Organisatorisch unterscheidet man bei der WTO die drei Teilbereiche: Das **GATT** regelt den Welthandel, d. h., es trifft Vereinbarungen gegen Dumping und Subventionen oder erlässt Bestimmungen zu grenzüberschreitenden Investitionen. Das **GATS** (General Agreement on Trade in Service) gilt für den Handel mit Dienstleistungen und beinhaltet z. B. die Liberalisierung der Telekommunikation oder von Finanzdienstleistungen (Banken, Börsendienste, Fonds und Versicherungen). Das **TRIPS** (Trade-related Aspects of Intellectual Property Rights) enthält Bestimmungen zum Schutze von Patenten und Geschäftsgeheimnissen.

Die Zielsetzung eines freien Welthandels wird in der WTO durch folgende Prinzipien verwirklicht:

- **Liberalisierung:** Tarifäre Handelshemmnisse (Zölle) und nichttarifäre Handelsbeschränkungen (Kontinente) sollen abgebaut werden.
- **Meistbegünstigung:** Das heißt, Handelserleichterungen, die ein WTO-Mitglied einem anderen Land gewährt, müssen auch allen weiteren WTO-Mitgliedern zugestanden werden.
- **Gegenseitigkeit:** Handelsvergünstigungen sollen immer gegenseitig sein. Wenn ein Land einem anderen eine Zollsenkung zubilligt, muss dies durch entsprechende Zollsenkungen beantwortet werden.
- **Inländerbehandlung:** Anbieter aus dem Ausland dürfen nicht schlechter gestellt werden als inländische, d. h., es darf keine Sondersteuer auf Einfuhren erhoben werden.
- **Transparenz:** Die WTO-Mitglieder dürfen ihre Abkommen nicht geheim halten, sondern müssen sich gegenseitig über ihre Handelsvorschriften informieren.

Die Arbeit der WTO wird in der breiten Öffentlichkeit z. T. kontrovers diskutiert.

Die Gegner argumentieren beispielsweise:

- Die WTO benachteiligt die ohnehin schon schwachen Entwicklungsländer und fungiert als verlängerter Arm der multinationalen Konzerne. Die armen Länder werden gezwungen, ihre Agrarmärkte zu öffnen, obwohl sie ihren eigenen Bauern damit schaden.
- Die WTO ist eine Ansammlung von undemokratischen und undurchsichtigen Verhandlungsstrategien und Regeln. Es gibt die verschiedensten politischen und wirtschaftlichen Bündnisse innerhalb der WTO.
- Die WTO drängt den Einfluss der Regierungen zurück und vernachlässigt die Menschenrechte und den Umweltschutz.

Die Befürworter argumentieren z. B.:

- Die WTO hat eine demokratische Struktur, in der die Regel „One man, one vote" gilt.
- Während der Handelsrunden können sich die WTO-Länder mit gleichen Interessen zu Koalitionen zusammenschließen und für ihre Ziele kämpfen.
- Jedes Land der WTO hat die Möglichkeit der Anklage im Rahmen des WTO-Streitschlichtungsverfahrens. Europa und die USA wurden bereits mehrmals von den ärmeren Entwicklungsländern angeklagt.

Insgesamt fördert die WTO den Prozess der Globalisierung.

Organisation for Economic Co-operation and Development

Die OECD (Organisation für wirtschaftliche Zusammenarbeit und Entwicklung) ist eine internationale Organisation, in der fast alle Mitgliedstaaten Industrieländer sind. Sie hat den Charakter einer permanent tagenden Konferenz, in der sie für die Regierungsvertreter der Mitgliedsländer eine Plattform für Diskussionen und Erfahrungsaustausch bietet. Sie ermöglicht die gemeinsame Lösung von Problemen sowie die Koordinierung nationaler und internationaler Politik. Die OECD gliedert sich in einen Rat, das Sekretariat, diverse Ausschüsse bzw. Arbeitsgruppen und hat ihren Sitz in Paris.

Die Vorläuferorganisation der OECD war die Organisation for European Economic Cooperation (OEEC), die 1948 von 18 Ländern gegründet wurde. Es waren vor allem europäische Länder, die in den Entscheidungsprozess über die Verwendung der Gelder aus dem European Recovery Programm (ERP) – auch „Marshall-Plan" genannt – eingebunden wurden. Die OECD als Nachfolgeorganisation der OEEC wurde 1961 gegründet und besteht aus 35 Mitgliedstaaten (Stand 2017).

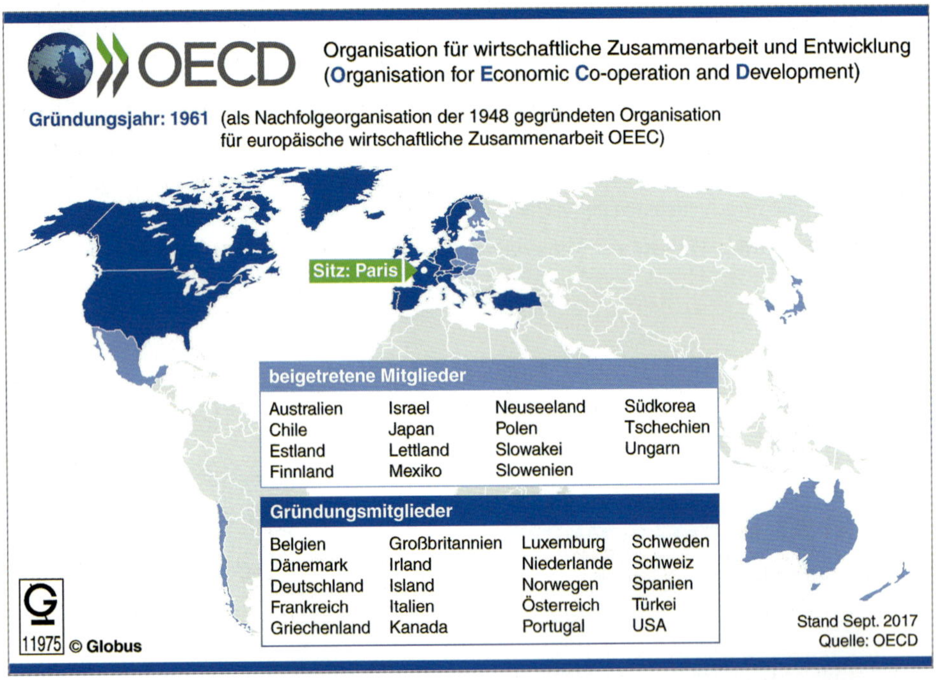

Die satzungsmäßigen Ziele der OECD sind einerseits, zu einer optimalen Wirtschaftsentwicklung und einem steigenden Lebensstandard in ihren Mitgliedstaaten beizutragen, andererseits das Wirtschaftswachstum in den Entwicklungsländern zu fördern und eine Ausweitung des Welthandels zu begünstigen. Zu den ursprünglichen Zielen trat im Laufe der Zeit noch die Unterstützung der Transformationsländer, also der Staaten, die sich von der Zentralverwaltungswirtschaft zur Marktwirtschaft hinbewegen. Im Auftrag der OECD werden auch die regelmäßigen Untersuchungen im Rahmen der sogenannten PISA-Studie (Programme for International Student Assessment) durchgeführt. Ziel der PISA-Studie ist die ländervergleichende Erhebung von Kompetenzen 15-jähriger Jugendlicher in den Bereichen Lesen, Mathematik und Naturwissenschaften.

Internationaler Währungsfonds

Der Internationale Währungsfonds (IWF), im englischen als International Monetary Fund (IMF) bezeichnet, ist eine Sonderorganisation der Vereinten Nationen, hat seinen Sitz in Washington D. C. und ist die Schwesterorganisation der Weltbank. Der IWF ist bereits vor Ende des Zweiten Weltkriegs in dem kleinen Ort Bretton Woods im Bundesstaat New Hampshire mit dem Ziel einer verstärkten internationalen Zusammenarbeit in der Währungspolitik gegründet worden.

Die Mitgliedstaaten des IWF verpflichten sich,

- ihre Wechselkurs- und Devisenpolitik unter die Aufsicht des IWF zu stellen, damit ein stabiles internationales Wechselkurssystem gefördert werden kann.
- in Fragen der internationalen Währungspolitik und des Zahlungsverkehrs eng zusammenzuarbeiten, um z. B. Devisenkontrollen so weit wie möglich zu vermeiden.
- sich bei Zahlungsbilanzdefiziten zu helfen.

Um diese Aufgaben zu erfüllen, muss jedes Mitglied Zahlungen an einen Fonds leisten, wobei bestimmte Quoten festgelegt sind. Hat ein Land Zahlungsbilanzdefizite, so gewährt der IWF einen Kredit. Ein Mitgliedsland kann demnach auf Antrag beim IWF die Währung eines anderen Landes in Höhe seiner Quote gegen Gold oder Landeswährung kaufen. Dies bezeichnet man als Ziehung. Die Sonderziehungsrechte (SZR) sind seit 1969 die offizielle Recheneinheit des IWF, in der die Quoten berechnet und die Währungsreserven gehalten werden. Es handelt sich um eine Art Weltgeld im Zahlungsverkehr zwischen den Zentralbanken. Die Höhe der Quoten bestimmt die Stimmrechte, aber auch den Umfang der Kredite, die in Anspruch genommen werden können. Benötigt ein Mitgliedsland einen Kredit, der über seine Quote hinausgeht, so ist dieser an bestimmte Bedingungen wie z. B. Kürzung der Staatsausgaben, niedrigere Inflationsraten oder Liberalisierung des Bankwesens gekoppelt.

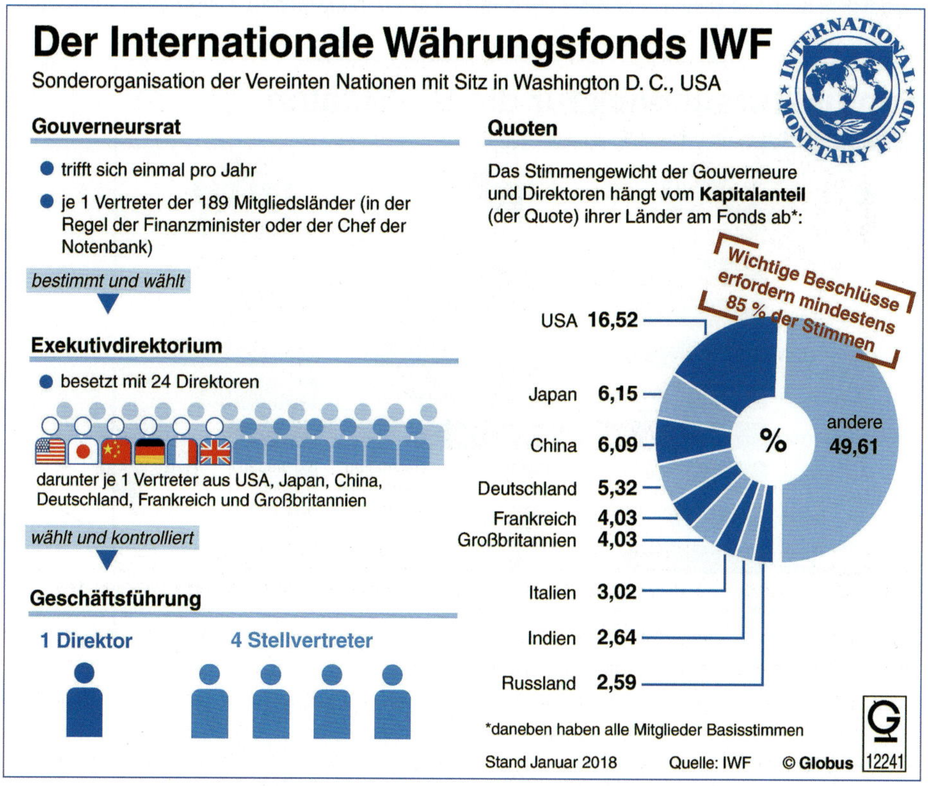

Weltbank

Die Internationale Bank für Wiederaufbau und Entwicklung, kurz Weltbank genannt, wurde ebenso wie der IWF im Abkommen von Bretton Woods beschlossen. Die ursprüngliche Zielsetzung, den Aufbau Europas nach dem Zweiten Weltkrieg zu fördern, wurde bereits früh durch das Ziel der Unterstützung der Entwicklungsländer ersetzt.

Die Weltbank vergibt langfristige Darlehen mit einer Laufzeit von 15 bis 20 Jahren an die Regierungen vorwiegend der Entwicklungsländer. Die Gelder müssen immer für Projekte verwendet werden, die die wirtschaftliche Entwicklung des Empfängerlandes verbessern. Darüber hinaus übernimmt die Weltbank die Beratung der Entwicklungsländer bei wirtschaftlichen, technischen und organisatorischen Fragen.

Die Weltbankgruppe hat nicht nur mehrere Unterorganisationen gegründet, sondern verfügt auch über regional tätige Banken, wie z. B. die Europäische Investitionsbank in Luxemburg oder die Osteuropabank in London.

Auch die Weltbank wird von Umweltschutzorganisationen und Globalisierungsgegnern kritisiert, da sie oft Großprojekte wie Staudämme oder Pipelines fördert, die für die ansässige Bevölkerung von Nachteil sein können.

Weltwirtschaftsgipfel

Der erste Weltwirtschaftsgipfel, das Treffen der Staats- und Regierungschefs der führenden Industrienationen, fand 1975 in Rambouillet/Frankreich statt. Die jährlichen Weltwirtschaftsgipfel dienen der Erörterung wichtiger wirtschafts- und sicherheitspolitischer Fragen wie z. B. der Förderung des Welthandels und des Kampfes gegen die Armut in den Entwicklungsländern, gegen Arbeitslosigkeit, Terrorismus, die Schuldenkrise sowie für den Umweltschutz.

Mitglieder waren bis 2014 die acht führenden Wirtschaftsnationen („Gruppe der Acht", G8) Deutschland, Frankreich, Großbritannien, Italien, Japan, USA, Kanada und Russland. Auch die Europäische Union nimmt an den Treffen als Beobachter teil; sie wird durch die Europäische Kommission und das Land, das die EU-Präsidentschaft innehat, vertreten.

Der Weltwirtschaftsgipfel hat keine formale Organisationsstruktur. Die führenden Industrienationen treffen sich regelmäßig zu informellen Ministertreffen sowie jährlich auf der Ebene der Staats- und Regierungschefs. Den Vorsitz übernehmen die Mitglieder im Wechsel für jeweils ein Jahr. 2015 fand in Deutschland der erste G7-Gipfel statt, bei dem Russland wegen der Krim-Annektion und des Ukraine-Konflikts nicht eingeladen wurde.

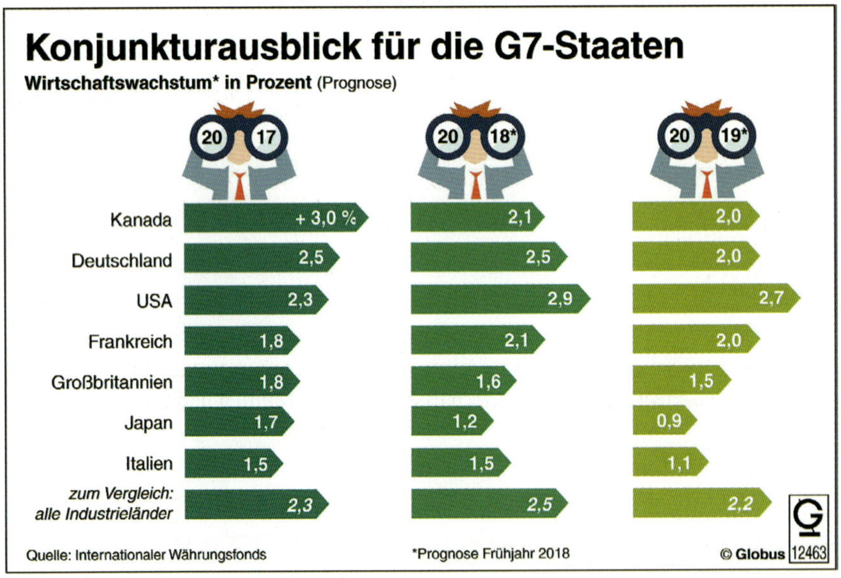

Internetadressen zu internationalen Organisationen

http://europa.eu/index_de.htm	Europäische Union (in deutscher Sprache)
www.oecd.org	OECD (in englischer und französischer Sprache)
www.wto.org	WTO (Englisch, Französisch, Spanisch)
www.worldbank.org	Weltbank (Englisch, Französisch, Spanisch u. a.)
www.imf.org	Internationaler Währungsfonds IWF (Englisch, Französisch, Spanisch u. a.)

8.5 Außenwirtschaft und Entwicklungspolitik

Entwicklungszusammenarbeit

Weltweit leben Menschen am äußersten Rande der Existenz, können ihre Grundbedürfnisse nach Nahrung, Kleidung, Wohnung und medizinische Versorgung nur unzureichend erfüllen und kämpfen täglich ums Überleben. Besonders von Armut betroffen sind die Länder Afrikas, und hier vor allem südlich der Sahara. Um die Not dieser Staaten zu lindern, betreiben die reicheren Staaten Entwicklungspolitik.

Unter Entwicklungspolitik versteht man alle Maßnahmen der Industrie- und Entwicklungsländer, die der politischen, wirtschaftlichen und sozialen Entwicklung armer Länder dienen und die Lebensbedingungen der Menschen verbessern.

Vorbild für die Entwicklungspolitik der Industrieländer war das Aufbauprogramm des Marshall-Planes mit dem die Vereinigten Staaten nach dem zweiten Weltkrieg den kriegszerstörten Ländern in Europa und vor allem Westdeutschland geholfen haben. Standen in früheren Zeiten die Hilfeleistungen der Geberländer an die Nehmerländer im Vordergrund, so ist die Entwicklungshilfe dem Konzept der Entwicklungszusammenarbeit gewichen. Während die Entwicklungshilfe elementare Grundbedürfnisse wie Nahrung, Unterkunft und medizinische Versorgung abdeckte und nur kurzfristig die Lebensbedingungen verbesserte, verfolgt die Entwicklungszusammenarbeit eine langfristige und nachhaltige Aufbauhilfe. Bei der Entwicklungszusammenarbeit werden die Nehmerländer nicht als Empfänger von Hilfsleistungen aufgefasst, sondern als gleichberechtigte Partner betrachtet. Die Ziele der Zusammenarbeit werden gemeinsam festgelegt, die Maßnahmen gemeinsam geplant und durchgeführt und auch die Verantwortung für Erfolg und Misserfolg wird gemeinsam getragen.

Entwicklungszusammenarbeit ist das gemeinsame Bemühen von Industrie- und Entwicklungsländern weltweite Unterschiede in der sozioökonomischen Entwicklung und in den allgemeinen Lebensbedingungen dauerhaft und nachhaltig abzubauen. Als Grundprinzip der Zusammenarbeit gilt das Prinzip der „Hilfe zur Selbsthilfe“.

Gründe für die Zusammenarbeit

Es gibt mehrere Argumente für die Zusammenarbeit der Geber- und Nehmerländer im Rahmen der Entwicklungspolitik:

- politische Gründe

Bewaffnete Konflikte, Naturkatastrophen, Hunger und Terror in den Entwicklungsländern führen zur Flucht und Vertreibung der einheimischen Bevölkerung. Die Politik der Geberländer ist darauf gerichtet, durch die Entwicklungszusammenarbeit den Flüchtlingsströmen den Nährboden zu entziehen. Entwicklungspolitik ist darum zum großen Teil Sicherheitspolitik und soll die Konflikte in den Entwicklungsländern entschärfen. Teilweise werden die Leistungen der Geberländer mit Migrations- und Asylfragen verknüpft, um z. B. die Rücknahme ausgewiesener Personen zu erreichen. Neben diesen eigennützigen Gründen versucht man auch die demokratische Staatsform zu verbreiten, eine marktwirtschaftliche Wirtschaftsordnung einzuführen und den internationalen Frieden zu fördern.

- ökonomische Gründe

Die Entwicklungszusammenarbeit bietet sowohl für die Geberländer wie auch für die Nehmerländer wirtschaftliche Vorteile. Für die Geberländer sind die Entwicklungsländer nicht nur Rohstofflieferanten, aus denen preiswerte Rohstoffe bezogen werden, sondern auch Absatzmärkte für Fertigprodukte, die teuer verkauft werden. Zudem sichern die Exporte in die Partnerländer Arbeitsplätze in den Geberländern. Manchmal achten die Geberländer auf eine Lieferbindung, d. h. die Vergabe der Entwicklungshilfe erfolgt an einheimische Unternehmen, um diesen Wettbewerbsvorteile zu verschaffen.

Zu den Vorteilen der Nehmerländer gehört die Möglichkeit, ihr Land allmählich zu entwickeln, also z. B. die Landwirtschaft zu fördern, eine Verkehrsinfrastruktur aufzubauen und vor allem die Nahrungsmittelversorgung zu gewährleisten. Die Zusammenarbeit erfolgt meist in Form von Projekten, mit denen ein Gesundheitssystem entwickelt, sanitäre Einrichtungen geschaffen und eine Versorgung mit sauberem Wasser gewährleistet wird.

- ökologische Gründe

Die meisten Umweltbelastungen können nicht von einzelnen Staaten oder Akteuren gelöst werden, sondern haben weltweite Auswirkungen. Die Lösung von Umweltproblemen und die Verhinderung der Zunahme des Klimawandels erfordert die Mitwirkung der Entwicklungsländer. Da diese nicht über die nötigen finanziellen Mittel verfügen, sind die Hilfe der Industrieländer und die Zusammenarbeit mit ihnen erforderlich. Im Rahmen der Entwicklungspolitik werden Projekte gefördert wie z. B. die Bekämpfung der Wüstenausdehnung, die Einrichtung von Naturschutzgebieten oder den Stopp der Rodung von Tropenwäldern.

- moralische Gründe

Es ist ein Gebot der Menschlichkeit und Nächstenliebe, Menschen, die an Hunger und Krankheit leiden und ihr Leben unter unvorstellbaren Bedingungen fristen, zu helfen. Eine Welt, in der ein Teil der Menschheit unter Armut leidet, während ein anderer Teil ein privilegiertes Dasein mit üppigem Konsum führt, widerspricht dem Solidaritätsprinzip.

Ziele der Zusammenarbeit

Mit den Millenniums-Entwicklungszielen (Millennium Development Goals) verfügt die internationale Gemeinschaft über globale Zielsetzungen, die von den Vereinten Nationen im Jahr 2000 verabschiedet wurden.

Die Millenniums - Entwicklungsziele der UNO:

1. Bekämpfung extremer Armut und Hunger
2. Gewährleistung einer Grundschulausbildung für alle Kinder
3. Gleichstellung der Geschlechter und einen größeren Einfluss der Frauen fördern
4. Senkung der Kindersterblichkeit
5. Verbesserung der Gesundheitsversorgung der Mütter
6. Bekämpfung von HIV/AIDS/Malaria und anderen schweren Krankheiten
7. Gewährleistung einer nachhaltigen Umwelt
8. Aufbau einer globalen Partnerschaft für Entwicklung

Organisationen

Bei den Organisationen, die der Entwicklungszusammenarbeit dienen, wird zwischen nationalen und internationalen Institutionen sowie bilateraler und multilateraler Zusammenarbeit unterschieden. Bei der bilateralen Kooperation kommen die Hilfsmittel aus einem einzelnen Geberland, bei der multilateralen Zusammenarbeit stammen die Leistungen von einer Gruppe von Geberländern oder internationalen Organisationen. Neben staatlichen Entwicklungsorganisationen bemühen sich noch Non-Governmental Organisations (NGOs) um Hilfeleistungen an die Entwicklungsländer.

Zu den **nationalen Organisationen** und Institutionen in Deutschland gehören das „Bundesministerium für Zusammenarbeit und Entwicklung" (BMZ). Seine Aufgaben sind die Durchführung von Projekten, die finanzielle und technische Zusammenarbeit, die Vorbereitung und Entsendung von deutschen Fachkräften und Entwicklungshelfern sowie die berufliche Fortbildung in den Partnerländern. Hierzu schließt es bilaterale Verträge und leistet Beiträge an die internationalen Organisationen. Neben dem BMZ gibt es noch eine Vielzahl von deutschen Hilfsorganisationen wie z. B. „Brot für die Welt", „Caritas international", „Deutsche Welthungerhilfe", „terre des hommes" oder „Tierärzte ohne Grenzen".

Zu den **internationalen Organisationen** gehören die „Weltbank" und der „Internationale Währungsfonds" (IWF) als die beiden wichtigsten Institutionen für die wirtschaftsorientierte Entwicklungspolitik. Die „Organisation für wirtschaftliche Zusammenarbeit und Entwicklung" (OECD) hat die Aufgabe, die Entwicklungszusammenarbeit international zu koordinieren. Der Ausschuss für Entwicklungshilfe DAC (Development Assistance Committee) der OECD gibt eine Liste der Entwicklungsländer heraus, die unter www.bmz.de abrufbar ist. Ebenso leistet die „United Nations Organization" (UNO) mit ihren Unterorganisationen wie dem „United Nations High Commissioner for

221060686

Refugees (UNHCR), auch UNO-Flüchtlingshilfe genannt, einen wertvollen Beitrag bei der Unterstützung von Flüchtlingen in der ganzen Welt. Weitere UN-Organisationen sind das „Welternährungsprogramm" (WFP), „Kinderhilfswerk" (UNICEF) und die „Weltgesundheitsorganisation" (WHO).

Aus der Erfahrung, dass die vielen bilateralen und multilateralen Akteure der Entwicklungspolitik oft unzureichend zusammenarbeiten, gibt es weitere Initiativen zur Verbesserung der Entwicklungshilfe. In einer gemeinsamen Initiative vom deutschen Bundesentwicklungsministerium und Bundeswirtschaftsministerium wurde der „Marshallplan mit Afrika" geschaffen. Auf Anregung der G20-Gruppe entstand der „Compact with Africa", der die Rahmenbedingungen für Unternehmen der Industrieländer in den afrikanischen Ländern verbessern und den Aufbau von Investitionspartnerschaften fördern will.

Entwicklungszusammenarbeit mit Äthiopien

Vergleich Äthiopien – Deutschland

	Äthiopien	**Deutschland**
Fläche:	1 104 300 km²	357 022 km²
Einwohner:	102 403 000	82 668 000
Einwohner pro km²:	92,7	231,5
Lebenserwartung:	65 Jahre	81,1 Jahre
Geburtenrate:	32,3 Promille	9 Promille
Kindersterblichkeit	55,77 pro 1000 Lebendgeburten	3,8 pro 1000 Lebendgeburten

Äthiopien gehört zu den am wenigsten entwickelten Staaten der Erde. Seine Probleme liegen vor allem in den wiederkehrenden Dürreperioden, dem raschen Bevölkerungswachstum und der schwach entwickelten Infrastruktur. Zudem gibt es in Äthiopien die militanten Freiheitsbewegungen der Oromo und Somali, die eine Unabhängigkeit anstreben. Etwa 5,6 Mio. Menschen leiden akut unter Hunger und 13,5 Mio. Menschen sind auf Lebensmittelhilfe angewiesen (Stand 2017).

Äthiopien ist ein Kooperationsland der deutschen Entwicklungszusammenarbeit, mit dem die Bundesrepublik auf Basis zwischenstaatlich vereinbarter Verträge eng zusammenarbeitet. Deutschland fördert in Äthiopien Programme in den Schwerpunkten Bildung, Sicherung der Ernährung und Landwirtschaft sowie im Bereich Umweltpolitik, Schutz und Erhalt natürlicher Ressourcen, Biodiversität.

Beim Bereich der Bildung wurde die Berufsausbildung durch die Ausbildung von Ingenieuren und Berufsschullehrern, die Expertenberatung und dem Aufbau eines Technologie und Gründerzentrums gefördert. Im Bereich Ernährung und Landwirtschaft werden die Bauern unterstützt, ihre Produktion vielfältiger zu gestalten, also neue Pflanzensorten auszuprobieren, verbessertes Saatgut zu verwenden und neue Bewässerungsmethoden zu entwickeln. Beim Bereich Umweltschutz und Biodiversität setzt die deutsche Entwicklungszusammenarbeit auf den Erhalt und die Wiederaufforstung von Wäldern und den Schutz biologisch wertvoller Gebiete. Neben den staatlichen Maßnahmen wird in Äthiopien in verschiedenen Projekten unter anderem den Kindern ein Schulbesuch ermöglicht, die Trinkwasserversorgung verbessert und Solarzentren eröffnet.

Grundbegriffe der Konjunkturpolitik

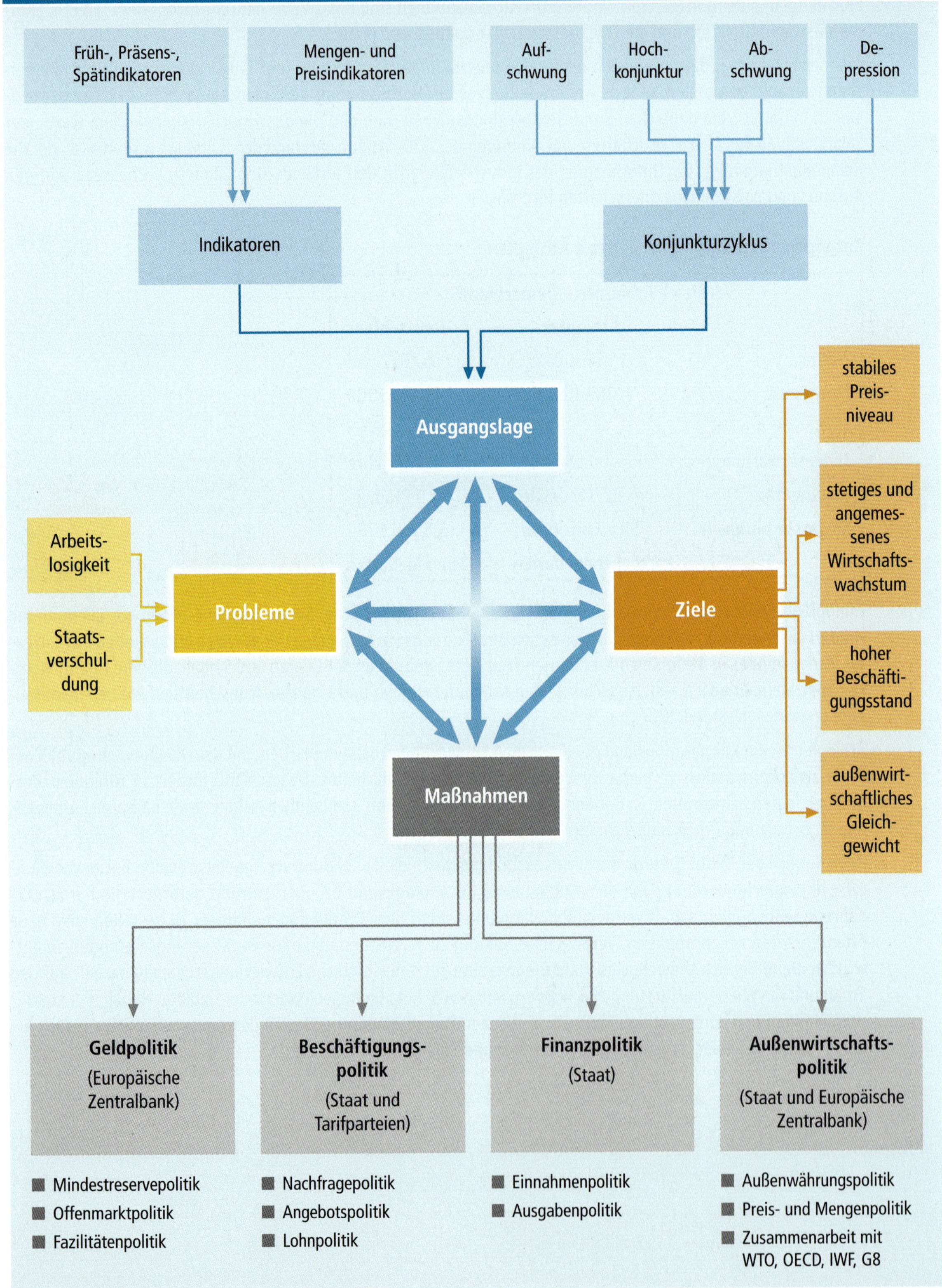

221060688

ZI 13 A / III D - 204
HIER AUSGABE VON ANTRAGSFORMULAREN FÜR DIE AUSGABE VON ANTRÄGEN ÜBER VORSCHLÄGE ZUR VEREINFACHUNG VON ANTRAGSFORMULAREN
SCHALTERSTUNDEN 14°° - 14 15

Kommunikationsleitfaden der Stadtverwaltung Neustadt

*„Wenn die Sprache nicht stimmt, so ist das,
was gesagt wird, nicht das, was gemeint ist.
Ist das, was gesagt wird, nicht das, was gemeint ist,
so kommen die Werke nicht zustande ...“*

(Konfuzius, 551 v. Chr.)

Empfehlungen für die Mitarbeiterinnen und Mitarbeiter der Stadtverwaltung Neustadt 2018

Vorwort

Wir wollen verstanden werden

Sehr geehrte Mitarbeiterinnen und Mitarbeiter,

das Ziel des vorliegenden Leitfadens ist es, Tipps und Empfehlungen zu geben für Schreib- und Sprechanlässe, die Sie täglich gegenüber Mitarbeiterinnen und Mitarbeitern und Bürgerinnen und Bürgern zu bewältigen haben.

Bürgerinnen und Bürger unserer Stadt haben sich in Umfragen zur Kundenorientierung der Stadtverwaltung zum Teil enttäuscht und verärgert über eine in Wort und Schrift unverständliche Verwaltungssprache geäußert. In Mitarbeiterbefragungen hat sich dies z. T. bestätigt.
Der Verwaltungsvorstand hat dies zum Anlass genommen, eine Kommunikationswerkstatt einzurichten. Ein Jahr lang haben Sie und die Bürgerinnen und Bürger dieser Stadt Informationsschreiben, Formulare, Bescheide und andere „städtische Texte“ durchgesehen. Die Verbesserungsvorschläge zu den schriftlichen Texten und zum mündlichen Sprachgebrauch sind von der Arbeitsgruppe Kommunikation aufgegriffen worden und in diesen Leitfaden eingeflossen.

Der Leitfaden enthält noch keine Dienstanweisungen. Es ist aber nicht auszuschließen, dass fachbereich- und ämterspezifisch einzelne Empfehlungen zu Dienstanweisungen werden und dann verbindlich zu beachten wären.

Mit Blick auf das Leitbild der Stadt Neustadt sollen diese Empfehlungen dazu führen, dass wir verständlicher werden, dass sich Ihre Belastungen durch weniger Rückfragen oder Beschwerden verringern, dass wir in unserem Handeln effizienter werden und dass nicht zuletzt die Bürgerinnen und Bürger zufrieden sind mit ihrer Stadtverwaltung.

In Kooperation mit dem Germanistischen Institut der Universität Neustadt sollen unsere vorläufigen Ergebnisse sprachwissenschaftlich begleitet werden, damit wir juristisch präzise und doch allgemein verständlich bleiben.

Ich möchte Sie ausdrücklich ermuntern, immer wieder unsere Arbeitstexte im Sinne unserer Bürgerinnen und Bürger zu verbessern. Legen Sie im Zweifel Ihre Vorschläge unseren Juristen im Hause zur rechtlichen Überprüfung vor. Brauchbare Vorschläge fließen dann in unsere Texte ein. Unser Fortbildungsprogramm wird darüber hinaus das Thema „Verständliche Verwaltungssprache“ kontinuierlich anbieten.

Zum Schluss möchte ich Ihnen allen danken für die bisher geleistete Arbeit, die manchmal mühsam, aber letztlich doch fruchtbar war.

Vielen herzlichen Dank!

Ihr

Bürgermeister Schultheiß

1. Einleitung

„Ein großes Problem des Amtsdeutschen ist es, dass seine Produzenten sich an die Gesetze klammern, sie oft seitenweise zitieren, noch mehr paraphrasieren und damit auf jede sprachliche Vermittlungstätigkeit zwischen Amt und Bürgern verzichten. Es fehlen Transparenz, Durchsichtigkeit, das Sich-Hineinversetzen in den Gesprächspartner oder Empfänger eines Schreibens."

Quelle: Fluck, Hans-R. /Blaha, Michaela: Im Verhinderungsfalle wird der Widerspruchsführer gebeten, dies mitzuteilen. Geheimnisse des Amtsdeutschen. 1. Auflage. Freiburg i. Br.: Verlag Herder 2010, S. 9.8

Die Bürger und Bürgerinnen kritisieren häufiger unser Verwaltungsdeutsch, das für sie unverständlich ist. Beklagt werden unter anderem Behördendeutsch, Nominalstil, Bandwurmsätze, kundenunfreundliche Vordrucke und Formulare.

Wir müssen uns im Rahmen unserer Kundenorientierung verständlich machen. Deshalb sollten wir unsere Bürgerinnen und Bürger so behandeln, wie wir selbst behandelt werden möchten, denn „wie man in den Wald hineinruft, so schallt es auch wieder heraus".

Der vorliegende Leitfaden enthält Tipps und Hinweise, gelegentlich auch Muster, wie Sie kundenfreundlich zu einem Beratungs- und Informationsgespräch einladen, eine Bürgeranfrage bearbeiten oder einen Bescheid verfassen.

In unserer Schreibwerkstatt haben Mitarbeiterinnen und Mitarbeiter die Kommunikation im Verwaltungsalltag in einer Mindmap („Gedächtniskarte") dargestellt:

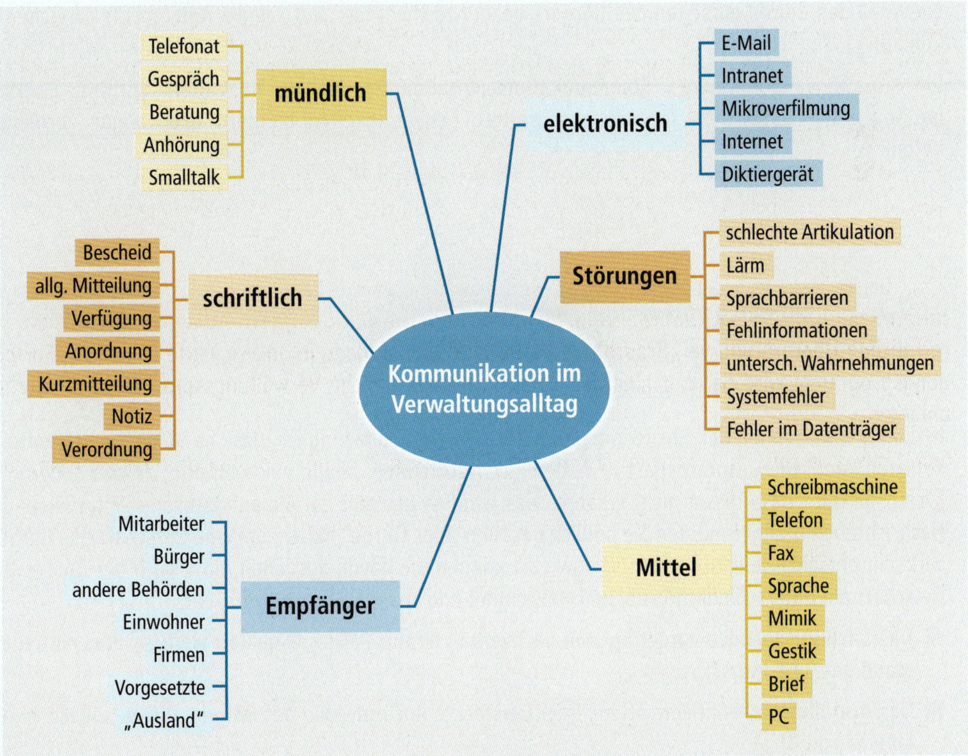

2. Grundsätze mündlicher Kommunikation

2.1 Bürgerinnen und Bürger haben Interessen

Bürgerinnen und Bürger, die unsere Behörde – häufig unfreiwillig – aufsuchen, haben in der Regel bestimmte Interessen und Erwartungshaltungen, die manchmal mit den rechtlichen Möglichkeiten nicht in Einklang zu bringen sind. Diese Situation kann von den Mitarbeitern konfliktfördernd oder konflikthemmend gestaltet werden.

Folgende Interessen des Bürgers lassen sich erfahrungsgemäß feststellen:

- Im Regelfall möchte der Bürger von uns eine Leistung erhalten, z. B. eine Genehmigung, einen Ausweis, eine finanzielle Unterstützung usw.
- Die begehrte Leistung möchten viele Bürger sofort und ohne weitere Schwierigkeiten, z. B., weil sie sich für diesen Besuch bei der Behörde von der Arbeit haben freistellen lassen müssen.
- Die Bürgerinnen und Bürger möchten mit ihrem persönlichen Anliegen in besonderer Weise ernst genommen sowie freundlich und angemessen behandelt werden.

Zusätzlich zeichnet sich die Kommunikationssituation in der öffentlichen Verwaltung dadurch aus, dass der „Gang auf das Amt" in der Regel für die Bürgerinnen und Bürger eine besondere Situation ist. Zudem kennen sie sich meist mit der Rechtslage nicht aus. Für Sie als Mitarbeiterin und Mitarbeiter der Behörde liegen dagegen häufig Routine- bzw. Alltagssituationen vor und Sie sind mit der Rechtslage vertraut. Zusätzlich entscheiden Sie „hoheitlich", die Bürgerin oder der Bürger fühlt sich untergeordnet. Hieraus entsteht oftmals eine Kommunikationssituation, die durch Unsicherheit und eventuell das Gefühl aufseiten des Bürgers gekennzeichnet ist, „auf seinem Amt" nichts erreichen zu können.

Ein situationsangemessenes Kommunikationsverhalten ist deshalb besonders wichtig. Es kann im Konfliktfall Einsichten fördern und weitere Schwierigkeiten mindern bzw. sogar vermeiden helfen.

2.2 Ein wenig notwendige Theorie

2.2.1 Ein Kommunikationsmodell – oder die vier Seiten einer Nachricht (nach F. Schulz von Thun)

In den Gesprächen mit den Bürgerinnen und Bürgern erleben Sie täglich, dass es zu Missverständnissen kommen kann. Die Gesprächspartner haben ihre Nachrichten, häufig wechselseitig, an den anderen so „verschlüsselt", dass dieser nicht erkennt, was wirklich gemeint ist. Als aufmerksame Mitarbeiter und Nachrichtenempfänger müssen Sie bildlich gesehen „vier Ohren" haben, um eine Botschaft des Bürgers wirksam entschlüsseln zu können. Umgekehrt können Sie davon ausgehen, dass auch der Bürger Ihre Botschaft auf unterschiedlichen Ebenen wahrnimmt und zu entschlüsseln versucht.

- Das **Sachohr** hört den vorgetragenen Sachverhalt heraus (Was soll geklärt werden? Was ist Gegenstand des Gesprächs?).
- Das **Appellohr** erkennt eine offene oder versteckte Aufforderung des Bürgers (Wozu soll ich veranlasst werden?).

- Das **Beziehungsohr** filtert heraus, wie die Beziehung vom Bürger bewertet wird (Was hält der Bürger von mir? Wie stehen wir zueinander? Wie spricht er mit mir?).
- Das **Selbstoffenbarungsohr** erkennt schließlich eine Art Selbstdarstellung des Bürgers (Was sagt/vermittelt der Bürger von sich? Was gibt er von sich preis?).

Jede Botschaft des Bürgers kann ein Geflecht aus Teilbotschaften sein, die nur derjenige vollständig aufnehmen und richtig einschätzen kann, der die vier möglichen Seiten einer Nachricht entschlüsseln kann.

Grundsätzliche Empfehlung ist es, das „Beziehungsohr" nicht übergroß werden zu lassen, sondern das Sachohr aufzusperren. Andererseits dürfen Sie als Mitarbeiter eine ungeklärte Beziehungssituation zum Bürger nicht einfach übergehen, z.B. wenn dieser aufgebracht, aufgeregt oder gar aggressiv ist. Die Sachfrage Ihres Gesprächs wird sich ansonsten nur schwerlich klären lassen.

Stellen Sie sich folgende Situation vor: Eine Sachbearbeitung hat sich wegen einer schwierigen Rechtslage verzögert. Sie haben die Urlaubsvertretung für Ihren Kollegen Sonnenschein übernommen. Der betroffene Bürger bittet um einen Gesprächstermin und äußert in diesem Gespräch relativ rasch und unvermittelt: „Das ist wieder mal typisch für die Verwaltung. Wenn man schon mal was möchte ...".

Auf Ihrem Sachohr würden Sie hören, dass der Bürger eine Charakterisierung der Behörde vornimmt und dass er offensichtlich ein Anliegen an die Verwaltung hat(te). Ihr Appellohr könnte wahrnehmen, dass der Bürger Sie zu einem schnelleren Handeln auffordern möchte. Ihr Beziehungsohr hört Kritik und Unzufriedenheit über behördliches Handeln. Schließlich hören Sie auf dem Selbstoffenbarungsohr die Botschaft: „Ich bin sehr verärgert. Mir hilft bei der Behörde sowieso niemand ...". Ihre Aufgabe muss es nun sein, konfliktvermeidend und angemessen zu reagieren (s. insbesondere die Tipps in den Kapiteln 2.3 – 2.6).

Überprüfen Sie die Theorie für sich selbst abschließend an dem folgenden Beispiel. Ein Abteilungsleiter sagt zu einem neuen Mitarbeiter im Rahmen einer Einweisung am Arbeitsplatz: „Das haben wir immer schon so gemacht." Was würde der Mitarbeiter hinter dem Gesagten „hören" können?

2.2.2 Körpersprache als Titelblatt des Inneren

„Man kann nicht nicht kommunizieren." *(Paul Watzlawick, Psychologe)*

Auch wenn wir schweigen und nicht handeln, senden wir Botschaften an andere. Nonverbale Verhaltenselemente werden als Körpersprache bezeichnet. Diese unterteilt sich in die Prosodie (z.B. Betonung, Lautstärke, Sprechtempo), die Mimik (Lächeln, Gesichtsausdruck) und die Gestik (Körperhaltung, Handbewegungen). Körpersprache-Experten gehen davon aus, dass nonverbale Kommunikation in hohem Maße unsere Entscheidungen bestimmt (z.B. S. Molcho, bekannter Autor und Dozent für Körpersprache).

Die Sprache kennt viele Ausdrücke, die darauf schließen lassen, dass das Denken von bestimmten körperlichen Ausdrucksweisen begleitet wird. Überraschend ist daher nicht, dass die volkstümliche Sprache immer schon Körpersprache in Redewendungen aufgegriffen hat, um etwas zu verdeutlichen.

Beispiele: Einem unter die Arme greifen, es schnürt einem die Kehle zu, atemlos zuhören, die Zähne zusammenbeißen oder sich auf die Zunge beißen.

Das Gesamtbild, das ein Gesprächspartner abgibt, zeigt uns ein Bild seines Inneren oder verleitet dazu, sich ein Bild von ihm zu machen. Man registriert Blicke, Bewegungen, Haltung, Aussehen, Kleidung, Geruch und gewinnt daraus einen Gesamteindruck des Kommunikationspartners.

Natürlich ist die Körpersprache nur ein Teil des gesamten Kommunikationsprozesses. Nonverbale Botschaften können allein kein Gespräch steuern, denn aufgesetzte (Körper-)Sprache kann man erkennen.

Ein künstliches Lächeln („unfelt smiling") ist in der Regel intuitiv zu erkennen. Dieses wäre dann sehr störend für die Kommunikation, weil sie nicht stimmig und damit unecht wäre. Die Glaubwürdigkeit des Verwaltungsmitarbeiters basiert aber letztlich auf der Stimmigkeit des Verbalen und der Körpersprache.

Als Mimik bezeichnet man den Gesichtsausdruck. Von der Mimik gehen starke Impulse aus („eine gute Miene zum bösen Spiel machen"). In Verbindung mit dem Blickkontakt und der Kopfhaltung hat sie eine überragende Bedeutung in der nonverbalen Kommunikation.

Über die Augen ergeben sich für die Gesprächspartner viele Ausdrucksmöglichkeiten: Mit einem Auge zwinkern, die Augen verdrehen, die Augen zukneifen, starr ins Leere blicken usw. Wenn man Blickkontakt vermeidet, kann das Schüchternheit, Vorsicht, aber auch Ängstlichkeit und Unsicherheit bedeuten.

Gesten sind Handzeichen und ergeben gemeinsam mit Mimik und Körperhaltung eine gut verständliche Körperbotschaft. Bewusst eingesetzte, in der Regel sparsame Gesten erleichtern die Verständigung, unterstützen den Inhalt einer Botschaft und helfen beim Erklären eines Sachverhalts.

Die Körperhaltung insgesamt zeigt viel von der Stimmung eines Menschen. Wenn man bewusst darauf achtet, kann man erkennen, ob sich ein Gesprächspartner „stimmig" verhält. Im Gespräch mit dem Bürger werden allgemein die folgenden Empfehlungen ausgesprochen:

- Zeigen Sie eine aufrechte und offene Haltung.
- Blicken Sie ungezwungen und nicht starr auf Ihren Gesprächspartner.
- Verschränken Sie nicht Arme und Beine.
- Unterstützen Sie situationsabhängig das Gespräch mit einem natürlichen Lächeln.
- Überprüfen Sie immer wieder Ihre innere Einstellung zum Gespräch.
- Aufregung, Unsicherheit und Unmotiviertheit sind erkennbar.
- Präsentieren Sie durch Ihre Körperhaltung und Ihre Kleidung angemessen die Behörde.

2.3 Vermeiden Sie Gesprächsstörer

Die Arbeitsgruppe „Kommunikation" hat bei der Auswertung der Bürger- und Mitarbeiterbefragungen festgestellt, dass allgemein folgende Kommunikationsstörer genannt werden:

- vom Anliegen des Gesprächspartners abweichen und stattdessen von sich selbst sprechen
- (fertige) Lösungen liefern und Ratschläge erteilen, obwohl sie nicht erbeten sind
- eine Sorge, ein Problem des Gesprächspartners herunterspielen
- den Gesprächspartner (unangenehm) ausfragen
- den Fall der Bürgerin/des Bürgers interpretieren und Ursachen benennen (z. B. im Fall von Nachbarschaftsstreit)
- Vorwürfe machen, moralisieren, urteilen und bewerten
- befehlen, drohen, warnen (gemeint sind nicht ordnungsrechtliche Notwendigkeiten, sondern „obrigkeitliches Gehabe")

Gerade die beiden letztgenannten Störungen können in erheblicher Weise das Selbstwertgefühl des Gesprächspartners verletzen.

Beachten Sie bitte, dass Sie selbst vor Beginn eines Gesprächs mit Störgedanken zu tun haben können, die möglichst abzustellen sind: „Ich darf keinen Fehler machen. Ich werde bestimmt nicht fertig. Das wird bestimmt wieder nichts. Schon wieder etwas Neues."

2.4 Hören Sie aktiv und effizient zu

Gesprächskonflikte können dadurch entstehen, dass Bürger und Mitarbeiter einander nicht zuhören. Zuhören ist ein komplizierter Prozess, denn Sie wissen bereits, dass die meisten Äußerungen aus mehr als einer Botschaft bestehen (s. Kapitel 2.2.1). Wer sich missverstanden fühlt, kann emotional reagieren oder sich im schlimmsten Fall sogar zurückziehen. Zuhören können ist die Grundvoraussetzung, um überzeugend argumentieren oder diskutieren zu können.

Stellen Sie sich einmal folgende Situation vor:

Ein Arbeitskollege berichtet in der morgendlichen Frühstückspause ziemlich frustriert von seinem vergeblichen Versuch, einem Bürger in einem Beratungsgespräch weiterzuhelfen zu können: „... und er war einfach nicht bereit, mir zuzuhören, nicht einmal die Informationsblätter hat er angeschaut. Hat sie mir glatt über den Tisch zurückgeschoben und gesagt, ich sei ja ganz nett, aber er bleibe seiner Meinung über die Verwaltung treu."

Stellen Sie sich nun Ihre möglichen Antworten vor:

a) „Na, das ist doch kein Wunder, man schiebt einem Bürger auch keine Broschüren hin, sondern erklärt ihm notfalls alles mehrfach."

b) „Mal der Reihe nach: Wie haben Sie Ihr Gespräch begonnen? Was hat er Ihnen geantwortet? Wie war genau der Wortlaut?"

Beide Antworten enthalten Gesprächsstörer: Kritisieren und Ausfragen schafft in der Regel keine angenehme Gesprächsatmosphäre.

Stattdessen wird aktives Zuhören empfohlen:

„Im Moment sind Sie vielleicht verärgert und enttäuscht, dass Sie bei diesem Bürger so wenig erreichen konnten." Sie zeigen damit Empathie (Einfühlungsvermögen) und geben gleichzeitig ein sogenanntes Feedback, indem Sie den Sachverhalt wiedergeben. Vielleicht sehen Sie diese Empfehlung als „künstlich" und wenig überzeugend an. Dieser Weg lässt allerdings die Fortsetzung des Gesprächs zu, denn ein grober Gesprächsstörer ist nicht enthalten.

Insgesamt möchte die Arbeitsgruppe Kommunikation für das Zuhören die folgenden Tipps gegeben:

- Schalten Sie alle „vier Ohren" gleichmäßig auf Empfang, berücksichtigen Sie alle möglichen Seiten einer Nachricht.
- Zeigen Sie unbedingt, dass Sie zuhören wollen (z. B. durch Kopfnicken oder sprachliche Reaktionen).
- Seien Sie grundsätzlich geduldig. Unterbrechen Sie (möglichst) nicht.
- Bewahren Sie die Ruhe, wenn Sie kritisiert werden.
- Versetzen Sie sich in die Situation der Bürgerin/des Bürgers, so wie sie/er diese sieht.
- Überprüfen Sie Ihre Wahrnehmungen durch Rückfragen.
- Bitten Sie ehrlich um ein Ende des Gesprächs, wenn Sie nicht mehr länger zuhören können (z. B. Termin, hoher Arbeitsanfall).

2.5 Argumentieren Sie schlüssig und überzeugend

- Bereiten Sie sich gut auf das Gespräch vor. Versetzen Sie sich vorab in die Situation der Bürgerin/des Bürgers (Welches Interesse wird sie/er haben? Was wird sie/er erwarten?).
- Bleiben Sie grundsätzlich ruhig, verbindlich und überzeugt in eigener Sache.

- Sammeln Sie vorab Argumente, die Sie zielgerichtet, sparsam und situationsbedingt einsetzen können.
- Beobachten Sie den Kunden hinsichtlich bestimmter Argumentations- und Verhaltensmuster und stellen Sie sich darauf ein.
- Halten Sie zunächst starke Argumente zurück.
- Zeigen Sie der Bürgerin/dem Bürger die Nachteile auf, wenn sie/er bei ihrem/seinem Standpunkt bleibt (z. B. bei beabsichtigter, aber sehr wahrscheinlich erfolgloser Klage).
- Erläutern Sie danach die Vorteile (z. B. Rechtsklarheit schaffen bei grundsätzlichen Rechtsfragen). Verdeutlichen Sie den Nutzen einer Entscheidung.
- Stützen Sie Ihre Argumente durch Regeln, Normen, Expertenmeinungen und bei gesetzlichen Regelungen immer mit dem Sinn und Zweck der Vorschriften.
- Nutzen Sie Emotionen nur, wenn Sie angemessen und glaubwürdig sind.

2.6 Diskutieren Sie zielführend

„Keiner weiß so viel wie wir alle zusammen"

(Spruch an einer norwegischen Rathaustür)

Diskussionen kennen Sie zur Genüge: aus dem Berufsschulunterricht, aus der Familie, von Ihrem Arbeitsplatz oder aus den Medien. Diskutiert wird immer und überall, in den unterschiedlichsten Formen und Qualitäten. Insbesondere in Ihren Teamsitzungen spielen Diskussionen eine große Rolle, wenn es darum geht, Ideen zu sammeln oder Probleme zu lösen.

Diskussion bedeutet nach ihrem lateinischen Ursprung auseinanderschlagen, auflösen, zerlegen. Häufig wird diese Bedeutung eng verstanden und in wenig sachlichen und nicht aufschlussreichen Diskussionen deutlich.

Jeder, der diskutiert oder eine Diskussion verfolgt, kennt die ungeschriebenen Regeln der Diskussion. Sie stellen eine Art von Gesprächskultur dar. Wenn sie nicht beachtet werden, wird eine Diskussion möglicherweise scheitern und nicht zum Ziel führen.

Nachstehend werden wichtige Regeln für die Diskussion ohne Anspruch auf Vollständigkeit aufgeführt.

Aufgaben der Diskussionsleiterin/des Diskussionsleiters:

- Verhalten Sie sich neutral.
- Eröffnen Sie die Diskussion, führen Sie in das Thema ein, stellen Sie die Diskussionsteilnehmer vor.
- Sammeln Sie Wortmeldungen (Liste!), erteilen Sie das Wort der Reihenfolge nach.
- Ordnen Sie die Diskussion, z. B. bei Unsachlichkeit.
- Lassen Sie alle Diskussionsteilnehmer zu Wort kommen.
- Geben Sie Hilfen und Anregungen für die weitere Diskussion.
- Behalten Sie das Diskussionsziel immer im Blick.
- Formulieren Sie Zwischenergebnisse.
- Stellen Sie das Diskussionsergebnis fest (Kompromiss oder auch klare Meinungsverschiedenheit).
- Sprechen Sie ein Schlusswort und danken Sie allen Teilnehmern für ihre Beiträge.

221060698

Regeln für die Diskussionsteilnehmer:

- Bereiten Sie sich gut vor.
- Halten Sie Argumentationshilfen bereit.
- Diskutieren Sie sachlich.
- Argumentieren Sie überzeugend, statt zu überreden.
- Hören Sie aktiv zu und gehen Sie auf die Vorredner ein.
- Lassen Sie die anderen Diskussionsteilnehmer ausreden.
- Melden Sie sich angemessen mit Ihrem Wortbeitrag beim Diskussionsleiter.
- Suchen Sie den Partner, nicht den persönlichen Feind in der Diskussion.
- Beachten Sie die Wirkung der eigenen Körpersprache (s. die Hinweise in Kapitel 2.2.2).

2.7 Führen Sie Gespräche bürgernah und verbindlich

Dem Leitbild der Stadtverwaltung Neustadt verpflichtet, ist die Bürgerorientierung eines der wichtigsten Handlungsziele, die wir uns gesetzt haben: „Die Stadtverwaltung Neustadt ist ein modernes und kundenorientiertes Dienstleistungsunternehmen." Wenn dieses Ziel nicht nur eine Floskel sein soll, müssen es die Mitarbeiter durch ihr Verhalten und ihre Kommunikation mit Leben füllen. Alle dienstlichen Handlungen und Bürgergespräche müssen so gestaltet werden, dass die Bürger sich gut und verbindlich beraten fühlen. Hilfreich für ein gutes Beratungsgespräch ist ein geordneter Gesprächsaufbau.

2.7.1 KABA ist kein Getränk – Aufbau eines (Bürger-)Gesprächs

Ein unüberlegter Gesprächsaufbau kann Zeit vergeuden und wenig effektiv enden. Damit entsteht Unzufriedenheit unter den Gesprächspartnern. Das Gespräch ist unter Umständen so gestört, dass es nicht mehr erfolgreich und zielorientiert verläuft. Im Übrigen nimmt der Bürger aus diesem Gespräch einen negativen Eindruck über die Verwaltung mit nach Hause. Wir regen daher einen strukturierten Gesprächsaufbau nach dem folgenden Muster an:

Kontaktphase: Begrüßen Sie den Bürger angemessen und nehmen Sie das Problem auf. Sie stimmen auf das Gespräch ein und schaffen eine günstige Gesprächsatmosphäre.

Analyse: Analysieren Sie den Sachverhalt, ermitteln Sie den Wunsch/das Anliegen des Bürgers. Machen Sie sich ein genaues Bild von dem Bürger. Es hilft Ihnen in der Beratungsphase.

Beratung: Vereinbaren Sie bei unklarem Sachstand ggf. einen erneuten Besuch in der Dienststelle, damit schwierige Rechtslagen nicht sofort entschieden werden müssen. Bei klarem Sach- und Rechtsstand erteilen Sie kompetente Auskünfte (Vorsicht bei rechtlichen Zusagen!). Meinungen und Informationen können sich in dieser Phase abwechseln. Argumentationen können erforderlich sein. Eine reine Informationsphase ist eher selten.

Abschluss: Bedanken Sie sich für das Gespräch und verabschieden Sie sich höflich, in wichtigen Telefonaten sollten Sie sofort eine aussagekräftige Telefonnotiz fertigen. Dem Bürger sollte jetzt in jedem Falle klar sein, wie „sein Fall" weiter bearbeitet wird. Damit werden Folgegespräche ermöglicht, die von den positiven Eindrücken des Erst- oder Vorgesprächs leben. Wir hinterlassen bei dem Bürger kein Gefühl der Unsicherheit oder Verdrossenheit gegenüber „dem Amt".

2.7.2 „Goldene Regeln" für bürgernahes Gesprächsverhalten

Nach Auswertung der Bürgerumfragen und nach den Diskussionen in unseren hausinternen Fortbildungen sollen die nachstehenden Empfehlungen ohne weiteren Kommentar als wünschenswertes Verhalten vorgeschlagen werden. Die Liste folgt weitgehend dem in Kapitel 2.7.1 dargestellten Aufbau eines Bürgergesprächs. Gleichwohl können einzelne Aspekte an anderen Stellen des Gesprächs erneut oder durchgängig erforderlich sein, z. B. ist ein angemessener Blickkontakt immer aufrechtzuerhalten.

- Bevorzugen Sie grundsätzlich eine offene Körperhaltung.
- Begrüßen Sie den Bürger freundlich, stellen Sie sich namentlich vor.
- Sprechen Sie den Bürger mit seinem Namen und damit persönlich an.
- Stellen Sie einen angemessenen Blickkontakt her und halten Sie diesen aufrecht.
- Wenden Sie sich dem Bürger freundlich zu.
- Bieten Sie einen Platz an, schaffen Sie eine gute Gesprächsatmosphäre.
- Sprechen Sie ggf. Dank aus für die gute Mitarbeit und das Vertrauen des Bürgers.
- Entschuldigen Sie (kurz) evtl. Versäumnisse und Fehler der Behörde.
- Klären Sie die Beratungszeit ab.
- Zeigen Sie Empathie (Einfühlungsvermögen) für die Sorgen, Wünsche und Ängste des Bürgers.
- „Setzen Sie sich auf den Stuhl des Bürgers, setzen Sie seine Brille auf."
- Zeigen Sie keine Überheblichkeit oder gar „Besserwisserei".
- Stellen Sie offene Fragen, um den Bürger zum Gespräch zu bewegen.
- Erläutern Sie immer den Sinn von gesetzlichen Vorschriften, Vorlesen allein genügt nicht.
- Erklären Sie die rechtliche Situation sprachlich verständlich, unterlassen Sie daher unverständliche (und verzichtbare) Fachbegriffe.
- Achten Sie auf Gesprächspausen und erklären Sie zeitlich angemessen.
- Schildern Sie nachvollziehbar den Werdegang des Verfahrens.
- Halten Sie Zwischenergebnisse fest und fragen Sie nach, ob Sie sich verständlich machen konnten.
- Sagen Sie weitere Unterstützung zu.
- Unterbreiten Sie Lösungsvorschläge, nähern Sie sich dem Anliegen des Bürgers (soweit rechtlich zulässig).
- Fassen Sie das Gesprächsergebnis für den Bürger zusammen.
- Verabschieden Sie sich angemessen.

2.8 Lächeln Sie beim Telefonieren

Telefonieren kann doch jeder, wird behauptet. Tatsächlich bleibt aber am Ende eines Telefonats häufig das Gefühl, dass es nicht erfolgreich war.

An Ihrem Arbeitsplatz ist das Telefon nicht mehr wegzudenken. In kurzer Zeit können Sie viele Kontakte herstellen, Informationen geben und einholen. Täglich ergeben sich aber auch schwierige Situationen und Ärger am Telefon, weil die grundlegenden kommunikativen Fähigkeiten der Gesprächspartner weiter optimiert werden könnten (z. B. positive Formulierungen, lebendige Stimme, gutes Zuhören usw.).

Beim Gesprächsaufbau eines Telefonats können Sie sich an dem schon bekannten Vorschlag (vgl. Kapitel 2.7.1) orientieren. Er gilt beim Telefonat gleichermaßen.

Grundsätzlich sollten Sie beim Telefonieren eine aufrechte Körperhaltung einnehmen. Ihre Stimme klingt kraftvoller, da Sie durch den geraden Oberkörper befreiter atmen und sprechen können. Da die Stimme Ihr gesamtes Aussehen und Auftreten ersetzen muss, sollten Sie am Telefon häufiger lächeln. Man „hört" es.

Nach Rücksprache mit Telefontrainern empfiehlt der Ausschuss die folgenden Faustregeln für das Telefonieren mit Bürgern:

- Gestalten Sie die Begrüßung mit der vereinbarten Meldeformel der Stadt Neustadt.
- Sprechen Sie flüssig, klar und nicht zu schnell.
- Konzentrieren Sie sich auf die Sache.
- Hören Sie aktiv zu (s. Hinweise in Kapitel 2.4 des Leitfadens), fragen Sie bei Unklarheiten unbedingt nach.
- Notieren Sie wichtige Informationen. Fertigen Sie eine Telefonnotiz an.
- Sprechen Sie den Bürger mit seinem Namen an.
- Für notwendige Rückrufe unbedingt den Namen und die Telefonnummer des Bürgers notieren.
- Bleiben Sie bei Beschwerden und Reklamationen immer ruhig. Im Notfalle wenden Sie sich an einen Mitarbeiter oder Ihren Vorgesetzten, die Sie entlasten können.
- Verabschieden Sie sich in jedem Falle freundlich. Ihr Telefonat ist eine Visitenkarte der Behörde.

3. Grundsätze schriftlicher Kommunikation

Schriftliche Kommunikation in der Verwaltung ist vielfältig. Sie zeigt sich in u. a. in den folgenden Formen und Beispielen:

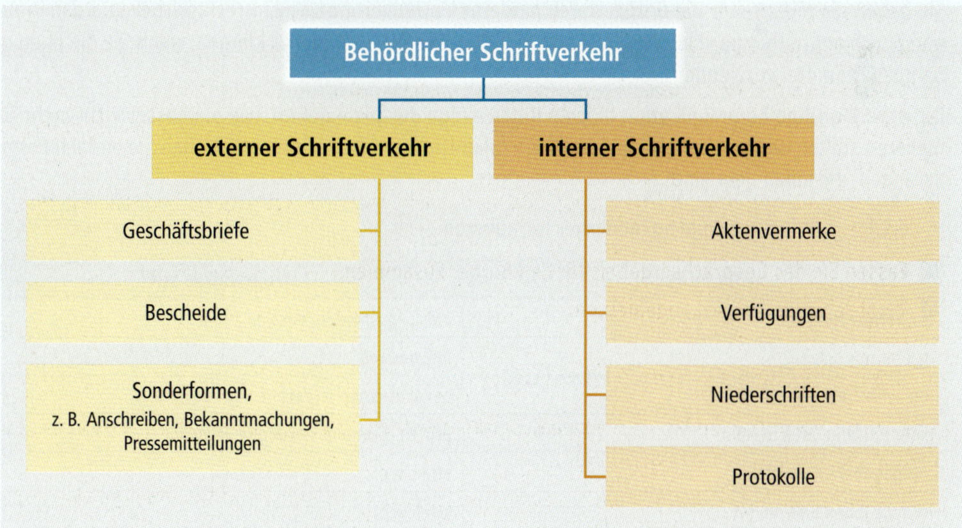

Im Rahmen der elektronischen Bürokommunikation (Internet/E-Mail, Intranet, Datenaustausch) ist das von Personalamt, Neustädter EDV-Systemhaus und Personalrat herausgegebene Handbuch als Geschäftsanweisung verbindlich. Insbesondere sind dort die Umgangsformen gegenüber Mitarbeiterinnen und Mitarbeitern und Bürgerinnen und Bürgern, der Datenschutz und die formalen Rahmenbedingungen der elektronischen Bürokommunikation zu beachten (z. B. der Dienstweg). Das Handbuch kann in der verwaltungsinternen Datenbank (DAB) der Stadt Neustadt eingesehen werden und wird laufend aktualisiert. Hier wird deshalb nicht näher auf diese spezielle Anweisung eingegangen.

Es wird aber noch einmal nachdrücklich darauf hingewiesen, dass ein grob fahrlässiger oder vorsätzlicher Verstoß gegen die Vorschriften der Geschäftsanweisung arbeitsvertragliche bzw. dienstrechtliche Folgen haben kann.

Die übrige „Normalpost", die extern verschickt wird, sollte grundsätzlich durch eine sorgfältige Verwendung der Fachsprache der Verwaltung rechtlich eindeutig und sachlich richtig sein. Wir sollten uns dabei durch eine angemessene Wortwahl aus der Allgemeinsprache und einen übersichtlichen Satz- und Textaufbau dem Bürger gegenüber verständlich machen. Schaffen Sie zudem durch einen persönlichen Schreibstil („Ich" und „Sie") die gewünschte Bürgernähe. Beschreiben Sie zu guter Letzt durchschaubar den Verfahrensweg, den Sie mit dem Bürger beschreiten wollen.

3.1 Fachsprache und Stil der Verwaltung

Die bisherigen Bemühungen der Stadt Neustadt um eine bürgernahe Kommunikation haben ergeben, dass das sogenannte Behördendeutsch noch fest in der Vorstellung der Mitarbeiter und Bürger verankert ist.

Die Verwaltungssprache ist eine besondere Form der Standardsprache. Häufig abgeleitet aus der Gesetzessprache ist sie in allererster Linie sachorientiert und zweckgebunden. Sie muss vor allem rechtssicher sein. Daher wirkt sie häufig abstrakt, verkürzt und inhaltsreich. Weil sie objektiv, klar und genau sein muss, kommt es unter anderem zu Nominalisierungen („eine Genehmigung erteilen"), dem Gebrauch von Fachwörtern („Verwaltungsakt, Rechtsbehelfsbelehrung"), dem Verzicht auf Umschreibungen mit Adjektiven und dem Verzicht auf Vorgangsbeschreibungen durch aktivere Verben („ich genehmige Ihnen ...").

Sie haben als Mitarbeiter die Sorge, durch moderne Formulierungen nicht rechtssicher und damit auch persönlich angreifbar zu sein. Vielleicht soll es auch einfach behördlicher klingen, wenn Sie die oben genannten Stilmittel verwenden.

Die Arbeitsgruppe Kommunikation möchte Ihnen einige Beispiele geben, wie Sie besser nicht mehr formulieren sollten und wie der „Neustädter Stil" zukünftig aussehen könnte. Streichen Sie einfach Formulierungen, die inhaltsleer sind.

3.1.1 Wie Sie zukünftig moderner formulieren

amtsdeutsch	„Neustädter Stil"
zur Vermeidung von ...	um zu vermeiden, dass ...
in Kenntnis setzen	informieren
Benachrichtigung	benachrichtigen (Verben sind lebhafter)
einer Prüfung unterziehen	prüfen (Nominalisierungen vermeiden)
aus gegebenem Anlass	streichen!
ich teile Ihnen hiermit mit ...	streichen!
mit diesem Schreiben erhalten Sie ...	Sie erhalten ... (aktiv und positiv)
Rechtsbehelfsbelehrung	Ihre Rechte (keine rechtliche Schwächung eines Bescheids!)

221060702

bezüglich („Kanzleideutsch“)	wegen
Schachtelsätze mit Dutzenden von Wörtern	Mehr als 15 Wörter sollen es im Satz nicht sein (journalistische Grundregel).
eigentlich	streichen (Füllwort und damit inhaltsleer)!
mithin (veralteter Amtsbegriff)	ebenso
persönliches Erscheinen (Tautologie – weißer Schimmel)	Erscheinen
Rechtskraft einer Entscheidung	die Entscheidung ist rechtskräftig
die von Ihnen gemachten Einwendungen	Ihre Einwände (Wer sollte Sie sonst gemacht haben?)
Es wird gebeten, die ...	Ich bitte Sie, die ... (persönlicher)
Alle für Sie zutreffenden Angaben haben Sie zu machen.	Es ist erforderlich, dass Sie die zutreffenden Angaben machen. Vielen Dank.
Die Zusendung der Unterlagen wird bis zum 28. Februar 2016 von Ihnen erwartet.	Bitte senden Sie die Unterlagen bis zum 28. Februar 2016 zu. (höflich und aktiv)
Zur Beantwortung Ihrer Fragen stehen wir Ihnen gerne zur Verfügung.	Ihre Fragen beantworten wir gerne unter der Rufnummer ...
laut § 27	nach § 27
Ersatzvornahme	Fachwörter erklären
Der Antrag wird abgelehnt. (unpersönlich und passiv)	Ich lehne Ihren Antrag ab. (persönlich und aktiv)

Fachausdrücke sind für Sie häufig selbstverständlich – für einen rechtsunkundigen Bürger jedoch nicht. Dennoch sind vor allem gesetzliche Fachausdrücke für präzise Texte unumgänglich. Erläutern Sie deshalb Fachausdrücke, wenn sie erstmals im Text auftauchen.

Abkürzungen ersparen Schreibarbeit und machen einen Text evtl. leichter lesbar. Im behördenexternen Schriftverkehr dürfen Abkürzungen aber nur verwendet werden, wenn beim ersten Vorkommen im Text die vollständige Bezeichnung angegeben wird und die Abkürzung in Klammern dahinter angegeben wird.

Beispiel: Nach § 42 der Verwaltungsgerichtsordnung (VwGO) ...

Zusammengefasst ergibt sich folgende Grundregel als Kurzformel: Formulieren Sie Ihre Texte verständlich, einfach, kurz und treffend, sowie geordnet und gegliedert. Die Formulare der Stadt Neustadt stehen wegen dieser Kriterien auf dem Prüfstand. Sie werden bei Bedarf einem modernen Schreibstil angepasst.

3.1.2 Kommunizieren Sie barrierefrei mit sehbehinderten Bürgerinnen und Bürgern

Behinderte Menschen finden beim Besuch unseres Rathauses weitgehend keine baulichen Hindernisse mehr vor. Ein- und Ausgänge, Aufgänge und Fahrstühle, Beschilderungen, Toiletten usw. sind so gestaltet, dass wir von Barrierefreiheit sprechen können. Barrieren sind nach den geltenden Bundes- und Landesvorschriften und deren Ausführungsverordnungen aber auch im Bereich der Wahrnehmung und Kommunikation abzubauen. Durch Landesgesetz bestimmt sind auch die Gemeinden unseres Landes verpflichtet, dies zu beachten.

Amtliche Informationen, Vordrucke und Bescheide müssen in einer wahrnehmbaren Form zugänglich gemacht werden.

Dies bedeutet nach § 3 der Verordnung über barrierefreie Dokumente, die das Behindertengleichstellungsgesetz des Landes ausführt, Folgendes:

- Großdruck bei sehbehinderten Menschen,
- ein kontrastreiches Schriftbild und
- eine für den Betroffenen angemessene Papierqualität.

Wird die Sehbehinderung bekannt, muss sie aktenkundig gemacht werden und im weiteren Verfahren von Amts wegen berücksichtigt werden. Die Betroffenen müssen die Möglichkeit haben, ihre Rechte im Verfahren geltend zu machen. Grundsätzlich wird den Mitarbeitern empfohlen, die Regeln der schriftlichen Kommunikation (Kapitel 3) zu beachten. Darüber hinaus sollte die folgende Checkliste beachtet werden.

Checkliste barrierefreie Schrift- und Textgestaltung

I. Schriftgestaltung	Anmerkungen
klare Schriftarten wie Arial verwenden	serifenlose (schnörkellose) Schriften sind besser lesbar
Schriftgröße Punkt 14 und mehr verwenden	Großdruck hat sich bewährt
keine kursive Schrift verwenden	gerade Schriften sind besser lesbar
auf Wörter in Großbuchstaben verzichten	Wahrnehmung wird sonst gestört
möglichst schwarze oder dunkle Schriften verwenden	Kontrast wird gesteigert
alle Textzeichen ausreichend fett schreiben	„Blässen“ vermindern den Kontrast
schattierte und farbige Texte vermeiden	siehe oben, Kontraste müssen gesteigert werden
II. Textgestaltung	**Anmerkungen**
Texte übersichtlich gestalten	z. B. durch viele Absätze
keinen Blocksatz benutzen	Flattersatz bevorzugen
auf Silbentrennung verzichten	Wortgehalt schneller erfassbar
auf glänzendes Papier verzichten	dieses spiegelt zu sehr
nicht zu dünnes Papier verwenden	dieses scheint durch, der Text der Folgeseite kann stören (Beispiel: Tageszeitung)

Die Besonderheiten der schriftlichen Kommunikation mit blinden Menschen sind in diesem Leitfaden wegen der technischen Erfordernisse nicht angesprochen.

3.1.3 Stellen Sie Männer und Frauen sprachlich gleich

Die Stadt Neustadt ist wie alle anderen Behörden auch dem Grundsatz der Gleichberechtigung von Frauen und Männern verpflichtet. Das gebietet Art. 3 Abs. 2 und Abs. 3 GG. Damit ist auch eine Gleichbehandlung im schriftlichen (und mündlichen!) Sprachgebrauch eingeschlossen.

Bei der Gestaltung unserer Vordrucke, unserer amtlichen Schreiben in Form von Verwaltungsakten oder öffentlich-rechtlichen Verträgen, bei Stellenausschreibungen, aber auch bei interner Dienstpost sind wir diesem Grundsatz verpflichtet.

Wenn wir Bürgerinnen und Bürger gleichwertig meinen und möchten, dass sich beide Geschlechter gleichwertig behandelt und angesprochen fühlen, müssen wir beide genau nennen und ansprechen.

Das Problem liegt bei der Umsetzung sprachlich darin begründet, dass sich das grammatische Geschlecht von Substantiven nicht immer mit dem natürlichen Geschlecht deckt. Neben den drei Formen des grammatischen Geschlechtes (der, die, das) gibt es nur zwei natürliche Geschlechter. Das Ratsmitglied kann männlich oder weiblich sein, der Arbeitgeber könnte auch eine Frau sein, die Lehrkraft könnte auch ein Mann sein. Das Mädchen hingegen ist eindeutig weiblich.

Es gibt keine festen Regeln, dieses Problem in unseren Texten aufzulösen. Anzustreben ist von allen Mitarbeiterinnen und Mitarbeitern, geschlechtsneutrale Bezeichnungen zu suchen, die Frauen oder Männer einseitig als Adressaten ausschließen.

Je näher eine Person von uns angesprochen wird, um so mehr müssen wir auf eine geschlechtergerechte Sprache achten. Wenn wir über verfahrensrechtliche Vorschriften aufklären, wird niemand gekränkt sein, wenn wir von dem Antragsteller im Sinne des Verwaltungsverfahrensgesetzes sprechen. Im Rahmen der Normen ist das grammatische Maskulinum (noch) üblich und weit verbreitet.

Niemals dürfen unsere Texte bei dem Bemühen um Geschlechtergerechtigkeit unverständlich, nicht lesbar oder gar rechtlich unpräzise werden.

Je nach Situation und Textart sind verschiedene Lösungen denkbar, geschlechtergerecht zu formulieren.

In der folgenden Tabelle sind einige Empfehlungen ohne Anspruch auf Vollständigkeit aufgelistet.

Ausgewählte Empfehlungen	Beispiele
Paarformulierungen verwenden	Bürgerinnen und Bürger, Antragstellerin und Antragsteller
Schrägstrich- und Klammerlösungen eher vermeiden	Bürger(in), Antragsteller/-in
Personen direkt ansprechen (insbesondere wenn Namen vorliegen)	Sie bekommen ...; wenn Sie ...; ich genehmige Ihnen ...
unkritische Pluralformen (Mehrzahl) einsetzen; Vorteil: Artikel, Adjektive und Pronomen sind für die weibliche und männliche Form gleich.	alle Beschäftigten der Stadt Neustadt
geschlechtsneutrale Wörter einsetzen	Radweg statt Radfahrerweg; Fußweg statt Fußgängerweg; Firma statt Arbeitgeber; Parlament statt Gesetzgeber
Verzichten Sie auf die bei der Stadt Neustadt früher verwendete Formel:	„Der besseren Lesbarkeit wegen werden nur die männlichen Bezeichnungen verwendet. Selbstverständlich ist auch die weibliche Form mit eingeschlossen."
Sätze kreativ umgestalten	„Wer Widerspruch erhebt, ..." statt Widerspruchsführer

3.2 Schreiben Sie richtig

Unbestritten muss eine Behörde ihre Schriftstücke orthografisch einwandfrei verfassen. Diese sind „Visitenkarten" einer Verwaltung und tragen in erheblichem Maße zu ihrer Akzeptanz in der Bevölkerung bei.

Am 1. August 2006 trat die Neuregelung der deutschen Rechtschreibung in Kraft.

Die amtliche Regelung der deutschen Rechtsschreibung und das maßgebliche Wörterverzeichnis sind im Internet unter www.rechtschreibrat.com zugänglich. Der Deutsche Rechtschreibrat beobachtet die Schreibentwicklung. Von Zeit zu Zeit empfiehlt er z. B. die Streichung von Variantenschreibungen oder die Aufnahme neuer Schreibgebräuche. Hilfreich für alle Mitarbeiterinnen und Mitarbeiter der Stadt Neustadt ist das Herunterladen des aktuellen Wörterverzeichnisses, vgl. www.rechtschreibrat.com/regeln-und-woerterverzeichnis.

Die Stadt Neustadt hat in ihren Textverarbeitungsprogrammen die neue Rechtschreibung schon weitgehend integriert. In Zweifelsfällen dürfen die Mitarbeiter der Fachbereiche jedes Wörterbuch verwenden, welches vom Verlag durch Erklärung als regelgerecht bezeichnet wird. Am Ende wird es bei Unsicherheiten in der Umsetzung bleiben, weil Schreibvarianten weiterhin zugelassen sind.

In dem folgenden Abschnitt wird eine kurze Gesamtübersicht über die 2006 und in den Folgejahren durch die Rechtschreibreform vorgenommenen Änderungen gegeben.

3.2.1 Neue Rechtschreibregeln – halb so schlimm

Folgende grundlegende Änderungen in der Rechtschreibung sind zu beachten:

- ss-ß-Schreibung: ß schreibt man nur nach langem Vokal oder Diphthong: Fuß, schießen, reißen, draußen ... Nach kurzem Vokal folgt immer ss statt ß: messen, Fluss, gerissen, Riss, Kuss/küsst ...
- Buchstaben, die bei Wortzusammensetzungen aufeinandertreffen, bleiben erhalten: Teeecke, Zooorchester, Rohheit, Schifffahrt, schnelllebig ... (seltene Ausnahmen: z. B. Mittag, Hoheit)
- Man schreibt wie der Stamm- bzw. die Wortverwandtschaft: Ass, Gräuel, nummerieren, Platzierung, Stängel, Stuckateur, Tipp, ...
- wenige Fremdwörter werden (fakultativ) angepasst: Delfin, Geografie, Jogurt, Mikrofon, Panter, Portmonee, Spagetti, Tunfisch, ... Hier ist auf die jeweils empfohlene Schreibweise zu achten.

Für die **Getrennt- und Zusammenschreibung** gilt:

Maßgeblich ist nun (wieder), was jeweils gemeint ist und dem Sprachgebrauch entspricht. Die Reformschritte bis 2006 gingen von der Getrenntschreibung als Normalfall aus. Zusammengeschrieben wird u. a., wenn ein Bestandteil benachbarter Wörter nicht mehr selbstständig ist oder eine neue Gesamtbedeutung entsteht. In der folgenden Tabelle wird eine Auswahl von Änderungen dargestellt. Genannt werden Verbindungen mit Verben.

Verbindungen aus Partikel und Verb	
Trägt das Adverb als Partikel den Hauptton der Verbindung, wird es mit dem Verb zusammengeschrieben. In einigen Fällen hat der Schreibende die Freiheit, zusammen oder getrennt zu schreiben.	
ältere Schreibweise	**Schreibweise ab 2006**
auseinander gehen	auseinandergehen
hier bleiben	hierbleiben
wieder einführen	wiedereinführen/wieder einführen

Verbindungen aus Adjektiv und Verb		
Entsteht durch die Verbindung dieser Wortarten eine neue übertragene Bedeutung, schreibt man zusammen. Ist die Entscheidung nicht eindeutig zu treffen, bleibt es den Schreibenden überlassen, ob sie getrennt oder zusammenschreiben.		
ältere Schreibweise	**Bedeutung**	**Schreibweise ab 2006**
allein stehen	ohne Hilfe sein	alleinstehen
kalt lassen	jemand ist ungerührt	kaltlassen
offen legen	über etwas aufklären	offenlegen
bekannt geben	informieren	bekanntgeben/ bekannt geben
fertig stellen	beenden	fertigstellen/fertig stellen
Stellt ein einfaches Adjektiv das Ergebnis der Tätigkeit dar, kann getrennt oder zusammengeschrieben werden.		
fertig machen	zu Ende bearbeiten	fertig machen/fertigmachen
klein machen	zerkleinern; Geld wechseln; in die Hocke gehen	klein machen/kleinmachen
fern bleiben	weg bleiben, sich von etwas entfernt halten	fern bleiben/fernbleiben ➥

Verbindungen aus Verb und Verb		
Bei Verbindungen aus zwei Verben ist grundsätzlich getrennt zu schreiben. Bei übertragener Bedeutung in einer Verbindung mit bleiben oder lassen ist es wieder erlaubt, zusammenzuschreiben. Einen besonderen Fall stellt die Verbindung kennen lernen/kennenlernen dar. Hier sind in jedem Anwendungsfall beide Schreibweisen möglich.		
ältere Schreibweise	**Bedeutung**	**Schreibweise ab 2006**
(etwas) bleiben lassen	nicht beginnen, aufhören	bleibenlassen/bleiben lassen
kennen lernen	Sonderfall	kennenlernen/kennen lernen
laufen lernen	zwei selbstständige Verben	laufen lernen
sitzen bleiben	nicht versetzt werden	sitzenbleiben/sitzen bleiben

Die übrigen Änderungen im Bereich der Getrennt- und Zusammenschreibung sind in den einschlägigen Wörterbüchern nachzuschlagen.

Für die **Worttrennung am Zeilenende** gilt neu:

Es werden keine einzelnen Buchstaben (Vokale) am Anfang oder Ende von Wörtern abgetrennt; dies gilt ebenso bei Wortzusammensetzungen (Abend, Ju-li-abend, Fei-er-abend). Es bleibt grundsätzlich bei den übrigen Neuerungen, z. B. der Trennung von st (Fens-ter) oder der Abtrennung von ck (Zu-cker, Bä-cker). Die Trennstelle eines Wortes stimmt in der Regel mit seiner Silbengrenze überein.

Wenn **Zeichen gesetzt** werden, sind im Wesentlichen neu die Anwendungsfälle der Kommasetzung betroffen. Damit soll das Textverständnis wieder besser gesichert werden gegenüber der bisher beabsichtigten weitgehenden Freistellung der Kommasetzung (vgl. Institut für deutsche Sprache [Hrsg.], Sprachreport, Zur Neuregelung der deutschen Rechtschreibung ab 1. August 2006, Mannheim Juli 2006).

Bei der Reihung von Hauptsätzen, die durch nebenordnende Konjunktionen wie und, oder, bzw., entweder – oder, nicht – noch oder weder – noch verbunden sind, kann ein Komma gesetzt werden. Damit soll der Ganzsatz in seiner Gliederung deutlich gemacht werden (Entweder Sie kommen in die Dienststelle (,) oder Sie schreiben uns einen Brief.) Für die Reihung von Nebensätzen mit den genannten Konjunktionen gilt dies nicht mehr. (Aus einem Aktenvermerk: Herr Meier hat nichts geäußert, weder dass er zahlungsunfähig ist [hier kein Komma möglich] noch die Stundung in Form von Ratenzahlungen wünscht.)

Verpflichtend ist die Kommasetzung, über die bisherige Reform hinausgehend, wieder bei zwei Gruppen:

- Infinitiv-, Partizip- oder Adjektivgruppen werden durch ein Komma abgegrenzt, wenn sie nachgeschobene Zusätze zu Substantiven oder Pronomen darstellen und damit die übliche Satzstruktur verändern. (Das Unfallopfer kam auf mich zu, lauthals schreiend. Das Unfallopfer, wild gestikulierend, kam auf mich zu.)
- Infinitivgruppen werden durch Komma abgegrenzt, wenn sie mit als, anstatt, außer, ohne, statt, um eingeleitet sind oder von einem Substantiv abhängen. (Dem Beklagten fiel nichts Besseres ein, als zu flüchten. Er studierte die Aktenlage, um neue Erkenntnisse zu gewinnen.)

Schließlich sollen nun bei der **Groß- und Kleinschreibung** die folgenden Änderungen gelten:

Wörter wie angst, bange, recht werden mit den Verben sein/bleiben/werden kleingeschrieben. Neu werden nun ab 2006 auch feind, freund, klasse, spitze und unrecht in diesen Verbindungen kleingeschrieben (Sie ist ihm feind. Wir bleiben ihm freund. Das Fernsehspiel war klasse.).

Klein- oder großgeschrieben werden nun die Wörter Recht, Unrecht in Verbindung mit den Verben behalten, bekommen, geben, haben und tun (Sie hat recht/Recht.).

In Briefen darf man die Anredepronomen du und ihr in allen Formen großschreiben (Ich schreibe dir/Dir heute wegen ...; Da du/Du dich/Dich noch nicht gemeldet hast ...; Liebe Sportkameraden, in eurer/Eurer letzten Postkarte habt ihr/Ihr euch/Euch ...).

3.2.2 DIN 5008 – kein Buch mit sieben Siegeln

Die Stadt Neustadt möchte zukünftig stärker als bisher auf ein einheitliches Erscheinungsbild der Korrespondenz achten (Corporate identity). Unsere Schriftstücke sollen vor allem im Außenverhältnis gegenüber den Bürgerinnen und Bürgern lesefreundlich, zweckmäßig und übersichtlich verfasst sein.

Die Schreib- und Gestaltungsregeln für die Textverarbeitung (DIN 5008) des Deutschen Institutes für Normung bilden dafür eine gute Grundlage. Diese Normen sind Empfehlungen und damit unverbindlich. Jede Mitarbeiterin und jeder Mitarbeiter hat mit diesen Empfehlungen aber einen nachvollziehbaren Orientierungsrahmen für Schreiben, die sich an Bürger richten. Die DIN 5008 aus dem April 2011 legt u.a. Regeln für die Verwendung von Satzzeichen, Rechenzeichen, Formeln, Zahlengliederungen, Tabellen sowie die Gliederung von Texten fest.

Diese hat die DIN 676 (Geschäftsbrief) in die DIN 5008 (Schreib- und Gestaltungsregeln) integriert und weitere Aspekte der Textgestaltung aufgenommen, die in täglichen Büroabläufen häufiger vorkommen.

Mit neuen Regelungen für Diagramme und bildliche Darstellungen soll z. B. modernen Textverarbeitungsprogrammen Rechnung getragen werden, die Grafisches zunehmend in Texte einbauen können. Die neuen akademischen Grade Bachelor und Master werden nun berücksichtigt sowie die gesamte Rechtschreibung an die z. Zt. gültigen und amtlichen Rechtschreibregeln angepasst. Anwendungsbeispiele sind für den Nutzer der neuen DIN 5008 dementsprechend auf den aktuellen Stand gebracht.

Näheres zu diesen, weiteren und geplanten Änderungen (z. B. Gestaltung langer Texte, neuer Informationsblock, neues Anschriftenfeld) gibt es unter:

www.din.de/de/mitwirken/normenausschuesse/nia/normen/wdc-beuth:din21:137578108

vgl. auch: Karl Wilhelm Henke, Die neue DIN 5008, Winklers Verlag, 1. Auflage 2012

Die folgenden Hinweise veranschaulichen an ausgewählten Empfehlungen das Regelwerk. Die Empfehlungen beziehen sich auf Notwendigkeiten, die in täglichen Schreibanlässen der Verwaltung zu beachten sind.

Zu beachten ist, dass im Postanschriftenfeld auf Anregung der Deutschen Post AG sämtliche Leerzeilen entfallen sind.

Der Bereich für das Brieffenster heißt Anschriftfeld (9- oder 11-zeilig), das unterteilt wird in die Zusatz- und Vermerkzone und in die Anschriftzone. Bestandteile des Anschriftfelds sind Zusätze, Vermerke und Rücksendeangaben (die ersten drei bzw. fünf Zeilen) sowie die eigentliche Anschrift (die folgenden sechs Zeilen).

In die Zusatz- und Vermerkzone gehören Vorausverfügungen (z. B. „Nicht nachsenden!"; „Wenn unzustellbar, zurück!"), Produktbezeichnungen (z. B. „Einschreiben Rückschein"; „Einschreiben Einwurf"), elektronische Freimachungsvermerke (z. B. „Stampit") und Rücksendeangaben.

Neben diesen Angaben sind auch Barcodes erlaubt, z. B. für das Sortieren der rücklaufenden Sendungen beim Absender.

Bei Angabe einer Produktbezeichnung **oder** Vorausverfügung steht diese in der dritten Zeile der Zusatz- und Vermerkzone. Bei Produktbezeichnung und Vorausverfügung werden die zweite **und** dritte Zeile benutzt (s. Beispiele unten). Die Zusatz- und Vermerkzone mit Rücksendeangabe (Absender) wird auf fünf Zeilen mit einer Schriftgröße von 8 Punkt erweitert.

Die Anschriftzone hat, angeglichen an internationale Normungen, sechs Zeilen. Ohne Zusätze und Vermerke beginnt die Anrede in der ersten Zeile der Anschriftzone. Berufs- oder Amtsbezeichnungen stehen hinter der Anrede. Akademische Grade stehen vor dem Namen (z. B. Dipl.-Ing.; Dr.; Prof.). Bachelor- und Mastergrade werden in der Regel hinter dem Namen aufgeführt. Die Straßenbezeichnung steht im Allgemeinen in der dritten Zeile der Anschriftzone, während für die Postleitzahl und den Wohnort die vierte Zeile vorgesehen ist.

3
2
1 Nicht nachsenden!

Zusatz- und Vermerkzone mit Vorausverfügung

1 Herrn
2 Klaus Schmidt
3 Neustädter Weg
4 49999 Neustadt
5
6

5 Stadt Neustadt Postfach 49999 Neustadt
4
3
2 |||||||||||||||||
1 Einschreiben Einwurf

Zusatz- und Vermerkzone mit Barcode, Produktbezeichnung und Rücksendeangabe (Absenderangabe auch oberhalb der Z. 5 zulässig)

1 Herrn Oberstudienrat
2 Dr. Volker Möller
3 Neustädter Landstraße 26 a
4 49999 Neustadt
5
6

Anschriftzone mit Berufsbezeichnung und Titel

40 mm

85 mm

Im Einzelnen können noch folgende Empfehlungen gegeben werden:

- Postleitzahlen werden nicht gegliedert: 49999 Neustadt
- Postfachnummern werden in Zweiergruppen von rechts nach links gegliedert: 2 19 39 23
- Bankleitzahlen sind achtstellig und werden so gegliedert: 360 605 91; die internationale Bankleitzahl IBAN wird wie folgt geschrieben: IBAN DE89 3304 0955 0933 9980 00
- Telefon-/Telefaxnummern werden funktionsbezogen gegliedert. Getrennt werden die einzelnen Bestandteile durch Leerzeichen in der Reihenfolge: Anbieter (mobil), Land, Ort, Einzelanschluss. Der Durchwahlanschluss wird durch einen Mittestrich kenntlich gemacht:

  Nationale Schreibung

  Mobilanschluss 0152 999222

  Festnetz-Einzelanschluss 0234 999

  Festnetz-Durchwahlanschluss 0234 999-3456

  Internationale Schreibung

  +49 234 999

  +49 234 999-3456 (Farbhervorhebung oder Fettschrift, z. B. für die Durchwahl, ist zulässig.)
- Uhrzeiten werden mit Doppelpunkt geschrieben: 18:54 Uhr, 00:05 Uhr, 15 Uhr (bei voller Stunde erlaubt)
- Kalenderdaten können numerisch auf- oder absteigend gegliedert werden.

  aufsteigend: 05.11.2018

  absteigend: 2018-11-05

International üblich ist die absteigende Schreibweise. Erlaubt ist auch die alphanumerische Form 11. November 2018. Bei einstelliger Tagangabe ist keine Null davorzusetzen: 1. November 2018.

- In Fließtexten sollten die Währungseinheiten hinter dem Betrag stehen: 70 EUR, 70 €. Mittestriche in Währungseinheiten gibt es nicht mehr. Es werden Ziffern verwendet: 70,00 EUR.
- Geldbeträge sollen aus Sicherheitserwägungen heraus dreistellig mit Punkt gegliedert werden: 270.000 €, 1.342,60 €, 242.850,00 €, 2.348.552,53 EUR. Zahlen, die mehr als drei Stellen haben, werden in Dreiergruppen gegliedert und von rechts nach links angeordnet (außer Jahreszahlen): Im Ortsteil Rastrup-Mauxel wählen 2 380 Bürgerinnen und Bürger, in Essen leben 750 000 Einwohner. Merkregel: Geldbeträge mit Tausender-Punkt, Mengenangaben mit Tausender-Leerzeichen!
- Abkürzungen, die wie das ungekürzte Wort gesprochen werden, erhalten einen Punkt: evtl., Std., Mrd. Folgen Abkürzungen einzelner Worte aufeinander, werden sie mit Leerzeichen geschrieben: z. B., u. Ä., i. A. (Ausnahme: usw.). Abkürzungen, die buchstäblich gesprochen werden, werden ohne Punkt und Leerzeichen geschrieben: BGB, AG, LKW. Steht die Abkürzung am Ende des Satzes, wird der Schlusspunkt weggelassen: im September n. J.
- Vor und nach dem Prozent- oder Promille-Symbol wird ein Leerzeichen eingefügt: 3,5 % Zuwachs, da das Symbol das Wort „Prozent" ersetzt, das ebenfalls mit Leerzeichen abgesetzt würde.
- Das Paragrafenzeichen darf nur verwendet werden, wenn eine Ziffer folgt. Ansonsten muss der Begriff ausgeschrieben werden: § 9; aber: Das Artikelgesetz hat acht Paragrafen. Doppelparagrafen sind stets zusammenhängend zu schreiben: Nach den §§ 66, 67 BGB; nach den §§ 66 und 67 BGB; die §§ 66 bis 70 BGB. Vor und nach dem Zeichen § muss ein Leerzeichen gesetzt werden.
- Der Gedankenstrich ist mit vorausgehendem und folgendem Leerzeichen zu schreiben: Bitte prüfen Sie – nach Eingang der Sendung –, ob die Anlagen vollständig sind. Dies gilt auch, wenn der Strich als Wortersatz für „bis" oder Strecken verwendet wird: 08:15 – 9:45 Uhr, Düsseldorf – Neustadt.
- Der Mittestrich wird als Silbentrennungsstrich und zur Aneinanderreihung von Worten verwendet und ist stets ohne Leerzeichen zu schreiben: Neustadt-Kronberg, Warenein- und -ausgang, 25-jährig. Bei Wortergänzungen ist nach dem Mittestrich ein Leerzeichen zu setzen.
- Beispiele für Hausnummern: Amtsgerichtsplatz 7 – 11, Bergstraße 8 a
- Absätze werden im Brieftext stets mit einer Leerzeile vom nächsten Absatz getrennt. Einzüge werden mit Tabulator bei 2,5 cm, 5 cm, 7,5 cm usw. gesetzt. Geschäftsbriefe schreibt man mit einzeiligem Zeilenabstand.
- Der Briefabschluss ist für eine Originalunterschrift mit drei Leerzeilen zu gestalten. Der Vermerk, dass Anlagen beigefügt sind, wird eine Leerzeile nach der Wiedergabe der Unterschrift geschrieben, ein Beglaubigungsvermerk ebenso.

• Mit freundlichem Gruß • Der Bürgermeister • *Schultheiß* • Schultheiß • Anlagen	• Mit freundlichem Gruß • im Auftrag Weber • Beglaubigt *Steinhaus* • Steinhaus

Diese Empfehlungen sollen zukünftig von den Mitarbeiterinnen und Mitarbeitern bei der Gestaltung ihrer Geschäftsbriefe, Bescheide, Mitteilungen usw. für die Bürgerinnen und Bürger unserer Stadt beachtet werden.

Zugrunde gelegt werden sollen auch die maßgeblichen Formhinweise für den Aufbau unserer Schreiben.

Der folgende Briefbogen der Stadt Neustadt setzt die Empfehlungen der DIN-Norm 5008 für die Praxis um.

Stadt Neustadt
Der Bürgermeister

Stadt Neustadt · Postfach · 49999 Neustadt

•
•
Postzustellungsauftrag
Herrn
Franz Buttenschön
Neustädter Weg 23 a
49999 Neustadt
•
•

Ihre Nachricht/Ihr Zeichen:

Geschäftszeichen:
Fachbereich/Dienststelle:
Gebäude/Zimmer: Rathausplatz 1, Zimmer 17
Bearbeiter/-in:
Telefon: 02999 177-
Telefax: 02999 177- 166
E-Mail: (Name)@stadtneu-wvd.de

Datum: 15. Oktober 20..

•
•
(Betreff)
•
•
(Anrede)
•
(Text, zwischen Absätzen 1 Leerzeile)
•
(Einzüge bei 2,5 cm und ein Vielfaches)
•
(Text, zwischen Absätzen 1 Leerzeile)
•

•
Mit freundlichen Grüßen
•
im Auftrag
•
• (Raum für Original-Unterschrift)
•
Name
•
Anlagen
2 Merkblätter

Bankverbindung der Stadtkasse Neustadt:
Neustädter Sparkasse, BLZ 999 500 01, Konto 0 415 920 301,
IBAN DE99 9995 0001 0415 9203 01

Besuchszeiten
Montag, Dienstag, Mittwoch: 08:00 – 12:30 Uhr, 14:00 – 17:00 Uhr,
Donnerstag: 08:00 – 12:30 Uhr, 14:00 – 20:00 Uhr, Freitag: 08:00 – 12:30 Uhr

Internet
www.stadtneu-wvd.de

3.3 Geschäfts-/Bürgerbriefe sind Visitenkarten

Nach Auswertung der Bürger- und Mitarbeiterbefragungen in unserer Kommunikationswerkstatt gibt die Arbeitsgruppe Kommunikation für die schriftliche Gestaltung von Texten die folgenden Empfehlungen.

Unsere Texte sollen einfach, kurz und treffend (prägnant), geordnet und gegliedert sowie anschaulich und ermunternd sein. Das haben Sie im Rahmen der Darstellung über die Fachsprache und den Sprachstil in der Verwaltung schon lesen können. Schreiben an die Bürgerinnen und Bürger haben eine uns oft nicht bewusste Wirkung. Wir geben gewissermaßen eine gelungene bzw. misslungene Visitenkarte der Stadtverwaltung ab.

Stellen Sie sich folgende Situation vor: Ein Personalausweis soll von einem Bürger abgeholt werden. Ihr Text könnte nach den oben genannten Kriterien folgendermaßen aussehen:

Ihr Personalausweis

Sehr geehrter Herr Buttenschön,

Ihr neuer Ausweis liegt für Sie bereit. Sie können ihn im Bürgerbüro abholen.

Verschicken dürfen wir den Personalausweis auf dem Postwege nicht.

Bitte bringen Sie den alten Personalausweis mit, weil wir ihn entwerten müssen. Falls Sie jemanden beauftragen, den Ausweis abzuholen, benötigen wir eine schriftliche Vollmacht.

Weitere Informationen können Sie erhalten unter der
Telefonnummer 02999 177-166 (Oliver Baumann).

Mit freundlichem Gruß

Bürgerbüro
im Auftrag

Baumann

Sie erreichen uns im Bürgerbüro:

montags bis mittwochs von	08:00 - 16:00 Uhr
donnerstags von	08:00 - 18:00 Uhr
freitags von	08:00 - 12:00 Uhr
samstags von	09:00 - 11:00 Uhr

Einfach wird dieser Text durch bekannte und anschauliche Wörter. Der Satzbau ist einfach und leicht zu erfassen. Der Text versucht, nur das für den Vorgang Notwendige aufzunehmen. Der Inhalt bleibt nur dann bei Herrn Buttenschön haften, wenn er treffend ist. Überflüssige Erläuterungen und unnötige Details müssen unterbleiben. Der Text ist geordnet und gegliedert, weil er die notwendigen Handlungsschritte für den Bürger klar durch Leerzeilen bzw. Absatzbildung herausstellt. Herr Buttenschön weiß sofort, um was es geht und was er tun soll bzw. kann.

3.4 Protokollieren Sie formgerecht und genau

Protokolle sind schriftliche Berichte über Konferenzen, Sitzungen, Dienstbesprechungen, Lehrgänge usw. Als Verlaufs- und/oder Ergebnisprotokoll geben sie die wesentlichen Inhalte der Gespräche in sachlicher Form wieder. Das Protokoll muss objektiv und genau sein (Beweis- und Dokumentationsfunktion) und auf das Wesentliche beschränkt sein. Als Niederschrift hat es eine besondere rechtliche Bedeutung.

Tipps für die Anfertigung eines Verlaufs- oder Ergebnisprotokolls:

- Führen Sie die Mitschrift gewissenhaft durch. Alle wesentlichen Äußerungen, Beschlüsse und Vorgänge sollten Sie in Stichworten notieren. Eine nachträgliche Niederschrift müsste ausdrücklich als sogenanntes Gedächtnisprotokoll gekennzeichnet werden. Eine Tonaufnahme mithilfe technischer Geräte muss von den Anwesenden genehmigt werden.
- Erfassen Sie den Kern der Aussage. Unwichtiges, z. B. Zwischenrufe, Wiederholungen, brauchen nicht in das Protokoll aufgenommen zu werden.
- Bewahren Sie Ordnung in Ihrem Protokoll. Rüsten Sie sich mit genügend Notizpapier und einem Ersatzkugelschreiber. Nummerieren Sie Ihre Seiten. Lassen Sie Raum für Ergänzungen und Nachträge.
- Ausführlich wiedergeben müssen Sie Anträge und Beschlüsse (wörtlich) und wichtige Diskussionsbeiträge der Teilnehmer (sinngemäß und in indirekter Rede).
- Lassen Sie sich eingebrachte Anträge in schriftlicher Form vorlegen. Sie können dann bei der Reinschrift des Protokolls darauf Bezug nehmen.
- Ordnen Sie Ihr Protokoll. Alle Beiträge zu einem Tagesordnungspunkt oder zu einem Themenkreis erscheinen nach der Reinschrift des Protokolls gebündelt.
- Unterschreiben Sie Ihr Protokoll als Protokollführer/als Protokollführerin. Auch dem Leiter der Veranstaltung muss das Protokoll zur Unterschrift vorgelegt werden. Es wird mit diesen Unterschriften zur Urkunde und dient später als Beweismittel, Gedächtnisstütze für die Teilnehmer oder zur Information für Abwesende.
- Das fertige Protokoll muss an dem dafür vorgesehenen Ort aufbewahrt werden, um jederzeit einsehbar zu sein. Unter Umständen muss es auch an Teilnehmer oder interessierte Stellen verschickt werden.

Wesentliche Merkmale:

- Aufbau des Protokolls (Gliederung): in der Regel vom zeitlichen Ablauf und dem Anlass der Veranstaltung bestimmt
- Stil und Ausdruck: sachlich, knapp, anschaulich, Redebeiträge in indirekter Rede
- Rechtschreibung und äußere Form: einwandfrei; nach den neuesten, gültigen Regeln; DIN 5008
- Zeitform: Präsens (Gegenwart)
- Spezielle Protokollformen: abhängig vom Anlass, z. B. Sitzungsprotokoll im Rathaus, Niederschrift
- Lassen Sie die äußere Form der Funktion folgen („form follows function"): Protokollkopf, Protokolltext, Protokollfuß

In dem folgenden Beispiel werden der Aufbau, der Stil und die Sprache eines Protokolls dargestellt:

Protokoll zur Dienstbesprechung im Kulturbüro (Auszug)

Zeit:	Mittwoch, 7. November 20..
Ort:	Rathaus Neustadt, Kulturbüro, Raum 206
Teilnehmer:	Frau Semreu, Herr Hagebaum, Herr Arendt, Frau Dr. Teidel (Gast, Schauspielhaus), Herr Jansen (Leiter des Kulturbüros), Herr Müller, Herr Götz, Frau Dr. Vocke (Anmerkung: Es erfolgt hier eine Auflistung der Teilnehmer oder der folgende Hinweis „siehe Anwesenheitsliste".)
Tagesordnung:	1. Planungsgespräch mit der stellvertretenden künstlerischen Leiterin des Schauspielhauses, Frau Dr. Teidel über die Neustädter Kulturtage im Mai 20.. 2. Arbeitsstand Umsetzung der Doppelten Buchführung 3. Verschiedenes (insbesondere Termine) (Anmerkung: hier wird die TO (Tagesordnung) aufgeführt oder wie nachstehend auf die Einladung zur Sitzung verwiesen: Siehe Einladung zur Sitzung vom ...
Leitung:	Herr Städtischer Oberamtsrat Jansen
Protokollführung:	Herr Verwaltungsfachangestellter Müller
Beginn:	14:05 Uhr
Zu TOP 1:	Erörtert werden hier die Beteiligungsmöglichkeiten des Schauspielhauses an den Neustädter Kulturtagen sowie Fragen der organisatorischen und inhaltlichen Abstimmung von Programmpunkten. (...) (...)
Zu TOP 2:	Herr Hagebaum berichtet als Projektbegleiter über den Stand der Umsetzung der kaufmännischen Buchführung in den einzelnen Fachbereichen der Stadt Neustadt. (...)
Zu TOP 3:	(...)

Herr Jansen schließt die Sitzung mit einem herzlichen Dank an die Kollegin und die Kollegen um 15:50 Uhr.

Neustadt, 07. November 20..

Jansen	Müller
(Sitzungsleiter)	(Protokollführer)

3.5 Fertigen Sie nachvollziehbare Aktenvermerke

Interner Schriftverkehr

In jeder Behörde gibt es einen internen Schriftverkehr zwischen einzelnen Ämtern, Fachbereichen, Abteilungen oder zumindest kurze Mitteilungen und Aktenvermerke an Mitarbeiter.

Da vielfach auf diese Weise für die Sachbearbeitung wichtige Inhalte weitergegeben werden, müssen Form und Inhalt dieser Schriftstücke dem jeweiligen Zweck entsprechen.

Aktenvermerke

In Vermerken werden wichtige Informationen behördenintern festgehalten. Angaben zum Sachverhalt, Rechtsansichten, Abreden, Auskünfte, kurzum alle für die Bearbeitung eines Vorgangs wichtigen Punkte werden schriftlich dokumentiert.

Sie werden häufig nach einem Gespräch formuliert oder auch aus dem Gedächtnis verfasst. Sie sind an keine formalen Vorschriften in der Gestaltung gebunden. Im Regelfall sind Aktenvermerke eigenständige Texte, die als Telefonvermerk, aber auch auf dem Geschäftsschreiben notiert werden.

Sie haben die Funktion,

- das Ergebnis eines Gesprächs, einer Prüfung kurz und protokollähnlich aktenkundig zu machen.
- einen Vorgang zusammenzufassen, um den Überblick zu erleichtern und anderen, die bei dem Gespräch nicht dabei waren, in knapper Form die Ereignisse mitzuteilen.
- (begründete) Bewertungen und Fakten festzuhalten.
- Grundlage und Information für weitere Bearbeitungen zu sein, z. B. als gutachterliche Stellungnahme in indirekter Rede.
- das eigene Handeln in der Sachbearbeitung abzusichern und dafür einen Beleg abzuliefern.

Jeder Aktenvermerk sollte auf folgende Fragen Antworten geben:

WER HAT MIT WEM
WANN
WO } **GESPROCHEN**
WORÜBER
WIE

Zu den Aktenvermerken/-notizen im weiteren Sinne zählen auch die Telefonnotizen, Gesprächs- und Besuchsnotizen oder Notizen über besuchte Veranstaltungen und Seminare. Der Aktenvermerk wird in diesem Fall in indirekter Rede verfasst. Vom Gespräch oder Telefonat werden nur die wesentlichen Fakten und/oder Äußerungen festgehalten.

Werden rechtliche Fragestellungen im Aktenvermerk festgehalten, wird grundsätzlich im Gutachtenstil formuliert.

Nach den folgenden Tipps sollten Sie Ihren Aktenvermerk anfertigen:

- Sammeln Sie Fakten und Ergebnisse und halten Sie sie fest.
- Formulieren Sie kurz und verständlich (Telegrammstil).
- Nutzen Sie sinnvolle Vordrucke.
- Stellen Sie den Inhalt objektiv und übersichtlich dar.

Aufbauschema eines Vermerkes

Fachbereich/ Amt Geschäftszeichen	Datum ggf. Uhrzeit

Vermerk
(ggf. Anlass, Gegenstand, Betreff oder Ähnliches)

Text

Unterschrift

3.6 Niederschriften sind förmliche Beweismittel

Im Gegensatz zum Aktenvermerk ist die Niederschrift ein förmliches Beweismittel, weil sie von allen Beteiligten unterschriftlich anerkannt wird. Zweckmäßig, sachangemessen und z. T. formal vorgeschrieben, hält sie als sogenannte Verhandlungsniederschrift mündliche Erklärungen von besonderer tatsächlicher und/oder rechtlicher Bedeutung fest. So können beispielsweise Widersprüche schriftlich oder mündlich zur Niederschrift eingelegt werden. Die Niederschrift enthält Ort und Datum der Vorsprache, Vor- und Zuname des Erklärenden sowie seine Anschrift, evtl. auch seine Geburtsdaten und einen Hinweis auf seine Legitimationsgrundlage. Niederschriften im Rahmen von Widersprüchen werden nach dem Wegfall des Widerspruchsverfahrens in unserem Bundesland nur noch in Ausnahmefällen anfallen.

Berufskolleg XX

Schulsekretariat

Schülerstammnummer: ...	Datum: ...

Niederschrift

Widerspruch gegen das Abschlusszeugnis im Bildungsgang Verwaltungsfachangestellte/-r vom ...

Am 23. November 20.. um 10:00 Uhr erscheint Herr Peter Müller, wohnhaft in Neustadt, Neustädter Weg 8, geboren am ... (volljährig) in ..., hier persönlich bekannt, im Schulsekretariat und erklärt:

„..."

v. g. u.	geschlossen
Unterschrift des Schülers	Unterschrift des Schriftführers

Die Erklärungen der Beteiligten sind nicht wie beim Aktenvermerk in indirekter, sondern in direkter Rede wiederzugeben. Anschließend lesen Sie als Schriftführer dem Erklärenden die Niederschrift vor. Ist dieser damit einverstanden, setzen Sie wie in dem obigen Beispiel unter den Text die Abkürzung „v. g. u." (vorgelesen, genehmigt und unterschrieben). Danach unterschreiben Sie als Schriftführerin bzw. Schriftführer unter „geschlossen" und schließen so die Niederschrift ab.

3.7 Aktenverfügungen in Geschäftsvorgängen

Insbesondere unsere jüngeren, neuen Mitarbeiterinnen und Mitarbeiter haben der Textform „Aktenverfügung" ihre Aufmerksamkeit zu schenken. Sie stellt eine Anweisung dar, einen Vorgang (Geschäftsfall) sachlich in einer festgelegten Reihenfolge zu erledigen. Sie wird zur Hauptakte genommen. Soll ein bestimmtes Schreiben an den Bürger gerichtet werden, wird praxisgerecht die Durchschrift gleichzeitig zum Bestandteil der Aktenverfügung. Die Aktenverfügung kann mit dem oben dargestellten Aktenvermerk verbunden sein. Der Aktenvermerk würde die tatsächliche Situation zunächst darstellen, während am Ende der Aktenverfügung dazu eine sogenannte Schlussverfügung ergeht. Wer die Verfügungstechnik beherrscht, sorgt für eine effektive Bearbeitung des Vorgangs. Äußerlich ist die Verfügung an der Abkürzung „V" zu erkennen.

Die Aktenverfügung folgt in der Regel dem folgenden Aufbau:

- Fachbereich/Amt bzw. sonstige Organisationseinheit
- Akten-/Geschäftszeichen
- Ort und Datum
- Betreff (Sachgebiet, konkrete Situation)
- evtl. Bezüge
- Überschrift
- Inhalte: ggf. Aktenvermerk, Hauptverfügung(en), Schlussverfügung
- typische Schlussverfügungen (Auswahl): „zu den Akten" (zdA), „Wiedervorlage" (Wv), „zur Kenntnis" (zK), „zum Verbleib" (zV) oder „zur weiteren Veranlassung" (zwV)
- Namenszeichen

Wer unterzeichnungsberechtigt ist, unterschreibt direkt unter der Verfügung, alle übrigen, z. B. der Entwurfsverfasser, zeichnen rechts unterhalb der Aktenverfügung ab.

3.8 Bescheiden Sie bürgernah, formgerecht und rechtssicher

Der Bescheid kann als schriftliche Form eines Verwaltungsakts im Sinne der Verwaltungsverfahrensgesetze bezeichnet werden. Diese Verfahrensvorschriften enthalten formale Regelungen für das Erstellen von Bescheiden. Das Wort „Bescheid" taucht im Gesetz nicht auf.

Rechtliche Aspekte werden in diesem Leitfaden nicht aufgegriffen; sie können den einschlägigen Fachbüchern entnommen werden. Es fehlen auch Hinweise auf einzelne Bescheidtypen (z. B. Ausgangsbescheid, Widerspruchsbescheid, Abhilfebescheid usw.) sowie besondere Bekanntgabeformen. Eingehen möchte der Leitfaden auf Aufbau- und Sprachaspekte der Bescheiderstellung. Verweise auf einzelne Normen fehlen daher.

Fachlich und stilistisch überzeugende Bescheide zu erstellen, ist kompliziert, anspruchsvoll und bedarf der Übung. Wenn Sie als Sachbearbeiterin oder Sachbearbeiter einen Bescheid verfassen wollen, haben Sie nicht nur das formelle und materielle Recht, die Verwaltungspraxis und die Rechtsprechung zu beachten, sondern ebenso die Erwartungen des Bürgers sowie seine wirtschaftliche und soziale Situation.

Bescheide unterscheiden sich von herkömmlichen Geschäftsbriefen durch ihren hoheitlichen Charakter. Auch wenn Sie bürgerfreundlich formulieren, müssen Sie verbindlich und rechtssicher bleiben.

Das unpersönliche und distanzierte Amtsdeutsch sollten Sie jedoch vermeiden; es ist nicht mehr zeitgemäß. Zukünftig möchte sich die Stadt Neustadt in ihren Bescheiden noch bürgerfreundlicher und weiterhin klar und verbindlich in der Sache darstellen. Überprüfen Sie daher einmal erstellte „Muster", ob diese noch zeitgemäß und rechtlich haltbar sind.

Folgende Tipps und Hinweise möchte die Arbeitsgruppe Kommunikation zunächst allgemein geben:

- Lassen Sie deutlich erkennen, dass Sie fachlich versiert und in der Sache richtig entschieden haben.
- Sprechen Sie den Bürger persönlich mit seinem Namen an.
- Formulieren Sie einfach, verständlich und so kurz wie möglich.
- Gliedern Sie Ihren Bescheid klar und überschaubar.
- Geben Sie dem Tenor Ihres Bescheids einen eindeutigen und verständlichen Inhalt.
- Formulieren Sie im Urteilsstil.
- Befassen Sie sich mit den Argumenten, Einwänden und Hinweisen des Bürgers.
- Begründen Sie sorgsam und situationsbezogen (!) Ihre Argumentation und Entscheidung.
- Beschränken Sie sich immer auf das Wesentliche.

Es gelten selbstverständlich auch bei der Bescheiderstellung die Hinweise an anderer Stelle des Leitfadens zu den Themen Fachsprache, Behördendeutsch, DIN-Norm 5008 sowie Rechtschreibung.

3.8.1 Bauen Sie den Bescheid sachgerecht auf

Trotz aller Reformbemühungen hat sich der klassische Aufbau eines Bescheids im Interesse der Rechtssicherheit und Rechtsklarheit durchgesetzt. Er dient damit selbstverständlich auch den Interessen der Bürgerinnen und Bürger in unserer Stadt.

1. Briefkopf (Behörde, Aktenzeichen, Ort, Datum, Bearbeiter, Fachbereich usw.)
2. Besondere Zustellungsvermerke
3. Adressat
4. Betreff, Bezug
5. Überschrift (z. B. Ordnungsverfügung)
6. Anrede
7. Entscheidungssatz (sogenannter „Tenor“)
   a) Hauptregelung(en)
   b) Nebenbestimmung(en)
   c) ggf. Anordnung der sofortigen Vollziehung
   d) ggf. Zwangsmittelandrohung
   e) ggf. Kostenentscheidung
8. Begründungen
   a) Sachverhaltsdarstellung (tatsächliche Gründe)
   b) Rechtliche Gründe (zu jedem Tenorteil 7 a – e)
   c) ggf. Begründungen zu Ermessensentscheidungen und Verhältnismäßigkeitserwägungen
9. Rechtsbehelfsbelehrung (auch ergänzende Hinweise, z. B. zu Tenor 7 c, Wiederherstellung der aufschiebenden Wirkung)
10. Grußformel
    im Auftrag (i. A.)/in Vertretung (i. V.)
    Unterschrift/Unterzeichnung
    Name in Maschinenschrift
11. Anlagen

3.8.2 Wie wir verständlicher werden

Die Amtssprache ist deutsch. So weisen es die Verfahrensbestimmungen der Verwaltungsgesetze aus. Doch nur was beim Bürger, dem Empfänger unserer Nachrichten, tatsächlich „ankommt", ist inhaltlich verständlich und damit kundenorientiert mitgeteilt. Die rechtliche Wirkung eines Bescheids könnte sich auch ohne diese Verständlichkeit entfalten. Akzeptanz fände ein derartiger Verwaltungsakt allerdings nicht.

Allgemein haben sich vier Merkmale für verständliche Texte herausgebildet. Diese Merkmale gehen zurück auf Reinhard Tausch, Inghard Langer und Friedemann Schulz von Thun („Hamburger Verständlichkeitsansatz") und sind im Rahmen eines Forschungsprojekts zum Thema Textverständlichkeit in den 1970er-Jahren im deutschsprachigen Raum entwickelt worden.

Schulz von Thun nennt diese Merkmale „Verständlichmacher" (Friedemann Schulz von Thun, Miteinander reden 1, Störungen und Klärungen, Reinbek bei Hamburg, Oktober 1981, S. 141). „Sie heißen (im Einzelnen, d. Verf.): Einfachheit, Gliederung – Ordnung, Kürze – Prägnanz und Stimulanz (ebd.)."

Bürgerinnen und Bürgern müssen unsere benutzten Wörter geläufig sein. Der Satzbau soll kurz und nicht verschachtelt sein. Unbekannte Abkürzungen, unerklärte Fach- oder Fremdwörter und „Bandwurmsätze" bewirken das Gegenteil und machen einen Text kompliziert (vgl. Schulz von Thun, a. a. O., S. 143).

Unsere Gedanken müssen folgerichtig und übersichtlich niedergelegt werden. Es bietet sich ein festes Gerüst an, dem Sie als Sachbearbeiter immer folgen sollten (vgl. Punkt 3.8.1). So bleibt der berühmte rote Faden erhalten. Durch klare Absatzbildung wird ein Text äußerlich übersichtlich. Wesentliche Punkte dürfen hervorgehoben werden, z. B. durch Fettdruck oder seitliches Ausrücken von Textteilen (vgl. Schulz von Thun, a. a. O., S. 144).

Beschränken Sie sich auf das Wesentliche, bleiben Sie knapp. „Viel Informationen mit wenig Worten, kurz und bündig, aufs Wesentliche beschränkt", so lautet die Empfehlung des Experten (vgl. Schulz von Thun, a. a. O., S. 145).

Stimulierend (anregend) kann ein Text durch verschiedene Stilmittel werden. Durch direkte Anrede, lebensnahe Beispiele und Vergleiche oder Fragesätze werden unsere Texte möglicherweise mit sehr viel mehr Interesse gelesen als bisher. Sie wirken persönlicher und nicht langweilig (vgl. Schulz von Thun, a. a. O., S. 147).

Ein belastender Verwaltungsakt wird durch die „Verständlichmacher" in seiner rechtlichen Wirkung nicht verbessert. Aber Respekt gegenüber den Bürgerinnen und Bürgern und das erkennbare Bemühen um verständliche Verwaltungstexte erzeugen unter Umständen einsichtigere und verständnisvollere Textempfänger.

3.8.3 Neue Bescheide in Neustadt

Die Bürgerinnen und Bürger unserer Stadt möchten das Wesentliche eines Bescheids schnell erkennen können. Nach den Erfahrungen in unseren Umfragen und in unserer Schreibwerkstatt möchte sich niemand beim Erfassen eines Textes „quälen".

Die Textabsicht muss im Betreff kurz und treffend genannt und damit deutlich werden.

Ein gegliederter Text, logisch und gedanklich folgerichtig, wird nachvollziehbar. Gleichzeitig erleichtert eine gute Struktur das Lesen des Textes; er wird nicht vorzeitig aus der Hand gelegt.

Im nachfolgenden Beispiel werden einzelnen Abschnitten Überschriften oder einleitende Fragen vorangestellt. Wichtige Daten werden aufgelistet und „verschwinden" nicht in einem Fließtext. Wesentliche Aussagen werden durch Fettdruck hervorgehoben.

Insgesamt werden wichtige Informationen durch diese Gestaltung zügig und sicher vom Leser wahrgenommen.

Stadt Neustadt

Der Bürgermeister

Stadt Neustadt · Postfach · 49999 Neustadt

Ihre Nachricht/Ihr Zeichen:

Postzustellungsauftrag
Herrn
Franz Buttenschön
Neustädter Weg 23 a
49999 Neustadt

Geschäftszeichen: AZ: 30 3231-/0044
Fachbereich/Dienststelle: Finanzen
Gebäude/Zimmer: Rathausplatz 1, Zimmer 17
Bearbeiter/-in: Herr Wirtz
Telefon: 02999 177- 2425
Telefax: 02999 177- 166
E-Mail: Wirtz@stadtneu-wvd.de

Datum: 15. Juni 2018

Ratenzahlung; Ihr Antrag vom 1. Juni 2018 – Stundungsbescheid

Sehr geehrter Herr Buttenschön,

ich gewähre Ihnen Ratenzahlung für den Abgabenbescheid vom 18. Mai 2018 nach den Vorschriften der ... . Zinsen erhebe ich ausnahmsweise nicht. Die Ratenzahlung kann ich jederzeit widerrufen.

Was müssen Sie nun bei der Zahlung beachten?

Zahlen Sie bitte Ihre Raten mit den folgenden Angaben und überweisen Sie die Beträge pünktlich an die Stadtkasse Neustadt:

Kassenzeichen:		30 3231-/0044		
mtl. Raten:	X	Euro, zu zahlen **am**	TT.MM.2018 und **am**	TT.MM.2018
Restbetrag:	X	Euro, zu zahlen **am**	TT.MM.2018	

Änderungen in Ihren wirtschaftlichen Verhältnissen müssen Sie mir mitteilen!

Meine Entscheidung, Ihnen die Zahlung des Abgabenbescheides zu erleichtern, geht von Ihren jetzigen wirtschaftlichen und persönlichen Verhältnissen aus. Sollten sich diese ändern, müssen Sie mir dies unverzüglich mitteilen. Wenn Sie hier unsicher sind oder Zweifel haben, fragen Sie bitte unbedingt bei mir nach.

Wichtiger Hinweis: Was geschient, wenn Sie nicht pünktlich zahlen?

Falls Sie verspätet zahlen, müssen Sie den gesamten Restbetrag in einer Summe zahlen. Verspätet sind Sie dann, wenn Sie die Zahlungsfristen um mehr als eine Woche überschreiten, ohne mir dies näher zu begründen.

Ihre Rechte

Gegen diesen Bescheid kann innerhalb eines Monats nach Zustellung Klage erhoben werden.
Die Klage ist bei dem Verwaltungsgericht in 49875 Neuburg, Bahnhofsvorplatz 4, schriftlich einzureichen oder zur Niederschrift des Urkundsbeamten der Geschäftsstelle zu erklären. Wird die Klage schriftlich erhoben, so empfliehlt es sich, ihr zwei Abschriften beizufügen.

Falls die Frist durch das Verschulden eines von Ihnen Bevollmächtigten versäumt werden sollte, so würde dessen Verschulden Ihnen zugerechnet werden.

Mit freundlichen Grüßen

i. A. Wirtz

Wirtz

Bankverbindung der Stadtkasse Neustadt:
Neustädter Sparkasse, BLZ 999 500 01, Konto 0 415 920 301,
IBAN DE99 9995 0001 0415 9203 01

Besuchszeiten
Montag, Dienstag, Mittwoch: 08:00 – 12:30 Uhr, 14:00 – 17:00 Uhr,
Donnerstag: 08:00 – 12:30 Uhr, 14:00 – 20:00 Uhr, Freitag: 08:00 – 12:30 Uhr

Internet
www.stadtneu-wvd.de

4. Zu guter Letzt – schmunzeln Sie

Und wenn sie nicht gestorben sind ...

Rotkäppchen und der Wolf

Version für Verwaltungsmitarbeiter der Stadt Neustadt

Im Kinderfall unserer Stadtgemeinde ist eine hierorts wohnhafte, noch unbeschulte Minderjährige aktenkundig, welche durch ihre unübliche Kopfbekleidung gewohnheitsrechtlich Rotkäppchen genannt zu werden pflegt.

Der Mutter besagter R. wurde seitens ihrer Mutter ein Schreiben zustellig gemacht, in welchem dieselbe Mitteilung ihrer Krankheit und Pflegebedürftigkeit machte und um Zustellung einer Sendung von Nahrungs- und Genussmitteln zu Genesungszwecken bat. Vor ihrer Inmarschsetzung wurde die R. seitens ihrer Mutter über das Verbot betreffs des Verlassens der Waldwege auf Kreisebene unterrichtet. Dieselbe machte sich jedoch infolge von gravierender Nichtbeachtung dieser Vorschrift straffällig und begegnete sodann beim zusätzlichen Übertreten des amtlichen Blumenpflückverbots einem polizeilich nicht gemeldeten Wolfe ohne festen Wohnsitz. Dieser verlangte in gesetzwidriger Amtsanmaßung Einsicht in das zu Transportzwecken von Konsumgütern dienende Korbbehältnis, welches die R. mitführte, und traf in Tötungsabsicht die Feststellung, dass die R. zu ihrer verschwägerten und verwandten, im Baumbestand angemieteten Großmutter eilend war.

Da seitens des Wolfes eine Knappheit an Nahrungsmitteln vorlag, fasste dieser den Entschluss, bei der Großmutter der R. unter Vorlage falscher Papiere vorstellig zu werden. Weil dieselbe wegen eines Augenleidens krankgeschrieben war, gelang dem in Fressvorbereitung Befindlichen die diesfallsige Täuschungsabsicht zur Durchführung zu bringen, wobei es zu einem strafbaren Mundraub kam. Ferner täuschte das Tier bei der später eintreffenden R. seine Identität mit der Großmutter vor, stellte dieser nach und in der Folge durch Zweitverschlingung der R. seinen Tötungsvorsatz unter Beweis.

Der sich auf einem Dienstgang befindliche und für das örtliche Forstwesen zuständige Waldbeamte B. vernahm Schnarchgeräusche und stellte deren Urheberschaft seitens des Maules des polizeilich nicht gemeldeten Tieres fest. Er reichte bei seiner vorgesetzten Dienststelle ein Tötungsgesuch ein, das dortens zuschlägig beschieden und pro Schuss bezuschusst wurde. Nach Beschaffung einer Pulverschießvorrichtung zu Jagdzwecken gab er in wahrgenommener Einflussnahme auf das Raubwesen einen Schuss ab. Dieses wurde in Fortführung der Raubtiervernichtungskartei auf Kreisebene nach Empfangnahme des Geschosses ablebig. Die gespreizte Beinhaltung des Totgutes weckte in dem Schussgeber die Vermutung, dass der Leichnam Menschenmaterial beinhalte. Zwecks diesbezüglicher Feststellung öffnete er unter Zuhilfenahme eines Messers den Kadaver zur Totvermarktung und stieß hierbei auf die noch lebhafte R. nebst anliegender Großmutter.

Durch die unverhoffte Wiedererlangung der Freiheit bemächtigte sich der beiden Personen ein gesteigertes, amtlich nicht zulässiges Lebensgefühl, dem sie durch groben Unfug, öffentliches Ärgernis erregenden Lärm und Nichtbeachtung anderer Polizeiverordnungen Ausdruck verliehen, was ihre Haftpflichtigmachung zur Folge hatte.

Der Vorfall wurde von den kulturschaffenden Gebrüdern Grimm zu Protokoll genommen und starkbekinderten Familien in Märchenform zustellig gemacht.

Wenn die Beteiligten nicht durch Hinscheid abgegangen und in Fortfall gekommen sind, sind dieselben derzeitig noch lebhaft und vernehmungsfähig ...

Quelle: Troll, Thaddäus (Künstlername): Rotkäppchen und der Wolf. In: Das große Thaddäus-Troll-Lesebuch. Hamburg: Springer-Verlag GmbH 1981.

Produktplan der Stadt Neustadt (gekürzte Darstellung)

Produktbereiche		Produktgruppen[1]		Produkte[1]	
01	Innere Verwaltung	01	Politische Gremien	01	Rat und Ausschüsse
				02	Fraktionen
		02	Verwaltungsführung	01	Entwicklung von Konzepten und Rahmenregelungen
		03	Gleichstellung von Frau und Mann	01	Gleichstellung von Frau und Mann
		04	Beschäftigtenvertretung	01	Personalrat
				02	Vertretung der Schwerbehinderten
		05	Rechnungsprüfung	01	Gesetzlich vorgeschriebene und übertragene Prüfungen
		06	Zentrale Dienste	01	Druckerei
				02	Postdienst
				04	Fuhrpark
				05	Bau- und Betriebshof
		07	Presse- und Öffentlichkeitsarbeit	01	Pressebetreuung
				02	Amtliche Veröffentlichungen
				03	Internet-Präsentation
		08	Personalmanagement	01	Personalplanung
				02	Personalentwicklung
				03	Personalbetreuung
				06	Arbeitssicherheit/Gesundheitsschutz
		09	Finanzmanagement und Rechnungswesen	01	Haushaltsplanung
				02	Vermögens- und Schuldenverwaltung
				03	Geschäftsbuchführung
				04	Zahlungsabwicklung
				06	Kosten- und Leistungsrechnung
				07	Haushaltscontrolling
		10	Organisation und Datenverarbeitung	01	Organisation
				02	Datenverarbeitung
		11	Recht	01	Rechtsangelegenheiten
		12	Immobilienmanagement	01	Reinigungsdienste
				02	Kantine
				03	Hausverwaltung
				04	Gebäudeinstandhaltung
				05	Liegenschaftsverwaltung
02	Sicherheit und Ordnung	01	Allgemeine Sicherheit und Ordnung	01	Allgemeine Gefahrenabwehr
				04	Fundangelegenheiten
				05	Ermittlungs- und Vollzugsmaßnahmen
		02	Gewerbewesen	01	Führen des Gewerberegisters
				02	Gaststättenangelegenheiten

221060722

Produktplan der Stadt Neustadt (gekürzte Darstellung)

Produktbereiche		Produktgruppen[1]		Produkte[1]	
				03	Überwachung von sonstigen Gewerbebetrieben und Veranstaltungen
				06	Märkte
		05	Tierseuchenbekämpfung	01	Tierseuchenbekämpfung
		07	Verkehrsangelegenheiten	01	Verkehrsregelung und -lenkung
		10	Einwohnerangelegenheiten	01	Meldeangelegenheiten
		11	Personenstandswesen	01	Eheschließung/Eintragung von Lebenspartnerschaften
		15	Gefahrenabwehr	01	Brandbekämpfung
				02	Technische Hilfeleistung
		16	Gefahrenvorbeugung	02	Brandsicherheitsschauen
03	Schulträgeraufgaben	01	Bereitstellung schulischer Einrichtungen	01	Grundschule
				02	Hauptschule
				03	Realschule
				04	Gymnasium
				05	Gesamtschule
				06	Sonderschule
		02	Zentrale schulbezogene Leistungen	02	Schulpsychologie
				03	Schülerbeförderung
				02	Schullandheim
04	Kultur und Wissenschaft	01	Kommunale Veranstaltungen	01	Kommunale Veranstaltungen
		04	Musikschule	01	Kursangebot
				02	Veranstaltungen
		05	Bibliothek	01	Medien und Information
		07	Museum	01	Ausstellungen
		08	Volkshochschule	01	Kursangebot
		09	Theater [2]		
05	Soziale Leistungen	02	Hilfe zum Lebensunterhalt (3. Kapitel SGB XII)	01	einmalige Leistungen
				02	Laufende Leistungen
		03	Grundsicherung im Alter und bei Erwerbsminderung (4. Kapitel SGB XII)	01	Leistungen der Grundsicherung
06	Kinder-, Jugend- und Familienhilfe	01	Förderung von Kindern in Tagesbetreuung	01	Tageseinrichtungen
				02	Tagespflege
		04	Sonstige Leistungen der Kinder-, Jugend- und Familienhilfe	05	Amtsvormundschaften
				08	Familiengerichtshilfe und Jugendgerichtshilfe
07	Gesundheitsdienste	02	Rettungsdienst	01	Notfallrettung
				02	Krankentransport

Produktplan der Stadt Neustadt (gekürzte Darstellung)

Produktbereiche		Produktgruppen[1]		Produkte[1]	
08	Sportförderung	01	Bereitstellung und Betrieb von Sportanlagen	01	Turn- und Sporthallen
		02	Sportförderung	01	Schulsportförderung
				02	Vereine und Verbände
				03	Eigene Veranstaltungen
		03	Sport- und Freizeitbetrieb [2]		
09	Räumliche Planung und Entwicklung, Geoinformationen	01	Räumliche Planung	01	Landes-, Regional- und Raumordnung, Stadtumlandplanung
				02	Flächennutzungsplan
				03	Bebauungspläne
		02	Räumliche Entwicklung	01	Städtebauliche Sanierung und Entwicklung
				02	Städtebauliche Sonderprogramme
				03	Städtebauliche Verträge
				04	Finanzierung von Erschließungsmaßnahmen
10	Bauen und Wohnen	01	Maßnahmen der Bauaufsicht	01	Genehmigungsverfahren
				02	Bauüberwachung und Überprüfung
				03	Stellungnahmen
		02	Baubehördliche Beratung und Information	01	Beratung und Information
		03	Denkmalschutz u. Denkmalpflege	01	Denkmalschutz
				02	Denkmalpflege
11	Ver- und Entsorgung	01	Wasserwerk Neustadt [2]		
		02	Entsorgungsbetrieb Neustadt [2]		
12	Verkehrsflächen und -anlagen	01	Öffentliche Verkehrsflächen	01	Straßenkataster
				02	Neubau von Straßen
				03	Unterhaltung von Straßen
				04	Neubau von Brücken und Tunneln
				05	Unterhaltung von Brücken und Tunneln
				06	Geh- und Radwege
				07	Parkplätze/Parkhäuser
		05	Straßenreinigung und Winterdienst	01	Reinigung von Wegen und Flächen
				02	Winterdienst
13	Natur- und Landschaftspflege	01	Öffentliches Grün	01	Parkanlagen
		02	Natur und Landschaft	02	Baumschutz
		06	Friedhöfe	01	Nutzungsrecht Grabstätten
				02	Bestattung
14	Umweltschutz	01	Umweltinformation und -koordination	01	Koordination von Maßnahmen bei unvorhergesehenen Umweltbeeinträchtigungen
				02	Öko-Audit

Produktplan der Stadt Neustadt (gekürzte Darstellung)

Produktbereiche		Produktgruppen[1]		Produkte[1]	
				03	Umwelt-Beratung
		03	Umweltvorsorge	01	Umweltverträglichkeitsprüfung
				02	Schutz vor Schadstoffen in Gebäuden
		04	Luft, Lärm	01	Luftreinhaltung
				03	Lärmschutz
15	Wirtschaft und Tourismus	01	Wirtschaftsförderung	01	Bestandspflege und -entwicklung
				05	Beschäftigungssicherung und -entwicklung
				06	Existenzgründungsförderung und -hilfen
		02	Tourismus	01	Touristische Öffentlichkeitsarbeit
				02	Betreuung von Besuchern
16	Allgemeine Finanzwirtschaft	01	Steuern	01	Grundsteuer
		02	Zuweisungen	01	Schlüsselzuweisungen
17	Stiftungen	01	Nicht rechtsfähige Stiftungen	01	Neustädter Kulturstiftung

1 In diesem Produktplan sind die 17 Produktbereiche vollständig aufgeführt; bei den Produktgruppen und Produkten sind nur einige typische Beispiele genannt. Zu einem vollständigen Produktplan gehören außerdem Produktbeschreibungen, die eine eindeutige Zuordnung konkreter Leistungen gewährleisten.

2 Die Erfassung der Eigenbetriebe bei den Produktgruppen dient der Einbeziehung der Netto-Ergebnisse (Gewinn, Verlust) in die Haushaltswirtschaft der Stadt Neustadt. Für die Eigenbetriebe wie auch für die Eigengesellschaften bestehen jedoch spezielle Produktpläne.

221060728

221060730

M

N

221060732

221060734

T

221060736

Bildquellenverzeichnis

action press - die bildstelle, Hamburg: S. 218.3 (McPhoto)
adpic Bildagentur, Köln: S. 577.1 (Schlutter, M.); S.577.2 (Ugurlu); 577.3 (Werner-Ney)
akg-images GmbH, Berlin: S. 152.2 (akg-images); 218.4 (CDA/Guillemot)
American Express International, Inc., Frankfurt am Main: S. 233.1
Baaske Cartoons, Müllheim: S. 677.1 (Plaßmann)
Bergmoser + Höller Verlag AG, Aachen: S. 79, 327, 519, 524, 634, 647 (Zahlenbilder); 324 (Zahlenbilder/Erich Schmidt Verlag)
bpk-Bildagentur, Berlin: S. 619.2
Bundesagentur für Arbeit, Nürnberg: S. 551
Bundesrat, Berlin: S. 56.1 (Frank_Braeuer); 56.2
DC Bank AG, Wien: S. 233.2
EURO Kartensysteme GmbH, Frankfurt am Main: S. 230.1, 232.1, 232.2, 232.4, 232.6, 232.8
Filser, Wolfgang, Hiltenfingen: S. 218.5
fotolia.com, New York: S. 222.1 (Berkmann, Daniel); 25 (Dierks, Janina); 569.2 (Durakovic, Zlatan); 28 (fotodo); 209.1-2 (kounadeas, ioannis); 209.3-6 (Rosu, Orlando Florin); 209.7 (kounadeas, ioannis); 209.8 (Ilin, Sergey); 218.1 (Isselée, Eric); 223 (Jip); 192.1 (Wylezich, Bjrn), 192.2 (Nowack, Petra – peno); 192.3 (Scisetti, Marco)
Getty Images, München: S. 643 (Hulton-Deutsch Collection)
giropay GmbH, Frankfurt am Main: S. 237.2
Hans-Böckler-Stiftung/www.boeckler.de, Düsseldorf: S. 328, 593
Helga Lade Fotoagenturen GmbH, Frankfurt/M.: S. 218.2

221060738

Hild, Claudia, Angelburg: S. 22, 23, 36, 42.1-2, 46, 48, 59, 63, 64, 70, 73, 74, 87, 88, 90, 92, 95, 96, 101.1-2, 104, 108, 115, 121, 126, 128, 132, 133, 135, 137, 140, 141, 143.1-2, 144.1-2, 145.1-5, 146.1-2, 151, 152, 163, 169.1-2, 173, 174, 175, 181, 182, 194, 197, 200, 208, 210, 213, 214.1-2, 215.1-2, 216, 220.1-5, 228, 231, 233, 239, 241, 245, 248, 250, 258, 274, 275, 283, 288, 293, 314, 326, 331, 338, 339, 340, 347, 367, 371, 373, 374.1-2, 375, 376, 379, 384, 385, 386, 394, 395, 396, 401, 403, 409, 416, 417, 422, 426, 426, 427, 432, 433, 435, 437, 442, 443, 444, 445, 448, 460, 463, 466, 471, 472, 474, 479, 483, 485, 488, 490, 491, 495, 499, 500, 504.1-2, 505, 506, 508, 511, 512, 514.1-2, 518, 520, 521, 545, 558, 565, 570, 572, 573, 575, 581, 588, 590, 597, 603, 605, 606, 609, 611, 612, 618, 629, 630, 631, 632.1-2, 636, 638, 639, 640, 644, 649, 654, 656, 673, 674, 688, 693, 701, 710, 711

Janson, Jürgen, Landau: S. 594.1

Jouve Germany GmbH & Co.KG, München: S. 85, 546

Liebermann, Erik, Steingaden: S. 689

Mastercard, Zürich: S. 232.7

MasterCard Europe SPRL, Frankfurt am Main: S. 230.2, 232.3, 232.7, 233.4

Meissner Cartoons, Köln: S. 614

Mester, Gerhard, Wiesbaden: S. 665, 681

Müller, Volker, Bochum: S. 47

paydirekt GmbH, Frankfurt am Main: S. 238

PayPal Deutschland GmbH, Kleinmachnow: S. 237.4

Picture-Alliance GmbH, Frankfurt/M.: S. 39, 81, 83, 343, 353, 358, 527, 531, 532.1-2, 544, 548, 564, 566, 569, 582, 620, 621, 622, 624, 625, 626, 627.1-2, 641, 646, 648.2, 650, 651, 652, 657, 660, 661, 662, 663, 666, 668, 676, 682, 683, 684 (dpa-infografik); 615 (dpa/Rohwedder); 547 (Eisele, Johannes); 229 (Lenz, K.)

REINER Kartengeräte GmbH und Co.KG (REINER SCT), Furtwangen: S. 236

Ringhut, Daniela, Dreieich: S. 25, 26, 124, 188, 203, 212, 218, 219, 224, 224, 255, 264, 271, 279, 334, 410, 411, 412, 412, 412, 412, 417, 455, 550, 591, 671

SOFORT GmbH, Gauting: S. 237.3

Sperr-Notruf 116 116 e.V.Verein zur Förderung der Sicherheit in der Informationsgesellschaft, Berlin: S. 235

Stills-Online Bildagentur, Schwerin: S. 237.1

stock.adobe.com, Dublin: S. 687 (Furian, Peter Hermes); 52(XtravaganT)

Süddeutsche Zeitung - Photo, München: S. 644 (SV-Bilderdienst)

TOONCAFE, Berlin: S. 645

toonpool.com, Berlin, Castrop-Rauxel: S. 648.1 (Bengen, Harm)

ullstein bild, Berlin: S. 613; 619.1 (Archiv Gerstenberg)

VISA Europe Service Inc., Frankfurt: S. 229.2, 230.3, 232.5, 232.9, 233.3

Cover: iStockphoto.com, Calgary (g-stockstudio)

Wir arbeiten sehr sorgfältig daran, für alle verwendeten Abbildungen die Rechteinhaberinnen und Rechteinhaber zu ermitteln. Sollte uns dies im Einzelfall nicht vollständig gelungen sein, werden berechtigte Ansprüche selbstverständlich im Rahmen der üblichen Vereinbarungen abgegolten.